1 MONTH OF
FREE
READING

at

www.ForgottenBooks.com

By purchasing this book you are eligible for one month membership to ForgottenBooks.com, giving you unlimited access to our entire collection of over 1,000,000 titles via our web site and mobile apps.

To claim your free month visit:
www.forgottenbooks.com/free997754

ISBN 978-0-260-98540-8
PIBN 10997754

Ohlenroth'sche Buchdruckerei, Erfurt.

Inhaltsverzeichnis.

—

Aufsätze: Seite

Der Ursprung der Landsknechte. Von Max Lauy 1

Kleine archivalische Beiträge zur Kenntnis der deutschen Agrarverhältnisse im 16. und 17. Jahrhundert I. II. Von Ed. Otto . . 28, 167

Aus dem Kontobuch des Nuntius Annibale Albani 1709–11. Von G. Mentz 43

Kulturbilder aus der Zeit des untergehenden Roms. Von H. Mauersberg 113

Ein Jenaer Schützenfest i. J. 1490. Von Ernst Devrient . . 158

Apologetische Versuche in der Geschichtsschreibung der Hexenprozesse. Von Karl Binz 186

Ein bürgerlicher Haushalt im Jahre 1612. Von E. Reichardt . 195

Bücherpreise aus den letzten Jahrzehnten d. Mittelalters. Von G. Kohfeldt 273

Aus Inventarien pommerscher Amtshäuser und Schlösser (um 1500). Von M. Wehrmann 281

Die Aussagen der Protokolle der großen hessischen Kirchenvisitation von 1628 über den im Volk vorhandenen Aberglauben. Von W. Diehl 287

Ein konfessioneller Streit in Hirschberg bei Erbauung der Gnadenkirche. Von F. P. Scholz 325

Zur Geschichte des deutschen Fürstenlebens im 16. und 17. Jahrhundert. Von Ed. Otto 335

Zwanzig deutsche Schreibwahrzeichen und der Gerüfteftaat. Von E. v. Freydorf 385

Aus dem ersten Jahrhundert des Kaffees I. Von P. Hoffmann . 405

Besprechungen:

Bücher, Arbeit und Rhythmus (Steinhausen) 59

Schneidewin, Antike Humanität (Liebenam) . . 60 (vgl. S. 240)

Dieffenbacher, Deutsches Leben im 12. Jh. (Liebe) . . 65

Lindner, Hergang bei den deutschen Königswahlen (Liebe) . . 65

Schneider, Finanzielle Beziehungen der florentin. Bankiers zur Kirche (Liebe) 66

Herrmann, Reception des Humanismus i. Nürnberg (Detmer) . 67

Bömer, Lateinische Schülergespräche der Humanisten II. (Steinhausen) . 71

Haenel, Spätgotik und Renaissance (Weber) 71

Seite

Weber, Beiträge zu Dürers Weltanschauung (Steinhausen) . . . 73
Lemmens, Pater Augustin von Alfeld (Liebe) 74
Katsch, Entstehung der Freimaurerei (Plew). 75
v. Welsenburg, Das Versehen der Frauen (Petsch) . . . 79
Bergner, Die Glocken des Herzogtums Meiningen (Petsch) . . . 79
Kopp, Deutsches Volks- und Studentenlied (Jantzen) 80
Pick, Schiller in Lauchstädt (Liebe) 82
Masaryk, Palackys Idee des böhmischen Volkes (Liebe) . . . 83
Fischer, Italien und die Italiener (Steinhausen) 83
Pastor, A. Reichensperger (Steinhausen) 84
Helmolt, Weltgeschichte IV. VII. (Steinhausen) . . . 218, 356
Braulik, Altägyptische Gewebe (Lauffer) 220
Seeck, Entwicklung der antiken Geschichtschreibung . . . 221
Bilfinger, Untersuchungen über die Zeitrechnung der alten Germanen I.
(Lauffer) 223
Geering, Die Figur des Kindes (Lauffer) . . . . . , 225
Neuwirth, Forschungen zur Kunstgeschichte Böhmens I—III (Lambel) . 226
Kaser, Polit. und soziale Bewegungen im deutschen Bürgertum (Keutgen) 232
Das Buch Weinsberg IV (Steinhausen) 234
Vorberg, Der Zweikampf in Frankreich (Liebe) 235
Knortz, Folklorist. Streifzüge I (Jantzen) 236
Filippini, Spigolature Folkloriche (Jantzen) 237
Wuttke, Sächsische Volkskunde (Jantzen) 238
Schurtz, Urgeschichte der Kultur (Steinhausen) 354
Schiller, Weltgeschichte I. II. (Steinhausen) 355
Seyler, Agrarien und Exkubien (Liebe) 357
v. Soden, Palästina (v. Dobschütz) 357
Wieland, Ein Ausflug ins christliche Afrika (v. Dobschütz) . . 359
Breysig, Kulturgeschichte der Neuzeit I. II. (Steinhausen) . . 359
Seiler, Entwickl. d. deutsch. Kultur i. Spiegel d. Lehnworts I. II.
(Steinhausen) 363
Heinemann, Richter und Rechtspflege i. d. deutsch. Vergangenheit (Petsch) 364
Hansen, Zauberwahn, Inquisition und Hexenprozeß (Steinhausen) . 365
Spindler, Elsässisches Trachtenbüchlein (Lauffer) . . . 366
Hottenroth, Deutsche Volkstrachten I. II. (Lauffer) . . . 366
Justi, Hessisches Trachtenbuch (Lauffer) 366
Häne, der Auflauf zu St. Gallen (Liebe) 370
Häne, Wehr- und Kriegswesen i. d. alten Eidgenossenschaft (Liebe) . 370
Beyerle, Konstanz i. 30j. Kriege (Liebe) 372
Schultheiß, Deutscher Volksschlag (Liebe) 372
Kunstgeschichte in Bildern I. V. (Petsch) 373
Springer, Handbuch der Kunstgeschichte I (Petsch) . . . 374
Jäkel, Studien zur vergleich. Völkerkunde (Jantzen) . . . 375
Ottmann, Casanova (Steinhausen) 376

Seite

Bösch, Kinderleben i. d. d. Vergang. (Petsch) 442
Bartels, Der Bauer i. d. d. Vergang. (Petsch) 442
Quanter, Schand- u. Ehrenstrafen (Lauffer) 445
Straß, Frauenkleidung (Steinhausen) 446
Fick, Auf Deutschlands hohen Schulen (Steinhausen) . . . 447
Wolff, Gottscheds Stellung i. dtsch. Bildungsleben (Steinhausen) . 447
Arnold, Vertreibung der Salzburger Protestanten (Petsch) . . 448
Knortz, Was ist Volkskunde und wie studiert man dieselbe (Lauffer) . 450
Bergner, Grundriß der kirchl. Kunstaltertümer in Deutschland (Lauffer) 451
Lehmann, Das Bildnis bei den altdeutschen Meistern bis auf Dürer
    (Simon) 452
Gény, Die Reichsstadt Schlettstadt und ihr Anteil an den sozial-
    politischen und religiösen Bewegungen der Jahre 1490—1536 (Liebe) 453
Driesmans, Das Keltentum in der europäischen Blutmischung (Zupitza) 454
Hildebrand, Materialien zur Geschichte des deutschen Volksliedes (Jantzen) 455
Ewart, Goethes Vater (Petsch) 456

Mitteilungen und Notizen 86, 241, 458

Bibliographie (von Georg Steinhausen):

1899 II. III. IV. V. 98, 255, 378, 470

Der Ursprung der Landsknechte.

Von Max Lauk.

Über den Ursprung, das Wesen, den Namen der Landsknechte
ist viel geschrieben, gestritten und gefabelt worden. „Es ist dies
eine der dunkelsten Partieen in der Geschichte der deutschen Kriegsverfassung," sagt ein neuerer Forscher,[1] „doppelt dunkel deshalb,
weil sie so oft besprochen worden ist, daß man sich ganz der
Mühe überhoben glaubte, auch an eine Erläuterung derselben zu
denken." Ältere wie neuere Forscher nehmen, mehr gestützt auf
Vermutungen und Wahrscheinlichkeitsschlüsse, an, Maximilian I.
sei der Schöpfer und Begründer der Landsknechte gewesen; nur
vereinzelt sind Stimmen laut geworden, die daran zweifelten, so
in älterer Zeit Mameranus,[2] in neuerer Barthold,[3] Würdinger,[4]
Zwiedineck-Südenhorst[5] und andere; es wurde auf die Thatsache
hingewiesen, daß es vor Maximilian schon Landsknechte gegeben
habe, daß mithin Maximilian nicht der Schöpfer der Landsknechte
genannt werden könne.

In dem Punkte aber stimmen alle neueren Forscher, bis auf
einen[6], überein, daß das Landsknechtswesen nichts anderes ist als

---

[1] Meynert, Gesch. des Kriegswesens und der Heeresverfassung
1868. II. 45.

[2] Nic. Mameranus im catalogus expeditionis rebellium princpum
etc. Col. 1550; er setzt den Ursprung der Landsknechte in d. Jahr 1434.

[3] F. W. Barthold. Gesch. der Kriegsverf. u. des Kriegswesens der
Deutschen. Leipzig 1855. 157.

[4] Würdinger, Kriegsgesch. von Baiern und Franken, Pfalz und
Schwaben von 1347—1506. München 1868. II. 287.

[5] H. v. Zwiedineck-Südenhorst, Kriegslieder aus der Zeit der Landsknechte. Stuttg. 1883. p. 8.

[6] Zwiedineck-Südenhorst, der der Ansicht ist, italienische Verhältnisse
seien das Vorbild für die deutschen Landsknechte gewesen.

die getreue Nachbildung des schweizerischen Kriegswesens, eine
Thatsache, die aber ohne jede nähere Begründung behauptet worden
ist; höchstens wurden einige Gewährsmänner angeführt: an einer
Darstellung des Übergangs der schweizerischen Taktik auf das übrige
deutsche Kriegswesen fehlt es durchaus, abgesehen von kleineren
Anläufen.

Wir wollen im Folgenden versuchen, dieser Aufgabe gerecht
zu werden und im Umriß den Übergang des schweizerischen Kriegswesens auf das deutsche darzustellen: hieraus wird sich dann auch
die Antwort auf die Hauptfrage ergeben: „ist auf Maximilian der
Ursprung des Landsknechtswesens zurückzuführen, oder nicht?" —

Die Schlachten des späteren Mittelalters waren vorwiegend
Reiterschlachten[1]); das Fußvolk spielte dabei nur eine ganz untergeordnete Rolle, wenn von Fußvolk überhaupt die Rede ist, so
tritt es nur als Hilfswaffe auf bei den Reiterheeren; es wird zur
Verteidigung des Lagers, zur Besatzung der Landwehren, Burgen,
Örtlichkeiten, zur Bedienung des Wurfzeuges verwendet.[2]) In der
freien Feldschlacht waren diese Fußknechte deshalb nicht zu brauchen,
weil sie nicht zu taktischen Körpern vereinigt waren.

Erst die blutige Lehre, die die Hussiten den deutschen Ritter-
heeren gaben, schaffte Wandel. Das Fußvolk kam wieder zu
Ehren durch die Adoption der hussitischen Wagenburg.[3]) Die
Taktik der Hussiten wurde im Großen und Ganzen beibehalten
bis zu Maximilian.[4]) Zur Bemannung der Wagenburg waren
Fußtruppen nötig, besonders solche, die Fernwaffen führten.[5])
Die Reichs- und Landesaufgebote schreiben jetzt die Stellung
größerer Massen von Fußvolk vor,[6]) die der Mehrzahl nach aus
Söldnern bestanden. In den Reichsanschlägen unter Friedrich III.
ist daher die Zahl des Fußvolks viel höher angegeben als die

---

[1]) Vgl. Delbrück, Perserkriege und Burgunderkriege Berlin 1887.
S. 39. Rüstow, Gesch. d. Inf. Lpz. 1884. 83. ff. —
[2]) Würdinger II. 273.
[3]) Max v. Wulf, die hussitische Wagenburg, Berlin 1889.
[4]) Noch 1477 sendet der Kurfürst Albrecht Achilles seinem Sohn, dem
Markgrafen Johann von Brandenburg eine Instruktion zur Aufstellung eines
Heeres und der Wagenburg; vgl. Max Jähns, Gesch. d. Kriegsw. 948.
[5]) v. Wulf 51.
[6]) Würdinger II. 125. 286. 374.

der Reiterei; so sollen im J. 1467 zufolge des Nürnberger Ab=
schiedes alle Reichsstände zusammen 5031 Mann zu Pferd und
13309 Mann zu Fuß gegen die Türken ins Feld stellen.[1] In
dem Reichskriege gegen Burgund war Albrecht Achilles allein ver=
anschlagt auf 600 Reisige und 3000 Wappner zu Fuß[2] und
eine Wagenburg von 200 Wagen. ⅔ der Fußknechte sollte mit
Büchsen und Armbrüsten, ⅓ mit langen Spießen bewaffnet sein,
die übrigen sollten kurze Wehren, Hellebarden und Streitäxte
tragen.

Über das unter dem Oberbefehl des Kurfürsten Albrecht
Achilles zu Neuß 1474 versammelte Reichsheer haben wir ein
charakteristisches Urteil aus der Feder des späteren Bischofs v. Liseux,
Basinus,[3] der damals in Trier lebte; er sagt: cum igitur imperator esset Coloniae .... magnus concursus ex tota Germania factus est armorum. Nam omnes paene Germaniae
imperiales civitates, quae sibi imperatae fuerant, transmise-
rant, ... ex quorum concursu conflatus est numerus magis,
quam verendus exercitus .... erat tamen multitudo collecta
ex agris et de otiosis mechanicis civitatum Germaniae, qui
gulae atque ventri dediti, couponas et lupanaria potius quam
militiae castra frequentare assueverant aut se in armis exer-
cere. Erant enim plerique inarmes aut talibus instructi armis,
quae fugam potius vel cruentam caedem quam victoriam eis
polliceri viderentur, nonnullis exceptis equitibus .... Also
wenige Reiter, aber desto mehr Fußvolk. Aber jene zusammen=
geraffte Menge wäre keineswegs imstande gewesen, der kriegsgeübten
burgundischen Reiterei Widerstand zu leisten, denn dazu hätte die
strengste Disciplin und Übung gehört, die diese Massen nach dem
Zeugnis des Basinus nicht hatten. Von der Idee des taktischen
Körpers, dem einheitlichen Willen in einer Vielheit, konnte bei
diesen plötzlich zusammengerafften Massen nicht die Rede sein.
Das rasch vorübergehende Kommando eines ad hoc bestellten
Reichsfeldherrn konnte es bei dem besten Willen nicht zuwege

---

[1] Ebenda 286.
[2] Ebenda 125.
[3] Basinus, hist. des règnes de Charles VII. et de Louis XI. publiée par J. Quichérat. Paris 1856. II. 340.

bringen, derartige Massen zu disciplinieren; sie konnten aber nur
mit Hilfe der Wagenburg etwas ausrichten, dazu reichten ihre
Ausrüstung und Waffen hin.

Es ist natürlich, daß, um die Last des Krieges von sich ab=
zuwälzen, die Fürsten und Städte früher Söldner in ihren Dienst
nahmen. Sie gingen unter dem Namen „Freiharst,“ „Knechte,“
„Böcke“ oder „Trabanten.“ Sie wurden zum Zwecke des Krieges
angeworben und nachher wieder entlassen; es kam auch vor, daß
sie nach ihrer Entlassung dem Landesherrn lästig und dann ver=
nichtet wurden.[1]) Die Hauptmasse dieser Söldnerbanden stellten
die Böhmen[2]) und Schweizer.

Solange das deutsche Fußvolk im Banne der Wagenburg
blieb, konnte es zu irgendwelcher Aktionsfähigkeit nicht gelangen.
Von einem aktionsfähigen Fußvolk aber kann nur dann die Rede
sein, wenn es imstande ist, zu taktischen Körpern vereint, sich
selbständig auf dem Schlachtfelde zu bewegen. Die Wagenburg
aber ist nichts anderes als ein befestigtes Lager, das man ver=
teidigt und aus dem man im günstigen Falle Ausfälle macht.
Positive Ziele konnte man niemals mit der Wagenburg erreichen,
nur negative: dem Feinde Verluste beizubringen und sich selbst
gegen einen feindlichen Stoß zu schützen, zwischen diesen beiden
Polen bewegte sich die Kriegsführung der damaligen Zeit. Die
Unbeweglichkeit war der Hauptmangel der Wagenburg. Erst wenn
man es wagte, aus dem Schutze der Wagenburg herauszugehen
und dem Feinde in großen Massen, zu taktischen Körpern ver=
einigt, entgegenzutreten, konnte man hoffen, irgend etwas Positives
zu erreichen. Das deutsche Fußvolk ist im Allgemeinen in der

----

[1]) Köhler, Die Entwicklung des Kriegswesens in der Ritterzeit von
der Mitte des XI. Jahrh. bis zu den Hussitenkriegen. Breslau 1889. III.
3, 381 meint, diese Vernichtung der Söldnerbanden sei daran schuld gewesen,
daß sie vor Maximilian nicht zu einer einheitlichen Entwicklung gelangten,
eine Erklärung, die natürlich nicht stichhaltig ist.

[2]) Es leuchtet ein, daß mit der Adoption der hussitischen Wagenburg
die Deutschen auch die Meister jener Wagenburgtaktik in ihren Sold zu bringen
suchten; so wirbt z. B. im J. 1442 der Erzbischof von Köln hussitische Ketzer,
(die vorher schon im Dienste Herzogs Wilhelm, des Landgrafen von Thüringen
gestanden hatten) gegen die ihm feindliche Stadt Soest (vgl. Jähns, 934).
Den größten Kriegsruhm hatte im XV. Jahrh. die berühmte schwarze Bande,
ebenfalls ein Haufe von Söldnern, deren Hauptteil aus Böhmen bestand.

erften Hälfte des XV. Jahrh. nicht dazu gelangt, weil es im heiligen Römischen Reiche unmöglich war, ein Fußvolk in großen Maffen zu disziplinieren. Die Städte, von denen naturgemäß solche Versuche hätten ausgehen müffen, weil sie ein gut diszipliniertes Fußvolk gegen die überhandnehmenden Territorialherren nötig gehabt hätten, hatten keine Veranlaffung, solchen Aufgaben sich zu widmen; denn sie fühlten sich sicherer hinter ihren festen Mauern; fast alle städtischen Kriegsordnungen aus dem XV. Jahrh. beziehen sich auf den Dienst innerhalb der Stadtmauer; für sie war ja die Ummauerung der Erfatz des taktischen Körpers; und wenn die Städte außerhalb eine kriegerische Miffion zu erfüllen hatten, so bedienten sie sich reifiger Söldner, die für billiges Geld zu haben waren; diese wurden für einen bestimmten Zweck angeworben und wurden nach Erfüllung ihrer Aufgabe wieder entlaffen.

So war es im Allgemeinen mit dem deutschen Fußvolke in der erften Hälfte des XV. Jahrh. bestellt; anders aber stand es bei dem schweizerischen. Dieses gelangte bereits anderthalb Jahrhunderte früher als das deutsche zum taktischen Körper. Im Schweizerlande, „wo Städte und Bauern gemeinsam ihre Heere aufstellten, in die die Städter die Intelligenz, die Bauern die naturwüchfige Kraft mitbrachten, waren die Bedingungen für ein aktionsfähiges Fußvolk gegeben."[1]) Vorher findet man auch in der Schweiz[2]) eine der Wagenburg analoge Erscheinung, die Verteidigung durch Terrain-Barriéren, sogenannte Letzinnen,[3]) die beim Anrücken eines feindlichen Heeres zwischen den einzelnen Bergen des Gebirgslandes errichtet wurden, und dem schweizerischen Fußvolk als Zuflucht dienen sollten, ebenso wie die Wagenburg den

[1]) v. Rüftow, I. 135 ff.

[2]) Litteratur: May, hist. militaire de la Suisse. — Haller von Königshofen, Darstellung der merkwürdigften Schweizerschlachten von 1298 bis 1499. — Wieland, K. v., Gesch. der Kriegsbegebenheiten in Helvetien und Rhaetien Bajel 1827. — v. Rodt, Gesch. des bernerischen Kriegswesens. Bern 1831/34 2. Bd. — Rudolf, Gesch. der Feldzüge der Schweizer im Auslande. Baden 1845. — Eigger, K. v., Kriegswesen und Kriegskunst der schweizerischen Eidgenoffen im XIV. XV. XVI. Jahrh. Luzern 73. — Bürkli, der wahre Winkelried. Zürich 1886. — Delbrück, Perserkriege und Burgunderkriege. Berlin 1887. — v. Müllnen, Gesch der Schweizer Söldner bis zur Errichtung der erften ftehenden Garde. Bern 1887.

[3]) Vgl. v. Rodt, Gesch. d. bernerischen Kriegsw.

Huffiten; aus diefen Letzinnen wurden dann im günftigen Momente
Ausfälle gemacht. Indem nun die fchweizerifchen Knechte diefe
Verfchanzungen verließen, fich außerhalb derfelben zu feften tak=
tifchen Körpern zufammenfchloffen, wurden ihre Heere aktionsfähig
und durch ihre befondere Waffe, den langen Spieß, für Reiterheere
unüberwindlich. Diefe Entwicklung hat der fchweizerifche Geviert=
haufe gehabt; fie wurde ermöglicht durch die ewigen Kriege, welche
die Schweizer mit ihren Nachbarn, befonders den Ritterheeren der
Habsburger, zu durchkämpfen hatten und vor allem durch die
Disciplin, die die eidgenöffifchen Behörden in ihren Heeren auszu=
üben vermochten. Die Überlegenheit der fchweizerifchen Kriegs=
führung beruhte auf ihrer taktifchen Ordnung, dem Gevierthaufen.
Die normale Schlachtordnung der Schweizer beftand aus drei
Gevierthaufen, der Vorhut, dem Gewalthaufen und der Nachhut.
Die drei Haufen wurden in der Schlacht immer ftaffelförmig auf=
geftellt und zwar fo, daß die Vorhut ftets feitwärts=vorwärts des
Gewalthaufens blieb, um jedesmal den Angriff in der Front mit
einem aus der Flanke verbinden zu können, und ebenfo wurde
die Nachhut immer feitlich=rückwärts von dem Gewalthaufen an=
geordnet.[1] Jeder Haufe (die quadratifche Form war die Regel)
war zufammengefetzt aus Spießknechten und Hellebardieren. Die
Hellebardiere bildeten den Grundftock des Gevierthaufens, die
Piken= oder Spießknechte die äußeren Reihen deffelben. Ein folcher
Haufe war durch die Zufammenfetzung imftande, der Reiterei im
offenen Felde fiegreich Widerftand zu leiften; er konnte fowohl in
der Defenfive die anfprengenden Ritter durch die gefällten Spieße
abweifen, als auch in der Offenfive mit Erfolg einen Stoß gegen
die feindliche Schlachtreihe führen. War die feindliche Aufftellung
nun durch diefen Stoß erfchüttert, fo brachen die Hellebardiere
aus dem Haufen hervor und fuchten im Einzelkampfe den Feind
vollends zu vernichten. Jeder Haufe war noch befonders gedeckt
durch Schützen und Reiter, die meift als Plänkler nebenher oder
in der Front kämpften.

Auf diefer Kampfesordnung beruhten die Siege der Schweizer
bei Laupen 1339, bei Sempach 1386, bei Granfon und Murten
1476, um nur die hauptfächlichften zu nennen. Der Ruhm der

---

[1] Vgl. Delbrück, Seite 11 ff. Rüftow I. 145 ff.

Schweizer wuchs durch die siegreichen Schlachten, in denen sie die
Ritterheere vernichteten; die schweizerische Ordnung verbreitete sich
über ganz Europa, und schweizerische Krieger sind die Ahnen
der modernen europäischen Infanterie.

Es entsteht nun die Frage: „Wie hat sich diese schweizerische
Kampfesordnung zuerst auf die übrigen deutschen Stämme und
später auf die Franzosen und Spanier übertragen?" — Die
Antwort lautet: durch die Reisläufereien schweizerischer Knechte,
die sich seit Anfang des vierzehnten Jahrhunderts in der Schweiz
nachweisen lassen. Das Reislaufen schweizerischer Knechte hatte
schon in der ersten Hälfte des XV. Jhrts. einen bedeutenden Auf=
schwung genommen. Schon im Jahre 1401 wird das „in einen
Krieg louffen" ohne der Obrigkeit Gunst und Wissen verboten.[1]

Durch das ganze XVte Jhdt. können wir diese Ver=
bote des Reislaufens verfolgen: so 1422, 1450, 1460, 1471[2].
1473 sehen wir schon fremde Werber in der Schweiz, denn am
5ten Mai wird auf der Tagsatzung zu Luzern bestimmt[3]: „wenn
Fremde oder Einheimische in einem Orte bestellen oder anwerben
wollen, so soll man sie fangen und dermaßen strafen, daß sie ge=
horsam sind und wir alle solicher bubereye vertragen werden . . ."
Ausnahmen von diesem Verbote wurden freilich auch gemacht, so
wurde in den Abschied von Luzern vom Jahre 1465[4] aufge=
nommen: man solle heimbringen, ob man denen von Rothweil
gestatten wolle, Knechte anzuwerben gegen die Städte, welche
den Rothweilern Geld schuldeten. und selbes weder geben noch zu
Recht stehen wollten.

In den Krieg laufen mit obrigkeitlicher Erlaubnis war ge=
stattet. Auf dem Tag zu Luzern vom 20ten März 1475[5] wurde
bezüglich der Gesellen, die in den Krieg laufen, beschlossen: „Jeder
Ort soll vorsagen, daß nicht jeder für sich in den Krieg laufe,

[1] Vgl. Amtliche Sammlung der älteren Eidgenössischen Abschiede; bearbeitet von Anton Philipp Segesser. Zürich 1858 ff. I. 99.
[2] Abschiede II. 18. 247. 304. 421.
[3] Abschiede II. 446.
[4] Abschiede II. 348.
[5] Abschiede II. 529.

es sei denn, daß es mit Ordnung geschehe, und daß die Gesellen
einen Hauptmann haben und in solcher Weise ziehen, daß sie den
Feinden Widerstand thun mögen, damit sie nicht überwunden
und umgebracht werden, was geschehen könnte wenn sie ohne
Ordnung und in geringer Zahl auszögen —". Die Obrigkeit
hatte natürlich ein Interesse daran, daß nur den Fürsten und
Städten eidgenössische Knechte zuliefen, die mit ihr verbündet
waren; so wird z. B. 1473 untersagt, daß jemand dem burgundischen · Landvogt Peter von Hagenbach und seinem Herrn,
Karl dem Kühnen, zulaufe, dagegen wird den schwäbischen
und elsässischen Städten, dem Herzog Reinhard von Lothringen,
dem Herzog Sigismund von Oesterreich 1476 gestattet, Knechte
der Eidgenossen anzuwerben. . Wie oft aber diese Verordnung,
nur mit Erlaubnis der Obrigkeit Knechte der Eidgenossen anzuwerben und in den Krieg zu ziehen, übertreten worden, beweisen
die oben angeführten Verbote, die in den siebziger Jahren des
Jahrhunderts besonders zahlreich werden und sich noch bis in
die höchste Blütezeit des schweizerischen Söldnertums verfolgen
lassen. Fast jede kriegführende Macht bediente sich daher schon vor
den Burgunderkriegen schweizerischer Söldner. —

Es ist natürlich nur möglich, an einzelnen Stellen die
Existenz schweizerischer Söldner nachzuweisen; zudem kommt es
uns hier nur darauf an, auf schweizerische Söldner in deutschen
Diensten hinzuweisen.

Am häufigsten finden wir schweizerische Söldner in Franken
und Schwaben. Schon im Februar 1430 hatte die Stadt Ulm
Zürich um Hülfe gegen die Hussiten gebeten und einen Zuzug
von 11000 wohlgerüsteter Gesellen erhalten. [1]) Einzelne Schweizer
dienten schon im Oktober 1449 den Städten Augsburg, Memmingen,
Ulm, Kempten gegen Ulrich von Würtemberg[2]); gegen denselben
Ulrich von Würtemberg wollen die Eßlinger Schweizer anwerben;
ebenso hat Geißlingen eine Besatzung von 800 Schweizern. [3])
In dem Kriege zwischen Albrecht Achilles und Nürnberg nebst
den fränkischen Städten wenden sich beide Parteien an die Eid-

[1]) v. Mülinen. Seite 6 nach Tschudi 197. Anm.
[2]) Ders. 6 nach Ulmer Chroniken in den Chroniken der deutschen Städte.
[3]) v. Stadlinger, Gesch. des würtembergischen Kriegswesens. 180.

genossen mit der Bitte um Hilfe.[1]) Im Juni 1449 bekam der
Bürgermeister von Nürnberg, Erhard Schürstab, den Auftrag,
200 Schweizer zu werben. Den Nürnbergern wurde auf dem
Tage zu Luzern versprochen, dem Markgrafen Albrecht Achilles,
ihrem Gegner, keinerlei Vorschub zu leisten.[2]) Am 6ten September
desselben Jahres beschlossen die fränkischen Städte, Schweizer in
Sold zu nehmen; sie richteten ihr Gesuch an Luzern. Luzern
kam diesem Gesuche nach, aber statt der 6000 Knechte, die die
Abgesandten verlangten, lieferten die Luzerner nur 1000 Knechte.
Anführer der Schweizer war Heinrich von Malters, genannt der
Schlosser von Bern; er wurde zum Hauptmann über alle Nürn-
bergischen Truppen ernannt: er musterte die „purger, pauern und
trabanten, daz sie hetten kurz gewant, und daz ein jeder het ein
gut armbrust, püchsen oder helmparten und darzu ein gut lang
messer oder peihel an der siten hangen, ouch verbot er in zo
tragen ein klein bös spies .."[3]) Außer diesen lud Nürnberg
noch schweizerische Trabanten, die bis dahin noch im Solde
Weißenburgs gestanden hatten, ein, in seinen Sold zu treten.[4])
Die Schweizer gaben den Ausschlag in der Hempacher Schlacht
gegen den Markgrafen Albrecht Achilles. Nach dem Kriege wurden
sie entlassen; nur ihr Anführer, Heinrich Schlosser, blieb im Solde
(wie der Luzerner Ludwig von Büren im Solde Ulms); er verpflichtete sich der Stadt Nürnberg zu einem zweijährigen Dienste.
Im Jahre 1456 war er der oberste Hauptmann der Nürnberger
in einem Zuge gegen die Türken.[5])

Im Jahre 1462 ziehen 2000 Schweizer unter Hans Wald-
mann dem Kurfürsten Friedrich I von der Pfalz zu;[6]) sie kämpften
im Treffen bei Seckenheim. Die pfälzische Macht bestand aus
schweizerischem Fußvolk und Reitern; die würtembergische Reiterei
warf die pfälzische, da rücken die schweizerischen Söldner vor und
entscheiden die Schlacht zu Gunsten des Pfalzgrafen. Bei Secken-

---

[1]) v. Mülinen a. a. O.
[2]) Abschiede II. 234. Tag v. Luzern 24. Juli. 49.
[3]) v. Mülinen 19.
[4]) Jähns, Gesch. d. Kriegswesens Seite 936.
[5]) v. Mülinen 20 und Nürnb. Chron. in den Chron. der deutschen
Städte III. 409. IV. 207.
[6]) v. Stadlinger, Gesch. d. Würtemb. Kriegsw. 189. 184. 188.

heim zeigte sich schon jetzt das Verderbliche des Reisläufens der Schweizer. Als Ulrich von Würtemberg vernahm, daß sein Gegner, der Pfalzgraf, Schweizer in Sold hatte, warb er gleichfalls Leute aus der Schweiz an; es kämpften also schon bei Seckenheim Schweizer gegen Schweizer; die Würtembergischen unter Führung Wilhelm Herters, des späteren Siegers von Murten und Nancy, der hier bei Seckenheim gefangen wurde.

1474 hatten die Kölner gegen Burgund schweizerische Knechte im Solde; denn im Jahre 1476 wird denen von Köln im Amts= wege geschrieben, sie möchten, um Ungelegenheiten zu vermeiden, dem Jacob von Siplingen und den Knechten der Eidgenossen, die ihnen in dem Kriege von Neuß gedient hätten, den noch aus= stehenden Sold bezahlen.[1]) Wenn einer Macht die offizielle Hülfe der Schweiz versagt war, so suchte sie sich dadurch zu helfen, daß sie sich auf eigene Faust schweizerische Söldner anwarb; wie dies Basel z. B. 1474 that. Basel warb 200 Schweizer an, die aber wieder entlassen wurden, nachdem man der offiziellen Hilfe Berns sicher war.[2])

Aber nicht nur die eben geschilderte Reisläuferei, die officielle wie die inofficielle, trug zur Ausbreitung der schweizerischen Ordonnanz bei, nicht minder erfüllten die politischen Bündnisse, die mit der Schweiz abgeschlossen wurden, diesen Zweck. Bis in die ältesten Zeiten der Eidgenossenschaft können wir die Bündnisse verfolgen, die sie mit ihren Nachbarstädten und Nachbarländern in Schwaben und Elsaß abgeschlossen hat. Meist waren es die eidgenössischen Städte, die die Initiative hierbei ergriffen, denen sich die Länder dann einfach anschlossen. So bedingt sich die Stadt Basel in dem Bündnisvertrage, den sie mit Bern und Solothurn schloß, die kriegerische Hilfeleistung der Eidgenossen aus,[3]) ebenso Herzog Sigmund von Tirol, als er 1442 mit Zürich ein Schutz= und Trutzbündnis schloß. Zugleich wurde in diesen Verträgen der Sold ausbedungen, der den Eidgenossen für ihre Dienstleistungen gezahlt werden sollte, vier Rheinische Gulden in der Regel; so in dem Bündnisvertrage v. J. 1463 mit der

---

[1]) Abschiede II. 667/69.
[2]) Basler Chroniken, Knebel, II. 280.
[3]) Absch. I. 96.

Stadt Rothweil[1]); so in dem Bündnisvertrage mit dem Grafen
Eberhard und Ulrich von Würtemberg vom 8. Nov. 1469.[2]) —
Es sind dies schon genau dieselben Soldverträge, wie diejenigen,
die die Eidgenossenschaft im Jahre 1476 mit Reinhard von Lothringen abschloß und später mit dem Könige von Frankreich.

Wie hoch im Uebrigen im Reiche die Kriegstüchtigkeit der
Schweizer geschätzt wurde, ist daraus zu ersehen, daß in dem
Reichsausschlage „wider den hertzog vm burgundie" im Jahre
1474 die Zahl der Truppen, die das Reich zu stellen hatte, auf
69370 Mann bestimmt, der Herzog Sigismund von Österreich
mit den Schweizern allein auf 20000 Mann veranschlagt wurde,
während die Kurfürsten nur je 4000 Mann zu stellen hatten.[3])

<hr>

Wir haben gesehen, wie die Schweizer teils offiziell, teils in-
offiziell, das heißt ohne Erlaubnis ihrer Obrigkeit in deutschen Kriegsdiensten thätig waren; auf diese Weise wurden die Vorteile der eidgenössischen Kriegsführung im Reiche bekannt — die Erfolge waren
es ja schon —, und, wie es in taktischen Dingen selbstverständlich
ist, konnte es nicht ausbleiben, daß ihre Taktik von den Städten
und Fürsten, mit denen sie in Berührung kamen, nachgeahmt wurde.
Am meisten kamen die Schweizer mit den Fürsten und Städten im
Elsaß, Schwaben, Franken und Bayern in Berührung; es ist daher
nicht zu verwundern, daß von diesen zuerst ihre Taktik übernommen
wurde. Für Franken haben wir schon einen Fall angeführt. Nürnberg behielt nach dem Kriege, den es durch schweizerische Tüchtigkeit gewann, den schweizerischen Hauptmann Heinrich Walters

<hr>

[1]) Absch. II, 890: sie wollten ihnen Knechte zusenden, „derselben vet-
lichen sy ye des manoß, so lang sie die in Jren dienst habent, vier Rinsch
guldin zu suld geben sollent, und denselben sold anvachent uff den tag, als
die unsern gen Zürich kament" vgl. Ruckgaber, Gesch. d. Stadt Rothweil I. 104.

[2]) Absch. II 906 [403]: „Wäre och, das wir obgenannten grafen . . . . .
in ziten dieser verständnis mit jemand zu kriegen kamend und uns bedüchte,
daß wir der vorgenannten Eidgenossen von stetten und landen hilfe notdürftig
werent, das mögent wir an Sy bringen und werben, uns zu gönnen und zu
erlobent, uns ir Knechte zuziehen zu lassent . . . und . . . daß denen von
uns sold geben werden sol, wie man ye zu der zitte eins werden mag."

[3]) Mennert, II. 51. —

zurück; Malters verpflichtete sich der Stadt zu einem zwölf-
jährigen Dienste; er wurde dann, wie erwähnt, Anführer der
Nürnbergischen Truppen 1456 in einem Kriegszuge gegen die
Türken. Für Elsaß und Schwaben dient uns als Beweis dafür,
daß die schweizerische Taktik aufgenommen ist, die Schlacht von
Nancy 1477, auf die wir weiter unten noch zurückkommen werden.

Der schweizerischen Jugend war es durch die Beschlüsse der
Tagsatzungen verboten, in einen fremden Krieg zu laufen. Wollten
sich die fremden Herren und Städte, die nicht offiziell mit der
Schweiz verbündet waren, die taktischen Vorteile der Schweizer zu
nutze machen, so blieb ihnen nichts übrig, als die Truppen, die
ihnen zur Verfügung standen, nach Schweizer Art zu bewaffnen
und zu disziplinieren. Das Menschenmaterial, welches diesen Herren
zu Gebote stand, blieb in keiner Beziehung hinter dem der
Schweizer zurück; es waren fürs erste die Nachbarn der Schweizer,
die Schwaben und Elsässer, sie sowohl wie die Schweizer dem
alamanischen Stamme zugehörend. Schwaben und Elsaß sind
dann auch die eigentliche Heimat des Landsknechtstums geworden.

In dieser Übernahme der Schweizertaktik durch die
Deutschen im Reiche haben wir die Keime des Landsknechtswesens zu suchen; wenn wir auch den Namen „Landsknechte“ nicht früher als zum Jahre 1476[1]) ansetzen können, so
sind doch die Landsknechte der Sache nach weit früher
vorhanden gewesen. Den Zeitpunkt genau zu bestimmen ist
natürlich unmöglich; das Landsknechtswesen hat sich eben langsam
aus den gegebenen Verhältnissen entwickelt; nie und nimmer hat
ein einzelner Mann eine solche Institution ins Leben rufen können,
sie „begründen“ können.

Deutsche Hauptleute deutscher Fußknechte, die nach Schweizer
Art kämpften, finden wir seit der Mitte des XVten Jhdts.:
denn es lag in der Natur der Sache, daß Landesherren und
Staatsobrigkeiten sich Hauptleute bestellten und ihnen die Werbung
und Disciplinierung ihrer Mannschaften überließen; es war nicht
ausgeschlossen, daß diese, wo es ihnen möglich war, auch Schweizer
selbst anwarben. Der bekannteste und berühmteste Hauptmann

---

[1]) Von einer Stelle abgesehen, siehe unten.

des XV. Jhdts. war Wilhelm Herter von Herteneck.[1]) Er ent-
stammte einem pfalzgräflich-tübingischen Ministerialengeschlecht,[2])
stand zuerst in württembergischen Diensten, wurde, wie schon oben
erwähnt, in der Schlacht bei Seckenheim gefangen genommen,
wurde dann 1468 "stipendiatus et capitaneus" des Herzogs
Sigismund von Oesterreich;[3]) sein Kriegsruhm veranlaßte die
Schweizer, ihn, den Nichtschweizer, bei Murten 1476 zum obersten
Anführer und Ordinator der Schlacht zu machen, eine Thatsache,
die viel zu denken giebt; sie beweist aufs Schlagendste, daß schon
früher, als bisher angenommen, daß schon viel früher die Schwaben
und Elsässer nach Art der Schweizer gekämpft haben müssen,
denn schwerlich würden doch die Schweizer einem Manne den
Oberbefehl in der Schlacht anvertraut haben, der nicht praktische
Erfahrungen in der Art ihres Kampfes gehabt hätte. Um sich
ihm dankbar zu erzeigen, baten sie den Herzog Sigismund, er
möchte ihn zum Landvogt des Sundgaus an Stelle Oswalds
v. Thierstein machen, worauf der Herzog aber nicht einging.
Herter trat dann in lothringische Dienste, führte als solcher die
Unterhandlungen Reinhards mit den Eidgenossen, befehligte in
der Schlacht bei Nancy die deutsche Vorhut, trat nach dem Kriege
in Baslerische[4]) Dienste über und starb in dieser Stellung zu
Basel am 2ten März 1477.[5]) Knebel nennt ihn einen "vir
strenuus et magni corporis et subtilis ingenii et industriosus
in litibus bellicis, ordinator belli et acierum." —

Meinrad Schütz von Waldshut stand vorübergehend in den
Diensten der Stadt Basel; er wurde von den Baslern zu zeitlich
kürzeren Missionen benutzt; so erhält er 1474 vom Rat einen
Bestallungsbrief[6]) ausgestellt, in welchem ihm aufgetragen wurde,
eine Anzahl tüchtiger Fußknechte zu bestellen und sie dem Kaiser
zuzusenden. Nach Beendigung des Krieges mit Burgund 1475
finden wir ihn "cum certis peditibus hincinde de Basilea et

---

[1]) Es war mir leider unmöglich, über ihn den Aufsatz von J. J. Amiet
im Sonntagsblatt des "Berner Bund" 1876. 129 ff. einzusehen.

[2]) Knebel, Basl. Chron. II. 41 Anm.

[3]) ders. II. 303.

[4]) ders. II. 41. Anm.

[5]) ders. II. 303.

[6]) ders. III. 204 Anm. I.

illis finibus collectis" in den Dienſten der Stände Hochburgunds[1]),
er ſchickt nur noch ſeine Berichte zuſammen mit Ulrich Traber,
ebenfalls einem Söldnerhauptmann an den Rat zu Baſel, damit
ihm die Werbung in Baſels Gebiet geſtattet bleibe.

Der Landvogt Karls des Kühnen in den öſterreichiſchen
Pfandlandſchaften, Peter von Hagenbach, hatte ebenfalls deutſche
Kriegsknechte in Sold genommen, die von den Hauptleuten Friedrich
Vogelin und Friedrich Kappeler aus Mühlhauſen in der Umgegend
von Breiſach angeworben waren.　Mone, der Herausgeber der
Breiſacher Reimchronik[2]) nennt dieſe deutſchen Söldner „Lands-
knechte", wozu er formell nicht berechtigt iſt,[3]) denn in dieſer
Breiſacher Reimchronik über Peter von Hagenbach kommt der
Name „Landsknechte" noch nicht vor; daß wir es aber in der
That hier mit deutſchen Knechten und nicht mit ſchweizeriſchen zu
thun haben, beſtätigt uns eine Stelle in Knebels Tagebuch,[4]) der
ſie „pedestres soldatos Alemanos" nennt.[5]) — Der eine ihrer
Führer, Friedrich Kappeler, war einer jener Hauptleute, die auf
eigene Fauſt Söldner anwarben und dann ſich irgend einem
Herrn zur Verfügung ſtellten.　Nach Peter von Hagenbachs
traurigem Ende finden wir ihn mit ſeiner Söldnerſchar im Heere
der vereinigten Schweizer und Deutſchen bei Biel;[6]) er zog dann
vor Héricourt, nahm daſelbſt an der Belagerung teil und an der
Schlacht am 13ten November.　Er wurde dann Oberbefehlshaber

---

[1]) derf. III. 166.

[2]) In den Quellen zur Badiſchen Landesgeſchichte III. 215. ff.

[3]) Dieſer Irrtum Mones hat Jähns, 938, Würdinger, v. Rodt u.
andere veranlaßt, das erſte Vorkommen des Namens Landsknechte in das
Jahr 1474 zu ſetzen.

[4]) Basler Chroniken II, 77.

[5]) Ein ferneres Beweismittel würden wir in der Abbildung dieſer
Söldner auf der Tafel zur Quellenſammlung III, 364 ſehen können; wir
finden hier eine Anzahl bewaffneter Fußknechte, von welchen die meiſten lange
Spieße, einer eine Hellebarde, der andere eine Armbruſt, und drei Hand-
büchſen tragen; es würden alſo hier die drei Hauptgattungen der Bewaffnung
der Schweizer bei deutſchen Knechten zu bemerken ſein. — Der erſte Teil der
Breiſacher Reimchronik — und dieſem gehört die Abbildung an — iſt nach
Mone p. 251 noch vor dem Tode Karls des Kühnen verfaßt; ob aber
die Abbildung zugleich mit dem Texte entſtanden iſt, iſt nicht zu entſcheiden. —

[6]) Mone III. 216.

der Verbündeten vor Héricourt und führte mit Glück den kleinen
Krieg gegen Burgund. Später finden wir ihn in vorderöster-
reichischen Diensten, in welcher Eigenschaft er 1487 700 Mann
aus den Vorlanden bei dem Heereszuge Sigmunds von Tirol
gegen Venedig befehligt. Im J. 1499 war er unter Max I. Anführer der österreichischen Truppen im Schweizerkriege. —

Wie wir schon oben gesagt haben, sind wir formell nicht berechtigt, diese deutschen Söldner, die nach Schweizer Art bewaffnet
waren, mit dem Namen „Landsknechte" zu belegen; aber schon
zwei Jahre später, im Jahre 1476 finden wir für deutsche Söldner
den Namen Landsknechte durch ein mustergiltiges Zeugnis belegt,
das bisher von der Forschung meines Wissens nicht beachtet worden
ist. Neben den Truppen, die vom niederen Bunde dem Herzog Reinhard von Lothringen in seinem Kriege gegen Karl den Kühnen zur
Verfügung gestellt wurden, dienten ihm auch freie Söldnerbanden
unter selbstständigen Hauptleuten. Einer derselben war Rudolf
Harnescher, aus Thaun im Elsaß, Harnexaire[1]), wie ihn die
Hauptquelle für den Krieg von Lothringen und die Schlacht von
Nancy, die „Chronique de Lorraine" nennt; in derselben[2]) heißt
es von ihm zum Jahre 1476: „Plusieurs aventuriers lansquenetz, que vers li duc souvent venoit eulx presenter por le
bien servir un capitaine nommé Harnexaire, lequel avoit une
bande de VIXX (120) Alemans, li duc vers lui feit venir,
luy demanda, si il le volloit servir? Ledict Harnexaire respondit, que oy. Li duc son serment luy feit faire bonne-
ment . . . ledict capitaine Harnexaire et toutes ses gens,
les ungs avaient colverines, les altres hallebardes et des
grans espées." Harneschers Söldner sind die ersten, von denen
wir wissen, daß sie den Namen Landsknechte führten; wir erfahren
ferner von ihm aus der Chronique de Lorraine, daß er sich
während des Krieges in Lothringen im Dienste Reinhards aus-

---

[1]) Es ist viel an dem Namen „Harnexaire" von deutschen und französischen Forschern herumgedeutet worden. A. Digot, hist. de Lorraine nennt
ihn „Hans Scher"; v. Rodt: „Hornecker", sein einzig richtiger Name ist Rudolf
Harnescher, wie sich aus Knebels Tagebuch III, 87 ergiebt.

[2]) Chronique de Lorraine hrsg. v. Marchal 1860. pag. 210. Über
die unmittelbare Gleichzeitigkeit der Chr. d. L. mit der Schlacht v. Nancy
vgl. Laux, Über die Schlacht bei Nancy 13 ff. Berlin 1895.

zeichnete; noch nach dem Kriege läßt er ihm die Summe von vierhundert Rheinischen Gulden auszahlen, „pour payer tous les com-
paignons de guerre, qu' il a eu et amené tout le temps passé
en notre service."[1]) Neben den Söldnern Harnescher's nennt der
Verfasser der Chronique de Lorraine noch andere deutsche Söldner
„Landsknechte", „les lansquenetz de Metz"[2]), deren sich Karl der
Kühne versichert hatte. Eine Bestätigung, daß wir es im obigen Falle
wirklich mit Landsknechten zu thun hatten, giebt uns Petermann
Etterlin, in seiner „Chronika von der loblichen Eidgenossenschaft."[3])
Etterlin machte den Feldzug gegen Karl den Kühnen auf Seiten
des Herzogs von Lothringen in Person mit; wo er auf das
deutsche Kriegsvolk zu sprechen kommt, das Reinhard bei Basel
versammelt hatte, um es mit den ihm zuziehenden Söldnern aus
der Schweiz zu vereinigen, lauten seine Worte: „da was vorhin
ein gesamlot volk von häpschen Landsknecht."

Alle diese Hauptleute, von denen eben die Rede gewesen ist,
führten nur kleinere Truppenmassen, die nach Art der Schweizer
kämpften; ein Beispiel, das uns größere deutsche Truppenmassen
nach eben dieser Art kämpfend vor Augen führt, ist die Schlacht
bei Nancy[4]) am 5ten Jan. 1477, in der das Glück und die Macht
Karls des Kühnen durch die Tüchtigkeit der Schweizer und der
deutschen Landsknechte gebrochen wurde. Die Schlacht von Nancy
nimmt eine besondere Stellung in der Geschichte des deutschen
Kriegswesens ein; sie ist die Morgenröte einer neuen Zeit: das
deutsche Kriegsvolk hat sich jetzt zum taktischen Körper emporge-
schwungen. In dieser Schlacht, die Reinhard von Lothringen
mit Hilfe des vereinigten schweizerisch-deutschen Heeres gewann,
waren die deutschen Fußtruppen in derselben Weise zu einem
großen Haufen unter der Führung Wilhelm Herters geordnet wie
die Schweizer. Und — was nicht minder wichtig ist — hier bei
Nancy, also schon 1476/77 finden wir den Namen „Landsknechte"

---

[1]) Wir haben darüber die Anweisung des Herzogs an seinen receveur
général, mitgeteilt v. Henri Lepage in den „commentaires sur la chronique
de Lorraine" p. 111.

[2]) Chron. d. L. p. 246: le duc de Bourgoigne des lansquenetz de
Metz bien était assuré. —

[3]) Hrsg. v. J. J. Spreng, Basel 1752 fol. p. 213.

[4]) Vgl. Laur, über die Schlacht bei Nancy. Berlin 1895.

durch ein mustergiltiges Zeugnis belegt, wie wir es schon oben gezeigt haben, das aber bisher von der Forschung nicht beachtet worden ist.

Was nun die Bedeutung des Namens „Landsknechte" anlangt, so sind darüber die verschiedensten Ansichten zu Tage getreten. Einigkeit unter den neueren Forschern ist wenigstens darin erzielt, daß man nicht mehr „lanzknechte" sondern „landsknechte" schreibt. Von der Schreibart „lanzknechte" sieht man deshalb ab, weil diese schon früher zu Mißverständnissen Anlaß gegeben hat. Beide Schreibarten sind jedoch nur orthographisch verschieden.[1]) Aber die Schreibart „lanzknechte" hat schon frühe unkundige Schrift- steller bewogen, irrtümlich den Namen „lanzknechte"[2]) in Ver- bindung zu bringen mit der Lanze, die sie geführt hätten, eine Etymologie, die um so verkehrter ist, als die betreffende Waffe niemals Lanze, sondern immer Spieß genannt wurde.

Das Wort scheint im Mittelhochdeutschen wenig gebraucht worden zu sein; meines Wissens kommt es in dieser Periode nur einmal vor; und zwar in der Form „lantknechtin":[3]) es findet sich bei dem Fortsetzer des preußischen Chronisten Johann von Posilge und ist 1417 aufgezeichnet worden; dort heißt es zum Jahre 1414[4]): „ouch Bassinhayen wart vorrotin von etlichen „lantknechtin" und dem konynge yngegebin." Mit „lantknechtin" werden hier Söldner bezeichnet, die der deutsche Orden während des Krieges gegen Polen in Sold genommen hatte. Der Name „landsknecht" ist sonst nur gebräuchlich während des letzten Viertels des XV. Jhrdts. und während des XVI.ten, er schwindet aber schon im Anfange des XVII. Jhrdts.

---

[1]) Aus dem „ds" wurde „ts", „ß"; dieses „ß" wurde in „z" zusammen- gezogen.

[2]) cf. Jacob Grimm: Deutsches Wörterbuch VI. 136.

[3]) „landsknecht" und „lantknecht" ist natürlich dasselbe; vgl. Grimm, Dtsch. Wörterb. VI. 121 u. den Vers v. Opitz (Opitz 2,25):

„der lantknecht ir geschrey"

„der kuriß heller glanz, ... etc." —

[4]) Scriptores rerum Prussicarum hrsg. v. Th. Hirsch, Töppen etc. III. 344.

Gleich mit dem Auffommen des Wortes und des Begriffs „Landsknechte" hat man die kühnsten Hypothesen über seine Bedeutung aufgestellt. Von den älteren erwähne ich nur zwei: die von Mameranus, der uns berichtet, die Landsknechte seien früher „Böcke" genannt worden, seien aber, nachdem sie im Feldzuge Maximilians gegen die Türken ihren Herren vor Stuhlweißenburg schmählich im Stiche gelassen, zur Strafe „lantzknechte", „hoc est terrarum mancipia et servi" genannt worden, und die von Hortleder,[1] der uns erzählt, die Landsknechte trügen ihren Namen deshalb, weil sie aus einem Dienst in den andern zögen. — Eine neuere Hypothese von Stadlinger[2] erklärt die Landsknechte als Söhne eines und desselben Landes, als Landsleute. Von Brandt, in seiner Geschichte des Kriegswesens, dem unter andern auch Barthold und Würdinger gefolgt sind, erklärt[3] das Wort Landsknechte wie folgt: „Landsknechte nannte man die mannigfaltig bewaffneten, buntgekleideten Haufen, denn es war Volk vom Lande, im Gegensatz des Gebirges, von wo die Schweizer, nicht vom flachen Lande allein, sondern vorzüglich aus den Städten deren zahlreiche in Zunftspielen, guten Künsten und städtischem Kriege soweit geübte Handwerksgesellen dem ehrenvollen Rufe des ritterlichen Max folgten." Es leuchtet ein, daß diese Definition des Wortes unzutreffend ist; denn erstens ist Land kein Gegensatz zum Gebirge, und zweitens durchbricht der Autor den für die Landsknechte von ihm festgesetzten Rahmen, indem er sagt: „nicht vom flachen Lande allein, sondern vorzüglich aus den Städten." — Rüstow[4] erkannte die Unhaltbarkeit dieser Definition und läßt Max die neue Truppe „Landsknechte" nennen, weil sie aus seinem Lande, nicht aus der Fremde geworben ward und weil sie vom Lande, nicht von den Ständen oder nach Lehnpflicht der Vasallen gestellt war, eine Ansicht, die ebenfalls zu verwerfen ist, da, wie wir gesehen haben, Maximilian nicht der erste

---

[1] Von Anfang und Fortgang des deutschen Krieges Seite 421.
[2] Gesch. des Würtemberg. Kriegswesens 1856. Seite 26.
[3] Seite 95.
[4] I 203. Ihm haben sich v. Liliencron (die hist. Volkslieder der Deutschen II, 364), Delbrück, Perserkr. u. Burgunderkr. 265 u. andere angeschlossen. —

ist, der Söldner unter der Bezeichnung „Landsknechte" in seinem Dienste hat.

Um nun zu einer richtigen Erklärung des Wortes „Landsknechte" zu kommen, müssen wir uns einerseits das Wesen der Landsknechte, wie es uns bei ihrem ersten Auftreten entgegentritt, andererseits auch die verschiedenen fremdsprachlichen Übersetzungen vor Augen halten.

Wie wir oben gezeigt, sind die „lansquenetz", von denen der Verfasser der Chronique de Lorraine spricht, nichts als deutsche Söldnerbanden, die nach Schweizer Art im Solde des Herzogs Reinhard kämpften; von einem Gegensatz gegen die Schweizer ist noch keine Rede, ja es ist nicht einmal ausgeschlossen, daß unter den Söldnern, die Harnescher befehligte, sich auch Schweizer befanden; Etterlin, ein Schweizer, nennt sie sogar „hüpsche Lands-knecht." Comines[1]) übersetzt das Wort mit „compangnon du pays." Joh. Turmair[2]) (Aventinus) mit „patriae ministros", das heißt: „ein zur Verteidigung des Landes bestimmter Knecht", oder „ein Knecht, der dem Lande dient", eine Bezeichnung, die mit den Funktionen der deutschen Söldner Reinhards, Maximilians, des Bischofs von Metz vollkommen in Einklang steht. —

Landsknecht heißt also nichts anderes als ein Knecht, der dem Lande dient. Häufig wird noch die Landschaft hinzugesetzt, aus der die Landsknechte stammten[3]): so finden wir schweizerische[4]), schwäbische, flamländische[5]) und freie Landsknechte; unter letzteren haben wir solche zu verstehen, die keiner bestimmten Landschaft angehörten. Es ist nicht notwendig, mit dem Begriffe „Landsknecht" den des Söldners zu verbinden; die Landsknechte, mit

---

[1]) Mém. de Ph. de Comines, Coll. Pét. XIII. p. 195.

[2]) Sämmtl. Werke II. 495: „qui patria lingua sese landoknechtos hoc est patriae ministros nuncupant".

[3]) Vgl. Adelung, gramm. krit. Wörterb. der Hochdeutschen Mundart. II. 1894. Dietz, etymol. Wörterbuch d. roman. Sprachen 5te Ausg. Bonn 1887. 188.

[4]) Nürnberger Chroniken in den Chroniken d. deutschen Städte XI. 730 zum Jahre 1491: samleten sich . . . vil landsknecht aus Schweiz und aidgenossenschaft.

[5]) siehe unten S. 23.

denen Maximilian die Schlacht von Guinegate schlug, waren keine Söldner, sondern flamländische Knechte, die zur Verteidigung ihres Landes aufgeboten waren.

Da wir nun schon vor Maximilians erstem Auftreten die Landsknechte dem Namen und der Sache nach finden, so ist weder auf ihn der Ursprung noch der Name der Landsknechte zurückzuführen. Nicht also erst 1479[1]), nicht 1485[2]) schlug die Geburtsstunde der Landsknechte, sondern das Landsknechtswesen hat sich langsam aus den gegebenen Verhältnissen entwickelt; es hatte schon vor Maximilian eine gewisse Ausbildung erlangt. Es liegt ja in der Natur der Sache, daß eine solche Institution nicht plötzlich in einem Jahre aus der Erde gestampft werden kann: auch die Schweizer sind nicht plötzlich zu ihrer „Ordnung“ gekommen; allmählich erst haben sie sich aus ihren Letzinnen herausgewagt, sich zum taktischen Körper zusammengeschlossen und den Ritterheeren Widerstand zu leisten gewagt. Zudem bedenke man das eine: Maximilian schlug im Jahre 1479 die Schlacht bei Guinegate; in dieser Schlacht kämpft das flamländische Fußvolk in einem großen Gevierthaufen, giebt als solches den Ausschlag in der Schlacht, und für dieses ist der Name „Landsknecht“ gut verbürgt, wie wir weiter unten zeigen werden. Maximilian zählte damals erst zwanzig Jahre; ist es denkbar, daß ein so junger Fürst in zwei Jahren, während derer er noch dazu mit den widrigsten politischen Verhältnissen, inneren wie äußeren, zu kämpfen hatte, eine völlig neue Institution ins Leben rief? Ich glaube es nicht. Um eine solche Institution zu schaffen, dazu gehörte Kriegserfahrung, nicht nur theoretische, sondern auch praktische, und die praktische fehlte Maximilian vollständig; ohne praktische Kriegserfahrung konnte ein großer Gevierthaufen nach Art der Schweizer weder gebildet noch geführt werden; traten doch in der Schlacht bei Nancy die schweizerischen Hauptleute vor ihren Oberanführer Reinhard v. Lothringen mit der Bitte, er möge sich in die Mitte des Haufens begeben und sie selbst nach ihrem Bedünken schalten und walten lassen;[3]) sie trauten eben seiner

---

[1]) Delbrück, Perserkr. u. Burgunderkr. 265.
[2]) Ullmann, Kaiser Maximilian I. 852.
[3]) Delbrück S. 200.

Führung nicht, trotzdem er in Person die Murtener Schlacht mit-
gemacht hatte.

Wenn auch Maximilian der „Vater der Landsknechte" heißt
in Dichtung und Sage, so führt er diesen Namen nicht als der
Begründer, sondern als der Wohlthäter der Landsknechte. Die
Nachrichten, die auf ihn den Ursprung der Landsknechte zurückführen, stammen aus der Feder Unwissender, oder sie sind in der
Tendenz niedergeschrieben worden, um in den Ruhmeskranz Maximilians einen neuen Zweig zu flechten, so jene Verse eines Lands-
knechtsliedes, [1] das erst nach des Kaisers Tod entstanden ist:

> Gott gnab dem großmächtigen Kaiser frommen
> Maximilian, bei dem ist aufkommen
> Ein Orben, durchzieht alle Land
> Mit pfeifen und mit trummen
> Landsknecht sind sie genannt —

so jene Stelle in den panegyrischen Leichenreden eines Johann
Faber, [2] eines Sauromannus, [3] in dem Werke Cuspinians, [4] in
den Denkwürdigkeiten Kirchmairs, [5] die erst gegen die Mitte des
XVI. Jahrhunderts niedergeschrieben sind, und bei Fugger. [6] Erst
in der neueren Zeit haben einzelne Forscher sich von der falschen
Ansicht, Maximilian I. sei der „Begründer" des neuen Fußvolks
gewesen, frei gemacht. Der erste war meines Wissens F. W. Barthold in der Geschichte der Kriegsverfassung und des Kriegswesens
der Deutschen; [7] er sagt: „Wie aber die menschlichen Gedanken
überhaupt vermittelt sind, zumal auf dem Gebiete der Erfahrungs-
künste plötzliche Sprünge, geniales Blitzleuchten zu den Ausnahmen
gehören und im Alten die Keime des Neuen schon vorhanden sind,

---

[1] Bei Uhland, Volkslieder 516.

[2] Bei Freher, Struve. Germ. rerum script. tom. III. 413. [ge-
halten 1519]

[3] Ibedem 755. [gehalten 1519]

[4] Cuspiniani de Caesaribus atque imperat. Rom. 1540. fol. 738
[geschrieben 1521]

[5] Denkwürdigkeiten in den fontes rerum Austriacarum. I. 422.

[6] Handschrift nach Meynert p. 47. [geschrieben 1555]

[7] Leipz. 1864. S. 157. Diese Barthold'schen Sätze hat Würdinger
II. 287 wörtlich übernommen, ähnlich Zwiedineck-Südenhorst, Kriegsbilder
Stuttg. 1883. S. 6.

so hat Max nimmer das Verdienst erwerben können, urplötzlich
neue Gestaltungen hervorzuzaubern.»

Daß die Forschung im Allgemeinen im Irrtum befangen blieb,
lag daran, daß sie immer nur das Wort „Landsknechte" im Auge
gehabt hat, niemals aber das Wesen derselben. Das Wort „Landsknechte" kommt allerdings in den gleichzeitigen Berichten ziemlich
selten und ziemlich spät vor. Abgesehen von den Fällen, die wir
oben schon erwähnt haben, finden wir es zum ersten Male zum
Jahre 1486 urkundlich in den Eidgenössischen Abschieden;[1]) damals
wurde ein Thurgauischer Ritter, Konrad Gächuff, von der Tagsatzung verklagt, er habe geäußert, er wolle schwäbische und andere
Landsknechte so ausrüsten und unterrichten, daß einer derselben
mehr wert sei, als zwei Eidgenossen. Von nun an erst finden
wir den Namen häufiger; officiell kommt er erst in Gebrauch 1530;
so wird in einem Reichstagsabschiede „von der Landsknecht und
Kriegsknecht Gotteslästerung, Schreien und Fluchen gesprochen."[2])
Bis dahin waren auch für die Maximilianischen „Landsknechte"
gebräuchlich die Ausdrücke „Knecht," „Fußknecht," „Dienstknecht."

Wir glauben gezeigt zu haben, daß auf Maximilian weder
der Ursprung noch der Name der Landsknechte zurückgeführt werden
kann; Landsknechte gab es schon vor Maximilian dem Namen
und der Sache nach. Wollen wir aber Maximilian jegliches
Verdienst um die Landsknechte absprechen? Mit Nichten! Sein
Verdienst bestand eben darin, daß er die Schweizertaktik und die
der schon vor ihm vorhandenen Landsknechte übernahm, alle seine
Kriege mit Landsknechten schlug und durch diese zahlreichen Kriege
die Institution allgemein in Europa verbreitete. Gleich bei seinem
ersten Auftreten in den Niederlanden sehen wir ihn seine Kriege
mit Landsknechten führen, und die erste Schlacht, die er daselbst
schlug, die Schlacht bei Guinegate,[3]) zu deren Betrachtung wir

---

[1]) Absch. III. 1. 250.

[2]) Jacob Grimm, Deutsches Wörterbuch VI, 137: „Reform guter Polizei"
Augsburg 1530. Titel 6.

[3]) Quellen zur Schlacht bei Guinegate sind: Molinet, der burgundische
Hofhistoriograph, davon abgeleitet: Pontus Heuterus, Rerum Austriacarum
libri XI; ferner die „wonderlyke oorloghen von der doorluchtighen prince
Kaiser Maximilien etc." in der franz. Übersetzung von Delepierre: Chronique
des faits et gestes etc. Brux. 1839, eine Quelle sehr niedrigen Ranges;

uns nun wenden, gewann er durch die Tüchtigkeit seiner flamländischen Landsknechte.

In dem Kriege, der sich um das Erbe Karls des Kühnen
von Burgund zwischen Maximilian von Österreich und Ludwig XII.
von Frankreich entspann, hatte Anfangs August 1479 Maximilian
die Stadt Therouanne zu belagern begonnen. Er hatte in seinem
Heere 14—15000 Landsknechte und zwar deutsche,[1] die er gleich
von Anfang an mit sich führte, und flamländische, „les lansquenetz
flamands",[2] das Aufgebot der flämischen Stände. Wie Maximilian zu diesen deutschen Landsknechten gekommen ist, wissen wir
nicht; ob er sie mit aus Deutschland gebracht hat, ob sie ihm
während des Krieges zugelaufen, bleibt dahingestellt. Wieviel es
waren, wissen wir auch nicht.

Bald erhielt Max die Nachricht vom Heranrücken eines französischen Heeres unter dem Befehl des Crevecoeur, eines Edel-
mannes, der früher in Karls des Kühnen Diensten gestanden hatte,
später aber zum Könige von Frankreich übergegangen war. Als
diese Nachricht ihm durch glücklich ausgeführte Recognoscierungen
zur Gewißheit geworden war, beschloß er, vorläufig die Belagerung von Therouanne aufzugeben; die schweren Geschütze wurden
nach Aire gebracht, und die „fliegenden" (engin volaus) für die
Schlacht zurückbehalten; sein ganzes Heer überschritt die Lys und
schlug auf dem jenseitigen linken Ufer der Lys ein Lager auf.
Ungefähr zu gleicher Zeit waren die Franzosen bis Blangy, einem
Orte, der vielleicht drei Meilen in südwestlicher Richtung vom
burgundischen Lager gelegen war, vorgerückt. Eine weite Ebene
erstreckte sich zwischen beiden Lagern.[3] Ungefähr in der Mitte

---

Jean de Dadyzèle's, bailli von Gent, Schlachtbericht im Anhang zu Delepierre;
Thomas Basinus im 6. Buche seiner hist. Ludovici XI; Olivier de la Marche,
burgundischer Haushofmeister, der die Truppen des Erzherzogs kurz vor der
Schlacht gesehen und kurz vor der Schlacht als Unterhändler zu König Ludwig XI. geschickt wurde; ferner ein Schlachtbericht des Prinzen von Oranien
an den Rat der Stadt Basel bei Ochs, Gesch. der Stadt Basel IV. 364.
Nr. 1. — Französisch gefärbt sind Comines und Jean de Troyes.

[1] Olivier de la Marche 430/31: L'archiduc avait une bonne bande
d' Allemans lansquenets etc.

[2] Jean de Dadyzèle: „le comte de Romont fit avancer les lansquenetz flamands!"

[3] Vgl. Jähns Karte im Atlas zur Gesch. des Kriegswesens No 66.

dieser Ebene, rechts von der Straße, die von Therouanne nach Arras führte, erhoben sich mehrere Hügel,[1] der bedeutendste war der von „Enquingate,“ nach dem die Schlacht von den Historikern „Guinegate“ genannt wird; etwas südlich von ihm erhob sich ein kleinerer, der von Euquin.

Am Morgen des 7. August bewegten sich beide Heere gegeneinander. Die Franzosen ordneten sich zur Schlacht auf den Höhen von Enquin, derjenigen von Enquingate gegenüber; und zwar stellte Crevecoeur sein Heer in drei Schlachthaufen hintereinander auf.[2] Den dem Hügel von Enquin gegenüber liegenden Hügel von Enquingate hatte eine Anzahl französischer Lanzen besetzt, um den Aufmarsch des eigenen Heeres zu decken und den des feindlichen zu erschweren; die Franzosen wurden aber bald von den ersten Truppen des nun anrückenden burgundischen Heeres verdrängt, das nun unter dem Schutze plänkelnder Vortruppen auf dem Hügel von Enquingate seine Aufstellung nahm.

Maximilian stellte alle seine Truppen in einem einzigen Haufen auf; in diesem „corps de bataille“ bildeten die flämischen Landsknechte die äußeren Reihen; bewaffnet mit langen Spießen, „cum longis contis praeacutis, quos vulgo „piken“ appellant,“ so lauten Basinus' Worte, in ein volles Viereck vereinigt, in der Form einer Egge, wie Molinet sagt: (toute son armée fut mise en une seule masse, il ne fit ruer que une seule bataille, tirant sur la fachon d'une herse — quadrata acie, übersetzt Pontus Heuterus). Vor der Front dieses Haufens waren die Geschütze aufgefahren, und vor denselben die leichten Truppen aufgestellt, englische Bogenschützen, deutsche Hakenschützen und andere, mit der Bestimmung, den Kampf gegen die anrückenden Ritter zu eröffnen. Die Flanken des Haufens wurden durch 825 Lanzen gedeckt, die Maximilian an Reiterei bei sich hatte.

Gegen drei Uhr nachmittags begann die Schlacht. Das erste Treffen der Franzosen rückte von seiner Anhöhe herab; es wurde von den leichten Truppen der Burgunder empfangen, die dazu

---

[1] Vgl. die Schilderung der Örtlichkeiten bei Kervyn de Lettenhove, hist. de Flandres. V, 306.

[2] Molinet 207.

bestimmt waren, das Vorrücken der Feinde möglichst zu erschweren; die burgundischen Truppen wurden von den französischen schweren Reitern über den Haufen geworfen, was sich retten konnte, rettete sich in das corps de bataille.

Nun begannen die burgundischen Geschütze gegen den Feind zu spielen und richteten solche Verwüstungen unter den französischen Rittern an, daß Crevecoeur gezwungen wurde, sein erstes Treffen zu teilen und zu versuchen, den burgundischen Schlachthaufen in den Flanken zu packen. Der Versuch gelang; die französischen Ordonnanzkompagnien, je 500—600 Lanzen, begleitet von einer Anzahl francs archers, umgingen den burgundischen Schlachthaufen und warfen sich auf die den Haupthaufen deckenden burgundischen gens d' armes; diese leisteten anfangs zwar kräftigen Widerstand, mußten aber bald der Übermacht weichen; sie wurden vom Gewalthaufen abgeschnitten und flohen in der Richtung auf Atre und St. Omer zu, gerade in die Arme der feindlichen Festung, deren Besatzung nun einen Ausfall machte und plündernd in das burgundische Lager einbrach.

Das corps de bataille der Burgunder war auf diese Weise seiner Deckung beraubt und war nun auf seine eigene Kraft angewiesen. Siegesgewiß rückte nun das zweite französische Treffen vor und suchte von allen Seiten in den burgundischen Haufen einzubrechen, was ihm aber auf keiner Stelle gelang; denn, sagt Molinet, die Flamländer waren so gut geführt und im Gebrauche der Geschütze und Piken so gut geübt, daß jene nicht wagten, in sie einzubrechen; freilich hatten die Befehlshaber, vor allem der Oberbefehlshaber, der Graf v. Romont, große Mühe, den Haufen zusammen zu halten, denn die Flamländer wollten, wenn sie einzelne feindliche Truppenabteilungen zurückgeworfen hatten, sich sofort an deren Verfolgung machen. Einbrechen in den Haufen konnten die Franzosen nicht, wohl aber gelang es ihnen, sich der burgundischen Geschütze zu bemächtigen, deren Mündungen nun gegen den burgundischen Gevierthaufen gerichtet wurden. Die Geschütze hatten schon große Verwüstungen angerichtet, als der Graf v. Romont Truppen aus der Mitte des Haufens hervorbrechen ließ, denen es gelang, die Geschütze aus den Händen der Franzosen zurückzuerobern.

Nun rückte der ganze burgundische Haufe in geschlossener Masse vor, warf die andringenden Franzosen des zweiten Gliedes auf das noch stehende dritte Glied zurück und fiel, ohne seine Ordnung zu zerstören, in dieses ein. Ein heißer Kampf entspann sich nun; von allen Seiten suchten die feindlichen Reiter und francs archers in den Gevierthaufen einzubrechen, aber ohne Erfolg. Nach heißem Streit gelang es den Burgundern, das feindliche dritte Glied vollends über den Haufen zu werfen und in die Flucht zu schlagen.

Trefflich hat uns Basinus diesen letzten Kampf in seinem 6. Buche der hist. Lud. XI mit folgenden Worten geschildert: . . . „missis equis omnes ferme pedites in peditum Francorum, quos francos sagittarios appellant, multitudinem ingentem irruere coeperunt. Quos cum equites Francorum protegere atque defensare penetrareque cum lancis et contis cuneos Flamingorum conarentur, hoc facere, uti desiderabant, minime potuerunt. Nam ipsi Flamingi pedites cum suis longis contis praeacutis ferramentis communitis, quas vulgo „piken" appellant, hostium equites ne intra se immitterent, viriliter arcebant. Conserto itaque cum peditibus Francorum copiis acri proelio diu cum magna hinc inde hostium strage dimicatum est. Tandem tunc victoria Flamingis, sed non incruenta provenit."

Maximilian gewann die Schlacht nur durch die Tüchtigkeit des Fußvolks; das Fußvolk ist die eigentliche pièce de résistance in der Schlacht. Und dieses Fußvolk erfüllt die Anforderungen, die wir an die Landsknechte der Sache und dem Namen nach gestellt haben, vollständig: es ist nach Art der Schweizer aufgestellt, in viereckiger Ordnung, quadrata acie, in der Gestalt einer Egge, sur la fachon d'une herse. Freilich ist uns aus den Quellen nur ersichtlich, daß die flamländischen Truppen in einem großen Haufen kämpften, während die Schweizer meist in drei Haufen zu kämpfen pflegten.

Für diese flamländischen und deutschen Knechte, die Max aus Deutschland vermeintlich mit sich gebracht hatte, ist nun der Name „Landsknechte" so gut verbürgt, wie wir uns es nicht besser wünschen können. Zwei Augenzeugen sind es, die uns genaue

Auskunft geben. Olivier de la Marche, welcher beim burgundischen Heere bis kurz vor der Schlacht. weilte, sagt, als er von den deutschen Söldnern spricht, die Max mit sich führte: „l' archiduc avait une bonne bande d' Allemans lansquenetz" und Jean de Dadyzèle, der in Person an der Schlacht teil genommen hat, sagt: „de son côté le comte de Romont fit avancer les lansquenetz flamauds;" sein Bericht muß unmittelbar nach der Schlacht geschrieben sein, denn schon im J. 1481 wird er als grand bailli de Gand ermordet.

Kleine archivalische Beiträge zur Kenntnis der deutschen Agrarverhältnisse im 16. und 17. Jahrhundert.

(Mitgeteilt von Eduard Otto.)

---

1. Ordnungen des Burgerdings zu Babenhausen in der Grafschaft Hanau.

Das jetzt zum Großherzogtum Hessen gehörige, ehemals gräflich hanauische Städtchen Babenhausen gehörte zu den künstlichen Zwergstädten des späteren Mittelalters, die in ihrer gesamten Erscheinung und nach allen ihren wesentlichen Lebensäußerungen ein durchaus ländliches Gepräge zeigen und von städtischem Wesen nicht viel mehr als den bloßen Namen aufweisen. Dies zeigt ein Blick in die zahlreichen Akten, die das Großherzogliche Haus= und Staatsarchiv in Darmstadt aufbewahrt. Ihnen entnehme ich folgenden Auszug aus den Bestimmungen des Burgerdings, die fast ausschließlich von rein agrarischen Dingen und Verhältnissen handeln und sich ihrem Inhalte nach mit der später mitzuteilenden Dorf= ordnung von Insingen vielfach berühren. Die Hauptordnung, die aus dem Jahre 1522 stammt, hat in der Folge durch das Burger= ding wie durch gräflich hanau'sche Verordnung verschiedentlich Zusätze erhalten.

Burgerordnung zu Babenhaußen
de Anno 1522.

Dieß ist die ordenung des Burgerdings, so der gemeyn burger von achtern auß dem rath vnd den gemeyn burgern begriffen vnd beschloffen am Burgerding Montags nach Blasii biß off wijderruff der burger, geſcheen bey dem Burgermeiſter Pauell Schicken vnd Haynrich Funcken haynburger Anno 1522.

. . . . So eyn Burgermeyſter burgerding halten wyll, ſall er das hegen von ſeynett wegen, von aller burger wegen vnd von aller der wegen, diß darane zu ſchaffen haben oder gewinnen, verbiett auch alle vnuerkorn wortt, auch das keyner redte, er du das ban mitt leybe[1]); welcher daruber thutt, der ſall den burgern eyn halb firtel weyns verfallen ſeyn.

Wo eyner oder eyne noch eym gepolt[2]) eins burgermeyſters in garten oder wieſen begriffen wurd vnd eym ſchaden darinne theben mitt graſſen, ſchurben oder frucht vßkruden,[3]) derſelb oder diſſelbige ſol den burgern ein lb heller verfallen ſeyn.

Wo eynem Burger eyn zune beſchedigett wurde, es geſche von mannen oder von frowhen perſonen, vnd eyn burger oder ge= ſchworner ſchutze darzu kemen vnd diß ſelbigen nitt anbrechten, der ſelb burger oder ſchutß ſoll den burgern 5 ß altß geltß ver= fallen ſeyn, ſo offt eyner oder eyne anbrocht werden; vnd ſolle ſolchs alſo bey irem ayde anbrengen; welcher das nitt thebtt, er ſey burger oder ſchutß, der ſelbig ſol ſolchs den burgern auch 5 ß altt geltß verbußen vnd verfallen ſeyn.

Wo auch eyner oder eyne an eym zaune mitt ſtecken außreyſſen, welen abheben oder mitt ſpathen begriffen wurde, ſo offt das an= brochtt wurde, ſoll den burgern 5 ß altß geltß verbuſſen.

Wo eyner einem eyn friiden[4]) ſchediget mitt weyden ab= hauwen oder anderm wachſenden holtzß, ſoll den burgern 1 lb heller verbuſſen.

Wo auch eyner ſchedigett eynen weydenkopff oder ſunſt eynen grunen wachſenden friiden, der daruber erwuſchtt vnd anbrachtt wurde, ſoll den burgern 1 lb heller verfallen ſein.

Welcher eyn ſelbs wachſenden friiden zuſchen Ihm vnd eym andern zeugen wyll, der ſoll den vff ſeyn gut ſetzen zwene ſchuge on eyns andern ſchaden, vnd wo eyn ſtam vberwuchſe, ſoll derſelb

---

[1]) Erlaubnis.

[2]) d. h. nach dem Gebot zum Burgerding.

[3]) „Krauten" = Kraut ſtechen, auch Unkraut ausraufen.

[4]) „Friede" iſt hier in ſeiner ſinnlichen Bedeutung als die ein Grund= ſtück einfriedigende Hecke gebraucht. Eine lebende Hecke wird weiter unten ein „grüner, wachſender Friede" genannt.

zu seynem nachbar sagen: Liber nachbar, hauhe den oberwachs ab, er thut mir schaden! Wo er das nitt thutt, soll derselbig, der neben im lygen hott, den Vberhangk abhauwen on schaden.

Weher in der landgewere holtzs hiehe oder dure holtzs daruff druge, der oder dijselben sollen es den burgern verbussen mit 1 lb heller, so offt sy anbrocht oder erwuscht wurden.

Wo dij schutzen eyne oder merhe in den fruchten oder gräben begriffen mit graffen oder krauden, sollen es verbussen mit 12 ₰, so offt sij begriffen wurden; derglenchen wo eyner oder eyne durch dij frucht lissen vnd dij schutzen das niit anbrechten, vnd eyn burger das sehe, das die schutzen das nitt anbrechten, sollen dij schutzen die obgemelte bus 12 ₰ vßrichten, so offt das gesche.

So eyner vff der landtgewere arbaytt oder zackert, ob demselben eyn holtzs nott were, sol er zu hauwen machtl hon on der hege schaden.

Wo eyn pferdtt oder meher in fruchten erwuschet ober an-brochtt wurde, sol ijdes 6 ₰ verbussen, wo aber eyns ober meher anbrachtt wurde in verbottener weyde, soll geben 4 ₰.

Wo auch eyn pferdtt in fruchten erwuschett wurde vnd der, des dij frucht ist, nitt darbey bleyben lassen wyll, sol der, des das pferdtt ist, sich mit dem auch verdragen, des dij frucht ist.

Wo eyner lucken hette in garten oder sunst, vnd eyn burge-meyster mitt jehnen gesellen dij besehen, welcher dij heile, sol 6 ₰ verbußen, vnd wo eyner nach der buse wijder befunden wurdtt, sol er 12 ₰ verbußen; doch so er zum ersten bussig wurde, sol im eyn haymburge oder schutz sagen, das er dij zumache, welcher das nitt thutt, soll, so offt dij besehen werden, 12 ₰ verbussen.

Alle graben, so eyn burgemeister verbeult vnd zu besehen hott, sol eyn ijber begen vnd vor seym gutt halten, vnd so offt eyner erwuschtt wurde, sol er mitt 12 ₰ verbussen. . . . . . .

Welcher gutter hott ziehen von der lachen bruken an biß an dij garten aben, soll ijber das borth[1] vor seynem gutt halten.

Item alle graben, dij durch dij wysen zygen, in vnserm schutzs, so eyn burgemeyster zu besehen hott, sol ijglicher vor seym gutt

---

[1] Ufer.

vegen vnd halten; welcher das nitt dutt, sol, so offt er begriffen oder erwuschett, 12 ₰ verbussen.

Item von der Krupels brucken an bis ane kuhegarten sol keyner keyn fach[1]) machen durch das rore vß, auch keyner in der lachen oder in keynem bische mitt keynem garn zißen; es soll auch keyn burger keynem freyen[2]) keyn garn leyhen, in den obgemelten wassern zu fischen, bey ½ lb hellern.

Item es soll auch keyner in keynem bische, bis alles gras herinne kumptt, fyschen; wo eyner daruber begriffen, soll 1 lb heller vorbusen. . . . .

Wo eyner Vihe brebe noch der zeytt, Nemlich 6 Wochen noch der prundtt, vnd darnoch das selb Vihe dar haym liß, ehe man pfründtt gebe, sol eyn yder seyn pfrundtt geben dij nechst volgenden darnoch; wo aber eyner das nitt bhade, so soll dasselbig vihe den burgern zu stehen.

Welcher vihe zißen wyll, der soll solchs vor den hirten außbreyben oder im Stalle verhalten; wo eyns daruber vff der gassen begriffen, soll pfrundtt geben wij das vihe, das fur den hirtten gehett, eß were dan, das ahm solchs vihe vngeuerlich vß dem stall qweme.

Welcher vihe gewenett drijhe dag noch sannt Peters dagk, der soll keynen wene layb schulbig sayn zu geben.

Welcher eckere vff die bane zeu ne stoßen hett vom helgen hauß an biß zu der landgewere an den Schlack, derselb soll sij halten, vnd wo eyner eyn acker daruff stoßen verkaufft, derselbig soll zu eym Burgemeyster gen vnd denselben lassen außthun, vnd der den acker kaufft hat, zu schrijben laßen;[3]) welcher das nitt thutt, soll 6 ₰ verbussen vnd den schlack zu machen.

---

[1]) Fischfang.

[2]) Der „Freie" ist hier der von den gemeinen Lasten Befreite, der wegen dieser seiner „Freiheit" auf gewisse Almendenutzungen keinen Anspruch hat.

[3]) Unklarer Satzbau! der Sinn ist offenbar der: Der Verkäufer des bewußten Ackers muß dafür Sorge tragen, daß der Bürgermeister ihn aus der Liste derjenigen, die den Schlag bezw. die Bannzäune zu unterhalten haben streiche und statt seiner den Namen des Käufers eintrage, sonst bleibt die Verpflichtung auf ihm haften und er wird überdies gestraft.

Welcher gesähet guttere im velde ligen hett, sij ligen wo sij wollen, so dij selb frucht vber sich kumptt, so soll eyner ein fur end zackern vnd seynem nachbarn mit zackern oder pferden keynen schaden thun an seyner Fruchtt; so er das one schaden nitt gethon kann, soll er daßelbig vmbhacken, damitt er seynem nachbarn keynen schaden thun soll; welcher daruber thutt, soll 5 ß heller verbuffen vnd sich mit dem verdragen, dem er den schaden ge= thon hatt.[1])

Welcher guttere hette vff dij gemeyn wegk oder almen stossen, der soll dij nitt vberstecken, vberzeunen oder vberzackern bey 1 lb heller.

Welcher eyn meste kuhe wyll halten, der soll yre den schwantzs abhawen, wij von alters herkommen, vnd dij vff dij wissen dryben, biß dij verbotten werden, vnd darnach im stall behalten, biß man eyn kelberhirtten dingk oder wijder vff dij wissen serett bey der burgerbuß. Welcher dij vff eyn ander jare wijder vßdribt, soll den burgern verfallen seyn bey der burgerbuß.

Welcher ein kuhe vff dij wijssen drebe, dij nitt gekalbt hett in acht oder virzen dagen, ehe dij kuhe vff die wissen gene, oder auch in acht oder virzen dagen darnoch nitt kalbtt, soll es ver= bußen bey der burger buß.

Auch seyn neben= vnd sonderhirtten bey der burgerbuß verbotten, 5 ß altß gelts.

Weicher genß hott, soll am ersten zwirnett hutten vnd, so es zum andern molle ane eyn kumptt, soll er von zweyen gensen eyn dagk hutten vnd zur drytten hutte soll dijselbe hutte vorgene vnd sal yglicher von viern gensen eyn dag hutten bey der burger buß.[2])

Es sol auch eyn jglicher, der zwo genß hott, eyn gantzert halten bey der burger buß.

---

[1]) Der „Anwänder" (Nachbar) hat also ein „Fürende" zu ackern, d. h. sich beim Ackern so einzurichten, daß er auf dem befruchteten Grundstück seines Nachbarn den Pflug nicht zu wenden braucht, also längs der Grenze etwa Querfurchen zu ziehen, oder den Grenzstreifen überhaupt nicht mit dem Pflug, sondern mit der Hacke umzubrechen.
[2]) Stadtbürger, die reihum die Gänse hüten! Nichts zeigt klarer den unverfälschten idyllischen Dorfcharakter dieser Stadt.

Welcher eynem eyn pflug oder egen nymptt ane seyn wyssen, der soll solchs verbussen mit 5 ß heller.

Es soll auch eyn iber Burgermeyster vnd haynburger jerlichs zwene dag vff das wenigst vff der almen fronnen lassen; wo das nitt gesche, soll ir ydem eyn halb pfuntt an saynem bawgelt abgeschlagen werden.

Welcher enten zeuchtt vnd eyner dißelbigen in seyner frucht oder wissen findtt, mag eyner diß erschlagen vnd keynem weytters antwortt zu geben schuldig seyn.

Wo eyn metzler oder hirtt eynem durch seyn frucht oder vber gereiserth[1] eckere fure, sol eyn iglicher, so offt er anbrocht wurdt, verbussen 5 ß heller, vnd so ein burger aynen also faren sehe vnd das nitt anbrecht, sol derselbig dy buß außrichtten, vnd wo eyn schutz einen erfindett, sol solchs, wiß von alter her komen, anbrengen.

Es soll keyn metzler vff keyne gemeynde almen oder wysen mitt seyn schoffen oder hemeln faren, vnser gemeyn schoffer far dan auch dohin; welcher das vberfure, soll, so offt er anbrochtt wurdt, 5 ß heller verbussen.

Welcher nitt drij morgen ackers hett, er sij burger oder freyher,[2] sol den schutzen geben 2 ₰; welcher das nitt thede, sol im der schutz nit schuldig seyn, gutter wiß eym andern Burger zu verhutten.

Alle vnrecht wege vnd pfedtt sollen verbotten seyn bey 5 ß heller. . . . .

Welcher zwo morken mit ferkeln hett vnd dij gewennen wyll vnder den hirtten, sol geben zwene wene layb.

Eyn yder soll faren zum nechsten zu vff das seyn on eyns andern schaden. — —

Auf die eben mitgeteilte Bürgerordnung aus dem Jahre 1522 folgt die Abschrift eines etwas älteren Weistums (1512):

Diß nachgeschriben vrttel seyn von den burgern gewyesen worden, als Petter Krebs burgermeyster vnd Enders Henge Haynburger gewest, vff mondag noch Katharine Anno 1512.

---

[1] Durch Reiser bezeichnet oder mit Reisern gedeckt.

[2] Steuerfreier. S. oben!

Ob sich eyner weygertt burger zu werden, daroff der burger gewissen: Welcher sin baglon verdhine vnd sich wasser vnd wayb gebraucht, der soll billich thun wy eyn ander burger.

Welcher frucht im selbe hett oder ruben, der mag sich das seyn brauchen on eyns andern schaden.

Welcher ruben in eyn kornfeldtt sehett, der sol sich derselbigen auch on eyns andern schaden gebrauchen. . . . .

Wo eyner eynem ober eyn wissen oder eyn acker fur, wo der anbrochtt wurdtt, wust der burger, wij er sich forther sol halten.

Eyn yglicher burger mag zum halben beyll vor dem seynen mist machen; wo aber eyner von eynem nachbare deßhalb be-schwerung hett, mag er denselben mitt recht furnemen, ob ime gelieb. . . . .

Wann eyner eym hirtten eyn vihe libertt, sol dasselbig vihe eym yben von dem hyrtten wijder gelibert werden; wo das nitt geschichtt, mag eyner sij mit recht furnemen.

Welcher burger der erst in eym zeychen ist mitt den schoffen, der soll dobij bleyben, vnd so eyn anderer solch zaychen auch machen oder haben wollt, sol im nitt gestatt werden; wo das geschitt, sols im vßgeton werden vnd den ersten bey solchen zaychen lassen.

Welcher drey morgen ackers zu schneyden hett, der ist eym schulmeyster eyn sichling[1]) schuldig zu geben; welcher darunder hett, ist im nicht schuldig.

So eyn burgemeyster mit der gemeyn fronnett, soll dij gemeyn vff eyn burgemeyster vnd vff keyn letzmeyster[2]) wartten, vnd wan der burgemeyster sij hayst abgene, so han sij macht; dhutt eyner daruber, der soll seyn in der Burger stroff.

So eyn haynburger eynen pfendtt, mage er dij pfandtt achtt dag vnd nitt lenger behalten; wo der gepfandtt die pfandtt nitt loiste, soll eyn haynburger dij versetzen oder verkauffen vnd, wo es

---

[1]) Sichling = Gebund, Garbe.

[2]) Zu militärischen und polizeilichen Zwecken war die Bürgerschaft den Haupttoren und -wehrtürmen entsprechend in vier „Letzen“ eingeteilt, denen je ein Letzmeister vorstand. Bei der Stadtfrone scheinen diese Anführer der städtischen Wehr- und Wachtmannschaften mit dem Bürgermeister zuweilen in Kompetenzstreit geraten zu sein.

nitt genugt, foll er mehe holen, vnd wo eyn burger im pfandt
werett, der foll in der burger ftroff feyn.

Wan eyn burgemeyfter eyn gebott butt mitt vihe, welcher
das veracht, foll eyn burgemeyfter mitt feyn gefellen den felben
ftroyffen hoiche oder niber, noch dem ban das gepott ift.

Welcher metzler vder feyn gefatzte fchoiffe oder hemel heitt,
follen dij vberigen hemel vnd fchoiffe den burgern verfallen fin.

Wer die lachen in hott, der mag dij brauchen vnd fifchen
on eyns andern fchaden; wo einer befchwerung darin hott, der
mag dijfelbigen mit rechtt furnemen, ob im geliebe.

So eyner drij, vier oder funff dag, wij lang es were, vor
vmbzalung des vihes eyn kuhe oder faue do haym ließ oder im
daßfelbig abgingt, fol er dauor pfrundtt zu geben nitt fchuldig
feyn, es wer dan, das in der vorigen pfrundtt von folchem vihe
keyne vßgerichtt were; hott es eyn funder ftroiff darnoch, wij forn
gefchriben ftett.

Auch fo eyner figell, lucken oder gartengeng fur feynem gutt
hott, dij ein burgemeyfter mitt feynen gefellen zu befehen hott, vnd
er dijfelben nitt zumacht, das dadurch eym andern fchaden gefche
mit pferden, kuhen oder anderm vihe, fol er demjenigen, fo der
fchaden gefcheen ift, feyn verluft außrichtten vnd fich mitt demfelben verdragen.

Dem alten vnd neuen haymburger, fo fij mit den fchutzen
eyn fchaden oder abatze[1]) in garthen zu beffchtigen befchiden
werden, foll gleycher lone vnd, als vil eym fchutzen geburt, auch
belonett werden. — —

Auf diefes Weistum folgen noch einige weniger umfangreiche
Aufzeichnungen, von denen die erfte undatirt ift:

. . . . . . Es ift auch durch dij gantzs gemeyn eynmündlich
beredtt vnd befchloffen, das ein jeder burger, es fey im Erlach,
im Weyckensberg, im Boswenhayn vnd anders, wo das dan von
notte feyn wirtt, wafferfurch vffrichten vnd je eyner vff den
andern weyfen vnd denfelbigen forttthelffen an fchaden, do mitt er
vff dij gemeyne komen kone vnd daßfelbig fur vnd fur nun weyther
gehalten werdtt.

---

[1]) Abatze = Abatzung, d. h. der durch Afung des Viehes entftandene
Schaden.

Es ist gewisen worden durch dij gemeyn burger: So eyner
ettwas sehe in eyn feldtt, so er das selbig behalten will, so soll
er das selbig befriden; so eyner daruber erfunden vnd anbrachtt
wirbt, das eyner demselbigen vff seyn samen strefflichen fare, so
eyner daruber ergriffen wirdtl, sal er den burgern verfallen seyn
bey der burger buß.

Item es ist gewisen worden durch dij gemeyn burger, das
eyn yder burger, welcher pferdtt vnder den fulhirten[1] breybt
vnd das selbig pferdtt in mittler zeytt zu eynem halben ior verkaufft wurdtt, derselbig burger soll dem fulhirtten noch anzale des
iors seynen lon geben, vnd wan eyn pferdtt in mittler zeytt des
iors vnder den fulhirten auch geschlagen vnd gebriben wirbt, soll
auch noch angabe des iors vnd dem halben ior noch seyne be-
lonung dem fulhirten oder schutzen geben.

Item vff monbag noch Michaelis anno 1538 ist durch das
gericht vnd sechser mitt wissen vnd willen der gantzen burgerschafft grunttlich abgeredt vnd beschlossen, das von heutt batto
ane vnd hynfurtt keyn burger, es sej wer der wolle, vnd welcher
genß zychen wyll, nitt meher dan 3 genß vnd eynen gantzer
dazu halten solle vnd nitt meher; welcher daruber buhlt, sall in
der burger stroff seyn. . . . .

Es soll keyner keyn pfoll zwischen im vnd seynem nachbar
an seyn wißen vnd willen schlagen, er sey dan darbey, es sey
dan, das eyn alter pfoll do ste; so eyner daruber dutt, sall in
der burger straff seyn. — —

Anhangsweise mag hier eine gräfliche Verordnung Platz finden,
die ebenfalls für die agrarischen Verhältnisse Babenhausens bezeichnend ist.[2]

> Ordnunge, so die herschafft Hanauwe vff widderruffen der
> Stadt Babenhausen der baneweyde, der pferde, der ge-
> meynen kuwe vnd schoiffe, darzu vber den statfrone vnd
> schaffleger vff sampstag nach vnser lieben frouwen tag
> Aussumpcionis anno 1521 jare vffgericht:

---

[1] Fohlenhirt, Roßhirt. Das Amt war, wie es scheint mit dem eines
Feldschützen verbunden.

[2] Ich gebe sie in der ausführlicheren Form, wie sie in einem Einzel-
blatte enthalten ist. Etwas gekürzt findet sie sich auch in dem Babenhäuser
Ordnungsbuche, dem die vorher mitgeteilten Stücke entnommen sind.

1. Der baneweyde halber iſt verordent:

das nunmehr die burger zu Babenhuſen jre pferdt jn ein yde baneweyde vor allem andern viehe nach der eyern[1]) vier tage langk zu dreyben macht haben ſollen, vnd darnach das ein gemeynde mit jreu kuwen vnd viehe nach vßgang derſelben vier tage mitſampt den graſern jn ſolche baneweyde zu tryben vnd zu graßen auch macht haben ſollen.

2. Der ſchaffe halber hat die herſchafft verordent:

das nunmehr ein eynleßiger[2]) jn Babenhuſen nit meehe dann acht ſchaffe halten ſolle, vnd aß viel pherde ein burger in B. heldet, alß offt ſoll man eynem yeden pferdt von wegen desſelben burgers zwey ſchaffe wythers zu gebe vnd vergonnen, angeſehen, das man der pferde vß zukunfftiger notturfft beſunder in gemeynen nüße nit entbehren kane.[3])

Nachvolgents mit dem ſchaffleger[4]) ſoll eß gehalten werden nach anzale, wie vil demſelben zu halten gepuret vnd furmals beſcheen iſt.

Am ſtrenglichſten verordnet die herſchafft, das ein jeder burger ſin eygen ſchaffe vnd nit lehenſchaffe[5]) ſoll haben vnd die, ſo er der ermanet wurde, by ſiuem eybe thu behalten; vnd welcher daruber ergriffen, dem ſoll man die ſchaffe nemen vnd dieſelben der herſchafft vberliebern.

Dorzu ſol man die ſchoffe ißt Michaelis diß gegenwerttigen jars laſſen abſtellen vnd darnach vmbzelen, wan es ſich gepurt.

---

[1]) Ernte.

[2]) Einzelner.

[3]) Die Bürgerſchaft hatte im Jahre 1508 die Herrſchaft erſucht, „das eyner ſo vil ſchapf magk haltten als der ander, dwil alle mentſchen ime (dem Herrn!) fronegelt geben vnd nymants fronedinſt thut mit den pferden." Die Pferdefrone war alſo von der Bürgerſchaft abgelöſt worden durch ein jährlich zu entrichtendes Frongeld, zu deſſen Zahlung alle Bürger herangezogen wurden. Hierdurch war nach Anſicht der Gemeinde das Vorrecht der Pferdebeſitzer erloſchen. Die Herrſchaft aber nimmt ſich dieſes Vorrechts an, indem ſie es mit „zukünftiger Notdurft" motiviert.

[4]) Nußung des Pferchs.

[5]) „Lehenſchafe" ſind geliehene Schafe. Wer mehr als die erlaubte Anzahl Schafe zu halten wünſchte, pflegte ſie häufig bei ſolchen Bürgern unterzubringen, die ſelbſt keine oder nur weniger Schafe, als ihnen zu treiben geſtattet war, hielten. Dieſer Umgehung der geſeßlichen Beſtimmung ſoll für die Folge vorgebeugt werden.

3. Der **stadtfrone** halber ist verordnet:

das forthers mehe die burger zu B. mit jren pferden jn der margk, alß wohl die geht, der stadt fronen sollen, eß sey mit holtzfuren, sandt, leymen, nichts vßgenomen, vnd die stadt den selben fronern zu lonen nicht schuldig sin sol.

Mit wytherm, wo vßerhalb der margk etwas mit den pferden oder den personen, eß sy mit steyn zu holen, stein zu brechen oder andern der stadt zu fronen notturftig, nichts vßgenomen, alßban soll ein jeglicher burger, der pferdt hat, vier gefert vergebens thun; deßglichen soll ein jeglicher, der nit pferdt hat, auch vier tage vergebene frone thun.

Item eß soll auch ein jglicher burgermeister, der itzt ist oder kunfftiglich erwelt wurde, ein flissigs vffsehens haben, das die ge-meynen wege, wassergreben, almen vnd anders, so der ge-meynde mit vßreuthen vberichs holtzgewechs entsteht, deßglichen mit vffwerffen der notturftigen graben zu nutze bhienen vnd kom-men magk, versehen vnd versorgt werden jm jare, so offt es die notturfft erfordert, vnd nach gelegenheyt der zytt beschee; vnd wellicher burgermeister eynem solichen dem gemeynen nutze zu gutt nit nachkompt, der sol jn der herschafft straffe stene, so offt er das verbricht.

Auch wil vorthers die herschofft die **alten ordenung** be-sichtigen lassen vnd daruß nemen lassen, was der stadt notturfttig vnd nutze ist, vnd daruff ettliche bauemeister verordenen, das die-selben, es sy mit metzlern, beckeru, wynschencken vnd andern ein bepfelche haben sollen, damit solche ordnung gehalten vnd forther der gemeynde zu nutzbarkeit erschiessen moge. — —

Wichtig für die Kenntnis der Babenhäuser Markverhält-nisse ist eine herrschaftliche Verordnung, die im Ordnungsbuche verzeichnet ist, und deren erster Teil aus dem Jahre 1523 stammt. Ihrem Inhalte nach berührt sie sich mit dem Weistum der Schöffen der Babenhäuser Mark vom Jahre 1355.[1]) Sie lautet:

Der herschafft entscheydt vber Babenheuser margk verordent: Zu wissen, das durch den wolgebornen hern, hern Philipsen,

---

[1]) Abgedruckt im Archiv für hessische Geschichte und Altertumskunde Bd. l. S. 298 ff.

grawen zu Hanaw vnub hern zu Liechtenberg[1]) als ober-
merckerhern jn beifein des vheften Heinrich Graslags[2]) vnd
der merker fchopffen gemeinlich der Babenhaufer marck halber
gruntlich abgeredt ift:

1. Das man inwendig zweyen oder dreyen jaren den neheften
kein baum oder ftame jn der margk abhawen foll, befunder die
vier fruchtbarn bawm als eychen, buchen, apffel, birbaum, vnd
aspen, vnnd were deshalb am merkergericht durch die forfter
oder den merckerknecht gerugt vnd furbracht wurde, der foll das
verbuffen vnd niemants nachgelaffen werden.

2. Zum andern fo ift hochlich verbotten, das niemants vff
die bawm foll fteigen, die efte abzuhawen; was aber einer vff dem
wogen mit feiner zimlichen axt erlangen vnd abhawen mag, das
foll den merkern zugelaßen fein; welcher darüber verbricht, der foll
fonderlich gebuffet werden, vnd vff das folichs crefftiglich gehalten,
fo hat man daruff den merckerknecht ein jar lang vff einen verfuch angenommen, die verbruche, wie fich die verlauffen, zu allen
merkergerichten getreulich [zu] rugen vnd fur [zu] bringen vnnd
dar jnnen niemants [zu] verfchonen, er fey wer er wolle, vnd ime,
dem merckerknecht, funderlich verbotten worden, kein fchenck von
allen merkern zu nemen, es fey keß, eyer, buttern, fleifch, brot,
wurft, flachs oder anders, nichts vßgenomen, auch kein axt mere
vff [zu] heben bei verliefung feiner finger; vnnd vff das derfelb
merkerknecht der margk defto vleiffiger gewarten könne vnnd fich
defto baß betragen moge, fo will man jme des jars durch den
merkermeifter zu lone laffen geben zwolff gulden, daruff er dann
der herfchafft, auch dem merkermeifter von wegen der gantzen marck
jn trewen, auch leiplich einen eyde zu got vnd den heiligen ge-
fchworen, folichem allem, wie obgefchrieben, getrewlichen nachzukommen vnnd das ftet vnnd vefte zu halten bey verliefung feiner
vffgereckten finger.

3. Vnd ob kunfftiglich etwas beffers der marck halber erfunden wurde, das foll mit hilff der herfchafft, auch der mercker
fchopffen der marck zu nutze bedacht vnd mit funderm fleis furge-
nommen werden.

---

[1]) Philipp III. Graf von Hanau-Lichtenberg.
[2]) Grofchlag von Dieburg, bekannte, 1799 erlofchene Adelsfamilie.

4. Auch sollen die merkerforster wie die merkerknecht jre gelubde vnnd pflicht thun, vnnd welcher vnnder juen verbricht, den soll man an synem lybe stroffen, wie juen dan solichs von der herschafft vorgehalten ist; darnach woll sich eyn jeber haben zu richten.

Des zu vrkundt sindt disser zettel dry gleich luts gemacht vnnd einer der herschafft, der ander Heinrich Graslagen vnnd der drit dem gemeinen merckermeister behandigt worden. Gescheen vff donerstagk nach Francisci, alß man der geport Cristi funfftzehnhundert zwentzig vnnd drew jar zelet.

5. Auch ist für gut angesehen worden, das ein jeber, der der margk geniessen will, ein yedes hauß oder haußgesinde[1]) in der margk gesessen, [soll] geben zwolff pfennig von jare zu jaren, dem merckermeister vnd dem merckerknecht dauon zu lonen; vnnd soll das vberig gelt von einem merckermeister verrechnet werden.

6. Item das die schopffen am merckergericht on alles vbersehen auch sollen gerugt vnnd gebusset werden wie die andern gemeinen mercker.

7. Item durre est hat man macht zu hawen vnnd keinen grunen ast.

8. Item so ein mercker bawen will vnnd holtz bedarff vff ein besichtigung, so soll man dem merckerknecht zu lone geben zween weispfennig, vnnd so man demselben bawholtz weygert zu geben vnnd der notturfftig ist, so solle derselbe bawman solichs der herschafft clagen, es sey vber den schultes oder vber den merckermeister, sollen furthers dieselben durch die herschafft gestraifft werden.

9. Item dene, so bawholtz vßgeben, ist man kein essen oder trinken zu geben schuldig, aber dem merckerknecht magk man vngetrungen ein suppen geben vnd sunst niemants mere, er sey wer er wolle.

10. Item das keiner sein holtz, so jme in der margk gegeben ist worden, einem andern soll verkauffen by der busse.

----

[1]) „Hausgesinde" ist hier offenbar soviel wie „Hausgesäß"; Knechte und Mägde können ja nicht Märker sein. „Gesinde" ist hie und da gleichbedeutend mit „Gesellschaft."

11. Item das grun holtz soll man nit hawen, funder das verschonen by der buffe.

12. Item durre holtz mag man hawen, souil man finden magt vnnd furthers das vnder die gemeynen mercker theylen, damit einem yeden mercker als vil holtz als dem andern möge werden.

13. Item welcher bawen will, dem soll man sein notturftige bawholtz off ein moll vnnd nit zu zweyen oder dryen molen zeichen, weythern coften vnnd muhe zu uermeyden, bey der herschafft straffe.

14. Darzo sol man nun hinfuro den zimmerlewthen kein spen geben oder folgen laffen, man baw wenig oder vill, bey der buffe.

Die wetage.[1])

15. Item wo einer off ein vnwetage in den walt seret vnnd holtz hawet, es sey scheblich oder vnscheblich, der soll fur zwei pfundt verbuffet werden, vnnd so einer off ein wetage scheblich holtz hawet, der soll fur ein pfundt heller gebuffet werden.

16. Vnnd soll der wetage alwegen off einen yeden mitwuchen fin; wo aber off solchen tag ein feyertag were, so soll der nechst tag darnach ein wetag fein; solcher wetag ist den jhenen, so eygen fur[2]) haben, gemacht worden.

17. Item die do nit eygen fur haben, es seyen witfrawen oder andere, die sollen off ein donnerstag noch dem obgenanten wetag jreu wetag haben, holtz zu hawen vnnd zu faren zum brenholtz.

18. Item die forster sollen jren wetag auff ein jeden freitag haben, ire holtz zu hawen.

19. Zum letzten so soll man dise ordnung ye vber das ander merckergericht den merckern offentlich lefeu vnnb verkhunden, off das sich ein jeder mercker darnach wisse zu richten.

---

[1]) Daß der „Weiag" nichts anderes ist als der „Waldtag" oder „Holztag," geht aus dem Folgenden deutlich hervor. Die Etymologie des Wortes ist mir unbekannt geblieben.

[2]) Eigen Feuer (und Rauch!), d. h. eigene Haushaltung.

Vnnd soll solich ordnung in das marckbuch sunderlich geschriben werden, aber Aßmuß hotz nit gescheen wollen lassen vß vrsachen, das dem merckerknecht 12 gulden vff ein versuch jars geben werden, die er fur vnd fur entfaet, vnnd wo das in das merckerbuch geschrieben, wurde es ein ewiger eingangk vnnd den merckern gemeinlich nachteilig sein vnnd werden; darumb soll es die herschafft als oberster merckerhere zu bedencken vnnd zu bessern furnemen.

(Fortsetzung folgt.)

Aus dem Contobuch des Nuntius Annibale Albani 1709—1711.

Von Georg Mentz.

Durch seine Haltung im spanischen Erbfolgekriege war Papst Klemens XI. in einen scharfen Gegensatz zum Kaiser geraten. Auch nachdem ihn die siegreichen kaiserlichen Waffen am 15. Januar 1709 zum Frieden und zur Anerkennung Karls III. genötigt hatten, blieb er mit seinen Sympathien auf der französischen Seite. Offiziell aber war die Freundschaft zwischen ihm und dem Kaiser wiederhergestellt, nur einige kleinere Differenzen, vor allem über die Zurückgabe von Comachio an den Papst, waren noch zu beseitigen. Um ihretwillen sandte Clemens im Jahre 1709 seinen Nepoten Annibale Albani als außerordentlichen Nuntius nach Wien.[1]) Er hatte ferner den Auftrag, sich der Verhältnisse der Katholiken in Sachsen anzunehmen, hat sich selbst deswegen im Januar 1710 nach Dresden begeben und ist dort erfolgreich thätig gewesen für die Vorbereitung der Conversion des sächsischen Kurprinzen. Als dann im Jahre 1711 Joseph I. plötzlich starb, wurde Albani auch mit der Vertretung der Kurie auf dem Wahltage in Frankfurt beauftragt. Er hat dort für die Wahl Karls III. zum Kaiser gearbeitet, vor allem aber sich, allerdings gänzlich resultatlos, bemüht, die Anschauungen der Kurie in bezug auf die Wahlkapitulation, die Zulassung der geächteten Kurfürsten von Bayern und Köln u. s. w. zur Geltung zu bringen. Im Ganzen war weder die damalige Stellung des Papsttums noch die Persönlich=

---

[1]) Vgl. über die Sendung Albanis F. Pometti, Studii sul pontificato di Clemente XI. im Arch. della R. Soc. Romana di Storia Patria XXI. 1898. S. 414—427.

keit des Gesandten der Art, daß seiner Sendung größere Bedeutung zugeschrieben werden könnte. Besaß er doch nicht einmal
in Rom selbst größeren Einfluß. Klemens XI. war mit wirklichem
Erfolg bemüht, sich von Nepotenwirtschaft frei zu halten, trotz
alles Drängens liebedienerischer Kardinäle ernannte er seinen
Neffen erst kurz vor seiner Rückkehr aus Deutschland zum Kardinal.
Außerdem scheint dieser auch nicht der Mann gewesen zu sein,
sich Einfluß zu verschaffen. Weder bei Lebzeiten seines Onkels
noch nach dessen Tode hat er eine Partei im Kardinalskollegium
um sich zu versammeln vermocht.

Die Sendung Albanis nach Deutschland hat nun aber noch
ein eigentümliches Nachspiel gehabt, und es scheinen nur die Un-
eigennützigkeit und das Ansehen seines Onkels gewesen zu sein,
die ihm unangenehme Weiterungen ersparten. Nach der Rückkehr
des Kardinals erwies sich nämlich, daß die Rechnung über die
Kosten seiner Nuntiatur nicht stimmten. Auf ein Mandat vom
11. April 1711 hin waren ihm in Wien 148 727. 69 Scudi ausgezahlt
worden,[1] nach der Rückkehr war er nur im Stande für 99 112.
13½ Scudi genaue Ausgabebelege zu beschaffen, am 20. Nov. 1714
ließ er durch seinen Haushofmeister Pasquino Giuntini dem päpstlichen Schatzmeister ein specificiertes Kontobuch darüber überreichen.
Über den Rest des Geldes vermochte er keine Auskunft zu geben,
und er hätte die fehlende Summe daher eigentlich der Kammer zu-
rückerstatten müssen. So lange Klemens XI. lebte, blieb die
Sache in der Schwebe, an seinen Nachfolger Innocenz XIII.
wandte sich dann Albani mit der Bitte, ihn von der Verfolgung
der apostolischen Kammer wegen des fehlenden Geldes zu befreien.
Er habe das Recht gehabt, bis zu 12 000 Scudi zu verschenken,
habe außerdem in Rom von seinem eigenen noch etwa 8000 Scudi
zusetzen müssen für Rechnungen, die noch nicht bezahlt waren, die
Reise habe drei Jahre gedauert, er habe sich an verschiedenen
Höfen aufgehalten, habe große Reisen gemacht, es sei durchaus
nicht zu viel, wenn er 149 000 Sc. dafür ausgegeben habe.

Innocenz XIII. willfahrte diesem Wunsche und ordnete durch
eine Bulle vom 28. Juni 1721 an, daß dem Kardinal Albani, da

---

[1] Über die Schwierigkeiten, die die Aufbringung dieses Geldes gemacht
haben soll, vgl. die Europäische Fama CXX. S. 909.

man von seiner Unbescholtenheit überzeugt sei und da er beschworen
habe, daß das Konto richtig sei, völlige Entlastung erteilt werden
solle, die Kammer solle über die Angelegenheit schweigen, der
Papst schenke dem Kardinal das fehlende Geld. — Es ist wohl
möglich, daß die Zurückhaltung, die Klemens XI. bei der Bereicherung seiner Verwandten beobachtet hatte, bei dieser Nachsicht
seinem Nepoten gegenüber mitgewirkt hat. —

Die Akten über diesen Prozeß befinden sich jetzt im römischen
Staatsarchiv[1]), dort liegt auch das Kontobuch, das der Kardinal
zu seiner Rechtfertigung überreichen ließ: Conto dell'Em^mo et
Rev^mo Sig^r Cardinale D. Annibale Albani Nunzio Straordinario
in Vienna, Dresda e Francfort dall'Anno 1709 a t° l'Anno
1711.

Auf dieses Kontobuch möchte ich die Aufmerksamkeit lenken,
denn es belehrt uns 1. über die Kosten, die mit einer solchen
außerordentlichen Gesandtschaft verbunden waren, über die Art,
wie die Nuntien aufzutreten für nötig hielten, und 2. dürfte es
einige nicht uninteressante Beiträge zur Geschichte der Preise, des
Reisens u. dgl. liefern, und gerade aus dem Anfange des 18.
Jahrhunderts ist bisher nur wenig derartiges veröffentlicht. Allerdings würde es zu weit führen, das ganze sehr umfangreiche Buch
abzudrucken, ich beschränke mich darauf, das Interessanteste daraus
hier wiederzugeben.

———

Nachdem zunächst in einem längeren Schreiben auf das Miß-
verhältnis zwischen dem durch das Buch belegten Avere und
dem Dare aufmerksam gemacht ist, folgt eine übersichtliche Zusammenstellung der Ausgaben nach einzelnen Gruppen, wobei
die Ausgaben in Wien und in Frankfurt neben einander gestellt
und dann noch extra die Ausgaben auf der Reise von Wien nach
Frankfurt und von Frankfurt nach Rom berechnet werden. Diese
Zusammenstellung giebt gute Auskunft darüber, in welchem Verhältnis sich die einzelnen Ausgabeposten bei einer solchen Gesandtschaft befanden.

———

[1]) Archivio Camerale 17. Nunziatura Vienna.

Ganz außerordentlich hoch erscheinen die Ausgaben für Wagen und Pferde. Für die Anschaffung und Unterhaltung von Wagen gab Albani in Wien 32492.30, in Frankfurt 866.43 fl. aus, für Pferde in Wien 11898.18, in Frankfurt 5272.44 fl., dazu kommen noch für Livreen in Wien 8526.03, in Frankfurt 4990.09 fl. Es wurde eben alles neu angeschafft, doch fragt man sich, was wurde aus Wagen und Pferden, als der Nuntius nach Rom zurückkehrte? Die Ausgaben für Speise und Trank erscheinen diesen Zahlen gegenüber unerheblich. Die Rechnung notiert für Vitto in Wien 15830.49, in Frankfurt 3188.27 fl., für Vino in Wien 3618.27, in Frankfurt 729.46 fl.

Eigentümlich berührt es nach dem, was wir gehört haben, daß an persönlichen Ausgaben Seiner Eminenz für Wien 4607 und für Frankfurt 781.40 fl. angeführt werden, zumal da mancie und devotioni noch extra mit 2616.25 fl. für Wien und 1056.15 fl. für Frankfurt notiert sind und da auch die Almosen mit 243 fl. in Wien, 311.29 in Frankfurt und 5006.23 fl. in Dresden einen besonderen Posten bilden. — Auch daß für Rosenbranntwein (rosoli) und Chokolade in Wien 191.40, in Frankfurt 56.54 fl. ausgegeben wurden, darf wohl einige Verwunderung erregen, zumal, wenn man die entsprechenden Zahlen für die Wäscherin mit 256.43 und 76.26 fl. vergleicht.

An diese Zusammenstellung schließen sich noch allerhand Berechnungen, dann folgt das eigentliche Kontobuch, das in einer kürzeren und in einer längeren Form vorliegt. Die letztere umfaßt 194 Seiten und ist eben wegen ihrer Ausführlichkeit besonders interessant. Ihr widmen wir nun eine etwas eingehendere Betrachtung.

In mehreren Booten kamen der Nuntius und sein Gefolge am 18. Okt. 1709 Abends gegen 8 Uhr in Wien an. 31.28 fl. hatte es gekostet, das Gepäck von Bolseno bis Ala zu schaffen, von Ala bis Wien auf der barca kostete es wieder 42 fl. Das war für vittura und datij; für sonstige Unkosten erhielt der Spediteur Huber bis Ala noch 184.18. fl. und die datij von Ala bis Wien betrugen 156.46 fl. Nur mit den notwendigsten Gepäckstücken begab man sich zur Nuntiatur, sodaß man den Gepäckträgern nur 1.08 Gulden zu zahlen hatte. Die Zollbeamten an dem Thore, durch das man die Stadt betrat, ließen sich bereit finden, ungehinderten Durchgang zu gewähren, dafür wurden ihnen am nächsten Tage 2 Gulden geschenkt. An demselben Morgen erschien auch schon ein Zollbeamter in der Nuntiatur, um das Gepäck zu untersuchen, er wurde mit 4.15 fl. abgefunden. Das größere Gepäck hatte man die Nacht über unter Obhut einiger Wächter in den Booten gelassen. Sie und die Bootsleute erhielten dafür am nächsten Tage 8.24 fl. Man mußte für 1.45 fl. einen Karren mieten, um diese Sachen zur Nuntiatur zu schaffen, und 4.45 fl. waren an die facchini del fiume zu zahlen, die sie aus den Booten in den Karren luben. Dagegen kostete es merkwürdiger Weise nur 58 kr., die Sachen durch die facchini di città aus dem Wagen wieder ausladen und in die Zimmer schaffen zu lassen.

Die nächsten Tage gingen mit allerhand Einrichtungen und mit Vorbereitungen für die Audienz beim Kaiser hin. Mancherlei war anzuschaffen, um das Nuntiaturgebäude wohnlich zu machen. Ich erwähne z. B. zwei Stück Leinewand, um canevacci für das Speisezimmer, die Küche u. s. w. davon zu machen. Sie kosteten 10 fl., sechs zinnerne Leuchter 4.30 fl., sechs eiserne Kohlen-becken für die Küche und das Speisezimmer à 34 kr. 3.24 fl., eine eiserne Kohlenschauffel für die Küche 2.15 fl., ein kupferner Kessel 5.38 fl., ein großer irdener Krug 24 kr., zwei große Messer 3 fl., eine eiserne Gabel 51 kr., alles für die Küche; eine Wärm-flasche für Sr. Exc. 3.30 fl. Auch für die Tafel S. Exc. waren allerlei Anschaffungen nötig. So kaufte man gleich 54³/₄ Pfund Lucchefer Öl, das Pfund zu 34 kr., = 30.36 fl. und zu seiner Aufbewahrung 12 doppelte gläserne Flaschen für 2.24 fl. — Eigen-tümlich berührt, daß das Waschen der auf der Reise schmutzig ge-wordenen panni nur 1.58 fl. kostete.

Vor allem galt es dann, die nötigen Anschaffungen zu machen, um ein standesgemäßes Auftreten zu ermöglichen. So erstand man vom Grafen Philipp Dietrichstein für 2400 fl. eine ver-goldete, außen mit Gemälden und innen mit Cremeser Sammet versehene Staatskaroffe und von Herrn Antonio Collalto einen einfacheren Wagen für 600 fl. An Pferden wurden zwei große dänische Rappen und zwei Braune erworben, jene kosteten 500

und diese 300 fl.[1])   Mancherlei Nebenausgaben schlossen sich an
diese Hauptposten an: der Ueberbringer der Staatskarosse mußte
8.30 fl., der des Wagens 4.15 fl. Trinkgeld erhalten, für die vier
Pferde brauchte man 4 Gebisse und 4 Halfter für 7.20 fl. und
für besondere Fälle zwei Paar Prachtgeschirre mit Quasten, Haar=
schöpfen u. dgl., die eine Ausgabe von 450 fl. verursachten; an
den beiden Equipagen mußten die Wappen durch das seiner
Excellenz ersetzt werden, ein junger Maler, der diese Umwandlung
vollzog, erhielt dafür 9.17 fl.   Vor allem aber brauchte man
Kutscher und Reitknechte, und diese mußten mit einer vollständigen
Ausrüstung versehen werden.   14 Hüte für sie kosteten 21 fl.,
die goldenen Tressen daran 20.45 fl., 14 Kravatten 14 fl. und
14 Paar Manschetten 8.24 fl.   Für 2 Degen zahlte man 42
und für die Gehänge dazu 8.45 fl., 14 Paar Schuhe kosteten
19.36 fl. und ebensoviel Paar Handschuhe 11.54 fl.   Außerdem
brauchte man noch zwei Paar Stiefeln für die Kutscher für 12 fl.,
4 Matrazen und 4 Kopfkissen für die Kutscher, den Küchenjungen
und den Hausknecht für 8 fl. und 4 Bettdecken für dieselben für 10 fl.

Bevor alle diese Vorbereitungen getroffen waren, hatte sich
der Nuntius darauf beschränkt, gleich nach seiner Ankunft seinen
Kammerherrn (gentiluomo) in einem gemieteten Wagen herum=
zuschicken und seine Ankunft melden zu lassen.   Man hatte dafür
zwei Wagen 4 Tage lang mieten und dafür 24 fl. zahlen müssen,
außerdem hatte Graf San Martino noch einen andern Wagen
für denselben Zweck gebraucht und 8 fl. dafür bezahlt.   Am
30. Okt. war dann endlich auch der Nuntius selbst genügend mit
allem versehen, um zur feierlichen Audienz zum Kaiser, der Kaiserin
und der Kaiserin Mutter zu fahren.   Es war ein teurer Besuch, denn
1. mußten alle die verschiedenen Portiers, Trabanten, Leibwachen
und Schweizer Trinkgelder erhalten, — die beim Kaiser bekamen ins=
gesamt 52 fl.. die bei der Kaiserin 28 fl., die bei der Kaiserin
Mutter 36 fl. — 2. aber hatte S. Exc. das Unglück in seiner Staats=
karosse ein venetianisches Glas zu zerbrechen, so daß man ein
neues für 74 fl. 40 kr. mußte einsetzen lassen.

---

[1]) Ein sehr großer Pferdeankauf wurde im Juni 1710 gemacht. Damals
kaufte man von dem Juden David Leti 6 böhmische Pferde für 1650 fl.
und vom Grafen Girolamo Colloredo 8 Pferde seiner Zucht für 4000 fl.

Bald mußte dann der Nuntius daran denken, auch als Gast=
geber seiner Würde entsprechend aufzutreten. Es war nötig, das
Hausgerät zu diesem Zweck zu ergänzen. So wurden am 6. Nov.
4 feine geschnittene sächsische Gläser für 6 fl. angeschafft, am
22. Nov. 12 kleine Gläser und 12 kleine Karaffen aus Sachsen
bezogen für 19 fl., ferner zwei hohe Deckelgläser zum Gesundheit=
trinken für 6.30 fl.; an Porzellan für das Speisezimmer, für
Thee, Kaffee u. s. w. mußte für 90 fl. angeschafft werden, und
zwei Stück Damastleinewand für Tischtücher und sechs Stück
für Servietten kosteten 144 fl. 4 Tischtücher und 60 Servietten
wurden davon hergestellt, das Nähen kostete 4 fl. und das Hinein=
sticken der Namen S. Exc. 1.48 fl.

Ende November konnte dann der Nuntius drei Tage hinter=
einander Diners für die Herren Minister geben. Es ging hoch
dabei her, vier Köche mußten zu Hülfe genommen werden,
von denen jeder täglich 4 fl. bekam = 48 fl. und drei andere
zu 3 fl. täglich = 27 fl. Vor allem aber gingen für Speise
und Trank gewaltige Summen drauf. Während man für die
Verpflegung des Nuntius und seines Gefolges vom 22.—31. Okt.
1709 116 fl. ausgab, kostete ein einziges Mahl, zu dem aller=
dings 24 Ministri geladen waren, 415 fl. 39 kr.; dazu kam noch
ein Lachs, den man für 30 fl. aus Prag kommen ließ, und 37 fl.
35 kr. für Blumen und Blätter zur Ausschmückung der Tafel.
Im November betrugen die gesamten Kosten des Lebensunterhalts
281 fl. 46 kr., beim Droghiere aber war am 30. Nov. eine
Rechnung von 130 fl., beim Konfitürenhändler eine von 155
und eine von 80 fl. zu bezahlen, beides hauptsächlich für ein
Diner, das man gegeben hatte. Ähnlich ist das Verhältnis auch
in den folgenden Monaten. Im Dezember gab man für die ge=
wöhnliche Verpflegung 313 fl. 30 kr. aus, ein Mahl aber, das
den fremden Ministern gegeben wurde, kostete 149 fl. 40 kr. und
ein anderes 226 fl. 46 kr. Der Tisch des Nuntius scheint aber
auch gut gewesen zu sein. So zahlte man im Januar 1710 den
Venetianern Betti und Antonetti für verschiedene Meerfische 46 fl.
5 kr., und 200 Austern kosteten 50 fl.; dazu kamen noch 8 fl.
10 kr. für die Zollscheine. Ferner brauchte man 10 Pfund
Trüffeln für 100 fl.

Nicht inbegriffen sind in allen diesen Zahlen die Ausgaben für Wein. Sie sind besonders zusammengestellt und zeigen recht mannigfache Bedürfnisse. Für die Dienerschaft wurden gleich nach der Ankunft am 20. Okt. 1709 10 Eimer österreichischer Wein zu 4 fl. 33 kr. gekauft = 45 fl. Sie reichten bis zum 19. Nov., wo wieder 10 Eimer, diesmal à 5 fl. für 50 fl. gekauft wurden. Bei diesem Weine scheint man dann geblieben zu sein, doch wird daneben am 14. Juli 1710 auch einmal die Anschaffung von 12 mosse (Maß?) Bier für 48 Kreuzer erwähnt. Schwerer war es, den Gaumen seiner Excellenz zu befriedigen. Er hatte zunächst am 22. Okt. 1709 einen Versuch mit Tiroler Wein gemacht, damals wurden für seine Tafel 4 Eimer davon à 22 fl. = 88 fl. angeschafft. Auch bei den ersten Diners scheint dieser Wein verwendet worden zu sein, denn erst zum 1. Dez. finden wir erwähnt, daß für die Tafel S. Exc. und für Festmahle 26 Flaschen Florentiner Wein à 3 fl. 15 kr. für 84 fl. 30 kr. angeschafft wurden. · Am 5. Jan. machte dann der Nuntius einmal einen Versuch mit altem, achtjährigem, weißem österreichischen Wein. Auch für die Messen sollte er verwandt werden. Der Eimer davon kostete nur 12 fl. Wohl für Festlichkeiten erwarb man außerdem am 18. Februar 4 mosse Ungarwein für 4 fl. Einen neuen Weinankauf, allerdings einen sehr mannigfaltigen, finden wir dann erst im Sommer wieder erwähnt. Am 30. Mai kaufte man 12 Flaschen Montepulciano für 42 fl., am 2. Juni von den Jesuiten einen Eimer sechzehnjährigen Weißwein für 20 fl., an demselben Tage 10 mosse Ungarwein für die Tafel S. Exc. und für Festlichkeiten für 10 fl. und zu demselben Zweck 20 mosse Rheinwein à 16 Groschen = 16 fl., ferner sechs Flaschen Montepulciano à 5 fl. = 30 fl. Im Juli wurde auch einmal mit Moselwein eine Probe gemacht, die mossa davon kostete 18 Groschen; auch kaufte man 4 Flaschen Tokaier à 5 fl. = 20 fl.

Nach so vielen Versuchen hatte dann endlich Albani die ihm zusagende Qualität gefunden, denn am 28. Juli heißt es: Per mosse sei Vino di reno per la bocca di S. Ecc^{za} non bevendo più altra qualità di Vino 4 fl. 48. Und in der That wurden in den nächsten Wochen in kurzen Abständen immer von neuem bald 6, bald 9 mosse Rheinwein angeschafft. Doch findet sich da-

neben auch Moselwein erwähnt und am 6. Sept. einmal drei
Flaschen Champagner. Sie kosteten 9 fl., ebensoviel 3 Flaschen
Frontignan, die man am 17. Sept. erwarb. An demselben Tage
kaufte man auch noch drei mosse Negranowein[1]) für 2 fl. 15 kr.
Im Oktober wird neben andern Weinen durchschnittlich täglich
eine mossa Rheinwein verbraucht, wir dürfen wohl annehmen, daß
S. Exc. ihn nicht ganz allein trank.

Einen nicht unbedeutenden Ausgabeposten bildete auch das
Heizmaterial. Vom Nov. 1709 bis zum April 1710 wurden
dafür insgesamt 397 fl. 208 Groschen ausgegeben. Hauptsächlich
wurde Holz gebrannt. So kaufte man am 3. Nov. 1709 auf dem
Flusse für die Küche zehn passi (Klafter) di Legna dure longhe
à 5 fl. = 50 fl. und zehn Klafter kurzes Holz à 4 fl. 45 kr.
= 47.30 fl. Für die Öfen wurden an demselben Tage 30 passi
legna dolce à 2 fl. 45 angeschafft = 82 fl. 30 kr. Nur für
die Küche wurde gelegentlich auch für 14 fl. Kohle gekauft.

Die bisherigen Angaben werden schon gezeigt haben, daß der
Nuntius auch über eine zahlreiche Dienerschaft verfügte. Ihre
Gehälter bilden auch einen bedeutenden Posten in seinem Kontobuch. Von den schon aus Italien mitgebrachten erhielt Pasquino
Giuntini monatlich 18 fl., Ferrante Orlandi 12 fl., Flavio Ampeh (?)
12 fl., Angelo Gioacchini 15 fl., der Koch Meister Raffael Montanari
30 fl., der Zuckerbäcker ebenfalls 30 fl., Francesco Bacci 13 fl.
und Giuseppe Urbinati ebenfalls 13. Am 20. Okt. 1709 wurden
dann 8 Reitknechte (Staffieri) in Dienst genommen, sie erhielten
jeder monatlich 12 fl., ebensoviel der Kutscher und der Vorreiter.
Am 22. Okt. wurden ferner noch ein Kaplan, ein Page, ein
Hausknecht und eine Küchenmagd angenommen. Der Kaplan
bekam monatlich 22½ fl., der Page 3 fl., der Hausknecht 8 fl.
und die Küchenmagd 2 fl.[2]) Mit diesen Gehaltssätzen wurden in
der nächsten Zeit nur geringe Veränderungen vorgenommen, die
Personen wechselten zum Teil, auch kamen im Sommer 1710 noch
einige hinzu, so ein cavallarizzo (Fahrmeister?), der 22 fl. 30 kr.
bekam, ein ajutante di cucina mit 10 fl., ein garzone mit 18 fl.

---

[1]) Vielleicht aus Negrano in Südtirol.
[2]) Alle diese Löhne stehen weit über dem Durchschnitt. Vgl. etwa Biedermann, Deutschland im achtzehnten Jahrhundert I. S. 389.

monatlich.   Im Ganzen beſtand die Dienerſchaft im Juni 1711,
als der Nuntius nach Frankfurt reiſte, aus 30 Perſonen.   Davon
wurden acht in Wien zurückgelaſſen, meiſt unter bedeutender Her=
abſeßung ihres Gehaltes, die übrigen 22 wurden alle mit nach
Frankfurt genommen.   Dort kam dann noch ein franzöſiſcher Koch
mit 50, ſpäter ſogar 55 fl. Monatsgehalt hinzu.   Auch die Ge=
hälter der übrigen wurden im Auguſt erhöht, die teuren Preiſe
der Wahlzeit waren wohl der Grund dafür.   So erhielten der
Koch und der Zuckerbäcker jeßt jeder 35 fl. monatlich, der Koch=
gehülfe 15 fl., Bacci und Urbinati je 18 fl., die meiſten übrigen
17 fl.   Außerdem wurde eine ganze Anzahl Diener zu 15 bis
18 fl. neu engagiert, ein Garzone bekam 8 fl., eine Küchenmagd 4.
Die meiſten dieſer Diener wurden jedoch ſchon im November
wieder entlaſſen, nachdem S. Exc. Frankfurt im Oktober verlaſſen
hatte, nur elf Perſonen behielt man noch bei, meiſt ſolche, die
man ſchon aus Italien mitgebracht hatte und die wohl dann auch
dorthin zurückgekehrt ſein werden.   Während im Oktober die Ge=
ſamtſumme des Gehaltes 762 fl. betragen hatte, ſank ſie im
Dezember auf nur 224 fl.

Nicht unintereſſant iſt auch die Zuſammenſtellung der spese
di posta.   Der Cancelliere der Nuntiatur Signore Duſini hatte
dieſes Reſſort zu verwalten.   Er gab vom 19.—30. Okt. 1709
für erhaltene und abgeſandte Briefe 34 fl. 30 kr. aus, während
des Novembers 60 fl. 10 kr., vom 30. Nov.—11. Dez. 14 fl.
54 kr., vom 14. Dez.—31. Dez. 71 fl. 36 kr.   Im Januar
1710 betrugen die Poſtgebühren 61 fl. 45 kr., im Februar 40 fl.
48 kr.   Eine Staffette nach Graz am 2. März koſtete 10 fl.
45 kr., eine nach Venedig am 14. April 37 fl. 15 kr.   Am
11. Nov. 1710 wurden zwei Staffetten abgeſandt: eine nach Lune=
ville an den Herzog von Lothringen für 145 fl., eine zweite nach
Danzig (ad Anzica) an den Pater Salerno und den König von
Polen für 62 fl. 15 kr.   Auch am 18. Jan. 1711 ging wieder
eine an den König von Polen ab, doch betrugen, da er jeßt in
Dresden weilte, die Koſten diesmal nur 23½ fl.

Die polniſch=ſächſiſchen Verhältniſſe, die Thätigkeit für die katholiſche
Kirche in Sachſen, gehörten ja mit zu den Aufgaben des Nuntius.
Schon im Januar 1710 unternahm er ſelbſt deswegen eine Reiſe

nach Dresden.   Ferrante als Mastro di Casa begleitete ihn, ferner ein Page und noch sechs Diener, die jeder eine Recognition von 10 fl. erhielten.   Ein Eilbote wurde vorausgeschickt, um die Ankunft des Nuntius zu melden.   Seine Ausgaben betrugen 89 fl. 40 Kreuzer.   Man reiste in einem gemieteten Wagen, für den 8 Groschen täglich, also, da S. Exc. 28 Tage abwesend war, 11 fl. 34 kr. bezahlt wurden.   Ein Fußsack für S. Exc. aus pelle di Volpe kostete 10 fl. 51 kr.   Im übrigen erhalten wir über die Kosten dieser Dresdner Reise nur summarische Angaben. Ferrante führte die Kasse.   Er gab aus auf der Hinreise 640 fl. 31 kr., in Dresden 1293 fl. 47 kr. und auf der Rückreise 505 fl. 44 kr.   Auch die Erhaltung der schon in Dresden befindlichen und dort zurückbleibenden Vertreter der Kurie scheint Aufgabe des Nuntius gewesen zu sein, wenigstens erscheinen auch die Ausgaben des Jesuitenpaters Giov. Batt. Salerno, der Missionare Pellegrino del Nero, Giov. Batt. Zoagli und des Franziskaners Daburgo mit in seinem Konto.   9838.36 fl. haben sie ihn gekostet.   Salerno wurde von ihm ganz neu gekleidet mit dem Gewande eines Abtes und allem, was dazu gehört.

Besonders teuer wurde ferner der Dresdener Aufenthalt des Nuntius noch durch die großen Almosen, die er dort, wahrscheinlich auch im Interesse der Ausbreitung der katholischen Kirche, zu geben sich genötigt sah.   Sie beliefen sich, wie wir schon sahen, auf über 5000 fl.   Auch in Wien wurde Albani allerdings in dieser Beziehung häufig genug in Anspruch genommen, so zahlte er schon am 26. Okt. 1709 einem konvertierten Ketzer 4 fl., am 27. einem griechischen Priester 2 fl.   Am 3. Dez. war er Pate bei der Taufe eines Juden und gab diesem dabei ein Almosen von 100 fl.   Eben diesem Juden bewilligte der Nuntius dann eine monatliche Unterstützung von 10 fl. und zahlte sie ihm bis zum Juli 1710, wo es ihm gelang, ihm eine Stellung zu verschaffen.   Auch ein getaufter Türke bekam am 1. Jan. 1710 3 fl. und am 1. März ebensoviel.   Mehrmals nahm auch ein sächsischer Adliger, den der Nuntius Davia konvertiert hatte, die Unterstützung Albanis in Anspruch.   Am 29. März 1710 kam dann aus Sachsen gar eine ganze Familie, bestehend aus Mutter, Tochter und zwei Söhnen.   Sie schworen in die Hände des Nuntius ihren Glauben ab, scheinen ihn dann aber auch recht gründlich ausgenutzt zu haben. Sie erhielten zunächst 20 fl. und ebenso viel am 28. April, am 3. Juni und öfter, zuweilen auch 30 fl., außerdem aber wurden die beiden Söhne vom Nuntius für 44 fl. 41 kr. gekleidet, und auch die Sorge für ihren Unterricht übernahm er. Ihr Lehrer bekam monatlich 3 fl., ebensoviel am 7. Sept. ein Student, che andava a far la repetitione alli due figli Sassoni. Am 30. Okt. befahl der Nuntius, daß der sächsischen Familie monatlich 20 fl., ausgezahlt werden sollten, aber auch jetzt kam sehr häufig noch etwas hinzu für Stiefeln u. dgl., bis man sie dann endlich am 25. Juni 1711 vor der Abreise Albanis von Wien mit einer einmaligen Zahlung von 200 fl. abfand. Nur die Kosten für Arzt und Apotheker im Betrage von 40 fl. 35 kr. übernahm der Nuntius außerdem noch.

Als zweite Gattung von Almosen neben diesen durch kirchliche Interessen veranlaßten erscheinen solche nationaler Art: Unterstützungen armer Italiener. Sie haben meist kein weiteres Interesse, einmal werden Comici, die nach Italien zurückwollen, vom Nuntius unterstützt. Betteleien feinerer Art gab man nach, wenn man am 11. Mai 1711 ad uno studioso raccomandato dal Sigr. Ambasciatore di Venezia che dedicò per una disputa fatta da lui le conclusioni à S. Ecc., 310 fl. zahlte oder am 16. Juni 12 fl. einem Giovane, che fece e stampò in carta malamente il ritratto di S. Ecc.

Den Almosen gehen die Trinkgelder zur Seite. Wir sahen schon, wie teuer durch sie eine Audienz beim Kaiser wurde, aber auch sonst gab es Gelegenheiten genug, wo der Nuntius seine Hand öffnen mußte. So erhielt der Diener des Großkämmerers S. Maj., der S. Exc. bewillkommnete. 4 fl. 15 kr., ebensoviel gab man den Staffieri des Kaisers, die die Nachricht vom Falle von Mons brachten. 4 fl. 12 kr. erhielt der Diener des Jesuitenpaters Milner, als er einen Kanarienvogel brachte, der verschiedene Lieder sang. Am 19. Juli 1710 besichtigte der Nuntius den Schatz des Kaisers und gab dabei 51 fl. Trinkgeld; am 20. leisteten ihm einige Staffieri bei einem großen Regen Gesellschaft, sie bekamen 3 fl. Am 22. Juli sendet der Kaiser dem Nuntius einen Hirsch, die Jäger, die ihn bringen, erhalten 8½ fl., die Träger 2 fl., ein Lakai des Kaisers, der 4 Fasanen bringt, 12 fl. Sehr viele Trinkgelder kostete dann vor allem Neujahr 1710. Da erhielten z. B. die Wächter an den Stadtthoren 3 fl., die giovani della Posta 6 fl., quelli, che di notte gridano l'ore per tutta la città 3 fl., die Feuerwächter auf dem Stephansturm 1 fl. 30 kr. u. dgl. m.

Stellen wir noch einige einzelne Ausgabeposten aus der Zeit des Wiener Aufenthaltes des Nuntius zusammen: Am 23. Nov. 1709 bekommt der Drucker der avvisi Italiani für ein Vierteljahr 3½ fl., außerdem für sich und seine Gehülfen 2 fl. Trinkgeld. Am 8. März 1710 kauft man zwei geographische Karten der Posten Deutschlands für 3 fl., am 12. März ein Schachspiel für das Vorzimmer für 1 fl. 25 kr. Am 22. April erhält ein Uhrmacher für Reinigung und Ausbesserung einer Uhr S. Exc. 3 fl., am 18. Mai muß auch die Repetieruhr S. Exc. ausgebessert werden, das kostet 6 fl. 32 kr. Am 1. Juni läßt man in den Wagen einige neue Gemälde anbringen. Der Maler erhält dafür 42 fl. Am 28. Juni wurden zwei Pfund Kaffee gekauft für 4 fl. 12 kr., am 27. Sept. wieder eins für 2 fl. 6 kr., der Verbrauch war also kein sehr bedeutender. Später ging man zu einer billigeren Sorte über, denn am 3. Febr. 1711 wird ein Pfund Kaffee mit nur 1 fl. 42 kr. notiert, ja am 28. März sogar mit 1 fl. 30 kr. Etwas größer scheint der Verbrauch von Chokolade gewesen zu sein, der Preis beträgt meist 2½ fl. für das Pfund, doch wird einmal auch eine Sorte, die nur halb so viel kostet, gekauft. 50 Pfund von der guten Sorte wurden am 2. Jan. 1711 an Pater Salerno in Dresden geschickt, um die sächsischen Minister damit zu beschenken.

Den Sommer 1710 sowohl wie den 1711 brachte man in einer villeggiatura iu Nußdorf zu. Auch das gab natürlich zu manchen Extraausgaben Anlaß, so erhielt 1711 die Wirtin des palazzo, in dem S. Exc. gewohnt hatte, per l'incommodo 200 fl.

Im September sowohl wie im November 1710 hatte S. Exc. an Unwohlsein zu leiden, im Sept. besuchte ihn deswegen einige Mal der Arzt des Marquis Santa Croce, er erhielt dafür 16 fl. 48 kr., im November kam der Arzt des Kaisers selbst und heilte seine Excellenz mit purghe. Ihm zahlte man dafür 63 fl.

Auf der Messe kaufte der Nuntius am 27. Nov. einen Stock und eine englische Tabaksdose für 40 fl., ferner zwei silberne

Federkasten (pennaiuoli) für 8 fl. Am 4. Jan. 1711 wurde ein
orinale für S. Exc. für 24 Kreuzer gekauft. Am 11. März erhielt
ein Flötenspieler, che per cinque mesi veniva in Nunziatura ad
insegnare col flauto ad un canario a fischiare, 20 fl., am
19. Mai D. Ignatio Cappellano für eine antike Medaille 62 fl.
Am 3. Juni kaufte sich S. Exc. wieder einen Stock und zwar di
tartaruga für 35 fl.

Am 17. Juni 1711 beginnen die Vorbereitungen für die
Reise nach Frankfurt, für 1.50 fl. werden drei borse di pelle
per portare i denari per il viaggio angeschafft, ferner una can-
tinetta (eine Kühlwanne) con sei boccie (Flaschen), um Wein
auf der Reise darin zu transportieren, für 3 fl. Am 26. Juni
reiste man ab. Das Gepäck, ein Teil des Gefolges, die Wagen
und die Pferde wurden in zwei Barken auf der Donau von Wien
nach Regensburg geführt. Dafür zahlte man 400 fl. Für den
Unterhalt dieser Gesellschaft, Menschen und Tiere, gab Herr Flavio
unterwegs 217 fl. 6 kr. aus. In Regensburg hielt man sich in
einem Gasthaus 2½ Tage auf und lud das Gepäck aus den Barken
auf Karren. Das kostete insgesamt 80 fl.

Der Nuntius selbst scheint die Reise nach Regensburg zu
Wagen gemacht zu haben, in sieben Tagen wurde sie zurückge-
legt; die sechs Kutscher, die man brauchte, erhielten pro Mann
und Tag 1 fl. = 42 fl.[1]) In Regensburg nahm man 3 Karren
für das Gepäck, 18 Pferde, um die Wagen zu ziehen, und eine
Kalesche bis Würzburg für 300 fl., ferner noch eine Kalesche und
Pferde für die Dienerschaft für 54.45 fl. Für Zehrung gab man
bis Würzburg 85 fl. 38 kr. aus, in Würzburg in einem Gasthaus 24 fl.

Von Würzburg wurde die Reise nach Frankfurt zu Schiff
fortgesetzt. Zwei Barken wurden zu diesem Zweck für 94 fl.
gemietet. Die Umladung des Gepäcks aus den Karren in die
Barken und der Proviant für unterwegs kosteten 37 fl. 54 kr.
Auch unterwegs kaufte man noch etwas Proviant, am Abend ging
man an Land und in ein Gasthaus, gab dort 70 fl. aus.

Die Pferde wurden von Würzburg zu Laub nach Frankfurt
befördert, dafür, für ihre Ernährung und für Stallgebühren zahlte

---

[1]) In der Handschrift sieht 43.

man unterwegs 72 fl., die Kutscher, die die Pferde führten, er=
hielten 28 fl.

In Frankfurt quartierte sich der Nuntius mit einem Teile
seiner Dienerschaft in einem Hause ein, für das 400 fl. Miete
monatlich zu zahlen waren. Der Rest der Dienerschaft wurde in
Gasthäusern untergebracht und zwar teils in der casa rossa, teils
in einem andern Gasthof, in ersterer hatte der Nuntius am
31. August eine Rechnung von 382 fl. 30 kr. zu bezahlen, in
letzterem eine von 634 fl. 43 kr., doch ist nicht angegeben, wie
viele Personen in jedem dieser Gasthäuser gewohnt haben und wie
lange sie darin gewohnt haben, so daß sich über die Höhe des
Preises nichts sagen läßt. Als man am 31. August weitere vier
Zimmer für fünf Personen mietete, hatte man dafür 30 fl.
wöchentlich zu zahlen. Das wird man nicht gerade als einen be=
sonders hohen Preis bezeichnen können. Auf sehr niedrige Preise
nach heutigen Begriffen deutet die folgende Notiz Giuntinis vom
20. Juli: All' Oste della Casa rossa per due pranzi e due cene,
stanza, e letto per me e servitori 4 fl. 30.[1])

Aus der Zeit des Frankfurter Aufenthaltes sind sonst vielleicht
noch folgende Notizen von Interesse:

8. Aug. 4 Pfund Wachslichter 3 fl. 4 kr.,

15. Aug. 4 torcie (Fackeln) di cera, die man aus Mainz
kommen ließ, 37 fl. 41 kr.

Am 20. Aug. besichtigte S. Exc. den Römer (la casa della
Città dove si doveva fare il congresso per l'erezione dell'
Imperatore). Dafür gab er drei doppie = 22 fl. 30 kr.
Trinkgeld und beim Herausgehen Almosen im Betrage von 7 fl.
30 kr.

Am 9. Sept. läßt der Nuntius durch den Sekretär des
Kölner Nuntius 50 Pfund Chokolade kaufen à 68 kr. = 56 fl.
Diese Liebhaberei scheint er also behalten zu haben, ebenso blieb

---

[1]) Ähnlich waren die Gasthofspreise in Wien. Am ersten Abend nach
der Ankunft des Nuntius mußte Sig. Pozzi, der sich in Diensten des Grafen
San Martino befand, mit drei anderen Personen in einem Gasthof zu Abend
essen und übernachten. Das kostete 3½ fl. Auch der Koch und der Zucker=
bäcker mußten die ersten 7 Nächte in einem Gasthaus zubringen. Dafür hatten
sie zusammen 10 fl. zu bezahlen.

er beim Rhein- und Moselwein. 1 fl. koftete die mossa davon in Frankfurt. Der Wein für die Dienerschaft koftete jetzt 7½ fl., der Eimer, doch ließ man am 30. Sept. für sie gleich einige Faß Wein aus Mainz kommen, da er dort billiger war, für 58 fl., 50 kr.

Ende Oktober verließ S. Exc. Frankfurt und reiste nach Rom zurück, Giuntini blieb noch bis zum 12. Nov., zahlte noch an diesem Tage einem Drucker für den Druck des Buches del dominio di Comacchio 1500 fl. Auch einige andere vom Gefolge des Nuntius scheinen zurückgeblieben zu sein, so werden den Äbten Santini und Gagni und dem Pater Salerno, der wieder nach Polen gesandt wurde, große Summen für Reisekosten gegeben. Die Kosten der Reise nach Rom und des Transports des Gepäcks dahin werden mit 7143.39½ in römischer Münze angegeben, doch ist nicht sicher zu entnehmen, ob damit die Reise des Nuntius oder vielleicht nur die Giuntinis gemeint sei. Überhaupt verliert das Kontobuch jetzt an Gründlichkeit und Ausführlichkeit, es erscheint nicht unwahrscheinlich, daß das Defizit in der Rechnung des Nuntius zum größten Teile doch auf mangelhafter Aufzeichnung der Ausgaben beruhte. Wir werden uns über diese Unvollständigkeit nicht grämen, da wir ja eben ihr die Erhaltung dieses interessanten kulturgeschichtlichen Denkmals verdanken, und auch dadurch werden wir uns seinen Genuß nicht stören lassen, daß die erreichten Erfolge den großen Ausgaben wenig entsprachen, daß gerade Albanis Aufenthalt und Thätigkeit in Frankfurt in krassester Weise die damalige Stellung der Kurie charakterisiert: große Prätensionen bei gänzlicher Machtlosigkeit.

Besprechungen.

Karl Bücher, Arbeit und Rhythmus. Zweite, stark vermehrte Auflage. Leipzig, B. G. Teubner, 1899 (X, 412 S.)

Die erste Auflage dieses sehr verschiedene Wissensgebiete, wie das wirtschaftliche, künstlerische, philologische, ethnologische und psychophysiologische, berührenden Buches ist von den verschiedensten Seiten her mit großer Anerkennung aufgenommen worden. Es handelt sich um die Aufdeckung von Zusammenhängen, auf die der Specialforscher nicht leicht kommen wird, deren Aufstellung ohne Zweifel verdienstlich ist, aber auch die Gefahren allgemeiner Constructionen in sich birgt. Es wird Sache der Einzelwissenschaften sein, die Ergebnisse Büchers kritisch zu prüfen; manche grundlegende Ansicht wird sich vielleicht als nicht haltbar erweisen. Auf der anderen Seite wird aber die Summe von Anregungen, die Bücher giebt, sicherlich den verschiedenen Forschungsgebieten von großem Nutzen sein.

B. ist an die Arbeit mit großer Vorsicht herangegangen. Beobachtungen, die ihn von Untersuchungen über das Wesen und die Urgeschichte der menschlichen Arbeit zu neuen Anschauungen über die Entstehung der Poesie und der Musik geführt hatten, veranlaßten ihn, durch Darbietung des Materials und seiner Untersuchungen in einer gelehrten Sammlung (Abhandlungen der sächsischen Gesellschaft der Wissenschaften) die einzelnen Fachwissenschaften wenigstens anzuregen. Er hat dann aber weiter gearbeitet und umgearbeitet, neues wertvolles Material gesammelt, neue Abschnitte, „die einerseits den Gegenstand nach der ökonomischen Seite weiter aufhellen, anderseits in die ältere Geschichte der Volksdichtung tiefer eindringen wollen", hinzugefügt. So ist in dieser zweiten Auflage ein Buch entstanden, das den Gegenstand erschöpfend zu behandeln den Anspruch macht.

Der Hauptsatz Büchers ist der auf S. 305 ausgesprochene, „daß Arbeit, Musik und Dichtung auf der primitiven Stufe ihrer Entwicklung in eins verschmolzen gewesen sein müssen, daß aber das Grundelement dieser Dreieinheit die Arbeit gebildet hat, während die beiden anderen nur accessorische Bedeutung haben. Was sie verbindet, ist das gemeinsame Merkmal des Rhythmus, das in der älteren Musik wie in der älteren Poesie als das Wesentliche erscheint, bei der Arbeit aber nur unter bestimmten, in primitiven Wirtschaftsverhältnissen

allerdings weit verbreiteten Voraussetzungen auftritt." Nach Bücher ist es
„die energische rhythmische Körperbewegung, die zur Entstehung der Poesie
geführt hat, insbesondere diejenige Bewegung, welche wir Arbeit nennen." In
den Arbeitsgesängen sieht er „den Niederschlag des ältesten und ursprünglichsten
poetischen Schaffens der Völker." Die „große Rolle, die der Frau in der
Arbeit jener älteren Stufen zufällt, sie äußert sich auch in ihrer lieder-
schaffenden Thätigkeit. Frauen haben über dem Quell der Dichtung gewaltet.
In dem Band aber, das Arbeit, Spiel und Kunst ursprünglich zusammenhielt,
im Rhythmus, der dem organischen Wesen des Menschen entspringt, weist B.
„eine der verborgenen Kräfte nach, welche in der wirtschaftlichen und socialen
Entwicklung der Menschheit seit Jahrtausenden wirksam gewesen sind." Das
Material, auf das sich B. stützt und das er in reicher Fülle beibringt, sind die
Arbeitsgesänge der Völker. Auf ihnen ist das Buch aufgebaut, das für die
allgemeine Kulturgeschichte sicherlich von großer Bedeutung ist.

Georg Steinhausen.

.   .   .

M. Schneidewin, Die antike Humanität. Berlin, Weidmann,
1897. (558 S.)

Ein Werk, das in solchem Umfange eine Darstellung über antike Humanität geben will, kann gewiß den Anspruch erheben, daß die Zeitschrift für
Kulturgeschichte nicht gleichgültig an ihm vorübergeht; denn nicht bloß der
zünftige Philologe und Historiker ist geneigt, danach zu greifen, sondern jeder,
der für die großen Fragen in der Entwicklung der Menschheit Sinn und Verständnis besitzt. Ich bedauere lebhaft, daß es mir aus äußeren Gründen erst
jetzt möglich geworden ist, dem Wunsche der Redaktion nachzukommen, diesem
Buche hier eine kurze Anzeige und Besprechung zu widmen. Der Verfasser
hatte die Schrift als ein monumentum pietatis dem verdienstvollen langjährigen Decernenten für das höhere Schulwesen Preußens, Geh.-Rat L. Wiese,
zum 90. Geburtstage zugeeignet. Augenscheinlich ist die Festgabe aber unter
der Hand dem Autor gewaltig angeschwollen, und keineswegs zum Vorteil des
Ganzen. Jedoch ist dies das kleinere Übel. Ungleich bedenklicher ist, daß
ein Thema, das zu den reizvollsten auf dem Gebiete der Erforschung des
klassischen Altertums gehört, unter einseitigen und kleinlichen Gesichtspunkten
behandelt wird, da der Verfasser überall einen auffälligen Mangel an histo-
rischem Sinn bekundet und das gewaltige Problem lediglich auf Cicero zu-
schneidet; nur durch das Medium der Weltanschauung und gelehrten Kenntnisse
dieses hervorragenden römischen Redners, auf den Schn. unbedingt einge-
schworen ist, sollen wir die antike Humanität betrachten. Es ist überflüssig,
auch nur ein Wort darüber zu verlieren, wie verkehrt schon diese Stellungnahme ist. Und die vielen Excerpte aus Ciceros Schriften werden in langatmigen Deduktionen, unsäglich breiter Darstellung mit allerlei behaglich ausgeführten Digressionen erörtert, so daß die Geduld selbst eines anspruchslosen
Lesers auf eine harte Probe gestellt ist. So mag es nicht wenigen, die mit einer

gewissen, durch den vielverheißenden Titel erweckten Spannung an die Durcharbeitung des starken Bandes herantraten, ergangen sein wie mir: mit zwie-
spältigen Empfindungen legt man das Buch aus der Hand und fragt sich
enttäuscht, wie der Verfasser überhaupt die Arbeit unternehmen konnte, wenn
er uns über antike Humanität lediglich durch eine Blütenlese aus Ciceros
Äußerungen über einschlägige Fragen belehren wollte. Nirgends wird der
Versuch gemacht zu prüfen, inwieweit Ciceros Anschauungen selbständig erworbene Überzeugungen sind oder etwa aus griechischen Quellen geschöpft.
Selbst Hirzels umfangreiche Untersuchungen hierüber scheinen dem Verfasser
völlig unbekannt geblieben zu sein.

Die genaue Inhaltsübersicht kann nur im wesentlichen verzeichnet werden;
ich setze einzelne Stichworte her. I. Prinzipielle Erörterungen. II. Lieblings-
anschauungen und -voraussetzungen der a. H. III. Die a. H. im Verhältnis
von Mensch zu Mensch. IV. Das Verhältnis der a. H. zu Staat und Vater-
land. V. Die a. H. in ihrer Stellung zu Wissenschaft und Kunst. VI. Die
Humanisierung des sinnlichen Menschen.

Gehen wir auf einzelne Teile ein. Die Definition der antiken Humanität
(S. 8) sei als ein Muster für Begriffsbestimmungen angeführt, wie solche
nicht sein sollen. Dieselbe lautet:

„Die antike H. ist eine Gesinnung, eine Denkweise, ein Komplex,
vielleicht sogar ein System von Urteilen (darüber, was ist, und darüber, was
sein soll), die sich auf alle Hauptgebiete des Lebens beziehen, die aber nicht
in kühler Gleichgültigkeit eines rein theoretischen Interesses in der Seele
wohnen, sondern eben auf die Gesinnung schlagen, die Empfindung beeinflussen,
wie sie vielleicht auch von ihr beeinflußt sind, und das Handeln regeln; die
endlich einer größeren Zahl von Gleichgesinnten zukommen, ein Band der Gemeinschaft zwischen diesen bilden, sich auf Grund von Gelegenheitsveran-
lassungen leicht und sicher, wie aus einem in der Stille schon vorhandenen
Schatz, erzeugen und in ihrer Vereinzelung doch länger oder kürzer die Saiten
der gesamten Denkweise anklingen lassen. Die antike Humanität ist also zunächst eine inhaltsvolle, reich gegliederte Denkweise, ein Ideales, nicht ein
Reales. Daraus ergeben sich zwei Grenzlinien, die zwischen ihr und Ver-
wandtem zu ziehen sind, um sozusagen eine Reinkultur von ihr gewinnen
zu können."

Ich bekenne nicht verstanden zu haben, was der Verfasser eigentlich damit
sagen wollte. Eine Entwicklung des Begriffes humanum wird nicht gegeben,
die wenigen sprachlichen Nachweise S. 26 ff., 31 ff. können keinen Ersatz bieten,
wenn Schn. auch dies lexikalische Material für genügend hält (S. 40). Die
a. H. sei überhaupt nicht etwa identisch mit dem, was man jetzt Humanität
nenne (S. 30); sie sei von viel weiterem Begriffsumfange als die moderne
(vgl. auch S. 165), unter der man nur Menschenfreundlichkeit verstehe!

Der Mangel jeder ernsten historischen Vertiefung zeigt sich so recht in
der seltsamen Würdigung des homerischen Epos.

S. 13: „Sind die homerischen Gedichte, die man im allgemeinen eine
Bibel der Altertumskunde nennen kann, auch eine Fundgrube zur Erkenntnis

der antiken Humanität? Ich meine: Nein! Zwar ist die echte Menschlichkeit
in der gesamten Anschauung der Natur und der menschlichen Dinge, insbesondere aber die der handelnden Personen, ein ganz besonderster Ruhmestitel des
homerischen Epos, über den alles sich einig ist. Der Sinn dieses etwas
phrasenhaft vergriffen gewordenen Prädikates der „reinen Menschlichkeit" ist
sozusagen der: daß Hellen bei aller seiner quantitativ großen Begabung doch
als ein ganz besonders normal angelegter Sohn der menschheitlichen Familie
unter allen seinen seiner fühlenden Geschwistern empfunden und anerkannt
wird, normaler z. B. in seiner Allseitigkeit als der in einseitiger Richtung ihm
überlegene Romulus, normaler auch als der wunderbare und tiefsinnige, recken-
hafte und kindliche, aus dämmerndem Weben des Gemütslebens zu klarem
Erkennen erst noch durch die Schicksale erzogene, jedenfalls sehr eigenartige,
von konstruierbarer Normalität abweichende Teut —, und daß Homer ein die
Normalität des Ahnherrn in ganz bevorzugter Deutlichkeit spiegelnder Nach-
komme desselben ist. Die einem Siegfried, Rüdeger und Giselher überlegene
Allgemeinmenschlichkeit eines Achilleus, Odysseus und Antilochos, die auf der
deutschen Seite wieder durch einige ganz eigenartig germanische Züge der Ge-
mütsveranlagung ausgeglichen wird, empfindet sich aber jedem empfänglichen
Leser der homerischen Gedichte so überwältigend, daß sie nicht erst durch un-
zarte (sie!) Ausdrücklichkeit ans Licht gestellt zu werden braucht." Man wird
sich freilich weniger darüber wundern, wenn man S. 452 liest: „Überhaupt ist
für die a. H. noch Ein Moment so charakteristisch, ja fast wesentlich, wie nur
möglich: die Form, in der sie sich giebt, das Instrument, dessen sich ihr Geist bedient: ich meine die lateinische Sprache". So liegt für Schn. „die Geburts-
stätte des Humanitätsprinzips in dem Kreise der Scipionen, seine Geburtszeit
also um den Beginn des vorletzten Jahrhunderts vor Christi Geburt. Die
Höhe der Ausbildung und Herrschaft des Prinzips der a. H. liegt in der Persönlichkeit und den Werken des M. Tullius Cicero." (S. 22.) Dann folgt eine
Apotheose für den „großen und geschlossenen persönlichen Charakter, tief zu kurz
gekommen gegen seinen großen Zeitgenossen." Ich habe hier mich nicht mit Schn.
über Cicero auseinanderzusetzen, dessen schwankende Haltung während des Bürger-
krieges wesentlich durch sein Prinzip der Humanität bestimmt gewesen sei (S. 272
vgl. 273 ff., 279). Wird auch S. 117 die maßlose Eitelkeit und Selbstgefälligkeit
des Redners zugegeben, so steht andererseits Cicero für den Verf. in so erhabener Höhe (vgl. S. 385), daß seine Schriften den Kernpunkt der ganzen Ausführungen bilden. Diese Beschränkung des Themas auf einen so engen Kreis der
Betrachtung wird S. 12 durch praktische Rücksichten entschuldigt, und weiterhin,
S. 444. 446. ist versucht glaublich zu machen, daß auch gewichtige innere
Gründe den Verfasser veranlaßten, bei Erörterung dieser Fragen das Hellenentum
so ganz beiseite zu setzen. Überzeugt hat er damit niemand, und schwerlich
wird sein Satz Zustimmung finden, daß es „das starre Römertum war, das
die schöne Blume der Humanität, weil es ihre Schönheit erkannte und in
Liebe zu der erkannten entbrannte, aus sich hervortreiben konnte." Freilich,
wollte man auf alle die vielfachen gewagten Behauptungen eingehen, so müßte
man Seite für Seite besprechen. Weder kann ich die Charakteristik S. 54

anerkennen: „die a. H. ist von dem Adel und der Herrlichkeit des Menschen-
wesens erfüllt. Es ist das wieder die anthropologische Gegenseite des Gefühls
für die Herrlichkeit des Makrokosmus", noch den Ausführungen S. 304, 306 ff.
„daß das Altertum in edler Einfalt Universalität schon für den einzelnen wollte",
zustimmen; inwiefern „eine Glanzseite der a. H. das allgemeine Interesse für
das Planetensystem war" (S. 393) ist mir nicht deutlich geworden. Recht
dürftig sind die Kapitel über die Freundschaft (S. 126 ff.), wo wir uns mit
Citaten aus Cicero begnügen müssen, und die Abschnitte über das Naturgefühl (S. 419) — dem ausgezeichneten Werke von Biese wird schleunigst
vorgeworfen, daß es nicht auch Schn.'s Lieblingsstelle aus der Doralice der
Gräfin Ida Hahn-Hahn vermerke, —; verkehrt sind die wenigen Bemerkungen
S. 406 ff. über das Kunstinteresse im Altertum und nicht minder schief die
Beurteilung der antiken Musik (S. 417); wenn dem Verf. es, wie er sagt,
an Zeit gebrach, sich in die neueren Arbeiten darüber zu vertiefen; so hätte
doch wenigstens ein Blick in Boeckh's Encyklopädie ihm den Weg zu besserer
Erkenntnis gezeigt. Erstaunlich ist, daß selbst über eine für die Auffassung
der a. H. so unbedingt wichtige Frage wie die der Sklaverei (S. 206 ff.) ganz
oberflächlich gehandelt wird. Wie der antike Staat humane Anschauungen
praktisch bethätigte, Wohlfahrtseinrichtungen schuf, ist nur nebenhin behandelt
(am Schluß S. 458 fg.), das Thema (S. 338): „Gleichgewicht der praktischen
und theoretischen Interessen in der a. H." zwar angeschlagen, aber nicht ausgeführt; wie Rom im Rechte und in der auswärtigen Politik im Sinne des
jus aequum verfuhr, wird kaum gestreift, die großartig gedachte Einrichtung
des Volkstribunats (S. 235) völlig verkannt — natürlich kann man da nicht
von Cicero und seiner Zeit ausgehen. Schn. erinnert zwar S. 20 an Mommsens
zutreffendes, scharf geprägtes Wort: „Das Wesen des neuen italisch-
hellenischen Reiches (dessen erster Herrscher Cäsar war) war ja die Humanität",
vergißt aber völlig diesem Gedanken im Rahmen seines Buches gerecht zu
werden. — Wo sich die Betrachtungen in das Gewand tiefer philosophischer
Spekulation hüllen, wird gern (S. 115. 136. 242. 399. 450 ff. u. ö.) auf
Ed. v. Hartmann's Schriften und Äußerungen hingewiesen, dessen „humaner
Bescheidenheit" S. 86 vgl. 252 gedacht ist. Im übrigen benutzt Schn. die
Gelegenheit, sein Herz über allerlei, oft ganz gleichgültige Dinge zu erleichtern
und de rebus omnibus et de quibusdam aliis zu reden, z. B. S. 307, daß
Vogel von Falckenstein im Jahre 1866 gewiß Röntgen in Würzburg besucht hätte,
wenn dessen großartige Entdeckung damals schon gemacht wäre; S. 500 über
die Frage, ob das Konfirmationsalter anders anzusetzen sei (mit Rücksicht auf
schlechte Erfahrungen in der Provinz Hannover); S. 382 gegen die Bacillen-
furcht; S. 384 betreffs moderner Studien über Occultismus; S. 443 über Radel-
und Bootfahrtsport; S. 309 über modernen Specialismus gegenüber antiker
Universalität; S. 307 darüber, „daß persönliche Motive heute sich mehr in
den Wissenschaftstrieb einmischen als im Altertum", über Doktordissertationen,
Programmabhandlungen, Veröffentlichungen, um eine gute Carriere zu machen
oder um auf alle Fälle etwas Neues zu sagen. In all diesen Beziehungen
seien die humanen Alten bessere Menschen gewesen als wir von heute, weil

sie „in Schranken gehalten wurden durch den vorschwebenden Gedanken eines
Zieles von begrenzter Universalität". Auch die Bemerkungen über Schulreform
und Gymnasialunterricht wären besser weggeblieben, jedenfalls aber Vergleiche
wie: „Das Herabsetzen der Ziele (des letzteren) ist nun an einem Punkte angekommen, daß es so nicht mehr weiter geht, sondern die entgegengesetzte Bewegung eintreten muß (ganz ähnlich, wie nach Veit Valentins Bemerkung die
Mode, als ein engerer Anschluß der Frauengewänder an den Körper nun
nicht mehr möglich war, wieder die Richtung auf den Reifrock einzuschlagen
beginnen mußte)." (S. 525.) Auch die persönlichen Erinnerungen, wie S. 417. 435,
unter denen selbst Erfahrungen als Schüler und mit solchen S. 174. 191. 194
uns nicht erspart bleiben, sind für das Thema des Buches belanglos. Das
Selbstlob S. 383 ist in der ungeschickten Form besonders auffallend. Die
Lektüre wird überhaupt erschwert durch den schwerfälligen Stil mit mancherlei
überflüssigen Fremdworten und die oft dunkle Redeweise. Die angeführten
Stellen enthalten schon einige Proben. Ich notiere nur noch außer vielen
S. 22: „Ein absteigender Ast im Leben des antiken Humanitätsprinzips;"
S. 275: „Motivationsprozeß"; S. 405: „ein die gemeine Wirklichkeit ab-
photographierender Naturalismus der Schauspielkunst"; S. 328: „die national-
römische genierte Zurückhaltung vor dem Bekenntnis rein geistiger Interessen;"
S. 383: „die römische H. fährt damit (daß ihre theoretische Liebe nicht direkt
auf die Wahrheit der Dinge geht) ja zweiter Kajüte" — ein Lieblingsausdruck
des Verfassers vgl. Einleitung S. XI. Daß die derzeitige Terminologie der
Naturwissenschaften vielfach sprachlich nicht zu rechtfertigende Wortbildungen
enthält, ist bekannt und beklagenswert genug; mit solchen Witzen aber wie
S. 381, daß man bei „Mikroben" vielleicht an die spartanischen Oben denken
sollte, ist nichts gedient. Unklar zum mindesten sind weiter die Ausführungen
S. 26 oben über das Advokatentum S. 331 und unbegreiflich die geheimnisvollen Sätze S. 155 ff. über die Frage: „War die crux der Freundschaft bekannt? Was hier gemeint ist, errät vermutlich der Leser nicht." Nach weit-
schweifigen Darlegungen erfährt man, daß nach Schn.'s Ansicht in der Weltlitteratur allein nur bei Rousseau von diesem geheimen, meist in„ tiefer Gene
verhüllten Leid" die Rede sei; wenigstens insofern, als er das Gefühl der
Unterhaltungspflicht als Plage empfunden habe. — Ich breche ab mit meinen
kritischen Anmerkungen. Einigermaßen versöhnend wirkt bei all dem Unfertigen,
Verschwommenen, Verkehrten die warme Liebe und Begeisterung für die Antike.
Gerade weil ich mich in diesem Punkte eins weiß mit dem Verfasser, bedauere
ich die vorzeitige Veröffentlichung eines nirgends ausgereiften Werkes, das
nicht geeignet ist, der heute arg zusammengeschmolzenen Reihe von Männern,
die noch lebhaft für die unvergängliche Hoheit des klassischen Altertums aus
vollem Herzen einzutreten gewillt sind, neue Freunde zuzuführen. Übertreibungen sind jedesmal schädlich, im großen wie im kleinen. Nur mit Bedauern kann ich einen solch schwärmerischen Satz lesen wie: „keine Musik
überströmt mir den Geist mit solcher Wonne, wie gute Gedanken in einem edlen
Lateinisch ausgedrückt." (S. 453.) Selbst bei äußerster Anwendung des
„Innervationsstromes der Aufmerksamkeit" (S. 12) kann ich nur sagen, daß es

weder in antikem noch im modernen Sinne human gedacht war, wenn uns Schn. die Lektüre eines solchen Buches zumutete. So bleibt eine Darstellung des Wesens und der Entfaltung der antiken Humanität, groß gedacht und mit umfassender Kenntnis des Altertums von einem geistreichen Kopfe durchgeführt, auch weiterhin ein seit langem schmerzlich empfundenes Desiderium. Rohdes Psyche hat gezeigt, wie man solch gewaltigen Problemen scharf ins Auge sehen und nachspüren muß, um die Gedankenfülle der Antike zu fassen und deren Bedeutung für die Kulturwelt auch denen zu Gemüte zu führen, die ohne tieferes historisches Verständnis sich sonnen in naiver Selbsttäuschung als Zeitgenossen dieser Tage, als habe die Menschheit erst etwa seit Großvaters Zeiten angefangen, etwas Vernünftiges zu denken. Daß Schn.'s Buch für Ciceros Denkweise manche wertvolle und neue Zusammenstellung giebt — leider fehlt am Schluß ein Stellenregister — muß doch hervorgehoben werden. Ein Beitrag zur Ciceroliteratur. Die Fortsetzung der Anmerkungen zur Litteratur ist in der Zeitschrift für Gymnasialwesen, Band 51 S. 542 ff. gedruckt.

Gotha.   W. Liebenam.

Jul. Dieffenbacher, Deutsches Leben im 12. Jahrhundert. Kulturhistorische Erläuterungen zum Nibelungenlied und zur Kudrun. (Sammlung Göschen 93). Leipzig, Göschen, 1899. (177 S.)

Das Werkchen giebt an der Hand der Speziallitteratur kurze Erläuterungen der in den beiden Volkssagen zu Tage tretenden Verhältnisse des öffentlichen und Privatlebens, unterstützt von Abbildungen. Es mag manchem, dem die größeren Werke nicht zugänglich sind, erwünschten Aufschluß bieten und ist wohl besonders auf didaktischem Gebiete wirksam gedacht.

Magdeburg.   G. Liebe.

Th. Lindner, Der Hergang bei den deutschen Königswahlen. Weimar, Böhlau, 1899. (70 S.)

Der Widerspruch, den seine Ansichten[1]) über die Entstehung des Kurkollegs schon früher bei Seeliger und Breßlau, neuerdings bei E. Mayer[2]) gefunden haben, hat L. zu erneuten, auf entscheidende Punkte beschränkten Darlegungen veranlaßt. Die Uebereinstimmung zwischen den Gegnern besteht in der entscheidenden Bedeutung, die sie der Vorwahl beimessen, die Verschiedenheit in der Erklärung für die Thätigkeit des Elektors bei der eigentlichen Wahl seit 1257. Sie führt L. mit Berufung auf die Macht des Her-

---

[1]) Die deutschen Königswahlen u. die Entstehung des Kurfürstentums. 1893. (vgl. diese Zeitschrift Bd. I S. 251 ff.)

[2]) Deutsche u. französische Verfassungsgeschichte. 1899.

kommens nicht auf eine bewußte Nachahmung kirchlichen Wahlverfahrens zurück, sondern auf deutsche Eigentümlichkeit. Ein Zeugnis für solche findet er in dem technischen Gebrauch des quellenmäßigen Ausdrucks laudare oder geloben. Ihn erklärt er als Treugelöbnis gegen den aus der Vorwahl Hervorgegangen nach Ausrufung durch einen Einzelnen. Indessen giebt L. eine Verschiebung in der Bedeutung beider Acte zu, indem die Vorwahl die festeren Formen einer wirklichen Abstimmung annahm, sodaß die Laudatio eine Abschwächung erfuhr, die Thätigkeit des Elektors aber, ein Ehrenvorrecht von Mainz, als alter Brauch beibehalten wurde. Auch wer den Ausführungen nicht durchweg zustimmt, wird hier den Boden zu einer Verständigung bereitet finden und die Absicht, neben dem Trennenden das Gemeinsame zu betonen, ist im wissenschaftlichen Streite ebenso fruchtbar wie — selten.

G. Liebe.

.

Schneider, G., Die finanziellen Beziehungen der florentinischen Bankiers zur Kirche von 1285 bis 1304. (Schmollers staats- und sozialwissenschaftliche Forschungen XVII, 1). Leipzig, Duncker u. Humblot, 1899. (X, 78 S.)

Neben dem Handel hat am stärksten die Kirche zur Hebung der Geldwirtschaft beigetragen. Ihre auf die gesamte Christenheit ausgedehnte Besteuerung machte den Wechselverkehr, ihre weltpolitischen Unternehmungen das Kreditgeschäft notwendig, dem selbst das kirchliche Zinsenverbot auf die Dauer keinen Damm entgegenzustellen vermochte. Mit dem dreizehnten Jahrhundert beginnen die Beziehungen der Kurie zu den Bankiers toskanischer Städte, um schließlich die von Florenz wegen der herrschenden Stellung in ihrer Kommune zu bevorzugen, die der Kirche auch zugleich politische Vorteile bot. Nach der Darstellung der wechselnden Heranziehung verschiedener Bankhäuser durch die einzelnen Päbste behandelt die Schrift von Schn. auf Grund der päbstlichen Register zunächst das Depositengeschäft der Bankfilialen in verschiedenen Ländern in Auszahlung der von den päbstlichen Kollektoren eingelieferten Gelder an die Kurie. Die starke Inanspruchnahme des Kredits derselben Banken ließ die eingezogenen Depositen als geeignete Entschädigung erscheinen, sodaß der Kurie manchmal nur geringe Ueberschüsse blieben. Die angesehensten dieser Bankhäuser genossen eine durch den Namen mercatores cameras bezeichnete Beamtenqualität und waren durch ständige Agenten, meist Angehörige der leitenden Familien, am päbstlichen Hofe vertreten. Mit Recht bezeichnet es Schn. unter der Voraussetzung weiterer Quellenerschließung als anziehende Aufgabe der Kulturgeschichte, die Bedeutung dieser Männer zu schildern, die als Kaufleute wie als Politiker aus der Verbindung mit dem Pabsttum Gewinn zu ziehen wußten. Sind doch aus diesem Kreise die Medici hervorgegangen.

G. Liebe.

Max Herrmann, Die Reception des Humanismus in Nürnberg. Berlin, Weidmann, 1898. (VII, 119 S.)

Nach seiner 1893 erschienenen grundlegenden Arbeit über Albrecht von Eyb bietet uns Herrmann hier abermals eine wertvolle Studie zur Geschichte der Frühzeit des deutschen Humanismus. Die ursprüngliche Absicht, mehrere Veröffentlichungen Paul Joachimsohn's einer Besprechung in dem „Anzeiger für deutsches Altertum" zu unterwerfen, erweiterte sich bei dem Anwachsen des Stoffes bald zur Abfassung einer selbständigen Abhandlung, die das von Joachimsohn und anderen Forschern zu verschiedenen Zwecken beige-brachte Material unter einheitlichen Gesichtspunkten neu gruppieren und be-leuchten sollte.

Indem der Verfasser die ersten Spuren des Auftretens humanistischer Bestrebungen in Nürnberg genauer verfolgt und seine gründlichen Darlegungen bis 1495 weiterführt, d. h. bis zu dem Augenblicke, da endlich die Bahn für die umfassende Wirksamkeit eines Wilibald Pirckheymer frei geworden war, gelangt er zu einem der bisher allgemein verbreiteten Annahme völlig entgegengesetzten Endresultate und stellt fest, daß Nürnberg sich ungewöhnlich lange Zeit der neuen Bildung gegenüber geradezu ablehnend verhalten hat. Die entschlossensten Gegner fand der Humanismus dort Jahrzehnte hindurch in den mächtigen, strengkonservativ gesinnten städtischen Patrizierfamilien, die, nachdem sie die Versuche zur Durchführung einer demokratischen Herrschaft er-folgreich zurückgewiesen hatten, jeder Neuerung aufs heftigste widerstrebten, sobald dieselbe vielleicht demokratisierend hätte wirken können. Nur auf dem Ge-biete der Jurisprudenz war man geneigt, dem modernen Geiste einige Konzes-sionen zu machen, insofern der Rat lediglich aus politischen Gründen, vor allem um die reichsstädtische Unabhängigkeit in der Rechtspflege zu bewahren, auf italienischen Schulen gebildete Juristen als Rechtskonsulenten in seine Dienste zog. Aber die geborenen Nürnberger unter ihnen blieben durchweg der alten Weltanschauung treu, und es waren hauptsächlich Männer aus der Fremde, die der neuen Richtung huldigten. Als erster und namhaftester ist in der Beziehung Gregor Heimburg aus Schweinfurt zu nennen. Be-sonders seitdem er sich im Jahre 1444 dem Nürnberger Rat zum zweiten Male verpflichtet hatte, trat sein Werben für humanistische Studien vornehmlich auf dem Gebiete der Rhetorik, der Geschichte und Geographie unverkennbar hervor. Ihm ist es gelungen, eine kleine Schar von Schülern um sich zu vereinen, so Heinrich Leubing aus Nordhausen, den Pfarrer zu St. Sebald und zugleich städtischen Konsulenten, den Politiker Martin Mayr aus Heidelberg, den Stadtschreiber Niklas von Wyle und den Dichter Hans Rosenplüt, der mit seinem 1447 verfaßten Lobspruche auf die Stadt Nürnberg eine völlig neue Dichtungsgattung in Deutschland einführte, und über dessen Beeinflussung durch Heimburg nach den überzeugenden Aus-führungen Herrmann's wohl kein Zweifel mehr sein kann. So interessant die Heimburg'sche Gruppe auch ist: nachhaltige Wirkung hat sie in Nürnberg nicht gehabt; schon deshalb nicht, weil dieser Kreis, der für seine Bestrebungen

5*

bei den Regierenden kein Entgegenkommen fand, auffallend rasch wieder auseinander ging, vor allem aber nicht, weil Heimburg selbst, weit entfernt
davon, für den Humanismus als einzig berechtigte Kulturmacht Propaganda
zu machen und das Banner des Gesamt-, des Nurhumanismus zu entrollen,
offenbar die Ueberlegenheit der Jurisprudenz betonte und zugleich praktisch
bethätigte, wie man gewisse humanistische Errungenschaften ohne Uebertreibung
in den Dienst gehaltvollerer Wissenschaften stellen könnte.

Vorbedingungen für eine stärkere Beeinflussung Nürnbergs durch den
echten Humanismus schienen gegeben, als in den sechziger Jahren des 15.
Jahrhunderts im Unterschiede zu dem vorhergehenden Jahrzehnt verschiedentlich geborene Nürnberger auf italienischen Universitäten studierten, so Hartmann Schedel, Georg Pfinzing, Johann Löffelholz (Cocles) und
Konrad Schütz. Doch alle diese Männer, mit Ausnahme des letzteren,
eines charakterlosen Strebers, verließen ihre Heimat gar bald nach ihrer
Rückkehr wieder, da ihre Vaterstadt diese neugearteten unter ihren Söhnen
nicht zu fesseln verstand. Zwar bekleidete seit 1467 Hermann Schedel,
vorher das Haupt des Humanistenkreises in Augsburg, das Amt eines
städtischen Arztes in Nürnberg; aber auch dessen früherer Eifer für die moderne
Richtung erlahmte sofort zusehends, hauptsächlich wohl infolge ernstlicher
Winke seitens der Obrigkeit. Selbst die Uebersiedlung des Johannes
Regiomontanus in die Stadt an der Pegnitz (1471) ist für die Reception
des Humanismus völlig bedeutungslos geblieben. Denn dieser glänzende
Gelehrte und Forscher wählte Nürnberg nicht etwa deswegen zum Aufent-
haltsort, um dort humanistische Propaganda zu treiben, sondern ihn lockte
die Kunstfertigkeit der dortigen Metallarbeiter und die günstige Gelegenheit,
von diesem Handelsknotenpunkte aus auf leichte Art mit Gesinnungsgenossen
Gedankenaustausch zu pflegen. Bei all seiner Vorliebe für das Griechische,
bei aller intensiven Kraft, mit der er sich zur Förderung seiner naturwissenschaftlichen Bestrebungen dem Studium der antiken Physik zuwandte (Stern-
warte, mechanische Werkstatt und Druckerei waren unter ihm zu gleicher Zeit
im Betrieb), war sein Sinn nicht auf Heranbildung von Schülern gerichtet.
Einsiedlerisch und geheimniskrämerisch schloß er sich von der Welt ab und
lebte nur seiner Wissenschaft. Nach seinem Tode (1476) wurde seine gesamte
litterarische und instrumentale Hinterlassenschaft noch Jahrzehnte lang geheim
gehalten, bis sie endlich 1504 an die Oeffentlichkeit kam.

Einen wesentlichen Fortschritt bekundete dann aber alsbald ein weiterer
Umschwung auf dem Gebiete der Jurisprudenz. Die Rechtsgelehrten im Dienste
der Stadt hatten allmählich an Zahl zugenommen; ihre praktische Bedeutung
war gewachsen. Sogar die geborenen Nürnberger strebten nach und nach in
ihre Heimat zurück und zeigten damit deutlich ihre Ueberzeugung, daß dort
eine andere Luft zu wehen begann. Von Eichstätt aus, vielleicht auf Betreiben des daselbst weilenden Johannes Pirckheymer, hatte Albrecht von
Eyb schon 1472 der benachbarten Stadt sein Ehebüchlein gewidmet, in
welchem dem Rate die erste Anregung kam, civilrechtlich-bürgerliche Fragen
in populärer Form und in modernem Sinne zu behandeln. Die Ausführung

dieser Anregung dürfen wir in der juristischen „Reformation" erblicken, in einem 1478 zu stande gekommenen, 1484 durch den Druck offiziell verbreiteten neuen großen Hauptbuche des Civilrechts, mit dem fortan für Nürnberg das römisch-kanonische Recht die Grundlage der allein verbindlichen Geseße wurde. Es scheint, daß auch hier der Einfluß Johannes Pirckheymer's maßgebend gewesen ist. — Bezeichnend ist ferner, wenn Wilhelm von Hirnkofen, der im Dienste des Rates stand und wahrscheinlich ein direkter Schüler des Niklas von Wyle war, im Jahre 1478 den städtischen Kanzleibeamten die Ueberseßung einer der beliebtesten Schriften des jungen Humanismus zueignen konnte, des Buches „De miseriis curialium" von Enea Silvio. Also auch in diesem halbamtlichen Kreise — übrigens gehörte nur ein geborener Nürnberger dazu —, der noch kurz vorher ganz und gar vom Geiste der mittelalterlichen Litteratur erfüllt gewesen war, äußerten sich bereits moderne Neigungen, wenn auch zunächst noch immer auf Anregung von auswärts. Ob und wie weit der Rat in seiner Gesamtheit schon damals über die juristische Reform hinaus seine Gesinnung gewechselt und seine schroff ablehnende Haltung aufgegeben hat, läßt sich im einzelnen nicht mehr ermitteln; wichtig ist es jedoch, daß zwei Mitglieder des Patriziats den Leistungen der Renaissance als einer bedeutsamen Kulturmacht ihr Interesse jezt mehr und mehr zuwandten, Hans Tucher und Sebald Schreyer. Sie sind es denn auch, die nun zum erstenmal offizielle Beziehungen zu Nürnberger Geistlichen gleicher Denkart und Bildung anbahnten. Unter dem anspornenden Mäcenate Schreyer's schrieb Sigismund Meisterlin, ein Jünger der Humanistenschule in Augsburg, aber seit 1478 als Prediger in Nürnberg ansässig, im Jahre 1483/84 seine Biographie des städtischen Lokalheiligen St. Sebald sowie später seine Nürnberger Chronik bis 1488. Beide Werke sind höchstwahrscheinlich in amtlichem Auftrage vollendet; und wenn sie auch bekunden, daß ihr Verfasser der von der Obrigkeit begünstigten alten Kultur mancherlei Zugeständnisse machte, so war doch durch Meisterlin der Bann gebrochen, der hinsichtlich des Anschlusses an die neue Richtung die Nürnberger Geistlichkeit lange gefangen gehalten hatte, und es war der Vermittelung eines Nürnberger Patriziers gelungen, eine Verbindung zwischen einem humanistischen Theologen und dem humanismusfeindlichen Rate herzustellen. Ungefähr gleichzeitig, 1486, überwies auf Betreiben des Hans Tucher der Prediger zu St. Klara, Stephan Fridolin, dem Rate eine Sammlung antiker Münzen als Geschenk und verfertigte dazu eine Abhandlung „Von den Kaiserangesichten", die auf Stadtkosten amtlich kopiert wurde. Ungleich bedeutsamer aber war, daß die modernen Bestrebungen beider Patrizier jezt auch bei den Bibliotheken in der Stadt, bei den weltlichen sowohl wie bei den geistlichen, einseßten, die bisher einen streng mittelalterlichen Charakter bewahrt hatten. Indem Hans Tucher seit 1486 die Fürsorge für die städtische Büchersammlung übernahm, ihren rein scholastischen Beständen nach und nach Werke der alten Klassiker und italienischen Humanisten beifügte und vor allem 59 Bücher aus dem Nachlasse Schedel's käuflich für den Rat erwarb, schuf er die Gelegenheit, daß in Nürnberg fortan unter dem Schuße der Behörde wichtige

Werke des Humanismus an öffentlicher Stelle studiert werden konnten. Ähnlich hat Sebald Schreyer die Kirchenbibliothek zu St. Sebald durch Ankauf aus der Schedel'schen Sammlung bereichert. Die Hauptmasse dieer wertvollen Hinterlassenschaft aber — das wird durch Herrmann's Darlegungen, denen ein Verzeichnis der modern-antiken Litteratur beigegeben ist, völlig zweifellos — ging in den Besitz des St. Egidienklosters in Nürnberg über und wurde damit Gemeingut für die Geistlichkeit der Stadt.

So bringt der Humanismus um die Mitte der achtziger Jahre in die volkspädagogischen Bestrebungen der weltlichen und geistlichen Behörden in Nürnberg ein. Als dann 1485 auch das öffentliche Unterrichtswesen in der Stadt neugeregelt, als die „Reformation der Schulen" an den vier städtischen Anstalten durchgeführt und trotz versuchten Widerstandes dem reinen Humanismus eine besondere Stelle im Lehrplane, wenn auch nur im fakultativen Unterrichte, amtlich eingeräumt wurde, da war die Reception des Humanismus in Nürnberg im wesentlichen vollzogen. Ein stattlicher Kreis von Humanisten und Humanistenfreunden fand sich hier jetzt zusammen. Noch einmal wurde er von einem Fremden, von Konrad Celtis, dem deutschen „Erzhumanisten", aufs nachdrücklichste beeinflußt. Die 1495 dem Rate gewidmete „Norimberga" dieses im Jahre 1487 auf der Burg zu Nürnberg vom Kaiser mit dem Dichterlorbeer geschmückten Poeten ist ohne Frage das reiffte Werk, das der ganze Entwickelungsprozeß der Reception hervorgebracht hat. Die Opposition gegen den Humanismus verstummte zwar noch immer nicht ganz; aber es kam doch 1496 die lange Zeit erstrebte besondere „Poetenschule" zu stande, in der humanistische Vorlesungen gehalten werden sollten; nur wurde nicht Celtis zu ihrer Leitung berufen, sondern der weit unbedeutendere Heinrich Grieninger aus München. Die Einwirkung der „sodalitas Celtica" zeigt sich auch bei den Jüngern der bildenden Kunst. Vor allem ist Albrecht Dürer 1493/94 nach Italien gewandert, wohl sicher in der durch die Vertreter des Humanismus erweckten Erkenntnis, daß jenseit der Alpen das Moderne schlechthin zu holen sei. Jedenfalls war in der Stadt nun Raum für einen großen Vertreter des Humanismus aus nürnbergischem Blut, und ein solcher hielt seinen Einzug, als Wilibald Pirckheymer 1495 nach dem Besuche italienischer Hochschulen in seine Heimat zurückkehrte.

Aus dieser Inhaltsangabe des Herrmann'schen Buches wird man erkennen, wie reich und vielseitig der Stoff ist, den der Verfasser mit unermüdlichem und umsichtigem Eifer gesammelt und aufs sorgfältigste verwertet hat. Durch Herrmann ist jetzt für immer mit der zuerst von Hutten vertretenen Meinung gebrochen, daß Nürnberg die erste Stadt in deutschen Landen gewesen sei, die dem Humanismus Thür und Thor geöffnet habe; durch ihn ist ein für allemal quellenmäßig erwiesen, daß es eines fast ein halbes Jahrhundert währenden Kampfes bedurfte, ehe die neue Bildung von den maßgebenden patrizischen Kreisen der Stadt geduldet und gefördert wurde. Aber das Verdienst des Buches liegt nicht allein in der Feststellung und Begründung dieses höchst beachtenswerten Forschungsergebnisses, sondern die Arbeit bringt ferner auch eine Fülle schätzbarer Beiträge zu dem Leben und Streben, dem

Wirken und Schaffen der für den Humanismus in Nürnberg thätigen Männer,
und sie bietet nicht selten durch die Mitteilung neuen Materials, so besonders
durch die Veröffentlichung der Liste der vom Egidienkloster aus dem
Schedel'schen Nachlasse erworbenen Werke, wichtige Ausgangs- und Anhaltspunkte für die weitere Erforschung des Frühhumanismus überhaupt.

Münster i. W.   H. Deimer.

A. Bömer, Die lateinischen Schülergespräche der Humanisten.
Auszüge mit Einleitungen, Anmerkungen und Namen- und Sachregister. II. Teil. (Texte und Forschungen zur Geschichte der Erziehung und des Unterrichts in den Ländern deutscher Zunge I, 2)
Berlin, J. Harrwitz Nachf., 1899 (S. 113—236)

Ziel und Anlage des vorliegenden Werkes sind bereits bei Besprechung
des ersten Teils dieser Zeitschrift (Bd. VI. S. 223 f.) genügend beleuchtet
und zugleich der Wert der hier gegebenen Auszüge aus den erhaltenen Drucken
der humanistischen Schülergespräche für die Schul- und Universitätsgeschichte
wie für die allgemeine Kulturgeschichte überhaupt hervorgehoben worden. Der
vorliegende (Schluß-) Teil bringt Auszüge aus den einschlägigen Schriften des
Barlandus, Schottennius, Heyden, Jonas Philologus, Zovitius, Lud. Vives,
Winmannus, Duncanus und Corderius und umfaßt die Zeit von 1524 bis
1564. Am interessantesten ist darunter die Dialog-Sammlung des „großen
Spaniers" Joh. Lud. Vives; ganz auf das Schülerleben beschränkt sich Corderius, insofern „die alte echte Gestalt" der Gespräche wieder belebend. Der
Zweck Bömers, ohne litterarhistorische Würdigung der Schülerdialoge nur das in
ihnen ruhende „bislang wenig oder garnicht ausgenutzte schul-, bezw. kulturgeschichtliche Material zu sammeln" und zu erläutern, ist von ihm durchaus
erreicht worden. Das dem 2. Teil beigefügte Register zeigt, wie mannigfaltiger
Stoff uns hier zugänglich gemacht wird.

Georg Steinhausen.

Erich Haenel, Spätgotik und Renaissance. Ein Beitrag
zur Geschichte der deutschen Architektur vornehmlich im 15. Jahrhundert. Mit 60 Abbildungen im Text. Stuttgart, Paul Neff,
1899. (116 S.)

Die fleißige und feinsinnige Untersuchung beabsichtigt, der deutschen Spätgotik, und zwar in erster Linie der Hallenkirche des ausgehenden Mittelalters,
eine gerechtere Würdigung zu verschaffen, als dies im großen Ganzen in der
bisherigen kunstgeschichtlichen Fachlitteratur der Fall gewesen ist. Dies Bestreben ist sehr dankenswert. Die deutsche Kirchenbaukunst des ausgehenden
Mittelalters bis zur Mitte des 16. Jahrhunderts stellt thatsächlich nicht den

Verfall des gotischen Systems dar, sondern eine aufwärts gehende künstlerische Entwicklung. In der „Hallenkirche," d. h. dem von gleich hohen Schiffen überdeckten Kirchenraum, wurden neue Aufgaben mit Glück gelöst. Eine Fülle künstlerisch höchst beachtenswerter und technisch interessanter Bauten dieses Charakters ist über ganz Deutschland verstreut. .

Der Verfasser stellt zuerst eine süddeutsche Baugruppe zusammen: die Kreuzkirche in Gmünd, die Michaeliskirche in Schwäbisch-Hall, die Georgs-kirche in Nördlingen, das Ulmer Münster, die Frauenkirche in Eßlingen, die Nürnberger Kirchen der Spätgotik, Landshut, Ingolstadt, die Frauenkirche in München und einige andere, dann eine westfälische, eine niederrheinische, eine sächsische Gruppe, geht dann ausführlich auf den gotischen Prachtbau der Albrechtsburg in Meißen ein und sucht die gemeinsamen Baugedanken jeder Gruppe und die Entwicklung der . architektonischen Gestaltung mit großem Eifer klarzustellen, wobei die zahlreichen, meist guten, zum Teil allerdings viel zu sehr verkleinerten Ansichten, Grund- und Aufrisse wesentlich zu Hülfe kommen. Daß der reiche Inhalt nicht durch ein Register handlich gemacht wird, ist sehr zu beklagen.

Das Leitmotiv der ganzen Untersuchung ist für den Verfasser durchweg das Problem der Raumgestaltung. Die mittelalterliche Sakramentskirche umzugestalten zu einer Predigtkirche für die großen Massen des Volkes, den neuen Anforderungen des kirchlichen Kultus Raum zu schaffen, der veränderten Weltanschauung monumentalen Ausdruck zu verleihen in der Gestaltung des Raumes, das ist nach Haenel das treibende Element in der Entwicklung der spätgotischen kirchlichen Baukunst in Deutschland. In dem Schlußkapitel „Spätgotik und Renaissance" schlägt er denn auch als Bekrönung seiner ganzen Untersuchung vor, diesen ganzen Abschnitt der spätmittelalterlichen Bau-kunst als Renaissance zu bezeichnen, denn Renaissance sei Raumstil. Re-naissance-Geist sei es, der sich in der gotischen Hallenkirche offenbare und nach Gestaltung dränge. Die Entwicklung der eigentlichen Renaissance und des Barock baue unmittelbar auf dieser Grundlage weiter, die Bezeichnung Re-naissance müsse also nach oben wie nach unten hin über einen gewaltigen Zeit-abschnitt weiter ausgedehnt werden.

Dehio[1]), der vortreffliche Kenner der mittelalterlichen Baukunst und Mit-Herausgeber des monumentalen Architekturwerkes „Die kirchliche Baukunst des Abendlandes," hat demgegenüber sehr entschieden darauf hingewiesen, daß durch eine solche Ausdehnung der Bezeichnung Renaissance auf Grund einer ganz einseitigen Fassung des Begriffes eine ganz unnötige und rückwärts-bringende Verwirrung geschaffen werde, die leider auch in zwei anderen jüngst erschienenen Studien wiederkehrt.[2]) Was Dehio dort sagt, wird wohl auf

---

[1]) In der Kunstchronik, 11. Jahrg. 1900 Nr. 18 u. 20 (15. u. 29. März).

[2]) Moriz-Eichhorn, der Skulpturencyklus in der Vorhalle des Frei-burger Münsters. Studien zur deutschen Kunstgeschichte Heft 16. (Straßburg, Ed. Heitz Verlag 1899) und Schmarsow, Reformvorschläge zur Geschichte der deutschen Renaissance. (Berichte der Kgl. sächs. Gesellsch. der Wiss. Leipzig 1899.)

vielseitigste Beistimmung rechnen können. In einem Punkte möchte ich aber
einen Vermittlungsvorschlag zwischen ihm und Haenel machen. Dehio verwirft das Prinzip der Raumgestaltung als die treibende Kraft der spätgotischen
Baukunst durchaus und erklärt die Orientierung der ganzen Architektur nach
der Seite des rein Malerischen hin als das Wesentliche an der Baukunst dieser
Epoche und als das, worin sich eine wirkliche Entwicklung offenbare. Ich
möchte glauben, daß beides zusammengewirkt hat, um jenes eigenartige und
reizvolle Produkt der spätgotischen Hallenkirche hervorzubringen, einerseits das
Bedürfnis nach geräumigen akustisch angelegten Predigtkirchen mit veränderten
kultischen Anforderungen, andererseits das Streben nach malerischer Wirkung, der
Wunsch weite Flächen zu schaffen für das verschwenderisch reiche dekorative
Beiwerk, wie es für die Kirche des ausgehenden Mittelalters charakteristisch ist,
und für die zahllosen und oft sehr umfangreichen kirchlichen Ausstattungsstücke,
in deren Stiftung sich der Eifer der vorreformatorischen Zeit zu guten Werken
nicht genug thun konnte. Übrigens zeigt sich gerade in diesem Punkte recht
deutlich, wie eng selbst abstrakt architektonische Fragen zusammenhängen mit den
allgemeinen Kulturströmungen der Zeit, und daß eine endgültige Lösung derselben nicht möglich ist ohne genaues Eindringen in die geistige Verfassung.

Jena.   Paul Weber.

- * *

Paul Weber, Beiträge zu Dürers Weltanschauung. Eine
Studie über die drei Stiche Ritter Tod und Teufel, Melancholie
und Hieronymus im Gehäus. (Studien zur deutschen Kunstgeschichte Heft 23). Straßburg, J. H. E. Heitz, 1900 (110 S.)

Schon der Titel der Arbeit deutet an, daß der Verfasser gewillt ist, seinen
Stoff kulturgeschichtlich zu fassen: und gerade diese Arbeit zeigt, daß eine solche
kulturgeschichtliche Auffassung der Kunstgeschichte keineswegs zu einer Verflachung
und allgemeinen Phrasen führt, sondern sogar geeignet ist, viel umstrittene
Fragen dieses Fachs, wie die der Bedeutung der drei berühmten Dürer'schen
Stiche, einer glücklichen Lösung entgegenzuführen. Die Lösung, die Weber
vorträgt, ist nicht sein Verdienst allein: er hat zum Teil Gedanken und Hinweise anderer, wie z. B. Thausings, Lippmanns, Langes, H. Grimms, Bergers
u. A. mit Glück verwertet, dann aber auch diese Gedanken weiter durchdacht, neue
daran gereiht und die Untersuchung der Quellen weiter und weiter zurückgeführt,
bis „die anfangs knappe Einzelstudie erwuchs zu einem ausführlicheren kulturgeschichtlichen Beitrag zum Geistesleben des deutschen Volkes in den letzten
Jahrzehnten vor der Reformation." Hervorgehoben sei zunächst, daß der Gedanke der Trilogie als hinfällig hingestellt wird (nur Hieronymus und Melancholie
gehören zusammen). Die Vorstellung vom christlichen Ritter aber, den Erich
Schmidt (Weber schreibt merkwürdigerweise consequent Schmid; vgl. auch S. 84:
Freitag) als ein Ideal des 16. Jahrhunderts f. Z. hingestellt hat, verfolgt Weber
als Zeitideal weiter zurück bis zur deutschen Mystik, deren Zusammenhang mit
der Reformation jetzt überhaupt mehr und mehr erkannt wird. Neben den litte-

rarischen volkstümlichen Quellen hat er aber auch unter den religiösen Holz-
schnittbildchen und illustrierten Flugblättern künstlerische Vorbilder entdeckt.
Dürers Verkörperung des Zeitideals steht dann freilich hoch über diesen Vorläufern; sehr hübsch ist die Würdigung dessen, was Dürer hier künstlerisch
geleistet hat. Auch die Entstehung von Hieronymus und Melancholie wird
nun weiter von Weber „auf volkstümliche ethische Vorstellungen, wie sie in
den Jahrzehnten vor der Reformation im deutschen Volke lebendig waren",
zurückgeführt. Auf diese mit reichen litterarischen und künstlerischen Material
vorgenommene Untersuchung weise ich besonders hin. Kulturgeschichtlich führt
sie uns von der alten scholastischen Zweiteilung zwischen geistlichem und welt-
lichem Wissen zu der Weltanschauung der Reformation, die sich in der persönlichen Anschauung Dürers wiederspiegelt. Denn Dürer hat „die alte scholastische
Form benutzt, um einen ganz neuen Gedanken hineinzugießen, einen deutschen,
einen religiösen Gedanken, ein Stück Weltanschauung der vorreformatorischen
Zeit." Weitere Einzelheiten zu geben, auch Bemerkungen zu einzelnen Stellen
zu machen, unterlasse ich. Nur zu der Beschreibung des Bildes von Urs Graf
(S. 29: der Ritter steht „zwischen dem Teufel auf der einen Seite, einem
(hier von einem Engel) emporgehaltenen Stundenglase auf der anderen Seite")
bemerke ich, daß Weber den Charakter dieses „Engels" zu verkennen scheint.
Es ist der Tod. Als Engel wird er in früher Zeit des öfteren abgebildet. —
Im übrigen sei der Wunsch ausgesprochen, daß die „kulturgeschichtliche" Richtung
des Ganzen, die auch nach dieser Seite hin zu schönen Resultaten geführt hat,
unter den Kunsthistorikern weitere Anhänger finden möge.

Georg Steinhausen.

P. Leonhard Lemmens, Pater Augustin von Alfeld. (Erläuterungen und Ergänzungen zu Janssens Geschichte des deutschen
Volkes, herausgegeben von L. Pastor I, 4). Freiburg, Herder,
1899. (108 S.)

Zum Beweise, daß die katholische Kirche nicht kampflos vor der Reformation die Waffen gestreckt habe, schildert hier ein Priester des Franziskaner-
ordens die schriftstellerische Thätigkeit seines Ordensbruders, zugleich als
Ehrenrettung des von Luther als „Esel zu Leipzig" Bezeichneten. Der nach
seinem Geburtsort genannte Alfeld war bei Beginn der literarischen Fehde
Lektor im Leipziger Franziskanerkloster, später Guardian zu Halle, endlich
Provinzial der sächsischen Ordensprovinz vom heiligen Kreuze. Seine Streitschriften, deren wichtigste sich um Luthers Schrift von der babylonischen Ge-
fangenschaft der Kirche gruppieren, sind zum Teil in deutscher Sprache, nicht
ohne volkstümliche Gewandtheit geschrieben. Den theologischen Inhalt der
Fehde mit Luther und dessen Schildhaltern Lonicer und Hutten bringt L. übersichtlich und erfreulich maßvoll zur Darstellung, aber auch nur dies. Warum

der Franziskaner dem Augustiner unterliegen mußte, das entzieht sich natürlich seinen Blicken, und der welterschütternde Kampf des deutschen Nationalgeistes wider den Romanismus erscheint in diesem Spiegel eben nur wie ein Mönchsgezänk.

G. Liebe.

Ferdinand Katsch, Die Entstehung und der wahre Endzweck der Freimaurerei. Auf Grund der Originalquellen dargestellt. Berlin, 1897, Ernst Siegfried Mittler u. Sohn. (690 S.)

„Eine Vorgeschichte der Freimaurerei will dieses Buch darbieten; es will den Nachweis erbringen, daß unter dem Namen der Freimaurerei eine neue Kulturidee sich einzubürgern versuchte, und daß diese eine praktisch-religiöse in ihrem Ursprunge wie in ihrem Endzwecke war. Es will den Nachweis erbringen, in welchem Lande und in welcher Form diese Idee ihre ersten Vertreter fand, welche Männer sie nach England und Schottland importierten und ihr hier die formelle Einkleidung gaben, welche seitdem als „Freimaurerei" allüberall bekannt geworden ist. Es will die zeitlichen und sachlichen Gründe angeben, warum diese Form die eines Geheimbundes verbleiben mußte, bis unter milder gewordenen Zeitverhältnissen und auf Grund einer abermaligen äußerlichen Umwandlung die erste englische Großloge im Jahre 1717 zu London öffentlich an das volle Tageslicht hervorzutreten wagte. Seit jener Zeit erst ist die Geschichte der Freimaurerei .... erkennbar; nach jener Zeit, also nach dem Jahre 1723, in welchem die erste Auflage des englischen Konstitutionenbuchs erschien, ist sie darum nicht mehr Gegenstand der hier vorgezeichneten Aufgabe."

Mit diesen Worten kennzeichnet der Verfasser das Ziel, das er sich gesteckt hat. Ein begeisterter Freimaurer, will er die in der That trotz aller neueren Forschungen deutscher und englischer gelehrter Freimaurer noch ganz im Argen liegende, von der Tradition absichtlich in Dunkel gehüllte Entstehungsgeschichte des Freimaurerordens klarstellen. Es ist ohne Frage eins der schwierigsten Probleme der Kulturgeschichte, dessen vollkommen befriedigende Lösung bei der Eigenart des ganzen Ordens und der Natur der Quellen seiner Geschichte wohl noch lange auf sich warten lassen wird, aber von dem verdienten Verfasser um einen erheblichen Schritt vorwärts geführt ist.

Seine Hauptresultate sind in Kürze folgende: Die bisher fast allgemein herrschende Werkmaurerhypothese, d. h. die Annahme, die (symbolische) Freimaurerei habe sich aus den englischen Werkmaurer- oder Steinmetzgilden entwickelt, ist von Grund aus falsch. Sie ist vielmehr aus dem deutschen Orden der Rosenkreuzer hervorgegangen, dann nach England übertragen, und während die Rosenkreuzerei durch die Ungunst der Zeiten im 30 jährigen Kriege zu Grunde ging, nahm sie dort, indem sie bei den Handwerksgilden der masons Eingang fand und diese als Deckmantel für ihre Bestrebungen benützte, um

dadurch gegen Verfolgungen, Anfeindungen und Verleumdungen gesichert zu
sein, allmählich jene Gestalt an, in welcher sie uns seit 1717, seit Gründung
der englischen Großloge entgegentritt. Diese Resultate der Untersuchungen K's.
werden nicht in vollem Umfange vor der Kritik standhalten. Insbesondere
gilt dies von dem erstem Teil, der dem Kampf gegen die traditionelle Meinung
von dem Ursprung der Freimaurerei aus der Werkmaurerei gewidmet ist.
Der Vorwurf, den K. der bisherigen freimaurerischen Geschichtsforschung
macht, sie gehe von vorgefaßten Anschauungen aus und biete nichts als rein
äußerliche und obenein ganz unbewiesene Konjekturen, fällt zum Teil auf ihn
selbst zurück. Gerade er ist der Mann der kühnen, nicht selten hochinteressanten
und geistvollen Konjekturen, die sich überall da einstellen, wo der sichere Boden
der aus den Quellen geschöpften Thatsachen fehlt. In seinen Untersuchungen
über die englischen Handwerksgilden stützt er sich fast ausschließlich auf
William Maitland (The History and Survey of London from its Foundation to the present time. London 1756). Gerade in neuerer Zeit sind
nun aber eine Reihe von wichtigen Veröffentlichungen über dieses Gebiet
erschienen — so besonders Hazlitt: History of the Livery Companies.
London 1892 und Edw. Conder jr.: Records of the Hole Crafte and
Fellowship of Masons. London 1894 — die ein ganz anderes Bild von
den englischen Steinmetzgilden ergeben. Wenn K. den englischen Handwerkern
im allgemeinen und der Londoner Masonsgilde im besonderen eine sehr
niedrige politische und soziale Stellung zuweist, wenn er bestreitet, sie hätten
jemals eine Art von Selbstregiment besessen, und vor 1630 hätten bei den
masons Logen bestanden im Sinne engerer Vereinigungen mit höheren
religiösen, moralischen oder sozialen Zwecken, so wird er darin von den
erwähnten neueren Veröffentlichungen in der Hauptsache widerlegt, wie das
von Sonnenkalb in der Zirkelkorrespondenz nachgewiesen ist. (Die englischen
Zünfte, insbesondere die Londoner Steinmetzzunft (company of masons)
und deren Beziehungen zur Freimaurerei vor 1717. Z. C. 26. VI).

Die Irrtümer K's in Bezug auf die englischen Werkmaurer schließen
aber die Richtigkeit des wichtigsten Teiles seiner Hypothesen keineswegs aus.

Nachdem nämlich K. die Werkmaurerhypothese abgethan, hält er, da
eine Stelle des Konstitutionenbuchs von 1723 in Übereinstimmung mit der
History und vielen andern Konstitutionen von ausländischen Brüdern spricht,
welche „die Maurerei nach England wie nach andern Staaten vordem eingeführt hätten", Umschau, ob und welche Brüderschaften aus gleicher oder
kurz vorhergehender Zeit — für die älteste erwiesene Aufnahme als Freimaurer hält er diejenige Morays im Jahre 1641 — allgemeine Aufmerksamkeit auf dem Kontinent und in England in Anspruch genommen hätten.
Er entwirft darum ein in mancher Hinsicht fesselndes, wenn auch nicht ganz
unanfechtbares Bild der mannigfachen geistigen Richtungen, welche sich zu
Anfang des 17. Jahrhunderts durchkreuzten. Er weist darauf hin, wie nach dem
glorreichen Anfang des 16. Jahrhunderts an seinem Ende infolge des Wieder-
aufstrebens der katholischen Kirche, des Risses zwischen Lutheranern und
Reformierten und theologischer Unduldsamkeit auf allen Seiten Engherzigkeit

und Glaubenshaß eine unbehagliche Spannung und Unruhe, „mattherzige Hoffnungslosigkeit und raufluftige Ungeduld" verbreiteten.

Das war der Boden, auf dem der Orden der Rosenkreuzer erwuchs, der mit der Fama Fraternitatis R. C. 1614 in die Erscheinung trat. Der Bund, der etwa um 1604 entstanden ist, will ein Gegengewicht gegen den Jesuitenorden und pfäffische Intoleranz überhaupt bilden, wurzelt in der Freiheit des Evangeliums, stützt sich auf die Idee der kabbalistischen Theosophie und erstrebt eine Sammlung der Gebildeten in einer wahrhaft katholischen, d. h. glaubenseinigen Jesusgemeinde im Gegensatz zu jeder konfessionellen Knechtung.

Den Beweis für die Echtheit der Rosenkreuzerschriften und die Existenz des Bundes scheint K. in der That erbracht zu haben. Die von Herder u. a. stammende Ansicht, die Fama und das ganze Rosenkreuzertum sei von Joh. Val. Andreae erfunden, kann als abgethan gelten. Des letzteren „chymische Hochzeit" ist eine Travestie auf den Rosenkreuzerbund, die ihn herabsetzen sollte. Dieser und anderen Angriffsschriften, die besonders von der „Verleumderfirma" Irenaeus Agnostus ausgingen, fiel der gute Name der Rosenkreuzer zum Opfer. Im 30jährigen Kriege ging er vollends zu Grunde — seit 1619 giebt es keine echte Rosenkreuzerschrift aus Deutschland mehr. „Ihr Name war verschollen; ihr Erbe trat man an, allein ohne die Erblasser nennen zu mögen — vielleicht auch zu dürfen."

Diese Erben sind nun die Freimaurer. Um das zu erweisen, sichtet K. die spätere Rosenkreuzerlitteratur, indem er alles als unecht ausscheidet, was nach Tendenz und Inhalt der Fama und Confessio widerspricht. Danach sind es nur 9 echte Rosenkreuzer, die als Autoren auf uns gekommen sind. Aus diesen Quellen schöpft K. eine Darstellung der Lehre, namentlich des religiösen Standpunktes der Rosenkreuzer in ihrer zweiten und letzten Periode, und untersucht die Frage nach dem Stifter des Bundes und der Bedeutung des R. C. Der Vater R. C. ist nur die Symbolik eines Gedankens, eines Zwecks; diese symbolische Persönlichkeit ist ihm Thomas a Kempis, und das R. C. deutet er im Hinblick auf die Brüder vom gemeinsamen Leben, die früher für denselben Gedanken wie die Rosenkreuzer eingetreten waren, als Fraternitas Reformationis Communis (Fratres Vitae Communis).

In diesen Untersuchungen über den Rosenkreuzerbund, die Quellen seiner Geschichte und seiner Lehre, beruht m. E. der Hauptwert des vorliegenden Werkes, der auch bestehen bleiben wird, wenn viele Einzelheiten und manche andere Partien sich als verfehlt erweisen werden.

Wenn K. dann auf die Momente hinweist, die in Lehre und Ritual bei Rosenkreuzern und Freimaurerei übereinstimmen, und wenn diese Untersuchungen in dem Satze gipfeln: „Die Lehrform der heutigen Freimaurerei . . . . . hat Form wie Objekt ihrer Lehren Punkt für Punkt von den Rosenkreuzern ererbt", so schießt er damit zwar wieder über das Ziel hinaus, aber überraschend sind in der That die Anklänge und Übereinstimmungen, die den Zusammenhang zwischen Rosenkreuzertum und Freimaurerei schlagend beweisen.

Der Übergang des Rosenkreuzertums auf englischen Boden markiert sich maßgebend in der Persönlichkeit Robert Fludds. Das Programm aber, auf welches hin die Freimaurerei sich aus jenem gestaltete, ist das summum bonum des Schotten Frisius, den K. nicht für identisch mit Fludd, sondern für ein Pseudonym eines Freundes und Kampfgenossen Fludds hält. Die dem Steine Aben innewohnende kabbalistische Symbolik, deren Entwickelung den wesentlichsten Teil des summum bonum bildet, ist nach K. die Grundlage der freimaurerischen Lehre, nicht die Allegorie vom salomonischen Tempelbau, welche erst einer späteren Umgestaltung angehöre. In diesem summum bonum sieht K. das Ur- und Idealbild der Freimaurerei, das durch die clavis philosophiae von 1633 vervollständigt wird, zugleich hält er diese Werke für die alten Urkunden, denen Desaguiliers, Andersen u. A. das Material für die Abfassung des ersten englischen Konstitutionenbuches entnahmen. Im Jahre 1633 ist die Umwandlung der Rosenkreuzer in Freimaurer vollzogen und fertig; sie geschah in möglichster Stille, da sie eine lediglich formelle, durchaus aber keine sachliche oder wesentliche war. Man flüchtete sich, um vor Nachstellungen von staatlicher und kirchlicher Seite und Verleumdungen sicher zu sein, unter den Deckmantel der masons, weil gerade diesem Handwerk die Lehrform der Rosenkreuzer nahe stand. Vermutlich geschah es auch aus politischer Vorsicht, wegen der katholischen Neigungen der Stuarts, die der kabbalisten Mystik der Rosenkreuzer natürlich nicht hold waren.

In den letzten Abschnitten stellt K. die rosenkreuzerisch-freimaurerische Periode vom Jahre 1633—92, insbesondere Ashmole und seine Zeit, also „den Rosenkreuzer in dem Schurz des Handwerkers" dar, sucht dann glaubhaft zu machen, daß die Verfasser des Konstitutionenbuches von 1723/1738 in klarstem Bewußtsein die historische Wahrheit im Interesse ihrer Logen in der Weise fälschten, daß sie die Freimaurerei aus der Werkmaurerei hervorgehen ließen — das Haliwell-Gedicht deutet er als das Erzeugnis eines weltweisen Alchemisten, der seine jüngeren Standesgenossen belehren will; unmöglich könne es sich auf Werkmaurer und Steinmetzen des 15. Jahrhunderts beziehen — und behandelt dann schließlich die rosenkreuzerisch-freimaurerische Periode in ihrem Niedergang und die Umformung der Freimaurerei in das noch bestehende Großlogenregiment, also die Zeit von 1692—1717, daneben auch die alte Freimaurerei in Schottland.

Besonderen Wert legt K. bei allen diesen Untersuchungen auf den Nachweis, daß das Christentum ein charakteristisches und unantastbares Symbol der Rosenkreuzer, namentlich der englischen, bei ihrer Umwandlung in Freimaurer war, und daß darum die Brüderschaft, unter Wahrung der höchsten Toleranz, jederzeit unbedingt eine rein christliche sein müsse, daß also die Krause'sche Humanitätsmaurerei ein Abfall von dem ursprünglichen Hauptprinzip des Ordens gewesen sei. Damit greift er in aktuelle interne Streitfragen der Freimaurer hinüber, auf die hier füglich nicht näher eingegangen werden kann. —

Die Lektüre des Buches ist keine sehr angenehme. Es macht oft den Eindruck noch ungeordneten, der Sichtung und Überarbeitung harrenden Materials. Dazu kommt, daß die Darstellung fortwährend von heftigen Ausfällen gegen die Vertreter gegnerischer Ansichten unterbrochen wird. Die

Leidenschaftlichkeit des Tones, den K. gegen diese seine Gegner, namentlich gegen Begemann, mit dem er Jahre lang schon in heftigster Fehde gelegen hat, anschlägt, ohne ihn einmal bei Namen zu nennen, wirkt geradezu verletzend und gehört in ein ernstes wissenschaftliches Werk nicht hinein.

Aber abgesehen davon wird man dem Wert eine hohe Bedeutung für die Geschichte der Freimaurerei und für die Kulturgeschichte des 17. Jahrhunderts nicht absprechen können. Der Verfasser, der dem Erscheinen des Werkes, das er schon 1892 der großen Landesloge von Deutschland übergeben hatte, Jahre lang sehnsüchtig entgegensah, hat die Veröffentlichung nicht mehr erlebt und ist vom Kampfplatz abgetreten. Er hat ohne Frage, wie viele seiner Behauptungen sich auch als unhaltbar erweisen werden, der freimaurerischen Geschichtsforschung vielfach neue Wege gewiesen, neue Quellen erschlossen und neue Anregungen gegeben. Der Name Katsch wird unter den Geschichtsschreibern des Ordens nicht zu den Letzten gehören.

Bartenstein. J. Plew.

G. v. Welsenburg, Das Versehen der Frauen in Vergangenheit und Gegenwart und die Anschauungen der Ärzte, Naturforscher und Philosophen darüber. Mit 10 Abbildungen. Leipzig, H. Barsdorf, 1899. (IV und 183 Seiten.)

Das interessante Buch ist dadurch für den Kulturhistoriker von Wert, daß der Verf. mit großem Fleiße die Ansichten der verschiedenen Zeiten und Kulturvölker über die Beeinflussung der Gestalt des Fötus durch psychische Erregungen der Mutter ("Versehen") zusammenstellt. Wir vermissen unsererseits die genügende Heranziehung der Ethnologie und der Volkskunde. Es wäre doch recht lohnend gewesen, die wirklichen oder angeblichen Beobachtungen der Naturvölker oder die Äußerungen des lebenden Volksaberglaubens über das Thema zu vernehmen. Auch für den Arzt, der im Verkehr mit dem Volke steht, ist interessant, was in E. H. Meyer's deutscher Volkskunde (1898) S. 185—187 gesagt ist. Über den naturwissenschaftlich-medizinischen Wert des Buches steht mir kein Urteil zu.

Würzburg Robert Petsch.

H. Bergner, Die Glocken des Herzogtums Sachsen-Meiningen. (33. Heft der Schriften des Vereins für Sachsen-Meiningische Geschichte und Landeskunde.). Jena, 1899, F. Strobel. (170 S.)

Das ist eine nicht üble, auf jahrelange fleißige Sammlungen und
eingehende Sachkenntnis gegründete Schrift. Vorzüglich auch die Kulturgeschichte und die Volkskunde werden manchen Nutzen daraus ziehen. Für den
behandelten Bezirk giebt B. eine nach jeder Richtung erschöpfende Beschreibung, die für den Leser als Einführung in die Glockenkunde überhaupt
dienen kann. 684 Glocken werden uns nach Durchmesser, Ton, Entstehungszeit,
Gießer, Charakter und Wortlaut der Inschrift und nach ihrer Verzierung vorgeführt, auch die Geschichte einzelner Glocken, oft mit Heranziehung wertvoller
Auszüge aus Urkunden und Chroniken, sowie mit reichem Illustrationsmaterial
nachgewiesen. Interessant sind die Ausführungen über die Anbringung von
Inschriften und über deren Inhalt. Oft ist er kraus und hölzern, oft aber sinnig
und geistreich. Diese Inschriften sollten für den ganzen Umfang des deutschen
Reiches gesammelt werden. Die Geschichte der Glocken selbst, der Gefahren,
die ihnen durch übermäßigen oder unvorsichtigen Gebrauch, durch elementare
Gewalten und feindliche Habsucht drohen, das alles wird an der Hand der
Quellen z. T. in drastischer Weise (z. B. die Entführung der Banzer Glocken)
behandelt. Es folgt ein Abschnitt über die Glockengießer, deren Werke das
Land besitzt, sodann das wichtige Kapitel: „Namen, Gebrauch und Recht.“
Die Sage und der Aberglaube haben sich früh der Glocke bemächtigt und nicht
minder der Volkswitz, der die Glockenklänge zu deuten sucht. Über den musi-
kalischen Wert der Meiningischen Glocken belehrt uns ein Abschnitt des Semi-
narlehrers Johne. Die interessante Schrift sei unsern Lesern empfohlen und
zur Ergänzung auf die kleine Festschrift „Die Münsterglocken zu Schaffhausen“ (Sch., C. Schach) hingewiesen.

Würzburg   Robert Petsch.

**A. Kopp, Deutsches Volks- und Studentenlied in vorklassischer
Zeit.** Im Anschluß an die bisher ungedruckte von-Crails-
heimsche Liederschrift der Königlichen Bibliothek zu Berlin
quellenmäßig dargestellt. Berlin, W. Hertz, 1899. (286 S.)

Durch die Veröffentlichung und Bearbeitung der dem Buche zu Grunde
liegenden Berliner Handschrift Ms. germ. 4°. 722 hat sich der Herausgeber
den Dank nicht bloß der Litteraturforscher sondern auch aller Freunde der Kulturgeschichte und Volkskunde erworben. Für die Litteraturgeschichte sind allerdings die Ergebnisse am reichsten, da diese Handschrift unsere Kenntnis des
deutschen Volks- und Studentenliedes, wie es in der ersten Hälfte des 18.
Jahrhunderts blühte, ganz erheblich fördert. Für die Kulturgeschichte ist das
Buch insofern sehr wichtig, als es uns einen tiefen Blick in die Bildungs-
und Sittengeschichte jener Zeit thun läßt. Auf den Geschmack dieser Periode
wird durch die Handschrift, deren Lieder zum weitaus größten Teil erotischen

Inhalts sind, ein klares, wenn auch nach moderner Auffassung nicht gerade günstiges Licht geworfen. Und noch ein zweites kommt hinzu: durch die Person des Schreibers und die Geschichte seiner Arbeit findet das soeben für die Allgemeinheit Ausgesprochene noch eine besondere Beleuchtung an einer bestimmten Person. In dem Verfertiger der Handschrift, dem Freiherrn Albrecht Ernst Friedrich von Crailsheim (1728—1795) lernen wir einen Mann kennen, der trotz seiner Seltsamkeiten vielleicht als eine Art Typus des damaligen Landedelmannes gedacht werden darf; er ist ein Mensch, der, um mit den Worten des Herausgebers zu reden, Zeit seines Lebens einem genußsüchtigen, leichten Epikureertum huldigte, mit seinen geistigen Anliegen nie aus dem Kreise der Lebewelt heraustrat, dessen hauptsächlichen Lebensinhalt von früher Jugend bis ins Alter sinnliche Liebeleien, leckere Speisen, gute Getränke, launige Schnurrpfeiffereien, frohe Gelage, heitere Gesellschaften ausmachten. Als Zeugnis hierfür dient seine litterarische Thätigkeit. Als Student schreibt er, vielleicht in Altdorf, etwa zwischen 1747 und 1749 das nur handschriftlich vorliegende Volks- und Studentenliederbuch, später in verschiedenen Teilen „die hundert und eine Kunst. Oder: Vermischte Sammlung allerhand nützlich auch lustiger und scherzhafter Kuriositäten. Hrsg. von C. V. F. E. A. 1760" [o. O.]. (Die Buchstaben ergeben, von rechts nach links gelesen die Anfänge seiner Namen; zuletzt erschien das Buch als „Die zehnmal hundert und eine Kunst" u. s. w. Nürnberg 1766.) Endlich folgt noch ein „Wohleingerichtetes Kochbuch," Schw. Hall, 1781. — Ja noch weiter läßt sich dieses Sittengemälde verfolgen. Der Freiherr schenkt seine Handschrift, in der viele Lieder „von beispielloser Lüsternheit, pöbelhafter Gemeinheit und leider geradezu viehischer Wollust Zeugnis ablegen," seiner dreizehnjährigen Tochter, einem Mädchen, die das „Present ihres Papas" eifrigst studiert und ihrer eigenen früh erwachten Liebesehnsucht durch allerhand unverblümte Glossen zu vielen Gedichten mitunter gar allzu naivem Ausdruck verleiht. Ein merkwürdiges Zusammentreffen hat es übrigens gefügt, daß der Gegenstand ihrer glühenden Gefühle, der sich jedoch recht kühl verhalten zu haben scheint, kein anderer war als Preußens größter Staatsmann vor Bismarck, Heinrich Friedrich Karl von Stein, der damals (1774) wohl als siebzehnjähriger Student eine Zeit lang die Gastfreundschaft der befreundeten freiherrlichen Familie genießen mochte.

Auch die einzelnen Lieder liefern manchen schätzbaren Beitrag zur Kultur der Zeit, etwa für Trink- und Zechersitten, studentische Bräuche, für die Lebensauffassung verschiedener Stände, die Art des sittlichen Empfindens u. a. Beim Abdruck der Handschrift hat der Herausgeber eine Auswahl getroffen; es ist auch so recht viel, was er bringt, und die Art, wie er es giebt, verdient ebenfalls vollste Anerkennung. Nur wäre zu erwägen, ob nicht die vollständige Wiedergabe des ganzen Codex noch zweckmäßiger und nutzbringender gewesen wäre. Die meisten der Lieder sind mit ausgiebigen Parallelen aus der gleichzeitigen und vorangehenden Litteratur belegt, und manche der beigefügten Erläuterungen sind mit eingehendster Sorgfalt ausgestaltet, so z. B. die über das „Gaudeamus" (197 ff.) und über die kulturgeschichtlich lehrreichen Tabaksge-

dichte (149, 216), zu denen auch Kopps Aufsatz in M. Kochs „Zeitschr. für
vergl. Litteraturgeschichte" N. F. XIII (1899) zu vergleichen ist; auch die
Ausführungen über den „Landesvater" sind sehr beachtenswert. — Ein alpha-
betisches Verzeichnis der Liederanfänge erleichtert die Benutzung des wertvollen
Buches, und als „Zugabe" werden noch einige Mitteilungen über zwei andere,
kleinere Liederhandschriften der vorklassischen Zeit gemacht, über die „Horae
Kilonienses canonicae" eines cand. jur. Friedrich Reyher von 1743 und
über die Liedersammlung eines ungenannten Schlesiers, die etwa zwischen
1740 und 1760 zu setzen ist.

Breslau.   H. Jantzen.

* * *

A. Pick, Schiller in Lauchstädt im Jahre 1803. Halle, Hendel,
1899. (Neujahrsblätter der historischen Kommission der Prov.
Sachsen). (48 S.)

Der verstorbene Major z. D. Seidel hatte eine große Menge von Notizen zum Repertoire des Lauchstädter Theaters während Schillers Aufenthalt
vom 2.—14. Juli 1803 gesammelt, deren Veröffentlichung er wünschte. In
unzeitiger Pietät hat der Herausgeber diesem Wunsche Folge gegeben. Es
ist eine Sammlung von Lesefrüchten, deren Zusammenhangslosigkeit schon in
den unaufhörlichen abgehackten Absätzen zu Tage tritt, ein trostloses Beispiel
jener alexandrinischen Kunstauffassung, die glücklich ist, wenn sie an der Venus
von Milo die Rippen zählen kann. Wenn der Herausgeber wirklich glaubte,
mit dieser unpersönlichen Leistung der Literaturgeschichte einen Dienst zu erweisen, so ist doch nicht einzusehen, wie sie in diese Sammlung geraten ist.
Etwa, weil Lauchstädt in der Provinz Sachsen liegt? Die Bedeutung, die der
Wohnsitz einer der harmlosesten Quellnymphen zeitweilig durch sein Theater
gehabt hat, ist durch Nasemanns Schrift in der gleichen Sammlung längst
ausgeschöpft worden. Die Neujahrsblätter sollen die Arbeiten der historischen
Kommission dem Verständnis der allgemein, nicht fachmäßig Gebildeten näher
bringen durch Arbeiten wissenschaftlicher Grundlage, aber faßlicher und ge-
schmackvoller Darstellung. An Werken dieser Art haben wir in Deutschland
noch keinen Überfluß; grade die sächsischen Neujahrsblätter enthalten schöne
Beispiele in den Arbeiten von Jakobs über den Brocken, von Böhme über
Pforte. Es ist zu wünschen, daß die historische Kommission gerade in der
Auswahl dieser Arbeiten die strengste Prüfung walten läßt und nicht das
Mistrauen befördert, das deutsche Gelehrte hergebrachter Weise gegen jedes
lesbare Buch haben.

Georg Liebe.

Fr. Masaryk, Palackys Idee des böhmischen Volkes. Prag. 1899. (74 S.)

Was sich in der Praxis in höchst unerfreulicher Weise vor unsern Augen abspielt, tritt hier im harmlosen Gewande geschichtsphilosophischer Theorie auf. Die leitende Idee des böhmischen (sc. czechischen) Volkes ist die religiöse und in ihr wurzelnd die humanitäre, aus der sich die Gleichberechtigung der Nationen wie der Individuen ergiebt. Ist doch das böhmische wie das slavische Volk überhaupt durch seinen friedlichen Charakter vorzugsweise human, gradezu die Repräsentantin des reinen Menschentums! Die Annahme der Gegenreformation bedeutet ein Sinken des Volkstums, das durch nationale Wiedergeburt in Religiosität und Humanität gehoben werden muß. An Stelle des gegenreformatorischen Absolutismus soll Österreich die böhmische Idee von der Gleichberechtigung der Völker auferlegt worden. Gegen die deutsche Herrschsucht beruht der Schutz in — Rußland.

Auch ohne die Schrift von M. wüßten wir, daß die ausgeklügelten Theorien der Führer von den dumpfen Instinkten der Masse überrannt zu werden pflegen. Einen unbestreitbaren Vorzug hat sie jedenfalls: daß sie deutsch geschrieben ist. G. Liebe.

P. D. Fischer, Italien und die Italiener am Schlusse des neunzehnten Jahrhunderts. Betrachtungen und Studien über die politischen, wirtschaftlichen und sozialen Zustände Italiens. Berlin, J. Springer, 1899 (VIII, 467 S.)

Als „ersten Versuch einer zusammenhängenden Schilderung des modernen Italiens" bezeichnet der Verfasser sein Buch. Kunst und Natur, die sonst — etwa neben der Geschichte — die große Litteratur über Italien ausschließlich beherrschen, liegen hier abseits. Ein genauer Kenner des Landes verbindet hier das Resultat persönlicher Beobachtungen, Erfahrungen und Erkundigungen mit den Ergebnissen der italienischen statistischen Publikationen, die dem Buch die feste Grundlage geben. Aber Zahlen und Daten überwuchern nicht; auch nicht der sonstige litterarische Apparat; es war dem Verfasser um „eine handliche Schilderung der heutigen Zustände in Italien für deutsche Landsleute" zu thun. Daß der Verfasser gut zu beobachten weiß und insbesondere auch einen guten kulturgeschichtlichen Blick hat, das hat man bereits aus seinen „Betrachtungen eines in Deutschland reisenden Deutschen" ersehen können. In dem vorliegenden Buch tritt der in Italien reisende Deutsche nicht so persönlich hervor, auch äußerlich ist ein mehr handbuchartiger Charakter der Schilderung gewahrt. Wir werden orientiert über Errichtung, Umfang, Grenzen und Einteilung des Königreichs Italien, über die Dynastie, die Organisation der

6*

Staatsverwaltung, das Parlament, die Wehrkraft, die Finanzen, die Landwirtschaft u. s. w. u. s. w. Ein Kapitel: Volkstum und Volkscharakter wünschte
man wohl ausführlicher gehalten zu sehen. Die umfangreiche italienische
volkskundliche Litteratur ist dem Verfasser kaum genau genug bekannt.
Allerdings würde sich durch ihre Benutzung wesentlich eine ausführlichere
Schilderung des Volkslebens ergeben haben, während die treffenden Ausführungen, die der Verfasser über den italienischen Volkscharakter macht, kaum
einer Erweiterung bedürfen. Im Ganzen wird der deutsche Leser aus dem
Buche reiche Belehrung über die freilich nicht immer erfreulichen Zustände des
heutigen Italiens schöpfen können, und auch der Historiker wird dem Verfasser
dankbar sein.

Georg Steinhausen.

**Ludwig Pastor, August Reichensperger 1808—1895. Sein Leben
und sein Wirken auf dem Gebiet der Politik, der Kunst und der
Wissenschaft.** Mit Benutzung seines ungedruckten Nachlasses dargestellt. 2 Bände. Freiburg i. Br., Herder, 1899. (XXV, 606 S.;
XV, 496 S.)

Das vorliegende Werk wird in erster Linie die Anhänger des Zentrums,
neben ihnen Politiker überhaupt und politische Historiker interessieren und bei
jenen vielen Beifall finden, bei diesen oft Anlaß zu starken Einwendungen
geben. Und wenn letztere meiner Ansicht nach mit großem Recht erhoben
werden können, so wird doch auch der Gegner des einstigen Führers der
„katholischen Fraktion" und Mitgründers des Zentrums in ihm einen bedeutenden Menschen schätzen müssen und sich freuen, ihn durch das vorliegende
Werk näher kennen zu lernen. Denn im wesentlichen spricht in den beiden
starken Bänden Reichensperger selbst; schon zu seinen Lebzeiten hat Pastor
mit ihm den Plan und Einzelheiten dieser Biographie besprochen, und die
Hauptquelle derselben sind R.'s Tagebücher und Correspondenzen. Durch diese
persönlichen Quellen gewinnen denn auch die beiden Bände, wie alle Autobio-
graphieen, die sich nicht nur auf äußere Herzählung von Thatsachen beschränken,
das Interesse des Kulturhistorikers, und zwar um so mehr als R. ein viel-
seitiger, geistig belebter Mann war, viel gesehen und erlebt hat und für das
Leben einen offenen Blick hatte. Namentlich die Schilderungen aus den jungen
Jahren R.'s sind geeignet, zur Erkenntnis der Zustände und Anschauungen
jener Zeit beizutragen, ebenso wie die Aufzeichnungen über seine Studienreise
nach Frankreich 1833, seine italienische Reise 1839—1840, über diejenige nach
England 1846 und seine späteren Reisen. Alle diese Reisen standen unter
dem Zeichen eines tiefen Interesses für die Kunst, und hier liegt das zweite
Moment, das bei der Lebensbeschreibung R.'s für uns in Betracht kommt

und in großen Partieen derselben beleuchtet wird, sein eifriges Streben für die Wiedergeburt der Kunst, wobei ich seine specifisch kirchliche Färbung bei Seite lasse. Insbesondere sehe ich in seinem unermüdlichen Eintreten für die gothische Kunst ein nicht genug zu rühmendes Verdienst R.'s. Das Eintreten Reichenspergers und einiger Gesinnungsgenossen für die Gothik hat ja früher allerdings dazu geführt, dieselbe als „ultramontane Kunst" zu verdächtigen. Aber mehr und mehr sind doch nun auch uns Protestanten die Schuppen von den Augen gefallen. Freilich noch lange nicht genug, dafür ist das Gebäude des deutschen Reichstags Zeuge, das in seinem Entwurf R. s. Z. bekämpft hat, ohnedem Künstler zu nahe zu treten. Für mich gehört dieses Reichstags- gebäude zu den unerfreulichsten Erscheinungen, die man in Berlin sehen kann. Ein gothischer Riesenbau, der sich hier erhoben hätte, würde vielleicht zum Volkserzieher geworden sein.

Georg Steinhausen.

Mitteilungen und Notizen.

———

Die „Denkmäler der deutschen Kulturgeschichte", deren Plan ich in dieser Zeitschrift Bd. V S. 439 ff. dargelegt habe, haben allgemach soviel Teilnahme und Interesse bei den Fachgenossen gefunden, daß sie als ein dauerndes Unternehmen werden betrachtet werden können. „Die deutschen Privatbriefe des M. A.", von mir herausgegeben, liegen in ihrem ersten Bande, wie den Lesern bekannt, seit November 1898 vor. Der zweite Band derselben wird aber erst nach längerer Zeit erscheinen können, da ich durch meine dienstliche Thätigkeit wie durch anderweitige Arbeiten so in Anspruch genommen bin, daß ich mich bisher noch auf die Sammlung des Materials beschränken mußte und der Bearbeitung dieses jetzt im Großen und Ganzen vollständig zusammengebrachten Materials mich zunächst noch nicht widmen kann. Die „deutschen Hofordnungen", die dem ersten Band der zweiten Abteilung (Ordnungen) bilden werden — die erste Abteilung der Denkmäler umfaßt die „Briefe" — werden von Herrn Dr. Arthur Kern in Breslau bearbeitet und hoffentlich in nicht allzu ferner Zeit veröffentlicht werden können. Diese drei Publikationen erscheinen mit Unterstützung der Königl. preußischen Akademie der Wissenschaften, eine Unterstützung, die aber nur für die einzelnen Publikationen bewilligt ist, nicht für die Denkmäler als solche. Es muß also auch darauf Bedacht genommen werden, wie ich dies schon in meinem Plane dargelegt habe, das Unternehmen als solches auf eine feste financielle Basis zu stellen, was ja, wenn man an die Unterstützung der Kehrbach'schen Unternehmungen durch das Reich mit 30000 Mark jährlich (!) denkt, heute sehr leicht zu sein scheint. Ein Versuch, das Cartell der Akademien dafür zu interessiren, ist durch einen Antrag der Kgl. Sächsischen Gesellschaft der Wissenschaften gemacht worden. Der Antragsteller, Prof. Lamprecht, der dazu von Prof. Heigel, an den ich mich als Secretär der „Historischen Komission" in München gewandt hatte, angeregt war, hat sich allerdings nicht auf die „Denkmäler" allein beschränkt, sondern kulturgeschichtliche Quellenpublikationen in weiterem Maße (auch die lokalgeschichtlichen eingeschlossen) als Ziel seines Antrags hingestellt, damit allerdings eine ganz neue Lage geschaffen, bei der schnelle Resultate so bald kaum zu erwarten sind.

Der wohl officielle kurze Bericht der „Allg. Ztg." enthält über den Verlauf der Angelegenheit folgenden Passus: „Ferner hatte die Königliche

Gesellschaft der Wissenschaften zu Leipzig eine Besprechung über die Herausgabe von Quellen zur Kulturgeschichte Deutschlands und Oesterreichs veranlaßt.
Von den meisten Delegierten wurde eine solche Veröffentlichung für wünschenswert erklärt und der Kgl. sächsischen Gesellschaft der Wissenschaften anheim
gegeben, durch ihr Mitglied Prof. Lamprecht einen genauen Plan zur Publikation derartiger Quellen ausarbeiten zu lassen." Es muß dahin gestellt
bleiben, inwieweit die „Denkmäler" auf diesem Wege eine Förderung erfahren
werden. Wir hoffen, daß in den näheren Verhandlungen zunächst eine Beschränkung auf sie allein als nützlich erachtet wird. Dann wird sich auch, wie
ich es schon in meinem auf dem 5. deutschen Historikertag gehaltenen Vortrage
als notwendig bezeichnete, eine Kommission für die „Denkmäler" bilden können,
die mir die ausschließliche Arbeit abnimmt und für die weitere Förderung der Sache
geeignete Schritte thun wird. Ein Ausbau der „Denkmäler" über den ursprünglichen Plan hinaus ist übrigens von mir von Anfang an als durchaus möglich
hingestellt. So werde ich, einer Anregung folgend, auch eine Abteilung Autoren
hinzufügen, in denen kulturgeschichtlich wichtige Quellenschriftsteller, wie Geiler
von Kaisersberg, ganz oder teilweise neu herausgegeben werden sollen. — Eine
Förderung nach Seite der Materialsammlung hin haben endlich die „Denkmäler"
durch die Konferenz deutscher Publikationsinstitute erfahren. Auf
meinen Antrag, zunächst die Materialsammlung wenigstens für einige wichtige
Abteilungen vorzunehmen, bei denen die Feststellung des noch Vorhandenen
verhältnismäßig leicht ist, ist von derselben in Halle, wo sie gleichzeitig mit
dem 6. Historikertag tagte, am 5. April beschlossen worden: „für eine künftige
Publikation Verzeichnisse des vorhandenen Materials an Reiseberichten und
Tagebüchern in Deutschland herbeizuführen." Wir hoffen zuversichtlich, daß
die einzelnen Institute diesem Beschluß gemäß verfahren und so die Vorarbeiten
für das Weitererscheinen der Denkmäler wesentlich fördern werden.

Daß übrigens der Gedanke der „Denkmäler" von sehr vielen Historikern
als ein richtiger empfunden und begrüßt wird, zeigt eine Auslassung
J. Striedinger's über die Notwendigkeit der von mir vorgesehenen Ab-
teilung: Inventare. Str. hat in der „Altbayerischen Monatsschrift"
I Heft 4/6 „Altbayerische Nachlaßinventare" (aus den Kreisen der Bürger,
Künstler, Geistlichen und Bauern) zu veröffentlichen begonnen und weist in der
Einleitung auch auf die Notwendigkeit jener Abteilung meiner Denkmäler hin.
Wir wollen daher unsern Lesern die Ausführungen nicht vorenthalten, in denen
Striedinger die geschichtliche Bedeutung solcher Inventare überhaupt begründet.
„Ein Inventar bringt uns den Menschen der Vergangenheit, das erste und
hauptsächlichste Objekt aller Geschichtsforschung, so recht menschlich nahe. Wir
sehen darin, von welchen Gegenständen er bei Lebzeiten umgeben war, und
können uns danach ihn selbst in seinem privaten Leben, in seinen Bedürfnissen
und Neigungen rekonstruieren. Speciell die Nachlaß-Inventare aber bieten
noch mehr: sie lassen die wirtschaftliche Lage des ganzen Haushalts erkennen
und zeigen uns mit rücksichtsloser Offenheit in der häuslichen oder wirtschaftlichen Existenz manche schwache Seite auf, die in zu anderen Zwecken aufgestellten Inventaren oder z. B. auch in Testamenten sorgfältig versteckt oder

doch verschleiert wird." Die Nachlaß-Inventare müßten auch den politischen
Historiker interessiren, z. B. bezüglich des „Wachsens und Sinkens des allgemeinen Wohlstandes, deren Zusammenhang mit den politischen Verhältnissen
unleugbar ist", mehr aber noch, wie schon in diesem Falle, den Wirtschaftshistoriker.
„Nicht allein daß man das Steigen und Zurückgehen der Güterwerte und aller
Preise verfolgen kann, man bekommt auch unzählige überraschende Aufschlüsse
über Geld, Währung und Zinsfuß, über Maaß und Gewicht und die verschiedensten socialen Verhältnisse. Die Kulturgeschichte im engeren Sinne erhält ihren Anteil, insofern alle Gebrauchsgegenstände — Geräte, Waffen,
Trachten — sich durch die Jahrhunderte nachweisen lassen und nicht bloß ihr
Vorhandensein, sondern auch ihr thatsächlicher Ge- und Verbrauch zahlenmäßig
festgestellt werden kann; Werkzeuge und Werkstätteneinrichtungen eröffnen Ausblicke in die Entwickelung der Handwerke und Techniken." Auch Kunst- und
Litteraturgeschichte haben ihren Gewinn u. s. w. Weiter fügt nun aber der
Verf. hinzu: „Wirklich große Resultate freilich lassen sich erst für den Zeitpunkt erhoffen, wenn wir eine recht bedeutende Anzahl von Inventarien aus
allen Jahrzehnten, aus allen Bevölkerungsklassen, aus allen Ständen, aus den
verschiedensten Gebieten beisammen haben werden."

Methodologische Erörterungen. Auf die an Lamprechts Deutsche
Geschichte sich zum Teil etwas gewaltsam knüpfende theoretische Auseinander-
ietzung sind wir an dieser Stelle mit Absicht nur insoweit eingegangen, als
ein specielles kulturgeschichtliches Interesse vorlag, wie bei dem Aufsatz Lamprechts: „Was ist Kulturgeschichte?" und auch dann nur referirend. Neuerdings
hat dann K. Lory in dieser Zeitschrift die Broschüre L's. „die historische Methode
des Herrn v. Below" einer Besprechung unterzogen, der wir eine redaktionelle
Bemerkung des Inhalts hinzufügen zu sollen glaubten, daß die Anhänger der
„Kulturgeschichte" nicht ohne weiteres als Vertreter L.'icher Ansichten angesehen
werden dürften. Diesen Satz näher auszuführen, bietet uns eine neue Broschüre
Lamprechts: „Die kulturhistorische Methode" (Berlin, H. Hey-
felder) Veranlassung. Vielfach wiederholt hier L., wenn auch in anderer Form,
die Darlegung seiner Auffassung, die er in dem oben erwähnten Aufsatz:
Was ist Kulturgeschichte?, weiter in dem gegen Rachfahl gerichteten Artikel:
„Individualität, Idee und socialpsychische Kraft in der Geschichte" (Jahrbücher
f. Nationalökonomie N. F. XIII, S. 880 ff.), auch wohl in der erwähnten
Broschüre gegen Below bereits niedergelegt hat. Auch die Arbeiten L.'s zur
Entwickelung der Geschichtswissenschaft, wie die in den Jahrbüchern für National-
ökonomie N. F. XIV, S. 161 ff. veröffentlichte über „Herder und Kant als
Theoretiker der Geschichtswissenschaft" oder die in unserer Zeitschrift (Bd. V,
S. 385 ff; VI, S. 1 ff.) erschienene über „die Entwickelung der deutschen Geschichts-

schreibung" berühren sich mit den einleitenden Partieen des vorliegenden Büchleins, sodaß wir in dem letzteren im Ganzen eine authentische Zusammenfassung der Ansichten L.'s wohl sehen dürfen. Als Hauptsätze finden sich da nun die folgenden (S. 25 ff.): „Zu einer wissenschaftlichen Durchdringung des historischen Stoffes" „bedarf es gewisser Begriffe und nicht anschaulicher Ideen." „Die Begriffe, die umfassend genug sind, um alles Geschehen eines bestimmten Zeitalters in sich zu begreifen", „sind die Begriffe gewisser Kulturzeitalter als der bestimmten psychischen Diapasons (!) einer gewissen Zeit." „Meine (Lamprechts) Deutsche Geschichte ist das erste historische Werk, das nach den Begriffen solcher Kultur- zeitalter disponiert ist und damit die Entwicklung des deutschen Volkes nach den Forderungen der kulturhistorischen Methode darstellt." „Die Kulturzeitalter der deutschen Geschichte" „lassen sich auch in der Entwicklung anderer großer menschlicher Gemeinschaften nachweisen." Sie sind nicht „etwas Singuläres", sondern „typisch." „Die Abfolge dieser Kulturzeitalter" ist „keine willkürliche" und „sie sind unter einander kausal verbunden." Lamprecht schließt: „Der Ab- lauf dieser Zeitalter entspricht der unerbittlichen Forderung jeder Wissenschaft auf rückhalts- und ausnahmslose Zulassung kausalen Denkens. Die Kultur- zeitalter erfüllen damit zum erstenmal die Forderung einer wahrhaft wissen- schaftlichen Gruppierung und denkhaften Durchdringung der geschichtlichen That- sachen; die kulturhistorische Methode ist die erste wirklich wissenschaftliche Methode hinaus über die bloße kritische Bearbeitung der Einzelthatsache und der einzelnen Thatsachenreihe." „Die Einführung der kulturhistorischen Methode bedeutet eine Revolution", „nicht bloß für die Geschichtswissenschaft im weitesten Sinne des Wortes, sondern für die Geisteswissenschaften überhaupt." Man sieht, Lamprecht sucht nicht wenig Verdienst für sich in Anspruch zu nehmen, er weist aber sogleich darauf hin, daß Spuren der Theorie der Kulturzeitalter schon seit der Wende des 18. Jahrhunderts sich finden; „und in der Praxis der Geschichtsschreibung beginnt eine Richtung auf den Gedanken der Kultur- zeitalter auch schon seit spätestens der Mitte unseres Jahrhunderts einzusetzen, wenngleich ohne Bewußtsein seiner Tragweite." Er will nur das Verdienst „der vollen und bewußten Einführung dieses neuen Denkens in die Praxis" haben. — Ich meine nun gerade in der Systematisierung, in der zwingend durchzuführenden Abfolge dieser Zeitalter, also gerade in dem, dessen Lamprecht sich rühmt, liegt das Fehlerhafte, das Gefährliche seiner Theorie, die zu ge- waltsamer Konstruktion der menschlichen Entwicklungsgeschichte führen muß. Dasjenige, was ich für richtig halte und was ebenso, wie es Lamprecht in seiner deutschen Geschichte gethan hat, in jeder kulturgeschichtlichen Darstellung mehr als bisher durchgeführt werden muß, ist die Erfassung des Stoffes in seiner inneren Entwickelung. Nicht der äußere Gang der Ereignisse soll uns die Norm für den Aufbau, für die Periodisierung geben, sondern die Wandlung, die Entwickelung unseres historischen Gesamtobjekts, also des Menschen, allerdings in seinem gesellschaftlichen oder nationalen Rahmen. Die bisher beliebte Manier der äußerlichen Einteilung und Darstellung, wie etwa nach Kaiserdynastien u. s. w., ist dem maßgebenden Einfluß der politischen Geschichte zuzuschreiben, dem sich auch die meisten sogenannten Kulturhistoriker, allerdings

solche dritten Ranges, nicht haben entziehen können.. Wenn ich also eine Aufstellung von Entwickelungsstufen, meinetwegen auch Kulturzeitaltern für richtig
und natürlich halte, so bestreite ich durchaus ihre gesetzmäßige Abfolge wie
die typische Zeitung und Bedeutung einer bestimmten Folge für alle Völker.
Eine solche hindern schon die nicht hoch genug zu würdigenden gegenseitigen
Kultureinflüsse und Kulturbeziehungen, bei denen überdies die in jedem Falle
wechselnde Verschiedenheit des Kulturgrades der betreffenden Völker von Bedeutung ist. Dazu kommen nun die Bedenken, die die bisher von Lamprecht
aufgestellten „Kulturzeitalter" selbst erwecken. Er hat die Zeitalter des
Symbolismus, des Typismus, des Konventionalismus, des Individualismus
und des Subjektivismus aufgestellt. Er hält weitere Zeitalter nach dem
Subjektivismus für möglich, wie er vor dem des Symbolismus frühere, wie
etwa das des Animismus, durchaus zugesteht. Sie alle sind willkürlich bis
auf zwei, die schon vor Lamprecht bekannt und gewürdigt waren. Burckhardt
namentlich hat uns das „Erwachen des Individuums" im Zeitalter der
Renaissance geschildert. Woraus es aber erwachte, das war die konventionelle
Gebundenheit des Mittelalters. Dieser letzte Begriff spielt schon bei Freytag
eine große Rolle und ist auch sonst gewürdigt. Die Bedeutung des Konventionellen für die Menschen im ausgehenden Mittelalter habe ich zum Beispiel
vor Lamprecht bei ihren Briefen betont und geschildert. Daß es sich bei
seinen Kulturzeitaltern eigentlich nur um zwei handelt, hat übrigens Lamprecht
jetzt selbst erkannt. Er spricht S. 27 davon, daß „jede menschliche Gemeinschaft ... auch ihre Kulturzeitalter mittelalterlich gebundenen und neuzeitlich
freieren Seelenlebens mit deren für die deutsche Entwickelung nachweisbaren
Unterabteilungen durchlebt hat." Es kommt also darauf hinaus, daß, was
wir schon wußten, in der Entwickelung der „Volksseele" das Erwachen
des Individuums einen wichtigen Wendepunkt bedeutet. Eine große Rolle spielt
bei Lamprecht der seelische Gesamtzustand, dessen Wandlungen die Grundlage
für die Abfolge der Kulturzeitalter geben. In der Würdigung dieses Faktors
bin ich ganz derselben Meinung: aber etwas neues hat Lamprecht nicht aufgestellt. Wenn er die Kulturgeschichte als Geschichte der socialpsychischen
Faktoren und die Nationen als Träger der geschichtlichen Entwickelung hinstellt,
so deckt sich das ganz mit der Freytag'schen „Entwickelung der Volksseele"
oder mit meiner Definition der Kulturgeschichte als Geschichte des
inneren Menschen. Man kann also seiner Definition, die er neuerdings
so ausdrückt: „K. ist Geschichte des Seelenlebens menschlicher Gemeinschaften",
durchaus zustimmen, ohne ihm weiter folgen zu brauchen. Von der „Kulturgeschichte", wie sie als Zusammenfassung der nicht politischen Geschichte gewöhnlich gefaßt wird, werden sich, das gebe ich vollkommen zu, immer noch
„Specialgeschichten" ablösen, wie es schon die Wirtschaftsgeschichte gethan hat,
aber, wenn selbst der Rest der heute noch als specifisch kulturgeschichtlich angesehenen Wissenszweige sich in selbstständige „Fächer" verflüchtigt haben wird, bleibt
die Kulturgeschichte in ihrer Bedeutung ungeschwächt, sie ist, das hat L. richtig
festgestellt, eine vergleichende Wissenschaft: ihr Objekt ist von denen der einzelnen Fachwissenschaften, die das ja freilich nicht einsehen, durchaus verschieden.

Aber um auf die oben festgestellten zwei „Kulturzeitalter" zurückzukommen, so kann man den Übergang von einem zum anderen immer nur als einen allmählichen Prozeß annehmen. Das thut Lamprecht auch (S. 28). „Im Verlaufe dieses Prozesses (von seelischer Gebundenheit zu seelischer Freiheit), sagt er, treten dann in bestimmter Reihenfolge eine große Anzahl bestimmter seelischer Erscheinungen nacheinander ein, durch die es möglich wird, die Kulturzeitalter begrifflich von einander abzugrenzen und in sich zu definiren." Ja, das ist eben die Frage. Ich glaube nicht, daß wir hier irgend eine typische Entwickelung mit ganz bestimmten Stufen konstruieren können, und daran hängt die specifische Lamprecht'sche Theorie. Ganz etwas anders ist es, und das kann man ruhig anerkennen, daß im Laufe der nationalen Kulturentwickelung sich in der Regel eine Tendenz in der angedeuteten Richtung geltend macht. Diese Tendenz kann aber nicht die ausschließliche Grundlage der Entwickelung abgeben. Und sie soll sogar das Rückgrat „einer besonderen, rein wissenschaftlich-historischen Disciplin, einer Lehre von den Kulturzeitaltern" nach L. bilden.

Die fortschreitende Tendenz zum Individualismus berührt sich übrigens — um dies nebenbei zu erwähnen — bis zu einem gewissen Grade mit einer Entwickelungstendenz, die P. Barth neuerdings festzustellen gesucht hat, nämlich der „der extensiv und intensiv wachsenden Autonomie der Persönlichkeit", wenn auch „Autonomie des Individuums keineswegs Individualismus bedeutet". Barth nimmt in seinem Aufsatz: „die Frage des sittlichen Fortschritts der Menschheit" (Vierteljahrsschrift für wissenschaftliche Philosophie XXIII, 75 ff.) eben diese Autonomie zum Maßstab des sittlichen Fortschritts und erweist ihr Wachstum durch einen längeren historischen Überblick. Wenn übrigens B. gegen Buckle weiterhin mit Recht auch die Veränderlichkeit der sittlichen Gefühle feststellt, so möchte ich dabei auf meine Bestrebungen hinweisen, überhaupt die Entwickelung des Gefühlslebens der Durchschnittsmenschen durch eingehende historische Forschung, auch durch Herbeischaffung von Quellen, wie der Briefe, klarer darzulegen, Bestrebungen, die Untersuchungen wie die hier angestellten überhaupt erst recht ermöglichen. Am Schlusse seiner Abhandlung verkennt B. wohl das Verhältnis zwischen dem Ende des 18. Jahrhundert und unserer Zeit bezüglich der Sittlichkeit. Mit jener Zeit darf sich die unsere darin durchaus messen, das habe ich in meinem Büchlein: Häusliches und geselliges Leben im 19. Jahrhundert kurz nachgewiesen. Doch kehren wir nach dieser Abschweifung zu Lamprechts Auffassungen zurück, so ist es bekanntlich gerade Barth, der gewisse Anschauungen L.'s verteidigt. Eben in der „Vierteljahrsschrift für wissenschaftliche Philosophie", deren Herausgeber er ist und die der Beachtung gerade auch der Historiker wohl empfohlen werden kann, ist er neuerdings wieder darauf zurückgekommen. Bd. XXIII, S. 323 ff. beginnt er „Fragen der Geschichtswissenschaft" zu erörtern und behandelt zunächst die „darstellende und begriffliche Geschichte", d. h. den Streit zwischen Below und Lamprecht, natürlich nur soweit er principielle Fragen berührt. Barths Ausführungen sind ebenso wie die in einem zweiten Artikel der „Fragen": „Unrecht und Recht der „organischen"

Gesellschaftstheorie" (ib. XXIV S. 69) unzweifelhaft beachtenswert und verdienen eine längere Auseinandersetzung, als ich sie hier zur Zeit geben kann.
In dem ersten Aufsatz stellt er übrigens den Gegensatz zwischen „begrifflicher"
Geschichte d. h. derjenigen, „die nicht das Einzelne, Vorübergehende, sondern
das Allgemeine, Zuständliche im Auge hat, seine Ähnlichkeiten und Verschieden-
heiten im Wechsel der Zeiten und Völker bestimmt und möglichst kausal zu
verknüpfen sucht", und der „darstellenden" Geschichte, die mehr Kunst als
Wissenschaft ist, nicht als so schroff hin. Sie seien beide gleich notwendig und
seien auch in Wirklichkeit meist verbunden. Hervorheben möchte ich aus den
B.'schen Ausführungen aber den Nachweis, daß „seelische Procesfe und Zustände,
die der Menge gemeinsam sind, andere Erscheinungen zeigen als diejenigen,
die auf den Einzelnen beschränkt sind", und daß dieser Unterschied „zwischen
dem was der Einzelne denkt, leidet oder thut, und dem was eine Gesellschaft
oder einen bestimmten Teil einer Gesellschaft gemeinsam angeht", auch einen
Unterschied in Bezug auf die Nachweisbarkeit der Kausalität bedeutet. Ferner
werden seine Ausführungen über die Gesellschaft als einen „geistigen
Organismus" (im Gegensatz zum physischen Organismus des Einzelnen), über
die Einheit des geistigen Organismus in der Geschichte und die Abhängigkeit
des Einzelnen von ihm Interesse erregen und Stoff zu weiteren Erörterungen
geben können. Zu bemerken bleibt noch, daß B. an Lamprecht deshalb anknüpft,
weil dieser ein Vertreter der „begrifflichen" Geschichte ist, nicht etwa der
Entdecker derselben. Daß B. aber doch etwas die Originalität L.'s und seine
Bedeutung in der neueren Entwickelung der Geschichtswissenschaft zu über-
schätzen scheint, liegt an dem Aufsehen, das L's „deutsche Geschichte" erregt hat.
        Das beweist übrigens auch Bernheim in seiner Broschüre: Ge-
schichtsunterricht und Geschichtswissenschaft im Verhältnis zur
kultur- und socialgeschichtlichen Bewegung unseres Jahrhunderts (Pädagogische Zeit- und Streitfragen 56. Heft. Wiesbaden, Emil Behrend 1899.)
Diese Schätzung Lamprechts, nicht bezüglich seiner wissenschaftlichen Leistungen
überhaupt, sondern bezüglich seiner Bedeutung für die Entwickelung der Kulturgeschichte ist allerdings auch eine Folge seiner häufigen eigenen Auslassungen.
Es stimmt mit dem wirklichen Verlauf der Dinge nicht überein, wenn auch in
der Bernheim'schen Schrift in einer Skizzierung des „Vordringens des Kulturgeschichtlichen in Wissenschaft und Unterricht" (S. 11—26) 4½ Seiten auf
Lamprecht kommen. Es ist nicht richtig, fortgesetzt Männer wie Burckhardt,
Freytag, Riehl, die nicht bloß durch ihre Leistungen, sondern auch methodologisch
von großem Einfluß gewesen sind, wenn sie sich darüber auch nicht des weiteren
ausgelassen haben, zu ignorieren. Auf der anderen Seite hat Bernheim einen
Punkt, der für Lamprechts Beurteilung doch von wesentlicher Bedeutung
ist, scharf hervorgehoben, nämlich das Fehlerhafte der Ansicht Lamprechts
(wenigstens seiner früheren) und seiner Anhänger, daß er „durchaus neue
Gedanken ausführe." B. meint, daß Lamprechts Anschauungen ganz dem
Ideenkreise der Positivisten, namentlich Comtes entstammen, „zwar nicht
direkt, sondern durch mittelbare Einflüsse, zwar in abgeschwächter und dadurch
modificierter Gestalt, aber darum nicht minder charakteristisch und deutlich."

Lamprecht hat übrigens daraufhin „irgendwie bewußte Zusammenhänge mit Comte" abgelehnt. Es ist aber B. doch zuzugeben, daß sich bei Lamprecht, dem ich übrigens durchaus nicht nahe treten will, oft nur neue (fremdwortliche) Formulierungen älterer Ansichten finden. Doch es handelt sich bei Bernheim nicht so wohl um Lamprecht als um den geschichtlichen Unterricht und sein Verhältnis zu den kulturgeschichtlichen Forderungen. Die auch in dieser Zeitschrift wiederholt vertretene Forderung einer wirklich ausgiebigen Berücksichtigung der Kulturgeschichte im Unterricht hat — das darf man sich nicht verhehlen — ihre sehr großen Schwierigkeiten, und zu ihrer Lösung werden die ruhigen orientierenden Bemerkungen B.'s ihren Teil beitragen. Interessant ist zunächst, wie der wissenschaftlichen Bewegung entsprechend in der Praxis das kulturgeschichtliche Element mehr und mehr vordringt. Dieses Eindringen in den Unterricht (die Lehrpläne) ist allerdings mehr indirekt beeinflußt und „einigermaßen selbstständig"; zu den geschichtswissenschaftlichen Motiven kommen das „lehrhaft praktische und das erziehliche." Es haben sich auch „Methoden und Lehrgänge" ausgebildet, „die dem kulturgeschichtlichen Element nicht nur Raum geben, sondern zum Teil sogar dadurch bestimmt sind." B. steht aber auf dem Standpunkt, daß das kulturgeschichtliche Element doch nicht einseitig zu betonen ist und das individuelle und politische Element nicht verdrängt werden soll. Von diesem Gesichtspunkte aus prüft er dann die hauptsächlichsten Unterrichtsmethoden, die biographische, die gruppierende oder rückblickend gruppierende, die Herbart-Ziller-Rein'sche Methode und die regressive Methode und meint, daß das fortschreitend chronologische Verfahren das Grundprincip des Unterrichts bleiben muß, daß aber die anderen Methoden vortreffliche Hilfsmittel bieten, um im Rahmen jener den Unterricht anschaulich, faßlich, lebensvoll und gehaltreich zu gestalten. Vor allem soll aber der Geschichtsunterricht die Voraussetzungen einer genetischen Anschauung der Geschichte großziehen. — Ich für meinen Teil möchte im übrigen auch hier mein Ceterum Conseo wiederholen: ein guter kulturgeschichtlicher Unterricht in den Schulen, der doch in den Lehrplänen verlangt wird, ist unmöglich, solange die Lehrer selbst auf den Universitäten nicht entsprechend ausgebildet werden.

Wie wir von zuständiger Seite erfahren, hat die groß angelegte, auf 8 Bände berechnete „Weltgeschichte", die unter Mitarbeit von dreißig namhaften Geschichtsschreibern des gesamten deutschen Sprachgebiets von Dr. Hans F. Helmolt herausgegeben wird und seit April 1899 im Verlage des Bibliographischen Instituts zu Leipzig erscheint, auch in England schon solchen Anklang gefunden, daß sich der bekannte Cambridger Geschichtsprofessor Lord Acton entschlossen hat, sie unter seiner Leitung durch berufene Kräfte ins Englische übersetzen zu lassen. Gegenwärtig unterliegt der erste Band einer entsprechenden Bearbeitung; die Uebersetzung wird von Ende 1900 ab im Verlage von Heinemann u. Co. in London erscheinen.

Nach dem von uns bereits besprochenen ersten Bande liegt jetzt auch der 4. Band abgeschlossen vor, der ein sehr wichtiges Gebiet behandelt: die Randländer des Mittelmeers. Wir werden auf ihn später zurückkommen. —

Inzwischen hat abermals eine „Weltgeschichte" zu erscheinen begonnen: „Weltgeschichte von den ältesten Zeiten bis zum Anfang des 20. Jahrhunderts. Ein Handbuch von Hermann Schiller" (Berlin und Stuttgart, W. Spemann). Sie will den Stoff in vier Bänden zusammenfassen, als eine Arbeit, „die, über die Zwecke des Schulbuchs hinausgehend und die Mitte zwischen den großen Weltgeschichten und den grundrißartigen Nachschlagebüchern haltend, die einigermaßen gesicherten Resultate der neueren und neuesten Specialforschung präciser zusammenstellt und in gefälliger pragmatischer Darstellung zu verwerten sucht." Bisher liegt der 1. Band vor. Wir denken auf das Werk, nach Erscheinen weiterer Bände, noch zurückzukommen.

Von Johannes Janssen's Geschichte des deutschen Volkes seit dem Ausgang des Mittelalters liegen Band 2 und 3 in der neuen Auflage vor, die bereits die siebzehnte und achtzehnte ist und die der Bearbeiter L. Pastor als vielfach vermehrt und verbessert bezeichnet. Über den 1. wesentlich kulturgeschichtlichen Band dieser neuen Auflage haben wir uns schon in Bd. 6 dieser Zeitschrift S. 219 f. geäußert und gewisse Fortschritte gegenüber der früheren Anlage und Auffassung bemerkt. Die vorliegenden beiden Bände, die die eigentliche Reformationszeit behandeln, auf die wir aber wegen ihres vorwiegend politisch- und kirchengeschichtlichen Inhalts nicht näher eingehen, lassen die bessernde Hand des Herausgebers ebenfalls nicht verkennen, wenn auch die bekannte Grundauffassung und charakteristische Tendenz ungeändert ist. Im 2. Bande, der bis 1525 reicht, sind besonders starke Änderungen und Ergänzungen zu bemerken. Für den Kulturhistoriker kommen in diesem Bande auch mehrere Abschnitte spezieller in Betracht, so die über die Humanisten, über die „Aufwiegelung" des Volkes durch Predigt und Presse, und die ersten Abschnitte über Vorspiele, allgemeine Ursachen und allgemeinen Charakter der „sozialen Revolution."

Das von der Görres-Gesellschaft herausgegebene „Staatslexikon" (Freiburg i. B., Herder) das bekanntlich bestimmt ist, als staatswissenschaftliches Nachschlagebuch von streng katholischem Standpunkt aus zu dienen, beginnt in 2. Auflage unter Redaktion von Julius Bachem zu erscheinen. Es soll „in weitem Maße den Charakter einer Neubearbeitung haben." —

Unter dem Titel: „Siciliana" unterzieht Joseph Führer im „Historischen Jahrbuch**) (Bd. XX, Heft 2/3) die erfolgreiche Thätigkeit Paolo Orsi's bezüglich der archäologischen Durchforschung Ost-Siciliens einer eingehenden Würdigung und bezeichnet als sein Hauptverdienst „den auf Grund zahlloser Einzelbeobachtungen erbrachten Nachweis der verschiedenen Entwicklungs-

---

*) Indem wir von jetzt ab in die Notizen auch solche über kulturgeschichtlich interessante Zeitschriftenaufsätze aufnehmen, werden wir einen willkommenen Ersatz für die mit Abschluß des Berichts über 1899 in Wegfall kommende „Bibliographie" schaffen. Die Abfassung derselben hat Mühe

phasen der vorhellenischen Bevölkerung von Ostsicilien." O. hat aber auch „unser Wissen von den durch die Einwanderung der Griechen selbst in's Leben gerufenen Ansiedlungen durch planvolle Ausgrabungen ungemein vertieft und erweitert" und ferner — worauf F. besonders eingeht — wichtige Ergebnisse auf dem Felde christlicher Altertumskunde erzielt. —

„Der Verfall der antiken Kultur" wird von Beloch in der „Historischen Zeitschrift" (84. Band I. Heft) auf seine eigentlichen Ursachen hin untersucht. Unter Ablehnung der Gründe, wie sie du Bois-Reymond leichthin feststellen zu können glaubte, aber auch der Ansicht Seecks von der Degeneration der Rasse durch eine systematische „Ausrottung der Besten", unter Heranziehung ferner einer Erscheinung analoger Art, nämlich des Verfalls Italiens am Ende des 16. Jahrhunderts sucht er zu erweisen, „daß für die Lösung des Problems die Geschichte der Kaiserzeit oder gar ihrer letzten Jahrhunderte erst in zweiter Linie in Betracht kommt. Vielmehr sind es der Hannibalische Krieg und die Kriege im Osten, die aus ihm herausgewachsen sind, die den entscheidenden Wendepunkt bilden, wie in der politischen Geschichte des Altertums, so in der Geschichte der antiken Kultur überhaupt. Jener römische Soldat, der bei der Plünderung von Syrakus Archimedes erschlug, that an seinem Teile nur das, was die Gesamtheit seiner Landsleute im großen gethan hat. Die Römer selbst aber haben es nicht vermocht, eine eigene Kultur zu erzeugen oder auch nur die griechische Kultur weiterzubilden. Es wäre wohl Zeit, daß wir endlich aufhörten, von Griechen und Römern zu sprechen, als ob beide Völker in einem Atem genannt werden dürfen." B. sieht den Hauptgrund des Verfalles in der „drückenden" römischen Fremdherrschaft über Griechenland, dessen Kultur er im 3. Jahrhundert in jeder Beziehung für derjenigen der klassischen Zeit mindestens ebenbürtig hält. Seine Ausführungen suchen zu beweisen, „daß die geistige Productivität des griechischen Volks wirklich infolge der römischen Eroberung versiegt ist, ganz ähnlich wie die spanische Eroberung einen Rückgang der geistigen Productivität in Italien zur Folge gehabt hat. Nun war aber im 2. Jahrhundert vor unserer Zeitrechnung die griechische Nation das einzige wirkliche Kulturvolk, das Sinken des Niveaus der griechischen Kultur also gleichbedeutend mit dem Sinken des Kulturniveaus überhaupt." Die weiteren Blätter beschäftigen sich mit dem Nachweis, daß die Italiker den weiteren Niedergang nicht aufgehalten haben: es war später „nur natürlich, daß die Kultur während der Kaiserzeit von Jahrhundert zu Jahrhundert gesunken ist". Die Ausführungen des Verfassers werden Interesse erregen, aber wohl auch angefochten werden. --

---

genug gekostet, aber sie hat wohl kaum den Dank gefunden, den sie verdient, zumal dies die einzige historische Bibliographie ist, die in einiger Vollständigkeit über die ausländischen Erscheinungen berichtete.

Die Zeitschriftenrevue wird ihre Berichte zu möglichst ausführlichen, ruhigen Referaten gestalten und sich nicht mit einfachen Umschreibungen der Titel oder kurzen Lobsprüchen oder absprechenden Bemerkungen begnügen. Wir ersuchen um Zusendung von Sonderabdrücken. Die Redaktion.

Die „Zeitschrift für historische Waffenkunde" (Organ des Vereins für historische Waffenkunde), die seit drei Jahren unter Leitung des um die Geschichte des Waffenwesens hochverdienten Wendelin Boeheim erschien, wird mit Beginn des zweiten Bandes von Dr. Karl Koetschau herausgegeben, der sich mit großem Eifer seiner Aufgabe widmet. Wir wünschen der Zeitschrift, die manche unserer Leser interessieren wird, eine gute Weiterentwickelung. —

Die neue vom Historischen Verein von Oberbayern herausgegebene Zeitschrift „Altbayerische Monatsschrift" ist der früheren Monatsschrift des Vereins gegenüber wesentlich umgestaltet, namentlich in Folge der jetzt notwendig erachteten Beigabe von Illustrationen, welcher, wie es heißt, „überhaupt keine, modernen Ansprüchen genügende Zeitschrift sich verschließen kann, besonders wenn sie, wie bisher, die Gebiete der Kunstgeschichte und der Volkskunde in weitestem Umfange zu berücksichtigen hat." Aus dem Inhalt der hübsch ausgestatteten drei ersten Hefte heben wir folgende Arbeiten hervor: Über die Entwickelung und die Aufgaben der bayrischen Landeskunde von Eug. Oberhummer; Eine Renaissancestube vom Jahre 1588 im Kistlerhause zu Grünwald. An Stelle des früheren „Archivs" des Vereins erscheinen jetzt in zwangloser Folge die „Altbayerischen Forschungen". —

In dem „Correspondenz-Blatt der deutschen Gesellschaft für Anthropologie, Ethnologie und Urgeschichte" (30. Jahrg. No. 8) stellt F. Weber einige Nachrichten aus mittelalterlichen Chroniken zusammen, die zeigen, daß auch damals, was ja natürlich ist, bei Bauten, Erdarbeiten, Bodenbebauung und Rodung gelegentlich prähistorische Funde gemacht wurden. Weiter führt er dann aus jenen Quellen eine Reihe von Stellen an, die uns über Einzelheiten der vorgeschichtlichen Zeit überhaupt, so über Begräbnisgebräuche, Opfer u. A. belehren können. —

In den „Deutschen Stimmen" I. Jahrg. No. 12 veröffentlicht J. Hansen einen Aufsatz über „Scholastik und Hexenwahn", der gegenüber dem Bestreben, den Beginn der Hexenverfolgungen erst in das 16. Jahrhundert zu verlegen, die wichtige Frage nach der ersten Ausgestaltung des Wahns ganz anders beantwortet. „Die Ausbildung des Hexenwahns in seiner verderblichsten, die Verfolgung heraufbeschwörenden Gestalt ist das Werk der Scholastik, als deren echter Sohn er sich darstellt; und für die Ausbildung des besonderen Hexenprozesses . . . hat andererseits die kirchliche Ketzerinquisition die Verantwortung zu tragen." —

Das „Neue Archiv für die Geschichte der Stadt Heidelberg und der rheinischen Pfalz" beginnt in Heft 1 und 2 des 4. Bandes eine durch Mitteilung der Zinsbücher namentlich auch wirtschaftsgeschichtlich interessante Veröffentlichung von R. Sillib: „Zur Geschichte des Augustinerklosters in Heidelberg. Urkunden und Akten." — Auf einem Rechnungsbuch des Klosters Walberburg aus dem Jahre 1415 beruht die Arbeit W. Bruchmüllers: Zur Wirtschaftsgeschichte eines rheinischen Klosters im 15. Jahrhundert. (Westdeutsche Zeitschrift f. Gesch. u. Kunst XVIII. S. 266 ff.) Dankenswert ist, daß dem Abdruck des Rechnungsbuches eine Zusammenfassung der Resultate aus demselben über Grundbesitz und Eigenwirtschaft des Klosters, über Einnahmen und Ausgaben, Höhe und Wachstum der Verschuldung, Löhne und Preise sowie über Haushaltung und Leben im Kloster vorausgeschickt wird. —

Die Leser des in unserer Zeitschrift (Bd. VII. Heft 5/6) veröffentlichten Aufsatzes von G. Kohfeldt, Zur Geschichte der Büchersammlungen und des Bücherbesitzes in Deutschland wird eine Abhandlung von Herm. Keußen: „Beiträge zur Geschichte der Kölner Universität I.: Die älteren Bibliotheken, insbesondere die Artistenbibliothek" (Westdeutsche Zeitschrift für Geschichte und Kunst 18,4.) interessieren. Nach einer kurzen Zusammenstellung von Nachrichten über sonstige Universitätsbibliotheken in älterer Zeit, die sich meist direkt an die Artistenfakultäten anlehnen, werden eingehende Mitteilungen über Geschichte, Bestand, Verwaltung etc. der Bibliothek der Kölner Artistenfacultät gemacht. Unter den als Anlagen beigegebenen Bücherverzeichnissen enthält Anlage I das Bücherverzeichnis der Kölner Artistenfakultät von 1474. — Wir erwähnen bei dieser Gelegenheit einen interessanten Aufsatz von Keuffer über „Bücherei und Bücherwesen von S. Maximin im M. A. (Jahresbericht der Gesellschaft für nützliche Forschungen zu Trier von 1894—99 S. 48 ff). —

In der „Zeitschrift der historischen Gesellschaft für die Provinz Posen" Bd. 14. S. 67 ff. u. 241 ff. beginnt R. Prümers ein „Tagebuch Adam Samuel Hartmanns über seine Kollektenreise im Jahre 1657 bis 1659" herauszugeben, das die Aufmerksamkeit der Kulturhistoriker in hohem Grade verdient. Der Tagebuchschreiber war Pastor der evangelisch-polnischen Gemeinde in Lissa und Rektor des dortigen Gymnasiums und war nebst einem Kollegen ausersehen, nach dem Brande Lissas bei den Glaubensgenossen, namentlich in Holland, wo schon Comenius für sie Unterstützung nachsuchte, Hülfe zur Wiedererbauung der Stadt und zur neuen Errichtung der Gemeinden zu erbitten. Er zeichnet sich durch eine gute Beobachtungsgabe aus, und seine Schilderungen von Land und Leuten, von Sitten, Bräuchen, Gebäuden (z. B. dem Lusthause in Berlin) sind „von hohem kulturgeschichtlichen Werte." Seine Reise ging von Schlesien über Crossen, Frankfurt, Berlin, Stettin, Anklam, Greifswald, Stralsund, Rostock, Wismar, Lübeck, Hamburg, und dann über die See nach Amsterdam, nach Südholland und Brabant, weiter nach England, wo er fast ein Jahr weilt, und auch (freilich nur kurze Zeit) nach Frankreich. „Überall weiß der Beobachter hervorstehende Züge aus dem Gesamtbilde einer Stadt oder ihrer Bewohner zu berichten. Er durcheilt die Straßen, um sich einen Überblick zu verschaffen, besucht die Kirchen, schreibt Leichensteine sowohl wie Denksprüche aus einem Bauernhause ab, und wir merken ihm an, wie unangenehm es ihm ist, wenn er wegen Krankheit oder anderer Ursachen sich nicht gründlich hat umsehen können." Die Handschrift bricht bei der Beschreibung von Dover nach der Rückkehr aus Frankreich ab. Doch steht der Abdruck eines großen Teils des Tagebuchs noch aus.

Bibliographie.

Von Georg Steinhausen.

Das Jahr 1899 (Forts.).

Nachträge zu den Rubriken: Allgemeine u. territoriale Kultur-geschichte im vorigen Heft: G. Bang, Illustr. Kulturhistorie H. 7—13. Kjøbenh. — A. Lütken, Opfindelsernes Bog. En Fremstilling af Menneskehedens kulturhist. Udvikling og Fremskridt paa alle Omraader fra den tidligste Tid till Begyndelsen af det 20te Aarh. H. 1. 2. Kjøb. 1899. — J. L. Heiberg, Den Homeriske Tids Kultur. (= Grundr. ved folkelig Universitetsundervisning No. 14). Kjøbenh. (16 p.). — Heil, Der Verfall der antiken Kultur (MVNassAK. 1899/1900, 1). — H. Richter, Einige Züge altgerman. u. mittelalterl. Lebens, dargest. nach der Kudrundichtung. Progr. Gymn. Prag - Altstadt (S. 15—48). — W. Engelke's Memorabilia der Stadt Stargard (1657—1675) bearb. von R. Schmidt (MBllGPommG. 1899, No. 1/4). — Stäsche, Kleinstadt-bilder aus Rakwitz u. Grätz i. d. letzten Jahrzehnten des poln. Reiches (ZHistGes.Posen 14, 3/4). — Overmann, E. franz. Beschr. d. Stadt Münster 1645 (ZVaterlG. 57). — Huyskens, Z. Gesch. d. Juden in Münster (ib.). — G. Strotkötter, Ein Jahrhundert öffentlichen und privaten Lebens in Dorsten, 1550—1650 (ZVOrtsHeimatsk. Reckling-hausen 7, S. 71/119). — Heyn, Die Kultur des hohen Westerwaldes (MVNassAK. 1899/1900, 3). — A. Erhard, Gesch. u. Topographie der Umgebung v. Passau (VerhHVNiederbayern 35). — J. de Ras, Hist. de Maestricht I. Louvain (VIII, 130 p.) — S. Kahn, Les juifs de Tarascon au m. a. (fin) (Rev. des étud. juiv. 78). — M. v. Vogelsang, Rückblick auf die soziale u. wirtsch. Gesch. Venedigs (Monatsschr. ChristlSocialref. 1899, 12). — Troels Lund, Danmarks og Norges Historie i Slutningen af det 16de Aarhundrede. 13. Bog: Dagligt Liv. Livsbelysning. Kbh. (398 S.). — H. C. Beering Liisberg, København i gamle Dage og Livet i København. H. 1. 3. Kbh. (96 S.). — H. Larsson, Några bilder ur Sveriges inre tillstånd under Karl XII (Studentföreningen Verdandis småskr. 69) Sthm. (36 S.). — E. G. Folcker,

Stockholmsbilder från Karl XII's dagar. Studier i Dahlbergs „Suecia antiqua et hodierna". (Ord och bild VII, 168/80). — A. U. Isberg, Bilder från det gamla Malmö. Kulturhist. skildringar. Malmö (VII, 390 S.). — W. F. Meyer, Kultur- og personal-historiske meddelelser fra Bergen i det 18. aarhund. (Skrifter udg. af Bergens Hist. Foren. IV). — J. Bogdan, Die alte Kultur der Rumänen (Rumän.) Bukarest.

Sittlich-humane Entwickelung. C. Baron, La morale homérique. Clermont-Ferrand (21 p.). — W. E. H. Lecky, History of European Morals from Augustus to Charlemagne. 12. ed. 2 vols. London. — F. Regnault, La pudeur à travers les peuples (Médic. modern. VIII, p. 535 ff). — P. Volpi, La evoluzione della beneficenza. Lucca (52 p.). — Attilio de Marchi, La beneficenza in Roma antica. Discorso. Milano (68 p.). — E. Michael, Deutsche Charitas im 13. Jh. (ZskatholTheol. 23, 2). — Schafstaedt, Das Armenwesen zu Mülheim a/Rh. vom 15. b. z. Beginn d. 19. Jh. (ZBergGV. 34). — L. Schauenburg, Gesch. des Oldenburgischen Armenwesens von der Reformation bis zum Tode Anton Günthers (JbGOldenburg 7). — A. Buchholtz, Z. Gesch. von Campenhausens Elend (SitzBerGesGesch Ostseeprovinzen 1898). — P. Le Cacheux, Essai hist. sur l'Hôtel-Dieu de Coutances, l'hôpital-général et les Augustines hospitalières. II. Cartulaire de l'Hôtel-Dieu (1209—1712). Paris (XXIV, 497 p.). — E. Peyron, Hist. de la léproserie et du prieuré de la Bajasse de Vieil-Brioude (1150—1900) Le Puy (VI, 348 p.). — Léon Le Grand, Les Maisons-Dieu et léproseries du diocèse de Paris au milieu du 14e s. (suite) (MémSocHist. Paris 25). — A. Vidal, Les statuts et les coutumes de la commanderie de Saint-André de Gaillac (Rev. d. langues Romanes 42, 5/6). — G. Fleury, Notices historiques sur Mamers. La Maladrerie et l'Hôtel-Dieu. Mamers (p. 307 à 375). — A. Prudhomme, Études hist. sur l'assistance publique à Grenoble avant la révolution. Les maladreries ou léproseries (Bull. acad. Delphin. 10). — A. Gillet, Historique de la maison des vieillards et des orphelins de Lunéville dite „le Coton". Nancy (VI, 114 p.). — G. Valran, Misère et Charité en Province au 18e s. (essai d'hist.sociale). Thèse. Paris (XXIV, 422 p.). — H. Chotard, L'assistance publique et les enfants-trouvés en Auvergne au 18e s. (Revue d'Auvergne 1899, 2). — R. W. Goulding, Records of the Charity Known as Blanchminster's Charity in the Parish of Stratton, County of Cornwall, until the Year 1832. Louth (122 p.). — G. Falcone, I più antichi rifugi ed alberghi per i poveri in Palermo (ArchStorSicil. 23, 3/4). — Un ricordo storico allo spedale di Russi (Rivista d. benef. pubbl. 27, 4). — J. Sassenbach, Die Freimaurerei, ihre Geschichte, Thätigk. u. innere Einricht. (Samml. Sassenb. 5/6) Berlin (71 S.). — A. Liersch, Die Freimaurerei i. Neuwied i. d. 2. Hälfte d. 18. Jh. Neuwied (VII, 88 S.).

Geistesgeschichte. Allgemeines: J. M. Robertson. A short history of free Thought ancient and modern. Lond. (462 p.). — Staigmüller, Beitrag z. Gesch. d. Naturwissenschaften im klass. Altertum. Progr. Realgymn. Stuttg. (40 S.). — R. Pöhlmann, Sokrates und sein Volk. Ein Beitr. z. Gesch. d. Lehrfreiheit (HistBibl. 8) München (V, 133 S.). — A. Bouché-Leclercq, L'astrologie grecque. Paris (XX, 663 p.). — G. Bilfinger, Untersuch. üb. d. Zeitrechnung der alten Germanen I. Das altnord. Jahr. Stuttg. (IV, 100 S.). — R. Seyerlen, D. gegenseit. Beziehungen zwischen abendländ. u. morgenländ. Wiss. m. bes. Rücksicht auf Salomon ibn Gebirol u. s. philos. Bedeutung. Jena (41 S.). — Paulsen, Die Wandlungen des Bildungsideals in ihr. Zusammenhange m. d. sozialen Entwicklung (Verh. 10. ev. soz. Congr. auch in ComeniusBll. 7, 7/8). — L. Schmidt, Beiträge z. Gesch. d. wissensch. Studien i. sächsischen Klöstern 2. (NASächsG. 20, 1/2). — F. Priebatsch, Geistiges Leben i. d. Mark Brandenburg am Ende d. MA. (ForschBrandenbPreussG. 12, 2). — W. Windelband, D. Gesch. d. neueren Philosophie in ihr. Zusammenhange m. d. allgem. Kultur u. den besonderen Wissensch. dargestellt. 2 Bde. 2. Aufl. Leipz. (VIII, 591; VII, 408 S.). — L. Keller, Die röm. Akademie u. d. altchristl. Katakomben im Zeitalter d. Renaiss. (Vortr. u. Aufs. d. Comen. Ges. 7, 3) Berlin (38 S.). — L. Delaruelle, Une vie d'humaniste au 15e s. Gregorio Tifernas. (Mélanges d'arch. et hist. 19, 1/2). — G. Bauch, Gesch. des Leipziger Frühhumanismus m. besond. Rücksicht auf die Streitigk. zw. Konrad Wimpina u. Martin Mellerstadt (XXII. Beih. z. Cbl.f.Bibl.) Lpz. (194 S.). — J. Neff, Philipp Engelbrecht (Eugentinus). E. Beitr. z. Gesch. d. Human. am Oberrhein. 3. Progr. Tübingen (24 S.). — F. W. E. Roth, Westfäl. Gelehrte zu Mainz im 15. u. 16. Jh. 1442—1591 (ZVaterlG. 57). — L. Gerboni, Un umanista nel Secento, Giano Nicio Eritreo. Studio biogr.-critico. Città di Castello. — H. Zillinger, Die kulturgeschichtl. Bedeutung Luthers. Vortr. Dresden (16 S.). — P. Meder, Der Schwärmer Esajas Stiefel. Ein kulturgesch. Bild aus Erfurts alter Zeit (MVGErfurt 20). — K. Jüngling, Fortschritte auf d. Gebiete d. Naturerkenntnis im Zeitalter der Reformation (Aus d. Z. d. Ref. Festschr. z. Honterusfeier S. 175/225). — Schwarzlose, Olympia Morata, das Wunderkind d. 16. Jh. (Jbb. Akad. Erfurt N. F. 25). — Rob. S. Rait, Andrew Melville and the Revolt against Aristotle in Scotland (EnglHistRev. No. 54. April). — B. Duhr, Jesuiten-Fabeln. E. Beitr. z. Kulturg. 3. Aufl. Freib. i. B. (902 S.). — H. Bardy, La culture intellectuelle dans le pays de Saint-Dié jusqu'à la fin du 18e s. Discours. Saint-Dié (26 p.). — W. E. H. Lecky, History of the Rise and Influence of the Spirit of Rationalism in Europe. New Ed. 2. vols. Lond. — H. Roetteken, Studien zur deutsch. Litt. d. 18. Jh. I. Aus der philosophischen Reflexion d. ersten Jahrzehnte (ZVerglLittG. N. F. 13, 2/3). — R. Asmus, G. M. De La Roche. E. Beitr. z. Gesch. d. Aufklär. Karlsruhe (XVI, 162 S.). — J. Kont, Lessing et l'antiquité. Étude sur l'hellénisme et la critique dogmatique en Allemagne au 18e s. T. 2. Paris (II, 303 p.). — Eug.

Wolff, Die deutschen Gesellschaften in Erlangen u. Altdorf im 18. Jh. (ComeniusBll. 7, 7/8). — J. Joesten, Die litter. Bildung am Rhein im vor. Jh. (Grenzboten 58, 4/6).

Erziehungsgeschichte: G. Lattes, Storia della pedagogia. 2. ed. Livorno (86 p.). — F. Kirchner, Gesch. der Pädagogik (Webers ill. Katechismen 182) Lpz. (VIII, 221 S.). — E. Rausch, Gesch. d. Pädagogik u. d. gelehrt. Unterrichts i. Abrisse dargestellt. Lpz. (VIII, 169 S.). — L. Kellner, Kurze Gesch. d. Erz. u. d. Unterr. m. vorwalt. Rücksicht auf das Volksschulwesen. 11. Aufl. Freiburg i. B. (XI, 300 S.) — B. Kaiszer, Gesch. d. Erzieh. u. d. Volksschulwesens m. besonderer Berücksicht. Württembergs. Stuttg. (XX, 379 S.). — H. Klauser, Die Erziehung im Altertum, bes. bei d. Hellenen u. in d. Neuzeit. Progr. Czernowitz (23 S.) — E. Nohle, History of the German School System (Report of the commiss. of educat. 1897/8 I). — H. T. Mark, An outline of the history of educational theories in England. Lond. (147 p.). — D. Türnau, Rabanus Maurus, der praeceptor Germaniae. E. Beitr. z. Gesch. d. Pädagog. d. MA. München (72 S.). — Reden und Briefe italienischer Humanisten. E. Beitr. z. Gesch. d. Pädagogik d. Humanismus. Veröffentl. v. K. Müllner. Wien (X, 305 S.). — H. Grosse. Thomas Platter als Schulmann (Pädag. Mag. 130) Langens. (27 S.). — A. Contand, La pédagogie de Rabelais. Paris (XI, 284 p.). — G. Mertz, Die Pädagogik der Jesuiten u. d. Pietisten (NJbbklAltert. III/IV, 8). -- R. Dinkler, Der Begriff der Naturgemässheit in den ersten Stadien s. geschichtl. Entwickl. vornehml. b. d. Reformpädagogen d. 16. u. 17. Jh. Diss. Leipz. (78 S.). — M. Knoke, Johannes Buno u. s. emblemat. Unterrichtsmethode (1617—1697) (RheinBll. f. Erzieh. 73, 1/2). -- A. Sellmann, Caspar Dornau, e. pädag. Neuerer im Anf. d. 17. Jh. (Pädag. Mag. 118) Langens. (III, 55 S.) (Auch Diss. Erlangen). -- K. Christoph, Wolfg. Ratkes (Ratichius) pädag. Verdienst 2. Aufl. Leipz. (56 S.). — W. Toischer, Die Didaktik des Elias Bodinus (MGesDErzSchulG. 9, 3). — M. Lippert, J. H. Alsteds pädag. didakt. Reform-Bestrebungen und ihr Einfl. auf Joh. Amos Comenius. Diss. Leipz. (57 S.). — Bach, Pädagogisches a. d. Statuten d. bayerischen Benediktiner-Kongregation v. J. 1684 (MGesDErzSchulG. 9, 2). — W. Haynel, Gellerts pädagog. Wirksamkeit (NJbbklassAltGeschDLitt. III/IV, 5). — G. Bauch, Breslau u. Pestalozzi (ZVGSchles. 33). — A. Messer, J. J. Fr. Steigentesch's „Abhandl. v. Verbesserung d. Unterrichts d. Jugend in d. kurf. Mainzischen Staaten 1771" III. Progr. Giessen (27 S.). — K. D. Swrakoff, Der Einfluss d. zeitgen. Philosophie auf Basedows Pädagogik. Diss. Giessen (58 S.). — E. v. Sallwürk, Ad. Diesterweg, Darstell. sein. Lebens u. sein. Lehre u. Auswahl a. s. Schriften. Bd. I (Bibl.päd.Klass. 36) Langensalza (VIII, 497 S.). — L. Grimm, Über d. Bedeutung d. Gebrüder Grimm i. d. Pädagog. (ZDUnterr. 13, 9/10). -- A. Hillebrandt, Unterricht in Altindien (AllgZtgB. 35.) — Bacher, Z. Gesch. d. Schulen Palästinas im 3. u. 4. Jh. (Monatsschr.

GJudent. 7, 8). — L. Bréhier, L'enseignement supérieur à Constantinople dans la dernière moitié du 11ᵉ s. (Rev. intern. de l'enseign. 38, 8). — F. Sander, Die Volksschule des MA. Eine mod. Legende (AllgZtgB. 61/3). — L. Colini-Baldeschi, Ein deutsch. Schulmeister i. d. Mark Ancona (1398) (HistVjs. 2, 4). — A. Bömer, Die latein. Schülergespräche d. Humanisten. Quell. f. d. Schul- u. Univers.-Gesch. d. 15. u. 16. Jh. II. 1524—1564 (Texte u. Forsch. z. Gesch. d. Erz. I, 2) Berlin (IV. S. 113—246). — Ders., Lernen und Leben auf den Humanistenschulen im Spiegel der lateinischen Schülerdialoge (NJbb. klassAltGeschDLitt. III/IV, 3/4). — W. Schmidt, Die Kirchen- u. Schulvisitation im Herzberger Kreise 1529. Progr. Leibniz Gymn. Berlin, (27 S.). — K. Adam u. F. Fabricius, Die erste Schulvisitation in Stralsund 1560 (In: Beitr. z. Gesch. u. Altertumsk. Pommerns). — J. H. Klein, Eine Lehrer-Vokation aus alter Zeit (MsBergGV. 1899, 2/1,3). — P. Beck, Verrichtung., Obliegenheiten u. Lasten (Fastnachtsküchlen) e. Schulmeisters i. 17. Jh. i. Oberschwaben (DiözesArchSchwaben 1898, 112). — A. Koch, Einiges aus Schulberichten vom Ende d. vor. Jh. (PädagArch. 41, 1/2). — M. Voretzsch, D. Eisenberger Gregoriusfest vor 200 Jahren. E. Blatt z. Erinn. a. s. Abschaff i. J. 1698. Altenburg (8 S.). — F. Schmidt, Gesch. d. Erzieh. d. pfälz. Wittelsbacher (MonumGermPädag. 19) Berlin (CCIX, 575 S.). — E. Hollack und Fr. Tromnau, Gesch. d. Schulwesens d. Haupt- u. Residenz-Stadt Königsberg i. Pr. Königsb. (XIV, 740 S.). — M. Wehrmann, Gesch. des Jageteufelschen Collegiums in Stettin 1399—1899 (Balt. Studien N. F. III). — W. Panck, Beiträge z. Gesch. des Stralsunder Schulwesens vor 1560. Progr. Gymn. Stralsund (22 S.). — B. Seiffert, Die Strausberger Stadtschule. Beitr. z. Gesch. d. märkisch. Schulwesens (1430—1818) (Archiv d. Brandenburgia 6). — J. Freisen, Schulordnungen i. Schleswig-Holstein nach Einführ. d. Reformation (MGesD. Erz.SchulG. 9, 2). — v. Detten, Älteste Nachrichten üb. d. mittelalterl. Volksschule i. Nordwestdeutschland (Forts.) (ZVaterlG. 57). — — S. Petry, Die Hausordnung der Fraterherren u. der Tabernakelstiftung zu Emmerich. Ein Beitr. z. Gesch. d. Internatserziehung. Progr. Steele (19 S.). — v. W., Vom höheren Unterrichtswesen in Hessen unter Landgraf Friedrich II. (1760—1785) (Hessenland 13, 16). — H. Th. Kimpel, Gesch. d. hess. Volksschulwesens im 19. Jh. I. 1800—1866. Kassel (IX, 353 S.). — O. Volkmar, Älteste die Volksschule zu Kleinschmalkalden GA. betr. Urkunde a. d. J. 1662; Kosten einer Schulvisitation vor 150 J. (Aus d. Heimath (Gotha) 2, 4). — E. Fabian, Die Errichtung eines Alumnats an d. Zwikauer Schule 1554 (Schl.) (Neue Jbb. f. d. klass. Altertum, Gesch., D. Litt. III/IV, 2). — G. Müller, Der Unterrichtsbetrieb i. d. südlausitzer Landschulen um 1770 (NArchSächsG. 20, 3/4). — Joh. Müller, Nachrichten über die Schule zu Lössnitz (SchönbGBll. 5, 2). — R. H., Die Besetzung des Schuldienstes zu Oberwiera (ib.). — O. Mayer, „Die Schule

Schreibens u. Dichtens" von Nikolaus v. Wyle (MGesDErzSchulG. 9, 1).
— Ders., Üb. d. Schulwesen i. d. Reichsstadt Esslingen vor d. Refor-
mation d. Stadt (ib. 9, 2). — L. Treitel, Gesch. d. israelit. Schul-
wesens i. Württemb. (ib. 9, 1). — E. Spohrmann, Gesch. d. kgl. Schul-
lehrer-Seminars zu Steinau a. O. Festschr. Breslau (181 S.). —
P. Hahnel, Gesch. d. kgl. Konvikts zu Glatz. Progr. Glatz (30 S.). —
Ph. Keiper, Miszellen z. Gesch. d. Gymnasialschulwesens (BllGymn.
Schulw. 35, 1/2). — W. Rudkowski, Die Stiftungen des Elisabet-
Gymnasiums I. 1293—1500. Im Anh. Urk. zur Schles. Schulgeschichte.
Progr. Elisabet-Gymnasium Breslau (81 S.). — G. Bauch, Protokoll
über d. Stellung d. Rektors d. Pfarrschule zu St. Elisabet i. Breslau zu
dem Domscholasticus 1368 (MGesDErzSchulG. 9, 3). — G. Zippel,
Gesch. d. kgl. Friedrichs-Kollegiums zu Königsb. Progr. Königsberg
(258 S.). — L. Neubaur, Beitr. z. älter. Gesch. d. Gymnas. zu Elbing
Progr. Elbing (34 S.). — A. Gronau, Z. Gesch. d. kgl. Gymnasiums
zu Elbing. Progr. Elbing (14 S.). — H. Entholt, Gesch. d. Bremer
Gymnas. b. z. Mitte d. 18. Jh. Bremen (VIII, 118 S.). — B. Liesen,
D. älteste bisher ungedruckte Schul- und Studienordnung d. Emmericher
Gymn. Progr. Emmer. (XIII, 8 S.). — G. Terwelp, Gesch. d. Gymnasium
Thomaeum z. Kempen a. Rh. Progr. Kempen (139 S.). — E. Clément,
Zur G. d. Elberfelder Lateinschule (MonatsschrBergGV. 1899, S. 16 f.).
— H. F. Haastert, Zur Gesch. d. Hagener Realgymnasiums. Progr.
Hagen i. W. (42 S.). — R. Jung, Cochlaeus als Bewerber um das
Rektorat der Frankfurter Lateinschule 1520 (AFrankfG. 6). — G. Wind-
haus, Bestallungsbriefe für Lehrer a. d. Lateinschule zu Laubach
(ArchHessG. N. F. 2, 2). — M. Schneider, Z. Gesch. d. Gymnasiums
in Gotha 7/8 (Aus der Heimat (Gotha) 2, 3; 3, 2). — R. Jordan,
Beitr. z. Gesch. d. städt. Gymn. in Mühlhausen i. Thür. IV. Progr.
Mühlh. (48 S.). — H. Drees, Gesch. d. Fürstl. Gymn. der Oberschule
zu Wernigerode (ZHarzV. 32, 1). — Urban, Z. Gesch. d. Pädagogiums.
Progr. Päd. Magdeb. (S. 25—44). — A. Brause, Joh. Gottfr. Stallbaum.
E. Beitr. z. Gesch. d. Thomasschule i. d. erst. Hälfte d. 19. Jh. 3. Tl.
Progr. Leipz. (42 S.). — E. Müller, Z. Gesch. d. höheren Schulwesens.
1. Die Kameralschule in Kaiserslautern (1764—1784.) · 2. Die Verhandl.
über d. Errricht. einer theol. Akademie in Zweibrücken (1803—1812).
Kaiserslautern (VII, 98 S.). — F. Schumann, Z. Gesch. d. Realgymn.
St. Johann von 1824—1848. Progr. Realgymnas. St. Joh. Danzig
(16 S.) — H. Heinisch, Die „Exempti" des Gymnas. poeticum
zu Regensburg (BllGymnSchulwesen 35, 9/10). — K. Köberlin,
Andreas Mertens u. d. Gymnas. bei St. Anna in Augsb. in d.
letzten Jahrzehnten d. 18. Jahrh. Progr. Augsb. (84 S.). —
O. Schanzenbach, Nachträge z. Gesch. d. Eberhard-Ludwigs-Gymn.
3. Folge. Progr. Stuttg. (S. 101—104). — H. Planck, Das Württemb.
Realgymnasium (MGesDErzSchulG. 9, 1). — J. Merkle, Das königl.
Katharinenstift zu Stuttgart (ib. 9, 1). — J. Brunner, Die Ordnung d.

Schulen d. Propstei u. d. Abtei Zürich im MA. (ib. 9, 4). -- F. Heinemann, Über d. soziale u. ökonomische Stellung d. schweiz. Lehrstandes
im 15. u. 16. Jh. (ib. 9, 4). — A. Fluri, Erste gedruckte bernische
Landesschulordnung 1628 (SchweizEvangSchubl. 32 No. 22/7, 33/7, 39/40).
— W. Toischer, Die ältesten Schulen Österreichs. Progr. Ob.-Gymn.
Prag am Graben (S. 8- 21). — Beiträge z. österr. Erz.- u. Schul-G. II
(1. F. Endl, Gesch. des Gymnas. d. Piaristen zu Horn i. Niederösterr.
2. K. Schiffmann, Magister Georg Calaminus, e. Schulmann d. 16. Jh. in
Linz. 3. K. Schrauf, Zwei österr. Schulordn. a. d. 17. Jh.). Wien (VII,
134, XXIII S.). — Th. Elze, Die Rektoren der Krainischen Landschafts-
schule in Laibach während d. 16. Jh. (JbGesGeschProtestÖst. 20, 3/4).
- J. V. Novák, Über die Olmützer Kathedralschulordnung v. J. 1563
(Sitzungsber. d. böhm. Gesellschaft d. Wiss. 1898). — J. Simon, A. d.
Oesch. d. Egerer Lateinschule unter Rektor Goldammer (MVGDeutsch.i.
Böhm. 37,4). Dasselbe (1595—1629) (ib. 38,4) — A. Hockauf, Zur Gesch. d.
Schulwesens (MNordb. ExcCl. 22, 3). — L. Fleischner, Die österr. Volks-
schule v. 1869—1899 (AllgZtgB. 107). — J. Lippert, Das Volksbildungs-
wesen z. Regierungszeit d. Kaiser Franz Josef I. (Samml. gemeinnütz.
Vortr. 242) Prag (158.). — L. Schrøder, Askov Højskoles første Dage (Aarb-
Dansk Kulturh. 1899). -- A. C. Nielsen, Et lille Bidrag til det jydske
Landsbyskolevæsens Historie (Samlinger til jydsk Hist. 3 R. 1 Bind.
5. Hefte). — S. Wâgner, Helsingborgs allmänna läroverk under tre
århundraden. Progr. Helsingb. (68, 24 S. 9 pl.). -- Alonzo du
Marais, Eene bladzijde uit de gesch. van het onderwijs in Belgie
(Lager onderw. 1899 p. 373/6). — De l'ancienne éducation en France
(Extr. d. l. Réf. soc.) Paris (15 p.). — U. Robert, Les écoles en
Franche-Comté pendant le moyen-âge. Besançon (32 p.). -- H. Lacaille,
Étude sur le collège de Reims à Paris 1412—1764 (Trav. de l'acad.
Reims 1897/8 II). — C. Porée, Notice sur le collège de Mende
(1556—1820) Mende (131 p.). — J. Chavanon, Comptes du collège du
Mans à Paris 1585—1588 (La Province du Maine 1899, 2, 4/12). —
Suchet, Le collège de Granvelle à Besançon (Acad. Besançon Procès-
verbaux Mém. 1898). — M. Perrod, Les écoles et le collège Salins
jusqu'en 1820. Besançon (60 p.). — E. Grave, Le règlement du collège
de Mantes en 1720 (Extr. du Bull. Comm. Antiq. Seine-et-Oise). Versaill.
(18 p.). — Pierfitte, Deux notes sur l'instruction secondaire avant
1789 dans les Vosges (BullSocPhilomathVosg. 1898/9). -- G. Brégail,
L'instruction primaire dans le Gers pendant la période révolut. Auch
(55 p.). — B. A. Dervillé, Pages d'histoire locale. Les écoles et
l'enseignement primaire à Compiègne pendant la révolution franç. Compiègne (105 p.). — A. Des Cilleuls, Histoire de l'enseignement libre
dans l'ordre primaire en France. Paris (XVIII. 790 p.). — Ders., La
liberté d'enseignement avant et depuis le 19e s. (Réf. sociale 19). --
W. C. Hazlitt, Contribution toward a history of earlier education in
Great Britain (Antiquary NS. 109/10, 112, 115, 117). — J. B. Milburn,

Medieval grammar schools (DublinRev. N.S. 31, July). — L. Cust, A history of Eton College. London (XVI, 318 p.). — H. C. Maxwell Lyte, A history of Eton College (1440—1898) 3. ed. Lond. (668 p.). — A. Lubbock, Memories of Eton and Etonians includ. my life at Eton 1854—63; and some Reminiscences of subsequent Cricket 1864—74. Lond. (336 p.). — Harrow School. (Quart. Rev. No. 377). — G. W. Fischer, Annals of Shrewsbury School. Revis. by J. Spencer Hill. Lond. (522 p.) —A. F. Leach, A History of Winchester College (Engl. Publ. Schools) Lond. (XIV, 564 p.). — G. Alex. Craig, From Parish School to University and other Papers. Memories and Scottish Characteristics of forty Years since. Lond. (190 p.). — A. D. Mayo, Organization and reconstruction of State Systems of Common School Education in the North Atlantic States from 1830 to 1865 (Report of the commiss. of education 1897/8, I). — B. A. Hinsdale, Notes on the History of foreign Influence upon Education in the united states. (Report of the commiss. of education 1897/8, I). — O. C. Knod, Deutsche Studenten in Bologna (1289—1562) Biogr. Index z. d. Acta nation. German. univ. Bonon. Berlin (XXV, 765 S.). — A. Stölzel, Deutsche Studenten in Bologna (1239—1562) (AllgZtgB. 133). — Em. Orioli, Matteo Visconti scolare nello Studio di Bologna (ArchStor. Lomb. 21). — Mariano Mariani, Vita universitaria pavese nel sec. XV. Pavia (142 p.). — O. Scalvanti, Alcune notizie inedite su due insegnanti di medicina in Perugia nel secolo XV (BullStorPatriaUmbria 5, 2). — A. Costa, Studenti foroiuliensi orientali triestini ed istriani all' Università di Padova (fine) (ArcheogrTriestino 22, 1). — O. C. Knod, Rheinländ. Studenten im 16. u. 17. Jh. auf d. Universität Padua (Ann. HVNiederrh. 68). — A. Luchaire, L'université de Paris sous Philippe-Auguste. Paris (59 p.). — J. Paquier, L'univ. de Paris et l'humanisme au début du 16e s. Jérome Aléandre (RQuestHist. 65, 1). — P. Feret, La faculté de théologie de Paris et ses docteurs les plus célèbres. T. I. Paris (III, 462 p.). — Ders., L'univ. de Paris et les Jésuites dans la seconde moitié du XVIe s. (RQuestHist. livr.130). — L. Chiappelli, Un pistoiese (Andreas de Pistorio) rettore dell'Università di Orléans nel 1321 (BullStorPistoiese I, 2). — M. Fournier, La fondation et la première réforme de l'université de Bourges, avant son apogée au 16e s. (1463—1530) I/II (NouvRevHistDroit 23, 5/6). — L'université de Louvain. Coup d'œil sur son hist. et ses institutions 1425—1900. Bruxelles (XI, 192 p.). — E. Reusens, Documents relatifs à l'hist. de l'univ. de Louvain 1425- 1797 (Analectes p. s. à l'hist eccl. de la Belgique 1899, 3/4).— A. Delaire, L'Université de Louvain avant et après la révolution (Ref. Sociale 1. déc.). — E. Laloire, L'Union des étudiants anversois à Louvain (AnnAcadArchBelg. 5 sér. II, 4). — R. Fick, Auf Deutschlands hohen Schulen. E. illustr. kulturg. Darstell. dtsch. Hochschul- u. Studentenwesens. Lf. 1. Berlin. — W. Fabricius, Die ältesten gedruckten Quellen z. Gesch. d. deutsch. Studententums. 2. Nochmals

das Manuale scholarium. Die Depositionslitteratur (Z.f.Bücherfreunde
3, 2/3). — P. Albert, E. Studentennachlass a. d. J. 1533 (ZKulturG.
6,6) — J. Lieboldt, Paul v. Eitzners Doktorpromotion im Mai 1556;
(MVHambG. 7,11). — C. Beyer, Studentenleben im 17. Jh. Schwerin
(138 S.). — W. Fabricius, Die deutschen Corps. E. histor. Darstell.
mit bes. Berücksicht d. Mensurwesens. Berlin (VIII, 431 S.). — P.v. Loë,
Das Kalendarium d. Universität zu Köln (AnnHVNiederh. 67). — Acten d.
Erfurter Universität. III. Teil. Register zur allgem. Studentenmatrikel
(1392—1636) beg. von J. C. H. Weissenborn, fortgef. v. A. Hortzschansky
(GeschQuell. Sachsen 8) Halle (VI, 439 S.). — Oergel, Die Studien-
reform d. Univ. Erfurt v. J. 1519 (JbbAkadErfurt N.F.25). — G. Oergel,
Das Kollegium zur Himmelspforte v. d. Reform. bis z. Reduktion
1521—1664 (MVGErfurt 20). — P. Zinck, Student. Leben i. Leipzig
z. Z. d. Kurf. August. 1/2 (ZKulturG. 6,3/5.) — J. König, Zur Gesch. der
theolog. Promotion a. d. Univers. Freiburg (FreiburgDiöcArch. 27). —
Ders., D. Professoren d. theolog. Fakultät zu Freib. i. Br. 1470—1870
(ib.). — F. Falk, Die Mainzer Hochschule 1477 u. ihr Lehrstuhl für
Bibelkunde (MGesDErzSchulG. 9, 2). — Reh, Statuta facultatis philo-
sophiae in academia Francofurtana. Progr. Gross-Strehlitz (20 S.). —
O. Clemen, Zur Jenaer Universitätsgesch. (ZVThürG. 19, 4). — Stal-
mann, Das herzogl. philol.-pädagog. Institut auf der Universität zu
Helmstedt (1779—1810) I. Progr. Blankenb. (29 S.). — Th. Schrader,
Hamburger Studenten in Halle (MVHambG. 7,11). — C. vom Berg,
Auszug a. d. Matrikel d. hohen Schule zu Herborn (Monatsschr.
BergGV.) 1899, 29/34; 187/91). — A. Treichel, Beitr. z. Gesch. der
Univ. Kulm (ZHVMarienwerder 37). — W. Heine, Academia Culmensis,
Abriss ihr. Gesch. (ZsWestpreussGV. 41). — J. Asbach, Die Napoleon.
Univers. in Düsseldorf (1812/3) Progr. Düsseld. (32 S.). — P. F. Damm,
Die techn. Hochschulen in Preussen. E. Darstell. ihr. Gesch. u. Organ.
Berlin (VI, 196 S.). — A. Hauffen, Zur Gesch. d. d. Univers. Prag
(MVGDeutschBöhm. 38, 2). — Gesch. d. Wiener Universität v. 1848
bis 1898. Huldigungsfestschrift. Wien (VIII, 436 S.). — Die Leopold-
Franzens-Universität zu Innsbruck i. d. J. 1848—1898. Festschrift.
Innsbr. (IX, 264 S. 3 Taf.). — J. Jámbor, Hist., organis. et fonctionne-
ment de l'université technique Joseph de Budapest. Éd. p. V. Wartha
Budapest (80 S.). — F. Haag, D. Klosterleben d. bernischen Studenten
u. d. Mitte d. 17. Jahrh. (MGesDErzSchulG. 9, 4). — K. Holder, Über
d. Freiburger Studentenleben i. 18 u. i. d. 1. Hälfte d. 19. Jh. (Monatsros.
d. schweiz. StudentV. 43). — J. B. Milburn, The church and the uni-
versity of Oxford (DublinRev. N. S. 30). — H. W. C. Davis, Balliol
College, Oxford (College Histories) Lond. (248 p.). — E. G. Hardy,
Jesus College, Oxford (CollHist.) ib. (264 p.). — C. Grant Robertson
All Souls College Oxford (CollHist.). ib. (250 p.). — H. A.
Wilson, Magdalen College, Oxford (CollHist.) ib. (302 p.). — B. W.
Henderson, Merton College, Oxf. (CollHist.) ib. (240 p.). — J. H. Gray,

The Queen's College of St. Margaret and St. Bernard. Univers. of Cambridge (CollHist.) ib. (324 p.). — H. N. P. Stevens, Downing College. Cambr. (CollHist.) ib. (298 p.). — J. Yenn, Biograph. History of Gonville and Cajus College 1349—1897. Vol. 2. Cambr. — G. M. Edwards, Sidney Sussex College. Univ. of Cambridge (CollHist.) Lond. (238 p.). — A. Austen Leigh, King's College, Cambr. (CollHist.) ib. (322 p.). — W. W. Rouse Ball, Notes on the History of Trinity College, Cambr. ib. (198 p.). — J. Hartley Merrick, Two historical documents connected with the early histor. of the university (PublUnPennsylvBull. 3, 4.). — Ders., Histor. Sketch of Academic Costume Usage at the Univ. of Pennsylv. (ib. 8).

Schriftwesen: O. Weise, Schrift- u. Buchwesen in alter u. neuer Zeit (Aus Natur u. Geisterwelt 4). Leipzig (IV, 152 S.). — L. Wilser, Z. Gesch. d. Buchstabenschrift (AllgZtgB. 103). — W. Arkwright, Üb. d. lykische Alphab. (JahreshefteOest.ArchInst. II, 1). — C. Wessely, Schreibtafeln zur älteren latein. Paläographie. Nebst e. erläuterndem Texte: Wie haben die alten Römer geschrieben? Leipz. (12 S. 20 Taf.). — W. Meyer, Die Buchstaben-Verbindungen der sog. goth. Schrift (AbhGesWissGöttingen N. F. 1). — Fr. Müller, Über d. Ursprung d. gruzinisch.Schrift (SitzBerAkWissWienPhilHistCl. 137). — C. Dewischeit, Altpreuss. Schrift? (Schriftwart 6, 6). — Cantzley-Ordnung des Herz. Wolfgang von Zweibrücken v. J. 1559 hrsg. v. Ph. Keiper u. R. Buttmann (MHVPfalz 23). — F. Germanet, La sténographie: ses origines et son hist., ses principes et son avenir. Nouv. éd. Paris (113 p.). — J. W. Zeibig, Gesch. u. Litteratur d. Geschwindschreibkunst. Nachträge. Dresden (171 S.). — Chr. Johnen, Hebräische Stenographie? (Stenogr. Vjschr. 1898, 4). — P. Seṅgstock, E. griech. Kurzschrift a. d. 4. vorchristl. Jahrh.' (Schülerwarte No. 2). — C. Dewischeit, Nochmals die Silbentachygraphie i. d. Bullen d. Papstes Silvester II. (Schriftwart 6, 3). — Ders., Georg Rörer, ein Geschwindschreiber d. Reformationszeitalters (ib. 6, 6). — A. Junge, Jean Felicité Coulon de Thévenot. E. Beitr. z. älter. Gesch. d. Stenogr. in Frankreich (S.Abdr. a.d.Arch.f.Stenogr. 1897) Berlin (95 S.). — Chr. Johnen, Die Entwickelung der Stolze'schen Schrift (Forts.) (Schriftwart 6, 1; 7/8). A. Neupert, Ein halbes Jahrhundert (StenogrVjsschr. 1898, 4). — J. P. A. Martin, Les sténographies anglaises de Timothy Bright à Sir Isaac Pitman (L'écriture No. 39 ff.). — M. Birke, Stenografiens Historie i Danmark (StenTidsskr. No. 5/6). — F. E. Hulme, Cryptographie; or history, principles and practice of cipherwriting. Lond. 1898 (192 S.).

Buchwesen: F. Lippmann, Überblick üb. d. neuer. Forschungen a. d. Gebiete d. ältesten Druckkunst (2. SitzB. d. Berl. Kunsthist. Gesellschaft). — E. Misset, Le premier livre imprimé connu. Un missel spécial de Constance œuvre de Gutenberg avant 1450 (Bibliogr. mod. no. 16/7). — R. Proctor, An Index to the early printed books in

the British Museum from the Invention of Printing to the year 1500.
London. — Barbèra, Stampatori umanisti del Rinascimento (NAntol.
1. Sept.). -- B. E. Orioli, Contributo alla storia della stampa in
Bologna (AttiMemor. Deput. Storia patria Romagna 16, 4/6). — E. Fabian,
Die Einführung des Buchdrucks in Zwickau 1523 (MAVZwickau 6). —
H. König, Georg Leop. Fuhrmanns Schriftprobenbuch von 1616 (Zs.
f. Bücherfreunde 2, 5/6). -- Stein, L'origine flamande de l'imprimeur
Chr. Wechel (Le bibl. moderne 14/5). — M. Macary, Étude sur l'origine
et la propagation de l'imprimerie à Toulouse au 15e s. (BullHist.
Phil. 1898). — Claudin, L'imprimerie à Uzès au 15e s. (Le bibl. mod.
janv/févr.). — E. Bourloton, Encore un mot sur les origines de l'imprimerie à Poitiers (Extr. d. l. Revue du Bas-Poitou). Vannes (16 p.). —
P. Ducourtieux et L. Bourdery, Une imprimerie et une librairie
à Limoges vers la fin du 16e s. Limoges (107 p.). — R. Fage, Contri-
butions à l'hist. de l'imprimerie à Tulle 4: Quelques marchés d'impressions
au 17e s. (Le bibliophile limousin janv.). — J. Poche, Quelques adresses
de libraires, imprimeurs, relieurs, marchands etc. du 17e s. Paris (III,
133 p.). — A. Sorel, Recherches histor. sur l'imprimerie et la librairie
à Compiègne avant 1789 (BullSocHistCompiègne 9). — J. Norden, Die
Anfänge des Buchdrucks i. Russland (Zs. f. Bücherfreunde 3, 9). —
A. Schlossar, Taschenbücher und Almanache zu Anfang unsers Jh.
1. Deutschland (ib. 3, 2/3). — C. Davenport, Engl. Enbroidered Book-
bindings. Lond. (146 p). - L. Gruel, Les Thouvenin, relieurs français
au commenc. du 19e s. (Extr. du Bull. du bibliophile) Paris (27 p.).
— H. Müller-Brauel, Drei Ex-Libris der Lüneburger Ratsbibliothek
(Zs. f. Bücherfr. 2, 5/6). — A. Schmidt, Ma. liche Lesezeichen (ib. 2, 5.6).
— K. Burger, Beiträge zur Firmengeschichte d. d. Buchhandels
a. d. Messkatalogen (AGDBuchh. 20). — F. W. E. Roth, Gesch. d.
Verlagsgeschäfte u. Buchdruck. zu Würzburg (1479 · 1618) (ib.). —
P. E. Richter, Zur Vorgesch. u. G. d. vormals Walther'schen, jetzt
Burdach'schen Hofbuchh. (Warnatz & Lehmann) i. Dresden (ib.). —
F. W. E. Roth, Über e. Büchersendung aus Italien n. Deutschl.
1478 (ib.). — Ders., Hans Sporer, ein fahrender Verleger und
Buchdrucker d. 15. u. 16. Jh. (ib.). — F. Gordon Duff, An early
Stationer in England (LibrAssocRecord I, 7). — G. Smith, Gabriel
Naudé: a librarian of the 17th century (LibrAssocRecord I, 7/8).
— G. Frick, A. H. Francke u. d. Buchh. des Waisenhauses in Halle
(Zs. f. Bücherfr. 2, 5.6). — C. Jullian, Un libraire de Montesquieu
(Rev. d. lettr. franç. 1, 2). — A. Richter, Peter Georg Mohrenthal,
ein Dresdner Buchhändler im 18. Jh. (DresdnGeschBll. 8, 1). —
V. Mortet, Recherches sur l'emploi des termes βιβλιοθήκη, βιβλιοφίλαξ
dans l'Égypte romaine d'après la publicat. des papyrus de Berlin et de
Vienne (Rev. d. biblioth. 9, 4/5). — La bibliothèque du seigneur de
Padoue en 1404 (La Corresp. hist. et arch. Juin). -- F. Priebatsch,
Märkische Bibliotheken i. MA. (Zs. f. Bücherfr. 3, 2/3). — Th. Gottlieb,

Die Ambraser Handschriften. Beitr. z. Gesch. d. Wiener Hofbibliothek I. Büchersammlung Kaiser Maximilians I. M. e. Einleitung über älteren Bücherbesitz i. Hause Habsburg. Leipz. (VI, 172 S.). G. Zedler, Zur Vorgesch. d. Landesbibliothek z. Wiesb. (Schl.) (MVNassAK. 1898/9, 4). — Ders., Die Auflösung d. nassauisch. Klosterbiblioth. (AnnVNassAK. 30). — Kohfeldt, Vermächtnis e. Handbücherei für unbemittelte Medicin- studierende v. J. 1589 (Cbl. f. Bibl. 16. 10.11). — A. Schmidt, Die Bibliothek Moscheroschs (Zs. f. Bücherfreunde II, 12).

Zeitungswesen: H. Schacht, Z. Entstehungsgesch. d. Zeitungen (AllgZtgB. 202). — L. Salomon, Gesch. d. deutsch. Zeitungswesens I. Das 16., 17. u. 18. Jh. Oldenburg (X, 265 S.). — J. Mähly, Z. Gesch. d. Censurwesens (Nord u. Süd, Oct). — Hjalmar Schacht, Die Ent- stehung des Zeitungsanzeigenwesens (AllgZtgB. 12). — O. Pniower, Die erste Berliner Zeitschrift in deutscher Sprache (Brandenburgia 8,3). — G. Kowalewski, Beitr. z. Gesch. d. Hamburger Zeitungswesens 1/4 (MVHambG. VII, 1. No. 5. u. 7). — E. Pauls, Z. Gesch. d. Presse u. d. Censur in Aachen vor 1816 (ZAachGV. 21). — K. Obser, Z. Gesch. d. bad. Presse in d. Rheinbundszeit (ZGOberrhein 14, 1). — O. Kuntze- müller, Hannov. Courier. Zeitung f. Norddeutschland etc. 1849—1899. Festschr. Hannover (106 S. 1 Bildn.). — M. Blum, Geschichtl. Rück- blick auf die im Grossherzogtum Luxemburg bisher erschien. Zeitungen und Zeitschriften (Forts.) (Ons Hémecht III V). — C. van Schoor, La presse sous la révolut. franç. (Belg. jud. 1899 p. 1153/1221). — P. Kasandric, Il giornalismo dalmato dal 1848 al 1860. Zara (185 p.).

Kalenderwesen: W. Uhl, Die Entwick. d. d. Kalenderwesens seit d. Aufkommen d. Buchdruckerkunst (Reclams Universum 15, 9). — Von alten Kalendern u. e. berühmten Kalendersch. (Jeremias Gotthelf) (Hist. Kalender auf 1899, Bern).

Gefühls- u. Gemütsentwickelung. Verschiedenes: Freybe, Züge zarter Rücksichtnahme u. Gemütstiefe i. deutsch. Volkssitte (ZDeutsch. Unt. 13, 5). — R. Günther, Kulturgesch. d. Liebe. Berlin (XI, 419 S.). A. Biese, D. Naturgefühl i. Wandel der Zeiten (WestermIllDMth. 514. — F. Sintenis, Naturbeobachtungen alter und neuer Zeit I. (Balt) Monatsschr. 41, 7). — E. Jacobs, Die Brockenfahrten zur Pietistenzeit (ZHarzV. 32, 1). — K. O. Oertel, Die Naturschilderung bei d. deutsch. geograph. Reisebeschreibern des 18. Jh. E. Beitr. z. Gesch. d. Geistes- bildung jener Zeit. Leipzig (91 S.).

Aberglauben, Volksglauben: A. Vierkandt, Zur Psychologie d. Aberglaubens (AReligionswiss. 2, 3). — A. Boissier, Documents assyriens relat. aux présages. T. 1. Livr. 3. Paris (III, p. 189 à 269). — Knauer, Die Vision im Lichte der Kulturgesch. u. d. Dämon d. Sokrates. Eine kulturgesch.-psych. Studie. Leipz. (VII, 222 S.). — G. Kroll, Superstizioni degli antichi (Atene e Roma 2, 8/9). — J. Bertrand, L'occultisme ancien et moderne. Les mystères religieux

de l'antiquité païenne; la Kabbale maçonnique; Magie et Magiciens fin
de siècle. Paris (64 p.). — K. Alberts, Der Ursprung der Magie
(Natur 39). — E. Seler, Altmexican. Studien II. Zauberei u. Zauberer
im alten Mexico (Veröff. a. d. Mus. f. Völkerk. VI). — H. Schäfer,
Ein Spruch gegen Brandwunden aus dem Papyrus Ebers (ZÄgyptSpr.
36, 2). — W. Drexler, Alte Beschwörungsformeln (Philologus 58, 4).
— O. Heilig, Altdeutsche Segen aus Heidelberger Handschriften (Forts.)
(Alemannia 27, 1/2). — E. Jackschath, Ein deutsches Beschwörungs-
buch (VerhBerlAnthropGes. 1899, S. 459/72). — O. Scholz, Besprechungs-
formeln (MSchlesGVolksk. 6, 2). — K. Poetters, Noch etwas vom
Böten (Brandenburgia 8, 7). — Th. v. Liebenau, Die Seelenmutter
zu Küssnacht u. d. starke Bopfart (KatholSchweizerBll. S. 290 ff.). —
Müllner, Beschwörungsformeln gegen Schlangenbiss (Argo 1898, 208).
— W. Reimann, Eine katholisch-estnische Zauberformel (SbGelehrtEstn.
Ges. 1898). — E. Grip, Några bidrag till kännedom om uppländsk
folkmytologi enligt sägner från Bälinge och Norunda härader (Upplands
Fmf.T. XIX). — Höfler, Der Dämonismus i. d. Volksmedicin (Allg.
ZtgB. 215). — M. Höfler, Krankheits-Dämonen (AReligionswiss.
2, 1/2). — E. de Marchi, Le streghe e le superstizione. Milano (36 p.).
— H. Gelin, Légendes de sorcellerie. Personnes changées en bête;
Fées et Sorciers; Retour des galipotes à la forme humaine; Cas de
dédoublement de la personnalité. Ligugé (Vienne) (12 p.). — E. Gilbert,
Les plantes magiques et la sorcellerie (Antiquité. Moyen Age. Renaiss.)
Moulins (108 p.). — M. Kronfeld, Zauberpflanzen und Amulette. Ein
Beitr. z. Culturg. u. Volksmedicin. Wien (84 S.). — A. de Cock,
Tooverij in liefdezaken (Volksk. 1899, p. 242/8). — Hansen, Scholastik
u. Hexenwahn (Deutsche Stimmen I, 12). — F. Verga, Intorno a due
inediti documenti di stregheria milanese del secolo 14º (RIstLombRendi-
conti 32, 2). — L. Keller, Die altevangelischen Gemeinden u. d. Hexen-
glaube (Mh.d.Comenius-Ges. VIII, 1/2). — W. Merz, Hexenprozess in
Aarau 1586 (SchweizZsStrafr. XI, 385 ff.). — Husemann, Bald. Ronsseus
u. d. Hexenprozess in Neustadt a/Rübenberge (ProtokVGGötting. II, 1).
— Muhlert, Hexenprozess in Göttingen 1648 (ib.). — Chr. Villads
Christensen, Besættelsen paa Rosborg. En Heksehistorie (SamlJydsk
Hist. 3. R. II. Bd. 3. Hefte). — P. Pietsch, Die Doruchower Hexenver-
brennung v. J. 1775 (ZHistGesPosen 14, 3/4). — Fr. Funck-Brentano,
Le drame des poisons 1. (Revue de Paris 1. avril). — E. Laszowski,
Dva priloga k povjesti progona vještica u Hrvatskoj (Zwei Beitr. z.
Gesch. d. Hexenverfolg. in Kroatien) (Vjestnik kr. Hrvatsko-Slavonsk-
Dalmat. Zemaljskog Arkiva I, 2). — F. Pfaff, Eine Teufelsaustreibung
a. d. J. 1701 (Alemannia 27, 1/2). — J. P. Wallensteen, Vidskepelser,
Vantro och Huskurer i Danderyd och Lindingö i slutet af 1700 —
talet (Bidrag till Vår Odlings Häfder 7). — M. Graf, Die Wunder-
sucht u. d. dtsch. Litteratur d. 18. Jh. Progr. TheresenGymn. Münch.
(40 S.). — E. Damköhler, Reste heidnischen Seelenglaubens aus

Cattenstedt u. Umg. (MVErdkHalle 1899). — K. Jul. Müller, Aberglaube u. Occultismus in Berlin u. d. Prov. Brandenb. Berlin (44 S.). —
A. Haas, Ein Kapitel a. d. Volksglauben u. Volksbrauch in Pommern
(In: Beitr. z. Gesch. u. Altertumsk. Pommerns). — G. Schmidt, Ge-
spensteraberglaube früherer Zeiten (Unser Egerland III, 2). — Egerländer Volksaberglaube (ib. 3, 2/4). -- W. Peiter, Alter Aberglauben
aus der Schlackenwerther Gegend (ib. 5). — K. Croner, Gespenster-
spuk u. Hexenglaube in Kl.-Bistritz (CorrBlVSiebenbLk. 22, 2; 4/5). —
L. Grgjić-Bjelokosić, Volksglaube u. Volksbräuche i. d. Hercegovina
(WissMittBosn. 6). — A. E. Carié, Volksaberglaube i. Dalmat. (ib.). —
Saineanu, Die Jale oder bösen Geister i. rumän. Volksglauben
(Donauländer I, 2 f.). — N. W. Thomas, La survivance du culte
totémique des animaux et les rites agraires dans le Pays de Galles
(RHistRel. 38, 3). — L. Bauer, Abergläubisches unter den Arabern
(MittNachrDPalästV. 1899, 1).

   Mythologie und Sagengeschichte: F. Max Müller, Beitr. z.
wissensch. Mythol. A. d. Engl. von H. Lüders. 2. (Schl.-) Bd. Lpz. (IV.
435 S.). --- L. Marillier, L'origine des dieux I. (Revue philos. 24, 7). --
A. Lang, Myth, Ritual and Religion. New. ed. 2 vols. Lond. — J. Mähly,
Mythus, Sage, Märchen (ZKulturG. VI, 6). — A. Hildebrandt,
Vedische Mythologie. 2. Bd. Usas. Agni. Rudra. Breslau (IV, 254 S.),
-- M. Bloomfield, The myth of Purūravas, Urvaçi and Ayu (Journ.
AmerOrientSoc. 20, 1). — E. Stucken, Astralmythen der Hebräer,
Babylonier u. Ägypter. Religionsgesch. Untersuch. 3. Jakob. Leipzig
(S. 127— 187). — H. Bertsch, Meeresriesen, Erdgeister u. Lichtgötter
in Griechenland. Progr. Tauberbischofsheim (29 S.). — A. Gittée, La
mythologie germanique d'après les travaux récents (RBelgique 26). —
L. Léger, Études de mythologie slave (suite) (RHistRelig. 39, 1). —
G. Raynaud, Le dieu aztec de la guerre (dernier art.) (ib.). —
J. Curtin, Creation Myths of primitive America in relation to the
religious history and mental development of Mankind. Lond. (572 p.) --
Fr. Pradel, Die Sintfluthsagen(AllgZtgB. 242). — A. Wünsche, Die Sage
v. Lebensbaum u. Lebenskraut i. d. verschied. Kulturreligionen (Nord
u. Süd Juni). — Ders., Das Wasser des Lebens in den Märchen der
Völker. Eine märchenvergl. Studie (ZVerglLittG. N. F. 13, 2/3). —
Constantin, Le mythe du chêne marin. (R. archéol. 34, Mai/Juin). —
S. Bugge, Mythiske Sagn om Halvdan Svarte og Harald Haarfagre (Arkiv
f. nord. filol. 16, 1). — T. Wilson, Blue Beard, a contribut. to History and
Folk Lore. Lond. — J. Nover, Die Lohengrinsage u. ihre poetische
Gestaltung (Samml.gem.wiss.Vortr. 312). Hamb. (35 S.) -- H. Grössler,
Die Sagen von Winfried-Bonifatius (MansfeldBll. 13). — H. Delehaye,
Note sur la légende de la lettre du Christ tombée du ciel (BullAcad.
Belg.Cl. des lettres 1899 p. 171/213). -- L. Detrixhe, Le diable tentant
les saints: légende ardennaise (Wallonia 1899, p. 57 f.), -- A. Bernouilli,
Die Sagen von Tell u. Stauffacher. Basel (V, 55 S.). — F. Wilhelm,

Der Waldkönig u. d. Windsbraut, eine alte Sage (MNordböhmExcCl. 22, 2). — A. Treichel, Sagen (Nachtr. VII) (ZHVMarienwerder 37). — O. Warnatsch, Schles. Legenden (MSchlesGVolksk. 6, 2). — A. Eichner, Anekdotenhafte Sagen (ib.). — G. Jänner, Die Mythen des Hörselberges u. seiner Umgebung (4. Erg.-Heft zu „Aus der Heimat") Gotha (50 S.). — C. König, Thüring. Sagenschatz u. histor. Erzählungen. I. Bd. 4 Hefte. 2. (Titel-) Aufl. Lpz. (XIV, 166 S.) I, 1. 3. Aufl. Lpz. (IV, 51 S.). — H. Grössler, 8. Nachlese von Sagen u. Gebräuchen d. Grafschaft Mansfeld (MansfBll. 13). — R. Eckart, Südhannov. Sagenbuch. 4 Hefte. Leipzig (226 S.). — W. Crone, Aus d. Heimat. Sagen u. sagenhafte Erzählungen d. Kreises Bersenbrück. Lingen (54 S.). — Badisches Sagenbuch II. Abt. Sagen Freiburgs u. d. Breisgaus. Hrsg. durch J. Waibel u. H. Flamm. Freib. (XII, 350 S.). — K. A. Reiser, Sagen des Allgäus. Heft 14/16. Kempten. — L. Siess, Sagen a. dem oberen Mühlviertel. 5. Bdchen. Rohrbach (16 S.). — J. M. Lotter, Sagen, Legenden und Gesch. der Stadt Nürnberg. Nürnberg (VIII, 496 S.). — E. Alliger, Sagen a. d. Adlergebirge u. d. Erlitzthale (MNordbExcCl. 22, 2). — A. Paudler, Sagen a. Deutschböhmen (ib. 22, 4). — V. P., Sagen a. d. Milstätter Seegebiete (Carinthia I. 89, 2/3). — F. Franziszi, Der Untergang der Stadt Risa. Volkssage a. d. Gailthale (ib.). — M. Morer, Sagen aus dem Görtschitzthale (ib.). — J. v. Ehrfeld, Sagen aus Kärnten (ib. 4.). — M. Morer, Sagen aus Trixen (ib. 6). — Hesperinger Sagen (Ons Hémecht Jg. 3. 4). — Sagen des Escherthales (ib. 4). — H. Gelin, Légendes et superstitions (Le Pays Poitevin 10. April). — P. Sébillot, Légendes locales de la Haute-Bretagne 1. partie. Monde physique. Nantes (XI, 191 p.). — Lady Wilde, Ancient legends, mystic Charms and superstitions of Ireland with Sketches of the Irish Past. New ed. Lond. (XII, 347 p.). — J. Jung, Helle u. Kääbas. Zwei estn. Sagen (SbGelEstnGes. 1898). — Francke, Ladaker mythol. Volkssagen (Globus 76, 20).

(Fortsetzung folgt im nächsten Heft.)

Kulturbilder
aus der Zeit des untergehenden Roms.

Von Hermann Mauersberg.

Wenn von der Geschichte eines Volkes gesprochen wird, denken wir in den meisten Fällen nur an seine äußere Geschichte, wie sie sich vollzieht in großen Kriegen, wichtigen Friedensschlüssen und tief einschneidenden Gesetzgebungen; diese Sachen werden genug behandelt. Aber wie unzulänglich und rein abstrakt sind vielfach unsere Kenntnisse, wo es sich um das innere Leben und die sittliche Entwickelung eines Volkes handelt, die sich in den sozialen und wirtschaftlichen Zuständen sowie in den Einzeldingen des täglichen Lebens geltend macht! Und doch ist es meines Erachtens von größter Wichtigkeit, gerade in diese innere Werkstätte der Weltgeschichte einen tieferen Blick zu thun und die Triebfedern, die den großen historischen Endergebnissen und politischen Revolutionen zu Grunde liegen, genauer kennen zu lernen.

Für die genauere Erforschung der römischen Kulturgeschichte, besonders für die Epoche des untergehenden Westreiches bieten sich in verschiedenen kirchlichen Schriftstellern wertvolle Fundgruben, die zu diesem Zwecke wohl noch nicht hinreichend genug durchforscht und ausgebeutet sind. Unter diesen Kirchenvätern sind zu nennen Clemens Alexandrinus † 220, Gregor von Nazianz † 390, Johannes Chrysostomus † 407 und Sophronius Eusebius Hieronymus † 420, die uns alle tiefere Einblicke in das Volksleben der antiken Welt gewähren. Wir erhalten hier Kunde von der gewöhnlichen Umgangssprache des Volkes wie von den gesellschaftlichen Gewohnheiten der vornehmen Welt; wir treten in ihre Wohnungen ein, sehen ihre Einrichtung und Ausstattung und verfolgen, was die Menschen in ihnen täglich thun und treiben. Es giebt hier zahl-

lose kleine Einzeldinge und gelegentliche Bemerkungen über das
tägliche Leben, die man nur zu sammeln und zu verketten braucht,
um ein kulturhistorisches Gewebe herzustellen.

Die wertvollste Quelle ist ohne Zweifel die Briefsammlung
des Hieronymus. Denn während uns sonst die Dokumente der
christlichen Schriftsteller nur „den langsamen und verborgenen
Lauf des Christentums[1])" darstellen, wie er sich hinbewegt unter
Freigelassenen, Sklaven, Soldaten und einer obskuren Menge,
führt uns Hieronymus in die herrschenden Klassen, in die Kreise
von Besitz und Bildung, in die geistreichen, von dem Gifthauche
eleganter Sittenlosigkeit durchwehten Salons des ahnenstolzen
römischen Adels ein.

Auch die elegante und eigenartige Schreibweise dieses alten
Kirchenvaters macht es, daß seine Schriften auch für die Heut=
lebenden eine noch genießbare Lektüre sind. Der Stil ist fast
modern, die lebendigen und anschaulichen, oft spannenden Dar=
stellungen erinnern nicht selten an manche neuzeitlichen Schrift=
steller.

Doch treten wir nach diesen einleitenden Bemerkungen in die
Betrachtung selbst ein, indem wir zunächst die soziale und wirt=
schaftliche Lage der zu beschreibenden Kulturepoche näher ins
Auge fassen.

Das römische Reich bietet uns um die Wende des 5. Jahr=
hunderts das Aussehen einer „untergehenden Welt". Seitdem die
Keime der Zersetzung einmal in die organische Staatsverbindung
geworfen sind, geht der Niedergang Roms unaufhaltsam fort.
Deutlich treten uns hier all die schlimmen Symptome des wirt=
schaftlichen und sozialen Verfalls eines großen, mächtigen Reiches
entgegen. Es ist zunächst der enorme, stetig zunehmende Steuer=
druck, der auf dem Reiche lastet, eine Erscheinung, die fast allen
damaligen Schriftstellern, selbst dem sonst so konservativen Chry=
sostomus, Veranlassung zu den bittersten Klagen giebt. Jeder
neue Steuererlaß, den ein einziehender Beamter der Provinz im
Namen des Kaisers bekannt gab, verursachte einen Zusammenlauf
der Menge, wobei man seiner Erregung über die unerhörten Maß=

---

[1]) Saint Jérome, la société chrétienne en occident par Amédée
Thierry. Préface p. VIII u. IX.

regeln anfangs zwar nur in Worten Luft schaffte, wie sie uns Chrysostomus z. B. von den Antiochenern mitteilt: „Bei solchen Staatslasten verliert das Leben seinen Wert, da muß der Staat seinem Ruin entgegengehen; es ist keiner, der die Höhe dieser Abgabe auf die Dauer ertragen könnte"[1]). Doch „man brauchte in Konstantinopel Geld, viel Geld", zunächst für die glänzende Hofhaltung. Schon Juvenal erzählt uns von einem kaiserlichen Hofbeamten,[2]) der bei einem eigenen Gastmahle für einen sechs Pfund wiegenden Fisch die Summe von 900 Mark nicht scheute. „Welche Gerichte verschlang damals denn also der große Kaiser in eigener Person, wenn so mächtige Summen des Geldes nur für den winzigsten Teil, für den Anfang nur vom Essen dieser bepurpurte Narr des Palastes verausgabte". So war es zu Juvenals Zeiten. Und die kaiserliche Hofhaltung in Konstantinopel mit ihrem orientalischen Pomp und Luxus, „wo alles darauf berechnet war, dem Volke zu imponieren",[3]) hat sich jedenfalls durch Sparsamkeit nicht vor früheren Zeiten ausgezeichnet. Hierzu kamen die zum Teil überaus hohen Gehälter der vielgegliederten Beamtenschaft, die Bestreitung der öffentlichen Spiele, die erhöhten Anforderungen der Landesverteidigung. Wenn man dann noch bedenkt, daß ein Teil der kapitalkräftigen Staatsbürger (z. B. hohe Beamte und der Klerus) durch Steuerfreiheiten begünstigt war, wird man sich nicht wundern, daß die ärmere Bevölkerung unter der Steuerlast seufzte, besonders auch wegen der Härte und Ungerechtigkeit, mit der die Beamten bei der Beitreibung vorgingen. Als finanzielle Genies erwiesen sich hier oft verschuldete Glieder der hohen Aristokratie, die die gebotene Gelegenheit nicht versäumten, nebenbei auch an die „Regelung der eigenen derangirten Verhältnisse zu denken". „Wenn zuletzt die Provinz, die längst du ersehnt, als Verweser dich aufnimmt", sagt Juvenal zu einem bekannten vornehmen Verschwender, „dann schone der Bundesgenossen, wahre Skelette, woraus man das Mark des Besitzes gesogen".[4]) Uhlhorn erzählt in seiner oben erwähnten Schrift[5]) einige Vorfälle, welche die Un-

---

[1]) Ad Populum Antiochenum Homilia V. 3.   [2]) 4. Satire.

[3]) Vgl. auch für das Folgende Uhlhorn „Die christliche Liebesthätigkeit in der alten Kirche" 3. Buch I. Kapitel.

[4]) 8. Satire 80 ff.   [5]) 3. Buch Seite 230 f.

erbittlichkeit und Härte der Steuerbeamten kennzeichnen. Ich füge als Beispiel noch den Comes Heraclianus hinzu, der unter dem Kaiser Honorius die Provinz Afrika verwaltete. Im Vertrauen darauf, daß bei der allgemeinen Unsicherheit der Zeit eine Kontrole seiner Amtsverwaltung ausgeschlossen war, sog er die Provinz in gewissenlosester Weise aus, „nicht als ein dreiköpfiger, sondern viel- köpfiger Cerberus alles an sich reißend und verschlingend".[1] Er hatte zu syrischen Kaufleuten, „den habsüchtigsten von allen Sterblichen", Geschäftsbeziehungen und scheute sich nicht, junge Römerinnen, die vor den einbrechenden Gothen nach Afrika geflüchtet waren, an jene als Weiber zu verkaufen. Selbst eine edle einflußreiche Römerin aus dem alten anicischen Geschlechte konute eine Schar von Witwen und Jungfrauen, die sich ihr angeschlossen hatten, nur durch die schweigsame Erlegung eines Lösegeldes zurückkaufen.

Der Kaiser erfuhr in seinen „heiligen Gemächern" kaum etwas von diesen Zuständen. Und wenn einmal bei einer un- gewöhnlichen Gewaltthat ein verzweiflungsvoller Schrei an sein Ohr drang, wußte man in geschickter Weise den wahren Grund der Thatsachen zu vertuschen; ja man suchte ihn noch gegen das Volk aufzustacheln. So einst bei Konstantin, dessen Statue eines Morgens zertrümmert gefunden wurde. Er aber antwortete den Höflingen, die ihn scharf machen wollten, indem er sein Gesicht befühlte, mit Lächeln: „Ich entdecke keine Wunde auf meiner Stirn, sondern mein Kopf ist gesund und heil"[2].

Auch die Antiochener hatten sich durch die harten Steuer- gesetze zur Gewaltthat hinreißen lassen. Die Statue des Kaisers Theodosius war zerstört, der Provinzialgouverneur insultiert worden. Nach vollbrachter That war das Volk in größter Bestürzung, man kannte die Strafe für Majestätsverbrechen. Ein großer Teil der Bürger floh in die Wüste und in die Verstecke der Gebirgs- schluchten. Die Häuser stauben verlassen, das Forum war leer, kaum sah man zwei oder drei zusammengehen. Nur die Ange- hörigen der Arretierten umstanden lautlos die Thüren des Gerichts- gebäudes, wo das Verhör abgehalten wurde. Die Mönche, die

---

[1] Hieronymus an Demetrias ep. 130.
[2] Chrysostomus, l. c. Kap. 21.

auf ihrem hohen, weltfernen Kloster jahrelang gesessen hatten, ohne
jemanden zu sehen und zu sprechen, verließen, als sie die Stadt
in solcher Bedrängnis wußten, ihre Einsiedeleien, um das Volk zu
beruhigen und die Obrigkeit um Schonung der Angeklagten anzu=
flehen. Wie eine drohende Wolke lag es über der Stadt, bis der
Bischof, der gnadesuchend nach Konstantinopel geeilt war, zurück=
kehrte. Der Stadt Antiochia wurde zur Strafe die „dignitas
Metropolis" entzogen und diese auf Laodicea übertragen. Außer=
dem wurde den Bürgern auf Zeit der Besuch des Zirkus und der
Bäder untersagt, eine Maßregel, die nach dem Urteil des Chryso=
stomus[1]) eher ein dankenswertes Geschenk als eine empfindliche
Strafe war.

Aber es waren nicht nur diese hohen Steuerlasten, sondern
auch noch andere wirtschaftliche Übelstände, durch die der mittlere
Bürgerstand in bedrohlichem Maße geschädigt und beunruhigt
wurde. Ich denke an die einseitigen kapitalistischen Tendenzen, die
schon früher hervorgetreten waren, die aber jetzt, wo sie bei der
Größe des Imperiums ein größeres Spekulationsgebiet hatten,
immer gewaltiger um sich griffen und alles überwucherten. Über=
all sehen wir in den Provinzen die kleineren Wirtschaften und
den mittleren Bauernstand aufgesogen durch das Großkapital und
den Großgrundbesitz, und die Regierung war machtlos, diesem
wirtschaftlichen Übelstande wirksam entgegenzutreten, obwohl sie
von der Notwendigkeit des Schutzes dieser bedrängten Klassen

---

[1]) Bemerkenswert in sozialer Hinsicht sind auch die Begründungen und
Ausführungen, mit denen Chrysostomus die Bürger zu beruhigen und vor
Selbsthilfe zu warnen sucht: „Ich weiß, daß viele unter euch sind, die am
liebsten die bestehende Ordnung umstürzen würden, wenn nicht die Furcht vor
der Staatsgewalt sie zurückhielte. Das ist ein thörichtes Beginnen. Denn
wenn du die Obrigkeit abschaffst, werden wir ein Leben führen, das an
Widersinnigkeit und Unordnung das der unvernünftigen Tiere übertrifft.
Würden wir uns nicht untereinander bekämpfen und umbringen, der Reiche
den Ärmeren, der Starke den Schwächeren, der Kühnere den Bescheidenen?
Was in den Häusern die Balkenlagen ausmachen, das ist im Staatswesen
die Obrigkeit. Wie die Wände bei Entfernung der Holzbalken in sich zu=
sammenstürzen, so wird auch der Staatsorganismus in seiner ganzen Gliederung
zerfallen, sobald du die Obrigkeit und den Respekt vor ihr beseitigst. Denn
niemand ist mehr da, der den unbändigen Trieb nach Freiheit und Selbst=
ständigkeit in den Einzelnen zurückhält." Homilia V.

überzeugt war und einsah, daß ein gesunder und wohlstehender Mittelstand das Rückgrat des Staates und Volkes ist. Diese ungesunde Entwickelung wurde auch wesentlich gefördert durch die Einfälle der Barbaren, die seit dem 3. Jahrhundert immer häufiger wurden. Der erste erschütternde Stoß ging von den Hunnen aus. „Die Scharen der Hunnen sind hereingebrochen", ruft Hieronymus aus,[1] „der Orient erzittert vom mäotischen Meere und eisigen Don bis zu den ungeschlachten Völkern der Massageten. Auf ihren schnellen Rossen fliegen sie bald hierhin, bald dorthin, alles mit Mord und Schrecken erfüllend. Unverhofft sind sie überall auf einmal da, das Gerücht an Schnelligkeit übertreffend; sie schonen weder Religion noch Würde noch Alter. Selbst schreiende Kinder können ihnen kein Mitleid erregen; zum Tode befördert werden, die kaum zu leben begonnen, und ihrer schrecklichen Lage unbewußt lachen sie zwischen den Händen und Mordwaffen der Feinde. „Avertas Jesus ab orbe Romano tales ultra bestias." Darauf jagte wiederum die Kriegsfurie durch das Land; dreimal erschien der Westgoten tapferer Führer Alarich vor Rom, bis er es 410 eroberte in einem nächtlichen Sturme. „O schrecklich: der Erdkreis sinkt; die berühmte Stadt und das Haupt des römischen Reiches ist durch und durch von einer Feuersbrunst zerstört; in Staub und Asche sind die Kirchen zerfallen; wir leben wie solche, die für morgen zum Sterben bestimmt sind", ruft Hieronymus verzweifelt bei diesem Unglück aus. Und hier war es auch wieder die ländliche Bevölkerung, die von den Verheerungen am schlimmsten betroffen wurde. Es gab Besitzer, die mehr als einmal mit ansehen mußten, wie ihre Landhäuser geplündert, die Rindvieh- und Schafherden fortgetrieben, die Knechte gefesselt und getötet wurden.[2] Kein Wunder, daß der Zug vom Lande in die Stadt, der bereits in der ersten Kaiserzeit bemerkbar wird, durch solche Kalamitäten befördert wurde. Das Land entvölkerte sich immer mehr, es fehlte, weil auch die Sklaven teurer wurden, an den nötigsten Arbeitskräften. Weite Striche in sonst fruchtbaren Gegenden lagen wüst und unbebaut, für einen Spottpreis konnte man Landgüter erwerben, wenn man nur die darauf ruhenden

---

[1] Epistola 77 ad Oceanum de morte Fabiolae.
[2] Hieronymus ep. 118. 122. 130.

Lasten bezahlen wollte. Die Städte dagegen waren überfüllt, wir
hören von Provinzialstädten, die an 200000 Einwohner zählten[1]).
Und wenn wir die Großstadt jener Zeit betrachten, so finden wir
da auch schon dieselben trüben Erscheinungen wie heute: die
elenden und baufälligen Wohnungen, dumpfe und finstere Löcher,
für die man noch eine Summe bezahlte, mit der auf dem Lande
ein stattliches Haus mit Garten zu kaufen gewesen wäre, den
grenzenlosen Aufwand, den jeder, wenn er etwas gelten wollte,
mitmachen mußte, die Unsicherheit auf den Straßen, besonders bei
Nacht, und der fortwährende, aufregende Lärm. „Es kostet der
Schlaf viel Geld in der Hauptstadt. Das Wagengeräusch an den
engen Ecken der Straße, der Treiber Geschimpf beim Halten der
Tiere brächte den Drusus sogar um den Schlaf und die
Kälber des Meeres", sagte schon Juvenal[2]). Und daß es zu
Hieronymus Zeiten nicht besser war, zeigt ein Brief[3]), in dem
zwei römische Damen über die lästigen Gesellschaftspflichten der
Stadt, über das Sehen und Gesehenwerden, das Besuchemachen
und Besucheempfangen, das Loben und Tadeln, das Hören und
Unterhalten klagen. „Wie lästig, eine solche Menge Menschen
auch gegen seine eigene Neigung sehen zu müssen! Denn entweder empfangen wir die zu uns Kommenden und verlieren die
ruhige Stimmung, oder wir empfangen sie nicht, und dann schilt
man uns stolz. Bisweilen auch, um die Besuche zu erwidern,
lenken wir unsere Schritte zu stolzen Palästen, treten ein durch
vergoldete Thüren, unter den bekrittelnden Bemerkungen des
Gesindes".

Bei allen Schriftstellern, die ich gelesen, habe ich Worte ge-
funden, die die ungesunden Zustände und Verhältnisse in den
Städten berühren und dagegen das Lob des Landlebens singen.
Chrysostomus lobt die Einfachheit, Sittenreinheit und den natür-
lichen, klaren Menschenverstand der Landbewohner[4]), Clemens
Alexandrinus führt an, wie ein Ausspannen und Erholen der
Kräfte am besten auf dem Lande möglich sei[5]). Juvenal rät:
„Wende mit Liebe dem Karste dich zu und der Pflege des Gartens.

---

[1]) z. B. Antiochia cf. Chrysostomus in St. Ignatium Martyrem.
[2]) 3. Satire. [3]) Brief der Paula u. Eustochium an Marcella, Vallarsi 46.
[4]) l. c. Kap. XIX. [5]) Paedagogus Kap. X.

Sei's, wo's wolle, von Wert ist's stets, sich zu machen zum Herrn
auch nur einer einzigen Feldmaus". [1] Am markantesten sind die
Worte des Hieronymus. „Rom mag sich seinen Lärm behalten,
der Kampfplatz seine Wut, der Zirkus sein wahnsinniges Geschrei,
das Theater sein luxuriöses Gepränge", er sehnt sich nach „der
stillen Verborgenheit des Landlebens, wo hausbackenes Brot, von
unseren eigenen Händen gebauter Kohl und Milch als ländliche
Leckerbissen uns zwar eine armselige, aber unschuldige Tafel bieten".
Ein abgehetzter und müder Großstädter von heute könnte in seinem
Stadt= und Weltleben ähnlich sprechen. Man könnte ihn für einen
modernen stadtmüden Novellisten halten, wenn er seiner Freundin
Marcella die Naturschönheiten der einzelnen Jahreszeiten ausmalt,
wenn er den Frühling schildert, mit den „lichten Wolken am
Himmel", wo sich „die Flur mit Blumen schmückt" und „klagen=
der Vogelgesang" sich mischt mit „dem Schalmeienton des Hirten
und den Liedern des säenden Landmanns". Weiter freut er sich
auf die Zeit, wo Hochsommergewitter aufsteigen und „schweiß=
triefende Schnitter mit klingenden Sicheln arbeiten". „Dann wird
der Schatten eines Baumes ein lauschiges Plätzchen darbieten".
„Im Herbste wird uns die milde Luft und das gefallene Laub die
Ruhestätte zeigen; bei Kälte und Schneegestöber werde ich kein
Holz kaufen und doch wärmer meine nächtlichen Gebete verrichten.
oder aber schlafen". [2]

Diese Poesie des Landlebens ging freilich dem Grundbesitzer,
der mit der rauhen Wirklichkeit zu rechnen hatte, verloren, noch
mehr dem Bauern und Kolonen, der durch Pachtvertrag von seinem
Herrn abhängig war. Denn während es früher dem Pächter frei
stand, ein Arbeitsverhältnis, dessen Bedingungen ihm unerträglich
wurden, zu lösen und fortzuziehen, hörte jetzt diese freie Be=
wegung auf. Jeder mußte auf dem Boden und auf der Stelle
bleiben, die er einmal einnahm. Das Kolonat sank zu einer
förmlichen Leibeigenschaft herab. Und der Fiskus, der im Steuer=
interesse den Grund und Boden nicht unbebaut lassen wollte.
begünstigte durch Gesetzgebungen dieses Streben der kapitalistischen
Gesellschaft.

---

[1] 3. Satire.
[2] ep. 43 u. 46.

Dieselbe Entwickelung sehen wir auch in den städtischen Ge-
werben. Strenge Gesetze verpflichteten hier die Innungsglieder
und banden sie wie mit Ketten an ihr Berufsgewerbe und den
kastenmäßig erstarrten Stand. Alle Freiheit und Selbstbestimmung
war erloschen, der Sohn mußte gegen Neigung und Begabung
wieder werden, was der Vater war.

Daß diese Krisen einen verhängnisvollen Einfluß auf die
wirtschaftlichen Bedingungen der Produktion und auf den allgemeinen Volkswohlstand ausüben mußten, bedarf wohl keines Beweises. Großer Reichtum war zwar immer noch vorhanden. Dafür
spricht die Luxuskonsumtion und die Verschwendung, die wir im
Nachstehenden noch genügend kennen lernen werden. „Es gab
Familien von ungeheurem Grundbesitz, in deren zahlreichen Pa-
läften unermeßliche Schätze aufgehäuft lagen, die wie der Senator
Symmachus für die Feste bei der Prätur seines Sohnes 8 Millionen Mark oder gar wie der Senator Maximus bei ähnlicher
Gelegenheit 16 Millionen verschwenden konnten, ohne sich zu
ruinieren".[1]) Aber die Verteilung des Vermögens innerhalb der
Bevölkerung war die denkbar ungünstigste, der allgemeine Volkswohlstand ging immer mehr zurück, weil sich der Reichtum in
immer weniger Händen konzentrierte. Bei der mangelnden Rechts-
sicherheit und unter dem Drucke der äußeren Lage konnte es nicht
ausbleiben, daß die Arbeitsfähigkeit wie der Arbeitsfleiß der Bevölkerung immer mehr abnahm. Mußte der Einzelne doch konti-
nuirlich befürchten, daß ihm die Früchte seines Fleißes durch eine
despotische Regierung vorenthalten oder gar willkürlich geraubt
wurden! Wir hören deshalb auch bei allen damaligen Schriftstellern die immer wiederkehrenden bitteren Klagen über die trostlose Armut und das zunehmende Elend der unteren Klassen. Die
Straßen lagen voll von Bettlern und Kranken, „wund an den
meisten Teilen des Leibes, kaum erkennbar, wo sie gewesen, noch,
woher sie sind, die ihre Eltern und Brüder und Heimat nennen
müssen, damit man sie erkenne". Sie irrten umher „ohne Hilfe,
ohne Gewand und Obdach", indem sie den vorübergehenden ihre
schadhaften Glieder vor die Augen hielten und sie mit kläglichen
Bettelliedern anflehten, „um ein Stück Brot bittend oder um ein

---

[1]) Uhlhorn l. c. 3. Buch I. Kap.

klein wenig Fleisch oder um einen zerlumpten Fetzen, die Blöße
zu bedecken und die Wunden zu verbinden". Oft lagen sie zu=
sammen, „durch gleiches Schicksal vereinigt und sich gegenseitig
durch den Gebrauch der Glieder des Anderen die fehlenden er=
setzend". Andere schleppten sich mühsam zu den Füßen der sie
neugierig umstehenden Menge, „trotz Sonne und Staub, ermüdet
und nur darum nicht getreten, weil wir Ekel vor ihnen empfinden".[1]
Hier ist ein Blinder, der die Hand ausstreckt und „oft schreit, wo
niemand ist". „Jenen an den Füßen verstümmelten, der mühsam
sich fortschleppt, unterstützt die Hand eines zarten Mädchens. Die
Thüren sind von Elenden und Kranken belagert, und hier siecht
einer von Wassersucht dem Tode entgegen, dort ist einer sprachlos
und stumm, er besitzt nicht einmal das Organ zum Bitten, fleht
aber gerade dadurch um so eindringlicher".[2] Und so gehen die
Jeremiaden bei den „Vätern" fort, es ist immer dasselbe. Fast
wird's langweilig, man liest darüber hinweg.

Es ist leicht zu erkennen, daß unter diesen ungünstigen Ver=
hältnissen auch die trennenden Wirkungen in der gesellschaftlichen
Gliederung, die Unterschiede in der Erziehung und Bildung, in
den Lebensinteressen und äußeren Lebensformen immer greller
hervortraten. Zahllos sind die Stimmen der Väter, die diesem
sozialen Übel zu steuern suchen. Sie werden nicht müde, den
bevorzugten Klassen immer wieder zu Gemüte zu führen, wie
unbeständig und veränderlich die Dinge sind, auf welche sie ihre
Vorrechte und ihre Sonderstellung gründen. „Eher kann man
den Winden vertrauen und den Spuren eines Schiffes, eher den
trügerischen Träumen der Nacht oder den Figuren, die spielende
Kinder in den Sand machen, als den Glücksgütern, durch die wir
uns über andere erheben". Ein solcher Staat konnte selbstver=
ständlich nur noch ein Scheinleben führen, zumal da die staat=
lichen Organe der allgemeinen wirtschaftlichen und sozialen Ent=
wickelung rat= und machtlos gegenüberstanden. Die einzige Macht,
die hier im stande war, einen einigenden und ausgleichenden
Faktor abzugeben, war die Kirche. Und in vereinzelten Fällen
sind Ansätze und Versuche der mildernden Ausgleichung dieser

---

[1] Gregor von Nazianz „über die Armenliebe". [2] Hieronymus Ad
Pammachium ep. 26.

schroffen Klassengegensätze zu entdecken[1]), besonders in den Kreisen, die von dem um diese Zeit auch in das Abendland einziehenden Mönchtum ergriffen und beeinflußt wurden. Wir sehen hier, wie Sprossen der ältesten und stolzesten römischen Geschlechter, der Marceller, Scipionen, Fabier und anderer, die ihren Stammbaum bis auf die Griechen und Äneas zurückführten, die Standesfesseln abschüttelten und sich einem Leben der strengsten Askese hingaben, „es mit jener großartigen Tapferkeit und zähen Ausdauer verfolgend, denen ihre Vorfahren die Eroberung der Welt verdankten". (Montalembert.) Sie verließen ihre Paläste, vertauschten die Purpurtoga oder das brokatene Staatskleid mit dunklen Wollgewändern und veräußerten ihre Reichtümer, um die Not der Armen damit zu lindern. Konsuln und Senatoren wurden von ihren früheren Amtskollegen und Standesgenossen angetroffen in einem Haufen von Armen und Bettlern, denen sie halfen, oder in Begleitung von Arbeitern und Bauern.

Frauen, aus dem stolzesten Adel Roms, die sonst umgeben von einer Dienerschar auf kostbarer Sänfte sich durch die Straßen tragen ließen, sah man jetzt still und allein, in schlichtem Wollkleid daher wandeln, „äußerlich einer Magd gleichend". Statt Triumphe im Salon zu feiern, war es jetzt ihre Lebensaufgabe, den zerlumpten Bettlern, den schmutzigsten Kranken zu dienen. Ihre Reichtümer dünkten sie nicht mehr „eigenes Verdienst, auch kein verantwortungsloser, freiverfügbarer Besitz, sondern ein ihnen geliehenes Pfund, um damit zum Heil der Mühseligen und Beladenen zu wuchern.

Jungfrauen, voll Anmut und Liebreiz, mitten in der Freude und dem Glanz des Lebens stehend, mit der Aussicht auf eine glückliche und ehrenreiche Zukunft an der Seite eines hochedlen Gatten, verzichteten plötzlich auf das alles, um an der Stätte des Leidens, des Elends und der Sorge zu weilen.

Junge Witwen, die sonst ihren Stand als willkommene Gelegenheit zu ungezügeltem Genußleben betrachteten, sahen jetzt darin etwas Heiliges und Gottgeweihtes; ihre Begleitung bestand aus solchen, die vom Fasten abgemagert waren, deren Gesicht

---

[1]) Vgl. Mauersberg „Die Anfänge der asketischen Bewegung im Abendlande", Inaugural-Dissertation.

bleich geworben, welche Alter und Wandel erprobt hatte. Sie ver=
sagten sich dem zweiten Mann, der ihnen doch ein unentbehrlicher
Beistand war zur Führung der Prozesse, ein Schutz gegen die
Unbotmäßigkeit der Bediensteten, ein Helfer bei der Verwaltung
der Ländereien und bei der Kindererziehung.

Es gab Herrschaften, die in erfreulichem Gegensatze zu der
herrschenden Behandlung der Sklaven bestrebt waren, eine engere
Verbindung der Dienenden mit der Familie herzustellen, sie mit
persönlichem Wohlwollen und als Glieder des Hauses zu behan=
deln.[1]) Ein Muster solcher Handlungsweise stellt uns Hieronymus
in Nebridius vor Augen, einem Neffen der kaiserlichen Gemahlin,
den Theodosius am Hofe mit den beiden Prinzen Honorius und
Arcadius zusammen hatte erziehen lassen, den er auch später im
Freundschaftsvertrauen zu schwierigen Missionen benützte. Hiero=
nymus lobte seine Herablassung und Menschenfreundlichkeit, die er
„mitten im Glanze des Hoflebens und auf dem Gipfel der Ehren"
zeigte. „Als Ausgleichung teilte er seinen Überfluß der Not
Anderer mit" und die Diener und Untergebenen, mit denen er zu
verkehren hatte, wurden von ihm „in solch gütiger und humaner
Weise behandelt, daß sie sich trotz des Rangunterschiedes für gleich=
stehend hielten".[2])

Doch trotz dieser einzelnen Lichtseiten bleibt das soziale Ge=
samtbild jener Zeit ein trübes und unbefriedigendes. Die geschil=
derte, von mönchischen Tendenzen nebenbei stark beeinflußte Be=
wegung war nicht im stande, eine nennenswerte Einwirkung auf
die Ausgleichung der sozialen Gegensätze auszuüben. Die Elite
der höheren Stände blieb doch, was sie einmal war, Leute von
unnahbarer Steifheit und kaltem Stolze, kühl und ablehnend gegen
alles, was unter ihrem Range war. Es war ihnen lieb, wenn
man sie „bei ihren Fasanen und Haselhühnern" nicht störte; „sie
lagen auf hohen und herrlichen Polstern, die man kaum berühren
durfte, und wurden schon ärgerlich, wenn sie nur die Stimme eines
flehenden Armen hörten[3])". In das Leben dieser Leute wollen
wir jetzt einen tieferen Blick thun.

---

[1]) ep. 127 ad Principiam. [2]) An Salvina. Hieronymus ep. 79.
[3]) Chrysostomus u. Gregor v. R. l. c.

2.

Die unserer Betrachtung vorliegende Kulturepoche ist ohne Zweifel die Zeit der höchsten Prachtentfaltung im alten Rom. Aber während in früheren Zeiten der Staat und Hof es vorwiegend waren, die Ausgaben für prächtige Bauten und andere Kunstwerke, Parkanlagen und Museen machten, sehen wir, wie jetzt auch in privaten Kreisen eine sich immer mehr steigernde Luxuskonsumtion Eingang gefunden hat. Die unendlichen Reichtümer, die in einzelnen Händen sich sammelten, gestatteten es dem prunkliebenden Kapitalisten jener Zeit, nach seinem künstlerischen Geschmack und seinen persönlichen Neigungen bei der Einrichtung seiner Haushaltung in unumschränkter Freiheit zu walten. In freudigem, sprudelndem Lebensmut und aus prunkender Eitelkeit umgab man sich mit dem Schönsten und Kostbarsten, was Natur und Kunst hervorbrachte. Alles, das tägliche Hausgerät, selbst „der Küchenlöffel und das Kohlenbecken" mußte dem verwöhnten Auge einen Lichtstrahl aus dem Reiche des Schönen bringen.

Wem es vergönnt war, Rom und andere Stätten des klassischen Bodens zu sehen, der gewinnt ja aus manchen Palastruinen noch einen Eindruck von der Pracht und Verschwendung, mit der der reiche Römer jener Zeit sein Haus baute und einrichtete. „Wo sind die breiten Säulenhallen? Wo das goldene Getäfel der Decken? Wo die durch Straf- und Zwangsarbeit der Unglücklichen und Verurteilten mit Marmor bekleideten Häuser? Wo die, Palästen gleich, aus den Schätzen von Privatpersonen erbauten Basiliken, damit der armselige Menschenleib kostbarer spazieren und — als ob die Welt nicht schön genug sei — lieber die selbst erbauten Decken als den freien Himmel anblicken könne?" heißt es in einem aus der Zeit des Hieronymus stammenden Briefe, wo Rom mit dem stillen Bethlehem verglichen wird [1]).

Hinter dieser äußeren Pracht stand der Prunk des Inneren keineswegs zurück. Kunstvoll geschnitztes Meublement, herrliche Büsten und Statuetten schmücken die mit feinsten Geweben und Teppichen belegten und ausstaffierten Gemächer. Auf den Putztischen prunken in „safranfarbenem Einbande" die Prachtexemplare der römischen und griechischen Litteratur oder die mit Edelsteinen

---

[1]) ep. 46.

geschmückten Evangelienbücher. „Drüben erhebt sich dann, von numidischen Säulen getragen, hoch das Speisegemach und haschet die frostige Sonne[1])". Auf dem großen Tischrund, den glän= zende Füße aus Elfenbein oder Silber stützen, prangt der kost= bare Tafelschmuck, von dessen leuchtendem Glanz die Augen fast geblendet werden. Vasen und Körbe, mit den köstlichsten Blumen gefüllt, schmücken die silberfunkelnde Tafel. Ringsherum stehen elfenbeinerne Tripoden und sammetbedeckte, weichgepolsterte Betten, mit kunstvoll durchbrochener Arbeit verziert. Ein Duft der mannig= faltigsten Narden durchzieht wie mit unsichtbaren Wogen den großen Raum. Im entsprechenden Schmuck erscheinen die Schlaf= gemächer und das verschwenderisch ausgestattete Bad; ein jeder Raum ist mit seinen tausenderlei Kostbarkeiten eine Augenweide für sich.

„So wie Haus und Gerät, so waren die Speisen beschaffen", sagt Juvenal. Gerade in diesem Zweige der Konsumtion sehen wir, wie der Luxus infolge seiner abstumpfenden Gewohnheit und Übersättigung zu einem raffinierten und bedenklichen Genußstreben geführt hat. „Die Erde und die Tiefe des Meeres sowie der un= ermeßliche Luftraum müssen dazu dienen", das verfeinerte Nahrungs= bedürfnis dieser Menschen zu befriedigen. Die besten Muränen kamen aus der sizilischen Meerenge, Aale, Schnecken und Riesen= muscheln holten sie aus dem Mäander, die Austern schätzte man, wenn sie bei Abydus gefunden waren, die zartesten Böckchen lieferte Melos, der Mangoldsaft mußte vom Helikon und sonstige Lecke= reien aus Attika sein. Erstaunlich ist die Mannigfaltigkeit der Gerichte, die der Speisezettel aus einer vornehmen Küche aufwies. Nach einem Eingangsgericht, das aus starkgewürzten Salaten und appetitreizenden Pasteten bestand, wurde der mit einem Frucht= kranze umgebene Wildbraten aufgetragen. Feines Gemüse durfte hierbei nicht fehlen. Dann folgten Wein= und Fischsuppen oder andere delikate Brühen, die durch Beimischung von Mehl und sonstige Zusätze wohlschmeckend gemacht waren. Als Leckerbissen wurden ferner die verschiedensten teuer bezahlten Fische und Krebse aufgetragen, hierauf Geflügelbraten, eingeweicht in Falernischem Weine, z. B. Pfauen, Fasanen, fette Turteltauben, das ionische

---

[1]) Juvenal Satire 7.

Haſelhuhn und andere Vögel, „durch welche auch das reichſte
Vermögen davon fliegt".[1]) Süße Früchte ſchloſſen das Mahl und
allerlei Backwerk und Zuckerkuchen, auf deren geſchmackreiche und
kunſtvolle Zubereitung man viel Zeit und Mühe verwandte.
„Sogar das Brot entmannen ſie durch das Raffinement ihrer
Küchen", ſagt Clemens Aler. angeſichts ſolcher Genußmittel; „dieſe
Menſchen ſcheinen mir aus nichts anderem als aus Backe und
Kinnladen zu beſtehen".

Ebenſo wähleriſch wie bei den Speiſen war man bei der
Auslese der Weinſorten.   Der eine liebte den wohlriechenden
Thaſier und aromatiſchen Lesbier, andere gaben dem Kreter und
ſüßen Syrakuſaner den Vorzug, eines jeden Geſchmack und Lieb-
lingsmarke wurde berückſichtigt.   Auch ſonſt war der Gaſtgeber
bemüht, ſeinen Gäſten „alle Liebenswürdigkeit zu beweiſen und
allen Glanz und Schimmer ſeines Hauſes zur Geltung zu bringen."
Das ganze Heer der Diener und Sklaven war bei einem ſolchen
Feſtmahl aufgeboten.   Hinter jedem Sitz harrte ein Diener,
„ſchöngeſchmückt und geputzt, mit wallendem, mädchenhaftem Haare,
im Geſicht aber recht glatt geſchoren und überhaupt mehr geſchmückt, als lüſternem Auge gut iſt".   Die einen beeilten ſich
mit der Wegnahme der Schüſſeln, damit die Gänge der auser-
leſenen Gerichte ſich ſchneller folgten, die anderen ſtanden bereit,
um „ebenſo zierlich als feſt" Becher mit den äußerſten Finger-
ſpitzen zu halten, wieder andere, um mit aller Geſchicklichkeit über
das Haupt friſche Luft zu fächeln.   Zur Belebung der Stimmung
waren Harfen- und Flötenſpieler thätig, Sänger traten auf, und
„gern ließ man ſich tragen von den fließenden Wellen ihrer Verſe".
Tänzerinnen in farbigen und reizvollen Koſtümen ließen ihre
Künſte ſehen, wenn der Feſtjubel ſeinen Gipfel erreichte[2]).

Der Ton bei ſolchen Feierlichkeiten war ein ſehr freier und
ausgelaſſener.   Beſonders die Begriffe von weiblicher Zucht und
Sitte entſprangen offenbar anderen Vorſtellungen, als man ſie in

---

[1]) Hieronymus ep. 129. 54. Cl. Alexandrinus liber II. u. III. Gregor
v. Nazianz De pauperum amore. Juvenal Sat. I. 140 f. V. 25 f. VI. 425 ꝛc.
Horaz, Satiren Liber II. 2.
    [2]) cf. Juvenal 11. Satire 160 f.

einer eben christlich gewordenen Gesellschaft voraussetzen könnte.
„Da sitzen sie nun" sagt ein damaliger Kirchenvater, „die einen
mit bleichen und farblosen Gesichtern, die anderen glühend und
rot, indem die Ermattung von der letzten Trunkenheit dem neuen
Rausche zu weichen beginnt". Die Frauen benutzten beim Trinken
oft zierliche, mit einer engen Öffnung versehene Alabasterfläschchen,
um nicht Lippen und Mund in unschöner Weise zu weit öffnen
zu müssen, während sie sich nicht scheuten, hierbei den Kopf zurück-
zubiegen und so Hals und Brust dem lüsternen Auge der Männer
mehr als schicklich zu entblößen. Es war nicht selten, daß sich
Frauen am Weine berauschten und, um recht schmuck und witzig
zu erscheinen, zum Rausche noch die Gotteslästerung hinzufügten:
„Fern sei es, mich des Blutes Christi zu enthalten . . .". Besonders geißeln die Schriftsteller das Gebaren der jungen Witwen,
die in diesen Kreisen sich hervorthaten.

Neben diesem raffinierten Genußleben hatte auch der Kleiderluxus eine bedenkliche Grenze erreicht. Die hochentwickelten Ver-
kehrsmittel in der Kaiserzeit, besonders die Verbindung mit dem
Morgenlande, kamen dieser Luxuskonsumtion entgegen, denn sie
ermöglichten das massenhafte Einströmen kostbarer textiler Stoffe
und orientalischer Gewebe. Das Streben nach effektvollem und
auffälligem Kleiderprunk veranlaßte die Anwendung von Borten
und Besätzen, Flechten und kostbaren Stickereien in Gold, Seide
und Perlen, und leicht konnte man jetzt alle diese Erzeugnisse der dekorativen Kleinkunst aus Persien und Arabien beschaffen. Auch im Farbengeschmack war der Einfluß des Orients
zu spüren; die vornehmen Römerinnen bevorzugten leuchtende und
helle Gewänder bei dem Streben, der Schönheit ihrer Erscheinung
eine passende Folie zu geben. Kunst und Natur mußten dieses
Bedürfnis befriedigen. An Purpurfarben standen nicht weniger
als 22 Sorten zur Verfügung. Die Beeren des Ölbaums und
des Lorbeers sowie andere Pflanzen lieferten die Mittel zur Herstellung von gelben, blauen und smaragdgrünen Farbentönen, die
man besonders liebte.

Beim Kleiderschnitt strebte man vor allem nach einer deutlichen Ausprägung des Wuchses der ganzen Gestalt. Die locker-
durchsichtigen und engumspannenden Gewänder waren so gearbeitet,

daß alle Schönheitsreize des ganzen Körpers in deutlich erkenn=
baren Formen hervortraten; ihre Vorderbahn und Seitenteile
bedeckten goldene Schnüre und Stickereien in Blumendessins. In
christlichen Kreisen ließ man auf die Gewänder auch wohl
Darstellungen aus der heiligen Schrift sticken. Die Taille wurde
von einem buntbesetzten Gürtel eng eingeschnürt. Die Brust um=
schloß ein kurzes, enganliegendes Leibchen, das ebenfalls mit
Stickereien verziert und tief ausgeschnitten die Schultern und den
Busen frei ließ. Auf dem Scheitel „türmte sich eine hochauf=
gebaute Puderfrisur", vorn ringelte sich das Haar in zahllosen
kleinen Löckchen über die Stirn herab, vielfach mit Goldstaub
übersät, um dem Gelock die Modefarbe der blonden germanischen
Weiber zu verleihen. Goldspangen legten sich um die bis zur
Achsel entblößten Arme, und auch sonst schimmerte kostbares Ge=
schmeide auf der reichen Gestalt. Man könnte fast ein Schau=
fenster mit dem ausfüllen, was an Schmuckgegenständen aufgezählt
wird: wundervolle Kolliers von leuchtenden Perlen, die aus der
Tiefe des roten Meeres heraufgeholt sind und hier bläulich=weißes,
da rosenfarbiges Licht um sich werfen; schimmernde Ketten und
Nadeln; Ringe, welche die mannigfachsten und teuersten Juwelen
umschließen: grüne Smaragden und Topase, Jaspis, feurige
Donnersteine und Amethysten, „worauf die Frauen wie vernarrt
sind und vor Begierde brennen".

Die Modistinnen jener Zeit verstanden sich auch schon darauf,
Unschönheiten und Mißgestaltungen der Körperformen durch ge=
schickte Bekleidungskünste zu verdecken. Für niedrige und abfallende
Schultern gab es weitabstehende Schulterstücke; kleine Gestalten
ließen durch langwallende Gewänder ihre Gestalt größer erscheinen,
übergroße mußten durch andere Mittel die Symmetrie herzustellen.
Das Schönheitsstreben artete vielfach aus. Den Sohlen der zier=
lichen und buntverzierten Schuhe wurden erotische Embleme ein=
gemeißelt, damit „die Frauen sogar dem keuschen Boden, wenn
sie darüber hinschreiten, ein Stück von ihrem anmutigen und liebe=
schmachtenden Wesen mitteilen". Selbst im Trauerkostüm machte
sich die Koketterie geltend. Man hüllte sich in schwarze Gewänder,
doch nur scheinbare Decenz war's. Der geschlitzte Rock ließ das
Inwendige zu Tage treten, „in Wirklichkeit noch mehr offenbarend

als sonst [1])". „Auch der schwarze und knarrende Stiefel lockt die
Jünglinge an. Der Mantel fällt bisweilen herab, um die weißen
Schultern zu entblößen, und als ob man nicht gesehen werden
wolle, verbirgt man schnell, was man doch absichtlich entblößt
hatte [2])".

Es ist natürlich, daß in dem Haushalte dieser reichen Klassen
die Zahl der Dienstboten eine wichtige Rolle spielte. Forderte
schon die Bequemlichkeit und der gesteigerte Luxus eine große
Schar dienender Leute, so war auch eine zahlreiche Gefolge- und
Dienerschaft das beste Mittel, den Reichtum nach außen zu entfalten.

Der minutiös ausgebildete Komfort des vornehmen römischen
Hauses hatte in der Verwaltung des großen Hauswesens zu einer
Teilung in verschiedene Ressorts geführt, an deren Spitze ein Auf-
seher mit dem entsprechenden Dienstpersonal stand. Die in den
Wirtschaftsräumen beschäftigten Arbeiter und Sklaven standen
unter der Oberaufsicht des Stallmeisters. Diesem lag auch die
Ordnungsführung in den Gesindestuben, sowie die verantwortliche
Bewachung des kostbaren Tafelgeschirrs ob. Im Küchenressort
fungierte der Oberspeisemeister mit seinen Köchen und Sklaven,
die für den Einkauf des Vorrats, für das Anrichten der Speisen
und das Servieren zu sorgen hatten.

Dazu kam die Schar der Zofen und Lakaien, welche die
Treppen, Säulengänge und Vorhöfe füllten. Auf Schritt und
Tritt umgab sich die verwöhnte römische Dame mit Domestiken
jeder Art, vom Morgen, wo schmeichelnde Zofen bei der Toilette
der Herrin unter allerhand Plaudereien und durch die Mitteilung
des neusten Stadtklatsches die Zeit vertrieben, bis zum Abend,
wenn sie sich von der beengenden Gesellschaftstoilette befreien ließ.
Bei der Visite und den Promenaden mußten ganze Scharen von
Eunuchen den Sänftenträgern, zu denen man mit Vorliebe schön-
gewachsene Männer aus der gallischen Provinz wählte, voran-
schreiten. Im Bade waren diensteifrige Sklaven damit beschäftigt,
den Leib der Herrin zu waschen, zu massieren und mit wohlriechenden Salben einzureiben.

---

[1]) Über den Kleiderputz s. Chrysostomus Catechesis II. Hieronymus
Briefsamml. ep. 122. 107 u. v. a. Clemens Alex. Paed. lib. II. u. III. bes. Kap. 3.
[2]) Hieronymus ep. 117.

Schwachen Herrschaften fiel oft die Wahrung der nötigen Disziplin unter dieser Menge von Bediensteten nicht leicht. Wir begegnen häufigen Klagen über das anspruchsvolle Wesen der Dienerschaft und ihren wachsenden Trieb nach größerer Selbständigkeit. „Jedenfalls sind die Diener ein stets klagendes, unzufriedenes Volk", heißt es in einem Briefe aus jener Zeit, „und, wie viel man ihnen auch gewährt, so ist's doch immer zu wenig. Es ist zum Lachen oder eigentlich zum Weinen; die Magd geht beim öffentlichen Auftreten der Herrin gepußter einher als diese, sodaß die Schlichtheit der Kleidung bald das Zeichen werden wird, die Herrin von der Dienerin zu unterscheiden". Nicht selten kam es vor, daß Damen den Unterschied vergaßen, der sie gesellschaftlich von ihren Dienstboten trennte; sie besuchten die Hochzeiten der Sklaven und mischten sich unter die Spiele des lärmenden Hausgesindes, mit ihnen in ausgelassenster Weise scherzend. Waren sie dann wieder gezwungen, als Frauen von feineren Formen und besserer gesellschaftlicher Kultur den Untergebenen gegenüber aufzutreten, so kostete es Mühe, diesen Ton des Verkehrs bei den Dienern durchzusetzen. Am schlimmsten war die Lage für die Witwen und allein stehenden Frauen. Sie waren gezwungen, sich einen Sachverwalter zu halten. Aber auch diese Stellung war nicht beneidenswert, weil die eifersüchtige Dienerschar diesen Vorgesetzten mit Beschuldigungen und Verdächtigungen aller Art unausgesetzt verfolgte. Oft bekleideten Kleriker in vornehmen Häusern dieses Amt. Hieronymus spricht in einem Briefe an eine Freundin über einen solchen Hausverwalter: „Die Diener halten ihn für einen Schmeichler, die einen nennen ihn einen Betrüger, die anderen einen Erbschleicher, und wieder andere haben eine neue Bezeichnung. Sie streuen großsprecherisch aus, daß er an deinem Bette sitze, bei deiner Krankheit die Hebamme hole, das Nachtgeschirr herbeitrage, die Wäsche warm mache und die Binden falte. Die Leute glauben viel leichter das Böse, und was im Hause erdacht wird, kommt als Gerücht ins Publikum". [1]

Thun wir nun, nachdem wir die Haushaltung der damaligen Gesellschaft kennen gelernt haben, einen Blick in das Familienleben

---

[1] Hieronymus ep. 117. 130. 79. 107. Cf. Clemens Alex. Paedagogus liber III.

jener Zeit, indem wir zunächst ein Bild von der Ehe der gebildeten
Klassen geben und zusehen, unter welchen Voraussetzungen die
Mehrzahl der Ehen geschlossen wurde, und welche Folgen dies für
das Verhältnis zwischen Mann und Frau in der Ehe hatte.

Was die Heiratsfrequenz betrifft, so können wir statistisch
festgestellte Daten nicht geben, aber die mannigfachsten Symptome
weisen darauf hin, daß Ehelosigkeit und späte Heiraten immer
häufiger wurden. Der Grund dafür liegt in der sinkenden Mora-
lität des Volkes. Wir finden fast bei allen Schriftstellern die
schlimmsten Klagen über das Überhandnehmen der Prostitution,
vor allem auch über das zunehmende Laster der widernatürlichen
Unzucht. Es werden die kleinen Knaben bedauert, „die für die
künftig zu leidende Schmach geschmückt werden". An den Bogen-
gängen standen sie, „Knaben und Jünglinge, gleich den öffentlichen
Weibern, und schämten sich nicht, ihre Natur verleugnend, sich
feilzubieten". Die Furcht vor reichem Kindersegen trieb zu den
bedenklichsten Mitteln, und man stieß bei sehr achtungswerten
Frauen auf Anschauungen, deren Unsittlichkeit nur darum kaum
noch zum Bewußtsein kam, weil sie allgemein üblich geworden
waren[1]). Doch wir wollen uns auf solche Sittenschilderung nicht
weiter einlassen. Bemerkt werden muß nur noch, wie solche Anschauungen auch auf das sittliche Empfinden in den christlichen
Kreisen einwirkten. Die Wertschätzung der Ehe hatte hier bereits
eine starke Schädigung erlitten durch die unermüdliche Agitation
derer, die dem Ideal einer jungfräulichen Lebensweise huldigten
und nicht ruhten, diese ursprünglich auf dem Boden des orientalischen Mönchtums heimischen Grundsätze auch im Abendlande zu
verbreiten[2]). Ganze Bücher sind damals geschrieben, worin die
Jungfrauschaft empfohlen wird, während man die Ehe durch düstere
Ausmalung der aus ihr erwachsenden Sorgen und Beschwerden
perhorresziert. Allen voran that es hierin Hieronymus. In
seinem Eifer für die Sache der „ewigen Jungfrauschaft" kommt
er zu den absurdesten Behauptungen. Seiner Freundin Eustochium
z. B. schreibt er, um ihr den Vorzug der Virginität vor der Ehe
darzulegen: „Ich billige die Heiraten, ich lobe den ehelichen

---

[1]) Hieronymus ep. 22 Ad Eustachium.
[2]) Vgl. Mauersberg, Anfänge der asketischen Bewegung.

Stand, aber nur, weil er mir Jungfrauen erzeugt; ich sammle die
Rose von den Dornen, Gold aus der Erde, die Perle aus der
Muschel. Mutter, was blickst du scheel auf deine Tochter? Mit
deiner Milch hast du sie gesäugt, mit deiner liebevollen Sorgfalt
sie erzogen, an deinem Busen ist sie groß gewachsen. Du hast
sie mit sorgsamer Liebe in der Jungfrauschaft bewahrt. Bist du
nun unwillig, daß sie nicht die Gattin eines untergeordneten Sol=
daten, sondern des Königs selber werden will? Sie hat Dir eine
große Wohlthat erwiesen, du bist die Schwiegermutter Gottes
geworden ¹)". In einem anderen Briefe warnt er eine ihm be=
freundete Patrizierin vor der zweiten Ehe: „Es wird dir nicht
erlaubt werden, die Kinder, die du geboren hast, zu lieben, und
mit gleichen Augen anzusehen. Dein zweiter Mann wird den
gestorbenen Gatten scheel anblicken, und wenn du deine Kinder
nicht haffest, so wirst du ihren Vater noch zu lieben scheinen".
Sie solle sich doch nicht nach der von Komödiendichtern und
Rhetoren genugsam gekennzeichneten Rolle „der grausamen Stief=
mutter" sehnen. „Wenn dein Stiefsohn krank ist und der Kopf
thut ihm weh, so wirst du als die Giftmischerin verschrieen. Wenn
du ihm keine Speise reichst, bist du grausam; wenn du sie giebst,
heißt es, du habest sie schlecht zubereitet u. s. w." ²). Dies nur
zwei kleine Proben aus der Menge der asketischen Schreiben, den
„fasces litterarum", die Hieronymus aus seiner Eremitage in
Bethlehem in alle Lande, besonders in die frommen Kreise des
alten römischen Adels, sandte. Der Erfolg dieser Thätigkeit blieb
nicht aus. Aber wir sehen auch hier die sonst zu beobachtende
Erscheinung, daß der dem Menschen unausrottbar eingewurzelte
Naturtrieb, wo er durch eine ungünstige Verschiebung der sozialen
Zustände oder durch andere Gründe daran gehindert wird, in den
geschichtlich geworbenen Formen und sittlich gesunden Ordnungen
sich auszuwirken, an anderen Stellen zum Durchbruch kommt, und,
weil er dann meistens in versteckter und heimlicher Weise seine
Befriedigung sucht, eine um so häßlichere und gefährlichere Form
annimmt. Am abstoßendsten tritt uns diese sittliche Korruption
da entgegen, wo sie sich mit dem Schein der Frömmigkeit
und Heiligkeit deckt. „Agapeten" nannte man diese Personen

---

¹) Hieronymus ep. 22.　²) Ad Furiam ep. 54.

männlichen und weiblichen Geschlechtes, die unter dem Vorwande,
sich gegenseitig in der „Enthaltsamkeitsübung" zu unterstützen,
zusammenkamen und unter einem Dache lebten. Meistens waren
es Frauenspersonen von schon reiferem Alter, die aus Leidenschaft
für junge Männer nach „geistlichen Söhnen" angelten, allmählich
aber die Scham ablegten und wie Ehefrauen mit ihren Schutz=
befohlenen verkehrten. Junge Mädchen verließen oft die Eltern
und wohnten im Hause eines Klerikers, „indem sie sich äußerlich
stellten, als ob sie demselben Beruf zur Enthaltsamkeit zugethan
seien". Wir haben einen Brief des Hieronymus, in dem er auf
Bitten des Bruders die Schwester von diesem Leben abzubringen
sucht. Das junge Mädchen hat das Verlassen des elterlichen
Hauses mit der Behauptung motiviert, daß das eitle und zänkische
Wesen der Mutter ihr ein Zusammensein mit ihr unmöglich
mache, und dem Hieronymus noch Vorwürfe darüber gemacht, daß
er ihr jetziges Leben beargwöhne, da sie „fern ab unter Brüdern
wohne, ehrbar vor Zeugen die Zeltgenossenschaft mit ihnen pflege
und selten jemand sehe noch von jemand gesehen werde". Bei
der großen Verbreitung und der allgemeinen Beliebtheit, deren
sich dieses Institut erfreute, scheint das Gefühl für das Unsittliche
und Anstößige desselben sich ziemlich verloren zu haben. Hierony=
mus unterläßt deshalb in dem oben erwähnten Schreiben auch
den fruchtlosen Versuch, an das sittliche Gewissen der Tochter zu
appellieren, er erinnert sie nur an die vereinsamte und trauernde
Mutter und fährt dann fort: „Wie also? Ist's ein Verbrechen,
mit einem heiligen Manne zusammen zu wohnen? Mit Gewalt
forderst du mich heraus, um entweder etwas gut zu heißen, was
ich doch nicht gut heißen mag, oder mich dem Hasse der Menge
auszusetzen". In einem anderen Brief heißt es: „In demselben
Hause, in einem und demselben Zimmer, oft in demselben Bette
werden sie gehalten, und man nennt uns argwöhnisch, wenn wir
dabei nichts Gutes denken".

Worin liegen nun die Gründe dieser für die Volkswohlfahrt
und die Volkskraft verhängnisvollen Thatsachen? Sie liegen ein=
mal in den oben angeführten wirtschaftlichen Mißverhältnissen,
die für den Mann den Zeitpunkt, bis seine Einnahme und öko=
nomische Lage groß und gesichert genug war, um ihm den Luxus

des Ehelebens zu gestatten, auf eine sehr weite Altersgrenze hinaus-
rückten. Sie hängen zum anderen aufs engste mit den Faktoren
zusammen, welche für den normalen Staub der Ehen und des
Familienlebens eines Volkes bedingend sind, mit der Frage nach
dem Bildungsgrade und den praktischen Eigenschaften derjenigen,
die zur Eheschließung schreiten. Wie steht es in diesem Punkte
mit den Angehörigen der oberen Stände jener Zeit?

Die Erziehung und geistige Ausbildung der jungen Männerwelt war sicher im allgemeinen eine sorgfältige und universale.
Es galt als das Ideal, daß „die durch ihre äußeren Verhältnisse
und ihre Begabung zu den höchsten Lebensstellungen berufenen
Männer sich in jeder Wissenschaft und Kunst bis an deren Grenzen
unterrichteten", und so wurde durchschnittlich in der Jugend stark
gearbeitet. Nach den Jahren des häuslichen Unterrichtes besuchte
der junge Römer eine öffentliche Schule, und dann gingen viele
Jünglinge zur Vollendung ihrer Studien noch ins Ausland, besonders gern nach Gallien, wo damals die Wissenschaften in Blüte
standen. Es war häufig der Fall, daß befreundete Studiengenossen
sich auf diesen Reisen zusammenschlossen und in der Fremde gemeinsam lebten, wie z. B. Hieronymus und Heliodor, die an den
„unwirtlichen Ufern" des Rheins dasselbe Zimmer und ihr Brot
miteinander teilten[2]).

Wir können die Beobachtung machen, daß diese Studien mit
einem Ernste betrieben wurden, der nicht bloß eine äußere Aneignung des Wissensstoffes, sondern eine tiefgehende und dauernde
Erwerbung der Kenntnisse ermöglichte. Was Asien, Griechenland
und Rom auf den verschiedenen Wissensgebieten, besonders in der
Dichtkunst, hervorgebracht hatten, war den gebildeten Jünglingen
jener Zeit bekannt, teils hinreichend, um ihnen jederzeit eine
rasche Orientierung zu ermöglichen, teils so genau, daß sie im
stande waren, augenblicklich Rechenschaft darüber abzulegen, wie
uns ein Brief zeigt, in dem Hieronymus seinen Freund Heliodor
über den Verlust eines Neffen tröstete. Er weist den Trauernden
auf die Trostgründe der heidnischen Philosophen hin, deren „Studium sie von Jugend auf betrieben haben", und ist überzeugt,
daß sein Coätan die Lehren der Rhetorik noch fest genug im Ge-

---

[2]) ep. 67. 120b.

dächtnis habe, um die nötige Wirkung aus ihnen zu erfahren.
Und auch sonst können wir sehen, wie den damaligen Gebildeten
die meisten lateinischen und griechischen Schriftsteller zu stetigen,
schlagfertigen Zitaten zu Gebote standen.

Wie schwer wurde es endlich dem Hieronymus, als ihm in
der Einsamkeit das Gewissen wegen seiner Leidenschaft für die
heidnische Litteratur aufwachte, sich von der in Rom unter vielen
Entbehrungen erworbenen Bibliothek loszumachen: „Ich Elender
fastete, während ich den Tullius las. Nach vielen Nachtwachen,
nach vielen Thränen, welche mir die Erinnerung an die früheren
Sünden aus der tiefsten Tiefe meines Herzens auspreßte, nahm ich
den Paulus zur Hand. Wenn ich dann, zuweilen in mich selbst
einkehrend, die Propheten zu lesen begann, so stieß mich die un=
gebildete Sprache ab . . .“ Er verfiel in ein lebensgefährliches
Fieber, dessen Phantasien ihn vor den göttlichen Richterstuhl ver=
setzten. Hier nach seinem Stande gefragt, antwortete er: „Ich
bin ein Christ“, worauf der Vorsitzende erwiderte: „Da lügst, ein
Ciceronianer bist du, und kein Christ, denn wo dein Schatz ist,
dort ist auch dein Herz.“[1]) Nach dieser Krankheit enthielt sich
Hieronymus, durch ein Gelübde gebunden, gänzlich der Beschäfti=
gung mit den profanen Schriftstellern.

Auch bei dem weiblichen Geschlecht wurde der goldene Morgen
der Kindheit mit aller Sorgfalt bewacht. Ammen und Warte=
frauen, Dienerinnen und Gespielinnen waren mit ihrer Pflege und
Unterhaltung beschäftigt. Die Wünsche und Sorgen der Mutter,
der das kleine Mädchen am Halse hängt und Küsse raubt, die
Zärtlichkeiten und Liebkosungen der ganzen Verwandtschaft, die
von ihm entzückt ist und eingesteht, „daß eine Rose aus ihm ent=
sprossen sei“, die Schlaflieder und Märchen der Ammen und Dienst=
frauen, ihre alberne Art, die Kindersprache nachzuahmen und halbe
Wörter auszusprechen, das Zuckerwerk und die Spielpuppen —
alles das hatten die Kinderstuben jener Zeit mit manchen in
unseren Tagen gemein. Wenn in einem Briefe von der Ent=
wickelung einer jungen Tochter erzählt wird, wie sie schon in die
Arme des Großvaters laufen kann, wie sie „im Schoße der Mutter
mit schwatzhafter Zunge stammelt und plaudert und mit zarter

---

[1]) Hieronymus epistol. Ad Eustochium.

Hand auf die darüber lächelnde Mutter losschlägt,[1]) so erinnert diese Wichtigkeit, mit der die ersten Selbständigkeitsregungen und Charakteräußerungen des Sprößlings beobachtet und als bemerkenswertes Ereignis mitgeteilt werden, an den Elternstolz, wie er auch heute zu finden ist.

Wenn die junge Römerin der Obhut und Pflege der Amme und Wartefrau entwachsen war, und die Jahre des Lernens kamen, wurde ihr außer der sie stets umgebenden Erzieherin eine Lehrmeisterin oder ein Hauslehrer beigegeben. Bei ihrem ersten Unterrichte wurden ihr Buchstaben aus Buchsbaumholz oder Elfenbein in die Hand gelegt und die dazu gehörigen Namen vorgesagt. Damit mochte sie spielen, „damit ihr Spiel für sie zur Lehre werde". Dann wurden die Buchstaben der Reihenfolge nach gelernt und ihre Namen wie ein Lied aufgesagt, wobei die Ordnung selbst oftmals geändert wurde, und „bald die mittleren mit den letzten, bald die ersten mit den mittlern vertauscht wurden, damit sie dieselben nicht bloß dem Tone nach aussprechen, sondern auch durch die Anschauung unterscheiden lerne". Nach der Erlernung des ABC folgte die Zusammensetzung von Silben, die Aussprache von Wörtern und die Verbindung derselben zu Sätzen. Beim ersten Schreibunterricht führte der Lehrer die kleine zitternde Hand auf der Wachstafel, oder man grub die Buchstaben auf das Wachstäfelchen ein, „damit das Kind die Schriftzüge in denselben Furchen, durch deren Ränder eingeschlossen, nachmache und nicht aus der vorgezeichneten Form sich verirren könne".

Zur Anspannung des Lerneifers empfiehlt Hieronymus, dem Mädchen Mitschülerinnen beizugeben: Lob, süße Belohnungen und sonstige kleine Geschenke erscheinen ihm als gute pädagogische Mittel. Nach der Arbeit soll sich das Kind erholen und im Spielen belustigen. Vor allem muß man es verhindern, daß es gegen das Lernen einen Widerwillen fasse, damit nicht die in der Jugend entstandene Verbitterung über die unverständigen Kinderjahre hinaus sich fortpflanze.

Weiter bringt Hieronymus auf die vorsichtige Wahl eines tüchtigen und zuverlässigen Lehrers. „Man muß auch einen Lehrer aussuchen von bewährtem Alter, Lebenswandel und Gelehrsamkeit

---

[1]) Hieronymus epistol. 128.

und ich glaube nicht, daß ein gelehrter Mann bei einer Verwandten
oder einer vornehmen Jungfrau zu übernehmen sich schämen werde,
was Aristoteles sogar beim Sohne des Philippus that, daß er ihn
trotz der Geringschätzung der Schreiblehrer in den Anfangsgründen
der Wissenschaften unterrichtete.

Selbst die Aussprache der Buchstaben und der erste Unter-
richt der Lehrer klingt anders aus dem Munde eines ungelehrten
Lehrers . . . Gar sehr schwer wird ausgerottet, was noch zarte
Gemüter schon in sich aufgenommen haben. Wer könnte wohl in
Purpur gefärbten Wollstoffen die ehemalige Farbe wiedergeben?
Ein neues Gefäß behält lange den Geschmack und Geruch von
dem bei, womit es zuerst angefüllt worden ist. Die griechische
Geschichte erzählt, Alexander, der mächtige König und Bezwinger
des Erdkreises, habe sowohl im Benehmen als auch im Gange
von den Fehlern seines Lehrers Leonidas niemals sich ganz frei
machen können."

Großer Wert wurde auch schon auf frühzeitige Anleitung zu weiblichen Handfertigkeiten gelegt. Das junge Mädchen sollte schon bald
lernen „Wolle krämpeln, den Rocken halten, das Wollkörbchen sich auf
den Schoß setzen, den Faden mit dem Daumen ausziehen u. s. w." ')

Wir finden weiter auch bei vielen jungen Damen der römischen
Aristokratie ein großes Sprachtalent.

Was Hieronymus von der Blaesilla rühmt: „Wenn man sie
griechisch sprechen hört, wird sie keiner für eine Lateinerin halten;
wenn sie sich aber zur römischen Sprache wendet, so hat ihre
Ausdrucksweise auch nicht den geringsten fremden Beigeschmack,"
trifft auf viele andere Zeitgenossinnen zu. Auch die Schwierigkeiten der hebräischen Sprache scheute sie nicht. Selbst für die
Beschäftigung mit den realen Wissenschaften, besonders für geographische Studien, zeigten manche Neigung und Interesse. Wir
hören von römischen Damen, die emsig über der Arbeit saßen, um
auf einem Täfelchen die Lage der Länder abzuzeichnen.

') An Gaudentius „Über die Erziehung seines Töchterchens Pakatula"
ep. 128 und an Laeta „Über die Erziehung der Tochter" ep. 107. Interessant
ist die Vergleichung obiger pädagogischer Grundsätze und Anweisungen mit
den Ausführungen des M. Fabius Quintilianus in den libr. institutionis
oratoriae c. I u. II.

Doch leider wurden die Keime, die in der Jugend durch eine sorgfältige Erziehung gelegt waren, in den späteren Jahren infolge des flachen Gesellschaftstreibens schon bald wieder vernichtet, sodaß es bei den Wenigsten zu einer wirklichen Durchbildung kam. Es ist die alte Geschichte, daß das Vielgelernthaben nicht mit Bildung gleichzusetzen ist, und daß ein mit Kenntnissen aller Art vollgepfropfter Mensch sehr ungebildet sein kann. Schon Juvenal bespöttelt und geißelt die höchst oberflächliche Talmibildung der Frauen seiner Zeit: „Noch lästiger ist, die, wenn sie zu Tisch sich gesetzt hat, fängt von Vergilius an und Didos Sterben verteidigt, zieht Parallelen und stellt Vergleichungen an mit den Dichtern, teget Vergil in die eine, Homer in die andere Schale. Da kommt nie ein Grammatiker auf noch Rhetor, der ganze Tisch schweigt stille, zum Wort kommt nicht daneben ein Herold . . . Ich hasse die Frau, welche die Kunst des Palämon gelernt und im Kopfe hat, die im Sprechen genau an die Regeln der Schule sich bindet, die aus den Alten citiert mir selber entgangene Verse, die an der Döterin rügt Ausdrücke, worüber sich Männer nicht aufhalten. Dem Mann muß Schnitzer zu machen erlaubt sein." [1]

Vor allem fehlt es den damaligen Frauen an den praktischen Eigenschaften, an Natürlichkeit und häuslicher Tugend. Die blasierte und vergnügungsdurstige Atmosphäre, in der die jungen Mädchen aufwuchsen, ließ den geistigen Bildungsdrang bald vollständig erlahmen, und, da sie kein Feld für genügende praktische Bethätigung fanden, brachten sie ihr Leben in der oberflächlichsten Weise zu. Wenn heute über den Mangel an gesunder Beschäftigung und gesunden Liebhabereien unserer weiblichen Jugend geklagt wird, die ihre Zeit mit Spielereien, wie Klavierspiel, mit allerhand Dilettantenkünsten und Romanlesen hinbringt, so finden wir unter veränderten Umständen denselben Grund zu solchen Klagen schon in jener alten Zeit. Der Kirchenvater Clemens Alexandrinus spricht mit scharfem Tadel von den „feinen und verwöhnten Damen", die indische Vögel und persische Pfauen aufziehen und den ganzen Tag nichts Besseres zu thun wissen, als bei diesen spitzköpfigen Tieren zu liegen und mit ihnen wie ausgelassene Kinder zu tändeln und zu spielen.

---

[1] Juvenal 6. Satire. 435 f.

„Das kleine, maltesische Hündchen, das sie mit schwerem Gelbe
aufwiegen, gilt ihnen mehr als der hülfsbedürftige Greis. Das
verwaiste Kind weisen sie von der Schwelle, während sie Papageien
und niedlichen Regenpfeifern Einlaß gewähren. Ihre Söhne setzen
sie aus und junge Hühner nehmen sie ins Haus, das vernunftlose
Geschöpf dem vernunftbegabten Wesen vorziehend". Alles andere
besaßen diese Damen der damaligen Aristokratie, nur nicht die
Bereitwilligkeit und Fähigkeit, in eine Ehe zu treten, die ernste
Berufspflichten und pünktliche Arbeitsleistung erforderte. „Ergo
quod ad domum servandam attinet, ignavae fiunt. ut, quae
sedeant veluti depictae, ad spectaculum, non natae ad domus
custodiam . . . Anstatt sich um den Gatten und die Kinder zu
kümmern und das Haus zu behüten, haben sie nur Interesse für
das Geldbeutelchen ihres Gebieters und verwenden die ihnen aus=
gesetzten Summen lediglich zur Befriedigung ihrer eitlen Gelüste,
daß sie schön erscheinen auch dort, wo sie es nicht nötig hätten . . .
Selbst am Sport und Spiel der Männer beteiligen sie sich."

Es dürfte lohnend sein, in Kürze noch bei den Bildern jener
Frauen zu verweilen, die Hieronymus uns in seinen Briefen ge=
zeichnet hat. Denn dieser geistreiche und gewandte Kleriker hatte
Zutritt zu den höchsten Häusern der Aristokratie und deshalb reiche
Gelegenheit, das Wesen und Wirken, das Leben und Treiben der
vornehmen Römerin aus dem Grunde kennen zu lernen. Und
seine Charakterschilderungen und Lebensbilder sind wahr und echt,
wenn wir abziehen, was auf Rechnung der rhetorischen Effekt=
hascherei und des asketischen Eifers kommt.

Der Sinn für äußerliches, oberflächliches Wesen und für eitle
Schmuckliebe wurde den jüngern Gemütern schon früh durch das
„Verziehen" seitens der Mutter und durch die Leichtlebigkeit der
Umgebung eingepflanzt. Den kleinen Mädchen wurden die Ohren
durchstochen und das Gesicht mit Karmin und Bleiweiß geschminkt,
der Hals wurde mit goldenen Ketten und Perlenschnüren beschwert,
der Kopfputz mit Edelsteinen versehen und das Haar mit allerlei
Tinkturen künstlich gefärbt.

Und welch höheren Zweck verfolgte man mit der teueren und
ausgesuchten Erziehung, die man der jungen Tochter gab? Schon
in sehr jugendlichem Alter spielte sie mit ihrer frühreifen Geist=

reichigkeit und „Gelehrsamkeit" das Paradepferdchen im elterlichen
Salon. Die jungen Mädchen — in einem Alter, wo sie anfangen
zu erröten, zu verstehen, was sie verschweigen sollen, und sich Be=
denken zu machen, was sie sagen sollen, — muß Hieronymus
schon warnen vor den zärtlichen Liebesliedern der jungen Laffen
„mit Lockenköpfen und gekräuselten, nach ausländischen Bisampelzen
duftenden Frisuren;" durch Schmeicheleien, Freundlichkeit und
Douceurs, den Wärterinnen in die Hand gedrückt, wissen sie sich
Zugang zu ihren Dulcineen zu verschaffen. Der Hauptteil des
Tages wird hingebracht mit Liebesintriguen und leerer Causerie,
mit Besuchemachen und =empfangen. Die sauerste Arbeit, die sie
kennen, sind die Mühen der Toilette. Es ist ein förmliches Heer
von Bediensteten, das zu diesem Hauptereignis des Tages auf=
geboten wird. Eine Schar von Sklavinnen ist mit Karmesin und
Bleiweiß, Goldcreme, Myrrhentinktur und anderen Schminken be=
schäftigt, das Gesicht und·die Augen zu bemalen und durch Aus=
glättung der etwa vorhandenen Runzeln die längst verblühte
Jugend wieder aufzufrischen. Es gehörte für die Kammerzofen,
die das Retouchieren und Schminken zu besorgen hatten, große
Geschicklichkeit und Umsicht dazu, in den unzähligen Toiletten=
artikeln und Schönheitsmitteln zurecht zu finden, und bei „manchem
unglücklichen Mädchen" zeugten nachher die zerzausten Haare und
die entblößten Schultern von den Wirkungen, die ein erregtes
Mißfallen der launigen und unzufriedenen Gebieterin hervorrufen
konnten. Es gab Frauen, die vom frühen Morgen an damit be=
schäftigt waren, die Gesichtshaut mit den verschiedensten Reiz=
mitteln und giftigen Mischungen zu bearbeiten; am Abend erst
kam dann diese „pulchritudo adulterina" wie aus einer Höhle
ans Tageslicht mit einem Gesicht, das „durch allzu blendende
Weiße entstellt einer Gipsfigur oder einem Götzenbilde ähnelte",
und „wenn ihr zufällig gegen ihre Erwartung eine Thräne ent=
wischte, grub sie eine Furche".[1]

Eine andere Gruppe von Dienerinnen besorgt das Geschäft
des Frisierens. „Der Kopfputz wird mit falschen Haaren auf=
getakelt und der Scheitel, der doch nichts verbrochen, in gekräuselte

---

[1] Ep. 38 Ad Marcellam c. 3 (cf. Thierry l. c.: l'art d'être belle
au IV. siècle consistait principalement à rendre la nature méconnaissable).

Mützchen eingezwängt." Mit einem Ernste, als handle es sich
„um die angetastete Ehre oder das gefährdete Leben", ist sie in das
Putzgeschäft vertieft, indem sie sich „Locken auf Locken ladet und
ein Stockwerk über das andere sich auf dem Kopfe aufbaut;" „der
Andromache gleicht sie von vorn; sieh' sie von hinten, sie ist viel
kleiner, du kennst sie kaum mehr . . ."

Wieder andere stehen bereit mit den golddurchwirkten Kleidern,
mit dem edelsteinbesetzten Gürtel und dem goldverbrämten Schuh=
werk. Goldene Geschmeide, glänzende Ohrringe mit den kostbarsten
Perlen vom roten Meere u. s. w. vervollständigen die Ausrüstung.
Der Spiegel darf nicht müde werden, immer wieder zu vergewissern,
daß auch nichts mehr fehle. Nun ist die Stunde der Visiten
herangekommen. Es sind „ganze Schwärme von Visitenmachern,
welche die Thüren ausspeien". Ihnen geht voran ein ganzer Zug
von Verschnittenen, die Wangen sind geschminkt, die wohlgenährte
Haut strotzt . . . Das Haus ist voll von Schmeichlern, voll
Gecken, Frauen, welche wegen der Ehren und Würden ihrer
Männer sich aufblähen, um welche Haufen von Eunuchen gleichsam
einen Wall bilden. Man schaut sich an, bewundert sich, und die
glänzende Toilette einer beneideten Schönheit wird zum Gegen=
stand der geistreichen Unterhaltung gemacht. Selbst Geistliche
küssen die Häupter der Matronen und nehmen mit ausgestreckter
Hand, als ob sie, wenn man's nicht besser wüßte, den Segen er=
teilen wollten, den Lohn für ihre Aufwartung in Empfang.[1]) Be=
sonders geißelt unser Schriftsteller das Gebaren der jungen
Witwen, die in diesem Zirkel glänzen. „Sie sehen Priester ihres
Schutzes bedürftig, werden gar gewaltig übermütig und ziehen,
weil sie früher die Tyrannei ihres Eheherrn erfahren haben, das
freie Leben des Witwenstandes vor, heißen Enthaltsame und
Nonnen und träumen nach einer verdächtigen Mahlzeit von ihren
Aposteln."[2])

Es fehlte allerdings nicht an Einzelnen, die an diesem ober=
flächlichen und überspannten Gesellschaftstreiben Anstoß nahmen,
wie es aus dem einen und andern Briefe des Hieronymus hervor=
geht: „Ich schäme mich, von den vielen Visiten zu reden, indem

---

[1]) Ep. 66 ad Pammachium.
[2]) Ep. 38 ad Marcellam.

wir entweder selbst zu Andern gehen, oder wir die Andern bei uns
erwarten, die uns besuchen wollen. Da geht es dann ans Ge-
plauder, ans Geklatsch: die Abwesenden werden durchgehechelt, das
Leben der Nebenmenschen wird geschildert, und, indem wir einander beißen, zehren wir uns gegenseitig auf. Unter solchen Ge-
sprächen vergeht das Mahl. Wenn uns aber die Freunde verlassen haben, dann sehen wir die Rechnungen nach. Da bringt
uns bald der Zorn in Wut wie einen Löwen, bald beschäftigen
wir uns im voraus ganz überflüssiger Weise mit einer Sorge,
die auf viele Jahre hinauszielt . . . Wird ein Verlust uns gemeldet, wie es in der Wirtschaft so vorkommt, da hängt das
Gesicht trübselig zur Erde nieder. Über einen Kreuzer
Gewinst freuen wir uns, über einen Obol Verlust betrüben
wir uns." [1])

Mit einem feinen, psychologischen Scharfblick zeichnet uns
Hieronymus das Gemütsleben dieser Frauen, denen nichts fehlt
als das eine: "der Ernst einer wirklichen, das Leben ausfüllenden
sittlichen Aufgabe". Sie haben nie gelernt, was das Leben wert
ist und was es erst lebenswert macht. Das Wichtigste im Leben
ist ihnen die Sicherstellung der Verhältnisse, in denen sie verwöhnt
sind, die größte Gefahr, die sie kennen, ist die Möglichkeit des
Verlustes einer Lebenshaltung, die äußerlich hineingetaucht ist in
allen Glanz und Schimmer des Reichtums. Hieronymus erkennt
die ursprünglichen Fähigkeiten und Talente dieser Frauen, die
glänzenden Vorzüge, die in ihnen schlummern, an. Aber eine
verkehrte Erziehung, die vertändelten und verträumten Mädchen-
jahre, der völlige Mangel einer sittlichen Lebensaufgabe haben die
Kräfte und Anlagen gelähmt und brach gelegt. Daher die ziellose
Zersplitterung und all' die seltsamen Widersprüche in ihrem Wesen.
Wie in den Theatervorstellungen ein und derselbe Schauspieler in
den verschiedenartigsten Rollen und Kostümen erscheint, "bald als
strammer Mann einen Herkules spielt, bald als ein Weichling ganz
verliebt thut, bald als ein Cybelepriester zappelt, so spielen und
wechseln sie ihre Gestalten," so haschen und flattern sie von einem
Thun zum andern.

<hr />

[1]) Ad Marcellam ep. 43; Paula et Eustochium ad Marcellam,
Vallarsi ep. 46.

Es hat den Anschein, als ob diese Frauen „nur zu etwas
auf der Welt Anlage haben — sich tot zu langweilen". Das Haus
wird ihnen zu enge. Sie verlangen nach öffentlicher Pracht=
entfaltung und brauchen eine schaulustige Umgebung im Theater,
im Tempel und auf den Promenaden als einzige Unterbrechung
der innerlichen Öde, in welcher sie leben.

Einen Hauptanziehungspunkt für die vornehme Welt bildete
das Theater, das aber von dem hohen Niveau in der Kaiserzeit längst
herabgestiegen war. Wenn die Schauvorstellungen, sagt Clemens
Alexandrinus, dem Volke ein edles Bildungs= und Erholungs=
mittel sein sollen, so wird bei uns trotz der Summen, die die
Regierung für die Theater aussetzt, der Zweck ohne Zweifel ver=
fehlt. Die Kunstanstalt früherer Zeiten war zu einem „Kon=
versationshause" geworden, zu einem Versammlungsorte und
einem Vergnügungsplatze für die vornehme Welt; es war hier
auch die Stätte, wo die hohe Aristokratie einmal mit dem Volke
in Berührung kam und Gelegenheit fand, sich populär zu machen.
Die Zeiten waren vorüber, wo die Schauspieler als echte Künstler
geachtet wurden, wo Cäsaren ihnen die Söhne zur Ausbildung
anvertrauten oder selbst zu ihnen kamen, um sich von ihnen Mienen
und Gesten für wichtige Staatsaktionen einstudieren zu lassen. Es
war der allgemeine Verfall und Niedergang des Kulturlebens, in
den die Kunst, und vor allem die Schauspielkunst, mit hinein=
gezogen wurde, die in ihrer Impotenz sich nur noch zur Ver=
höhnung der Sitte zu erheben vermochte. Die Aufführung von
Tragödien hatte in Rom nie besondere Zugkraft gehabt, dem
Gaumen des Römers unserer Kulturepoche wollte sie überhaupt
nicht mehr munden. Das wußten die Theaterkenner; deshalb
setzten sie die Tragödie beiseite und servierten solche Vor=
stellungen, welche die Habitués befriedigten und auf die gröbsten
Instinkte des Publikums Rücksicht nahmen. Bevorzugt wurden
Pantomimen mit eingelegten Couplets, die dazu dienten, „zeit=
genössische Ereignisse herabzuziehen"[1]) und stadtbekannte Ver=
hältnisse und Vorgänge durch ihren Spott mitzunehmen, oder
lustige Schwänke und grobe Possenspiele, deren wahnwitzige Über=
treibungen höchstens für die Zirkusmanege geeignet waren. „Wenn

---

[1]) cf. Holm „Kulturgeschichte des klassischen Altertums".

z. B. ein herrlicher Jüngling als Paris mit dem Apfel auftrat und die drei Göttinnen in ausdrucksvollen Pantomimen sich ihm angenehm zu erweisen suchten, ja dabei ihre Gewänder sinken ließen und mit Reizen nicht geizten", wenn Familienscenen, in denen die hübsche Hetäre eine Rolle spielte, oder Geschichten aufgeführt wurden, die das wüst orgiastische Leben der Tabernen und Bäder behandelten, so ward das allgemein verstanden. Der christliche Schriftsteller Clemens Alexandrinus hat recht, wenn er sagt: „Quod turpe non ostenditur in theatris! Quod verbum impudens non proferunt, qui risum movent, scurrae et histriones." [1]

Selbst die Kultusstätten dienten der damaligen Gesellschaft zur Befriedigung ihres geselligen Bedürfnisses, wenn nicht sogar als Mittel zur Erreichung weniger harmloser Wünsche und Absichten. Den niederen und armen Ständen bot sich hier reiche Gelegenheit zum Betteln, die Damen der vornehmen Kreise konnte man in angeregter Unterhaltung finden mit Priestern und Galants, die in äußerster Offenheit ihren duldsamen Ohren die neuesten und pikantesten Erlebnisse und Vorkommnisse aus der Gesellschaft einflüsterten. „Es ist fast für leichtsinnige Mädchen gefährlicher", sagt Hieronymus, „besonders bei dem Gedränge an den Fasttagen, die gottesdienstlichen Versammlungen zu besuchen, als auf öffentlicher Straße zu erscheinen".

Die Wahrnehmung solcher Erscheinungen erregt unsere Verwunderung über eine eben erst christianisierte Gesellschaft und veranlaßt zum näheren Eingehen auf die Frage nach dem Umfange und der Tiefe des Einflusses, den die christliche Wahrheit auf die Gedankenwelt und die praktische Lebensführung des Volkes ausgeübt hat. Wenn wir den Äußerungen des Hieronymus immer unbesehen und kritiklos Glauben schenken könnten, so war der Sieg des Christentums über das Heidentum damals schon ein nahezu vollständiger. Er rühmt, daß in der Stadt Rom das Heidentum bald vereinsamt sei, und behauptet, daß sie täglich ganze Scharen von Mönchen aus Indien, Persien, Äthiopien in der Hauptstadt aufnähmen. Der Armenier habe seinen Köcher abgelegt, die Hunnen lernten den Psalmengesang, die Kätte Scythiens sei warm geworden durch die heilige Glaubensglut seiner Bewohner,

---

[1] Paedagogus III. c. 11.

das rötliche und blondhaarige Heer der Goten unterlasse es nicht,
auf seinen Heereszügen Gottesdienst zu halten und verdanke sein
Schlachtenglück dem festen Vertrauen auf den starken Christengott.
Besonders die Hauptstadt selbst sei eine Triumphstätte des Christentums. „Denn das goldene Kapitol strotzt von Schmutz, alle Tempel
in Rom sind voll Ruß und Spinnenweben. Es bewegt sich die
Stadt von ihren alten Plätzen, und das Volk, das vordem die
halbverfallenen Tempel überschwemmte, läuft jetzt zu den Gräbern
der Märtyrer. Wenn das Verständnis der Lehre nicht zu den
Gräbern treibt, so möge die Schamröte dazu drängen."

Doch wenn solche, allerdings überschwenglichen Äußerungen
des Hieronymus zeigen, daß das Christentum äußerlich große
Fortschritte gemacht hatte und den Anspruch erheben konnte, für
die Zukunft die herrschende Stelle im römischen Reiche einzunehmen,
so ist nicht zu übersehen, daß der tief in die damalige Christenheit hereinragende Paganismus einstweilen noch einen starken Machteinfluß ausübte. Mochten die alten Gottheiten auch äußerlich
verbannt sein und „auf den Giebeln mit den Eulen und Uhus
zusammenwohnen", in Wirklichkeit waren die kirchlichen Institutionen
von heidnischen Vorstellungen und Einrichtungen stark durchsetzt,
und im Leben und in den Sitten der Neubekehrten zeigte sich
überall eine trübe Mischung heidnischer und christlicher Elemente.
„Das brutal bekämpfte Heidentum suchte seine Zuflucht in der
Kirche, ein volkstümlicher Polytheismus mußte sich auch unter den
Formen des Christentums zu erhalten. Wie es sonst auch beim
Übergang von einer Naturreligion zu einer anderen zu geschehen
pflegt: die bisherigen Götter wurden noch weiter, aber als Dämonen
verehrt; die Heiligen traten an Stelle der Lokalgötter, ihre Feste
an die Stelle der alten provinzialen Götzendienste." [1]) Und mit
einer meisterhaft gewandten Diplomatenkunst und weitausgreifenden
Kombinationsgabe, die wir an den Priestern jener Zeit finden,
wurde diese Praxis von ihnen begünstigt und ausgebildet, um den
Übergang vom früheren Glauben zur neuen Lehre zu erleichtern
und die Leitung des Volkes in den Händen zu behalten. Man
betete zwar zum Christengott, aber man trug auch kein Bedenken,
wenn an dieser Stelle die Antwort und Hülfeleistung ausblieb,

---

[1]) Holm „Kulturgeschichte" und Harnack „Dogmengeschichte" II Kap. 1.

zu den Priestern der Cybele und zum Isiskult zurückzukehren
oder zu einer Jüdin zu gehen, um sich Träume auslegen zu lassen
oder sonst ihre Wahrsagekunst in Anspruch zu nehmen. Die ge=
fährlichste Konkurrenz für das Christentum noch im 4. Jahrhundert
war der Mithraskult. Hieronymus dankt deshalb gelegentlich einem
gewissen Gracchus, einem hohen römischen Beamten von altem
Abel, für seinen christlichen Eifer, mit dem er gegen die Höhlen
des Mithras und die abenteuerlichen Ceremonien dieses Kultes
vorgegangen sei; hierdurch habe er gleichsam Geiseln für die Echt=
heit und Ehrlichkeit seiner christlichen Gesinnung gestellt und sich
das hohe Gut der christlichen Taufe wirklich verdient und erworben.
„Lange Zeit", sagt Uhlhorn,[1) „bekleideten auch christliche Kaiser
noch das Amt eines Pontifex Maximus, standen also als Christen
noch an der Spitze des heidnischen Kultus. Beim Amtsantritte
der Konsuln wurden noch immer Augurien angestellt, und noch zu
Salvians Zeiten wurden die heiligen Hühner, welche die Feldherrn
zum Zwecke der Orakel mit in den Krieg nahmen, auf Staats=
kosten gefüttert." Das Recht zum strengeren Einschreiten gegen
den heidnischen Kultus und zur Zerstörung der Tempel konnten
die Bischöfe nur allmählich und bei besonders glücklichen Festtagen
von den Kaisern erlangen.

Und nicht anders stand es im Privatleben. Auch hier zeigen
sich überall noch bedenkliche Spuren des heidnischen Aberglaubens.
Bevor man morgens zu einem Spaziergange oder Geschäftswege
aus dem Hause trat, befragte man zunächst die Bücher um die
Angabe der geeigneten und glückbringenden Stunde. Begegnete
man einem Einäugigen oder Hinkenden, so hielt man das für ein
böses Omen und kehrte nach Hause zurück. Das Zusammentreffen
mit einer Jungfrau deutete auf einen verdrießlichen und geschäftlich
flauen Tag; lief einem dagegen eine Buhldirne über den Weg,
so konnte man sich auf Glück und Gewinn, die der Tag bringen
sollte, im voraus freuen. Auch der Glaube an wunderbewirkende
Amulette war noch vielfach herrschend. So band man sich z. B.
eherne Münzen mit dem Bilde des makedonischen Alexander um
Kopf und Füße, andere trugen Stücke des Evangeliums am Halse,

---

[1) Liebesthätigkeit Buch III, Kap. V und „Kämpfe und Siege des
Christentums" Kap. I, S. 8 ff.

die sie niemals ablegten. Auf Siegelringen hatte man allerlei abergläubische Bilder und Symbole, wogegen sich Clemens Alex. wendet
mit dem Anraten, christliche Embleme dafür zu wählen, z. B. eine
Taube, Fische und Schiffe, eine Lyra oder einen Anker.

„Die Synode von Laodicea mußte sogar Geistlichen die
Astrologie und die Anfertigung von Amuletten verbieten. Die
in Rom aufgefundene Grabinschrift eines Kindes aus dem Jahre
364, die unzweifelhaft christlich ist, bezeichnet dessen Geburtsstunde
als eine nach astrologischen Sätzen unglückliche, offenbar um sein
frühes Hinscheiden zu erklären. Bei der Geburt eines Kindes wurde
selbst in Christenhäusern eine Anzahl von Lichtern angezündet, und
jedem Licht ein Namen beigelegt. Den Namen desjenigen Lichtes,
das am längsten brannte, erhielt dann das Kind, das sollte ihm
langes Leben sichern." [1]

Auch auf manche Sätze des christlichen Dogmas hat der heidnische Aberglaube, der infolge des massenhaften Einströmens der
Neubekehrten nicht abzudämmen war, seine trübenden und schädlichen Einflüsse ausgeübt. Die Sakramente sanken immer mehr
herab auf die Stufe der heidnischen Mysterien; man glaubte, daß
durch sie, gleichwie in Kanälen, übernatürliche Kräfte, und zwar
ganz unabhängig von der inneren Disposition des Menschen, ex
opere operato sich in die Empfangenden ergössen. Die Taufe galt
als das sichere Mittel der Sündentilgung und wurde deshalb von
den meisten bis zur Todesstunde verschoben. In demselben äußerlichen Sinne wurde das Abendmahl behandelt, das in den besseren
Zeiten der jungen Christenheit als Mahl des Gedächtnisses an den
Tod des Meisters und als Liebesmahl gefeiert wurde, bei dem der
Geist brüderlichen Gemeinsinns einen edlen und sittlich wertvollen
Ausdruck fand. Ebenso wurde die Fastendisziplin veräußerlicht
und dadurch, daß das ursprüngliche moralische Zuchtmittel in die
Vorstellung eines religiösen Sühnemittels umgedeutet wurde, sittlich
völlig entwertet. Durch solche superstitiösen Meinungen und in dem
ungesunden Streben nach einer ungewöhnlichen, auffälligen und
hervortretenden Art der Frömmigkeit, überschritten die Fasten-
übungen oft alles Maß. Beschränkung der Nahrung auf Wasser

---

[1] Uhlhorn l. c.

und Brot galt als das strengste Fasten. Aber weil alle davon
lebten, hielten die asketischen Fanatiker das für ein allzugewöhnliches
und gemeines Fasten und suchten deshalb nach allerlei schwer zu
beschaffenden Speisen wie z. B. Pfeffer, Datteln und Pistazien,
nach dem Safte der Mangoldwurzel, den sie aus einer Muschel
schlürften rc. Je länger desto mehr tyrannisierte die Fastendisziplin
die ganze Lebensweise. Man bildete sich ein, den Gottesdienst nur
nüchtern besuchen zu dürfen. Die Kirchen blieben deshalb leer,
und die Kirchenväter jener Zeit mühten sich ab, das Volk von
diesem unsinnigen Gewissenszwang zu befreien.

Die abstoßendste Erscheinung ist die Heuchelei und das Schein-
wesen, das wir an den Christen jener Zeit finden. Der kaiserliche Hof war ja zum Christentum übergetreten, in der Armee
und im hohen Beamtenstande hatte die neue Religion großen
Einfluß erlangt. So mußte man doch äußerlich christliche Sitte
mitmachen; Erbauungs- und Andachtsstunden, fromme Liebes-
mahle gehörten daher zum feinen Tone. Ja, man entblödete sich
nicht, gar die Halbwelt heranzuziehen zu solchen christlichen
Gemeinschaftsvereinigungen. In goldbesetzter Livree sah man die
Diener der aristokratischen Häuser bei solchen Gelegenheiten in die
Hütten der Armen gehen, um zu den Versammlungen einzuladen.
Und dann kamen sie, die stolzen Patrizierinnen, „mit gestutzten
Haaren und in kunstvollen Cukullen die einen, in härenem Gewand die anderen," müde Resignation auf dem Gesicht und im
Gehen erheuchelnd. Wie Pagoden saßen sie da, „öffneten eben
die Lippen und brachten kaum die Zähne auseinander, mit stam-
melnder Zunge nur halbe Wörter hervorbringend, weil sie jede
natürliche Sprachweise für bäuerisch hielten". Beim Kirchgange
mußte ein begleitender Lakai ihnen Geldstücke darreichen, welche
sie den am Kirchwege Lauernden als Almosen schenkten. Mit
schwacher Stimme, als ob sie vom Fasten angegriffen wären,
redeten sie dann die Armen an, und wie eine kränkelnde Person
gingen sie einher, sich auf die Schultern des Begleiters stützend.
Es hatte den Anschein, als wollten sie in frommer Inbrunst und
vor lauter Mildthätigkeit zerfließen, vorausgesetzt, daß sie sich nicht
gelegentlich vergaßen, wie jene Dame, die sich von einer Bettlerin
betrogen glaubte. Ein altes Mütterchen, das ebenso viele Jahre

als Lumpen auf sich trug, hatte nämlich, um ein zweites Almosen
zu erlangen, seinen Platz verlassen und sich vorn in die Reihe der
Kirchenbettler wieder eingestellt. Die fromme Aristokratin kommt
zu ihr, erkennt sie wieder und giebt ihr statt eines Denars einen
Faustschlag ins Gesicht, sodaß das Blut hervorquillt.

Besonders stark tritt uns das Heuchelwesen bei denen ent=
gegen, die nach dem Rufe eines strengen Asketen und Mönches
strebten. Nach draußen, vor der Welt, um deren willen sie ihre
angeborene Vornehmheit und das gewohnte Luxusleben aufgaben,
glichen sie jenen arabischen Scheichs, „die in einfachen Häusern
wohnen und nach außen Armut simulieren, nur um der Habsucht
des Paschas nicht zum Opfer zu fallen, und die Schaustellung
ihres Reichtums für Stunden vertrauter und bewachter Zurück=
gezogenheit aufsparen“. In ihren verschwiegenen Gemächern da=
gegen hielten sie dieselbe Dienerschaft, dieselbe luxuriöse Tafel,
und in gläsernen Bechern und auf irdenen Schüsseln wurde das
Gold verpraßt.

Andere, die wirklich arm waren, gingen auffällig auf der
Straße mit einer Kette gebunden, barfuß so gemessenen Schrittes
einher, „wie Prozessionsbilder, um ihre kläffende Beredsamkeit an=
zubringen“. Mit langgewachsenem Haar und im schwarzen Mantel
stehen sie da, „ziehen die Schultern in die Höhe, und, Gott weiß,
was innerlich schwatzend und mit steif zur Erde gehefteten Blicken,
bringen sie bombastische Reden hervor, sodaß, wenn du bloß noch
einen Ausrufer ihnen beigiebst, du glauben möchtest, die ganze
Präfektur sei auf den Beinen“. Wieder andere, denen die Askese
wirklich ernst war, schlossen sich in feuchte Zellen ein, fasteten in
übermäßiger Weise und versanken durch die Vereinsamung und
durch das übertriebene Lesen, indem sie Tag und Nacht nur ihren
eignen Ohren vorpredigten, in eine düstere, melancholische Stimmung,
sodaß sie „mehr die warmen Umschläge eines Hippokrates“ als
vernünftige Ermahnungen nötig hatten.

Vor allem waren es aber die heidnischen Laster der Geldgier
und Habsucht, mit denen die christlichen Schriftsteller einen unab=
lässigen Kampf führten. Was Juvenal von seiner Zeit sagt: „Bei
uns ist die verehrteste Gottheit der Reichtum, obwohl man dem=
selben noch keinen Tempel gebaut,“ gilt in demselben Maße von

dem Nachwuchs, der christlich geworden war. Bei aller Gläubig=
keit fuhr die Menschheit fort, mit rastlosem Eifer Geld zu erwerben,
aus den ehemaligen Handwerken und Handelsgeschäften noch größeren
Gewinn zu erstreben, Wucher zu treiben und das Leben zu ge=
nießen. „Früher" sagt Hieronymus, „wurde der Wucher der Ver=
käufer von den Ädilen, welche die Griechen ἀγορονόμοι hießen,
niedergehalten, und dieses Vergehen ging nicht straflos aus. Jetzt
aber wird unter dem Rechtstitel der Religion ungerechter Wucher
getrieben, und der ehrenvolle Christenname wird nicht nur zum
Betruge mißbraucht, sondern muß vielmehr die Veranlassung und
das Recht zum Betrügen bieten. Man schämt sich's zu sagen,
aber es muß sein, damit wir wenigstens unserer eigenen Schande
uns schämen: öffentlich strecken wir die Hand nach einem Almosen
aus und verbergen das Gold unter groben Lumpen und sterben
wider alle Vermutungen reich mit vollen Geldsäcken, da wir doch
als Almosenempfänger gelebt haben."

In solcher Umgebung lebte die Geistlichkeit, aus ihr rekrutierte
sie sich. Kein Wunder, wenn ihr deshalb die evangelischen Tugenden
der Enthaltsamkeit, Selbstverleugnung und Armut fremd waren.
Wir sehen nach den Darstellungen unseres kirchlichen Schriftstellers
den Klerus damaliger Zeit in erschreckende Verweltlichung ver=
fallen. Es ist ein düsteres Bild, das uns Hieronymus von ihm
entrollt. Aber es liegt kein Grund zu der Annahme vor, als
hätte er zu pessimistisch geurteilt und in seinem asketischen Eifer
sich zu einer ungerechtfertigten und wahrheitsentstellenden Dis=
kreditierung des klerikalen Standes hinreißen lassen. Denn trotz
des schweren Mißtrauens, das Hieronymus sonst gegen den Klerus
hegt, und trotz des klaren Bewußtseins von der starken, zwischen
Geistlichen und Mönchen bestehenden Spannung, finden sich doch
bei ihm zahlreiche Äußerungen,[1] die von seiner ungeheuchelten
Ehrfurcht vor dem geistlichen Amte, von seiner treuen Anhäng=

---

[1] „Heilig ist der Priester, und das Leben aller ist lobenswert. Es
geziemt sich nicht für meine Wenigkeit, und ich vermag es auch nicht, über die
Kleriker zu richten und von den Dienern der Kirche etwas Unrechtes zu sagen."
Ep. 122 ad Rusticum c. 19. Ep. 56 ad Nepotianum. „Sie besitzen die
Schlüssel des Himmelreichs, halten gewissermaßen schon vor dem letzten Ge=
richte Gericht und bewachen die Kirche, die Braut des Herrn .." cf. ep. 66
c. 14 u. v. a. St.

lichkeit an die Kirche und von einer begeisterten Bewunderung des
kunstvoll gegliederten Baues der Hierarchie Zeugnis ablegen.

Um so gravierender sind die Vorwürfe und Anschuldigungen,
die Hieronymus angesichts der traurigen Korruption des Klerus
vorzubringen sich nicht scheut.

Geldgier und Habsucht waren beim Klerus herrschende Laster.
„L'avidité de tous ces hommes pour l'argent était proverbiale
ainsi que les richesses accumulées par le clergé", sagt Thierry
in seiner oben citierten Schrift. Mit dem vornehmen Adel sowohl
als auch mit dem reichen Bürgertum stand er auf bestem Fuße,
denn diese mußten seine Geschicklichkeit und geschäftliche Routine
zu benutzen, wo es galt, eine Heirat zu vermitteln und eine
spröde Jungfrau zur Ehe zu bewegen. Er fungierte als umsichtiger Verwalter in fremden Palästen und auf Landgütern und
nahm in reichen Häusern den Patriziern gern das anstrengende,
aber auch lukrative Geschäft des Almosenverteilens ab. Auch sonst
verließ ihn sein Spürsinn nicht beim Nachforschen, wo gute Geld-
quellen flossen. „Ich schäme mich, es zu sagen", klagt Hieronymus[1),
„die Götzenpriester, die Schauspieler und anderes Gesindel treiben
Erbschleicherei; bloß den Klerikern und Mönchen ist das gesetzlich
verboten, und zwar nicht von den Verfolgern, sondern von christlichen Fürsten." Valentinian z. B. erließ ein gegen diese Mißstände gerichtetes Gesetz an den Papst Damasus: Ecclesiastici
aut ex ecclesiasticis vel qui continentium se volunt nomine
nuncupari, viduarum ac pupillorum domos non adeant.[2) Man
wußte aber solche Gesetze schlau zu umgehen durch sog. Fidei-
kommisse, d. h. Vermächtnisse, gemäß deren jemand eine Erbschaft
empfängt unter der Bedingung, sie nach einiger Zeit an einen
anderen zu übergeben.

„Ich beklage mich nicht über das Gesetz", fährt Hieronymus
in dem Briefe an den Priester Nepotian fort, „aber ich bedauere,
daß wir ein solches Gesetz verursacht haben. Wohl ist's ein gutes
Brenneisen, aber woher ist meine Wunde, daß ich des Brenneisens
bedarf? Es ist eine vorbeugende und strenge gesetzliche Vorsichts-
maßregel, und doch wird auch dadurch nicht einmal die Habsucht

[1) Ep. 52 ad Nepotianum c. 6.
[2) cf. Ambrosius ep. 18 Num. 13 ad Valentinianum.

gezügelt". Wenn es mit einem kinderlosen Greise oder einer
alten Frau zu Ende ging, so fehlten die Geistlichen nicht an dem
Bette des sterbenden Erblassers. „Sie verrichten bei ihnen die
niedrigsten Dienste, belagern das Bett, fangen den Auswurf des
Magens und den verbrannten Eiter der Lauge mit eigener Hand
auf. Sie stellen sich besorgt beim Eintritte des Arztes, erkundigen
sich mit zitterndem Munde, ob die Kranken sich besser befinden,
und wenn sich der Alte wieder ein wenig aufrafft, so droht ihnen
Gefahr und es unterliegt ihr habsüchtiges Herz, äußerlich Freude
heuchelnd, inwendig der bittersten Qual; denn sie fürchten, ihre
Dienste vergeblich geleistet zu haben, und vergleichen den lebens=
zähen Greis mit den Jahren Methusalems".

Die Folge solcher Bereicherung war, daß die Einfachheit
und Enthaltsamkeit dem Klerikerstande völlig verloren ging. Aller
Komfort, den das zu Ende gehende Jahrhundert aufwies, war in
den mit Gold, Silber und kostbarem Hausgerät angefüllten
Wohnhäusern der Kleriker zu finden. Aus dem armen Knaben,
der in ländlicher Hütte aufwuchs bei Hirsebrei und schwarzem,
hausbackenem Brote, wurde der verwöhnte und feinschmeckende
geistliche Herr, dem alle Fischarten mit Namen bekannt waren,
der genau wußte, an welchem Ufer die Austern gesammelt wurden,
und der am Geschmacke der Vögel die Provinzen unterschied.
Die hohen Militärpersonen, sowie die Herren von der Justiz und
Verwaltung kannten die renommierte und exquisite Küche der
geistlichen Herren genugsam und gaben dem Palatium nicht
den Vorzug, wenn dorthin eine Einladung rief. Die Liktoren
der Konsuln und bewaffnete Soldaten hielten Wache vor den
Klerikalgebäuden bei solchen Festen, die ihnen angeblich nur eine
lästige Verpflichtung, aber die beste Gelegenheit seien, bei den
weltlichen Machthabern für die Armen und Bedrängten eine Bitte
anzubringen.

Alles war darauf berechnet, äußerlich zu prunken, hervor=
zutreten und in die Augen zu stechen. Was auch heute noch viel=
fach die Taktik der römischen Kirche bestimmt, waren damals
schon schlimme Fehler und Schäden, an denen der Klerus krankte:
die Eitelkeit und der Ehrgeiz, das unbändige Streben nach
Geltung, öffentlicher Anerkennung und Volksgunst, die man „nach

Art der Wettkämpfer mit vielem Gelde erkaufte". Schon der
Aufzug in die Kirche erregte Aufsehen. Da zog der Priester einher, begleitet vom Lektor, Akoluthen und Psalmensänger, die
ihrerseits auch die größte Sorgfalt auf prächtige Gewandung und
auf ihr künstlich gekräuseltes Haar verwandten. Beim Gottesdienst selbst kam es ihnen nicht auf die Erbauung der Zuhörer
an, sondern sie setzten ihr ganzes Können darein, durch rhetorischen
Schmuck, durch raffinierte Reflexion und sensationelle Ausführungen die Menge der neugierigen und der Aufregung be-
dürftigen Menschen in Begeisterung zu versetzen und dahin zu
bringen, daß man ihnen mit Händen und Füßen Beifall bezeugte.
Und doch vermochten sie „durch allen Aufwand an Mühe, Anstrengung und Geldmitteln nicht herauszupressen, was die Schauspieler allein schon durch Gesten erreichen".

Die Frage der ἀδιάφορα bereitete ihnen nicht sonderliche
Gewissensskrupel. In den Tabernen der Ärzte und Quacksalber,
dem damaligen Sammelplatze der Nichtstuer und Lebemänner,
konnte man auch die Geistlichen finden, wie sie sich gütlich thaten
an Wein und anderen berauschenden, aus Honig und Palmensaft
gewonnenen Getränken, in weltlichen Späßen und derben Witzen
sich ergehend.

Kein Wunder, daß man auch der sittlichen Zuverlässigkeit
dieser Priester kein großes Vertrauen schenkte. Hieronymus rät
deshalb einem jugendlichen, befreundeten Kleriker, allem, was
Verdacht und Argwohn erregen könne, aus dem Wege zu gehen,
und wenn er wegen eines amtlichen Dienstes eine Witwe oder
Jungfrau besuche, nie allein ihr Haus zu betreten, sondern stets
in Begleitung eines oder mehrerer einwandsfreier Zeugen. „Allein
mit einem Weibe, im Geheimen und ohne Mitwisser", so lauten die
diesbezüglichen pastoral-theologischen Anweisungen des Hieronymus
an den Priester Nepotian, „sollst du niemals zusammensitzen.
Wenn du etwas Vertrauliches mit ihr zu besprechen hast, so hat
sie ja wohl eine ältere, zum Hause gehörige Amme, eine Jungfrau, Witwe oder Verehelichte bei sich; sie ist nicht so von aller
menschlichen Gesellschaft ausgeschlossen, daß sie niemanden außer
dir hätte, dem sie sich anzuvertrauen wagte. Vermeide allen
Verdacht und ersticke jedes verleumderische Gerücht schon im Keime.

Häufige kleine Geschenke, als seine Schweißtüchlein, kleine Binden
und Mundtücher, delikate Leckerbissen, einschmeichelnde und süße
Briefchen kennt die heilige Liebe nicht. „Mein Honig, meine
Sehnsucht", vor all solchen Schmeicheleien, lächerlichen Galanterien
und sonstigen verliebten Albernheiten erröten wir in den Komödien
und verabscheuen sie bei den Weltmenschen, um wieviel mehr
bei den Klerikern und Mönchen, bei denen Priesterwürde und
Lebenswandel sich gegenseitig entsprechen sollen". [1]

Geradezu romanhaft mutet uns die Geschichte an, die
Hieronymus von einem Diakon Sabinian erzählt, der nach verschiedenen ehebrecherischen Delikten vor der Rache eines mächtigen
Gotenfürsten aus Italien nach den heiligen Stätten im Orient
floh, um als Mönch zu leben. [2] Auch hier knüpfte er ein ver-
botenes Verhältnis mit einer Nonne an; während des Gottesdienstes wurden die Stelldichein und Fluchtversuche verabredet.

Dieser Fall steht nicht vereinzelt da. Wo man sich die histoire
scandaleuse eines Geistlichen erzählte, brauchte dies nicht sub rosa
zu geschehen. Offen und unumwunden spricht Hieronymus von
Männern seines Standes, die sich deshalb um das Presbyteriat
und Diakonat bewarben, um ungenierter Weiber besuchen zu
können. „Ihre ganze Sorge bestand darin, ob ihre Kleider auch
gut dufteten und die Stiefel knapp und nett saßen. Die Haare
wurden durch Brenneisen zu Locken gekräuselt, die Finger blitzten
von Ringen, und damit die kotige Straße nicht ihre Füße be-
sudelte, schwebten sie nur so darüber hinweg, ohne einen Fußstapfen
zurückzulassen." Das Musterexemplar eines solchen Weltgeistlichen
hat Hieronymus mit Meisterschaft gezeichnet, ein Individuum und doch
zugleich einen Typus. Wir lassen die Schilderung wörtlich folgen:
„Mit Sonnenaufgang steht er eilfertig auf, macht seinen Visiten-
plan fertig, sucht sich die kürzesten Wege aus und bringt dann,
ein unverschämter Greis, in alle Gemächer, ja bis in die Schlaf-
zimmer. Alles, was er sieht und was ihm gefällt, nimmt er in
die Hand, lobt es, bewundert es und klagt, daß er dergleichen nicht
besitze, wodurch er es nicht sowohl erhält, als es sich herauspreßt,

---

[1] ep. 52.
[2] ep. 147.

weil jede Frau den Stadtkurier zu beleidigen sich fürchtet. Er ist
freilich kein Freund des Fastens; er beurteilt das Mahl nach dem
Dufte der Kranichpastete. Sein Mund ist roh, frech und zum
Schimpfen stets gewappnet. Wohin du dich wendest, da ist er
immer zuerst zu sehen. Wenn etwas Neues auftaucht, dann hat
er es entweder aufgebracht oder das Gerücht davon übertrieben.
Die Pferde werden alle Stunden gewechselt, bald sind sie so schmuck,
bald so wild, daß du ihn für einen leiblichen Bruber des thrakischen
Königs halten könntest." [1]

Gefördert wurde diese Verweltlichung noch durch die Leichtig-
keit und Schnelligkeit, mit der damals ein Laie und Weltmann
zu geistlichen Würden gelangen konnte. „Gestern noch Kate-
chumen, heute schon Pontifex, gestern im Amphitheater, heute in
der Kirche; abends im Zirkus, morgens früh vor dem Altar, un-
längst ein Mäcen der Künstler und Schauspieler, jetzt einer, der
die Jungfrauen einsegnet. Wir wollen diesen Abschnitt schließen
mit den treffenden Worten, die Thierry von jener Gesellschaft sagt:
On le voit un matérialisme payen enveloppant toute cette
société, chrétienne ou non, et le pasteur en était atteint
comme le troupeau. On pouvait porter la croix sur la
poitrine et avoir le nom du Christ sur les lèvres, on était
polythéiste par les mœurs . . . Les chrétiens sérieux sen-
taient la nécessité d'une réforme . . . Elle devait venir du
dehors.

Die vorstehende Kulturbetrachtung liefert uns, wenn wir zum
Schlusse einen Rückblick auf das Ganze werfen, ein Beispiel dafür,
daß die Völter gerade dann oft dem Verderben anheimfallen, wenn
sich die sittliche Verwilderung in die feinsten Formen der Civilisation und Kultur kleidet. Auch Rom ist auf der Höhe seiner
Kultur zusammengebrochen.

Aber, wie oft die Zufälle des Schicksals, die ein Volks- und
Staatsleben zerstören, Anzeichen neuen Wachstums sind, so gingen

---

[1] Ad Eustochium ep. 22 c. 28.

auch aus dem Verfall des römischen Volkskörpers wieder Kräfte und Lebenskeime hervor, die das Ferment für neue Bildungen und Entwickelungen wurden. Wie ein Frühlingssturm zog das junge Germanentum in das Erbe Roms ein, alles Morsche und Lebensuntüchtige vernichtend, zugleich aber auch frische Säfte in Umlauf bringend, sodaß aus römischem und germanischem Lebensgeiste ein Zeitalter aufsteigender Ideale herauswuchs, und auf den Trümmern der alten Kultur eine neue, ihr überlegene erblühte.

Ein Jenaer Schützenfest im Jahre 1490.

Von Ernst Devrient.

Im Herbste des Jahres 1490 wünschte Herzog Georg (der Bärtige) zu Sachsen seinem Vetter Kurfürst Friedrich (dem Weisen) eine wichtige Botschaft in einer nicht bekannten Angelegenheit zu senden.[1] Er erkundigte sich deshalb bei ihm, wo und wann er zu treffen sei. Der Kurfürst teilte ihm darauf unterm 24. Oktober mit, daß er sich demnächst zu seinem Renn- und Schießhof nach Jena begeben werde, wozu er auch den Herzog eingeladen habe. Es war nicht das erste Mal, daß Jena fürstlichen Besuch bei den Schießübungen seiner Bürger sah. Bereits vor 13 Jahren war in der Saalestadt ein Schützenhof gehalten worden. Damals war noch Herzog Wilhelm am Leben gewesen, der in seiner langen Regierung Jena ganz besonders begünstigt hatte. Wir erfahren, daß er auf jenem Schützenhofe mit den Kleinodsmeistern und Schützen beschlossen hatte, zu Erfurt ein ebensolches Fest zu veranstalten. Darauf frug der Erfurter Rat am 24. Juni 1477 bei dem Herzog an, ob ihm Montag nach Jakobi dazu passe. Es scheint, als ob die Städte bereits damals eine feste Organisation ihrer Bürger gehabt haben, die mit Handgewehren dem Kriegsruf der Fürsten zu folgen hatten. Doch fehlt es für Jena hierüber. an sicheren Nachrichten. Auch bei der Hochzeit Herzog Wilhelms i. J. 1446 zu Jena waren Vorbereitungen zu Armbrustschießen und Stechrennen getroffen worden,[2] doch scheinen damals städtische Schützen nicht beteiligt gewesen zu sein. Über den Renn- und Schießhof im Jahre 1490 sind wir durch einen glücklichen Zufall

---

[1] Vielleicht handelte es sich um die Streitpunkte, die bald danach im Oschatzer Vertrag beigelegt wurden; vgl. Müller, Sächs. Annalen S. 54.

[2] Weimar Ges. A. Reg. D. p. 15, Nr. 22.

beffer unterrichtet.   Das Stadtratsarchiv in Jena bewahrt noch die
Rechnungen der ftädtischen Beamten aus diesem Jahre, sauber abgeschrieben und in Pergament gebunden.   Dieses Rechnungsbuch, das
einzige seiner Art in dem arg ausgeplünderten Archiv, ergießt ein
helles Licht über die ganze städtische Verwaltung und über viele Zweige
damaliger Kultur.   Da finden wir neben dem Stadtschreiber, dem
Thorknecht und den anderen Dienern der Stadt, denen die Schoffer
Gesindelohn gezahlt haben,   auch   einen Büchfenmeister   und
einen Schützenmeister.   Jener erhielt 50 Grofchen, dieser 40 Grofchen
im Jahre.   Außerdem hatten die Schoffer für den Schützenhof
eine nicht im einzelnen bezeichnete Ausgabe von 5 Schock, 19
Grofchen, 4 Pfennigen und 1 Heller.   Die Baumeister dieses
Jahres aber legen eine lange Rechnung über die Kosten des
Schützenhofes vor.   Da erfahren wir, wie wochenlang für das
auf Dienftag nach Allerheiligen angesetzte Feft vorgearbeitet wurde.
Am Schießwall, an der Rennbahn wurde für die Bequemlichkeit
der Übenden, für die Sicherheit der Zuschauer gesorgt.   Buden
wurden gebaut und Brücken und Thore errichtet.   Die Brücken
sollten vermutlich den Übergang zur Landveste, einer vor der Stadt
auf der Saalinsel gelegenen Wiese, wo die Schützenfeste noch im
Anfange des 19. Jahrhunderts gefeiert wurden, erleichtern.   Sie
wurden nach Beendigung des Festes wieder abgebrochen.   Im
ganzen kostete der Schützenhof dem Bauamt 21 Schock, 6 Grofchen,
8 Pfennige und 1 Heller.   Daß man menschenfreundlich für den
Durst der Arbeiter sowohl als auch der Ratsherren und Schützen
sorgte, zeigt dann die Rechnung des ftädtischen Schenkmeisters,
der für den Schützenhof 2 Schock, 18 Grofchen und 1 Heller ver-
brauchte.   Das Feft felbft wurde zu Allerheiligen mit einem vom
Rate gestifteten Weintrunk eröffnet; für den nächsten Tag waren
die fremden Schützen geladen, und am Mittwoch den 3. November
begann das Schießen.   Man fchoß damals in Jena noch mit der
Armbruft, wie aus der Antwort der Erfurter auf die Einladung
hervorgeht.   Erfurt fchickte 50 Mann nach Jena.   Von anderen
Städten ist nur die Beteiligung Orlamündes bekannt geworden,
doch darf nicht bezweifelt werden, daß von vielen anderen Orten
Vertreter erschienen sind, sodaß wir die Zahl der fremden Schützen
wohl auf 4—500 schätzen dürfen.

Erſcheint nun die Schützengilde bereits als eine ſtädtiſche Ein=
richtung, unter der Leitung von ſtädtiſchen Beamten, ſo tritt doch
aus den vorliegenden Quellen eine ſtarke Abhängigkeit der Gilde
von der Regierung hervor. Die Stadtrechnung ſpricht vom „fürſt=
lichen" Schützenhof. Die Herzöge beſtimmen den Tag und er=
laſſen die Einladungen an die anderen Stäble. Und ſicher haben
die Herzöge auch einen Teil der Koſten getragen; denn die Stadt=
rechnung erſchöpft die Bedürfniſſe des ganzen Feſtes doch wohl
nicht. Namentlich werden die Fürſten für die Preiſe und Ehren=
gaben geſorgt haben. Bemerkenswert iſt auch die Verbindung
eines Rennhofes mit dem Schützenhofe. Die ſächſiſchen Fürſten
waren große Freunde von Kampfſpielen; in ihren Briefen werden
häufig zwiſchen Staatsangelegenheiten Rennpferde und Sattelzeug
mit gleicher Wichtigkeit beſprochen. Leider erfahren wir über das
Rennen in Jena nichts Näheres.

Die ganze Feſtlichkeit dauerte nicht länger als eine Woche.
Am 8. November wurden die Buden wieder abgebrochen. Im
übrigen mögen die Aktenſtücke nun ſelbſt ſprechen.

I. Der Rat zu Erfurt an Herzog Wilhelm zu Sachſen.
1477 Juni 24.

Entwurf. Magdeburg, Staatsarchiv Cop. 1403, Bl. 92 b.

Überſchrift: Ad dominum Wilhelmum ducem Saxonie.

Unnſern willigen dinſt zcuvor, hochgeborner furſt, gnediger
lieber herre! Nachdem und als von uwer gnaden und den erſamen
cleinotsmeiſtern und ſchutzen uff dem ſchutzenhoffe nehſtmals zcu
Jhene unſere burgere die ſchutzen mit eynem ſchutzenhoffe gnediglich
und fruntlich vereret ſin, ſo haben die ſelbin unſer burgere an
uns gelangen, in meynunge ſich nach guter wieſe und ordenung
damit zcu bereiten und den als uff Mantag nach ſant Jacobs tag
ſchierſten hie bie uns zcu ſin, laſſin, ſo ferre uwern gnaden die
zcilt darzcu alſo behelelich wolt werden, uns gebeten uwern gnaden
ſollichs zcu erkennen zcu geben und zcu bitten, uns des uwern
gnaden gefallen und meynung gnediglich laßßen wiſſen und ſo vil
mehr, ob uwern gnaden die zcilt ungelegen were, dann nach uwer
gnaden gefallen ſelbſt eyne andere zciit zcu ernennen; als bitten
wir in flieſße, uwer gnade wolle uns daz alſo gnediglich zu ver=

stehen geben; daz wollen wir umb uwer gnade williglich und gerne
verdienen; womit wir uwern gnaden zcu dinste und willen gesin
mochten, daz teten wir in fliße und williglich gerne, bitten uwer
gnedige beschrieben antwurt. Datum ipso die sancti Johannis
baptiste.

II. Der Rat zu Erfurt an die Herzöge Friedrich und Johann zu Sachsen. 1490 October 15.

Entwurf. Magdeburg Sta. Cop. 1405, Bl. 58.

Überschrift: Ad duces Ffridericum et Johannem Saxonie.

Durchluchtigste hochgeborne fursten, uwir f. g. unser willig
dienst allezciet zuvoran bereit! Gnedigster und gnediger herren!
Als uwer f. gnaden uns itzo eynen gemeynen schutzenhoff mit
dem armbrust, so uwer f. g. umbe sunderlicher ergetzlickeit und
kurtzwiele willen zu Jhene zu haben uff Dinstag nach allerheiligen
tage schirsten des abends darzusein und Mytwochs darnach das
schiffen anzufahn, irkundet, des auch standes elle und weselickeit
mit zugeschickt, berglichen der unsern funzcigk[1]) dahin zu fertigen,
an uns begert, inhalte haben wir verstanden, wollen uwern f. g.
zu gefallen und willen der unsern begirter zcal vunffzig[2]) dahin zu
fertigen uff ußgesatzte zciet ab und gegen Jhene, sulches schißen
helffs zu volenden, abefertigen; dann uwern f. g. willig zu bienen
sint wir allezciet vorflißen vnd bereit. Geben under unserm
secrett Ffritags nach Calixti anno XC⁰.

III. Kurfürst Friedrich an Herzog Georg zu Sachsen. Weimar 1490 October 24.

Entwurf. Papier. Weimar Erneftinisches Gesamt-Archiv Reg. S,
fol. 469 b, Nr. 5.

Unnser freuntlich dinst und was wir liebs und guts vermogen
allezit zuvor! Hochgeborner furst lieber vetter! Ewer lieb itzig
schriftlichs anzeigen, in kurtz ewer bottschafft zu uns zuverlegen,
bittend, ewer lieb zcil vnd stat, wo wir anzutreffen sind, zu ernennen
2c., haben wir vernommen vnd werden unns kurtzlich von Wymar

---

[1]) davor durchstrichen: vunff und.
[2]) vunffzig am Rande nachgetragen.

gen Jhene zu unserm furgenomen rynne= und schießhove, darzu wir
ewer lieb auch zu erscheinen freuntlich bescsriben haben — euch
unnsers verstheus nu zukomen — und sobald der geendet wirbet,
wider gein Wymar sugen. Das geben wir ewer lieb, der wir zu
fruntlichen willen geneigt, im besten zu erkennen.   Datum Wymar
Sonntags nach Severi anno etc. LXXXX⁰.

Von gols gnaden ꝛc.

Hertzog Georgen.

IV. Aus der Rechnung der Baumeister Thomas König und Martin Mittendrein 1489/90.

Jena Stadtratsarchiv.

Außgabe uund kost des furstlichen schutzennhove ꝛc.

20 g. vor eyn fuder fleckholtz.

12 g. vor eyn fuder fleckholtz.

6 g. 3 ₰ vor 3 eichen zcur brucken.

9 g. 3 ₰ vor 1 fuder fleckholtz.

6 g. vor eyn fuder eichen zur bruckenn.

3 ₰ vonn eym fuder belen, auf dem marthe obir eynander zu schrencken.

4 g. dreien knechten, leymen zu hacken uund zu labenne.

22 g. vor eyn fuder fleckholtz.

21 g. vor eyn fuder holtz und 1 mandel breth.

13 g. vor eyn fuder holtz.

1 g. 3 ₰ vor zcwu mulden.

4 ₰ 1 h. dem langen Thomas von 3 mandel breten auf das rathuß zu tragen.

32 g. vier tagelonern, eyne gantze wochen am schießwale gerumet.

2 g. vor 1 stobiche mosts den zcymmerluten geschanckt uund helffer= knechten, auf Montag noch c(on)mu(n)es.[1]

5 g. 3 ₰ 4 tagelonern, eym eyn schilling, leymen und mist ge= laben, den mist auf die brucken[2] und auf die bane zu strawen.

2 g. vor eyn stobiche mosts auf Dinstag den arbeitern geschanckt.

4 ₰ 1 h. Valtin Huter ½ tag mist geladen, auf Mitwoch.

----

[1] Montag in der Gemeinwoche (October 4)?

[2] hinter brucken: zu suren, durchstrichen.

1 g. idem Baltin auf Donerstag pfele gestossen neben die bruckenn.

8 ₰ vor eyn stobiche birs den zcymmerluten geschanckt.

6 g. 3 ₰. vor 300 schindeln auf den berck zu becken, auf Freitag, das hundert fur 19 ₰.

13 g. vor eynn fuder holtz auf Sunabent.

7 g. 4 ₰ 1 h. vor 1 fuder eichenn.

5 g. vor eichen konigeßtor.

5 g. 3 ₰ 4 tagelonern, leymen geladenn und locher gegraben, zcu den blancken umbe das schißwal.

5 g. 3 ₰ 4 tagelonern, sewle umbe den rynneblan auf der wesenn zu setzenn, mist auf die brucken zu tragen, locher zu graben zcum sicherwale und sewle ingegraben, auf Montag Lucie.¹)

8 ₰ vor 1 stobiche zwey ₰ bir.

6 ₰ vor ½ stobiche Numburgisch bir.

1 ₰ vor semmeln den arbeitern geschanckt zu abentbrotzceit, eadem die Lucie.

7 g. 6 ₰ vor eyn fuder holtz 3ᶜⁱᵃ post Lucie.

9 g. 3 ₰ vor eyn fuder holtz.

10 g. vor eyn fuder holtz.

36 g. der stadmanne von Zculditz vor 4 fuder holtz.

6 g. 6 ₰ funff tagelonern, die habin zcwene vormittage leymen geladen und darnoch den andern helffen ramen an den sicherwalenn.

7 g. vor ein fuder holtz auf Mitwoch.

8 g. 6 ₰²) tagelonern, an dem sicherwallen gerammet eadem die.

1 g. 3 ₰ vor eyn stobiche weins zu Gernharts huße geholt.

4 ₰ 1 h. vor semmeln und keße den zcymmerluten zu abenbrot-zceit geschanckt.

1 ₰ vor covent der tagelonerin.

7 g. vor eyn fuder holtz auf Donerstag.

4 g. vor 2 stobiche mosts den zcymmerluten geschanckt, an den buden gearbeit.

2 g. 6 ₰ Nickel Groitzschen und Hanßen Zeigler, eynen tag das letzte sicherwal vollendt zugerammet, Donerstag.

---

¹) December 13; wohl Datum der Lohnzahlung.

²) ₰ auf Rasur; zuerst hat wohl die Anzahl der Tagelöhner dage-standen.

7 g. vor eyn fuder holß auf Freilag.

9 g. vor eyn fuder eadem die vor holß.

5 g. vor ein fuder auf Sunabent.

7 g. vor eyn fuder holß auf Dinſtag noch Seueri. [1])

2 g. 6 ₰ 2 tagelönern, den ufer geſchabet unnd ander arbeit getan, Freitag.

4 g. 3 tagelonern, den zcymmerluten helffin verblanckenn.

6 ₰ vor eyn pfunt ſmehrs zcum wahel.

2 g. 6 ₰ Poſch ſone und Grewiße.

6 g. 6 ₰ vor eyn fuder holß.

30 g. Claus Schencken und Paul Ronneberg, 9 tage unnd 10 nacht gewacht bey dem wahel und gezcelde.

8 g. Bartel Hofemanne, 6 tage und nacht bey den gezcelden.

4 g. Contzen Aeſcherman, 2 tage und 4 nacht gehutt bey den gezcelden.

3 g. 6 ₰ vor 6 holtzer vor bockśthor genomenn.

5 g. 3 ₰ 4 tagelonern auf Montag noch Leonhardi [2]), die buben abzubrechenn.

5 g. 3 ₰ 4 tagelonern, auf Freitag darnach dy bryckenn helffen abebrechenn, vor dem kalghuße und rathuße helffin abeladenn holß und delen.

8 g. kommer vor 4 eichenn.

3 ₰ vor 2 helm in die kerſte.

3 g. vor 3 ſloß, Celiax ſloſſer zum huße, zu dem thor bey dem huße unnd wael und vor dy brucken.

3 g. vor Andres ſeiler vor 150 ſymen.

3 g. idem vor 27 clafftern, zcum manne und breten vor dem wael.

16 g. Flurſteten, 1 tag blanckenholß gefurt.

6 g. 3 ₰ Wynewgen, ſant zu furenn.

2 g. vor wagenſmir und eynner Andres Tusſcher, dy breth damit beſmirt umb das ſchießwael.

8 g. Hanzen Wolffolde 3 tage breth auf das rathuß getragen, mit 3 helfferknechten eynn tag, zcwene 1 tag, den dritten tag Wolffolde alleyn.

---

[1]) October 26.
[2]) November 8.

4 g. Wolffolde 2 tage helffen abebrechen die budem (!) und brucken.

4 g. idem 6 nacht gewacht.

8 g. 3 ₰ fur 38 latten.

Summa: 7 ₰. 51 g.

Es folgen:

Außgabe alleyn vor breth, — deren Summe: 9 ₰ 23 g. 3 ₰ 1 n. ₰.

Außgabe Hansen Stein dem smide vor etliche arbeit —: 16 g.

Außgabe andern smyden und vor nayle: 1 ₰ 38 g. 5 ₰.

Außgabe den zymmerluten —: 1 ₰ 58 g.

Summarum aller unkost des furstlichenn schutzenhoves
21 schock 6 g. 8 ₰ 1 n. ₰.

V. Aus der Rechnung des Kämmerers und Schenkmeisters Lorenz Tayan 1490/91.

Ebenda.

Außgabe des schutzenhoves.

19 g. fur 7 schock eier zu den kuchen, er sint auch eyn teil zu des raths essenn, eynn teil auf rathhawß den ratßmeistern und gesinde.

2 g. 6 ₰ fur ein topsche buttern zu den kuchenn.

　　6 ₰ fur milch.

11 g. 3 ₰ der Thymyn vor 16 kuchen, vor lon und mele.

10 g. 2 ₰ fur obs, 3 grosse beckin voll.

1 g. fur ½ stobiche weins den gesellen geschanckt, dy hulffen das geschencke tragen vor das wal.

14 g. dem Coberger[1]) fur bappir zu schißbletern.[2])

25 g. 4 ₰ 1 h. habin dy ratsmeistere, richter und ander mit irem gesinde dy tage uber auf dem rathuß verzcert und vor licht.

8 g. habin dy ratßkompann, dy die bestallung besichtigten, verzcert und sint 2 mal umbe gegangen.

5 g. fur ein fuder holtz in die zceisse, daßmals des schutzenhoves.

---

[1]) Bekannter Buchdrucker und Buchhändler in Nürnberg, der also auch Papier verkauft zu haben scheint; vgl. O. Hase, Die Koberger S. 62—72.

[2]) Zielscheiben; vgl. Grimms Wb. IX. 30.

39 g. 6 ₰ fur 2 fuder kolun fur das wal, dy uberigen ſint in
     meyn hawß komen zu des raths eſſen, dy uberichen ligen
     noch vor augen.

1 g. den koltregern, dy koln vom wal hirin zu tragen.

Summa des ſchutzenhoves 2 ʊ 18 g. 1 h.

ferner unter Außgabe zu geſchenncke:

     — Item auf das feſt omnium sanctorum hat der rath ein
faß weins angriffen und noch gewohnheit den ratßverwandten und
en ſchutzenhove über herren und ſtelen geſchanckt.

Kleine archivalische Beiträge zur Kenntnis der deutschen Agrarverhältnisse im 16. und 17. Jahrhundert.

(Mitgeteilt von Eduard Otto.)

2. Dorfordnung von Jufingen.

(1620.)

Ein Sammelband der Darmstädter Hofbibliothek (Hand=
schrift 246) enthält unter mancherlei die Geschichte Ostfrankens im
allgemeinen und die Geschichte Rothenburgs an der Tauber ins=
besondere betreffenden Schriftstücken eine Dorfordung für das
Rothenburgische Dorf Jufingen aus dem Jahre 1620. Sie ist
von einer Hand des 17. Jahrhunderts auf Papier geschrieben und
hat folgenden Inhalt:

Zu wißen, Nachdem bey der Gemeind des Dorffs Jufingen
etliche besonder Recht, gebräuch vnd gewonheiten midt Althers
herkommen, bey disen zeilten aber nach vnd nach auch etliche
schädliche Mißbräuch vnd vnordnungen alba eingeführet vnd vff=
gebracht vnd eines theils solche Dorffrechten fast in Zweifel vnd
vngewißheit gezogen werden wollen, daraus dann den jnwohnern
vnd einer gantzen Gemeind sondere schäden, beschwerung vnd vn=
gelegenheiten erwachsen, vnd derowegen ein E. Rath der Statt
Rotenburg auff der Tauber (als in deren Landtwehr vnd Obrig=
keit gemeltes Dorff gelegen, denen auch alba daß Gemeinrecht
vnd der Hirtenstab[1]) allein zu versprechen steht) solcher vnord=
nungen, zweifels, beschwerung vnd vngelegenheiten halben vilfaltig
vnd je lenger je mehr angeloffen vnd bemühet, auch im Namen
der fürst. Brandenburgischen herrschafft von wegen etlicher alba

---

[1]) D. i. Hut= und Weidegerechtigkeit.

auch gesessener Marggräffischer vnterthanen durch den vorigen vnd
dann den ietzigen Kastner¹) daselbsten, h. Jacob Bausbachen, ersucht worden, berührten vnordnungen ihre abhelffliche rechte mas
vnd gute ordnung zu geben, Als haben Ihre Erbarkeiten nicht
allein der Gemeind zu Jnsingen verordneten Außschuß sowol von
Marggrävischen vnd Krailsheimischen als Ihren Rotenburgischen
vnterthanen, sondern auch hernacher alle Gemeinds Männer vnd
die gantze Gemeind vber alle vorberührte All vnd Neue eingeführte
Jnsingische dorffrecht, gebräuch, gewonheiten vnd ordnung aller
notturfft nach genugsam verhören lassen, dieselbe wol bey sich
erwogen vnd darauff der gantzen Gemeind vnd Ihren Nach=
kommen zum besten, was vnd so vil daran recht, löblich, leidenlich
vnd zu paßiren gewesen, in seinen wirthen gelaßen, für genehm
gehalten, confirmirt vnd bestettigt, was sie aber für vnrecht vnd
schädlich daran befunden, von ampts- und Obrigkeit wegen ab=
gethan, auch mit ettlichen Neuen besonders nutzlichen satzungen
verbeßert vnd erneuert vnd darauff solches alles zu mehrer ge=
wißheit vnd verhütung alles zweiffels vnd fernern gezencks in
gegenwertige beschribene schrifftliche Dorff Ordnunge, vmb welche
zwar die Gemeind selbsten sehr fleißig gebeten, verfassen vnd be=
greiffen laßen, wie vnter den nachgesetzten vnterschiedlichen tiuln
vnd articuln ordenlich hernachfolgt.

Der erste Titul, von dem herrengeboth, Gemein- vnd
Sturmleuthen, auch wie es bey der versambleten Gemeind zu halten.

1. Wann man im Namen der Stall Rotenburg herrengeboth oder sonsten die Gemeind zusammen leuttet, es sey in was
sachen es wolle, so ist ein jeder Gemeindsmann, welcher wegen der
leibsnoth oder herrengeschäfft keine erhebliche Entschuldigung hat,
schuldig, gehorsamlich dabey zu erscheinen bey straff der gemein
Dorffbus, welche ist ein Pfund gelts.

2. Aber in feuersnöthen vnd in andern notwendigen sachen
vndt fällen, wann man Sturm leuthet, ist die Straffe des Außen=
bleibens, oder wan er nit midt kübel oder gölten²), laithern vnd
wehr dabei erscheinet, ein halber gulben.

---

¹) Rentmeister.
²) Gölte (Gelte) — Flüssigkeitsbehälter.

3. Es soll keiner einige freveliche wehr als veychel[1], Scherhämmer[2], spermeßer vnd was es auch sein mag, ausserhalb eines brotmeßers zu einer Gemaind, wan sie Gemaind halten, oder Gemaindwein mit einander zu vertrinken haben, mit sich an diemahl tragen bey straff der gemeinen Dorffsbus.

4. Bey den dreyen Ruggerichten, auch gemein= vnd heiligenrechnungen solle keiner den andern vber ruck tragen, sondern diejenigen, welche wieder die dorffsordnung gehandelt, anzeigen vnd keinen vnnötigen vncosten vnwidersprochen paßiren lassen.

5. Von oder aus der gemein solle keiner etwas außschwatzen, sondern alles in geheim halten bey straf zehen gulden.

6. Auch soll ein jeder, wan man vmbfragt, seinen Stimm richtig vndt vngescheucht geben bey straff 2 fl.

7. Wann vnd so offt einer den andern bey der versamleten Gemeind im Wirthshauß oder auf dem platz vnter der Linden oder sonsten, da die gemein auch zusammen zu kommen pflegen, so lang ein Gemeind versamlet ist vnd im wirthshauß der Gemeindewein noch währet, vff hurret, vber einen andern zuckt, lügen strafft, schendet, schmähet oder aber auch raufft vnd schlägt, so ist die straf 2 fl. von einer jeden Person, schuldigen vnd vnschuldigen, jedoch, mögte sich einer also freventlich verhalten, daß er auch von einen E. Raht gestrafft werden könte, so stehet dem vnschuldigen seine forderung gegen dem schuldigen bevor. Wann aber dergleichen vnfug darnach geschicht, so gehört die Straf dem Reichs= richter Ampt nach Rotenburg.

Der ander Titul, von Einnehmung in die Gemein vnd annehmung der haußgenossen, auch von Beherbergung der Armen Leuth vnd haußirung.

1. Ein gebohrnes dorffkindt wirbt vmbsonst von der Gemeindt zue einem haußgenoßen angenommen. Aber ein frembder haußgenoß muß 1 fl. geben vnd, er beziehe gleich ein Rotenburgisches, Marggrävisches oder Krailsheimisches gut, bey einem E. Ratth vmb vergünstigung anlangen.

---

[1] Feile.
[2] Hammerartige Bauernwaffe.

2. Wann ein haußgenoß in eines andern hauß zihen
will, mus er solches mit vorwissen der hauptleut vnd Baurmeister
thun, vnd derjenige, welcher denselben einnimmt, muß bürg vnd
gut für einen solchen neuen haußgenoßen werden bey straff 1 fl.

3. Der Rotenburgische hauptman muß einem jeden, der zue
einem Gemeindsman soll aufgenommen werden, die pflicht vor=
halten, vnd derselbige solche pflicht den zwayen Rotenburgischen
hauptmännern vnd beeden Baurmeistern (Rotenburgischen vnd
Marggrävischen) leisten vnd angeloben.

4. Es soll keiner, der ein halbes hauß hat, keinen hauß=
genoßen einnemen noch zue der Gemeind weisen bey unnachläßiger
straf 10 fl. (?) gelts, und muß der haußher den schaden, welchen
etwan ein haußgenoß zuefüget, wenden; doch ist einem E. Rath
an andern gebührenden straffen nichts benommen.

5. Item die frembde Außwarts= oder Arme leuth
sollen von keinem uber 3 nacht beherberget werden bey straff eince
halben fl., es sei dan, daß ein solcher das tagelohn arbeitet.

6. Wann einer die haußierung oder haußsuchung begeret,
aber nichts gefunden wirbt, ist die straff 1 fl.

Der dritte Titul, von der Fewr=Ordnung.

1. Die drey feuerbeseher, welche am weyßen Sontag ver=
ordnet werden, sollen gut vffacht haben, damit die schlößt recht
verwahret vnd gefegt, auch feurwaßer bey einem jeden hauß zum
vorrath auf den nothfall vorhanden sey, bey der gemeinen dorffs=
buß, halb der Gemein vnd halb den feürbesehern.

2. Wann bey einem in seinem hauß, scheürn, stall vnd Hoff=
raith feür auskomet, vnd dasselbe gesehen vnd beschryen wirbt, so
ist er der gemeind 20 h. gelts zur straff verfallen.

3. Wann eines, es sey Inheimisch oder frembd, mit einem
spanlicht im hoff oder auff die gassen geht oder daß feür vff
stürtzen[1] holt, solle es einer Gemeind 1 ort eines gülden verfallen
vnd die wirth, wann sie es ihren Gästen nicht ansagen oder nicht
verwehren, für dieselbe straffbar sein.

4. Item so einer oder mehr holtz in den Rauchlöchern oder Öfen
dörret vnd drüber betretten wird, ist ½ fl. zur straff verfallen.

---

[1] Deckeln, also wohl offenen, unbedeckten Platten.

5. In die ſcheüern, darin man midt flachsriffeln, -hecheln, -ſchwingen oder -brechen vmbgeht, ſolle keiner kein licht oder feür bringen oder tragen bey ſtraf 20 h. gelts, aber bey dem Mond=ſchein iſt es vnverwehret, ohne licht damidt vmbzugehen.

6. Es ſoll auch keiner den flachs in die ſtuben tragen vnd hinder den ofen legen bey ſtraff 20 h. gelts.

7. Zue nachts ſoll kein Oſen zum flachs geheitzet werden, vnd wann ſolches einheitzen zur rechten Zeit bey tag geſchicht, ſoll jedesmals ein kübel oder gölten voll waßers dabey ſtehen bey ſtraf 40 h.

8. Wann in einem hauß keen[1] oder ſpehn vf oder hinder dem Ofen in der höll oder Dörrholz in oder vor dem Oſeu ge=funden werden, ſo iſt die ſtraf 5 h.

9. Item ſo die feürbeſeher etwas ſehen, daraus nachtheil oder ſchad erfolgen möcht, vnd ſie ſolches dem oder deßelben Haus=geſind wegzuthun vnd zu endern vnterſagen, vnd aber dieſem nicht nachgeſetzt, ſondern hernach widerumb alſo befunden vnd betretten werden ſolte, der ſall zue Buß verfallen haben 20 h.

Der vierte Titul, von der holtzordnung.

1. Die Gemein ſoll ihres gemein holtzes mit fleis ver=ſchonen vnd daßelbige nicht umb des trinckens willen vnnöthiger weis verkauffen.

2. Was zum Bauen verwilliget worden, ſoll nicht zum Brennholtz gemacht noch ſonſten verkaufft werden, ſondern, wann deren eines beſchicht, ſoll daß holtz der Gemeind ver=fallen ſein.

3. Es ſoll auch kein Gemeinds Mann oder die ſeinen kein gehauenes holtz, es ſey an ſtickeln,[2] landtern[3] oder anderm, aus dem holtz oder feldt mit ſich heimtragen bey ſtraff eines güldens, In=maßen dann auch das andere holtz tragen einem jeden gemeinds Mann vnd haußgenoßen bei ebenmeßiger Straf 1 fl. verbotten iſt.

4. Ein Gemeindsman iſt im gemein holtz mehr nicht erlaubt abzuhauen als ein teuchßen,[4] knüttel, beſenreiß ins hauß, truckſtangen zue dem Backofen, raiff zue krautkufen im Herbſt, ein fuder Zaundorn vnd ein Mayen am Walpurgisabend, vnd dann

---

[1] Kienſpähne.　[2] Spitzpfahl.　[3] Stangenzaun.　[4] Deichſel.

auch nidt besonderer erlaubnus der Baumeister fiechten Näst[1]) zue Ettergerten[2]) zue den Zäunen zue hauen, aber das ander alles, wie folgt, verbotten.

5. Item es soll keiner dem andern seinen Theil **Brennholtz** heimlicher vnd vnwißenlicher weis heim oder hinwegführen bey straff 1 fl.

6. So vil stangen oder Stammen einer aushauet, geschichts bey tage, so gibt er für eine jede Stangen oder Stammen, es sey groß oder klein, 1 fl.; wo es aber bey nacht, als dann noch so vil, für einen jeden nemlich 2 fl. Ist auch solch abgehauen holtz der Gemeind verfallen.

7. Also ist die Straff deßen, welcher ein vor= oder Stamreiß. in seiner laub abhauet, 20 h.

8. In die **junge schläge**, so nidt vber 6 jar alt sein, solle bey straf 1 fl. kein pferdt, aber die kühe vnd ochsen allererst im zwölfften jar ins jung holtz getrieben werden, jedoch ist es hiebei herkommen, das man am pfingst Sontag nach Mittag vnd den folgenden Montag vnd Dienstag mit erlaubnus der Baumeister die pferd in die junge schläg treiben dörff.

9. Item wenn in einem holtz oder schlag **wildpräth** verspürt wird, soll man so lange biß solches hotz oder schlag entweder beiagt worden, oder das wildbrät nicht mehr vorhanden ist, darinnen weder hüten noch graßen noch die hundt hinein lauffen laßen bey straff 80 h. gelts, den wildbansherren verfallen, welche straf dann auch gegen denjenigen sein soll, die sonsten zue ander Zeil ihre oder andere hundt mit ihnen vf daß selbt in die höltzer oder andere orth, welches dem Wildbann nachteil brächte, lauffen laßen, ebenmeßig den wildbansherren verfallen.

10. Item ein jeder gemeinsman zu Jusingen soll schuldig sein, wo er im gemein holtz sihet oder hört hauen, hüten oder grasen anderst, als hie oben geschrieben ist, daßelbige aufs fürberlichst recht zu erkundigen vnd zu erfahren, auch solches alsobalden einer Gemeind anzuzeigen. Welcher aber daß nit thut, sonder verschweigt vnd solches hernacher auf ihne kündtlich erfunden wirbt. soll derselbige einer gemeind vnnachleßig ½ fl. zue straf geben.

---

[1]) Äste. [2]) Zaungärten.

11. Den gräsern vnd andern ist das Blättern vnd Stümpf=
abschneiden in den jungen schlägen, Item das Bürckenschneiden,
jedes bey straff 1 fl., verbotten.

12. Es ist vnd wird auch bey dem Losausgeben verbotten,
daß keiner kein holtz heimtragen, sondern ein jeder daß Seinige
heimführen soll bey straff eins halben gülden.

Der fünfft Titul, von den steinern vnd flurern.

1. Die Stainer sollen vnd müßen alle fünff ihre Pflicht in
der Steürstuben zue Rotenburg leisten, ihrem ampt vnd Befehl
als Stainer, solange sie vnentsetzt bleiben, nach ihrem besten ver=
standt treülich vorzustehen vnd nicht anzusehen oder sich verführen
zu laßen eines Reichtumb, Armuth, Nachbarschafft, freundtschafft,
miethgab noch nichts überal, das ihne von der billigkeit mochte
abwendig machen, sonder gefehrde.

2. Die Steiner sollen für sich selbsten niemanden insonderheit
Stainen, sie seyen denn insonderheit von beeden Parteyen darzu
ersucht vnd gebeten. Sonsten aber alle vnd jedes Jars zweymal
ordenliche Untergäng oder zwei gemein steinen, nemlich im
früeling zwischen Ostern vnd Walpurgis vnd nach dem herbst,
wann gesehet ist, anstellen vnd halten, vnd zue beeden mahlen
zuvor einen gewißen Tag durch die Bauremeister darzu verkünden
vnd ausruffen laßen, darbey dann Ihnen von einem jeden zeügen [1])
heraus= vnd hineinzusetzen ½ batzen vnd 1 h. spruchgelt von den
parteyen sollen gegeben werden, vnd soll ein gantze Gemeind mit
ihren fünff Steinern auff disen zweien gemein steinen gehen, vnd
welcher Gemeindsman nicht gehorsamlich erscheint, sonder außen=
bleibt vnd nicht ehhafftig vrsachen, warumb solches beschehen, an=
zeigen oder darthun kahn, solle derselbige vmb 1 fl. gebüst werden.

3. Wann im dorff gesteind wirdt, so geben die Parteyen von
jedem zeügen einen batzen vnd 1 pfund spruchgelt.

4. Zue andern Zeiten im Jar, wann ein besonders Steinen
von einem off seinen costen begert vnd gehalten wirbt, oder wann
die steiner wegen der Triebstein, wasserflus, lücken vnd weg zue
deümung [2]) vnd dergleichen erfordert vnd bemühet werden, so ge=
bühren jedem Steiner 5 batzen vnd ihnen sämbtlich für ausspruch

---

[1]) Der hier gemeinte „Zeuge" ist natürlich der Grenzstein. [2]) Verstopfung.

1 h. gelts nach erkantnus der Steiner, wenn sie die bezalung auf=
legen werden.

5. Wo ein Gemeind, es were zu dorff oder zu feldt, do nicht
gegenwertiger stein vor augen, vermeynen wolt, es hette einer ein
Gemeind an ihren weg, samen vnd gemein rechten vberackert oder
eine Gemeind eingefangen, vnd sich dagegen derselbige, so solches
gethan haben soll, auff einen Vntergang zeucht vnd beuth, so soll
ein gemeind disen bey seinem erbieten bleiben lassen vnd darüber
nicht straffen noch pfenden, doch soll der beschwert theil den begerten
Vntergang in den nechsten 14 tagen zu wegen bringen vnd nicht
darüber verziehen; Wo er aber in den 14 tagen solchen Vndergang
nicht erlangen thele, sondern nachläßig befunden würde, soll derselbige
jedes tags darnach biß zue Außtrag der sachen 30 ₰ verfallen sein.

6. Wer sich den Steinern widersetzt, der büset es gegen einem
jeden Steiner mit 5 h. gelts; es mögt aber das Verbrechen also
grob sein, so wird er von einem E. Ratth ferners gestrafft; jedoch
ist jedem erlaubt, sich auf sein gefahr auff einen E. Rath be=
scheidenlich zueberuffen.

7. Wer einen aus den Steinern oder dieselbe insgesambt an
Ehren angreifft, der soll Jhuen die ehr wiederumb aufrichten vnd
der straff vnd ferneren Beschaids bey einem E. Rath gewertig sein.

8. Es soll keiner ohn Vorwißen seines lehenherren einige
Stainung vornemen.

9. Welcher gefehrlicher weis auf die gemeind stein schüttet,
ist die buß 2 H. vnd die Stein widerumb davon zu tragen schuldig.

10. Item wenn einer den andern vberackert, vbermehet, einen
Stein entblöste oder vmbriße, ist die Straf 10 H. Es mögte
aber die vbertrettung so groß vnd vnverantworttlich, auch gefehr=
lich geschehen sein, So sollen es die Schieber Einem E. Rahtt
anzeigen vnd derselben straff zur dero erkantnus stellen. Dieweil
ein E. Raht es für der gantzen gemeind sondere notturfft vnd
Nutz zu sein erachtet, das nemlich, gleichwie es vor disem auch
gewesen, widerumb ein flurer angenommen vnd bestendig gehalten
werde, Also soll solches mit ehestem beschehen, vnd derselbe, gleich=
wie auch deßen nachkommen, zu jederzeit hinein vf die Steür=
stuben zue seiner Pflicht leistung gesielt werden, welcher järlich
zum lohn haben soll ¼ morgen laubholtz.

Der sechste Titul, Vom Hirtenstab, feldknechten, Gemein Rechten vnd Gemeinen Nußungen.

1. Demnach der Hirtenstab der Statt Rotenburg als diß orts der Oberherrschafft vnd Verteidigern vnd Versprechern der Gemein rechten von vnvordencklichen Zeiten hero alba zvständig, So seind alle gemein händel, welche von der gemeind selbsten nicht können verrichtet werden, einem E. Rath zv Rotenburg vor=zubringen vnd deren ausschlag, verordnung vnd befehl darüber zu erwartten; vnd soll auf gedachten Hirtenstab vnd was dem=selben anhengig, mit fleiß gesehen vnd ·bey niemanden eintrag oder neüerung daran verstattet oder nachgegeben werden.

2. Die Gemein nußungen, gefell vnd einkommen solle die Gemeind fleißig zu raht halten, auch Järlich vor den herren Landtvögdten ordenliche Rechnung darüber geschehen, damit das gelt dem Dorff zum besten, zue eÿsserung gemeiner weg, steg vnd andern sachen wol angelegt vnd nicht, wie bißhero geclagt worden, alles vertruuken sondern das vbrige vmb verzinßung auf genug=same versicherung hingelihen vnd also mit allen gefellen getreülich vmbgangen vnd nichts vnnußlich verschwendet oder dahinden ge=laßen werden.

3. Der hirt vnd seine darzu gedingten Ehehalten vnd gesind sollen bey ihrer herdt bleiben vnd von niemanden, solang das vieh nicht im stall steht, zue einer andern arbeit gebraucht vnd dauon abgehalten werden bey der bus des Dorffs.

4. Wann aber der hirt sonsten selbsten ohne erlaubnus der Baurnmeister von der hert gehet, so ist seine straff ½ fl. iedes=mais, so offt es geschicht.

5. Derjenige, welcher den hirten also geschlagen vnd be=schaidiget, das er seiner hert nicht abwartten kahn, der soll einen andern an des beschädigten statt stellen, biß er widerumb geheÿlet wirdt, vnd ist der frevel der Statt Rotenburg zustendig.

Der Sibende Titul, Vom Vieh, Trieb, hut vnd Waidt.

1. Bey der kloensteür oder hirtenpfründe sollen vnd müssen alle stück angezeigt vnd keines verschwigen werden bey verlust des besten stück viechs, vnd sollen die Anschneider ierlich

ihre Pflicht den herren Landtvögbten wegen der kloensteüer thun vnd leisten.

2. Item welcher ein Vieh aus dem Dorff verkaufft, der soll dasselbige in den nechsten 14 Tagen hernacher hinweg thun; wo es aber in solcher zeil nicht hinweg gethan werden solte, ist die verwürckte buß 30 Pf., vnd die hirtenpfründ darzu verfallen.

3. Item ist es auch verbotten, bey einem gulben, kein waid=vieh außerhalb des Dorffs Jnsingen bestandsweis einzunemen.

4. Die flier vnd gantze Hammel sollen nicht auf das dritte gras gehen bey peen 1 fl.

5. Es soll auch kein Gemeinsman sein vieh allein vnd be=sonder ohne der hauptleut vnd Baurnmeister wißen vnd willen außtreiben oder schören bey straff 1 fl.

6. Wann ein vieh, welches einer nicht vuter den hirten treibt, sondern zu hauß helt, aber nicht verpfründet, nur auff die gaßen herauskompt, so ist es der Gemeind verfallen.

7. Es ist keinem erlaubt, schaf vnd schwein zu bestehen, bey straf 3 fl., desgleichen kein gaus, vmb halb auffzuzihen, bey straff eines güldens.

8. Die gais sind menniglichen vff der Gemeind zu halten verbotten bey straff 1 fl.

9. Wer junge Gänß zihen will, der darff nur acht alle den winter vber einschlagen vnd nicht mehr dann nur ein Alte mit Jungen setzen; wer aber keine junge zihen will, deme ist vnverwehrt, 12 alte gänß einzuschlagen, bey straff eines güldens.

10. Wann ein Gemeindsman seiner Nachbarn einem zu Jnsingen junge schwein abkaufft, so gibt der kauffer dem hirten für ein jedes stück zu einem wehnpfennig hinfüro nur ein pfennig; wann sie aber einem fremden abkaufft werden, soll der kauffer, wann der stück drei oder mehr sein, einen laib brods dem hirten geben, vnd wo es nur 1 oder 2 stück sein, von jedem 1 Pf.

11. Ein haußgenoß hat nicht macht, ein eigenes rindvieh zue halten, sonder die Gemeine pflegt einem haußgenossen nur ein schweinlein vff ansuchen gegen der pfründt bittweis paßiren zue laßen.

12. Ein Baur hat macht, 15 ſchaf vnd einen gantzen hötzel[1]), aber ein köbler[2]) nur 12 ſchaf vnd auch einen ganzen hötzel zu halten.

13. Die gemeine wäſen ſein den gräſerin das gantze Jar vber bey tag vmb ½ fl. vnd bey nacht vmb 1 fl., wanns ge- fährlicher weis geſchicht, verbotten.

14. Es iſt menniglich das mehen nach Bartholomei vff den herbſtwieſen vnd nach Michaelis auf den gromatwiſen bey ſtraf eines güldens verbotten.

15. Welcher das heue vnd gromaht vnd alſo 2 Nutzung von ſeiner wiſen geneüſt, der muß dieſelbige wiſen im ſelben Jar der gemeinde offen ligen laſſen.

16. Item es ſoll auch ein jeder Gemeindsman zue offenen zeiten die auf ſeinen gütern hergebrachte Erbluchen offen ſtehen laßen, damit daß Vieh ſeinen gang vnd waidbeſuch haben möge.

17. Die weg in Beſchloßenen Sommer- vnd winterfeldt ſeind vmb 1 fl. verbotten vnd die ſchlaifweg vmb ½ fl.

18. Wann einer zue verbottenen zeilen vff die gemein oder ſchlaifweg mit pferden, ochſen oder anderm vieh treibet oder hütet oder graſet, iſt die ſtraf 1 fl. von jedem, der dawider handelt, niemand ausgeſchloßen.

19. Die füllen, welche eines oder 2 Jahr alt vnd hinden nicht beſchlagen ſind, dörffen vnter die kühherdt getrieben werden, aber nicht die andern, ſo allenhalben beſchlagen ſein, bey ſtraf ½ fl., ſo offt einer dawider handelt.

20. Item ſo einer oder mehr ein vieh oder pferd (ſo vnter daß ander vieh nit tauglich, ſondern ſchadhafftig were) bey ihm hatte, der oder dieſelben ſollen ſolches im ſtall halten vnd hinweg- thun vnd gar nicht vnter den hirten treiben bey vnnachläßiger ſtraf 1 fl. vnd des zugefügten oder verurſachten ſchadens halb noch darneben einen abtrag zu thun.

---

[1]) Was iſt „hötzel"? Vermutlich eine beſtimmte Anzahl von Rindern oder anderm Vieh. Die Wörterbücher geben keine Auskunft.

[2]) Der „Köbler" (Beſitzer eines geringeren Hauſes, eines „Kobels") ſteht hier dem „Bauer" (Vollhüfner) gegenüber. Beide ſind Hausbeſitzer, während der „Hausgenoſſe" keine eigene Wohnung hat. Von Intereſſe iſt die Beobachtung, daß zu Inſingen die Bauern und Köbeler hinſichtlich ihrer Weidenutzungsrechte nicht weſentlich verſchieden ausgeſtattet waren.

21. Eine Gemeind hat macht, wann man das Stuppeln vffthut, die Treiblucken auffzumachen; wer es hindert, der ist der gemeind 1 fl. straff verfallen.

22. Wenn ein frembder oder Außlendischer vff einer Gemeind waid zu schaden treibt, so ist die buß von jedem stück, was für vieh es sein mag, 1 ort, wanns ohne geferd geschicht, vnd muß ein solcher demjenigen, der ihm pfendet, es sey gleich der flurer oder ein gemeindsmann, nichts destoweniger 1 vierthel wein vnd für 6 Pf. weck außzahlen.

23. Wann ein gräserin im verbottenen winterbau vff ihren oder eines anderen acker sich betreffen oder sehen leßt, so wird sie vmb 1 fl. gestrafft; wenn aber der winterbaw nicht durchaus verbotten, sondern einem jeden seine acker er= laubt sein, vnd eine in eines andern acker mit einem stumpf[1]) betretten, so ist sie vmb 2 h., aber ohne stumpf vmb 1 h. strafbar.

24. Item so einer mit der sehnßen wirbt mehen vff den ge= meinen wisen, es sey herbstwisen oder sonsten an orten vnd enden, da die Gemein trieb vnd hut hat, der= oder dieselben vbertretter sollen ohne alle gnab 1 fl. zur straff verfallen sein.

25. Wann die Sammet oder garben von den äckern hinweg geführet sein, so ist das grasen in solchen äckern verbotten bei straf 1 orth solange, biß die Baurenmeister es widerumb auf thun.

26. Gleiche straf ist auch, wann ein fremder vf solchen äckern graset, do die samet oder garben noch darauf ligen; aber derjenige, dem der acker zusteht, hat darauf, wan die Garben noch darauf ligen, macht zu grasen oder es einem andern zu vergönnen.

Der Achte Titul, Von der Kirchwey vnd angießen.

1. Die Vergünstigung des Tantzblatzes vnd der kugel= vnd ander spil soll jedesmals bey einem E. Raht gebührlich gebeten vnd gesucht vnd die verbrecher darumb hergenommen vnd gestrafft werden.

---

[1]) Was ist hier unter „Stumpf" zu verstehen? Das Wort ist bekanntlich für allerlei verstümmelte Dinge im Gebrauch. Sollte es hier „abgehauenes Gras" bedeuten?

2. Das angießen bei den beeden wirtthen an den kirch=
weyen (dann sonsten niemanden dann allein denselben zweyen
Erbschenkstatten daß weinschenken alba zuegelassen wirbt) Sollen
allein die 2 Rotenburgische Hauptmenner vnd baurnmeister
wie auch die 2 Marggrävische hauptleüt vnd derselbe Baurn=
meister verrichten, vnd die wirth solches angießen halber nicht
vber 3 viertthel weins vnd ein bar gericht von Jhuen beschwert
werden.

3. Wann ein kandten von den angießern zu gering er=
kannt, vnd ein Nagel abgeschnitten wirbt, soll der wirth dieselbe
in einem Monat wieder nageln laßen bey straff ½ fl.

Der Neunde Titul, Von etlichen andern, besondern Ordnungen, Dorffs= und Feldbußen.

1. Welcher an den flössern vnd gräben ein anstößer ist,
der soll solche also haben vnd halten, daß sie einer gemein vnd deren
wegen vnd stegen ohne nachtheil vnd schaden sein, bey straf 10 h.
dem Reichs Richter zu erlegen.

2. Wann man in der Gemein arbeit, weg vnd steg macht
vnd beßert, vnd ein Gemeindsman der Dorffmeister Befehl nicht
nachsetzen wollt, so ist derselbe die gemein Dorfbus verfallen.

3. Die Dorffmetzen soll keiner vber nacht behalten,
sondern dem Dorffmeister balb wieder heimschaffen bey straff 1 h.

4. Es soll die Dorffmetzen ein vber das ander jar bei dem
Reichsrichter widerumb angegoßen werden.

5. Item wer holtz oder anders, das schädlich ist, vff die Ge=
mein legt vnd vf Wahrnung nicht hinweg schafft, der wirbt vmb
½ fl. gestrafft.

6. Es ist keinem erlaubt, auf der Gemein, wie auch in seinem
Laubholz nicht, einen fruchtbaren Apfel=, Birn= oder andern Baum
abzuhauen bey straf 1 fl.

7. Item wenn einer etwan bey seinem acker ein wießflecklein
ligend vnd auf demselbigen (damit deßen mit dem wayden ver=
schont werde) ein garben oder drey, wie bisher gebreuchlich, hinter=
laßen hette, der soll daßelbige der gemeinen wayd wegen in acht
tagen, als solcher sein acker abgeschnitten vnd eingeerndt sein wirbt,

12*

abzumachen, zu raumen vnd die garben hinweg zu thun schuldig
sein bey straf eines orts gelts.

8. Wann einer im Dorff bey tag oder nacht aus den heusern
oder durch fenster, laden oder sonst heraus einen schus thut, er
sey ein frembder oder Inheimischer, wird er umb 1 fl. gestrafft,
vnd mögt solcher schus etwan vbels anschlagen, so blib es bey
solcher [straff] nicht, sondern stünd zu einer fernern straf eines
E. Rahts.

9. Wer oder welche vor dem hirten hinausgehet, die feldbieren
aufzuglauben oder zu schütteln, würdt vmb 1 fl. gestrafft; geschicht's aber bey nacht, so würb er doppelt gestrafft ohne gnadt.

10. Wann einer vff den andern wendet vnd aus seinem acker
midt dem pflug erden zuführet, vnd innerhalb 3 tagen dieselbe
nicht hinwegschafft, so ist er ein ort zur straf verfallen.

11. Das Erden= oder Laimengraben in den gemein
wegen ohne erlaubnus der Baurnmeister ist bey einem ort gelts
verbotten, vnd demjenigen, dem es erlaubt worden, bey gleicher
straf gebotten, die gruben widerumb zue= oder einzuebnen.

12. Den Mist vnd Erden mag man nach Michaelis vf die
wisen zwar ausführen, aber nicht eher dann nach Martini be-
raithen bey straf eines ½ fl.

13. Item es soll keiner seine Herbstwisen vmbzuackern oder
oder vmbzureißen befugt sein außerhalb zue einem krautgarten
bey straf 20 h., vnd soll daß gerißen widerumb zu wisen ligen
bleiben.

14. Item obwol der Tauberflus vf Insinger markung vnd an
etlichen andern orthen mehr sonsten für sich ein frey waßer ist,
so soll doch das fischen in demselben wochentlich nicht länger zugelaßen werden als 2 tag, nemlich dienstags und freytags; wer
das beym tag vbertritt, ist die bus 16 h., bey nacht aber 20 h.,
damit den Nachbarn destoweniger schaden vf ihren wisen oder
gütern geschehe.

15. Item es soll niemand in daß gemein fischwaßer flachs
legen noch rösten bey verlust deßelben.

16. Dieweil mit allers herkommen, das jerlich Walpurgis bey
der Rechnung ein Meßner oder kirchner zu Insingen vmb seinen
dienst, wie auch der vf dem Thorheußlein vmb günstigung der

herberig oder wohnung daselbsten bey einer gantzen Gemeind hat bitten vnd ansuchen müßen, also soll es künfftiglich gleicher gestalt gehalten vnd in acht genommen werden.

Der Zehende Titul, Von den zehrungen, Gemeinen Verrichtungen vnd anderm Vnkosten.

[1.] Demnach bey den gemeinen Rechnungen sich befunden, daß in vilen fällen gar zu große überflüssige zehrungen geschehen vnd zu gemein werden wollen, darauß dann ein rohes, gottloses wesen, als fluchen, schweren, Gottslesterungen, schenden vnd schmehen, auch häder, rauffen vnd schlagen, sonderlich aber durch diß erfolget, daß nicht allein die busen vnd pfandtgelt, sondern auch die gemeine gelöste Nutzungen vffgewendet, verzehret vnd darzu etwan auch sonderschulden bey den wirthen gemacht worden sein, Als hat ein E. Rath dise folgende vnterschiedliche ordnung gemacht, der gemeind fleißig darob zu halten vnd derselben gehorsamlich nachzukommen, insonderheit vfferlegt vnd bevohlen.

1. Wann die Baurnmeister vnd ander Gemeinds-Männer, welche von der Gemein wegen entweder in der Statt allhier vor einem E. Raht, Regierenden Burgermeister oder Steürstuben oder sonsten zue feldt mit augenscheinen vnd andern dergleichen Gemeindssachen zu thun haben, so seind hinfüro einer jeden solchen Persohn 10 kr. für ihre mühe vnd Versäumung an einen tag verordnet.

2. Es soll auch die schickung vnd Verordnung der Persohnen, welche solche gemeine sachen verrichten, so vil möglich, eingezogen vnd ein geringer außschuß darzu gemacht werden.

3. Bey dem Hirtenweinkauff solle die gemein, dabey auch die weiber pflegen zu sein, in den beiden wirthsheusern von dem gemeinen gelt nicht über 24 fl. zu verzehren macht haben, vnd die zwen hirten nicht über 6 fl. zuuertrincken geben; Sie mögen sich aber wol eines wenigern mit einander vergleichen, oder wenn sie ein mehreres darbey verzehren wollen, ist ein jeder daß übrige aus seinem eigenen seckel zu bezahlen schuldig.

4. Wann man die gemeindrechnung thut (welche järlich Walpurgis in beysein der Rotenburgischen herren Landvögdt geschehen soll), haben die Gemeindsleut (darunter auch die witfrauen,

welche gemeinrecht haben, verstanden) von dem gemeinen gelt so vil zu verzehren, als ihnen jedesmals von Ehrngedachten herrn Landtvögdten wird vergünstiget vnd zugelaßen werden.

5. Item weil man in der kaarwochen vff den tag, als den Kühen die hörner abgeschnitten werden (darzu denn hin=fürter nicht mehr denn 12 Personen, nemlich die 4 hauptmänner, die 2 Baurnmeister vnd sousten noch 6 aus der gemeind, die von gedachten hauptmännern vnd Baurnmeistern jedes jars insonderheit darzu zu erkießen vnd zu wehlen seind, gezogen werden sollen), auch zugleich der gemeine wahs oder wießen verbeutet wird, also sein vff solchen tag 8 fl. vom gemeingelt zuuerzehren verwilliget, nemlich 6 fl. erstgedachte 12 Persohnen der hörnerabschneidung wegen vnd dann 2 fl. vom gemelten wasen oder wisen zu ver=beuten.[1])

6. Item obwoln bißhero zu vnterweilen, wan man den an=schlag der hirtenpfründ gemacht hat (welches vngefehrlich 14 Tage nach Walpurgis geschicht) wie auch im herbst 14 Tage nach Martini, wan man den hirten bezahlt hat, ein trunck oder zehrung gethan worden, So soll doch hinfürter solches als gar vnnöthig dem gemeinen wesen zum besten abgeschafft werden vnd künfftig nicht mehr geschehen.

7. Item bey der heiligen oder Gotteshaußrechnung, welche järlich Kiliani geschicht, soll der gemeind vom gemeinen gelt 4 fl. zuuerzehren verwilliget und zuegelaßen sein.

8. Deßgleichen am weißen Sontag nach Faßnacht, da man die feürbeseher wehlt vnd die heiligen wisen in beysein des h. Pfarherrs verleihet, (welches bey den zweyen offentlichen gast=wirthen, einem vmb den andern, geschicht) widervmb 4 fl., weil Ihnen jedesmals von dem heyligen auch so vil zuuertrincken geben wirbt.

9. Wann die 15 Morgen heyligen äcker vnd die dartzu gehörige 3¼ tagwerck wisen verbeutet oder hingelihen werden (welches alle 3 jar in beysein des h. Pfarrers vnd der gantzen gemeind im herbst geschicht, vnd vmb die gantzen wisen vnd vmb die halbe getraidnutzung demjenigen, welcher am meinsten Dün=gung darauf schlecht, verlihen wirbt), Gibt die gemeind 3 fl. Deß=

---

[1]) „Verbeuten", eigentlich als Beute verteilen, hier „versteigern".

gleichen auch dißmal, wann gemelte halbe getraidnußung vf Petri Pauli gebeutet wird, widervmb 3 fl. zuuerzehren.

10. Wann man das holß ausgibt, welches järlich zweimal in 14 tagen nacheinander vnd nemlich mit dem fiechtenholß (welches die Rotenburgische vnterthanen vff vorgehende anlangung vnd verwilligung der herrn Landtvögdt, auch in derselben beysein mit besichtigung der hölßer vnd machung der Lohß allein verrichten) im herbst, mit dem Laubholß aber (da dann die Marggrävische, Rotenburgische vnd Krailsheimische vnterthanen miteinandergehen) vmb Burkhardi beschicht, sollen jedesmals 8 fl. zuuertrincken gegeben werden.

11. Wann man jerlich im Herbst die marckung vmbgeht, hat ein Gemeind deßwegen zuuerzehren 6 fl., vnd dan im dritten jar, so die see dabey verbeutet werden, noch 2 fl.

12. Wegen der Ruggerichten, welche järlich 3 mal gehalten werden, nemlich vf Walpurgis, Jacobi vnd im herbst, sollen hinfürter, weil zum theils zu disem mal die gemein vorhin was zuuerzehren hat,[1] die zehrung eingestellt vnd nicht mehr paßirt werden.

13. Deßgleichen sollen auch die Vertrinckungen, dern bißhero eine Gemeind vbel vnd sehr gewohnet gewesen, verbotten sein vnd dagegen, da einer oder mehr gegen der Gemeind oder sonsten rug= oder straffbar wirbt, gegen den= oder dieselben solle nach dieser Ordnung verfahren oder solches bei einen E. Raht der Statt Rotenburg als dem Dorffs= oder Gemeinherren angebracht werden.

14. Wann die Gemeind, wie Vnterschiedlich oberzehlt worden ist, ihre besondere vortheil vertrinckt, so sollen die wirth, wan solche vortheil verzehret werden, jedesmals schuldig sein, der Gemeind solches offentlich anzuzeigen vnd außzuruffen. Wer nun weiters darüber eine Nachzech haben will, dem ists vf seinen besonderen, eignen vncosten erlaubt. Wer aber vf solches beschehens außruffen mit den andern keinen nachtrunck thut, der soll auch an der andern nachzech, dieweil er vber den vortheil nichts weiteres gezecht, nichts zu bezahlen schuldig sein.

---

[1] Nämlich die Bußen= oder Rügegelder!

Der Eilffte Titul, Vom Pfandaußtragen.

Wann jemand, er sei gleich ein Gemeindsmann oder nicht, der Gemein in Oberzehlten Articuln oder andern hergebrachten billigen fällen bußfellig worden ist, aber die straf nicht geben will, so wird er gepfendet, vnd daß pfand allezeit in das Rotenburgische Wirthßhauß getragen oder geführet, auch vngeachtet, wann er sich schou vor einem E. Rath vff recht berufft. Dabey hat die ge= meind 1 h. zu vertrincken, vnd mus zwar der jüngste gemeinsman das pfand in daß wirthßhauß tragen oder führen, vnd die andern gemeindsleüth alle vnd jede nit allein dasselbige anrühren, sondern auch ein jeder von berürtem gemeinen wein trincken. Es muß auch das außgetragene oder entführte pfand so lang in gedachtem Rotenburgischem Wirthßhauß liegen bleiben, biß die strittige sach vor einem E. Rath als versprechern der Gemeinrecht ausgetragen wirbt. Wann aber der frembde sein Pfandt in gewiser darzu bestimter Zeit nicht löset, so wird es von der gemeind verbeutet vnd vertruncken.

Vff vnd vber solches ist auch geordnet worden, das hinfüro, so ein oder mehr Gemeindsman sich vff oder vor einem E. Rath beruffen vnd der sachen verlustigt vnd vnrecht gewinnen würdte, der= oder dieselben sollen nit allein die bus, barvmb sie von einer Gemeind gestrafft, sondern auch den darauff geloffenen costen nach eines E. Raths erkanntnus ausrichten vnd bezahlen.

Beschluß.

Diß ist also der Gemeind zu Jusingen zum theils alte, zum theils verordnete vnd verbeßerte, zum theils auch gar erneüerte vnd gemehrte, nunmehr geschriebene vnd von einem E. Rath hie= mit bestettigte Dorffsordnung in den meisten vnd vornemsten gemeinen sachen vnd fällen, welche auch ferlich bey der rechnung am tag Walpurgis, damit sich niemand mit der vnwissenheit zu= entschuldigen haben möge, offentlich abgelesen werden soll. Vnd ist eines E. Raths ernstlicher beuehl an alle vnd jede gemeinds= männer vnd gemeindsleüth, derselben in allen vnd jeden Puncten vnd Articuln gehorsamlich nachzusetzen vnd vor obangedeüteten vnd andern straffen sich zu hüten. Jedoch haben Ihre Erbarkeiten ihnen austrucklich vorbehalten, diese geschribene Gemeindsordnung

iederzeit zuercleren, zu mindern vnd zu mehren, auch gar abzu=
thun vnd ein anders damit vorzunehmen vnd zuuerordnen, wie
es ihrem künfftigen guttachten vnd wolgefallen nach des dorffs
nußen, notturfft vnd gelegenheit erfordern wirbt.

Actum et publicatum einer gantzen zuſammenberuffenen vnd
verſambleten Gemein zu Juſingen in dem Rotenburgiſchen wirthß=
hauß daſelbſte durch die Ehrnveſte, fürſichtige vnd weiſe herren
Johann Stauben vnd h. Adolph Rammingern, beede alte Burger=
meiſter vnd derzeit weſende Landvögd vff dem Zwerchmayr.

Donnerſtag den 27. Aprilis Anno 1620.

56 Gemeinrecht { Rotenburgiſche　36
Brandenburgiſche 18 } zu Jn=
Creilsheimiſche　2 } ſingen.

Apologetische Versuche in der Geschichts=
schreibung der Hexenprozesse.

Von Karl Binz.

In seiner neuesten Apologie des Verhaltens der Jesuiten in
den Hexenprozessen (Görres=Gesellschaft 1900, S. 1—96) schreibt
Pater B. Duhr S. 93 bei der Besprechung der vorletzten Hin=
richtung einer Hexe in Deutschland (Klosterfrau Renata in Würz=
burg 1749) folgendes:

„In diesem Berichte soll nach Binz, Joh. Weyer, 2. Aufl.,
S. 126 stehen, daß auch zwei Jesuiten die Richter der Renata
gewesen. Dies steht aber nicht in dem Bericht, sondern nur, daß
neben zwei geistlichen Räten auch zwei Jesuiten vom Bischof in
das Kloster geschickt wurden, um von den Geständnissen Renatas
und dem Zustand der sechs besessenen Nonnen Kenntnis zu
nehmen.'

P. Duhr zeiht mich damit der mindestens ungenauen Be=
richterstattung. Gegen die von mir angeführte Quelle hegt er
keinen Zweifel, denn er benutzt sie selber zu seiner Darstellung,
ohne das geringste daran auszusetzen. Es sei mir erlaubt, die
uns h e angehenden Stellen wörtlich vorzuführen. Sie stehen in
G. C.i Horst, Zauber=Bibliothek, Mainz 1821—25. Der Leser
möge dann entscheiden, ob ich zu viel gesagt habe.

Zuerst Bd. 1, S. 209: „ . . . da man ihre Zelle unter=
suchte, fand man ihren Schmierhafen, Zauberkräuter, sodann auch
einen gelben Rock, in welchem sie zu ihrem gewöhnlichen Hexen=
tanz und nächtlichen teuflischen Zusammenkünften auszufahren
pflegte. Als nun Renata wohl sahe, daß sie durch gemeldete
Zeugschaft, gefundenes Zauberwerk, Bekänntniß derer bösen Geister
sehr stark überwiesen, also bekennete sie ohne weitern Zwang so=

wohl ihren Vorgesetzten, als auch der von höchster Obrigkeit zu dem Ende verordneten, aus zwei geistlichen Räthen und zwei P. P. ex Societate Jesu bestehenden Commission ihre schweren Verbrechen, auch den mit dem Teufel gemachten Bund zu brechen, und durch reumüthige Buße sich zu ihrem Gott zu wenden . . . .' (Der Sperrdruck ist von mir.)

Diese Untersuchungs=Kommission, bestehend aus zwei geistlichen Räten und zwei Jesuiten, wird dann in einem anderen Bericht d. d. Würzburg 1749 wieder in dieser Weise erwähnt (Horst Bd. 3, S. 186): „ . . . . . zu dem Ende ließ er (der Fürstbischof) durch zween Herren geistlichen Räthe die wahre der Sache Beschaffen= heit einsehen, die Bekenntniß aus dem Munde der Renata selbst vernehmen, und höchstdenenselben hierüber unterthänigst referiren zu laßen. Er. hochfürstlichen Gnaden ließen ihnen den Vortrag be= lieben, als höchstdieselben aber zwey Tage darauf verblichen, be= kam die Sache einigen Aufschub, bis endlich in interregno von Kloster=Seiten darum abermal angesucht, das Begehren bewilligt, und nebst zween Herren Räthen noch zween Patres Societatis in Vorschlag gebracht wurden, welche sich sämmtlich am letzten Ascher= Mittwochen, und wieder darauf den Freytag nach Unterzell ver= fügten und nach dem ihnen pro informatione communicirten Kloster= und Ordens=Protocoll die Geständniß von Renata selbst vernahmen, annebst von dem Zustande der 6 Besessenen, als der Haupt= Wirkung ihrer Zaubereyen, und Corpora delicti den Augenschein auf eine kurze Zeit einnahmen . . . . .'

Weiter heißt es dann a. a. O. S. 195: „ . . . . (Renata wurde) nach einem abermal von der geistl. Regierung mit ihr vor= genommenen Examen, worbey sie auf ihre vorige Bekänntniß be= harret, aller geistlichen Privilegien verlustigt erkennet, und sogleich dem weltlichen Gerichte übergeben, welches nach abermal vorge= nommener Untersuchung und ad Celsissimum abgestatteten Relation dieselbe zum Feuer verurtheilet . . . . .'

Auf diesen drei Stellen, besonders auf der ersten, fußte ich, als ich jene zwei Beisitzer ex Societate Jesu Richter der Renata nannte. Auch heute noch glaube ich damit das Richtige gesagt zu haben. P. Duhr faßt die Thätigkeit dieser zwei Mitglieder der „Commission" ganz harmlos auf. Sie sollen von dem Bischofe

einfach zur platonischen Kenntnisnahme in das Kloster geschickt
worden sein. Das ist schon deshalb unrichtig, weil der Bischof sie
gar nicht schicken konnte, denn er war gestorben, und nun erst
wurden „in interregno" die zwei Jesuitenpatres den beiden geistlichen Räten als Untersuchungsrichter beigegeben.

Das Ergebnis dieser Untersuchung durch die aus vier Geistlichen bestehende Kommission ist bekannt. Ob sie selber der armen
Renata die geistlichen Kleider abrissen und ihre Trägerin dem
weltlichen Arm überlieferten oder ob sie beides durch einen Schergen
thun ließen, jedenfalls geschah der ganze Justizmord auf Grund
dieser Untersuchung. Nichts deutet darauf hin, daß die beiden
Patres S. J. anderer Meinung waren als ihr Ordensgenosse Gaar,
da er am Scheiterhaufen seine denkwürdige Leichenrede hielt. [1]
Sollten aber weitere Forschungen in den Prozeßakten die beiden
Patres in einem besseren Lichte erscheinen lassen, so würde mich
das freuen, denn jede Stimme der Vernunft und Menschlichkeit,
die man aus einer solchen Orgie der Dummheit und Barbarei
heraushört, wirkt wohlthuend, gleichviel von wem sie kommt.

Vortrefflich sagt P. Duhr in dem Vorworte seiner Abhandlung:

„Auf den folgenden Blättern soll ein Versuch gemacht werden,
ohne Tendenz nach der einen oder anderen Richtung hin die wahre
Sachlage zu schildern. Wie anderwärts, soll man sich auch in
dieser Frage nicht scheuen, die Wahrheit voll und ganz zu sagen
und auch hier den Satz Ciceros zu befolgen, den Leo XIII. in
seinem bekannten Schreiben vom 18. August 1883 allen katholischen
Historikern zur Richtschnur gegeben: Der Historiker soll nicht
wagen, die Unwahrheit zu sagen, und nicht fürchten, die Wahrheit
zu offenbaren (De oratore II. 15). Nur die Wahrheit wirkt be-
freiend, und nur die wahre Geschichte wird als Leuchte der Wahrheit zugleich zur Lehrmeisterin für das Leben."

Diesen Worten komme ich nach, indem ich eine Auffassung
berichtige, die in der Geschichte der Hexenprozesse von allen
Apologeten, auch von P. Duhr, geteilt wird. Er schreibt S. 17:

„Am 20. März 1623 erließ Gregor XV. ein Breve (Omni-
potentis Dei), in welchem er bedauert, daß einige sich soweit

---

[1] Bei Horst Bd. 2, S. 353.

vergäßen, daß sie einen Pakt mit dem Teufel eingingen. Dieselben müßten bestraft werden, und zwar sollten diejenigen, welche durch ihre Zaubereien eine oder mehrere Personen tödlich beschädigen, zur Bestrafung dem weltlichen Arm übergeben, diejenigen aber, welche nur Krankheiten und Schaden an Vieh oder Aeckeren hervorgerufen, mit Gefängnis bestraft werden. Wäre nach dieser Norm in Deutschland verfahren worden, so hätten viele „Herren" den Scheiterhaufen nicht bestiegen."

Abschaffung der Todesstrafe für eine große Zahl von Fällen der Malefiz-Prozesse, das hört sich an wie eine reformatorische That. Sieben[1] Bullen waren bereits ergangen, die die Flammen angefacht hatten; nun war eine gekommen, die sie mindestens dämpfte und vielfach auslöschte.

Hier der Wortlaut dieses Breves nach dem Magnum Bullarium Romanum, Turiner Ausgabe 1867. XVII. 796:

.... Quapropter, ut tam exitiosa scelera a christifidelibus arceantur, gravioribus poenis vindicanda duximus. Motu itaque proprio, et ex certa scientia ac matura deliberatione nostris, deque apostolicae potestatis plenitudine, tenore praesentium decernimus, praecipimus et mandamus, ut, constito quod aliquis pactum cum diabolo fecerit, et a fide apostando maleficiis sive sortilegiis unam seu plures personas ita laeserit, ut ex maleficio vel sortilegio mors sequuta sit, etiam pro primo lapsu, curiae seculari tradatur, debitis poenis puniendus: qui vero similiter apostando pactum cum diabolo, ut praefertur, fecerit, et maleficium seu sortilegium commiserit, ex quo, licet mors sequuta non sit, infirmitas tamen, divortia, impotentia generandi, sive animalibus, frugibus vel aliis fructibus damnum notabile provenerit, muro claudi, sive perpetuis carceribus, in sancto inquisitionis officio, ubi illud existit, fabricandis, mancipari debeat ....

---

[1] Ihren Wortlaut hat Weihbischof Binsfeld in seinem bekannten Brandbuche, wenigstens in der in meinem Besitz befindlichen Ausgabe von 1596, zusammengestellt, offenbar um seinen Gegnern und Anhängern zu sagen: Seht, wie recht ich habe! —

Beim Lesen dieses Breves vom Jahre 1623 sieht man mit Betrübniß, daß von höchst imperativer Stelle alle die albernen Anklagen wieder in die Welt geschickt werden, wie 137 Jahre vorher von Innocenz VIII. unseligen Andenkens, und zwar zu einer Zeit, wo in tausend anderen weniger gesalbten Köpfen die Erleuchtung darüber bereits durchgebrochen war oder doch auf= dämmerte.[1]

Was Gregor XV. über den Teufelspakt und seine Misse= thalen in neuer Auflage der Christenheit darbot, waren natürlich alles Früchte der Folter. Man sehe das Sacro Arsenale overo Prattica dell' Officio della S. Inquisitione. Con lizenca de' Superiori. Roma 1639, S. 16 und besonders das Kapitel Modo di procedere contro alle Streghe nel Sant' Officio S. 175. Hielt die Here die Folterqualen eine Stunde aus, so hatte sie Hoffnung, von der Anklage loszukommen, vorausgesetzt, se la causa non e gravissima e gl'indicii urgentissimi (S. 182). In diesem Falle wurde so lange gefoltert, bis sie alles bekannte, was man von ihr haben wollte und dessen Wirklichkeit uns das Breve von 1623 so klar vor die Augen führt.

P. Duhr betont aus dem Breve das Wort „Gefängnis". Beim Lesen seines Citates ist man versucht, an eine moderne Einsperranstalt zu denken mit luftigen hellen Zimmern, mit täg= licher Bewegung in freier Luft, mit neunmaligem frischem Fleisch im Monat, kein Gericht zweimal in derselben Woche, mit eigenen Krankensälen, wie ich das alles in den „Bestimmungen für die preußischen Strafanstalten" vor mir sehe. Aber die Kerker jener Zeit waren eine fortgesetzte und anhaltende Folter. Heute noch haben wir an vielen Orten Deutschlands und Italiens die Ge= legenheit, uns durch den Augenschein davon zu überzeugen, daß das langsame Sterben in ihnen schlimmer sein mußte als der rasche Tod in den Flammen.

Weyer, der aus eigener Anschauung spricht (Praestigia daemonum 1583, S. 681), sagt unter anderem: „Ita fit, ut so- litudine diutina, carcerum squalore, caligine tetra misellae

---

[1] Beiläufig gefragt, wie kommt bei Duhr S. 15 Jordanäus unter die Propheten und der vortreffliche Godelmann S. 44 unter die Missethäter? — Man vergl. Histor. Zeitschr. 1900. 85, 290 und meinen Weyer 1896, S. 96.

Dei creaturae jam denuo torturis variis excarnificatae, dum quaestionibus atrociter subjiciuntur, cum morte semel momento acerbissimam ejusmodi vitam commutari malint, quaecunque proposita flagitia libenter confessae, quam ferocius in easdem putidissimorum carcerum speluncas et equuleos praecipites retrudi . . .“ Und das bezieht ſich nur auf die Gefängniſſe der Unterſuchungshaft; dann waren die der Strafvollſtreckung ſicher nicht anders.

Das Wort Gefängnis hier ſo gelaſſen auszuſprechen, wie P. Duhr es thut, als ob es ſich etwa um die moderne Strafe für einen Feldbiebſtahl handle, iſt demnach wohl kaum zuläſſig.

Unter ſolchen Umſtänden braucht man das Wort „lebenslänglich“, das P. Duhr in dem päpſtlichen Erlaß von 1623 ganz überſehen hat, nicht weiter heranzuziehen. Melius est mori, quam perpetuo carceri damnari, bemerkt ſogar ein canoniſcher in dieſer Sache kundiger Autor. [1])

Auch über das von P. Duhr überſehene muro claudi kann man ſich kurz faſſen. Das Lebendigeingemauertwerden war ein Urteil zum langſamen Verfaulen und Erſticken im eigenen Unrate. Der Tod konnte nur eine Frage von wenigen Wochen ſein. Je länger er ausblieb, um ſo furchtbarer wurde er; je raſcher er kam, um ſo mehr war er eine wahre Erlöſung.[2]) Das Hinrichtungsinſtrument war freilich kein Scheiterhaufen, allein an Unmenſchlichkeit übertraf es dieſen.

Ob ſich wohl nachweiſen läßt, daß das lebenslängliche Gefängnis oder die Einmauerung im Bereiche der römiſch-kirchlichen Strafjuſtiz ſo ſchlimm nicht waren? — Ich weiß das nicht. Von den Canoniſten, zum Beiſpiel bei Pignatelli a. a. O. S. 331, reben betreffs der Kerkerſtrafe, die Ketzer oder Hexen treffen ſoll, die einen der Schärfe, die anderen einer gewiſſen Mäßigung das Wort. Es wird allein darauf ankommen, was von beidem in der Praxis geſchah. Solange jener Nachweis fehlt, werden die Apologeten das päpſtliche Breve vom 20. März 1623 wohl kaum in dem

---

[1]) J. Pignatelli, Novissimae consultationes canonicae. 1719. II. 83. Vgl. auch H. Ch. Lea, A history of the Inquisition of the middle age. 1888. I. 491.

[2]) H. Knapp in meinem Weyer, 2. Aufl., S. 80.

bisherigen Sinne[1]) verwerten können, wenigstens nicht dann, wenn
sie mit P. Duhr der vollen und ganzen Wahrheit ins Antlitz zu
schauen entschlossen sind.

Ähnliches gilt zum größten Teil von der günstigen Meinung,
die P. Duhr über die Vorschriften ausspricht, die die römische
Kongregation der Inquisition 1675 betreffs der Führung der
Hexenprozesse erließ.[2]) Bekanntlich ist der Papst selbst der Präsident
dieser Kongregation. P. Duhr sagt S. 18 von jener Vorschrift:
„Sie atmet den Geist der Vernunft, der Milde und Gerechtigkeit.‟

Prüfen wir sie auf diese drei schönen Wörter in ihrem Wortlaute. Da finden wir zuerst das Festhalten an dem alten rohen
und stupiden Wahne des Teufelsbündnisses (apostasia ad Daemonem)
und der Beteiligung an den Hexentänzen (accessus ad ludos
diabolicos). Das entspricht wohl kaum der Vernunft. Sobann
kann das Heilige Officium die Folter nicht entbehren, obgleich es
sie ein remedium fallax nennt. Das ist wohl kaum ein Ausfluß
von Milde und Gerechtigkeit. Alle Gründe dieser drei schönen
Tugenden, die schon 1622 der lutherische Prediger J. Greve[3])
und 1631 der Jesuit F. v. Spee gegen die Folter in so beredter
Sprache vorgebracht, waren noch 1675 nicht imstande, das Heilige
Officium von der größten Unvernunft abzubringen, woran die
Menschheit je gelitten.

Bis zu einer Stunde darf gefoltert werden. Das reicht aus,
um aus der Angeklagten alles herauszubringen, was die schmutzigste
und dümmste Richterphantasie ersinnen konnte. Ist der Fall sehr
schwer, so darf die peinliche Befragung wiederholt werden. Als
Methode der Menschenschinderei ist das Aufziehen mit einem Strick

---

[1]) Auch Soldan-Heppe II. 207 citiert es so, daß man annehmen muß,
er habe den Text nicht vor den Augen gehabt, und beurteilt es demgemäß
unrichtig.

J. Diefenbach, Der Hexenwahn vor und nach der Glaubensspaltung,
1886, bringt S. 151, wo er den Erlaß Gregors XV. erwähnt, nur das Verbot der Todesstrafe für milder verlaufene Fälle der Bezauberung von Personen und schweigt von der daselbst vorgeschriebenen langsamen Hinrichtung
durch Einkerkern und Einmauern.

Ebenso Johannes Janssen in seinem großen Geschichtswerke 1894,
VIII, 626. Von dem sonstigen Inhalt des Breves kein Wort.

[2]) Abgedruckt bei G. C. Horst, Zauberbibliothek. 1822. III. 115.

[3]) Vgl. in meinem Weyer, 2. Aufl., S. 117.

an den gefesselten Händen vorgeschrieben. (Ob die Hände auf den Rücken gebunden sind oder nach vorne, ist nicht gesagt; jenes erhöhte das Entsetzliche des Vorganges wesentlich und war zu gewissen Zeiten und an gewissen Orten bevorzugt.) Konnte man die Unglückliche so nicht foltern, weil ihre Hände, Gelenke oder Arme bereits zerfleischt oder gebrochen waren, so durfte die tortura funis ersetzt werden durch eine simplex tortura alterius generis tormentorum. Der Findigkeit der Inquisitoren war also freier Spielraum gelassen.

Das Instruktions-Buch des Heiligen Officiums von 1637 empfiehlt in solchem Falle das doppelte, mit Schrauben versehene konkave Quereisen, in das die Füße eingeklemmt, oder das offene Feuer, dem die gefesselten, mit Schweinespeck eingeriebenen nackten Füße so nahegebracht werden, bis „der Beschuldigte laut zu schreien anfängt: Weh', weh' u. s. w. Sehen nun die Herren, daß er große Schmerzen leidet, so werde eine Platte (tabula) zwischen ihn und das Feuer geschoben und er aufgefordert, die Wahrheit zu sagen." Antwortet er, er sei unschuldig, so wird der Befehl gegeben, die schützende Platte wieder zu entfernen. Der Angeklagte beginnt wieder zu schreien. Die Platte wird wieder vorgeschoben. Der Angeklagte wird abermals ermahnt, von seiner Hartnäckigkeit abzulassen und die Wahrheit zu gestehen. Gewahren die Herren, daß er beim Leugnen beharret und nichts bekennen will, so werde er nach seinem Orte zurückgebracht und die nach einer Sanduhr gemessene Zeit der Tortur werde von dem anwesenden Notar angemerkt. [1]

In dem Kerkerloch hatte er dann Zeit, über seine verbrannten Füße und über den Atem der damaligen „Vernunft, Milde und Gerechtigkeit" nachzudenken.

Vielleicht galt 1675 statt der tortura funis nicht mehr die tortura ignis von 1639. Nun, dann war es dem Wortlaute des angeführten Aktenstückes gemäß in dem angegebenen Falle, wenn

---

[1] Sacro Arsenale, overo Prattica dell'Officio della S. Inquisitione ampliata. Roma 1639. S. 131 ff. „Del modo d'interrogare i Rei nella tortura."

„Die Kongregation der Inquisition hat keinen besonderen Präsidenten; denn dieser ist der Papst selbst." J. J. Scheuffgen, Die Hierarchie u. s. w. Münster i. W. 1897, S. 169.

die Angeklagte wegen bereits zerschundener Hände oder verrenkter Arme nicht in die Luft gereckt werden konnte, irgend eine simplex tortura alterius generis tormentorum, worin unsere frommen Vorfahren ja äußerst findig waren. Viel Unterschied in dem Maße der Grausamkeit wird nicht gewesen sein.

Auf dem Papier stehen geringere Härte als früher gegen die Opfer des Teufelswahns und geringere Leichtfertigkeit im Prozeßverfahren. Fiel die Hexe in die Hände von Richtern, die angehaucht waren von dem damals schon wehenden neueren Geiste des Zweifels an den kirchlichen Überlieferungen über das Hexenwesen — vgl. Innocenz VIII. 1484 u. s. w. u. s. w.—, so mag der Fortschritt, der in den Vorschriften von 1675 lag, manches schreckliche Los wohl gemildert haben. Eine Behörde aber, die, wenn auch nur eine Stunde, einen Menschen an den zusammengebundenen Händen in die Höhe zu ziehen erlaubt, um von ihm auf diese Weise die Wahrheit zu erfahren, für die ist das Wort Vernunft doch schwerlich angebracht.

Meines Wissens war Friedrich II. von Preußen der erste Gewalthaber, der in seinen Staaten die Folter verbot, und zwar hatte er es eilig damit, denn es geschah am vierten Tage seiner Regierung, 3. Juni 1740.[1]) Wie lange sonstwo in Deutschland die Vernunft auf sich warten ließ, zeigt die letzte Hexenhinrichtung bei uns, 1775 zu Kempten in Bayern. Fiat justitia, schrieb der gefürstete Priester unter das blödsinnige Urteil.[2])

---

[1]) R. Koser in Naudés Forschungen zur Brandenburg. u. Preuß. Geschichte. 1893. VI. 233.
[2]) Nach Soldan-Heppe. II. 308.

Ein bürgerlicher Haushalt im Jahre 1612.

Mitgeteilt von C. Reichardt.

In dem sehr reichhaltigen, aber arg verwahrlosten Archive
der Stadt Nieder-Wildungen (Waldeck) befindet sich eine Handschrift privaten Charakters, welche ein allgemeineres kulturgeschichtliches Interesse in Anspruch nehmen darf. Es ist ein überaus
genaues, ja gewissenhaftes Inventar der gesamten liegenden und
fahrenden Habe eines Wildunger Bürgers aus dem Anfange des
Jahres 1612. Jedem einzelnen Posten ist eine Wertangabe beigefügt. Aus dem trockenen Verzeichnisse ersteht uns fast ohne
Zuthun unserer Phantasie ein höchst anschauliches und urkundlich zuverlässiges Bild von der Einrichtung und dem wirtschaftlichen
Betriebe eines ansehnlichen deutschen Bürgerhauses in der Zeit
vor dem großen Kriege. Darum dürfte der Abdruck der Handschrift an dieser Stelle nicht unberechtigt erscheinen.

Der Verfasser des Verzeichnisses und Eigentümer des be-
schriebenen Haushaltes ist der Wildunger Bürger Daniel Prasser.[1]
Er war der Sohn des Stadtschultheißen Wolff Prasser, welcher
im Jahre 1597 gestorben sein muß. Er selbst mag um das
Jahr 1576 geboren sein. Geheiratet hat er im ersten Jahrzehnt
des 17. Jahrhunderts. Zwei Kinder scheinen früh verstorben zu
sein.[2] Prasser war, wie sein Vater, ein rechtskundiger Mann.
Im Jahre 1608 verwaltete er den Kirchen- und Schulkasten,
später erscheint er wiederholt als Bürgermeister seiner Vaterstadt.
Schon im Jahre 1612 muß er auch in gräflichen Diensten gestanden haben; in späteren Jahren wird er als gräflicher Rat

---

[1] Das vorderste Blatt der Handschrift, welches wohl den Namen des
Verfassers trug, ist ausgeschnitten. Doch läßt sich dieser aus einzelnen An-
gaben der Handschrift und gleichzeitiger städtischer Quellen, sowie aus der
Gleichheit der Schriftzüge mit Sicherheit erweisen.

[2] Vgl. Bl. 27a und 28a unten.

13*

bezeichnet; er durchlebte die ganze schwere Zeit des großen Krieges und scheint erst um das Jahr 1656 gestorben zu sein.[1] Er gilt als Verfasser einer Chronologia comitum Waldeccensium.[2] Diese Annahme erhält eine weitere Stütze durch die Anführung von ‚Memorialbüchern‘ vom Altervater und Vater her in dem unten wiedergegebenen Bücher-Verzeichnisse Praffers.

Die uns vorliegende Aufzeichnung besteht aus vier Teilen: einem Verzeichnis der liegenden Güter, der ausstehenden und geschuldeten Gelder, des Hausrates und der Bücher. Aus dem zweiten, umfangreichen Abschnitte mag nur so viel im Auszuge mitgeteilt werden, als geeignet ist, das Bild des wirtschaftlichen Betriebes, in welchen uns die Handschrift einblicken läßt, zu ergänzen. Die anderen Teile dagegen würden durch eine Kürzung ihres Hauptvorzuges, der Genauigkeit und Vollständigkeit, verlustig gehen. Sie mögen also im Wortlaute der Urschrift hier wiedergegeben sein.

Die Handschrift hat ein schmales Folio-Format und ist in Pergament geheftet. Ich bezeichne die einzelnen Blätter, ohne auf das ausgeschnittene Blatt am Anfange Rücksicht zu nehmen, und unterscheide die beiden Seiten jedes Blattes durch den Zusatz a und b. Das ganze Verzeichnis ist sehr sauber und deutlich geschrieben. Vereinzelte spätere Zusätze, stets von derselben Hand wie die erste Schrift, schließe ich in runde Klammern ein.

[1a.] Verzeichnus der Erb- vndt liegenden Guetter

	Thaler	alb.	₰[3]
Erstlich, die behausung, sampt dem Hoff, Ingleichen der Scheuren, dem bauw im hoff. Vnd dem heuslein Von Elsen Maurers erkaufft Kostet jegen meine geschwister	500	—	—
Daran Verbauwet bißhero	250	—	—
Daß hauß Von Johan Pful Jegels frauwen erkaufft, Kostet mit dem Weinkauff	52	—	—

---

[1] Genaueres über den Lebensgang des für die Ortsgeschichte nicht unwichtigen Mannes hoffe ich bald an anderer Stelle mitteilen zu können.

[2] Abgedruckt in Hahnii collectio monumentorum veterum et recentium, Brunsv. 1724. Tom. 1. p. 803 ss.

[3] Der Thaler ist zu 31 albus, der albus zu 8 Pfennigen gerechnet.

Garten

	Thaler	alb.	₰
Der Garte Vor dem born Thor an der maur koftet mit dem aufbrechen	100	—	—
Der Garte am steinwege zwey Vnderschiedene Theile	60	—	—
Der Hagengarten	20	—	—
Der Hopfengarte	30	—	—
Der garte auf dem Mullengraben	20	—	—
Der Krautgarte gegen der funcken Mullen	35	—	—

Wiße

Die Wiße bey der Neuwen Trenck	270	—	--

Acker im Rucken feldt.

Ein Morgen auf der Mutter	126	—	—
Ein halber Morgen daselbst	64	—	—
Ein halber Morgen daselbst beim Steine	83	—	—
Ein Virtel daselbst	30	—	—
Ein Virtel noch daselbst	30	--	—
Drey Virtel ober dem großen born	42	—	—

Lat:

————————— 1702 Thaler. [1]

[1b.] Acker Im Warte Kuppelfeld.

	Thal.	Alb.	₰
Ein halber Morgen Im hinderften Nord Thal	53	—	—
Ein halber Morgen am Kautenbörngen	40	—	—
Ein halber Morgen im Vorderften Nord Thai	64	—	—
Ein halber Morgen bey dem Weschebach	30	—	—
Ein halber Morgen Vff den Vhecheln	10	—	—[2]
Anderthalb Virtel am dauben Rein	10	—	—

Acker im hettenfehfeld

Ein halber Morgen auff dem bruch	50	—	--
Ein halber Morgen Vber dem Pfaracker	33	--	—
Ein halber Morgen auff dem Wege Vnder dem Ruber	63	—	--

---

[1] richtig: 1712 Th.

[2] der Poften ift durchftrichen.

Thaler alb. ₰

Ein halber Morgen auff dem Wege Vber dem
Ruber　　　　　　　　　　　　　　　　60　—　—

Der Weinbergk am Ziegenberge.

Lat:

———————————　413 Thaler,

Summa der Erbgutter

———————————　2115 Thaler. [1]

[2a] Extract Und Verzeichnuß meiner aufftehenden Schulden,
3ten Januarij Aõ 1612.

[Das Verzeichnis umfaßt über 24 Seiten. Es finden sich
im ganzen 123 Schuldner aus 44 verschiedenen Orten angegeben.
Aufgeführt werden faft sämtliche, nämlich 27 Orte des heutigen
Waldeckischen Eberkreises, 13 unmittelbar westlich oder östlich an=
grenzende hessische Orte, endlich einzelne Schuldner in weiter ent=
fernten Orten: Herborn, Köln, Lüneburg und Saalfeld. Von den
Schuldpoften felbft bezeichnet Praffer 31 als von feinem Vater
herrührend. Dazu find öfter Zinsen von 14 Jahren her rück=
ftändig. Diese Poften belaufen sich in Summa auf 187 Thaler
10 alb. Ihm felbft ftehen 84 Poften zu, mit in Summa 953 Thalern,
4 alb., 4 ₰. Dazu kommen einige nicht genau berechnete oder
nicht mehr einziehbare Außenftände. 39 Beträge in Höhe von
179 Thalern 4 alb. werden ihm gefchuldet für Dienftleiftungen in
peinlichen Gerichten und Prozeffen, Auffetzung von Schreiben oder
Ausftellung von Rechnungen. 45 Poften im Werte von 467 Th.,
21 alb., 7 ₰ entfallen auf Darlehen und Vorfchüffe verfchiedenfter
Art. 18 Nummern im Gefamtbetrage von 306 Th., 9 alb.,
5 ₰ erfcheinen als Außenftände aus dem Handel mit Schafen
und Wolle, fowie für fonftige gelegentliche Lieferung von Erbfen,
Bier und dergl. An Stelle barer Zahlung tritt öfter Lieferung
von Naturalien: Korn, Weizen, Hafer, Stroh, auch Fleifch oder
Speck, Brot, Bier u. a. mehr. Auch gewiffe Arbeitsleiftungen
werden als Äquivalent anerkannt: Auffsicht im Felde, Botengänge,
Holzfuhren und dergl. Einzelne Schuldner haben Verfchreibungen
auf Grundftücke ausgeftellt oder folche zur Nutznießung mit Ge=

---

[1] richtig: 2125 Th.

nehmigung der Obrigkeit überwiesen. Ausdrücklich getilgt sind in
unserem Verzeichnisse nur wenige Posten. Es scheint, als wenn
Prasser sich seiner nur einige Jahre bedient hätte. Besonders erwähnt sein mag, daß Pr. am Schlusse dieses Registers noch einen
Betrag von 100 Th. anführt — er ist in obigen Summen nicht
mit einbegriffen — mit der Bemerkung: „Wil Puß noch mein
SchwiegerVatter Jacob Ruebsahmen in Butzbach Laut dero daruber
sprechenden recognition."]

[15a] Verzeichnuß Waß Ich darjegen schuldig bin

[Eine größere Schuld von 1000 Thalern hat Prasser im
Jahre 1602 bei seinem Schwager, Bürgermeister Joh. Kremer,
aufgenommen. Vielleicht setzte er sich damals mit seinen Geschwistern wegen des väterlichen Erbes auseinander (vgl. oben
Bl. 1a). Davon hat er in den Jahren 1609—1611 bereits
500 Thaler zurückgezahlt. Dem Kirchenkasten schuldet er vom
Vater her noch im ganzen 167 Thaler, 27 alb. Er zinst davon
auf Michaelis, Martini und Ostern. Desgleichen dem Weiberhaus
für 30 Thaler auf Lichtmeß. Auf Grund des väterlichen Testaments verzinst er ferner ein Vermächtnis von 50 Gulden (zu
26 alb.) zur Erhöhung des Einkommens des Organisten und
ebensoviel zur Austeilung von Tuch an die Armen am Nikolai-
Tag. Beide Beträge belaufen sich zusammen auf 83 Thaler,
27 alb. Dem Kasten ist er von seiner Verwaltung im Jahre
1608 her 76 Gulden, 1 alb., 2½ Heller schuldig geblieben. Davon
hat er 69 Gulden 23 alb. auf die Grafen und die Junker von
Löwenstein angewiesen; der Rest „steht noch bey M. G. Hern
wegen deß Casten waßers". (Fischwasser auf der Eder.) Aus demselben Anlasse schuldet er ferner dem ersten Pfarrer, Herrn Joh.
Dorbecker an seiner Besoldung noch 44 Gulden. Er verweist ihn
mit 23 Gulden, 22 alb. an die Grafen, mit dem übrigen an
verschiedene seiner oben verzeichneten Schuldner. Es folgen noch
verschiedene einzelne Posten, die aber alle noch im Laufe des
Jahres ausgethan worden sind. Es waren Schulden für Waren
oder Arbeitsleistungen. Dabei erfahren wir auch, was die Magd
Prassers an Lohn erhielt; es waren jährlich 7 tt. Geldes im Werte
von im ganzen 70 alb., 1 Schleier und 1 Paar Schuhe für je
10 alb. und 15 Ellen breit Tuch.

Eine Aufrechnung beider Register ergiebt folgende Zahlen:
Die Summe der Außenstände einschließlich der ausdrücklich be=
rechneten Zinsrückstände beträgt 1140 Thaler, 14 alb., 4 ₰; dazu
noch die vom Schwiegervater zugesicherten 100 Thaler. Die
Schulden belaufen sich zur Zeit der Aufstellung des Registers,
soweit sie in Geld angegeben sind, auf 853 Thaler, 18 alb., 4 ₰.
Darunter waren verzinsliche Kapital=Schulden im Betrage von
801 Thaler, 23 alb. Als regelmäßiger Zinsfuß, z. B. bei Kasten=
zinsen, kommen 5 % in Anrechnung; doch zeigen sich im einzelnen
Schwankungen zwischen etwa 4,8—5,8 %].

[20a]   INVENTARIUM
                             Vnd
Verzeichnuß aller Vnserer mobilien Vnd fahrnuß, so wir Zu
              anfang dießes 1612 Jahrs gehabt.

[Vorbemerkung: Die einzelnen Posten des Verzeichnisses
sind im Original untereinander geschrieben; eine besondere Rubrik
an der linken Seite jedes Blattes enthält die Wertangaben, fast
durchweg in Thalern. Um Raum zu sparen, gebe ich das ganze
Verzeichnis in fortlaufender Schrift wieder und setze die angegebenen
Werte in Klammern hinter den betreffenden Posten oder hinter
den letzten der unter eine Summe gebrachten Gegenstände.

Soweit sich aus Prassers Angaben ein Bild des Hauses selbst
gewinnen läßt, entsprach dasselbe durchaus der gewöhnlichen Bau=
weise und Einrichtung der älteren Wildunger Häuser. Es sind
dies ziemlich schmale, drei Stockwerke hohe Giebelhäuser mit vier
Fenstern Front in der vorderen Giebelseite, mit wenig vor=
springenden Obergeschossen und hohem Dach. Von der Straßen=
seite führt die Hausthür auf den Flur, welcher die eine Seite des
Untergeschosses einnimmt. Auf der anderen befinden sich hinter=
einander Stube, Küche und Kammer. Die oberen Geschosse ent=
halten nach der Straße zu eine geräumige vierfenstrige Stube, die
auch wohl durch eine Zwischenwand in zwei Räume geteilt wird;
kleinere Räume, auch wohl eine zweite Küche liegen an der Seite
und nach dem hinteren Giebel zu. Diesem ist bisweilen eine schmale
Scheuer in der ganzen Höhe des Hauses angebaut. Ein Aufzug
führt durch ihre, den Geschossen des Hauses entsprechenden Böden

bis zum Dache hinauf. Die eben beschriebene Einrichtung zeigt
z. B. das Haus von Daniel Prassers Vetter, Georg Prasser, das
noch jetzt durch eine Inschrift kenntlich ist. R.]

Erstlichen an höltzenem gezeug! Vnd werck,

1 Ein großer Schranck am Ehren [1]) (10) — 1 Ein wasche
Tisch (1 s.) — 2 Große himmelbett oder Spannen In der hindersten Kammer (16) — 1 Groß himmelbett oder bet Span In der
fordersten Kammer, mitt einem schaubbett (8) — 1 Neuw bet Span
mitt einer Decken zu fritzlar (4) — 1 Klein himmelbett In der
understen Stuben mitt dreyen schaubladen (10) — 1 Gemeine bet
Span In der Megde Kammer (1) — 1 Kleine Kinder Span
In der Vordersten Kammer (2) — 1 Kindß Wiege Zusampt dem
Wiegebrett (1) — 1 Schranck Vor der obersten Stuben (5) —
2 Tisch auff der obersten stuben deren einer beschloßen (6) —
1 Tisch Vor der obersten Stuben (1) — 1 Tisch Vnden in der
stuben (4) — 1 Klein Kinder Tisch — 1 Tisch auff der schreibstuben (2) — 1 Nachtstul (1) — 1 Pult auff der schreibstuben (1)
— 1 banck auff der schreibstuben — 1 schranck verschloßen In der
Kuchen (1) — (1 ledder Zum Offenloch)[2]) — [20 b] 1 großer Mehl
Kasten Vor der obersten stuben (4) — 3 Lehnstuel (1) — 1 Lehn
banck (½) — 1 Verschloßene banckfiedel In der Vndersten stuben (1)
— 5 schaubladen an den bencken — 1 Vorbanck auff der schreibstuben — (1 Vorbanck In Stockgens hauße) — 2 Vorbencklein,
Klein (1½) — 3 große neuwe bier becken (1) — 7 becken groß
Vnd Klein (½) — 1 backe Trogk (1) — 3 Kram dunnen auff der
lauwen — 1 Kram dunnen, darin lein, In dem Kleinen Kemmerlein — (1 Kram dunne, darin alte brief, In der hindersten Kammer)
— 1 lade ohne Deckel — 1 Viereckn lade ohne Deckel darein
brieffe Vnd ein Sack mit etlich Cleutern wolle (1) — 3 große
Kasten In der Vordersten Kammer (20) — 1 Kleines Kestlein
daselbst (2) — (1 hoher Kram Kasten) (1½) — 1 hoher Schwartzer
Reiße Kasten In der hindersten Kammer, darinnen etlich alt
Zeug (4) — 2 Kasten in der Megde Kammer — 1 Metze be-

---

[1]) Haus-Ehren (mhd. ern, eren ›tnm. Fußboden, Tenne) ist noch heute
in Wildungen und Umgegend die gebräuchliche Bezeichnung des Hausflurs.

[2]) Die Worte in Klammern sind später zugefügt. —

ſchlagen — 1 halbe meße Vnd 1 Virtel ohnbeſchlagen (1) —
hulßern ſchußel groß Vnd Klein — Dußen Vnd . . .[1]) hulßerne
Deller (1) — 1 Nehelade, beſchloßen (½) — Ein hirſchgewicht ſampt
dem Kopf, am Ehern (1) — [21a] (2 brechen) — (2 ſchwin=
geſtöcke) — 1 haſpel — 3 weiberſtuel (1) — 4 eimer (1) —
1 ſchußel Korb — 2 anrichten In der Kuchen — 1 Saltzrump
(1) — 3 großer fuderfaß — (1 grof faß Von 5 ½ ohm 3 V.)
(8) — 12 faß Von 4, 3 Vnd 2 ohmen — 3 faß Von 1 ohm
— (1 faß Von 13 V.) — 2 faß Von 8 V. (12) — 1 Kraut
faß (1½) — (1 große bude) (2) — 1 weſche faß — (1 bad
Zuber) (1) — 1 Klein feßlein Von 4 V. — 1 ſcheibe bubbe (2)
— 1 fliegen ſchranck — (1 faß ſchledbe) — 1 butterfaß — 1 brott
henge (1½) — 6 Milch Zuber beſchlagen (1) — 2 Keße hengen
— 2 Keße breder mitt fußen, Item 1 ohne fuße — 2 hacke breder
(1) — 1 Spinrad — 2 Tragehölßer — 2 ſtelßen (1) — (2 ledder,
ſo gutt ſind, Vnd 2 alte leddern) — Eine Kelter In Stockgens
hauße — (Ein Trogk zur Kelter Vnd Krautſtoßen) (3) — 4 waſche
Korbe — 3 henckel Körbe — 1 welſchen henckel Korb — 3 Klein
brot Körbigen (1) — 5 Siebe allerley gattung (1) — 10 bienen
Körbe — 3 Sprue Körbe (1) — Eine Thür ſteht vor der oberſten
ſtuben — 6 bier rinnen.

[21b]   An Kupffer werck

    2 Keßel Jeder Von (5 eimern) — 1 Keßel Von (2½ eimer)
— 1 Keßel Von (2 eimer) — 1 Alter Keßel — 1 bade Keßel Von
(12 eimer) In die badeſtuben — 1 Keßel von (6 eimern) In der
badeſtuben auff den offen eingekleibt — 3 ſchebcher, deren eins großer
alß daß ander, In der badſtuben (16) — 1 ſchebchen zu der Kupffer
waßerſtande — 1 Kupffern waßerſtande Von 7 eimern — 1 Kupffern
Zuber Von 2 eimern (10) — 1 Erbeß ſieb — 1 Kupfern deckel (½) — 1
Meßing Keßel von 1 eimer (1) — 2 Meßing gegoßene Dupffen (2) —
1 Klein geſchlagen meßing Dupffen — 1 Meßing Diegel groß (1) — 1
Mörſer mit dem ſtößer — 1 Meßing halbe (1) — 1 Meßing Deckel
— 3 Meßing leuchter (1) — 9 meßinge ſchrauben In der Vnderſten
Stuben (1) — (1 meßing ſchraube auff der oberſten Stuben)
— 4 meßinge bier hauen (1) — (1 Klein meßing bier hauen).

    [1]) nicht ausgefüllt.

[22a] **An Eyßen wergk**

1 großer Eyßern Dopff eingekleibt Von 11 Eimern (6) — 1 groß eißern Dupffen Von 2 eimern (2) — 1 groß Dupffen auch Von 2 eimern (2) — 1 Eißern Dupffen Von 1½ eimern (1½) — 1 Eyßern Dupffen Von 1 eimer (1) — 1 Rund eißern Dupffen Von . . . [1]) meß (1) — 1 Eißern Dupffen Von 3 meß (¾) — 5 eißern Dupffen Von 2 meß 1½ meß 1 meß Vnd ½ meßen (2¼) — 1 groß eyßern bratt Dupffen ohne henckel (2) — 1 Klein eyßern bratt Dupffen (1) — 1 bratt Pfan (½) — 1 große Pfan — 3 Pfannen mittel gattung — 2 Kleine Pfannen — (1 Klein Pfenchen mit beinen) — 1 Kuchen Pfan — (1 alte Kuchen Pfan) (2½) — 1 hopfen Pfal oder stickel (1) — 1 hohl mit einem lange eißen (1) — 1 brattspiß, darzu 2 eißern fuß — 1 Rost (1) — 1 Dreyfuß — 1 Klufft — 1 Axt — 2 Parten (1) — [22b] 1 fleisch beil — 1 Kleine Axt — 1 bickel — 1 große eißerne schlage — 3 greiffen — 1 Klein eißern bratspißlein zu Vögeln — 1 Kuchen Spiß (2½) — 1 Reffe (1) — 1 Senße — 1 Alte Sense — 2 hacken — 1 große Spabe Zu graben in wißen auszustechen — 2 Spaden (1) — 3 liecht Putzen — 2 eißern fuß In der badstuben, darauff der bade Keßel stehet — 5 eißern löffel — 5 eißern Deckel (1) — 1 eißerne Platte Vor der bad-stuben (½) — 1 Trog Kratze — 2 Scheren — (1 eißern offen In der badstuben — 1 eißern offen in Stockgens hauß — 1 T . . tern[2]) leuchter — 1 Stoßeißen — 1 Treyspitzig fleisch geblein — 2 Eyßen an 1 bett, zum Vorhang)[3])

[23a] **An Rustung in der Ruste Kammer**

2 lange Rohr, deren eins gereifft — 1 Lade mitt einem schloß (10) — 1 Klein birschbuchß (2) — 3 Kurtze Rohr — 1 Ktein Röhrlein (5) — 1 lange hulffter — 1 Vber Zug Vber 1 schloß — 1 Duppel hulffter Zu 2 Kurtzen Rohren — 1 Kurtze einletzige hulffter (1) — 1 buchßen ledlein, mitt Kretzern, feur-steinen Vnd dergleichen — 4 Pulver flaschen mit 1 Spenner (1) — 2 Rapier mit einem geheng (4) — 1 Lardelasch (1) — 1

---

[1]) nicht ausgefüllt.

[2]) undeutlich.

[3]) Die Wertangabe fehlt.

Reidſchwert (1) — 1 Schweitzer Degen (1) — 1 Kurtze Pampe
(2) — 1 Turkiſchen Sebel (2) — 1 hellebardt (1 ½) — 1 fedder=
ſpieß (1 ½) — 1 ſchweinſpieß mit einem Vberzug (1) — [23 b]
1 Stehlen armbruſt mitt der winden (3) — 1 Stehlen bogen (1)
— 1 Paleſter (oder Armbruſt, ſo mit einer Kugel geſchoßen wirbt)
(1) — 1 harniſch mitt der Sturmhauben (Vnd eißern handſchuch)
(5) — 3 ſattel Taſchen, deren 1 groß iſt (2) — 1 Sattel mit
ſtiegbuegeln (Vnd gurten) (3) — 1 fauſt hamer (½) — 1 eißern
gieß löffel — (Ein weidner ohne meßer)

[24 a]   Item noch In der Ruſte Kammer,

1 große hultzerne wage, beſchlagen (1) — 1 Stehlen wage
balck (1) — 3 meßinge wagen (1) — 1 Klein weglein — 1
Probier wage mitt dem Probier heußlein Vnd deßelbigen gewichten
Vnd Zugehör (6) — 1 Probier offen, Zuſampt eißen löffel, häck=
lein, ſchieblein Vnd dergleichen — Item Muffeln Vnd Capellen
— 2 meßing Capeln futter — 1 eißern Capellen futter (4) —
1 ſteingewicht Von 22 ₰. — 1 meßing gewicht Von 10 ₰. — 1 meßing
gewicht Von 5 ₰. — 1 meßing gewicht Von 4 ₰. — 1 meßing gewicht Von
3 ₰. — 1 meßing gewicht Von 2 ₰. — 2 meßing gewicht Von 1 ₰. Vnd
½ ₰. — 3 eißern gewicht deren 1 Von 8 ₰., Von 4 ₰. Vnd noch
Von 4 ₰ — (2 eingeſetzte Pfund gewicht) (2) — 1 Spanſage —
1 Kleine ſage — 1 eißerne Ehle (½) — [24 b] 5 eißern Kleine
Zangen — 1 Wingel bohr mit 5 bohrern — 1 Raſpe — 1
Schnitzmeßer — 1 feile — 3 meißel — 2 ander meißel — 2
handbohrer — 3 eißern hamer (2) — 1 eißern Kleine ſchlege — 2 berg=
feuſtel — 1 berg Kratze (1) — 2 hecheln — 2 eißern ſchwingen
— 2 Riebeißen (1) — 6 mahlſchlößer (1) — 8 Pfar (= Paar)
baube an Thuren (3) — 1 fliegen widdel Von Pfauwen feddern
(½) — Ein eißen mit dreyen Spitzen Zu einem wehr zum brauwen
ſampt der Zugehör — Eine winbe mitt einer Roln, geſchlacht
Viehe In die höhe Zu winden — Ein eißen zu der Kelter, in die
ſchraube (1) — 2 feur Zeug — 3 eißern hacken an ſcheuren
Seyler — 1 halffter Kette — 1 Manstaſche, ſo meinem Vatter
Sehl. geweßen, mit dem gürtel — 1 Stuck eißen Von etlichen ₰.
— 1 Pfar eiß Sporen — 1 Pfar Knie bender — Item an aller=
hand eißen wergk, negel, alte ſchloße Vnd dergleichen, Item alt
holtzen wergk Vnd etliche waßer gleßer (2) —

[25a]   **In Gemein**

Ein groß ſcheuren Seyl In der ſcheuren (mitt einer winden
Vnd hacken — 2 große Scheuren Seyler — 2 winden darzu —
1 Starcke Kördel Von 30 Claffter — 1 Cordel Von 20 Claffter
— 1 Cordel Von etlich Clafftern [alle drei zuſammen:] In der
Ruſte Kammer Vnd auff der ſcheuren (7) — 1 Große Runde
ſchachtel — 6 bunde Erderen Schalen — 3 Spinrocken — 1 Kober
— 1 Kehrburſte — 2 ſtrehlburſte (½) — 1 leddern Eymer (½)
— 1 leſſel futter Von Drot — (6 etliche buxbaum löffel) — 4
Knuppel ſchnur Zu ſchlagen - 2 Redgen zu Kuchen — 1 ſtruze
zu Kuchen — 1 Maubel brett Vnd hoiz — 1 Spiegel (1) —
(2 Zinnern Dinte faß — 1 meßing Strauwbuchß — 2 große
eingefaſte ſchifferſtein — 2 eingefaſte laub Taffel — 1 hörnern
Strauwbuchß) (3) — 7 gemalte Taffeln in der Kammer Vnd in
der ſtuben hangendt — 20 biehnen Körbe-

[25b]   **An Plecherm Zeuge**

3 flaſchen — 1 Trichter — 1 Klein Trichterlein In der Ruſte
Kammer — 1 heber — 1 Seyhe — 1 butterbeckgen — 1 wein-
heber — 1 Trichter Zu liechtern (1)

                          Gießer

1 eingefaſt giaß mit eßig — 2 große runbe biergleßer Zu
wilkommen — 2 eingefaſte gleßer In der Ruſte Kammer —
3 biergleßer — 16 weingleßer (1)

                          Kruege

1 maß Krug ohne Deckel — 3 Kruge Zu ½ maße mit deckeln
— 1 Klein Kruglein mit einen Deckel — 1 Klein brante wein
Kruglein — 3 weiße Wein Kruge — 1 Roht wein Kruglein (1½)

[26a]   **Zin Werck,**

9 Große Zinnenſchußel — 26 Schußel mittel Vnd Kleiner
gattung — 4 Zinnen Sieb, groß Vnd Klein — 6 Zinnen Kannen,
der 2 1 maß Kannen, Vnd die andern von ½ Maße Vnd nößel —
1 Zinnern handfaß — 1 Zinnen butter deller — 2 Zinnen ſalz
feßer — 1 Zinnen helm Vnd Kolben — 4 Zinnen Deller — 1
Zinnern nacht bodt (30)

5 Steinern Kuch Krippen — 1 Stein Drog (6) — 1 hopfen
ledder — 2 andere ledder [durchstrichen] — 1 faß schledden

[26b] Ein Eißern Stock auff der Oberſten ſtuben (8),
darinnen (Ein groß leddern beutel. Darin ein Schachtel mitt)
3 Silberne becher — 1 Silbern görtel — 1 Silbern ſcheide mitt meßern
— 1 Silbern löffel — 1 (ſamet) görtel mit Silber beſchlagen —
1 (ſamet) Scheide mitt Silber beſchlagen (100) — Item ein Keſt-
lein — darinnen eine Robe ſeiten ſchnur, daran 1 gefaſter Roßen-
obel Vnd noch 5 gebögete Roſenobel, 1 gebögte Duppel Ducat,
1 Milreß vnd 1 Ducal gebögt (48) — Item eine ſchwarße ſelben
ſchnur Daran 1 gefaſter Roſenobel, 2 Duppel Ducaten, 1 Ducat.
16 aller gold fl. geböget, Vnd 1 Menßer gulben Von golt, alle
angeböget. (50) — Item noch Im Kiſtlein 1 Crone mit dem
breiden Creuß — 1 Cruciat mit dem langen Creuß — 1 Ducat
— 2 gold fl. (11) — 2 gulben ring mit Turckoſen, — 1 gulben
gedenck ringlein (11) — 1 Duppeln Waldeckiſchen Viereckten
Rchs. thaler — 3 alte Schlicken Thaler — 1 Jochims Thaler —
3 alte Churfurſten Thaler — 2 Waldeckiſche Rchs. Thaler —
½ Viereckten Brandeburgiſchen Rchs. Thlr. (20) — [27a] Item noch
1 Silbern Vbergult hertzgen — 1 Vbergult Ringelein — 2 Vber-
gulle Mantelſchloßer — 2 eingefaſt Elendß Klauw — 2 eingefaſte
Miſpel — 1 Vbergulten Schwediſchen Rchs. Thir. — 2 eingefaſte
gegoßene ſchauw Pfennig — 1 eingefaſt Rote Coral — 1 Silbern
Dölchlein Klein — 21 gefaſte Silberne gelder, Von allen Schrecken-
bergern, 1 alten Churfurſten Rchs. Ort, Polniſche Dutgen, Torneß,
Spitzgroſchen Vnd Zwölfern — 4 ſchreckenberger — 2 Spitzgroſchen
— 1 alt ſtucklein geldß Darauff Titi Vespasiani bildnuß — 2
gulben ſtucklein borlen — 1 Krötenſtein — 1 blutſtein — 1 gulden
Ringlein mitt einer berlen (10) — (4 Reichs Thaler ſo den Kindern
geweßen) — In einem ſchechtlein 100 Spaniſche Rabeln

Dießes alleß In Vnd mitt dem Stock
hatt Vber — 250 Thlr. Koſtet.

[27b] An Kleidungen
mihr zuſtendig.

Ein Phar Samethoßen Vnd ein Samet Wammeß (20) —
Ein Pfar (Reuw) blauw Lundiſch hoßen Vnd 1 Zindelborten

Wammeß (10) — Ein gutter Mantel Lundisch (10) — Ein Pfar
blauwer Strumpff (1) — Ein hutt mit einer binden mit roßen (5) —
(blauw lundisch Tuch zu 1 Pfar Strumpff — Eine seiden hutt
mitt beißern auffschlegen schwartz. (7?) — Ein Traur Mantel)

Anna Marien

Ein Samet Ober Theil (10) — Ein Damasten Ober Theil
(6) — Ein lundisch Ober Thell (1) — Ein Seiden brust Tuch
(1) — Ein grafgrun ober Theil (2) — Ein Damasten leibigen
(4) — Ein braun Dobin leibigen (1) — Ein Trieben leibigen
(2) — Ein Samet leibigen (1) — Ein Turckisch grafgrun Rock
mit blauseiden schweiffen (13) — Ein Duppel grafgrun Rock mit
blau borstaden schweiffen (10) — Ein schwartzen lundischen Rock
mit borstaden schweiffen (10) — Zwen Schwartze borstad Röck,
einer mit einem schwartzen, der ander mit einem braunen schweiff
(20) — Ein blauwer borstadt mit Rotem schweiff (5) — Ein beiß
mit rotem grafgrun Uber Zoge (2) — Ein seiden druft mit samet
beßetzl (2) — Ein samet druft mit seiden schnuren (3) — Ein
Duppel Daffet schurtz Tuch mit 3 samet schweiffen (7) — Ein
Duppel Daffet schurtz Tuch mit 1 samet schweiff (5) — Ein seiden
schurtz Tuch schmal mit 1 samet schweiff (2) — Ein schurtz Tuch
von Turckischem grafgrun mit 3 schweiffen (4) — Ein Trey [?]
Troten schurtz Tuch mit 3 Trieben schweiffen (1) — Zwo Samet
beßel (6) — (Ein schwartz grafgrun Schurtz Tuch)

[28a]　　　　　　Item

Eine blauw seidene Windel (1) — Ein Rote dayen Windel (1)
— Ein gulben bendlein Von borten (½) — Ein Krentzlein mit
berlen (¼) — Ein bendlein mitt berlen auff schwartzen Samel
(1½) — Eine guldene haube (4) — Ein gulden Zinnel (½)
— Ein gulben Krantz, so meinem Vatter S. geweßen (1) — Ein
Ottern gebrahm an eine beßel (½) — Ein Martern gebrehm (½)
— Ein seiden bruftlein (½) — Einen sameten beutel mitt silbern
Knöpffen (2) — Eine Tasche (½) — Ein Pfar Roter strumpff
(1) — Ein guter Lundischer mantel (6) — Ein gemein lundischer
mantel (3)

1 Teck Tuch Roht Vnd gelb (3) — 1 Teck Tuch Von allerley
farben mit gulben streiffen (3) — 1 Teck Tuch schwartz Vnd grun

mit gulben Roßen (2) — 1 Tect Tuch) alt schwartz Vnd grun —
1 Teck Tuch blau Vnd gelb (1) — 1 furhang Von grunem Distel-
saht (2) — 1 banck Pful — 3 stul Kußen (1) — Ein gantz
weißwullen Tuch, so noch nicht geferbet Vnd aufbereitet ist (9½)

Item noch alte Kleiber den Kindern — 1 Pfar Roter strumpff
Wolff Daniel — 1 Pfar Klein gelber strumpff — Ein Roht
Röcklein Anna Cath Sehl. (1) — (hosen Vnd Wammes Wolff
Daniel S. — Item 1 hutt mitt Tafft Vber Zogen.) — [28b] Ein
Roht Duppel Daffeten Ober Theiligen (2) — Ein blauw Selben
Leibigen (1) — Ein Schwartz Samet brust Tuchlein (½) — Ein
blauw Röcklein — Ein blauw Schurtz Tuchlein (1) — Ein blauw
Schurtz Tuch A. Marien (¾)

Etlich Zwiru im grun Kasten — Jt. etliche lemmer sel —
Ein stuck Roht Daffet schnur — Ein Klugel mitt seiden borlen
— Samett Vnd schnur auff eine brust — Eine seiden schleiff Vnd
Knopff — 2 elen gulben flitter (1½)

[29a]   An leinen Zeugk.

3 Pfar Kauf Tuchern gutte Kußen Ziechen (4) — 2 Pfar Klein
schmal Tuchern Kußen Ziechen aufgeneht (2) — 5 Pfar gemeine
Kußen Ziechen (2½) — 3 Wusch Tucher mitt schwartzer seiden
(4½) — 1 Wusch Tuch mit Rotter seiden (1½) — 1 Wusch
Tuch mitt Spitzen — (2 schlechte wusch Tucher) — 8 hand Tucher
(1) — 1 Wusch Tuch Wolff Daniel. — 9 Trilchern Tisch Tucher
(12) — 2 Tisch Tucher blauw gestreiffte fleßen (¾) — 6 Gemeine Tisch Tucher (1½) — 5 schmale Tisch Tucher (½) — 6
Pfar schmal Tuchern ley lachen (24) — 1 fleßen ley lachen (1)
— 3 Pfar Klein wircken ley lachen (4½) — 2 Pfar grobe wircken
ley lachen (2) — 1 Pfar fleßen ley lachen (3) — 4 gute hembter
Von Kauf Tuch mihr, Vnd Tuch noch zu einem hembt (15?) —
7 hembter mihr (3½) — 1 gut hembt Anna Marien (1¼) —
6 hembter Anna Marien (3) — 3 Kleine hembter Von Kauf
Tuch (2) — 3 Kleine schurtz Tucher Von Kauf Tuch (1) — 10
Kleine muederchen — 6 Kleine Megdleins hembter — 6 Kleine
Knaben hembter — 1 Klein aufgenehet Schurtz Tuchlein, so noch
nicht gemacht — (1 Klein Kauf Tuchern Schurtz Tuchlein noch) (2)
— [29b] 5 Kauf Tucher Muedder, Anna Marien (5) — 8 Ge-

meine Muedder A. Marien (4) — 2 haiß Tucher ('/4) — 2 gutte
Windeln mitt Spitzen (1'/2) -- 1 gute Kinder Kap mit Spitzen ('/2)
— 6 gutte schleyer (6) — 4 gutte stirn Tucher (1) -- 2 gutte
hauben ('/2) — 7 Pfar gutte auffchlege (2) — 4 Traur Sturtze
(3) — 2 Kragen Von Kleinem Tuch, A. Marien (3³/4) — 3 Kragen
Von Kleinem Tuch mihr (4) — 4 Vmbschlege Von Kleinem Tuch
(1) — 10 Vmbschlege Von gemeinem Tuch (1) — 3 nachthauben
(schleyer) Von Kleinem Tuch(1) -- 15 Kragen Anna Marien (2) —
3 Kragen mihr (1'/2 ?) — 4 schlechte schleyer ('/2) — 4 schurtz
Tucher (³/4) — 6 schmale schleyer — 2 Vnder Kleiber Von weißem
Tuch ('/2) — 2 stuck bett Ziechen (2) — [30a] 1 stuck Kußen
Ziechen (2¹/4) — 1 gult hembt Wolff Daniel — 1 guten Kragen
demselbigen (1¹/4) — 2 weiße barchen nachthauben ('/4) — 2 Pfuel
Ziechen — 2 gebick Seck — 2 babe Tucher — 2 eln Klein schmal
Tuch — 1 detl Ziechen den Kindern (1'/2)

[30b]   **Bett Wergk**

3 Vuber bett mitt Trilchern Zichen (60) — 2 Ober bett
mitt barchen Zichen (20) — 2 Bett mitt leinen Ziechen (10) —
1 Deck bettlein den Kindern (1) — 2 Pfuel (3'/2) — 8 Kußen
(6) — 2 Plocken betten (2) — 1 fedder Pful ('/2) [beides:] In
der Megde Kammer — 6 gemeine beyder wandß Deck Tucher (6)
— 2 hopffen secke ('/2) — 8 maltz Seck (2) — 2 beutel ('/4) --
2 alte Mentel der megbe ('/2) · 1 Klein alt Mentelein

[31a]   **An Fruchten**

15 Virtel Gersten (60) — (4 Virtel bey dem Greben zu
Mandern) (16) — 3'/2 Virtel Korn (14) — 2'/2 Virtel Erbeß
neuwe (15) -- 2 Virtel Vngefehrlich alte Erbeß (12) — '/2 Virtel
bohnen (2) — 1 Virtel 3 metzen Weitzen (5) — 2 Virtel Vn-
gefehr haffer (4) — 11 Virtel alten hopffen — 10 Virtel Neuwen
hopffen (40) --· 12 gebund flachß so geblauwet, Vngebrecht --
11 gebund flachß gebrechten — 7 gebund geschwungen flachß (12)
— 2 dunnen Bol hangel lein Knotten auf der Lauben (2) —
10 metze lein in einer dunnen auff dem Kleinen Kemmerlein (3)
·6'/2 Cleuter Wolle (26)

[31b]　　　　　　　　　　An fleiſch

6 ſeilen altes Specks — 6 ſeiten neuwen Speck — 80 Riemen
Rind Vnd ſchweinen fleiſch, Dur — Item bratt Vnd andere wurſt
. . .[1]) maß butter (38) — 10 maß honig — 5 tt. wachß (7) —
1 Rindßhaut, 2 Kalbfel ohngelöbet, Joh. Deußbergk Vor Kaufft Vor·
1 Thlr. 18 alb. — 2 Kalbfel, 1 Rindßhaut gelöbet — 1 Kuh=
hautt bey Johannes Deußbergk dem Jungern zu löben. (Vor Kaufft
vor 2 fl. bez.) (5) —

　　　　　　　　　　An Vieh

4 Melcken Kueh — 1 Kuhe zu Oderßhaußen bey Recht
heintzen, muß ſie auff Oſtern Ao 1614 wieder lieffern — 2 Rinder
Von 1 Jahre — 3 Schweine — 2 ſtöck mitt biehnen (50)

[32a]　　　　　　CATALOGUS LIBRORUM

[Vorbemerkung: Die Preiſe der Bücher ſind im Originale
in einer beſonderen Rubrik an der rechten Seite nach Thalern und
alb. angegeben. Indem ich ſie den einzelnen Büchern in Klammern
beifüge, trenne ich Thaler und alb. durch ein Komma. Einfache
Zahlen ſind als alb. zu verſtehen, wenn nicht die Bezeichnung Th.
beigeſetzt iſt.]

　　　　　　　　　In folio.

1. Covarruviae opera (4,21) — 2. Cujacij opera (5½ fl
= 4,24½) — 3. Duareni opera (4,11) — 4. Donelli comment.
(3,15) — 5. Menoch. de arbitr. jud. quaestionibus (2,27½) —
6./7. Nicolai Vigelij Methodus Juris civilis (1,18), Methodus
Juris controvers. (2,24) — 8. Forsterus de Success. ab in-
testato (2,25) — 9. Decisiones Jurisconsultorum Wittenbergens. &
Lipsens. (2 Th.) — 10. Gomezius, Julius Clarus In uno libro
(2 fl = 3,15) — 11. Lexicon Frisij (3,15) — 12. Institutiones
Schneidewinj (3,15)

　　　　　　Deutſche bucher In folio

13. Wittenbergiſche Biblia In 2 Theil (5 Th.) — 14./15. Jo-
sephus (3,1½) — 16. Livius (1,23) — 17. Herbarium Bockij
(2 Th.) — 18. Hauſ Poſtil D. Lutherj (1,21) — [32b] 19.

---

[1]) nicht ausgefüllt.

Schleidanus (1,10) — 20. Mathesij Berck Postil (1 Th.) —
21. Itinerarium Bundingß (1,6) — 22./23. Promptuarium Exem-
plorum Jn 2 Thell (3,15) — 24. Damhuderij praxis civilis
& criminalis (2 Th.) — 25. Petrus de Crescentijs Vom feld=
bauw, hatt Doct. Backbier bey sich (2 Th.) — 26. Franckfurtische
Reformation, hatt gefalter Jacobuß Griebe bey sich (2 Th.) —
27. Teutsch formular buch, Jtem Noë Meurers formulae beß
Cammer gerichtß Proceß (2,15½) — 28. Abrahami Saurij
Proceß Jn bürgerlichen sachen, Proceß Jn Peinlichen Sachen,
Strafbuch, Von Eydschweren (1,9½) — In Eodem libro tractatus
de testamentis Görg Bemeln — Jtem Die halßgerichtß Ordnung —
Jtem Gerichtß Vnordnung Görgen am Wald — Jtem Patro-
cinium pupillorum Johan Burckhartß — 29. Cosmographia
Sebastian Francken, Jtem Turckische historien (2 Th.) — 30. Probier=
buch Lazari Ertzners (1,9½) — 31. Bergkordnung Königß Fer-
dinandi — Jtem Cölnische bergk ordnung Vnd freyheit, bischoff
Göbhartß (15½?) — 32. Corpus doctrinae Christianae Melanthonis (1½ Th.) — Nota: Speculator mit allem Truck steht D.
Backbiern zu — Jtem Ferrariensis practica Jst auch D. Back=
bierß. — Jtem Reichß abschiedt Jst gleichfalß D. Backbierß.

[33a]   Libri in quarto.

1. Corpus juris civilis, cum notis Godofredi — 2. Codex
[beide zusammen:] (5,25) — 3/4/5. Hartmanni Pistoris quaestiones
in tres partes, hat D. Backbier 1 partem (4,8) — 6. Antonius
Faber de erroribus pracmaticorum. [!] (1,22) — 7./8. Antonij Fabri
conjecturae. 2 partes, hatt D. Backbier bey sich. (2 Th.) — 9. Speculum Marantae (1,16) — 10. Mynsingeri observationes (27)
— 11. Borcholt de verb. obligationibus. Item Roberti sententiae
(1,9½) — 12. Borcholt Institutiones (1,5) — 13. Joachimi à
Beust. tractatus matrimonialis (14) — 14. Treutleri theses &
disputationes (1,4) — 15. Goddaei theses junctis aliorum dis-
putationibus (1,10) — 16. Borcholten disputationes (1,2) —
17. Boceri disputationes (18) — 18. Wesenbecij paratitla (1,6)
— 19. Niellij disputationes feudales, Item Obrechti, Boceri,
Melandri & Arenhorstij (1 Th.) — 20. Dictionarium Frisij
(1 Th.)

Teutſche bucher in quarto.

21. Leich Predigt Graff Wilhelm Cruſt P. Waldecken[1]) (26) — 22. Teutſch Enchiridion Cosmographicum (14) — 23. Tractatus de coena domini Johan V. Munſters (18) — 24. Historia Von der Au[g]ſipurgiſchen confession Ambrosij Wolßij (1 Th.) — 25. Heßiſche Vnd Waldeckiſche Kirchen Ordnung (20) — 26. Leich Predige hertzog Julij zu Braunſchweig Vnd Anderer (18) — 27. Etliche Predigen In ein buch genehet — [28—] 39. Relationes Historicae In 12 Vnderſchiedenen buchern (6 Th.) — 40. Item Vom Turckiſchen Reich — [41—] 48. Item 8 relationes ohne ingebunden — 49. Straßburgiſche handlung [die letzten zuſammen?:] (1)

[33b]　　　　　　　Libri in octavo

1. Observationes Geilij [= Gail] (1,15½) — 2. Geil. de pace publica, sequestr. & pignorationibus (26) — 3.,4. Sylva Vocabulorum 2 partes (26) — 5. Viglij commentaria in tit. instit.: Item tractatus sup. l. diffamari Blareri & aliorum (1.2) — 6. Goedd. de verborum signific. (27) — [7—10] Borcholt: 7. De usuris. jurejurando, De in litem jurando, de gradibus. (15) — 8. De rebus creditis. De acquirenda & amitt. possess. (17) — 9. De pactis. De transactionibus. De compensationibus. De nautico foenore (20) · 10. De feudis (18) — 11. Goeddi. de verb. obligationibus (28) — 12. Cagnolus in regulas juris. (26) — 13. Fontes juris civilis Henr. Stephani. Item Zasij in tit. de actionibus (15) — 14. Topica Eberhardi (1 Th.) · · 15. Praxis criminalis Damhuderij. Item Quaestiones Hotomanni (1,12½) — 16. Pinellus de bon. maternis. Idem de resc. vend. (1,2) — 17. Donellus in tit. de Actionibus et de eo quod interest. (18) — 18. Observationes Hotomanni. Goveanus de jurisd. de jure accresc. Ad L. Gallum. Item repetitae lectiones Henr. à Suerin. Idem de usuf. accresc. (21) — 19. Processus Rosbachij civilis — 20. Criminalis Ejusdem [beide zuf.:] (26) — 21. Controversiae Roberti. — 22. Corasij Miscellanea. Item Walteri miscell. Item Roberti recept.

---

[1]) † 16. Sept. 1598 als Student in Tübingen, der letzte männliche Sproſſe der älteren Wildunger Grafenlinie. — Den genauen Titel der umfangreichen Denkſchrift giebt Varnhagen, Sammlungen zu der Waldeckiſchen Geſchichte. I. p. 97.

lect. (26) — 23. Vantius de nullitatibus. Item Coras. de juris arte(21) — 24.Centuriae Pacij. ItemTolosatis communessententiae cum oppos. & solut. (26) — 25. Lud. Vitalis Variae lectiones. Item Schwartzmeieri miscellanea. Idem de in jus voc. Pac. ad. constit. Frid. de studiosorum privilegijs (16) — 26. Anton. Faber de varijs nummariorum debitorum solutionibus (12) — [27.—30.] Vigelij: 27. Constitutionum Carolinarum, 28. In-stitutionum methodus — 29. Repertorium juris. — 30. Dialec-tica (8—9—10—11) — 31. Epitome Feudorum, Inst. Novell. Item Fragmentorum . . . Godofredi (12) — [34a] 32. Comoe-diae Frischlini (15½) — 33. RhetoricaDresseri (26) — 34. Adagia Erasmi (12) — 35. Symbola Reusneri (26?) — 36. Dialectica & Rhetorica Phil. Melanthonis (15) — 37. Phrases Schori (11) — 38. Quaestiones & respons. Bezae. Thalmannj de coena Domini Item . . . [?] candidus de coena dnj. (15) — 39. Verrepoeus & Melanthon de conscribendis epistolis (13) — 40. Loci com-munes Manlij (13) — 41./42/43. Chronicon Carionis 3 partes (1 Th.) — 44. Ramus in orationes Ciceronis (15) — 45. Jo-coseria Ottonis Melandri (23) — 46. Valerius Maximus (11) — 47. Syntaxis Posselij (9) — 48. Ethica Rigeri. Item Lipsij politica. (15½) — 49. Examen Melanthonis (9) — 50. Dia-lectica Sonleutneri. Item Scholae Rhet. Rami in orat. Cic. (10) — 51. Sententiae Ciceronis (9) — 52. Prosodia Claij (9) — 53. Gramm. Graeca Crusij (11) — 54. Novum testamentum Graec. & Lat. (18) — 55. Aristoteles de moribus (10) — 56. Dialogi Castellionis. Item Pezelius contra Hunnium de coena Domini (13) — 57. Progymnasmata Aphthonij (9) — 58. Junius de contex. Epistolis. Ejusdem methodus Eloquentiae (12) — 59. Problemata Goclenij (15½) — 60. Lemnius de occultis naturae (10) — 61. Logica & Eth. Fragij. Item Ramus de Jul. Caes. militia (10) — 62. Physica Cornelij. Scribonius de Sagis. Item Orationes Marpurg. (24) — 63. Dialectica & Rhetorica Rami (8) — 64. Dial. Rami (7) — 65. Dial. Rami Et animad. Arist. Item Physica Cornelij (8) — 66. Terentius. (9) — 67. Dialectica Hunnaei. Item Dial. Rami (12) — 68. Priscianus (18) — 69. Plinij Epistolae (11) — 70. Aulus Gellius (12) — 71. Chytraeus de lectione Historiarum (6) — 72. Grammatica Graeca Gollij (9) — 73. Phrases Manutij (8) — 74. Orationes Ci-

ceronis 5. (5) — 75. Dialectica Cornelij (6) —[34b] 76. Justinus (8)
— 77. Ludovici Vivis colloquia (4) — 78. Philippus de anima
(6) — 79. Peucerus de divinationibus (16)—80. Scripta quaedam
Posselij (9) — 81. Selectum Grammat. (9) — 82. Facetiae
Poggij Florentini (6) — 83. Catech. Chytraei (5) — 84. Ele-
gantiae Pueriles Fabricij (4) — 85. Collationes Dialect. Ben-
thusij (7) — 86. Flores Tibulli, Propertij (3) — 87. Horatius
(5)—88. Colloquia Erasmi (10)—89. Dialogi Castellionis (5) —
90. Officia Ciceronis (6) — 91. Donatus — Catonis disticha (3).

Nota: Paraphrasin Bucolic. Virg. Frischlini hat M. Johannes
Wigandus — Item Strigiliu Frischlini in eodem libro.

Teutſche bucher in octavo.

92. Biblia Teutſch. Franckfurt (1 Th.) — 93. Römiſcher
Bienen Korb. Item Romiſcher Brot Korb (26) — 94. Creutz
Vnd Troſt buchlein Joan. Pytisci (12) — 95. Lehr Vom Todt
Vnd abſterben des menſchen, Moſ. Pflachern (9) — 96. Martyr=
buch (18) — 97. Pſalmen Selnecceri (10) — 98. Wegweyßer
Hanfeldß (9) — 99. Disce mori ober Sterb Kunſt. Brun. Cuin. [?]
(8) — 100. Sieben Predige Vom Ewigen leben Lucae Pollionis.
(8) — 101. Vom h. Abendmal D. Lutheri erweyſung (7) —
102. Ein geſchrieben buchlein Zur muntz Vnd Probieren nötig. —
103. Kunſtbuch (8) — 104. Vngariſche Chronica mit Kupffer=
ſtucken Wilh. Dylichij (18) — 105. Hauß Apotheck (7) — 106.
Petri Apiani Rechenbuch (8) — 107. Adam Rießen Rechenbuch
(5) — 108. Handbuchlein gemeiner Sachen Abrahami Saurij (8)
109. Daß Kleine theatrum urbium Saurij (10) — [35a] 110. Be=
weiſung der gegenwart Chriſti Im h. Ab. Heſhuſij (8) — 111.
Vom Leiden Vnd aufferſtehung Chriſti (7) — 112. Hutt dich Vor
aufborgen, Henrich Knauſten (6) — 113. Hebammen buchlein (5)
— 114. Judenfeind (5) — 115. Troſtbuchlein Sam. Neuw=
heußers (9) — 116. Kochbuch (8) — 117. Traumbuch (6?)

3 Schreib Taffeln, deren 2 mit ſilber beſchlagen. Noch 2 ſchreib
Taffeln

Libri in Decimo Sexto.

1. Institutiones Juris. Cum notis Pacij (18) — 2. Methodus observationum Cam. Vigelij (13) — 3. Speculum Vitae

aulicae. Reiniken fuchß (9) — 4. Sallustius de conjur. Catil. (6)
— 5. Homerus, interp. Eob. Hess. (12) — 6. Senecae Tra-
goediae (8) — 7. Albertus Magnus de Secretis mulierum (6) —
8. Officia Ciceronis (6) — 9. Sallustius (8) — 10. Aulicus
politicus. Duri de pasculo (?) (3)

Teutſche bucher in 16ten

11. Vom Chriſtlichen leben. Item Kleinot Von Troſt Vnd
hulff, Ott. Werdmüllerß (7) — 12. Bet buchlein Dan. Tossani.
(6). — 13. Troſt buchlein Sam. Neuwheußer. Item Von Troſt
Vnd hulff Zu Trubſahlen, Otto Werdmüllers (8) — 14. War-
hafftiger bericht Vom h. Abendmal der Embder (7) — 15. Pſalmen
Lobwaßers (10) — 16. Geſangbuch, Johan Görg Schotten (14)
— 17. Praxis & medulla Catechetica der Mer Purger (4) —
18. Veſter Grund D. Casp. Oleviani. (10) — 19. Helmſtadß
Geſangbuchlein (8)

[35b]   Item noch ſo nicht eingebunden

Pfalkiſche handlungen wegen der Vormundſchafft hertzog
Friedrichs — Regenſpurgiſche colloquium — Chronicon Carionis
— Arithmetica Rami notis Schoneri — Blarerus & Oldendorff
In l. diffamari cod. de ing. manum.

Etliche heutt Pergament.

Zehen Meines Vatterß Sehl. eingebundene Regiſter — Ein
buch, ſo meinem Elter Vatter geweßen, Darinnen allerhand ge-
benckwurdiges eingeſchrieben — Ein memorial buch, ſo meinem
Vatter S. geweßen — Ein memorial buch, ſo mein - - Drey
eingebundene Regiſter — Ein buch barinnen meiner geſchwiſter
Rechnung.

Mangeln 27 bucher mit — gezeichnet [Es ſind: folio 25.
30. quarto 24. octavo 24. 31. 32. 48. 55. 68. 69. 70. 71. 88.
94. 96. 98. 102. 105. 113. 114. 116. 117. Dec. Sexto 10. 16.
18. 19. und Arithmetica Rami nicht eingeb.] —

Zur besseren Übersicht sei eine Aufrechnung der von Praffer angegebenen Werte hier beigefügt. Nach Praffers eigener Einteilung ergeben sich folgende Zahlen:

1. Erb= und liegende Güter (Häuser 802,[1])   Thal.
   Land 1323 Th.)   2125[1].
2. Mobilien und Fahrnis:
   a) hölzern Werk   155½ (+ 1 G.)
   b) Kupferwerk (34½), Eisenwerk (32½).   67
   c) Rüstung (49½), Sonstiges Gerät
      (27), Insgemein (12)   88½
   d) Blechern Zeug (1), Gläser (1), Krüge
      (1½), Zinnwerk (30), Krippen ꝛc. (6)   39½
   e) Eiserner Stock mit Wertsachen   250
   f) Kleidungen Praffers (53), seiner
      Frau (142¾), Decktücher ꝛc. (21½),
      Kindersachen (6¼), Verschiedenes
      (1½)   225
   g) Leinenzeug ꝛc.   139½
   h) Bettwerk ꝛc.   112¼
   i) Früchte ꝛc.   211
   k) Fleisch ꝛc. (50), Vieh (50)   100

              1388¼ (+ 1 G.).
3. Bücher:
   a) Folio lat. (12 No. zu 39 Th. 25 alb.),
      deutsch (20: 35, 18)   32 No. zu 75 Th. 12 alb.
   b) Quart lat. (20: 26, 11½)
      deutsch (29: 11, 3)   49 „ „ 37 „ 14½ „
   c) Octav lat. (91: 40, 27½)
      deutsch (26: 8,8)   117 „ „ 49 „ 4½ „
   d) Sedez lat. (10: 2, 27)
      deutsch (9: 2, 12)   19 „ „ 5 „ 8 „

Latein. Bücher: 133 zu 109 Th., 29 alb. }
Deutsche „ : 84 „ 57 „ 10 „ } 217 No. zu 167 Th., 8 alb.

       Hauptsumme: ca. 3681⅓ Thaler.

---

[1]) Hierbei ist zu beachten, daß das Wohnhaus offenbar nicht seinem vollen Werte nach abgeschätzt worden ist, der angegebene Betrag von 500 Th. vielmehr nur die Abfindungssumme für Praffers Geschwister darstellt.

Ordnet man die **Mobilien** und **Bücher** nach etwas anderen, weniger äußerlichen Gesichtspunkten, so erhält man etwa folgende Beträge:

1. Möbel und Zimmergerät   87
   Einrichtung der Küche und des Kellers, des Wasch- und Brauhauses, des Laboratoriums, der Vorratsräume u. s. w. $190\frac{1}{2}$
   Waffen $49\frac{1}{2}$
                                        327 Th.

2. Kleidung und Leibwäsche Prassers (80), seiner Frau (184) und Kinder (13)   277
   Tisch- und Bettwäsche ($78\frac{1}{2}$), Betten und Polster (107), Sonstiges ($11\frac{1}{2}$)   197
                                        474 Th.

3. Landwirtschaftliche Geräte ($26\frac{1}{4}$), Früchte, Fleisch ꝛc. (261), Vieh (50) $337\frac{1}{4}$ Th.

4. Wertsachen   250
                              Sa. $1388\frac{1}{4}$ Th.

5. Bücher:

   a) Jurist. und polit. Schriften: 72 No. zu 99 Th. 1 alb.
   b) Ausgaben alter Autoren und humanist. Schriften   56 „ „ 22 „ $5\frac{1}{2}$ „
   c) Geschichtl., Geogr., Naturgesch. und Mathemat. Schriften   38 „ „ 18 „ $26\frac{1}{2}$ „
   d) Theolog. und Erbauungs-Schriften   36 „ „ 21 „ $11\frac{1}{2}$ „
   e) Prakt. Hand- und Volksbücher 15 „ „ 5 „ $25\frac{1}{2}$ „
                 Sa. 217 No. zu 167 Th. 8 alb.

Besprechungen.

Weltgeschichte. Unter Mitarbeit hervorragender Fachgelehrten
herausgegeben von Hans F. Helmolt. Bd. IV. Die Randländer
des Mittelmeeres. Von Ed. Graf Wilczek, Hans F. Helmolt,
Karl Georg Brandis, Wilhelm Walther, Heinrich Schurtz, Rud.
v. Scala, Kurt Pauli und Jul. Jung. Leipzig und Wien,
Bibliographisches Institut, 1900. (X, 574 S.)

Über Ziel und Anlage dieses großen Unternehmens habe ich bereits
gelegentlich des Erscheinens des 1. Bandes in dieser Zeitschrift (Bd. 7 S. 281 ff.)
berichtet. Ich bin im Zweifel gewesen, ob ich die Berichterstattung weiterhin
fortsetzen solle, da ich mir nicht anmaßen kann, über alle Gebiete der Geschichte annähernd gleich oder überhaupt so orientiert zu sein, um jeden Abschnitt
fachmäßig prüfen zu können. Aber dies Bedenken würde auch dann entstanden sein, wenn über die verschiedenen Bände verschiedene Referenten
berichtet hätten. Denn auch der vorliegende Band, der vorzugsweise in
das Forschungsgebiet des s. g. alten Historikers fällt, enthält — infolge
der rein geographischen Grundeinteilung — wieder Partien, für die auch dieser
nicht kompetent ist, und so bliebe nichts anderes übrig, als die verschiedenen
Abschnitte jedes Bandes verschiedenen Referenten zu übertragen, was natürlich nicht angeht. Ich meine vielmehr, eine wirkliche Weltgeschichte, wie es die
vorliegende ist, soll auch mit weltgeschichtlichem Blick angesehen werden, mit
dem nötigen Verständnis für große Zusammenhänge. Ich will gleichwohl eine
eventuelle spätere Besprechung dieses Bandes durch einen Spezialhistoriker
der alten Geschichte an dieser Stelle nicht ausschließen.

Anerkennung verdient auch der vorliegende Band wieder in reichem
Maße, aber die prinzipiellen Bedenken, die ich schon bei dem 1. Band geäußert habe, hat er nicht nur nicht gehoben, sondern sogar verstärkt. Es
läßt sich das geographische Prinzip, wie sich immer deutlicher zeigt, nur unter
gewissen, den historisch empfindenden Leser störenden Erscheinungen durchführen.
Schon bei dem 1. Bande habe ich einen Kompromiß empfohlen: es ist mindestens
unpraktisch, die neuere Geschichte Amerikas zu bringen, ehe man etwas von der
alten Welt, deren Ableger die neue doch ist, gehört hat. Viel besser scheint die
von mir empfohlene Teilung, so daß die neuere Geschichte A.s an den Schluß
des Ganzen kam und so auch wieder mit dem Anfang des Ganzen harmoniert

hätte. Bei dem vorliegenden Band hat der Herausgeber ein solches Abbrechen selbst durchgeführt, nämlich von der griechischen und römischen Geschichte nur die klassische Zeit gebracht und die späteren Zeiten auf spätere Bände verschoben — aber bezeichnenderweise nicht aus innern, sondern aus praktischen Gründen, „um die Handlichkeit des Buchs zu bewahren". Indessen läßt sich m. E. ohne große Schwierigkeiten das geographische Prinzip nur dann halten, wenn es nicht übertrieben betont wird. Es hätte öfter abgebrochen und eingeschoben werden, es hätte ein Kompromiß mit der zeitlichen kulturellen Entwickelung geschlossen werden müssen, sonst fehlen allzu oft die Voraussetzungen. So erhalten wir jetzt bei der Geschichte Kleinasiens die Schilderung der hellenistischen Zeiten, der römischen Herrschaft, aber Griechenlands und Roms Entwickelung folgt erst später; das Christentum wird ebenfalls vor Griechenland und Rom behandelt, die gewaltige Kultur des Islams wird ganz auseinandergerissen: ein Stück erhalten wir beim Christentum, eins bei Nordafrika, ein Hauptstück bei der pyrenäischen Halbinsel; die Hauptsache aber wird, um dies hier zu erwähnen, im 3. Bande gegeben. Aber das will ich Helmolt zugestehen, es ist schwer, es bei Wahrung des geographischen Prinzips anders zu machen. Und der große Zusammenhang, das verbindende Element wird durch gewisse, im großen Stil zusammenfassende Abschnitte immer wieder hergestellt, wie hier durch die Wilczek'sche Einleitung: „der innere geschichtliche Zusammenhang der Mittelmeervölker".

Helmolt will eben, wie er im 1. Bande auseinandersetzte, in geographischer Anordnung „Monographien" über einzelne Völker geben lassen und dann durch große Überblicke „die Brücken von einem Bau zum andern herstellen". Übrigens ist wie schon bei der Behandlung Amerikas die Verbindung von Geographie und Geschichte in manchen Abschnitten durchaus noch nicht vollkommen erreicht worden.

Die Wilczek'sche Einleitung, die Helmolt überarbeitet hat, ist geschickt und interessant geschrieben und muß als Ganzes gelesen werden. Es folgt die fleißige Arbeit von C. G. Brandis über die Entwickelung der Randvölker des östlichen Mittelmeers und des Schwarzen Meers, dann die sehr tüchtige, aber in geographisch-historischer Beziehung versagende Schilderung der „Entstehung des Christentums und seiner Entfaltung im Osten" von Wilhelm Walther. Den Südrand des Mittelmeers, Nordafrika, behandelt H. Schurtz, die Geschichte der drei Halbinseln von Ost nach West v. Scala, J. Jung und wieder H. Schurtz, die alle ihrer Aufgabe in vollem Maße gerecht zu werden suchen. Für Griechenland und Rom ist der oben erwähnte Schnitt vorgenommen. Scala hat sich überdies wohl einer allzu großen Straffheit befleißigt. Die Schilderung des klassischen Griechenlands und die der Geschichte Amerikas im 1. Bande stehen, was den Umfang anbetrifft, sicher nicht im richtigen Verhältnis zu einander. Gleichwohl ist dieser Abschnitt über die griechische Geschichte wertvoll durch die moderne Auffassung und die Verwertung der neuesten Forschungen.

Großes Lob verdient wieder die Verlagshandlung, die in Ausstattung des Bandes Hervorragendes geleistet hat.

Ich erwähne hier gleich, daß noch die erste Hälfte des III. Bandes (Westasien) und soeben noch der VII. Band (Westeuropa I) erschienen sind, deren Besprechung folgen wird.　　　　　　　**Georg Steinhausen.**

·　　·　　·

Aug. Braulik, Altägyptische Gewebe. Unter Zugrundelegung einer reichhaltigen Sammlung fachlich untersucht und besprochen. Stuttgart, Arnold Bergsträßer. 1900. (V, 93 S.)

Der Verfasser ist Praktiker, das erkennt man auf den ersten Blick, und so ist das Buch zunächst an die Kreise der Webetechniker gerichtet. Die Geschichte der altägyptischen Gewebe soll in technologischer Beziehung dargestellt werden, und zu diesem Zwecke hat der Verfasser die reichhaltige Sammlung des Herrn Th. Graf in Wien einer eingehenden Prüfung unterzogen. Mit großer Sorgfalt hat er die ihm vorliegenden Mumienhüllen auf die Feinheit sowohl wie auf die Dichtigkeit der Fäden, auf die Art des Materials und auf die Struktur des Gewebes untersucht und seine Resultate in vielen guten Abbildungen und in reichhaltiger tabellarischer Zusammenstellung klargelegt. In einem zweiten Teile wendet er sich dann zu der Rekonstruktion der Webstühle und Fachvorrichtungen, die er in verschiedenen wissenschaftlichen Werken mit für den Fachmann unklaren Abbildungen und größtenteils nicht befriedigenden oder geradezu unmöglichen Beschreibungen vorgefunden hat. Der Techniker wird dem Verfasser sehr dankbar sein, und eine Besprechung des Buches in einer technischen Fachzeitschrift kann meines Erachtens nur anerkennend geschehen. So sehr nun auch zumal die Rekonstruktionen für den Kulturhistoriker ungemein instruktiv sind, so kann von unserer Seite die Anerkennung doch nur mit gewisser Beschränkung ausgesprochen werden, denn leider hat sich der Verfasser zu kulturhistorischen Exkursen verleiten lassen, zu denen ihm die wichtigste Grundlage offenbar fehlt, nämlich die Sprachkenntnis, deren Bedeutung er doch sehr zu unterschätzen scheint, wenn er z. B. auf Seite 71 nur darauf seine Schlüsse aufbaut, daß gewisse Gewichte bis jetzt nicht gefunden sind „weder an Abbildungen noch in natura". Wäre der Verfasser mit der Sprache vertraut gewesen, dann hätte er gewiß nicht so oft mit bloßen Annahmen zu wirtschaften brauchen, wie es jetzt geschehen ist, dann hätte er -- vielleicht -- manche Fragen beantworten können, die ihm nun ungelöst geblieben sind. Wenn ich noch hinzufüge, daß auch die Quellenangaben sich eigentlich nur auf eine am Schlusse zusammengestellte kurze Anführung der benutzten Litteratur beschränken, so ist auch damit gesagt, daß die kulturhistorischen Teile des Buches den Ansprüchen, die der Kulturhistoriker zu stellen berechtigt ist, nicht genügen. Ich glaube deshalb hier von einem näheren Eingehen auf den Inhalt absehen zu dürfen, da das, was an dem Buche gut und fruchtbringend ist, nur die technische Seite der altägyptischen Webekunst berührt.

Nürnberg.　　　　　　　　　　　　　　*Otto Lauffer.*

Otto Seeck, Die Entwicklung der antiken Geschichtsschreibung und andere populäre Schriften. Berlin 1898. Siemenroth und Troschel. (V, 339 S.)

Es ist eine lanx satura, die Seeck uns in seinem Buche bietet. Von der vorhomerischen Periode leitet er uns herunter bis in die römische Kaiserzeit und läßt uns Blicke thun in die verschiedenartigsten Wissensgebiete: historiographische, mythologische, wirtschaftliche, juristische und historische Fragen erörtert er in anziehender, allgemein verständlicher Form. Der zweite Teil, die Zeitphrasen, bildet eine Kritik des zur Zeit seines Erscheinens verschlungenen, jetzt fast vergessenen Buches: Rembrandt als Erzieher. Da redet Seeck, wie er selbst gesteht, pro domo; er nimmt den schlimm behandelten deutschen Professor gegen die harten Vorwürfe des Herrn Julius Langbehn energisch in Schutz, indem er zumal in den Abhandlungen: Künstler und Gelehrte, der Spezialismus, die Frage nach dem Verhältnis von Kunst und Wissenschaft zum Mittelpunkt seiner Erörterungen macht. —

Seeck versteht es, Interesse zu erwecken und zu erhalten bei seinem Leser resp. Hörer; denn manches ist doch sicher als Vortrag zu denken; das zeigt der Ton, der an wenigen Stellen nicht recht zu einer — auch populär gehaltenen — wissenschaftlichen Untersuchung passen will. Wenn er z. B. in der Entstehung des Geldes sagt: „Für Ohrfeigen oder zerbrochene Knochen wurden angemessene Schmerzensgelder ausgesetzt" oder wenn er weiter unten mit langen Rheinweinflaschen und kleinen dicken Bocksbeuteln exemplifiziert, so wirkt das alles zwar recht anschaulich, man bekommt aber den Eindruck, daß die Worte für ein dem Altertum ziemlich fernstehendes Publikum berechnet sind, daß sie einem etwa in einem kaufmännischen Vereine gehaltenen Vortrage angehören. An manchen Stellen in dem recht lesenswerten Cyklus über die Entwicklung der antiken Geschichtsschreibung sind mir lebhafte Bedenken aufgestiegen; ich habe mich da des Eindrucks nicht erwehren können, als ob S. einer vorgefaßten Meinung, einem System zu Liebe manches zu sehr betont, anderes hat zurücktreten lassen. Eine lokale Geschichtslitteratur in dem Umfange anzunehmen, wie S. das im ersten Aufsatz thut, dazu kann ich mich auch nach Seecks Ausführungen nicht entschließen. Und dann läßt er sich von dem bestechenden Gedanken, daß die Fortschritte der griechischen Historiographie sich nach dem Gesetze von Aktion und Reaktion vollzogen, zu der Behauptung verleiten, daß das wissenschaftliche Streben des Hekatäos aus dem Widerspruche gegen die poetische Geschichtsschreibung der Rhapsoden hervorgegangen sei, sich aber in der Übertreibung dieses Gegensatzes wider alle Gesetze der Schönheit auflehne. Es macht sich wirklich ganz plausibel:

Die Rhapsoden — poet. Geschichtsschreibung
Hekatäos — wissenschaftlich, die Form kommt zu kurz
Herodot — kunstvoll, die Wissenschaft vernachlässigt
Thukydides — polemisiert gegen seinen Vorgänger, eignet sich aber die Vorzüge desselben an und vereinigt beide Richtungen.

Daß alles paßt mir zu gut zu einander, als daß ich es glauben könnte. Von Hekatäos sagt S. mit Rücksicht auf die Bedeutung des Geographischen für die Disponierung des Stoffs: „Er hätte sich kaum entschlossen, seine Darstellung so heillos zu zersplittern, wenn er nicht auf jede künstlerische Wirkung mit vollem Bewußtsein verzichtet hätte. Nach Schönheit mochten die Versschmiede streben, die das Volk bisher mit ihren Märchen betrogen hatten, seine Arbeit sollte nur der strengen Wahrheit dienen" (S. 32). Daß S. bei ihm absichtliche Vernachläßigung der schönen Form feststellt, verträgt sich nicht mit dem Urteil des Thukydides über die λογογράφοι, zu denen wir doch auch Hekatäos rechnen dürfen (I, 21): ξυνέθεσαν ἐπὶ τὸ προσαγωγότερον τῇ ἀκροάσει ἢ ἀληθέστερον. —

Am meisten aber regt sich der Widerspruch gegenüber der Abhandlung: Die Bildung des troischen Sagenkreises. Die Ilias ist da nicht mehr in erster Linie das Lied vom Zorne des Achill; der Grundgedanke scheint für Seeck der zu sein, daß den Griechen die Heldenkraft des Achill für den Kampf mit Troia, vor allem für die Bekämpfung Hektors unentbehrlich sei. Ein Sonnenmythus liegt zu Grunde: der Kampf um Troia ist der Kampf der Sonne um den Eintritt in das dunkle Reich. Die Helden fast alle sind Sonnengötter: Achill, sein Sohn, Odysseus, Diomedes ꝛc. Die Helena aber in der Stadt Troia ist nichts anderes als der Mond, der hinabgetaucht ist in das Reich des Dunkels, wo der nichts wieder freilassende, alles festhaltende Gott ("Εκτωρ) waltet. In der Unterwelt (Troia) will sich der Gott mit seiner geraubten Gemahlin wieder vereinigen. Es will einem manchmal vorkommen, als suche Seeck mit dem Leser seinen Scherz zu treiben. Das Gebet der troischen Frauen z. B. (Ilias VI. 305 ff.): „Athene möge den Diomedes häuptlings niedergestürzt am skäischen Thore verderben" findet S. thöricht. „Denn die Troerinnen müssen doch wünschen, daß Diomedes möglichst weit von ihrer Stadt, an den Schiffen der Achäer falle, nicht daß er bis dicht unter die Mauern gelange, um erst am skäischen Thore erschlagen zu werden. Diese Art des Gebetes hat nur dann einen Sinn, wenn der Dichter sich vorstellte, daß es ganz buchstäblich erhört wurde, also gewissermaßen eine Prophezeiung enthielt. Fassen wir es aber so auf, so muß auch der Held des Diomedesliedes wie Achill am skäischen Thore gefallen sein." Ich denke, vielen Lesern wird diese Bitte der Troerinnen, Diomedes soll nahe am Ziel, vor ihren Augen fallen, nicht thöricht vorkommen. Dann fallen auch die Schlußfolgerungen. — Die Worte der Dione an Aphrodite (V. 406):

Thörichter Sohn des Tydeus, dem es nicht im Geiste bewußt ist,
Daß, wer Götter bekämpft, kein langes Leben genießet ꝛc.

als feierliche Weissagung aufzufassen, die sich notwendig erfüllen muß, bringe ich auch nicht fertig. Sie hat sich ja auch nicht erfüllt. Doch das weiß Seeck wieder leicht zu erklären: die Stelle vom Tode des Diomedes ist der konziliatorischen Kritik zum Opfer gefallen. Also es ist Seeck im umgekehrten Euhemerismus gelungen, fast alle Helden der Ilias nur als verschiedene Formen desselben Sonnengottes zu erweisen. Dem Achill mag man es ja gönnen, daß er an den Himmel versetzt worden ist, nachdem er so lange zum Wassergott degradiert war: er ist ja (nach Forchhammer) der Sohn des lehmigen Flusses (Peleus πηλός) und der

Läuferin unter den Nereustöchtern (Thetis θέω); er iſt der Heros der Über-
ſchwemmung, des mündungs- und lippenloſen Fluſſes, der Lippenloſe (Achilleus,.
a priv. und χεῖλος die Lippe, das Ufer der Flußmündung). — Ich will aber
nicht verſchweigen, daß manches, was Seeck vorbringt, gewinnendere Kraft hat,
daß viele ſchöne Beobachtungen ſich finden, auch in der weiteren Ausführung,
die er demſelben Thema in den Jahrbüchern für Philologie widmet. Aber
man weiß ja, nichts iſt leichter, als Geſchichte in Mythus aufzulöſen. Auch
das Leben Alexanders, Luthers, Napoleons kann man zum Mythus machen.[1]
Alſo methodiſch war mir dieſe Partie des Seeckſchen Buches höchſt intereſſant,
überzeugt hat ſie mich nicht. —

Ich habe manches, was zum Widerſpruche reizte, hervorgehoben: vielleicht
liegt gerade darin, daß der Leſer gar oft dazu genötigt wird, gegen die Behauptungen Stellung zu nehmen, ein Vorzug des Buches. In andern Partien, wie in der kurzen, ſchönen Würdigung des Herodot und Thukydides,
wird man gern dem Verfaſſer beiſtimmen. Recht dankenswert finde ich es,
wenn heutzutage, wo ein großer Teil auch der Gebildeten feindſelig dem
klaſſiſchen Altertume den Rücken kehrt, Leute, die geſchmackvoll zu ſchreiben
wiſſen, die Reſultate der wiſſenſchaftlichen Arbeit auf dem Gebiete der Altertumswiſſenſchaft durch populäre Darſtellung auch weiteren Kreiſen zugänglich
machen und manchen intereſſieren für das, was nach unſerer Überzeugung
für alle Zeiten wertvoll iſt. Wenn nun auch die Arbeiten von Seeck es ſtellen-
weiſe an ernſter Kritik fehlen laſſen, wenn ſie nicht an die Bedeutung der
Aufſätze und Vorträge von Otto Jahn und Ernſt Curtius heranreichen, ſo
mögen ſie doch an ihrem Teile auch dazu beitragen, die bei vielen in Miß-
kredit geratene Altertumswiſſenſchaft wieder zu Ehren zu bringen. In dieſem
Sinne kann man dem Buche viele Leſer wünſchen.

Jena. W. Reichardt.

* * *

**Guſtav Bilfinger, Unterſuchungen über die Zeitrechnung der alten
Germanen. I. Das altnordiſche Jahr. Stuttgart, 1899, Kom-
miſſionsverlag von W. Kohlhammer. (IV, 100 S.)**

Die Entwicklung der Wiſſenſchaften im XIX. Jahrhundert hat mit gutem
Grunde das Beſtreben gezeigt, mehr und mehr eine Arbeitsteilung herbeizuführen. Aus dem großen Gebiete gelehrter Forſchung haben ſich immer

---

[1] Einen ſcherzhaften kleinen Beitrag zu dieſer Mythologiſierung hat
W. Wackernagel geliefert. In jenem kleinen Geſchichtchen vom Hunde in Bretten,
dem der Metzger zur Strafe für ſein fortgeſetztes Wurſtſtehlen den Schwanz
abhackt und ins Maul ſteckt, erkennt er die Idee von der Endlichkeit, welche
in die Unendlichkeit, vom Erdenleben, das durch den Tod in die Unſterblich-
keit und Ewigkeit hinüberringt und -bringt. (Kl. Schr. I.) Andere Beiſpiele
bei W. Grimm, die Glaubwürdigkeit der evangeliſchen Geſchichte, S. 129 ff.

mehr die einzelnen Fächer als Spezialwissenschaften ausgesondert, deren Vertreter es sich zur Aufgabe machten, ihr erwähltes Einzelgebiet möglichst ein-
dringend und vielseitig zu durchforschen. Die unermeßlichen Fortschritte, die
die Wissenschaft dieser Entwicklung zu danken hat, brauche ich nicht zu betonen, sie liegen klar am Tage, aber das läßt sich auch nicht verkennen, daß
die Grenzbezirke, die zwischen den einzelnen Forschungsgebieten liegen, oft sehr
unter den Schwierigkeiten zu leiden gehabt haben, die sich dem Forscher entgegen stellen, wenn er eine gelehrte Thätigkeit mehreren Fächern nebeneinander
zuwenden will. Schon seit längerer Zeit hat man das erkannt, und deshalb
ist in den letzten Jahrzehnten so oft der Ruf nach Zusammenfassung erklungen,
meines Erachtens etwas zu früh: erst sollte man die Grenzgebiete eingehender
bearbeiten, als es bislang in den meisten Fällen geschehen ist, ehe man an
großangelegte Zusammenfassungen gehen kann. Im einzelnen Falle mag ja
diese meine Auffassung durch ein meisterhaftes Buch Lügen gestraft werden,
im allgemeinen aber wird sie das Rechte treffen. Solcher Erkenntnis werden
sich die Arbeiter am Werke kulturgeschichtlicher Forschung gewiß am wenigsten
verschließen können, und um so mehr müssen wir Arbeiten wie die vorliegende
mit Befriedigung begrüßen.

Nicht nur ein Hilfsmittel für den Historiker, um die richtige Aufeinanderfolge der geschichtlichen Begebenheiten auch da festzustellen, wo die darauf bezüglichen Datierungen seiner Quellen einem fremdartigen chronologischen System
angehören, soll nach des Verfassers Ansicht die Chronologie sein. Er betrachtet
vielmehr die zeitliche Orientierung als „eine wesentliche Funktion des menschlichen Geistes, den Entwicklungsgrad dieser Kunst als einen wichtigen Grad-
messer der erreichten Civilisationsstufe". Im Dienste einer mehr kulturgeschichtlichen Anschauungsweise begiebt er sich -- versehen mit allem Rüstzeug der
Chronologie — in die Tiefen germanistischer Forschung, und mancher schöne
und überraschende Fund ist es, der ihm auf diesem Wege gelingt. Dasjenige
zusammenzustellen, was in dem klar, sachlich und — was das beste ist —
überzeugend geschriebenen Buche der Chronologie zu gute kommt, dürfte hier
wohl zu weit führen, uns wird naturgemäß mehr das interessieren, was für
den Germanisten von Bedeutung ist, und da bildet das Buch denn eine sehr
nachdrückliche Warnung vor der leicht verzeihlichen Neigung, fremdartig erscheinende Elemente auf vorhistorische oder wenigstens vorchristliche Zeit zurückzuführen. Wenn der Verfasser auch eine Reihe von Einzelheiten in dem is-
ländisch-norwegischen Kalender als Überreste der vorchristlichen Zeitrechnung
erkennt — eine nähere Untersuchung darüber stellt er für eine spätere Gelegenheit in Aussicht —, so weist er doch mit großer Bestimmtheit nach, daß die
Grundlagen in der christlichen Zeitrechnung, in dem julianischen Kalender zu
finden sind.

Wir wünschen dem Verfasser, daß er von dem schweren Augenleiden, das
ihn betroffen hat, recht bald völlig genesen möge, damit er unter glücklicheren
Bedingungen sein Werk fortsetzen und vollenden kann.

Nürnberg.   Otto Lauffer.

Agnes Geering, Die Figur des Kindes in der mittelhochdeutschen Dichtung. (Abhandlungen herausgegeben von der Gesellschaft für deutsche Sprache in Zürich. IV.) Zürich, E. Speidel, 1899. (120 S.)

Der Titel führt irre. Ich hatte nach ihm eine kulturgeschichtliche Monographie erwartet, allein die Arbeit will durchaus nicht als ein Beitrag zur Geschichte des deutschen Kindes gelten, sondern sie giebt eine durch und durch litterarisch-ästhetische Untersuchung, die im Grunde darauf hinaus läuft, darzulegen, wie die mhd. Dichter schon im Kinde zeigen, was den Mann später charakterisieren soll. Bei einigen der angeführten Beispiele erklärt die Verfasserin selbst diesen Nachweis für unmöglich, aber auch von den vielen anderen kann ich nur eine ganz beschränkte Zahl gelten lassen, nämlich nur diejenigen, bei denen es sich wirklich um Kinder in unserem Sinne handelt. In den meisten Fällen sind eben diese mhd. „kint“ schon Jünglinge und Jungfrauen, die in ihrer vollen Entwickelung begriffen sind, und daß diese Entwickelung den Charakter des Erwachsenen durchaus vorzubereiten hat, ist auch für den schlechtesten Dichter selbstverständlich. Damit ist schon ausgesprochen, was ich an dem Buche am meisten auszusetzen habe. Die Verfasserin sagt auf S. 7: „Schwierig ist es, die richtige Grenze für die Kindheit zu ziehen, da das Wort „kint“ im Mittelhochdeutschen einen viel weiteren Begriff ausdrückt als heute, und der junge Mann wie die Jungfrau häufig noch Kind genannt werden“, dennoch verwechselt sie mhd. „kint“ und nhd. „Kind“ immer wieder, oder wenigstens mißt sie sie mit dem gleichen Maßstabe, ein Verfahren, dem wir an dieser Stelle ganz entschieden entgegentreten müssen, denn eine den modernen Verhältnissen durchaus entsprechende Übersetzung fremder Ausdrücke müssen wir als die erste und wichtigste Grundlage aller Forschung verlangen. Gerade bei der Übersetzung aus dem Mittelhochdeutschen betonen wir das mit um so größerem Nachdruck, weil wir an uns selbst oft genug die Erfahrung gemacht haben, wie nahe hier die Versuchung zu einer schiefen oder geradezu falschen Übersetzung liegt.

Nun setze ich den Fall, die Verfasserin wäre dieser Versuchung nicht unterlegen, dann hätte es ihr natürlich frei gestanden, die Geschichte der einzelnen Helden — wieder unter einem anders zu wählenden Titel — bis zu der Zeit zu verfolgen, wo dieselben aufhören, „kint“ im mittelhochdeutschen Sinne zu sein. Aber auch dann hätte sie sich meines Erachtens nicht mit einer bloßen Zusammenstellung der Kindheits- und Jugendgeschichten begnügen dürfen — viel mehr giebt das Buch kaum —, dann hätte die Frage nach dem Abhängigkeitsverhältnis der einzelnen Dichter viel energischer angepackt werden müssen, dann wären vor allem die einzelnen Motive genau auf Ursprung und Verbreitung zu prüfen gewesen, was so eigentlich überhaupt nicht geschehen ist.

Was an dem Buche anerkannt werden muß, ist der entschiedene Fleiß der Verfasserin, mit dem sie eine reichhaltige Zusammenstellung der einzelnen Jugendgeschichten zu Wege gebracht hat. Dem Kulturhistoriker, der das Kinderleben jener Tage an der Hand der dichterischen Quellen beschreiben will, ist das

Buch deshalb als Quellennachweis zu empfehlen, dessen Benützung noch erleichtert wird durch ein Register, welches die Namen der behandelten und angeführten Kinder der mittelhochdeutschen Dichtung in alphabetischer Reihenfolge aufführt.

Nürnberg.   Otto Lauffer.

Forschungen zur Kunstgeschichte Böhmens. Veröffentlicht von der Gesellschaft zur Förderung deutscher Wissenschaft, Kunst und Litteratur in Böhmen. I—III.: **Josef Neuwirth, Mittelalterliche Wandgemälde und Tafelbilder der Burg Karlstein in Böhmen.** Mit 50 Lichtdrucktafeln und 16 Abbildungen im Texte. — **Der Bildercyklus des Luxemburger Stammbaumes aus Karlstein.** Mit 16 Lichtdrucktafeln und 2 Abbildungen im Texte. — **Die Wandgemälde im Kreuzgange des Emausklosters in Prag.** Mit 34 Tafeln und 13 Abbildungen im Texte. Prag, J. G. Calvesche k. u. k. Hof- und Universitäts-Buchhandlung, J. Koch. 1896—1898. Großfol. 60—25—·75 Mk.

Nicht die eigentlich kunstgeschichtliche Bedeutung dieser in jeder Hinsicht ausgezeichneten Leistungen soll hier gewürdigt werden; sie ist in dem engeren Fachkreise sofort gebührend anerkannt worden, und ich kann mich um so mehr mit einer kurzen Andeutung des Wesentlichsten begnügen, möchte dagegen an dieser Stelle namentlich auf ihre über das besondere Wissensgebiet hinüberreichende allgemein kulturgeschichtliche Ergiebigkeit hinweisen. [1]

Die Denkmäler, die Neuwirth darin beschäftigen, sind von hervorragender Wichtigkeit: im ersten und zweiten Teil die Wand- und Tafelbilder der von Karl IV. 1348—1367 erbauten und nach ihm benannten Burg Karlstein, im dritten die Wandmalereien im Kreuzgang des von demselben Fürsten 1347

---

[1] Die Ergebnisse der auf Karlstein bezüglichen Forschungen (1. u. 2. Teil) habe ich eingehend zusammengefaßt im XXIV. Bande der Österreichisch-Ungarischen Revue. Für die sprachliche Form dieses Aufsatzes und für dessen Gliederung durch Abschnitte kann ich allerdings nur sehr beschränkte Verantwortung auf mich nehmen; es hat der Redaktion jener Zeitschrift gefallen, nach Erledigung der Korrektur, also ohne mein Wissen und später auch unbeirrt durch meinen Einspruch nicht nur meine Kapiteleinteilung zu beseitigen, sondern auch zahlreiche Stellen stilistisch zu ändern und mir namentlich eine Vorliebe für Fremdwörter unterzuschieben, von der ich mich frei weiß. Es läßt sich kaum anders erwarten, als daß dabei wenigstens in einzelnen Fällen auch der Gedanke selbst nicht ganz unberührt bleiben konnte.

für slavische Mönche und slavische Liturgie gegründeten, am Ostermontag 1372
eingeweihten und danach noch heute seinen Namen führenden Emausklosters
in Prag und im Anschluß an diese noch ein in demselben Kloster befindliches
Tafelbild (eine Kreuzigung) des karolinischen Kunstzeitalters in Böhmen.
Leider sind die genannten Denkmäler von der Zeit und von späteren Menschen-
händen nicht unberührt geblieben, und ihr Erhaltungszustand macht zwar, von
einzelnen Ausnahmen abgesehen, kunstgeschichtliche Würdigung nicht unmöglich,
hat aber doch die Forschung mehr oder weniger erschwert, und man hat sich
daher früher z. T. mit recht oberflächlichen, ja sogar geradezu irreführenden
und falschen Angaben begnügt. Um den Fortschritt, den Neuwirths Untersuchungen
in dieser Hinsicht bedeuten, recht zu würdigen, muß man vergleichen, was uns
ältere Arbeiten z. B. über die Darstellungen aus der Apokalypse in
der Marienkapelle oder über die Bilderfolge der Wenzel- und Ludmilla-
Legende im Treppenhaus des Hauptturms in Karlstein zu sagen wußten und
was er durch sorgsamste und umsichtigste Beobachtung und Heranziehung aller
maßgebender Momente für eine befriedigende Bilderklärung leistete, und wie
er uns dadurch überhaupt diese Kunstwerke erst eigentlich genau kennen und
richtig würdigen lehrte. Und so haben auch die Emauser Gemälde durch ihn
zum erstenmal eine allseitige und umfassende Behandlung gefunden, die so
weit nur irgend möglich nichts unerledigt fallen läßt. Aber nicht genug daran,
manches dieser Bildwerke ist heute von der Wandfläche, die es einst schmückte,
vollständig verschwunden und schien unwiederbringlich verloren; so z. B. der
Stammbaum der Luxemburger im Karlsteiner Palas; dem Spürsinn und
Finderglück Neuwirths, geleitet und unterstützt von reicher Sachkenntnis und
strenger Methode, gelang es in einer Wiener Bilderhandschrift des sechzehnten
Jahrhunderts (1569–1575) eine Nachbildung dieses in verschiedener Hinsicht
höchst merkwürdigen Kunstwerkes aufzufinden, deren Treue sich glücklicherweise sicher stellen läßt, und auf dieser Grundlage jene verloren geglaubte
Bilderfolge zu unserer freudigen Ueberraschung wieder zu gewinnen. In genauer stilkritischer Zergliederung und Vergleichung war der Verfasser ferner
nicht nur bemüht den Anteil der drei urkundlich bezeugten Meister Thomas
von Mutina (Modena), Nikolaus Wurmser von Straßburg und des in Böhmen
heimischen Theodorich an der malerischen Ausschmückung der Burg Karlstein
richtiger abzugrenzen, als dies seinen Vorgängern gelungen war, und ihre
künstlerische Eigenart festzustellen, er versucht auch die an den Kreuzgang-
Gemälden in Emaus beteiligten Hände (nach seiner Prüfung ihrer vier)
zu unterscheiden, und da uns für diese nicht nur keine Namen überliefert sind,
sondern überhaupt keine geschichtlichen Zeugnisse für die Entstehungszeit dieser
Kunstwerke vorliegen, so mußte er aus ihnen selbst den Beweis erbringen,
daß sie, wenn auch später mehr oder weniger übermalt, ihrem Ursprung nach
dem karolinischen Zeitalter angehören. Der Geschichte und den späteren Schicksalen dieser Denkmäler ist er in beiden Fällen gleich sorgsam nachgegangen.
So bedeuten diese Forschungen auch dort, wo sie nicht überhaupt zum erstenmal neu einsetzen, nicht etwa nur eine geschickte, übersichtliche, hie und da
auch berichtigende und ergänzende Zusammenstellung des von den Vorgängern

15*

Ermittelten, sondern durchweg eine namhafte Bereicherung unseres Wissens um eine Reihe wertvoller, durch selbständige Untersuchung gewonnener Ergebnisse; und wo nach der Sachlage über ein größeres oder geringeres Maß von Wahrscheinlichkeit nicht immer hinauszukommen war, wie z. B. in der Zuweisung an verschiedene Meister, sind die Aufstellungen des Verfassers doch stets wohl erwogen und methodisch begründet; man mag über ein oder das andere verschiedener Ansicht sein, gefördert wird man sich immer fühlen. Zu all dem kommen die ausgezeichneten Abbildungen hinzu, der Mehrzahl nach Lichtdrucktafeln, ausgeführt von Bellmann in Prag, im dritten Teil auch farbige Tafeln, hergestellt durch die Haasesche Hoflithographie in Prag: sie setzen bei den wohlerhaltenen Bildern den Leser in stand, den stilkritischen Ausführungen des Verfassers mit selbständigem Urteil zu folgen, von minder gut erhaltenen vermitteln sie immer noch eine genügende Anschauung; und manche darunter verlangten ein ganz besonderes Maß von Sorgfalt und Verständnis, um der Schwierigkeiten Herr zu werden, die nicht nur der Erhaltungszustand, sondern mehrfach auch die Beleuchtung und Gewinnung des entsprechenden Standpunktes bei der Aufnahme bereiteten.

Neuwirths Arbeiten wären aber auch für ihr engeres Wissensgebiet nicht das geworden, was sie thatsächlich sind, wenn er nicht bemüht gewesen wäre, die von ihm behandelten Kunstdenkmäler in den großen Kulturzusammenhang ihrer Zeit hineinzurücken, die leitenden Grundgedanken aufzudecken, die aus ihnen zu uns sprechen, und sie so aus den Lebensquellen ihres Daseins heraus auch für uns wieder lebendig zu machen. Dadurch aber gewinnen seine Darstellungen ein über den eigenen Fachkreis hinausgehendes Interesse; denn wer von irgend einer Seite her dem geistigen Leben jener Tage näher tritt, wird darin auch zu seinem Arbeitsgebiet willkommene Beziehungen finden und sich nicht ohne Gewinn mit ihnen beschäftigen; ja wem es um eine wirklich umfassende Anschauung der Kultur der karolinischen Zeit zu thun ist, kann an ihnen gar nicht vorübergehen.

Schon das Ergebnis, daß in Karlstein ein französischer Baumeister, ein einheimischer, ein deutscher und ein italienischer Maler zusammenwirkten und daß dieser Italiener allem Anschein nach nicht ohne Einfluß auf die mitbeschäftigten Kunstgenossen blieb, daß auch in Emaus überwiegend italienische Kunstanschauungen sich wieder mit der heimischen Richtung Theodorichs berühren, hat eine über das Gebiet der Kunstgeschichte hinausreichende Bedeutung: es weist uns Kulturbeziehungen nach, auf die wir auch sonst zu achten haben und denen wir auf anderen Gebieten wieder begegnen. Auch die mehrfach zur Sprache kommenden und durch entsprechend gewählte Nachbildungen aus wichtigen Bilderhandschriften anschaulich gemachten Beziehungen zwischen der monumentalen und der Buchmalerei, wobei sich jede abwechselnd einmal als die gebende, ein andermal als die empfangende erweist, dürften ein mehr als bloß kunstgeschichtliches Interesse erregen, zumal wenn durch den gelegentlich erbrachten Nachweis, wie den Buchmalern ihre Aufgabe vorgeschrieben wurde, zugleich auf das Verhältnis zwischen Auftraggebern und ausführenden Kräften ein Streiflicht fällt. Und wenn die Untersuchung, sei's um die Treue der Wiener Nachbildungen des Stammbaums der Luxemburger zu prüfen, sei's um die Entstehungszeit der Emauser Kreuzganggemälde zu bestimmen, genau auf die Tracht eingehen muß, und wenn die Tafeln dabei der Anschauung in so erfreulicher Weise zu Hilfe kommen, so geht auch die Sittengeschichte nicht leer aus. Und so finden sich in den behandelten Denkmälern noch gar mancherlei Züge aus dem Leben, so z. B. die Darstellungen des Acker- und Weinbaues, des Getreidemahlens, Hostienbackens und Weinkelterns auf den Bildern der Wenzellegende in Karlstein und in den zur Vergleichung herangezogenen Bilderhandschriften, die Kelter auch in Emaus, allerlei Gerät, interessant aufgebautes Gestühl u. dgl.; neben anderm architektonischen Beiwerk wird namentlich der Kirchenbau in der Bilderfolge der Ludmilla-Legende in Karlstein und der Turmbau in Emaus als eine immer noch willkommene Bereicherung unseres Anschauungsmaterials, wie es in bereits anderswoher bekannten Darstellungen für den Baubetrieb vorliegt, auf Beachtung zählen dürfen.

Bedeutsamer aber als diese und andere Einzelheiten bleiben doch immer die leitenden Grundanschauungen und Gedanken, welche diese Denkmäler beseelen; in ihnen weht uns der Geist ihrer Zeit und ihrer intellektuellen Urheber an. In Karlstein herrscht der Wille und der Gedankenkreis eines Einzelnen, des fürstlichen Bauherrn selbst, der seiner Schöpfung ebenso das Siegel seiner geistigen Persönlichkeit aufprägte, wie er ihr seinen Namen gab und wie er sich an den Wänden mehrerer Burgräume bald allein, bald mit seinen Gemahlinnen oder einer andern Person, ja sogar mitten unter den Gestalten der heiligen Geschichte selbst der Mit- und Nachwelt in seiner leiblichen Erscheinung zeigte. Wie sich die Kunst jener Zeit mit der charakteristischen Erfassung einer Persönlichkeit in ihrer sichtbaren Gestalt abzufinden verstand, das ist ja nicht die uninteressanteste Seite an den Wandbildern Karlsteins. Daß wir uns in dem Heim eines mächtigen und hochsinnigen Fürsten befinden, fällt uns auf Schritt und Tritt in die Augen; eines Fürsten, in dem ererbte und anerzogene Frömmigkeit, ja eine ungewöhnliche theologische Bildung zusammengeht mit dem vollen Bewußtsein seiner Machtstellung in der Welt, der ganz wurzelnd in der alten scholastisch-kirchlichen Weltanschauung doch auch staunend den Offenbarungen einer neuen sich anründigenden Zeit lauscht und sich ihr weder voll hingibt noch ganz verschließt. Das alles bestimmte auch den künstlerischen Schmuck Karlsteins, und die Kunst, die sich da entfaltet, tritt für den Kenner der Zeit in höchst interessante Beziehungen zu den kirchlich-religiösen, politischen und litterarischen Strömungen derselben. Der theologisch gebildete Fürst hat ein besonders nahes Verhältnis zu dem dunkelsten Buch der Bibel, das die Ausleger seit Jahrhunderten beschäftigte, der Apokalypse, und er schmückte die Kapellen seiner Lieblingsburg mit Bildern daraus. Ein hervorstechender Zug seiner Frömmigkeit ist die Heiligenverehrung und die bei jeder passenden und unpassenden Gelegenheit oft rücksichtslos betriebene Reliquienerwerbung, bei der kirchenpolitische Erwägungen und ein ererbtes persönliches Bedürfnis Hand in Hand gehen. Karlstein ist voll davon, kein Raum so sehr als die Kreuzkapelle, in der er um den Erlöser die ganze Ge-

meinschaft der Heiligen im Bild und in Reliquien versammelte. Unter diesen
Heiligen treten aber, z. T. infolge persönlicher Erlebnisse und Beziehungen,
einzelne besonders bedeutsam heraus. Vor allem die heilige Jungfrau, deren
Verehrung für Karl und seine Umgebung charakteristisch ist: ob bei dem
apokalyptischen Weibe in der Marienkapelle an die Gottesmutter gedacht
wurde, läßt sich nicht ausmachen; auch ohne das zeugt Karlstein laut genug
von diesem für die Kunst und Litteratur des karolinischen Zeitalters so anregenden und fruchtbaren Kultus. Sodann u. a. die großen Kirchenlehrer, besonders Hieronymus und, der wichtigste von allen, Augustinus, mit dessen
Schriften Karl wohl vertraut war und für dessen Regel sich bei ihm und seiner
geistlichen Umgebung bei Klostergründungen wiederholt eine von Frankreich
herstammende Vorliebe verrät; der Litterarhistoriker wird dabei auch an Johanns
von Neumarkt Übersetzungen der Soliloquien und des Lebens des heiligen
Hieronymus denken. Unter den heiligen Herrschern nehmen S. Wenzel und
Karl d. Gr. eine Ausnahmestellung ein: jener ist Karls IV. Namensheiliger
von der Taufe, dieser, nach dem er sich nannte, von der Firmung her; jener
sein mütterlicher Ahnherr auf dem Throne Böhmens, dieser sein Vorgänger
in der Kaiserwürde, und auch ihn nimmt er zugleich als seinen Ahnherrn in
Anspruch. Hier durchdringen sich religiöse und weltliche Interessen. Wenzel,
für dessen Andenken Karl so viel that, durfte auch in Karlstein nicht fehlen:
nicht allein die Scenen aus seiner Legende, an deren Entwickelung Karl selbst
litterarisch beteiligt ist, ehren sein Gedächtnis; überhaupt sollte man durch
Wappen- und andere Zier daran erinnert werden, daß man sich in einer Burg
des böhmischen Königs befinde. Aber zugleich, ja in allererster Linie ist
Karlstein doch eine deutsche Kaiserburg: dort, in der Kreuzkapelle, verwahrte
er die deutschen Reichsinsignien; die Porträtdarstellungen in den verschiedenen
Burgräumen zeigen ihn im Schmuck seiner kaiserlichen Würde; an sie gemahnen
Wappen und Monogramme; vor allem aber der Stammbaum im Palas,
der seine Ahnenreihe über die Luxemburger König Johann und Heinrich VII.
und über die Brabanter Herzöge zurückleitete zu Karl d. Gr. und über diesen
hinaus zu den Trojanern und weiter hinauf bis zum Erzvater Noah, sollte
seine Ansprüche auf diese eben erlangte Kaiserwürde von seiner Abkunft her
im Bilde anschaulich erweisen; der von Neuwirth nachgewiesene Zusammenhang
des Grundgedankens dieses Stammbaumes mit den Anschauungen in der von
Johann v. Marignola auf Veranlassung Karls verfaßten Chronik ist augenscheinlich, und der Sinn wird noch deutlicher, wenn man damit eine andere
gleichfalls durch Neuwirth wiederentdeckte Bilderfolge böhmischer Herrscher
vergleicht, die einst die Prager Burg schmückte; so nüchtern Karl über gewisse
politische Schwärmereien dachte, der Bedeutung seiner Kaiserwürde, namentlich für sein Stammland Böhmen, war er sich voll bewußt; das bezeugt auch
Karlstein beredt genug. In dem Stammbaum wie bei Marignola erscheinen
unter den Ahnen Karls nicht nur die Trojaner, von denen nach einer bekannten halbgelehrten Erfindung des Mittelalters die Franken stammen
sollten, und biblische Gestalten, sondern auch die Heidengötter Saturn und
Jupiter: durch deren Einreihung in diesen Ahnenkreis, durch die starke Be-

tonung der eigenen Persönlichkeit und die Bedachtnahme auf den Ruhm des
eigenen Namens fällt in die sonst mittelalterliche Burg ein Strahl der neuen
humanistischen Weltanschauung, mit deren Hauptvertreter Petrarca Karl auch
in persönliche Beziehung tritt und deren Eindringen wir auch sonst unter ihm
gewahren; daß das Alte und Neue, so sehr es sich ausschließt, nebeneinander steht, ist so recht bezeichnend für die Zeit. Es sind wie gesagt zunächst die Gedanken und Anschauungen eines einzelnen durch Geburt und
Machtstellung Bevorzugten, denen wir in Karlstein begegnen, aber indem er
von seiner Umgebung Anregung empfängt und auf sie bestimmend zurück-
wirkt, doch auch die seiner Zeit; und seine Schöpfung zeigt uns recht deutlich,
wie viele Fäden der Kulturentwickelung damals in Böhmen zusammenliefen.

Nicht so mannigfaltig, dafür aber auf breitere Schichten berechnet ist
der Gedankengehalt des Wandschmuckes des Emauser Kreuzgangs. Karl ist
der Stifter dieses zur Befriedigung specifisch slavischer Wünsche gegründeten
Klosters, das gleichwohl keine Heimstätte specifisch slavischer Kunstrichtung
wurde; auf die künstlerische Ausschmückung ist keinerlei Einfluß von Seite des
fürstlichen Gründers nachweisbar. Dafür war ohne Frage der Abt und Con-
vent maßgebend. Ein ausgiebiges Maß theologischer Gelehrsamkeit machte
sich daher allerdings auch hier geltend; aber man mußte doch offenbar
auch Rücksicht nehmen auf die Masse der slavischen Bevölkerung, die gewonnen werden sollte, und ein gewisser volkstümlicher Zug war daher nicht ganz
zu vermeiden. Die Heilsgeschichte jedem, auch dem ungelehrten Laien, dem die
lateinischen Inschriftstreifen nichts nutzten, in den Wechselbeziehungen zwischen
altem und neuem Testament durch das Bild vor Augen zu führen, das ist der
Grundgedanke dieser Darstellungen, der im Südflügel noch nicht streng, weiterhin aber folgerichtig in der Weise durchgeführt ist, daß in der Regel in der
oberen Abteilung jedes Bildfeldes eine Scene aus dem neuen, darunter je
zwei Vorbilder dazu aus dem alten Testament nebeneinander angebracht sind:
so bis zum abschließenden Pfingstwunder. Wir befinden uns also auf dem
Boden der dem Mittelalter so geläufigen allegorisch-typischen Bibelerklärung
und in dem Gedankenkreise der als „Heilsspiegel" (speculum humanae sal-
vationis) und „Armenbibel" (biblia pauperum) bekannten Bilderhandschriften.
Zu diesen, namentlich dem ersten Bilderkreise, hat Neuwirth in sorgsamer Vergleichung enge Beziehungen nachgewiesen, dabei aber auch die Abweichungen,
die eine gewisse Selbständigkeit der Anordnung bekunden, nicht aus den Augen
gelassen. Daß die litterarischen Beziehungen nicht so mannigfaltig sein können
wie bei den Karlsteiner Denkmälern, ist wohl begreiflich; aber sie fehlen nicht,
und wer von der Beschäftigung mit geistlicher Litteratur an das Werk
herantritt, wird nicht leer ausgehen. Soll man ein einzelnes Beispiel heraus-
greifen, so hat Neuwirth selbst bei der Sybille, die dem Kaiser Octavianus
Augustus die über dem Friedenstempel schwebende Jungfrau mit dem Kinde weist,
bereits Berührung mit der Legendendichtung dargethan; zur mittelalterlichen Bibelerklärung in der bezeichneten Richtung und der mit ihr zusammenhängenden
Litteratur in Prosa und Vers überhaupt, auch das geistliche Schauspiel,
insofern es in seiner Art selbst ein lebendiger „Heilsspiegel" und eine „Armen-

bibel" ist, nicht ausgenommen, ist die ganze Bilderfolge eine einzige monumentale Illustration. Es sind dieselben Gegenstände, dieselben Anschauungen, die hier malerisch, dort litterarisch behandelt werden, immer zu demselben erbaulichen Zwecke.

Lehrreich sind diese Veröffentlichungen wie gesagt nach sehr verschiedenen Seiten, und es ist eine Freude lesend und schauend daraus zu lernen. Die deutsche Gesellschaft in Prag, die durch freigebige Aufwendung reicher Mittel sie ermöglichte, hat sich dadurch ein großes, weit über die nächsten Grenzen hinausreichendes Verdienst erworben, und wer immer, ob als Kunstforscher oder in anderer Richtung, der Kulturentwickelung unter dem mächtigsten Luremburger Aufmerksamkeit und Teilnahme zuwendet, wird ihr dafür Dank wissen.

Prag.   H. Lambel.

Kurt Kaser, **Politische und soziale Bewegungen im deutschen Bürgertum zu Beginn des 16. Jahrhunderts mit besonderer Rücksicht auf den Speyerer Aufstand i. J. 1512.** — Stuttgart, W. Kohlhammer, 1899. (VIII u. 271 S.)

Der Verfasser hat es sich zur Aufgabe gemacht, die Bewegungen, die innerhalb der ersten Jahrzehnte des 16. Jahrhunderts wiederholt eine lange Reihe von deutschen Städten erschüttert haben, darzustellen und nach ihren Ursachen und Zielen zu charakterisieren, wobei er zugleich eine Entscheidung in dem zwischen Lamprecht und Lenz darüber ausgebrochenen Streit im Auge hat. Es sind dabei zwei Perioden zu unterscheiden, die der Jahre 1509—1514 und die mit dem Bauernkriege zusammenfallende. Die erste aber kann man noch genauer abgrenzen, denn mit nur ein paar Ausnahmen fällt der Ausbruch dieser Aufstände in die Jahre 1512 und 1513. Es läßt sich deshalb auch durchaus nicht ohne weiteres die Vermutung ablehnen — Kaser weist S. 185[1] kurz darauf hin —, daß die Forderungen, mit denen eben im Jahre 1512 auf den Reichstagen zu Trier und Köln der Kaiser an die Stände des Reichs herangetreten war, damit in ursächlichem Zusammenhang gestanden haben. Ranke handelt in seiner Deutschen Geschichte (⁶ I S. 132 ff.[1]) ausführlich von der inneren Gärung, die im ganzen Lande auf jene Verhandlungen folgte. Überall giebt jetzt in den Städten Anlaß zu den Unruhen ihre finanzielle Bedrängnis, in mehr als einem Falle hat der Rat ohne Anstoß von unten sich gleichwohl gezwungen gesehen, den Vertretern der Gemeinde die Notlage der Stadt zu offenbaren. Deshalb sind es auch fast durchweg Streitigkeiten mit der in Zünften organisierten steuerzahlenden Bürgerschaft, zu denen es nun kommt, was aber natürlich nicht ausschließt, daß die prole-

---

[1]) Dem Abschnitt über die Gärung in den Städten, S. 140 f., hätte Kaser noch ein paar nützliche Winke entnehmen können.

tarischen Schichten des Volkes die Gelegenheit wahrnehmen, ihre Lust an Gewaltthätigkeiten zu befriedigen und den Ruf nach Tod und Beraubung der
„Reichen" erschallen zu lassen. Die Bürgerschaften aber verlangen Einsicht in
die Rechnungsführung, Einfluß auf die Finanzverwaltung und natürlich wenn
möglich Verringerung der Abgaben.

Wesentlich anders verhält es sich ein Dutzend Jahre später. Die Lage
des gemeinen Mannes scheint auch in den Städten eine immer drückendere
geworden zu sein, und als nun die Bauernheere herannahen, da gedenken
die Bedrängten überall mit ihnen gemeinsame Sache zu machen und erheben
sich gegen ihre Herren und Obrigkeiten. Deshalb erscheinen jetzt in weit
höherem Grade als vorher die untersten Schichten der städtischen Bevölkerung
als die Träger der Bewegung, und vor allen Dingen sind ihre Forderungen
viel weitergehende, oft viel zu ausschweifende, als daß jene wohlgeordneten
Zünfte sie überhaupt auf ihre Fahnen hätten schreiben können. Kommunistische
Ideale zwar kannte die christliche Welt seit ihren Anfängen, und mehr als
vorher hatten sie seit der hussitischen Bewegung die Massen des Volkes durchdrungen (s. G. v. d. Ropp, Sozialpolitische Bewegungen im Bauernstande
vor dem Bauernkriege, Marburg 1899, sowie die Einleitung bei Kaser). Allein
es wird sich nicht leugnen lassen, daß diese Ideen durch die Reformation neue
Nahrung und durch die auf der Reformation fußenden Schwarmgeister unter
den Predigern in den Augen des Volks eine autoritative Rechtfertigung erhalten hatten. Der Einfluß der Reformation tritt auch sehr deutlich hervor
in dem Verhalten verschiedener städtischer Kreise gegenüber dem weltlichen
Besitz der Kirche. Lebhaftere Klagen und Streitigkeiten hätten dieser und seine
Ausnutzung ja oft genug bereits in der früheren Zeit veranlaßt, aber nimmer
hätten die Räte ihn schutzlos der wütenden, raubgierigen Menge preisgegeben,
wie es nun so häufig geschah. Neben kommunistischen und kirchenfeindlichen
Forderungen aber fehlt es auch jetzt durchaus nicht an anderen. Zahlreich
waren die Stellen, an denen die städtischen Bevölkerungen der Schuh drückte,
und wo man sich gerade beschwert fühlte, da suchte man in naiver Weise Ab-
hilfe: das Ungeld (das ist die richtige Form, nicht „Umgeld") soll vermindert,
hofrechtliche Leistungen sollen abgeschafft, die Zunftordnung soll besser ein-
gehalten, das Handwerk auf dem Lande (dies also gegen die Bauern) soll
verboten werden. Wir erhalten ein sehr buntes Bild, und mit recht weist
Kaser (S. 186) darauf hin, daß es — und aus sehr natürlichen Gründen —
den erregten städtischen Bevölkerungen, trotz vieler übereinstimmender Interessen,
im Unterschied zu den Bauern an einem gemeinsamen Programm fehlte. Von
gemeinsamem Handeln konnte erst recht nicht die Rede sein. Nicht richtig ausgedrückt ist es aber, wenn der Verfasser sagt (S. 213), allen den ver-
schiedenartigen Bestrebungen der Bürger habe als gemeinsames Moment „die
Sehnsucht nach wirtschaftlicher Befreiung" zu Grunde gelegen. Im Gegenteil
nahmen die Massen einen durchaus reaktionären Standpunkt ein und verlangten
strengste Aufrechterhaltung der alten wirtschaftlichen Beschränkungen, und zwar
jede Gruppe in kleinlich eigenem Interesse, während die Räte meist mit freierem
Blick das Wohl des Ganzen im Auge hatten. Dieser Gesichtspunkt ist bei

Kaser nicht wohl berücksichtigt worden: er prüft die Klagen der unteren Schichten nicht genügend auf ihre volkswirtschaftliche Berechtigung. Überhaupt ließe sich zu einer vollständigen Würdigung der behandelten Bewegungen erst innerhalb des Rahmens einer Geschichte der Städte zu jener Zeit gelangen.

Nicht zum Nachteil gereicht es seinem Buche, daß Kaser einen einzelnen Aufstand, den des Jahres 1512 zu Speyer, ausführlicher erzählt hat: nur so sieht man, wie es eigentlich bei diesen Anlässen zugegangen ist, und es wäre nicht übel gewesen, wenn auch aus der Zeit des Bauernkrieges dem Leser ein typischer Fall in ähnlich eingehender Weise vorgeführt worden wäre.

Jena.   F. Keutgen.

Das Buch Weinsberg. Kölner Denkwürdigkeiten aus dem 16. Jahrhundert. 4. Band, bearbeitet von Friedrich Lau. (Publikationen der Gesellschaft für Rheinische Geschichtskunde XVI.) Bonn, P. Hanstein, 1898. (XXII, 323 S.)

Bei Besprechung des 3. Bandes vorliegenden Wertes (in dieser Zeitschrift Bd. VI. S. 220 f.) hatte ich es als möglich hingestellt, daß der Herausgeber, der größere Kürzungen vorgenommen hatte, vielleicht doch manches kulturgeschichtlich Interessante allzu rigoros unterdrückt habe. Was ich nur als Vermutung äußerte, hat Wiepen im „Korrespondenzblatt der Westdeutschen Zeitschrift" Jg. XVII, S. 178 ff. auf Grund der Vergleichung mit der Originalhandschrift schlagend nachgewiesen. So erklärt sich denn zum Teil, warum jener 3. Band an kulturgeschichtlichem Interesse, das für derartige Quellen doch durchaus im Vordergrund steht, bedeutend hinter den beiden ersten, die von Höhlbaum veröffentlicht sind, zurücksteht, ein Mangel, den zum anderen allerdings auch der Verfasser der immer langweiligeren und breiteren Memoiren selbst verschuldet. Es ist nun sehr zu bedauern, daß Lau diesen von Wiepen nunmehr mit Belegen festgestellten Mangel[1] keineswegs anerkennt, sondern im Vorwort zu dem vorliegenden 4. (Schluß-)Band der Ausgabe in gereiztem Ton sein Verfahren als richtig hinstellt: „Wem es als Aufgabe der Kulturgeschichte erscheint, auch die kleinsten Kleinigkeiten einer eingehenden Betrachtung zu unterziehen, für den mag das Buch Weinsberg noch manches bergen." In der Praxis scheint er aber doch jener Anforderung mehr als im

---

[1] Wie oft manches Interessante fehlt, zeigt z. B. die Mitteilung von A. Meister: „Eine Kölner Hausmarke" in den „Annalen des historischen Vereins für den Niederrhein" Bd. 69, die auf die Hausmarke des Hauses Weinsberg bezügliche Auszüge aus W.'s Denkwürdigkeiten bringt, die durchaus wertvoll sind, z. B. betr. der Individualisierung der Hausmarke beim Gebrauch der einzelnen Familienmitglieder. Lau hat diese Abschnitte nicht.

3. Bande gerecht geworden zu sein, wenigstens lassen sich eine ganze Reihe
von Abschnitten, die kulturgeschichtliches Interesse haben, anführen. Daß freilich
die Fülle der ersten beiden Bände bei weitem nicht erreicht ist, das liegt an
der greisenhaften Art Weinsbergs selbst, der jetzt auch sehr abseits vom wirklichen
Leben steht, durch Familienzwistigkeiten und die trübe Zeit, wie durch die Krankheiten des Alters gleichmäßig verärgert und verbittert ist. Seine Schreibselig-
keit ist ihm freilich geblieben, aber die Langeweile, die über seinen Ausführungen
liegt, hat doch erheblich zugenommen: dieser Abschnitt trägt seine Bezeichnung:
„Liber decrepitudinis" sehr zu Recht. Im einzelnen hebe ich — abgesehen
von einigen Kriminalfällen — die zuweilen charakteristischen Notizen über den
Lebenslauf eines oder des anderen Kölners (z. B. S. 13 f.), ferner die folgenden Abschnitte hervor: über die geschickte Propaganda der Jesuiten durch
Bewirtung armer Kinder u. a. m. (S. 56 f.), über ein Schießspiel (S. 65);
über Hexen- und Zaubergeschichten, zu denen Weinsberg eine sehr beachtenswerte
skeptische Meinung vorträgt (S. 68 ff. 79 f. 258); über Luxus und Aufwand
bei Festessen nebst Bemerkungen über Zahl und Art der Gänge und die Tisch-
sitten jener Zeit (82 f.); über einige Bankerotte (S. 86); die Errichtung einer
Lotterie und die Lotterieleidenschaft der Kölner (S. 97); über das Treiben in
einem gemeinen Frauenhause (S. 193); über die Mängel des Gesindes (S. 190); über
die Veränderungen von Tracht und Kleidung zu W.'s Zeit (S. 256 ff.); über
einige ältere Feste (S. 163 f. 268); über den zunehmenden Handel Kölns und
die Errichtung ein neuen Börse (S. 268 f.). Im ganzen hat Weinsberg bezüglich seiner Beibringung alltäglicher Ereignisse und „unnöthiger Geschichten"
mit der folgenden Bemerkung (S. 197) doch sehr recht: „Ist es schon unnödig
oder vergeblich, so sei es min zitverdreif, filligt mogt es emans nach mir
lesen oder vernemen, dem es angeneim, lustich oder nodich mocht sin."

Georg Steinhausen.

A. Vorberg, Der Zweikampf in Frankreich. Leipzig. Hirschfeld. 1899. (63 S.)

Die neuerdings der Geschichte des Zweikampfs zugewendete Aufmerksamkeit hat den Verfasser veranlaßt, dessen Entwicklung in Frankreich unter
Heranziehung der neueren Litteratur an der Hand der Rechtsquellen zu verfolgen. Danach hat sich der gerichtliche Zweikampf mit stark ausgebildetem
Formalismus allen Bemühungen der Könige zum Trotz durch den Adel bis
zur Mitte des sechzehnten Jahrhunderts gehalten, um alsdann dem Privat-
zweikampf Platz zu machen. Dessen Ausartung führte zumal durch die Sitte
der Sekundantenkämpfe nicht selten zu förmlichen Schlachten. Energische, wenn
auch vergebliche Unterdrückungsversuche machten nur Heinrich IV. und Ludwig XIV;
doch schlug man sich seit dem achtzehnten Jahrhundert wenigstens nicht mehr
öffentlich. Sehr charakteristisch ist die Beobachtung, daß wie auf andern Ge-

bieten auch auf diesem die Revolution nur den Erfolg hatte, die bisher auf einzelne Kreise beschränkte Unsitte zur allgemeinen zu machen: die Gesetzgebung der Revolutionszeit weist kein einziges Duellverbot auf. In neuester Zeit hat die Unsicherheit in der socialen und rechtlichen Auffassung die verächtliche Erscheinung des Scheinduells gezeitigt. Die durch ausführliche Quellenbelege gestützte Darstellung würde belehrender wirken, wenn häufiger deutsche Verhältnisse herangezogen wären. Beispielsweise hätte die Erwähnung der Straßburger akademischen Zustände wohl Anlaß zum Eingehen auf Erichsons fruchtbare Hypothese gegeben, wonach sich dort erst Ende des sechzehnten Jahrhunderts das Duell aus dem alten Brauch des Ausheischens, der nur der Rauflust diente, entwickelt hat.[1]   G. Liebe.

H. Knortz, Folkloristische Streifzüge. Erster Band. Oppeln und Leipzig, G. Maske, 1899 [Umschlag 1900]. (431 S.)

Volkskundliche Veröffentlichungen kann man in der Regel kurz und bündig mit den Worten „wissenschaftlich" oder „dilettantisch" kennzeichnen. Die wissenschaftlichen Arbeiten sind heutzutage fast ausnahmslos gediegene Leistungen, die dilettantischen gewöhnlich, wenn auch natürlich nicht immer, nicht viel wert. Bei dem vorliegenden Buche ist jedoch ein solch rasch entscheidendes Urteil nicht möglich. Sein Verfasser ist ein Mann, der auf dem Gebiete der Volkskunde ungemein reiche Kenntnisse hat und schon früher manche Probe davon zu geben wußte. Bei den „Streifzügen" scheint ihm die Absicht vorgeschwebt zu haben — wenigstens ist dies unser Eindruck —, die junge Wissenschaft in recht schmuckem Gewande einem möglichst weiten Leserkreise vorzustellen, um ihr dadurch vielleicht noch mehr Anhänger zu gewinnen. Das Buch enthält sechsundzwanzig verschiedene, völlig voneinander unabhängige Abhandlungen aus den verschiedensten Zweigen und der mannigfachsten Art, z. B. über amerikanische Sprichwörter und Redensarten, Prometheus, Rübezahl, ein altes Zauberbüchlein und vieles andere in buntester Abwechselung. Auf wissenschaftliches Beiwerk ist fast gänzlich verzichtet, wenn schon sich hier und da Litteraturnachweise und Quellenangaben finden. Erschöpfend oder abschließend aber ist keine dieser Skizzen, was indessen ja wohl auch nicht ihre Absicht ist. Da nun der Verfasser auch über einen gewandten Stil verfügt, so ist sein Buch recht gut und unterhaltend zu lesen, und man kann ihm ohne Bedenken zahlreiche Benutzer wünschen; denn in den Hauptsachen ist alles, was darin steht, richtig und zu billigen. An Einzelheiten freilich ließe sich sehr vieles nachtragen, und in manchen Punkten wird man auch nicht ganz beistimmen.

Hier nur wenige Beispiele dafür. S. 15: Der „redliche Tamm" in Voßens „Siebzigstem Geburtstage" ist leider zu einem „Tann" verunstaltet.

[1] Das Duell im alten Straßburg, 1897.

S. 92: Das Todansagen an die Bienen ist nicht bloß in New Hampshire und Neuengland Brauch, sondern auch bei uns zum Teil noch ganz allgemein. (Meyer, Deutsche Volksk. 216. 269.) — S. 95: „Imme" wird nicht bloß häufig in Süddeutschland verwendet (S. ebd.). — Da übrigens bei den Bienen selbst Mandeville nicht vergessen ist, hätte man gern auch ein Wort über den dem Verfasser sicher bekannten merkwürdigen „Bee-Hive" des F. D. Pastorius gehört. (S. Americ. German. I. II.) — S. 99 (u. ö.): Daß Odin seinem Grundwesen nach der nordische Sonnengott sei, ist nicht zutreffend. — S. 243 Z. 4 l. Eunomia st. Eumonia. — S. 289 konnte statt des kaum noch sehr bekannten altnordischen Sagenschatzes von Ettmüller die eigentliche Quelle, Saxo Grammaticus, genannt werden; die Geschichte von Esa und Olo steht Buch VI, S. 252 f. (Holders Ausg.); über Schwertzauber s. das Sachverzeichnis zu meiner Übersetzung (VI, e). — S. 350: Zu der chinesischen Geisterhochzeit vgl. den schlesischen Brauch, auf den in dieser Zs. VI, 228 hingewiesen wurde.

Breslau. H. Jantzen.

Enrico Filippini, Spigolature Folkloriche. Fabriano. Stab. Tip. Gentile, 1899. (87 S.)

Dieses hübsche kleine Buch enthält eine Sammlung von Aufsätzen und Beiträgen zur italienischen Volkskunde aus den verschiedensten Gegenden des Landes. Da das Werkchen, das nur in einer kleinen Auflage hergestellt ist, allen Freunden der Volkskunde, besonders aber den Märchenforschern eine willkommene Gabe sein wird, sei es gestattet, an dieser Stelle über seinen Inhalt zu berichten. Der erste Beitrag besteht in zwei neuen, mundartlichen Volksliedern aus Umbrien, sogenannten Rispetti, das erste stimmt mit dem gewöhnlichen toskanischen Typus überein, das zweite, in Gesprächsform, weicht davon etwas ab. Nr. II bringt unter dem Titel „A proposito d'una pubblicazione folklorica" (d. i. F. de Simone-Brouwer. Alcuni canti popolari di Rossano e Corigliano calabro, Neapel 1895) eine Reihe von bemerkenswerten Varianten und Parallelstellen zu den dort mitgeteilten kalabrischen Volksliedern. Nr. III ist der wohlgelungenen Beschreibung eines kirchlichen Volksfestes, La festa dei canestri, in Menaggio gewidmet. Die beiden folgenden Aufsätze führen uns nach Sicilien. Der erste von ihnen schildert zwei volkstümliche Umzüge, wie sie in Geraci-Siculo bei Palermo stattfinden; der eine ist ein Hirtenfest, der andere, La processione della libertà, soll geschichtlichen Ursprungs sein. Der nächste Beitrag giebt eine anmutige Darstellung von dem Leben und Treiben der Schiffer und Fischer von Cefalù. — In den drei letzten Abschnitten werden Stoffe der Volksdichtung behandelt. Nr. VI enthält italienische Parallelen zu Märchen, die der Verfasser in einem früheren Büchlein „Folklore Fabrianese" (Fabriano 1894) veröffentlicht hatte, und zwar zu folgenden: Giovanni senza paura; La scuola di magia; Cicerchia,

apriti [vgl. Grimm, Kinder- und Hausmärchen 142 Simeliberg]; Cambria',
Il mago sabino. In Nr. VII werden fünf neue Märchen erzählt und mit
einigen vergleichenden Anmerkungen begleitet: I tre oggetti fatati; Il lupo,
la lodola e il cano; La fava prodigiosa [vgl. R. Köhler, Kl. Schriften 1,
102; 109]; Il paradiso dei gatti: Il figlio del pescatore. Die drei ersten
stammen aus Fabriano, das vierte aus Foligno, das fünfte aus Foggia. Der
Schlußaufsatz endlich beschäftigt sich mit der Don Juansage.

Breslau. H. Jantzen.

Sächsische Volkskunde. Herausgegeben von R. Wuttke. Mit
260 Abbildungen, 4 Tafeln und einer Karte vom Königreich
Sachsen. Dresden 1900, G. Schönfelds Verlagsbuchhandlung.
(VIII u. 520 S.)[1]

Mehrere der im Laufe der letzten zehn Jahre in allen Gauen Deutschlands begründeten Vereine für Volkskunde haben ihre eifrige und segensreiche
Thätigkeit, deren nächstes und notwendigstes Ziel das Sammeln des Materials
war, bereits soweit gefördert, daß sie zu der zweiten, höheren Aufgabe fortschreiten konnten, eine zusammenfassende Darstellung der volkstümlichen Überlieferungen ihres Gebietes vorzulegen. Die Art und Weise, wie dies geschieht,
ist verschieden; in der Regel hat sich Arbeitsteilung auch hier als notwendig
erwiesen, da nur selten ein Forscher in der Lage ist, alle Einzelgebiete vollständig zu beherrschen. Von den jüngsten dieser Werke sind die wichtigsten
die „Braunschweigische Volkskunde" von Andree 1896, die seit demselben
Jahre unter Haussens Leitung erscheinenden „Beiträge zur deutsch-
böhmischen Volkskunde", die von Wossidlo herausgegebenen „Mecklenburgischen Volksüberlieferungen" (I, 1897; II, 1899); an sie reiht sich die
uns vorliegende „Sächsische Volkskunde" an, und in kurzem wird auch die
Schlesische Gesellschaft für Volkskunde die Reihe ihrer Veröffentlichungen
„Schlesiens volkstümliche Überlieferungen" mit dem ersten Bande „Die
schlesischen Weihnachtspiele" von F. Vogt beginnen.[2]

Die „Sächsische Volkskunde" unterscheidet sich von den übrigen genannten
Büchern nicht unwesentlich dadurch, daß sie, um in dem Rahmen eines Bandes
möglichst vielseitig zu sein, von vornherein eine erschöpfende Behandlung der
einzelnen Abschnitte nicht anstrebt. Außerdem ist das Werk in erster Linie
als volkstümliches Buch gedacht, das eine Hauptaufgabe darin sieht, breiteren
Schichten des Volkes neben der Belehrung vor allem auch Anregung zur
Weiterarbeit, zum Sammeln zu geben. Daß unter diesen Umständen strenge

[1] November 1900 erschien bereits die zweite, vermehrte Auflage.
[2] Inzwischen erschienen.

Wissenschaftlichkeit nicht durchgängig zur Geltung kommen konnte, ist nur natürlich und nicht als Fehler zu bezeichnen, muß aber doch bemerkt werden. Das Buch entstand aus der Umarbeitung von Vorträgen, welche von Mitgliedern der Dresdener Geheftiftung und des Vereins für sächsische Volkskunde im Herbste 1898 gehalten wurden.

Die Darstellung zerfällt in vier Hauptabschnitte: I. Die Grundlagen des Volkslebens. II. Die Bevölkerung. III. Aus dem geistigen Leben des Volkes. IV. Das künstlerische Wollen des Volkes. Im einzelnen ist der Inhalt folgender: S. Ruge schildert geographisch „Das sächsische Land“ (3—25), Deichmüller behandelt „Sachsens vorgeschichtliche Zeit“ (26—50), E. O. Schulze zeichnet „Verlauf und Formen der Besiedelung“ (51—112), H. Ermisch entwirft ein Bild von den „Anfängen des sächsischen Städtewesens“ (113—154). Dieser ganze Abschnitt wird gewiß auch außerhalb Sachsens dankbare Leser finden, da ja sein Inhalt mit wenigen Einschränkungen für das ganze ostmitteldeutsche Kolonisationsgebiet zutreffend ist und eine angenehme, völlig allgemeinverständliche Belehrung über manche Punkte gewährt, wie sie sonst nicht gerade so bequem und bündig zu finden ist, so vor allem über die vorgeschichtlichen Altertümer und die charakteristischen slavischen und germanischen Besiedlungsformen. — Das zweite Kapitel (157—226) ist vollständig vom Herausgeber, R. Wuttke, geschrieben; es erörtert in drei Abhandlungen: „Stand und Wachstum der Bevölkerung. Die Bevölkerungsgliederung. Verbrechen und Selbstmord“, gesellschaftswissenschaftliche und statistische Fragen, die zur richtigen Beurteilung eines Stammes und seiner Entwicklung von wesentlicher Bedeutung sind. Ihre Behandlung ist um so willkommener, als derartige Dinge den philologischhistorisch geschulten Volkskundeforschern in der Regel etwas abliegen. — Im Folgenden beschäftigt sich H. Dunger mit der „Volksdichtung“ (229—256), K. Franke beschreibt den „obersächsischen Dialekt (257—273), E. Mogk schildert „Sitten und Gebräuche im Kreislauf des Jahres“ und „Aberglauben und Volksmythen“ (274—312). J. Walther belehrt uns über „Sprache und Volksdichtung der Wenden“, M. Rentsch über „Volkssitte, Brauch und Aberglauben“ bei ihnen (313—360). Gerade diesem Abschnitte, der doch das betrifft, woran man am ehesten denkt, wenn man von Volkskunde spricht, hätte vielleicht etwas breiterer Raum gegönnt werden sollen, und besonders Professor Mogk, der bewährte und gediegene Kenner heimischen Volkstums, hätte sich wohl noch größeren Dank verdient, wenn er auch an dieser Stelle — statt auf seine Arbeit in Hans Meyers „Deutschem Volkstum“ zu verweisen — etwas ausführlicher gewesen wäre. — Im vierten Abschnitt skizziert C. Gurlitt Geschichte und Eigenart der „Dorfkirche“ (363—381), O. Gruner schildert eingehend „Haus und Hof im sächsischen Dorfe“ (382 bis 413), A. Kurzwelly spricht in dankenswerter Weise über das bisher noch wenig bebaute Gebiet der „bäuerlichen Kleinkunst“(437—486)[1], O. Seyffert

---

[1] Bei dieser Gelegenheit sei kurz ein bedeutendes Werk erwähnt, das erste seiner Art: F. Zell, Bauernmöbel aus dem bayerischen Hochland. Frankfurt a. M., H. Keller.

beschreibt „Die wendische, vogtländische und altenburgische Volkstracht im 18. und 19. Jahrhundert" (487—496), und endlich äußert sich noch Gurlitt mit Recht wenig bedauernd über die ziemlich hoffnungslose „Zukunft der Volkstrachten" (497—507). · Den Schluß bildet ein ausführliches Sachregister.

Als Gesamturteil möchte ich aussprechen, daß ich das Buch als Ganzes für eine durchaus anzuerkennende, zuverlässige und empfehlenswerte Leistung halte, die innerhalb der angedeuteten, selbst gesteckten Grenzen ihr Ziel erreicht hat. Auch denen, die noch weitere Belehrung wünschen, wird übrigens der Weg dazu durch die am Schlusse jedes Aufsatzes befindliche Übersicht über die wichtigste einschlägige Litteratur gewiesen. Besondere Hervorhebung verdienen noch die saubere, geschmackvolle Ausstattung, der zumeist sehr wohlgelungene Bilderschmuck und der mäßige Preis.

Breslau.   H. Jantzen.

Berichtigung.

Wir werden um Aufnahme folgender „thatsächlichen Berichtigung" ersucht:
„In einer Besprechung meines Buches „Die antike Humanität" in Band VIII der Zeitschrift für Kulturgeschichte, S. 62 sagt W. Liebenam: „. . Dann [S. 22] folgt eine Apotheose für den großen und geschlossenen persönlichen Charakter [Cicero], tief zu kurz gekommen gegen seine großen Zeitgenossen." An der herangezogenen Stelle meines Buches, S. 22, heißt es: „An Talent zu realistischer Herrschaft und auch an der Fähigkeit, in der schwierigsten Wirrsal der Zeiten, die nur jemals einer politischen Epoche angehaftet hat, einen großen und geschlossenen Charakter zu bewahren, tief zu kurz gekommen gegen seinen großen Zeitgenossen, den vielleicht ersten Realpolitiker der Welt [sammelt Cicero doch den zerstreuten Strahl des idealen Prinzips, das in den Besten der Aristokratie seines Volkes seit 150 Jahren sich zum Durchbruch gerungen hatte, des Humanitätsgedankens, in seinem Geist wie in einem Brennpunkt . ."]
Hameln, den 13. August 1900.
                       Gymn.-Prof. Dr. Max Schneidewin."

Mitteilungen und Notizen.

Am 6. Mai 1899 hat man in Rostock bei der Restauration des Wand-
getäfels der Ratsstube in einem Wandschranke einen Urkundenschatz gefunden, über den jetzt K. Koppmann in den „Beiträgen zur Geschichte der
Stadt Rostock" III, 1 näher berichtet. Die Zahl der neu aufgefundenen
Urkunden beträgt 808, größtenteils Urfehden; weiter fanden sich Stadtbuch-
fragmente, Schoßregister, Rechnungen, sowie reiches Material an Büchern und
Heften (Schoß-Diarien, Accise-Diarien, Gerichts-Protokolle, Verfestungs-
bücher u. s. w.) und an Akten, die dem Niedergericht entstammen, vor. Der
Fund in seiner Gesamtheit umfaßt die Zeit von 1260 bis ca. 1625. Kulturgeschichtlich interessante Stücke fehlen darunter naturgemäß nicht; so macht K. zwei
Lübecker Leprosenordnungen aus der 2. Hälfte des 13. Jahrhunderts namhaft,
deren eine namentlich lehrreich ist. Die Untergerichtsprotokolle bieten viele
Inventarien über arrestierte und nachgelassene Güter (z. B. ein Buchhändler-
inventar des 16. Jahrhunderts); die Rechnungen sind natürlich ebenfalls
wichtig, und die Urfehden geben vielfach Spiegelbilder der Zeit- und Sitten-
verhältnisse. Immerhin bleibt der Wert des neugefundenen im ganzen ein
beschränkter. — Das erwähnte Buchführerinventar veröffentlicht bereits
G. Kohfeldt im Centralblatt für Bibliothekswesen XVII. Heft 11. (Ein
Buchführerlager vom Jahre 1538.) Es ist das Lager eines Buchführers, der
das nördliche Deutschland und Dänemark mit größtenteils volkstümlicher
Litteratur bereiste. Das Verzeichnis enthält daher auch auffallend viel deutsche
(zumeist wohl niederdeutsche) Drucke.

In der „Historischen Zeitschrift" Bd. 85, Heft 3 behandelt Karl Neumann
in ähnlichem Sinne, wie es in unserer Zeitschrift Prof. Gelzer gethan hat,
J. Burckhardts nachgelassenes Werk („Griechische Kulturgeschichte in der
Auffassung Jakob Burckhardts"). Nicht so scharf wie Gelzer, dessen Ausführungen
N. fast geflissentlich außer acht zu lassen scheint, aber doch immerhin entschieden
genug tritt auch N. der Kritik der Philologen entgegen. Das Werk sei keine
Philologenarbeit, sondern die Leistung eines Historikers. B.'s Auseinandersetzungen über Charakter und Wert der griechischen Kultur müssen nicht nur
mit Pietät, sondern auch als Äußerungen einer Autorität betrachtet
werden. Daß die „immer noch problematische" Kulturgeschichte hier und da
etwas abkriegt, wollen wir nicht weiter tragisch nehmen. Wir können uns
im Gegenteil mit manchen Bemerkungen N.'s sogar einverstanden erklären.

Aus dem 3. Jahrgang des „Biographischen Jahrbuchs", hrsg. von
A. Bettelheim, ist ein Artikel über Riehl (S. 400—414) aus der Feder
G. v. Mayr's hervorzuheben, der nach einem Überblick über R.'s Lebensgang
dessen Lebensarbeit als Forscher, Schriftsteller und Lehrer zu schildern versucht.
Ganz richtig wird das Überwiegen der geistvollen Reproduktion bei R. betont. Die selbständige Forscherarbeit tritt zurück „gegenüber der Nutzbar-
machung des weniger aus erster wie aus zweiter Hand Erlernten und des
durch scharfsinnige Wanderbeobachtung an intuitiv als Typen gewisser sozialer
Erscheinungen erkannten Volksgruppen und äußerlich sichtbaren Zeichen ver-
gangener Kulturperioden Errungenen für die Zwecke eigenartiger soziologischer
Deutung".

In der Zeitschrift des Deutschen Palästina-Vereins XXII, 3 bespricht S. A. Fries „die neuesten Forschungen über den Ursprung des
phönizischen Alphabets", ein gewiß interessantes Problem der Epigraphik.
Er hält es „für sehr wahrscheinlich, daß die Phönizier — Kanaaniter —
Hebräer den mykenischen Schriftzeichen Namen nach den Urzeichen der Keil-
schrift gaben, welche einerseits durch eine Jahrhunderte lange Anwendung
bekannt waren und andererseits den phonetischen Anforderungen entsprachen.
Bei dieser Annahme lassen sich Kluges, Delitzsch's und Zimmern's Ansichten
vereinigen. Kluge's Ansicht, daß das mykenische Alphabet die Mutter des
phönizischen sei, wird also als gewiß angesehen. Er meint schließlich, daß
es vermutlich die Philister gewesen sind, die die mykenischen Schreibzeichen
für den semitischen Bedarf umgestaltet haben. — In der Revue Sémitique
(April 1900) beginnt J. Halévy (Un mot sur l'origine du commerce)
eine eingehende Kritik der Ansichten, die Sal. Reinach in einem Artikel der
„L'Anthropologie" (Un nouveau texte sur l'origine du commerce de
l'étain) niedergelegt hat. R. hat behauptet, daß der phönizische Zinnhandel
nicht vor 600 bezeugt sei, daß zweitens die Phönizier niemals das Monopol
für diesen Handel besessen haben, und endlich, daß die Griechen selbst nicht
den Phöniziern, sondern einem anderen Volk (den Phrygiern) die ersten
Handelsbeziehungen mit den Cassiteriden zugeschrieben haben. --

Über „Handel, Recht und Sitte im alten Babylonien" handelt in
populärer Weise F. Delitzsch in den Velhagen und Klasing'schen Monatsheften (März).

Das American Journal of Archaeology 4, 1 enthält eine Abhandlung von Ch. Waldstein, The earliest hellenic art and civilisation
and the Argive Heraeum.

In den „Jahrbüchern für Nationalökonomie" III. Folge, Bd. 19, Heft 6 beginnt C. Wachsmuth unter Verwertung der so reiche Ausbeute gewährenden
neueren Papyrusfunde sowie der Ostraka (der auf thönerne Topfscherben
geschriebenen Quittungen über geleistete Steuern) die „wirtschaftlichen
Zustände in Aegypten während der griechisch-römischen Periode"
zu erörtern und will, um namentlich auch die Nationalökonomen zur Mitarbeit anzuregen, „einige der zunächst sich bietenden Fragen deren Interesse
näherrücken". Unter Berufung auf die zusammenfassende Darstellung des

Steuerſyſtems der griechiſch-römiſchen Zeit durch Wilcken, erörtert W. zunächſt „das Steuerweſen in der Ptolemäerzeit" und beginnt dann die Beſprechung eines „Wirtſchaftsbuches aus der Ptolemäerzeit", das von einem Privatmann im 3. Jahrhundert vor Chriſtus vom 30. Epiphi bis 17. Meſori geführt iſt.

In derſelben Zeitſchrift III. Folge, 19. Bd., 1./2. Heft veröffent-licht F. Rachfahl eine Studie „Zur Geſchichte des Grundeigen-tums", die durch das „ebenſo eigenartige wie allerdings auch abſonder-liche Buch von Richard Hildebrand über Recht und Sitte auf den ver-ſchiedenen wirtſchaftlichen Kulturſtufen" hervorgerufen iſt. (Er will, nach-dem über den Meinungsſtreit, der ſich beim Erſcheinen des Buches erhob, einige Zeit vergangen iſt, „prüfen, ob für die Wiſſenſchaft aus der neuen Theorie und der um ſie entbrannten Fehde ein Gewinn von bleibendem Werte zu verzeichnen iſt". Um das Hildebrand'ſche Syſtem in das richtige Verhältnis zu den älteren Anſchauungen zu ſtellen, wird zunächſt eine Überſicht über die früheren Theorien zur Geſchichte des Grundeigentums gegeben, ein Problem, das ſeit dem Anfange unſers Jahrhunderts einen bevorzugten Gegenſtand der Unterſuchung gebildet hat. Die zur Zeit herrſchende Theorie iſt, wie er richtig hervorhebt, durchaus nicht über der Kritik erhaben. Die beiden — übrigens auch bei Hildebrand feſtzuſtellenden — Hauptfehlerquellen der-ſelben ſieht er einmal darin, daß ihr „ein falſches Schema gewiſſer Wirt-ſchaftsſtufen" (die alte Lehre von der Jäger-, Hirten- und Ackerbauſtufe) zu Grunde liegt, und weiter in dem übereilten Generaliſieren, das wieder mit einer unrichtigen Anwendung der vergleichenden Methode zuſammenhängt. (Falſche Übertragung der Reſultate der Geſchichte eines Volkes auf ein anderes.) Auch Hildebrand hat nun bekanntlich die herrſchende Theorie, die das Geſamt-eigentum als die älteſte Entwickelungsphaſe des Grundeigentums hinſtellt, verworfen und gerade umgekehrt den Nachweis zu führen geſucht, daß das Geſamteigentum weder an der Spitze der wirtſchaftlichen Entwickelung der Völker überhaupt noch auch der Germanen (die altgermaniſchen Agrarverhält-niſſe nehmen bei ihm den größten Teil ein) im beſonderen ſteht. Unter Anführung älterer verwandter Anſchauungen giebt R. eine eingehende Dar-ſtellung der Hildebrand'ſchen Hypotheſe, die im ſchroffen Gegenſatz zu Hanſſen, Roſcher u. ſ. w. ſteht. Freilich kommt nun auch R., wie ſchon viele andere vor ihm, zu dem Reſultat, trotz mancher guten Beobachtungen Hildebrands deſſen Theorie „rundweg abzulehnen". Auf ſeine Einzelkritik iſt hier nicht weiter einzugehen. Übrigens meint R. dieſe Theorie als einen „Verſuch kenn-zeichnen zu dürfen, die neueren Forſchungsergebniſſe über die Entſtehung des ruſſiſchen Mir mit Hilfe von Anſchauungen hinſichtlich des Überganges vom Nomadentum zum Ackerbau, als deren erſter Urheber Meitzen erſcheint, auf die deutſche Rechts- und Wirtſchaftsgeſchichte zu übertragen und ſie zugleich als ein allgemein gültiges Geſetz der ökonomiſchen Entwickelung der Menſch-heit, als Stufe in dem von ihm aufgeſtellten Schema der menſchlichen Kultur-entwicklung zu proklamieren". Weiter wird nun die Frage behandelt, ob Hildebrand nicht in negativer Hinſicht recht hat, daß nämlich für die Urzeit des deutſchen Volkes die Exiſtenz von Geſamteigentum und autonomer

Genoſſenſchaft nicht nachweisbar iſt. Zu dieſem Zweck unterſucht nun R. die germaniſchen Verhältniſſe, deren eigentümliche Auffaſſung auch den Eckſtein der Hypotheſe Hildebrands bildet, genauer und zwar weſentlich nach den ſchriftlichen Quellen, d. h. nach den bekannten Stellen des Caeſar und Tacitus. Er betont nicht, wie gewöhnlich, die Unterſchiede zwiſchen beiden, ſondern findet zunächſt drei Sätze, die nach ſeiner Anſicht den Hauptinhalt der Ausführungen Caeſars über die altdeutſche Agrarverfaſſung in ſich ſchließen, bei Tacitus wieder. Was aber die Abweichungen bei Tacitus angeht, ſo ſind ſie nach R. „teils unwichtige, erklärende Zuſätze, teils entpuppen ſie ſich als Exzerpte ausführlicherer Mitteilungen des Caeſar". R. behauptet: „Der vielberufene Abſchnitt des Tacitus über die altdeutſche Agrarverfaſſung entbehrt des ſelbſtändigen Quellenwertes; er iſt lediglich eine ziemlich oberflächliche und wenig korrekte Kompilation aus Caeſar's Kommentarien". Die drei Sätze aber, die wir aus Caeſar, deſſen Bericht R. auf ſeine Zuverläſſigkeit vorher geprüft und von Unbrauchbarem geſäubert hat, erfahren, ſind: „1) daß es kein privates Grundeigentum gab, ſondern Geſamteigentum des Volkes; 2) daß durch die öffentliche Gewalt den Sippſchaften jährlich Land zugewieſen wurde; und 3) daß dasſelbe Stück Landes auch zu Zwecken des Feldbaues immer nur ein Jahr lang benutzt wurde". Außerdem kommen in Betracht nur noch einige zerſtreute Notizen bei Caeſar und Tacitus. Weitere Einzelheiten laſſen wir hier beiſeite. Das Reſultat R.'s iſt, daß „die Theorie vom Geſamteigentum als der älteſten Form des Grundeigentums durch die neueren grundherrlichen Hypotheſen über die Geſtaltung der älteren germaniſchen Geſellſchaftsverfaſſung nicht umgeſtoßen worden iſt". — Wir beſchränken uns auf dieſes Referat, ohne ſelbſt Stellung zu nehmen. Sympathiſch iſt uns der Standpunkt, auf den ſich R. gegenüber der unfruchtbaren Hypotheſenmacherei, unter der nicht nur die Forſchung für jene Zeit ſeit langem leidet, ſowie gegenüber den ſubjektiven Deutungsverſuchen und dem vergeblichen Aufwand von Mühe und Scharfſinn ſtellt. Man ſoll aus hiſtoriſchem Material nicht mehr machen, als man daraus machen kann. —

In der „Hiſtoriſchen Vierteljahrſchrift" III, 2 beginnt B. Hilliger „Studien zu mittelalterlichen Maßen und Gewichten" und behandelt zunächſt gründlich und ſcharfſinnig „Kölner Mark und Karolingerpfund".

In der „Zeitſchrift der Geſellſchaft für Erdkunde zu Berlin", Bd. 34 Nr. 6 handelt O. Schlüter „Über den Grundriß der Städte", weſentlich im Anſchluß an die Arbeit von Joh. Fritz, „Deutſche Stadtanlagen" (Programm des Lyceums zu Straßburg i. E. 1894), der zuerſt verſuchte, die Formen der Stadtpläne in einem größeren Zuſammenhange wiſſenſchaftlich zu behandeln. Fritz unterſcheidet zwiſchen den Städten des weſtlichen und ſüdlichen und denen des öſtlichen Deutſchlands. Nach Schlüter hat er in dem Hauptteil der Arbeit, der Erörterung der oſtdeutſchen Stadtform im weſentlichen durchaus das Richtige getroffen; dagegen möchte Schlüter ſeine Ausführungen über die weſtdeutſchen Städte weiterbilden. „Indem Fritz von einer völligen Unregelmäßigkeit der Anlage ſpricht, indem er dem oſtdeutſchen Syſtem für den Weſten und Süden die Syſtemloſigkeit gegenüberſtellt, verzichtet er darauf, das Bild dieser alten Städte weiter zu untersuchen und nachzuforschen, ob sich nicht doch gewisse Züge entdecken lassen, die das Gewirr einer wissenschaftlichen Betrachtung zugänglich machen". Schl. will der positiven Erkenntnis des Antlitzes dieser Städte näherkommen und findet auch bei ihnen „deutliche Spuren von bestimmten Einwirkungen auf das Stadtbild, insbesondere auf den Grundriß". Weiteres müssen genaue Untersuchungen ergeben.

„Küren der Stadt Ratingen aus dem 14. Jahrh." veröffentlicht H. Eschbach in den „Beiträgen zur Geschichte des Niederrheins Bd. 14", wohl die ältesten städtischen Ordnungen aus dem bergischen Land.

In dem „Anzeiger des germanischen Nationalmuseums" 1899, Nr. 6 beginnt Otto Lauffer „Beiträge zur Geschichte des Kaufmanns im 15. Jahrhundert" zu geben, die er in Nr. 2 des Jahrgangs 1900 fortsetzt. Er will Steinhausens Buch über den Kaufmann in der deutschen Vergangenheit durch Einzelheiten noch näher ergänzen und stützt sich dabei in erster Linie auf die Predigten Johannes Rider's und Geilers von Keisersberg's, die in der That wertvolles Material bieten.

Recht interessant ist die Veröffentlichung des „Bamberger Echtbuchs (liber proscriptorum) von 1414 bis 1444" in dem 59. Bericht des Historischen Vereins zu Bamberg durch A. Möberlin. Mehr als den orts- und rechtsgeschichtlichen Wert dieses Buches der Landesverwiesenen betont der Herausgeber den Gewinn für die Sittengeschichte dieser Zeit. Aus den grausigen Bildern, die sich da ergeben, Folgerungen für die Zustände überhaupt zu ziehen, verwirft er aber mit Recht. „Es würde die gleiche Verzerrung zur Folge haben, wie eine Beurteilung unserer Gesellschaft auf Grund einer Sammlung von Schwurgerichtsfällen".

Das „Schweizerische Archiv für Volkskunde" IV, 1 enthält einen kulturgeschichtlich bemerkenswerten Aufsatz von K. Heinemann über „Die Henker und Scharfrichter als Volks- und Viehärzte seit Ausgang des Mittelalters".

In den „Forschungen zur Brandenburgischen und Preußischen Geschichte" XII, 2 veröffentlicht Felix Priebatsch einen lehrreichen und verdienstlichen Aufsatz über „Geistiges Leben in der Mark Brandenburg am Ende des Mittelalters". Er zeigt, daß die Mark, die meist als ein halb barbarisches und von dem geistigen Aufschwung dieser Epoche unberührtes Land hingestellt wird, doch ihre eigenartige Stellung in der Geschichte der deutschen Bildung hat, ohne daß gerade schöpferische Geister aus ihr hervorgegangen wären. Er beleuchtet zu diesem Zweck die Frequenz der Märker auf deutschen Hochschulen, die Zahl und Bedeutung märkischer Gelehrten in der Fremde, die Gründung einer Landesuniversität in Frankfurt, ferner die Leistungen der Märker auf den Gebieten der Rechtsgelehrsamkeit, der Heilkunde, der Theologie, der sprachlich-litterarischen und historischen Studien, endlich das Verhältnis des Humanismus zum geistigen Leben der Mark, ihr Bücher- und Schulwesen, und das künstlerische Schaffen in ihr. — Derselbe Verfasser behandelt auch das wirtschaftliche Leben der Mark zu derselben Zeit in einem Aufsatz: „Der märkische Hande am Ausgang des Mittelalters" in den „Schriften des Vereins für die Geschichte Berlins" Heft 36. Er erörtert darin, wie der Rückgang des Handels der norddeutschen Binnenländer, der zum Teil eine Folge der Zunahme des oberdeutschen Verkehrs ist, zum Teil doch aus den inneren Verhältnissen dieser Gegenden sich herschreibt, und bespricht die Maßnahmen der Fürsten, um dem Handel aufzuhelfen.

In der „Römischen Quartalschrift für christliche Altertumskunde" 14, 1/2 behandelt A. de Waal nach einer kurzen Einleitung über die Andenken, die man sich vom heiligen Lande mitnahm, die entsprechenden, ähnlichen, aber auch besonders gearteten „Andenken an die Romfahrt im Mittel-alter" und führt diese Devotionalien (Öl aus Lampen an heiligen Stätten; Tüchlein, die auf die Gräber der Apostel gelegt waren; kleine Schlüssel, mit denen die Confessio in Sanct Peter oder in der Basilica S. Pauli geschlossen wurde, in welche auch Eisenfeile von den Ketten Petri oder Pauli eingeschlossen waren; aus Blei oder Zinn gegossene Medaillen mit den Bildnissen der beiden Apostel; endlich später auch Abbildungen des Schweißtuches des Herrn auf Papier, Pergament, Leinwand oder Medaillen damit ꝛc.) im Zusammenhang vor und lenkt die Aufmerksamkeit auf solche vielleicht in alten Kircheninventaren erwähnten oder in Museen noch vorhandenen Gegenstände.

In den Beiträgen zur Gesch. d. Niederrheins (Jahrbuch des Düsseldorfer Geschichtsvereins) Bd. XIV teilt G. Bloos ein Inventar der Kaiserpfalz Kaiserswerth aus dem 15. Jahrhundert mit. „In dem Verzeichnis sind nicht allein die im Schlosse und den Wirtschaftsräumen verwandten Gerätschaften aufgezählt, sondern es werden auch die Räume selbst, worin sich die Utensilien und Möbel befanden, näher bezeichnet". Die Einrichtung trägt übrigens den Charakter der Dürftigkeit. — Ebenda veröffentlicht P. Redlich ein Inventar der Suitbertuskirche zu Kaiserswerth vom Jahre 1803.

In dem „Bulletin de l'institut archéologique Liégeois Tome 28" veröffentlicht Eduard Poncelet eine Studie: Les bons métiers de la cité de Liége, die zur Kenntnis der inneren und äußeren Geschichte der Gewerbe und ihrer Organisation mancherlei beiträgt.

Bloos teilt in den Beiträgen zur Gesch. d. Niederrheins (Jahrb. d. Düsseldorfer Geschichtsvereins) Bd. XIV die erste Leprosenordnung f. d. Herzogtum Cleve (1560 d. d. Oktober 18.) mit.

Unter dem Titel: „Unter Fürstbischof Julius" giebt Kerler im „Archiv des Historischen Vereins für Unterfranken und Aschaffenburg" Band 41 Kalendereinträge eines Würzburger Handwerkers, des Tuch-scherers Jakob Röder heraus. Sie stammen aus den Jahren 1598 bis 1618 und sind einem Sammelband von Würzburger Schreibkalendern auf der dortigen Bibliothek entnommen. Solche Schreibkalender haben sich übrigens gerade aus dieser Periode mehrfach auf Bibliotheken erhalten. Proben aus pommerschen Schreibkalendern hat z. B. Steinhausen in der damaligen „Zeitschrift für deutsche Kulturgeschichte" II. 1891. S. 113 ff. veröffentlicht. In oft kurzen und abgerissenen Notizen hat der Verfasser der von Kerler publizierten Einträge fixiert, „was er in seinem engeren Kreise sah und hörte, erlebte oder erbuldete". Anfangs überwiegt das Geschäftliche und Wirtschaftliche, dann tritt das öffentliche Leben, entsprechend den Zeitereignissen stärker und stärker hervor, endlich überwiegt eine kirchliche Gesinnung und Stimmung. Kerier hat aus den Einträgen nur das mitgeteilt, „was zur Beleuchtung der Zeit, zur Kennzeichnung des Chronisten und Schilderung des Kreises, in dem er lebte, dienlich erschien". Jedenfalls hat er uns „das städtische Kleinleben unserer Altvodern" in jener Zeit und an jenem Ort näher gebracht.

In dem Bulletin archéologique 1899 findet sich eine Arbeit von Le Clert, L'habillement d'un gentilhomme campagnard à la fin du XVIᵉ s., ses armes, son mobilier.

Seinen Aufsatz: „Rheinländische Studenten in Padua im 16. und 17. Jahrh. (Ann. d. hist. Ver. f. d. Gesch. d. Niederrh. 1899, 134 ff.) läßt G. C. Knod jetzt einen solchen über die oberrheinischen Studenten in Padua folgen (Zeitschrift f. d. Gesch. d. Oberrh. N. F. 15, 2 und 3) und setzt damit die Verwertung des uns noch erhaltenen archivalischen Nachlasses der deutschen Nation fort. Er hat die langen Namenreihen der deutschen Nationsmatrikeln z. T. exzerpiert und bringt hier einen neuen Abschnitt daraus, schickt aber eine willkommene Einleitung über Zustand und Einrichtungen der Universität Padua in jener Zeit wie über die Entwickelung und Organisation der deutschen Scholarenverbindung voraus, auf Grund der Statuten und Annalen. Seine Mitteilungen aus den Matrikeln wollen „die Einwirkungen der Universität Padua im kulturellen Leben unserer oberrheinischen Gegenden im 16. und 17. Jahrh. erkennen lassen", daneben natürlich der Personalgeschichte der deutschen Landschaften dienen.

In den „Beiträgen zur Kunde Est-, Liv- und Kurlands" Bd. V, Heft 4 findet sich ein aus dem Schwedischen übersetzter Beitrag G. O. F. Westling's: „Von den religiösen und sittlichen Zuständen in Estland (1561 bis 1710)", die ein nicht gerade erfreuliches Bild gewähren. Die Barbarei der estnischen Bauern namentlich, die noch am Ende der schwedischen Herrschaft sehr tief in sittlicher Beziehung standen, hat im 17. Jahrhundert nur wenig abgenommen. Von den höheren Ständen hat sich wenigstens „der sittliche Zustand der Geistlichkeit während der schwedischen Periode in hohem Grade verbessert".

Im Historischen Jahrbuch XXI, 2/3 bringt B. Duhr S. J. besonders an der Hand alter handschriftlicher Ordenskataloge und eines alten Kopialbuchs „Neue Daten und Briefe zum Leben des P. Friedrich Spee", des berühmten Bekämpfers der Hexenprozesse.

In den „Monatsheften der Comenius-Gesellschaft" Bd. 9, Heft 7/8 veröffentlicht L. Keller als „Beitrag zur Geschichte des deutschen Bildungslebens" einen Aufsatz über „die deutschen Gesellschaften des 18. Jahrhunderts und die moralischen Wochenschriften", in denen er zunächst eine Abhandlung Joh. Joach. Schwabes „über den göttlichen Ursprung der Religion, insbesondere des Christentums" aus der Leipziger moralischen Wochenschrift von 1738: „Der Freymäurer", abdruckt und durch weitere Ausführungen über die Abhandlung und die Brüderschaft, aus der sie stammt, in ihr „eine für die Auffassungen und die Eigenart der betreffenden Societät und die mit ihr gleichstrebenden Gesellschaften kennzeichnende Kundgebung" erweist. Er meint, daß „die gewonnenen Ergebnisse ein überraschendes Licht auf die Anfänge der „Societät der Freimaurer" in Deutschland werfen". „Alle oder fast alle diejenigen Männer, die in jenen ersten und entscheidenden Jahren geistige Führer der neuen „Societät" oder der Ecole Britannique (wie man damals sagte) gewesen sind, stehen in einem nachweisbaren Zusammenhang mit den alten „Societäten", d. h. eben mit den deutschen Gesellschaften". Schwabe war Mitglied der Leipziger deutschen Gesellschaft.

In den „Mitteilungen des Oberhessischen Geschichtsvereins" Bd. 9 veröffentlicht J. Knaab nach einem Manuskript eine nicht allzu interessante, aber in manchen Punkten für Zustände und Menschen der 2. Hälfte des 17. Jahrhunderts doch charakteristische „Selbstbiographie Joh. Gottfr. Königs, isenburgischen Amtskellers zu Assenheim".

R. F. Arnold hat einen kurzen Vortrag: „Die deutschen Vornamen" selbständig erscheinen lassen (Wien, Holzhausen). Er bringt darin nur in ganz großen Zügen die allerdings „nach unendlich feinerer Ausführung verlangende Geschichte unseres Namensvorrats" und geht dann näher darauf ein, wie man eine Wahl aus diesem Vorrat treffen könne. Es will uns zweifelhaft erscheinen, ob A., der in den Namen mit Recht gleichsam einen Abriß der Kulturgeschichte sieht, die bisherigen, dieses Moment betonenden Arbeiten alle kennt. Eben geht uns bereits die 2. umgearbeitete Auflage des Vortrages zu.

H. Duffaut's Aufsatz: Recherches historiques sur les prénoms en Languedoc (Annales du Midi Avril/Juillet) gründet sich auf Namenmaterial aus Montgiscard aus den Jahren 1245 und 1588—1792.

In dem „Korrespondenzblatt des Gesamtvereins" Nr. 7/8 verteidigt A. Schiber seine die Arnold'sche Ortsnamentheorie umstürzenden Ansichten gegen die von Witte in derselben Zeitschrift 1899, Nr. 9/10 erhobenen Angriffe. (Zur Ortsnamenforschung. Eine Erwiderung.)

In dem „Jahrbuch für die Geschichte des Herzogtums Oldenburg Bd. 8" behandelt W. Ramsauer „die Flurnamen im Oldenburgischen in agrarhistorischer Hinsicht". Mit Recht weist er darauf hin, wie sehr nicht nur die Ortsnamen, sondern auch die Flurnamen geeignet sind, als Quelle für die Erkenntnis früherer Zustände zu dienen. Er behandelt dieselben und die verwandten örtlichen Bezeichnungen nur in agrarhistorischer Beziehung, also soweit sie zur Erhellung älterer wirtschaftlicher Zustände dienen können, ohne dabei zu den theoretischen Streitfragen Stellung nehmen und mehr als Material geben zu wollen.

Aus der „Zeitschrift des Vereins für Volkskunde", 10. Jahrg., Heft 1 erwähnen wir einen Vortrag R. M. Meyer's: „Goethe und die deutsche Volkskunde", der wie alle Meyer'schen Arbeiten von großer Belesenheit zeugt und hübsche Beobachtungen bietet. Dem großen Dichter ist, das weist M. nach, die deutsche „Volkskunde" fremd geblieben.

In den Mitteilungen der Gesellschaft für deutsche Erziehungs- und Schulgeschichte Jahrg. X, Heft 2 giebt F. Schmidt Ergänzungen und Nachträge zu seiner „Geschichte der Erziehung der Bayerischen Wittelsbacher", namentlich aus Briefen des Geh. Hausarchivs.

Der 6. Band der Schriften des Vereins für die Geschichte Leipzigs enthält mehrere uns hier interessierende Beiträge. Über die „viel verspotteten" Nativitäten handelt E. Kroker (Nativitäten und Konstellationen aus der Reformationszeit). Dem Aufsatz liegt eine ungedruckte Sammlung von dem Wittenberger Professor der Mathematik Erasmus Reinhold d. Ält. zu Grunde (Handschrift der Leipziger Stadtbibliothek). Krokers Mitteilungen bestätigen seine Meinung, „daß man aus den bisher vernachläßigten Nativitäten doch noch manche Ausbeute für die Geschichte, besonders die Orts- und Familiengeschichte gewinnen kann." — R. Beck behandelt das Leben eines hervorragenden Leipzigers, Friedrich Benedikt Carpzov's, „des großen Gelehrten, des weitblickenden Kaufmanns und des hingebend sorgenden Ratsherrn", und zwar auf Grund seiner Korrespondenz mit dem Zwickauer Rektor Christian Daun, die auf der Zwickauer Ratsschulbibliothek aufbewahrt ist. Die Mitteilungen bilden einen bemerkenswerten Beitrag zur Kulturgeschichte des 17. Jahrhunderts. — Aus dem Delitzscher Ratsarchiv veröffentlicht Ost. Reime eine „historische Nachricht von einem ehemals zu Dölitzsch gewöhnlich gewesenen Adels-Tanz" (datumlose Abschrift) und zwei eben darauf bezügliche Original-Ordnungen von 1601 und 1604. Letztere erfolgten erst, nachdem der Rat und die Bürgerschaft zu Delitzsch die Hilfe des Fürsten angerufen hatten, da sie nicht mehr im stande waren, sich vor dem Übermut und der Roheit der Junker zu schützen. Der letzte Adelstanz in D. fand 1623 statt. — E. Mangner behandelt das „Leipziger Kochbuch" von Susanna Egerin. Leipzig 1745. „Wir thun einen Blick in eine Partie des bürgerlichen Lebens, die sonst nur selten berührt, nur nebenbei gestreift wird. Was man aß und trank, wie es genossen wurde oder genossen werden sollte, welche Ansichten man vor 200 Jahren hatte von dem Werte der Nahrungsstoffe und Genußmittel, von ihren Eigenschaften und Wirkungen, welche Meinungen herrschten in gelehrten und ungelehrten Kreisen über anthropologische Fragen, über die Aufnahme der Nahrungsstoffe, die Verdauung, Zeit und Art zweckmäßigen Essens und Trinkens, über Diät u. dergl. m., darüber giebt das Buch, insbesondere sein Anhang interessante Aufschlüsse." Folgende Stelle sei nebenbei hervorgehoben: „So wird auch heutiges Tages nicht allein an vielen Fürstlichen Höfen, und auch in galanten Compagnien, teils wegen der Gesundheit, teils aber den Wein zu ersparen und sich des Saufens zu enthalten, der Thée und Coffee stark gebraucht. Es fangen auch bereits die Teutschen an sich des Vollsaufens zu schämen, wie denn in Leipzig anitzo gebräuchlich, daß auf Hochzeiten und Gastereyen, beim Gesundheittrincken ein jedweder nach seinem Belieben sich selbst viel oder wenig einschencken darf". — Endlich sei ein Aufsatz K. Pahner's erwähnt: „Die Liebesthätigkeit Leipzigs an den Waisen und Findelkindern im Zeitalter der Reformation". Er ist auf Grund der Stadtkassenrechnungen und der Rechnungsbücher des Hospitals zu St. Georg gearbeitet.

Der fünfte Band des „Braunschweigischen Magazins" bringt eine Reihe kulturhistorisch und volkskundlich interessanter kleiner Beiträge. Wir erwähnen von den ersteren die von P. Zimmermann abgedruckten „Regierungs- und Lebensregeln Herzog Friedrichs des Frommen zu Braunschweig und

Lüneburg für seinen Sohn Herzog Otto" aus dem Jahre 1465, die allerdings schon früher, zuletzt 1810, aber fehlerhaft veröffentlicht sind, übrigens manche charakteristischen Stellen enthalten; ferner die von Fr. Koldewey herausgegebenen „Ausgaben-Verzeichnisse eines Helmstedter Studenten aus den Jahren 1620 und 1621", die wohl von einem Hilmar Christoph von Rheden herstammen und sehr gut veranschaulichen, „welche Ansprüche ein Studiosus aus guter Familie, von anständiger Gesinnung und solidem Lebenswandel vor 270 Jahren an seine Lebensführung gestellt hat und mit welchen Mitteln und Kosten er seines Daseins froh geworden ist"; weiter einen Beitrag von R. Schucht über „Taxis'sche Reichsposten in Braunschweig" und endlich ein Produkt langjähriger Sammelthätigkeit: eine Liste von H. Meyer: Eigennamen der Braunschweiger Bürgerhäuser.

Aus der dem Hansischen Geschichtsverein und dem Verein für niederdeutsche Sprachforschung bei ihrer gemeinsamen Tagung dargebrachten Festschrift erwähnen wir die Beiträge von F. Frensdorff, Aus dem mittelalterlichen Göttingen, und von J. Wagner, Drei plattdeutsche Briefe des Peter Holst an seinen Sohn Lucas.

Nach den Kämmereirechnungen entwirft O. Weise eine Skizze von der Stadt „Eisenberg um das Jahr 1800", die namentlich wirtschaftsgeschichtliche Notizen bringt (Mitteilungen des Geschichts- und Altertumsforschenden Vereins zu Eisenberg Heft 15).

„Kirsche und Kirschbaum im Spiegel schweizerdeutscher Sprache und Sitte" behandelt Ad. Seiler in dem „Schweizerischen Archiv für Volkskunde" IV. 3, namentlich in ihrer Bedeutung für die Namengebung und in ihrer Rolle im Sprachgebrauch des Volkes, in Sitte und Aberglauben.

––––––

Neue Bücher.

Erich Meissner, Was muss man von der Kulturgeschichte wissen? Allgemeinverst. dargestellt. Berlin (VIII, 212 S.) — O. Henne am Rhyn, Handbuch der Kulturgesch. in zusammenhängender und gemeinfasslicher Darstellung. Lpz. (X. 661 S.) — A. Parmentier, Album 'histor. T. III. Paris (292 p.) — H. Schurtz, Urgeschichte der Kultur. Lpz. (XIV, 658 S. 23 Taf. 1 Karte.) — Osc. Montelius, Der Orient und Europa. Einfluss der orientalischen Cultur auf Europa bis zur Mitte des letzten Jahrtausends v. Chr. Deutsche Übersetzung v. J. Mestorf Heft 1. Stockholm 1899 (186 S.) — A. H. Sayce, Babylonians and Assyrians: Life and customs. Lond. (X, 273 p.) — G. Steindorff, Die Blütezeit des Pharaonenreichs (Monogr. z. Weltgesch. X) Bielefeld (170 S.) — O. Schrader, Reallexikon der indogermanischen Altertumskunde. Grundzüge e. Kultur- u. Völkergeschichte Alteuropas. 1. Halbbd. Strassburg (S. 1—560). — J. Burckhardt, Griech. Kulturgeschichte. Hrsg. v. Jak. Oeri 3. Bd. Berlin (VII, 468 S.) — H. Weil. Études sur l'antiquité grecque. Paris (332 p.) — H. Francotte, L'industrie dans la Grèce ancienne. T. I. Bruxelles (VIII, 343 p.) —

G. Fougères, La vie publique et privée des Grecs et des Romains. Album 2e éd. Paris (124 p.). — J. Bruns, Frauenemancipation in Athen. E. Beitr. z. attischen Kulturgesch. d. 5. u. 4. Jh. Kiel (31 S.) - W. H. Roscher, Ephialtes, e. patholog.-mythologische Abhandl. üb. d. Alpträume und Alpdämonen d. klass. Altert. (Abh. Sächs. Ges. d. Wiss. Phil. Hist. Cl. XX, 2) Lpz. (133 S.) - - W. Liebenam, Städteverwaltung im römischen Kaiserreiche. Lpz. (XVI, 577 S.) - K. Breysig, Kulturgesch. der Neuzeit. Vergleich. Entwicklungsgesch. der führenden Völker Europas u. ihres sozialen u. geist. Lebens. Bd. I, II, 1. Berlin (XXXv, 291 S.; XXII, 518 S.) — K. Müllenhoff, Deutsche Altertumskunde. 4. Bd. 2. Hälfte. Die Germania des Tacitus. Berlin (XXIV, S. 385—751) — F. Gotthelf, Das deutsche Altertum i. d. Anschauungen des 16. und 17. Jh. (Forsch. z. neuer. Litter.-Gesch. XIII) Berlin (VII, 68 S.) — F. Dreyer, Deutsche Kulturgesch. v. d. ält. Zeiten b. z. Gegenwart. Als Grundlage f. d. Unterricht i. d. d. Geschichte bearb. Nach d. Tode des Verf. fortges. u. hrsg. v. J. Meyer-Wimmer II. 2. Aufl. Langensalza (VIII, 250 S.) — Monographien zur deutschen Kulturgeschichte. Hrsg. v. G. Steinhausen Bd. 4: F. Heinemann, Der Richter u. d. Rechtspflege i. d. d. Vergangenheit. Lpz. (144 S.) Bd. 5: H. Boesch, Kinderleben in der deutschen Vergangenheit. ib. (132 S.) Bd. 6. A. Bartels, Der Bauer i. d. d. Verg. ib. (143 S.) — F. Seiler, Die Entwicklung der deutschen Kultur i. Spiegel d. dtsch. Lehnworts. II V. d. Einführ. d. Christ. b. z. Beginn d. neueren Zeit. Halle (XI, 222 S.) — A. Freybe, Züge zarter Rücksichtnahme und Gemütstiefe i. deutsch. Volkssitte. Gütersloh (XII, 176 S.) - - R. Chélard, La civilisation française dans le développement de l'Allemagne (moyen âge) Paris, Société du Mercure de France. (359 p.) — H. Denicke, Die m. a. lichen Lehrgedichte Winsbeke und Winsbekin in culturgesch. Beleuchtung. Progr. Rixdorf (47 S.) — G. v. Below, Territorium u. Stadt. Aufsätze zur d. Verfass.-, Verwalt.- u. Wirtschaftsgesch. (Hist. Bibliothek 11.) München (XXI, 342 S.) — K. Heldmann, Der Kölngau und die Civitas Köln. Hist.-geogr. Untersuch. üb. d. Ursprung d. d. Städtewesens. Halle (VII, 136 S.) — O. Richter, Gesch. d. Stadt Dresden I. Dresden im M. A., Dr. (XVI, 276 S.) — G. Seelig, Die gesch. Entwickelung d. Hamburg. Bürgerschaft u. d. Hamburg. Notabeln. Hamburg (XVI, 244 S.) — A. Berliner, Aus dem Leben der deutschen Juden im M.A. zugleich als Beitr. f. d. Culturgesch. Berlin (V, 142 S.) — P. Pfeffer, Beiträge zur Kenntnis des altfranzösischen Volkslebens, meist auf Grund der Fabliaux. Progr. d. Realsch. Karlsruhe. (33 S.) - - P. Mertens, Die kulturhistor. Momente i. d. Romanen des Chrestien de Troyes. Diss. Berlin (V, 69 S.) · · H. Oschinsky, Der Ritter unterwegs und die Pflege der Gastfreundschaft im alten Frankreich. Diss. Halle (84 S.) — A. Franklin, La vie privée d'autrefois. Arts et Métiers, Modes, Mœurs, Usages des Parisiens du XIIe au XVIIIe s. (Les Animaux) T. 2. (Du XVe au XIXe s.) Paris (XIX, 307 p.); (La Vie de Paris sous Louis XV devant les tribunaux.) ib. (VIII,

375 S.) — N. M. Bernardin, Hommes et mœurs au XVIIe siècle. Paris (367 p.) — H. de Noussanne, Paris sous Louis XVI et Paris aujourd'hui. Paris (XX, 296 S.) — La vie Parisienne à travers le 19e s., Paris de 1800 à 1900, d'après les estampes et les mémoires du temps p. sous la direction de Charles Simond. T. I (1800—1830) Paris (IV, 684 p.) — C. Nerlinger, La vie à Strasbourg au commencement du 17e s. Belfort (336 p.) — V. Fris, Schets van den economischen toestand van Vlanderen in het midden der 15de eeuw. Gand (129 p.) - G. Bry, Histoire industrielle et économique de l'Angleterre depuis les origines jusqu'à nos jours. Paris (V, 778 p.) - G. Holden Pike, Oliver Cromwell and his times. Social, religious and political life in the 17th cent. London (296 p.) — H. G. Graham, The Social life of Scotland in the 18th century. 2 vols. 2. ed. Lond. (278; 286 p.) — L. Frati, La vita privata di Bologna dal secolo XIII al XVII. Bol. (287 p.) — Arceleo Giorgio, Palermo u. d. Cultur in Sicilien. Aus d. Ital. v. M. Nolte Dresden (VII, 104 S.) — Vita italiana durante la Rivoluzione Francese e l'Impero: conferenze di C. Lombroso, A. Mosso etc. Milano (512 p.) — A. Krassoff, La vie, les mœurs et l'état économique du peuple zyriane du nord-est de la Russie avec l'exposé de son culte païen et de sa conversion au Christianisme. 2. éd. Paris (VIII, 179 p.) — M. Revon, Hist. de la civilisation japonaise. Introduction. Paris (161 p.) H. Kraemer. Das 19. Jahrh. i. Wort u. Bild. Politische u. Kulturgesch. 3. Bd. 1871 bis 1899. Berlin (VII, 447 S.) — J. Hansen, Zauberwahn, Inquisition u. Hexenprozess im Mittelalter u. d. Entstehung der grossen Hexenverfolgung. (Histor. Bibliothek 12). München (XV, 538 S.) — B. Duhr, Die Stellung der Jesuiten b. d. deutschen Hexenprozessen (Schr. d. Görres-Ges. 1900 I). Köln (96 S.) — Joesten, Z. Gesch. der Hexen u. Juden i. Bonn. Bonn (47 S.) — A. Wuttke, Der deutsche Volksaberglaube der Gegenwart. 3. Bearbeit. v. F. H. Meyer. Berlin (XVI, 536 S.) — K. Knortz, Was ist Volkskunde und wie studiert man dieselbe? 2. Aufl. Altenburg (III, 211 S.) — Sächsische Volkskunde. Hsg. v. R. Wuttke 2. Aufl. Dresden (VIII. 578 S.) - E. H. Meyer, Badisches Volksleben im 19. Jahrh. Strassburg (XII. 628 S.) — P. Caliari, Antiche Villotte e altri racconti del Folk-Lore Veronese. Verona (288 p.) — G. Bonet-Maury, Hist. de la liberté de conscience en France depuis l'édit de Nantes jusqu'à juillet 1870. Paris (VI, 263 p.) - C. Fr. Arnold, D. Vertreibung d. Salzburger Protestanten u. ihre Aufnahme b. d. Glaubensgenossen. E. kulturgesch. Zeitbild a. d. 18. Jh. Lpz. (IV, 246 S.) - Rauschen, Das griechisch-röm. Schulwesen zur Zeit des ausgehenden antiken Heidentums. Progr. Gymn. Braunschw. (31 S.) — J. L. Lapuya, La Universidad de Salamanca y la cultura española en el siglo XIII. 2. ed. Paris (91 p.) — G. Bauch, D. Anfänge d. Univers. Frankfurt a. O. und die Entwickelung d. wissensch. Lebens a. d. Hochschule (1506—1540) (Texte u. Forsch. z. Gesch. d. Erzieh. u. s. w. III). Berlin (VII, 179 S.) — Munera saecularia universitatis

Cracoviensis quingentesimum annum ab instauratione sua sollemniter
celebrantis. 8 Bände Krakau. — 350. Anniversario della università di
Messina (Contributo Storico) Messina. (342 p.) — J. Marchand, L'université d'Avignon aux 17e et 18e s. Paris (XIII, 328 p.) — J. Gauthier, L'université de Besançon. (Histor.) Besançon (55 p.) -·T. H. Mont-
gomery, History of Univers. of Penésylvania from its foundation to
a. D. 1770. Philadelphia. — D. Reichling, Die Reform der Dom-
schule zu Münster i. J. 1500. (Texte u. Forsch. z. Gesch. d. Erzieh. II)
Berlin (86 S.) — Joh. Kromayers Weimar. Schulordnungen v. 1614
u. 1617 hrsg. v. L. Weniger. Progr. Gymn. Weimar (56 S.) — H. Th.
Kimpel, Gesch. d. hess. Volksschulwesens i. 19. Jh. 2. Bd. Kassel (VII,
604 S.) — F. Haag, Beiträge zur bernischen Schul- u. Kulturgesch.
1. Bd. (2. Hälfte) Bern (514 S.) — A. Harnack, Gesch. d. Kgl. preuss.
Akademie der Wissenschaften zu Berlin. 3 Bde. Berlin (VII, VI, 1091;
XII, 660; XIV, 588 S.) — K. Dziatzko, Untersuchungen über ausgew.
Kapitel des antiken Buchwesens. Lpz. (V, 206 S.) – Festschrift zum
500-j. Geburtstage v. Joh. Gutenberg. Im Auftrage d. Stadt Mainz hsg.
v. O. Hartwig. Mainz. — Kleine Ausgabe. M. e. Atl. v. 35 Taf. Lpz.
(VII. 584 S.) (Zugleich 23. Beiheft d. Centralbl. f. Bibl.-Wesen). —
Festschrift z. Gutenbergfeier. Hsg. v. d. Kgl. Bibl. zu Berlin. Berlin
(IX, 90 S. 1 Taf.) — Gutenberg-Feier in Mainz 1900. Festschrift i. Auf-
trage der Festleitung hsg. v. K. G. Bockenheimer. Frankfurt. ·
A. Claudin, Hist. de l'imprimerie en France au 15e et au 16e s. l.
Paris (XXIV, 490 p.) — J. Dumoulin, Vie et œuvres de Fédéric
Morel, imprimeur à Paris. 1557—1583. Paris (292 p.) -- A. de La
Bouralière, L'imprimerie et la librairie à Poitiers pendant le XVIe
siècle. Paris (LXX, 399 p.) — R. Ebeling, D. Buchführer M. Philipp
Schultze. E. Beitr. z. Gesch. d. Stralsunder Buchhandels im Beginn des
17. Jahrh. Progr. Stralsund (22 S.) — F. Mangold, Die Basler Mitt-
woch- und Samstag-Zeitung 1682—1786. E. Beitr. z. Gesch. des Nach-
richtenverkehrs u. dessen Organisation i. 17. u. 18. Jh. Basel (VI, 163 S.
1 Tab.) — H. Rousset, La presse à Grenoble. Hist. et physionomie
(1700—1900). Grenoble (XIX, 101 p.) — H. Avenel, Hist. de la presse
française depuis 1789 jusqu'à nos jours. Paris (892 p.) — M. Bruchet,
Trois inventaires du château d'Annecy (1393, 1549, 1585). Extr. du T.
38. d. Mém. Soc. Savoisienne d'hist T. 38) Chambéry (112 p.) — J. De-
vaux, Un inventaire à l'hôtel de ville de Pithiviers en 1780. Pithiviers
(24 p.) — P. Lafond, L'art décoratif et le mobilier sous la république
et l'empire. Paris (IV, 227 p.) ·Br. Köhler, Allgem. Trachtenkunde.
1. bis 3. Teil Das Altertum. Das M.A. I II (Universal-Bibl. 4059.
4060. 4104/5) Lpz. (228, 255. 250 S.) — C. H. Stratz, Die Frauenkleidung
Stuttg. (X, 186 S.) — Die Schweizer-Trachten vom 17.—19. Jh. 4.—6.
Serie. (à 6 Taf. mit 6, 4 u. 4 S. illustr. Text.) Zürich — M. Deloche,
Étude hist. et archéol. sur les anneaux sigillaires et autres des premiers
siècles du m. a. Paris (LXV, 402 p.) — J. B. Giraud, Documents pour

serv. à l'hist. de l'armement au m. a. et à la Renaiss. T. 9. Notes p.
serv. à l'hist. de la sidérurgie en Lorrain. Lyon (p. 99—191). —
D. Lauenstein, Der deutsche Garten des MA. bis um d. J. 1400.
Diss. Göttingen (51 S.) — H. Hachez, La cuisine à travers l'hist.
Bruxelles (397 p.) — E. Prarond, Les mœurs épulaires de la bour-
geoisie provinciale (XVᵉ—XVIIIᵉ s.). Abbeville à table, et les Con-
vivialités de l'échevinage. Amiens. (113 p.) — A. Bazin, L'alimentation
à Compiègne. Les Boulangers et les Poissonniers. Compiègne (104 p.) —
G. Vuillier, Plaisirs et Jeux, depuis les origines. Paris (VI, 345 p.)
— Gius. Salvioli, Contributi alla storia economica d'Italia nel Medio
Evo I. Palermo (76 p.) — F. Curschmann, Hungersnöte im M.A. E.
Beitr. z. d. Wirt. G. d. 8. b. 13. Jh. (Lpz. Stud. a. d. Geb. d. Gesch. 6,1)
Lpz. (VII, 217 S.) — H. Doniol, Serfs et Vilains au m. a. Paris (VI,
299 p.) — A. Memminger, Zur Geschichte der Bauernlasten m.
Bezieh. auf Bayern. Würzburg (II, 176 S.) — F. Bluomberger, Be-
völkerungs- u. Vermögensstatistik i. d. Stadt und Landschaft Freiburg
i. U. um die Mitte des 15. Jh. Freiburg (Schw.) (XVI, 258 S.) —
J. Depoin, Le livre de raison de l'abbaye de Saint-Martin-de-Pontoise
(XIVᵉ et XVᵉ siècles). Versailles (244 p.) · Ed. Otto, Das deutsche
Handwerk in s. kulturgesch. Entwickelung (Aus Natur u. Geisteswelt
14). Lpz. (VI, 154 S.) - G. Martin, La grande industrie en France
sous le règne de Louis XV. Paris (406 p.) — A. Blanchet, Essai
sur l'hist. du papier et de sa fabrication I. Paris (IV, 177 p.) —
Al. Schulte, Gesch. d. m. a. lichen Handels u. Verkehrs zw.
Westdeutschland u. Italien m. Ausschl. v. Venedig. 2. Bde. Lpz.
(XXXII, 742 S.; 358 S. 2 Karten). — E. Garnault, Le commerce
rochelais au 18ᵉ s. V. Marine et Colonies (1763-1790). Paris (VII,
457 p.) — B. Weissenborn, Die Elbzölle u. Elbstapelplätze im
M.A. Halle (VII, 246 S.) — S. J. Chapman, Hist. of trade between
United Kingdom and United States. London (136 p.) — W. Lotz, Ver-
kehrsentwickelung in Deutschland 1800—1900 (Aus Natur- u. Geistes-
welt 15). Lpz. (IX, 143 S.) — J. Brunner, Das Postwesen i.
Bayern i. s. gesch. Entwicklung. München (VIII, 244 S.) — A. Rochier
de Labruguière, D'Anduze à Amsterdam (1770—1) Journal d. voyage
p. p. J. Simon. Nimes (52 p.) · P. Dufour, Gesch. d. Prostitution 2 Bd.
Röm. Kaiserzeit. Deutsch v. B. Schweiger. Berlin (V, 372 S.) — M.
Lipinska, Histoire des femmes médecins depuis l'antiquité jusqu'à nos
jours. Paris (III, 591 p.) — L. André-Pontier, Hist. de la pharmacie
(Origines; Moyen âge; temps modernes). Paris (XXI, 730 p.) — C. Chomel
Hist. du cheval dans l'antiquité et son rôle dans la civilisation. Paris
(179 p.) — J. Jühling, Die Tiere i. d. deutschen Volksmedicin alter
u. neuer Zeit. Mit e. Anhang v. Segen. Mittweida (XII, 355 S.) - P.
Spelter, Die Pflanzenwelt im Glauben u. Leben unserer Vorfahren.
(Samml. gemeinverst. wiss. Vortr. 336) Hamb. (40 S.)

Bibliographie.

Von Georg Steinhausen.

Das Jahr 1899 (Forts.).

———

Volkskunde. (Einzelnes hierher Gehörige siehe auch in anderen Rubriken.) Á. de Cock, De beteekenis der Folklore (Volkskunde 1899 p. 253/8). — K. Knortz, Folklorist. Streifzüge I. Oppeln (431 S.). — A. John, Volkstum u. Volkskunde (Kynast 1, 1). — Volkskunde (Berichte): Allg. Methodik 1890 (L. Scherman), 1891—97 (F. S. Krauss); Folklore Wallon 1891—94 (A. Doutrepont); Folklore in Italia 1891—96 (G. Pitrè); Rätoromanisch 1890—96 (G. Hartmann); Folklore basque 1891—97 (J. Vinson) (KritJahresberRomPhil. 4, 3). — *Zeitschrift des Vereins f. Volkskunde 9,* ¹/₂: W. Schwartz, Heidnische Überreste in d. Volksüberlief. d. nordd. Tiefebene 1/3; R. M. Meyer, Eine Gesamtdarstellung d. d. Volkstums; M. Lehmann-Filhès, Über Brettchenweberei; G. Amalfi, Quellen und Parallelen zum „Novellino" des Salernitaners Masuccio; P. Drechsler, „O lass mich doch hinein, Schatz!"; A. Tienken, Kulturgeschichtliches a. d. Marschen am rechten Ufer der Unterweser; O. v. Zingerle, Über alte Beleuchtungsmittel; K. L. Lübeck, Die Krankheitsdämonen d. Balkanvölker (Forts. u. Schl.); K. Weinhold, Die alte Gerichtsstätte zu Cavalese im Fleimser Thal; A. Landau, Holekreisch; H. Raff, Geschichten a. d. Etschland u. a. d. Stubai; H. Beck, Niederdeutsche Sprüche u. Redensarten a. Nordsteimke; J. Bolte, Staufes Samml. rumän. Märchen a. d. Bukowina; K. Weinhold, Das englische Kinderspiel Sally Water; W. Hein, Das Huttlerlaufen; M. Eysn, Das Frautragen im Salzburgischen; M. Bartels, Ein paar merkwürdige Kreaturen; Brynjúlfur Jónsson, Über „höfdaletur"; St. Prato, Vergl. Mitteilng. zu Hans Sachs' Fastnachtspiel Der Teufel m. d. alten Weib; R. Reichhardt, Volksastronomie u. Volksmeteorologie i. Nordthüringen; R. Sieger, Nichtdeutsche Marterln; A. F. Dörler, Tiroler Teufelsglaube; M. Gerhardt und R. Petsch, Uckermärk. Kinderreime; F. Wilhelm, Haussprüche a. d. Stubaithal i. Tirol; K. Weinhold, Sankt Kummernus; W. Hein, Eiserne Weihefiguren; L. Fränkel, Volkskundliches a. Joh. Wilh. Wolfs Kölner

Jugenderinnerungen; H. Schukowitz, Kriegs- u. Schlachtensagen a.
d. Marchfelde; Fr. P. Piger, Eine Primiz in Tirol; W. Hein, Mähr.
Marterln u. rumän. Erinnerungskreuze; R. F. Kaindl, Ruthen. Märchen
u. Mythen a. d. Bukowina; A. Petak, Alte deutsche Weihnachtslieder
a. d. Lungau; Kl. Mitteilungen. — *Blätt. für Pomm. Volksk.* 6, 2/12 :
A. Haas, Volkstüml. Tänze u. Tanzlieder aus Pommern; E. Manzek.
Zwei Singspiele; A. Haas, Liebesorakel u. Liebeszauber i. Pommern;
O. Knoop, Volkstüml. a. d. Tierwelt; A. Haas, Volkst. Spottverse u.
Neckereien auf einzelne Stände u. Gewerke; A. Brunk, Volksrätsel
a. P.; O. Knoop, Zwergnamen i. P.; A. Haas, Das Haus in Glaube
und Brauch d. P.; O. Weineck, Rügensche Sagen; A. Brunk, Volkslieder a. P.; C. Karbe u. A., Volksmärchen a. P. — 7, 1/12: A. Haas.
Sagen u. Erzähl. v. Stettiner Kirchen u. Klöstern; O. Knoop, Volks-
tüml. a. d. Tierwelt; A. Brunk, Volkslieder a. Pomm.; A. Haas.
Erinnerungs- u. Vivatbänder; Schwank u. Streich aus P.; O. Knoop,
Allerhand Volkstüml. üb. d. Haustiere; Die Heinzelmännchen zu Falken-
burg; O. Knoop, Allerhand Reime aus Pomm.; A. Haas, Fastnachtsgebräuche a. Pom.; Volksmärchen a. Pomm.; Die Entheilung d. Feier-
tages u. Gotteslästerung i. d. pomm. Sage; Die Vornamen i. Pomm.;
Volkstüml. a. d. Thierwelt; J. B. Kusserow, Pomm. Flurnamen;
O. Knoop, Allerhand Scherz-Reime u. Erzählungen über pomm.
Orte u. ihre Bewohner; W. Rexilius u. A., Volksmärchen, Schwank
u. Streich a. P.; Ein Zimmermannsspruch; J. B. Kusserow, Gebräuche
u. Ansprachen d. Hufschmiede; R. Petz, Ein Kronspruch; O. Knoop,
Bauernreime. — *Zeitschrift f. österr. Volksk.* 4, 11/12: J. R. Bünker,
Niederösterr. Schwänke, Sagen u. Märchen (Schl.); A. Marx, Aus d.
Leben des steirischen Volks im Mürzthal; H. Röttinger, Deutsche Haus-
sprüche aus Tirol; Kl. Mitteilungen. — 5, 1/6: A. Kettner, Schles.
Lebzeltformen; F. Tappeiner, Eine ethnol. u. anthrop. Aufzeichnung
üb. d. Bewohner d. hint. Oetzthales u. d. Schnalserthales; O. Hovorka
v. Zderas, Dalmatin. Spitznamen; J. Haudeck, Volkstracht i. Leit-
meritzer Mittelgebirge; R. Weissenhofer, Jugend- u. Volksspiele i.
Niederösterr.; M. Marx, Lieben u. Hassen d. jungen Bauernvolkes im
Mürzthale; J. Blau, Der Brauch b. Essen i. d. Ortschaften d. Pfarre
Rothenbaum; A. Petak, Grabschriften a. Leonding i. Oberösterr. Kl. Mitt.
· *Schweiz. Arch. f. Volksk.* III. 1/4: E. A. Stückelberg, Translationen
i. d. Schweiz; E. Hoffmann-Krayer, Luzerner Akten zum Hexen-
u. Zauberwesen 1/4; A. D'Aucourt, Noëls jurassiens; H. Caviezel,
Ein rhätoroman. Himmelsbrief; C. Waldis, Eine Sennenkilbe in der
Urschweiz; J. M., Die arme Gred; E. Hoffmann-Krayer, Ein Stück
Aberglauben in Basel a. 1705; A. Ithen, Erinner. a. d. Pestzeit im
Volksmunde; G. Kessler, Zwei Besegnungen; E. Hoffmann-Krayer,
Das Würgen am Namenstag oder Geburtstag; H. Correvon, La fée
de Cleibe; V. Pollandini, Credenze popolari nel canton Ticino;
Ders., Leggende ticinesi; E. A. Stückelberg, Glockensagen a. der

Schweiz; G. Sütterlin, Gebräuche in Birseck 1/2; E. Hoffmann-Krayer, Ein Wörterverzeichn. der Gaunersprache von 1735; Th. v. Liebenau, Zum Schrätteliglauben; A. Rossat, Chants patois jurassiens; B. Reber, Sagen aus dem Saasthal in Wallis. -- *Ons Volksleven* 11, 1/6: A. Harou, De Roos in het Volksgeloof en Volksgebruik (Vervolg.); Sint-Marten, Volksgebruiken en Liederen 7; Van den Broeck en A. d'Hooghe, Kinderspelen uit het Land van Dendermonde; A. Harou, Bijgeloof Volksmeeningen, Gebruiken en Zegswijzen te Maastricht (Vervolg.); Van den Zeekant, Sagen, Volksgebruiken, Kinderrijmen. — *Mélusine* IX, 7/12: Loquin et Gaidoz, Les Grues d'Ibycus 2/3; J. Tuchmann, La Fascination §. 4. D. Prophylaxie. E.; Ders., Bibliographie de la Gorgone et du Gorgoneïon; G. Doncieux et H. Gaidoz, Saint Expédit; Kr. Nyrop, La stérilité volontaire 3; G. Doncieux et H. Gaidoz, Légendes contempor. 4/5; A. de Cock, Saint Eloi 7; Le Roux, La Courte Paille 7; Paul-F. Perdrizet, Les pieds ou les genoux à rebours 4; E. Ernault, Dictons et proverbes bretons 5/7; Paul-F. Perdrizet, Le mariage en Mai; Vict. Chauvin u. A., Fumer-Boire; H. G., L'origine de „Requiescant in pace"; G. Doncieux et H. Gaidoz, Le chien noir; H. Gaidoz, Un vieux rite médical; E. Ernault, Le jeu des lignes verticales; H. Gaidoz, Quelques publications irlandaises; Ders. Un chanson d'amour à retrouver; La fraternisation 18; Le jugement de Salomon 9; Les Lupercales 2, en Alsace; R. Reuss, Les superstitions populaires et la sorcellerie en Alsace au 17e s.; H. Gaidoz, Le petit Chaperon-Rouge 9; Ders., L'étymologie populaire et le Folk-Lore 22: Saint-Pardon; G. Doncieux, Renaud le tueur de femmes; E. E., S. Krauss et H. G., Fumer-Boire; H. Gaidoz, Saint Expédit. --- *Arch. p. l. stud. d. trad. pop.* 17, 4: A. Trotter, Leggende pop. mantovane; F. Orioli, Dello Stiaccia buratta, giuoco fanciull. dei Toscani; V. Pellandini, Proverbi ticinesi; G. Calvia, Taja antica della Sardegna; G. Ferraro, Gosos ed Usi nella festa di S. Giovanni in Sardegna; Fr. Pulci, La festa della Madonna degli Angeli etc. in Caltanisetta; G. Pitrè, La festa di S. Nicolò di Bari etc.; S. Salomone-Marino, Le storie pop. in poesia siciliana. Sec. XIX; Le dodici parole della verità; A. Trotter, Versione mantovana; J. Cornelissen, Version de la campine anversoise; Usi funebri di popol. selvaggi e civili; Usi nuziali in Cina; P. Rajna, Streghe im Valtellina; M. di Martino, Novelline pop. nylandesi; J. Sanfilippo, La cinquina di Natale in Palermo; G. Forza, La festa di S. Teodoro etc.; Il pettine presso varii popoli; M. Pitrè, Le antiche feste di Sa Rosalia in Palermo descr. dai viaggiatori ital. e stranieri. I. — 18, 1/4: F. Foffano, La popolarità dell'Orlando Furioso'; A. Nardo-Cibele, Folklore di San Paulo nel Brasile; S. Di Giacomo, Pulcinella in famiglia; A. Niceforo, I giuochi dei delinquenti; J. B. Andrews, Quelques croyances et usages napolitains 3/6; S. Raccuglia, Saggio di uno studio sui nomi di persona usati in Sicilia; C. Musatti, Modi di dire popolari

veneziani; D. Spadoni, La caduta della grandine e i pubblici in-
cantatori nelle credenze popol. marchigiane; Impronte maravigliose in
Italia; A. Trotter, Poesie popolari sacre mantovane; M. di Martino,
Novelline popolari nylandesi; M. Pitrè, Le antiche feste di Sa Rosalia
in Palermo descr. dai viaggiatori ital. e stran. 2 20; D. V. Quiffrida-
Ruggeri, Il valore psicologico dell' indovinello; G. Sanna, Leggenda
di Don Altare in Sardegna; A. Balladoro, Alcune credenze e superstizioni del popolo veronese; Il Faust degli Slavi; L. Marson, Della
Villotta; C. Melfi, Usi e costumi del popolo chiaramontano p. la
raccolta delle ulive; P. C. Tassi, Il Zuual, essere immaginario in
Assuan; C. Musatti, Maldicenze nazionali e internazionali in proverbi
veneziani di 4 secoli fa; S. Salomone-Marino, Le storie popol. in
poesia siciliana; F. Filippini, Usi venatorii nel Folignate; A.
Trotter, Canti popol. mantovani; G. Forzano, Gioisa Guardia e le
sue leggende; A. Lumbroso, Napoleone I nel Folk-Lore; A. Nardo-
Cibele, Folk-Lore di San Paulo nel Brasile: Canti dei coloni;
G. Lignana, Esopo, ovvero della Rappresentanza allegorica della Favola;
E. Grimaldi, Origine dell' uso di menare i cavalli alla chiesa di S.
Antonio Abate in Napoli; M. di Martino, Antiche leggende sul diavolo;
G. Amalfi, Usi e costumi di Avellino notati mezzo secolo fa; G. B.
Corsi, Leggende popolari senesi; R. Nerucci, Novelline toscane
raccolte a Lucca: A. Balladoro, Indovinelli-aneddoti veronesi;
Id. Nieri, Scioglilingua toscani; G. Ferraro, Feste, Canti sacri,
Preghiere in Sardegna; E. di Mattei, L. Lizio-Bruno, G. Pitrè,
Altri Motti dialogati siciliani; G. A. di Montededero, La leggenda del
castello „Munti li Rosi' in Poggioreale; M. Ostermann, Leggende
chiusine 1/3; S. Raccuglia, Impronte maravigliose in Italia 79,83;
V. Fiorenza, A proposito dei Ginun nella credenza ebraico-tunisina;
— E. Lemke, Volkstüml. a. Ostpreussen III. Allenstein (XV, 148 S.).
— O. Hoffmann, Volkstüml. a. d. preuss. Litauen (MSchlesUVolksk.
6, 1). — F. Pradel, Volkstüml. a. Goldberg i. Schl. ib. 6, 5). — L. K.,
Einige Volksbräuche u. Volksmeinungen a. d. Wölfelsgrund (ib. 6, 1). —
E. Olbrich, Buntes a. d. Südostecke Oberschlesiens (Weihnachtsbräuche)
(ib. 6, 3). — W. Patschovsky, Bräuche aus Lähn (ib. 6, 4). —
Sächs. Volkskunde hrsg. v. R. Wuttke. Dresden (VIII, 520 S. 4 Taf.
1 Karte.) — L. Zapf, Volkstum im u. am Fichtelgebirge (DKynast 1, 1).
— L. Schmidt, Beiträge zur Volkskunde d. Herz. Gotha 4 (Aus d.
Heimath (Gotha) 2, 2 3). — Vilmar, Sitten u. Gebräuche im Kreise
Schmalkalden (Hessenland 13, 19). — H. Hepding, Volkskundliches
aus Grossen-Linden (MOberhessGV. N. F. 8). — H. Bragard, Le
folklore de la wallonie prussienne. Les œufs de Pâques (Wallonia 1899,
p. 65/7). — J. J. Hoffmann, Trachten, Sitten, Bräuche und Sagen
i. d. Ortenau und im Kinzigthal I. Lahr (176 S.). — A. John, Aus
Sebastian Grüners Manuscript Über die Sitten u. Gebräuche der Egerländer (Unser Egerland 3, 2/4). — P. N. Panken, Volksgebruiken en

gewoonten in Noordbrabant. Brecht (106 p.). - C. Grisanti, Folko-
lore di Isnello. Palermo (250 p.). — Karutz, Volkstümliches a. d.
baskischen Provinzen (VerhBerlAnthrGes. 1899, 292/5). — H. Chauvet,
Folk-lore catalan. Légendes du Roussillon. Paris (119 p.). — Serbian
Folk-lore. Translated from the Serbian by Madame Elodie L. Myatovich.
2. ed. Lond. (302 p.). - Bon de Baye, Notes de folk-lore votiak
(Extr.RevTradPop.) Paris (11 p.). — W. J. Wintemberg, Items of
German-Canadian Folk-Lore (Journ. of Amer. Folk-Lore XII). — G. D.
Edwards, Items of Armenian folk-lore collect. i. Boston (ib.) — P. R.
Choube, Scraps of Hindu folk-lore (JournAsiatSocBengal. III, 1). —
A. Paudler, Naturgesch. im Volksmunde (MNordbExcCl. 22, 3). -
R. Basset, Folk-lore astronomique (RTradPop. 14, p. 95/8). — M. Höfler,
Das Jahr im oberbayer. Volksleben m. besond. Berücksicht. d. Volks-
medicin (BeitrAnthrUrgBayerns 13, 1/3). — Cl. Lyon, Le mardi-gras
et le dernier marié (Wallonia 1899, p. 55). — W. v. Schulenburg,
Volkstüml. Gebräuche: 1. Das Verbrennen des Fastnachts-Funkens.
2. Die Fastnacht verbrennen. 3. Das Begraben der Fasenachtnäre.
4. Sonne, Wäsche u. Freier (VerhBerlAnthrGesellsch. 1899, S. 200/5). —
K. Gusinde, Zur schles. Pfingstbitte. (MSchlGesVolksk. 6, 5). —
Wilhelm, Zur Kreuzsteinforschung im allg. u. im Egerlande im besond.
(Unser Egerland III, 5). — H. Bragard, Les „tréhes" de la Saint-Jean
(Wallonia 1899, p. 109/11). — J. Gougnard, Les types populaires;
types locaux à Huy (ib. p. 59/63). — R. de Warsage, Au royaume
des marionnettes. Étude de folklore sur le théatre des marionnettes à
Liége. Liége (43 p.). — Singels, Alte Rätsel (Volkskunde 11, 8/9). --
R. Petsch, Über schottische Volksrätsel I. (NPhilolRs. No. 8/9). —
de Cock, Sprichwörter über Festlichkeiten u. Gelage, Frauen, Liebe
und Heiraten (Volkskunde 11, 8/9). -- Sprichwörter u. alte Volks- u.
Kinderlieder in Kölnischer Mundart. Köln (IV, 65 S.). -- R. Petsch,
Kölnische Sprichwörter und Kinderreime (AllgZtgB. 123). -- Sprich-
wörter u. Redensarten aus Oesterr.-Ungarn (MGesJüdVolksk. 1899, 1). —
J. Hingant, Recueil de proverbes bretons (Soc. d'émul. des Côtes-du-
Nord Mém. 36). — L. Bauer, Arab. Sprichwörter (ZDPalV. 21, 3). —
A. Cartellieri, Lebensregeln a. d. J. 1541 (Alemannia 27, 1/2). —
C. Th. Weiss, Sprichwort und Lebensklugheit a. d. 18. Jh. (ib.) --
W. Patschovsky, Schles. Redensarten (MSchlesGVolksk. 6, 3). —
H. Gelin, Études de folk-lore et d'ethnographie. Les oraisons populaires
en Poitou. Liguge (Vienne) (16 p.). — O. Streicher, Deutsche
Kinderlieder und Kinderspiele (Grenzboten No. 33/34). -- B. Percy Green,
A history of Nursery Rhymes. Lond. (XVI, 196 p.). — R. Kammel,
Volkstüml. Krankheitsnamen (MNordböhmExcCl. 22, 2/4).

Sociale Entwickelung. **Allgemeines.** K. Breysig, Die Entwickelung der europäischen Völkergesellschaft und die Entstehung des
modernen Nationalismus. E. socialgesch. Versuch. (ZKulturG. 6, 4/6.;

7, 1/2). — P. Richter, Die Teilung der Erde. E. Studie über d. sociale
Problem i. deutscher Sage u. Dichtung (JGVV. 23,3). — L. Garreau,
L'état social de la France au temps des croisades. Paris (VII, 531 p.)
— A. Dessart, L'état social de l'Allemagne au 13ᵉ s. (Rgénér. 70). —
Die socialen Notstände zu Luthers Zeit u. sein Kampf zu ihrer Überwindung
1/6 (AllgEvluthKirchenz. 38/43). — E. Wolff, Grundriss d. preuss.-
deutschen socialpolitischen n. Volkswirtschaftsgeschichte (1640--1898) Berlin
(VII, 232 S.).

Sociale Frage. G. Adler, Gesch. d. Socialismus u. Kommunis-
mus v. Plato b. z. Gegenw. I. (Hand- u. Lehrb. d. Staatswiss. I, 3) Lpz.
(X, 281 S.). — Th. Funck-Brentano, La question sociale dans l'hist.,
Rome. (RevÉtudHist.déc. 1899). -- A. Aulard, Les origines histori-
ques du socialisme français (Revue de Paris 15. août). - E. Rochetin,
Les premières associations coopératives en Grèce vers la fin du 18ᵉ s. d. et
au commencement du 19ᵉ s. (Rev.polit.etparlem. Janv.). — P. de
Witte, Hist. du „Vooruit" et du mouvement socialiste gantois depuis 1870.
Traduct. française. Bruxelles (330 p.). — T. Veggian, Il movimento
sociale cristiano nella seconda metà di questo secolo: cenni storici.
Vicenza (632 p.).

Familie, Ehe, Frauen. S. R. Steinmetz, Die neueren Forschungen
z. Gesch. d. menschl. Familie (ZsSocialwiss. 2, 10/11). — F. Roeder,
Die Familie b. d. Angelsachsen. Eine kultur- u. litterarhistor. Studie
I. Mann und Frau (Stud. z. engl. Philol. IV) Halle (IX, 183 S.) — R.
Jung, Familienforschung vor 300 Jahren (AFrankfG. 6). — P.
Sticotti, Zu griech. Hochzeitsgebräuchen (Festschr. f. Benndorf). --
H. Geffcken, Die Civilehe des M.-A. (DStimmen 1,15). — K. Kopp-
mann, Geleitung einer Patriziertochter zu ihrer Verehelichung von
Lübeck nach Stralsund (MVLübG. 9,1). --- W. Medicus, Ehevertrag 1553
(PfälzMus. 1899, S. 125 f). — H. v. Zwiedineck, Die Hochzeitsfeier Erz-
herzog Karl II. mit Maria v. Baiern (MHVSteiermark 47). — Kleyböker,
Hochzeitsbittergruss aus Dingstede (JbGOldenburg 7). — W. Kallasch,
Brautführer-Handbüchlein (MNordböhmExcCl. 22,4). — G. Popig, E. alt-
schles. Bauernhochzeit. (MSchlesGesVolksk. 6,5). — J. Klarić u. A. E. Carić.
Verlobungs- u. Hochzeitsgebräuche i. Bosnien u. Dalmatien (WissMittBosnien
6). — A. Flachs, Rumän. Hochzeits- u. Totengebräuche Berl. (68 S.). —
Winter, E. Bauernhochzeit in Russ. Karelien (Globus 76, 20). — On.
Hrycha, Hochzeitsceremonien im Gouvern. Pultava (Russ.) (Mater. z. ukrän-
ruthen. Ethnol. I). — M. Maximovitsch, Obscöne Hochzeitsgesänge
(Russ.) (ib.) -- A. Geering, Die Figur des Kindes i. d. mhd. Dicht.
(Abhandl. hrsg. v. d. Gesellsch. f. d. Spr. IV) Zürich (V, 120 S.) — H.
Ploss, Das Weib i. d. Natur- u. Völkerkunde. 6. Aufl. v. M. Bartels.
2 Bde. Lpz. (XVI, 767; VIII, 763 S. 11 Taf.) — V. Marx, Die Stellung
der Frauen in Babylonien gemäss den Kontrakten a. d. Zeit v. Nebukadnezar
bis Darius (604—485) (Beitr. z. Assyr. J, 1). — R. E. White, Women

in Ptolemaic Egypt (JournHellStud. 18, 2). — J. Marcuse, Heilkundige Frauen im Altertum (Zukunft 1899, Nr. 32). — J. A. Fridericia, Træk af Kvindeidealets Omdannelse i det 16. og den føste Halvdel af det 17. Aarhund. (Tilskueren 1898, 465/79.) — L. Braun, Die Anfänge der Frauenbewegung (ASoc.Gesetzg. 13, 3/4).

Stände. P. Dognon, De quelques noms employés au m. a. dans le midi, pour désigner des classes d'hommes: platerii, platearii (Ann. du midi. Juillet.) — Th. Knapp, Über Leibeigenschaft i. D. seit d. Ausgang d. M.-A. (ZRechtsG 19. Germ. Abt.).

Städte. E. Kornemann, Z. Stadtentstehung i. d. ehemals keltischen u. german. Gebieten d. Römerreichs. Giessen Diss. (76 S.).

Verein. E. Levasseur, Les collèges professionnels à Rome (Revue internat.de sociol. 7, 2). — E. Drerup, Ein antikes Vereinsstatut (NJbbklassAltGeschDLitt. II, 5). — J. Kruse, St. Knutsgillet i Malmö, kulturhist. Bidrag till dess 600—åriga histor. Sthlm. (91 S.).

Sittengeschichte. Privatleben im Allgemeinen. E. Heilborn, Aus dem Alltagsleben d. 17. Jh. (Nation Nr. 42). — v. Boguslawski, Aus d. preuss. Hofgesellschaft 1822—26 (DRs. 1897/98 Nr. 22). — L. Leclère, La journée d'un Bourbon (Revue de Belgique 1899, 4). — E. Brennecke, Kulturhistor. aus Ben Jonsons Dramen. Diss. Halle (51 S.). — Alice Morse Earle, Home Life in Colonial Days. Lond. (486 p.). — G. d'Avenel, Le mécanisme de la vie moderne. 3e série: la maison parisienne; l'Alcool et les Liqueurs; le Chauffage; les Courses. Paris (344 p.).

Nahrungs- und Genussmittel. P. Langkavel, Kulturhistorisches über das Schweinefleisch (DNatur 48, 5). — E., Die ältesten deutschen Kochbücher (Daheim 35, 35). — J. Schade, Nationalgerichte im Adler-gebirge (MNordböhmExcCl. 22, 1). — W. R. Paton and J. L. Myres, On some Karian and Hellenic Oil-presses (JournHellStud. 18, 2). — A. Psudler, Allerlei Gebäck (MNordböhmExcCl. 22, 1). — W. v. Schulenburg, Gebäck in Baden-Baden u. anderen Orten d. Schwarzwaldes (Verh.Berl.Ges.Anthrop. 1898, S. 383/90). — M. Fröbrich, Die Salz-verwaltung der Mark Brandenb. 1415—1688 Diss. Berlin (45 S.). — J. Haudeck, D. Weinbau b. Leitmeritz (Schl.) (MNordb.ExcCl. 22, 1). — A. Coville, Les vins de Bourgogne au concile de Constance. Paris (5 p.). (Extr.duMoyenÂge). — E. Tandel, Une hôtellerie allemande il y a 370 ans. (Inst.Arch.Luxemb.Annal. 34). — H. Pilz, Über den Tabak u. d. Rauchen. Ernstes und Heiteres a. d. Kulturgesch. Lpz. (XII, 290 S.) — P. Darmstädter, D. geogr. Bedeutung d. Tabakbaues m. Beiträgen z. Gesch. desselben. Progr. Sonderburg (22 S.). — A. Kopp, Inter-nationale Tabakspoesie (ZsVerglLittG. 13, 1).

Wohnung und Einrichtung. L. C. Colomb, Habitations et édi
fices de tous les temps et de tous les pays. Paris (319 p.) — L. Rouch,
Une demeure royale à l'époque homérique; le palais d'Ulysse à Ithaque
(Rev.ÉtudAnçienn.1.2). — O.E.Schmidt, Ciceros Villen (NJbbKlassAltert.-
Gesch. D. Litt. II, 5.). — Ad. Lehmann, Kulturgesch. Bilder. Inneres
e. röm. Hauses. Haus d. Cornelius Rufus i. Pompeji. Lpz. — Ersilia
Caetani Lovatelli, La casa aurea di Nerone (NAntol. 646). — K.
Wichmann, Die röm. Villa in St. Ulrich bei Saarburg i. L. (JbGesLothrG.
X). — M. Heyne, Fünf Bücher deutscher Hausaltertümer v. d. ältest.
gesch. Zeiten bis z. 16. Jh. Bd. I. Das deutsche Wohnungswesen.
Lpz. (VII, 406 S.). — O. Brenner, Das deutsche Wohnhaus i. d.
ältesten Zeiten. (AllgZtgB. 291.) — J. N. Cori, Bau u. Einricht. d. d.
Burgen im M.-A. 2. Aufl. Neue (Titel) Ausg. Darmstadt (VIII, 242 S.).
— O. Piper, Abriss d. Burgenkunde (Samml.Goeschen 119). Lpz. (140 S.)
— R. Mielke, Beiträge zu der Kulturgesch. d. deutschen Hauses.
(MVGBerlin 1899, 4.) — Heyne, Bürgerliche Bauart Niedersachsens im
M.-A. m. Bezug auf Göttingen. (ProtokolleVGGötting. 1898/9, II. 2.) —
A. Kortüm, Mitteilungen über alte Erfurter Wohnhäuser. (MVGErfurt 20).
— F. Luthmer, D. älteste Wohnhaus d. Renaiss. (Die Baukunst I. 1/2.)
Berl. (16 S. 8 Taf.) — Wagner, Das Strassburger Haus „zum Seiden-
faden" (KorrBl.GesV. 47. 9/10). — A. Paulsdorff, Bauwerke a. d. alten
Lüneburg. (1. Patrizier-Gartenhaus a. d. J. 1644. 2. Wohnhäuser f.
kleine Leute a. d. 16. Jh.) (JahresberMusVLüneburg 1896/8.). — Sidn.
Oldall Addy, The Evolution of the English House. (SocialEnglandSeries.)
Lond. (252 p.). — A. de Foville, Enquête sur les conditions de l'habi-
tation en France. Les Maisons-Types T. 2. Avec une étude historique
de Jacques Flach. Paris (IV, 340 p.). — J. Hunziker. Das Schweizer-
haus, nach sein. landschaftl. Formen u. s. gesch. Entwickel. dargestellt.
I. Das Wallis. Aarau (XII, 240 S.). — Rehm. Das Haus des Eifel-
bauern. (Globus 75, 21.) — R. Mielke, Die Bauernhäuser i. d. Mark
(Arch.d.Brandenburgia 5) auch selbst. Berl. (V, 40 S.) — J. Kohte,
Das Bauernhaus i. d. Prov. Posen (ZHistGesPosen 14, 3/4). — C. L.
Fischer, Das samländ. Bauerndorf, insonderheit das Bauernhaus u. d.
Leben darin (AltpreussMonatsschr. 36, 1.2). — K. Fuchs, D. deutsche
Haus des Zipser Oberlandes (MAnthrop.Gesellsch. Wien 29). — Meringer,
Neues über das bosnische Haus (ib. 28, 3). — C. Rademacher,
Die Haus-Ornamente im Lahn-Gebiete (Nachrichten üb. deutsche Alter-
tumsfunde 10, 5). — F. Litchfield, Illustr. Hist. of Furniture from the
earliest to the present time. 4. ed. Lond. (292 p.) — Joh. Krengel,
Das Hausgerät in der Mišnah I. Frankf. a. M. (II. 68 S.) — E. Müntz,
L'argent et le luxe à la cour pontificale d'Avignon (Rev.QuestHist. 66, 1/2).
— Inventaires de maisons des templiers de la châtellenie de Vitry (Marne)
réunies à l'ordre de Saint-Jean (1398) (R. de l' orient latin 6, 1,2). — R. de
Lespinasse, Mobilier de deux chanoines et Bibliothèque d'un official
de Nevers en 1373 et 1382. Nevers (30 p.). — Fr. Savini, Il tesoro e la

suppellettile della Cattedrale di Teramo nel secolo XV (ArchStoricoItal.
24, 1). — C. Mazzi, La casa di Mo Bartolo di Tura (cont.)
(BullSenesediStor.patr. 6, 1/2). — J. Rieblinger, Das Inventar des
Schlosses Hohen-Freiberg v. J. 1539 (AllgäuerGeschfr. 11, 49/54). —
F. Zell, Eine Renaissancestube vom Jahre 1588 im Kistlerhause zu
Grünwald (Altbayer.Monatsschr. 1, 1). — Paul Drechsler, Des schles.
Bauern Werkzeug und Hausgerät (MittSchlesGesVolksk. 6, 4). — Alt-
bayerische Nachlass-Inventare. Mitget. u. eingeleitet von Ivo Striedinger
(AltbayerMonatsschr. I, 4,6). — E. Grave, Un inventaire de meubles au
château d'Isson (1765). (Extr. du Bull. Comm. Antiq. Seine-et-Oise.)
Versailles (18 p.). — Intérieurs et mobiliers de styles anciens. Collection
recueill. en Belgique décrite par P. Wytsman. Liv. 1—5. Bruxelles. —
J. Leisching, Die Entwickel. d. Möbelformen (Kunstgewerbebl. N. F. X, 9.).
— C. H. B. Quennell, Die Gesch. d. engl. Mobiliars (Decorative Kunst
März). — G. Migeon, Le mobilier français au 17e et au 18e s. (Revue
de l'art ancien et moderne IV. 8. 367 ff.). — Th. Hampe, Gedichte
vom Hausrat aus d. 15. u. 16. Jh. in Facsimile-Dr. (Drucke u. Holzschn.
d. 15. u. 16. Jh. II). Strassb. (50, 60 S.) — G. Stephani, Die textile
Innendekoration des früh-mittelalterl. deutschen Hauses u. d. ältesten
Stickereien Pommerns. (In: Beitr. z. Gesch. u. Altertumsk. Pommerns).
Auch Diss. Halle (57 S.) — W. Neumann, Die gewirkten Wandteppiche
des Revaler Rathauses (SitzBerGesGeschOstseeprov. 1898). — H. Stegmann, Über e. Anzahl ma.licher zu Konstanz gefund. Bodenfliesen
(MittGermNatMus. 1899, 4). — Victe George d'Avenel, Le mécanisme
de la vie moderne. Le chauffage (R. d. d. mondes. 152, 4). — M. Wingen-
roth, Kachelöfen und Ofenkacheln des 16., 17. und 18. Jahrh. im Germ.
Museum, auf d. Burg u. i. d. Stadt Nürnberg (MGermNatMus. 1899, 6/8, 11/13).

Geräte, Maasse etc. F. W. v. Bissing, Altägypt. Gefässe im
Museum zu Gise (ZsÄgyptSpr. 36, 2). — Clermont-Ganneau, Une
„éponge américaine" du VIe s. avant notre ère (RArchéol. 34, Mai/Juin).
— Riehly, Spätmittelalterliche Thongefässe (MAnthropGesellsch.
Wien 28, 3). -- Fr. Hultsch, Griechische und römische Gewichtsnormen
NJbbKlassAltGeschLitt. III/IV, 3). — J. Sachsendahl, D. Gewichts-
system d. 11. u. 12. Jh. in Liv-, Esth- u. Kurland (ArchAnthrop. 25).
— A. Kisa, Die antiken Gläser der Frau Maria vom Rath, geb. Stein
zu Köln. Bonn (IV, 159 S. 33 Taf.). — H. Stegmann, Z. Gesch. d.
Herstellung u. Verzierung d. geschlagenen Messingbecken (Anz.GermNatMus.
1899, 1). — E. Pernice, Kothon und Räuchergerät (JbDArchäol.
Inst 14, 2). — Karutz, Ursprung u. Formen d. Wiege (Globus 75, 15).
— W. Reichel, Das Joch des homer. Wagens (JahresbÖstArchInst. II, 1).
-- Heyne, Über alte Beleuchtungsgeräte (Protokolle VGGötting. 1898/9
II, 2). — J. Jeanjacquet, Etablissement d'une horloge à l'église de
St.-Blaise de 1548 à 1550 (Musée Neuchât. 1899, 6). -- H. Bergner,
Die Glocken des Herzogtums Sachsen-Meiningen (SchrVSachsMeiningG. 33).
— W. Effmann, Die Glocken d. Stadt Freiburg (FreibGBll. V).

F. J. Britten, Old Clocks and Watches and their Makers: being an
histor. and descript. account of the different Styles of Clocks and Watches
of the Past, in England and Abroad. Lond. (VIII, 300 p.). — F. A.
Hoefer, De Klokken in den Toren der Bovenkerkken in den nieuwen-
Toren te Kampen. Zwolle (17 S. in Fol.) — F. Donnet, Les cloches
chez nos pères 2. (AnnAcadArchBelg. 5. sér. II, 4). — Ders., Les
cloches d'Anvers. Les fondeurs anversois. Anvers (371 p.). — P. C. De
Maesschalck, Les cloches du pays de Termonde (AnnCercleArch.
Termonde VII, 3). — J. Berthelé, Cloches diverses de l'arrondissement
de Melle. Melle (50 p.) — L. Germain de Maidy, Sept cloches
anciennes des Côtes-du-Nord (Extr.) Caen (16 p.) — Ders., L'ancienne
cloche de Mattaincourt (1723). (Bull. de saint Pierre Fourier 1898).

Waffen, Kriegswesen. Jähns, Entstehung u. Bedeutung d. Waffen
(SbHistGes. Berlin 1899, 3). — Derselbe, Entwicklungsgesch. d. alten
Trutzwaffen. Mit e. Anh. über die Feuerwaffen. Berlin (XIII, 401 S). —
M. Hoernes, Griech. u. westeurop. Waffen der Bronzezeit (Festschr. f.
Benndorf). — A. Tragni, Armi e Sepolcri nella regione del Garda.
Roma (120 p.). — F. v. Luschan, Über den antiken Bogen (Festsch. f.
Benndorf). — R. Wegner, Die Angriffswaffen der Angelsachsen [T. I.
Der Speer]. Diss. Königsb. (VII, 81 S). — Mediaeval warfare (Quarterl
Rev. 378. April). — J. B. Giraud, Documents p. serv. à l'hist. de
l'armement au m. a. et à la Renaissance. T. 6.: Suppl. aux documents
sur l'importation des armes ital. à Lyon. Lyon (p. 233 à 343). —
Album hervorrag. Gegenstände a. d. Waffensammlung d. allerh. Kaiser-
hauses. Erläut. Text von W. Boeheim. 2. Bd. Wien (50 Taf. V, 19 S.).
— A. Godet, Épée du XVᵉ s. trouvée dans le lac de Neuchâtel
(MusNeuch. 1899, 1). — F. Donnet, Les fondeurs de canons malinois
du 16ᵉ s. Malines (19 p.) — A. de Behon de Dorneau, Une parallèle
entre les grandes bombardes du 15ᵉ s. et les canons de gros calibre du
19ᵉ s. (AnnAcadArchBelg. 5. serie III, 1). — M. Thierbach, Die
gesch. Entwickel. d. Handfeuerwaffen bearb. nach den in den deutschen
Sammlungen noch vorhand. Originalen. 2. Gesamt-Ausg. Dresden
(XIV, 538, 52 S. 36 Taf.) — Simon, Ein Karabinerhaken a. d. 17. Jh.
(MittGermNatMus. 1899, 4). — K. Pöhlmann, Würzburger Büchsen-
meister im 18. Jahrh. (AHV Unterfranken 40). — Entstehung d. d. Fuss-
volks (JBDArmee 109, 21·45). — M. de Maere d'Aertrycke, Aperç u.
historique sur la cavalerie. 2. éd. Gand (186 p.). — Joh. Häne, Z.
Wehr- u. Kriegswesen in d. Blütezeit der alten Eidgenossenschaft. Zürich
(41 S.) — A. Spont, Marignan et l'organisation militaire sous François I
(RevQuestHist. 66. 1). — Ch. Barrières et F. Ollivier, Historique
du service de la mousqueterie dans la marine depuis Richelieu jusqu'à
nos jours (RMaritime Avril/Mai). — K. E. H. Krause, Rostocks Soldaten im 30j. Kriege (BeitrGRostock II, 4). — Th. Schön, Anwerbungen
langer Soldaten im Schönburgischen (Schönb.GBll. 5, 4). — Beiträge z.

Gesch. d. k. u. k. Genie-Waffe. Nach H. Blasek bearb. d. F. Rieger.
1. Teil 2. Abschnitt. Wien (XIX, 522 u. XI, 798 S., 13 Pl.). —
Tracht. Hottenroth, Le Costume T. II. Paris (123 p.). — F. W.
v. Bissing, Eine altägypt. Mädchentracht (ZsÄgypt. Sprache 37, 1). —
Arth. Al. Bryant, Greek Shoes in the Classical Period (Harvard Stud.
Class. Phil. 10). — J. Wilpert, Der Parallelismus i. d. Entwickelung
der toga u. des pallium (ByzantZs. 8, 2). — Jos. Wilpert, Die Gewandung der Christen in den ersten Jahrhunderten. Vornehmlich nach
den Katakomben-Malereien dargestellt. Köln (VI, 58 S.) — E. Wüscher-
Becchi, Ursprung der päpstl. Tiara (regnum) u. d. bischöfl. Mitra (Röm.
Quartalschr. 1899, 2/3). — Katalog d. Freih. v. Lipperheide'schen
Sammlung. 3 Abt. 1. Bd. Lf. 8/9. Berlin. — F. Hottenroth, Deutsche
Volkstrachten — städtische u. ländliche — vom 16. Jh. an b. a. d. Mitte
d. 19. Jh. II. West- u. Nordwest-Deutschl. Frkft. a./M. (VII, 220 S.
48 Taf.). — F. Justi, Hessisches Trachtenbuch. Lf. 1 (Veröff. d. histor.
Kommiss. f. Hessen I, 1). Marburg (8 Bl. VIII, 14 S.). — Al. John,
Aus Sebast. Grüners Manuskript „Ueb. die Sitten u. Gebräuche d. Eger-
länder": Die Kleidertracht (Unser Egerland III 3/4). — J. Schwarten,
Verordnungen gegen Luxus und Kleiderpracht in Hamburg II (ZKulturG.
VI. 3). — C. Spindler, Elsäss. Trachtenbüchlein. Leporello-Album.
Strassb. (10 Taf.). — Mc. Jan's Costumes of the Clans of Scotland.
74 coloured Illustrations with descriptive Letterpress by James Logan.
New. ed. Glasgow (343 S.). — O. Uzanne, Monument esthématique du
19e siècle. Les modes de Paris. Variations du goût et de l'esthétique
de la femme (1797—1897) Paris (IV, 244 p.). — R. Knötel, Uniformen-
kunde. Lose Blätter z. Gesch. d. Entwick. d. militär. Tracht. 10. Bd.
12 Hefte. Rathenow. — R. Knoetel, Recueil général des uniformes
histor. français et étrangers. Traduit de l'allemand. Tome I livr. 1—12.
Rathenow. — R. J. Macdonald, The Hist. of the Dress of the Royal
Regiment of Artillery 1625—1897. London. — Chevallier, Les anciennes
coiffures chinoises (InternatArchEthnogr. 1898 II. 5/6). — E. Selenka,
Der Schmuck des Menschen. Berlin (VIII, 72 S.) — Fr. Radič, Einige
metall. Schmuckstücke von Gürteln, Sporenriemen u. anderen Bekleidungs-
bändern b. d. alten Kroaten (Kroat.) (Starohv. Prosjeta 1898, S. 130 ff.).

Geselliger Verkehr, Spiele, Feste, Vergnügungen. Wappler,
Über alte Besuchskarten (MFreibergAV 85). — K. Groos, Die Spiele
der Menschen. Jena (VI. 538 S.). — H. Bulle, Altgriechische Glieder-
puppe (ZMünchAltV. N. F. 10). — Landau, Spiele d. jüd. Kinder in
Ostgalizien (MGesJüdVolksk. 1899, 1). — J. Jüthner, Der homer. Diskos
(Festschr. f. Benndorf). — E. Z., Das Schwingen, e. schweiz. National-
spiel (D. Schweiz 1899, 9). — Montague Shearman, History of Foot-
ball. The Association Game by W. J. Oakley and G. O. Smith etc. etc.
New. ed. Lond. (392 p.) — A. Treichel, Nachtrag II zur Pielchen- oder
Belltafel (AltpreussMonatsschr. 36, 3/4). — J. N. Smith and P. A. Robson,

Hockey: historical and practical. Lond. (398 p.). — A. A. Macdonell, The origin and early hist. of chess (JRAS. 1898, S. 117—41). — Stewart Culin, Chess and Playing-Cards. Catalogue of games and implements for divination exhibited by the U. S. Nat. Mus. etc. (Ann. Report of Regents of the Smithson. Inst. Rep. of the Nat. Mus. 1898). — F. Poppenberg, Metamorphose der Spielkarten (WestermIllDMh. 513). — R. Sieghart, Die öffentlichen Glücksspiele. Wien (VII, 411 S.) (auch geschichtlich). — E. Scott, Dancing in all ages. London (216 p.). — L. v. Kobell, Farben u. Feste im Altertum. Kulturhistor. Studie (DRevue Febr.). — A. Wellauer, Étude sur la fête des Panathénés dans l'ancienne Athènes. Lausanne (127 p.). — W. Schmitz, Das christl. Element i. d. Unterhaltungen u. d. Festen des M.A. (Der Katholik 77. Okt./Nov.). — A. Tille, Yule and Christmas, their place in the Germanic year. Lond. (218 S.). — P. Hasse, Fastnachtsfeier (Wetteprotokoll von 1668 Jan. 25). (MVLübG. 9, 2). - A. John u. A., Fastnachtsgebräuche im Egerland (Unser Egerland 3. 1). — C. Gander, Das Johannisfest unter besond. Berücksicht. d. bezügl. Gebräuche i. d. Niederlausitz (NiederlausMitt. 6, 1). — A. Paudler, Jugend-Festlichkeiten III (MNordbExcCl. 22, 3). — J. P. Punnel, Ein fideles Scheffen-Essen zu Berchem i. J. 1520 (Ons Hémecht 4). — E. Jacobs, Freudenfeiern (und Plünderung) auf Schloss Wernigerode 1621—23 (ZHarzver. 32, 1). — M. Grolig, Ein Festessen 1638 (ZVGMähren 2, 379). — Pierre de Nolhac, Les premières fêtes de Versailles (La Revue de Paris 15. avril). — P. de Lacroix, Les fêtes et réjouissances publiques à Cognac 1781—1800 (Rev. de Saintonge 1. nov.). — Volksfeste in Irmelshausen (Mitt. Umfragen Bayr.Volksk. 5, 2/3). — J. Hahn, Zwei schlesische Volksfeste (M. Schles. G. Volksk. 6, 1). — Th. Schön, Hofnarren am Schönburgischen Hofe (Schönb. GBll. 5, 2). — D. Caillié, Les artistes nantais du moyen âge à la Révolution. Nantes (7 p.). — H. Bösch, Jagdscenen a. d. 2. Hälfte des 15. Jh. (MGermNatMus. 1899, 8). — F. Pirckmayer, Eine Bärenjagd in Gastein (MGes. Salzb. Landesk. 39). — B. Seiffert, Ueber die Wolfsjagden u. d. Jagdlaufen d. Bürgerschaft in Strausberg (Brandenburgia 8, 3/5). — Schützenordnung v. J. 1482 (SammelblHVIngolstadt 21, 11, 50 f.). — G. Jenny, Das Gesellenschiessen zu St. Gallen 1527. St. Gallen (36 S.). — A. W., Un tir fédéral à Neuchâtel en 1535 (Musée Neuchâtel. p. 193). — K. E. Graf zu Leiningen-Westerburg, Einladung zu e. Festschiessen in Monsheim 1709 (PfälzMus. 1899, 55/7). — G. Schönaich, Die Freikränzleinschiessen d. schles. Städte. Progr. Jauer (27 S.). — J. Fuchs, Die Schiessstätte in Ips a. d. Donau (Bll. VLandeskNiederöst. N. F. 33, 1). — G. H. Sieveking, Über Vogelschiessen (MVHambG VII, 1 Nr. 6). — K. v. Reinhardstöttner, Faschingsschlittenfahrten bayer. Studenten (ForschGBayerns 7, 1).

Namen. H. d'Arbois de Jubainville, Fragments d'un dictionnaire des noms propres francs de personnes à l'époque méroving. (Le Moyen Age 12, 3). — Blumschein, Zur Gesch. unserer mehrfachen Vornamen

(Deutsche Stimmen 1, 3). — E. v. Borries, Über die älteren Strassb. Familiennamen (JbGEls.-Lothr. 15). — Burckas, Die Ohrdrufer Familiennamen nach Herkunft u. Bedeut. 4. Progr. Ohrdruf (20 S.). — K. Ondrusch, Die Familiennamen in Neustadt. O.-S. 11. Progr. Sagan (22 S.). — A. Fick, Altgriech. Ortsnamen (Schl.) (BeitrKundeIndogSpr. 25, 1/2). — K. Bohnenberger, Röm. Ortsbezeichnungen in Süddeutschl, insbes. in Württemberg (WürttVjsh. Landesg. N. F. 8. 1/2). — J. Harbauer, Erklär. schwäbischer Ortsnamen durch Joh. Herold v. Höchstädt 1555 (JbHVDillingen 11). — Lunglmayr, Die Orts- und Flurnamen des Amtsgerichts-Bezirkes Lindau (SchrVGBodensee 27). — O. v. Ehrenberg, Die Ortsnamen auf -ingen in Schwaben u. insbes. in Hohenzollern (MVGHohenzollern 31). — Bessler, Z. Erklär. d. württemb. Ortsnamen (Forts.) (N.CorrBl. f. d. Gelehrtensch. Württemb. 6, 6). — H. Witte, Neuere Beiträge des Reichslandes zur Ortsnamenforschung (KorrBlGes-V. 47, 9/10). — J. Leithaeuser, Ortsnamen im Wuppergebiete (ZBergGV 34). — F. Herrman, Der Dorfname „Götzen" (MOberhessGV N. F. 8). — W. Ramsauer, Die Flurnamen im Oldenburgisch. in agrarhistor. Hinsicht (JbGHerz. Oldenb. 8). — A. Unterforcher, Die Namen des Kaiserthales (ZsFerdinand. 3. F. H. 43). — H. Sabersky, Üb. einige Namen v. Bergen, Thälern, Weilern, Weiden u. Hütten i. d. Umgeb. v. Madonna di Campiglio. Strassb. (XI, 54 S.) — J. Nordlander, Norrländska namnstudier 1. Några sockennamn. 2. Några enskilda ord i ortnamnen (Kgl. Vitterhetshistorie och Antiq. Akad. Månadsblad 24). — A. Blanchet, De l'importance de certains noms de lieux pour la recherche des antiquités. Caen (27 p.) — C.-G. Roland, Toponymie Namuroise (AnnSocArchNamur 23, 1).

Inschriften. S. Bugge, Norges Indskrifter med de ældre Runer. H. 4. Christ. (S. 265—339). — Andrae, Hausinschriften aus Ostfriesland (Globus 75, 24). — H. Reinhold, Danzigs Inschriften. Progr. Bartenstein (58 S.). — E. Travers, Épitaphes d'hôteliers et Enseignes d'auberges à Etampes (Bull. Monumental 1898). — P. Graffunder, Inschriften des Kolberger Doms (JbVNiederdSprachf. 23). — A. Sacher, Inschriften der Glocken u. Grabsteine der St. Veits-Kirche zu Krumau (Mitt. d. Central-Commiss. 25, 177/9). — Inscriptions funéraires et monumentales de la province d'Anvers. Livr. 149. Lierre fasc. 7. Inscr. recueill. p. E. Mast et J.-H. Cox. Anvers (p. 193—224). — H. Marc, Inscriptions relevées sur des tombes de l'ancien cimetière de Dijon. Dijon (103 p.). — J. Gauthier, Nouvelle série de tombes franc-comtoises inédites (XIIIe—XVIIIe s.) (Acad. Besançon. Procès verb. Mém. 1898). — M. Schwab, Inscriptions hébraïques en France (nouv. série); l'inscription hébr. de Montreuil-Bonnin (Rév. étud. juiv. No. 76).

Stammbücher. W. Franke, Deutsche Stammbücher d. 16. bis 18. Jh. (Zs. f. Bücherfreunde 3, 9). — Ragotzky, Sinnsprüche aus Stamm-

büchern von 1550—1650 (VjsschrWappenSiegelFamilk. 27, 3/4). —
H. Schulz, Stammbücher eines schles. Fürsten u. eines Breslauer Bürgers
(ZVGSchles. 33). — O. Springer, Willkomm-Buch vom Schloss Walten-
buch 1601—1631 (VjsschrWappenSiegelFamilienk. 27, 3/4). — Das
Stammbuch des Heinrich v. Spieller (Anf. 17. Jh.). (D. Herold 30, 9/10).
— F. Otto, Mitt. a. d. Stammbuche des Joh. Andreas Ritzhaub
. (MVNassAk. 1899/1900, 1). — K. Schöppe, Aus einem Studenten-
Stammbuche (ZVThürG. 19, 4). — R. Reuss, Aus d. Stammbuch e.
jungen Strassburgerin vor 100 Jahren (JbGEls-Lothr. 15). — R. Knauer,
Meines Grossvaters Stammbuch. Ein Charakterbild a. d. alten Gotha
(Aus d. Heimath 2, 3).

Briefe. W. Rinn, Deutsche Privatbriefe des M.-A. (nach Steinhausen). (AllgZtgB. 80). — G. Steinhausen, Fürstl. Frauenbriefe a.
d. M.-A. (Westerm. Mh. Mai). — W. Stein, Handelsbriefe aus Riga
und Königsberg von 1458 und 1461 (HansGBll. 1898). — E. Frh.
v. Oefele, Briefe von u. an Konrad Peutinger (Sitzungsb. Philos.-Phil.
Hist. Cl. Ak. München 1898, II, 3). — Briefe aus dem Brigittenkloster
Maihingen (Maria-Mai) im Ries 1516—1522, hrsg. v. J. Kamann
(ZKulturG. VI, 4/6, VII 3/4). — P. Wagner, A. d. häusl. Leben der
nassauischen Grafenfamilie im 16. Jahrh. (MVNassauAk. 1899/1900, 2). — Ein
Brief Katharinas der Heldenmütigen, mitget. v. H. Schmidt(ZVThürG.
11, 3). — R. Lang, Zwei Studentenbriefe a. d. 16. Jahrh. (MGesDErzSchulG.
9, 4). — Letters from Lady Coke to her friend Mrs. Eyre at Derby
1747—1758 ed. by Mrs. Anbrose Rathbone. Lond. (194 p.). — Zwölf
Briefe von Lavater an Goethe. Mitget. v. H. Funck (AllgZtgB. 272/3).
— A. Seraphim, Briefe Otto Hermann v. d. Howens 1792- 93 (BaltMs.
41, 6/7). — Memoir and Correspondence of Susan Ferrier 1782—1854.
Collect. by her grand-nephew John Ferrier. Ed. by J. A. Doyle. Lond.
(364 p.) — The Letters of Rob. Browning and Eliz. Barrett 1845—46.
2 vols. London. — O. Levertin, Två svenska Kärlekskorrespondenser
från den sirliga stilens tid (Ord och bild VII, 49/69).

Tagebücher, Memoiren, Biographien. Chr. Meyer, Aus e. Tage-
buche d. 16. Jh. (Samml. gem. wiss. Vortr. 305). Hamb. (49 S.) — A. de
Cleuziou, Journal de François Grignart, escuier sr. de Champsavoy
(1551—1607). (Soc. d'Émulat. des Côtes du Nord. Mém. 37). — Unter
Fürstbischof Julius. Kalendereinträge des Tuchscherers Jakob Röder,
bearb. u. hrsg. v. Kerler (AHVUnterfranken 41). — Oscar L. Tes-
dorpf, Das Haupt-Registratur- oder Secretbuch des Lübecker Syndikus
Dr. Joachim Carstens. E. Beitr. z. Kulturg. d. 17- Jahrh. (ZVLübG. 8, 1)
Journal inédit d'Arnaud d'Andilly (1622) p. p. Eug. Halphen. Paris
(91 p.). — M. Stroobant, Le journal de Schamp de Romrée (Bull.
Soc. Hist. Gand. 1899, 3). — Journal d'un bourgeois de Moulins dans la
deuxième moitié du 18e s. p. p. F. Claudon. Moulins (61 p.). —
A. Farner und R. Wegeli, Bauernchroniken a. d. thurgauisch. Bezirken

Diessenhofen und Frauenfeld, sowie dem zürch. Weinland (Schl.). (Thurg.
BeitrVaterlG. 39.) — Autobiograph. Aufzeichnungen von Ludwig Spach.
Hrsg. v. F. H. Kraus. (JbGEls.Lothr.15.) —W. Alexis, Erinnerungen.Hrsg.
v. M. Ewert. (Aus d. 19. Jh. Bd. 4.) Berlin (XLII, 388 S.). -- E. R(othe),
Erlebtes u. Erstrebtes. Lebenserinnerungen. Bremen (VII, 288 S.). — Fel.
Moscheles, Fragments of an autobiography. Lond. (VIII, 364 p.). —
Life of Frances Power Cobbe by herself. 3. ed. 2. vols. London. —
The Autobiography and Letters of Mrs. M. O. W. Oliphant. Ed. by
Mrs. Harry Coghill. 3. ed. Lond. (XV, 860 p.) — F. G. Palgrave,
Francis Turner Palgrave: his journals and memories of his life. Lond.
(288 p.) — G. Knod, Georg Nessel, beider Rechte Doctor. Ein
Strassburger Stadtstipendiat i. Zeitalter d. Reformation (ZGOberrhein N.
F. 14, 3). -- Meyer, Joh. Ad. Pupikofer. Beitr. zu seiner Lebens-
beschreib. (IV. 1821/7) (ThurgBeitrVaterlG. 39.)

Testamente. F. Pasquier, Testament de Pierre de Galard, seig-
neur d'Aubiac en Bruilhois 1281 (Ann. du Midi Oct.). — Gaetano Da Re,
Testamento di Piccardo della Scala (NArchVeneto No. 32). — H. Pogat-
scher, Deutsche i. Avignon i. 14. Jh. (Testament v. 1348.) (Röm.
Quartalschr. 1899, 1.) — Testament des Hicko Boyngs von Werdum
(1491. Oct. 1) mitget. v. H. Sundermann (JbGesBildKunst Emden 13).
— A. de la Grange, Extrait de testaments tournaisiens (AnnSocHistTournai
N. S. 4). -- Testament der Witwe Mette Honsteyn. Helmstedt 1513 Mai 3
(ZHVNiedersachs. 1899). -- V. Dubarat, Testament de l'historien
béarnais Jean de Bordenave, chanoine de Lescar (1648) (Extr. du Bull.
Soc. Scienc. Lettr. Arts. Pau). Paris (8 p.). — H. Carré, Testament
d'Agnès Berthelot de Pléneuf, marquise de Prie, 20. mars 1727 (BullSoc
Antiqu. de l'Ouest 20, 3).

Bestattung und Totenbräuche. A. Daninos-Pacha, Les monuments funéraires de l'Égypte ancienne. Paris (VIII, 356 p.). —
L. Borchardt, Das Grab des Menes (ZÄgyptSpr. 36, 2). — W. Spiegelberg und A. Erman, Grabstein eines syrischen Söldners aus Tell Amarna
(ib.). — Morris Jastrow, Dust, earth and ashes as symbols of
mourning among the ancient Hebrews (JournAmOrientSoc. 20, 1). —
A. Engelbrecht, Erläuterungen zur homerischen Sitte der Todten-
bestattung (Festschrift für Benndorf). — Schweinfurth, Theban. Gräberfunde (Sphinx III, 2). — J. P. Waltzing, Les collèges funér. chez les
Romains II (Le Musée Belg. 3, 2). — A. L. Delattre, Les cimetières
romains superposés de Carthage. (Extr. d. Rev. Arch. Mars/Juin.) Paris
(57 p.). — S. Jenny, Die römische Begräbnisstätte v. Brigantium. Östl.
Theil. Wien (20 S.). — Müllner, Brandgräberfeld a. d. Zeit d. Römer-
herrsch. i. Laibach (Argo 1898 und 1899, 13/16, 31/4). — E. Liebbe,
Cimetière gallo-romain de Seuil près Rethel. Notice relat. au mobilier
funér. trouvé d. l. sépulture de la matrone de Seuil. Paris (8 p.). —
F. Poulaine, Les tombeaux en pierre des vallées de la Cure et du

Cousin (Yonne). (RArchéol. Juill.;Août.) — J. Kirchmann, Das alamann. Gräberfeld b. Schretzheim (Forts.). (JbHVDillingen 11.)   R. Dorr, Die Gräberfelder auf d. Silberberge b. Lenzen u. b. Serpin, Kr. Elbing, a. d. 5.—7. Jh. u. Chr. Festschr. Elbing (29 S. 8 Taf). — Ph. Horn, Das fränkische Gräberfeld unfern Frankenthal (MonatsschrFrankenthAltV. 1899, 3 ff.). — C. Tedeschi. Origine e vicende dei cimiteri di Milano e del servizio mortuario: studio storico. Milano (225 p.). — J. Sauer, Z. Gesch. d. Friedhofs u. d. Totenbestattung (AKatholKirchenrecht. 78, p. 171/5). — A. Van Werveke, De Kerkhoven buiten de stad (Volkskunde 1899, p. 237/42). — H. Schweitzer, Die mittelalterlichen Grabdenkmäler m. figürl. Darstell. i. d. Neckargegenden v. Heidelberg bis Heilbronn. Heidelb. Diss. (35 S.) — F. Techen, Die Grabsteine der Lübeckischen Kirchen (ZVLübG. 8, 1). — J. Heierli, Ein mittelalterlicher Grabfund zu Ramsen. Schaffhausen (AnzfSchweizG. N. F. 1, 1). — E. Fourier de Bacourt, Épitaphes et Monuments funèbres inédits de la cathédrale et d'autres églises de l'ancien diocèse de Toul. fasc. 2. Bar-Le-Duc. — J. Gauthier, Nouvelle série de tombes franccomtoises inédites (XIIIe—XVIIIe S.). Besançon (30 p.). — Werveke, Alte Leichengebräuche in Gent (Volkskunde 11, 8 9). — H. Bösch, Totenschilde u. Grabmäler (Velh. & Klasing Mh. 13, 10). — P. Sartori, Die Totenmünze (Arch. f. Religionswiss. 2, 3). — F. Wilhelm, Die Euphemismen und bildlichen Ausdrücke unserer Sprache über Sterben und Totsein und die ihnen zu Grunde liegenden Vorstellungen (Alemannia 27, 1,'2).

Einzelne Bräuche, Verschiedenes. G. Ebers, Menschenfresserei in Ägypten? (ZsÄgSpr. 36, 2). — O. Procksch, Über die Blutrache b. d. vorislamischen Arabern u. Mohammeds Stellung zu ihr. (Leipz. Studien a. d. Geb. d. Gesch. 5, 4.) Lpz. (VII, 91 S.) — H. Geffcken, Fehde u. Duell. Leipz. (32 S.) — W. M. Cooper, Der Flagellantismus u. d. Flagellanten. E. Gesch. der Rute in allen Ländern. Übertr. v. H. Dohrn. Dresden (VIII, 182 S.). — D. Dergny, Les Epaves du passé. Arrondiss. de Dieppe. Abbeville (293 p.). — E. Debièvre, Les Urbanistes de Lille. Une pierre tumulaire du 14e s. à Lille. Lille (41 p.). — B. Reber, Erlebnisse eines jungen Arztes. Schweiz. Sitten- und Kulturbild. a. d. Ende d. 16. Jh. Genf (48 S.). — A. Zanelli, Una legge suntuaria pistoiese del 1460 (BullStorPistoiese 1. 2). — M. Könnecke, Die evangel. Kirchenvisitationen d. 16. Jh. i. d. Grafschaft Mansfeld III (Mansf. Bll. 13). — Ed. Otto, Kirchenzucht u. Polizei im alten Isenburger Lande (Samml. gem. wiss. Vortr. 320). Hamb. (53 S.) — K. Reinfried, Baden-Badische Kirchen- u. Polizei-Ordnung vom 25. Oct. 1625 (Freib. Diöces. Arch. 27). — E. Perregaux, Un mandement de Jeûne adressé à la Communauté du Locle en 1649 (MusNeuchát. 1899, 4). — F. Boehmer, Ein städtisches Sittenbild a. d. Ende d. 17. Jh. (MonatsbllGPommG. 1899, 10). — H. Kuntze, Interessante Taufnachricht im Burgscheidunger Kirchenbuch (Mansf. Bll. 13). — H. Ankert, Ein Rangstreit (zwischen Brauern u.

Fleischhackern 1737). (MNordbExcCl. 22, 3.) — Ein Bartedikt vom Jahre 1839 (JbGHerzOldenb. 8). — H. Türler, Die Pfeiferbruderschaft in Königsfelden (AnzSchweizGesch. 30, 5). — R. H., Das erste Auftreten d. Zigeuner im Schönburgischen (SchönbGBll. 5, 4). — O. Ulrich, Fahrende Künstler im alten Hannover (HannGBll. 1899, No. 16 f.). — Th. Distel, Zur älteren Jahrmarktslitteratur aus d. Kgr. Sachsen (Euphorion 4. Erg. Heft 1899). — S. di Giacomo, La prostituzione in Napoli nei secoli XV, XVI e XVII. Napoli (176 p.). — Vogeler, 1593 d. 20. März. Artikel wegen d. Unzucht (ZVGSoest 15, 97 f.). — M. v. Nathusius, Die Unsittlichkeit von Ludwig XIV. bis zur Gegenwart. E. Beitr. z. Gesch. d. sittl. Urteils (Zeitfragen d. christl. Volkslebens 179). Stuttg. (65 S.). — R. Schröder, German. Rechtssymbolik auf der Marcussäule (NHeidelbJbb. 8, 2). — E. Kleinschmidt, Deutscher Gerichtsbrauch im M.-A. (D. Prakt. Schulmann 48, 3). — F. Liebermann, Ein Ordal des lebendig Begrabens (ZsfRechtsg. 19. Germ. Abt.). — Chr. Villads Christensen, Om Baareprøvens Anvendelse i Jylland. Uddrag af Retssager fra Viborg Landsting (Samml. Jydsk Hist. 3. R. II. B. 1. H.). — H. Meier, Colberger Mordsühne von 1376 (In: Beitr. z. Gesch. u. Altertumsk. Pommerns). — Th. Sohm, Verbrennung d. Ketzerin Helike Pors i. J. 1394 (BeitrGRostock II, 4). — G. Schröder, Todesurteile a. einem Oldenburger Stadtbuche des 16. Jh. (ZGesSchleswHolstLauenbG. 28). — J. Moser, Beitr. z. Gesch. d. Kriminalrechtspflege im Amt Giebichenstein (NMittGebHistAntForsch. 20, 1/2). — R. Wrede, Die Körperstrafen bei allen Völkern von d. ältesten Zeiten bis auf die Gegenwart. Kulturgesch. Stud. Dresden (480 S.). — D. Hansen, Stock und Peitsche im 19. Jahrh. Ihre Anwendung u. ihr Missbrauch im Dienste des modernen Straf- u. Erziehungswesens. 2 Bde. Dresden (158 S.). — Th. Distel, Nickel List's frühere Schandsäule in Beutha (SchönbGBll. 5, 2). — C. Lombroso, Kerker-Palimpseste. Wandinschriften u. Selbstbekenntnisse gefangener Verbrecher. I. d. Zellen u. Geheimschriften d. Verbrecher ges. u. erläutert. Vom Verf. deutsch i. Verb. m. H. Kurella. Hamburg (XII, 318 S.). — R. v. Hippel, Zur Gesch. d. Werk- und Zuchthauses zu St. Annen (MVLübG. 8, 9/10). — W. Spiegelberg u. W. Max Müller, Die Enthauptung im alten Ägypten (Orientalist. Litterat. Ztg. 2, 11). — R. Frh. v. Mansberg, Die antike Hinrichtung am Pfahl oder Kreuz (ZKulturG VII, 1/2). — F. X. Schild, Kosten e. Hinrichtung in Gundelfingen 1627 (JbHVDillingen 10). — Eine Hinrichtung bei Sättelstädt 1710. Expensen (Aus d. Heimath. 3, 1). — A. Buchholtz, Ueber die Gebräuche bei Errichtung von Galgen und Prangern in Riga (SitzungsberGesGeschOstseeprov. 1898).

Wirtschaftsgeschichte. Allgemeines. K. Walcker, Gesch. d. Nationalökonomie u. des Socialismus. 4. Aufl. Leipzig. (VII, 132 S.) — E. Dühring, Krit. Gesch. d. Nationalökon. u. d. Socialism. v. ihren Anfängen b. z. Gegenwart. 4. Aufl. Lpz. (XIII, 653 S.) — L. Cossa,

Hist. des doctrines économiques. Paris (XII, 578 p.). — K. Bücher,
Arbeit u. Rhythmus. 2. Aufl. Lpz. (X, 412 S.) — Maur. Ansiaux,
Les principales phases de l'hist. économ. (RUnicBruxelles 1899 p. 421/38).
— R. Dareste, L'évolution économique de l'Europe (nach Kovalevsky)
(Acad. Scienc. Morales C. R. Nov.) - - K. Th. v. Inama-Sternegg,
Deutsche Wirtschaftsgeschichte. III. Lpz. (XXI, 455 S.) — W. Bruch-
müller, Zur Wirtschaftsgesch. e. rhein. Klosters i. 15. Jh. Nach e.
Rechnungsbuch d. Klosters Walberberg a. d. J. 1415 (WestdZs. 18, 3).
— Val. Schmidt, Beiträge zur Wirtschaftsgesch. d. Deutschen i. Süd-
böhmen (MVGDeutsch. i. Böhmen 38, 1/3). — C. Schiffmann, Quellen
z. Wirtschaftsgesch. Oberösterreichs u. ein Necrologium d. ehem. Cist.
Stiftes Baumgartenberg I (StudMittBenedOrd. 20, 1). — Verfassungs- u.
Wirtschaftsgesch. d. österr. Salzkammergutes im 18. Jh. (AllgZtgB. 290/1).
— C. Calisse, Eine Kleinstadt im Kirchenstaate. Wirtschaftsgesch.
Skizzen (ZSocialWirtschG. 7, 2/3). -- A. Allardt, Borgå läns sociala
och ekonomiska förhållanden åren 1539—1571. Akad. afh. Helsingf.
(183, 105 S.) — F. Curschmann, Hungersnöte im M.-A. E. Beitr. z.
d. Wirtschaftsgesch. d. 8. bis 13. Jh. Diss. Lpz. (34 S.)

(Schluss folgt.)

Bücherpreise aus den letzten Jahrzehnten des Mittelalters.

Von G. Kohfeldt.

Die Inkunabeln=Sammlung der Rostocker Universitäts=Biblio=
thek, welche, bis zum Jahre 1520 gerechnet, ca. 950 Bände um=
faßt, hat noch 33 Bände oder 42 Schriften mit alten, zumeist
bald nach der Drucklegung der betreffenden Bücher niedergeschriebenen
Preiseintragungen aufzuweisen. Die Zahl dieser Preisnotizen kann
wohl, selbst wenn man mit einer bei den alten Bücherbesitzern
allgemein verbreiteten Sitte rechnet, jetzt immer noch als eine
ganz stattliche angesehen werden; denn es ist natürlich, daß die
mannigfachsten zerstörenden Einflüsse der Jahrhunderte, besonders
die Scheere und der Kleister der ausbessernden Buchbinder und
das Radiermesser der späteren Besitzer, gerade mit diesen kleinen
Dokumenten überall stark aufgeräumt haben.

Leider lassen die Notizen der Rostocker Bände es in mehreren
Fällen an der wünschenswerten Bestimmtheit fehlen; so ist nament=
lich nicht immer sicher zu erkennen, ob das gebundene oder das
ungebundene Exemplar gemeint ist, ob der Preis sich bei einem
Sammelbande auf das erste Stück allein oder auf alle Teile zu=
sammen bezieht; oder die Preisbezeichnung selbst giebt zu Be=
denken Anlaß, sei es weil die Münzart nicht klar genug ange=
geben, sei es weil eine genauere Zeit= und Ortsbestimmung, die
für die Feststellung des wirklichen Geldwertes wichtig ist, fehlt.
Es war deswegen nötig, über die Art jeder einzelnen Eintragung
möglichst genau Rechenschaft zu geben, da auch geringfügige Um=
stände bisweilen zur Aufhellung des ganzen Thatbestandes viel
beitragen können. In manchen der mit aufgezählten Fälle lassen
sich allerdings wohl erst durch Vergleichung mit ähnlichen alten

Preislisten festere Ergebnisse gewinnen, ganz abgesehen davon, daß unser Verzeichnis ja überhaupt erst in Verbindung mit anderen gleichartigen Daten einigen Wert haben kann.

Sollte jemand eine Geschichte der Bücherpreise versuchen wollen, etwa in der Art wie sie vor kurzem als Preisarbeit von der Beneke=Stiftung ausgeschrieben wurde, so werden ihm Roh= materialien, wie die hier aufgehäuften, jedenfalls erwünscht sein. In diesem Sinne ist das Verzeichnis zusammengestellt. Weitläufige Ausführungen über die Kaufkraft des Geldes, über den Wert der verschiedenen Münzsorten in den verschiedenen Zeiten und Gegenden konnten deshalb beiseite gelassen werden, dagegen war es geboten, bei den einzelnen Büchern alles das anzumerken, was bei der Preisbildung eine Rolle gespielt hat, also vor allem die Anzahl und die Größe der Blätter, die Druckornamente (Holzschnitte und Rubricierung) und die Beschaffenheit des Einbandes.

Hier die im großen und ganzen chronologisch geordnete Reihen= folge der alten Drucke:

1. Albertus Magnus, Postilla in evangelium Johannis. (Colon. 1471.), Hain 459. rubr. fol. 30/21 cm. 361 Bll. 2 flor. rhen. (Auf dem 1. leeren Blatt: „Anno dñi 1478 comparatus fuit praesens liber tempore reformationis pro duobus florenis renens . ." Für d. Rostocker Dominikanerkloster gekauft. Der Preis betrifft jedenfalls d. ungebund. Expl. Jetzt alt. gepr. Lbbd. m. Holzdeckeln.)

2. Leonardus de Utino, Sermones quadragesimales. Venet. 1473. Hain 16117. rubr. fol. 29/21 cm. 404 Bll. 3 flor. (Einbandverhältn. wie bei Nr. 1, ebenso die von derselben Hand herrührende Kaufnotiz: „Anno 1478 . . . pro tribus flor".)

3. Guil. Duranti, Rationale div. officiorum. Ulm. 1475. Hain 6475. rubr. fol. 40/29 cm. 256 Bll. 3 flor. 3 sol. (Ein= tragung 2c. wie bei Nr. 1: „Anno 1475 . . . pro 3bus flor. ren. et 3bus solid. lubec.")

4. Hugo de Prato, Sermones in epist. et evang. Argent. 1476. Hain 9005. rubr. fol. 39/29 cm. 243 Bll. 3 fl. (Eintragung auf dem letzt. Blatt, sonst wie bei Nr. 1: „Anno 1476 . . pro 3bus flor. ren".)

5. Johannes Damascenus, Liber gestorum Barlaam et Josaphat. (Argent.) s. a. Hain 5913. rubr. 4°. 19/13 cm. 147

Bll. 1 Mk. sund. (Wie bei Nr. 1: „Anno 1475 ... pro una marca sunden".)

6. **Rudimentum Novitiorum.** Lüb. 1475. Graesse VI, pag. 186. Prgt. ill. fol. 41|29 cm. 460 Bll. 24 Gld. (Auf dem vorderen Deckel: „Dise Cronica ist Er Niclas boden weylant pfarrers zur Wismar in Sanct Niclas gewest, unde von Hertzoge Erichen zu Meckelnburg umb XXIIII gulb. gekoufft worden Anno dñi. 1507". — Preis jedenfalls incl. Einbd., gepr. Lbbd. m. Hlzdeck.)

7. **Digestum infortiatum cum glossa.** Venet. 1477. Hain 9564. rubr. fol. 44/29 cm, 337 Bll. 27 β 6 d. (Auf dem letzt. Blatt: „27 β 6 ₰" von einer Hand aus d. Ende d. 15. Jahrh., vielleicht von dem auf dem Einbanddeckel genannten Besitzer Cour. Stenhop vicarius in eccl. St. Petri Lubecensis. Preis wahrscheinl. excl. Einbd., gepr. alt. Lbbd. in Holzdckl.)

8. **Dionysius Halicarnass.** Antiquit. roman. libr. X. Tarvisii 1480. Hain 6239. fol. 31/20 cm. 299 Bll. 11 alb. (Auf dem vorb. leer. Blatt: „1536 Emptus 11 albis", wahrsch. incl. Lbbd.)

9—12. **Summa rudium.** Reutlingen 1487. Hain 15171. fol. 28/20 cm. 70 Bll. Preis? (Auf d. ersten Blatt: „15 quint.", wahrsch. von derselben Hand, welche die folgenden drei angebundenen Stücke rubriziert u. mit Preisnotizen versehen hat.)

Scriptum psalterii intentionem declarans. s. l. e. a. (Colon. ante 1470) Hain 14571. rubr. fol. 28/20 cm. 30 Bll. 14 d. (Auf d. ersten Bl.: „XIIII ₰", auf dem letzten: „14 ₰", 1486".)

Joh. Gerson, Tract. de simonia. s. l. e. a. (Norimberg.) Hain 7709. rubr. fol. 28|20 cm. 8 Bll. 10 d. (Auf d. letzt. Bl.: „X ₰ 1473".)

Augustinus, Soliloquium de arrha animae. (August. Vind.) 1473. Hain 2021. rubr. fol. 28|20 cm. 7 (?) Bll. Preis? (Auf d. hint. Deckel d. gepr. Lbbds. steht von gleichzeitiger, vielleicht von derselben Hand: „Constat in toto IIII β ₰.")

13.—15. **Quadragesimale .. de arte moriendi,** quod Morticellarium aureum nuncupatur. Antwerp. 1488. Hain 11619. 4°. 21/14 cm. 222 Bll. 5 Mk. (Auf d. Titelbl.: „5 mrc." von einer Hand aus d. Ende d. 15. od. Anfang des 16. Jahrh.

Möglicherweise bezieht sich diese Preisangabe auch auf die beiden
nächsten, in demselben alten Lbbd. enthaltenen Schriften:)

Alb. Krantz, Opusculum in off. Missae. Rostock. 1506.
4°. 44 Bll.

Humbertus, De praedicatione sanctae crucis. s. l. e. a.
Hain 9029. 4°. 50 Bll.

16. 17. Augustinus, De trinitate. (Basil.) 1490. Hain
2039. rubr. fol. 33/22 cm. 86 Bll. und

Augustinus, De civitate Dei. Basil. 1490. Hain 2066.
rubr. fol. 33/22 cm. 268 Bll. 4 Mk. (Auf dem vord. Deckel
d. alt. Lbbds. die sicher für beide Schriften incl. Einbd. geltende
Eintragung: „Anno dni. 1515. petrus gammelkorne [vicarius
Grevismolensis] me redemit Wismariae IIII mrc".)

18. Angelus de Clavasio, Summa de casibus conscientiae.
Nurembg. 1492. Hain 5395. rubr. fol. 31/22 cm. 310 Bll. 1 fl.
(Auf d. hint. Deckel d. alt. Lbbds.: „rôh ½ fl. Inbund et... ½ fl."
von einer wohl ziemlich gleichzeitigen Hand.)

19. Antoninus, Summa theologica. Argent. 1496. Hain
1249. rubr. fol. 30/21 cm. 1049 Bll. 3 fl. (Auf d. 1. Bl. des
ersten der 3 Schwldbbe.: „appreciata hec summa pro 3 flor.
reñ." von ziemlich gleichzeitiger Hand.)

20. Augustinus, Opus quaestionum. Lugd. 1497. Hain
1965. rubr. fol. 28/20 cm. 285 Bll. ½ fl. 5 β. (Auf d. Titelbl.:
„Emi .. Joh. Sunnenberch pro ½ flor. Dedi compactori 5 β
lub." v. zieml. gleichzeit. Hand. Alt. gepr. Hlzlbbd.)

21. Valerius Maximus, Memorabil. libb. IX. Venet.
1502. (Aldus). rubr. 8°. 16/10 cm. 212 Bll. 13 num. (Auf
d. 1. Bl.: „25 die Maii Anno 1525 sum denuo emptus a Joan:
Leo: in foro auxionario 13 Nummis". Preis incl. Lbbd.)

22. 23. (Cicero) P. Marsus et J. Badius Ascensius, Gemina
explanatio off. Cic. Item Ascensii in lib. de amicitia, senect.
et paradox. interpr. Lugd. 1506. kl. fol. 25,5/17 cm. 270 Bll.
(Auf d. Titelbl. in gleichzeitiger Schrift: „.. Emi Lub. una cum
pomerio II flor. appositis IV β lub." Es kommt also vielleicht
etwas mehr oder weniger als die Hälfte des Preises auf Cic., die
andere auf Pelbartus de Temeswar, Sermones de temp. oder de
sanctis [oder beide zusammen?], welche beide Ausgaben einzeln
ungefähr von gleichem Umfang wie Cic. sind. Vgl. a. Nr. 26.)

Ovidius, Heroides c. comm. Lugd. 1505. kl. fol.
25,5/17 cm. 172 Bll. 10 β. (Auf b. Titelbl. von derselben Hand:
„Emi Lubecae X β lub." Preis des ungebund. Expl., ebenso
wie bei Nr. 22; jetzt beide zusammen in alt. Lbbd. m. Holzdeck.)

24. Euclides, Element. libb. XIII c. expositione Theonis . .
Venet. 1505 (m. zahlr. Fig.) fol. 32/22 cm. 240 Bll. 4 Mk. sund.
(Die auf d. Titelbl. stehende, jetzt durchstrichene Preisnotiz: „Emi IIII
mrc. sund . . . Anno 1506. III β sund. pro planatione dedi"
bezieht sich sicher nur auf den Euclid., nicht auf die übrigen z. T.
später gedruckten Schriften desselben alten Lbbds.)

25. Margarita philosophica. Basil. 1508. rubr. m.
Holzschn. 4°. 20,5/15 cm. 336 Bll. 3 Mk. (Auf d. letzt. Bl.
b. zieml. gleichzeitige Eintragung: „3 mrc. colonienses"; jetzt
neuer Einbd.)

26. Cicero, De off., amicit., senect. et paradox. c. Badii
Ascensii explanatione necnon P. Marsi comm. Paris 1509.
fol. 30/21 cm. 238 Bll. 27 gr. (Auf d. Titelbl.: „Jam vero
Bernhardus Faul me emit 27 grossi. Ao. 1637", was sich wohl
nur auf dieses und nicht auch auf das folgende (Nr. 27) in demselben neuen Einbb. enthaltene Werk bezieht.)

27. Cicero, Epist. famil. J. B. Egnatii interpr. Ubert.
Crescent. comm. Mediol. 1512. fol. 30/21 cm. 246 Bll. 32 gr.
(Auf d. letzt. Bl. von einer Hand aus d. ersten Viertel d. 16. Jahrh.:
„Constat iste liber 32 grossos.")

28. Angelus de Clavasio, Summa de casibus conscientiae. Argent. 1509. kl. fol. 29/20 cm. 335 Bll. 14 sol.
(Auf d. Titelbl.: „Hunc emi codicem pro 14 sol . . . Anno
1514 me Rotemburgi agente, 12 β pro ligatura". In alt.
Schwlbbd. m. Holzdeck. u. Press., zusammen mit d. folgenden Nr. 29).

29. Geiler von Kaisersberg, Sermones. Argent. 1514.
kl. fol. 29/20 cm. 226 Bll. 14 s. (Auf d. Titelbl.: „XIV β in
die galli anno 1514".)

30. Abbas Panormitanus, Sup. decretal. Lugd. 1511.
12. fol. 42/29 cm. 1138 Bll. 24½ Mk. lub. (Auf d. vord.
Deck. des ersten d. 3 alt. gepr. Hlzlbbd. von gleichzeit. Hand:
„Ego Jacobus Henning . . emi hunc Abbatem in quatuor

partibus cum repertorio et Consiliis a quodam Cartulario
Lubbecensi in cruda materia pro tredecim florenis in auro
de pondere .. Et dedi pro formatione et laboribus Dithmaro
Custodi capelle St. Georgii extra muros civitatis quatuor
talenta, pro uno quoque libro I talent. sive XX β lubb., facit
summa .. XXV [24½] marc. lubb. computando flor. ren. pro
XXIIII β ...“ [13 × 24 + 4 × 20 = 392 β; 392 : 16 = 24½ m.])

31—34. Baptista Mantuanus, Opera. tom. 1—3.
Paris 1513. kl. fol. 28/21 cm. 663 Bll. 3 fl. (Auf d. Titelbl.
d. erſten Bandes: „totum opus Mantuani III fl. Ligatori XIIII
β lub. Anno 1514.“ — Angebund. an tom. 3. ſind die 3 folgend.
Schriften:)

Jo. Annius. Antiquit. Paris 1512. kl. fol. 28,21 cm.
176 Bll. 1 Mk. lub.

Bovillus, Quaest. theol. libb. Paris 1513. kl. fol. 28 21
cm. 80 Bll. 8 β lub.

Paul. Cortesius, In 4 libb. Sententiarum disp. Paris
1513. kl. fol. 28/21 cm. 46 Bll. 4 β lub. (Auf d. Titelbl. von
Mant. op. tom. 3: „Totum opus Mantuani III fl. emi. Libros
Antiquitatum 1 mrc. lub. Bouilli opus VIII β lub. pauli
corthesii IIII β lub. Ligatori XIIII β lub. Anno 1514“. Alſo
jeder der beib. alt. gepr. Löbbc. in Brett. 14 β.)

35. Beroaldus, Varia opuscula. Paris 1513. 8°. 20/14,5 cm.
160 Bll. ½ Mk. (Auf d. Titelbl. wohl von nicht viel ſpäterer
Hand: „½ mrc.“ Jetzt neuer Einbd.)

36. Leonard. Aretinus, Comedia Poliscenae. Lips.
1514. 4°. 20/15 cm. 18 Bll. 1 gr. (Auf Titelbl. v. gleichzeit.
Hand: „Constat grossum“, jedenfalls f. d. ungebund. Expl., jetzt
neuer Einbd.)

37. Petr. Lombardus, Sententiae. Basil. 1513. fol.
31,5/21 cm. 244 Bll. 16½ gr. (Auf d. vord. Deck. d. gepr.
Schwlbbd. in Holzdeck.: „Codex praesens cum ligatura XVII
[16½] gr. argent. constat Anno 1515.“)

38. Petrus Lombardus, Sententiae. Basil. 1516. fol.
29/21 cm. 246 Bll. 1 fl. (Auf d. Titelbl. von einer Hand d.
erſt. Viertels d. 16. Jahrh.: „hic liber ad petrum pretorium

spectat. Constat 1 flor." Jedenfalls mit Einschluß des dem vorigen gleichartigen Einbandes.)

39. 40. Aul. Gellius, Noctium attic. libb. XX. rec. J. Connellius. (Paris) s. a. [ante 1516]. 8°. 21/15 cm. 176 Bll.

Plinius, Epist. libb. X. Argent. 1514. 8°. 21/15 cm. 112 Bll. (Auf d. Vorsatzbl. d. beiden in gepr. Schwlbbd. mit Brett. zusammengebund. Schriften: „emptus IIII bz" [Batzen? ein früherer Besitzer war aus Basel], also Preis incl. Einbd., Eintragung wohl noch aus d. 1. Viert. d. 16. Jahrh.)

41. Plato, Opera. Venet. 1517. fol. 31/21,5 cm. 396 Bll. 48 β. (Auf d. Titelbl. „constat 48 β lub." noch im 1. Drittel des 16. Jahrh. geschrieben u. wohl gültig incl. gepr. Schwlbbd.)

42. Gregorius Magnus, Opera. Paris 1518. fol. 37/25,5 cm. 458 Bll. 2 fl. (Auf d. vorb. Deck. d. gepr. Holzlbbds.: „Hic liber emptus est per me Joannem Pogghe Brunopolitanum alme universitatis Studii Lipcensis magistrum . . 1519 . . II [1½] fl. et I [½] fl. planatori et compaginatori".)

In diesem Zusammenhang mögen auch noch die folgenden Nummern, deren Preisangaben einer etwas späteren Zeit angehören, von einigem Interesse sein:

1. 2. Dominicus de St. Geminiano, Super Sexto. I. II. Venet. 1495.96. Hain 7536. rubr. fol. 41/28 cm. 316 Bll. 1½ fl.

Franc. Zabarella, Comment. in Clementinas. Lugd. 1551. fol. 41/28 cm. 194 Bll. 2½ fl. (Auf d. hint. Einbddeck.: „Antuerpiae. Dominic. super VI. 1½ fl. Zabarell 2½ fl. Zu binden 1 fl." Der gepr. Schwlbbd. trägt die aufgedruckte Jahreszahl 1568.)

3. Septem horae canonicae . . juxta ritum Alexandrinorum, arabice ed. Greg. Georg. Venetus. Fani 1514. (erste arab. Druckerei) rubr. 8°. 15,5/11 cm. 120 Bll. (Vorn: „Venetiis in ponte de Rialto 4½ Libris emi. 1698", hinten: „Ex auctione Auriuillii Upsalensi pretio X thalerorum comparauit . . Ol. Gerh. Tychsen" [Ende d. 18. Jahrh.] Lbbd.)

4. Aul. Gellius, Noct. att. Venet. 1515. (Aldus.) 8°. 16,5/9,5 cm. 370 Bll. 16 β. (Vorn „16 β" von einer Hand, die wohl noch dem 16. Jahrh. angehört. Gepr. Schwlbbd.)

5. **Biblia** cum concordantiis. Lugd. 1519. fol. 35/26 cm. 356 Bll. 2 Thlr. (Auf b. Titelbl.: „Libri .. possessor Steph. Erasm. Wellenius .. emptus duobus daleris argent .. 1575". Der gepr. Holzlbbd. trägt b. Jahreszahl 1577.)

6. **Alb. Krantz**, Saxonia. Colon. 1520. kl. fol. 31/21 cm. 256 Bll. 1 fl. (Titelblatt-Eintragung aus b. 2ten Hälfte b. 16. Jahrh.: „1 guld." Jetzt neuer Einbb.)

Aus Inventarien pommerscher Amtshäuser und Schlösser (um 1500).

Mitgeteilt von M. Wehrmann.

In derselben Zeit, in der in den meisten deutschen Territorien die Anfänge der modernen Staatsverwaltung gelegt wurden, hat auch Herzog Bogislaw X. von Pommern (1476—1523) die alte Vogtei= und Amtsverfassung seines Landes reorganisiert und neugestaltet. Die Einrichtung der Vogteien, die auf die Zeit der Germanisierung des slawischen Landes zurückgeht, war im Laufe der Jahrhunderte gänzlich verändert, und die Stellung, welche die Vögte als Vertreter der herzoglichen Gewalt ursprünglich eingenommen hatten, war eine ganz andere geworden. Hatten sie anfänglich die Aufgabe gehabt, die landesherrlichen Gefälle einzuziehen, die fürstliche Gerichtsbarkeit zu handhaben, die Lehndienste aufzubieten und die Burgen in Stand zu halten und zu verteidigen, so waren sie, namentlich da bei der Zersplitterung der Fürstengewalt die Befugnisse der Herrscher in erschrecklicher Weise vermindert wurden, immer selbständiger und schließlich statt Diener der Herzöge eigene kleine Herren geworden. Die Einkünfte des Herrscherhauses waren verschleudert, das Herrengut ganz in den Händen der Vögte, die den Fürsten kaum das Einlager gewährten und eine geringe Abfindungssumme zahlten. Die Erträge der Ländereien, die zu den Amtssitzen der Vögte gehörten, wurden von diesen selbst verwandt.

Bogislaw X. ging, nachdem er in den ersten Jahren seiner Regierung durch die kriegerischen Verwickelungen mit Brandenburg in Anspruch genommen war und dann 1479 Friede geschlossen hatte, etwa seit 1480 energisch mit einer Umgestaltung der Vogtei=

verfaſſung vor. Sein Plan war es, die Vögte wieder wirtlich zu
Beamten des Herzogs zu machen. Deshalb begann er damit, den
neubeſtellten Vögten oder Amtshauptleuten, die er namentlich
aus der Zahl der Adligen oder Geiſtlichen entnahm, in einer Be=
ſtallung ein feſt beſtimmtes Einkommen aus den Erträgen des
von ihnen verwalteten Bezirks zu verſchreiben, während alle
übrigen Einkünfte unter Aufſicht eines Rentmeiſters genau ver=
rechnet und an die herzogliche Kammer abgeliefert werden mußten.
Auch wurden die Pflichten und Rechte der Beamten feſt=
geſetzt. Solche Beſtallungen, die anfänglich noch manches aus der
alten Zeit bewahrt haben, allmählich aber immer gleichmäßiger in
der neuen Weiſe ausgefertigt wurden, ſind im Original oder in Ab=
ſchrift zahlreich erhalten. Aus den Jahren 1478—1523 ſind jetzt
ſchon ungefähr 70 aus etwa 26 Vogteien bekannt. Die Zahl
dieſer iſt nicht immer gleich geweſen, da bisweilen mehrere Amts=
bezirke vereinigt wurden. Mit mehreren Beſtallungen ſind zu=
gleich Inventarien der Burgen, in denen die Vögte ihren Amts=
ſitz hatten, erhalten. Sie ſind bei der Übergabe an den neuen
Beamten gewöhnlich durch einen vom Herzoge dazu beauftragten
Vertrauensmann aufgeſtellt. Bisher ſind aufgefunden ſolche Ver=
zeichniſſe, die mehr oder minder umfangreich ſind, aus Loitz
(1487, 1495, 1498), Ükermünde (1494, 1496, 1520), Saatzig
(1505), Rügenwalde (1507), Neuſtettin (1514), Wolgaſt
(1514) und Uſedom (1522).[1] Da mithin Inventarien aus
allen Teilen des Herzogtums Pommern vorliegen, ſo ver=
mögen wir uns aus denſelben wohl ein Bild von dem Zuſtande
pommerſcher Schlöſſer und Burgen aus der Zeit um 1500 zu
machen. Doch mag hier gleich hervorgehoben werden, daß wir
den Gedanken an Bauten, wie ſie ſich in Weſt=, Mittel= und Süd=
deutſchland in dieſer Zeit finden, abweiſen müſſen. Es handelt
ſich hier zumeiſt nur um einfache, mehr oder minder ſtark be=
feſtigte Häuſer. „Krähenneſter" nannten die deutſchen Ordens=
ritter einſt die Burgen der pommerſchen Raubritter.

„Dat ſlot in guder vorwaringe to holden, de ſtraten to
ſchutten und ſchermen", war eine Pflicht, die Bogislaw ſeinen
Vögten zumeiſt an erſter Stelle einſchärfte. Dazu gebrauchten ſie

---

[1] Im Kgl. Staatsarchive zu Stettin.

aber vor allem Waffen. In Loitz fanden sich 1487 8 nige haken=
bussen, 5 stenbussen, pile, armborste, pulver. Das letztere wurde
aufbewahrt in der pulverkamere, dat is de neddenste baven dem
hogen dore. Dort lagen 1495 und 1498 mehrere Tonnen crudes,
Haken= und Steinbüchsen, von denen aber mehrere entzwei ge=
schossen waren. Solche Geschütze finden wir überall, daneben auch
in dem besonders gut armierten Ükermünde Schlangen, eine
hovetbusse, halbe Schlangen, und 1514 in Wolgast neben 174
hakenbussen, mit den ver langen roren, de wy van Lipzig bringen
lethen, auch halve kartonen, 21 scharpentiner und 23 poethunde.
Als kleinere Schießwaffen sind in allen Büchsenkammern vorhanden
knypkerren oder knickkeren. Natürlich wurde in größerer Menge
Pulver oder crud in Tonnen vorrätig gehalten oder aus dem
vorhandenen Schwefel und Salpeter angefertigt. 2 hele tonnen
salpeter, 7 halve tonnen gelutert salpeter, 2 tonnen swevel lagen
in der Pulverkammer zu Wolgast. Als Geschosse dienten Steine,
lode (Bleikugeln) und Blei. Für das Fortbewegen der schweren
Geschütze waren Stangen, upruckholze, Wagen und Leitern, Stricke
u. a. vorhanden. Ebenso befanden sich in den Kammern Blase=
bälge und Formen zum Gießen der Kugeln. Neben den Geschützen
bediente man sich aber auch noch zahlreicher Armbrüste, deren es
z. B. 1498 in Loitz 25, in Ükermünde 1496 noch 24 gudt unde
boze und 1514 in Wolgast sogar 58 gab. Dazu gehörten als
Winden zum Spannen spangordele und gewöhnliche wie Feuer=
pfeile, so noch 1520 in Ükermünde 8 Tonnen voll Pfeile. Von
anderen Waffen finden wir in Wolgast verzeichnet 44 verspete.
Zum Schutze dienten wohl Schirme. Eine Zugbrücke wird allein
in Ükermünde erwähnt; zu ihr gehören 2 Ketten und 2 Zapfen.

Von der Größe der Amtshäuser, der Zahl der Gemächer u. s. w.
vermögen wir uns bei der Unvollkommenheit der Inventarien kein
Bild zu machen. In Loitz werden genannt m. g. h. gemak, die
juncfrowenkamer, dat ridderhus, die kentzelye, die hangelkamer (Ver=
schlag, der als Schlafstelle für das Gesinde diente), die stenkamer,
die capelle. Als Bezeichnungen für Stuben in Ükermünde begegnen
1494, 1496 und 1520 die nie dorntze (heizbares Zimmer), m.
gn. fr. dorntze, dat ridderhus, des hovetmans camer, der juncfrowen
camer, des rentmeisters camer, de kentzelye. Die zum Inventar
gehörige Einrichtung bestand fast nur aus Betten mit Decken,

Kiffen, Pfühlen und Laken. Es finden sich dabei Pelz= und fallun= Decken (d. h. wollene), die mit blauem oder rotem waut oder Leinwand gefüttert sind. Daneben waren spanbedden, auch hant= dwelen (Handtücher), stripete (gestreifte) dwelen, Tischtücher, Bant= pfühle u. a. vorhanden. In des Herzogs Kammer zu Loitz be= fauden sich z. B. 1495: 2 grote bedde, 2 pole, 2 lakene, 2 dekene, 4 hovetkuffene; 2 banttpole, 3 dische myt eren tobehoringen myt beuken und breden, 1 schone krone van misschynge. Im Ritter= hause dort standen 1498 4 dische verkantet mit tobehoringen. Weiter waren dort 2 matde (gemalte) laken, 1 bedde, 1 deken mit blawen wande gefodert, 1 disch. Auf dem einem gemalten Laken, also einem Wandteppiche, war das Bild des heil. Eustachius dargestellt. Ein wenig besser war wenigstens zum Teil die Aus= stattung in Ükermünde, so ist 1494 und 1496 im dortigen Ritter= hause verzeichnet eine schenkeschive (eine Art von Büffet) mit beuken allumher, gewiß ein viel benutztes Stück. In der Herzogin Stube findet sich ein olt hilgenschap. In der Kanzlei sind vor= handen 4 Tische, 1 Spiegel, 1 Handbecken, 1 Kroue, 2 messingsche Leuchter und ein schap up den tafeln. Der Rentmeister hatte in seiner Kammer 1496 sogar ein cuntor. Als Vorrat an Betten und Leinen wird 1507 in Rügenwalde folgendes verzeichnet: 23 bedden grot unde kleine, 16 hovetpole, 10 decken, 16 par laken grot unde klein, hernen (aus Tuch) und flessen (von Flachs), 30 tafellaken, 6 hantdoker. Item hir sint mit ingerekent 3 bedden mit einem hovetpole in dem ackerhove, 3 westfelsche, 2 benegede und 1 unbeneget, tafellakene, 3 westvelsche hantdoker beneget, 2 welde (?) tafellaken. Aus demselben Inventar erfahren wir auch über die Einrichtung der Rügenwalder Burgkapelle, daß dort waren 2 kelke mit patenen, 2 ornat, 2 pacifical, 1 hantvath, 2 boke, 1 ketel, 4 messingesche tuchter. In der Loitzer Kapelle wurden 1498 vorgefunden 1 Kelch, ornath und dre pallen (Altar= tücher), 2 apollen (Kannen).

Am ausführlichsten sind die Inventare über die Küchen= einrichtung. Es mag genügen 2 Aufzeichnungen als Beispiele mitzuteilen. In Loitz wurden 1495 in der Küche vorgefunden: 1 groter nagelketel van 1 tonne, 1 nagelketel von ½ to., 1 nagel= ketel von 1½ verdendele, 2 lutke nagelketele, ieder van 1 span (Maß) waters, dagen (taugen) nicht vele, 1 fulfslegelingk (kupferner

Keffel?) van 1 verdendel waters, 2 fulsölegelingk, ieder van 1 achtendel waters, 8 vischketele, luttik unde groth, de grotefte van eneme fpan waters, 10 grapene luttik und groth, 1 groth fcotel= grape dar baven, 1 backdeghel, 1 brantyferen, 1 bratfpyt, 1 kalrak (für die Kohlen), 1 dorflach, 2 roften, 3 ketelhaken. Auf der Burg Saatzig befanden fich 1505 in der Küche: ein grot olt nagel= ketel von 1½ tunnen, 2 halve tunnen=ketele, 2 gotlinge (Gefäße zum Gießen?), 2 vißketele, 1 grote nige fchottel=grapen, 3 ander kleine koken=grapene, fint alrede gebruket, ein moyfer (Mörfer) mit einer kule, ein klein decken, 4 miffingefche luchter, ein rofte, 1 brat= fpeth, 3 ketelhaken, 6 tynneu potte, iß mankguth (Menggut, Zinn mit Blei vermengt), 1 noffel=krog (Maßkrug, ein Nößel faffend), iß fyn tynn, 1 quarter kanne, iß mankguth, 28 tynnen vate, iß mankguth, 2 vifcher kane. Ganz ähnlich fah es mit den Küchen in den anderen Burgen aus.

Zu der Küche gehört die fpifekamer. Überall find Vorräte an Salz, Butter, Fett (z. B. 1522 in Ufedom vif fmere) und Speck (1487 in Loitz 100 fide fpeckes) vorhanden. Befonders reichlich finden fich Fifche, fo 1487 in Loitz ½ tonne laffes, 4 tonnen dorfches, 1 to. retfcher (Stockfifch), 6 fchock viack= vifches (getrocknete Fifche), ½ tonne fchonfchen herinck, 1 vernendel fpifeherinck, 1 vernendel ftors, 1 achtendel ales. Außerdem finden fich Vorräte an wyttowefchen herinck. Von gepöckeltem Fleifche werden verzeichnet 1494 zu Ukermünde 36 fchape und 4 offen in dem folte und 2 fyde wyltbrede oder 1496 ene halve laft fcapflefches und 8 wilde fiden oder 1514 in Neu= ftettin ½ tonne viltbrates, 1 to. kuhfleifch u. a. m. In dem verhältnismäßig reich ausgeftatteten Loitz wurden 1495 in dem flefchhufe aufbewahrt 6 fyde fpeckes, 33 droge fcape, 29 fpete koflefch, 7 fmere. Außerdem finden fich zumeift Vorräte an Hafer= grütze, Buchweizen und Gerftengrütze. Im Keller lagerte aus= fchließlich Bier, z. B. 1 laft Demmines ber oder 2 Pafewalkefche vate vul ber. Gebraut wurde natürlich überall im Brauhaufe, zu deffen Einrichtung Pfannen, Becken, Kufen, holtene timpekannen (Kannen zum Einfchenken), Gläfer, ftenpipen, Trichter u. a. gehören. Auch Hopfen, Gerfte und Malz wurden dort aufbewahrt. In demfelben Raume wurde meift auch gebacken; hierfür war ferdich backwerk vorhanden.

Zu der Burg gehörte stets ein Bauhof, d. h. eine Acker=
wirtschaft, für welche die Verzeichnisse den Bestand an Korn und
Vieh angeben. So waren z. B. in Loitz 1495 vorhanden 60
hovede rintves luttik und groth, 59 swyne, 40 schape, in Üker=
münde 1496 44 hovede rintves, dar sint 15 melke koye mede, 12
kalvere van dissem jare, 2 schock swine, 15 verken, 4 tochossen,
1505 in Saatzig 23 melke koghe, 8 junge kalvere, 38 swine, 15
polke van einem jare, 18 kleine polke efte winterferkene, 1522
wurden in Usedom gezählt 59 hovede rintves und 30 swine. Als
Beispiel für die Aufzeichnung des ausgesäten Kornes mag die
Angabe von Saatzig (1505) genügen: Szatkorne: 9 winspel roggen,
is geseget in den borchacker in dat vett na dem Stoltenhagen
werth und in de wusten veltmarke 2½ winspel sathgerste, 4 winspel
haver. Ein größerer Vorrat an Getreide ist nur 1494 in Üker=
münde verzeichnet. Dort lagen auf dem unteren Boden 57
drömet haver, 16 schepel gersten, 5 dromet bockweiten und up
dem bovensten boden 4 last und 3½ drömet roggen Anclamescher
mate, sowie 2 drömet haver.

Zum Inventare von Ükermünde gehörte auch eine nie snicke
(ein kleines Schiff) mit segele und andern tobehoringe. Weiter
sind dort 1494 verzeichnet: 15 grote wiltnette (Netze zum Fangen
des Wildes), 10 renette, 2 schok sele, 40 swinesele, 56 swinesele,
4 hasenpande (Hasennetze). Hier weilte Herzog Bogislaw sehr
häufig, um in den weiten Forsten zu jagen.

Einfach genug sind die Verhältnisse, die wir aus diesen
Inventarien kennen lernen. Aber natürlich brachten die Vögte,
die zumeist einem der vornehmen Adelsgeschlechter angehörten, bei
ihrem Einzuge in die ihnen übertragene Burg ihr Hab und Gut
mit, wenn sie es nicht überhaupt vorzogen, auf ihrem meist in
der Nähe gelegenen Rittersitze ihre Wohnung zu behalten. Der
Herzog aber führte bei seinen Besuchen auf den Burgen einen
großen Troß mit sich.

Die Aussagen der Protokolle der großen hessischen Kirchenvisitation von 1628 über den im Volk vorhandenen Aberglauben.

Von Wilhelm Diehl.

Der Kampf gegen den Aberglauben ist in der evangelischen Kirche Hessens so alt wie diese selber. Das ist eine bekannte Thatsache. Die „Hessischen Landesordnungen" bieten uns eine ganze Reihe von Verordnungen, welche den Kampf mit allen möglichen Formen des Aberglaubens aufnehmen und aus den ältesten Zeiten der hessischen Kirche stammen. Weniger bekannt dürfte die Thatsache sein, daß dieser Gegensatz gegen abergläubische Bräuche auch unter den Nachfolgern des Landgrafen Philipp noch sehr im Vordergrund stand, mit großer Bitterkeit sich äußerte und, trotz aller Reformarbeit, sich äußern mußte, weil einfach die Reformen vielfach den erwünschten Erfolg nicht hatten. Schon der erste Nachfolger L. Philipps in Hessen-Darmstadt, L. Georg I., hatte mit „den zauberischen Hendeln" gar zu viel Unannehmlichkeiten. 1572 hatte er mit seinen Brüdern, den Landgrafen von Hessen-Kassel, Hessen-Marburg und der Niedergrafschaft die „Reformationsordnung" erlassen, die den „Cristallensehern, Warsagern und Abergleubigen" ein eigenes Kapitel widmete und den Superintendenten und Prädicanten gründliche Unterweisung des Volkes, den Beamten aber strengste Bestrafung der Missethäter sowohl wie derer, die ihnen nachlaufen, zur Pflicht machte. Hinsichtlich der ersteren sollten die Beamten „nach Gelegenheit und Befindung" selbst Strafen „an Leib und Leben ohn alle Barmhertzigkeit" verhängen, hinsichtlich der letzteren sollten Strafen „an Leib und Gut, nach Gelegenheit der Überfahrung" eintreten. Trotz dieser eingehenden Verordnung mußte bereits im Jahre 1579

ein neues Ausschreiben ähnlichen Inhalts ergehen. Wir teilen
es, weil es noch nicht veröffentlicht ward, nach einer gleichzeitigen
Abschrift mit. Es lautet:

Ein Bevelch die Christallenseher unnd Wahrsager betreffent.

Von Gottes gnaden Georg Lanndtgrave zu Hessen Grave zu
Catzenelnbogen. Lieber Getreuwer Wir khomen Inn glaubwürdig
erfahrung, das sich nicht allein ettliche hin unnd wider Inn
deinem Anbevolhenen Ampt des Christallensehens, Wahrsagens,
segens, unnd Ander dergleichen Aberglaubischen Dingen zu gebrauchen unnderstehn und Je bißweylen die Armen leuth von
Gottes Wort damit abführen schentlich betriegen Verderben unnd
noch darzu Umbs gellt bringen, Sondern auch unsere Underthanen
den negsten wenn sie was verlieren oder kranckh werden, zu
solchen Christallensehern unnd Wahrsagern lauffen, unnd sich bey
Ihuen Rhats erfragen.

Wann dann diß Theufflisch unnd Abgottisch Werckh dem
Allmachtigen zum Hochsten mißfellt, Auch so wol Inn Gottlicher
schrifft Als unnser Außgangen Kirchen Ordnung zum höchsten
unnd bey straff leibs unnd lebens verbotten, So bevelhen wir dir
mit gnedigem Erust, das du Inn allen unnsern Kirchen deines
Anbevolhenen Ampts durch die Pfarrherrn Eins Jeden Orths
Obberurte Unser Kirchen ordnnung, unnd sonderlich die Puncten
vom Christallensehen, wahrsagen unnd aberglaubigen, offentlich
verleßen unnd neben Außführlichen und eigentlichen Berichten,
was für große Sünd es sey, beides das Wahrsagen unnd Segen,
die Auch sich dero gebrauchen, beßgleichen was für große straff
deß zeittigenn unnd Ewigen darauf gesetzt, möniglichen darfur
zum Vleissigisten Verwahrnen lessest, mit der Angehefften Ernsten
Betrawung, das wir hierin keinem menschen durch die Finger
sehen oder einige gnad zu beweißen, sondern die Jenigen so mit
solchen Künsten Umbgehen, oder darbey Hilff suchen, nach gelegenheit unnd befindung Am leib und Leben ohn alle Barmherzig-
kheit zu straffen gentzlich bedacht sein. Du solt Auch vor dich
unnd neben den Pfarrherrn deine gute khundtschafft uff soiche
gesellen, beides die wahrsager, und die Jenigen so da zu Ihnen
lauffen, legen, unnd wenn du Einen oder mehr ereylest, Anstandt

zu hafften bringest, unnd Unns davon grundtlich berichten. Das
thun wir Unns zu Dir, dem wir mit gnaden geneigt, gewiß ver=
laffen. Datum Darmbstatt Am 18. Junii Anno 79.

Georg Landtgrave zu Heffen.

Unnserm Khellner zu Darmbstatt unnd Lieben Getrewen Jacob
Heldten.

Trotz dieser neuen Einschärfung dauerte der Aberglauben
fort. So muß 1581 und 1586 eine besondere Definitorialsitzung
„der Zauberinnen wegen“ gehalten werden. So fühlt man 1582
den Drang „etliche Zauberinnen“ in Darmstadt zu verbrennen
und eingehende Untersuchungen im Lande anzustellen. Endlich
kann der Superintendent Angelus auf der Generalsynode von
1582 berichten, daß in seinem Bezirk ein Mann wohne, der sage,
daß er alle Frohnfeste mit der Frau Holle zum Tanz fahre,
wobei allerlei Tiere, Männer, Weiber, Pferde, Ochsen und Wölfe
zusammenkämen; ferner daß er ein Mägdlein mit einem Holle=
zopf kenne, das durch das Abschneiden des Zopfes blind geworden
sei, und daß des Zauberns in Darmstadt noch mehr sei. Wenn
der Leiter des kirchlichen Gemeinwesens so dachte, wie mag es da
im Volk ausgesehen haben.

Landgraf Georg I. starb 1596. Er hat seinen Nachfolgern
in mehr als einer Beziehung Hemmnisse und Schwierigkeiten aus
dem Wege geräumt. Vom Gebiet des Aberglaubens gilt dies
jedoch nicht. Da stand es nach seinem Tod nicht viel besser wie
vor seinem Regierungsantritt. Die Waffen, die er angewandt,
waren am harten Felsgestein fest eingewurzelter Volkssitten und
=anschauungen nur zu viel abgeprallt.

Wir wollen dies im Nachfolgenden an der Hand reichen
urkundlichen Materials, der Akten einer im Jahre 1628 ab=
gehaltenen großen Generalkirchenvisitation beweisen.

1.

Als Landgraf Georg II. im Jahre 1628 den Plan einer
großen auf die Obergrafschaft, das Gießener und das Marburger
Land sich erstreckenden Visitation ausarbeiten ließ, da fanden auch
Nachfragen nach „Cristallsehern, Zauberern und Segensprechern“
in die Instruktion der Visitatoren Aufnahme. So sollen z. B.
die Pfarrer aller Orte gefragt werden: „Ob sie unter ihren

Pfarrkindern hetten irrgleubige, Flücher, Vollsaufer, Hurer, Ehe=
brecher, Zauberer, Warsager, Segensprecher und welche dieselbe
seyen und wer ihnen anhange?", und ähnliche Anfragen ergingen
an die Senioren, Gemeindeausschüsse, Schulmeister und andere
Instanzen. Da alle Aussagen, die daraufhin gemacht wurden,
unter dem Eid geschahen, so dürfen wir wohl annehmen, daß sie
einen großen Wert und ein ziemlich großes Maß der Glaub=
würdigkeit für sich beanspruchen können. Wir bieten sie in über=
sichtlicher Zusammenfassung, und zwar nach den einzelnen Be=
zirken, dar. In der Obergrafschaft hören wir verhältnismäßig
wenig. Über Zauberer und Zauberinnen wird in Roßdorf
und Gundernhausen, Pfungstadt und Hahn geklagt. In den
beiden erstgenannten Gemeinden war „hiebevor viel lauffens,
klagens und bittens" über dieselben, daß „Sie möchten verbrennet
werden". Als die Gemeindeglieder aber angegangen wurden,
doch Namen zu nennen, haben sie „allemahl zusammen gemurmellt
und doch entlich die klare resolution gegeben, sie wüsten nie=
mandts zu nennen", und als sie „ferner urgiret wurden, sagten
sie, wer einem das sagen wollte?" Man konnte also hinter die
Sache nicht kommen. Anders steht es in Hahn. Auch diese
Gemeinde hat oft in Darmstadt darum „angehalten", daß wieder
Zauberinnen „gebrennet" würden. Vor allem war es ein Mann,
Velten Arnolt, der als Triebfeder hinter dieser ganzen Sache
stand. Da man nichts erreichte, hat Arnolt seinen Zorn in sonder=
barer Weise zum Ausdruck gebracht. Er hat „sich nüchternes
mundts versprochen Er wollte nicht zum H. Abentmahl gehen,
der Fürst brennete denn Zauberinnen", und hat diesen Verspruch
insoweit auch gehalten, als er seitdem „ahn uber fünff mahl nicht
in die Kirch kommen" und „seidther gar nicht zum H. Abent=
mahl". Merkwürdig ist die Entschuldigung, die Arnolt vorbringt.
Man hält ihm vor: „1. daß er sich so leichtlich versprochen, das
H. Abentmahl zu meiden, das Uns. Gn. so erstlich zu thun be=
folhen, 2. daß er sich so versprochen, das abentmahl zu meiden,
wan der Landesfürst nicht Zauberinnen brennete, da
doch solches eine so wichtige sach und so sehr sorglich darmitt
umbzugehn, daß keine unschüldige umbs leben kommen, 3. daß er
homo privatus in solche hohe sach sich stegke, die Eigentlich der
Obrigkeitt zustehe, 4. einer solchen obrigkeitt, die so christlich.

regiere und des gantzen landes wohlfyart ſo vetterlich ſuche.“
Darauf antwortet nun Arnolt und giebt die Quelle an, aus der
er geſchöpft hat. „Er ſey ettliche mahl zu Dieburgk (!) geweſt
und gehörett, was ſie (sc. die Zauberinnen) vor grauſame ſünde
treiben, fallen von Gott ab, leſtern ihn, ſeyen Ehebrecherinnen,
brauchen das H. Abentmahl zu Ihrem Zauberſchmier.“ Sonſt
weiß er nichts zu ſagen, ſelbſt nicht, als man ihn auffordert,
„er ſollte doch das individuum zeigen, welches ſolches böſe thete
oder gethan hette“. Es war deshalb durchaus in der Ordnung,
daß man „ihm ſeinen vorwitz hartt verwies“, und „die gantze ſach
u. ſ. f. undt Herrn vorzubringen beſchloßen“ wurde. In Pfung=
ſtadt endlich iſt „hin und wider“ ein Kind erſchienen und hat
ſich verlauten laſſen, daß es zaubern könne. „Sie habens aber
alſo bald naher Gernßheim gewieſen.“

Beſſere Auskunft als über dieſe Fälle der Zauberei erhalten
wir über die Segenſprecher. Wie der Velten Arnolt von Hahn
ſeinen Zorn über das Unweſen der Zauberinnen ſich im katho=
liſchen Dieburg anfachen läßt, ſo befriedigen die heſſiſchen Ein=
wohner von Pfungſtadt und Grieshiem das etwa vorhandene
oder ſich regende Bedürfnis nach einem Segensſpruch zumeiſt in
dem katholiſchen Gernsheim und Bürſtadt. So „klagt der Pfarrer
zu Griesheim, ſein Pfarrvolck ſeye ſehr abergleubig, wan einem
Ein kindt oder Vihe kranck werde, ſo lauffe er ſtracks naher
Gernßheim, laße es da beſehen undt ſegenen“. Und in Pfung=
ſtadt fragt man nicht bloß durchziehende „Heiden“ und geht
„Warſagern undt teuffelsbeſchworern“ nach, ſondern „ſonderlich iſt
ein Mann von Gernßheim, den hole, wer einen Krancken hat,
daß er ihn ſegne“. In beiden Fällen wird dem Gernsheimer
das Handwerk gründlich gelegt. Der Schultheiß in Griesheim
und der Centgraf von Pfungſtadt werden angewieſen, ihn, wenn
er komme und „daß er ſegen ſpricht, betrappet“ wird, in „Hafft=
ung“ zu bringen und den, der ihn geholt, zur Centſtraf zu
ſchreiben. Laufen jedoch die Leute ihm nach, ſo ſollen ſie mit der
in der Kirchenordnung angeſetzten Strafe belegt werden.

Außer dieſem Mann von Gernsheim hatte ſich eine fremde
Frau in Pfungſtadt mit Segenſprechen abgegeben. Sie hatte im
Unterſchied von jenem ſogar dort ihren feſten Sitz, und zwar ſeit
zwei Jahren. Die Viſitatoren laden ſie und den Pfungſtädter,

der sie bisher beherbergt hatte, vor und gebieten dem Centgrafen auf ihr Geständnis hin, sie aus dem Flecken zu schaffen, ihren Beschützer aber ins Gefängnis zu setzen, weil er sie solang „uff= gehalten". Auch diese Segensprecherin ist eine Katholikin, sie stammt aus „Bierstatt".

Das sind die einzigen Fälle von Segensprecherei, die uns vom Ried und dessen nächster Umgebung berichtet werden. Mögen sie gewiß nicht die genaue Zahl der vorgekommenen Segen= sprechereien darstellen, so ist doch festzuhalten, daß die Gegend, um die es sich hier handelt, in ihrer ganzen Entwicklung immer sehr leicht für Gedanken der Volksaufklärung im guten wie im schlechten Sinn zu haben war. Freilich sind die Nachrichten über Segensprechen in den Odenwaldgebieten noch geringer. Wir hören nur eine Thatsache. In Reinheim spricht eine Judenwitwe Amschill den Leuten Segen und „hette deswegen nachlauffen". Die Bürgerschaft von Reinheim freilich scheint ihr nicht des Segens halber nachzulaufen, denn es heißt von ihr im Protokoll: „Die Bürgerschafft wehre ihr gern loß; hatte derwegen offt an= gehallten zu Darmstatt, wehre aber allezeitt abgewiesen worden." Auch jetzt bei der Visitation kommen sie nicht zu diesem ersehnten Ziel. Die Amschill wird vorgeladen, aber sie leugnet alles und da man allem Anschein nach keine bestimmten Beweise hat, so muß man sie nach ernster Verwarnung entlassen und dem Pfarrer anbefehlen, der Sache nachzuforschen, „und da er die Klage war befinde, der Obrigkeit anzuzeigen, daß sie gestrafft werde". Ohne Zweifel ist diese Berichterstattung mangelhaft. Die Odenwald= orte sind noch 250 Jahre nach dieser Zeit Hüter der Sitte des „Brauchens" gewesen, sodaß ganz undenkbar ist, daß 1628 diese Segensprecherei sich eines minimalen Zuspruchs erfreut haben sollte.

Wir kommen zur dritten Form von Aberglaubeübung, welche die Visitationsakten unterscheiden, dem Ergründen von Geheimnissen mit abergläubischen Mitteln. Von einem Falle von „Wahrsagerei" wird uns in Zwingenberg berichtet. Heinrich Hayi und Melchior Begker von da waren nämlich bestohlen worden, und ging das Geschrei, sie hätten einen Wahrsager geholt, von dem sie erfahren wollten, wer sie bestohlen hätte. Dieses Geschrei hat einen richtigen Hintergrund. Zu dem einen Bestohlenen war nach seiner eigenen Aussage ein „Leyerman kommen, der hette

gesagt, wan er ihm ettliche thaler uff die Hand gebe, so wolle er
machen, daß ihme der Dieb in Neun tagen sollte sein gellt wider
ins Hauß dringen". Doch kam es nicht hierzu. Der eine Be=
stohlene hielt darfür, es sei besser, den „Leyerman" davon ziehen
zu lassen und ihm nichts zu geben. Denn gebe er etwas, „so
würde er auch umb dieses gebracht".

Mit dieser Nachricht haben wir alles erschöpft, was uns die
Visitationsakten über die Verbreitung des Aberglaubens in der
Obergraffschaft berichten. Diese Dürftigkeit der Nachrichten ist
übrigens sehr wohl zu verstehen. Die Visitationsprotokolle sind
über diese Gegend bei weitem nicht so genau geführt wie die in
den anderen Bezirken. Es wird hier von den Visitatoren nur
das Allerauffälligste mitgeteilt. Immerhin lassen sich auch an
diese dürftigen Nachrichten allerlei Betrachtungen anschließen. Zum
ersten ist der Gegensatz, in dem sich Georg II. und Leute
aus dem Volk in Bezug auf Hexenverbrennungen zu
einander befinden, der Beachtung wert. Georg II. kommt
mit ihnen in Zwiespalt, „weil er keine Hexen mehr brennet",
was z. B. sein Großvater Georg I. noch gethan hat. Über diese
Thatsache regen sich die Roßdörfer auf und verursachen im Ver=
folg dieser Stimmung „viel lauffens, klagens und bittens": ebenso
gerät darüber Velten Arnolt von Hahn in Aufregung und bringt
dies in der offenkundigsten Weise, der Verachtung des durch des
Landgrafen Diener vollzogenen Gottesdienstes, zum Ausdruck. Diese
Aufregung teilen aber auch Gebildete. Die Notiz im Roßdörfer
Visitationsabschied ist dafür Zeuge. Sie geht nämlich, so
schlicht sie klingt, auf einen Vorfall von großer Tragweite.
Das „Bitten und Klagen" der Roßdörfer bezieht sich auf eine
Thatsache, die aufs engste mit der Person des kurz vor 1628
abgesetzten Roßdörfer Pfarrers M. Hermann Schipper zusammen=
hängt. Über ihn schreibt das Kirchenbuch der erwähnten Ge=
meinde: „M. Hermann Schipper kam 1626 nach Roßdorf, hatte
aber die kurze Zeit, welche er da gestanden, viele Verdrüßlich=
keiten. Es wurden nämlich verschiedene Zauberer zu Diepurg
verbrant, welche auf etliche Roßdörfer Einwohner vor ihrem
feurigen Todte bekanten. Als nun dieses von der Obrigkeit
dasigen Orts auf Roßdorf berichtet wurde, wolte der Herr Schipper
solche räudige Schafe unter seiner Herde nicht mehr leiden, sondern

suchte durch Hilfe der Obrigkeit sie aus seinem Schafstall zu stoßen.
Allein die Landesobrigkeit truge nicht unbillig Bedenken auf bloße
Bekanntniß dieser maleficanten nach der Strenge mit den Be=
schuldigten zu verfahren. Daher der M. Schipperus in cathedra
ecclesiastica ziemlich anzügliche Worte gebrauchte, welches ihm
aber bald niedergelegt wurde. Indem man ihn auf Giessen in
gefänglichen Verhaft brachte, wo er aber in seinem Amtseifer be=
ständig fortfuhre und denen Vorbeigehenden alle Sonn= und Fest=
tage predigte. (Sein Gefängnis soll noch diese Stunde das
Pfaffenloch genannt werden.) Endlich wurde er auf Ersuchen
Ihrer Kgl. Maj. von Schweden wieder befreit und restituirt,
indem Ihre Kgl. Majestät einen Darmstädtischen Ministre so
lang auf gleiche Weise gefangen hielten, biß seine Befreiung
erfolgte. Nachgehends wurde der M. Schipper gemeiniglich nur
der gefangene Pfarrer genannt. Alß er seinen Hirtenstab wieder
erlanget, brachte er endlich so viel zu wegen, daß der Prozeß
angefangen wurde. Der erste, den man angriffe, war der Hirte,
welcher aber Alles hartnäckig leugnete. Daher man ihn zufrieden
laßen mußte. Allein etliche Männer begaben sich an einem ge=
wißen Abend zu dem Hirten und hinterbrachten ihme alß ob
morgends Tags ein Commando von Darmstadt kommen würde,
um alle verdächtigen Personen zu arretiren, welche er aber mit
grausamen Scheltworten abwiese. Diese aber begaben sich gegen
Mitternacht mit noch anderen an sein Hauß, da sie ihn dann
aufpacken und in der Stille fortwandern sahen. Nota. M. Schipperus
kam zuletzt nach Speier als Senior."

Wir wollen nicht untersuchen, inwieweit diese um 1770 ge=
schriebenen Notizen richtig sind. Sicher ist, daß die Veranlaßung
zu Schippers Weggang richtig geschildert ist, sicher ist auch, daß
alle romanhaften Züge, soweit sie ihn betreffen, ganz seinem
Charakter entsprechen. Mir lag eine von Schipper geschriebene
Autobiographie des Mannes vor, die bis zum Jahr 1624 reicht
und von Merkwürdigkeiten geradezu strotzt, dabei aber seinen
Charakter hinsichtlich seiner Festigkeit und seines Opfermutes im
besten Licht erscheinen läßt. Aus Oberhessen Marburger Teils
stammend, wandert er 1605 wegen der (in Marburg eingerissenen)
„Calvinisterey" aus nach Gießen, wirkt dann ³/₄ Jahr in
„Crichingen" bei Metz als Hofprediger und, von da durch die

„Papisten" vertrieben, ½ Jahr als Diakonus und 9 Jahre als Pfarrer in „Dimringen" im Dienste des „Wild= und Rheingrafen zu Salm und Herrn zu Vinstingen". 1617 wird er Superinten= dent in Vinstingen und wirkt dann von 1621—1624 als erster Pfarrer in „Cron=Weissenburg". Nachdem er am 19. Mai 1624 auf letztere Stelle wegen Feindschaft mit den Katholiken verzichtet, wird er nach längerer Stellenlosigkeit 1626 Pfarrer in Roßdorf. Seine dortige Wirksamkeit hat er sich ohne Zweifel durch seine Zähigkeit in der Hexenangelegenheit verscherzt. Die Akten, welche sonst noch über diese Materie auf uns gekommen sind, bezeugen dies zur Genüge. Aber sie bezeugen noch mehr. Sie beweisen uns, daß die Gemeinde Roßdorf in dem Kampfe gegen die der Zauberei Beschuldigten hinter Schipperus stand; mit anderen Worten, daß er, der gebildete Mann, der eine Anzahl sehr interessanter Traktate geschrieben hat, mit den Bauern darin einig war, daß das langsame Vorgehen L. Georgs gegen die Zauberer, daß vor allem der Abscheu gegen Verbrennung der Missethäter ein Fehler, ein Mangel in der Auffassung der Regentenpflichten sei, der die Wirksamkeit dieses Fürsten zu einer traurigen Re= gierung stempele. Hören wir darüber nur ein gleichzeitiges amt= liches Schreiben. Es sagt: „Die Sach, darumb wir naher Hoff erfordert worden, wollen Ihrer F. G. underthenig referiren (doch gegen andere auch nit annehmen) daß den Pfarrer zue Roßdorff so ahn Diepurg grentzet, Hermannum Scipperum so auch dabevor bey Ihrer F. G. umb Griedel ahngesucht und hernach Pfarrer zu Cronweißenburg worden, alda er auch Händel an= gefangen, betreffen, welcher ein Zeitlang sich seltzamer Dinge gelüsten laßen und sowohl Geist= alß weltlich wesen und Re= gierung getabelt, auch mehrertheilß (nur ezliche particularia et personalia außgenommen) in confessu gestanden. Vornembsten Puncten waren dieße: 1) Eß weren nicht zwo reiner Cantzeln im Lande. Ja 2) nach Lutheri todt hette sich seine Lehr gar ver= loren und were nicht rein plieben, 3) Mann solle aber wartten biß ufß künfftige 29. Jahr, da werde es wider recht angehen. 4) Der Politische Antichrist regire unter unß, und alß mann von Ihm wißen wollen, war der dann were? habe er Ihn 5) Speci= ficirt und nehmhafft gemacht, Es wehren die Fürsten und Herrn und Ihr Politische Räthe. Item die bey den Städten, so sich

des Kirchen Regiments annehmen, damit Sie doch nichts zu thuen
haben, sondern allein Ihre Geistlichen und Theologen damit
schalten und walten laßen und waß die für guth und recht ahn=
sehen, das solte darnach Magistratus politicus exequiren. hette
auch nichts mehr in solchen sachen alß nuhr potestatem exe-
cutoriam. Lobte derowegen 6) daß Babsthumb da gienge es
recht her in dießem fall und nennete sich Imperator selbst filium
Ecclesiae, Ja 7) daß mehr und ärger Bey den Papisten were
daß rechte Licht, bey unß aber finsternuß, Ja daß Babstische
Kayßerthumb darueber Lutherus geklagt hette. 8) Ihre F. G. und
dero Rhäte hatt er auch beschuldiget, Es were nicht gehaltten,
was bey der huldigung den Underthanen seye zugesagt worden,
gehe auch bey der Cantzley und Regierung nicht recht zue, Ihre
F. G. weren ein Junger Herr, würden von den Räthen
verführet und deren Ding mehr, so er auch gegen Ihre
F. G. selbsten alß Sie Ihn zuem zweiten mahl vor sich kommen
laßen herauß gestoßen und gemeint ein andern statum anzue-
richten. Bevorab aber hat er ein geraume Zeit getrieben wie
auch nach, 9) Ihre F. G. solten die Zauberer und Zauberin
nur auf bloße außag deren so zu Diepurg auf ezliche
in Ihrem Landt bekandt gesenglich einziehen und stracks
auf die Folter spannen, so würden Sie wohl erfahren,
wer sie weren. Mann hat genugsam vermerckt, daß nicht allein
ein bößer Schwindel und unruhiger Geist dießen Menschen regire
sondern auch der leidige Ehrgeiß Ihn zu dießen Dingen gebracht,
denn er 10) schon bereit Ihm bey seinen Bauren einen Anhang
gemacht, so unter sich und mit andern benachbarten Conventicula
ahngestellet, auch 11) bedröwet, keyserliche Commission außzu-
bringen, deß gleichen 12) sich vernehmen laßen, Ihm hette
die Superintendentz gebuehret, wer ahn andern ortten
auch Superintendens geweßen, wie er dann nicht allein
vorigen Superintendenten D. Vietorn Seel. nicht pariren wollen
sondern auch brest und leidt gethan. Zugleich auch dem jetzigen.
Rebus ita stantibus ist in consilio per maiora dahien ge=
schloßen, Ihre F. G. weren gnug sein befuegt, Ihn zu Custo-
diren, wie dan auch geschehen, daß er bey nacht uf ein Kutsche
gesetzet und ahn einen verwarten orth gefuhrt worden, so mihr
aber unbekanth, allein ist vorgestern alhir geredt worden, er solle

unterwegen alß er seiner notturff ein secessum begehrt, darvon und nicht in custodiam kommen sein."

Beweist das vorliegende Beispiel ganz genau, daß L. Georgs Abneigung gegen Verbrennungen von Zauberern im Volk und auch bei Gebildeten vielfach keinen Widerhall fand, so belehren uns die aus den Visitationsakten erhobenen Notizen doch noch eines anderen. Schipper knüpft in seinen Predigten an das katholische Dieburg, ebenda holt sich Velten Arnolt von Hahn seine Zauberweisheit. In Pfungstadt wirkt ein zauberndes Kind aus dem katholischen Gernsheim sowie ein Mann, der von demselben Ort von Zeit zu Zeit geholt wird; außerdem lebt daselbst eine Segensprecherin aus dem katholischen Orte Bürstadt. In Griesheim befriedigt man seine Zaubergelüste bei Gernsheimer Katholiken. In Reinheim endlich hält man sich an eine jüdische Segensprecherin. Alle Zauberer sind — mit Ausnahme des im Zwingenberger Protokoll erwähnten „Leyermans" aus der Fremde — in der Obergrafschaft Katholiken oder Juden; von dem „Leyerman" kennen wir die Konfession nicht. In der ganzen Obergrafschaft wird offiziell bei dieser Visitation kein Einheimischer bekannt, der Segensprechen, Zauberei u. s. w. als Beruf betreibt! Wir wollen mit der Konstatierung dieser Thatsache keineswegs die evangelische Konfession herausstreichen. Bei Betrachtung des Marburger Landes würde für den, der dies Kunststück machen wollte, die Ernüchterung von selbst kommen. Aber als merkwürdig und beachtenswert dürfen wir eine solche Erscheinung wohl bezeichnen. Es scheint doch, als sei in der Obergrafschaft der Boden für Zauberei und Segensprecherei beschränkt, als sei Georgs I. Arbeit nicht umsonst gewesen.

2.

Wir kommen nach Oberhessen, wo sich uns plötzlich ein ganz anderes Bild entrollt, traurig wohl, aber auch interessant für den Freund der Kulturgeschichte. Zwar gilt dies Urteil nur von einem Teil Oberhessens, dem Marburger Land. Von der Superintendentur Gießen haben wir nur dürftige Nachrichten, und diese beziehen sich zudem nur auf 38 Pfarreien. Immerhin bieten auch sie schon mehr statistisches Material, als uns die Akten der Obergrafschaft boten. Wir erfahren doch aus ihnen, daß auf dem Gebiet dieser 38 Pfarreien sicher etwa 20 Segensprecher ihr Wesen trieben, nämlich in Alsfeld Hans Vornhalls Schwiegermutter, in Heidelbach Hanns Gabriel und Curt Koch, in Grebenau Andres Förster, „so lange Zeit mit Characteribus umbgangen unud einen großen Zuelauf gehabt, auch deswegen einmal vor denn Synodum zue Alsfelldt gefordert unud ihm undersagt worden", in Brauerschwend Curt Flöhausen von Reinrod weib, in Meiches Heintz Francken Haußfraw, die den Leuten mit Kräutern hilft, in Bobenhausen Clementen Hausfrau zu Heckersdorf, in Herchenhain Born Ann und Curt Reimks Weib, in Crainfeld Hans Eschenröder zu Ilmeshausen, in Bermutshain Eva Henn Müllers Wittib, in Wingershausen Wallger des Försters Wittib zu Eichelsachsen, die das Sieb treibt, in Berstadt Burg Eva und ohne Namenangabe in Schotten, Holzburg und Stumpertenrod. Mithin kommt also etwa auf alle zwei Pfarreien ein Segensprecher oder eine Segensprecherin. Freilich ist das auch alles, was wir den Akten dieses Bezirkes über unsere Materie entnehmen können.

Ganz anders steht es mit den Nachrichten aus dem Marburger Land. Sie sind mitunter von einer solchen Genauigkeit, daß wir nicht bloß die protokollarisch festgelegten Aussagen der der Segensprecherei beschuldigten Personen, sondern auch Abschriften der von ihnen gebrauchten Segen bekommen. Ja die Segen selbst werden nicht aus dem Munde dritter Personen sondern derer, die sie anwandten, mitgeteilt. Dies alles ermöglicht es uns, für diesen Bezirk ein umfassendes Bild des Segensprechereibetriebes zu entwerfen.

Wir geben zuerst eine genaue Zusammenstellung der Protokollnachrichten über einzelne segensprechende oder sonstiger Zauberei verdächtige Persönlichkeiten nach den Ortschaften ihres Wohnsitzes oder ihrer Hauptwirkungsstätte. Wir beginnen mit

a. Londorf.

In Londorf und seinen Filialen haust eine ganze Schar „Zauberer". Die hervorragendste Spezialistin ist unstreitig „Elisabeth Cuntz Ritters Wittib". Wie sie „erfordert" und „examinirt" wird, sagt sie folgendes aus: „sie habe von den

hiesigen Edelleuthen gelernt, wan die Leuthe böse Mäuler, den
Frosch genant, haben, dan zum Andern, wan jemands dz Fiber
habe, deßgleichen wan ein Kind die Elbe oder Mit Esser habe,
So dan wan ein Kind beruffen sey.

Vor den Frosch: Ich gesegene dir deinen Mund
     Vor den schnöden bösen Hauchhund,
     Du habest ihn gleich
     uf der Zungen, oder im Zahnfleisch,
     So sollen sie alle gesehnt sein,
     mit demselben Mann,
     der das H. Creutz uberwann,
     Im Nahmen Gottes des Vatters, und des
     Sohns u. des H. Geistes,

Darnach müsse man 5 Vatter-Unßer, 5 Glauben, und 5 Ave
Maria beten (muß dreymal geschehen).

Vor dz Fieber: Daß Mensch muß mit nahmen genant werden:
     N. Fiber und Abnehmen und Mißfarb (Nomen N.)
     Du wollest mich begraben,
     So will ich dich begraben
     Im nahmen Gottes . . . Amen

Muß dreymahl gesprochen werden, Sie spreche es laut bißweilen
dz es die Leuthe hören.

Vor die Elben: Elben und Alben gingen uber laud, da begegnet ihnen unser liebe Frau; Elben und Alben (spricht unser
liebe Frau) wo wiltu hin, (nomen N) Ich will in des (N.) Hauß
gehen und will ihm saugen sein Blut und auch sein schweiß.
Elben und Alben dz soltu nicht thuu. Du solt ihm (N.) lassen
sein Blut und auch sein schweiß, im Nahmen Gottes . . . Amen,
muß dreymahl gesprochen werden.

Vor dz beruffen der Kinder:
     Ein böß Maul hat dich besprochen,
     Zween böse augen haben dich ubersehen,
     Dz eine ist Gott der Vatter,
     Dz ander Gott der Sohn,
     Dz dritte Gott der hl. Geist.

Gott gede dir wider dein blut und auch dein schweiß, im Namen
Gottes . . . muß auch dreymahl gesprochen werden.   Junckher

Hermans und Johau Winters Haußfrawen hetten sie diese segen gelernet.

Wan jemans ein Fuß vertretten:

Wan jemands, es sey ein Mensch oder Viehe einen Fuß vertretten habe, rücke sie ihm denselben wider ein und spreche auch einen segen, und streiche uber den schaden ein Creutz mit der flachen Hand, wisse den segen jetzo nicht, es gehe doch Uuser liebe Frau darin, endlich sich besonnen und gesagt: Unß liebe Frau ging uber laub, sie stieß sich wider einen stein, sie begreif, sie bestreich, Ader gehe wider zu ader, fleisch gehe wider zu Fleisch, blut gehe wider zu blut (Nomen N.) dz geb dir Gott wider zu gut, Im Nahmen des Vatters, auch 3 mahl zu sprechen."

Über die Herkunft dieser Segen und ihre Wirksamkeit mit ihnen sagt die Cuntzin noch folgendes: „Anna Ludwig Stoffelß Hausfraw alhie könne auch mit dem Ziehen, Ihres Mannes schwester, so nunmehr verstorben, hab sie den segen vor den Frosch gelehret. Wan ein Sontags Kind sey, wie sie dan Gott uf den Sontag geschaffen habe, dz sey dz beste, und hab sie den segen vor dz Fuß vertretten von sich selbsten durch Götliche Hülfe gelernet, sie wisse sonst nicht, wo sie es hero habe, sie habs von andern Leuthen also gehört, die Fraw davon sie es gehört, hab Gebhards Creina von Sichertshaußen geheißen die bißweilen anhero kommen, viel Leuthen geholfen habe, die Gebhards Crein sey verstorben, Sie sey im Gericht Lohr zu Stedebach geboren. Wan sie diser segen einen oder den andern gesprochen, habs geholffen, sie wiße nicht anders. Sie sey oft und dick naher Allendorf in die Stadt und daherumb uf die Dorf gefordert. Es seyen dergleichen mehr Weiber uf den Dörfern, die seyen aber nicht so gewiß alß sie. Zu Winden sey ein Fraw verstorben Elisabeth, die habs auch gekönt. Schnabel Lips zu Nordeck kan auch vor die böse Mäuler segen, zu Udenhausen könne Wilheim Magels Haußfraw auch vor die böse Mäuler, deren Vatter es auch gekönnt habe. Zu Kesselbach sey ein fraw Elisabeth genannt, deren Mann Henrich ein Wagener, die gebe sich aus, dz sie es auch köne. Zu Rudingshausen können Rend Henrich und Rend Wilhelm vor das abnehmen.

Deß Abends wan sie zu bette gehe, bete sie den glauben, Vatter unser und diß gebett:

Abends wan ich schlaffen gehe
14 Engel mit mir gehen.
2 zu meiner rechten seiten
2 „ „ „ linken „ „
2 „ meinem Haupte
2 „ meinen Fußen
2 die mich decken
2 die mich wecken
2 die mich weisen
Zu der heyligen Parabeise.
Do ich ingeladen sey
Unß lieb fraw und Kindlein. Amen.

Sie hab ihrer Kinder keins die segen gelehret, sie wölls ihre Kinder wohl lehren, sie begehren es aber nicht. Sie meine es keine Sünde sein, endlich uf zusprechen ihre Sünd erkaudt, und bekaudt, hat an Aydsstat angelobt, es hinfüro nicht mehr zu thuu."

Außer denen, welche die „Cunzin" in diesen Aussagen kompromittiert hatte, wird in Londorf noch Margretha Caspar Hausers Wittib angezeigt. Sie sagt bei ihrer Vernehmung „mittelst gegebener Handtrew" folgendes aus: „Sie werde von Krancken leuthen oder Vieh nicht gebraucht, sey sonst eine Amme. Es hab ein alte Amme sie gelehrt, wan einer frawen die Mutter uffsteige, so spreche sie

Vor die Mutter: Mauter die gaute, leg du dich uf die rechte stat, da du vormahlß uffgelegen hast, du seyest gleich wehemauter oder Beermauter oder Herz Mauter. In Nahmen des Vatters etc., solches sage sie 3 mahl, lege dem Krancken die Hand uf den Leib und streiche das H. Creuz darau, die leuthe haben den glauben daran gehabt, sie gehe nicht uber Feld, helffe nur ihren Leuthen, habs an die 17 Jahr lang gebraucht, hat angelobt sich des Segens zu enthalten."

Über dieselbe Persönlichkeit erhalten wir noch weitere Nachrichten. So lesen wir in dem Protokolle der Pfarrei Londorf:

„Zu Nordeck pflege Caspar Hausers Wittib Margrethe Segen zu sprechen, Wan Johau Faulstichen der Bauch wehe thue, gehe er zu ihr. Zu Rüdingshausen seyen auch zweye brüder, Wilhelm und Henrich Rinden, die pflegen auch segen bey Viehe und andern

sachen zu sprechen. Zu Lundorff thue Cuntzen Anna dergleichen.
Zu Weittershain Henrich N. sage, es ließen ihn die vom Adel zu
ihren Kindern holen.

Johan Faulstich sagt, er hab schmertzen im leib gehabt,
und sey zu Caspar Hausers Wittib gen Nordeck tommen, hab ihn
gegen die Mutter gesehnt, welches vorm Jahr geschehen, alß er
Castenmeister gewesen, hab ihn seithero nichts gehindert, Ob ihm
Gott oder dz Weib geholffen habe, sein Vatter und Mutter seyen
darbey gewesen, auch hab er sie sonst in sein Hauß holen lassen,
dz sie ihm helffen solte, wan er die schmertzen gehabt habe, Sie
habe ihn den segen selbst gelehrt, Hertz Mutter, Behr und Wehe
Mutter, in Nahmen des Vatters, des Sohns und des H. Geistes,
Wan er die Wortt gesprochen, hab er alßdan den bauch hinunder
geblasen, welches er zum drittenmahl gesprochen und allemahl geblasen. Sagt, dz sie ihm etwas eingeben habe. Hat die Sünde
erkandt und bekandt, auch umb Verzeihung gebetten, zugleich auch
angelobt, sich dergleichen sachen zu enthalten und die Communion
zu gebrauchen."

b. Kirchhain.

Hier begegnet uns nur ein Mann, der des Segensprechens
bezichtigt wird. Es ist „der Pferd- und Sawschneider zum
Kirchain", der vor die Visitatoren geladen, aussagt, „dz er
nachfolgenden Segen zu . . . . gelernt habe:

Vor den kalten Brand: Unsere liebe Fraw ging uber
Land, da fand sie einen Stock der brand, darauf legt sie ihre
rechte Hand. Im Nahmen Gottes, des Vatters, Sohns und des
H. Geistes.

Vor dz Blut zu stillen: Die heylige fünff wunden, die
heileten die sechste wunden, daß sie nicht schweißet nicht schwall,
nicht rante oder quall. Im Nahmen Gottes.

Hab disen Segen von Henn Möllern zu Rodenhausen gelernet. Ist ihm mit ernst verwisen und undersagt, daruf er sein
Sund erkand und angelobt, es hinführo zu underlaßen." Sonst
hören wir von Kirchhain nichts mehr über Zauberei.

c. Kappel.

Hier hören wir im Protokoll aus dem Munde des Pfarrers
folgende Anklage:

„Hanß Schwartzenawen Weib und die Pfeifferin alhier pflegen segen zu sprechen, Pfarherr hab sie abgemahnet, sie underlaßen es aber nicht, geben vor es sey nichts Böses." Die hier genannten Personen werden dann vorgenommen. Es heißt nämlich an anderer Stelle:

„Gela Johan Großen Wittib wegen des Segensprechens befragt, gestehet es nicht, und erkennet es fur Sunde. Anna Hans Schwartzenawers Hausfraw zue Cappel sagt, sie köune nichts sagen, alß:

Vor das Verrencken: Die Juden giengen zu rath, Sie fiengen Gott, Sie hiengen Gott, So viel ihm sein verrencken schaden alß Gott dz hencken schadet, Im nahmen. Das habe sie von einem Burger zu Weidenhaußen, so verstorben, gelernet, der hab es an ihr gebrauchet, und sie selbst hab es an ihren mägdleiu gebraucht.

Ist vermahnet und hat bekandt, das es unrecht sey, auch besserung undt underlassung zugesagt."

d. Ober=Weidbach.

Hier lebte eine Segensprecherin, die über eine ganze Fülle von Segen verfügte und deshalb den Visitatoren so gefährlich schien, daß sie ihre Verhaftung anordneten. Sie besaß ein ganzes Buch mit Segensprüchen, aus dem einige Proben mitgeteilt werden. Hören wir die Akten selber. Wir lesen da:

„Reids Eva von Oberweidtbach kan ein segen:
1) Vor das Blut und vor die Blattern des Viehes.

St. Ann trug St. Susan

St. Susan trug Uns liebe fraw

Uns l. Fraw trug den H. Jesum Christ.

So wahr als dz ist

So weich du $\left\{ \begin{matrix} \text{blattter} \\ \text{blut} \end{matrix} \right\}$ u. Alles, wz es ist

Dz diß N. unß nit zerbrist

Dz helff mir niemandt als der Herr Jesu Christ.

So wahr als er vor uns am Creuz gestorben ist.

Wenn nun dz Wort gesprochen ist, so sezt sich dz blut, es sey denn dz es an die gurgel kommen ist, so hilft es.

2) **Vor den Fridel:** Streich erst ein Creutz ubers Pferdt und sage: dz walt der liebe Herr Jesu Christ. Darnach spreche sie: weich auß dauch biß fridel und hier ist der Man, der dich vertrieben soll und kan mit Got dem Vatter, dem Sohn und dem H. Jesu Christ, weich auß all die Fehl, der dir an deinen leid kommen ist in dieser stundt sind Schaden umb des Herrn Jesu Christ willen. Darnach streiche sie uber den Rück des Pferdts, gehe umb daßelb, ziehe den schwanz mit, biß sie widt vorn an dz Pferdt kompt, sage den segen 3 mahl.

3) **Wenn ein Buß sich verrenckt hat,** sage sie: Der lieb H. Jesu Christ reit durch . . . . . . Sein Pferdt stieß sich wid(er) ein Mörmelstein. Er zerstieß sein gekitt und sein gebeins, da stundt unser lieber H. Jesu Christ und war trawrig, da kahm sein lieb Mauter, wz ist dir mein liebes Kindt, Mauter mein liebes Pferdt hat gestoßen wid(er) ein Mörmelstein und hat zerstoßen sein gekitt und sein gebeins. Ufhub sie die Schneweiße Hand, sie strich ihm uber den süßen müllen heylandt, nun gekit gehe zu gebeins oder wende dich wid(er) in deine rechte stat, die dir got der liebe H. Jesu Christ gegeden hat. Dz helff mir der liebe Herr Jesu Christ, es war er an den creuz gestorben ist. Nun Amen in des H. Jesu Christi gnadt, dz spreche sie 3 mahl und streiche 3 mahl uber den schaden herad.

4) **Wen ein Schwein die Breun hat,** sage sie: Der Herr Jesu Christ reit uber ein grüne Heide, da hüt Lorein der Schwein. Lorein hütestu hier der Schwein. Ja lieb Herr ich hüte der Schwein, sie crancken mir sehr und sterben mir sehr. Da sprach der liebe Hr. Jesu Christ, Lorein gesegne dir die Schwein. Ja lieb Herr wie, gegen den rang und gegen den Zwangen und gegen die Breun und gegen den jehen todt und wz dz mehr odr weniger ist, dz büße dir niemandt dann der liebe Herr Jesu Christ, Amen in des Hn. Jesu Christ gnadt Amen. Streiche d Schwein 3 mahl, fange zwischen den ohren an biß hinden hinauß

Ihr Sohn Nickel und sie weren als ihr dz Vieh gestorbei naher Rodenhausen bey Kirchvers zu einer Frawen Leysa gnt Dieterichs . . . gegangen, selbige Fraw sie es gelehret, der Knat hab es uffgeschrieben und sie gelehrt.

5) **Vor den Wurm, u. dz böse Ding an der handt** Job lag in dem Mist, dz ihm die wurm sein gebein zerbißen, de

rief er ahn den lieben Her Jesum Christ. Ach mein lieber Herr Jesu Christ wie hastu mein so gar vergeßen. Job, ich hab dein nicht vergeßen, die wurm und die maden, die sollen dein gebein nicht zerbeißen und sollen dir sie auch nicht eßen, sie seyen weiß, schwarz, blaw, roth, geld oder geferbt wie sie wollen, so sollen sie seyn in dieser stundt tot, dz helff mir Gott der liebe Hr. Jesu Christ. Amen in Gottes nahmen. Muß 3 mahl gesprochen und streiche 3 mahl darüber her und halte den Finger, blase auch darüber her, der Wurm sterbe, wann sie den Finger hart halte."

6) **Vor die Mutter:** Mauter thu viel gaude, leid dich und rauwe dz dich der Hr. Jesu Christ hingeb wie du von deiner lieben Mauter abschiedest, lege dich wid(er) in deine rechte statt, da dich der Herr Christus hingab, da du 3 tag alt warst, dz helff mir der Hr. Jesu Christ Amen, lege dem gesegneten die Hand uff den bauch.

7) **Vor die Elben:** Sie nehme 2 messer und lege sie Creuzweiß über einander, streiche darinn vom Haupt an biß zu den Füßen hinunder, lasse sie darnach uf die Erden fallen und sage: Ich bestreiche dich mit stahl undt eysen, dz dich die Alben und all fehl und gebrechen von deinem leid in dieser stundt sollen abmeidten, dz helff mir Gott der Vatter, 3 mahl zu sprechen.

8) **Vor den rothlauff:** Der liebe Hr. Jesu Christ und sein liebe Mauter gingen über einen hohen berg, da begegnet ihm der rotlauff, rothlauff wo wiltu hin (nenne dz Dorff und dz Mensch) wil dem sein blut saugen und sein marck kawen. Rothlauff wende umb dz soltu nicht thun, all glocken haben geklungen all Meß ist gesungen dz Evangelium ist uff der Canzel verlesen und nenne dz Mensch, also sol N. in dieser stundt an dem rotlauff ahn allem fehl und mangel wider genesen, dz helff mir u. s. w.

9) **Wann sie zu einer gebehrenden frawen gehe,** streiche sie dz H. Creuz vor sich und uber die frawe und sage: Der liebe Hr. Jesu Christ und seine Mauter gingen durch ein Dorff, der Hr. Jesu Christ sprach, es ist niemandt hier, der unser bedarff, spreche sie dann, Ja und lieber Herr Jesu Christ es stehet alhier ein schwaches Weib, kom l. Hr. Jesu Christ entbinde dies schwaches Weib zur glückseligen stundt, Marei die reine schleuß auf die Eißbein, mein l. Hr. Jesu Christ wende du es uf den rechten Weg, da du dich hintrehst, da du von deiner Mauter abschiedest,

dz helff Gott. Amen in Gottes nahmen. Diese Wort sage sie
bey allen weidern dazu sie gehe und laße es die Weiber hören.

10) Vor das Blut zu stillen:

Die h. fünff Wunden
Die gesegnen dir die sechste wunden
Dz sie dir nicht schwell oder schwer oder schieß
oder flueß oder nichts Böses darzu schlage
Dz helff mir Gott der Vatter.

11) Vor den brandt, wan sich ein Mensch brennet.

Ach so mildt, so süß u. so kühl sey dir der Brandt
Wie unser lieber frawen war der Keich in ihrer Handt
Dz er nicht weiter umb sich freß oder glimm
Oder auch keinen schaden gewin.
Dz helff mir u. s. w.

Schmit Adam von Wommertshausen kan die buchsen versprechen, ist zu Marpurg gefangen geben und sol wildt geschossen
haben, hab ihr ein tranck gemacht, als ihr ihr Kühe angegriffen
gewesen und kein Milch gegeden, sol vielen leuthen tranck gegeben haben.

Schultheiß sol den Jungen und dz buch zu henden bringen
und die Evam so baldt zu hafften legen".

An Eva von Ober-Weidbach reihen wir am Besten den Segensprecher an, von dem sie nach der letzten Notiz gelernt hat. Es
ist dies „Schmit Adam von Wommertshausen". Dieser, der
auch noch „Schmit Hanß Adam von Wommeltzhausen" heißt, muß
zu Zeiten eine gewisse Berühmtheit gehabt haben. Außer an der
obigen Stelle wird im Protokoll von Fronhausen über ihn berichtet. Es heißt da: „Demnach Simons Hanß der Elter zu
Alten Versa berüchtiget, daß er einem Schwartz Künstler 1 fl.
geben, dz er ihm die Spatzen, so ihm grossen schaden uf dem
feide in den Weitzen Ackern gethan, beschweren solle, Ist er nacher
Fronhausen erfordert und darumb befragt worden, gestehet, dz er
zu Wommeltzhausen bey Schmit Hanß Adam gewesen, ihm den
gülden zu solchem Ende geben, wisse nicht wer ihm anleitung
darzu geben, sey ohngefehr vor 8 oder 9 Jahren geschehen, er
lasse sich beduncken, Christof Ruhleder zu Alten Versa hab ihm
von disem Hexenmeister gesagt, derselb sey umb den Acker herumb
gangen, wisse nicht, was er weiter gethan, es hette aber nicht

geholffen. Obbemelter Ruhleder sey auch bey ihm Schwartz=
künstler gewesen, um deßwillen dz sein Kuh kranck gewesen, hab
derselben geholffen, sey vorm Jahr geschehen.   Ist ihm vor=
gehalten, dz er höchlich wider Gott gesundiget habe, soll Gott
umb verzeihung bitten und sich dergleichen händel gäntzlich ent=
halten und ist ihm befohlen dz er sich uf erfordern wider einstellen
soll, deßwegen er auch cavirt, scheint etwaz alber zu sein."

Eine reichgesegnete Gegend ist hinsichtlich der Verbreitung der
Segensprecherei auch die Umgegend von Wetter. Besonders sind
hier die Orte Warzenbach und Nieder=Wetter zu nennen, in denen
ganz hervorragende Zauberer ihr Wesen trieben.

e. Warzenbach.

Hier wirkt „Mertz Elßgen." Über ihre Verhältnisse er=
fahren wir, außer daß sie Hebamme war, nichts. Auch nichts
über die Ausdehnung ihres Geschäfts. Wir hören nur, daß
schon ihre Eltern Segen gesprochen haben. Allem Anschein nach
gehört sie zu den minder gefährlichen Exemplaren. Die Akten
sagen von ihr:

„Mertz Elßgen von Warzbach wegen des Segensprechens
befragt, sagt, sie könne:

1) Vor die Blattern, so das Viehe hat:

> Nu Walt's Gott, der liebe Herr Jesu Christ
> S. Ann die trug S. Osann
> S. Osan trug den H. Christ
> So wahr als das ist
> Vergang Blatter und nicht zerbrist.

Im nahmen des Vatters u. s. w. ohne Amen zu sprechen.
Ihre Eltern haben sie es gelehrt.

2) Wenn ein Pferdt schwach ist, so sage sie, wann sie
ihm drey mahl erst in das rechte Ohr geblasen:

> Fewer börnt nicht
> Dz Wassern durst nicht
> Das brodt hungert nicht
> Im nahmen nahmen.

Ist underrichtet und hat versprochen, es hinfüro nicht mehr zu
thuu oder zu gebrauchen."

20*

f. Nieder-Wetter.

Ein für gefährlich gehaltener Segensprecher ist Hermann Günther. Das Protokoll berichtet über ihn einmal: „Born Curtt zeigte an, das Hermann Guntter einsmahl vor 14 Jharen die Hegewurm von seinem Acker vertrieben unud einer Frawen uf ihren acker geiagt habe, der wasenmeister clage über ihn, das er ihme eine Kuh vor 9 Rthlr. abgekauft unud er noch ein Kopfstück haben wollen, Als er solches nicht bekommen Sey er im Stall mit der Hand über die Kuh gefaren, darauf die Kuh verdorret". Von diesem „Zauberer", der in Nieder-Wetter sein Wesen tried, hören wir noch mehr. Einmal wird von ihm berichtet, daß man ihn „wegen seines Segensprechens erfordert und ihm sein Abgottisch mißbrauchisch wesen zum höchsten verwiesen" habe, „daruff er sein Sundt erkandt und umb Verzeihung gebetten, auch angelobt, sich des Segensprechens zu enthalten und keinen Menschen zu lehren." Weiter machte aber der erwähnte Feind Günthers, Curt Born, noch eine Aussage, welche zur genauen Vernehmung des Segensprechers und zu dessen eigenem Geständnis führte. Wir hören darüber folgende Details: „Curt Born zu Nieder Wetter hatt in kurtzem 13 Pferd durch Zauberey verloren und Herman Günthern daruf einen Zauberer gescholten, welches er noch gestehet, dan der Günther zu ihme gesagt hette, wan er Born ihme sein Vieh von seinen Güthern behielte, wolle er ihme wieder abthun, was er ihm angethan. So sey er auch ein Segensprecher unud könne es nicht leugnen. Herman Günter befragt, was er vor segen wuste, respondit: 1) Vor die Zhen. Eva uf dem stacken stand, der Her Jesu Christ zu ihm (!) kam, Eva was machstu uf diesem stand, Herr Jesu Christ, wie thuu mir mein Zehn so weh, nun Scheppe du das waffer in dein mund unud lasse es wieder schießen in den erden grund so seind dein Zehn wieder gesund. Im Namen Gott, Trinitatis. 2) Zu den Schweinen. So man uf den Walpertag gesegne: Gott der Her Jesu Christ hatt er 3 herde schwein der ein hies Florein, der ander Dorwein, der dritte Marey. Lorey was machen dein schwein, sie seind sehr kranck, sie mögen nicht gerußen oder gemeinden. Lorein neme du den gerstekern unud gebe sie meine schwein, gegen den rangen gegen den wangen, gegen die 66 Krenck, In nomine patris. 3) Wieder den wurud der Pferd. Job der in der misten

lag, Job der uf gehn Himmel sah, Ach Job (!) wie hastu mein
so gar vergessen, left mich die Maden unud Wurm fressen, Die
Maden und Wurm sollen dich nicht fressen sie seyen gleich gehl u. s. w.
nomina coloris; in nomine patris. 4) Vor die Hegewurm.
Negat pertinaciter."

Neben Hermann Günther wirkte in Nieder=Wetter noch mit
Erfolg Melchior Volpert. Die Nachrichten über ihn sind
gering. Um so mehr hören wir von seiner Kunst. Wir lesen
im Protokoll:

„Melchior Volperdt von Nieder Wetter ein seegensprecher habt
nachgesetzte seegen ausgesprochen und ist mit dem gefängnuß be=
straft worden:

1) Vor Kranckheit der Schwein: Unser Herr Gott und
S. Petter gingen mitt einand(er) überfelt ... Lorein hütte Unserm
lieben Herrn Jesu Christ seiner schwein, sprach der liebe Herr
Jesu Christ: Lorein Waß machen meine schwein, Herr Christe sie
sein so kranck sie können weder russen noch wencken, Lorein nehme
du den Kern in deine Handt, lasse ihn sein so wohll gesent alß
der Kelch undt auch der Wein undt dz heiliege Himmelbrodt, dz
d. Herr Christus seinen Jüngern auff den grünen Donnerstagk
bodt, gegen die rangen, gegen die wangen undt gegen die neun
und tnewntzigerley kräncke, nuhn wiederumb laß ihn sein so wohl
gesäet als der Kelch undt auch der Wein alß dz heiliege Himmell=
brodt, dz d. Herr Christus seinen Jüngern auff der grünen
Donnerstagk bodt im nahmen des Vatterß, sohnß undt hei=
liegen geistes.

2) Vor dz Darmrode: Segerich undt d. liebe Herr Jesu
Christ gingen mitt einand über Disch, sprach d. liebe Herr Jesu
Christ wieder Segerich. Segerich wie bistu bleich, Herr Christe
durch mich geht der rohte schweiß, Segerich greiff du under deinen
rechten Fuß so sey dir dz Därmrohte gebust, Dir dem lam und
dem rinde Undt mancherlei Mutterkindt im nahmen des Vaterß.
des Sohns undt des heiliegen Geistes Amen.

3) Vor die blattern des Rind und schafvies im Leibe.
Sanct Osan trug sanct Anna, sankt Anna trug sanct Osan,
sanct .... drug den heiliegen Christ, hütte dich Blatter undt
nicht zerbrist, dz gebeudt Dir Gott und der liebe Herr Jesu
Christ, im nahmen . . .

4) **Vor Fäſtickeidt des leibß.** Des morgenß, wen man
aufftedt, ſoll man ſagen, hie wandere ich über dieſe ſchwell,
Gott der Herr war mein Geſell, die erde war mein ſchuch, der
Himmell war mein Hudt, dz heilige creuß war mein ſchwerdt, ich
nehm das ſchwerdt in meine Handt, ich ſchreidt uber einen graben,
begegneten mir drei junge Knaben, der eine war Gott der Vatter,
der ander Gott der ſohn, der ander Gott der heiliege geiſt, die
beſprachen mir mein Blut nudt auch mein fleiſch, dz mich kein
böſer Hundt beiß, oder auch kein Wolff zerreiß, dz mich kein
mörder ſchadette, dz mich kein Waſſer fälle oder auch kein bawm
ſchnell, dz mich kein waffe durchhawe oder ſteche oder ſchneide,
ſondern mein allein die ſchneide durch Knochen und bein .... ſie
kompt auß meiner Handt ſo ſey ſie den andern gleich gewandt,
im nahmen.«

Ebenfalls auf eine Ortſchaft in der Nähe von Wetter beziehen
ſich folgende aus dem Zuſammenhang herausgeriſſene Nachrichten,
die wir der Vollſtändigkeit halber mitteilen. Sie beziehen ſich
vielleicht auf Ober=Roſphe. Im äußerlichen Zuſammenhang
mit dem Protokoll dieſer Gemeinde leſen wir:

»Dz der Wolff die Schaffe nicht erhaſche: Lauckauß dir
gebeudt Unſer lieber Herr Jeſuß Chriſtauß, dz du mir diß Jahr
es ſey gleich Dag oder nacht kein ſchafnaß reiſt oder beiſt, Das
Unſer liebe frauwe ihren rechten nahmen nicht verleurt, den verlewrt
ſie nimmermehr, im nahmen des Vatterß, des ſohns und heiliegen
Geiſtes probatum.

Vor die Zähn .... Job ſaß ahn dem ſee, da kahm der
Herr Chriſtus gegähn, Job waß machſtu an dem ſee, Chriſte wie
thuu mir mein Zähn ſo wehe, Job nehme du dz Waſſer in deinen
Mundt, ſo werden dir deine Zähne geſundt im nahmen des
Vaterß ſohns undt heiligen Geiſtes Amen.

Dießer geſell iſt uf einen tagk oder etliche in gehorſam geſetzt
worden, Soll einen geſchworenen Urſheden geben unud darin ver=
ſprechen, das er dießes aberglaubiſche Segenſprechen abſtellen wolle.
Marga Johannes printzen weib kan folgenden ſegen vor die
Blattern: Suſan trug Sant Ann, Sant Ann trug Sant Uſan,
Sant Uſan trug den heiligen Chriſt, vergehe Blatter unud nicht
zerbriß Im Namen. Magdalen Baltzer Soltans fraw iſt Segen=

sprechens verdechtig will über vielfaltiges Zusprechen nichts gestehen. Marthen Jost Henckels H. fraw will nichts wissen."

g. Rosenthal.

Hier begegnen uns Segensprecher und Siebzauberer. Angezeigt werden sie alle von dem Pfarrer. Die Segensprecher sind „Johannes Jägers Hausfraw undt Junghenn Ochsen Hausfraw". Wir hören über die Verhandlungen mit ihnen und deren Resultat Folgendes:

„Gertrudt, Johannes Jägers Hausfrau, so segen sprechen können soll, gestehet es nicht, hat aber doch handgelübdt gethan, sich dafür zu hüten. Kreina Junghenn Ochsen Hausfraw könne:

Vor die Heerwurm: Job lag in der Misten und schrie zum lieben Herrn Jesu Christ, Herr Wie hastu so gar N. ver= geßen, Nein Herr ich hab seiner nicht vergessen, das ihn die leidige Heerwurm nicht sollen eßen sie seyn gleich weiß, roth von allerley farben, sie fließen und reißen. Im nahmen des Vatters. Habe 2 Kindern damitt geholffen, hab es von ihrem Vatter selig ge= lernet. Hat ihre Sünde erkennet und angelobet sich des segens genzlich hinfüro zu enthalten, auch niemanden daßelbig zu lernen."

Außer den Genannten wird Paul Henckels Hausfraw bezichtigt, sie lasse „das sib lauffen." Vor die Visitatoren gefordert, gesteht sie ein: „sie hab es einmahl probirt, als ihr ein wagenradt genommen worden, es hette aber nicht wollen lauffen. Die formel sey also: Ich beschwere dich mit den 3 Aposteln Marcus, Lucas und St. Paul, hats N. gethan, so gehe herumb, hat ers nicht gethan, so stehe still. Im Nahmen u. s. w. Darzu werde ge= braucht ein Schafsicher und ein Sipp. Zuforderst werde ein Creuz uf das Sibb uff die Zargen gemacht, danach stecke mann die Scher über dz Creuz hinüber und halten 2 personen oben bey dem ohr die Schafscherr mit dem Mittelsten finger. Ihr Gevatter des Pfarrers Vatter hab es zum ersten in ihres Vatters hauß ge= braucht, in ihres Vatters, des Pfarherrs zu Brombskirchen, Trümperi beysein." In dieser Aussage ist also auch des Pfarrers zu Rosenthal eigner Vater dieser That bezichtigt. Er wird des= halb auch vernommen und gesteht ein, er habe das Sieb einmal laufen lassen und dabei gesagt: „Ich beschwere dich bey den vier

Evangelisten, S. Mathaeus, Marcus, Lucas und S. Johannes, dz da N. das geidt gestohlen hat, so lauffe herumb, wo nicht, so bleib stehen, sprecke nicht: Im Nahmen . . . in fine."

h. Mönchhausen.

In Mönchhausen werden vier Personen wegen Segensprechens vorgefordert. Die zwei ersten, Ctos Benders Hausfraw und Werner Waßmuth leugnen pertinaciter, es ist also mit ihnen nichts anzufangen. Die anderen legen ein Bekenntnis ab. „Konigund Johan Schneiders Weib zu Monchhausen kann einen Segen wieder das Abnemen: N. So niemand weiß, was dir ist, so helf dir Gott und der Her Christ. Im Namen des Vatters u. s. w., neme das Kind uf den Schos, mache ein Kreuz uf die stirn unub streiche dem Kind vom Haupt bis über die fus hinnunder. Wieder eben dasselbe scheppet sie waffer des morgens ungeredet aus der Bach unnd gibts dem Kind ins maul sprechend: Gott heiliger Geist, erfülle dies Fleisch, im namen Gottes. Will mehr nicht gestehen, will nach gethaner erinnerung diese Segen mehr nicht sprechen, hat deswegen Handtgelobnuß gethan und ist mit dem Thurn betrawet worden. Hermann Ries der elter von Wolmar kan einen segen vor Abnemen der Kinder: Halte das Kind ufm arm hinder der Thur unnd sage, jetzund thue ich diese wehu uf unnd laffe unsere liebe fraw herein. Aber komm und hole diese Geist oder gebe dem Kind (addatur nomen) blut u. fleisch in nomine. Hatt sich uf gethane erinnerung verpflichtet, wan man erfaren wurde, das er den segen noch einmahl spreche oder iemand lehrete, solle man ihm den Hals abhawen. Wie ers dem Rentmeister mitt handtastung angelobt."

i. Josbach.

In Josbach wird vom Opfermann und Pfarrer „die Hoff= mannische alhier" oder „die Hoffraw alhier im Schenckischen Hofe" angezeigt, „sie werde zu Vieh und Menschen gebraucht" und „gehe mit Segen sprechen umb". Vor die Visitatoren wird auch eine Frau gefordert „Reiz Morgenwegs eheweib", sie „sagt, könne nicht mit dem segen, entlich uff ferner Zusprechen gesagt, dz sie vor den blasenstein mache einen tranck, darzu sie brauche weißkreuß, Neßelwurz, Petersilg, Wolfswurz.

Vor den Katten brandt: Das brodt hungert nicht, dz
waßer trincket nicht, dz fewer bornt nicht, So geschehe an diesem
Voß im nahmen; sage es dreymahl und mache ein Kreuz darüber.

Vor die Waffen, darmitt mann verletzt ist, könne sie auch
ein Kunst, wolle es abers nicht sagen, daun sie Reinhardt Esther
zu Schweinßberg solche Kunst gelehret, und ihm versprochen keinem
Menschen nach zu sagen. Hat versprochen, sich beßen zu enthalten."

k. Bernsdorf.

Über eine Segensprecherin in diesem Filial von Schönstadt
hören wir:

„Elisabeth Theyes Beckers Haußfraw zu Bernstorf sagt, könne
vor die Elben, Die Elbe und Elbin zogen uber laud, da begegnet
ihnen der liebe Herr Jesu Christ, Wohin Eide und Elbin (dan
nenne man den flecken und des Krancken nahmen), dan wollen wir
sein fleisch und blut saugen, da sagte der Herr Christ, wende umb,
Ihr solts nicht thun, und soll darauf beten dz Kind (oder die
Eltern) drey Vatter unser und drey glauben. Habs von ihrer
Mutter gelernet, hab viel Leuthen gehollfen wie diejenige, an
denen es gebraucht, bezeugen. Ist aus Gottes Wort underrichtet
und ihr die Kirchenordnung vorgehalten, hat zugesagt beßerung
und will es nicht mehr thun."

l. Frankenberg.

Während alle vorgenannten Fälle sich in den Protokollen ziemlich
rasch erledigten, nehmen die Zauberfälle in den Frankenberger
Akten einen breiten Raum ein. Schuld hieran ist die Wichtigkeit
eines absonderlichen Falles und die Ausführlichkeit der einleitenden
Mitteilungen. Der damalige Frankenberger Pfarrer Ludwig
Steitzerus schreibt nämlich: „Bei unsern Schulen lauffen betrübte
Händel fur, als bei der Stadtschul zwar, dz ein Knab gegen den
andern seinen condiscipulis sich verlauten lassen, er könne sich zur
rab machen, und hat bei einem gedienet zu Stieß, der daun ver-
brandt worden, der ihm aufm häw ein gebetlein vorgesagt, uudt
noch vor dem beschluß seyn drey kommen deren einer ein Berwolff
worden, habe 2 gefressen, 2 seyen verschwunden. Ich habe bedenckens
gehabt, den Knaben selbst zu examinieren ohne vorwissen, weil
dieß schwere sachen, gleichwol so bald ichs am nechstverwichenen

Sambstag vom Herrn Dithmar Platten erfahren, da mirs sonsten von unserm M. Edero, der das Commando inn der schul haben will, nicht angezeigt, habe ich quasi aliud agendo von 2 Knaben die reden explorirt, die gestehens, weisets aber einer auf den andern, weil sie durch unfürsichtigkeit der Praeceptorum geschreck(t) nichts sagen wollen, davon doch sonsten inn der statt gesprech sein soll. Von der einen Mägdlein Schulfrawen tochter habe ich am Grünendonnerstag zu Abend auch dereu sachen gehöret, von glüenden Katzen, schwartzen Hunden ussm Bett, die sie sehen könne und kein ander, vom gebetlein, das mann ussm (salva reverentia) mist sprechen muße, von hübsch Breutigam, daß dereu redt auch 2 andere mägdlein bz sie es von Jenem gehört bei mir geständig seindt. Weil ich aber der Herrn Visitatorum ankunfft erwartet, hab ichs biß dahin geheim gehalten, es will mir aber bei diesem Ding die Zeit zulang werden undt habe darzwischen nicht unter-laßen können auch Rhats zu erholen, ob etwa sub alio pretextu der Knab aus der Stadtschul erlaßen werden undt wie mit der mägdlein Schulfraw wegen ihrer tochter geschwätz, das nun für ein leichtfertige rede will entschuldiget werden, es zu halten sein möchte." Über diese Vorfälle wurde, wie das Protokoll ausweist, von den Visitatoren genaue Untersuchung eingeleitet. Der erste Fall erledigte sich rasch. Der Knabe, der 9 Jahre alt war und Georg Kißler hieß, wurde vorgenommen, ausgefragt und nach Ermahnungen zur Gottesfurcht wieder dimittirt. Es stellte sich heraus, daß er thatsächlich die Äußerung gethan, „er könne einen Schwartzen Vogell machen." Er war „bei wehrender Pest zu Grisou gewesen, daselbst einer ausm Cöllischen laud gedienet und bey ihm geschlaffen habe, von dem er etwas gelernet, derselbe Dienstbott sey zu Medebach verbrant worden." Doch war er nur eine Nacht bei ihm und wenn der Dienstknecht auch allen circumstantiis nach ein Zauberer war, so war für die Visitatoren doch kein Grund vorhanden, den Knaben deshalb zu bestrafen. Genauer wurde die andere Angelegenheit untersucht. Es handelt sich dabei um der „Schulfrawen Marien Henrich Conradi Wittiben tochter Elisabetha Catharina", die des „Unterschultheßen Christoph Dochterlein hat wollen ein gebett lernen, das sie glühende Katzen machen solle." Es wird deshalb das letztgenannte, 14jährige Kind und ein Mädchen von 18 Jahren „Konigund Reiß Textors Lein-

webers Dochter", sowie die 13jährige Angeklagte „Liesekett" vernommen. Hören wir das Protokoll darüber. Es heißt: „Sagt
Catharina, daß der Schulmeisterin Dochter vor ungefehr 4 wochen
in ihres Vatters haus unnd auf ihre stuben kommen unnd als
sie Catarina gesagt, warumb Sie den Kopf so in der Höhe trüge
unnd so stolz were, sie hette gewis einen freund, darauf sie ge-
andwortet unnd gelacht: Ja die Hexen können machen das man
einen freund bekeme; habe Catarina gesagt: ey kannstu das?
daruf sie gelacht unnd mehr nichts gesagt. Über eine weil hette
es gesagt: Uffm bett sässe ein Dingk, welches fusse unnd damit sie
die 2 förderste finger hervorgestreckt unnd gezeigt hette. Daruf
Catharina gesagt, das hoffe ich nicht, das der Voland in dießes
Haus kommen solte, hette auch das heil. Kreuz vor sich gemacht.
Inmittelst were zu dießen reden ihr Catarinen Mutter kommen,
darauf die liesaketten den Kopf geschüttelt und daß sie schweigen
solte gewincket hette. Des anderen tages hetten uf des Under-
schultheßen thür gesessen die lieseketten, vorbesagte Catharina
unnd Kunigund. Da hette die Catharina angefangen: Weistu
wohl was du gestern wieder mich sagtest, wie das Ding ufm Bett
saße. Hette Leiseketten angefangen: Ja ich weis es. Daruf
Kunigund gesagt, ey was war es dan. Hette Leiseketten geand-
worttet: es hette So fusse gehabt, hette die 2 vorderstein finger
von einander gethan. Die Konigund hette gesagt warumb es
dan die Catharinen nicht gesehen hette. Die Leiseketten gesagt:
Ja ich sahe es, es siehets nicht ein jeder. Die Catarina hette
gesagt: ey du sagtest ja auch, das du einen freund bekommen
oder machen konnest? Konigund gesagt: Ey kanstu dan das?
hette Liesekette wieder gesagt: Ja ich kans. Konigund hette sie
versuchen wollen unnd begert, das sie dieselbe kunst sie lehren
solte, sie wolte ihr 3 heller geben. Daruf die leiseketten gesagt,
es habe sie ein megdchen, mitt welchem es uf die Kirmes nach
Hawern gangen, ihm erzhelet: Das ein man seine fraw wegen
zauberey verdechtig gehalten unnd gesagt habe, das er 100 fl.
wolte geben unnd zaubern lernen, die fraw hette gesagt, das geld
solte er sparen unnd mit Ihr uf die misten gehen, So er gethan,
unnd als sie daruf gewesen, hette die fraw ihm bevolen, das er
ihr alles nachthun unnd nachsagen solte, hette daruf mist genommen
unnd dem manne vorgesagt: hier stehe ich ufm mist unnd ver-

leugne den Herrn Christ. Die Leisaketten hette doch nach erzhelung
deffen gesagt Sie könte dergleichen nicht, da solle sie Gott vor
behüten, das tuch ufm Bett hette sich gekrummelt, davou sie gesagt
hette, das ein Dingk ufm bett dein hette wie 2 finger, Sie beide
Catharina unnd Kunigund weren von ihr ufgestanden unud hinwegk=
gangen. Sagten sonsten es were ein frech ungezogen mensch unud
hielten nicht davor das sie dergleichen könte.“ Elsa Catharina,
die Missethäterin, dagegen sagt etwas anders aus. Zwar sachlich
kann sie nichts leugnen. Sie gestehet, daß sie gesagt habe, „siehe
also siehet es uf deinem bette vnd die 2 fordern finger von einander
gethan.“ Doch sagt sie, „sie hette gewust das sich die Catharine
so sehr furchte“, und deshalb habe sie so gesprochen. Sie habe
damit „das Duch ufm bette gemeinet, so gekrummelt gelegen.“
Sie gesteht auch die Unterredung mit den zwei Mädchen. Sie
führt sogar noch genauer aus, worum es sich bei der Unterhaltung
handelte. Sie habe „erzehlet, das einem man zu Goslar alle sein
Vieh were verzaubert worden, welches desselben manns fraw gethan
unud der Mann Verdacht daruf gehabt hette unud hette er dieselbe
probiren wollen und gesagt, daß er 100 fl. hette unud zu einer
Zauberin gehen und die Kunst lernen wolte, die fraw hette gegen
den Manu gedacht, das solches nicht vonnöthen thue, er solle
nurend mit ihr uf die misten gehen, So geschehen unnd hette ihr
der Mann nachsagen sollen, hette daruf angefangen: hier stehe ich
uf diesem mist, so der man repetirt, die fraw hette fortgefaren:
unud verleugne den Herrn Christ, welches der mann nicht nach=
sagen wollen sondern die fraw übell geschlagen, der Obrigkeit sie
geliefert und verbrennen lassen, Item hette weiter erzehlett, das
eine mutter wieder Ihre Dochter, So ufm tagelohn gearbeitet, gesagt,
das sie dieselbe ein gebett leren wolte, das sie einen feinen breutgam
bekommen solle, so ihr gelt geben würde unnd sie nicht mehr ar=
beiten dürfe; welches die Dochter gelernet hette unud hernach
verbrant were worden.“

Damit schließen die interessanten Frankenberger Akten und da
die Protokolle der übrigen Gemeinden über die Zauberei nichts
Wichtiges mehr mitteilen, auch unsere Protokollauszüge. Bemerkt
sei nur noch, daß den Beteiligten der Frankenberger Zauber=
geschichte eine ernste Verwarnung und Drohung mit dem „diessten
Thurn und Strafe bei Leib und Leben“ zuteil wurde.

3.

Wenn wir an die Verwertung der im vorhergehenden Abschnitt dargebotenen Materialien gehen, so müssen wir vor Allem
einige Notizen über die **Verbreitung der Segensprecherei
im Marburger Land** vorbringen. Wir sind dazu auf Grund
der Genauigkeit der Protokolle dieses Bezirkes befugt. Zwar giebt
es auch Gemeinwesen, wo Pfarrer oder Älteste oder Gemeindeausschuß aussagen, daß sie nichts von einem Segensprecher
wüßten, während doch nachweislich von Gemeindegliedern der
Segensprecherei nachgelaufen wird. Es gilt dies z. B. von Lohra,
wo der Ausschuß einen Mann von Wommelshausen als Segensprecher einzelner Gemeindeglieder bezeichnet, während der Pfarrer
nichts davon weiß, Ebsdorf, wo der Pfarrer den Lorenz Beuder
im Gegensatz zu den Senioren der Segensprecherei bezichtigt,
Altenkirchen, Wittelsberg, Gemünden an der Wohra und
anderen Orten. Immerhin ist aber die Übereinstimmung in den
meisten und besonders den ernsten Fällen so groß, daß unser
Urteil, das uns die Atten an die Hand geben, wohl dem wirt-
lichen Thatbestand sehr nahe kommen dürfte. Was sagen diese
Atten von der Verbreitung dieses Aberglaubens? Zum ersten,
daß in etwa 30 Gemeinden des Landes nach übereinstimmender
Aussage von Pfarrer, Senioren, Gemeindeausschuß und Schulmeister jedenfalls ein Segensprecher zur Zeit nicht existierte. Zum
zweiten, daß in dem etwa 70 Pfarreien umfassenden Marburger
Gebiete etwa 43 Personen im Verdacht stehen, Segensprecher zu
sein. Nun müssen von dieser Zahl, will man die richtige Zahl
der Segensprecher haben, gewiß noch etliche abgezogen werden,
wie z. B. Clos Benders Hausfrau und Werner Waßmuth zu Mönchhausen, Gela Johann Großen Wittib zu Kappel, Magdalen Balzer
Soltans Frau, Marthen Jost Henckels Hausfrau in Nieder-Wetter
und Gertrud Johannes Jägers Hausfrau zu Rosenthal. Aber
auch dann bleibt noch die Zahl 35 übrig, gewiß eine ganz beträchtliche Summe. Man setze nur einmal für diese 35 Segensprecher die Personen ein, welche heute vielfach ihre Stelle nach
Ansicht der Bauern ausfüllen, die Ärzte, so wird das Verhältnis
sofort klar: auf je zwei Pfarrorte eine heilende Persönlichkeit. Noch wichtiger wird diese Thatsache, wenn wir uns die
Thätigkeit dieser Leute einmal vor Augen stellen. Sie waren ge-

zwungen, im Verborgenen zu arbeiten. Pfarrer und Schultheißen, Senioren und Beamte waren ihnen gleichermaßen gefährlich. Denn allen war, wie wir oben sahen, die Verfolgung und Bestrafung der Segensprecher aufs Herz gebunden. Wenn trotzdem 35 Personen diesem gefährlichen Geschäft im Jahre 1628 obliegen konnten, wie muß da allen Ordnungen zum Trotz in diesem Bezirk sich ein wirkliches Bedürfnis nach ihnen durch die Jahrhunderte hindurch erhalten haben. Endlich ist das zu beachten, daß unter den der Segensprecherei bezichtigten Personen Leute sind, die schon auf eine lange, erfolgreiche Wirksamkeit zurückschauen. Die Witwe Hauser in Londorf treibt ihr Geschäft schon 17 Jahre und hat dabei so viel zu thun, daß sie von sich selbstbewußt sagen kann: „sie gehe nicht auf Dörfer und über Feld." Die Beckers Hausfrau von Bernsdorf hat nur einen Spruch und hat doch schon vielen Leuten geholfen.

Immerhin ist bei dieser Statistik eine Beobachtung mit in Betracht zu ziehen, soll unser Urteil nicht einseitig werden. Die Segensprecher wohnen doch auch mitunter in recht großer Anzahl an einem Orte zusammen, ihre Wirksamkeit erstreckt sich also zusammengenommen nicht auf so viel Orte, als ihnen nach unserer Statistik eigentlich zukäme. Dies gilt ganz besonders von der Pfarrei Londorf. Dort heilt die Cuntzin den Frosch, das „Fiber", die „Elben" und „wann ein Kind beruffen ist", Schnabel Lips, Magels Ehefrau und die „Elisabeth" die bösen Mäuler, die Gebrüder Rend Viehkrankheiten, Hausers Witwe vor Allem Bauchschmerzen. Dies führt uns zu einem weiteren Punkt unserer Betrachtung, der wohl hervorgehoben zu werden verdient. Wir sehen nämlich schon aus diesem einen Beispiel ein Dreifaches. Vor Allem tritt deutlich zu Tage, daß die Ausübung des Segensprechens sich derart fortpflanzte, daß erfahrene Segensprecher anderen, die sie für würdig hielten, ihre Kunst mitteilten. So ist es im ganzen Bezirk. Die Elisabeth Theyes Beckers Hausfrau von Bernsdorf hat ihre Kunst von ihrer Mutter, das Elßgen von Warzenbach von seinen Eltern, die Reids Eva hat einen Segen von der alten Leysen zu Rodenhausen, Johann Faulstich von der Hausers Wittib, der Sauschneider von Kirchhain von Henn Möller zu Rodenhausen, die Hauserin von Nordeck von einer alten Amme u. s. w. Ganz besonders erweisen sich die Schlösser als Sitz und Lehrstätte der

Segensprecherei. So stehen die Segensprecher von Londorf mit den „Edelleuthen zu Nordeck" in Verbindung; die Cuntzin von Londorf bezeichnet sie, besonders „Junckers Hermans Haußfrawe" geradezu als ihre Lehrmeister. Ebenso ist die Hauptsegensprecherin Josbachs eine Hoffrau im Schenckischen Hof und Reitz Morgenwegs Eheweib zu Josbach hat ihren Spruch gegen die Waffen von Reinhard Esther zu Schweinsberg gelernt. Freilich kommen einzelne Leute auch noch auf eine andere Weise zur Segensprecherei. Sie üben sie an sich oder anderen, weil ihnen, nach ihrem Glauben, einmal ein Segenspruch in besonders kritischer Lage geholfen hat. So gebraucht die hochberühmte Reids Eva von Ober-Weidbach den Spruch gegen die Bräune der Schweine, seitdem dessen Anwendung auf Veranlassung der „Frawen Leysen von Rodenhausen" ihrem Viehstand geholfen hat. Ebenso ist Johann Faulstich von Londorf nur durch den Erfolg der Kur, die Caspar Hausers Wittib ihm zuteil werden ließ, zur Segensprecherei gekommen.

Das zweite, was wir aus dem oben mitgeteilten Londorfer Beispiel ersehen, ist die Thatsache, daß man die Segensprecher nicht für alle Krankheiten in Anspruch nimmt, sondern nur für die Krankheit, für die sie einen Spruch haben. Sie sind alle Spezialisten für bestimmte Leiden. Der eine heilt böse Mäuler, der andere die Bräune der Schweine, der dritte die Blattern, der vierte Zahnweh, der fünfte das Abnehmen, der sechste Knochenbrüche. Gewiß gibt es auch einzelne Leute, zu deren Ressort mehrere Leiden, sogar ganz verschiedenartige Leiden gehören, aber sie sind doch in der Minderzahl.

Endlich ist zu beachten: Unter den Segensprechern gibt es neben gewöhnlichen Exemplaren einzelne Berühmt- heiten. Eine solche Berühmtheit ist die Cuntzin von Londorf. Sie geht bis nach Allendorf und auf die Dörfer. Wohl gibt es dort auch Segensprecher, aber sie braucht deren Konkurrenz nicht zu fürchten. Sie sind nicht so „gewiß" wie sie. Darum kann sie auch von oben herab über diese ein sachverständiges Urteil ab- geben. Es ist wirklich spaßig, wie sie sich über ihre Kollegen und Kolleginnen ausspricht. Sie redet da von Leuten, die „sich ausgeben", daß sie auch etwas können. Aber das alles geschieht in so selbstbewußten Worten, daß man sofort merkt, daß sie die Konkurrenz dieser Leute nicht zu fürchten hat und ganz genau

weiß, was sie versteht. Eine andere Berühmtheit ist die Reids
Eva von Ober-Weidbach. Sie hat ein ganzes Segenbuch und
heilt die verschiedenartigsten Dinge, die Schweinebräune und den
Friedel, die Viehblattern und den Rotlauf, Brandwunden und
Blutlauf, den Wurm an der Hand und Mutterleiden, die Eiden
und Geburtskrankheiten. Freilich grade deshalb hielten sie die
Visitatoren auch für ganz besonders gefährlich. Sie ist die einzige
Segensprecherin, deren sofortige Verhaftung angeordnet wurde.
Sie war halt zu vielseitig. Ihre Kolleginnen waren zumeist nicht
so gemeingefährlich. Sie waren zuviel Spezialisten und konnten
um dessentwillen nicht so viel Schaden bringen.

Wie wirken nun diese Segensprecher? Bei der Heilungskur
kommt es auf zweierlei an, den Besitz des rechten Spruches und
die Fähigkeit, ihn in der rechten Weise und mit den richtigen
Ceremonien anzuwenden. Es ist interessant, daß oft in den
Protokollen der Ausdruck, „er hat den Spruch" oder „er kann den
Spruch" gleichbedeutend ist mit dem Gedanken: er kann die
Krankheit, auf welche sich der Segenspruch bezieht, heilen. Wer
Segensprecher werden oder in diesem Beruf avancieren wollte,
mußte deshalb vor Allem sich den Segenspruch lehren lassen.
So hat die Cunziu von Londorf, trotzdem sie schon viel konnte
und sich großer Beliebtheit erfreute, doch noch die Edelleute zu
Nordeck, Johann Winters Hausfrau und die Gebhards Crein zu
Sichertshausen um Unterricht gebeten, so hat der Pferdschneider
zu Kirchhain von Henn Möller zu Rodenhausen, die Reids Eva
von der Leysa und dem Schmied zu Wommelshausen „den Segen"
d. h. aber damit zugleich die Kunst des Heilens mit einem bestimmten Segen gelernt.

In den Segeu selbst gehen deutlich die verschiedensten Vorstellungen durcheinander. Das zeigt schon eine flüchtige Betrachtung
der Personen. Vieles lehnt sich da an die Bibel an, vieles ist
aus älteren Zeiten übernommen. Verhältnismäßig häufig begegnet
uns die Person des duldenden Hiob. Die Sprüche, in denen er
vorkommt, übertragen den Namen und die Not des biblischen
Dulders einfach auf den Kranken, den sie eben heilen sollen und
dichten dem Hiob umgekehrt Leiden an, die gerade eben der Kranke
hat. Wie weit man in dieser Identifizierung ging, zeigt der
Spruch: „Job saß an dem see." Da ist eine Situation des

leidenden Hiob geſchaffen, die bibliſch ſich ebenſowenig wie in der
nachbibliſchen Tradition nachweiſen läßt. Hiob ſitzt wohl nach
der Tradition „in der miſten" und wird „von Maden und
Würmern gefreſſen" und „am Gebein zerbißen", aber vom „Sitzen
am See" und dem „Zähneweh" des Hiob verlautet nirgends
etwas. Dieſelbe Willkür herrſcht bei der Verwendung des Namens
Chriſtus. Da er für den zu behandelnden Kranken die Adreſſe
iſt, von der er Hülfe erwartet, ſo muß er das auch für jeden
Dulder der Bibel geweſen ſein. Darum ſchreit Hiob „zum Herrn
Chriſten, Herr, wie haſt du mein ſo gar vergeßen" . . . . und
„Chriſte, wie thuu mir mein Zähn ſo weh." Ebenſo iſt Chriſtus
für Eva, die in einem Spruch als leidende Perſon auftritt, der
Helfer (vgl. „Eva uf den ſtacken ſtand" u. ſ. w.). Neben Chriſtus
als Helfer und Hiob als Dulder treten in einzelnen Sprüchen
die Apoſtel Jeſu. So werden z. B. in dem Spruch, der
beim Sieblaufenlaſſen Anwendung findet, die 3 Apoſtel Marcus,
Paulus und Lukas angerufen und das Sieb „bei ihnen be=
ſchworen." Nach der Ausſage eines anderen Zeugen handelt es
ſich dabei um die Namen der Evangeliſten Matthäus, Marcus,
Lukas und Johannes. Ebenſo treten die Jünger in dem 3 mal
in verſchiedener Geſtalt auftretenden Spruch gegen die Schweine=
krankheit als Gewährsmänner und Begleiter Chriſti auf. Wie
ihnen Keich und Brot beim erſten Abendmahl half, hilft der
unter Anrufung Chriſti gereichte Gerſtenkern den Schweinen
„gegen die raugen, gegen die waugen, gegen die 99erley
Krenck".

Beſonders oft wird auch die Jungfrau Maria, „unſere
liebe Frau" erwähnt. Sie tritt auf — in ähnlicher Rolle wie
die Jünger — als Chriſti Begleiterin, die ihn, den Heiland und
Helfer, auf die Kranken eines Ortes hinweiſt (vgl. den Spruch:
„Der liebe Herr . . : und ſeine Mauter gingen durch ein Dorf").
An anderer Stelle heilt ſie ſelbſt, ſteht ſie alſo an Stelle von
Chriſtus. Es iſt dies um ſo merkwürdiger, als dies an Stellen
von Segeu geſchieht, wo der Name der Maria entweder gar nicht
erwartet wird oder allem Anſchein nach für den Namen Chriſti
eingeſetzt iſt. Wir erwähnen nur die intereſſante Thatſache, daß
der Spruch von den Eiben einmal in der Form: „da begegnet
ihnen unſer Herr Jeſu Chriſt", und dann in der Form: „da be=

gegnet ihnen unſer liebe Frau" vorkommt, ſowie die Stelle, die
für ſich ſelber redet:

„Ach ſo mildt, ſo ſüß u. ſo kühl ſey dir der Brandt
Wie unſer l. Frauen war der Kelch in ihrer Handt.'

Dieſe Beobachtungen laſſen ſich auch hinſichtlich anderer
Perſonen machen. So iſt in einem Spruch Herr für Hiob, in einem
andern Spruch Hiob für Herr fälſchlich eingeſetzt, ganz abgeſehen von
den vielen Verſtümmlungen, die ſich faſt allenthalben belegen laſſen.

Neben dieſen dem Chriſtentum entnommenen Namen ſtehen
in den Segen Ausdrücke und Gedanken, welche noch jetzt in das
Heidentum zurückweiſen. Heidniſch iſt vor Allem die faſt allen
Segen zu Grund liegende Auffaſſung der Krankheiten, welche
geheilt werden ſollen. Die Krankheitserreger ſind perſonifiziert.
Elben und Alben, Miteſſer, Fieber, Heerwurm, Rotlauf begegnen
Chriſto und unſer lieben Frau, reden mit ihnen, laſſen ſich etwas
befehlen und gehorchen dem Gebot (vgl. beſonders den Spruch
gegen den Rotlauf S. 305 und gegen Segerich S. 309). Auf
heidniſchen Urſprung weiſen ſogar die vielfachen Unklarheiten, die
wir eben konſtatierten. Es iſt eine bekannte Thatſache, daß viele
der von mir angeführten Segen in faſt derſelben Form nur mit
anderen Namen für den Dulder und den Heiland aus der
germaniſchen Heidenwelt vorkommen. Eine Welt von Chriſten,
die nur äußerlich chriſtianiſiert war, erſetzte die heidniſch klingenden
Namen durch chriſtliche, ohne doch die Spuren der alten Herkunft
völlig verwiſchen zu können. Es iſt nicht nötig, daß ich hier
darauf im Einzelnen eingehe. Es genügt, nachgewieſen zu haben,
daß noch 1628 der heidniſche Urſprung äußerlich erkennbar iſt.

Halb heidniſch, halb chriſtlich wie die Sprüche iſt auch ihre
Anwendung und die dieſelben begleitenden Ceremonien. Da wir
verſchiedene Rezepte aus den Akten mitgeteilt haben, ſo können
wir auf dieſelben kurzer Hand verweiſen. Hier kommt es bloß
noch darauf an, eine knappe Zuſammenſtellung der Zaubermittel
und beſonderen Ceremonien zu geben, welche in den von uns mit=
geteilten Sprüchen vorkommen.

Die Anwendung von Kräutern und Tränken neben
dem Spruch begegnet uns des Öfteren. So macht Reitz Morgen=
wegs Eheweib von Josbach gegen Blaſenſtein einen Trank aus

Weißkreuz, Nesselwurz, Petersilie und Wolfswurz. Ebenso hat der gefangene Schmied von Wommelshausen den kranken Kühen einen Trank eingegeben und Johann Faulstich bei seiner Leibwehkur allemal etwas einnehmen müssen. Zu diesen Kräutern kommen noch besondere Ceremonien. Am gewöhnlichsten ist das Kreuz= schlagen. So macht man beim Sieblaufenlassen ein Kreuz über das Sieb und steckt die Schafscheere „übers Kreuz" darüber, streicht ein Kreuz über eine gebärende Frau, macht 3 Kreuze über einen verbrannten Fuß, legt zwei Messer kreuzweise über einander und streicht damit vom Haupt an bis zu den Füßen. Eine andere Sitte ist das Handauflegen auf einen Kranken. Es begegnet uns nur einmal, nämlich in einem Spruch „vor die Mauter." Man legt da einfach die Hände auf den Leib. Viel beliebter ist die Ceremonie des Hin= und Herstreichens über der kranken Stelle des Menschen oder auf einem Tier. Es findet Anwendung bei dem Spruche gegen das Abnehmen der Kinder, das Vertreten des Fußes, bei Heilung von Verrenkungen, von Bräune der Schweine und von Pferdekrankheiten. Die Form ist dabei verschieden. Bei den Pferden streicht man ein Kreuz über den Rücken, bei den Schweinen erfolgt dreimaliges Streichen von den Ohren bis zum Schwänzchen hin, bei den Menschen streicht man mit der flachen Hand über den Schaden.

Neben das Streichen tritt das Blasen. Es begegnet uns in Faulstichs Leibwehspruch und in dem Spruch gegen Schwachheit der Pferde. Ehe der Segen gesprochen wird, bläst man dem Tier dreimal ins rechte Ohr. Blasen und Streichen zusammen fordert Reids Eva in dem Spruch gegen den Wurm oder das böse Ding an der Hand. Man muß über die Hand erst dreimal streichen und die Finger halten, dann darüber blasen.

Ein Hauptmittel zur Bekräftigung der Sprüche war endlich das Abbeten kirchlicher Gebete oder Formeln, wie des Ave Maria, Vater=Unsers und Glaubens. So verlangt die Ehefrau Becker von Bernsdorf von dem zu kurierenden Kind oder dessen Eltern drei Vater=Unser und 3 Glauben. Die Cuntzin von Londorf, die für ihr privates Leben viel auf das Beten gibt, ver= langt auch bei ihren Kuren viel Gebet; bei der Heilung des bösen Mauls werden von ihr 5 Vater=Unser, 5 Glauben und 5 Ave Maria erfordert.

21*

Damit bin ich zu Ende. Fassen wir Alles zusammen, so
werden wir behaupten dürfen, daß die Visitationsakten von 1628
für ein Gebiet, dessen Aberglaube noch verhältnismäßig wenig
erforscht ist, wertvolle Beiträge darbieten, und daß es dringend zu
wünschen ist, daß die noch vorhandenen Reste zum Zweck einer
Vergleichung von sonst und jetzt gesammelt werden möchten.

Ein konfessioneller Streit in Hirschberg (Schles.) bei der Erbauung der Gnadenkirche.

Von F. P. Scholz.

Als Karl XII. auf dem Marsche nach Sachsen 1706 durch Schlesien rückte und die Oder bei Steinau überschritt, hatte die Glaubensnot der schlesischen Protestanten den höchsten Grad erreicht. Zahlreiche Kirchen waren widerrechtlich eingezogen worden, und als die Bewohner Schlesiens dennoch nicht von ihrem Glauben lassen wollten und in die lausitzisch-sächsischen und brandenburgischen Grenzorte oft viele Meilen weit pilgerten, um die Tröstungen ihrer Religion zu erhalten, da ward der Besuch aller auswärtigen Kirchen und endlich sogar der Hausgottesdienst untersagt. Karl XII., noch persönlich verletzt durch den Kaiser, verlangte in Wien Abstellung der Beschwerden der schlesischen Stände und drohte auf seinem Rückmarsche aus Sachsen so lange in dem kaiserlichen Erblande zu bleiben, bis seine Forderungen erfüllt wären.

Die Alt-Ranstädter Konvention (31. August 1707) verschaffte den nichtkatholischen Schlesiern bedeutende Erleichterungen; nicht nur wurden die widerrechtlich weggenommenen Kirchen und Schulen in den Fürstentümern Liegnitz, Wohlau, Brieg, Münsterberg, Öls und in der Stadt Breslau den Protestanten wieder eingeräumt, es wurden ihnen auch sechs neue Gotteshäuser, die sogenannten Gnadenkirchen, in Landeshut, Hirschberg, Sagan, Militsch, Freistadt, Teschen gewährt. Die endgültige Erlaubnis zum Bau mußten diese Städte aber dem Kaiser durch stattliche Summen abringen, die teils als Geschenke, teils als nie zurückerstattete Darlehn gegeben wurden. Hirschberg z. B. zahlte 3000 Dukaten als Geschenk und 100000 Gulden als Darlehn.

Nachdem die Frage wegen des Platzes in Hirschberg von
einer kaiserlichen Kommission dahin entschieden worden war, daß
das neue Gotteshaus nur vor den Thoren der Stadt liegen dürfe,
ward am 22. April 1709 der Bauplan abgesteckt und eine
Interimskapelle sofort auf ihm errichtet. Noch in demselben Jahre
wurden die vier Geistlichen berufen, die zuerst an der Gnaden=
kirche amtierten. Dies waren der Senior Neunherz und die
Diakonen Mosemann, Kahl und Möller (oder Müller).

Eine tiefgehende Aufregung hatte die Bürgerschaft ergriffen;
auf der einen Seite Freude über das Erreichte, auf der andern
Unwillen und die Besorgnis, daß die Zugeständnisse über Gebühr
ausgebeutet werden könnten. Aus dieser Stimmung erklärt sich
das Schreiben des Oberamtsdirektors Grafen Schaffgotsch[1]) vom
17. Februar 1709, das die Hirschberger Protestanten mahnt,
„daß Sie bey vornehmender Erwehlung derer benöhtigten Kirchen=
Vorsteher vornehmlich auf qualificirte Subjekte reflektiren sollen
und möchten, welches anhero zu wiederholen um so nöhtiger erachte,
als bey meiner Anwehsenheit in Hirschberg ich unliebsamb erfahren
müssen, daß Einige aus vorhin bemelter Bürgerschafft die etwa
intendirende verfassende gutte Ordnung bey bevorstehender Kirchen
Affaire zu unterbrechen und das erforderliche nach ihrem alleinigen
Guttbefinden anzuordnen sich einfallen lassen möchten, und nun
aber die biesherige auffführung dergleichen Leuthe sattsamb an
den Tag gelegt hat, wie Sie vielmehr uneinigkeiten zu stifften
als eyne gutte Harmonie zu befördern gesinnet seynd, So werdet
Ihr dießes alles mehr bedeuteter Bürgerschafft vorher zu repräsen=
tieren und anbey zu bedeutten haben, daß, wenn allenfalls Sie
auf dergleichen unfriedt=liebsame Subjekte reflektiren und selbte
erkiesen sollten, Sie auch zu erwarten haben würden, ob Solche
bey erfolgender Präsentation die von Königl. Ambts wegen benöhtigte
Konfirmation zu hoffen haben dörfften".

Das Oberamt iu Breslau hat an der Wahl der vier ge=
nannten Geistlichen keinen Anstoß genommen, aber die katholische

---

[1]) Dieses und die folgenden urkundlichen Zeugnisse sind einem Faszikel
des Breslauer Stadtarchivs entnommen, worauf mich Herr Prof. Dr. Mark=
graf freundlichst aufmerksam machte. Die poetischen Streitschriften sind in 3
Exemplaren vorhanden, ein Beweis, daß sie ihrer Zeit eine starke Ver=
breitung gehabt haben müssen.

Bürgerschaft Hirschbergs hat sie, wie das folgende Pasquill zeigt, stark angefeindet. Die Namen der protestantischen Seelsorger müssen für die Satire herhalten, und in einer sehr durchsichtigen Anspielung wird aus Mosemann, von dem wir nur wissen, daß er den Grund zur Kirchenbibliothek gelegt und selbst eine gute Bücherei besessen hat, ein Moselmann. Daß den schweren Anklagen, die wegen unsittlichen Lebenswandels und Habsucht gegen sie erhoben werden, etwas Thatsächliches zu Grunde liegt, ist mir nicht bekannt und auch kaum anzunehmen.

Die Erwiderung von protestantischer Seite ist in der ganzen Art dezenter, weil sie die Personen vollkommen aus dem Spiele läßt, aber da sie nur ganz allgemein und recht breit die Nachteile des katholischen Dogmas und der Kirchenzucht ansicht, erscheint sie ungeschickt und matt. — —

„Paßquill über die zu Hirschberg neuerbaute Lutherische Kirche, und selben vocierte Worts-Diener, Nahmens Mag. Neunhertz, H. Moselmann, und H. Kahl, und H. Müller.

Waß Freud und Jubelschall thut man in Hirschberg hören,
Es frolockt groß und klein, was nur gutt Lutherisch heißt,
Weil sich das Lutherthum wie Unkraut thut vermehren,
Worzu geholfen hat der Schweden starker Geist.
Ja dieser Höllen-Brüth wird itzt ein Nest gebaut,
Woselbsten das Geschmeiß sich sammlet rottenweiß,
Der Teufel lacht darzu, den Engeln aber graut,
Weil dieser Seelen-Schatz dem Teufel wird zu Preiß.
Man wil zwar dieses nest zum Heilgen Kreutze nennen,
An dem das Seelen Heil der Herr gewürcket hat,
Judem sie aber sich vom wahren Glauben trennen,
So ist es leider mehr gleich einer Schädelstatt,
Wo sie den Juden gleich ein neues Kreutz bereiten,
Aufs neu zu kreutzigen den, der sie hat erlöst.
Schaut, was der Teufel kan, wohin er sie kan leiten,
Durch seine Schmeichler-Schaar, in dem er sie vertröst,
Daß ihr verdamter Glaub auf wahrem Grund bestehe,
Da doch der Grund-Stein nur von Trieb-Sand ist gemacht,
Eilt nur zur Hölle hin, fragt Luthern, wies ihm gehe,
Der diese Teufels Lehr zum ersten hat erdacht.
Das Evangelium muß er dort reine machen,

Was er hier hat verfälscht und ärgerlich verkehrt,
Nun muß er Buße thuu, weil er in Glaubens-Sachen
So viel verändert hat und so viel Volck bethört.
Ihr Ketzer, wenn ihr wolt die Sache recht erwegen,
Was wunder wär es denn, wenn ihr gleich gar verzagt,
Denckt doch ein wenig nach, wie so gar viel gelegen
An eurem Seelen-Schatz, mit dem ihr euch doch wagt
In äuserste Gefahr, allein ihr werdet sagen,
Ist doch Herr Neunhertz hier, der viel behertzte Mann,
Der tröstet unser Hertz, wer wollte dann verzagen,
Wer gleich kein Hertze hat, Herr Neunhertz dieser kann
In allem Kreutz und Noth ein neues Hertze geben.
Wenn er gleich in dem Leib auch keins erhalten kan;
Er traut auff seine Frau, die kann ihm wieder helffen;
Sie ist gleich einer Scheib, so viel sie Schütz bekombt,
Wenn er nur recht genau den Punct in obacht nimbt,
So viel, so viel sie nun der Jungen Hertzen zeuget,
Das ist ein Hertzens-Mann, der so viel Hertzen macht.
Man muß ja diesem Mann von Hertzen seyn geneiget,
Und mit Erkändtligkeit stets seyn auf ihn bedacht.
Der König Salomou, der so viel Weiber liebte,
Hat nur ein Hertz gehabt, der aber Neune hat,
Da weiß ich nicht, ob Er ein große Sünd verübte,
Wanu er mit mehren buhlt auf fremder Lagerstadt.
Man sol zwar seinen Gott von gantzem Hertzen lieben,
Den Creaturen sol es nicht zerteilet seyn,
Herr Neunhertz aber hat noch übrig mehr denn Sieben,
Das Achte vor sein Weib, die Sieben ins gemein.
Nebst diesen hat er auch noch andere Liebes Hertzel,
Die umb den Tisch herumb alß wie die Öhl Zweig stehn,
Die brennen schon vor Lieb, als wie geweyhte Kertzel,
Sie wollen nicht mehr gern alleine schlaffen gehn.

Wie stehts, Herr Moselmann, Du reiner Junggeselle,
Plagt Dich der Ehstand nicht, wie, bleibstu gantz allein?
Du hast nunmehro ja ein gutten Orth und Stelle,
Die Keuschheit möchte Dir ein große Marter seyn.
Herr Neunhertz wird Dir schon ein liebes Hertzel geben,

Er nimbt Dich gerne an zu seiner Tochter Mann,
Mit dieser kanstu ja in aller Wolluft leben,
Als wie sich mit der Henn vergnügt ein geiler Hahn.
Fürchstu Dich denn vielleicht, Du möchst ein Moses werden,[1]
So tröste Dich mit dem, daß andern auch so geht,
Die Hahnreymacher Kunst ist gar gemein auf Erden,
Der Mann ist selber schuld, weil er nicht wohl besteht.
Doch hör mein Moselmann, Du kannst Dich wieder rächen,
Weil Dir die zehn Geboth zu halten seyn so schwer,
So kanstu Deinem Weib zum Trotz die Ehe brechen,
Ist dieses doch gemäß des Martin Luthers Lehr.
So laß Herr Moselmann Dir meinen Rath gefallen,
Besinne Dich nicht lang, und suche Dir ein Weib,
Ich schwere, daß Dir schon das Bluth im Leib thut wallen,
Wann Du besteigen wirst des Weibes ihren Leib.
Der Herr der seegne Dich und mehre Deinen Saamen,
Daß Deiner Kinder Zahl den Sternen werde gleich,
So wird die gantze Welt verehren Deinen Nahmen
Und sagen: Moselmann, der war an Kindern Reich!

Man hat zum öfftern hier in Hirschberg hören klagen,
Der Müller hat kein Mehl, es ist die größte Noth,
Das arme Volck, das hätt wohl mögen gar verzagen,
Der Hunger war sehr groß und hatten wenig Brodt,
Nuu aber dörfft es wohl am Mehle nicht mehr fehlen,
Weil sich der Müller Zahl in etwas hat vermehrt.
Wo Sie nur ehrlich seyn und hütten sich vorm stehlen,
Der Müller ist ein Dieb, ich habs mein Tag gehört.
Herr Müller dieser hat allhier gar viel zu mahlen,
Es sind der Menschen viel, die wolln gestopffet seyn,
Doch muß ihm arm und reich das Brodt gar theur bezahlen,
Der Arme labet sich mit einem Neigel Wein.
Dabey vermeynen Sie, daß Sie gewiß genützen
Im Brodt den wahren Leib und iu dem Wein das Blutt.

---

[1] Wahrscheinlich eine Anspielung darauf, daß Moses häufig mit ein Paar kurzen Hörnern von den Künstlern versehen wird. Dies Attribut soll seine Stärke bezeichnen, der Dichter des Pasquills hat es aber mißverstanden und in dem landläufigen Sinne gedeutet.

Allein ihr armen Leuth, ihr werdet sehr beschießen,
Das ist ein falscher Punct aus Luthers Lehre gutt.

Damit nun meine Verß nicht allzu tahl ablauffen,
Muß ich zu gutter lezt Herrn Kahlen schlüßen ein.
Er schickt sich trefflich wohl zu deß Luttheri Hauffen,
Denn wo der Glauben tahl, muß Kahl ein Lehrer seyn.
Herr Luther hat wohl recht den Glauben kahl geschoren,
Ich finde nichts in ihm, was lobenswürdig wär,
Ein guttes Werk zu thun hat er ja bald verschworen,
Weil diß zur Seligkeit nicht fördert seine Lehr.
Weil aber Gott den Mensch wird nach den Werten richten,
Wie wirdts dem Luther gehn, der wenig guts gethan,
Ach wenn ihm würd erlaubt, sein Elendt zu berichten,
So wird sein Klage sein „Ach, ich verdambter Mann",
So weit hat ers gebracht mit seinen kahlen Glauben,
Bedenk er sich Herr Kahl, daß ihm nicht auch so geh.
Er bilde sich nicht ein, alß wolt ich ihn nur schrauben,
Wenn er verlohren gieng, es thät mir herzlich weh,
Niemand beklag ich mehr, als euch ihr Armen Leuthe,
In dem Ruben so tahl, als Jacobs Schäffle scheert,
Und rare goldne Woll muß seyn der Hütter Beuthe,
Ihr kombt zum Bettelstab, wenn es noch länger währt.
Die H. Vorsteher sindt, als wie die Förster Hunde,
Die Ruh und Weg verstöhrn, der da zum Himmel leit,
Ihr werdet über sie schreyn in der Todesstunde,
Daß ihr verdammt solt seyn in alle Ewigkeit,
Doch habt ihr izt noch Zeit, wenn ihr katholsch wolt werden.
Verlast die Cezerey und bleibt dem Kayser treu,
Erkennet nur den Papst als ober Haupt auf Erden,
So werden wir aus zwey bald werden einerley.

Abgezwungene Antwort
eines auffrichtigen Lutheraners auf diese verdamte
Scarteque des Passquillanten betreffend sowohl das
Religions Wesen als das Ministerium zu Hirschberg 1712.

Gott lob! daß Hirschberg izt kann freudig triumphiren,
Da ihm der große Gott Gewissens Freyheit schenckt,

Mag doch ein Läſter Maul ſich immerhin moviren
Und ſagen, daß der Ohrt mit Unkraut ſey gekränkt,
Doch weil des Unkrauts mehr, den unſer armer Saamen,
Es ſaet auß alle Welt, von böſem Unkrautt voll.
Wird itzt ein Hauß gebaut, zu Gottes großem Nahmen,
Das nicht, Du leugeſt nur, zum Teuffels Neſte ſoll.
Kein Schwede iſt noch nicht auff dieſer Welt gebohren,
Der uns dis Heyl gebracht; Gott ſelber hats gethan,
Und hat der Schwede Dich noch nicht recht glatt geſchoren,
Gott weiß, ob er Dich nicht noch glätter ſcheeren kan.
Wir ſammeln uns allhier zu Gottes Lob und Ehren
Jedoch nicht wie geſchmeiß (gehn wir nach Warte hin).[1]
Ich bin Dir gutt dafür, Du wirſt geſchmeiße hören
Vor dem dem Teuffel graut, der höret ihren Sinn,
Doch ſind der Ohrter mehr, wo Heyligthümer ſitzen,
Die einer Schädelſtatt rechtſchaffen ähnlich ſind,
Da unſer Heylandt muß aufs neue Bluth ausſchwitzen,
Und alſo machet ihr den armen Pöbel blindt;
Ihr möget unſre Lehr dem Teuffel überreichen,
Wir haben Chriſtum ſelbſt zum Grundſtein auserwehlt,
Kann ſich ein Reiner Papſt dem Heylandt Chriſto gleichen?
Ich glaub es ſteiff und feſt, es iſt ſehr weit gefehlt.
Ihr möget immerhin aus unſerm Glauben ſchließen,
Daß er vom Teuffel ſey — den Chriſtus doch gemacht —
Der Teuffel dank es dem, der Anfangs ihn zerrißen
Um euer Narredey, ſo ſcheußlich auffgebracht.
Ach! ſäße mancher Papſt an Doktor Luthers Stelle,
Was gilts, er würde da nicht mehr ſo eyffrig ſeyn?
Und dürffte itzo nicht im tiefſten Schlund der Hölle
Wie jener Reiche Mann nach Doktor Luthern ſchreyn;
Wir müſſen uns von euch nur Ketzer nennen hören,
Die wir doch in der That die reine Chriſten ſindt.
Was ſind denn aber die, ſo Holtz und Stein verehren?
Das heiſt Abgötterey, das heißet Taub und Blindt;
Herr Neunhertz möchte wohl neun gantze Hertzen haben,
Daß er in ſeinem Ambt, getreu und unverzagt,

---

[1] Wartha ein bekannter katholiſcher Wallfahrtsort in der Grafſchaft Glatz.

Sie alle brauchen könnt, wenn solche Teuffels Raben
Je einer hie und da und dort der andere plagt;
Hat er gleich eine Frau, so acht ich es vor besser,
Er richte sich nach Gott und liebe sie getreu,
Dringt mancher Pfaffe doch wohl durch verborgne Schlösser
Der doch Rein heißen sol und huret ohne Scheu.
Die Kinder die er hat, hat ihm sein Gott gegeben,
Denn er hat selbst gesagt, seidt fruchtbar, mehret euch,
Nicht aber, daß wir stets im Coelibate leben,
Und doch, wie mancher Mönch, an Huren Kindern reich.
Hat König Salomou viel Weiber Fleisch geliebet,
Doch Bellarminus hat dis noch viel mehr gethan,
In dem er Ehebruch viel 100 mahl getrieben,
Noch haltet ihr Ihn doch vor einen frommen Man,
Ihr ehret ihn sogar, Alß eine Glaubens Stütze,
Drumb seydt ihr gantz und gar mit eurem Thun nichts nütze.
Es hat keiu Teuffel sich noch ehemahls vergrieffen
An eines Priesters Frau, doch ist uns das bewust,
Wie er der Pfaffen Hur den Nacken abgeschlieffen
Und also mit der Pein versüßet ihre Lust.
Noch wollt ihr allzumahl doch Jünger Christi heißen:
Ach! wäre mancher Mönch so rein als Mosemann,
Es wird ihn so bald nichts in seinem Gewissen beißen.
Kein Kind das rühret ihn als seinen Vater an.
Herr Müller wird in des in seinem Ampte mahlen
Daß euch davon der Staub wird in die Augen gehn,
Er mahlet lauter Korn, ihr aber habt die Schalen,
Wie könnet ihr als dann mit eurem Brodt bestehn,
Ja stehlet ihr nun so den Armen Blinden Leuthen
Des H. Christi Bluth das doch so heilig ist,
Der Teuffel wird euch schon den Danck davor bereiten,
Daß ihr den Reinen Tranck ins Pfaffen Gurgel giest.
War jener Prior nicht ein ausbund aller Diebe,
Der Ihm ein schönes Buch von Glasse machen ließ,
Das trug er stets voll Wein zu der verbothnen Liebe,
Doch endlich ward was drauß, das ihn Herr Vater hieß.
Ein anderer stehlet gar waß vom Genaden Bilde

Und ſteckt es nach und nach wohl ſeiner Huhre zu,
So iſt auch mancher Dieb im Beichtſtuhl nicht zu zwingen,
Er läßt dem Frauen Volck hierinnen keine Ruh.
Iſt das ein falſcher Punct, was Chriſtus eingeſetzet,
Wie heiſt man aber den, ſo von dem Papſt entſpringt?
So wird das wahre Worth niemals ſo hoch geſchätzet,
Als das, was durch und durch nach Menſchen-Sätzen ſtinckt;
Drumb wo der Glaube kahl, da müſſen auch die Pfaffen
Auf ihre Phantaſie recht wohl geſchoren ſeyn,
Und alſo gleichen ſie den recht formalen Affen,
Ja mit dem kahlen Kopff trifft Lehr und Leben ein.
Den Schelmen lieſſe man in China Platten ſcheeren,
Wer weiß ob ihr nicht auch aus China kommen ſeyd,
So daß man ach und Weh auff euch ihr Pfaffen ſchreyt.
Niemand iſt über dem und höher zu bedauern,
Als das gemeine volck, das wird gantz blindt gemacht,
Die Bibel nimbt man ihm, Es heiſt: die tummen Bauern
Die würden nur dadurch zu beßrem nicht gebracht,
Kein redlicher Papiſt kan dieſes uns beweiſen,
Daß unſer Armes volck ſo ſchändlich wird traktirt,
Wir laßen ſie ja nicht nach ſchnödem Ablaß reiſen
Sie würden nur dadurch dem Teuffel zugeführt,
Wo mag doch Tezel ſeyn mit ſeinen Ablaß Brieffen?
Ob er dieſelbigen an itzt verkauffen kan?
Da freßet ihr das Fett, Noah bekombt die Grieffen
Und darnach wolt ihr gern ſpornſtreichs gen Himmel an.
Ich zweiffle nicht daran, daß viel von Catholicken
Nicht in dem Himmel ſeyn, die vormahls ſo gelobt,
Wer weiß, wo mancher Papſt ſein viele Ablaß Brieffe
Wird finden, die er vor den Leuthen eingelobt.
Indeßen ob wir gleich Lutheri Lehre treiben,
So ſind wir doch getreu dem Kayſer, unſerm Haupt,
Der Höchſte laße ihn viel gutte Jahre ſchreiben,
Daß dieſer große Held uns ſolches noch erlaubt.
Ach! ſagt, ja ſolt er nur des Glaubens wahrheit wißen,
Er thäte eben dis, was Kayſer Karolus,
Der über Luthers Lehr ließ viele Thränen fließen,

Doch waren ihm sogleich die Patres auf dem Fuß;
Den Kayser ehren wir als oberhaupt auf Erden,
Des Papstes seyne Macht, die gilt bey uns nicht viel,
Der zwingt uns nimmermehr, daß wir Catholisch werden;
Thut er uns gleich in Bann, das ist uns Kinderspiel."

Zur Geschichte des deutschen Fürstenlebens, namentlich der Hoffestlichkeiten im 16. und 17. Jahrhundert.

Von Eduard Otto.

Im 6. Bande dieser Zeitschrift (S. 46, A. 1) habe ich auf den Thesaurus Picturarum der Darmstädter Hofbibliothek und auf dessen Sammler, den kurpfälzischen Kirchenrat Dr. Marx zum Lamm, aufmerksam gemacht und die Aufzeichnungen mitgeteilt, die sich in dem genannten Werke über Alchimisten und Goldmacher an deutschen Fürstenhöfen finden. Bei dieser Gelegenheit wurde auch der Einritt des Herzogs Friedrich von Württemberg, eines der fürstlichen Hauptliebhaber der Goldmacherei, in Regensburg aus Anlaß des Reichstages von 1594, wie ihn Dr. Marx schildert, wiedergegeben. (Bd. 6, S. 49 f.) Derartige eingehende Schilderungen von Einritten und Hoffestlichkeiten finden sich im „Thesaurus" reichlich. Ihre Mitteilung ist vielleicht den Lesern dieser Zeitschrift nicht unerwünscht, weil sie von der Üppigkeit des damaligen Fürstenlebens ein deutliches Bild geben. Wir beginnen mit der Vervollständigung des Berichtes über die Einzugsfestlichkeiten in Regensburg im Jahre 1594.

„Kurtze vndt Eigentliche Beschreibung der Römischen kayserlichen Mayestat, herren Rudolphen, des Rhamens des andern, Einritts vf dem Reichstag zu Regenspurg den 8. May nach dem Alten Calender. Anno 1594.

Anno 1594 den 6. May ist die Röm. kayserliche Maiestat Teutscher Nation, herr Rudolph, des Rhamens der II, von Prag in dem Städtlin Regenstuf, zwo Meilen wegs ober Regenspurg gelegen, gegen abent ankommen vndt den volgenden 7. Eiusdem, weil sich der einholung halben Zwispalt erhaben, alba verharret, den volgenden 8. May aber von ettlichen Chur=Fürsten vndt anderen anwesenden Ständen vndt herren eingeholt worden vndt desselben tags gegen abent vmb 4 Vhren in volgender ordnung zu Regenspurg eingeritten, nachdem Sie zuuor von den höchst= vndt hochgedachten Chur= vndt Fürsten, als Meintz, Trier, Pfaltzgrafen Philipsen Ludwigen von Newpurg sampt Seinen zweien Söhnen, hertzog Johan Casimirn von Sachsen, hertzog Maximilian von Bayern, dem Landgrafen von Leichtenberg Görg Ludwigen vndt den Beiden Bischöfen von Würtzburg vndt Saltzburg vor der Stadt mitt großer Reuerentz empfangen worden waren.

Ordnung deß Einrittß.

1. Erstlich seint geritten des Reichs=Marschalcks, des von Pappenheim, gesint, 5 Gliedt, jhe drei in jedem gliedt, denen er alsbaldt auch selbs nachgeuolgt.

2. Darnach die Churf. Meintzische hoffdiener in 12 gliedern sampt 4 Trommetern wolgeziert.

3. Daruf 11 Glieder Trierische pferdt desselben Churfürsten hoffgesints mitt 3 drommetern vndt 7 gliedt Juncker, so auch alle wolgerüst vndt lüstig geschmückt gewesen.

4. Nach diesen seint Einem Bayerischen Trommeter geuolgt 8 Gliedt Harquebusiers vndt 9 Edelknaben des hertzogen von Bayern sampt irem hofmeister, Einer nach dem andern. Item noch 6 Bayerische Trommeter, mit Roten sammeten Röcken zum statt= lichsten außgebutzt, vndt 15 Gliedt von herren vndt Edelleuten, mitt sammett vndt goldt schöu geziert.

5. Auff diese ist kommen Ein Saltzburgischer Trommeter, welchem geuolgt ist ein haubtman mit 10 Gliedt Carabiner=Reutern, alle mit Gelben Ermeln vndt Röcken mit langen schößen, sampt noch dreien drommetern.

6. Vff diese seint geritten 12 Gliedt Würtzburgischen Adels in hoffmennischer, sehr schmucker kleidung von sammet mitt goldt gezieret, vndt 3 Trommeter.

7. Diesen ist nachgeuolgt der kayserlichen Mayestat Officier mit 127 Glied Reuter seines gesints, Edel vndt vnedel, zum statt= lichsten außgerüst vndt geschmückt.

8. Darnach ein kutsch mit 4 pferden, daruff der kayserlichen Mayestat Englischer Cammerhundt sampt zwen Cammerdienern gefürt ist worden.

9. Dieſer kutſchen ſeint geuolgt der kayßerlichen Ma
jeſtat zehen leib=Roß mitt ſchwartzen Thüchern, zum theil mitt
weißem vndt gelbem Sammet verbremet, welche vil gelts wert,
vndt Ihnen der Klepper Stalmeiſter ſtrack nachgeritten.

10. Vff die ledige leib=Roß iſt geritten Ein heer=Beucker
mitt einer ſtattlichen heerdrummen mit fahnen, darinnen der
kayſerlichen Maheſtat wappen oder des Reichs Adler mit golt
vndt ſilber geſtickt.

11. Ihne ſeint geuolgt 20 Trommeter, alle in Schwartz
Sammet gekleidet, mit gelbem Atlas belegt, die haben gehabt
in iren drommeten Fahnen, ſo von Damaſt, des Reiches Adtler
von golt vndt ſilber künſtlich und köſtlich geſtickt.

12. Auff dieſe ſein geuolgt der kayſerlichen Maheſtat 10
Edle knaben auff ſchönen Hiſpaniſchen Roſſen, alle mit Sam
meten Italianiſchen Röcken bekleidet vndt mit vilen güldenen
ketten behengt, vnder welchen der Eine ein Spieß, der ander
der kayſerlichen Maheſtat Leibrüſtung vnder Einem Italianiſchen
Rock gefüret hatt, welche nitt Gliedtweis, ſonder Einer nach
dem andern geritten. Denſelben iſt nachgeuolgt noch ein Edler
knab mitt Einem ſehr langen Speer vndt einem hohen Feder
buſch, welchem noch 3 andere Edtler knaben in einem Gliedt
mitt dergleichen langen Federbuſchen vndt vergülten Tartſchen
nachgeuolgt ſeint.

13—15. Vff dieſe ſeint geritten Teutſch, Böhemiß vndt
Italianiſch hoffgeſint vndt Officier ſampt den Teutſchen, Böhe
miſchen vndt Italianiſchen Truchſäſſen, die durch einen ſonder
lichen Marſchalck gefüret worden.

16. Dißen ſeint die pfaltzgräuiſche vndt Coburgiſche Junckern
Nach einander ordentlich nachgeritten.

17. Daruff ſeint geuolgt der Hungariſche vnd Böhemiſche
Heroldt in iren gewönlichen Habiten vndt ornaten von ſilbern
ſtücken vornen vndt hinden mitt den wappen deroſelben Landt
ſchafften zum künſtlichſten vffgeſtückt, neben welchen gangen ſeint
etliche der kayſerlichen Maheſtat Trabanten.

18. Nach dieſen iſt geritten der kayſerlichen Maheſtat hof=
Marſchalck, der her von Trautſam Mit dem Regiment=Stab.

19. Ihme ſeint geuolgt die Teutſche Fürſten, Nemlich hertzog
Philips Ludwigs von Newburg zwen junge Söhne neben ein
ander, hertzog Johan Caſimir von Sachſen zur rechten vndt der

Landtgraff zu Leichtenberg zur lincken, pfaltzgraff Philipps Ludwig
zur rechten vndt hertzog Maximilian von Bayern zur linken seiten
neben einander.

20. Daruff seint geuolgt zwen Herolten, der eine von wegen
des kayserthumbs, der ander von wegen des Römischen Reichs;
deren kleidung vndt ornat seint gewesen güldene stück mitt darein
gantz künstlich vndt köstlich gestickten Reichs-Adler vndt öster-
reichischem wappen. Neben diesen seint auch etliche kayserliche
Trabanten gangen.

21. Vff diese zwen Herolten ist geuolgt des Reichs-Marschalcks
Sohn, herr Alexander von Pappenheim, welcher der kayserlichen
Mayestat ein bloßes Schwerdt mitt entdecktem haupt vorgefürt.

22. Daruff ist alsbaldt die Römische kayserliche Mayestät
selbst geuolgt auff einem Schönen kostlichen Hispanischen Schwartz-
braunen pferdt, auf Italianisch bekleidet, in Einem hispanischen
grawlechten Mantel, mit güldenen Vorten verbremet, vndt mitt
äschenfarben vndt weissen federn vff dem huet gezieret. Neben
irer Mayestät seint gangen zu beiden seitten 100 Trabanten, alle
in Sammet vndt Seiden, Schwartz, gelb vndt weiß stattlich gekleidet.

23. Vff ire Mayestät seint gevolgt die hern des Raths der
Stadt Regenspurg, welche, sobaldt Sie den Ersten Brückenthurn
erreicht, ire Mayestät vnderthenigst empfangen, deroselben die
Stadt-Schlüssel in Einem Roten vndt weißen Tasseten Seckel dargereicht, die aber ire Mayestät nit angenommen, souder sie ihnen
alsbaldt wider zugestellt hatt mit Erbietung gegen denselben aller
kayßerlichen gnaden.

Vnder dem Junern thor hatt der gemelte Rath ire kayserliche Mayestät vnder Einen Gälben seydenen Attlaßen himmel
genommen, daran ein Schwartzer Adtler mit goldt vndt silber
künstlich vndt köstlich gestickt gewesen, welchen die herren des
Rathß an Roten stangen getragen.

Der innerste Brückenthurn, dardurch ire Mayestät eingeritten,
war New angestrichen vndt daran diese Schrift mitt grossen leß-
lichen Buchstaben angeschrieben:

Divo Rudolpho II. Rom. Imperat., Regi, Archid., Duci,
Marchioni, Comiti, Patri Patriae, Opt. Max, S. Aug., Honoris
et Observantiae Ergo F. F. S. P. Q. Ratisbonen.

Von dem Thor ahn bis zu der kayßerlichen Mayeſtät Loſament ſeint geſtanden über die 3000 Burger zu beiden ſeiten in irer Rüſtung vndt waren wol gebuβt.

Nach irer Mayeſtätt iſt, wie nechſt hieruor gemeldet, gangen der Rath oder die Rathsherren der vorgemelten Stadt Regenspurg ihe zwen vnd zwen in einem gliedt.

24. Vff den Regenspurger Stadt-Rath ſeint ferner zu Roß geuolgt die Ertzbiſchoffe vndt Churfürſten, Meintz vff der Rechten vndt Trier vff der lincken handt, in langen damaßen vndt ſeidenen Talaren.

25. Nach dieſen ſeint geritten die bede Biſchoff, Saltzburg vndt Würtzburg.

26. Vff dieſe ſeint geuolgt drei gliedt ſpieß-jungen, in ſchwartz ſammet gekleidet vndt mit güldenen ketten behengt, auch mitt ſchwartzen vndt gelben Feder-Büſchen gezieret, ſo vergülte ſpies vndt Rundelen gefürt haben.

27. Auff ſie ſeint geuolgt 100 Hattſchierer zu Roß, welche Rüſtung vnder den Röcken vndt Sturmhauben vff dem haubt mitt ſchwartzen, gelben vndt weiſſen federn, auch gleicher farben lange binden gefüret haben.

28. Nach dieſen ſeint gangen zwei ſchöne Türkiſche pferdt mitt Türckiſchem zeug vndt Rüſtung gezieret.

29. Dieſen ſeint nachgeuolgt 7 gliedt eitel Reiſige knecht in irer Rüſtung.

30. Nach denſelben ſeint gefaren der kayſerlichen Mayeſtät zwo leibkutſchen, die Eine Mitt 6 grawen vndt die andere Mitt 6 braunen pferdten, Mitt ſchönen zeugen gezieret, ſampt ſonſt Noch 3 anderen gemeinen kutſchen.

31—33. Denen ſeint geuolgt 124 pfaltzgräuiſche Neuburgiſche, Saltzburgiſche, Würtzburgiſche vndt andere knecht vndt Jungen, vngeferlich in die 400 ſtark.

34. Dieſem geſintlein iſt Nachgeuolgt eine bedeckte vnndt wolzugemachte ſtattliche kutſch, daruff vermuthlich irer Mayeſtät Mündtweſcherinnen (!)[1] vndt Frawenzimmer eingezogen.

---

[1] Von dieſes ſeltſamen Kaiſers Wolluſt ſcheinen ſonderbare Gerüchte im Umlauf geweſen zu ſein. So berichtet Dr. Marx an anderer Stelle von einem lothringiſchen Legaten, der im Jahr 1581 zu Rom vor dem Papſte

35. Leßlich eine zimliche anzal Rüstwagen, Mitt wein vndt allerhandt Prouiant geladen.

In dieser ordnung ist die kayserliche Mayestät vorgerückt biß vf den plaß, da die Newe pfar ist; da seint 2 Fhenderich der Stadt mit Roten vndt weissen Fhanen sampt ettlichen burgern, mitt Schlachtschwertern wolgerüstet, gestanden.

Von dannen ist ihre Mayestät vor den Thum geritten, alba die ganße Klerisey in weissen Chorröcken, der Weih=Bischoff aber in seinem ornat aufgewartet, dieselb als baldt vnder iren himmel genommen, in die kirche gefürt (dahinein die mittgerittene Chur= vnd Fürsten, sowol die Euangelische als Bäbstische Ire Mayestät begleitet), sie das Pacem küssen Lassen vndt das Tedeum Laudamus zum besten sie gekönt gesungen haben.

Wie die Stadt Regenspurg Ire Mayestät verehrt hatt.

Den 13. May hatt der Rath zu Regenspurg höchst vermelter kayserlicher Mayestät durch den Burgermeister vndt vier Cämmerer die gewönliche verehrung gethun, Remlich einen duppein verzülten kopff, vngeferlich 300 Thaler werth, vier Züber mitt Bischen, darunter die besten vndt stattlichsten gewesen, Einen wagen mitt wein vndt zwen wagen mitt habern.

Etlicher anderer Fürsten an= kunft zu Regenspurg.

Den 10. May morgenß vmb 6 Vhren ist herßog Friedrich Wilhelm, der Chur=Sachsen Administrator, sampt Augusto, herßogen von Holstein, mitt 30 kutschen vndt ettlich wenig Reutern zu gemeltem Regenspurg ankommen; desgleichen sein, des Administratoris, gemhal auch mit vielen gutschen vndt 37 gliedern Reutern des= selben Nachmittags hernach geuolgt.

Den 11. tag gemelts Monats (alles Stylo veteri) ist auch Ernestus, Erßbischoff zu Cöln, in aller frühe vndt Stille nur mitt zwoen Gutschen zu vilgemeltem Regenspurg ankommen. Nach Mittag aber vmb 4 Vhren ist sein volck, Adel vndt hoffgesindt,

eine „Oration" gehalten und u. a. gesagt habe, „Rudolphus II, der Jeßt Regierende kayser sey ganß ergeben der Vnzucht, hurerey, beschlaff keine zwey= mal, sonder muß täglich frische weibsperjonen haben, so noch Jungfrawen seyen".

mit groſſer pomp vndt pracht auch alda eingezogen, zu Roß, ſtattlich außgerüſt vndt mitt zwölf Gutſchen. [1])

Dr. Marx ſchließt ſeinen Bericht mit folgender Bemerkung: „Sonſten iſt off dieſem Reichstag mechtige üppigkeit mitt übermachtem pracht, Bancketirn, freſſen, ſauffen, vnzucht vndt hurerei vndt viler groſſer anderer gottloſigkeit vndt groſſer ſünden mher von dem meiſten theil hohen vndt Niederen ſtandtes, ja die gröſten von den allerhöchſten häubtern getrieben vndt gott ſchwerlich erzürnet worden, daß alſo von dieſem Reichstag Nitt vil guts vndt glicklichen ſiegs wider den Türcken zu verhoffen, womitt gott ſonſt ſeiner Frommen, außgewölten kinder gebet erhöret vndt ſeine arme Chriſten ſchützet; ſonſten aber, der kayſerlichen Majeſtät perſon betreffent, ſeint dieſelb ein gantz Freuntlicher, holtſeliger, Milter, höflicher, beſcheidener vndt verſtändiger herr, der Lateiniſchen, Italianiſchen, Hiſpaniſchen vndt etlich anderer ſprachen wol kundig, vndt haben dem Churfürſten=pfaltzgraffen Friedrich IV zum beſten ſich off dieſem Reichstag erzeigt, da beid, Papiſten vndt andere, vermeintliche Euangeliſche ſeine Churfürſtl. gnaden ſampt allen der Reformirten Reinen Religion zugethanen aus dem Religions= Frieden zu ſchließen, auch (vnd ſonderlich höchſt ermelten Churfürſten ſeines Churfürſtenthumbs zu entſetzen) bei J. M. ernſtlich vndt embſig angehalten, ſie auch vaſt mitt ſtarcken erinnerungen darzu genötiget, alda ban J. M. gegen ſeine Churf. gnaden ſich allergnedigſt erzeigt, indem ſie ſich von denſelben Nitt zurückgehalten vndt Entlich ſeine Churfürſtliche gnaden wider ir verhoffen belhenet haben.

NB. Off dieſem Reichstag hatt Ein kremer, wie man deſſen gewiſſe kundtſchafft hatt, nur auß Federn zum ſchmuck der Menſchen vndt pferdt off die huundert Tauſent gülden gelöſett.“

Ziemlich ausführlich berichtet Dr. Marx über manche Feierlichkeiten am kurſächſiſchen Hofe. So giebt er eine Schilderung der Aufbahrung der Leiche Chriſtians I.:

„Wie hertzog Chriſtians, Churfürſten zu Sachſen, Todter leichnam bekleidett vndt zur begrebnis zubercitet worden.

Gleich nach dem tödtlichen abgang hertzog Chriſtians, Churfürſten zu Sachßen, iſt Sein abgelebter Leichnam nitt, wie ſonſt

<hr />

[1]) Es folgt hierauf die Schilderung des Einzugs des Herzogs Friedrich von Württemberg, die im 6. Bande dieſer Zeitſchrift auf S. 49 f. abgedruckt iſt.

breüchlich vndt herkommen, geöfnet vndt Balsamirt worden, weil
eß Seiner. Churfürstlichen Gnaden gemhalin nitt zu lassen wöllen,
sondern Stracks angezogen vndt geschmückt worden Mitt einem
Schwartzen damasten kleidt vndt über demselben Einem langen
polnischen Rock von Schwarzem gedrücktem Sammet bis auff die
füsse, Mitt gülden ketten, Armbänden, Ringen vndt andern kleinodien
geziert, an den süssen mit weissen Carduanischen Stiefeln, güldenen
knöpfen vndt sporen, vff dem haubt Eine Schwartze Sammete
Böhemische Mütze oder haube, daruf Eine Stattliche Büschel
Fogken (sic!) (= Federn), mitt kleinodien vndt Einem Diamant versetzt; Am hals Einen Schönen vmbschlag oder Flachen hemmet-
kragen, darin seiner gantzen herrschafft vnd aller Lande des gantzen
Churfürstenthumbß Sachßen wappen schön vndt künstlich auß-
geneet gewesen. Neben jhne wardt gelegt an die Rechte handt
Ein langer Fausthammer, vndt an die lincke Sein Rapier Mitt
einer Sammeten scheiden, welches Er täglich getragen hatt. Also
bekleidet wurde er mit Einem hiltzenen kasten, darinnen Er vff
Einem Sammeten küßen lage, in Einen zinnenen Sarg gesetzt, vf
welchem der gantzen Chursachsen wappen sampt Einem Crucifix
vndt etlichen Sprüchen der heiligen Schrifft, damitt der Fromme,
Gottselige Churfürst vff Seinem todt-Bette Sich vilfeltig hertzlich
getröstet, künstlich gestochen gewesen. Damit er also zu Dreßden
jn die Schloßkirche vnder die Cantzel Meniglich zu sehen gestelt
worden ist."

Über die Vermählung des Kurfürsten Christian II. von
Sachsen mit Hedwig, der Schwester König Christians IV. von
Dänemark, welche im Jahre 1602 stattfand, weiß Dr. Marx
Folgendes zu berichten:

Die Hochzeiterin wird auf einem überaus schönen, köstlichen
Wagen eingeholt, „weicher wagen Mitt dem allbesten Carmoisin-
Roten Sammet überzogen vnd vff demselben mitt gantzen Ducaten,
kronen vndt allerlei anderen güldenen Müntz-Sorten, wie auch
schönen Perlen vndt an etlichen orten mitt edtlem gestein gantz
künstlich versetzt gewesen ist. So seint die Bilder mitt den wappen
fornen vndt hinden Silbern übergilt vnd schön geetzt, wie auch
die Räder Rott gefärbt vnd die Schienen daran Silbern übergilt
vnd zum zierlichsten außgestochen, ia die Negel vndt alles dasjenige, so sonsten an solchen wägen Eisen zu sein pflegt, Silbern

vndt übergilt gewesen, welchen wagen jr, der hochzetterin, der Churfürst entgegenschickt vnd vf der Reise allenthalben hatt nach-füren laßen vf gemeinen Rädern, die andern, köstlichen aber vf einem Rüstwagen hernachgefüret, die man alsdan angelegt, wan man vor eine fürneme Statt kommen vndt also damit eingefaren ist. Die Roß, deren 6 schöne weiß hengst mit roten Menen vndt Schwänzen gewesen, seint auch mit Roten Sammeten, von perlen gestickten Silbernen vndt vergülten Zeugen, wie auch allenthalben mitt schönen Federbüschen von allerlei farben geschmückt, die kut-scher in Roten Sammet mit gülden passament belegt gekleidet, vndt in summa alles zum allerprächtigsten angestelt, auch vff die 5000 pferdt bei solchem Churfürstlichem Beiläger vndt hochzeitt gewesen, zu welcher hochzeit allein bei den Meißnischen, Nürn-bergischen vndt Augspurgischen kaufleüthen zwo Tonnen golt vmb jährlich 8 fl. vom hundert vfgenommen ohne dasjenige, so von den Schlössern vndt andern im Landt dargereicht worden ist.

Auf dieser hochzeit hatt sich ein seher geferlicher grosser Tumult zwischen den Dennemärckischen vnd Sächsischen Edelknaben erhaben, in welchem Sie den Sächsischen Marschalck, der Frieden machen vndt Jhnen abweren wöllen, vmbringt vndt Jhme der-maßen zugesetzt, das er, sich seines leibs vndt lebens zu erwheren, Jrer vier mitt seinem Rapier erstochen vnd jn die übrigen, Sie abzutreiben, das grobe geschütz hat richten laßen müssen.«

Am genauesten zeigt sich unser Gewährsmann natürlich über diejenigen Festlichkeiten unterrichtet, die sich in Heidelberg unter seinen Augen am Hofe seines Herrn, des Kurfürsten Friedrich IV. von der Pfalz, abgespielt haben. Ausführlich erzählt er u. a. die Feier, die bei der Grundsteinlegung zu dem herrlichen Friedrichs-bau des Heidelberger Schlosses stattgefunden hat. Infolge des Zerbrechens einer Eisenstange habe sich die Hofkapelle mit dem darauf ruhenden Neubau merklich gesenkt. Nach längerer Beratung habe man beschlossen, den ganzen Bau abzubrechen. Auf den Rat des alten Grafen von Erbach beschließt Kurfürst Friedrich III., nicht, wie geplant, am 31. März (1601), sondern erst später nach Alzey zu verziehen, weil unter seinen Augen vermutlich die Ab-bruchsarbeiten schneller von statten gehen würden. Erst am 17. April wird das kurfürstliche Hoflager nach Alzey verlegt. »Vmb dieselb zeit hatt aus irer Churfürstlichen gnaden Befelch der Stadt-Rath

athie Eine Mauer hinder dem Schloß her durch das hinderste
theil der pfleck bis gegen dem Trutzkayser zu zu Erweiterung der
Stadt Heydelberg vff zu füren angefangen, dardurch etlichen an
iren heüßern vndt gärten, in gemelter pfleck gelegen, ein mercklicher
abgang geschehen ist. Zu welcher Mauern dann alle Churfürstliche
Räth, Cantzlei= vndt Vniversitätsverwante, Ein ieder nach Seinem
wohlgefallen, Contribuirt vndt gesteuert haben.« Am 20. August
trifft die Kurfürstin mit ihren Kindern von Alzey in Heidelberg
wieder ein, nachdem ihr Gemahl mit seinem Gefolge schon
zuvor dort wieder eingezogen war. »Nachdem aber das hievor
gemelte Alte gebew im Churfürstlichen hauß abgebrochen vndt das
Fundament zum Neuven gegraden gewesen, haben meherhöchst=
gedachte ire Churfürstliche gnaden Mittwuchs den 3. Juni her=
nacher selbs persönlich zugegen den grundt-Stein legen lassen
in beisein des Eltern vnd Jungen Grawen Otten vndt Phillipsen
von Solms, Clauß Heinrichs von Eberbach, irer Churfürstlichen
[gnaden] Cantzlers, Görg Conradts von Helmstatt, derzeit Chur=
fürstlichen Marschalcks (deren ieder mit einem eisernen hamer einen
Streich vf den Stein gethun) beineben sonst noch etlicher anderer
herren, viler vom Adel vndt hofdiener mher.

Derselb Stein ist gewesen 4 Schuch lang, 4 Schuch hoch
vndt 3 Schuch breit vndt oben darein gehawen ein kasten vf ein
Schuch tieff, in welchen von dem Churfürsten vndt den gemelden
hern gesetzt vndt gelegt worden seint: zwei Cristallinene gläser,
eins mit weißem vnd das ander mit Rotem wein; Item ein handt
vol korn, Ein handt vol weitzen oder speltzen, Ein handt vol gersten
vndt ein handt vol hadern mit einer beigelegten Verzeichnüs, was
der wein vndt iede deroselbigen Frücht damals golten. Es haben
auch ferner ire Churfürstliche gnaden ir Biltnüß in golt, so erst
denselben 3. Junii New gemacht gewesen, dahinein gelegt sampt
einem zinnen Täffelin, darein gegraden ist eine Schrift mit irer
Churfürstlichen gnaden Namen, Rheimen (: Regier mich herre
nach deinem Wort) vndt der jarzal.

Oben vf denselben Stein ist gelegt worden noch ein anderer
Stein, 9 Schuch lang vndt 7 Schuch breit, der ihn bedeckt vndt
gleichsam zugeschlossen hatt.

Entlich ist der gantze Stein mit einander mit dicken Eisernen
stangen vndt gerembsten kreitzen verfasset vndt vergittert, fürters

darauf gemauert vndt also damitt derselb Newbau aufgefürt worden.

Nota: Kranß der Stebler[1]) ist auch einer gewesen von denen, die den Grundstein haben legen helfen. So hatt auch dieser Stebier, juncker Wolf Kranß von Geißpißheim, neben den obgemelten grauen, Canßler, Marschalck vndt anderen, so bei der legung des grundt-Steins zugegen gewesen, ieder zu gedechtnüß' eines solchen Einen Ducaten gelegt zu demihenigen, so, wie oben erzelt der Churfürst darzu thun lassen. So hat auch ir ieder mit einem hulßenen klipfel vndt nit (wie oben gesagt) mit einem Eisenen hammer den streich vf den vilgedachten Stein gethun.“[2])

Unter den Hoffesten nehmen die fürstlichen Hochzeiten und Kindtaufen unseres Dr. Marr Aufmerksamkeit vorzüglich in Anspuch. „Anno 1595 sontags den 31. Augusti, Nachmittag zwischen vier vndt Fünf vhren, hatt der durchleuchtig hochgeborn Fürst vndt her, her Johans Görg, Fürst zu Anhalt, Graue zu Ascanien, herr zu Zerbst vndt Bernburg etc., ießt daselbst Regierender Herr vndt der Eltist vnder seinen Brüdern, mitt der auch durchleüchtigen, hochgeborenen Fürstin vndt Frewlin, Fräwlin Dorotheen, Geborner Pfalßgräffin bei Rhein vndt Herßogin in Bayern, weilandt des Fürtreflichen Helden, gewaltigen, dapferen kriegs-Obersten vndt Christlichen Fürsten, herßogen Johan Kasimirs, pfalßgrauen vndt der Churfürstlichen pfalß gewesenen trewen vormündes vndt hochlöblichen Administratoris Christlicher gedechtnüs, nachgelassener dochter, seinen Fürstlichen Beyläger gehalten im Schloß zu Heydelberg vndt daselbst im Gläsernen Sahl. Dahin sie auß irem gemach von irem hern vettern, pfalßgraffen Friederichen, Churfürsten, in solicher kleidung, wie die beigefügte Figur

---

[1]) Ein Hofbeamter, der als Abzeichen seiner Würde den Stab führt. Hier vielleicht der Kämmerer? Hofmarschall war, wie wir oben sehen, ein anderer.

[2]) Dem obigen Bericht folgt eine saubere farbige Abbildung des Friedrichsbaus mit folgender Erläuterung: „Eigentlicher Abriß vndt ware Contrefaictur des nechst hieuor angeregten Neuen Baws im Schloß zu Heydelberg, welcher Anno 1604 im Früheling Auswendig vnder das Tach gebracht vndt vnlängst hernacher das Tach in solcher Form, als hierin verzeichnet, daruf gesezt; wie auch von tag zu tag der Inbaw zum schönsten, zierlichsten, köstlichsten vnd herlichsten verfertiget, bis er entlich nach vngeferlich anderthalb jaren darnach allerding ausgemachet worden ist.“

ausweiset,[1]) gefürt vndt ir von dem Frewlin von Naſſow, der Churfürſtinpfaltzgräuin Schweſter, der Schweif am Rock hinden nachgetragen; Alda auch alsbalden beide ire Fürſtlichen gnaden durch den Churfürſtlichen, Pfaltzgräuiſchen hofprediger Bartholo-maeum Pitiscum Silesium einander Chriſtlich vermhälet vndt zuſammen geben worden, Jres, Fräwlin Dorotheen, im 15. Jar. Der Almechtige verleihe Jhnen ſeine genadt vnd reichen Segen ſampt aller zeitlicher vndt Ewiger wolfarth. Amen.

Montags den Erſten Septembris des 1595ᵗ· jars, morgens nach 10 Vhren, iſt hochgemelte Fürſtin Dorothea in einem Schönen güldenen Stück, mit perlen vnd Edelgeſteinen gerings vmb vndt vf den Ermeln gantz köſtlich verſetzt, von dem Churfürſten, pfaltz-grauen Friederichen, in die Schloßkirch . gefürt, daſelbſt nach ge-haltener predigt von obgemeltem hofprediger eingeſegnet vndt vol-gents von Fürſt Chriſtian von Anhalt, des hochzeitters Bruder, wider daraus zue der hochzeittlichen Malzeitt in den großen Sahl zu hof gefurt worden.

Der Fürſtin Anhalt hochzeith-Röcke.

Der Erſte: Ein gantz gülden Stück mit perlen vnd Edelge-ſteinen allenthalben köſtlich beſetzt, darinnen ſie den Erſten hoch-zeittag zu kirchen gangen.

Der ander: Von violen-blawem Seidenem Zeüg mitt Silber vermengt, den Sie vf irem zweiten hochzeittag angetragen vndt damit im Churfürſtlichen garten bei dem Ringle-Rennen ge-weſen iſt p. p.

Vff den andern hochzeittag, den 2. Septembris nach Mittag, hatt die herrſchaft im Churfürſtlichen garten zum Ringle gerent, doch ohne ſonderbaren habit, ſondern in iren gemeinen Fürſtlichen kleidungen;[2]) Allein ſind die pferd mit Sameten vergülten Zeügen

---

[1]) Die Bilder von zwei Brautkleidern ſind in ſorgfältiger farbiger Aus-führung mit der charakteriſtiſchen Bemerkung beigefügt: „Dieſe bede Röck auch derjhenige, ſo Sie zu irem Beyläger angehabt, vndt die decke über dem güldenen wagen bei der heimführung ſeint von dem rechten zeug ſelb, deſſen ieden ein Stücklein mir der hoffſchneider mitgetheilt, nachgemalt worden."

[2]) Ein beſonderer „Habit" (Turnier- oder Maskenanzug?) ſcheint alſo beim Ringelſtechen gewöhnlich getragen worden zu ſein. Vgl. Gurlitt, Deutſche Turniere, Rüſtungen und Plattner. Dresden 1889. S. 24.

vndt Schönen Federbüschen geschmückt gewesen, welchem Rennen das Frawenzimmer zuegesehen.

Sonsten ist kein großer Pracht oder überfluß bei dieser hoch= zeit, auch keine frembde Fürsten, sondern nur etliche Grauen darzu beruffen, aber iedoch alles Fürstlich vndt stattlich gewesen, auch durch gotteß genadt glicklich vndt wol zergangen." [1]

Die größte Pracht entfaltete der Churfürst bei Gelegenheit der Hochzeit, die er zwei Herren seines Gefolges ausrichtete, zu der aber, wie Dr. Marx wohl mit Recht annimmt, aus politischer Berechnung so zahlreiche Einladungen ergingen. Hierüber lesen wir Folgendes:

„Anno 1600, sonntags den 7. December, hatt der Churfürst, Pfaltzgraff Friedrich des Rahmens der IV., zweien vom Adelt ihren adelichen Beiläger vnd volgende tag die hochzeitten alhie zu hoff gehalten, Remlich Frantzen von Tondorff, einem Rider= leuder. der Churfürstin Hoffmeister, mitt der Edlen jungfrawen Esther d'Auerly, des Edlen Geörgen d'Auerly, auch aus den Niderlanden, Dochter, vnd Johansen von Groradt aus dem Stifft Meintz, Burguogten alhier zu Heidelberg, mit der auch Edlen jungfrawen Amelia von der Martens, [2] deß Edlen Mateßen Adolfs von der Martens dochter, welche jungfrawen beide im Churfürstlichen Frawenzimmer alhier gewesen.

Zu diesen zwen adelichen hochzeitten seindt von höchst ge= meltem Churfürsten=Pfaltzgrauen beruffen vnd beschrieben gewesen: Von Fürsten: Hertzog Friderich von Würtenberg, Hertzog Johann von Zweibrücken, Pfaltzgraff, Landtgraff Mauritz zu Heßen von Caßell, Landtgraff Ludwig zu Hessen, der jünger, von Margburg,

---

[1] Gleichwohl erscheint die Verheiratung der Prinzessin Dorothea unter den Ursachen, mit denen Friedrich IV. eine erhöhte Steuer zu rechtfertigen sucht. S. Häußer, Gesch. d. rhein. Pfalz. Bd. II, S. 215.

[2] Vgl. die Oberingelheimer Grabschrift im Archiv f. heff. Gesch. und Altertumskunde. Bd. VIII. S. 335: „Ao. 1618 den 17. Jan. Ob. die Edle Fraw Amalia von Groeroth geb. von der Marthen, Johann v. Groenroth's, Amptmanns zu Odernheimb, nachgelassene Witwe". aet. 56. Ein Otto von Grünrad war neben Pitiscus und andern von Johann Kasimir zum Erzieher des nachmaligen Kurfürsten Friedrich IV. bestellt worden. Vgl. Häußer a. a. O. S. 183.

Landtgraff Geörg zu Heſſen von Darmſtadt,[1]) Marggraff Ernſt
Friderich zu Baden von Turlach, Hertzog Johann Eruſt zu Sachßen
von Eiſenach, Hertzog Chriſtoff zu Lünenburgkh, Hertzog Johann
Friederich zu Brandenburg, Adminiſtrator zu Straßpurg (welcher
vff ſolchem Feſt alhier die vhrſchlechten oder purpeln[2]) bekhommen,
das er demſelben nicht beiwonen können), Hertzog Carle Sigißmundt
zu Braunſchweig, Hertzog Julii zu Braunſchweig ſohn vnd deß
itzt daſelbſten Regierenden hertzogen bruder, Thumprobſt zu Straßburg, Hertzog Chriſtian von Anhalt, Churfürſtlicher Pfaltz Statt-
halter zu Amberg, Hertzog Ludwig Philips von Veldentz, Pfaltzgraff, welcher ſich am hoff alhier verhelt, der Churfürſt von
Meyntz, der Biſchoff zu Speyer vnd die Churfürſtin Wittib zu
Lorbach, dauon auch irer zehen in der perſon vnd vnder denſelben etliche mitt ihren Gemählin vndt frawenzimmer, die andern
aber, ſonderlich Meyntz vnd Speyer durch ihre Geſanten erſchienen ſeindt.

Von Grafen vnd Freyherren: Graf Johann zu Naßaw
der jünger, Geörg, Graff von Naßaw, Graff Philips von Naßaw,
Graff Philips von Hanaw, Graff Aldrecht von Hanaw, Emich,
Graff zu Leiningen, Graff Otto von Solms, Reinhart, Graff zu
zu Solms, Graff Wolf Eruſt von Eiſenburg, Graff Wolff von
Hohenloe, Graff Geörg von Erbach der etter, Graff Ludwig von
Wittgenſtein der jünger, Churfürſtlicher Pfaltz Oberamptman zu
Symmern, Philips zu Winnenberg der jünger, Churfürſtlicher
Pfaltz Burggraff zu Altzey, herr Hans von Reipelßkirch vnd die
Gräuin von Schwartzenburg Wittib ſampt noch andern Grauen
vnd herren mehr biß in die zwäntzig, ſo auch alle perſönlich er-
ſchienen ſeindt, Mitt einander Eilffhundert vnd fünffzehn Reiſiger
Pferdt, ſo die hoch- vnd wolgemelte Fürſten, Grauen und herren
mit ſich gebracht, ohne die furpferdt an wägen vnd kutſchen.

Vber dieſe ſeindt ferner der Churfürſtlichen Pfaltz adeliche
Lehenleuth neben ſonſt noch andern vom Adell mehr vnd Vielem
frawenzimmer zue dieſen hochzeiten erfordert geweſen, auch deren
vber 300 pferdt, vnd ſeindt alſo der pferdt mit einander in die

---

[1]) Der Name trifft nicht zu, Landgraf Georg I. von Heſſen (-Darm-
ſtadt) war bereits tot (+ 1596). Es kann nur ſein Sohn und Nachfolger
Ludwig V. gemeint ſein.

[2]) Blattern.

1400 oder 1500 pferdt geweſen ſambt ettlichen fahnen fuß=Volcks vom Lanndt herein" u. ſ. w.

Den Landgrafen Moritz von Heſſen=Kaſſel holte Friedrich IV. mit beſonderen Ehren ein. Er rückte ihm mit 200 „küriſzern", 26 Stücken Geſchütz und 5 Fähnlein Fuß= volks entgegen, um ihn mit einem Scharmützel zu empfangen, d. h. mit einer Gefechtsübung und Truppenſchau, wie ſie auch heute Fürſten zu Ehren fürſtlicher Gäſte veranſtalten, nur daß ein ſolches militäriſches Schauſpiel nicht mehr zu den Empfangs= feſtlichkeiten gehört. „Volgendt den obgemelten 7. Decembris oſſ den abendt ſeindt die vorgenante perſonen nach adelichem brauch zuſammengegeben vnd Montags den 8. eiusdem, nach= mittag vmb 12 vhren, durch den hoffprediger Pitiscum im Gläſern Saal zu hoff nach gehaltener hochzeitpredig aus dem 13. cap. der Epiſtell Pauli an die Hebreer (Vers: Die Ehe ſol Ehrlich gehalten ſein bei allen) eingeleitet worden. Darauff ſeindt deßelben tags, wie auch den Sontag vnd Sambstagsnacht zuuor gar ſtat= liche vnd vaſt khönigliche Banckꝗen mitt allerley ſchönen Schaw= eſſen von Vogeln vnd anderen luſtigen ſachen, auch ſonſten vielen köſtlichen Trachten, Muſic, freüdenſchützen aus dem großen Ge= ſchütz bei tag vnd nacht, tantzen, ſpringen, jubilirn bis morgens gegen Tag vnd anderer kürtzweil mehr gehalten worden.

Dienstags den 9. Eiusdem nach dem mittag=Imbs hatt man im Schloßhoff, welcher durchaus mit Sandt oberſchüttet ge= weſen, einen fuß=Turnier gehalten in gantzen khüriſzen mit breiten Tartſchen, welcher gar luſtig geweſen.

Mitwochs den 10., auch nach mittag, hatt man im Churfürſt= lichen Gartten ſchöne vffzüge zum Ringlerennen, Stenglebrechen vber die Bargen (ſic!) vnd kübelſtechen[1]) gehalten vnd vff den abendt ſelbigen tages ein ſehr ſtattlich fewerwerkh von 2500 Racketlin.

Donderstags den 11., gleichfals nach mittag, hatt man aber= mals einen (aber nur gemeinen) fus=Turnier[2]) zu hoff gehalten.

---

[1]) Gurlitt, deutſche Turniere, Rüſtungen und Plattner. Dresden 1889. S. 21. Beim Kübelſtechen trugen, wie eine von Dr. Marx beigefügte Zeichnung lehrt, die Turnierenden anſtatt des Viſierhelms einen aufgeſtülpten Holzkübel, auf den vorn ein Geſicht aufgemalt war. Die Wappenröcke waren dick wattiert, und die Rennſpeere liefen in einen ſtumpfen Holzpflock aus.

[2]) Gurlitt, S. 22.

Freitags den 12. hatt man, wider nach mittag, daselbst zu hoff sechs wilde Schwein, dreyzehen füchß vnd zehen Hasen gehetzt.

Welche hochzeitliche freudt vndt kurtzweil also geweret hatt biß vff Sambstag den 13. Decembris, da sie morgens vmb 8 vhren, sonderlich die Fürsten, wider von einander vnd mitt ihnen der Churfürst nacher Darmstadt getzogen, alda Landtgraff Görg¹) den 15. Eiusdem seiner jungen herren hoffmeister auch eine hochzeitt gehalten hatt.

Diese hochzeitten vnd zusammenkunfft der hoch= vnd wolge= melten fürsten vnd herren, so gleichwol zuuorn vff den Churfürst= lichen kindttauff angestelt, sie auch alle damals schon beschrieben, aber, weil das junge herrlein also zeitlich gestorben, biß daher verschoben vnd, wie man vermeint, nicht fürnemlich dieser Edlen hochzeitten wegen, sonder des Türckischen vnd Spanischen, insonder= heitt aber deß Straßburgischen wesens halber²) (vff welches schon zuuor der Churfürstlichen Pfaltz ettliche Tonnen Goldts gangen seindt) angesehen vnd gemeint gewesen, haben die Churfürstliche Pfaltz bei diesen ohne das sehr geschwinden, tewren Zeitten vnd vorhin nicht vberflüßigem vorrath an Gelt, Wein,³) khorn, hadern, fleisch vnd andern Victualien (sintemal von dem 6. Decembris abents ahn bis vff den 13. Eiusdem alle Imbs allein zu hoff vber 300 Tisch gespeiset worden sint ohne dasjhenige, so an speiß vnd tranck täglich herab in die statt getragen ist worden vom gesint vnd anderen, so man hieunden gespeiset, weil sie nit alle zu hoff gesetzt vnd tractirt werden khönnen) vder eine Tonne Gotdt gekhostet.

Alles mit nicht geringer khlag, beschwernüs vnd vnwillen der armen vnderthanen, Beuorab da sie vermerckt, das das lang zuuor erschollene landtgeschrey, ob solt nemlich frewlin Christina, des Churfürsten schwester, dehm jungen Graff Johansen von Naßaw vermählet werden, falsch vnd nichtig gewesen, vff welchen fahl sie dann ihrer sage nach viel gutwilliger vnd beßer zufriden gewesen weren.

Denjhenigen obgemelten aber, welchen diese hochzeitten gehalten worden, ist solche zusammen khunfft gar wol bekhommen, dann

---

¹) Vgl. S. 348 Anm. 1.

²) Ritter, Deutsche Geschichte im Zeitalter der Gegenreformation. Bd. 2. S. 36 ff. und 67 ff.

³) Ein späterer Eintrag von Markus Hand lautet: „Bei den obgemelten hochzeitten seint an wein aufgangen 84 Fuder."

ihnen ſambtlich vaſt vff die 3000 gülden zu ſolchen ihren hoch=
zeitten verehrt worden.

Sonſten aber ſint bey dieſem Feſt zween Mördt geſchehen,
der Eine den 8. Decembris an einem Buchdrücker geſeſten auß
Meichſen, einer Witfrawen daſelbſt einigem ſohn, welcher truncken
weins abents vf der gaſſen graſſirende Thoma Plaurers (?), deß
Vicedomus zue der Newenſtadt an der Hardt, athie zu Heydelberg
ſtudirende ſöhne, als ſie von irem diſch zu haus in ire herberg
ghen wölen, ohne einige ihme gegebene vrſach mit bloſſer wher
ahngefallen vndt vff ſie zu geſtochen vndt gehawen dermaſſen,
das ſie ihme entlauffen müſſen vndt mit mühe in ir Loſament,
Meiſter Abrahams, eines ſchneiders auf dem hewmarck alhie, be=
hauſung, entrunnen ſeint, dahin er ihnen mit groſſem grim nach=
geeilt vndt die Hausthür mit gewalt eröffnen wöllen, darüber er
dan oben aus dem Laden heraus mit einer ſpelter holtzs vf den
topf getroffen worden, das er in wenig tagen hernach geſtorben iſt.

Der ander an weilandt des Edeln Heinrichs von Händt=
ſchuchsheim ſohn, den er neben einer dochter im leben hinder
ſich gelaſſen gehabt, einem jungling von vngeferlich 16 jaren, auch
einem eintzigen ſohn ſeiner Mutter, ſo gleichfals eine Wittib, vnd
er der letzte ſeines Rhamens vnd Stammes geweſen, welcher den
11. Decembris nachts zu hoff eines wehrtauſches halben mitt dem
Hirſchhörner von Zwingenberg[1]) vneins vndt ſtößig worden,
der ihne hernacher hieunden in der ſtadt vf dem Marck tückiſcher
weis vnuerſehens vndt gantz vhnredtlich oben am dicken theil des
ſchenckels ſo tief hineingeſtochen, das das wehr beinahe vnden am
kuie wider herausgangen vndt ihme das wher alſo im ſchenckel
ſtecken laſſen. Daruff, als der von Hendtſchuchsheim zu ihme
geſagt: Zwingenberger, du haſt mich geſtochen wie ein ſchelm, aber
ich wil dirs verzeihen, zihe mir nur das wher wider heraus! iſt
er herzu gelauffen vndt hatt ihme erſt daſſelb gantz grauſamer,
abſcheulicher, Mörderiſcher weis in der wunden herumb gedreet
vndt ihme alſo damit die Adern alle zerſchnitten, das man das
Blut nit ſtillen können dergeſtalt, das er in die 20 tage lang

---

[1]) Wahrſcheinlich Ludwig (II.) von Hirſchhorn, der 1584 geboren, alſo
dem Handſchuhsheimer gleichalterig war. Vgl. Ritſert im Archiv f. heſſ. Geſch.
und Altertumskunde. Bd. 10, S. 160. (Unter Zwingenberg iſt hier Zwingenberg am Neckar zu verſtehen.)

große qual erlitten vndt entlich den 31. Decembris in vnsäglichen
schmertzen, mit großem durst, nachdem ein hitziges Fiber darzu
geschlagen gewesen, in gedult stil vndt Christlich verschieden vndt
den 8. Januarii des 1601ten jars nach Mittag vmb 2 vhrn von
hinnen aus mit großer solennität über die Neckar=Brück beleitet,
Fürters Nach Händtschuchsheim gefürt vndt daselbs mit Schitt
vndt helm als der Letzte seines geschlechts dcineben dem wher,
damit er gestochen gewesen, stattlich begraben worden.' Der feige
Mörder, der um seiner ruchlosen Tat willen Rad und Galgen
gar wohlverdient hatte, kam wohlfeilen Kaufes davon. Bevor
sich die Mutter des Gemordeten im Oktober 1601 mit dem
pfälzischen Cantzler Klaus Heinrich von Eberbach vermählte, ver=
trug sie sich mit dem Hirschhörner dahin, daß dieser zu Stipendien
für arme Heidelberger Studenten 2000 Gulden erlegte, 2000
weitere in den Almosenkasten zahlte, vor dem Kurfürsten fuß=
fällig Abbitte that und eidlich versprach, der Mutter des Er=
schlagenen niemals unter die Augen zu treten.

Am 7. Oktober des Jahres 1601 ereignete sich zu Heidelberg
ein weiterer Unfall, der ein junges Fürstenleben als Opfer forderte
und die allgemeine Teilnahme wachrief: „Anno 1601, den 7. Octobris ist der hochgeborn Fürst Ludwig Philips, pfaltzgraff bey
Rhein, Hertzog in Beiern, Graff zu Veldentz etc., weilandt hertzog
Georg Hannsen von Lützelstein zue Pfaltzburg nachgelaßener Sohn
vnd hertzog Gustaui zu Lauterecken (zwischen Rockenhausen vnd
Wolfstein gelegen) Bruder, so ein feiner, Gottseliger junger Herr
gewesen, in dem Churfürstlichen Gartten athie zu Heidelberg in
einem Balgen=Rennen oder, wie man es sonst nennet, Stengle=
brechen vber die Balgen,¹) als man sich daselbsten in solchem vnd
anderen Ritterspielen vff den damals vorgestandenen Churfürst=
lichen Khindtthauff praeparirt vndt versucht, gleich im zweitten
Ritt von einem jungen von Adel Riedeselischen Geschlechts,²) so

---

¹) Vgl. hierüber C. Gurlitt, Deutsche Turniere, Rüstungen u. Plattner.
Dresden 1889. S. 19. Daß Kurfürst August von Sachsen und Erzherzog
Ferdinand die letzten Fürsten gewesen seien, welche dieses Rennen pflegten,
trifft demnach nicht zu.

²) Die Landgräfin Sophie Eleonore von Hessen-Darmstadt, die spätere
Besitzerin des „Thesaurus", bemerkt hierzu (am Rande): G[eorg] R. in Eisen-
bach. Obiit Marpurgi ao. 1631. 28. Martii.

gegen seiner Fürstlichen gnaden geritten, vnuersehens vnd ahn all
gefehr in starkem, vollem rennen dermaßen antroffen worden, das
im brechen des Stengleins durch das Visier seines Helmlins
(welches man vermuttet nicht genugsamb vmb das gesicht verwaret
gewesen sein) ein splitter von dem stengelein bey dem linken Aug
oben an der Nasen in Khopff hinein gaugen, daßelb aug verletzt
vnd im hirn stecken bliben. Daruon er hernacher den 14. Eiusdem,
morgens zwischen 5 vnd 6 vhren, zu Hoff alhie mit großen schmerzen
gestorben vnd donderstags den 22. gemeltes Monats Octobris,
nach Mittag zwischen 1 vnd 2 vhren, in beleittung des Churfürsten,
sein (des verstorbenen) Bruders, hochgedachten Herzogen Gustaui,
seiner fraw Mutter, so herzog Carls von Schweden Schwester ist,
der beiden freulin, des Churfürsten vnd Churfürstin Schwesteren,
Christinen vnd Amelien, dem hoff=Adell vnd frawenzimmer, der
Churfürstlichen Räth vnd anderer diener, der Vniuersitet, Stadt=
Rath vnd sonst einer großen menge Volcks vom Schloß herab
nach fürstlichem brauch in die kirch zum Heiligen Geist daselbst
Christlich zur Erden zu bestatten getragen vnd alda vor das
Chor in den gang vf der lincken hanndt oben herabwerts an den
zweitten grossen Pfeiler, vnden an herzog Casimirs Gemahlin,
gerat gegen Pfaltzgraff Philipsen Epitaphio vder in ein außge=
mauert grab gelegt vnd vff seine Lade ein blewen [bleierne] Taffel
mit dieser vffschrifft genagelt worden. [Folgt die Inschrift.]

„Vnd hatt seiner Fürstlichen gnaden die Leich Predig ge=
than der Churfürstlich hoffprediger Bartholomeus Pitiscus aus
dem 10. vnd 11. vers des 2. Psalmens, da der Khönigliche Pro=
phet also sagt: So laßet Euch nun weisen, Ihr Khönige, vnd
laßet Euch züchtigen, ihr Richter auff Erden, dienet dem Herren
mit furcht vnd freuet euch mitt zittern.

Der Churfürst Pfaltzgraff aber, als der den verstorbenen Herren
sehr lieb gehabt, hatt sich vber diesen leidigen fahl gantz heftig
betrübet vnd derowegen die Balgen sampt anderem zum Turniru
gehörig, so vber die 400 fl. gekhostet, abreißen, aus dem Chur=
fürstlichen Garten wegschaffen laßen vnd sich verredt, die zeitt
seines lebens kheinen Turnir mehr haltten zu laßen.“

Besprechungen.

Heinrich Schurtz, Urgeschichte der Kultur. Leipzig und Wien
Bibliographisches Institut, 1900. (XIV, 658 S.)

Wir begrüßen in dem vorliegenden Werk einen trefflich gelungenen Versuch, die Entstehung der menschlichen Kultur darzulegen, alle ihre Zweige,
die sozialen wie die wirtschaftlichen, die materielle wie die geistige Kultur in
ihren Anfängen zu entwickeln. Der Verfasser hat sich schon durch frühere
Arbeiten für eine solche Aufgabe sehr geeignet erwiesen, und wenn man auch
seinen Ausführungen nicht überall widerspruchslos folgen kann, dieser oder
jener manches anders wünschen wird, verdient er angesichts der Schwierigkeit
des Unternehmens sehr viel Anerkennung.

Beifall werden schon die verständigen Urteile in den einleitenden Bemerkungen und im ersten Abschnitt über „die Grundlagen der Kultur" finden.
Er hat die richtige Auffassung von Kulturgeschichte, wenn er sie als „Wissenschaft vom Menschen, soweit sie die geistige und sittliche Seite seines Wesens
zu erfassen sucht", betrachtet, wenn er die Kultur als „die Erbschaft der Arbeit
vorhergehender Generationen, so weit sie sich in den Anlagen, dem Bewußtsein, der Arbeit und den Arbeitsergebnissen der jedesmal Lebenden verkörpert",
definiert; wenn er vor allem betont, daß diese „Erbschaft, deren Besitz den
Kulturmenschen von den tiefer stehenden Völkern und die Menschheit als
Ganzes von der Tierwelt scheidet, nicht nur in Äußerlichkeiten und auch nicht
allein in der mündlichen und schriftlichen Überlieferung besteht, sondern in der
geistigen Disposition."

Zur Ausführung seiner Aufgabe befähigten Sch. nun nicht nur seine
zahlreichen litterarischen Vorarbeiten auf diesem Gebiet, sondern auch die
praktische ethnographische Erfahrung, die er als Museumsleiter besitzt. Insbesondere dem Abschnitt über die materielle Kultur ist dieselbe zu Gute gekommen. Man wird aber vor allem die ruhige, kritische Art der Darlegungen
Schurtzens begrüßen, man wird durch seine verständige Darstellung bald Vertrauen zu seiner Führung gewinnen; man wird auf seinem Buch weiterbauen
können.

Aussetzungen im Einzelnen werden gerade auf diesem so vielfach hypo-
thetischem Gebiet mehr oder minder zahlreich zu machen sein. Um von mir
nahe liegenden Dingen zu sprechen und einige Kleinigkeiten anzuführen, glaube

ich z. B. nicht, daß die Entwicklung des Grußes immer das richtige trifft
(vgl. dazu meine „Kulturstudien" S. 1 ff.). Noch vorsichtiger hätten die gewiß
sehr anregenden Ansichten Büchers über „Arbeit und Rhythmus" herangezogen
werden sollen. Eine gewisse Einseitigkeit verkennt ja Schurtz nicht (S. 521).
Ein wenig kritiklos und weder richtig noch gerecht ist der gelegentlich (S. 209)
eingestreute, überhaupt nicht hineingehörige Satz: „Es sind vor allem die
Arbeiten Karl Lamprechts, die der Wirtschafts- und Kulturgeschichte zum Sieg
über die rein politische verholfen haben." Es scheint das allmählich zu einem
weitverbreiteten Glaubenssatz zu werden. Andererseits vermisse ich in dem
Abschnitt über Kulturpflanzen und Haustiere, der den Namen Ed. Hahns erwähnt, die Erwähnung eines so hervorragenden Forschers wie V. Hehn, der ja
freilich oft genug geirrt hat.

Ein Werk, wie das vorliegende, bedarf der Veranschaulichung durch
Bilder. Hier hat wieder die Verlagsanstalt ihren alten Ruhm bewährt. Wir
können also in jeder Beziehung das Werk unseren Lesern warm empfehlen.

Jena.   Georg Steinhausen.

* *

Hermann Schiller, Weltgeschichte. Von den ältesten Zeiten
bis zum Anfang des 20. Jahrhunderts. Ein Handbuch. Bd. I.
Geschichte des Altertums. Bd. II. Geschichte des Mittelalters.
Berlin und Stuttgart, W. Spemann, 1900. (XIV, 689, 78;
VII, 656, 74 S.)

Eine Weltgeschichte aus der Feder eines Einzelnen wird man, auch
wenn dieser Einzelne wissenschaftlich bekannt ist, zunächst doch mit einigem
Mißtrauen betrachten müssen. Handelte es sich um eine der „Schulwelt-
geschichten", eine der nach „pädagogischen" Gesichtspunkten zurechtgeschnittenen
Kompilationen aus Werken dritter und vierter Hand, so würden wir kein
Wort weiter verlieren. Aber dieses „Handbuch" will mehr geben: es will,
„über die Zwecke des Schulbuches hinausgehend und die Mitte zwischen den
großen Weltgeschichten und den grundrißartigen Nachschlagebüchern haltend,
die einigermaßen gesicherten Resultate der neueren und neuesten Spezial-
forschung präzis zusammenstellen und in gefälliger pragmatischer Darstellung
verwerten." Es ist also im wesentlichen von den Forschungen anderer abhängig, aber durch die Verwertung der wirklich wissenschaftlichen Litteratur,
auch der Speziallitteratur gewinnt das Werk in der That ein gutes Aussehen
und bedeutet den gewöhnlichen geschichtlichen Handbüchern gegenüber einen
Fortschritt.

Freilich im großen und ganzen ist diese Weltgeschichte noch nach dem
alten Schema gearbeitet; sie beschränkt sich, wofür übrigens eine Begründung
versucht wird, „auf die im eigentlichen Sinne geschichtlichen Völker", also
Ägypter, Babylonier, Juden, Perser, Griechen, Römer u. s. w.; und sie hält
sich ferner durchaus an die politische Geschichte als Grundlage und bringt die
„kulturgeschichtlichen" Kapitel in der Regel anhangs- oder einschubsweise

als Nebenkapitel. Aber es ist zuzugestehen, daß diese Kapitel doch nicht stiefmütterlich behandelt sind.

Die zum Anfang jedes Abschnittes verzeichneten Litteraturangaben zeugen,
wie gesagt, von wissenschaftlichem Urteil und bieten in der Regel — Ergänzungen recht häufig nicht ausgeschlossen — die wichtigste wissenschaftliche
Litteratur bis in die neueste Zeit. Da Schiller auf dieser Grundlage sein
Gebäude errichtet hat, ist eine gewisse Bürgschaft für die Gediegenheit des
Gebotenen gegeben. Für richtig kann ich es aber nicht erachten, daß Sch. seinen
Gewährsmännern (nach seinen eigenen Worten in der Vorrede) „nicht selten
fast wörtlich" gefolgt ist. Auch in den Anmerkungen begegnen derartige Hinweise auf direkt wörtliche Anlehnungen (z. B. I. S. 15. S. 187. II. S. 136.
592). Das ist zu bequem. Auf der andern Seite hat Sch. es für ihm vertraute Gebiete an der Verwertung eigener Forschungen nicht fehlen lassen.

Jedenfalls ist mit diesem Handbuch für gebildete Laien, für Lehrer,
auch wohl für reifere Schüler die Möglichkeit geboten, sich so zu orientieren,
wie es dem heutigen Wissensstand entspricht. Im Gegensatz zu den älteren
Handbüchern vermag der Leser sich z. B. durch Schiller ein annäherndes Bild von
der ägyptischen Kultur, wie wir sie jetzt durch die Masse der Funde kennen,
zu machen; es wird ihm der Begriff der mykenischen Kultur vertraut und so
fort. Im zweiten Bande überwiegt die deutsche Geschichte, da das Buch ja
für deutsche Leser berechnet ist.

Eine eigenartige und sehr anerkennenswerte Zugabe bildet in beiden
Bänden die „Quellensammlung zur Vertiefung des geschichtlichen Verständnisses", die im Anhang eine Auswahl wichtiger Quellenstellen, namentlich
kulturgeschichtlicher Art, in Übersetzung mitteilt.

Karten und eine Reihe von trefflich wiedergegebenen Porträts nach den
Originalen heben das Werk sehr. Seinen Zwecken wird es in jeder Beziehung dienen.   Georg Steinhausen.

*   *

Weltgeschichte. Unter Mitarbeit von Th. Achelis, G. Adler u. s. w.,
herausg. von Hans F. Helmolt. VII. Band. Westeuropa. 1. Teil.
Mit 6 Karten, 6 Farbendrucktafeln und 16 schwarzen Beilagen.
Leipzig und Wien, Bibliographisches Institut, 1900 (XII, 573 S.).
Der neue Band des wiederholt von uns empfohlenen Unternehmens erfüllt
wiederum die Ansprüche, die man innerhalb der vom Herausgeber gezogenen
Grenzen und nach Maßgabe der Anlage zu stellen berechtigt ist, durchaus.
Der vorliegende 7. und der noch ausstehende 8. Band sollen ein Ganzes umfassen, „das die Geschichte Westeuropas von dem Zeitpunkt an, wo von einem
„Westeuropa" überhaupt die Rede sein darf, bis zur Gegenwart in verschiedenen (sachlichen, nicht chronologischen) Unterabteilungen vorführt". Westeuropa definiert Mayr, der Bearbeiter des ersten Abschnittes, als „das
kulturhistorisch zusammengehörige Europa": „ethnographisch umfaßt „Westeuropa" die Völker romanisch-germanischer Zunge, kulturhistorisch die Länder

des christlich-abendländischen (lateinischen) Gesittungskreises". Die im vorliegenden Bande gebotenen Unterabteilungen sind: „Die wirtschaftliche Ausdehnung Westeuropas seit den Kreuzzügen", von Rich. Mayr, „Renaissance, Reformation und Gegenreformation" von Armin Tille, „Das abendländische Christentum und seine Missionsthätigkeit seit der Reformation" von Wilh. Walther, „Die soziale Frage" von Georg Adler, „Die Entstehung der Großmächte" von Hans von Zwiedineck.

Die Reihenfolge wird nicht auf besonderen Beifall zu rechnen haben; ihre Verteidigung mag man im Vorwort nachlesen. Jedenfalls aber bietet dieser Band gerade des kulturgeschichtlich wichtigen Stoffes besonders viel: am meisten spricht uns der nach großen sachlichen Gesichtspunkten straff zusammengefaßte und klar und übersichtlich dargestellte wirtschaftsgeschichtliche Teil aus der Feder Mayrs an, der allerdings als Verfasser eines guten Grundrisses der Handelsgeschichte eben dieser den größten Raum widmet. Daß im Einzelnen hier und da Bemerkungen zu machen sind, versteht sich von selbst. Beispielsweise entspricht die Darstellung, die Tille von dem Eindringen des Humanismus in Deutschland giebt, nicht ganz dem, was man heute nach den Arbeiten Burdachs und Herrmanns darüber sagen müßte. Von Äußerlichkeiten fällt bei Walther der Gebrauch von Formen wie „des Protestantismusses", des „Pietismusses" auf. Das ist recht wenig schön.

Georg Steinhausen.

C. Seyler, Agrarien und Erkubien, eine Untersuchung über römisches Heerwesen. München 1899. Selbstverlag. (22 S.)

Die Schrift greift einen Punkt aus der Diskussion über die Außenwerke des Limes heraus und erklärt die Agrarien für Verpflegungsstationen, die Erkubien für Wachtkastelle zu deren Deckung. Erstere, an der Donau schmale, leicht abzuschneidende Halbinseln, anderswo hochgelegene Örtlichkeiten, deren steile Böschung durch charakteristische Wallanlage noch erhöht wurde, dienten der Aufbewahrung von Vorräten, der Viehweide und als Zufluchtsort für flüchtende Umwohner. Als solche spricht der Verfasser die Erdwälle auf dem Auerberge im Allgäu sowie die Heidenmauer des Elsasser Odilienberges an, wie er denn überhaupt in scharfer Weise den römischen Einfluß auf den späteren Burgenbau hervorhebt.

Magdeburg. Liebe.

H. v. Soden, Palästina und seine Geschichte. Sechs volkstümliche Vorträge. Mit zwei Karten und einem Plan von Jerusalem. A. u. d. T. Aus Natur und Geisteswelt, Sammlung

wissenschaftlich-gemeinverständlicher Darstellungen aus allen Gebieten
des Wissens. 6. Bändchen. Leipzig. B. G. Teubner. 1899.
(IV, 112 S.)

  Prof. v. Soden, der kurz vor der Kaiserfahrt in das h. Land eine
Studienreise dorthin unternommen und seine Eindrücke von derselben bereits
in „Reisebriefen aus Palästina" veröffentlicht hat, behandelt hier in 6 Vorträgen das Land Palästina und seine Geschichte. Nach einleitenden Bemerkungen
über die weltgeschichtliche Bedeutung des Landes zeichnet der 1. Vortrag ein
sehr anschauliches Bild der Lage, Größe, Struktur, Vegetation u. s. f. mit
jener Kunst, die unbekanntes an bekanntem klar zu machen weiß. Der 2. Vortrag schildert in wenigen, scharf umrissenen Bildern die Geschichte des Volkes
Israel von Moses bis in die nacherilische Zeit; die bedeutenden Persönlichkeiten und ihr religiöser Charakter treten deutlich hervor. Der 3. Vortrag
„Palästina als Wiege des Christentums" verfolgt die Geschichte durch die
Diadochen- und Römerzeit, von den Makkabäern bis zu den Söhnen des
Herodes: die Berührung mit der griechischen Kultur, die Diaspora, die
messianischen Zukunftsträume erscheinen als Vorbereitung des Christentums,
den Höhepunkt bildet eine fesselnde Charakteristik der Wirksamkeit Jesu selbst.
In dem 4. Vortrag „Palästina als das h. Land der Christen und Muhammedaner"
bewältigt v. Soden die ungeheure Aufgabe, die fast anderthalb Jahrtausende
umfassende, mannigfach wechselnde Geschichte dieses vielumstrittenen Landes
von der Apostel Zeit an bis zu den Kreuzzügen in Kürze darzulegen, mit er-
staunlicher Kunst, indem er vor allem das Interesse der Christenheit an diesen
h. Stätten und die davon ausgehenden kulturgeschichtlich hochbedeutsamen
Wirkungen hervorhebt. Jerusalem mit all seinen Erinnerungen und h. Plätzen
zeigt der 5., andere berühmte Orte des h. Landes wie Bethlehem mit seiner
eigenartig schönen Bevölkerung, das verwahrloste Paradies von Jericho, das
stille Nazareth und den See Genezareth der 6. Vortrag. Bei einer abschließenden Charakteristik der jetzigen Zustände giebt der Verfasser der Hoffnung
Ausdruck, daß der immer steigende deutsche Einfluß dem Lande noch einmal
wieder zur Blüte verhelfen werde. — Gegenüber der massenhaften Palästina-
litteratur der letzten Jahre, die vielfach nur ein Tagesinteresse hat, bieten
diese Vorträge eine Quelle dauernder Belehrung. v. Soden versteht sich auf
die Popularisierung der Wissenschaft im besten Sinne des Wortes. In der
Verbindung von anschaulicher Landeskunde und klar die großen Zusammenhänge
herausarbeitender Geschichtsdarstellung hat er in der That ein Muster „wissenschaftlich-gemeinverständlicher" Darstellung geschaffen. Die Sprache ist schwung-
voll, manchmal vielleicht etwas zu bilderreich. Nur ein ganz geringfügiges
Versehen ist mir aufgefallen: die via dolorosa ist seit dem 15. (nicht erst 16.)
Jahrhundert nachweisbar.

v. Dobschütz.

Frz. Wieland, Ein Ausflug ins altchristliche Afrika. Zwanglose Skizzen. Stuttgart und Wien, Jos. Roth, 1900. (195 S.)

Der Verfasser, ein Geistlicher, der längere Zeit an dem katholisch-archäologischen Institut, dem sog. deutschen Campo Santo zu Rom, gearbeitet hat, erzählt hier seinen dortigen Freunden die Erlebnisse und Eindrücke einer Studienreise durch das altchristliche Afrika, von Carthago nach Algier. Ihnen, die seine muntere, bisweilen stark ans burschikose streifende Art des Plauderns kennen, werden diese zwanglosen Skizzen gewiß Freude bereitet haben. Mit den hübsch ausgewählten Illustrationen werden sie vielleicht auch einen größeren Leserkreis finden, der daraus lernt, wie viele Schichten reicher Kultur auf diesem Nordrande des dunklen Erdteiles aufeinander gelagert sind, von alt phönizischer an bis zu spät byzantinischer; wie vieles davon hier noch verhältnismäßig gut erhalten ist. Dem Fachmann kann und will das Büchlein nichts neues bringen. Daß der Verfasser als frommer Katholik ein besonderes Interesse für das Altchristliche und die Märtyrergeschichte hat, wird ihm niemand verargen; die Art aber, wie er auf Schritt und Tritt die Schauerszenen der Katholikenverfolgung durch die Vandalen nach der tendenziösen Schilderung des Victor von Vita heranzieht, ist weder geschmackvoll noch historisch berechtigt.

v. Dobschütz.

Kurt Breysig, Kulturgeschichte der Neuzeit. Vergleichende Entwickelungsgeschichte der führenden Völker Europas und ihres sozialen und geistigen Lebens. Bd. I: Aufgaben und Maßstäbe einer allgemeinen Geschichtschreibung: Ziele der Forschung. Umrisse einer historischen Staats- und Gesellschafts-, Kunst- und Wissenschaftslehre. Bd. II. Altertum und Mittelalter als Vorstufen der Neuzeit. Ein universalgeschichtlicher Überblick. 1. Hälfte. Urzeit — Griechen — Römer. Berlin, G. Bondi, 1900. (XXXV, 291 S.; XXII, 518 S.)

Es ist das Werk eines begabten, überaus vielseitigen und ernst strebenden jüngeren Mannes, das ich hier anzuzeigen habe, ein Werk, das in seinen sehr weitgehenden Aspirationen eben nur von einem kühnen Manne concipiert und begonnen werden konnte, das aber gewiß auch vom Verfasser selbst nicht als ein durchaus vollendetes angesehen wird. Über die „Zielgedanken" des Werkes belehrt Br. uns selbst so: „Einmal will es die Schranken einer wesentlich national begrenzten Geschichtschreibung durchbrechen und immer und überall die europäische, d. h. in den wichtigsten und reichsten Zeitaltern die universale Entwicklung aufsuchen und darstellen. Es greift dabei weit über die zunächst ins Auge gefaßten Jahrhunderte der Neuzeit hinaus und geht aus von dem großen Gegensatz zwischen der griechisch-römischen und der germanisch-romanischen, zuletzt auch slavischen Epoche der Geschichte Europas. Zu diesen beiden Gruppen tritt als ein dritter sie aufs tiefste beeinflussende Faktor das schicksalsreiche Geschenk des Orients an den Westen, das aus dem Geiste des jüdischen Volkes herausgeborene Christentum ... Schon deshalb weil hellenische Geistes-, römische Staats- und, von beiden aufgesogen, jüdisch-christliche Religionskultur fast von Anbeginn der germanischen Geschichte sie aufs stärkste beeinflußt haben, war nötig, diese drei Wurzeln der Kulturgeschichte der Neuzeit bloßzulegen ... Und es war ebenso erforderlich, auch die eigenen Vorstufen der modernen Entwicklung, die Jugend der Germanen, das Mittelalter, mit einem Blicke zu überschauen. Des Weiteren kam es darauf an, innerhalb der modernen europäischen Geschichte die Schicksale der einzelnen führenden Nationen präzis darzustellen und ihnen durch konsequente Vergleichung die Grundzüge der gemeineuropäischen Entwicklung abzugewinnen ... Zum Zweiten schwebt diesem Buche das Ziel vor, staatlich-wirtschaftlich-soziale und geistige Entwicklung mit demselben Maße von Gunst und Aufmerksamkeit zu messen, und vor allem sie beide zu einer weiteren, in anderm Sinne ebenfalls universalen Einheit zusammenzufassen." Drittens will Br. Ernst machen mit dem Wort Entwicklungsgeschichte. „Überall war nötig nur zuerst das Detail, sogleich darauf aber die großen Zusammenhänge, die langen, über die Jahrhunderte hinweg reichenden Ereignisreihen ins Auge zu fassen".

Der Rahmen ist also sehr weit gespannt. Aber damit noch nicht genug. Breysig schickt seinen Ausführungen auch einen grundlegenden methodologischen Teil voraus, eine „kurze, aber durchaus originale Staats- und Gesellschafts-, Kunst- und Wissenschaftslehre", die der 1. Band unter dem Titel: Aufgaben und Maßstäbe einer allgemeinen Geschichtsschreibung enthält.

Auf außerordentlich breitem Fundament erhebt sich also Breysigs Bau. Weitumfassend ist auch das, was er Kulturgeschichte nennt. „Die Kultur, die ich meine, umfaßt im buchstäblichsten Sinne des Wortes alle sozialen Institutionen, wie alles geistige Schaffen".

Aber in letzter Instanz deckt sich doch auch seine Auffassung mit der nunmehr doch immer mehr zum Durchbruch gekommenen Auffassung von Kulturgeschichte überhaupt. Nennt G. Freytag sie die Entwickelung der Volksseele, nennt sie Lamprecht die vergleichende Geschichte der sozialpsychischen Entwicklungsfaktoren, nenne ich sie die Geschichte des inneren Menschen, so stellt auch Breysig ihre letzte und höchste Aufgabe so hin (S. 286): „Was dieser Untersuchung als Ziel vorschwebt, ist dies, daß es gewisse Grundstimmungen und Empfindungsströmungen giebt, die allen Aktionen des Menschen, den nach außen gewandten sowohl wie den auf Geist und Inneres beschränkten als Trägerinnen dienen. Wohl gemerkt nur um Empfindungen und Gefühle handelt es sich, nicht um Handlungen und Ideen. Diese zerstreuen sich in alle Mannigfaltigkeit und Buntheit menschlichen Wirkens, jene aber bilden die gemeinsame Wurzel". Und ein ander Mal (S. 31) sagt er: „Was ist Geschichte anders als Geschichte des Wollens und Fühlens, des Vorstellens und Denkens, also der geistigen Funktionen der Menschen". Man sieht immer wieder, die von den Gegnern behauptete Unklarheit über die Kulturgeschichte besteht gar nicht. Das Richtige liegt schon in Voltaires „Geist der Zeiten" beschlossen. Bis zu den neuesten mehr oder weniger bedeutenden Kulturhistorikern ist man sich über die Aufgabe klar gewesen. Wenn z. B. Troels-Lund von dem gemeinsamen Farbenschimmer eines Zeitalters, von der Stufenreihe der Stimmungen spricht, so deckt sich das ganz mit Breysig.[1] Ganz richtig stellt Br. daher auch eine bestimmte Aufgabe, die ich spezifisch kulturgeschichtlich nennen möchte, als besonders wichtig hin (S. 53): „Die Sozialgeschichte sollte ihrer Natur nach nicht zuletzt den intimsten Äußerungen des Volkslebens nach-gehen, sie sollte die Wandlungen des Familien-, des Gemütslebens auf-spüren und die vielleicht schwierigste und zugleich lohnendste Aufgabe der Historie erfüllen, die Geschichte des persönlichen Lebens zu ergründen." Freilich meint er gerade auf diesem Gebiete noch allzu große Lücken wahrzunehmen und vindiciert erst späteren Forschergenerationen die genauere Kenntnis des intimen, des privaten Lebens, die uns für all' diese Zeitalter nur allzu sehr fehle. Ich für meinen Teil bemühe mich daher wohl mit Recht, einige dieser Lücken auszufüllen. Gerade erst durch die Pflege dieses Ge-bietes wird man der wahren Geschichte geistiger Kultur, die wie Breysig (S. 24) mit Recht sagt, „nicht nur aus einer Addition ihrer einzelnen Zweige besteht", sondern „eben die Geschichte der allgemeinen Abwandlungen des nicht ange-wandten, nicht praktischen Denkens und Dichtens der Menschen" ist, am ehesten näher kommen.

Breysig will endlich über die von ihm stark betonten „großen Zu-sammenhänge", zu denen man zunächst vorzubringen hat und die er zwischen den einzelnen Kulturgebieten theoretisch sehr fein festzustellen weiß, weiter fortschreiten „zu den noch stärkeren Grundkräften, die sie regieren", die freilich selten „in völliger Reinheit zu Tage treten".

Die Höhe und Weite der Ziele Breysigs ist unbedingt anzuerkennen: aber es fragt sich, ob nun diese Weite auch in einer äußerlich breiten Be-handlung hervortreten muß. Hier hat Br. m. E. einen starken Kompositions-fehler gemacht, er hat seinen Wagen allzu sehr bepackt und erschwert das Vorwärtskommen, erschwert die Wirkung überhaupt. — Zunächst liegt das, glaube ich, zum Teil an seiner Darstellungsart. Die Leser dieser Zeitschrift kennen seinen Beitrag über „die Entwicklung der europäischen Völkergesellschaft" (diese Zeitschrift VI. 329 ff. 411 ff., VII. 81 ff.), der ja wohl auch in einem späteren Bande des vorliegenden Werks enthalten sein wird: mir ist da seitens verständiger Beurteiler öfter ein leiser Tadel der allzu breiten Art Breysigs zu Gehör gekommen, ohne Schädigung hätte sich das Ganze doch sehr re-duzieren lassen. Ähnliches kann man auch von den vorliegenden Bänden sagen. Man wird oft die Kunst Breysigs bewundern, denselben Gedanken in neuer Form zu variieren, man wird auch diesen Variationen immer interessiert

---

[1] Vgl. dazu S. 23: „Es muß eine geistige Atmosphäre vorhanden sein, die, an sich noch undifferenziert, doch alle einzelnen Künste und Wissen-schaften durchdringt und beherrscht".

folgen, aber schließlich wirkt doch das allzu Breite. Beispiele werden sich dem
Leser in jedem Abschnitte bieten, am meisten vielleicht S. 166 ff. Um sehr
einfacher Dinge willen werden oft gar zu viel Worte gemacht: es findet sich
zuweilen ein wahres Schwelgen in Worten. Was in Vorlesungen, im be-
lehrenden Unterricht gut ist, das Auseinanderdehnen des Stoffes, ist nicht gut
für die schriftliche Darstellung. Andererseits halte ich mit dem Lobe nicht
zurück, daß Br. ein hervorragendes Stiltalent zeigt. Aber abgesehen davon,
nicht nur in der Darstellung, auch stofflich hätte Br. mehr Maß halten müssen.
Sein Stoff, die Fülle der Gedanken, die sich ihm aufdrängen, reißen ihn mit sich
fort, und alles, was sich ihm da ergiebt, schüttet er dem Leser aus. Er hat
wohl auch etwas von dem Drang, den er bei Nietzsche findet, „alle Erkenntnis bis in die letzten Konsequenzen hinein durchzudenken". Aus Vorlesungen
hervorgegangen, sollte, wie er selbst sagt, das Werk ursprünglich einen Aufsatz, nachher ein dünnes Bändchen ausmachen. Und nun wird es eine Reihe
stattlicher Bände umfassen. Er wollte nicht nur seine Ergebnisse vorlegen,
sondern auch das Material, das sie stützte; aber ich glaube nicht, daß alles,
was uns Breysig etwa in seinem theoretischen Abschnitte über Kunst bietet,
wirklich notwendig war, um „für die sehr bestimmten Zwecke der späteren geschichtlichen Darstellung die allgemeinsten Grundbegriffe festzulegen". Daß
diese sehr eigenartige elementare Ästhetik zweifellos mit großem Interesse
gelesen werden wird, ändert daran nichts. Es stecken in Breysigs Werk große
Abschnitte, die eigentlich nicht hineingehören, die eigene Bücher sein könnten.

Und das gilt denn auch von der umfangreichen ersten Hälfte des zweiten
Bandes, die uns zu Zwecken der Feststellung eines großartigen Parallelismus
der Geschichte die Entwicklung der Griechen und Römer vorführt, aber auch
der Urzeit „einen Blick gönnt". Breysigs Einleitungssatz: „Es ist unmöglich
von der sozialen Geschichte Europas in den neueren Jahrhunderten zu sprechen,
ohne den Blick auf die älteren Zeiten zurückzuwenden" muß sicher zugegeben
werden. Aber über das „Wie" dieser Rückschau wird man, da es sich doch
nur um ein Vorspiel handelt, ganz anderer Meinung sein können als der Verfasser.
Mit anderen Worten: der Titel „Kulturgeschichte der Neuzeit" ist nur sehr
bedingt richtig. Das Werk giebt unendlich viel mehr.

Aber da es nun eben so sehr viel mehr bietet, so nehmen wir diesen
äußeren Kompositionsfehler gern in den Kauf. Das Werk ist geeignet, alle
Historiker, aber auch die Gebildeten ernstlich zu beschäftigen. Auf Widerspruch wird der Verfasser gefaßt sein müssen. Was die alten Historiker und
namentlich die Herren Philologen zu seiner „Kulturgeschichte des Altertums"
sagen werden, wollen wir abwarten. Breysig hat sich zum Unterschied von
Burckhardt, dessen Gedächtnis er diesen Band widmet, mit Eifer in die neuesten
geschichtlichen, juristischen, kunstgeschichtlichen Forschungen hineingelesen, aber der
Philologie ist er ziemlich fern geblieben. Und so werden ihn die Herren
kaum gnädiger anblicken als den großen Burckhardt, der es wagte, etwas über
die Kultur der Griechen zu sagen, ohne Philologe zu sein.

Die entwicklungsgeschichtliche Tendenz des Ganzen tritt im übrigen scharf
hervor: sie hat auch erfreuliche Resultate hervorgebracht. Eine große Reihe feiner

Beobachtungen, glücklicher Vergleiche wird der Leser feststellen. Auch die neuestens
öfter geforderte Berücksichtigung der geographischen Bedingtheit der menschlichen
Entwickelung ist von Br. nicht übersehen. Ich weise z. B. auf die Ausführungen
über Segen und Unheil des griechischen Klimas und Bodens S. 319 ff. hin.
Am wärmsten giebt sich Br. wie im 1. Bande so auch in diesem da, wo es
sich um die Kunst handelt. Er liebt sie augenscheinlich. Wir wünschen dem
Verfasser Glück zu seinem mit wirklich universalem Geist angelegten, vielfach
neuartigen Werk und danken ihm dafür.

Jena.   Georg Steinhausen.

*   *   *

**Friedrich Seiler, Die Entwickelung der deutschen Kultur im
Spiegel des deutschen Lehnworts.** I. II. Halle a./S., Buchhandlung des Waisenhauses, 1895. 1900. (99; XI, 223 S.)

Der Gedanke, der dem vorliegenden Werkchen zu Grunde liegt, ist ein
guter und einleuchtender. Es wird hier eine Geschichte der fremden Kultureinflüsse auf Deutschland auf der Grundlage des übernommenen Wortschatzes
zu geben versucht, und diese Zusammenfassung ist sehr dankenswert. Von
der Prüfung der sprachwissenschaftlichen Fundamentierung muß ich als Nicht-
philologe hier absehen; doch scheint der Eindruck in dieser Beziehung ein
guter zu sein. Der Verfasser hat übrigens zum Teil praktische Ziele verfolgt.
Gegenüber der heutigen „Richtung auf möglichste Ablehnung alles fremden Sprach-
guts" will er „wieder einmal darauf hinweisen, wie wenig spröde wir uns
seit den ältesten Zeiten fremdem Kultur- und Sprachgute gegenüber verhalten
haben"; er will ferner zur Pflege geschichtlichen Sinnes beitragen, wozu ihm
gerade eine Verbindung von Geschichts- und Sprachwissenschaft geeignet erscheint. Er möchte sein Buch wesentlich auch in den Händen der Deutsch-
und Geschichtslehrer unserer höheren Schulen zur Verwendung für Schüler-
vorträge wissen.

Was nun die vom Verfasser beabsichtigte Förderung der Kulturgeschichte
durch sein Buch anlangt, so muß ich vor allem meine vollste Sympathie mit
seinem Vorhaben aussprechen. Ich habe seit langem schon die Notwendigkeit
eingehenderer Behandlung der Kultureinflüsse eines Volkes auf das andere
betont, z. B. seiner Zeit in meinem kulturgeschichtlichen Bericht in den
„Jahresberichten der Geschichtswissenschaft" in einem eigenen Abschnitt „Kultureinflüsse" alle irgendwie verwendbaren Schriften herangezogen. In Vorlesungen habe ich dies Moment besonders betont, freilich dabei den Mangel
von zusammenfassenden Werken in dieser Beziehung bedauert und so selbst
das nötige Material zusammenbringen müssen. So kann ich Seilers Buch nur
begrüßen.

Zwei Momente, die er selbst streift, müssen allerdings scharf hervorgehoben werden. Einmal ist natürlich die Summe der Kultureinflüsse
keineswegs nur durch sprachliche Entlehnungen ausgedrückt. Insofern bleibt
für den Kulturhistoriker Seilers Buch durchaus unvollständig. Weiter aber

gilt es namentlich für die ältere Zeit doch die außerordentliche Unsicherheit
des ganzen Fundaments zu betonen. Es ist durchaus nicht richtig, daß ein
fremder Name immer auch den fremden Ursprung des betreffenden Dinges
bedeute. Dieser wohl vorhandenen Erkenntnis scheint mir von den Philologen
bei weitem nicht genügend Rechnung getragen zu sein. Hier eingehend nachzuprüfen, dazu fehlt uns freilich das Material — immerhin aber doch nicht
alles. Erfolgreicher ist man in den Bemühungen, das Alter der Entlehnungen
zu bestimmen, gewesen. Diesen Forschungen hat auch Seiler Rechnung getragen.

Bei dem billigen Preise möchte ich das Buch auch weiteren Kreisen zur
Anschaffung empfehlen. Georg Steinhausen.

.

F. Heinemann, Richter und Rechtspflege in der deutschen Vergangenheit. (Monographieen zur deutschen Kulturgeschichte, hrsg. v. Georg Steinhausen, Bd. III.) Leipzig, Eugen Diederichs. (144 S.)

Die Geschichte des deutschen Gerichtswesens ist eine Geschichte des deutschen
Volksgeistes, nur unter einem besonderen Gesichtswinkel betrachtet; denn gerade
in der tiefpoetischen und symbolischen Auffassung der Rechtshandlungen, in
dem treuen, aber auch zähen Festhalten an überkommenen Anschauungen und
Satzungen, an der lebhaften, anfänglich äußeren, später doch inneren Anteilnahme zeigt sich die deutsche Art und Unart. Meisterhaft hat H. den Unwillen
und die Mißstimmung des Volkes und der ihm nahestehenden Reformatoren
in der volkstümlichen und volkstümelnden Litteratur jener Zeit nachgewiesen,
da das alte, doch in Formelkram und Kleinkrämerei einerseits, in dreiste
Willkür und Erpressungswirtschaft der Freigerichte andererseits erstarrte und
herabgekommene alte deutsche Recht des Sachsenspiegels dem übermächtigen
Ansturm des neuen, fremden Rechts, das damals sicherlich eine Wohlthat
war, zu weichen begann. Aus dem rechtmäßig zu Gericht sitzenden Freischöffen
wird ein pflichtmäßig amtierender, bald freilich gegen Pflicht und Gewissen
oft verstoßender Richter; von dem geheiligten Dingplatze unter freiem Himmel
mit seiner idealen Hegung durch den Seidenfaden zieht sich das Gericht in den
wohlverschlossenen Saal hinter feste Schranken zurück, an Stelle des mit
unbeschränktem, fast abergläubischem Vertrauen hingenommenen Eides des
freien Mannes tritt das auf der Folter erpreßte „Geständnis", der hochan-
gesehene „Frohnbote" weicht dem unehrlichen Büttel. Mit großem Geschick
hat auch H. einen Blutgerichtsprozeß in der alten und in der mittleren Zeit
aus lauter Einzelzügen mosaikartig geschildert und die Erstarrung auch des
römischen Rechtes, die unglückselige Verlangsamung des civilistischen, die Ver-
rohung des kriminalistischen Verfahrens nachgewiesen. Den Schluß bildet das
allmähliche Eindringen moderner Anschauungen von Frankreich her, die bei
Justus Möser mehr patriotisch begeistert, doch mit Beimischung mancher Beschränktheit der Zeit weitergetragen, von Friedrich dem Großen aber mit der
ganzen Hingabe des Genies warmherzig aufgenommen und trotz mancher
mißglückten Versuche im Anfang schließlich doch der Umsetzung in die That

entgegengebracht wurden, eine stete, erfreuliche Entwickelung, die durch unser „Bürgerliches Gesetzbuch" vielleicht noch nicht abgeschlossen ist. H.s Darstellung ist fesselnd und anschaulich; durch die trefflichen Illustrationen wird sie wirksam belebt. Über die Ausstattung der „Monographieen", deren 3. Band hier vorliegt, brauchen wir heut kein Wort mehr zu verlieren. Ganz besonders wertvolle Beilagen sind die Reproduktionen eines Nürnberger Fehdebriefes aus dem J. 1499 (hinter S. 40) und eines Fembriefes aus dem J. 1439 (S. 47), auf die wir auch den Sprachforscher hinweisen möchten.

Würzburg. Robert Petsch.

* * *

Jos. Hansen, Zauberwahn, Inquisition und Hexenprozeß im Mittelalter und die Entstehung der großen Hexenverfolgung. (Historische Bibliothek Bd. XII). München und Leipzig, R. Oldenbourg, 1900. (XV, 538 S.)

Das Thema dieses gründlichen Buches ist ein solches, das immer aufs neue die Kulturhistoriker beschäftigt und beschäftigen muß. Aber der große Widerspruch, der dabei in den Vordergrund gestellt wird, daß eine so wahnwitzige Erscheinung, wie die Hexenverfolgung, ihren Höhepunkt erst in der s. g. „neueren" Zeit nach der „befreienden Geistesthat" der Reformation erreicht habe, dieser Widerspruch besteht bei genauerem Zusehen garnicht. Die wirkliche Neuzeit beginnt erst gegen Ende des 17. Jahrhunderts, eben erst mit jener wirklichen Säkularisation geistigen Lebens, die auch die Abschaffung der Hexenverbrennungen zur Folge gehabt hat. So lange das kirchlich-theologische Joch bestand, ist eine Erscheinung wie jene nicht verwunderlicher als viele andere. Zu erweisen bleibt nur, daß die Hexenverfolgung schon von ihrer Entstehung an ein Werk der christlichen Kirche ist. Diesen Beweis liefert das Buch Hansens. „Die Geißel der Hexenverfolgung ist von der Theologie der christlichen Kirche geflochten worden", dies ist kurz und gewichtig sein Resultat.

H. meint ganz richtig, daß, wenn man bei der Erörterung dieses Themas weiter kommen wolle, man nicht immer neue Details zur Geschichte der grausamen Verfolgung im 16. und 17. Jahrhundert anhäufen, vielmehr die frühere Entwickelungsgeschichte ins Auge fassen müsse. Auf Grund einer sehr genauen, nicht auf Deutschland beschränkten Durcharbeitung der mittelalterlichen theologischen und juristischen Litteratur, auch von handschriftlichen Quellen[1], aber ohne näheres Eingehen auf den Ursprung der in dem Wahn zusammengeflossenen Vorstellungen, von denen nur ein Teil in der Verfolgung eine Rolle gespielt hat, stellt H. drei Perioden dieser Entwickelung fest. In der ersten, bis etwa 1230, handelt es sich nicht um eine systematische Verfolgung. Das einfache Malefizium, das für Kirche und Staat eine Realität war, wird als Einzelverbrechen, namentlich vom Staat, bestraft. In der

---

[1] Dieselben sollen als „Quellen und Untersuchungen zur Geschichte des Hexenwahns und der Hexenverfolgung im Mittelalter" besonders veröffentlicht werden.

zweiten Periode hat die scholaftische Wiffenfchaft dann eine Theorie aufgeftellt und die einzelnen Vorstellungen, nur zum Teil in Anlehnung an Volks-vorstellungen, wiffenfchaftlich konstruiert oder bekräftigt. Durch die Praxis, nämlich die neue Kezerinquisition, wurden dann diefe Ergebniffe zu einem „geschloffenen Syftem" geftaltet. Es entwickelt fich der verderbliche Einfluß jener Saat auf die Straffustiz, der zur epidemischen Verfolgung hinüber-leitet. Diefe — als dritte Periode — beginnt 1430, beruht auf jenem „ver-hängnisvollen Sammelbegriff vom Hexenwesen und spitzt den Wahn auf das weibliche Geschlecht zu. Auch entwickelt fich jetzt eine ftarke befondere Hexenlitteratur. Wertvoll ift die kritische Darlegung über die Bedeutung des Hexenhammers.

Die Nachweise über die feftgeftellten Prozeffe bis 1230, von 1230—1430 und der späteren Zeit werden befonders willkommen, die Anführungen aus der Litteratur auch kirchen- und rechtsgeschichtlich von Nutzen sein. In beiden Beziehungen hätte aber hier und da eine ftraffere Zusammenziehung, nament-lich wo fich ähnliches wiederholt, ftattfinden follen. Auch sonft wiederholen fich Hanfens Ausführungen des Öfteren. Aber das beeinträchtigt nicht die große Verdienftlichkeit feines Buches.   Georg Steinhaufen.

*   ÷   *

1. **C. Spindler, Elfässisches Trachtenbüchlein.** Straßburg. Schlefier & Schweikhardt. (10 S.)

2. **Friedrich Hottenroth, Deutsche Volkstrachten — ftädtische und ländliche — vom XVI. Jahrhundert an bis zum Anfange des XIX. Jahrhunderts.** I—II. Frankfurt a. M. Heinrich Keller 1898—1900. (VII, 223 S. 48 Taf. VIII, 218 S. 48 Taf.)

3. **Veröffentlichungen der Hiftorischen Kommiffion für Heffen und Waldeck I. Ferdinand Jufti, Heffisches Trachtenbuch.** Lfg. 1. 2. Marburg. N. G. Elwert. 1900. (42 S. je 8 Taf.)

Die deutschen Volkstrachten fallen mehr und mehr dem Untergange anheim, diefe Thatfache fteht feft, und alle Verfuche, fie künstlich am Leben zu erhalten, wie er z. B. auch von dem volkskundigen Hanfjakob in feinem Buche: „Unfere Volkstracht. Ein Wort zu ihrer Erhaltung" gemacht worden ift, find ausfichtslos. Die Volkstrachten find in der Kleidung, was die Dialekte in der Sprache find, und hier wie dort ift es unmöglich, die Verwitterung, wo fie eintritt, zu hindern. Die Bearbeiter des auf Veranlaffung der Anti-quarischen Gefellschaft in Zürich herausgegebenen „Schweizerischen Idioticons" hatten ganz recht, wenn fie fich in ihrem Prospekt darüber äußerten: „Wer könnte die Verwefung aufhalten, und wer wollte fo thöricht fein, feine Kraft gegen einen gewaltigen Naturprozeß zu ftemmen? Die vernünftige Aufgabe liegt anderswo, fie liegt darin, daß man einen Dialekt nicht hinfterben laffe, ohne ihm ein würdiges Denkmal zu fetzen, daß man ihn in der letzten Stunde

noch nutzbar mache, namentlich für die Schule, und daß man ihn der Wissenschaft rette". Ebenso sollen auch die Volkstrachten für die Wissenschaft nicht
vergehen. Durch bildliche und schriftliche Darstellungen soll man die Kunde
der Trachten zu erhalten suchen, denn aus ihnen spricht mit vernehmlicher und
für uns so süß tönender Stimme ein Stück unseres Volksgeistes, die Tracht
gehört unzertrennlich zur Physiognomie des Volkes, von der sie einen sehr
wichtigen Teil ausmacht.

Aus dieser Erkenntnis ist schon die reizende aus 10 Farbentafeln bestehende Reihe elsässischer Trachtenbilder entstanden, die der Kunstmaler
C. Spindler in dem genannten Büchlein darbietet. Mehr ein malerisches
als ein archäologisches Interesse verfolgend, mehr die Stimmung und den
Gesamteindruck der Tracht als ihre Einzelheiten betonend, wird das anspruchs-
los gegebene Büchlein dem Freunde elsässischer Art gewiß Freude bereiten.

Ganz anders tritt das Buch von Hottenroth auf, hier handelt es sich
nicht um die Farbenfreude des Künstlers, sondern hier spricht der erfahrene
Trachtenhistoriker, der sich die große Aufgabe gestellt hat, in einem breit angelegten Werke, die Volkstrachten der verschiedenen deutschen Landesteile und
-teilchen darzustellen, ihre Einzelheiten aufzuweisen und womöglich ihre Stellung
zu der allgemein giltigen Mode zu bestimmen. Schon das umfassende Arbeitsgebiet, das der Verfasser sich erkoren hat, verdient die vollste Anerkennung,
denn „hier zum ersten Male bietet sich ein Werk, das den Gegenstand mit
all seinen Verästelungen umfaßt", und das ist zumal für eine junge Wissenschaft, wie es die Kunde der Volkstrachten ist, sehr verdienstlich. Ein wohl-
abgerundetes Ganze zu geben war freilich noch nicht möglich, dazu fehlt es
heute doch noch zu sehr an den Vorarbeiten, und man kann von einem einzelnen
unmöglich verlangen, was erst Generationen werden erarbeiten müssen. Des
Verfassers eigene, oft still geäußerte Klagen über diesen Mangel werden
hoffentlich recht vielen Altertumsfreunden in die Ohren schallen und besonders
die Germanisten zur Mitarbeit anspornen, aus deren Reihen uns ja auch
schon die Zusage dafür von einem vor anderen berufenen Gelehrten gegeben
ist. Ich denke an Moriz Heyne, der einen Band seiner vortrefflichen „Hausaltertümer" der Behandlung der Kleidung widmen wird.

Für Hottenroth kam es zunächst einmal darauf an, das ihm zugängliche
Material landschaftlich geordnet zu einer Übersicht zusammenzustellen. Der
erste Band behandelt die Trachten von 1. Elsaß-Lothringen, 2. Pfalz und
Rheinhessen, 3. Baden und Württemberg, 4. Maingau, 5. Baiern, und der
zweite Band zerfällt in die Schilderung der Trachten 1. des westlichen Mittel-
deutschlands, 2. der nordwestlichen Tiefebene. Dabei ist durchaus nicht engherzig nach den heutigen politischen Grenzen verfahren, z. B. wird auch Basel
eingehend behandelt. Zur Einleitung jedoch hat der Verfasser, „um einigermaßen den Zusammenhang klar zu legen, eine systematische Übersicht der
deutschen Bauerntrachten, wie solche aus der allgemeinen Mode und den
politischen Zuständen heraus sich entwickelt haben, seiner Arbeit vorangestellt,
außerdem bei jedem Volksstamme die Vorbedingungen angegeben, von welchen
sein Kostüm noch im besonderen abhängig war". So schildert er zunächst die

männliche Tracht: Hose, Strümpfe, Gamaschen, Stiefel, Schuh, Hemd, Kittel, (diesen an zwei verschiedenen Stellen I, S. 16/17 und S. 26), Schecke, Bauernschaube, Wams, Weste, Mantel, Kapuze, Mütze, Hut, Haar und Bart. Daran reiht sich dann die weibliche Tracht: Rock, Mieder und Kamisol, Jacke und Leibchen, Leinwandkragen, Strümpfe, Schuhe, Schürze, Kittel und Mantel, Kopfbedeckungen; Frisur, Täschchen und Handschuhe. Diese Darstellungen, denen 47 Seiten gewidmet sind, schließen sich an die Abbildungen des ersten Bandes an, jedoch wird natürlich auch auf die des zweiten Bandes Bezug genommen, freilich ohne ausdrücklich darauf zu verweisen.

Wenn es erlaubt ist, jetzt schon für den Fortgang beziehungsweise für den Abschluß des Werkes einen Wunsch zu äußern, so möchte ich wohl bitten, daß der Verfasser vielleicht als Anhang eine Auslassung über die Farben der Trachten geben möge. Bei vielen Abbildungen sind zwar die Farben der Originale angegeben, wie auch die Tafeln farbenprächtige Bilder bieten, aber gerade von einer durchgehend vergleichenden Zusammenstellung würde meines Erachtens manches interessante Ergebnis zu erwarten sein. Ferner möchte ich auch jetzt schon für das zu erwartende Inhaltsverzeichnis den Wunsch aussprechen, daß sich dasselbe nicht nur auf ein genaues Ortsregister und auf eine Zusammenstellung der landesüblichen Namen für die einzelnen Kleidungsstücke beschränken möge, sondern daß es auch die Erwähnungen von Standes-, Amts-, Juden- und Trauertrachten, der Kleidung von Bräuten und Wittwen ꝛc. ordne. Wer wie ich als Beamter eines Museums es erfahren hat, wie oft gerade solche allgemeine Trachtenfragen auftauchen, der wird in einem Handbuche eine Zusammenstellung derselben nicht missen wollen.

Ich darf es nicht unterlassen, die von dem Verfasser mit bekannter Geschicklichkeit gelieferten flotten Zeichnungen rühmend hervorzuheben, die auf 132 Abbildungsgruppen und 96 vortrefflich ausgestatteten farbigen Tafeln eine sehr große Zahl von Trachten und einzelnen Kostümstücken zu anschaulicher Darstellung bringen und dadurch den Text stützen und tragen.

Im Ganzen giebt das Werk einen guten Überblick über den heutigen Stand der Wissenschaft, den der sammeleifrige Verfasser in manchen Punkten zu ergänzen in der Lage war, und so ist derselbe am Werke, ein treffliches Handbuch zu schaffen, das sich für jeden, der als Sammler oder Liebhaber mit Volkstrachten in Berührung kommt, als sehr nützlich erweisen wird. —

Ungemein lehrreich ist nun ein Vergleich von Hottenroths Werke mit Justis Hessischem Trachtenbuche. Während wir dort das Gesamtbild in großen Zügen entworfen sehen, finden wir hier einen Ausschnitt aus demselben in den Einzelheiten ausgeführt, und wir erkennen daran sehr bald, welche Aufgaben die Wissenschaft noch zu erfüllen hat. An der Hand von Justis Werke lernt man erst völlig verstehen, wie sehr E. H. Meyer Recht hat, wenn er in seiner Volkskunde p. 98 sagt: „die deutsche Volkstracht ist dem buntesten zeitlichen und örtlichen Wechsel unterworfen, wurzelt in einigen Gegenden gewiß in der Volksart und in der Natur des Landes, ist in anderen der Laune und Willkür der Mode der höheren Stände gefolgt, ist hier ganz flatterhaft, um dort eigensinnig an der Tracht einer bestimmten Periode durch

Jahrhunderte hin festzuhalten. Eine möglichst lückenlose Gallerie der deutschen
Trachten und die Schilderung und Untersuchung der Ortstrachten können
allein Licht über das Chaos verbreiten". So ist es denn um so mehr dank-
bart zu begrüßen, daß die historische Kommission für Hessen und Waldeck die
Reihe ihrer Veröffentlichungen mit diesem Trachtenwerke beginnen läßt.

Der Verfasser hat sich von vornherein auf den Standpunkt gestellt, daß
seine Einzeluntersuchung dann vor allem nutzbringend ist, wenn sie für die
Erkenntnis des Ganzen, der Trachtenkunde als eines bedeutsamen Teiles der
Volkskunde, sich nutzbringend erweist. Wie groß er seine Aufgabe aufgefaßt
hat, erhellt schon aus seinen Worten: „Die Geschichte der Kleidung bildet
durch ihren engen Zusammenhang mit der Entwicklung von Gewerbe und
Handel einen wichtigen Teil der Gesellschaftswissenschaften und liefert einen
merkwürdigen Beitrag zur Kenntnis des Geschmackes, der Sitten und des
Gesellschaftstriebes". Daher begnügt sich das Buch nicht damit, den Einflüssen
nachzugehen, die die politischen Veränderungen auf die hessischen Trachten ausgeübt haben, sondern es giebt auch sehr interessante Zusammenstellungen über
das Costume-Gefühl und über die Einwirkung der Kleidung auf die Körperhaltung. Es betont entschieden den Zusammenhang mit der Mode und untersucht, warum und wann eine Mode fest und zur Volkstracht zu werden pflegt.
Eine Reihe von Gründen werden uns dafür klargelegt: die Beständigkeit aller
Verhältnisse beim Landmann, die Bequemlichkeit, die Dauerhaftigkeit der benützten Kleiderstoffe, die man durch Generationen forterben konnte, die Rücksicht auf die Kosten, schließlich auch der Einfluß der Kleiderordnungen. Andererseits bleiben auch die Einflüsse, die eine Veränderung der Tracht herbeiführen,
nicht unberührt. Überall steht für den Verfasser das volkskundliche Interesse
im Vordergrunde, und so werden in sehr lehrreicher Weise auch die anderen
Äußerungen des volkstümlichen Lebens, Volksgesang und Bauernkunst an Haus
und Möbeln, zum Vergleich herangezogen, wodurch die Frage in eine allgemeinere und hellere Beleuchtung gerückt wird.

Die also geschilderte gründliche Einleitung, als welche der Text der uns
vorliegenden ersten Lieferung zu betrachten ist, giebt eine treffliche Gewähr
für den guten Fortgang des Werkes, über den wir seiner Zeit mit Vergnügen
Bericht erstatten werden.

Auch hier wie bei Hottenroth ist das sehr gute Abbildungsmaterial zu
rühmen. Die erste Lieferung enthält acht Trachtenbilder, die — nach der Natur
aufgenommen — in Farbendruck ausgeführt sind. Namentlich Blatt II und
VI, je einen Brustschmuck aus Mornshausen und aus Steinperf darstellend,
bieten das Beste, was wir in dieser Beziehung glauben gesehen zu haben. —

Da obige Anzeige von der Redaktion dieser Zeitschrift etwas zurück-
gestellt werden mußte, so ist inzwischen mit Text S. 15—42 und abermals
8 trefflichen Tafeln in Farbendruck die zweite Lieferung (1901) von Justi's
Werke erschienen, in der die Beschreibung der einzelnen Trachten begonnen
wird, und zwar lernen wir zunächst die Tracht des Breidenbacher Grundes
in seinen beiden Teilen des Ober- und des Untergerichtes kennen, woran sich dann
(Kap. II) die Tracht westlich der Lahn anschließt, von der bislang nur die

des Kreises Marburg vorliegt. Hier bekommen wir nun erst einen völligen
Einblick in die Arbeitsweise des gelehrten Verfassers, die Einzelheiten der
verschiedenen Trachten werden uns an der Hand der Abbildungen eingehend
beschrieben, zugleich aber erkennen wir, daß die Volkstrachten ohne die genaue
Kenntnis der historischen Trachten überhaupt nicht verstanden werden können;
und so zieht der Verfasser, um die historische Entwickelung klarzustellen, reichliches Abbildungsmaterial und vielfache schriftliche Belege aus historischen
und germanistischen Quellen zum Vergleich heran. Indem er ferner die
lokalen Bezeichnungen der einzelnen Stücke verzeichnet, geht er der Geschichte
dieser Namen ebenso aufmerksam nach wie der der Stücke, ein Verfahren, bei
dem nicht nur die Volkskunde gewinnt, sondern bei dem auch für die deutsche
Altertumskunde manche Frucht reift. Sehr willkommen sind in dieser Beziehung z. B. die Untersuchungen über die Geschichte des Hemdes und der
Leibwäsche überhaupt, die sich auf S. 31 ff. finden.

Das Buch fördert aber nicht nur die Erkenntniß der Volkstracht, es eröffnet für das feinere Auge auch überaus erfreuliche Blicke in das Leben und
Schaffen der Volkskunst, die hier zumal an den „niemals sich genau wiederholenden Stickereien mit bunter Wolle oder Seide, mit Metallplättchen und
feinem Draht an Stülpchen und Brusttüchern" in höchst reizvoller Weise und
mit einem sicheren Geschmack in der Anordnung der Formen und der Wahl
der Farben zu Tage tritt, von der unsere Herrentracht nur lernen kann. Die
liebevollen und eingehenden Beschreibungen dieser Leistungen der Volkskunst
bieten uns die Aussicht, daß der Verfasser auch ferner sie freundlich berücksichtigen wird, wie denn auch über Möbel und Innendekoration des hessischen
Volkes aus den Tafeln manches zu lernen ist.

Nürnberg. Otto Lauffer.

J. **Häne, Der Auflauf in S. Gallen im Jahre 1491.** S. Gallen,
Fehr, 1899. (177 S.) — Derselbe, **Zum Wehr- und Kriegswesen
in der Blütezeit der alten Eidgenossenschaft.** Zürich, Schulthess & Co.,
1900. (41 S.)

In Fortsetzung seiner Dissertation über den S. Gallerkrieg (1895) hat
H. auf das städtische Aktenmaterial gestützt den Aufstand der Unzufriedenen
wider das Ratsregiment geschildert, der eine rasche und blutige Unterdrückung
gefunden hat. Hat dieser Vorgang wesentlich ein lokales Interesse, so sind
die im Anfangs- und Schlußkapitel gebotenen Darlegungen der städtischen
inneren Verhältnisse durch zahlreiche typische Züge von allgemeiner Bedeutung.
Auch in S. Gallen hatten in der zweiten Hälfte des fünfzehnten Jahrhunderts
die Zentralisations-Bestrebungen Platz gegriffen, die damals allgemein in der
städtischen, dann auch in der territorialen Verwaltung eine neue Ära herauf-
führten. Der kleine Rat suchte mit Glück die Gewalt an sich zu ziehen und
den großen, der außer ihm noch die Vertreter der sechs Zünfte umfaßte, bei
Seite zu schieben. Ein bureaukratisches Regiment kam auf, das sich in der
Vermehrung der Beamtenzahl und der Haushalts-Kontrolle geltend machte,

übrigens aber keineswegs willkürlichen Charakter trug. Von unmittelbarem
Einfluß auf die Entstehung der Unruhen war das Vorgehen des Rats in der
Besteuerung und der Gewerbeaufsicht. Die durch den Krieg verursachte Be-
lastung der gemeinen Finanzen veranlaßte eine gesteigerte Heranziehung der
Einzelnen; Steuerflucht wurde streng bestraft. Auch in S. Gallen war um
die Mitte des Jahrhunderts die gesonderte Besteuerung von „fahrender" und
„liegender Mark" verschwunden wie in Frankfurt a. M.[1]), die indirekten Abgaben traten in den Vordergrund, bis der Krieg das Verhältnis wieder un-
günstig verschob. Besonders hart mußte es empfunden werden, daß die
unterste Stufe verhältnismäßig stärker belastet war, als nach der Berechnung
der Sätze für die oberen zu erwarten wäre, eine Beobachtung, die sich auch
bei dem Wormser Anschlag von 1449 machen läßt.[2]) Die Gewerbepolizei
des Rates machte sich besonders in der städtischen Hauptindustrie, der Linnen-
weberei, bemerkbar. Die Kontrolle über die Güte der Waare mittelst des
städtischen Zeichens wurde den Webern aus der Hand gewunden; offenkundig
war das Bestreben, die mächtigste unter den Zünften zu unterdrücken. Der
gewaltsame Ausbruch der durch seine Maßregeln hervorgerufenen Gährung hat
den Rat keineswegs von seinen Grundsätzen abgebracht. Die Untersuchungen
von H., mit großer Objektivität geführt, ohne doch die zahlreichen dramatischen
Momente der Bewegung zu unterdrücken, ergeben einen wertvollen Beitrag zur Geschichte der sozialen Erschütterungen um die Wende des fünfzehnten Jahrhunderts.

Von dem schweren archivalischen Rüstzeug der ersten Arbeit macht die
zweite keinen Gebrauch, sie giebt nur eine flüssige und klare Darstellung
einiger Punkte des für die ganze spätere Taktik so einflußreichen Schweizer
Kriegswesens. Im Sinne der Schweizer Behörden war freilich dieser Einfluß
nicht; unter den oben erwähnten Regierungsgrundsätzen des S. Galler Rats
spielt das Verbot des Reislaufens eine Rolle, und auch das Exercitium der
eigentümlichen Schweizertaktik, der festgeschlossenen, mit Langspieß und Helmbarte bewaffneten Haufen, suchte man dem Lande zu bewahren. Die Anfänge
dieser Exercitien verlegt H. bereits in die Knabenjahre, da mit dem sechszehnten die Wehrpflicht begann. Weitere Maßregeln lassen erkennen, wie umsichtig die Obrigkeiten über die Wehrfähigkeit wachten. Taugliches Spießholz
betrachteten sie als ihr Monopol, und streng hielt man darauf, daß die Spießer
nicht in die Minderzahl gerieten, weil die Ansprüche an sie bei größerer Ge-
fährdung und kostspieliger Rüstung stärkere waren, ebenso wie später bei den
landsknechtischen Doppelsöldnern. Mit der größeren Bedeutung des Spießes
im fünfzehnten Jahrhundert rückte die alte Nationalwaffe der Helmbarte mit
den anderen Kurzwehren in die Mitte des Gewalthaufens. Die Handrohre
blieben bis ins sechszehnte Jahrhundert den Armrusten gegenüber in der
Minderheit kostenhalber, dagegen haben die Eidgenossen mehr Geschütz geführt,
auch schweres, als man gemeinhin voraussetzt. An Reiterei fand sich nur
eine kleine Zahl Schützen. Wie die Ausrüstung war die Organisation sorg-

---

[1]) cfr. Bücher, Zwei mittelalterliche Steuerordnungen (Festschrift zum
Leipziger Historikertag 94).

[2]) Monumenta Wormatiensa ed. Boos S. 638.

24*

fältig vorbereitet, sodaß sich die Aushebung im Bedarfsfalle anstandslos vollzog. Den Ausgehobenen schlossen sich in großer Zahl Freiwillige an, die sog. Freiheilen, der Kern des Reisläufertums. Hier wäre nachzutragen, daß unter diesem Namen zum ersten Mal Fußsöldner im Dienste der Stadt Ulm erscheinen. Sie vor allem beförderten die Zuchtlosigkeit, die den Schweizer Heeren außer der Schlachtordnung eigen war. Die bewundernswerten Leistungen schreibt H. der Ausbildung eines soldatischen Ehrgefühls zu, sowie der Einheitlichkeit des eidgenössischen Staatswesens, welche, solange sie anhielt, eine auch militärisch leistungsfähige Zentralleitung gewährleistete.

Magdeburg.   Liebe.

✻

Beyerle, Konstanz im dreißigjährigen Kriege (Neujahrsblätter der badischen historischen Kommission). Heidelberg, Winter, 1900. (84 S.)

Der Verfasser betont die Notwendigkeit, die ungeheure Einwirkung des großen Krieges auf die materiellen und sozialen Verhältnisse durch Einzeluntersuchungen festzustellen, giebt aber leider nur eine Darstellung der Belagerung der Stadt Konstanz durch Horn 1633, die in ihrem ergebnislosen Verlauf doch nur lokalen Wert hat. Interessant sind die Quertreibereien zu dem Zwecke, die bedrängte Stadt der Eidgenossenschaft oder Frankreich in die Hände zu spielen, sowie die schon ein halbes Jahr vor Wallensteins Ermordung zu Tage tretende Überzeugung, daß ein geheimes Verständnis ein energisches Vorgehen gegen die schwedischen Belagerungstruppen hindere, aber gerade an dieser Stelle näher darauf einzugehen, liegt kein Anlaß vor.

Magdeburg.   Liebe.

✻

Fr. Guntram Schultheiß, Deutscher Volksschlag in Vergangenheit und Gegenwart. München, J. F. Lehmann, 1899. (39 S.)

Das Rassenproblem beginnt eine wachsende Einwirkung auf unser modernes politisches Leben zu üben, und zumal die Vertreter eines schrofferen Nationalbewußtseins müssen es sich gefallen lassen, von einem bildungsstolzen Weltbürgertum über die Utopie einer germanischen Rasse aufgeklärt zu werden. Eine übersichtliche kritische Zusammenfassung der für diese Frage bedeutsamen anthropologischen und historischen Thatsachen bietet Schultheiß, dem wir die treffliche, leider immer noch unvollendete Geschichte des deutschen Nationalgefühls verdanken. In Erwägung der Ursachen, welche die Abweichungen in der Erscheinung der heutigen Deutschen von dem historisch überlieferten Typus hervorgebracht haben, schließt er sich der anthropologischen Anschauung an, welche die Reinheit der germanischen Rasse schon in vorhistorischer Zeit nicht mehr bestehend annimmt. Gerade die typischen Körpereigenschaften der Germanen waren bereits einer der autochthonen Rassen eigen, welche die aus ihrer Urheimat, Südrußland, eingewanderten Arier in Mitteleuropa vorfanden. Wie

dieser Typus durch soziale Auslese und bei früher Ausbildung eines Schön-
heitskanons durch Zuhilfenahme äußerer Mittel Verstärkung erfuhr, darin
liegt für den Kulturhistoriker das Anziehendste der Arbeit von Sch. Als
Beispiel der Wandelbarkeit der Körpermerkmale selbst in dem durch Reinheit
des Blutes ausgezeichneten hohen Adel giebt sie eine Zusammenstellung der
Quellenstellen über das Äußere der Kaiser und Großen des Mittelalters, die
allerdings den verschiedensten Geschlechtern entstammten. (Es sei hier auf die
gründlichen Untersuchungen Devrients über die ältern Ernestiner seit dem
fünfzehnten Jahrhundert hingewiesen,[1] die bei diesen einen ausgesprochen
dunklen, langköpfigen, kurzsichtigen Typus erkennen, der nur hin und wieder
durch mütterliche Einflüsse unterbrochen wird. Der körperlichen Vererbung
stellt Sch. mit Recht die geistige als bedeutsamer gegenüber und weist damit
auf die Erforschung eines Problems hin, das recht eigentlich als Arbeitsgebiet der Kulturgeschichte in Anspruch zu nehmen ist.

Magdeburg. Liebe.

*

Kunstgeschichte in Bildern. Systematische Darstellung der
Entwickelung der bildenden Kunst vom klassischen Altertum bis
zum Ende des 18. Jahrhunderts. Abteilung I: **F. Winter, Das
Altertum. V. G. Dehio, Die Kunst des 17. und 18. Jahrhunderts.**
Je 100 Tafeln. Leipzig, A. E. Seemann, 1900. Preis je 10,50 Mk.,
geb. 12,50 Mk. Folio.

Wir haben unsere Leser schon früher auf das hochverdienstliche, auch
für den Kulturhistoriker wichtige und fördernde Riesenwerk hingewiesen, das
nach seiner Vollendung etwa 3000 durchgehends sorgfältige, zum Teil vollendet
schöne Reproduktionen von Kunstwerken vereinigen wird. Bescheiden tritt hier
der gelehrte Herausgeber hinter den Künstlern und ihren Werken zurück; in
der Auswahl und Anordnung aber zeigt sich seine Arbeit, und mit Freude
wird der Kenner sehen, wie sich der 5. Band an Dehios Bearbeitung der
Renaissancekunst würdig anreiht. Der größte Teil der Tafeln ist der Barock-
zeit gewidmet, vor allem der Malerei, die so reich wohl noch in keinem ähnlichen Bilderwerke vertreten war. Kürzer sind die Zeiten des Rokoko und
der Rückkehr zur Natur und Antike behandelt. Die für den Kulturhistoriker
besonders anziehenden Illustratoren des ausgehenden 18. Jahrhunderts
fehlen nicht.

Die Antike hat Prof. Winter in Innsbruck behandelt, und es verlohnt
der Mühe, auf seine vortreffliche Arbeit mit ein paar Worten einzugehen.
Wir wünschen das ganze Werk vor allem in unseren höheren Schulen verwendet zu sehen, wo es den Geschichtsunterricht wirksam unterstützen wird.
Da kann vor allem der erste Band, bei der beschränkten Zeit, die heute
dem Unterricht in der alten Geschichte zugewiesen ist, in der Hand des ver-

---

[1] Vierteljahrsschrift des Herold 1896.

ständigen Lehrers vorzügliche Dienste thun.[1]) Was die Verwendung im
Dienste der Kulturgeschichte so erleichtert, ist die streng systematische, gruppen-
mäßige Anordnung des Materials, das von der ersten bis zur letzten Seite
wertvolle Bereicherungen gegen frühere Werke ähnlicher Richtung aufweist.
Wichtig sind z. B. die drei ägyptischen Köpfe von einem Grabrelief des
Berliner Museums auf Tafel III. Von der phönikischen und kyprischen, auch
von der chetitischen Kunst hätte der Kulturhistoriker vielleicht mehr sehen mögen;
dagegen bietet ihm W. für die mykenische Zeit wieder ein ganz ungemein
reiches Material und sorgt durch Zusammenstellung frühgriechischer und orientalischer Formen für die Möglichkeit einer geschichtlichen Betrachtung. In dem
Abschnitt: "Griechische Architektur" sind die klassischen Bauten der Akropolis
viel ausführlicher behandelt, als sonst, was im Sinne des Unterrichts freudig
zu begrüßen ist. Großen Wert haben auch Zusammenstellungen wie die der
wichtigsten griechischen Theater, der bedeutendsten römischen Thor- und Bogen-
bauten. Dagegen kommt das Pantheon zu kurz. Auch die Sammlungen zur
Geschichte der antiken Skulptur bieten manches Seltene, wie die wundervolle
Broncestatue (sog. "Apollo") der Sammlung Saburoff (Berlin) und Stücke
vom Telephosfries aus Pergamon; für die Werke des Pheidias, bes. die
Athene Parthenos, wird das kultur- und kunstgeschichtliche Material in seltener
Fülle ausgebreitet; auch den Zusammenhang zwischen dem Gigantenfriese und
der Laokoongruppe kann man bequem studieren. Manche Einzelheiten vermissen wir: der Panzer des Vatikanischen Augustus, der Kopf des betenden
Knaben, die Münze mit dem Bildnis der samothrakischen Nike werden in einer
neuen Auflage, die wir dem ausgezeichneten Werke von Herzen wünschen, gewiß nicht fehlen dürfen; dann wird hoffentlich auch manche, jetzt verwischte
Abbildung (Orpheus und Euridike T. 48, Alexanderschlacht T. 94 und Aldo-
brandinische Hochzeit T. 95) in der gewünschten Klarheit erscheinen. Schon
jetzt aber gebührt den Herausgebern und der Verlagsbuchhandlung unser Dank
für ihre hingebende und erfolgreiche Arbeit.

Würzburg.   Robert Petsch.

Anton Springer, Handbuch der Kunstgeschichte. I. Das Altertum. 6. Auflage, bearbeitet von Adolf Michaelis. Mit 652 Abbildungen im Text und 8 Farbendrucken. Leipzig, E. A. Seemann,
1901. (XII und 378 S.)

Die beste Erklärung der Abbildungen im Winterschen Atlas (s. o.) bietet wohl
die im selben Verlage erschienene Neubearbeitung der Springerschen Kunstgeschichte, eines Werkes, das seit langem in Schule und Haus soviel Freunde
sich erworben hat, daß jedes Wort der Empfehlung überflüssig wäre. Aber

---

[1]) Für die Schüler empfehlen wir den im gleichen Verlage erschienenen
"Bilderatlas zur Einführung in die Kunstgeschichte" von Richard Graul.

das sei hier erwähnt, daß Michaelis und sein Mithelfer (für die ägyptische
Kunst) Spiegelberg es verstanden haben, das Buch durchaus auf der Höhe
der Zeit zu erhalten. Vor durchgreifenden Änderungen ist man nicht zurück-
geschreckt. Die prähistorischen Abschnitte sind, freilich zum Schaden der Kulturgeschichte, weggeblieben. Sehr berechtigt ist die ausführliche Behandlung der
für die Gesamtentwicklung der späteren Kultur überaus bedeutsamen hellenistischen
und römischen Kunst. Die ungemein reichhaltigen Abbildungen ergänzen sich
gegenseitig mit jenen der „Kunstgeschichte in Bildern", weshalb auch im Texte
auf das Wintersche Werk verwiesen wird. Ganz besonders wertvoll, auch für
den richtig angefaßten Geschichtsunterricht, sind die prächtig ausgeführten
Farbendrucktafeln. Bloße Umrißzeichnungen können ja nie den eigenartigen
Farbenreiz ägyptischer Wandmalereien übermitteln. Auch die griechischen
Tempelbemalungen, die Vasenbilder, pompejanische Fresken werden in guten
Nachbildungen vorgeführt. Ganz besonders aber sei auf drei höchst wertvolle
und saubere Tafeln aufmerksam gemacht, die man sonst sehr selten im Farben-
drucke wiederfinden wird: ein assyrisches Emailbild auf Ziegeln aus dem
Palast Artaxerxes II. in Susa, ein Bruchstück vom Alexandersarkophag aus
Sidon und ein weibliches Mumienbild aus dem Fajum. Gleich dem Atlas
von Winter sei auch die Neubearbeitung des „Springer" insbesondere zur
Benutzung für den Unterricht in der Geschichte und Kunstgeschichte des Altertums warm empfohlen.

Würzburg. Robert Petsch.

V. Jackel, Studien zur vergleichenden Völkerkunde. Mit besonderer Berücksichtigung des Frauenlebens. Berlin, S. Cronbach,
1901. (XII und 144 S.)

Der Ausdruck „Studien" im Titel des Büchleins besagt etwas zu viel;
es enthält nichts weiter als eine ziemlich bunt durcheinander gehende Aufzählung von Parallelen gewisser Kulturerscheinungen, meist solcher, die auf
das Frauenleben Bezug haben, auf Grund älterer und neuerer Werke. Einen
anderen Zweck aber verfolgt der Sammler nicht, denn seine Arbeit soll nur
„durch Angabe blanker Thatsachen ein Licht auf einige Gebiete der Ethnographie werfen und hierbei als treu und verläßlich befunden werden." Welcher
Art aber dieses Licht sein soll, kommt nicht zum Ausdruck; dem Verfasser
scheint es darauf anzukommen, die Gemeinsamkeit vieler Anschauungen und
Bräuche bei räumlich und zeitlich weit entfernten Völkerschaften, die schon so
oft zu falschen Schlüssen veranlaßt hat, recht klar als etwas Gesetzmäßiges
hervortreten zu lassen; indessen mehr als die einfache Thatsache der Übereinstimmung, etwa einen erkennbaren Grund dafür, weiß er eben nicht zu bieten.
Was die Treue und Verläßlichkeit anlangt, so ist es damit eine eigene Sache.
Was in dem Buche steht, scheint an und für sich richtig zu sein; allein bei
der Auswahl der Gewährsmänner und Quellen ist ganz unkritisch verfahren.

Glaubwürdige, einwandfreie, verdächtige und unzuverläſſige Zeugniſſe und Angaben gehen ohne weiteres neben einander her, und ſelbſt ſehr wichtige und ziemlich bekannte Dinge fehlen. So iſt denn nicht recht klar, wem eigentlich mit dem Buche gedient ſein ſoll. Für den Kundigen iſt es entbehrlich und zudem nicht zuverläſſig genug — wenngleich nicht geleugnet werden ſoll, daß es ihm gelegentlich die Arbeit erleichtern kann —, bei Unkundigen aber kann es leicht unrichtige Vorſtellungen erwecken.

Zum Schluſſe noch ein paar Belege für die Richtigkeit des eben Geſagten. S. 53. Unkritiſch iſt die Anführung Adams von Bremen zum Zeugnis dafür, daß die Schweden vergötterte Menſchen verehrten; das iſt nichts als die euhemeriſtiſche Auffaſſung des chriſtlichen Gelehrten, wie ſie z. B. auch Saxo Grammaticus hat. — S. 62—66. Die vom Weibe ausgeübte Gattenwahl findet ſich nicht bloß bei Naturvölkern; vgl. z. B. Saxo Gram. S. 508b meiner Überſetzung oder den Rügenſchen Brauch der „Freijagd“, der in P. Wendts Oper „Die Roſe von Thieſſow“ poetiſch verwertet iſt. — S. 74. Über Sprachtabus bei den Malayen ſ. Skeat, Malay Magic im Regiſter unter Taboos, linguistic. — S. 76. Die Sitte der Verbrüderung, Blutsbrüderſchaft iſt bei den Germanen weit verbreitet. — S. 81—84. Langes Gewand, Zopf und Fächer ſind nicht als weſentliche Eigenheit der Frauentracht zu bezeichnen. — S. 92. Einen ſtrumpfſtrickenden Hirten ſah ich noch 1898 auf Rügen. — S. 98. Zur göttlichen Berufung der Prieſter durch Träume vgl. die Berichte über Caedmon und den Dichter des Heliand. — S. 114. Kämpfende Frauen kennt auch die germaniſche Überlieferung; ſ. Sachverzeichnis zu meiner Überſetzung Saxos S. 507 IVa und die ebenda S. 63 Anm. 5 angeführte Litteratur. — S. 140. Polygamie war auch bei den alten Germanen nicht unbekannt; vgl. Saxo S. 166 Anm. und S. 509b.

Breslau.   H. Jantzen.

***

Victor Ottmann, Jakob Caſanova von Seingalt. Sein Leben und ſeine Werke. Nebſt Caſanovas Tragikomödie Das Polemoskop. Stuttgart, 1900, Privatdruck der Geſellſchaft der Bibliophilen. (188 S.)

Es iſt eine kulturgeſchichtlich überaus bemerkenswerte Figur, mit der ſich das vorliegende Buch beſchäftigt. F. W. Barthold hat einſt wohl etwas übertrieben Caſanovas Memoiren als „das vollendete, ausführlichſte Gemälde nicht allein der ſittlichen und der Geſellſchaftszuſtände“ des vorigen Jahrhunderts, ſondern auch als den Spiegel „des innerſten Lebens des Zeitalters“ bezeichnet; aber ein gut Teil Wahrheit liegt in dieſer Äußerung. Es iſt ſehr dankenswert, daß Ottmann neue Beiträge zur Kenntnis des Verfaſſers dieſer Memoiren uns gebracht hat. Seine Darſtellung von Caſanovas Leben, die zum Teil auf den Quellen beruht, orientiert vortrefflich über jenen für das 18. Jahrhundert charakteriſtiſchen Abenteurer großen Stils.

Auf annähernde Vollständigkeit macht die darauf folgenden Casanova-Bibliographie Anspruch, die aber nicht nur Titel, sondern eine Reihe interessanter Erörterungen enthält. Es schließt den Band ein „litterarisches Kuriosum", ein aus den Handschriften des Duxer Schlosses hervorgezogenes Drama Casanovas: „Das Polemoskop oder die durch Geistesgegenwart entlarvte Verleumdung". Das Original ist französisch, die Übersetzung rührt von Ottmann her.

Das interessante Buch ist als Privatdruck von der Stuttgarter Gesellschaft der Bibliophilen veröffentlicht und zeichnet sich durch seine Ausstattung wie durch die Beigabe interessanter Facsimiles und Bildertafeln aus.

Jena. Georg Steinhausen.

Bibliographie.

Von Georg Steinhausen.

Das Jahr 1899 (Forts.).

Bevölkerung: J. Beloch, Die Bevölkerung im Altertum I (ZsSocialw. 2, 7/9). — Derselbe, Die Bevölkerung Galliens zur Zeit Caesars (RheinMus. 54, 3). — C. Mehlis, Zur Bevölkerung Süddeutschlands in alter und neuer Zeit (Mutter Erde 1, 29/30). — F. Riedling, Bevölkerungsbewegung im Orte Eibesthal in Nieder-Oesterr. 1683—1890 (StatistMonatsschr. Mai). — J. Beloch, Bevölkerungsgesch. d. Republik Venedig (Jahrbb. .f Nat.-Ök. III. Folge 18, 1). — Fr. Corridore, Storia documentata della popolazione del Regno di Sardegna. Torino (139 p.).

Ackerbau, Grundbesitz, Agrarverhältnisse: M. Heyne, Alter landwirtsch. Betrieb in unserer Gegend (ProtokolleVGGötting. 1899). — F. Teutsch, Beiträge z. sächs. Agrargesch. 1. 2 (CorrBlVSiebenbLk. 23, 4). — P. Lauridsen, Den gamle danske Landsby (AarbDanskKulturh. 1899). — J. Törnebladh, Öfversigt af svenska jordstyckningens historia (Nationalek. fören. förhandl. 1897). — J. Malicorne, Recherches historiques sur l'agriculture dans le pays de Bray. I (912—1583). Rouen (91 p.). — Geschichte d. österr. Land- u. Forstwirtschaft u. ihrer Industrien 1848—1898. Festschrift Bd. I. Wien (XXV, 1028 S., 1 Bildn. 1 Taf.). Bd. III. Lf. 1. ib. (S. 1—48. 1 Taf.). — P. Habernoll, Die gesch. Entwickelung des Zwischenfruchtbaus. Diss. Jena (44 S.). — A. Mertens, Der Hopfenbau i. d. Altmark. Halle (55 S. 1 Karte). (Auch in MVErdk. Halle 1899.) — Jos. Fuchs, Der Tabackbau in Niederösterreich (BllVLandesk. Niederöster. N. F. 33, 6/8). — G. Härtinger, Zur Gesch. d. Tabackbaus i. Niederöst. (ib. 9,12). — A. Vaissier, La vigne et les vignerons à Besançon. Histoire rétrospective. Besanç. (59 p.). — O. Olafsen, Havedyrkning i Bergen i ældre Tid. Christ. (23 S.). — F. Jacqmart, Historique, organisation et développement des laiteries en Belgique (R. gén. agron. 1899). — E. Pauls, Zur Gesch. d. Bienenzucht am Niederrhein (ZBergGV 34). — K. Müllenhoff, Die Gesch. der märkischen Bienenzucht (Brandenburgia 8, 9). — K. v. Rakowski, Entsteh. d. Grossgrundbesitzes im 15. und 16. Jh. in Polen. 2. Aufl. Posen (V, 56 S.) — L. Brentano, Warum herrscht in Altbaiern bürgerl.

Grundbesitz? (In: Gesamm. Aufs. I.) — A. Meiche, Zinsregister (MNordböhmExcurs. Cl. 22, 4). — H. Heerwagen, Die Lage der Bauern z. Z. des Bauernkrieges i. d. Taubergegenden. Diss. Heidelberg (119 S.). — G. Grupp, Niedergang des norddeutschen Bauernstandes s. d. Reformat. (Frkft. zeitgem. Brosch. 19, 4.) Frkft. a. M. (48 S.) — E. Weyhe, Bauerngut u. Frohndienste in Anhalt vom 16. b. z. 19. Jh. (MVErdk. Halle 1899). — W. v. Bötticher, Freikäufe oberlausitzischer Dörfer (NLausMag. 75, 1). — F. Resch, Hofdreschordnung des Rittergutes Oberwiera (SchönbGBll. 5, 3). — Ed. Otto, Ein fränkisches Dorf zu Anfang des 17. Jahrh. (Zs. f. Social- u. Wirtsch. G. 7, 2/3). — F. Guradze, Der Bauer in Posen. Beiträge zur Gesch. d. rechtl. u. wirtschaftl. Hebung des Bauernstandes der jetz. Prov. Posen d. d. preuss. Staat. 1772—1805 (ZHistGes. Posen 13, 3/4). — J. H. Schwicker, Die Bauernbefreiung in Ungarn i. J. 1848 (OestUngRevue. 24, 4/5). — R. F. Kaindl, Das Unterthauenwesen i. d. Bukowina. E. Beitr. z. Gesch. d. Bauernstandes u. seiner Befreiung (Arch. f. Öst. G. 86, 2). — H. F. Feilberg, Dansk Bondeliv. 2. Opl. Kbh. (394 S.). — Th. Seegaard, Bøndernes Kaar paa Frisenvold, Lejstrup og Kallerup Gods 1670—1702 (SamlJydskHist. 3 R. II. B. 1. H.). — E. T. Kristensen, Bondeliv i Sabro Herred for 50 Aar siden (AarbDanskKulturh. 1898, 77/115). — N. Karéiew, Les paysans et la question paysanne en France dans le dernier quart du 18e s. Trad. p. C. W. Woynarowska. Paris (XXVII, 642 p.). — Pouillat d'Island, Le paysan d'autrefois en Champagne. Vitry-le-François (55 p.). — E. Dupont, La condition des paysans dans la sénéchaussée de Rennes et leurs vœux à la veille de la révolution d'après les cahiers des paroisses 1789 (Ann. de Bretagne Nov.) — Wladimir G. Simkhowitsch, Die Feldgemeinschaft i. Russland. E. Beitr. z. Socialgesch. u. z. Kenntniss d. gegenw. wirtschaftl. Lage d. russ. Bauernstandes. Jena (XV, 399 S.). — E. v. d. Brüggen, Die russ. Feldgemeinschaft (Balt. Monatsschr. 41, 7).

Waldwirtschaft: O. Schell, Die Wälder bei Elberfeld. Beitr. z. Kulturg. d. Bergischen (RheinGBll. 4, 299/306). — v. Tscherning, Die älteste Schönbuch-Ordnung von 1553 (Württ. Vjsh. Landesg. N. F. 8, 3/4). — A. de Saint-Aulaire, Chroniques de la forêt de Sauvagnac. Paris (308 p.). — R. de Crespigny and H. Hutchinson, The New Forest: its Traditions, Inhabitants and Customs. Lond. (304 p.).

Fischerei: E. Lemke, Z. Gesch. d. Fischerei (Brandenburgia 8, 2). — J. Susta, Fünf Jahrhund. der Teichwirtschaft zu Wittingau. E. Beitr. z. Gesch. d. Fischzucht m. besond. Berücks. d. Gegenw. Stettin (XI, 232 S.). — Joh. Mänss, Etwas v. d. Fischerbrüderschaft zu Magdeburg (GeschBllMagdeburg 33, 2). — W. Bertram, Zur Gesch. des hamburg. Zunftwesens. I. Beschwerunge des Amptes der Fischer alhier in H. (MVHambG. VII, 1. No. 4.)

Bergbau. L. de Launay, Les Mines du Laurion dans l'antiquité (Extr. des Ann. des mines). Paris (32 p.). — R. Wengler, Bericht des

Bergverwalters Martin Planer über den Stand des Freiberger Bergbaues
i. J. 1570 (MFreibergAV 35). — Schmidt, Einige auf den Mansfelder
Bergbau und Saigerhandel bezügl. Urkunden (Mansf. Bll. 13). — Akten
u. Urkunden z. Gesch. d. schles. Bergwesens. Oesterr. Zeit. Hrsg. v.
E. Zivier. Kattowitz (IV, 493 S.). — M. v. Wolffskron, Beitrag z.
Gesch. d. Tiroler Erzbergbaues i. d. Jahren 1595—1617 (Zs. Ferdinand.
3. F. H. 43).

Gewerbe, Industrie, Technik und Erfindungen: Ach. Robert,
Les métiers et les professions (RevTradPop. XIV, p. 365/8). — F. Cauer,
D. Stellung d. arbeit. Classen i. Hellas u. Rom (NJbClassAltGDLittPäd.
3/4, 10). — E. Levasseur, L'organisation des métiers dans l'empire
romain. Paris (55 p.). (Extr. d. l. RevInternatSociol.) — H. Hauser,
Ouvriers du temps passé (15e et 16e s.). Paris (XXXVIII, 252 p.). —
E. Levasseur, Les ouvriers du temps passé (Ac. d. scienc. mor. et polit.
C. R. Juillet). — P. Boyé, Les travaux publics et le régime des corvées
en Lorraine au 18e s. (Ann. de l'Est. 1899, 3/4). — Ch. Gillès de
Pélichy, L'organisation du travail dans les ports flamands sous l'anc.
régime et à l'époque moderne. Louvain (III, 88, 320 p.). — E. Dragen-
dorff, Rostocks älteste Gewerbetreibende II. (BeitrGRostock II, 4). —
H. Colditz, Z. Gesch. d. Gewerbe i. Lichtenstein III. (SchönbGBll. 5, 3).
— R. Rother, Beitrag z. Meeraner Industriegeschichte mit einer Ab-
schweifung i. d. 16. Jh. (ib.) — E. v. Destouches, 50 Jahre Münch.
Gewerbe-Geschichte 1848—1898. München (VIII, 585, 175 S.). —
C. Hoffmann, Les corporations, maîtrises, tribus, corps de métiers en
Alsace à la veille de la révolut. (Extr. des Ann. de l'Est.) Nancy (24 p.).
— F. Schulthess, Zur Gesch. der Zunft zu Saffran zu Ende des 18. Jh.
Zürich (28 S.). — R. Lahmer, Z. Industriegesch. Nordböhmens (MNord-
böhmExcCl. 22, 1). — V. V. Tomek, Artikule céchû Pražských z 15. stol.
(Prager Zunftartikel a. d. 15. Jh.) (Archiv Český 14). — E. Poncelet,
Les bons métiers de la cité de Liége (BullInstArchLiégeois 28). —
G. Martin, Bibliographie critique de l'histoire de l'industrie en France
avant 1789 (RevÉtudHist. Oct./Nov.). — E. Levasseur, Recherches dans
les archives départ. et communales de documents relat. à l'hist. de l'in-
dustrie et des classes ouvrières avant 1789. 1. 2 (Ac. Sc. Moral. Polit. C.
R. Mai/Juin). — G. Martin, La grande industrie sous le règne de
Louis XIV. (plus particulièrement de 1660 à 1715). Paris (II, 452 p.). —
Toublet, Un industriel au 18e s.: Élie Savatier (RevHistMaine 46, 1/2).
— G. T. Warner, Landmarks in English Industrial History. London
(VI, 363 p.). — A. Moret, Stèle de la 18e dynastie représent. une
fabrique d'arcs (RArch. Mars/Avril). — S. Reinach, Le corail dans l'in-
dustrie celtique (Revue celt. 1899, 1/2). — E. Guignet et E. Garnier,
La céramique ancienne et moderne. Paris (316 p.). — G. Wolff, Röm.
Töpfereien i. d. Wetterau (WestdZs. 18, 3). — H. Wallis, XIIIth cen-
tury Persian lustre pottery (Nineteenth Century 272). — K. Schirek,
Z. Gesch. d. Znaimer Thonindustrie (MMähr. Gewerbemuseum 1899, 14/16).

— R. v. Boch, Gesch. d. Töpferarbeiter v. Staffordshire im 19. Jahrh. (Münch. volksw. Stud. 31.) Stuttg. (XII, 332 S.) — A. Schmidt, Die Gesch. d. Glas- und Perlenfabrikation im Fichtelgebirge (AGOberfranken 21, 1). — H. v. R., Beiträge zur Gesch. d. Glases (Cbl. Glasindustrie 469). — Hommel, Z. ältest. Gesch. d. Metalle (CorrBlDGesAnthrop. 30, 4/5). — L. Beck, Gesch. d. Eisens i. techn. u. kulturgesch. Bezieh. IV. Abt. D. 19. Jh. Lf. 6. Brschw. — A. Müllner, Das Eisen in Krain (Forts.). (Argo 7.) — Gaillard T. Lapsley, The Account Roll of a Fifteenth-Century Iron Master (EnglHistRev. 55). — Th. Hampe, Goldschmiedearbeiten im German. Museum (Mitt. Germ. Nat. Mus. 1899, 5/6). — E. Wernicke, Archival. Nachrichten von schles. Goldschmieden (Aus Schlesiens Vorzeit 7, 4). — F. Friedensburg, Daniel Vogt, ein Breslauer Goldschmied u. Medailleur (ib.). — W. Chaffers, Gilda Auri-fabrorum: à history of Engl. Goldsmiths. New Ed. Lond. — B. Lands-berg, Gesch. d. Bernsteins u. seiner Gewinnung (PreussJbb. 95, 2). — E. Fromm, Frankfurts Textilgewerbe im M. A. (AFrankfG. 6.) — O. Granat, L'industrie de la draperie à Castres au XVIIᵉ s. et les „Ordonnances" de Colbert. (suite). (Annales du Midi janv.) — J. Böttiger u. Jos. Weiss, Ein gewirkter Teppich der kgl. Residenz zu München. Mit dem schwed.-poln. Wappen (ZMünchAltV. N. F. 10). — Lady Victoria Manners, Descriptive notes on the tapestry in Haddon Hall London (88 p.). — J. Böttiger, Svenska statens samling af väfda tapeter. Histor. och beskrifv. förteckn. IV. Sthlm. (147 S. 2 pl.) — A. König, D. sächs. Baumwollenindustrie am Ende d. vorig. Jahrh. u. während der Kontinentalsperre. (Leipz. Stud. a. d. Geb. d. Gesch. V, 3.) Lpz. (X, 370 S.) — H. Hénon, L'industrie des tulles et dentelles mécaniques dans le Pas-de-Calais (1815—1900). Calais (115 p.). — H. Seger, Ein An-denken an den Breslauer Schneiderkrawall von 1793 (Aus Schles. Vorz. 7, 4). — Vogeler, Beitr. z. Gesch. d. Soester Fleischhaueramts (BeitrG. Soest 15). — Über das Brauereigewerbe einst u. jetzt (D. Schweiz 1899, 3). — J. Neuwirth, Die Ordnung d. Krummauer Steinmetzen, Maurer und Zimmerleute a. d. J. 1564 (MVGDeutsch. i. Böhm. 37, 4). — A. Gott-schaldt, Mitteilungen aus der Lade der Maurer-Innung zu Chemnitz (MVChemnitzG. 10). — H. H., Eine Arbeiterordnung von 1554 (Aus d. Heimath (Gotha) 2, 3). — Ordnungen und Bräuche eines Ehrs. Hand-werks der Tischmacheren i. d. Stadt Chur (Bündn. Mbl. S. 33 ff., 69 ff., 89 ff.). — P. Hasse, Maler und Altflicker. (Aus den Wetteprotokollen 1670, Januar 8.) (MVLübG. 8, 9/10.) — A. H. Duflner, Die Stroh-industrie im bad. Schwarzwald. Ein Überblick über deren Entwick. bis auf die neueste Zeit. Emmendingen (IV, 24 S.). — E. Kirchner, Die Papiermühlen b. Chemnitz (MVChemnitzG. 10). — F. Gerbaux, Les papeteries d'Essonnes de Courtalin et du Marais de 1791 à 1794. (Extr. du Bibliographe moderne.) Besançon (12 p.). — P. Boissonnade, L'industrie du papier en Charente et son histoire. Ligugé (20 p.). — R. Bennett and John Elton, History of Corn-Milling. Vol. 2. Watermills and Windmills. Lond. (360 p.). — G. Weber, Die Wasserleitungen von Smyrna I. (JbDArchInst. 14, 1). — J. Asbach, Die röm. Wasserleitung etc. i. d. Eifel (D. Eifelland I, 5). — H. C. Richards and W. H. C. Payne, London Water Supply: being a compendium of the History, Law and the Transactions relating to the Metropolitan Water Companies from the earliest time to the present day. Lond. (320 p.). — W. Becker, Über Hamburgs alte Wasserkünste (MVHambG. VII, 1. No. 8). — Rapport sur un nouveau moyen de procurer de l'eau à Paris (1770). (Corr. hist. et arch. 66). — F. Boehmer, Städtische Brunnen in alter Zeit (MbllGPommG. 1899, 8). — C. Merckel, Die Ingenieurwissenschaft im Altertum. Berlin (XIX, 658 S.). — Th. Beck, Beitr. z. Gesch. d. Maschinenbaues. Berlin (VII, 559 S.). — O. Uzanne, La locomotion à travers l'histoire. Paris. — Buch der Erfindungen, Gewerbe u. Industrien. 5. Bd. Bergbau u. Hüttenwesen. 9. Aufl. Lpz. (VIII, 605 S.). — J. G. Vogt, Welt der Erfindungen. Lf. 291/350. Lpz. — F. Zambaldi, Il telegrafo nella Grecia antica (Atene e Roma 2. 7/8). — J. J. Fahie, A history of Wireless Telegraphy 1838—1899. London (344 p.). — P. Reinhard, Die Gesch. d. schweiz. Telephonwesens u. d. volkswirtsch. Bedeut. d. schweiz. Telephongesetzgebung (Zs. f. Schweiz. Statist. 1899, 2).

Handel: Abdallah R. Charr, Aperçu sur l'origine et l'hist. du commerce (Al-Machriq II, 161/6). — J. Engelmann, Gesch. d. Handels u. Weltverkehrs. In übersichtl. Darstell. insbes. f. Handelslehranstalten. 5. Aufl. Lpz. (VI, 316 S.) — F. Pérez del Toro, Compendio de historia general del desarrollo del comercio y de la industria. Tomo I. Madrid. — Wilser, Neue Kunde üb. d. ältest. Zinnhandel (Globus 76, 20). — A. v. Schweiger-Lerchenfeld, Der Bernstein als Handelsartikel der Alten. (Export 21, 3 u. 9/10). — J. Leclercq, Note sur le plus ancien entrepôt de commerce (Bull. de la cl. des lettres de l'acad. R. Belg. 1899 p. 58/64). — Beloch, Die Handelsbewegung im Altertum (Jahrbb. NatÖk. 3. Folge 18, 5). — Klemm, Alte Handelsstrassen in Ostasien (Globus 75, 8). — C. Jireček, Die Bedeutung v. Ragusa i. d. Handelsgeschichte d. M. A. Wien (88 S.). — A. Vidal, Mémoire sur les conditions du travail, du commerce et de l'industrie à Albi en 14e s. (BullSc. Econ.Soc. 1899). — G. Arias, Una concordia commerciale tra Firenze e Pistoia (Rassegna nazionale 16. aprile). — Percy Rud. Broemel, Gesch. d. engl. Handels v. d. Tag. d. Phönicier b. zur Gegenwart. 2. Aufl. London (111 S.). — G. Steinhausen, Der Kaufmann i. d. deutschen Vergangenheit (Monogr. z. deutsch. Kulturg. II). Lpz. (129 S.) — Chr. J. Klumker, Der friesische Tuchhandel z. Zeit Karls des Grossen u. sein Verhältnis zur Weberei jener Zeit (JbGesBildKunst Emden 13). — F. Keutgen, Die Wormser Fischhändlerurkunde von 1106—1107 (Zs. f. Social. u. Wirtsch. G. 7, 2/3). — O. Lauffer, Beiträge z. Gesch. d. Kaufmanns im 15. Jahrh. (MittGermNatMus. 1899, 14/15). — K. Höhlbaum, Über d. flandrische Hanse von London (HansGBll. 1898). — Derselbe,

Auszug a. d. Statuten und der Hausordnung des Stahlhofs (ib.) —
W. Stein, Handelsbriefe a. Riga u. Königsberg v. 1458 u. 1461 (ib.).
— A. Bugge, Bergenfarernes gilde i Amsterdam (NorskHistTidsskr.
3. R. 4). — Ders., Studier over de norske byers selvstyre og handel
før Hanseaternes tid. Kristian. (224 S.). — A. Weskamp, Die Kauf-
gilde zu Dorsten (ZVOrtsHeimatkRecklingh. 7). — F. Priebatsch, D.
märk. Handel am Ausg. des M. A. (SchrVGBerlin 36). — F. Siewert,
Gesch. u. Urkunden d. Rigafahrer i. Lübeck i. 16. u. 17. Jh. (HansGesch
Quellen N. F. I). Berlin (XV, 501 S.). — K. Schalk, Mödlinger Häuser
(Forts). (BerMittAVWien 33, 96/112). — J. H. Labhard, Das alte
Kaufhaus (Zürch. Taschenb. 1898). — Ad. Jenny-Trümpy, Handel u.
Industrie d. Kantons Glarus gesch. dargestellt (JbHVGlarus 33). —
F. Boueil, La communauté des marchands de bois à œuvrer (1415–1898).
Paris (151 p.). — A. Müllner, Krain. Land- u. Handelsleute in Fiume
i. 15.–17. Jh. (Argo 1899, 3). — A. Horčička, Z. Gesch. d. Nürnberger
Handels nach Böhmen (1512). (MVGDeutschen i. Böhm. 38, 2). —
F. Boehmer, Rügenwald. Kaufleutegilde-Register von 1541 (Monatsbll.
GPommG. 1899, 12). — Huybrechts, Résumé de l'hist. du commerce et
de l'industrie en Belgique s. l. r. de Charles V, 1515–1535. (Extr.) Hasselt
(27 p.). — N. Bang, Dansk Studehandel i 2den Halvdel af det 16de
Aarh. (Hist. Tidsskr. 7 R. I, 328/45). — E. Baasch, Z. Geschichte d.
Ehrb. Kaufmanns in Hamburg (Festschr. f. d. Vers. d. Hans. Gesch. V.
1899). — Ehrenberg, Handelsgeschichtliches Allerlei: 1. Hamburger
Bankerotte 1604–1608; 2. Verkehr mit Brasilien 1626; 3. Verkehr Ham-
burgs mit Spanien und Portugal 1532–1588; 4. Hamburg. Zollrolle
(MVHambG. VII, 1. No. 6 u. 9). — J. Baetcke, Zur Gesch. d. ham-
burg. Tabackhandels (ib. VII, 1. No. 7). — Ch. Despaux, Les privi-
lèges des marchands drapiers au 17e s. (Revue de Gascogne 1899. Févr.).
— G. Schmoller, Die engl. Handelspolitik d. 17. u. 18. Jh. (JbGVV.
23, 4). — S. J. Chapman, The History of Trade between the Unit.
Kingdom and the Unit. States. Lond. (VII, 118 p.). — G. Schmoller,
Das Merkantilsystem i. s. hist. Bedeutung: städt., territ. u. staatl. Wirt-
schaftspolitik (In Umrisse etc. S. 1—60). — B. Zieger, E. sächsischer
Merkantilist über Handelsschulen u. handelswissensch. Abteilungen an
Universitäten (Beitr. u. Quellenschriften z. Gesch. d. Handelsschulwesens).
Lpz. (92 S.). — H. Bergér, Überseeische Handelsbestrebungen und
koloniale Pläne unter Friedrich dem Grossen. Lpz. (163 S.). —
G. Korschelt, Das 150jähr. Geschäftsjubiläum der Firma Abraham
Dürninger & Co. in Herrnhut (NLausMag. 74, 2). — A. Obst, Aus der
Zeit einer Hamburgischen Handelskrisis (MVHambG. VII, 1. No. 3). —
A. Beer, Die österr. Handelspolitik unter Maria Theresia und Josef II.
(Arch. f. Öst. G. 86, 1).

   Geld- und Finanzwesen: R. C. Temple, Beginnings of Currency
(JournAnthropSoc. N. S. II, 1.2). — A. Köberlin, Fränk. Münzverhält-
nisse im Ausg. d. M. A. Progr. Augsb. Neues Gymn. (52 S.). —

H. Hertrich, Les théories monétaires au 14e s. Nicolas Oresme. Thèse. Lyon (101 p.). — C. Douais, Un registre de la monnaie de Toulouse 1465—1483 (Annales du midi. Avril). — D. Castelli, Creditori e debitori nell' antica società ebraica (Riv. Ital. Sociol. 3, 3). — J. Kulischer, Zur Entwickelungsgesch. d. Kapitalzinses (JbbNatÖkStat. 3. Folge 18, 3). — A. Schaube, Die Wechselbriefe König Ludwigs des Heiligen v. s. erst. Kreuzzuge u. ihre Rolle auf dem Geldmarkte von Genua. 3. (JahrbbNatÖk. 3. Folge 18, 2). — Ehrenberg, Les Florentins et les autres puissances financières de la Toscane (AnnInstSciencSoc. 1899, p. 397/412). — J. Bank, Der Strassburger Stadtwechsel. Ein Beitr. z. Gesch. d. ältesten Banken i. Deutschl. (ZGOberrh. 14, 1). — Un financier à la Bastille sous Louis XV. Journal de La Jonchère p. p. A. Babeau (MémSocHistParis 25). — J. H. Hollander, The financial history of Baltimore. Baltim. (413 p.). — A. C. Bryan, History of State Banking in Maryland (JHopkinsUnivStud. 17, 1/3).

(Schluss folgt.)

Zwanzig deutsche Schreiwahrzeichen und der Berüstestaat.

Von E. v. Freydorf.

Erster Teil. Die zwanzig Heidenköpfe.

a) Die Heidenköpfe einzeln.

Nr. 1. Der Basler Zungenmann (Lälli, Baslerlälli).

Über dem Rheinthor zu Basel erregte noch bis Mitte des XIX. Jahrhunderts das Gelächter der Reisenden ein mit der Turmuhr verbundener, automatisch die Augen rollender und die Zunge reckender Kopf, ein mittelalterlicher Scherzartikel. Er ist Basels „weitbekanntes Wahrzeichen" (noch heute im Barfüßermuseum zu Basel in Bewegung zu sehen).

Rochholz, Schweizersagen aus dem Aargau, Aarau 1856. Bd. I, S. 207.

Zureichende Entstehungsnotizen fehlen. Sonderbar ist seine Verwendung an der Willkommfront des Hauptthores einer großen Stadt. Sonderbar ist ebenso die ihm zugeschriebene Bedeutung: er galt als „Denkmal" eines um Rettung der Stadt aus nächtlicher Feindesgefahr verdienten Bürgermeisters.

W. Coxe, Briefe über die Schweiz, 1781, pag. 347, cit. bei Rochholz.

Gemeinhin wird ferner behauptet, die Zungengeberde bedeute einen Hohn gegen das gegenüberliegende Kleinbasel. Doch enthält die Sage selbst keinen auf Klein=Basel deutenden Zug. (Über das Unpädagogische dieses Uhrscherzes äußert sich schon der alte Robinsonglossator Campe tadelnd in seiner „Bibliothek der Reisebeschreibungen", cit. b. Rochholz a. a. O.)

Der dem Kopf zugeschriebene Name „Lällenkoenig" soll sich auf die Zunge „den Lälle" beziehen. [1]

Nr. 2—4. Andere „Lällen".

Der Name „Lälle", heute nur mehr in Dialekt und Scherz mit offenbarer Anlehnung an „Lallen, stammeln" gebraucht, könnte willkürliche Bildung sein, erschiene er nicht, der Wanderung zunächst unverdächtig, als Eigenname des gleichen Zungenwesens anderweit.

Nr. 2. Schweinfurt (Franken) besitzt als „Wahrzeichen" einen „Heidengötzen" Lollus oder Lölle, die Zunge lang herausreckend.

Schöppner, bayr. Sagenbuch I, pag. 218, cit. b. Rochholz.

Nr. 3. Großlällenfeld, ein Eichstädtischer Ort, bewahrt in seiner Kirche ein Stand= (?) Bild mit Namen Löll. Dasselbe hält die ausgereckte Zunge mit Daumen und Zeigefinger fest.

Bechstein, Deutsch. Sagenbuch 870, cit. b. Rochholz.

Nr. 4. Im Schmalkaldischen heißt „Lalli" eine noch 1798 (Zeuge: Carl v. Münchhausen) am Kirmesbaum aufgesteckte Puppe, um die man tanzt.

Graeter, Bragur 6. 35, cit. b. Rochholz, a. a. O.

In der Schweiz heißen Vogelscheuchen der „Hanf=löhle".

Rochholz a. a. O. S. 360.

Ein fratzenförmig (anscheinend mit offenem Mund und Augen) ausgesägter Schieber am Schweizer Kachelofen heißt „Ofenlöhle" (ebenda).

Die Lalenbürger (Schild= oder Spießbürger) sollen hiermit in Verbindung stehen (ebenda S. 208).

In Westfalen heißt „lollen" laut weinen, sprichwörtlich: schreien wie ein Lollkater.

Wolf, Zeitschrift 2. 81, cit. ebenda.

---

[1] Anläßlich eines Vortrages des Verfassers im Basler Historischen Verein wurde durch Herrn Dr. Burkhardt auf den weit aufgerissenen „scheußlichen" Mund am alten Rathaus („zum Pfauen") als im übrigen bisher unerklärtes traditionsloses Seitenstück zum obigen Thorwahrzeichen hingewiesen.

Nr. 3. Die Rheinfeldener Sage.

Rheinfelden (Schweiz) besitzt eine Lälle, nicht in Bild oder
Wahrzeichen, aber in ausgiebigem Lokalspuk. Sein Haupt-
charakterzug ist die beim Erscheinen jeweils ausgerecte Zunge. Auf
diese Zunge wird auch in Rheinfelden der Name des Geistes,
Lälle, bezogen. Rheinfelden liegt wenige Stunden oberhalb
Basel, es wäre somit Wanderung möglich. Die Rheinfeldener Sage
ist indessen ausführlicher. Ist sie nicht selbständig, so ergänzt sie
die dürftigen Baseler Berichte.

Nächtlicher, rechtzeitig zurückgeschlagener Überfall des (hier
schwedischen) Feindes ist auch zu Rheinfelden das Drama des
Lällen. Auch zu Rheinfelden gilt der Lälle als ein früherer
einheimischer Bürgermeister. Zum Unterschied von Basel, das der
Lälle rettet, ist indes der Rheinfeldener Lälle als „Verräter"
thätig und wird dafür im Spritzenhaus in einem Kessel gesotten.
Der Kessel „ist noch dort zu sehen".

Der „Gast", (in Rheinfelden als Eigenname des Geistes gebraucht) treibt den üblichen Schabernack. Spezialitäten sind diese:
wer ihm begegnet, kann nicht schlafen, ihm wird, „als ob ihm der
ganze Sunneberg auf dem Herzen läg'"; der Gast kann Bürger,
die nach Thorschlußglocke auch nur zum Fenster hinaussehen, mit
malterdickem Schwellen des Kopfes strafen; alle dreißig Jahr muß
der Gast oder Lälle mit Läuten aller Glocken zurückgetrieben werden,
er nähert sich aber jährlich wieder „um einen Hahnenschritt"; (anschließend eine Scherzrechenaufgabe). Sein Brüllen wird von den
Rheinschiffern aus der Tiefe, sonst auch, wenn die Berge auf der
Schweizerseite Winters erkrachen, vernommen. Der Lälle erscheint auch als „Hund", und verläßt seinen Verbannungsort —
eine Burgunderflasche — auch in Schweinsgestalt.

Rochholz a. a. O. I. 266, II. 364.

Die Verratshistorie selbst enthält einige Wortscherze, doch
keine Erklärungen zu Namen, Geberde, Spukcharakter; sie ähnelt
den üblichen „Mordnacht="sagen, namentlich auch der Basler Lällen-
sage (bis auf die vertauschte Retterrolle). Besonderes: den Ein-
brechern war Spreu gestreut; ein Anschlagen der rechtzeitig in
Bewegung gesetzten Uhrglockenwerke hat die Bürger bei Zeiten
zur Abwehr geweckt. — Das zeitige „Stellen" (Vorrücken) der

25*

Uhr geschah in Basel durch den Lälle, in Rheinfelden übernimmt diese rettende Rolle die Muttergottes.

Nr. 6. Der Berliner Neidkopf.

Am Hause Berlin SW., Kochstraße 72 — früher Heilige-geiststraße 38 — steht der sog. „Neidkopf" — ein „Wahrzeichen" des alten Berlin, bekannt durch die lang und auffallend zwischen halbgeschlossenen Lippen herausgestreckte, bis zum Kinn herab sich schlängelnde Zunge. Neuerdings ist sein Platz diesem Bilde grundbuchmäßig (!) gesichert — merkwürdige Personalservitut und merkwürdige „juristische" Person. Doch hat, wie in dem Rolands-Märchen des schwäbischen Advokaten, Keckheit sich hier sonderbar legitimiert!

In einer Plauderei „Über Land und Meer" 1898, Nr. 24, S. 387 hatte Verfasser, an Hand von nur wenig Material, eine Erklärung von Wort und Gebild angedeutet. Ein anschließendes Referat der Gesellschaft für Heimatkunde der Provinz Branden-burg (Referent Custos Buchholz) in der III. Jahresversammlung 1898 hielt demgegenüber an den überlieferten Anekdoten nach Cosmar, bezw. Bertram, fest. Diese laufen wesentlich darauf hinaus, die Silbe „Neid" im Namen „Neidkopf" auszuspinnen. Die ältere Bedeutung von „Neid" ist bekanntlich schlechthin Streit, Feind-schaft. Die besagten Anekdoten fassen die Silbe „Neid" im neu-hochdeutschen Sinne, als spezifische Konkurrenzfeindschaft, entspinnen daraus eine Hoflieferantengeschichte, verlegen diese in die Zeit Friedrich Wilhelms I., denn für Geschmacklosigkeiten und Derbheiten, wie hier das Recht, einen Zungenkopf dem Nachbar gegenüberzu-stellen, wird unter den Hohenzollern am ehesten dieser verantwortlich gemacht werden können. — Einen schon von Hertslet in seiner Blütenlese von „Treppenwitzen der Weltgeschichte" den beiden Versionen dieser offenbar onomatogenen (aus dem Namen heraus-gesponnen) Anekdote zuteil gewordene Widerlegung scheint jenem Referenten entgangen zu sein. [1] [2]

---

[1] Hertslets Gründe sind schlagend. Der einzige, wie eine Beglaubigung der „Sage" erscheinende Umstand, das Zusammentreffen einzelner Namen, so auch Nachweisbarkeit eines Hausbesitzernamens, ist den Treppenhistorien, wie Hertslet alle nachträglich anspinnenden Erfindungen — nicht ganz vielleicht im Rahmen des Begriffes „Treppenwitz" „esprit d'escalier" bleibend — nennt,

Nr. 7. Der „Neidkopf" in Mainz.

Mit aufgerissenem Maul und lang herausgereckter Zunge starrt ein Mannskopf vom sog. Neuthor (in Wahrheit ein altes Thor) zu Mainz, zur Zeit fallenden Obstes früher eine beliebte Zielscheibe wurflustiger Jugend. — Heute schmückt der Kopf einen Kasematteneingang an der Ostseite der zum Thor führenden Straße.

Nach mündlicher Mitteilung des Herrn Dr. Alex. Hoepfer in Mannheim führte dieser geduldige Spielgenoß unter den Kindern den Namen „der Neidkopf".

Dieses Silbenpaar, vom Verfasser gelegentlich ausgesprochen, brachte dem freundlich mitteilenden Herrn die etwa 25 Jahre zurückliegende Jugendscene unmittelbar vor Augen; ein Beispiel für die unabgegriffenen Schlagworten verbleibende Fülle der Vorstellung.

Nr. 8. Am Hungerturm zu Coblenz befand sich in der städtischen Uhr noch vor etwa 50 Jahren ein der Beschreibung nach dem Basler Lällenkönig ähnlicher Kopf. Doch reckte der Coblenzer die Zunge angeblich nur zum Zwölfuhrschlag, unter Augenverdrehen, während der Basler, nach der jetzigen Konstruktion des Uhrwerkes im Museum, seine Zunge jede Minute zeigt.

Nr. 9. Dislociert und im Keller eines Privathauses gefunden ist ein granitener Kriegerkopf mit neunfachem Halsberg und „kugelförmig herausgestülpter" Zunge zu Wyl, Kanton Bern, jetzt — behauen und verschönert! — im Bächihölzigut bei Thun befindlich.

Rochholz a. a. O. I. 209 cit. Jahn, Canton Bern.

Traditionen hinsichtlich dieser Köpfe fehlen.

---

gemeinsam, und kommt in unserm Fall um so weniger in Anschlag, als, wie auch das Referat zugiebt, schon der Name der zweiten Hauptperson der Anekdote, der des angeblich gegenüber in Wohnung, Hausbesitz oder Werkstatt seinen Neid bethätigenden Goldschmiedes, nachweisbar dort und in der Nachbarschaft nicht existiert.

*) Robert Mielke, Brandenburgia, Novemberheft 1898, äußert sich zur „Neidkopffrage", bringt eine Reihe Sprüche von friesischen Häusern, angeblich einen „Neid" ausdrückend, doch kein entsprechendes Bildwerk bei, namentlich keinen menschlich gestalteten Zungenkopf.

Nr. 10. Hierzu ist zu vergleichen der sog. „Breilecker" der Burg Breuberg in Hessen; die herausgereckte Zunge ist dick, angeblich von „Brei" umgeben. Die Tradition ist, bis auf eine auch hier spielende Belagerung (vgl. Rheinfelden, Kissingen, Basel) unkenntlich.

Nr. 11—16. Blecker ohne Zunge.

Noch einen Blick auf, nicht die Zunge reckende, aber die verwandte Geberde des Maulaufreißens aufweisende Menschenköpfe mit Wahrzeichenrang. Aus Reiseberichten ist die Geberde solcher Bildnisse freilich oft nicht mit Sicherheit zu ermitteln.

Nr. 11. In Straßburg i. E. gilt als „Wahrzeichen" der Stadt das „große, offenstehende Maul am Weißenthurmthor", „über dessen Zweck man daselbst keinen Aufschluß weiß."
Rochholz cit. Stöber, Elsäß. Sagen Nr. 318.

Nr. 12. In Brugg (Schweiz) schaut vom Turm des Brückenkopfes auf die Aare herab „ein alterschwarzes Steinhaupt", im Volk für „römisch" geltend, der „Hunenkopf" genannt (ein Zungenrecker, Blecker?).
Rochholz a. a. O. I. 209. II. 397.

Nr. 13. Zu Passau ist Wahrzeichen (wo angebracht?) der „Passauer Tölpel", ein steinernes Mannshaupt mit zwei Spannen langem Munde.
Bechstein, D. Sagenbuch Nr. 859 cit. b. Rochholz.

Nr. 14. In Rapperswyl (Zürichersee) befinden sich sagebezeichnete, in Stein gehauene Köpfe „mit grasser Geberde", dem Städtchen bei Neugründung nach Zerstörung durch Zürich seitens eines Herzogs Albrecht verliehen, um „Mord und Weh über Zürich zu schreien". Einer ob dem Brückenthor, einer überm Thorbogen „ob dem sausenden Wind", und weitere zwei ob dem Halsthor.
Züricher Neujahrsblatt der Feuerwerker 1826. 6. cit. b. Rochholz.

Nr. 15. Ein am Kissinger Rathaus befindlicher Steinkopf (Geberde?) gilt als „Wahrzeichen" der Stadt, und als Denkmal eines Peter Heil, nach andern Jud' Schwed'; er wird als Retter oder Verräter der Stadt widersprechend bezeichnet, auch sollen ihm zu Ehren „Prozessionen" (!) stattgefunden haben.
Schoeppner, bair. Sagenbuch Nr. 272/3 cit. b. Rochholz.

Nr. 16. Seine Sage gleichwie der Prozessionsbericht bietet Ähnlichkeit mit einem Schreckmaul zu Emmerich; am Fastnachts= montag wird es — in ganzer Figur mit wackelndem Kopfe — in Prozession getragen. Der Feind ward s. Zt. dadurch von der Stadt verscheucht, daß dieses Wesen den Kopf „zähnefletschend" über die Mauer streckte. Im wesentlichen mithin gleichfalls ein Held des Kopfes.

R. cit. Wolf, Zeitschr. 3. 173.

Nr. 17—19. Uhrautomaten.

Automaten, welche gleich dem Basler Lällenkönig die Zunge bewegen, finden sich außer in Coblenz unseres Wissens nicht, wohl aber in Verbindung mit der Stadtuhr auftretende Rachensperrer, mit überdies z. T. ähnlichen Überlieferungen.

Nr. 17. Das Stadtwahrzeichen von Heidingsfeld besteht in einem in der Stadtuhr angebrachten, bei Stundenschlag „gähnenden" Kopf — das Gimaul („Gähnmaul?") — genannt.

R. cit. Baader, Bad. Sagen Nr. 463.

Nr. 18. In der Ratsuhr von Jena wird ein gleicher Automat durch sein „gähnen" zum Heros eponymos von Gena (!) oder Jena (!) — eine natürlich nur studentenwitzige Etymologie. —

R. cit. B. Bechstein, D. Sagenbuch 606.

In beiden Fällen ist die Absicht des Uhrenwerkmeisters ohne weiteres klar. Bei der Natur der in Betracht kommenden Töne und der plumperen Mechanik ist die beabsichtigte Täuschung, als verlasse der Stundenruf den geöffneten Mund, nur weniger deutlich als etwa das entsprechende Schauspiel bei einer Schwarzwälder Kukuksuhr.

Einen Ausrufer der Stunden zur Uhr zu stellen, ist kein fern= liegender Gedanke. Bei Stadtuhrwerken genügt indessen solche Motivierung kaum. Die betr. Uhrwerke bilden das Mittelstück eines Hauptgebäudes, oft also den Mittelpunkt der Stadt selbst. Als Haupt= stück eines solchen Kunstwerkes ein gesperrtes Maul zu zeigen, insbesondere ein menschliches, wäre geschmacklos und einem zu Kunstleistungen beauftragten Handwerksmeister der Stadt schwerlich ohne Weiteres zuzutrauen. Überdies legte der Ehrgeiz sowohl der

Stadtbehörde wie des Ausführenden in diese Wunderstücke der Zeit, die automatischen Uhrwerke und ihre Figuren, tiefere, sei's religiöse oder philosophische, sei's historische oder lokale Bedeutung. Nur eine von vornherein dem häßlichen Sperrmaul gesicherte Volkstümlichkeit kann seine zentrale Anbringung erklären. Wie beim Berliner Rokkokokopf anzunehmen (Nr. 6), so besaßen wohl auch diese automatischen Blecker ihr Vorbild, vermutlich in Stein, möglicherweise an gleicher Stelle. Der Uhrenkünstler ersetzte das starre Bild durch ein lebendiges.

Nr. 19. Am wenigsten geglückt scheint der Ausdruck angestrengten, glockenlauten Rufes dem Verfertiger der Rathausuhr von Aalen. Das „komische" Gesichterschneiden des „Spions von Aalen" beim Stundenschlag hat „sogar Napoleon" ein Lachen abgewonnen. Auch die Sage vom „Spion von Aalen" hat heute humoristischen Anstrich. Der „Spion" ist zugleich Verräter und Retter seiner Stadt. Die Retterrolle scheint die vorwiegende — wozu auch sonst das „Denkmal". Man erinnere sich des ähnlichen Widerspruchs beim Rheinfeldener Gast (Nr. 5). Der Ausdruck „Spion" bleibt zunächst volksetymologisches Problem.

b) Vorläufige Charakteristik.

Schmerzensausdruck? Schon J. Grimm (G. D. S. 636) fielen derartige Zungenrecker als Stadtwahrzeichen auf. Er erklärt sie im Vorübergehen als die „zur Schau getragenen, im Todeskampfe fletschenden Häupter der erlegten Feinde".

Dieser, anscheinend auf keiner Grundlage als dem bloßen Anblick beruhenden Deutung widerspricht alles: An keiner Stelle weiß die Überlieferung von einem Abschlagen des Kopfes. Der Gesichtsausdruck der Maske strebt in den meisten der hier behandelten Fälle nicht zur Darstellung von Schmerz, weicht eher zum possenhaften als zum tragischen ab. Endlich: Der Kopf wie sein Träger sind von der Sage im allgemeinen populär, dem Einwohner freundlich und höchstens ihn neckend gedacht; alle Fragmente im Volksmund nennen ihn, mindestens alternativ (Rheinfelden, Kissingen), den Freund, und fast alle den Retter der Stadt (s. u.). Nicht „geköpft" ist der Zungenmann in der Volkssage, überall vielmehr wirkend, lebendig, so auch wiederbelebt in den Uhrwerken.

Daß nur Kopf oder Gesicht abgebildet sind, hat einen zureichenden Grund. Der Retter wirkt, und darin stimmen die betr. Sagen überein, durch seine Mundgeberde. Mithin wird das Bildwerk im allgemeinen nicht weiter ausgedehnt, als zu deren Darstellung nötig.

Eine weitere, mehrfach anzutreffende Erklärung unserer Köpfe als Geisterscheuchen (Apotropeia) ist zu allgemein. Ihre besonderen Züge werden damit in keinem Punkte aufgehellt.

Wer sich für weitere Funde interessieren sollte, ist endlich zu warnen vor Vermengung der echten Wahrzeichenköpfe mit den in allen Stilarten beliebten, willkürlichen Zungenphantasien (meist Tierköpfe) in bedeutungsloser kunstgewerblicher oder etwa kirchlich motivierter architektonischer Ornamentik. Wo sich etwa weitere „Heidenköpfe" noch melden sollten, ist streng zu prüfen, ob eine lokale Tradition mit deutlichen Einzelzügen, ein lokaler Name, ein besonderer Rang nach Dimensionen oder auffallend zentraler Aufstellung (am Rathaus z. B.) vorliegt.

Entfernte Anhaltspunkte für wahren „Heidencharakter" können sonst noch bieten: eine besonders pietätvolle Aufbewahrung des Bildnisses (in der Kirche wie Nr. 3, an sonst schmuckloser Kirchturmfront, des älteren Bildnisses in neuerer Mauerung u. dgl.), in solchen Fällen ist das Vorhandensein der übrigen Attribute zu prüfen; es giebt deren, außer der Mundgeberde, vornehmlich noch eins, den Halsring oder „Halbmond", über den hier nicht gehandelt werden konnte. Für eingehende Nachrichten sind wir erkenntlich und zu Auskunft bereit.

Es ist noch zu bemerken, daß die Köpfe Ziffer 1—19 zum größten Teil „Surrogate", d. h. an die Stelle älterer Stücke getretene Kopien aus späterer Zeit sind. Indessen scheint es an sehr vereinzelten Originalen aus vorchristlicher Zeit nicht zu fehlen. Genaueste kunstgeschichtliche Feststellung der Herstellungs- und Verfertigungszeit ist hier in jedem Fall unerläßlich.

Älter als die Kapelle, an der sie sich befinden, sind z. B. die Zungenmasken von Ladenburg (oben mangels weiterer Anhaltspunkte nicht erwähnt); sie stehen unter den inländischen Skulpturen des Germanischen Museums zu Nürnberg an erster Stelle und sind dort als „vorromanisch" bezeichnet.

Älter als der zugehörige Kirchturm sind die maulsperrenden Köpfe zu Hochheim bei Worms (gleichfalls mangels Tradition oben nicht erwähnt). Letztere haben u. E. Ähnlichkeit in Material und Stil mit einer Gruppe im Rhein gefundener sog. „Götzenbilder" im Museum zu Mainz (ob Maul sperrend ist fraglich) sowie einem Kopf an der Kirchturmfront in Brombach (ohne Tradition).

Unsere Bezeichnung „Heidenköpfe" entlehnen wir dem „Götzen" in Schweinfurt (Nr. 2); Bezeichnungen wie „Zungenköpfe" oder „Zahnblecker" führen einerseits durchaus irre, und keiner derselben umfaßt das der Gruppe Gemeinsame. Ein „Heidnisches" aber haftet in der Überlieferung mehreren der Köpfe (Nr. 8 Hohn gegen das Pfarrhaus, Nr. 9 „Götze" genannt b. Rochholz, Nr. 12, „Hunne", „römisch") an, selbst den in Kirchen (Nr. 3) oder in Kirchtürmen (Hochheim: „türkisch" nach mündlicher Auskunft eines Einheimischen, Brombach: Halbmondwappen) untergebrachten Exemplaren.

***

Zweiter Teil. Bedeutung und Beweise.

Um zu einer anderen Deutung zu gelangen, ist zunächst im Gebiete des mittelalterlichen Rechtslebens Umschau zu halten und eines seiner wichtigsten Werkzeuge besser zu beleuchten.

Das Gerüfte.
a) Als kulturgeschichtliches Motiv.

Das Mittelalter kannte gewisse Rufe, welche die Bürgerschaft zu gemeinsamer Abwehr verpflichten. Formelhaft ausgebildet reichen sie „in höchstes Altertum" zurück. (Brunner, Deutsche RG. II. S. 482, Anm. 6, vgl. Rich. Schröder, Deutsche Rechtsgeschichte I. Aufl., S. 29/30 Note.) Die betreffenden Worte sind eigentümlich, zum Teil ist ihre Grundbedeutung noch unseren Philologen unklar. Überliefert sind die Rufe: Waapen! und Jodute! beide im sächsischen Sprachgebiet. (Tiodute! und angelsächsisch tiohat ûte! „ziehet heraus" Schade, Wörterbuch S. 939.) Im Allemannischen die Rufe: Mordioo! Helfioo! — Im Fränkischen Waapenioo! — In Friesland die Wortfolge: Jodute, Jowee, Jowach! — In Thüringen das rätselhafte Zeter! (Ziehet her!? Schade, Wörter-

buch S. 1254) heute noch spöttisch in „Zeter=Mordio schreien"
im Gebrauch. — In Hessen und am Rhein, noch völlig unerklärt,
aber mit am verbreitetsten: Heila! Heilall!¹)

Was heute etwa die Sturmglocke — in seltenen Fällen —
noch meldet, deutet, wo keine Glocke vorhanden, das „Gerüfte" an.
Man denke nun das „Gerüfte" bei jedem Verbrechen, bei jeder
Feuersbrunst wiederholt, so würde es schon heutzutage eine Land=
plage bedeuten. In den polizeilosen Zuständen des Mittelalters
erscholl es weit öfter. Zudem bedeutete das „Gerüfte" mehr als
bloße Störung der Ruhe: — das Gerüfte verpflichtete den Bürger,
zu Sturmhut und Picke zu greifen und zum Sammelplatz zu eilen.
Die Weistümer reden von dieser strengsten und lästigsten der
Pflichten auf jeder dritten Seite.

Das „Gerüfte" ist nicht nur Mitspieler, sondern eine der
Hauptpersonen im frühmittelalterlichen öffentlichen Leben.

b) Rechtliche Anwendungsfälle des Gerüftes.

Des Gerüftes wird selbst in Lehrbüchern deutscher Rechts=
geschichte nur gelegentlich Erwähnung gethan; kein Institut des
frühen Mittelalters ist indeß scharfer juristischer Darstellung so
bedürftig wie das „Gerüfte". Seine Monographie bleibt noch zu
schreiben. Sie wird eine der Grundlagen für künftige Lehrbücher
bilden.

Für vorliegenden Zweck konnte folgendes festgestellt werden:
Als Signal des Heerbannes gilt das Gerüfte noch im späten
Mittelalter.

Rich. Schröder, Rechtsgeschichte S. 500.

Als Aufruf des Polizeibannes gilt es bei Verbrechensverfol=
gung bis zum Diebstahl herab noch in fränkischer Zeit.

Brunner § 89, Abs. 7. Schröder a. a. O. S. 37 u. 10 ff.

Beim halbgerichtlichen Verfahren „auf handhafte That",
einer Zwischenstufe zwischen autorisierter Notwehr und Gerichts=

---

¹) Petersen in den Forschungen zur deutschen Geschichte Bd. VI, S. 292.
Grimm, Rechtsaltertümer, III. Aufl., S. 877. Letzterer erwähnt Heilallgeschrei
als vorkommend noch in einem Casseler Statut von 1384.

verfahren, ist formgerechte Anwendung des Gerüstes das erste und einzige Erfordernis.

Brunner II., § 116, Abs. 2.　Schröder § 13. 2.

In den Sitzungen echten, d. i. terminlich angesetzten Gerichts über peinliche Schuld tritt Kläger überwiegend auf unter Ausstoßen des Gerüstes.

Schröder § 63, S. 713.　Sachsenspiegel Buch I, Art. 62 „Das Gerüchte ist der Clage Begyn", vgl. dazu Buch II, Art. 64 ebenda.

Wie oft, in welcher Körperhaltung das Gerüfte vor Gericht zu erheben sei, bestimmen zahlreiche Quellen.

Die Deutung.

Wo, wie in Basel, Rheinfelden, Kissingen, Emmerich ältere Überlieferungen noch vorhanden, verbinden sie das Auftreten des Kopfhelden mit einem feindlichen Angriff oder Überfall oder einer Belagerung. In Rapperswyl (Nr. 14) schreien die Köpfe Mord und Weh gegen den Züricher Feind und sind bei Neugründung der Stadt miterrichtet. In Basel, in Emmerich, in Kissingen (alternativ mit Verrat) gilt der Kopfheld als Retter der Stadt aus dieser Gefahr. Auch Rheinfelden wird von dem Überfall errettet, aber eine Heilige (Muttergottes) rettet, der „unruhige Gast" ist „der Verräter". Zwischen der Rolle des Retters und Verräters schwankt auch der „Spion" von Aalen (Nr. 19) sowie der Kissinger „Jud'". Bei letzterem spricht das Ceremoniell (Prozessionen zu Ehren des Jud') entschieden für die Retterrolle.

In Basel und Rheinfelden gilt der Zungenmann als alter Bürgermeister der Stadt (in Rheinfelden außerdem als Inhaber der Herrenmühle). Die in Schmalkalden (Nr. 4) noch 1898 dem „Lalli" durch Kirmestanz, in Kissingen durch „Prozession", in Emmerich durch Fastnachtsumzug, in Heidingsfeld, Jena und Aalen wie in Coblenz dem Bilde durch Neubelebung im Uhrwerk, in Berlin, Straßburg und Passau wenigstens noch durch Konservierung und alte Deutung als „Stadtwahrzeichen", in Großlällenfeld durch Aufstellung in der Kirche, in Schweinfurt durch Berücksichtigung als „Heidengötze" dem Zungenmann oder Mundsperrer oder Blecker erwiesene Ehre deutet auf einen etwa entsprechenden ursprünglichen Rang. Der von Stadt zu Stadt wechselnde Name sowie die

überall an die Ortsgeschichte und Ortstopographie anknüpfende
Überlieferung bezeichnet jedes einzelne der aufgeführten Stücke als
an seinem Aufstellungsort oder mindestens in seinem Weichbild
unvordenklich lokal eingebürgert.

———

Wer ist nun der ortseingesessene, aus nächtlicher Gefahr durch
plötzliches Erscheinen, durch das bloße Auftauchen im Mauerring
den Feind schon schreckende, ohne körperliches Eingreifen (Nr. 16)
das Gemeinwesen weckende und rettende, in gewöhnlichen Zeiten
vom Dunkel des Geheimnisses unnennbar umgebene, plötzlich mit
einem ausdrucksvoll übermächtigen Öffnen des Mundes, mit
„grausigem" Geschrei auftauchende Wesen? Welches Wesen verbindet mit dieser feindeschreckenden, bürgerweckenden — zuweilen
wohl versehentlich auch neckenden — unirdisch luftdurchdringenden
Gewalt eine Art obrigkeitlicher, örtlich politischer Stellung? Welches
Wesen führt von Ort zu Ort seinen besonderen, ohne Not nicht
zu nennenden persönlichen Rufnamen?

Es ist das Gerüfte. Besondere, unerklärte, daher als Eigennamen erscheinende Worte bilden es, an jedem Ort nach Mundart oder vielleicht auch nach Übereinkunft besonders ausgebildet.
Das Gerüfte ist bestimmt den Feind, auch den Verbrecher, anzu-
kündigen, es soll die Stadt retten. Das Gerüfte hat außerdem
im politischen und militärischen wie im Gerichtsleben seine Bedeutung, ist Träger des Heeresaufgebots, des Polizeibannes und
mancher gerichtlichen Akte. Unnötig darf das Allarmwort nicht
gebraucht werden, daher das geheimnisvolle des Symbols; kraft dieses
Geheimnisses erscheint ein plötzlich durch die Stille der Straßen, bei
Nacht namentlich ertönendes Heilall! oder Jodute! oder Huno!
(Bodman-Brugg) desto ernstlicher, gleich dem Ton der Sturmglocke. Auch diese, die Sturmglocke, dient dem Gerüfte als Instrument,
daher in Basel der Läße die Uhrglocke in Bewegung setzt.

Dies die allgemeinen Züge. Auch besondere Behauptungen,
so des Rheinfeldener Spuks, verlieren an Absurdität unter diesem
Gesichtspunkt, die „Zuuge" behandelt ein besonderes Kapitel,
Namensdeutung schließt als etymologische Probe auf die Lösung
sich an.

Die Zunge.

Die Zunge zeigen der „Lollus" von Schweinfurt, der Löll von Großlällenfeld, der Basler, Coblenzer, Mainzer und Berliner Kopf sowie der Rheinfeldener Stadtgeist beim jeweiligen Erscheinen.

Woher diese Zunge? Beim Ausrufen eines Gerüftewortes braucht und kann die Zunge nicht gereckt werden.]

In Miniaturen und Wandbildern des Mittelalters wird das Rufen einer Person oft verdeutlicht durch das dem Mund dieser Person kolbenartig entragende sog. „Spruchband". Der Steinmetz, mit der anderenfalls schwierigen Aufgabe bildlicher Darstellung des Stadtgerüftes betraut, schließt sich diesem Brauch an wie sein Material, der Stein, es erlaubt. Ein steinerner Spruchkolben ist Mißverständnissen allerdings leichter ausgesetzt. Nach vorn gerichtet, kann er etwas als an oder in den Mund gesetzte Flasche u. dgl. erscheinen, nach der Seite oder nach unten gebildet wird eine Zunge daraus, namentlich bei späterem Ersatz des abgängigen, auch wohl verwitterten Originals. — Übrigens wird der leere Mund, selbst bei Verbindung mit Schlagwerken (f. o. Jena u. ff.) ebenso leicht mißverstanden. —

Die Zunge ist danach kein Hemmnis, sondern eine Stütze der Deutung.

Entwickelungsphasen dieser „Zunge" zeigen die Köpfe von Wyl (Nr. 9) und von Breuberg (Nr. 10), wo von „kugelförmig herausgestülpter" und von „breiumwulfteter" Zunge berichtet wird. — Ein mangels Tradition oben nicht erwähnter Kopf, eingemauert im Kirchturm (!) zu Michelbach zeigt eine lang zur Seite sich schlängelnde Zunge.

Beweise im Einzelnen.

Lollus und Lälle?

Lollus oder Löll heißt der zungenreckende „Heidengötze" von Schweinfurt (Nr. 2), sein jüngerer Ableger dort hieß „der kleine Löll". „Löll" heißt das entsprechende Bild in Großlällenfeld (Nr. 3). Lalli heißt die Schmalkaldische Kirmespuppe (Nr. 4), Lällenkönig der Basler Kopf (Nr. 1).

Das Gerüste der Rheinlande heißt „Heilalle!" Ein Zusammenhang ist nicht ausgeschlossen (vgl. unten Peter Heil! Nr. 15). Lälle könnte zwar auch (von Lallen) die Zunge selbst bedeuten — der Philologe hat hier zu entscheiden.

Zu gunsten des Gerüstewortes Heilalle spricht ein Ausdruck der Berner Gaunersprache (des sog. „Mattenenglisch"). Hier heißt „das lällele" Feuerlärm, Allarm.

Mitteilung des Herrn Dr. Fritz Baur in Basel.

Als Ausruf erscheint „Lolls! Broder Lolls!" in Hersfeld am Vorabend des „Lullusfestes" (16. Oktober), als „Freudenruf" aufgefaßt.

Lyncker, Hess. Sagen 307, cit. bei Rochholz in Aargovia 1860, S. 41.

Hinzukommt, daß eine Deutung des Wortes Lollus, Lälle bisher anderweit nicht versucht worden ist.

Peter Heil.

Der Kissinger Kopf (Nr. 15) führt gleichzeitig die Namen: „Peter Heil" und „Jud Schwed". Die Stadtsage selber bezeichnet den Helden im Übrigen als einheimisch und keineswegs israelitisch. Obige Bezeichnungen gelten schlechthin als sein „Name", Familien- oder Vorname.

Kissingen liegt im Angelpunkt der Gebiete zweier Gerüste, des Heilall der Rheinlande, des Zeeter (s. o.) in Thüringen. Heil! Heilaa! Oheil! ist eine hessische Nebenform des Heilall!

Grimm RA. S. 877.

Peter Heil ist in seinem zweiten Teile Gerüstewort.

Jud' Schwed'.

Durchsichtiger ist Jud Schwed, abgekürzt nämlich wohl aus „Judute Schwed!" „Judute!" ist das sächsische Gerüstewort (s. o.). „Judute Schwed" ist das Gerüste, auf die Ankunft der Schweden bezogen: Kissingen liegt nördlich des Mains, und mag neben dem hessischen Heit! (ev. dem Thüringischen Zeeter) auch das Judute des Sachsenstammes bewahrt haben.

Das Kissinger Bild trägt auf der Lippe, noch zweihundert Jahre nach dem 30jährigen Krieg vernehmbar, den Schreckensruf der sächsischen Niederung.

Hierzu noch folgende Belege: Nr. **20.** In Lippstadt wird ein „Heiliger Jodute" auf der Stange umhergetragen.

E. H. Meyer, D. Mythologie S. 222.

Nr. **21.** In Hildesheim über der Uhr des Rathauses wird ein „schnappender Judenkopf" erwähnt.

Seifart, Hildesheim. Sag. 2, Nr. 70, cit. Rochholz, Aargovia 1860, S. 119.

Der „Sachsengott Jodute".

Nr. **22.** Ein Bildnis, „Jodute" genannt, wird im 13. Jahrhundert durch Kaiser Rudolf von seinem Standort entfernt, weil „Abgötterei" damit getrieben ward.

Simrock, Handbuch der Mythologie 1887, S. 269.

Das Bild galt als Denkmal „eines Sieges" der Sachsen (angeblich in der „Schlacht am Welfisholz 1115", unweit dem Kyffhäuser).

Hermann Korner von Lübeck 1435 (giebt Beschreibung), cit. v. d. Hagen, Irmin S. 15. Heinrich von Herford (14. Jhdt.), cit. Ztschr. f. Philologie I. 470. VI. 161, cit. E. H. Meyer, Deutsche Mythologie S. 222. Vgl. auch Bothe, v. d. Hagen, Irmin S. 15. (Nach letzterem wird diesem „Jodute" die Rettung zugeschrieben.)

Man hat bisher einen sächsischen Gott Jodute vorausgesetzt, ohne indes weitere Nachrichten von solchem Gott beizubringen.

Judute oder Jodute (s. o.) ist das verbreitete Gerüstewort des Sachsenstammes; nachdem im Obigen belegt ist, daß Bildnisse des Gerüstes im Deutschland des frühen Mittelalters vorkommen, bedarf der „Götze" Judute keiner weitergehenden Erklärung als dieser. Aus den Beschreibungen ist, soviel uns bekannt, eine besondere Geberde des Bildes zwar nicht ersichtlich, doch der hier unverstümmelt überlieferte Name Judute schließt Zweifel aus. (Als „Götze" galt auch Nr. 2 Schweinfurt).

Die Unterstellung eines „Gottes" Judute ist damit überflüssig geworden. Die „abgöttische Verehrung" ist wohl die gleiche Art gesteigerter Popularität in Sage oder Festessitte (Processionen?), wie sie auch in Kissingen (Nr. 15) und Emmerich (Nr. 16) berichtet wird.

Dritter Teil. Der Gerüststaat.

Denkmale des mittelalterlichen Gerüstes liegen nahe bei der dramatischen Rolle, die ihm im Leben des Bürgers zukam. Sie sind insbesondere auch Denkmäler des Rechtslebens; dessen „Leitmotiv" bildet ja das Gerüstewort (s. o.).

Der Grund der dem Gerüste erwiesenen Ehren liegt aber tiefer, er liegt im Begriff des Gerüststaats.

Dieser Begriff stellt eine Staatstheorie auf, abseits der heute von monarchischer bis zu demokratischer, von sozialistischer bis zu despotischer Seite vertretenen Auffassungen. Alle heutigen Staatsideen überragen den Einzelnen jederzeit und jedes Orts, als dauernde Gewalthaber.

Keine der heutigen Auffassungen vom Staat entspricht ganz dem alten Freiheitssinn, am wenigsten z. B. die sozialistische. Ihre Symbole, Krone wie Jakobinermütze, Schwert wie Liktorbeil, sind einseitig, bedeuten dauernde Macht und unterscheiden sich nur durch den jeweiligen Abstimmungsmodus (Mono- bis Panarchie). Keines dieser Symbole nämlich kennt eine Grenze seiner Kompetenz.

Unser Gerüstesymbol nun zeigt zwar das Auftreten der Staatsgewalt an, es zeigt aber mit gleicher Schärfe deren Abtreten von der Bühne.

Nach Erledigung der Gerüstepflicht geht der Bürger nach Hause und findet sich dort frei, kein Schatten eines Staatsbegriffes steht mehr überm Horizont.

Es läßt sich entwicklungsgeschichtlich verfolgen, wie Staatsrecht und Rechtspflege des frühen Mittelalters kaum eine Pflicht des Bürgers kennen, wenn nicht unter der Voraussetzung des Gerüstes. Das Gerüste selbst ist wiederum an schwere Voraussetzungen gebunden. Diese Verkettung blieb das hauptsächlichste Hemmnis politischer Entwickelung im frühen Mittelalter.

· Für die Wissenschaft hat indessen die Gerüststaatsidee Wert ebenso wie eine mathematische Formel. Selten sind Formeln unmittelbar im Leben anzuwenden. Aber mit andern gleich scharfen Formeln zusammen bilden doch sie die Grundlage einer jeden endgiltig zuverlässigen Rechnung.

Das Gerüstebild ist die Hieroglyphe dieser politischen Formel; einerlei, ob diese Formel jemals ohne andere Beimischung (Amts-

recht gegen Volksrecht z. B.) ins Leben getreten ist, war sie schon
durch ihre bildliche Faßbarkeit gemeinverständlich und mag selbst
in politisch abgestumpften Zeiten noch verstanden und gefeiert, ge=
legentlich auch im Kampf gegen neuere Staatsideen und Staats=
pflichten doktrinär hervorgekehrt worden sein.

Ein Bismarck bezeichnete die heute neu sich entwickelnden
Staatsverbände, solange die Gefahr von Außen ihr einziges Ge=
setz ist, wie etwa den „Dreibund", als „Formationen". So war,
der Idee nach wenigstens, das beginnende Gemeinwesen auch nur
„Formationsstaat" — zur Auflösung jeweils bestimmter „Ge=
rüsteftaat".

Unsere Heidenköpfe bringen mit ihrem Gerüstewort
einen vergessenen Begriff zu Tage. Der Politiker mag
diesen Begriff selten verwenden. Die Wissenschaft wird einmal
bekennen, eine wesentliche Kunde von staatlicher Entwickelung und
scharfem rechtlichem Denken, den von Volksahnung bewahrten
Götzenbildern von der Zunge gelesen zu haben.

––––––

Anhang.
Ein Zungenheld der Kelten.

Auf arische Verwandtschaft des Zungenkopfes läßt folgendes
schließen:

Der Cimbrische Schild.

Livius (VII. 10) erzählt die bekannte Sage vom Zwei=
kampf des Manlius mit dem gallischen Riesen. Der dem Riesen
abgenommene Halsschmuck soll Anlaß zur Ehrung des Manlius
mit dem Beinamen Torquatus geworden sein. Der gallische Riese
streckt, sobald Manlius den Zweikampf annimmt, höhnisch die Zunge
gegen Manlius aus.

Cicero, de oratore II. 66 erwähnt: pictum Gallum in
Mariano scuto cimbrico, distortum, ejecta lingua, buccis fluenti-
bus; auf dies gallische Zungenbild weist ein schlagfertiger Redner
scherzhaft mit der Hand; es war mithin, wie man annimmt, als
Wirtshausschild, am Forum zu sehen.

Auch Plinius, hist. nat. 35. 4. erwähnt als ein bekanntes Wirtshausschild das Bild des zungenreckenden Kopfes, in Rom gemeinhin „der Cimbrische Schild" genannt.

Das Bild wurde auf den Feind des Marius, den obgedachten „Gallischen Riesen" bezogen.

Das Zungenrecken des „Gallischen Riesen" in der Marius= sage ist also keine willkürliche Darstellung barbarischer Sitten, sondern ein stehendes Attribut dieser Persönlichkeit.

Lucians Ogmios.

Lucian, in Marseille ansässig, zu Prunkreden öfter ins Innere der Gallischen Provinz berufen, berichtet anekdotenhaft (in Hercules I ff.) von einem angeblichen Götterbild der Gallier, das, anscheinend öffentlich angebracht, seine Aufmerksamkeit gelegentlich auf sich zog.

Das Bild trägt Löwenfell, Keule, Köcher und gespannten Bogen. Lucian nennt es daher schlechthin einen „vermutlichen Gallischen Hercules", obwohl der hinzugetretene Eingeborene den Gott oder Helden „Ogmios" nennt. „Das sonderbarste an dem Bilde sei dies: Der Held, Ogmios genannt, ziehe eine Menge Menschen, die an den Ohren mit dünnen Ketten gefesselt seien, mit sich, und diese folgten nicht etwa widerstrebend, sondern heiter und freudig; und da Heracles (= Ogmios) die Ketten mit den Händen nicht halten könne (?), so seien dieselben an seiner durch= löcherten Zunge befestigt; der Gott wende den nach sich gezogenen sein lächelndes Antlitz zu."

cit. nach Roscher 2. Sp. 3020.

Jedes Wort dieser Beschreibung ist wichtig.

Schon Lucian erkennt die deutliche Bildersprache im Wesent= lichen; die zwischen Zunge und Ohren sichtbaren dünnen Ketten stellen lautliche Beziehungen dar. Lucian meint, „Hercules" werde hier als „Erfinder der Sprache" (vocis genitor) gefeiert. Auch andere lautliche Beziehungen eines Fürsten, Helden oder Gottes zu seinem Volke könnten so dargestellt werden. Ein zufälliger Fund dieser Art würde mehrdeutig bleiben.

Doch ist Ogmios nicht der willkürliche Lokalheros eines keltischen Gemeinwesens, sondern wie Ziffer 1 u. 2 zeigen, gallischer National= heros, sein zungenreckendes Bild nationales gallisches Wahrzeichen.

Schon dieser Rang des Bildes weist ihn den obenbeschriebenen deutschen Städtewahrzeichen als Verwandten zu.

Ogmios trägt, deutlicher als die deutschen Symbole, seine Bedeutung zur Schau:

Nicht Hohn bedeutet die ausgereckte Zunge: er wendet sie nicht den Feinden, sondern, wie Lucian hervorhebt, mit freundlichem Ausdruck den ihm „freudig“ folgenden Freunden zu.

Sein Ruf geht zu aller Ohren, versammelt sie hinter dem bewaffneten und gespannten Bogens vorwärts dringenden Zungenmann. Es handelt sich also um den Kriegsruf.

Die Ketten des Kriegsrufs aber sind das die „Menge Menschen“ verbindende.

Damit giebt dieses älteste der Gerüftebilder auch den deutlichsten Ausdruck dem politischen Inhalt des Begriffs vom Gerüftestaat.

Welches die Verwandtschaft zwischen dem keltischen und dem germanischen Gerüfte- oder Zungenkopf sei, bleibt heute dahingestellt. Wir selber vermuten gemeinsamen kelto=germanischen Ursprung des Bildes wie des Begriffs.

Aus dem ersten Jahrhundert des Kaffees.

Kulturgeschichtliche Streifzüge.

Von Paul Hoffmann.

———

Im Jahre 1669 empfing der junge König Ludwig XIV. den türkischen Gesandten Soliman Aga als Bevollmächtigten des Sultans Muhamed IV. an seinem Hofe. Der allerchristlichste König, der eben erst in der Durchführung des Devolutionskrieges die vielversprechenden Anfänge seiner auf Frankreichs abendländische Hegemonie gerichteten Politik gezeigt hatte, trug kein Bedenken, sich mit dem Herrscher aller Gläubigen in ein freundliches Einvernehmen zu setzen, bei dem beide Teile, wie es bei einem politischen Bündnisse nur recht und billig ist, ihre Rechnung suchten und fanden. Der Gedanke, mit dem Erzfeinde des christlichen Namens in nähere Beziehung zu treten, verlor für Ludwig seine Bedenken bei der Erwägung der mancherlei Vorteile, die daraus für die Machtstellung des bourbonischen Hauses erwuchsen. Betrachtete es doch die französische Politik als eine ihrer obersten Aufgaben, das verhaßte Haus Habsburg im fernen Osten unausgesetzt in Atem zu halten, um dann um so ungestörter ihre Fangarme nach den Kleinoden des deutschen Westens ausstrecken zu können. Das geheime Einverständnis mit der osmanischen Großmacht war wohl dazu angethan, diesen Bestrebungen Vorschub zu leisten. Wie alle zeitlichen und ewigen Bündnisse der Diplomatie nahm natürlich auch dieses Verhältnis ein Ende, als sich auf dem Schachbrette der europäischen Politik die Stellung der Figuren wieder veränderte. Eine Errungenschaft aber jenes franko-türkischen Liebeswerbens hat alle Wandelungen der Zeiten siegreich überstanden und wird auch voraussichtlich in Zukunft allen weiteren politischen Kombinationen standhalten — der Kaffee.

Soliman Aga nämlich und sein Gefolge hatten sich, um die
Genüsse des Morgenlandes in langer Trennungszeit nicht schmerzlich entbehren zu müssen, zu ihrer großen Mission mit einem beträchtlichen Vorrate von Kaffeebohnen versehen. Aus ihrem
schwarzen Schatze spendeten sie reichlich an einflußreiche Personen
des Hofes und der Stadt und gewannen dadurch nicht nur persönliche Gönner und Freunde, sondern auch rasch begeisterte Verehrer ihres nationalen Getränkes. Seit dieser Zeit rechnet man
die Herrschaft des Kaffees in Paris.

Es ist nicht die erste Beziehung, die das Abendland mit dem
Kaffee anknüpfte, schon einige Zeit vorher hatte der levantische
Fremdling auf dem Festlande und dem britischen Inselreiche an
mehreren vom Weltverkehr besonders begünstigten Stellen festen
Fuß gefaßt. Seine Aufnahme in Paris aber ist für seine Verbreitung auf dem Kontinente von besonderer Bedeutung geworden,
sie bildet eine der wichtigsten Etappen auf dem großen Sieges-
zuge, mit dem er von Erfolg zu Erfolg eilend die Länder des
Abendlandes sich dauernd tributpflichtig machte. Bei den „Revolutionen der Diät von Europa", wie sich ein aufmerksamer Beobachter des vorigen Jahrhunderts[1]) ausdrückt, fällt dem Kaffee
in der Reihe der bald mit ihm geschwisterlich vereinten, ziemlich
gleichzeitig von der europäischen Kultur mit Begeisterung aufgenommenen und zäh festgehaltenen Genüsse des Thees, Kakaos und
Tabaks eine führende Rolle zu. Gehört er auch nicht zu den
großen Gegenständen, die nach des Dichters Worten allein „den
tiefen Grund der Menschheit aufzuregen" vermögen, so gebührt
ihm doch ein bescheidenes Plätzchen in der Sonne geschichtlicher Betrachtung, und es erscheint des Versuches nicht unwert, seinen
Spuren nachzugehen und in einer Reihe von einzelnen Zügen
seine vielseitige Einwirkung auf die Kultur des Abendlandes und
besonders Deutschlands zu zeigen.

* *

Über die Verbreitung des Kaffeegenusses in der französischen
Hofgesellschaft unterrichten am anschaulichsten die Briefe der
Herzogin Elisabeth Charlotte von Orleans, der Schwägerin des

---

[1]) Revolutionen der Diät von Europa. Abhandlung des Professor
Leidenfrost, erschienen in den Wöchentlichen Duisburger Anzeigen 1768, mit
Kürzungen abgedruckt in Schlözers Briefwechsel. VIII, 93 flgd.

Roy Soleil. Das Pfälzer Fürſtenkind, eine Frau von „excluſiver Deutſchheit" wie Ranke ſie genannt hat, fühlte ſich in dem Schimmer des Hofes von Verſailles nie heimiſch, ihre Gedauken ſchweifen immer zu den Lieben in der Heimat. Ihr reicher Briefwechſel mit ihrer Tante, der Kurfürſtin Sophie von Hannover, und ihrer Halbſchweſter, der Raugräfin Luiſe von der Pfalz, legt davon ein ſchönes Zeugnis ab. Kulturgeſchichtlich von hohem Werte, eine Quelle erſten Ranges nimmt er durch die ſprachliche Geſtaltungs= kraft der Schreiberin, ihre Gabe anſchaulicher Schilderung in der Geſchichte des deutſchen Briefes eine Ehrenſtellung ein. Die Her= zogin, die über alle Vorgänge des Hoflebens in anziehender Weiſe und oft mit wahrhaft herzerfriſchender Derbheit plaudert, ſteht dem neuen Getränke, deſſen wachſende Verbreitung ſie beobachtet, ſehr wenig freundlich gegenüber. Treu den einfachen Lebens= gewohnheiten und Genüſſen, in denen ſie in der Heimat aufge= wachſen iſt, will ſie von dem Eindringling nichts wiſſen, und ſie wird nicht müde, ihre Abneigung zu beteuern und ihr auch kräftigen Ausdruck zu verleihen. Zunächſt begnügt ſie ſich damit, zu ver= ſichern, daß ſie perſönlich kein Wohlgefallen an den verſchiedenen neuen Getränken finden könne. „Viel leutte hir, meldet ſie, drincken thé und caffé und chocolat, aber ich nehme gar nichts von dießen zeug, bilde mir ein, es ſeye nicht geſundt." An einer anderen Stelle heißt es: „Ich nehme mein leben weder thé, caffé noch chocolatte, habe mich ahn dieße frembte nahrungen nicht gewohnen können." Je mehr ſie andere in dem Banne des Zauber= trankes ſieht, um ſo mehr wächſt ihre Entrüſtung. In ſtärkſter Form geht ſie mit den Modegetränken ins Gericht. „Thé kompt mir vor wie heu undt miſt, caffé wie ruß und feigbonnen und chocolatte iſt mir zu ſüß, kan alſo keynes leyden, chocolatte thut mir wehe im magen. Waß ich aber woll eßen mögte, wäre eine gute kalteſchal oder eine gute bierſub, daß thut mir nicht wehe im magen." Bei dem Gedanken an die biedere Hausmanns= koſt ihrer Jugend ſteigt die Erinnerung an andere ihr fremd ge= wordenen Genüſſe der pfälziſchen Küche auf. „Man hat auch hir keinen braunen kohl noch gut ſauerkraut." Mit dem ſchmerzlichen Seufzer: „Dies alles eßet ich herzlich gern mit Euch, wolte got, ich konte ſo glücklich werden" ſchließt ſie. Die Erfüllung ſo be= ſcheidener Wünſche konnte ihr nicht zu teil werden. Für dieſe

traulichen Freuden bot der Glanz und Schimmer des französischen
Hofes keinen Raum. Besonders schmerzlich ist es der Briefschreiberin
zu erfahren, daß auch ihre Verwandten an den befreundeten Höfen
von Hannover und der Pfalz dem Zauber des neuen Trankes er=
liegen. Gegen Thee und Chokolade zeigt sie noch einige Duldung,
daß der Kaffee aber immer neue Anhänger gewinnt, kann sie nicht
verzeihen. „Daß ma tante thé und chocolatte gern drinckt, so
meint sie, geht woll hin, wen sie sich nur nicht ahn das heßliche
caffé gewohnt, so alles geblüdt corrumpirt." Die gesundheits=
schädlichen Wirkungen des Kaffees erscheinen ihr besonders schreck=
lich. Besorgt schreibt sie an ihre Halbschwester: „Es ist mir leydt,
liebe Louisse, zu wißen, daß Ihr Euch ahns caffé gewohndt habt,
nichts ist ungesunder in der welt, und alle tag sehe ich leutte hir,
so es quittiren müssen, weilen es ihnen große krankheitten ver=
ursachet. Die fürstin von Hanau, herßog Christians von Birken=
feldt dochter, ist davon gestorben mit abscheulichen schmerßen.
Man hat den caffé nach ihrem todt in ihrem magen gefunden,
so hundert kleine geschwehrn drinen verursachet." Schließlich muß
diese geschworene Feindin des Kaffees doch noch ihren Frieden —
freilich nur einen halben und erzwungenen — mit ihm machen,
ihre Abneigung aber bleibt unverändert. Auf ärztliches Anraten
sieht sie sich veranlaßt, den Kaffee als Medizin zu gebrauchen.
„Ich muß Euch noch sagen, berichtet sie in die Heimat, daß mein
Docktor mir daß café ordinieret, ich finde es abscheulich, kan mich
an den bittern rußgeschmack nicht gewohnen." Sie setzt aber ihre
Kur fort und muß sich wenigstens zu dem Geständnis herbeilassen,
daß der Trank als Medizin ihr gut bekommt, ihr Urteil aber über
die Widerlichkeit des Geschmackes erfährt keine Änderung: „Ich
trinke alle tag einen becher mit caffé, daß jagt mir die windt
weg und verhindert mich, dicker zu werden, drumb continuire ich
es, aber ich muß gestehen, daß mir der geschmack gar nicht ge=
fählt, daß es wie ein stinckender atem schmeckt."

In einer stark ausgesprochenen Persönlichkeit findet hier die
Opposition, die jedem Geschmacks= und Modenwechsel mehr oder
minder kräftig, aber in der Regel erfolglos sich entgegenstellt,
ihren scharfgeprägten Ausdruck. In gleicher Weise wendet sich die
warmherzige Verteidigerin der alten Einfachheit gegen den Tabak
und das Spiel, Vergnügungen, in denen eine neue Generation

bald ihr höchſtes Behagen fand. Ihre beweglichen Klagen konnten
natürlich den Siegeszug des Kaffees nicht hemmen. War Paris
für den neuen Trank gewonnen, ſo war ſeine Verbreitung über
Frankreich und die Länder des Abendlandes nicht mehr auf=
zuhalten.

Die erſten Stationen des Kaffees, die Hochburgen, von denen
aus ſich der neue Trank in einer je nach der ökonomiſchen und
ſocialen Geſtaltung der deutſchen Lande ſehr verſchiedenen Weiſe
ſein Herrſchaftsgebiet erobert hat, ſind die öffentlichen Kaffeehäuſer.
Hier iſt die Stätte, wo der neue Kultus, gefördert durch die Gunſt
mannigfacher zuſammenwirkender neuer Tendenzen der Zeit, zuerſt
feſten Fuß faßt, von wo aus er ſeinen ſiegreichen Einzug in die
breiten Schichten der ſtädtiſchen Kultur hält. Ihre raſche Beliebt=
heit, ihre in zahlreichen Äußerungen der Zeit bezeugte Bedeutung
für das geſellige, politiſche und litterariſche Leben ſpricht dafür,
daß die Kaffeehäuſer dem ſich geltend machenden Bedürfniſſe nach
größerer Behaglichkeit und anmutigerer Ausgeſtaltung der Daſeins=
formen — wie es ſich auf anderen Gebieten des deutſchen Lebens
zeigt — entgegenkamen. So bezeichnet ihr Aufkommen einen er=
freulichen Fortſchritt in der Verfeinerung der äußeren Lebens=
formen, in der Ausbildung gefälligerer Sitten des Verkehrs. Das
Leben des Kaffeehauſes mit ſeinen vielſeitigen Anregungen tritt
in Gegenſatz zu dem wüſten Leben der Kneipe, drängt die Freuden
maßloſer Zecherei, in denen das Zeitalter der Reformation und
des dreißigjährigen Krieges ſein Behagen fand, langſam zurück.
Mit ihm vereinigt ſich die Pflege der mannigfachſten Intereſſen.
Als Kryſtalliſationspunkt neuen geſellſchaftlichen Lebens iſt das
Kaffeehaus die große Neuigkeitsbörſe für das unvertilgbare Klatſch=
bedürfnis des Tages; das Orakel für den Politiker, der in der
Zeitung — die gleich im Beginn die unentbehrliche Beigabe der
neuen Schöpfung bildet — kritiſierend und combinierend den Tages=
ereigniſſen in weitem Abſtande folgt und mit gleichgeſtimmten
Geiſtern „ein Geſpräch von Krieg und Kriegsgeſchrei" führt; das
Stelldichein witziger Geiſter, litterariſcher Kenner und Feinſchmecker;
der Sammelpunkt für die Fremden, die hier des Landes Sitten
kennen lernen wollen. „Geh fleißig in die allerberühmteſten Kaffee=
häuſer und trachte einen guten Freund zum Bekannten zu haben,

der Dich in die unterschiedlichen geschickten Versammlungen führt,
die öfters in solchen Häusern gehalten werden", wird als empfehlenswerte Regel bei einer Betrachtung über das Reisen im
„Hamburger Patriot", einer bekannten moralischen Wochenschrift
des 18. Jahrh., einmal aufgestellt. „Schulen und Universitäten,
heißt es in einem Gellertschen Lustspiele, sind nicht halb so gut
als die schlechtesten Kaffeehäuser." Den Gelehrten und Kaufmann
— so empfiehlt Goethe in der Kritik eines Buches fremden Be-
obachtern — solle man „in seinem Kränzchen oder Kaffeehause
sehn", wenn man ihn richtig kennen lernen und beurteilen wolle.

Die Ausstattung der Kaffeehäuser — für ein unverwöhntes
Geschlecht vielfach der Gegenstand lauter Bewunderung — ist in
ihren Grundzügen gleich bei ihrem Entstehen festgelegt worden.
In erster Linie gehören hierzu die Zeitungen, die für viele
ein Lockmittel bildeten. „Er kleidet sich anders und begiebt
sich um 10 Uhr auf das Kaffeehaus, lieset die französischen
Zeitungen und redet von lauter Staatssachen. Er besetzet
den Kaiserthron in Moskau. Er führt die protestantischen
Armeen bis nach Krakau und treibet die Katholiken zu Paaren.
Die Friedensverhandlungen zu Cambray sollen auf seinen Wink zu
Stande kommen und England muß den Spaniern wider Willen
Gibraltar wiedergeben." So lautet die Schilderung der Morgenarbeit eines müßigen Stutzers, den Gottsched in den „Vernünftigen Tadlerinnen", der von ihm zur Unterhaltung und Belehrung der Frauen herausgegebenen Wochenschrift, sich einmal
zum Ziele erwählt. Der gedankenreichen Morgenarbeit des Poli-
tikers folgt als Abwechselung die Nachmittagsbelustigung auf dem
Billard. „Nach Tische geht er mit guten Freunden aufs Kaffeehaus und vertreibt sich vier bis fünf Stunden mit dem edlen
Billard." Auch das Billard gehört frühzeitig zur Ausrüstung des
Kaffeehauses und hat sich in seiner angesehenen Stellung in mannigfacher Umwandlung und Vervollkommnung unverändert erhalten.
Es gehört zu den Annehmlichkeiten des Daseins, dem die Dankbarkeit begeisterter Verehrer wie dem Kanapee, dem Klavier u. a.
in Wort und Lied[1]) warme Anerkennung gespendet hat. Rechnet

---

[1]) Ein Preislied zur Verherrlichung des Billards bietet das im vorigen
Jahrhundert in Leipzig sehr beliebte und wiederholt aufgelegte kulturgeschichtlich sehr wertvolle Liederbuch des Sperontes: „Die Singende Muse an der

man noch die von großen und kleinen Geiſtern mit gleicher Liebe
gepflegten Kartenſpiele der Zeit hinzu, voran das Königliche
L'Hombre — das in unſerem Jahrhundert durch die Herrſchaft
des Skates faſt ganz in den Hintergrund gedrängt worden iſt —
ſo hat man im großen und ganzen das Rüſtzeug des Kaffeehauſes
beiſammen, das die neuere Zeit wohl verfeinern, aber nicht weſentlich ändern konnte.

Der Einfluß der Kaffeehäuſer auf das geſellige und geiſtige
Leben der Zeit hat ſich nach der Verſchiedenheit des ſocialen und
politiſchen Zuſtandes der Nationen verſchieden geltend gemacht.
In den großen Handelsemporien haben ſie zunächſt Fuß gefaßt,
in den Städten, in denen der Handel mit dem Kaffee beſondere
Bedeutung erlangte. Als erſtes Kaffeehaus auf dem Feſtlande
gilt das Kaffeehaus in Marſeille, das 1671 nahe bei der Börſe
errichtet wurde. „Man verſammelte ſich daſelbſt, Taback zu rauchen,
von Geſchäften zu reden und ſich mit Spielen ein Vergnügen zu

---

Pleiße". Als Dichter iſt durch die Unterſuchungen Ph. Spittas (Vierteljahrs-
ſchrift für Muſikwiſſenſchaft Bd. I, S. 35 sq.), Johann Sigismund Scholze
aus Lobendau in Schleſien (1705—1750) feſtgeſtellt worden. Einige Strophen
des Liedes mögen hier Platz finden:

> Das Biliard iſt mein Vergnügen
> Mein liebſtes Spiel und Zeitvertreib:
> Wenn andre ſtehen, ſitzen, liegen,
> So treff ich da vor meinen Leib,
> Was ihn geſund erhalten kann,
> Durch mäßige Bewegung an.
>
> Der Lauf von zweyen runden Bällen
> Lehrt mich des Glückes Gang und Fall.
> Ich ſchein mir ſelbſt in allen Fällen
> Wie hier ein angeſpielter Ball,
> Der vor- und ſeit- und rückwärts ſchlägt,
> Nachdem ihn Stoß und Trieb bewegt.
>
> Wenn ich alſo zum Zeitvertreibe
> Manch Stündchen drauf ſchon zugebracht
> Und es bis jetzt noch meinem Leibe
> Die dienſtlichſte Bewegung macht,
> So lob ichs jedem ins Geſicht,
> Wer es nicht glaubt, verſteht es nicht.

machen, und es bekam dies Kaffeehaus in kurzem sehr vielen Zu=
lauf, insonderheit von den türkischen Kaufleuten und solchen, die
nach der Levante handelten." Die Nähe der Börse, die Atmo=
sphäre des großen Handelshafens, des Eingangsthores für die Le=
vante, giebt der neuen Einrichtung den Charakter merkantiler
Einseitigkeit. Erst im Binnenlande, im Herzen Frankreichs, hat
das Café seine klassische Form gefunden, sich als die Schöpfung
erwiesen, die den nationalen Trieben und Anlagen am meisten
entgegenkamen.

Dem Einflusse des Kaffees und der seiner Verbreitung dienst=
baren Kaffeehäuser auf das litterarische Frankreich des 18. Jahr=
hunderts, auf das Zeitalter Montesquieus, Voltaires, Rousseaus
und der Encyklopädisten hat Michelet in seiner Histoire de France
ein geistvolles Kapitel, einen wahren Hymnus gewidmet. Er
nennt den Einzug des Kaffees die glückliche Revolution, das große
Ereignis, das neue Daseinsformen schuf und die Temperamente
mäßigte. An dem Erwachen des neuen glänzenden Geistes des
Jahrhunderts schreibt er dem Kaffee einen wichtigen Anteil zu.[1]
Er unterscheidet drei Zeitalter des Kaffees. Erst trank man den
arabischen, dann den auf der Insel Bourbon gezogenen, zuletzt
befriedigt der auf der Insel Martinique angepflanzte Kaffee das
wachsende Bedürfnis. Michelets kühne Parallele dieser drei Zeit=
alter des Kaffees mit entsprechenden Epochen des französischen

---

[1] Michelet, Histoire de France XVII. Chap. VIII. Le café. De
cette explosion étincelante nul doute que l'honneur ne revienne en partie
à l'heureuse révolution du temps, au grand fait qui créa de nouvelles
habitudes, modifia les tempéraments: l'avénement du café.

L'effet en fut inculcable, n'étant pas affaibli, neutralisé. comme
aujourd'hui par l'abrutissement du tabac. On prisait, mais on fumait peu.

Le cabaret est détrôné, l'ignoble cabaret ou sous Louis XIV. se
roulait la jeunesse entre tonneaux et les filles. Moins de chants avinés
de nuit. Moins de grandseigneurs au ruisseau. La boutique élégante
de causerie, salon plus que boutique change, ennoblit les moeurs. Le
règne du café est celui de la tempérance.

Le café, la sobre liqueur puissamment cérébrale, qui tout au con-
traire des spiritueux augmente la netteté et la lucidité — le café qui
supprime la vague et lourde poésie des fumées d'imagination qui du
réel bien vu fait jaillir l'étincelle et l'éclair de la vérité — le café
antiérotique, imposant l'alibi du sexe par l'exitation de l'esprit.

Geiſteslebens im 18. Jahrhundert[1]) wird wohl ſchwerlich auf all=
gemeine Zuſtimmung rechnen dürfen; die Thatſache aber bleibt
beſtehen, daß die franzöſiſchen Cafés von Anfang an, begünſtigt
durch das nationale Naturell, Brennpunkte regen geiſtigen Ver=
kehrs, die Pflegeſtätten der bezaubernden franzöſiſchen Cauſerie
geweſen ſind, die Salons derer, die keinen haben, wie ſie Gambetta
ſpäter genannt hat.

Wie an der Seine, ſo hatte der Kaffee kurz vorher an der
Themſe eine Pflegeſtätte gefunden. Auch hier hat das coffee-house
im Ausgang des 17. Jahrhunderts, beſonders im Zeitalter der
letzten Stuarts, eine bedeutſame litterariſche und politiſche Rolle
geſpielt. Dieſe einflußreiche Stellung des coffee-house in ſeinen
verſchiedenen Schattierungen hat Macauley in dem klaſſiſchen dritten
Kapitel ſeiner Geſchichte Englands einer eingehenden Darſtellung
gewürdigt, die geſchmückt iſt mit allen den glänzenden Vorzügen
dieſes großen Stiliſten. Er bezeichnet die Kaffeehäuſer als eine
wichtige politiſche Inſtitution, als die Hauptorgane, wodurch ſich
die öffentliche Meinung der Hauptſtadt in der langen parlaments=
loſen Zeit Karls II. geltend machte. Der Sturm der Entrüſtung,
der den Verſuch der Regierung beantwortete, dieſe Kaffeehäuſer
zu ſchließen, zeigte, wie ſehr dieſe neue Schöpfung mit den poli=
tiſchen Tendenzen der Nation verwachſen war.

Bei der engen Berührung mit Frankreich, der allezeit be=
reiten Aufnahmefähigkeit oder Nachahmungsſucht Deutſchlands
konnte der Kaffee kein Vorrecht Frankreichs und Englands bleiben.
Bald flammten auch in deutſchen Gauen ſeine Altäre. Das erſte
Kaffeehaus wurde in Hamburg errichtet. Beſonders war es der
holländiſche Arzt Cornelius Bontekoe — er war Leibmedikus
des Großen Kurfürſten und ſtarb 1687 — der als Prophet des
Thees und des Kaffees in Deutſchland Propaganda zu machen
ſuchte. Das Jahr 1680 haben deutſche Forſcher des vorigen
Jahrhunderts als das Geburtsjahr des Kaffees in Deutſchland
in Anſpruch genommen.[2]) Von zwei Seiten her hat der Kaffee

---

[1]) Les trois âges du café ſont ceux de la penſée moderne, ils mar-
quent les moments ſolonels du brillant ſiècle de l'esprit.

[2]) Schlözer, Briefwechſel VIII. S. 120 flgb. „Vom Kaffee in Deutſchland" (1780). Natürlich iſt in unſerem jubiläumslüſternen Zeitalter die zwei-
hundertjährige Gedenkfeier, allerdings, wie es ſcheint, unter ſchnöder Teilnahm-

in Deutschland Eingang gefunden. In der Doppelform des
Namens hat diese Thatsache auch ihre sprachliche Prägung ge=
funden. Die Form Kaffee, jetzt wohl die Alleinherrscherin, ist das
Ursprungszeugnis französischen Imports, die eine Zeit lang be=
sonders in Norddeutschland überwiegende Form Coffee weist auf
holländisch=englische Handelsvermittelung.

Auch in Deutschland haben die rasch in Aufnahme ge=
kommenen Kaffeehäuser zunächst in den großen Städten die Mode
des Kaffeetrinkens verbreitet und sie bald zur unentbehrlichen Ge=
wohnheit und dauernden Sitte erhoben. Von den Kaffeehäusern
aus hat der braune Trank seinen Weg in das Haus und die Familie
bis in die abgelegensten Thäler und auf die Höhen der Berge
gefunden und hat neue Formen des geselligen Daseins ins Leben
gerufen.

Auf eine ähnliche Bedeutung wie die Kaffeehäuser des zur
glorreichen Revolution sich anschickenden Englands oder des vor=
revolutionären Frankreichs können ihre Nachfolger in Deutschland
keinen Anspruch erheben. Große gemeinsame politische und litte=
rarische Interessen, deren Schwung die Nation hätte fortreißen
können, kannte das damals nach den Drangsalen des dreißigjährigen
Krieges aus seiner Lethargie erst langsam sich wieder erhebende
deutsche Volk nicht. So tragen auch die Kaffeehäuser in ihrer
ersten Zeit ein spießbürgerliches Gepräge. Dürfen wir nach den
Verhältnissen einer der ersten und tonangebenden Stätten der
Kaffeeverehrung, des wegen seiner geselligen Vorzüge weithin ge=
priesenen Leipzigs, urteilen, so vermochte sich die Einführung des
neuen Trankes von rohen Ausschreitungen nicht freizuhalten.
Im Jahre 1697 mußte ein hochweiser Rat der Stadt leider in
Erfahrung bringen „welcher Gestalt in denen Bier= und Schenk=

---

losigkeit Altdeutschlands, litterarisch begangen worden. Im Jahre 1885 ist
in zweiter Auflage als „Festschrift zum 200jährigen Jubiläum des Kaffees
in Deutschland" ein Büchlein von Dr. Böhnke=Reich erschienen: „Der Kaffee
in seinen Beziehungen zum Leben. Für Haus und Familie und für Gebildete
aller Stände geschildert". Das gewählte Motto: „Schwachheit dein Name ist
— Blümchenkaffee" kann allerdings keine hohe Erwartung erwecken und
läßt wenig Spielraum für die Annahme, daß der Verfasser von der Würde
seiner Aufgabe sehr hoch gedacht hat. In der That kennzeichnet sich das Werk
trotz seines verführerisch anmutenden Titels als ein buntes Sammelsurium
von allerhand zum Teil nicht uninteressanten Notizen.

häuſern und ſonderlich in denen ungebührlich eingeführten Thee-
und Caffee-Stuben nicht nur über die in der Churf. Sächſ. Polizey-
Ordnung beſtimmte Friſt Gäſte geſetzet, ſondern auch zu verbotenen
Spielen, Ueppigkeit und andern Laſtern gött- und weltlichen Geſetzen zuwider Anlaß und Gelegenheit" geboten werde. Er er-
achtete es für ſeine obrigkeitliche Pflicht, dem Übel bei Zeiten und
mit Ernſt vorzubeugen und unterſagte deshalb den ungebührlichen
Thee- und Kaffeeſchenken das Handwerk. Dieſes kräftige Ein-
ſchreiten des Rates ſollte den Kaffee ſelbſt und ſeine würdigen
Heimſtätten nicht treffen. Aber ein übler Beigeſchmack haftete in
der erſten Zeit doch immer an den Kaffeehäuſern. Beſonders erfreute ſich die weibliche Bedienung keines guten Leumundes. Ein
Artikel des 1715 erſchienenen Frauenzimmerlexikons von Amaranthes
läßt darüber leider keinen Zweifel. Dies neuerdings für kulturgeſchichtliche Zwecke von A. Schultz in ſeinem Buche: „Alltagsleben
einer deutſchen Frau zu Anfang des 18. Jahrh." benützte und
bei ſeiner Seltenheit erſt zugänglich gemachte Werk war für den
Gebrauch der vornehmen Frauenwelt beſtimmt. Hier heißt es in
der ungeſchminkten Sprache der Zeit: „Kaffeemenſcher heißen,
nach heutiger Art zu reden, diejenigen verdächtigen und liederlichen
Weibsbilder, ſo in den Kaffeehäuſern das anweſende Mannsvolk
bedienen und ihm alle willigen Dienſte bezeigen". Iſt dieſes
Zeugnis, das durch andere Stimmen der Zeit noch bekräftigt
wird,[1] dazu angethan, das Anſehn des Kaffeehauſes zu beein-
trächtigen, ſo fehlt es auch nicht an unverdächtigen Lobeserhebungen.
An eine einſt gefeierte Glanzſtätte des Kaffeetrankes erinnert der
Name „Kaffeebaum" in Leipzig. An der baulichen Erſcheinung
dieſes in einer nach heutigen Begriffen engen Straße ſtehenden
Hauſes eilen die meiſten wohl achtlos vorüber. In einer
dichteriſchen Verherrlichung des 18. Jahrhunderts werden ſie es
kaum wieder erkennen. Zachariäs 1744 zuerſt erſchienenes, ſpäter
mehrfach umgearbeitetes — kulturgeſchichtlich ſehr wertvolles —
komiſches Epos: „Der Renommiſt" widmet ihm begeiſterte Verſe:

---

[1] „Wir verfügten uns alſo in den damals berühmten Rabhuhniſchen
Kaffeegarten vor dem Petersthore . . . endlich erblickten wir einige ſehr
wohlgebildete Frauenzimmer . . . Sie gehen, wenn ſie ihren Vorteil vor ſich
ſehen, überall mit hin. Sie werden Kaffeemägdgen genannt." Das galante
Leipzig S. 213.

Da wo Schellhafers Haus[1]) die festen Mauern endet,
Ragt, wenn man seinen Blick schief gegenüber wendet,
Ein glänzend Haupt empor, das durch die neue Pracht
Fast einem Tempel gleicht, Paläste finster macht.
So wie im dicken Wald ein Kranz bejahrter Eichen
Durch seine Wipfel droht den Himmel zu erreichen,
Ein schlanker Tannenbaum sie sämtlich übereilt
Und durch sein grünes Haupt die leichten Wolken teilt;
So streckt dies stolze Haus den Giebel in die Lüfte
Und hüllt das hohe Dach in ew'gen Rauch und Düfte,
Der Eingang zeigt sogleich in einer Schilderei,
Daß dies des Kaffeegotts geweihter Tempel sei.
Es liegt ein Araber an einem Kaffeebaume;
Ihm bringt im hellen Gold von dem durchsüßten Schaume,
Den man aus Bohnen kocht, den die Levante schickt,
Ein nackter Liebesgott, der lächelnd auf ihn blickt.

Der Prachtbau ist noch erhalten, die Schilderei prangt, allerdings
etwas verdüstert, immer noch über dem Eingang, nur empfinden
unsere verwöhnten Sinne nichts mehr von dieser Herrlichkeit.

In der zweiten Hälfte des Jahrhunderts nahm Richters
Kaffeehaus in der Wertschätzung der Einheimischen und Fremden
die erste Stelle ein. Besonders in den Zeiten der Messe war hier
der Mittelpunkt eines regen internationalen Verkehrs, die auserlesensten Konzerte wurden gespielt, die witzigsten Köpfe der
Stadt fanden sich hier ein, der Fremde fand es leicht, hier Beziehungen zu knüpfen. Ganz entzückt schreibt Schiller im Jahre
1785 von Leipzig aus an den Buchhändler Schwan: „Meine angenehmste Erholung ist bisher gewesen, Richters Kaffeehaus zu
besuchen, wo ich immer die halbe Welt Leipzigs beisammen finde
und meine Bekanntschaft mit Einheimischen und Fremden erweitere."
Ein anonymer, künstlerisch nicht sehr wertvoller Kupferstich[2]) aus
dem Ende des Jahrhunderts giebt ein anschauliches Bild der
bunten Gesellschaft, die sich hier zusammenfand, und ihres Treibens.
Es darf wohl für die Kaffeehäuser dieser Art als typisch gelten.

---

[1]) Heute Hotel de Saxe.
[2]) Abgebildet bei Henne am Rhyn, Kulturgeschichte des deutschen
Volkes, II. Bd.

Man sieht, wie die äußeren Formen des Daseins seit dem Anfang des Jahrhunderts reizvoller geworden sind, man merkt auch, daß das geistige und politische Leben der Nation einen tieferen Inhalt gewonnen hat. So fällt dem deutschen Kaffeehause wie dem englischen und französischen, wenn auch in engeren Grenzen, auf dem Gebiete des geistigen Lebens eine Mittlerrolle zu, die man nicht zu gering bewerten darf.

Der Sieg der neuen Mode konnte aber trotz aller glänzenden Erfolge nicht eher als dauernd gesichert gelten, als bis sich auch die Einbürgerung des Kaffees im Hause und in der Familie vollzogen hatte. Es hat keine schweren Kämpfe gekostet, willig beugte man sich auch hier seinem Scepter und bereitete ihm bald eine bleibende Stätte. Ein Bund ward geschlossen, den keine Anfechtung erschüttern konnte, der ohne Wanken bald zwei Jahrhunderte überdauert hat. Der Übergang vollzog sich früh mit einer Art von Naturnotwendigkeit. Das häusliche und gesellige Leben der Nation, das nach den Unbilden des dreißigjährigen Krieges langsam neue Knospen trieb, erfuhr durch die Aufnahme des Kaffees, der so sichtlich den neuen Regungen entgegenkam, eine willkommene Förderung. Das Wesen des deutschen Hauses empfing dadurch ein Gepräge, das ihm im großen und ganzen bis auf unsere Tage erhalten geblieben ist. Neben den öffentlichen Kultus des Kaffeehauses tritt die behaglichere und gemütvollere Verehrung im Hause. War das Kaffeehaus wesentlich dazu bestimmt, den vielseitigen Interessen der Männer zu dienen, so entfaltete der Kaffee unter der schirmenden Huld der Frauen im Hause seine Reize. Sein Sieg wäre nur halb und zweifelhaft gewesen, wenn sich die Frauenwelt seinem Dienste entzogen hätte. Bei allen tiefgreifenden Erregungen und Wandelungen unseres nationalen Lebens erscheint ein neuer Gedanke in der Regel erst dann im Volksbewußtsein gesichert, wenn auch die Herzen der Frauen davon ergriffen und sie die überzeugten Trägerinnen und Hüterinnen dieses Gedankens geworden sind. In schöner Weise hat Fürst Bismarck in diesem Sinne die deutschen Frauen als die nachhaltigsten Förrderinnen des nationalen Gedankens mehrfach in den Ansprachen seiner letzten Jahre gefeiert. Vielleicht noch rascher — si parva licet componere magnis — als den Neueren das politische Ver-

ständnis unserer Zeit erschlossen sich den Frauen des Rokokozeit=
alters die Reize des Kaffees. Im Anfang des 18. Jahrhunderts
bilden die Verehrerinnen des Trankes bereits eine stattliche Ge=
meinde.

Natürlich ist auch hier zu beachten, daß sich die Aufnahme
des Kaffees als eines rasch als unentbehrlich empfundenen Familien=
getränks nicht mit einem Schlage über alle deutschen Lande ver=
breiten konnte, daß sein Preis und andere Umstände seiner Herrschaft
vorläufig noch Schranken setzten, die erst im Laufe der Zeit fielen.
Die städtische Kultur eilt auch hierin der damals noch viel mehr
abgelegenen und daher rückständigen ländlichen Kultur voraus.
So nimmt Leipzig besonders, wie auch auf anderen Gebieten der
Mode,[1] auch für die gesellige Ausbildung des Kaffeegenusses, wie
aus zahlreichen Zeugnissen der Litteratur hervorgeht, eine Ehren=
stellung ein.

Der Kaffeetrunk im Hause bedeutet keinen völligen Bruch
mit der Vergangenheit, er ist zunächst eine Neubildung in An=
lehnung an bereits bestehende Gewohnheit, dann aber bringt er
eine völlige Neuerung in das Leben des Hauses, die den Keim
kräftiger Weiterentwickelung in sich trägt. Als täglicher Frühtrunk
verdrängt er den alten Brauch, nach dem Aufstehen durch eine
Mehl= oder Biersuppe sich zum Tagewerke zu rüsten. Bald er=
scheint diese Gewohnheit, die ja immer noch ein Nachleben geführt
hat, einem neuen Geschlechte als Kennzeichen alter überwundener
Zeiten. „Hier liegt der Suppennapf auf der Erde, heißt es in
Gellerts Lustspiel: „Die Betschwester", aus dem mein seliger Herr
alle Morgen seine Suppe aß; denn er war gar nicht nach der
Welt. Er trank weder Thee noch Kaffee, Suppe, bloße Wasser=
suppe ohne Ey und nur mit einem Stückchen Butter, eine Erbse
groß, gemacht, solche Suppe war sein Leben."

---

[1] Im „Renommist" läßt Zachariä die „aufgeputzte Reih der Moden
deutscher Lande" als Nymphen auftreten:

Steif die von Augsburg her, und frei die von Berlin.
Jedoch die artigste von diesen Moden allen
War Leipzigs Mode. Schön und sicher zu gefallen
War sie nicht allzu steif und auch nicht allzufrei
War stets Nachahmerin, doch im Nachahmen neu;
Französisch halb, halb deutsch; beglückt in ihren Wahlen
Und eine Pythia von den Provinzialen.

Als Vorkämpferinnen dieſer neuen, zunächſt als ein Luxus
ſich darſtellenden Sitte des häuslichen Frühtrunkes erſcheinen in
vielfachen Zeugniſſen die Frauen, ſie ſind die Thyrſusſchwingerinnen,
die den Einzug des Kaffees begleiten. In Picanders Luſtſpiel
„Der akademiſche Schlendrian“[1]) wird die Kaffeeleidenſchaft der
Frauen in derben Farben geſchildert. „Es iſt bekaudt, heißt es
dort, daß manche Frau ſich ſo ſtark in den Kaffee verliebt, ſogar
auch, wenn ſie wüßte, daß ſie noch im Fegefeuer Kaffee zu trinken
bekäme, nicht einmal nach dem Paradieſe verlangen würde.“ „Ja,
klagt ein Ehemann, das iſt das einzige, was ich an meiner Frau
zu tadeln habe. Früh, wenn ſie aufſteht, ſo trinket ſie Kaffee,
wenn wir vom Tiſche gehen, ſo trinket ſie Kaffee, wenn es fünffe
ſchlägt, wieder Kaffee. Ich werde bald zum armen Manne darüber.“ Picanders Schilderungen zielen natürlich wieder auf das
galante Leipzig. Auch anderwärts werden die Schönen dieſer Stadt
als die eifrigſten Hegerinnen und Pflegerinnen des neuen Trankes
bezeichnet, einen Ruhmesanteil an ſeiner raſchen Verbreitung wird
ihnen die unbefangene Geſchichtſchreibung nicht abſprechen. Der
Schönheit freilich war die neue Liebe nach dem Urteil eines auf-
merkſamen Beobachters nicht günſtig, der Kaffee mache eine gelbe
Haut, „wie ſolches das Leipziger Frauenzimmer gar deutlich be-
weiſet“.[2]) Noch in Schillers „Kabale und Liebe“ (1784) erſcheint
in den einfachen Kreiſen des Mittelſtandes der Morgenkaffee als
ein unberechtigter Luxus, gegen den der geſtrenge Eheherr vergebens donnert. Frau Millerin ſitzt im Nachtgewand am Tiſch
und trinkt ihren Kaffee. „Stell den vermaledeiten Kaffee ein
und das Tabackſchnupfen, herrſcht ſie der Kammermuſikus an,
dann brauchſt Du Deiner Tochter Geſicht nicht zum Markte zu
tragen.“ Mochte dies auf ſüddeutſche Verhältniſſe noch Anwendung
finden, in Mittel- und Norddeutſchland bürgert ſich der Kaffee

---

[1]) Picander (Chriſtian Friedrich Henrici 1700—1764) ließ ſeine Luſtſpiele unter dem gemeinſamen Titel „Deutſche Schauſpiele“ 1726 erſcheinen.
Nach ſeinem Vorbericht hatte er es darin „ſonderlich auf die Verbeſſerung
der herrſchenden Schwachheiten“ abgeſehen. Man wird ſich ohne weiteres
dem Urteil Koberſteins anſchließen und ſie als „im Ganzen ſehr rohe und
gemeine Luſtſpiele“ bezeichnen, kulturgeſchichtlich bieten ſie aber, beſonders
„der akademiſche Schlendrian“, reiche Ausbeute.

[2]) Beluſtigungen des Verſtandes und Witzes 1743. II. S. 340.

als das beliebteste Familiengetränk im Laufe der ersten Hälfte des
18. Jahrhunderts in weiten Kreisen ein und bleibt nicht nur
eine Vorliebe der Frauen, der Widerspruch mürrischer Eheherrn
und tyrannischer Väter beginnt allmählich zu verstummen. Ihren
Weg nahm die neue Sitte, wie alles Neumodische in der Regel,
von den oberen Schichten der Gesellschaft aus zu den unteren und
ließ sich durch besorgte Polizeimaßregeln, Luxusmandate, Steuer-
belästigungen und andere Hemmnisse, die seinem Vordringen in
den breiten Volksschichten entgegenwirken sollten, wenig stören.
Man trinkt nicht bloß Kaffee, sondern seinen Kaffee; das an-
heimelnde Possesivpronomen giebt der Sache etwas Gemütliches
und Trauliches, läßt sie als Herzensangelegenheit erscheinen. „Des
Morgens schläft er ordentlich bis acht oder halb neun Uhr, dann
trinkt er bisweilen in, bisweilen außer dem Bette seinen Kaffee“,
heißt es einmal bei Gottsched in den „Vernünftigen Tadlerinnen“.
„So vertraulich, so heimlich hab ich nicht leicht ein Plätzchen gefunden, läßt Goethe den jungen Werther schreiben, und dahin laß
ich mein Tischchen aus dem Wirtshause bringen und meinen Stuhl,
trinke meinen Kaffee da und lese meinen Homer.“ Der beschauliche Einzelgenuß des Kaffees verbindet sich gern mit allerhand nachdenklicher geistiger Beschäftigung, der Lektüre eines anregenden Buches,[1]) wie hier bei Werther, oder dem Ausspinnen
von Gedanken, die der Geist des Trankes lebendig macht. „Hier
kömmt eine Nahrung, bei der man eher Grillen machen kann. Der
liebe, melancholische Kaffee“ läßt Lessing die muntere Franziska in
„Minna von Barnhelm“ ausrufen. Die große Masse der Verehrer
traut ihn mit philisterhaftem Behagen, ihr hat am Ende des Jahrhunderts der Nürnberger Dialektdichter Grübel so recht aus der
Seele gesungen:

> Und wenn ih fröih mein Kaffee trink,
> Und zünd mei Pfeifla oh,
> Dau glaub ih, daß ka Mensch nicht leicht
> Wos bessers hob'n koh.

---

[1]) Wenn auf der Lieblingsbank der epheuumrankten Felswand,
Die aus verdecktem Geschirr vielfarbig Blumen durchschlängeln,
Du mit dem heiteren Buche dich labst bei levantischem Kaffee.
Voß: „Die beiden Jungfrauen“.

Hier erſcheint der Kaffee in der Geſellſchaft des ihm wahl=
verwandten, von ihm als unzertrennlich betrachteten Tabaks.
Dieſer Zweibund hat das ganze 18. Jahrhundert hindurch be=
ſtanden und auch im 19. Jahrhundert nicht an Feſtigkeit verloren.
Beide Genüſſe haben ihre erregenden Wirkungen auf die Männer=
welt gern gemeinſam ausgeübt. Schlözer führt in ſeinem Brief=
wechſel als orientaliſches Sprichwort an: „Caveh ohne Taback iſt
eine Speiſe ohne Salz". Dieſer Grundſatz bildet auch die Richt=
ſchnur für die Kaffeeverehrer des 18. Jahrhunderts in Europa.
Es verlohnt ſich, einen Augenblick bei der Betrachtung dieſer Ge=
nußverſchwiſterung ſtehen zu bleiben. Alte und neue Welt reichen
ſich bei dieſer Verbrüderung die Hand. Türkiſcher Sitte und in=
dianiſchem Brauche huldigt damit das chriſtliche Abendland und
macht ſie auf den Höhen der europäiſchen Civiliſation heimiſch.
Das Schälchen Kaffee und die Tabakspfeife erſcheinen als die
Sorgenbanner.

> Laßt die Grillen immer ſchwärmen,
> Setzt ein Schälgen Kaffe drauf
> Und ſteckt ein Pfeifgen an: ſo hört die Unruh auf.
> Mit den aufgeworfnen Blaſen,
> Die des Zuckers Schiffbruch macht,
> Gibt des Kummers kurzes Raſen
> Steigend, fallend gute Nacht
> Und endigt unverſehns den langen Lebenslauf.

So ſingt der begeiſterte Herold des Kaffees und des Tabaks, der
Schleſier Daniel Stoppe in ſeiner großen Cantata zum Preiſe
ſeines „Leibtrunks". In zahlloſen Liedern klingt dieſer Ton
wieder.

Indem der Kaffee als Erſatz des altväteriſchen Morgentrunkes
ſich einführte, hatte er ſeine große Miſſion noch nicht beendet.
Bald bildet er auch als häuslicher Nachmittagstrank die Regel.
In einem Geſellſchaftslied aus der erſten Hälfte des Jahrhunderts
wird den „Leckermäulern dieſer Zeit" vorgehalten:

> Nun macht die Rechnung ſelber drauf,
> Was geht nicht nur in Leipzig auf?
> Woſelbſt ſogar, der hackt und karret,
> Alltäglich zweymal drauf vernarret.

Diese als etwas Neues sich darstellende Form machte erst die ge-
selligenden Kräfte des Trankes frei und gab ihnen einen weiten
Spielraum. Als Morgentrank erscheint der Kaffee im engbegrenzten Rahmen des Einzellebens und der Familie, als Nach-
mittagskaffee erschließt er sich der Freundschaft und der Geselligkeit.
Diese Seite seines Wirkens haben schon nachdenkliche Beobachter
des vorigen Jahrhunderts mit Besorgnis verfolgt und augen-
scheinliche Wandelungen der häuslichen Wirtschaftsführung einseitig
dem Einflusse der neuen Mode zugeschrieben.

Die Sitte des Nachmittagsbesuches oder die sogenannten
Kaffeevisite, die sich rasch einbürgerte, gab dem einförmigen und
schwerfälligen Leben des deutschen Bürgerhauses eine erhöhte ge-
sellschaftliche Regsamkeit und Beweglichkeit und förderte die auf
größere Zierlichkeit und gefällige Repräsentation der häuslichen
Einrichtung zielenden Bestrebungen, die natürlich auch durch andere Einflüsse des socialen und wirtschaftlichen Lebens begünstigt
wurden.

Durch die Einführung des Kaffees wurden eine Reihe produktiver Kräfte des Inlands zur Thätigkeit erweckt, der neue
Trank erwies sich bald als großer Arbeitgeber der heimischen Industrie. Eine wesentliche Erweiterung des Hausrates machte sich
nötig. Die neuentstandene Porzellanmanufaktur erhielt dadurch
reichhaltige Anregung und ein reiches Absatzgebiet, sie verband
das Nützliche mit der heiteren Zierlichkeit, in der sich das Wesen
der Rokokozeit darstellt. „Durch das Porzellan wurde das Ideal
einer häuslichen Kunst erreicht. Die Theeschale, der Eßteller, Gefäße zur Aufnahme heißer Getränke und Speisen bilden die
ältesten und natürlichsten Gegenstände der Porzellanmanufaktur." [1]
Für den prunklos sich vollziehenden Kaffeegenuß am Morgen im
Kreise der Familie genügen einfache Tassen aus Steingut; gilt
es nach außen aufzutreten, einen Besuch aufzunehmen, dann erscheint das gefällige Porzellan, die „Dresdner" Tassen. Weit
über Kursachsen hinaus bildeten sie die Freude und den Stolz
einer rechtschaffenen Hausfrau, ein für gewöhnlich treulich im Glas-
schranke gehütetes Feiertagsgerät. Die Kaffeekanne, die Tassen,
oder wie man lieber mit einheimischen Namen sagte, die Kaffee-

---

[1] Springer, Bilder aus der neueren Kunstgeschichte. II. S. 237.

ſchälchen erſcheinen bald als unentbehrliche Mitgift des Hauſes.
Amaranthes würdigt ſie eingehender Beſchreibung. „Die Caffé=
Kanne iſt ein klein von Silber, Meſſing, Blech, Porcellain, Terra
Sigillata, Serpentin oder Zinn rund verfertigtes Geſchirr mit
einer Handhabe und Schnauze verſehen, worinnen der Kaffee auf=
gegoſſen wird; iſt insgemein nur auf eine oder mehr Perſonen
gerichtet.“ Beſonderer Wertſchätzung erfreuen ſich die Schälchen,
weil in ihnen die Zierlichkeit die größten Triumphe feiern konnte;
auch in der Sprache der Poeſie treten ſie hinter der eine Zeit lang
als fremder Eindringling noch empfundenen Bezeichnung Taſſe[1])
nur langſam zurück, erſcheinen als das Vornehmere. „Die Caffé=
Schälgen, heißt es bei Amaranthes, ſeynd dünne und klare von
Porzellain verfertigte runde und unten zugeſpitzte Näpfflein, mit
ihren dazu gehörigen Schälgen, woraus das Frauenzimmer Caffé
zu trinken pfleget.“ Unter dem Artikel Kaffee und den zahlreich
damit zuſammengeſetzten Begriffen weiſt das Lexikon bereits für
das Jahr 1715 das ganze durch die Einführung des Kaffees not=
wendig gewordene und in Achtung gebliebene Rüſtzeug nach und
zeigt auch recht deutlich, wie ſich das heimiſche Gewerbe raſch den
Erforderniſſen der neuen Sitte anzupaſſen verſtand. Nürnberg
flocht ein neues Blatt in den Ruhmeskranz ſeiner Induſtrie durch
die Herſtellung der Kaffeemühlen, deren unmelodiſches Geraſſel
dem deutſchen Hauſe ein lieber und vertrauter Ton geworden iſt.

Als eine weitere Folge der durch die gemeinſame Kaffee=
verehrung geſteigerten geſelligen Wechſelbeziehungen erſcheint Be=
trachtern des vorigen Jahrhunderts die übertriebene Bedeutung,
die das Beſuchszimmer in der Oekonomie des deutſchen Hauſes
einnimmt. „Man brauchte ſie nicht eher, heißt es in einer Be=
trachtung über die infolge des Kaffeegenuſſes eingetretenen wirt=
ſchaftlichen Veränderungen, als bis es anfing zur guten Lebensart
zu gehören, daß wenigſtens die Hausfrau Kaffeebeſuch annahm. Nun
und nun erſt mußte ein abgeſondertes Zimmer dazu bereit und andern
derart gleich eingerichtet ſeyn, mithin angelegt, aufgeputzt, oft ge=
reinigt, geheizt und verändert werden, mußte daſein, wenn auch
die Werkſtatt, Vorratskammer, Stall oder die Studierſtube ſchlecht

---

[1]) „Taſſe und Schälchen, dabei etwas von Sprachreinigung im 18. Jahr=
hundert.“ Leipziger Zeitung 7. Juni 1890.

darüber verlegt werden sollten. Die meisten Visitenstuben sind
eine sichtbare Veränderung im ökonomischen Zustande der Menschen,
welche, wenn der Gebrauch des Kaffees sich weiter ausbreiten oder
nur so bleiben sollte, noch immer mehr entstehen werden, da die
gegenwärtigen Häuser nicht so sehr nach einer bequemen und vorteilhaften Führung der Oekonomie, sondern nach einer artigen
Anlage der Visitenstuben gebaut, geschätzt und vermietet werden."

Die gesicherte Machtstellung des Kaffees im deutschen Hause
gegen das Ende des Jahrhunderts, das innige Verwachsensein des
neuen Trankes mit der Gemütlichkeit des Familienlebens in nunmehr typisch gewordenen Formen zeigen am anschaulichsten die
vom „Trank der Levante" durchdufteten Dichtungen von Voß:
„Luise" und „der siebzigste Geburtstag". Sie können als besonders bedeutsame kulturgeschichtliche Denkmale dienen und machen
die Anführung vieler anderer abgelegener Zeugnisse der Litteratur
überflüssig.

Dem Streben der Idyllendichtung, dem Eingehen auf die
kleinsten Züge des Alltagslebens entspricht die behagliche Breite
der Schilderung, die auch dem Kaffee als wichtigem Faktor einer
häuslichen Idylle in der „Luise" zuteil wird.

Das zu Ehren der Tochter Luise im Freien „in luftige
Kühle der zwo breitlaubigen Linden" abgehaltene Geburtstagsmahl
ist zu Ende gegangen, die um das leibliche Wohl der Ihren unermüdlich besorgte Mutter stellt nun die wichtige Frage:

Trinken wir jetzt noch
Kaffee hier? Vornehme genießen ihn gleich nach der Mahlzeit.
Der „edle, bescheidene" Walter will von solcher Vornehmheit nichts
wissen. Er macht den Vorschlag ungesäumt in den Wald zu
gehen

und landet der Kahn an.
Flugs nach altem Gebrauch der Familie kochen wir sämtlich
Unter dem hangenden Grün weißstämmiger Birken den Kaffee.
Karl auch kocht großmütig für uns; ihm macht er nur Wallung.
Der Vorschlag findet allgemeine Zustimmung. Luise, Walter und
der Knabe Karl gehen zu Fuß nach dem Walde, die übrige Ge-
sellschaft fährt im Kahne über den See dahin. Umsichtig ist
von der Mutter für alles gesorgt, was zu dem Kaffee gehört.

von Grünau"

Wohlauf nun Feuer gezündet!
Flink! und Kaffee gekocht! Die trautesten Kinder sind durstig.
Die verständige Hausfrau giebt eilig die nötigen Befehle. Die
Kochgeräte werden gelandet, Feuerholz gesammelt, des Kessels
„eherner Bauch" mit Wasser gefüllt. Hans der Knecht entzündet
darauf geschickt das Feuer.
Jetzt, wo der Wind in die Glut einsausete, stellt' er den Dreifuß,
Und den verschlossenen Kessel darauf mit der Quelle des Waldes.
Wehend umleckt ihn die Loh' und es braust' aussiedend der Kessel.
Aber das Mütterchen goß in die bräunliche Kanne den Kaffee
Aus der papiernen Tute, gemengt mit klärendem Hirschhorn,
Strömte die Quelle darauf und stellt' auf Kohlen die Kanne,
Hingekniet, bis steigend die farbige Blase geplatzt war.
Schleunig anjetzt rief jene, das Haupt um die Achsel gewendet:
„Setze die Tassen zurecht mein Töchterchen; gleich ist der Kaffee
Gar. Die Gesellschaft nimmt ja mit unserem täglichen Steinzeug
Gern im Grünen vorlieb und ungetrichtertem Kaffee.
Vater verbot Umständ', und dem Weibe geziemt der Gehorsam."
Also Mama; doch Luise, die rasch mit dem Knaben sich umschwang,
Hörte den Ruf und enthüllt' aus dem Deckelkorbe die Tassen,
Auch die Flasche mit Rahm und die blecherne Dose voll Zucker,
Ordnend, umher auf dem Rasen; und jetzt da sie alles durchwühlet,
Neigte das blühende Mädchen sich hold und lächelte schalkhaft:
„Nehmen Sie mirs nicht übel, Mama hat die Löffel vergessen"
Also sagte Luis'; und des Mutterchens lachten sie alle,
Schadenfroh; auch lachte sie selbst, die gütige Mutter,
Welche die dampfende Kanne dahertrug. Aber der Jüngling
Sprang zu der Birke behende, der hangenden, und von den Zweiglein
Glättet' er zierliche Stäb' und verteilte sie rings der Gesellschaft.

Die Männer nehmen aus der Hand der Luise die Pfeifen mit
Tabak, alles lagert sich

Rechts mit dem Knaben Mama, die den lauteren Trank in die Tassen
Rühmend goß; links aber Luis' und nahe der Jüngling.
Sie zwar kostete selten des hitzigen Mohrengetränkes;
Doch heut nahm sie ein wenig und russischen Thee mit dem Kleinen.

Eine lebhafte Unterhaltung beginnt, „in traulicher Herzens-
ergießung" tauschen der Pfarrer von Grünau und Walter ihre
Gedanken über „die höllische Pest Unduldsamkeit" aus, dann
stimmen Vater und Tochter den Gesang des Freundes von Eutin
„Blickt auf, wie hehr das lichte Blau u. s. w." an. Darüber
geht die Pfeife des Greises aus, die Luise mühsam wieder entzündet, und der Trank wird vergessen.

Jetzo begann unwillig die gute verständige Hausfrau:
„Kinder, der Kaffee wird kalt; ihr predigt immer und ewig!"
Auf diese hausmütterliche Mahnung nimmt jeder die Tasse zur
Hand und labt sich mit dem „köstlichen Tranke des Auslands".

Die zweite Idylle „Der Besuch" hebt am frühen Morgen
an. Der Pfarrherr erwacht und findet die Stätte der vor ihm
bereits zu häuslichem Schaffen aufgestandenen Gattin leer.

    Da riß er den rauschenden Vorhang
Hastig zurück und spähte, wie weit denn die Sonne gerückt sei.
Sieh und festlich geputzt, durch die gläserne Thüre des Alkovs,
Lachte daher die vertraute Studierstub', und vor dem Lehnstuhl
Prunkte mit Dresdner Tassen der schön geäderte Theetisch,
Welche die häusliche Frau vornehmeren Gästen nur anbot,
Etwa dem Probst beim Kirchenbesuch und der gnädigen Gräfin,
Auch wenn das Hochzeitsfest sie erfreuete und ein Geburtstag.
Selbst das silberne Kaffeegeschirr, der geliebtesten Gräfin
Patengeschenk, mit der Dos' und den weinlaubstieligen Löffeln,
Blinkt' im rötlichen Glanz hochfeierlich. Draußen am Herd auch
Hört' er geschäftige Red' und die rasselnde Mühle des Kaffees
Unter der knatternden Flamme Gesaus' und des siedenden Kessels.

Der erwartete Bräutigam der Tochter kommt an und wird vom
Vater mit einer langen, salbungsreichen Rede begrüßt; die Mutter
denkt vorsorglich an das Nächste.

Trinkt mein Sohn auch ein Gläschen fürs Nüchterne? Oder nur
             Kaffee?
Ihr antwortet darauf der edle, bescheidene Walter:
Kaffee nur liebe Mama. Bei dem glimmenden Pfeifchen am Kaffee
Schwatzen wir über die Pfarr' und die fruchtbaren Gärten mit
             Weisheit.

Nach kurzer Wechselrede enteilt die Mutter und ruft der treuen
Susanne zu:

Hole die silberne Kann' und spute Dich liebe Susanne,
Daß Du den Kaffee geklärt einbringst und den brennenden Wachsstock.
Nicht zu schwach, wie gesagt! Der levantische haßt die Verdünnung.
Setze die Kann' auf Kohlen mit Vorsicht, wenn Du ihn trichterst.

Ihre Weisungen werden gewissenhaft befolgt.

In der Idylle „Der siebzigste Geburtstag" ist die Lage eine
ähnliche wie im Beginn der zweiten Idylle der „Luise". Es ist
ein rauher und kalter Tag, der Besuch des Sohnes und der
Schwiegertochter wird erwartet. Alle Vorbereitungen sind von
der sorglichen Hausfrau getroffen.

Mütterchen hatte mit Sorg' ihr freundliches Stübchen gezieret,
Wo von der Schule Geschäft sie ruheten und mit Bewirtung
Rechtliche Gäst' aufnahmen, den Prediger und den Verwalter;
Hatte gefegt und geuhlt und mit feinerem Saude gestreuet,
Reine Gardinen gehängt um Fenster und luftigen Alkov.

In dem festlich gestimmten Raume bereitet sie nun den Kaffeetisch.

Neben dem schlummernden Greis', an der andern Ecke des Tisches
Deckte sie jetzt ein Tuch von feingemodeltem Drillich,
Stellete dann die Tassen mit zitternden Händen in Ordnung;
Auch die blecherne Dos', und darin großklumpigen Zucker.
Auch dem Gesims enthob sie ein paar Thonpfeifen mit Posen,
Grün und rot, und legte Tabak auf den zinnernen Teller.

Dann ruft sie der Magd zu:

Flink, lebendige Kohlen, Marie, aus dem Ofen gescharret,
Daß ich frisch (denn er schmeckt viel kräftiger) brenne den Kaffee.

Die Befehle werden rasch ausgeführt und das wichtige Werk
kann beginnen.

Emsig stand am Herde das Mütterchen, brannte den Kaffee
Ueber der Glut in der Pfann' und rührte mit hölzernem Löffel;
Knatternd schwitzten die Bohnen und bräunten sich, während ein
                                                 würzig
Duftender Qualm aufdampfte, die Küch' und die Diele durch-
                                                 räuchernd.

Sie nun langte die Mühle herab vom Gesimse des Schornsteins,

Schüttete Bohnen darauf und fest mit den Knien sie zwängend,
Hielt sie den Rumpf in der Linken und drehete munter den Knopf um;
Oft auch hüpfende Bohnen vom Schoß haushälterisch sammelnd,
Goß sie auf graues Papier den grobgemahlenen Kaffee.

Die hier zusammengestellten Zeugnisse bedürfen keiner kulturgeschichtlichen Erläuterung. Anschaulich tritt uns das mit Liebe auch
in seinen kleinsten Zügen gezeichnete Bild des gastlichen deutschen
Hauses, zu dessen besonderen Merkmalen der Trank der Levante
gehört, hier entgegen. Fast nichts — abgesehen von der archaischen
Form des Kaffeebrennens in der offenen Pfanne — mutet uns
fremd und als einem vergangenen Geschlechte gehörig an. Der
gewaltige Wandel der Zeiten hat trotz mancher Veränderung im
äußeren Zuschnitt an den im Laufe des 18. Jahrhunderts festgelegten Grundzügen nichts Wesentliches geändert. Der „Urväter
Hausrat" ist uns treu geblieben bis an die Schwelle des 20. Jahrhunderts.

Die geselligende Kraft des Kaffees, der alle diese Bereicherungen
und Verschönerungen des häuslichen Zierats dienten, zeigte sich
dem Unterhaltungsbedürfnis der deutschen Frauenwelt besonders
förderlich. Den geselligen mehr oder minder regelmäßigen Vereinigungen der Frauen giebt die Aufnahme des Kaffees als bald
unentbehrlicher Zukost zu traulichem Wechselgespräch ein neues
Gepräge, verleiht ihnen festeren Halt und zeitigt auch hier typisch
gewordene Formen des gesellschaftlichen Verkehrs in den Kaffeekränzchen und Kaffeegesellschaften. Auch hierfür ist Amaranthes
ein sicherer Gewährsmann. Er kennt „Caffé-Schwestergen, einige
vertraute und gute Freundinnen, so täglich auf ein Schätgen
Caffé zusammenkommen und sich dabei eine Ergötzung machen".
Auch das Kaffeekränzchen, in dem sich der neue Kultus gleich in
großer Vollkommenheit seine passendste Form schuf, erstrahlt frühzeitig am Horizonte des 18. Jahrhunderts. Amaranthes verzeichnet es gewissenhaft unter den großen Angelegenheiten der
Frauen mit genauer Begriffsbestimmung. „Caffé-Kräntzgen ist
eine tägliche oder wöchentliche Zusammenkunft einiger vertrauter
Frauenzimmer, welche nach der Reihe herumgehet, worbey sie sich
mit Caffétrinken und L'ombre-Spiel divertiren und ergötzen".

Im raschen Siegeslauf eroberte sich diese neue Form vorwiegend
städtischer Geselligkeit die Herzen der Frauen und verband sich in
angenehmster Weise mit anderem gleichzeitig in Aufnahme gekommenen Zeitvertreib. Das Kartenspiel, wie es bei Amaranthes
als unerläßliches Beiwerk erscheint, besonders wieder das hier ausdrücklich genannte L'Hombre, das gefeiertste Modespiel des Jahrhunderts, nimmt im Tagewerke der Gesellschaftsdame der Rokokozeit einen breiten Raum ein.[1]) In Verbindung mit dem Kaffee-
genusse hat es eine wichtige Rolle in dem Gesellschaftsleben der
Zeit gespielt.

Mürrische Sittenrichter haben diese harmlosen Zusammenkünfte
der Frauen frühzeitig zum Zielpunkte einer durchgängig unfreund-
lichen und abfälligen Kritik gemacht. Der bei diesen festlichen
Veranstaltungen zu Tage tretende Redefluß, der sich nach den
bekannten Versen:

> Quando conveniunt Ancilla, Sybilla, Camilla
> Garrire incipiunt et ab hac et ab hoc et ab illa

ungehemmt über alles und jedes zu verbreiten pflegte, die großen
und besonders kleinen Ereignisse des Tages, die Verhältnisse von
Nachbarn, Freunden und Bekannten einer ausgiebigen Besprechung
und, wie die Tadler behaupten, meist wenig liebevollen Beurteilung
unterzog, erregt immer wieder den Unmut der Sittenrichter.
Gottscheds moralische Wochenschrift „Die Vernünftigen Tadlerinnen"
nimmt diesen Kampf gegen die Auswüchse weiblicher Unterhaltungs-
gabe mit großem Ernst und Eifer auf. „Es wird gewiß, so heißt
es dort einmal, ein ehrbares Kaffeekränzchen sein, welches bei dem
Ueberflusse müßiger Stunden gewohnt ist, alles zu beurteilen und
durchzuhecheln. Die guten Kinder müssen wohl dem Sirach zeitig
aus der Schule gelaufen sein, sonst würden sie seine Lehre besser
gefaßt haben: Laß Dich nicht zu klug dünken, jedermann zu
tadeln." An einer anderen Stelle heißt es noch schärfer: „Ich
habe angemerkt, daß die Gespräche des Frauenzimmers in ihren
Gesellschaften meistenteils von abwesenden Personen handeln, die
mit allen ihren Verrichtungen so abscheulich und lieblos durchgezogen
werden, daß ein ehrliches Gemüth, welches solche Lästerungen ge-

---

[1]) Rokokostudien 3. Das L'Hombre. Grenzboten 1891. II. besonders
S. 197 flgd.

zwungen mit anhören muß, den ärgsten Widerwillen empfindet". Ganz besonders empfindlich zeigt sich der Tadler gegen den lauten Ton, mit denen einzelne in diesen Gesellschaften ihren Worten Gehör zu verschaffen suchen. „Es giebt einige Personen des schönen Geschlechtes, welche gewohnt sind, nie anders als mit vollem Halse zu reden und die alle ihre Gespräche mit einem so hellen und durchdringenden Schreyen anfangen und fortführen, daß allen Beysitzenden um ihr gesundes Gehör angst und bange werden möchte." Man glaubt, es sei in der Gesellschaft, wo nicht zum Handgemenge, doch wenigstens zum Streite gekommen. „Da sie doch ganz friedlich beysammen sitzen und einander bloß erzählen: was sie diese Woche für Besuch abgeleget oder angenommen, wo ihnen der stärkste und beste Kaffee sey vorgesetzet, wieviele Ellen Knötchen sie an einem Tage machen können und was dergleichen wichtige Sachen mehr sind, die aber keine so eifrige Sprache zu erfordern scheinen." Neben diesem Mißbrauch der Redegabe bringt unseren Zionswächter die bei diesen geselligen Zusammenkünften mit großem Eifer betriebene Beschäftigung mit seiner Meinung nach unpassenden und unnützen weiblichen Handarbeiten in Harnisch. „Könnt ihr es euch wohl einbilden, scharfsinnige Tadlerinnen, daß der verwünschte Fleiß des Frauenzimmers sich schon bis in die Gesellschaften eingeschlichen habe? Wenn ihr vor ein Wochenbette oder zu einem Besuche kommt, so findet ihr ein halbes Schock Weibspersonen beysammen, die, wenn ihre prächtigen Kleidungen nicht das Gegenteil bewiesen, für soviel Halbjungfern gehalten werden könnten, welche ums Brod arbeiten." Auf diesen Tadel kommt die Zeitschrift wiederholt zurück. Besonders wird die wirtschaftliche Nutzlosigkeit dieses weiblichen Handfertigkeits-eifers hervorgehoben. „Ich will jetzo nur von der andern Arbeit der Knötchen, der vielerlei Schnürchen u. s. w. reden. Auch hieraus erkennt man noch kein sparsames, häusliches Frauenzimmer. Es ist eine Erfindung, wodurch man etliche Thaler in Seide ver-thuen kann und wobei man hernach noch viele Thaler ausgeben muß, damit ein solches Schnürchen, damit solche Knötchen nur wiederum angewandt werden können. Was hilft dies aber zur Haushaltung? Sind deswegen die Kinder wohlerzogen? Wird deswegen das Gesinde in guter Ordnung gehalten, wenn eine Frau alle Tage in eine Ge-sellschaft läuft, wo sie ein paar Ellen solcher unnützen Arbeit machet?"

Es iſt keineswegs die Stimme des Predigers in der Wüſte, die hier laut wird, auch andere Rufer im Streit geſellen ſich bei. Lichtenberg macht einmal den Vorſchlag: „Es wäre wohl der Mühe werth, einmal das Verleumden beim Kaffeetiſch als ein Kartenſpiel vorzuſtellen, wo immer einer den andern ſticht, Popes Lockenraub könnte hierbei zum Muſter genommen werden." Ihm verdankt die Sprache die läſterliche Wortbildung „kaffeeſchweſterliches Ge= ziſchel", er erbietet ſich zu dem Beweiſe, „daß die Hexen der vorigen Welt eigentlich die ſogenannten Kaffeeſchweſtern der jetzigen ſind". In Rabeners ſatiriſchen Schriften müſſen die Kaffeegeſellſchaften wiederholt herhalten. „Was für Bewegungen, heißt es einmal bei ihm, erregt es in der bürgerlichen Welt, wenn ein Doktor die Tochter ſeines Schuſters heyrathet. Alle Kaffeegeſellſchaften, alle Wochenſtuben ſchreyen Ach und Weh über dieſe unnatürliche Ver= bindung."

Den Gang oder wohl richtiger die Sprünge einer bei der Kaffeekanne gepflogenen weiblichen Unterhaltung darzuſtellen, iſt bis in die neueſte Zeit ein beliebtes Thema — beſonders für die Dialektdichtung — geblieben. Eine „Wochenſtubenunterhaltung", wie ſie in breiter und mit Behagen ausgedehnter Form Picanders ſchon erwähntes Luſtſpiel „Der akademiſche Schlendrian" bietet, darf man wohl, ohne ſich dem Vorwurfe bewußter Geſchichts= fälſchung auszuſetzen, als Probe einer Unterhaltung betrachten, wie ſie ſich — freilich nach nicht ganz unbefangener männlicher Auffaſſung — ähnlich im Kreiſe einer Kaffeegeſellſchaft abſpielte.

Bei der Wöchnerin erſcheinen zum Beſuche drei Freundinnen. Mad. Vielgeldtin, Mad. Wohlgemuthin und Mad. Windmüllerin. Nach Austauſch von Begrüßungen wird das Neugeborene betrachtet und natürlich „dem Vater ſo ähnlich" gefunden, „als wenn es ihm aus den Augen geſchnitten wäre". Ein hieran ſich an= knüpfendes Geſpräch über die Ammen, ihre Vorzüge und beſonders Mängel gehört noch zum Charakter der Wochenſtubenunterhaltung. Mit der Frage der Mad. Wohlgemuthin: „Aber ihr Leutgen, haben wir nichts Neues zu erzählen?" wird der ruhige Port verlaſſen und in das Weite hinausgeſteuert. Mad. Vielgeldtin — der ge= ſchmackvolle Name ſoll die Trägerin als Geldprotzin bezeichnen — bringt die Rede auf das Steigen der Aktien, von denen ſie in „franzöſiſchen Zeitungen" — wie ſie wohlgefällig hervorhebt — ge=

leſeu habe. Sie freut ſich, ihren Mitſchweſtern, denen Aktieu
böhmiſche Dörfer ſind, über dieſe Geldangelegenheiten Belehrung
geben zu können. „Ihr Leute — ſo ſchließt ſie hochmütig —
ſeid auch gar nicht galant.“ Vou dieſem fernliegenden Thema
geht man über zur allgemeinen Erörteruug neuer Moden. Es
verbinden ſich damit ſofort abfällige Bemerkungen über eine
Jungfer Charlottgen, die in einem ſchönen gras de tournen
Rock „wie ein aufgeblaſener Kalekutſch-Hahn“ einherſtolziert ſei.
Mit der Bemerkung „das Mädgen könnte wohl mit einem wohl-
feileren vorlieb nehmen“ wird der Gegenſtand verlaſſen. Dr. Rund-
hut hat bei Jungfer Zſchetſchen um deren Hand angehalten und
iſt mit ſeiner Bewerbung abgewieſen worden oder, wie es hier
heißt, „durch den Korb gefallen“. Dieſes wichtige Ereignis bildet
den Gegenſtand weiterer freundlicher Erörterungen. Von der
Frau Windmüllerin wird dem Abgewieſenen das Zeugnis aus-
geſtellt, er ſei ein eigenſinniger Teufel, habe krumme Beine und
ſehe mit dem einen Auge nicht recht wohl. Frau Vielgeldtin
will nicht ſagen, was ſie von ihm gehört, erzählt aber ſofort, es
habe ein Näthermädchen noch auf acht Jahre das Ziehgeld zu
fordern. Über ſeine moraliſche Verwerflichkeit herrſcht allgemeine
Übereinſtimmung, man wuudert ſich nunmehr, daß Jungfer
Zſchetſchen die Bewerbungen des Mr. Lautermilch nicht erhört,
„wenn er gleich nur ein Kauffman und kein Doktor iſt“. Das
Anſchneiden dieſes heiklen Themas führt zu einer Auseinander-
ſetzung der Doktorsehefrau Windmüllerin und der Vertreterin der
Geldariſtokratie, der Frau Vielgeldtin. Die Frau Windmüllerin
weiß garnicht genug zu rühmen „was es vor eine ſchöne Sache
um den Raug iſt.“ Frau Doktorin klinge noch einmal ſo ſchöu
„als etwa ſonſt Frau Seidenwurmin“. Dagegen hält Frau Vielgeldtin den „Doktor-Appetit“ der jungen Kaufmannstöchter für
ſehr unberechtigt, das Vermögen werde dadurch dem Geſchäfte entzogen, und davon erleide „der Flor der Kauffmannſchaft“ großen
Abbruch. Auch die Vorzüge des Herrn Lautermilch müſſen ſich
hierauf eine weſentliche Bemängelung und Schmälerung gefallen
laſſen. Frau Vielgeldtin ſucht dauu der Unterhaltung einen
höheren Flug zu geben mit der Frage: „Kinder, haben wir denn
itzund keine neuen Romane?“ Auch hier kann ſie wieder ihre
Bildungsüberlegenheit zeigen. Die franzöſiſchen Romane ſind ihr

bester Trost, an deutschen kann sie keinen Geschmack finden. „Es ist lauter Einfalt und gezwungen Zeug. Die Intriguen sind zu plump und die Reden nicht zärtlich genug abgefasset." Frau Wohlgemuthin, eine eifrige Leserin, weiß einen ganzen Vorrat deutscher beliebter Romane aufzuzählen. Das litterarische Gespräch wird sehr bald wieder verlassen; der Fächer, der von Frau Wohlgemuthin am Tage zuvor getragen worden ist, hat die Aufmerksamkeit der Frau Vielgeldtin erregt, er führt wieder zu einer Abschweifung auf das unerschöpfliche Gebiet der Mode. Es wird auf die abwehrende Bemerkung der Besitzerin, sie wisse recht wohl, ihr Fächer sei nicht mehr modern, festgestellt, daß es wieder Mode sei, große Fächer zu tragen. Es wird daraus der tröstliche Schluß gezogen: „Da sieht mans, wenn man die altväterischen Sachen nur kann aufheben, sie werden alle wieder Mode". Diese Betrachtungen über die Mode, besonders über die neu aufgekommenen unpassenden „Manns-Volks-Trachten" werden eine Zeit lang fortgesetzt, dann lenkt die Frau Wohlgemuthin das Gespräch auf die Komödie. Frau Windmüllerin hat es nicht gefallen, daß die Leute so mit den Beinen stampfen und nicht erwarten können, bis das Theatrum wieder aufgezogen wird. Die bekannte Unsitte einzelner Zuschauer, in die Scene zu treten, „daß man nicht weiß, ob sie einen stummen Statisten oder Harlequin spielen", wird mit Recht getadelt. Sehr lange hält man sich aber bei diesem Thema nicht auf, da Frau Vielgeldtin Auskunft geben soll über ihre Hausleute. Auf ihre Bemerkung hin, im oberen Stocke wohne Mr. Gleichviel, wird sofort die Frage eingehend behandelt, „warum der Mensch nicht heyrathet", und auch sehr bald eine für den Betreffenden nicht gerade schmeichelhafte Lösung gefunden. Die wichtigste Auseinandersetzung ruft die von Frau Wohlgemuthin plötzlich aufgeworfene Frage hervor „ob ihr Niemand ein hübsches Mensche zuweisen könne", sie habe ihre junge Magd entlassen müssen. Auf die verwunderte Bemerkung, es sei ja „so ein hüsches Mensche" gewesen, erfolgt eine Aufzählung mannigfacher Mängel. Sie sei „nicht den Henker werth" gewesen, habe alles aus dem Hause geklatscht und habe ihre Herrin nicht einmal schnüren können. Wenn sie gebraucht worden sei, habe man sie allemal bei den Dienern oder dem Hausknechte suchen müssen. Ihr Hochmut sei unausstehlich gewesen. Die Wirtin weiß auch ein Lied von ihrer

zu erzählen, dreimal habe sie ihr den Dienst aufsagen müssen,
ehe sie es durchgesetzt habe, daß sie keine weißen Strümpfe mehr
anziehe. Frau Vielgeldtin findet, die Dienstbotencalamität sei
auch vielfach durch das Verhalten der Herrschaft groß gezogen
worden, eine Herrschaft verderbe sie der andern, man lasse dem
Gesinde zu viel Freiheit, gehe zu vertraut mit ihm um. Dieser
ernste Unterhaltungsgegenstand wird noch einmal durch eine Moden-
frage abgelöst, dann wendet man sich noch einem aufregenden Fall
der chronique scandaleuse der Stadt zu, schließlich merkt man
aber doch, daß es Zeit wird, wieder aufzubrechen. „Wir kommen
zu tief in den Text, wollen wir nicht einmahl an das Heimgehen
gedenken?" mahnt Frau Wohlgemuthin. Es erfolgen einige Ab-
schiedskomplimente, und der Besuch geht wieder fort. „Heute
hätte ich nun Neues genug gehört — so faßt die Wirtin das Ergebnis der Sitzung zusammen — und ich bin sicher, auf der
Hamburger Börse und in Auerbachs Hofe zu Leipzig wird soviel
nicht zu erfahren sein."

Wie der Duft des Kaffees auf die geselligen Zusammenkünfte
und Unterhaltungen der Frauen belebend und anregend wirkte, so
hat sich auch ein Teil der Männerwelt in behaglicher Häuslichkeit
fernab von dem lauten Treiben des Kaffeehauses gern zu be-
schaulicher Betrachtung und traulichem Wechselgespräch unter seinem
Zeichen versammelt und seinen Zauber willig auf sich wirken lassen.
In den litterarischen Kreisen des 18. Jahrhunderts, besonders in
dem Kreise Klopstocks und seiner Freunde, zählte der Kaffee, wie
aus zahlreichen Huldigungen der Dichter und aus Zeugnissen des
reichen Briefwechsels der Sentimentalitätsperiode hervorgeht, treue
Verehrer und Freunde. Wie erschlossen sich die gefühlsseligen
Herzen, wie regten sich die Geister, wenn zum braunen Tranke
der unvermeidliche Knaster seine Opferdüfte steigen ließ, während
draußen vielleicht die Stürme des Winters tobten!

Jetzt naht sich die schreckliche Zeit,
Komm Freund und heitre sie auf,
 Schon wartet Kaffee
Und ein wohlthätiger Ofen auf dich,
Dem Tobacksgotte brennt schon ein flammendes Licht,
Das rächend schlechte Verse verzehrt.

So tockt verführeriſch die Muſe Zachariäs.

> Hier, wo am lieblich wärmenden Ofen Dir
> Anſchwillt der Lehnſtuhl, würziger Ambraduft
> Die Luft durchbalſamt und des Frühlings
> Vögel und Blumen die Wand erheitern,
> Hier laß Dir Knaſter, Pfeifen und Fidibus
> Zum Tranke reichen, den die Levante zeugt,

ruft Hölty dem Freunde zu. Merkwürdig mutet uns die Einladung an, die Klopſtock einmal an Gleim richtet: „Vergeſſen
Sie nicht zu mir auf einen Kaffee und auf einen Kuß zu kommen".
Sulzer, der ſpätere Verfaſſer der „Allgemeinen Theorie der ſchönen
Künſte", berichtet über eine Schweizerreiſe, die er in Gemeinſchaft
mit Klopſtock unternahm, und weiß als beſonderes wichtiges Ereignis zu vermelden: „Ich ſitze jetzt Klopſtock gerade gegenüber,
der ſeinen Kaffee, worin man das Gelbe vom Ei gerührt, mit
ſoviel Empfindung trinket als Anacreon oder Hagedorn den Wein."
Als der Dichter des Meſſias von einem Fieberanfall, der ihn im
Jahre 1754 heimſuchte, ſich einigermaßen wieder erholt hatte, iſt
es ſein Erſtes, ſeinen geliebten Gleim zu ſich zu bitten: „Nun
ſchreib ich Ihnen und bitte Sie mir die Freude zu machen und
dieſen Nachmittag einen Kaffee mit uns zu trinken. Bringen Sie
einige neue ſcherzhafte Bücher mit, die ich etwa noch nicht geleſen
habe. Ich rechne das aus der anmuthigen Gelehrſamkeit u. ſ. w.
dahin". Das ſind Proben aus jenen Briefwechſeln, „über deren
Gehaltsmangel — nach Goethes Urteil — die neuere Welt ſich
verwundert, der man nicht verargen kann, wenn ſie kaum die
Möglichkeit einſieht, wie vorzügliche Menſchen ſich an einer ſolchen
Wechſelnichtigkeit ergötzen konnten".

Die regelmäßigen Zuſammenkünfte des Göttinger Dichter-
kreiſes, des tyrannenfeindlichen Hainbundes, der ja in Klopſtock
ſeinen Schutzpatron verehrte, ſtellen ſich in ihrem äußeren Verlaufe — wenn wir uns an die gewiß zuverläſſige Darſtellung
von Voß halten — als ein litterariſches Kaffeekränzchen dar.
„Alle Sonnabend — ſo meldet er ſeinem Freunde Brückner —
kommen wir bei Einem zuſammen. Klopſtocks Oden und Ramlers
lyriſche Gedichte und ein in ſchwarzvergoldetes Leder gebundenes
Buch mit weißem Papier in Briefformat liegen auf dem Tiſch.

28*

Sobald wir alle da sind, liest einer eine Ode aus Klopstock oder
Ramler her, und man urtheilt alsdann über die Schönheiten und
Wendungen derselben und über die Deklamation des Vorlesers.
Dann wird Kaffee getrunken und dabei, was man die Woche
etwa gemacht, hergelesen und darüber gesprochen."

Alle diese Vereinigungen, die der neue Trank, wenn auch
nicht unmittelbar ins Leben rief, aber doch durch die in ihm
ruhenden Kräfte, indem er die roheren und plumpen Genüsse der
früheren Zeit ablöste, wesentlich umgestaltete, vervollkommnete und
veredelte, legen für das weite Herrschaftsgebiet des Kaffees voll-
gültiges Zeugnis ab, tragen aber doch den Stempel der Einseitigkeit. In ihnen zeigt sich seine gesellige Wirkung nur innerhalb
der beiden großen, aber doch gegenseitig von einander unberührten
und abgeschlossenen Kreise begeisterter Verehrerinnen und ergebener
Diener. Seine Hauptreize entfaltete er erst, als er gleich wie die
anderen in Aufnahme gekommenen Zierate und Modegenüsse der
Zeit, unter ihnen besonders das Spiel, auf die Blüte alles Ge-
sellschaftslebens, auf die anmutigen Wechselbeziehungen beider Geschlechter seinen Einfluß geltend zu machen begann.

Der Kaffeetisch[1]) als der Mittelpunkt eines bunten Kreises
artiger und galanter Frauen und Männer gehört zu den Merkmalen der Rokokozeit wie der vielgefeierte L'Hombre-Tisch. Die
Galanterie des Zeitalters, die freilich mit ihrem Flitter und
Schimmer oft innere Hohlheit und Empfindungsleere vergeblich zu
verhüllen suchte, fand hier in dem Rauschen eines heiteren geselligen Kreises, aus dem Pedanterie und düsterer Ernst verbannt
waren, reichen Spielraum zur Entfaltung ihrer Schwingen. Freilich
konnte diese Form der Geselligkeit nur in den Schichten der oberen
Zehntausend ihre vollendete Ausbildung erfahren im Gegensatz zu
dem kleinbürgerlichen, familiären, auch an einfache Verhältnisse si
leicht anpassenden Charakter der anderen unter dem Schirme des
Kaffees entwickelten geselligen Schöpfungen.

Mit Lust und schalkhaftem Behagen schildert Uz in seine
1753 erschienenen Gedichte „Der Sieg des Liebesgottes" das Treiber
einer solchen vornehmen Kaffeegesellschaft:

---

[1]) „Caffé-Tisch ist ein kleiner ovaler laccirter Tisch auf einem niedriger
Gestelle stehend, an welchem man das Oberblatt ein- und ausschlagen kann."
Amaranthes, Frauenzimmerlexikon.

Indeß prangt Lesbia in ihren kühlen Zimmern,
Die nach dem Garten ſehn und reichgekleidet ſchimmern:
Und hier verſammeln ſich, da Spiel und Kaffee winkt,
Die artigſten der Stadt und, wer ſich artig dünkt.
Von allen Lippen rauſcht ein fließend Wortgepränge:
Die Neugier ſchleicht herum im lärmenden Gedränge
Und ſtarrt mit gleicher Luſt bald glänzend Porzellan,
Bald einen jungen Herrn und bald ein Möpschen an.
Die Wirthin geht und kömmt; und all ihr Thun belebet
Der freyen Sitten Reiz, die unſre Zeit erhebet.

Düſtere Farben wählt in ſittlicher Entrüſtung über den leeren
Schein und die konventionellen Lügen dieſer prunkenden Feſte
Zachariä in ſeiner Dichtung „Der Mittag“:

Wenn der Mittag nun bald die höhern Bezirke verlaſſen
Und dem kühleren Abend ſich naht, dann dampft die Levante
Ueber dem Kaffeetiſch auf; die Göttin der leeren Gebräuche
Herrſchet nunmehr. Das ſchimmernde Kleid, der rauſchende Reifrock
Füllt nun Sänften oder Karoſſen. Mit tiefer Verſtellung
Eilt man zu dem Beſuch, mit ſtetem gezwungenen Lächeln
Und verzognem Geſicht wird jede Silbe begleitet.
Alles iſt eifrig bemüht, den Stunden Flügel zu geben,
Thörichte Fragen und leeres Gewäſch erſchallen im Zimmer
Unter dem zierlichen Rauſchen der Fächer. Sanftfreundliche
Stimmen,
Die voll Schmähſucht und Neid die reinſten Tugenden ſchwärzen,
Lautes Gelächter und trockener Scherz voll Unſinn und Wortſpiel,
Alles wird unter einander vermiſcht. Ein Chaos im Aufruhr,
Wo ſich der Weiſe verliert und nur der Dummkopf zu Haus iſt.

In einem anderen Gedichte „Die Frau“ heißt es zum Preiſe der
vollkommenen Frau:

Goldbedeckte Verführer der Unſchuld und witzige Narren,
Plauderer ohne Gehirn erfüllen nie ihren Kaffeetiſch.

Natürlich ging die galante Welt über dieſe Entrüſtungsausbrüche
des Dichters, die ihre Kreiſe nicht ſtören konnten, ruhig zur einfachen Tagesordnung über und drehte ſich wohlgefällig in dieſem
geſelligen Wirbel weiter.

Die Begeisterung für den Kaffee äußert sich nicht bloß in
der bewundernden Dankbarkeit seiner Anhänger für die wirklich
empfundenen Annehmlichkeiten, mit denen er das Dasein bereicherte
und verschönerte, man begnügte sich nicht, ihn in immer neuen
Wendungen als die „Panacee" alles körperlichen und seelischen
Leides zu feiern, die Verehrung steigert sich bei manchen seiner
Diener und besonders seiner Dienerinnen zum Glauben an mancherlei
geheime Kraft und Wirkung des Kaffees. „Das Café schreibt
Elisabeth Charlotte, ist nicht so nöthig vor pfarer als katholische
prister, denn es solle keusch machen". Erleuchtung solle sein Trunk
dem Politiker bringen, verkündet Popes komisches Epos: „Der
Lockenraub".[1] Die Dichter erfreuen sich seiner die träge Phantasie anspornenden Wirkung. In den zahlreichen Anleitungen zur
Dichtkunst, die in dem Jahrhundert der ödesten Gelegenheitsreimerei
auf bequemen Wegen zur steilen Höhe des Parnasses führen sollten,
wird er unter den Vorspannmitteln der dichterischen Imagination
fast regelmäßig empfohlen.[2] Auch den Schleier der Zukunft —
so meinte eine Schar von Gläubigen, — vermöge er zu lüften. Zu
den mancherlei Drakeln, die bereits im Schwange waren, dem
Kartenschlagen, Bleigießen, Salzhäufchensetzen brachte die Kaffeeverehrung eine neue Form. Aus dem in der Kaffeetasse in ver-

---

[1]) Coffee (which makes the politician wise,
　　And see through all things with his half-shut eyes.)
　　Sent up in vapours to the baron's brain
　　New stratagems, the radiant lock to gain.
　　　　The Rape of the Lock. Canto III. Tauchnitz Edition S. 87.

[2]) „Was endlich die natürlichen Ursachen betrifft, wodurch das Ingenium
eines Poeten aufgemuntert und der Poeten-Kasten in ein richtiges Geschicke
gebracht wird, werden von vielen zwar viele angegeben, wir wollen aber derselben nur einige anführen, worunter zu zählen . . . andere Liquores als
Brandtewein, Bier, Thee und Caffé . . ." Joh. Georg Neukirch, Anfangs-
gründe zur reinen deutschen Poesie. Halle 1724. S. 13.

„Zwar auch der vollkommenste Poet wird empfinden, daß der Genius
Poeticus offtmahls gleichsam eigensinnig und nicht gleich parat ist, wenn er
uns im Versmachen aufwarten soll. Inzwischen giebt es doch Mittel, womit
man ihn caressiren und zu unseren Diensten aufmuntern kann . . . So muß
auch der Toback eine Poetische Bachmette abgeben, zumahl, wenn er mit gutem
Biere, Thée, Coffée 2c. gesattelt wird". Neumeister, die allerneuste Art zur
reinen und galanten Poesie zu gelangen u. s. w. ans Licht gestellt von Menantes
(Christian Friedrich Hunold). Hamburg 1707.

ſchiedenſter Geſtalt ſich niederſchlagenden Kaffeeſaße verkündet die
Pythia dieſes Orakels, die „Taſſenfrau“, ihren Gläubigen die Zukunft. „Eine Taſſenfrau, heißt es in dem Berichte eines un-
freundlichen Beobachters, iſt eine bejahrte Menſchengeſtalt, welche
ehrlicher Weiſe ihr Brod nicht mehr zu verdienen weiß oder
keine Luſt mehr hat, ſich ehrlich zu ernähren. Manche Taſſenfrau
hat keinen ganzen Rock auf dem Leibe; und ſämtliche Taſſen-
weiberzunft iſt ein Inbegriff von alten Weibern, welche man als
einen Druckfehler des ganzen menſchlichen Geſchlechts betrachten
muß. Fragt man ſie, alsdann muß Kaffee gekocht werden, um
dies wichtige Rätſel aufzulöſen, und es verſteht ſich von ſelbſt,
daß man ſo höflich ſein und der Wahrſagerin ein paar Schälchen
zu trinken geben wird, damit der Geiſt der Wahrſagung in ihr
erweckt werde. Sobald ſie nun hierdurch ſich in die gehörige Verfaſſung geſeßet hat, ſchüttet ſie das Oberſchälchen ungefähr halb
voll dicken Kaffee und ſchwingt daßelbe mit einer dummen Miene,
die mit ſpißbübiſchen Geſichtszügen untermenget iſt, drei Mal,
nicht mehr und nicht weniger, in die Runde herum, damit der
Kaffeeſaß ſich inwendig überall anſeße. Diejenigen, welche am
ſicherſten gehen wollen, hauchen nach dieſer Schwingung drei Mal
in die Taſſe hinein, weil zu vermuten iſt, daß der weisſagende
Atem einer ſolchen begeiſterten Frau die Teilchen des Kaffees in
der Taſſe in bedeutende Figuren zuſammenordnen werde. Wenn
dies geſchehen iſt, ſeßt ſie die Taſſe verkehrt auf einen Tiſch,
damit der Kaffee ablaufe. Sie rückt alsdann die Taſſe noch zweimal fort, damit zu drei verſchiedenen Malen der nichts bedeutende
Kaffee herauslaufe und die wahrſagenden Teile des Kaffees ganz
allein in der Taſſe hängen bleiben. Jeßt iſt der kritiſche Zeitpunkt, wo die verlangte Frage entſchieden werden ſoll“. Der
Verfaſſer entrüſtet ſich, daß dieſe „Alfanzerei“ nicht nur unter
dem gemeinen Volke im Schwange iſt, ſondern daß ſelbſt „vornehme Leute, welche Poſchen tragen und die Höhe ihres Kopfpußes
nach Pariſer Schuhen meſſen — und dies ſind ja vornehme
Leute? — ſich aus der Kaffeetaſſe wahrſagen laſſen und ihren
Stand damit beſchimpfen“. Da im Frauenzimmerlexikon des
Amaranthes die Schilderung des Kaffeeorakels fehlt, ſo darf man
wohl ex silentio ſchließen, daß es erſt ſpäter d. h. nach 1715
ausgeklügelt worden iſt. So ſcharf wie der angeführte Bericht-

erstatter urteilten nicht alle, der tändelnden Dichtkunst der Zeit
war dies Oratel ein willkommener Vorwurf. Zachariä hat es im
„Renommist" als Requisit verwertet:

> In Leipzig war damals die nun verlorne Kunst,
> Aus dickem Kaffeesatz durch schwarzer Geister Gunst
> Die Zukunft auszuspähen und die geheimsten Thaten,
> Geschehn und künftig noch, prophetisch zu erraten.

Pandur, der Schutzgeist des Jenenser Renommisten Raufbold,
macht sich auf

> und eilet nach der Grotte
> Zu Delphos neurer Welt, zum pythschen Kaffeegotte.

Der Sitz des Gottes ist der „Kaffeebaum", dessen bei Besprechung
des Kaffeehauses gedacht worden ist. Vor ihm erscheint Pandur
und redet ihn an:

> Du, der Du mit Kaffee die Leipziger belebest
> Und zur vornehmen Frau ein Gärtnerweib erhebest,
> Der Du mit Deinem Trank Holzhacker so beglückst,
> Als Du im Staatsgemach den großen Herrn entzückst;
> Ich nahe mich zu Dir, vom fernen Ruf belehret,
> Daß Dir des Schicksals Macht die seltene Gunst verehret,
> Die Zukunft zu durchschauen und im Kaffee zu sehn,
> Was Astrologen kaum durch das Gestirn verstehn.
> O sage mein Prophet wird Raufbold unterliegen?
> Wird endlich über ihn der Pleiße Mode siegen?

Unter dem Titel „Das neue Orakel" hat Uz in seinen Gedichten (1768) das Wahrsagen aus dem Kaffeesatze launig behandelt.
Daß ihm der Gegenstand besonders gefallen hat, geht daraus hervor,
daß er hier die ursprüngliche Fassung des Gedichtes, wie er sie
1748 in der Sammlung: „Neue Beiträge zum Vergnügen des
Verstandes und Witzes" gegeben hatte, vollständig umgearbeitet
uns bietet. Das Gedicht lautet:

> Propheten unsrer Zeit, Zigeuner, alte Weiber!
> Weh euch! ihr sollt nicht prophezeyn!
> Der Koffesatz wird nun der Neugier Zeitvertreiber
> Und ihr Orakel seyn.

Die ſchlaue Phantaſie ſieht in geheimen Zeichen
Des weiſen Schlammes Antwort ſtehn,
Wie, die um Mitternacht durch öde Wälder ſtreichen,
Geſpenſt und Schätze ſehn.

Auch mir verkündigt ſie, und Liebe hilft mir glauben,
Daß ich mein Mädchen küſſen ſoll.
Gewiß: hier ſchnäbeln ſich zwo allerliebſte Tauben;
Das iſt geheimnisvoll!

Zwar ſeh ich ſelber nichts; doch glaub ich meinem Glücke:
Die Tauben ſind unſichtbar da!
Auch Bileam ſah nicht, was mit erſtauntem Blicke
Sein Thier erleuchtet ſah.

Sei gläubig loſes Kind! und komm und laß Dich küſſen,
Umſonſt iſt alle Sprödigkeit.
Dein Stolz wird endlich doch dem Schickſal weichen müſſen:
Es iſt mir prophezeyt!

Wenn Zachariä von einer „nun verlorenen“ Kunſt ſpricht,
ſo hat er ſich einer Täuſchung hingegeben. Mag dieſe Art magiſcher
Kunſt auch nie weite Kreiſe gezogen haben, ſo erhielt ſie ſich doch
in den Händen immer neuer Prieſterinnen weiter. In Schillers
„Turandot“ wird darauf angeſpielt.

Es giebt hier kluge Frauen, Königin,
Die aus dem Thee- und Kaffeeſatz wahrſagen,

meldet Zelima ihrer Herrin. Nach den von Abé Lallemant (bei
Böhnke-Reiche a. O. S. 204) mitgeteilten ausführlichen Angaben
hat ſich dieſe Prophetie bis in unſere aufgeklärte Zeit erhalten.

(Schluß folgt.)

Besprechungen.

Monographien zur deutschen Kulturgeschichte. Herausgegeben von G. Steinhausen. Ausgabe A. auf altertümlichem Papier, Ausgabe B. auf weißem Papier. Bd. V. Hans Boesch, Das Kinderleben in der deutschen Vergangenheit. Mit 149 Faksimiles alter Holzschnitte und Kupferstiche. Mit Titelblatt von B. Pankok. Bd. VI. Adolf Bartels, Der Bauer in der deutschen Vergangenheit. Mit 168 Faksimiles alter Holzschnitte und Kupferstiche. Mit Titelblatt von Hans Thoma. Leipzig, Eug. Diederichs, 1900. (132, 143 S.)

Die beiden neuen Bände der hier schon öfter erwähnten „Monographien" führen uns in das deutsche Volksleben hinein.

Für die Darstellung des „Kinderlebens in der deutschen Vergangenheit" ist dem Unternehmen in H. Bösch, dem verdienten 2. Leiter des „Germanischen Museums" in Nürnberg, ein ausgezeichneter Mitarbeiter gewonnen worden, der nicht bloß eine ausgebreitete Sachkenntnis und Beherrschung der Quellen, sondern vor allem ein Herz für die Sache mitbringt und dem Lehrvortrag nicht selten einen leis humoristischen Anstrich zu geben weiß. B. verfolgt den Lebenslauf des Kindes von der Wiege bis zur frühen Bahre. Nach zusammenfassender Schilderung der oft genug auch volkskundlich höchst wertvollen Sitten und Bräuche, Meinungen und Aberglauben, die mit der Geburt, der Taufe und den ersten Lebensjahren zusammenhängen, greift er freier aus, läßt uns einen Blick ins elterliche Haus, in die Kinderstube und auf den Spielplatz thun; mit den Kindern feiern wir die einzelnen Feste des christlichen Jahres, wandern mit ihnen zur Schule und begleiten sie auf ihren ersten Schritten in ein Berufsleben. Auch der Fürsorge für uneheliche, arme und verwaiste Kinder wird gedacht. Die Anordnung ist also eine sachliche, eine kulturbeschreibende. Im ganzen sind uns die historisch angelegten Bände der Sammlung sympathischer, doch wäre das Verfahren bei diesem Stoffe besonders schwierig gewesen. Übrigens sind nach Möglichkeit allenthalben Belege aus verschiedenen Kulturperioden beigebracht; Ratsverordnungen und Zeitungen, Tagebücher und Predigten sind in reichem Maße herangezogen, auch der Volksmund kommt zu seinem Recht. An einigen Stellen werden wichtige Punkte unserer älteren Kultur mit sehr dankenswerter Ausführlichkeit behandelt; so die germanischen

Rechtsanschauungen über die Aussetzung der Kinder, die Bevorzugung des Knaben gegenüber dem Mädchen, die städtische Fürsorge für die Ausbildung der Helferinnen u. a. Daß bei B. die altdeutschen Spielwaren liebevoller Beschreibung gewürdigt sind, versteht sich wohl von selbst. Das Ganze ist eine wohlabgerundete, lichtvolle Darstellung, der wir von Herzen weite Verbreitung in deutschen Häusern wünschen. Für die sicherlich bald nötige 2. Auflage seien mir ein paar Wünsche und Vorschläge erlaubt. S. 74 f. wäre bei der Schilderung des Einflusses der politischen Zeitereignisse auf die Kinderwelt wohl auch auf den kulturgeschichtlich merkwürdigen „Kinderkreuzzug" um 1212 Rücksicht zu nehmen. Bei der Behandlung der Umzüge der Kinder wäre auf das heut noch in Norddeutschland übliche Laternensingen (s. z. B. Schumann, Volks- und Kinderreime aus Lübeck, L. 1899, S. 169 f.) und auf Ortssitten, wie den „Tauchaer Jahrmarkt" in Leipzig, hinzuweisen. Die Abschnitte über das Weihnachtsfest dürften noch erweitert werden, z. B. durch näheres Eingehen auf Lieder und Volksspiele. Das Aufstellen einer Schüssel mit Futter für den Esel des Christkinds am Nicolausabend (u. a. Zeitschr. d. Vereins f. Volksk. VI. 395 f.) hätte nicht übergangen werden sollen. Wenn bei der Grundsteinlegung zur Fleischbrücke in Nürnberg jedes Kind einen Dreier und einen Haarzupfer erhielt, damit es dieses Tages nicht vergesse, so ist daran zu erinnern, daß auch beim Setzen von Grenzsteinen der anwesenden lieben Jugend die Bedeutung der feierlichen Handlung durch Prügel klar gemacht wurde. (Grimm, Rechtsaltertümer, 3. Aufl., S. 144, 545.) Endlich wären gelegentlich der merkwürdigen Todesanzeige S. 129a die rührenden und unbewußt komischen Grabschriften für Kinder zu berücksichtigen, wofür die hübsche Sammlung von Dreselly (Grabschriften u. s. w. 2. Aufl. Salzburg, Pustet, 1901) eine Fülle von Beispielen bietet.

Einen viel gewaltigeren Stoff als Bösch, hat der als Dichter und Litterarhistoriker vielgenannte A. Bartels mit sicherer Hand angepackt und mit weiser Beschränkung auf das Notwendige eine historisch vorgehende Schilderung des deutschen Bauernstandes gegeben; B. war dazu besser befähigt, als mancher andere, denn er beherrscht nicht bloß die einschlägigen Werke von J. Grimm, Riehl, v. Bezold und Lamprecht, er ist selber mit dem dithmarischen Volkstum seiner Heimat auf das engste verwachsen, und eine wohlthuende Wärme durchströmt seine klar geordnete Darstellung. Wir sehen den Bauernstand, besonders in der fränkischen Zeit, sich kräftig entwickeln und die schwere Schädigung des Frohnhofsystems überwinden. Auf dieser geschichtlichen Grundlage wird eine breite Schilderung des Bauernlebens im Mittelalter entworfen, z. T. auf Grund des hier in Erinnerung zu bringenden trefflichen Buches von Hagelstange, Süddeutsches Bauernleben im Mittelalter, Leipzig 1898. B. beurteilt den Bauern im allgemeinen milder als seine Vorgänger, er sieht neben aller Rohheit und Unfläterei die Züge lebensfreudiger Urkraft, die freilich in den folgenden Jahrhunderten durch das fürstliche, ritterliche und städtische Aussaugesystem, durch die Umwandlung der Natural- in die Geldwirtschaft und durch die Einführung des römischen Rechtes unterdrückt wird, bis sie sich noch einmal in den furchtbaren Bauernbewegungen

im Anfange des 16. Jahrhunderts, freilich vergeblich, Luft zu machen sucht.
Immmerhin kann der letzte Funken von Selbstvertrauen und Schaffenskraft auch
in den trübsten Zeiten, nach dem 30jährigen Kriege, nicht ganz im deutschen
Bauernstande erloschen sein, wie die Besserung seiner Lage besonders unter
den ersten preußischen Königen und vor allem seit der Aufhebung der Leibeigenschaft im 19. Jahrhundert beweist. B.'s künstlerisch angelegte Natur
zeigt sich auch darin, daß er allenthalben liebevoll auf die Widerspiegelung
des Bauernlebens in der bildenden Kunst und in der Poesie eingegangen ist.
Die Bauernlitteratur des 16. Jahrhunderts kommt so gut zu ihrem Rechte wie
Chodowieckis entzückende Kupfer, von denen uns der Verleger manche wohlgelungene Reproduktion vorlegt. Manches, wie z. B. Voßens Idyllen, die
in grellen Farben die Zustände der Leibeigenen schildern, vor allem aber das
eigentlich Volkstümliche in Sitte, Brauch und Glauben hätte stärker herangezogen werden können, als es der Fall ist. Den unabhängigen Sinn des
heutigen Bauern beweist manches volkstümliche und Volkslied; es ist mir
möglich, hier ein interessantes Stück aus dem pommerschen Volksmunde mitzuteilen, das ein Zwiegespräch zwischen einem verliebten Edelmann und einem
Bauernmädchen darstellt. Für weitere Nachweise ähnlicher Texte wäre ich
dankbar.

E. Sag, o Schönste, kannst Du lieben
　　Oder willst Du grausam sein?
　　Willst Du mich denn so betrüben,
　　Hast Du Lust an meiner Pein?

B. Herr, ick kann jug nich verstahn,
　　Juge Sprak is mi to hoch.
　　Will ji nach de Mäkes gahn,
　　Gaht doch hen nach juge Sort.

E. Holder Engel, Deine Blicke
　　Sind 'ne Marter, meine Pein,
　　Geh und hole sie zurücke,
　　Ist Dein Herz denn Stahl und Stein?

B. O, wenn dat min Hans erföhr,
　　De nähm glik de Harkesteel,
　　De würd jug de Puckel schmere,
　　Dat he schierst würd grön und gel.

E. Du hast mir mein Herz gestohlen,
　　Räume mir das Deine ein,
　　Und ich sag' dir's unverholen,
　　Ich will ganz der Deine sein.

B. Wat seggt he da von gestahlen,
　　Wat ick häw, is alles min.
　　Töw, jug sall der Kukuk halen,
　　Wenn ji glik de Junker sin.

E. Ist Dir denn ein Bauer lieber,
　Als ein reicher Edelmann?
　Geht die Ros' in Dornen über,
　Siehst Du Blei für Silber an?

B. Freilich is min Hans mi lewer,
　He is Arbeit schonst gewöhnt.
　Zi sind mi de rechte Freier!
　Gaht und makt en End dorvon.

E. Willst Du mich denn so verachten,
　Willst Du mich denn sterben sehn,
　Lässest mich beim Wasser schmachten,
　Läßt mich trostlos von Dir gehn?

B. Wat seggt he da von verachten,
　Ick lat em biem Water schmachten?
　Kiek, da steht dat ganze Achtel,
　Gaht un drinkt jug satt daran.

E. Weh, o weh, o weh, mir Armen! —
B. „Zi sin riker noch as ick." —
E. Hast Du denn gar kein Erbarmen? —
B. „Dato häw ick keene Tid." —

E. Nun, adieu, nun muß ich scheiden.
B. „Goden Dank, ick wünsch jug Glück."
E. Wann werd'n wir uns wiedersehen?
B. „Töwt man, bet ick nach jug schick."

(Gütige Mitteilung von Frl. L. Dräger.)

Würzburg. 　　　　　　　　　　　　Robert Petsch.

．

Rudolf Quanter, Die Schand- und Ehrenstrafen in der deutschen Rechtspflege. Eine kriminalistische Studie. Dresden-A., H. R. Dohrn, 1901. (IX. 211 S.)

Wenn man doch jedem Buche gleich von außen ansehen könnte, mit welchen Ansprüchen es auftritt, wie mancher Schriftsteller würde dann einer ungerechten Beurteilung entgehen. Auch bei dem vorliegenden Buche fürchte ich fast ein ungerechter Richter zu sein, denn nach dem Titel hatte ich gehofft, streng wissenschaftlich über die Geschichte deutscher Strafaltertümer und über einige der interessantesten Seiten deutscher Rechtspflege unterrichtet zu werden, leider muß ich allen, die dieses gleich mit voraussetzen, sagen, daß sie sich irren. So kann denn wohl diese Anzeige keinen andern Zweck haben, als den Eindruck zu korrigieren, den der Titel auf den Forscher macht. Das Buch will in der That nichts anderes, als im vergnüglichen Plaudertone, der mir freilich an verschiedenen Stellen etwas reichlich nachlässig erscheint, die antiquarische Neugierde des Publikums befriedigen, die sich ja gerade dem Gebiete der Strafaltertümer von je her mit besonderer Vorliebe zugewandt hat. Freilich dürfte es sich wissenschaftlich wohl kaum verteidigen lassen, daß fast als einzige Quelle ein Rechtsschriftsteller des abschließenden 17. Jahrh. benützt ist, nämlich Jacob Döpler mit seinem Werke: „Theatrum poenarum, suppliciorum et executionum criminalium etc.", Sondershausen 1693, indessen das Publikum wird das nicht bemerken, es wird auch keinen Anstoß daran nehmen, daß die beigegebenen 10 Illustrations-Tafeln künstlerisch wenig zu loben sind, und ich zweifle nicht, daß das Buch in den Kreisen, für die es berechnet ist, zahlreiche Abnehmer finden wird.

Nürnberg. Otto Lauffer.

* * *

C. H. Stratz, Die Frauenkleidung. Stuttgart, 1900, F. Enke. (X, 186 S.)

Der Verfasser, ein Arzt, weiteren Kreisen übrigens durch sein Werk über die Schönheit des weiblichen Körpers bekannt, hat die Anregung zu seiner Arbeit in einer praktischen Frage, nämlich der Frage der weiblichen Reformkleidung gefunden. Die Art seiner Beantwortung aber läßt sein Buch nicht nur den Ärzten oder Reformfreunden, sondern in hohem Grade auch dem Kulturhistoriker interessant erscheinen. Denn er sucht die Beantwortung durch die Erkenntnis des Wesens der Frauenkleidung zu erreichen, zu der er auf entwicklungsgeschichtlichem Wege gelangt. Auf die betreffenden Abschnitte — es sind die drei ersten — möchte ich daher auch die Leser dieser Zeitschrift aufmerksam machen. Sie handeln von der Entwickelungsgeschichte der Frauenkleidung, von der Nationaltracht und von der Mode. Aus dem ersten Abschnitt, in dem Str. auf anthropologisch-ethnologischem Wege vorgeht, aber die Ergänzung und Bestätigung seiner Ergebnisse aus den kulturgeschichtlichen Überlieferungen holt, möchte ich das Ergebniß hervorheben, daß der ursprüngliche Zweck der Bekleidung der Frau niemals der der Verhüllung ist. Der Verfasser macht den natürlichen Unterschied zwischen tropischer und arktischer Kleidung: in jener dient die Kleidung ursprünglich allein der Verzierung, dem Schmuck des Körpers — den allmählichen Übergang von eigentlichen Schmuckgegenständen zum Rock, der die Hauptsache der tropischen Kleidung ist, weist Str. hübsch nach —; in dieser ist der Zweck die Beschützung, sie besteht in der Hauptsache aus einer Hose und Ärmeljacke. Durch die Zusammenschmelzung beider Systeme entstehen die Nationaltrachten, über die uns das Buch eine kurze Übersicht giebt, worauf ich hier, wie auch auf den Abschnitt, der den Einfluß der Mode als besonderen Elements auf die Gestaltung der Frauenkleidung und das Zustandekommen der heutigen modischen Frauenkleidung durch eine Vorführung der Trachten der letzten fünf Jahrhunderte erörtert, nicht näher eingehe. Jedenfalls ist das Buch reich an Beobachtungen, die eine nähere Erörterung verdienen.

Jena. Georg Steinhausen.

Auf Deutschlands hohen Schulen. Eine illustrierte kultur-
geschichtliche Darstellung deutschen Hochschul- und Studentenwesens.
Bearbeitet und herausgegeben von K. Fick unter Mitwirkung von
Hans Freiherrn von Gumppenberg u. a. Berlin, Leipzig, 1900.
H. L. Thilo. (487 S.)

Die vorliegende Darstellung wendet sich nicht an Kulturhistoriker von
Fach, auch weniger an den wissenschaftlich gebildeten Leser als vor allem an
den Studenten selbst oder auch an die, die immer Studenten bleiben. Den
Studenten will es einführen in die Hochschulverhältnisse der Gegenwart, indem es sie ihm geschichtlich erwachsen läßt. Jede Tendenz ist von der Darstellung im allgemeinen fern gehalten, obgleich der Herausgeber wohl dem
Verein deutscher Studenten besondere Wertschätzung angedeihen läßt, und die
Schilderung der gegenwärtigen Verhältnisse, die überall die geschichtliche Darstellung abschließt, ist objektiv, freilich auch optimistisch. Dieser naive Optimismus, der nicht nur in dem deutschen Studenten, sondern auch in dem deutschen
Professor unserer Tage Idealgestalten sieht, durchzieht das ganze Buch und
macht — das ist nicht zu leugnen — es gerade für die junge wenig kritische Generation
zur Lektüre sehr geeignet. Das Werk, an dem mehrere Mitarbeiter beteiligt sind,
das auch die studentischen Korporationen selbst vielfach gefördert haben, behandelt in zwei Abschnitten einmal Hochschulwesen und Studententum im
allgemeinen — die historischen Kapitel, die vom Freiherrn v. Gumppenberg
herrühren, sind nicht übel gelungen —, sodann die einzelnen Hochschulen, auch
diese immer zunächst erst geschichtlich. Zahlreiche Illustrationen, namentlich
auch Stammbuchbilder und Verbindungsbilder, tragen zur Belebung der Lektüre
wesentlich bei. In studentischen Kreisen wird das Werk gewiß viele Leser
finden.

Jena.   Georg Steinhausen.

* *

Eugen Wolff, Gottscheds Stellung im deutschen Bildungsleben.
Bd. II. Kiel und Leipzig, Lipsius & Tischer, 1897. (VIII. 248 S.)

Die Anzeige dieses zweiten Bandes — über den ersten wurde Bd. VI,
S. 364 f. berichtet — hat sich einigermaßen verzögert, weil er uns erst lange
nach dem Erscheinen zuging. Es trifft sich aber gut, daß wir gerade jetzt,
wo Eugen Reichel eine forcierte Rettung Gottscheds vornehmen und ihn zum
Heros und Erzieher der Nation machen will, auf dieses Werk Wolffs
hinweisen können, der den wahren Verdiensten des gewiß früher verkannten
Mannes bereits lange gerecht geworden ist, ohne in die unglaublichen Übertreibungen Reichels zu verfallen. Es freut mich, bei diesem zweiten Bande
meine Anerkennung mit weniger Vorbehalt aussprechen zu können, als es
mir bei dem ersten möglich war. Ein gewisser Mangel der Komposition
läßt sich auch hier nicht verkennen, aber dieser zweite Band hat auch weniger
den Charakter der Vorarbeit als der erste und berührt überdies besonders
wichtige Seiten der Stellung Gottscheds in der deutschen Bildungsgeschichte.

Auf Grund eines sehr großen handschriftlichen Materials, insbesondere von
Briefen werden uns einmal Gottscheds „Bedeutung für die lokalen Bildungs-
zustände", seine Stellung im Bildungsleben deutscher Städte, insbesondere
natürlich Leipzigs, weiter seine Beziehungen zu Frauen (nicht nur die bei
Gottsched oft betonten verliebter Natur) und sein Einfluß auf ihr Bildungsleben
— im Mittelpunkt steht hier ebenfalls naturgemäß seine eigene erste Frau —
in übersichtlicher Weise dargelegt. Der Zusammenhang mit den großen
Bildungsströmungen der ersten Hälfte des 18. Jahrhunderts, die wieder nur
aus den Reformbestrebungen schon des 17. Jahrhunderts zu verstehen sind —
insbesondere ist die historische Charakteristik der „deutschen" und ähnlicher
Gesellschaften wertvoll — tritt überall entgegen: Gottsched hat in ihnen eine
große Rolle gespielt, wie denn Wolff mit Recht seine kulturelle Bedeutung
höher als seine litterarische einschätzt. Im Anhang — als Ergänzung zu
einem ausführlichen und manches neue bringenden Abschnitt des Teils über
Gottscheds Bedeutung für lokale Bildungsgeschichte, zu dem über seine Beziehungen zum geistigen Leben der Schweiz — wird der Briefwechsel Gottscheds
mit den Züricher „Kunstrichtern" Bodmer und Breitinger mitgeteilt.

    Jena.   Georg Steinhausen.

*

**K. Fr. Arnold, Die Vertreibung der Salzburger Protestanten
und ihre Aufnahme bei den Glaubensgenossen.** Ein kulturgeschicht=
liches Zeitbild aus dem achtzehnten Jahrhundert. Leipzig, Eugen
Diederichs, 1900. (242 S.)

    Nicht häufig wird ein ernstes, auf streng wissenschaftlicher Quellenforschung
beruhendes, sachlich und ruhig geschriebenes Buch, das ernstlich bemüht ist,
mit manchen religiösen und politischen Vorurteilen aufzuräumen, auf ein so
lebhaftes „aktuelles" Interesse rechnen dürfen, wie Arnolds treffliche Arbeit
in diesen Tagen der „Los-von Rom-Bewegung". Ein bedeutsames Ereignis
wird in seinem eigentlichen Verlaufe mit Wärme, aber ohne Parteilichkeit,
ausführlich, doch nicht ermüdend dargestellt; aber es werden auch die Wurzeln
der Salzburger Emigration bloßgelegt und der kulturhistorische Wert der
neuen Kolonien, besonders der ostpreußischen, gewürdigt. So kann das Werk
überhaupt als eine Musterleistung für den modernen Betrieb der historischen
Disziplinen warm empfohlen werden.

    Vor allem die Leser unserer Zeitschrift werden dieses reichlich mit ur-
kundlichen Belegen und mit Briefen ausgestattete, durch die Wiedergabe zahlreicher zeitgenössischer Illustrationen belebte „kulturgeschichtliche Zeitbild aus
dem 18. Jahrhundert" zu würdigen wissen. Wir verfolgen das allmähliche
Auftauchen reformatorischer Gedanken, nicht ohne landschaftliche Färbung, im
Salzburger Erzstift, sehen sie anfänglich milde geduldet, dann, seit Ankunft
der Jesuiten, scharf verfolgt, wobei Katholizismus und Romanismus Hand
in Hand gehen. Überhaupt erklärt sich der eigentümliche Charakter der Aus-

wanderung nur aus der Sondernatur des Staates, dessen Lenker ja der vornehmste deutsche Kirchenfürst war, der als Primas Germaniae zu Regensburg auf der geistlichen Bank obenan saß; so setzt denn A. mit einer sehr eingehenden und für den Geschichts- und Religionsunterricht sicherlich ungemein fruchtbaren Schilderung dieses geistlichen Fürstentums ein. Wir lernen die verschiedenen Stufen der Austreibung unterscheiden; mit den Besitzlosen wird kürzerer Prozeß gemacht als mit den Grundeigentümern, doch sucht man auch ihnen gegenüber unter mannigfachen Vorwänden die durch den Westfälischen Frieden festgesetzte Bedenkfrist zu umgehen; andererseits sollen auch wieder die um des Glaubens willen Aufbrechenden durch Vorspiegelungen unsäglicher Leiden, die ihrer in der Fremde warteten, zurückgehalten und zur „Bekehrung" verlockt werden. Wir begleiten die ersten Emigrantenzüge auf ihren anfangs planlosen Wanderungen, die ihnen bald unerwartete Hindernisse, bald freundliche Duldung, bald liebevolle Aufnahme und Pflege bringen, bei denen aber ihr tiefgewurzeltes, durch Erbauungsbücher und Exulantenlieder gestärktes Gottvertrauen köstliche Früchte zeitigt und auf die Vertreter der preußischen Regierung den besten Eindruck macht. Wie bei der Schilderung des Auszuges A. gründlich mit dem oft genug nachgeplapperten Irrtum aufräumt, als seien die Salzburger um anderer, denn religiöser Zwecke willen der Heimat untreu geworden, so gilt es hier, die Ehre des Preußenkönigs Friedrich Wilhelm von Verdächtigungen reinzuhalten, die ihm bei dem Erlaß des Einladungspatentes gewinnsüchtige Absichten unterschieben möchten, eine der vielen Schmähungen, die dieser in seiner Art wahrhaft geniale, aber inmitten seiner Zeit für kleine Geister schwer verständliche Fürst oft über sich ergehen lassen muß. Daß er als Verwaltungsbeamter so vorsichtig wie als Christ voller Demut und Gottvertrauen war, ergiebt sich daraus, wie er anfangs ruhig zuwartend die Dinge ihren Lauf nehmen läßt, dann aber eine so thatkräftige und nachhaltige, werkthätige Liebe übt, wie sie nur seiner Energie damals möglich war. Freilich, verlumptes Gesindel hätte er wohl niemals in sein Land aufgenommen; die musterhafte Ordnung und die überströmende Dankbarkeit der einziehenden, überall mit einem unvergleichlichen Enthusiasmus begrüßten Salzburger bot ihm gute Gewähr für die Zukunft. Daß der Segen für seine großherzige That alle Erwartungen übertreffen würde, konnte er nicht voraussehen. Er sah darin reine Gnade und wir gönnen ihm den Lohn für seine unablässige, helfende und erziehende Arbeit von Herzen. Denn daß es nicht ganz ohne Enttäuschungen auf beiden Seiten abging und sich die Gebirgssöhne in der Ebene nur schwer heimisch machten, davon berichtet der Schluß; er zeigt uns aber auch, daß es dieser salzburgischen Kolonie in ihrer seit 1736 bestehenden, fast republikanischen Unabhängigkeit viel besser ging, als ihren später nach Holland, England und Amerika ausgewanderten oder gar in der Heimat verbliebenen Glaubensgenossen. Ausschöpfen läßt sich der Inhalt des A.schen Buches an dieser Stelle nicht. Es ist eins von denen, die den Leser auf einen freieren Standpunkt stellen und in seinem Herzen einen reinen und dauernden Eindruck zurücklassen.

Würzburg.   Robert Petsch.

Karl Knortz, Was ist Volkskunde und wie studiert man dieselbe? Altenburg, Alfr. Tittel, 1900. (211 S.)

In einer wissenschaftlichen Zeitschrift ein Buch anzuzeigen, welches sich wie das vorliegende mit vollem Bewußtsein an das große Publikum wendet, hat einige Schwierigkeiten, es fragt sich überhaupt, ob man zu einer solchen Besprechung das Recht hat, denn das Buch wird dadurch unter einen Gesichtspunkt gestellt, von dem aus es eigentlich nicht gesehen sein will. Dennoch fühle ich mich berechtigt, über das vorliegende Buch einige Worte zu sagen, weil ich glaube, daß ein paar grundsätzliche Bemerkungen daran geknüpft werden müssen.

Weshalb will der Verfasser das Publikum belehren, wie man Volkskunde studieren müsse? Er sagt es in der Einleitung selbst: weil er neben dem zu erweckenden Interesse zugleich zum Sammeln folkloristischen Materials anregen will. Die gebildeten Laien sollen zur Mitarbeit für die junge Wissenschaft der Volkskunde gewonnen werden, und der Verfasser glaubt offenbar, daß dieses am besten dadurch geschehen könne, daß er dem Leser mitteilt, welche Klassen der Bevölkerung er befragen soll, wie er sich beim Verkehr mit ihnen benehmen und welche Sachen er sammeln soll. Die Praxis des volkskundlichen Sammelns wird also in unserm Buche gelehrt. Aber was hilft es, daß man den Dilettanten, deren Mitarbeit die Volkskunde ja wohl noch nicht entbehren kann, vorschreibt, was sie sammeln sollen, wenn man ihnen nicht in erster Linie sagt, warum sie gerade solchen Fragen nachgehen sollen, worin das Ziel und der Wert der Volkskunde besteht, welches die leitenden Gesichtspunkte sind, aus denen das Sammeln der einzelnen mitgeteilten Sammlungsgegenstände und -fragen wünschenswert ist. "Was ist Volkskunde?", diese Frage, die dem Buche in erster Linie den Titel gegeben hat, wird meines Erachtens durchaus nicht zur Genüge damit beantwortet, daß man nur die einzelnen Unterabteilungen und ihr Sammlungsgebiet benennt und im übrigen es dem Leser überläßt, an der Hand der mitgeteilten Beispiele sich seine eigenen Gedanken über den Zweck der Volkskunde zu machen, falls er überhaupt darüber nachdenken will. Die großen Gesichtspunkte, das ist es, worüber der Laie in erster Linie hätte aufgeklärt werden sollen, sonst kann seine Mitarbeit unmöglich fruchtbringend sein, und dem verständnislosen und für den Fachmann so lästigen Dilettantismus werden Thür und Thor geöffnet.

Zu diesem Hauptmangel des Buches gesellt sich nun leider noch ein zweiter, der in der äußeren Anlage beruht, denn wenn der Text, eng zusammengedrängt, sich mit 32 Seiten begnügen muß, während 173 Seiten den Beilagen eingeräumt werden, so scheint mir dieses Verhältnis mindestens unpraktisch zu sein. Wenn man schon in wissenschaftlichen Büchern die unumgängliche Unterbrechung der Darstellung durch Anmerkungen störend empfindet, wie viel mehr muß sie für einen Laien den Genuß und das Verständnis eines Buches behindern. Auch eine bessere Gruppierung der Einzelheiten hätte ich an manchen Stellen gewünscht, man bemerke z. B. auf S. 158 ff., wo eine Reihe als ominös geltender Ereignisse und Lebenserscheinungen mitgeteilt werden, die durchaus willkürliche und geradezu zufällige Reihenfolge, welche auch fest zusammengehörende Dinge nicht mit einander verbindet.

Trotz alledem gestehe ich gern zu, daß ich das Buch mit Vergnügen gelesen habe. Der Grund dafür liegt in den vielfach anregenden Sammlungen folkloristischen Materials, die in den Beilagen mitgeteilt werden. Besonders aus dem amerikanischen und aus dem deutschen Volksleben, dann aber auch aus dem Leben vieler anderer Völker bietet der Verfasser interessante Einzelheiten, die eben dadurch, daß sie vielfach fremdländischen Anschauungen entlehnt sind, um so besser wirken, weil sie sich durch den uns neuen und fesselnden Inhalt mehr aufdrängen. Freilich erscheint es nicht ausgeschlossen, daß mancher Laie sie nur mit dem Interesse aufnehmen wird, mit dem man Kuriositäten zu betrachten pflegt, aber in der Hand des Fachmannes werden sich diese Sammlungen, deren Benutzung durch ein genügendes Register erleichtert wird, als schätzbares Material erweisen.

Nürnberg.   Otto Lauffer.

•

Heinrich Bergner, Grundriß der kirchlichen Kunstaltertümer in Deutschland von den Anfängen bis zum 18. Jahrhundert. Göttingen, Vandenhoeck & Ruprecht, 1900. (VIII, 374 S.)

Nicht ohne Anerkennung kann man dieses Buch anzeigen: es erreicht das, was der Verfasser wollte, nämlich dem Liebhaber und vor allem auch wohl dem Theologen eine bequeme und übersichtliche Einführung in die Geschichte der kirchlichen Kunstaltertümer in Deutschland zu bieten. B. geht dabei über den Rahmen des bekannten, viel umfangreicheren und auch bis heute unentbehrlichen Handbuches von Otte insofern hinaus, als er die Darstellung bis ins 18. Jahrhundert fortführt und also im Gegensatz zu Otte auch die Erscheinungen der Renaissance mit in seine Darstellung hineinzieht, was zumal bei einem derartigen einführenden Werke gewiß zu loben ist. Auch wo der Verfasser sonst von dem Vorbilde abweicht, ist das mit gutem Bedacht und nicht ohne triftigen Grund geschehen, indessen dürfte hier kaum der rechte Platz sein, auf diese Einzelheiten näher einzugehen.

Das Buch ist mit zahlreichen recht instruktiven und wohlgewählten Abbildungen ausgestattet, die meist nach eigenen Federzeichnungen des Verfassers gefertigt sind. Auch das scheint mir durchaus zwecksprechend, denn für den Archaeologen kommt es im Gegensatz zum Kunsthistoriker zunächst darauf an, was die einzelnen Denkmäler darstellen, das Wie kommt hier erst in zweiter Linie in Betracht. Wenn man daher wie der Verfasser Neues bringen und doch das Buch nicht zu sehr verteuern wollte, so war es durchaus berechtigt, daß der Verfasser sich der großen Mühe, die Zeichnungen anzufertigen, selbst unterzog. Die technischen Fertigkeiten haben sich für den vorliegenden Zweck in den meisten Fällen als völlig hinreichend erwiesen, und das Gegenständliche der wiedergegebenen Denkmäler hat auf diese Weise überall den gewünschten Nachdruck erhalten.

In einem angehängten Litteraturverzeichnis ist das wichtigste Material übersichtlich zusammengestellt.

Nürnberg. Otto Lauffer.

*

Alfred Lehmann, Das Bildnis bei den altdeutschen Meistern bis auf Dürer. Mit 72 Abbildungen. Leipzig, Karl W. Hiersemann, 1900. (XVI u. 252 S.)

In allen Epochen ist das Porträt ein erfreulicher und tüchtiger Zweig des deutschen Kunstschaffens. Ist so die Beschäftigung mit ihm selbst für Zeiten künstlerischen Verfalls lohnend, um wie viel anziehender ist sie für die Zeit einer Entwickelung, an deren Ende Dürer und Holbein stehen. Bis zu ihrem Auftreten hin verfolgt das vorliegende Buch das deutsche Porträt.

Der erste Teil behandelt die Anfänge des Bildnisses und das Bildnis außerhalb der Tafelmalerei; also in Buch- und Wandmalerei, in Plastik, Schaumünze, Kupferstich und Holzschnitt. Der zweite bei weitem wichtigste Teil behandelt die Tafelmalerei nach dem Beitrag der einzelnen Landschaften. Wer das massenhafte Material, das in diesen beiden Abschnitten zu sammeln war, selbst etwas kennt, wird dem Verfasser für seine Sorgfalt und für die klare Art zu disponieren Dank wissen. In der Wandmalerei hätte vielleicht das Wandbild in Golletshausen am Chiemsee mit dem Donator, im Kupferstich das Selbstbildnis Israels van Meckenem Erwähnung finden können. Für Kulturhistoriker am wichtigsten ist der dritte Teil, der den Stoff in übersichtlicher Weise nach bestimmten Gesichtspunkten zusammenfaßt. Das Gesamtbild ist kein allzu glänzendes für das Deutschland des 15. Jahrhunderts. Die Auftraggeber sind meist kirchliche oder bürgerliche Korporationen, andererseits Privatpersonen, meist mit ihren Familien oder gar Familiengruppen, kirchliche Beweggründe für die Aufträge bilden die Regel. So konnte das Assistenzbild, das Stifterbild, das Rosenkranzbild und die Mater Misericordiä, das Porträt als Totendenkmal und die Reihenporträts bei der Masse der Dargestellten einer feineren Ausbildung der Einzelporträts keinen großen Vorschub leisten. Die Vorläufer der unabhängigen Einzelporträts liegen einmal in der Plastik (Peter Parler von 1390 am Dom von Prag) und dann in der Buchmalerei (Konrad Kyeser in einer Handschrift von 1405). In der Malerei größeren Stils treffen wir es zuerst in Königsberg i. Pr. um 1429, in den Bildern der Ordensmeister. Der Charakter des Einzelbildnisses bleibt im Ganzen ein wenig eng, befangen in der Auffassung; nur selten ein Versuch zu freierer Charakteristik durchzudringen (Kanonikus Schönborn von Pleydenwurff). — Es ist ein reifes Buch, das uns hier geboten wird, mit einer Fülle von Problemen und Fragen, die wir hier nicht einmal andeuten können, denen nachzugehen aber wohl der Mühe lohnt. Eine Reihe durchweg guter, viel Neues bringender Abbildungen in Zinkhochätzung ist für das Verständnis wesentlich.

München. Karl Simon.

J. Gény, Die Reichsstadt Schlettstadt und ihr Anteil an den sozialpolitischen und religiösen Bewegungen der Jahre 1490—1536 (Erläuterungen und Ergänzungen zu Janssens Geschichte des deutschen Volkes I 5, 6). Freiburg i. B. Herder. 1900. (XIV und 223 S.)

Trotz heftiger Anfeindungen gewinnt die Ansicht von der Bedeutung sozialer Strömungen in den Städten am Ausgange des Mittelalters mehr und mehr Boden. Auch das vorliegende Werk steht unter diesem Zeichen, wenn es auch auf die kirchliche Seite mehr Gewicht legt und vor allem den Rat wegen seines Festhaltens am Alten feiern will. Es behandelt demgemäß nach einer Übersicht über die sozialen und kirchlichen Zustände in der Stadt die einzelnen aufrührerischen Bewegungen seit 1493, besonders ausführlich die 1523 durch einen zugezogenen Abenteurer, Schütz von Traubach, hervorgerufene. Als Gegengewicht werden die entgegenkommenden Schritte des Rates gerühmt, so seine Bemühungen um eine geregeltere Dotierung und Besetzung der Pfründen, seine bei aller Entschiedenheit maßvolle Haltung gegenüber den Vertretern des Neuen, seine Annahme eines Bürgerausschusses 1525 zur Inventarisierung der Klostergüter. Die Niederlage der Bauern bei Scherweiler habe dann endgiltig die Hoffnungen der Neuerer vernichtet und die Herrschaft des Rats befestigt. Es ist anzuerkennen, daß der Verfasser das Material besonders des Stadtarchivs gründlich und kritisch benutzt und so eine eingehende und lehrreiche Darstellung geliefert hat, aber es erscheint doch ein Aufwand von Fleiß und Scharfsinn auf ein zeitlich und örtlich begrenztes Gebiet verwendet, ohne recht fruchtbar zu werden. Eine so eingehende Schilderung der Verhältnisse in einer nicht sonderlich bedeutenden Stadt kann einen über das Lokalinteresse hinausgehenden Wert nur durch stärkeres Heranziehen auswärtiger Vorgänge erhalten. Da zudem das Schwergewicht auf der Zeit vom Auftreten der Reformation bis zum Bauernkrieg liegt, muß die Bewegung als das Resultat der hetzerischen Thätigkeit Einzelner erscheinen. Die Umstände, welche seit langem allerwärts einen feindseligen Gegensatz gegen die alte Kirche auch auf sozialem und wirtschaftlichem Gebiet begründen mußten, sind zu skizzenhaft behandelt. So wird schon bei dem ersten Aufruhr von 1493 die allgemeine soziale Lage als Nebenmotiv behandelt. Und doch tauchen dieselben Gründe der Unzufriedenheit wie anderwärts auch in der Darstellung bei G. immer wieder auf. So der von den Klöstern ausgeübte wirtschaftliche Druck durch Zinsgeschäfte. Wurden doch auch zu Regensburg 1523 die Pfaffen gezwungen, den Zins auf Bürgerhäuser ablösen zu lassen, den Gulden mit 20 Gulden.[1] Die 1525 durch einen Bürgerausschuß zwecks Aufhebung der Klöster ins Werk gesetzte Inventarisierung ihrer Güter läßt doch auf eine größere Verbreitung der feindlichen Stimmung schließen, als sie G. darstellt. Über ihre Ursachen würden Untersuchungen über die

---

[1] Chronik des Wilhelm Rem (Deutsche Städtechroniken V. Augsburg, S. 182).

geistlichen Zinsgeschäfte, die Ausdehnung der toten Hand, den Mißbrauch
wirtschaftlicher Freiheit z. B. im Weinhandel lehrreiche Aufschlüsse geben.[1])
Wenn G. nicht unterlassen kann, als regelmäßige Folge der religiösen Wirren
den Rückgang von Wissenschaft und Kunst zu bezeichnen, so wird ja wohl die freiere
Entfaltung der ersteren im Protestantismus neuerdings auch von katholischer
Seite zugegeben. In der Kunst betraf der Rückgang wohl nur untergeordnete
Zweige wie die Verfertiger von Heiligenbildern, zu denen wohl auch die beiden
Schlettstadter Bildhauer gehörten, deren Ernennung zu Ratsboten G. beklagt.
Wenn er ferner mit Berufung auf die Hebung Schlettstadts der Ansicht entgegentritt, daß die Nichtannahme des Luthertums den Niedergang einer Stadt
bedeutet habe, so wird das allerdings niemand behaupten, sofern sich nur
eine Stadt durch die Reformation zur Beseitigung alter Schäden anregen
ließ wie z. B. Schlettstadt zur Ablösung der ewigen Zinsen.

Magdeburg.   Liebe.

*

**Driesmans, H., Das Keltentum in der europäischen Blut-
mischung.** Eine Kulturgeschichte der Rasseninstinkte. Leipzig,
Eugen Diederichs, 1900. (VIII und 245 S.).

Der Titel sagt dem Kundigen eigentlich schon genug. Driesmans sieht
allenthalben uranfängliche Rasseninstinkte an der Arbeit. Sie verwandeln sich
proteusartig; bald setzen sie, als soziale Gegensätze verkleidet, gewaltige Massen
in Bewegung, bald werden sie im Geiste stiller Denker zu Impulsen gewaltiger
Schöpfungen oder verflüchtigen sich in der Seele des Künstlers zu den feinsten
und zartesten Stimmungen. Es ist das alte Lied: ein an sich richtiger, im
beschränkten Kreise gültiger Gedanke wird in maßloser Übertreibung zu Tode
gehetzt; das Weltgetriebe soll durchaus aus einem Punkte begriffen werden.
Daß Dr. gut und fesselnd schreibt, macht die Sache nur um so schlimmer,
weil gefährlicher.

Echt dilettantisch im bösen Sinne ist die souveräne Manier, in der der
Verfasser den berechtigten Wunsch des Lesers, über die Grundbegriffe einigermaßen verständigt zu werden, ignoriert. Von Rasse, Rasseninstinkt, Keltentum
ist auf jeder Seite die Rede, von der Bedeutung aller dieser schönen Wörter
erfährt man nichts und kann sich schließlich eines bösen Verdachts nicht erwehren, der ein Goethesches Wort auslöst. Der Ausdruck „keltische Rasse"
ist, wie man ihn auch drehen und wenden mag, ein Unding. Es giebt eine
keltische (germanische, slavische) Sprachfamilie und eine langschädelige (kurz-
schädelige, blonde u. s. w.) Rasse, aber eine keltische Rasse im physischen Sinn
giebt es ebensowenig wie eine langschädelige Sprache. Meint man mit Rasse
psychischen Habitus, so kann man von deutscher, französischer u. s. w. Rasse
sprechen und bezeichnet damit eine historisch gewordene Volksindividualität

---

[1]) vgl. Kaser, Politische und soziale Bewegungen im deutschen Bürgertum. 1899

an der die verschiedensten physischen Rassen Anteil haben können. Aber eine solche Rasse ist nichts festes, unveränderliches, sondern in beständiger Entwicklung begriffen, da die bildenden Kräfte unausgesetzt thätig sind. Wenn es also selbst in grauer Vorzeit einmal eine keltische Rasse in diesem Sinne gegeben hat — wir wissen davon nichts —, so hat doch der geschichtliche Differenzierungsprozeß selbständige Einzelvölker geschaffen, die sich sehr erheblich von einander unterscheiden. Nur diese kennen wir, das Urvolk, das sie einst alle umfaßte, die keltische Rasse, verschwindet im Nebel der Urzeit. Driesmans operiert aber beständig damit, in so ziemlich allen Ereignissen der europäischen Geschichte erblickt er das Walten dieses absolut ungreifbaren keltischen Rasseninstinkts. An diesem seinem einheitlichen Erklärungsprinzip muß er scheitern. Goethe sagt einmal: die Menschen verdrießt's, daß das Wahre so einfach ist. So spricht ein Olympier. Uns wäre es schon recht, wenn es sich mit der Wahrheit so verhielte, vorläufig sieht es wesentlich anders aus. Die Wirklichkeit liefert uns unaufhörlich komplizierte Paradoxe, und wir bemühen uns ebenso unaufhörlich, sie zu reduzieren und unter „große Gesichtspunkte" zu bringen. Daß wir bei diesem Beginnen nur zu leicht unversehens auf das Gebiet geraten, das vom Erhabenen nur einen Schritt entfernt ist, ist eine betrübende Wahrheit.

Das vorliegende Buch ist das Werk eines geistreichen Mannes, an dem sich die Tyrannei einer Idee bewährt hat. Kritische Leser werden ohne Schaden zu nehmen an mancher guten Einzelbemerkung ihre Freude haben, anderen kann das Buch verderblich werden.

Friedenau bei Berlin.   E. Zupitza.

*   *   *

Materialien zur Geschichte des deutschen Volksliedes. Aus Universitäts-Vorlesungen von **Rudolf Hildebrand.** 1. Teil: Das ältere Volkslied. Herausgegeben von **G. Berlit.** Zugleich Ergänzungsheft zum 14. Jahrgange der Zeitschrift für den deutschen Unterricht. Der Ergänzungshefte fünftes. Leipzig. B. G. Teubner. 1900. (VIII und 239 S.)

Es ist ein schöner Vorzug der Arbeiten Hildebrands, daß er bei der Betrachtung litterarischer Denkmäler neben dem philologischen und ästhetischen Element auch dem kulturgeschichtlichen und psychologischen eine Hauptrolle einräumt. Wie sonst, wie besonders in seinen glänzenden Beiträgen zum Deutschen Wörterbuche, zeigt sich dies auch in dem vorliegenden, aus seinem Nachlasse veröffentlichtem Bande über das deutsche Volkslied, das er öfter in seinen Vorlesungen in „seiner kultur- und littergeschichtlichen Bedeutung" geschildert hatte. Gerade beim Volksliede ist diese Betrachtungsweise die fruchtbarste, ja die einzig richtige; ist es doch unmittelbar aus dem wirklichen Leben hervorgegangen und aufs engste mit ihm, mit den Sitten und Bräuchen, mit den Anschauungen und Vorstellungen des Volkes verknüpft. Diesen Zusammenhang weiß Hildebrand mit der größten Anschaulichkeit und Lebendigkeit darzulegen;

seine Ausführungen im Anschluß an irgend eine Probe werden zu prächtigen und immer richtig gezeichneten Skizzen vergangenen Lebens. Aber er beschränkt sich nicht bloß darauf, Thatsachen und Verhältnisse aus dem 16. Jahrhundert, dem die von ihm besprochenen Lieder fast ausschließlich angehören, vorzuführen, sondern er versteht es auch meisterhaft, die Beziehungen dieser Zeit zur Vergangenheit und zur Zukunft zu beleuchten, etwa wenn er neuere Lieder, die in alter Zeit wurzeln, nach den Veränderungen dieser gegenüber betrachtet, oder wenn er bei der Besprechung des jüngeren Hildebrandsliedes den Wandel im Geschmack und in der gesamten Auffassung gegenüber dem Altertum klar macht oder den Spuren allmählicher Verweltlichung in ursprünglich geistlichen Liedern nachgeht. Auch die historischen Volkslieder werden gebührend gewürdigt. Neben den schon angeführten Punkten behandelt Hildebrand noch genauer das Verhältnis von Kunst- und Volkslied, das er wesentlich von der psychologischen Seite erörtert, und ein besonderer Abschnitt schildert ausführlich „die Bedeutung des Liedes im alten Leben". — Der zweite Teil des Buches giebt Proben einzelner Liedertypen nebst eingehender Erklärung. Da finden wir das Kranzsingen behandelt, den Streit zwischen Sommer und Winter, die Bedeutung der Hasel und der Rose im Volksliede, wir lernen Martinslieder, Schlemmer-, Zecher-, Fasnachts-, Landsknechts- und Kinderlieder genauer kennen.

Möge das schöne und lehrreiche Buch, dem noch ein zweiter Teil über das Volkslied im 18. Jahrhundert folgen soll, recht viele Leser finden.

Breslau. H. Jantzen.

* * *

Felicie Ewart, Goethes Vater. Mit einem Bildnis. Hamburg und Leipzig, Leopold Voß. 1899. (104 S.)

„Man kommt in die Geistes- wie in die Standesaristokratie nur durch Vererbung hinein." Dies an sich gewiß anfechtbare Wort Billroths eröffnet die anziehende, an neuen Aufschlüssen nicht reiche, Bekanntes aber klug verknüpfende und von originellen Gesichtspunkten aus vorsichtig und gerecht urteilende Schrift, eine „Rettung" in Lessings Sinne. Weniger durch der Parteien Gunst und Haß als durch das gedankenlose Nachschwatzen ungünstiger Urteile, wie sie Kurzsichtigkeit oder augenblickliche Mißstimmung Mitlebender gelegentlich, ohne Anspruch auf Nachwirkung ihrer Worte in die Zukunft hingeworfen haben, sind die Züge des Mannes, der den Größten unseres Volkes seinen Sohn nannte, arg verwischt worden. Glaubt sich doch der unreife Sekundaner heut berechtigt, die Phrasen landläufiger Klassikerbiographieen nachzusprechen und über den Mann als beschränkten Pedanten, als filzigen Bureaukraten und unleidlichen Griesgram abzusprechen, der vielmehr auf die Ausbildung seines einzigen heranwachsenden Sohnes eine Fülle von Liebe, Hingabe, ja Aufopferung verwendet hat, wie selten ein Vater, und der für seine treue Fürsorge, für seine Bangigkeit um den immer wieder eigene Bahnen einschlagenden Sohn, dessen spätere überragende geistige und sittliche

Größe er damals nicht erkennen konnte (so wenig wie Herder u. a.), für seine in ihren letzten Motiven gewiß verehrenswürdige Ungeduld, Früchte am treu gepflegten Baume zu ernten, von der Nation übeln Lohn bekommen hat. Gewiß ist „Frau Rat" die anziehendste Figur in Goethes Verwandtschaft, und gerade dadurch hat sie, die unsere ganze Liebe genießt und soviel über unser Herz vermag, leicht auch unser Urteil einmal in ihrer Gewalt. Daß die lebenslustige Frau die Charakterstärke, den heiligen Ernst, die vorsichtige Bedachtsamkeit des weit älteren Mannes, dessen herannahende Krankheit mit ihren bösen Nebenerscheinungen sie nicht einmal recht erkannte, gelegentlich mit Mißmut empfand und sich in diesem Sinne aussprach, beweist noch lange nicht, daß sie sich wirklich in ihrer Ehe unglücklich gefühlt habe. Frau Ajas Bild bleibt auch jetzt rein und hoheitsvoll vor uns stehen. Aber wir freuen uns, auch Goethes Vater jetzt in einem hellerem Lichte zu sehen. Es ist ein wohl abgerundetes Charakterbild eines trefflichen Mannes aus dem bildungsfreudigen 18. Jahrhundert, dessen Wahrheit wir Zug für Zug empfinden und das uns gerade dadurch um so liebenswürdiger erscheint. Mit diesem sorgfältigen Bilde aber hat die Verfasserin auch der Kulturgeschichte einen wichtigen Dienst geleistet. Erscheint doch auch anderen als den Germanisten Goethe als der Gipfel deutscher Kultur — und nicht nur im 18. Jahrhundert.

Würzburg. Robert Petsch.

Mitteilungen und Notizen.

Die „Beilage zur Allgemeinen Zeitung" 1900, Nr. 166 und 167 enthält eine Abhandlung von Albr. Stauffer über „Geschichtswissenschaft, geschichtliche Bildung und moderne Weltanschauung", in der mit Wärme neben der heute betonten konfessionellen Ausbildung einerseits und der naturwissenschaftlichen andererseits die Ergänzung, Befreiung und Klärung durch eine geschichtliche Bildung betont wird. In der That wird hier ein sehr wunder Punkt unseres Bildungslebens berührt. Trotz allen Geschreis und trotz aller Kommissionen, Vereine, Vorträge u. s. w. ist die geschichtliche Bildung weiterer Kreise heutzutage — man lese z. B. daraufhin einmal aufmerksam die Parlamentsverhandlungen und die Zeitungen — eine außerordentlich geringe, am geringsten aber die notwendigste, die kulturgeschichtliche Bildung.

„Herder als Kulturhistoriker im Zusammenhang mit der allgemeinen geistigen Entwicklung dargestellt" von Ernst Schaumkell ist der Titel eines Programms von Ludwigslust (1901), das wir unseren Lesern zur Beachtung besonders empfehlen. Herders Bedeutung in dieser Beziehung ist, wie schon oft betont, außerordentlich groß. Schon bei ihm sind „Entwicklung und Volksseele die beiden Begriffe, die seine Geschichtsauffassung kennzeichnen und beherrschen". Schaumkell weist das, ohne nach beliebter Manier eigene Anschauungen überall unterzulegen, klar, ausführlich und überzeugend nach, ebenso wie er den Vorläufern Herders gerecht wird.

Die Berührungen der Sociologie mit der Kulturgeschichte haben auch dem Kulturhistoriker die Ansichten eines Herbert Spencer seit langem als in hohem Grade studierenswert erscheinen lassen. Seine Grundanschauungen hat F. A. Collins in einer „Epitome der synthetischen Philosophie Herbert Spencers", einem handlichen Bande, der einen Auszug aus zehn Bänden Spencers, möglichst mit dessen eigenen Worten, darstellt, zusammengefaßt. Nach der 5. Ausgabe dieser Epitome hat J. Victor Carus eine deutsche Übersetzung erscheinen lassen (Leipzig, C. G. Naumann), die wir zur Einführung in das Studium Spencers sehr empfehlen. Namentlich kommen natürlich die „Prinzipien der Sociologie" hier in Betracht.

Einen „Kritischen Wegweiser durch die neuere deutsche historische Litteratur für Studierende und Freunde der Geschichte" hat ein Herr F. Förster verfaßt (Berlin 1900, Joh. Räde). Wir können in dem an sich nicht belangreichen Büchlein wieder einmal das Verhalten gewisser politischer Historiker gegenüber der kulturgeschichtlichen Forschung erkennen. Natürlich fehlt unter den angeführten Zeitschriften die „Zeitschrift für Kulturgeschichte". Freytag und Riehl existieren nicht. In dem Abschnitt Geschichte einzelner Verhältnisse fehlt eine Reihe der wichtigsten kulturgeschichtlichen Arbeiten u. s. w. Wenn dies mit der „Communis opinio der Historiker" übereinstimmt, so kann uns diese außerordentlich leid thun.

In der „Zeitschrift für ägypt. Sprache und Altertumskunde 38, 1" veröffentlicht Ad. Erman (Eine Reise nach Phönicien im 11. Jahrh. v. Chr.) eine neue Übersetzung des von W. Golenischeff entdeckten und übersetzten Reiseberichts des Tempelbeamten Wen-Amon, eines hervorragenden kulturgeschichtlichen Denkmals.

Aus den Comptes Rendus der Académie des sciences morales et politiques (1901 Février) erwähnen wir ß. Lallemand's Beitrag: Le sentiment charitable chez les peuples de l'antique Orient: L'Égypte avant les Lagides.

In den „Sitzungsberichten der philosophisch-philologischen und historischen Klasse der Bayerischen Akademie" 1900 II findet sich eine bemerkenswerte philologisch-archäologische Untersuchung von W. Helbig: Zu den homerischen Bestattungsgebräuchen. „Durch die Untersuchung zahlreicher Gräber, welche dieser (der mykenischen Kultur-) Periode angehören, sind wir über die damals herrschenden Sepulcralgebräuche genau unterrichtet und zugleich in den Stand gesetzt, unter Beihilfe von Rückschlüssen, die das Epos gestattet, auch die Vorstellungen, durch welche jene Gebräuche bestimmt waren, wenigstens in ihren Hauptzügen zu erkennen."

In Band 9 (N. F.) der „Mitteilungen aus dem Osterlande" hat der inzwischen verstorbene greise Löbe „Notizen über den Hund aus griechischen und römischen Schriftstellern" veröffentlicht, die von reicher Belesenheit zeugen und die wichtige Rolle des Hundes schon im Altertum erweisen.

Über „die römischen Altertümer der badischen Baar" veröffentlicht G. Rieger einen zusammenhängenden Bericht in den „Schriften des Vereins für Geschichte und Naturgeschichte in Donaueschingen", Heft X, nachdem zuletzt (vor 50 Jahren) Fickler darüber berichtet hat.

La grande Revue (1900, Nov.) enthält eine treffliche Schilderung der Organisation des Byzantinischen Hofes von Diehl (Le palais et la cour de Byzanze sous Justinien et Théodora).

Aus den Comptes rendus der Académie des sciences morales et politiques (1900, livr. II) sei kurz notiert: E. Levasseur, Le travail des moines dans les monastères.

Der 3. Band der „Geschichte der Päpste" von L. Pastor ist in neuer (3. und 4.) Auflage erschienen, die sich mit Recht als vielfach umgearbeitet bezeichnet. (Freiburg i. Br., Herder.) (Vgl. für die 1. Auflage diese Zeitschrift Bd. IV, S. 132 f.) „Eine vollständige Umarbeitung und bedeutende Erweiterung haben die Abschnitte über die Beziehungen der Litteraten zu Innocenz VIII., Alexander VI. und Julius II. gefunden." An seinem Urteil über Alexander VI. hat P. festgehalten, bei seiner Auffassung des Savonarola manche Ausstellungen berücksichtigt. Auch wer der Grundanschauung P.s völlig gegnerisch gegenübersteht, wird gern viel verdienstliches in dem Bande, namentlich auch in den kunsthistorischen Abschnitten anerkennen.

Auch der 6. Band der „Geschichte des deutschen Volkes" von Johannes Janssen (Kunst und Volkslitteratur bis zum Beginn des dreißig-jährigen Krieges) liegt bereits wieder in einer neuen, der 15. Auflage von L. Pastor besorgt vor. (Freiburg i. Br., Herder.) Wir verweisen auf die ausführliche Besprechung in dieser Zeitschrift Bd. II, S. 90 ff. Eine Reihe von Nachträgen aus der seit 1893 erschienenen Litteratur trägt zur Verbesserung und Ergänzung des Bandes bei. Die Äußerlichkeiten, die bereits in jener Besprechung gerügt wurden, z. B. der falsche Nominativ bei einigen citierten Schriftstellern des 16. und 17. Jahrhunderts (Lauterbecken, Quaden von Kinckelbach anstatt Lauterbeck, Quad von K.; jene Form ist abhängig von dem „von" auf dem Titel) sind leider nicht verbessert.

In der „Sammlung Göschen" ist als 100. Bändchen eine „Sächsische Geschichte" von O. Kaemmel erschienen (Leipzig, Göschen, 1899). Schon von anderer Seite ist „die geringe Zuverlässigkeit des Buchs in Angabe ge-schichtlicher Ereignisse" hervorgehoben, welchem Tadel wir uns anschließen müssen. Sonst hat das Büchlein in Gruppierung des Stoffes und der knappen Wiedergabe des Wesentlichen seine Vorzüge. Sehr anerkennenswert ist die scharfe Hervorhebung und ausführliche Behandlung des kulturgeschichtlichen Stoffes. — Das Letztere kann man von einem andern, dem 104. Bändchen derselben Sammlung, der „Oesterreichischen Geschichte von der Urzeit bis 1526" nur in sehr geringem Grade sagen. Andererseits ist hier ein außer-ordentlich reicher Stoff der äußeren Geschichte von Franz v. Krones in knapper Form zusammengefaßt, so daß hier für äußere Daten und Ereignisse ein sehr brauchbarer Grundriß geboten ist.

Von Fr. v. Krones rührt auch eine der neueren „Veröffentlichungen" der äußerst thätigen „Historischen Landes-Kommission für Steiermark" her und zwar Nr. IX: Urkunden zur Geschichte des Landesfürstentums, der Verwaltung und des Ständewesens der Steiermark von 1283—1411 in Regesten und Auszügen (Graz, 1899). Wie in früheren Ver-öffentlichungen der Kommission z. B. durch v. Zwiedineck (Das gräflich Lam-berg'sche Familienarchiv — hiervon liegt jetzt als Nr. XI der 3. Teil vor, der namentlich von kulturgeschichtlichem Interesse ist —) oder durch Krones selbst (Bericht über die Ergebnisse einer archivalischen Reise im Herbste 1896 mit einem Anhange von Urkunden-Regesten und Auszügen) wird hier durch Vor-legung von vielseitigem und „in alle Richtungen des Geschichtslebens ein-greifendem" Urkundenmaterial in Regesten- oder Auszugsform einer künftigen Darstellung wirksam vorgearbeitet.

Von nicht geringem kulturgeschichtlichen Interesse ist eine Sammlung, deren erster Band uns vorliegt, die „Basler Biographien" (Basel, Benno Schwabe, 1900). Ist auch der Standpunkt des Unternehmens, das von dem „historischen Kränzchen" in Basel ins Leben gerufen ist, wesentlich ein lokalhistorischer, der den angesehensten Persönlichkeiten Basels Denkmäler setzen will, so zeigt doch schon dieser erste Band, daß diese Biographien auch der Kulturgeschichte dienen können. Eine ausgesprochen kulturgeschichtlich ge- färbte Biographie fehlt allerdings: es überragt das politisch-historische, das kirchengeschichtliche, das Interesse an den äußeren Schicksalen Basels und vor allem das individualgeschichtliche an den Thaten und Schicksalen der einzelnen Personen: aber in kleinen Zügen wird auch der Kulturhistoriker z. B. bei den Biographien des „Erzketzers" David Joris und Johann Jakob Grynaeus wie in den Abschnitten: Das Geschlecht der Irmy oder Die Familie Baer auf seine Rechnung kommen. Durchweg ist den Bearbeitern fleißiges Eindringen in die Quellen und gute Darstellung nachzurühmen.

Für die französische Kulturgeschichte sind die Arbeiten Th. Ducrocq's, Le coq prétendu gaulois (Revue générale du droit 1900. juillet/août) und A. Luchaire's, La société française sous le règne de Philippe Auguste I. État matériel et moral de la population. Les fléaux du ciel et de la terre (Acad. des sciences moral. et polit. Compt. Rend. 1900. Sept./Okt.) von Interesse.

Eine Art Natur- und Kulturgeschichte Norwegens im weitesten Sinne stellt eine offizielle Publikation dar, die gelegentlich der Pariser Weltaus- stellung in englischer und französischer Sprache herausgegeben ist (Norway. Official Publication for the Paris Exhibition 1900. Kristiania 1900; 626, XXXIV S.). Das von verschiedenen Autoren unter Leitung von Sten Konow und Karl Fischer bearbeitete, mit zahlreichen trefflichen Illustrationen und gutem Kartenmaterial ausgestattete Werk ist in hohem Grade geeignet, ins- besondere über die gegenwärtigen Zustände Norwegens allseitig auf das beste zu orientieren. Aber auch in die Vergangenheit des Landes führt das Werk vortrefflich ein.

In der „Zeitschrift der Savigny-Stiftung für Rechtsgeschichte", Germanist. Abteilung Bd. XXI S. 27 ff. behandelt E. v. Moeller die bisher noch nicht monographisch behandelte „Rechtssitte des Stabbrechens" in erschöpfen- der Weise. Sie ist fränkischen Ursprungs und beschränkt sich keineswegs auf das Stabbrechen beim Todesurteil. „Die meisten der Fälle stellen sich dar als Bruch der Rechtsgemeinschaft."

Eine Abhandlung von P. Tschackert: Die Rechnungsbücher des erzbischöflich mainzischen Kommissars Johann Bruns aus den Jahren 1519—1531 (Zeitschrift für Kirchengeschichte 21. Bd., 3. Heft) darf für die Sittengeschichte als wichtig bezeichnet werden. Sie bringt eine amt- liche Statistik aus der geistlichen Gerichtsbarkeit in der Erzdiöcese Mainz aus den Jahren 1519 bis 1531. Ihr amtlicher Charakter erhöht den Wert, der auch dadurch wächst, daß „es über die Sittenzustände der mittelalterlichen Kirche unmittelbar vor dem Anfange der Reformation sonst überhaupt keine Statistik giebt". Die vorliegende Statistik zeigt „eine schreckliche Verworfenheit des Klerus als Thatsache". Die Rechnungsbücher, die hier unverkürzt abgedruckt werden, bieten natürlich außerdem auch für die Rechts- und Wirtschaftsge- schichte neues Material. Für jene sittengeschichtliche Bewertung kommen die

Rubriken der Strafgelder in Betracht, die durch Vergleich der bestraften
Geistlichen und Laien von Tschackert besonders interessant behandelt werden.

Aus der Altpreußischen Monatsschrift 37, 5/6 sei ein Beitrag M. Töppens,
Salomon Mellentihns Hausbuch erwähnt.

In dem „Jahrbuch für Schweizerische Geschichte" Bd. 25 macht J. Häne
Mitteilungen über „**das Familienbuch zweier Rheinthalischer Amt-
männer des 15. und 16. Jahrhunderts**", der beiden Hans Vogler,
Vater und Sohn. Das in verschiedene Rubriken geteilte Buch (Handschrift
der Züricher Stadtbibliothek) enthält auch viel kulturgeschichtliches Material.
Die erste Rubrik enthält Familiennotizen, die zweite die jährliche Festsetzung der Weinpreise, aus denen man eine stete Steigerung der Preise ersehen kann, die dritte Chronikalisches, Annalistisches, Familiäres in buntem
Durcheinander (Seuchen, Kriminalfälle u. s. w. neben politisch-historischen Mitteilungen). Aus der vierten Rubrik, die Gelegenheitseintragungen, Gedichte,
Betrachtungen, Rezepte enthält, ist auf ein starkes litterarisches Interesse des
älteren Vogler zu schließen. Die Rezepte, unter denen sich wohl auch einmal
ein humoristisches befindet, sind ebenfalls nicht ohne Wert. Die übrigen
Rubriken haben nur lokalhistorisches Interesse.

Auf die in dieser Zeitschrift bereits wiederholt (z. B. Bd. VIII, S. 246)
erwähnten Schreibkalender des 16. und 17. Jahrhunderts wird abermals die
Aufmerksamkeit durch eine Publikation Adolf Schmidt's: „**Moscherosch's
Schreibkalender**" (Jahrb. f. Gesch. Spr. Litt. Elsaß-Lothr. 16) gelenkt.
Einen Teil der jetzt in Darmstadt befindlichen Bibliothek M.s bildet „eine
Reihe von Schreibkalendern, die in lückenloser Folge von 1580—1630 gehen
und durch die tagebuchartigen Einträge der früheren, zu Straßburg ansässigen
Besitzer eine reiche Fundgrube für die Orts- und Personengeschichte dieser
Stadt bilden." Die Jahrgänge 1580—1609 gehörten dem Magister Paulus
Crusius, dessen Einträge namentlich auch kulturgeschichtlichen Wert besitzen.
Von Moscherosch rühren sicher die Einträge in den Kalendern von 1619 1622,
1629 und 1630 her. Diese Einträge werden hier veröffentlicht; da sie einerseits noch in die Schulzeit M.s, andererseits in sein dreißigstes Lebensjahr
fallen, ist der Inhalt natürlich höchst verschieden. Anfangs überwiegt die Schule
und die Familie, daneben natürlich das Wetter und die üblichen Kriminalfälle,
dann kommt der große Krieg an die Hauptstelle. Die letzten beiden Jahre geben
Aufzeichnungen mehr persönlicher Art. Ganz weggelassen (warum?) hat Schm.
„nur aus Jahrgang 1629 einige allzu offenherzige Bemerkungen über sein
eheliches Leben, die er übrigens später selbst fast vollständig wieder aus-
radiert hat."

Die Zeitschrift der Historischen Gesellschaft für die Provinz Posen
Jahrg. XV. enthält Fortsetzung und Schluß des von uns bereits in ihrem
Werte charakterisierten „**Tagebuchs Ad. Samuel Hartmanns** über
seine Kollektenreise im Jahre 1657—1659" von R. Prümers. Die Schilderung der vorliegenden Teile erstreckt sich auf Land und Leute, Sehenswürdig-
keiten, Sitten und Zustände in Holland, England (London) und Frankreich
(namentlich auch Paris).

Der Aufſatz O. Lehmann's „Kavaliertour eines jungen Dresdners" im 17. Jahrhundert (Dresdn. Geſchichts-Blätter IX) behandelt das Reiſetagebuch von Jakob Wilhelm Griebe aus dem Jahre 1661.

Ein für die Zeit der Empfindſamkeit typiſches Tagebuch veröffentlicht Karl Helm in den „Neuen Heidelberger Jahrbüchern" X, 1. (Ein Tagebuch aus Matthiſſons Jugend). Die Einträge beginnen am 13. Januar 1777 mit des damals 16jährigen M.'s Rückkehr nach Kloſterbergen aus den Ferien und erſtrecken ſich über die Unterrichtszeit und einen ſich daran anſchließenden Landaufenthalt bis zum 10. April 1777. Es ſind Teile eines größeren Tagebuchs, die, durchaus in der üblichen Ueberſchwenglichkeit und ſeeliſchen Selbſtquälerei gehalten, deutlich den Einfluß von Lavaters „geheimem Tagebuch" ſpüren laſſen.

In dem „Jahrbuch für Geſchichte, Sprache und Litteratur Elſaß-Lothringens", Jahrgang 16, ſetzt F. X. Kraus die Veröffentlichung der echte Zeitluft atmenden „Autobiographiſchen Aufzeichnungen von Ludwig Spach" fort, die diesmal namentlich über eine Schweizerreiſe (von Straßburg nach Lauſanne) berichten.

Von Briefpublikationen, die einen ähnlichen kulturgeſchichtlichen Sonderwert beſitzen wie die Memoiren, erwähnen wir einige von H. Funck, der in der „Beilage zur Allg. Ztg. 1900 Nr. 268/9 „Neue Briefe von G. M. La Roche (dem Mann der Sophie) an J. Iſelin — namentlich der Brief vom 4. Mai 1770 iſt kulturgeſchichtlich intereſſant — und in der „Hiſtoriſchen Monatsſchrift" Bd. I, Heft 1 einen „Briefwechſel zwiſchen Merck und Lavater" mitteilt, der namentlich zur Kenntnis des ſo intereſſanten Lavater beiträgt.

Eine „kulturgeſchichtliche Studie", die wohl auf Beachtung Anſpruch hat, veröffentlicht Otto Mayer in den „Württembergiſchen Vierteljahrsheften für Landesgeſchichte" Bd. IX, S. 1 ff und 311 ff („Geiſtiges Leben in der Reichsſtadt Eßlingen vor der Reformation der Stadt). Namentlich auf Grund der Eßlinger Handſchriftenſammlung weiß er über das Wiedererwachen der Studien im 15. Jahrhundert, die erſten Humaniſten in Eßlingen (Niklas von Wyle), über die gelehrte Bildung (Beſuch fremder Hochſchulen, Eßlinger Schulen), das geiſtige Leben um 1500 und die kirchliche Gährung überaus inſtruktiv zu handeln. Das Gelungene der Abhandlung liegt aber namentlich darin, daß der Gang der allgemeinen Entwickelung (im Gegenſatz zu vielen ſonſtigen lokalgeſchichtlichen Arbeiten) hier die Hauptſache iſt, daß er aus den Eßlinger Verhältniſſen nur illuſtriert wird.

In Heft 1 des 11. Jahrgangs der „Mitteilungen der Geſellſchaft für deutſche Erziehungs- und Schulgeſchichte" behandelt Paul Zinck (unſeren Leſern durch ſeinen Beitrag über „Studentenleben zur Zeit des Kurfürſten Auguſt" bekannt) „das Stipendiatenweſen der Univerſität Leipzig zur Zeit des Kurfürſten Auguſt" in erſchöpfender Weiſe. — Ebendort tritt E. Horn in einer Studie „Zur Geſchichte der Privatdozenten" der „Legendenbildung" entgegen, „daß man das heutige Privatdozententum zu einer altehrwürdigen Inſtitution des Mittelalters erhebt und als die Grundlage der Universitäten preist." Im Mittelalter hat es keine Privatdozenten gegeben.

Als Vorarbeit zu einer künftigen Schul- und Erziehungsgeschichte von Frankfurt a. M. giebt in dem Programm des Frankfurter Goethe-Gymnasiums 1901 Otto Liermann Beiträge zur Geschichte des Frankfurter Gymnasiums für die Zeit von etwa 1560—1600, die er um die Gestalt des als Schulmann wie als Gelehrten bedeutenden Herdesianus gruppiert („Henricus Petrus Herdesianus und die Frankfurter Lehrpläne nebst Schulordnungen von 1579 und 1599"). Auf Grund eingehender archivalischer Studien wird hier unsere Kenntnis des Bildungswesens jener wenig behandelten niedergehenden Zeit erfreulich bereichert; auf Einzelheiten einzugehen gestattet der Raum nicht. — Von demselben Verfasser liegt ein Beitrag zur modernen Bildungsbewegung vor, die ja für den kulturellen Wandel unserer Zeit sehr charakteristisch ist und insofern gewiß ein kulturgeschichtliches Interesse hat. In einem Vortrag über „Politische und sozialpolitische Vorbildung durch das klassische Altertum" (Heidelberg, Winter, 1901, 21 S.) sucht er in warmherziger Weise und wohlunterrichtet die „Behauptung, daß die Antike für die Schule ein Schatzkästlein auch politischer und sozialpolitischer Anregung darstelle", durch eine Wanderung durch die altsprachliche Lektüre der Mittel- und Oberstufe zu erweisen.

Eine wertvolle, für die Geschichte der geistigen Kultur nutzbare Bibliographie hat Louis P. Betz herausgegeben: La Littérature comparée. Essai bibliographique. Introduction par Jos. Texte. (Straßburg, Trübner, 1900, XXIV, 123 S.). Die Bezeichnung Essai muß vor allzu rigoroser Durchsicht des Gebotenen bezüglich der Vollständigkeit zurückhalten. Wir wünschen, daß das Buch die so wichtige Arbeit auf dem Gebiete der Erforschung der wechselseitigen Beeinflussungen der Kulturvölker lebhaft fördern möge.

Zur fünfhundertsten Wiederkehr des Geburtstages Johann Gutenbergs hat die Buchhandlung von Breslauer & Meyer in Berlin W., Leipzigerstraße 136, einen vornehm ausgestatteten Katalog seltener Bücher und Manuskripte veröffentlicht. Im Büttenpapierumschlag mit einem Holzschnitttitel von Bernh. Wenig umfaßt er 152 Seiten mit 55 zum Teil ganzseitiger trefflichen Reproduktionen alter Holzschnitte und Drucke. Der Katalog ist bibliographisch gut bearbeitet und mit zahlreichen Anmerkungen versehen.

Zur Geschichte der Zeitungen bietet ein anderer Antiquariatskatalog (Nr. 81 der Buchhandlung von M. Harrwitz-Berlin) „Verzeichnis von und über Zeitungen und Zeitschriften") einen kleinen Beitrag.

Aus den Pommerschen Jahrbüchern, Bd. 1, erwähnen wir die anregenden Worte Bernheims über „Lokalgeschichte und Heimatkunde in ihrer Bedeutung für Wissenschaft und Unterricht", in denen besonders auch die Wichtigkeit kulturgeschichtlicher Arbeit betont wird, die von Rud. Baier veröffentlichten „Bruchstücke einer stralsundischen Chronik", die manches neu Material bringen und bei dem Vorhandensein kulturgeschichtlich interessante Momente den Verlust der Urschrift der Chronik, aus der diese Fragmente stammen, bedauern lassen, und den ersten Teil der „Aelteren Zunfturkunden der Stadt Greifswald", die O. Krause und K. Kunze herausgeben. Aus letzteren ist besonders eine Rolle der Makler erwähnenswert.

„Zur Orts- und Wirtschaftsgeschichte Soests im Mittelalter" bringt F. Ilgen in den „Hansischen Geschichtsblättern Jahrg. 1899 (Leipzig 1900) einen Beitrag, der hauptsächlich durch die Notizen, die sich über Soefter Gebäulichkeiten u. a. in einem alten Nekrologium des Patroclitstiftes gefunden haben und die im Auszug anhangsweise mitgeteilt werden, angeregt ist. Bemerkenswert ist die Bedeutung der Landwirtschaft für Industrie und Handel.

Im 22. Bande der „Zeitschrift des Aachener Geschichtsvereins" veröffentlicht C. Pauls „Wirtschaftsgeschichtliches aus dem Herzogtum Jülich", d. h. 14 kleinere Beiträge, die auf Archivalien des Düsseldorfer Staatsarchivs, meist aus dem 16. und 17. Jahrhundert, beruhen. Sie betreffen den Anbau und die Verwendung von Kulturpflanzen (Wein, Hopfen, Waid rc.), Waldwirtschaft, Fischerei (auch die Perlenfischerei bei Montjoie), Bergbau (auch das Salpetergraben im 16. Jahrhundert) und Pulverfabrikation.

Sehr dankenswert sind die Mitteilungen Dietrich Schäfers „Zur Orientierung über die Sundzollregister" in den „Hansischen Geschichtsblättern", Jahrgang 1899 (Leipzig 1900). Ihre Durchforschung giebt die Möglichkeit, den Verkehr durch den vielbefahrenen Sund im Laufe der Jahrhunderte statistisch festtellen zu können, womit ein Interesse für die Handelsgeschichte verknüpft ist, „das kaum durch andere Fragen übertroffen werden kann." Sch. orientiert uns darüber, wie weit das Material erhalten ist und welche (nicht gleichartigen) Eintragungen es enthält, geht dann näher auf die Eintragungen der ältesten Jahrgänge ein (1497. 1503. 1528) und gewinnt daraus einige allgemeine Sätze, wie z. B. über das Vorwiegen der Niederländer.

In demselben Jahrgang derselben Zeitschrift veröffentlicht K. Koppmann „Ein Krämer-Inventar vom Jahre 1566", das sich in einem Gerichtsprotokoll des Rostocker Archivs befindet und den Nachlaß anscheinend eines Landfahrers aus Lübeck betrifft. „Es ist insofern lehrreich, als es uns nicht nur die mannigfaltigen Artikel des Kramhandels aufführt, über die wir auch anderweitig, insbesondere durch die Krämerrollen unserer Städte gute Kunde besitzen, sondern auch die Quantität, in der die einzelnen vorhanden sind, und vielfach auch die Preise derselben angiebt." Ein kurzes Inventar eines anderen Krämers von 1561 ist zur Ergänzung herangezogen.

Eine sehr fleißige Arbeit Bruno Ziegers behandelt ein Thema, das dem Laien nur als ein moderner Gedanke erscheint, mit dem sich aber schon das 18. Jahrhundert lebhaft beschäftigte, unter dem Titel: „Der Handelsschulgedanke in Kursachsen im 18. Jahrhundert." Besonders treten Männer hervor, wie Marperger, Zincke, Ludovici, Geutebrück, Martini.

Aus dem Jahrgang XI. der Dresdener Geschichtsblätter ist ein Beitrag von R. Bruck, Zur Geschichte der Lebensmittelversorgung der

Stadt Dresden (1. Getreidehandel, 2. Kleinhandel mit Lebensmitteln (Höckerei) zu erwähnen.

Von nicht geringem wirtschaftsgeschichtlichen Interesse ist eine Arbeit G. Arndts über „Das Festmahl bei der Huldigung in Halberstadt am 2. April 1650 und die Preise der Lebensmittel im 17. Jahrhundert" (Blätter für Handel, Gewerbe und soziales Leben (Beibl. d. Magd. Ztg.) 1900, Nr. 34).

Die Zeitschrift für historische Waffenkunde" II, 5, enthält einen Beitrag unseres Mitarbeiters G. Liebe über: „Die soziale Wertung der Artillerie", der eine willkommene Ergänzung zu seinem Buch über den „Soldaten in der deutschen Vergangenheit" liefert.

„Ursprung und Entwicklung der deutschen Kriegsartikel" behandelt Wilh. Erben in dem 6. Ergänzungsbande der „Mitteilungen des Instituts für österreichische Geschichtsforschung." Es ist dies eine von der historischen Forschung bisher nicht genügend beachtete Quelle, zu deren besserer Würdigung E. beitragen will. Sein „Augenmerk war in erster Linie auf die Feststellung der Verwandtschaft der verschiedenen Fassungen und auf die Hervorhebung der entscheidenden Neuerungen gerichtet." In vier Abschnitten (Söldnereide aus der Zeit Maximilians I.; Artikel für deutsche Knechte; Reiterbestallungen und Artikelsbriefe der Reiter; Entstehung und Ausbreitung der reformierten Fassungen) giebt er die Entwicklung der Artikel in den Hauptzügen. „Entstanden aus dem Bedürfnis, dem geworbenen deutschen Fußvolk bestimmte Ordnungen zu geben, haben sie im Laufe des 16. Jahrhunderts, schritthaltend mit der Ausbreitung des Landsknechtwesens, an Inhalt und äußerer Geltung zugenommen, so daß sie für die Zeit um 1600 das wichtigste Hilfsmittel zum Studium der militärischen Verhältnisse des Reiches und seiner Nachbarländer bilden. Im nächstfolgenden Säkulum gewinnen allerdings bald andere Aufzeichnungen offiziellen Charakters neben ihnen immer größeres Gewicht." Die Bedeutung der Artikel wird allmählich auf die Militärgerichtsbarkeit beschränkt.

Seine tüchtigen Studien über „Die vier Erbämter des Hochstifts Eichstätt", von denen wir seiner Zeit die Einleitung und allgemeinen Bemerkungen erwähnten, hat O. Rieder in dem „Sammelblatt des historischen Vereins Eichstätt", Jahrgang XI ff. fortgesetzt und zunächst das Erbmarschallamt behandelt (Amtsvertreter ohne Erblehen; das Amt erblich in den Familien Dietenhofen, Feldbrecht, Kottenheim und Biberern u. s. w.; Güter und Gerechtsame sowie Dienstleistungen des Amts), auch Urkunden- und archivalisches Material hinzugefügt. Ebenso eingehend wird dann das Erbkämmereramt verfolgt, bei dem wir wie beim Marschallamt auch erst mit dem Ende des 13. Jahrhunderts festen Boden betreten, und zwar als Erbamt 1) in der Familie von Otting 2) in der Familie von Schaumberg. Für die letztere ist ihm so reiches Material zugeflossen, daß er eine Geschichte dieses uralten Geschlechts hinzufügen konnte.

In Band XIX., Heft 4 der „Frankfurter zeitgemäßen Broschüren" behandelt G. Grupp den „Niedergang des norddeutschen Bauernstandes seit der Reformation" (Frankfurt a. M., P. Kreuer, 1899, 48 S.).

Der belesene Verfasser bringt unter Heranziehung der neueren, diesem Gebiet stärker zugewandten wirtschaftsgeschichtlichen Forschungen auf dem geringen Raum eine große Fülle von Stoff unter und giebt ein im ganzen zutreffendes Bild der gewiß nicht erfreulichen Entwicklung des norddeutschen Bauernstandes. Hin und wieder fallen störende Druckfehler (S. 6 zweimal Rantzow statt Kantzow) auf.

Eine gut geschriebene Studie Georg Liebe's behandelt „die wirtschaftliche Bedeutung der Juden in der deutschen Vergangenheit (in: Jahrbücher der K. Akademie gemeinnütziger Wissenschaften zu Erfurt, N. F. Heft 26). Er betont, daß die Geschichten der Juden meist nur die Momente der äußeren Geschichte, die Verfolgungen, würdigen. Es genügt nicht, alles aus der Glaubensfeindschaft zu erklären. „Entscheidend für das Verständnis der Entwicklung ist die Thatsache, daß die Verschlechterung in der Lage der Juden sich in zwei Stufen vollzogen hat, die etwa durch die Mitte des zwölften und die Mitte des vierzehnten Jahrhunderts bezeichnet werden; beidemal bildete das wirtschaftliche Element die treibende Kraft.“

Einen „Abriß der Burgenkunde“ bringt Bändchen 119 der „Sammlung Göschen“ aus der Feder Otto Piper's, des Verfassers des bekannten größeren Werkes: Burgenkunde (München 1895). Er will aber diesen Abriß keineswegs als einen Auszug daraus angesehen wissen: vielmehr hier eine kurze Zusammenfassung der wesentlichen Ergebnisse seiner Studien, dabei aber auch Verbesserungen und Ergänzungen zu jenem Werke geben. Daß dieser Abriß nun auf alle die verschiedenen Fragen auf diesem Gebiet eine Antwort und die allein zuverlässige Antwort gebe, wird man nicht erwarten; aber als eine gute und überaus klare Orientierung wird man — unbeschadet abweichender Ansichten im einzelnen — das Büchlein weiten Kreisen empfehlen können. Die kritischen Bemerkungen des Verfassers über die „stilgerechten Wiederherstellungen“ der Gegenwart haben durchaus unsern Beifall.

Einer Sammlung „Rheinische Gärten“ gehört ein mit guten Abbildungen und Plänen ausgestattetes Heft von H. R. Jung und W. Schröder an: „Das Heidelberger Schloß und seine Gärten in alter und neuer Zeit und der Schloßgarten zu Schwetzingen“ (Berlin, Gust. Schmidt, 1898, 74 S.). In Heidelberg hat die Gartenkunst im 16. und 17. Jahrhundert besonders in Blüte — freilich nicht in modernem Sinne — gestanden. Die Verfasser, beide gärtnerische Fachmänner, bringen diese Entwicklung ausführlich zur Darstellung, insbesondere auch durch erläuterte Auszüge aus dem seltenen Werke des Schöpfers des Gartens, de Caus, Hortus Palatinus. Der Schwetzinger Garten zeigt den französischen Geschmack der letzten Hälfte des 18. Jahrhunderts, weiter aber auch die Einführung des englischen Gartenstils.

Der Anzeiger des Germanischen Nationalmuseums von 1900 bringt im Heft 3 und 4 eine eingehende Arbeit von O. Lauffer über „Herd und Herdgeräte in den Nürnbergischen Küchen der Vorzeit.“ Der außerordentliche Konservativismus in dieser Beziehung läßt die uralten und ureinfachen Gegenstände als sehr schätzbares Material erscheinen. Wesentlich will Lauffer daher auch der Ethnologie dienen und läßt den historischen Gesichtspunkt etwas zurücktreten. Die litterarischen und bildlichen Quellen ergänzen unter den realen besonders die „Puppen- oder Dockenhäuser."

Ein über das rein Medizinische weit hinausgehendes Interesse darf ein Buch von Wilh. Ebstein, Die Medizin im alten Testament (Stuttgart, Ferd. Enke, 1901, VIII, 184 S.) beanspruchen, so daß wir es wenigstens an einem kurzen Hinweise auf dasselbe nicht fehlen lassen wollen. Auf Grund der biblischen Schriften giebt E. eine seitens der Bibelforscher wohl nicht ganz einwandfreie Uebersicht über den Stand der Hygiene und über die Lehre von den Krankheiten und deren Behandlung, eine Uebersicht, die naturgemäß auch auf die Lebensverhältnisse, auf Wohnung, Kleidung, Ernährung, Körperpflege, weiter auf physische und psychische Anlagen, auf einzelne Sitten und Bräuche der Israeliten eingeht. Daß andererseits der Stand der Heilkunde, die Ansichten über die Krankheiten wie ihre Behandlung auf die Kulturstufe ein bezeichnendes Licht werfen, ist klar. Ueberraschend hoch steht die Gesundheitspflege, dagegen ist auch nicht einmal von den Anfängen einer wissenschaftlichen Heilkunde die Rede.

Da unsere Zeitschrift kürzlich ein Ergänzungsheft über Dr. Eisenbart brachte, sei ein kurzer Artikel P. Mißzke's, Eisenbart in Coburg 1713 im Coburger Tageblatt 1900, Nr. 148 (zum Teil nach Coburger Akten) hier hervorgehoben.

Nicht ohne kulturgeschichtliches Interesse ist eine Arbeit von W. Cohn-Antenorid über „Chinesische Artisten" im Globus Bd. 78 Nr. 11. Sie haben in China bereits eine lange Geschichte, namentlich die Jongleure, aber auch die Zauberkünstler u. s. w. Ihre Tierdressur führt in sehr frühe Zeiten zurück.

Neue Bücher: J. Babe Morman, Principles of social progress: a study of civilization. Rochester (240 p.) — R. v. Kralik, Kulturstudien. Münster (IV, 372 S.) — B. Rüttenauer, Studienfahrten. Farbenskizzen u. Randglossen aus Gegenden d. Kultur u. Kunst. Strassburg (III, 215 S.) — P. Reynaud, La civilisation païenne et la famille. Paris (XI, 312 p.) — de Sarzec et Heuzey, Une villa royale chaldéenne vers l'an 4000 avant notre ère. Paris (VII, 96 p.) — Ed. Meyer, Gesch. d. Altertums Bd. III. Das Perserreich u. d. Griechen. I. Hälfte. Stuttg. (XIV, 691 S. 1 Karte.) — G. Jones, Civilization in the middle ages: with an introduction to the source study method. Lincoln Nebr. (164 p.) — F. Fuhse, Die deutschen Altertümer (Samml. Göschen 124). Lpz. (176 S.) — J. Steinhoff, Bilder a. d. Kulturgesch Badens. Karlsruhe (III, 162 S.) — Gesch. d. Stadt Wien. Hersg. vom Altertumsverein zu Wien. Red. von H. Zimmermann. Bd. II, 1. Hälfte. Mit 20 Taf. u. 102 Textill. Wien (XVII, 498 S.) — L. Ceci, Per la storia della civiltà italica. Discorso. Roma (68 p.) — Arte, scienza e fede ai giorni di Dante Conferenze. Milano (356 p.) (Enth. u. a.: P. del Giudice, La feudalità italiana nel dugento; N. Tamassia, Vita di popolo nei secoli XIII e XIV u. s. w.) — G. Le Bidois, La vie dans la tragédie de Racine. Paris (VIII, 336 p.) — P.

Carus, History of the Devil and idea of Evil from earliest times to present day. London. — Documents p. serv. à l'hist de l'inquisition dans le Languedoc p. p. Douais. 2 vols. Paris (CCXCIX; 422 p.) — H. Werner, Die Flugschrift „ouus ecclesiae" (1519) m. e. Anh. üb. social- u. kirchen-polit. Prophetien. E. Beitr. z. Sitten- u. Kulturgesch. d. ausgeh. MA. Giessen (106 S.) — E. Reicke, Der Gelehrte in der deutschen Vergangenheit (Monographien z. deutsch. Kulturgesch. Bd. 7). Leipzig (144 S.) — D. Turnau, Rabanus Maurus, der praeceptor German. E. Beitrag z. Gesch. d. Pädag. im MA. München (72 S.) — G. Mertz, Das Schulwesen der deutsch. Reformation im 16. Jh. Lf. I. Heidelberg (S. 1—64.) — W. S. Monroe, Comenius and the beginnings of educational reform. Lond. (196 S.) — R. Möckel, Die Entwickl. d. Volksschulwesens i. d. ehem. Diöcese Zwickau, v. d. Mitte d. 18. Jh. bis 1835. Lpz. (172 S.) — Ch. Borgeaud, Hist. de l'université de Genève. L'académie de Calvin 1559—1798. Genève (XVI, 664 p.) — E. Gossot, Essai critique sur l'enseignement primaire en France de 1800 à 1900. Paris (XXIII, 372 p.) — R. Pöhlmann, Gesch. d. antiken Kommunismus u. Socialismus. 2. Bd. München (XI, 617 S.) — M. Kowalewsky, Die ökon. Entwickl. Europas b. z. Beginn d. kapitalist. Wirtschaftsform. A. d. Russ. v. L. Motzkin. Bd. I. (Biblioth. d. Volkswirtschaftslehre XI). Berl. (VIII, 539 S.) — G. Notor, La femme dans l'antiquité greque. Préface de M. Eug. Müntz. Paris (IV, 284 p.) — L. v. Kobell, Farben u. Feste. Kulturhistor. Studie. München (170 S.) — E. Ausfeld, Hof- und Haushaltung der letzten Grafen v. Henneberg. (Neujahrsbll. d. hist. Kommiss. d. Prov. Sachsen 25). Halle (48 S.) — A. Bazin, L'alimentation à Compiègne. Les Taverniers. Compiègne (183 p.) — V. Hehn, Das Salz. E. kulturhist. Studie. 2. Aufl. Mit e. Nachwort v. O. Schrader. Berl. (105 S.) — Katalog der Freiherrl. v. Lipperheide'schen Sammlung f. Kostümwissenschaft. 3. Abt. Bücher-samml. Bd. I. Berl. (XXI, 645 S.) — A. de Champeaux, Le Meuble T. 2. (XVIIe, XVIIIe, et XIXe s.) Nouv. éd. Paris (320 p.) — Inven-taire des meubles du château de Jarnac, dressé le 29. nov. 1762 et jours suivants. Publ. p. Ph. Delamain. Niort (XVIII, 127 p.) — A. Schaer, Die altdeutschen Fechter und Spielleute. E. Beitr. z. d. Kulturgesch. Strassburg i. E. (207 S.) — A. Franklin, La vie privée d'autrefois: Variétés parisiennes. Paris (XIV, 351 p.) — H. Francotte, L'industrie dans la Grèce ancienne. T. II. (Bibl. d. l. faculté de philos. de Liége. VIII.) Bruxelles (VI, 376 p.) — C. Mollwo, Das Handlungsbuch von Hermann und Johann Wittenborg. Leipzig (VII, LXXIX, 103 S.) — E. Nübling, Ulms Handel und Gewerbe i. MA. 5 Heft: Ulms Kaufhaus im MA. Ulm (XXIV, 320 S.) — P. Simson, Der Artushof i. Danzig u. seine Brüderschaften, die Banken. Danzig (VIII, 338 S. 13 Taf.) — Docu-ments relatifs à l'hist. de l'industrie et du commerce en France (II: XIVe et XVe siècles) publiés p. G. Fagniez. Paris (LXXIX, 350 p.) — E. Le-vasseur, Hist. des classes ouvrières et de l'industrie en France avant 1789. 2 éd. T. I. Paris (712 p.)

Bibliographie.

Von Georg Steinhausen.

Das Jahr 1899 (Schluss).

Besitzverhältnisse, privater und öffentlicher Haushalt, Preise:
L. Felix, Entwickelungsgesch. d. Eigentums unter culturgesch. u. wirtschaftl. Gesichtspunkte IV. Der Einfl. v. Staat u. Recht. 2. Hälfte.
1. Abt. (Das M. A.) Leipzig (XII, 776 S.). — Lombart, L'histoire
économique de la propriété, d'après le vicomte Georges d'Avenel (Acad.
Besançon. Procès-verb. Mém. 1898). — G. A. Pugliese, Nota sulle
origini della proprietà fondiaria (Riv. Giurispr. Febr.). — Gius. Salvioli, Sulla distribuzione della proprietà fondiaria in Italia al tempo dell'
impero Romano. Studi di storia economica. II (Archgiurid. III, 3). —
Ders., Sulla distribuzione della proprietà individuale al tempo
dell' Impero Romano. Palermo (79 p.). — E. Glasson, L'évolution de
la propriété foncière en France pendant la période monarchique (AcScienc.
Morales C. R. Nov.). -- L. Duval, La petite propriété dans le départe-
ment de l'Orne en 1789 (Réforme sociale 19: 1. Avril). — L. G. Pélissier,
Le trousseau d'un Siennois en 1500 (Bull. Senese di Stor. Patr. 6, 1). —
W. Brown, Inventory of the goods of James Cockerell, sometime prior
of Guisborough [1537] print. by W. Brown (Antiquary N. S. 110. Febr.).
— M. Mackeprang, Inventarier i borgerlige huse fra det 16. århundr.
forste halvdel (Danske Magazin 5. R. IV, 69/80). — S. de La Nicol-
lière-Teijeiro, Inventaire des objets composant la toilette, les bijoux,
le mobilier d'une jeune femme à la fin du 17e s. (Extr.) Vannes (13 p.)
-- J. Striedinger, Altbayerische Nachlass-Inventare (Altbayer. Monatsschr. 1, 4/6). — L. Sahler, L'inventaire des biens d'un vieux pasteur
(MémSocÉmul. Montbéliard 26, 2). — C. Bamps, L'impôt sur le revenu
au 18e s. dans les pays de Liége et de Looz (Ancien pays de Looz 1899,
p. 58/60). — H. Boesch, Die Haushaltungstafeln im German. Museum
(AnzGermNMus. 1899, 1 und Umschau 3, 36). — Isr. Lévi, Le livre-
journal de Maître Ugo Teralh notaire et marchand drapier à Forcalquier
(1330—1332). (Revue des études juives 74). — Le Livre de compte de
Jacme Olivier, marchand narbonnais du XIVe s. p. p. Alphonse Blance

II, 1. Paris (VI, 675 p.). — Aubert, Notes extraites de trois livres de raison de 1473 à 1550. Comptes d'une famille de gentilshommes campagnards normands (Bull. Hist. et Phil. 1898). — Le livre de raison des Goyard, bourgeois-agriculteurs de Bert (1611—1780) p. p. Roger de Quirielle (Curiosités bourbonn. XV). Moulins (108 p.). — N. Goffart, Le livre de raison de Jean Tobie, maître d'école à Chaumont Saint-Quentin de 1725 à 1778 (Revue de Champagne et de Brie. Sept.). — W. Nathansen, Aus dem Rechnungsbuche des Thomas Albrecht Pingeling (MVHambG. VII, 1, No. 2). — A. Nuglisch, Das Finanzwesen d. deutsch. Reiches unter Kaiser Karl IV. Diss. Strassb. (IV, 122 S.). — H. Haug, Die Ämter-, Kammerguts- und Rentkammer-Rechnungen d. Hauptstaatsarchivs zu Dresden (NASächsG. 20, 1/2). — Les comptes luxembourgeois du XIV e s. Compte-rendu par le cellerier de Luxemb. du 1. août 1380 au 1er oct. 1381 p. p. J. Vannérus. Luxemb. (51 p.). — W. Stieda, Städtische Finanzen im M. A. (JbbNatÖkStat. 72, 1). — A. Tille, Stadtrechnungen (DGBll. 1, 3). — R. Knipping, Die Kölner Stadtrechnungen d. M. A. Bd. 2: Die Ausgaben (Publ. d. Ges. f. Rhein. Gesch. Kunde XV, 2). Bonn (481 S.). — H. M. Kesteloo, De stadsrekeningen van Middelburg (V) van 1600—1625 (Archief. Vroegere en latere Mededeel. Middelburg 8, 1). — Ch. Joly, Essai d'hist. financière de la ville d'Auxerre II (BullSocSciencHistYonne 52). — H. Kaiser, Die Kostenrechnung einer bischöfl.-strassb. Gesandtschaft an die Curie (ZGOberrhein 14, 2). — Marché pour les provisions de l'hôtel royal des Invalides (1684); Marché pour le curage d'une fosse à Paris en 1697 (Corr. hist. et arch. 66). — A. L. Bowley, The statistics of wages in the U. Kingdom during the last 100 years (JournRStatistSoc. 62, 1/3).

Verkehrswesen, Reisen, Entdeckungen: F. Loewe, Die gesch. Entwickel. d. Landstrassen (AllgZtgB. 55/6). — O. Wanka Edler v. Rodlow, D. Verkehr über den Pass von Pontebba-Pontafel u. den Predil im Altertum u. M. A. (Prager Stud. a. d. Geb. d. Gesch. 3). — v. Sarwey, Röm. Strassen im Limesgebiet (WestdZs. 18, 1/2). — W. Berdrow, Auf d. Landstrassen u. i. d. Herbergen des M. A. (Alte u. Neue Welt 34, 5). — J. Vogel, Über d. alten Strassen (MNordbExcCl. 22, 3). — E. Weinhold, Vom Strassenbauwesen älterer Zeit in und um Chemnitz (MVChemnitzG. 10). — C. Spielmann, D. Wiesbadener Landstrassen im 18. u. 19. Jahrh. (AnnVNassAk. 30). — F. Nüchter, Das Fichtelgebirge i. s. Bedeutung f. d. mitteleuropäisch. Verkehr (MVErdk. Leipzig 1898). — A. Paudler, Altes Passwesen (MNordböhmExcCl. 22, 4). — A. Nesselmann, Histor. u. moderne Wagen d. grossherz. Hofes zu Weimar. Berlin (89 Taf. IV, 28 S.). — Ch. de B., Les automobiles au 17e s. (Corresp. hist. et arch. p. 65). — B. E. Crole, Illustr. Gesch. d. deutsch. Post. 3. Aufl. Lief. 1. Lpz. — Al. Schulte, Zu dem Poststundenpass von 1500 (MInstÖstG. 20, 2). — H. Guericke, Das Postwesen vor 200 Jahren i. e. kl. deutschen Stadt u. A. Helmstedt (64 S.). — W. Stieda, Hamburg und Lübeck im Postverkehr mit Meklenburg am

Ende des 17. Jh. (ZVHambG. X, 3). — Th. Esch, Zur G. d. Postwesens
in Veste Recklinghausen (ZVOrtsHeimatk. Recklingh. 7). — M. Henrioud.
Hist. des postes vaudoises sous le régime cantonal 1804—48. Lausanne
(46 p.). — B. E. König, Schwarze Cabinette. E. Gesch. d. Brief-
geheimniss-Entheiligungen, Perlustrationen u. Brieflogen, d. postal. Secret-
dienstes etc. Neue Aufl. Leipz. (VI, 344 S.). — G. Gavotti, Storia
delle evoluzioni navali preceduta della storia delle segnalazioni in mare.
Roma (404 p.). — H. Kerp, Vikinger Schiffe u. Vikingerfahrten (Mutter
Erde 1, 41). — E. Baasch, Beitr. z. Gesch. d. deutsch. Seeschiffbaues
u. d. Schiffbaupolitik. Hamb. (VII, 351 S.). — Festschrift z. 150jähr.
Bestehen d. Hamburg. Navigationsschule (enth. u. A.: Hagedorn, Die
hamb. Navigationsschule in den ersten Jahrzehnten ihres Bestehens;
Th. Niebour, D. naut. Unterr. i. d. Hamb. Nav.-Schule 1749 - 1899.
F. Bolte, Z. Gesch. d. naut. Unterr. i. d. Nav.-Schule in Hamburg). —
F. Stuhr, Der Elbe-Ostsee-Kanal zwischen Dömitz u. Wismar.
(JbbVMeklenbG. 64.) — G. A. Sekon, The evolution of the Steam
Locomotive 1803—1898. 2. ed. London (336 p.). — G. Fleck, Studien
z. Gesch. d. preuss. Eisenbahnwesens. (Forts.) (Archiv f. Eisenbahnwesen
1899, 1/2.) — Gesch. d. Eisenbahnen d. österr.-ungar. Monarchie 56—68.
Lf. (Schl.) Teschen. — A. Birk, Die Entwickelung d. Strassen- u. Lokomotiv-
Eisenbahnwesens in Oesterr. [Aus: Gesch. d. öst. Land- u. Forstwirtsch.
1848—1898.] Wien (37 S.). — Charles H. Chandler, An historical
note on early American railways. (TransWisconsAcad. 12, 1.) — W.
Bender Wilson, History of the Pennsylvania Railroad Company. 2 vols.
Philadelphia (425, 329 p.). — F. Westberg, Ibrâhîm's-Ibn-Ja'kúb's
Reisebericht üb. d. Slawenlande a. d. J. 965 (Aus: „Mém. de l'acad. de
St. Pétersb.) Leipz. (IV, 183 S.). — E. Schäfer. Z. Erinn. an Marco
Polo (MGeogrG.Hamburg 15, 1). — H. Kretschmayr, Zwei Alpen-
wanderungen im M.-A. (AllgZtgB. 195). — Th. Schön, Die Herren von
Schönburg im heiligen Lande (Schönb.GBll. 5, 2). — Des Franziskaner-
Mönchs Gabriel v. Rattenweg Pilgerfahrt nach Jerusalem (Corr.
BlVSiebenbLk. 22, 9/10). — B. Puchta, Chinareisende vor d. Zeitalter
d. grossen Entdeckungen (D. prakt. Schulmann 48, 1). — Du Chastel
de la Howarderie, Eustache de la Fosse, voyageur tournaisien du 15e s.
et sa famille (AnnSocHistTournai III). — J. Rackl, Die Reisen des
Venetianers Alvise da Cà da Mosto a. d. Westküste Afrikas (1455 und
1456). Diss. Erlangen (88 S.). — G. Gravier, Les voyages de Giov.
Verrazano sur les côtes d'Amérique avec des marins normands pour le
compte du roi de France en 1524—1528 (BullSocNormGeogr. 1898, 4). —
Bericht über eine Reise von Lüneburg nach Orléans i. J. 1547. Veröffentl.
v. Wilh. Görges. (Jahresber.MusV.Lüneburg 1896/8). — H. Zimmerer,
Eine Reise nach Amasia i. J. 1555. E. deutsche Gesandtschaft i.
Kleinasien an dem Hoflager d. Sultans Soliman d. Prächtigen. Progr. Gymn.
Ludwigshafen a;Rh. (41 S.). — Aventures d'un grandseigneur italien à
travers l'Europe (1606). Relation mise en français et annotée p. E.

Rodocanachi. Paris (IX, 323 p.). — R. Röhricht, Die Jerusalemfahrt Joachim Rieters aus Nürnberg (1608—1610) (ZDPhil. 31, 2). — Voyages de Léon Godefroy en Gascogne, Bigorre et Béarn (1644—1646) p. p. L. Batcave. Paris (X, 49 p.). — Ch. Schmidt, Le voyage d'un prince allemand, Guillaume VI, landgrave de Hesse, en France, de 1646 à 1648. (SocHistProtestFranc.Bull. 1899, 4/5.) — C. Imbault Huart, Le voyage de l'ambassade Hollandaise de 1656 à travers la province de Canton (Journ. oft the China Branch of the R. Asiat. Soc. N. F.30). — Journal de voyage de deux jeunes Hollandais à Paris en 1656—1658 p. p. A. P. Faugère. Nouv. éd. Paris (XXIII, 557 p.). — Tagebuch Adam Samuel Hartmanns über seine Kollektenreise i. J. 1657—1659. Hrsg. v. Rodgero Prümers. (ZHistGes.Posen 14, 1/4). — A. Pannenborg, Ulrich von Werdum u. sein Reisejournal (1670—77) II. (JbGesBildKunstEmden 13). — P. de Casteran, Relation d'un voyage dans le Labourd p. M. de Froidour 1672 (Revue de Gascogne Juill. Août). — H. Jadart, Voyage de Jacobs d'Hailly, gentilhomme lillois, à Reims, dans la Champagne et les Ardennes en 1695 (Rev. de Champagne Janv.). — R. Setzepfandt, Romantische Reiseabenteuer im Lande der Hottentotten und Kaffern. (GBll.Magdeburg 34, 1). — Colonel Windham, Diary of a tour through France and Italy [1769/70] printed by J. H. Lloyd (Antiquary N. S. 109. 111. 113. 115). — Un pèlerinage à la campagne et à la cathédrale de Bossuet en 1775 p. p. A. Gasté (Extr. des Mém. Acad. Nation. Caen). Caen (6 p.). — S. Göbl, Handschriftl. Reliquien von Karl Theod. Frh. v. Dalberg (Reisejournal 1782/83). (AHV.Unterfranken 40). — Contesse Diane de Polignac, Journal d'Italie et de Suisse (1789). Paris (24 p.). — K. G. Leinberg, Om finske mäns studiiresor i äldre tid (Hist. arkisto XV, 264/302). — J. G. Alger, British visitors to Paris 1802 bis 1803 (EnglHistRev. N. 56, Oct.). — Contesse Anna Potocka, Voyage d'Italie (1826—1827) p. p. Cas. Stryienski. Paris (XI, 279 p.). — F. Le Play, Voyages en Europe (1829—1854). Extr. de sa correspondance p. p. Alb. Le Play. Paris (349 p.).

Gesundheitswesen, Krankenpflege, Körperpflege: J. Clédat, La médecine chez les anciens Égyptiens (suite). Paris (p. 17 à 31). — P. Giacosa, Per la storia della medicina (NAntol.fasc. 660). — M. Höfler, Zur vorgesch. Heilkunde i. german. Ländern (CorrBlDGes.Anthrop. 30, 1). — J. Marcuse, Heilkundige Frauen im Altertum (Zukunft 7, 32). — C. Koenen, Z. röm. Heilkunde am Niederrhein (Hist. Stud. u. Skizzen zu Naturwiss. etc. Festschr.). — Ders., Chirurgische Instrumente d. Römer am Niederrh. (ib.). — Ders., Zur Heilkunde d. Franken a. Niederrh. (ib.) — Dujardin-Beaumetz, Note sur l'épigraphie médicale romaine de la division d'Alger et sur le monument funér. du médecin Rozonus, conservé au cercle militaire de Ténès. Paris (22 p.). — G. P. Geist-Jacobi, Mittelalter u. Neuzeit. E. Beitr. z. Gesch. d. Heilkunde in Frankfurt a./M. u. d. deutsch. Zahnheilkunde. Berlin (VII, 127 S.). — G. Henslow, Medical Books of the 14th Century together with a list of plants recorded

in contemp. writings. London. — J. L é v i, L'inventaire du mobilier et de la
bibliothèque d'un médecin juif de Majorque au 14e s. (Rev. des études juiv. 78.)
— G. W. Gessmann, Die Geheimsymbole d. Chemie u. Medicin d. M. A. Graz
(XII, 67, 36 S.). — F. Hartmann, Die Medicin des Theophrastus Paracelsus
v. Hohenheim. Vom wissensch. Standpunkte betrachtet. Lpz. (VII, 251 S.).
— Demets, Vieux-neuf médical: 1. Le liquide de Burow au 17e s.
2. Système d'un médecin anglais sur la cause de toutes les espèces de
maladies (AnnSocMédChir.Anvers 1899 p. 179/206). — Hoefler, Zur
Volksmedicin Ceylons vor 200 Jahren (Janus 7). — R. Gottheil, Con-
tributions to Syriac Folk-Medicine (JournAmer.Orient. Soc. 20, 1). — H.
de Mondeville, La Chirurgie. Trad. contempor. de l'auteur p. p. A.
Bos. II. Paris (847 p.). — A. Schmitt, Chirurgie in alter u. neuer Zeit
(AllgZtgB. 149/50). — A. Terson, Études sur l'hist. de la chirurgie
oculaire. Paris (48 p.). — E. Friedel, Urkunden z. Gesch. d. Anatomie
(Brandenburgia 8, 6). — J. Marcuse, Diätetik im Altertum. E. histor.
Studie. Stuttg. (VII, 51 S.). — C. Kratz, Pflanzenheilverfahren. Gesch.
der Kräuterkuren. Histor. u. bibliogr. Studien üb. d. Gebrauch d. Heil-
kräuter u. d. Kräuterkuren m. vielen Rezepten der früheren Kräuterheil-
kunde etc. Berlin (VIII, 291 S.). — J. Hartmann, Wildbad-Berichte
aus 6 Jahrhunderten. Stuttg. (103 S.). — O. Voigt, Die Wettiner im
Teplitzer Bade bis z. Ende d. 17. Jh. (NASächsG. 20, 1/2). — W.
Hayen, Eine Brunnenkur in Hatten i. J. 1754 (JbGOldenburg 7). —
Feldmann, Heilquellen u. Bäder in Jülich-Kleve-Berg u. nächst.
Nachbarsch. (Hist. Stud. u. Skizzen z. Naturwiss. etc. am Niederrhein.
Festschrift.) — H. Schäfer, Die Wiedereinrichtung einer Ärzteschule
in Sais unter König Darius I. (ZsÄgyptSpr. 37, 1.) — H. Hopf, Die bei
den Kulturvölkern bräuchlichen ältesten Benennungen ihrer Heilkünstler
(MedCorrBlWürttembÄrztlLandesV. 23). — H. M. Ferrari da Grado,
Une chaire de médecine au 15e s. Un professeur à l'université de Pavie
1432—1472 Thèse. Paris (343 p.). — R. Jung, Gutachten zweier Frankfurter Ärzte 1425 (A. Frankf. G. 6). — K. Gerster, Ärztl. Diätetiker a.
d. 16. Jh. Jacobus Oetheus 2. T. 1574. (Hygiea 12, 6.) — J. Riedinger,
Gesch. d. ärztl. Standes u. d. ärztl. Vereinswesens in Franken, spec. in
Würzb. Festschr. Würzb. (IV, 133 S.). — P. E. Le Maguet, Le monde
médical parisien sous le grand roi, suivi du Portefeuille de Vallant
conseiller du roi etc. Paris (564 p.). — H. Weissgerber, La corporation
des chirurgiens-barbiers de Ribeauvillé 1680—1791. [Aus BullSocConserv.
Monum.] Strassb. (III, 66 S.). — K. Caree, Skarpretter og Kirurg
(Bibl. for Læger 1898, 37/46). — M. Grolig, Arztlohn vor 200 Jahren
(ZVGMähren 2, 377 f.). — E. Mummenhoff, Oeffentl. Gesundheitspflege
u. Krankenpflege i. alten Nürnberg. (Festschr. z. Eröffn. d. neuen Kranken-
hauses i. Nürnb.) — K. Hoffacker, Oeffentl. Gesundheitspflege (Hist.
Studien u. Skizzen zu Naturwiss. etc. am Niederrhein. Festschrift). — Ders.,
Volksseuchen i. früher. Jahrh. (ib). — Hucklenbroich, Krankenpflege u.
Krankenhauswesen am Niederrh., insbes. in Düsseld. (ib.). — E. Pauls, Apo-

thekenwesen (ib.). — E. Gurlt, Geschichtl.-Medizinisches u. Chirurg. aus
Brandenburg-Preussen (Brandenburgia 7, 12). — L. Winkler, Sanitäts-
wesen i. d. Kurbayer. Armee n. d. 30j. Kriege (1649—1726). (ForschG.
Bayerns 7, 1). — B. Reber, Beiträge z. Gesch. d. Pharmacie. S.-A. a.
d. Pharmac. Post. Genf (54 S.). — A. Arab, Les origines de la
pharmacie en Orient (Al-Machriq II, p. 81/5). — A. Lafourcade, Contribution à l'hist. générale de la pharmacie, en particulier à l'hist. de la
pharmacie toulousienne. Toulouse (99 p.). — E. Cheylud, Hist. de la
corporation des apothicaires de Bordeaux, de l'enseignement et de l'exercise
de la pharmacie dans cette ville (1355—1802). Paris (140 p.). — J.
Guiffrey, Nicolas Houel, apothicaire parisien, fondateur de la maison
de Charité chrétienne etc. (MémSocHist. Paris 25). — H. A. Walter,
Die Leipaer Kloster-Apotheke (MNordbExcCl. 22, 2). — J. Preuss,
Nerven- und Geisteskrankheiten nach Bibel und Talmud (AllgZsPsych. 56).
— Iw. Bloch, Zur Vorgesch. d. Aussatzes (VerbBerlAnthropGes. 1899,
205/16). — G. Bogdan, La Lèpre (esquisse histor.). (Extr.) Clermont
(7 p.). — D. v. Bremen, Die Lepra-Untersuchungen d. Kölner medic.
Fakultät von 1491—1664 (WestdZs. 18, 1). — Froger, La condition
des lépreux dans le Maine au 15e et au 16e s. (RQuestHist. 132). —
Esparbès, Léproseries et hôpitaux de Toulouse en 1428 (BullSocArchMidi
Nr. 23). — Gilbert Lasserre, La peste, étude histor. et géogr. (Soc.
GéogrCommBordeauxBull. 22, 6). — W. Ebstein, Die Pest des Thukydides
(D. att. Seuche). E. gesch.-med. Studie. Stuttg. (48 S.). — A. Kuemmel,
Die Pest u. ihre Ausbreitung i. d. deutschen Städten d. M. A. (Das Neue
Jahrh. 2, 12). — Frh. v. Krafft-Ebing, Z. Gesch. d. Pest in Wien
1349—1898. Wien (50 S.). — L. Senfelder, Das niederösterr. Sanitäts-
wesen und die Pest im XVI. und XVII. Jahrh. (BllVLandeskNiederöst. N.
F. 33, 1 u. 9/12). — E. Heuser, Amtl. Bescheinig. üb. d. Erlöschen d.
Pest in Speier i. J. 1667 (PfälzMus. 1899, 40 f.). — Maass, Pestzeiten
in Berlin u. d. Mark Brandenburg (Brandenburgia 8, 3). — Pestartige
Krankheiten im Luxemburgischen 3/6 (Ons Hémecht 3). — Nachrichten
über Pestepidemien (SchönbGBll. 5, 4). — L.-G. Pélissier, Une relation
rimée de la peste d'Aix en 1720 (La Corresp. hist. et arch. Juin). —
H. T. Manicus, Sindssyges Behandling i gamle Dage og Behandlingen
paa det gamle St. Hans Hospital (Nord og Syd 1899 Jan.). — A. Tille,
die „Mala Franzosa" zu Frankfurt a. M. (Janus 3). — L. Kotelmann,
Über Brillenmissbrauch d. Jugend i. 16. Jh. (Zs. f. Schulgesundheitspfl.
1899, 1). — J. Marcuse, Z. Gesch. d. Krankenhäuser (Z. f. Krankenpflege
Nr. 8). — V. M. Foix, Anciens hôpitaux du diocèse de Dax d'après le testament
d'Arnaud-Raymond Vicomte de Tartas. Aire-sur-Adour (48 p.). — P.
Béral, Hist. de l'hôpital de la Charité de Montpellier (1646—1682).
Montpellier (VIII, 339 p.). — E. Roth, Die Entwickelung des Bade-
wesens u. d. Schwimmens (AllgZtgB. 137). — J. Marcuse, Bäder und
Badewesen im Altertum (DVjsÖffGesundh. 1899, 673/95). — P. Piccolomini,
Terme Romane presso Siena. Relazione di recenti scavi (Boll. Senese di Stor

Patr. 6, 1/2). — Hann, Röm. Bad bei Mühldorf (Mitt. k. k. Central-Commiss.
25, 1). — Das röm. Bad bei Emona nach Nauportus (ib.). — Kabierske, Das
Breslauer Hallenschwimmbad. Seine Entstehungsgesch. und Einrichtungen,
nebst e. gesch. Überblick üb. d. Entw. d. Badewesens u. d. Schwimmens.
Breslau (226 S.). -- Kruse, Gesch. d. Seebadeanstalt Norderney. Norden
III, 95 S.). — Koch, Z. Gesch. d. Leibesübungen im M. A. (Zs. f. Turnen
u. Jugendspiel 8, 5). — Winterhoff, Die Pflege körperlicher Übungen
in Münster während d. M. A. Progr. Münster (26 S.). — H. Nirrnheim,
Die Anfänge des Turnens in Hamburg (MVHambG. VII, 1. Nr. 9).

Pflanzen und Tiere: E. Rolland, Flore populaire ou hist. naturelle
des plantes dans leur rapports avec la linguistique et le folk-lore. II.
Paris (272 p.). — G. W. Gessmann, Die Pflanze im Zauberglauben.
Mit e. Anh. über Pflanzen-Symbolik. Wien (III, 252 S.). --- E. Cont.
Lovatelli, Il culto degli alberi (NAntol. fasc. 664). — B. O. Foster,
The Symbolism of the Apple in Classical Antiquity (HarvardStudClassPhil.
10). — H. Barford, Die Mistel, ihre Stellung i. d. Mythologie d. Kelten
u. Germanen, i. d. Sage, d. Aberglauben u. d. Litteratur (Natur 48, 37/8).
— K. Weinhold, Über d. Bedeutung des Haselstrauchs im altgerman.
Kultus und Zauberwesen (SBAkBerlinPhilHistKl. 1899, 43). — A. C.
Winter, Die Birke im Volksliede der Letten. — Birkenverehrung b. d.
Jakuten (Arch. f. Religionswiss. 2, 1/2). — C. Hansen, Tulipanen, Blade
af dens Historie (Nord og Syd. II, 418/32). --- C. Bolle, Altmodische
Blumen (Brandenburgia 8, 6). — J. U. Dürst, D. Rinder v. Babylon, Assyrien
und Ägypten u. ihr Zusammenhang mit d. Rindern d. alten Welt. E.
Beitr. z. Gesch. d. Hausrindes. Berlin (94 S. 8 Taf.). — R. Engelmann,
Die Katzen im Altertum (JbDArchInst. 14, 3). - P. Mégnin, Notre
ami le chat. Les chats dans les arts, l'hist., la littérature. Hist. naturelle du
chat etc. Paris (XXIV, 264 p.). — M. Grünert, Der Löwe i. d.
Litteratur d. Araber (6. Publikation d. wiss. Ver. f. Volksk. i. Prag).
Prag (25 S.).   F. G. Hann, Das Einhorn u. s. Darstellungen i. d. mittel-
alterlichen Kunst Kärntens (Carinthia I. 89, 4). — R. Wossidlo, Mecklenb.
Volksüberlieferungen. II. Die Tiere im Munde d. Volkes. I. Wismar
(XIII, 504 S.). — A. Treichel, Nachtrag zum Tiergarten von Stuhm
(ZHVMarienwerder 37). — B. Langkavel, Culturhistor. über Fleder-
mäuse (Natur 48, 22).

Zeitschrift

für

Kulturgeschichte

Herausgegeben

von

Dr. Georg Steinhausen

Stadtbibliothekar in Cassel

Neunter Band

Berlin

Verlag von Emil Felber

Ohlenroth'sche Buchdruckerei, Erfurt.

Inhaltsverzeichnis.

Aufsätze:
                                                                                    Seite
Urgeschichte. Von Richard M. Meyer   1
Ein Erlaß der Kölner Universität zur Regelung der Depositionsbräuche.
    Von Joh. Krudewig   13
Biberfang in Ostpreußen. Von G. Sommerfeldt   26
Die Heimführung der Prinzessin Dorothea von Brandenburg nach Caffel 1700.
    Von G. Schuster   32
Aus dem ersten Jahrhundert des Kaffees II. Von Paul Hoffmann .   90
Vier Münsterische Hofordnungen des 16. Jahrhunderts. Von R. Lübicke   137
Alte Gemeinderügen der Dörfer Rudelsdorf und Masten. Von Vogel   163
Zur Geschichte des Trinkgeldes. Von Arthur Kern   170
Frau Gottsched über Erziehung, Frauenberuf und Frauenbildung. Von
    Eb. Otto   173
Die Pfalbürger. Von Max Georg Schmidt   241
Der „Püsterich" von der Rotenburg, als Typus kulturgeschichtlich eingereiht.
    Von E. v. Freydorf   322
Die Pfychifierung der Wirtschaftsstufen. Von Karl Lamprecht . . .   375
Hausrat und Büchereien zweier Gelehrten des ausgehenden Mittelalters.
    Von G. Kohfeldt   450

Miscellen:
Testament der Frau Margarete von Gera. Von Ernst Devrient . .   345
Kleinigkeiten von Th. Distel   347

Besprechungen:
Breysig, Kulturgeschichte der Neuzeit II, 2 (Steinhausen)   105
Achelis, Sociologie (Varges)   107
Heyne, Das deutsche Nahrungswesen (Lauffer)   109
Brandi, Die Renaissance in Florenz und Rom (Lauffer)   112
Korth und Albert, Die Urkunden des Heiliggeist-Hospitals zu Freiburg II.
    (Liebe)   114
Knepper, Nationaler Gedanke bei den elsässischen Humanisten (Detmer)   114
v. Zahn, Steierische Miscellen (Lauffer)   119
Kleinschmidt, Bayern und Hessen (Liebe)   120
Brunner, General Lagrange (Liebe)   120
Haupt, Renatus Frh. v. Senckenberg (Steinhausen)   121
Kohlschmidt, Der evangelische Pfarrer (Steinhausen)   122
Wuttke, Der deutsche Volksaberglaube (Jantzen)   123

Ammann, Volksschauspiele aus dem Böhmerwald III. (Jantzen) . . . 124

Das Bauernhaus im deutschen Reiche (Lauffer) 124

Sievers-Hahn, Afrika (Sehr) 125

Blum, Neuguinea (Liebe) 126

Helmolt, Weltgeschichte III. (Steinhausen) 212

Burdach, Walther von der Vogelweide I. (Lauffer) 213

Hansen, Quellen und Untersuchungen zur Geschichte des Hexenwahns
(Steinhausen) 216

Liebe, Sociale Studien aus deutscher Vergangenheit (Steinhausen) . . 217

Häbler, Der deutsche Kolumbusbrief (Steinhausen) 218

Grupp, Baldern (Liebe) 218

Jahrbücher der Akademie zu Erfurt 26. (Liebe) 219

Simson, Der Artushof (Steinhausen) 220

Landmann, Das Predigtwesen in Westfalen (Fr. Steinhausen) . . . 220

Gotthelf, Das deutsche Altertum (Lauffer) 221

v. Sybel, Die Begründung des deutschen Reiches, Volksausg. (Steinhausen) 224

Meyer, Badisches Volksleben (Jantzen) 225

Dichter und Darsteller I—V (Petsch) 228

Arnold, Kosciuszko (Liebe) 231

Lory, Edelmensch (Liebe) 231

Lavisse, Histoire de France I, 2 (Fr. Steinhausen 350

Stephani, Der älteste deutsche Wohnbau I. (Lauffer) 351

Gusinde, Neidhart mit dem Veilchen (R. M. Meyer) 353

Brunner, Reformation des Klosters Waldsassen (Steinhausen) . . . 353

Lingg, Kulturgeschichte der Diöcese Bamberg (Liebe) 354

Thurnhofer, Bernhard Adelmann von Adelmannsfelden (Liebe) . . . 355

Redlich, Albrecht von Brandenburg und das Neue Stift zu Halle (Liebe) 356

Mummenhoff, Der Handwerker in der deutschen Vergangenheit (Fr. Schulz) 357

Gloel, Familiennamen Wesels (Steinhausen) 360

Troels-Lund, Gesundheit und Krankheit (Jantzen) 361

Schlesiens volkstümliche Überlieferungen I. (R. M. Meyer) 363

Schriften der schweizerischen Gesellschaft für Volkskunde I. II. (Lauffer) 364

Willmann, Geschichte des Idealismus III. (Ehrhardt) 457

Jantzen, Saxo Grammaticus (Steinhausen) 474

Wossidlo, Mecklenburgische Volksüberlieferungen II. (Petsch) . . . 475

Tetzner, Slowinzen und Lebakaschuben (Petsch) 476

Hager, Die Weihnachtskrippe (Stegmann) 476

Kunze, Deutsches Privatleben in der Zeit der salischen Kaiser (Lauffer) 477

Focke, Chodowiecki und Lichtenberg (Fr. Schulz) 478

Kleinere Referate (Biedermann, Andree, Bilfinger, Pelissier, Leidinger,
Fischer, Jellinek) (Steinhausen) 479

Mitteilungen und Notizen (sowie „Neue Bücher"). (Von Georg
Steinhausen) 127, 233, 366

Psychologie.

Von Richard M. Meyer.

Unsere Zeit ist stolz auf ihren historischen Sinn. Nicht nur die Entstehung neuer vergleichender Disciplinen auf dem Gebiet der Geisteswissenschaften verdankt sie ihm; auch die mächtige Blüte der Naturwissenschaften (und damit mittelbar der Technik) wäre nicht denkbar ohne jene Fähigkeit, in der Entwickelung überall das Feste und das Veränderliche zu scheiden. Denn das eben ist historischer Sinn: das Vermögen, in der ewigen Umwandlung die Stetigkeit, in der unerschütterlichen Stetigkeit die Umwandlung zu erkennen.

In dieser allgemeineren Bedeutung kann der historische Sinn nie wieder der Wissenschaft entbehrlich werden. Aber das Wort hat auch noch eine engere Meinung; und in ihr ist es unter Umständen dem wissenschaftlichen Betrieb sogar gefährlich.

Aus der unverlierbaren, unschätzbaren Idee, daß es allezeit stetige Entwickelung gab, bildet sich nur zu leicht die gefährliche, irreführende Anschauung, als sei diese Entwickelung auch notwendig immer gleichartig, ja immer dieselbe gewesen. Wir wissen aus Newtons Fallgesetzen, daß die Geschwindigkeit des fallenden Körpers keineswegs immer die gleiche ist. Wir wissen aus der Weltgeschichte, daß Europa von 1789—1870 sich stärker verändert hat als von 800—1789. Das Tempo allein macht schon eine wichtige Verschiedenheit im Wesen der Entwickelung aus. Und keineswegs ist diese die einzige.

Wir abstrahieren unsere „Gesetze" des historischen Werdens und der ethnologischen Entwickelung aus einer kleinen Spanne Raum. Die sogenannte „Weltgeschichte" ist, wie ein Drama Ibsens, nur ein ausgeführter fünfter Akt. Um die Vorgeschichte zu erkennen, sind wir größtenteils auf Schlußfolgerungen angewiesen. Und doch müssen wir uns gegenwärtig halten, wie leicht diese Analogie= schlüsse, Rückschlüsse, Kettenschlüsse täuschen können.

Unsere „Weltgeschichte" ist von der „Vorgeschichte" wirklich nicht bloß durch die Chronologie geschieden. Die Weltgeschichte ist die Geschichte der Welt, ist die Geschichte einer zusammenhängenden, sich gegenseitig beeinflussenden, störenden, fördernden Völkermasse. Wer keinen Anschluß an diese gefunden hat, lebt eben auch heute noch in der Prähistorie, mag er übrigens auch sonst eine relativ hohe Kulturstufe erstiegen haben.

Um nun die Verhältnisse der Vorzeit zu erfassen, genügt jener historische Blick nicht, der sich an der Weltgeschichte gebildet hat. Im Gegenteil — er wirkt schädlich, indem er die thatsächlich vorhandene Verschiedenheit beider Epochen zu Gunsten einer trügerischen Gleichartigkeit verwischt. Aber wir geraten unmerklich aus dem Historicismus wieder in den kaum überwundenen Rationalismus, wenn wir die am hellen Tage gewonnenen Erfahrungen auch für die Nachtfahrt in die dunkeln Schächte ohne weiteres verwerten wollen. Selbst die Pflanze lebt bei Nacht nicht wie bei Tag.

Hier bedarf es einer neuen Gabe. Ich möchte sie geradezu den prähistorischen Sinn nennen. Es ist die Kunst, in vorzeitlichen Erscheinungen zu scheiden zwischen dem, was jeglicher menschlichen oder ethnologischen Entwickelung angehört, und dem, was durch die specifischen Verhältnisse des nationalen (oder noch nicht einmal nationalen) Sonderlebens bedingt ist. Es ist das Vermögen, in die Rechnung neben den feststehenden historischen Ziffern die noch kaum festgestellten prähistorischen Zahlen einzutragen.

Der Prähistoriker ist keineswegs einfach ein Historiker der Urzeit; so wenig wie etwa der Kritiker einfach ein Litterarhistoriker der Gegenwart. Die Verschiedenheit der Objekte, selbst der Methode ist nicht die Hauptsache; der Hauptunterschied ist die Verschiedenheit der Gesamtauffassung.

Wer die Prähistorie einfach als eine Rückverlängerung der Weltgeschichte ins Dunkle auffaßt, der wird zu jener rationalistischen und deshalb eben wieder in unhistorische Rücksichtslosigkeit umschlagenden Verkennungen kommen, die etwa die anfangs so fruchtbare Urmythologie der Lang und Lippert bald so dürr und unergiebig gemacht haben. Der rechte Prähistoriker geht von der bezeugten Eigenart dunkler Vorzeit aus, nicht von den Dingen, die aller Wahrscheinlichkeit nach heute noch urzeitliche Zustände repräsentieren. Der divinatorische Blick für die

Vorgeschichte hat einen Hehn so groß gemacht: er wußte, wo er die Eigenheit vorgeschichtlicher Zustände packen konnte.

Ein begeisterter Schüler und eifriger Verehrer V. Hehns ist jetzt mit einem Werk auf den Plan getreten, das ohne Zweifel die indogermanische Altertumswissenschaft so lange mitbeherrschen wird, wie etwa Ficks Vergleichendes Wörterbuch die Forschungen um die „Ursprache": Otto Schrader mit seinem Reallexikon der indogermanischen Altertumskunde" (2 Halbbde., Trübner, Straßburg 1901, Mk. 14 und 13). Wie stellt sich der Verfasser und wie stellt sich sein Werk zu jenen fesselnden, ich möchte sagen aufregenden Problemen der urgeschichtlichen Methodik?

Aber haben wir nicht erst noch eine wichtige Vorfrage zu beantworten? Die nämlich: gehört das „indogermanische Altertum" überhaupt in die Prähistorie — in die Prähistorie mindestens, wie wir ihren Sinn ausgelegt haben? Bilden die indogermanischen Völker — oder Stämme oder Rassen, das thut hier nichts zur Sache — nicht bereits eine „Welt", ein System wechselseitiger politischer, ökonomischer, religiöser, ästhetischer Beziehungen? Gehören sie nicht vielleicht sogar schon einem größeren Kosmos an, der noch die Babylonier und Ägypter hier, die Finnen und Skythen dort einschließen könnte?

Diese Frage ist von entscheidender Wichtigkeit für die Methode der indogermanischen Altertumsforschung; manche Gegensätze in deren Beurteilung haben in der verschiedenen Beantwortung dieser Frage ihren tieferen Grund. Dennoch ist sie meines Wissens noch nie systematisch erörtert — aber allerdings schon sehr oft summarisch beantwortet worden.

Es ist zunächst klar, daß der Begriff des „indogermanischen Altertums" oder der „arischen Vorzeit" dehnbar genug ist, um beide Antworten zuzulassen. Vor der definitiven Sprachentrennung — die doch wohl jedenfalls das Ende jener Vorzeit bezeichnet — haben die Indogermanen Jahrhunderte durchlebt, ohne Frage in immer engerem Anschluß an die damals schon durch Babylonier, Assyrier, Ägypter u. s. w. gebildete „historische Welt". Ein integrierender Bestandteil sind sie für diese aber so wenig geworden, wie etwa die Mongolen für die mittelalterliche Welt. Sie haben für jenes Völkersystem eine gewisse peripherische Bedeutung als Abnehmer vielleicht von Handelsartikeln, vielleicht von Zählmethoden; aber sie bleiben Proselyten des Thors.

Und bilden sie in sich eine geschlossene historische Welt? Nach unserm Wissen müssen wir mit einem entschiedenen Nein antworten. Denn es fehlt uns jedes Anzeichen dafür, daß die indogermanische Gemeinschaft das besessen hätte, was das eigentliche Kriterium einer weltgeschichtlichen Gemeinschaft bildet: eine gemeinsame stetige Entwickelung. An diese glaubte man, als noch die vergleichende Mythologie alter Observanz in Ehren stand. Sie setzte man als selbstverständlich voraus, solange die geschichtsphilosophische Spekulation „mit ihren Mützen und Schlafrockfetzen" die Lücken des historischen Weltenbaues ausflicken durfte. Heute sehen wir eine Anzahl von wesentlich übereinstimmenden Entwickelungen; aber als die Urvölker ans Licht des Tages treten, ist nicht ein Typus da, auch nur in dem Sinn, wie ihn der „antike" oder der „mittelalterliche" Mensch vertritt, sondern eine eigene Ausbildung hat den Germanen und den Hellenen am Schluß weniger Gemeinschaftliches gelassen, als sie ursprünglich besaßen.

Eine historische Welt ist eine Riesenmaschine, die keine noch so starke Volksindividualität unberührt läßt. Despotie und Priesterwesen des antiken Orients, politische und sociale Interessen der Neuzeit bilden dort den „Asiaten", hier den „europäischen Menschen" zu einer weitgehenden Gleichartigkeit heran. Davon spüren wir nichts in der indogermanischen Vorzeit. Und deshalb ist sie wirklich, wie auch Schrader sie ansieht, Prähistorie.

Damit ist unendlich viel gesagt. Vor allem auch dies: daß wir uns hüten müssen vor einer allzustrengen, sozusagen juristischen Abgrenzung der Dinge. Der prähistorische Blick muß die Anschauungen dieser Zeit in ihrer schwankenden Unbestimmtheit erfassen. Der Prähistoriker darf nicht von einer logisch zu definierenden „Vorbedeutung" ausgehen, sondern nur von einer „Grundanschauung". Was war ein König, ein Gott, ein Volk für jene Epoche? Durchaus zutreffend erhärtet Schrader in seiner überhaupt ganz vortrefflich geschriebenen Einleitung das Recht der sprachlichen Paläontologie gegenüber Kretzschmers hyperkritischer Skepsis schon aus der Notwendigkeit, etwas von diesen Dingen zu erfahren. Kein Archäolog kann es uns lehren, welche Vorstellungen der Mensch der Vorzeit mit jenen Symbolen der Ehe oder der Blutsfreundschaft thatsächlich verband, deren stumme Sprache allein die Archäologie uns beschreiben kann; nur die Sprachforschung mag

ermitteln, was bei dem Symbol thatsächlich gefühlt wurde — ge=
fühlt wurde zu einer bestimmten Zeit.

Zu einer bestimmten Zeit. Wir kommen auf die Frage der
relativen Chronologie noch zurück. Bastian hat bekanntlich jenes
gefährliche und verhängnisvolle Wort ausgesprochen, die Chrono=
logie habe in der Ethnologie nichts zu suchen. Wir haben glück=
licherweise wenigstens einen festen Terminus ad quem: vor der
Völkertrennung (vgl. auch Schrader S. 884). Und freilich haben die
Realien, deren Bedeutung für unsere Vorgeschichte neben Kretzschmer
Henning, Kossinna, Kauffmann u. v. a. so energisch betont haben, auch
die Wichtigkeit, daß sie strengere chronologische Anordnung fordern.

Aber nun wird die Chronologie der Entwickelung fortwährend
durch das Nebeneinander gekreuzt. Man denke nur an modernste
Verhältnisse. Innerhalb Preußens sind Pommern und die Rhein=
lande vielleicht um ein Jahrhundert in politischer Hinsicht aus=
einander; innerhalb Großbritanniens sind England und Irland
in ökonomischer Hinsicht es fast um ein Jahrtausend. Und wir
leben im Zeichen des Verkehrs!

Mit vollem Recht tritt deshalb Schrader in einer methodo=
logisch besonders bedeutungsvollen Stelle seines Vorworts (S. XI,
XXIII Anm.) für die Gültigkeit partieller Gleichungen ein.
Eine Unterbrechung der Terminologie vermittelst fremder oder neuer
Eindringlinge ist bei dem Sonderleben der Stämme so ungemein
leicht möglich. Und, wie Schrader zeigt, besitzen wir Mittel,
auch in solchen Fällen die beweiskräftige Übereinstimmung, zu=
weiten wenigstens, nachzuweisen.

Schon dies Vorwort mit seinem ebenso nüchternen als ent=
schiedenen Standpunkt würde Schrader gegen alle Angriffe, die
früher durch v. Bradke, jetzt durch Kretzschmer gegen ihn und
seine Richtung erhoben werden, als Träger einer gesunden und
fruchtbaren Grundanschauung, als Besitzer des „prähistorischen
Blicks" erweisen. Ein System geschickter und praktischer Ver=
weisungen zeigt, daß eine geschlossene Gesamtansicht vor seinen
Augen steht; ein klarer, kräftiger Stil, daß er sich über die Ver=
schwommenheit erhebt, die zumal unter den „exakten Anthro=
pologen" in geistigen Dingen so oft zu beobachten ist. Dennoch
scheint auch er uns in einem entscheidenden Punkt noch zu sehr
Historiker und zu wenig Prähistoriker.

Schrader steht durchaus unter dem Bann der geographischen
Erklärungsweise. Wo irgend möglich, wird von einem bestimmten
Centrum her der Ausgangspunkt für rein geographische Entwickelung genommen (so S. 36, 83, 200, 239, 299, 301, 560, 733).
Nur ungern versteht er sich sogar bei einem so unzweifelhaft „ur-
menschlichen" Phänomen wie dem Laster der Knabenliebe (S. 439)
zu einer Einschränkung dieser realistischen Methode. Wenn der
Fuchs erst spät in die Dichtung eintritt, so wird (S. 258) sofort
die Frage aufgeworfen, von welchem Volke den internationalen
Fabelstoffen die Schlauheit des Fuchses als charakteristisches Moment
eingefügt worden sei. Die psychologische Erklärung, daß auf ver-
schiedenem Boden ähnliche Bedingungen zu ähnlichen Folgen führen
konnten, wird fast durchaus beiseite geschoben. Und doch erscheint sie mir gerade für die Verhältnisse der Urzeit unentbehrlich;
soviel stärker war damals die Gleichartigkeit der Bedingungen als
die Macht des Verkehrs.

Ich verkenne keineswegs, daß in der starken Betonung der
geographischen Ableitung, wie sie vor allem Ratzel pflegt, eine
berechtigte Reaktion gegen voreilige psychologische Spekulationen
liegt. Es giebt zu denken, daß ein Forscher wie Th. Nöldeke heute
sogar die scheinbar (und wohl auch wirklich!) so fest gegründete
Lehre vom Volksepos zu erschüttern versucht, indem er ausspricht,
die großen Epen seien überall unter verschiedenen Umständen entstanden. Aber — spricht das nicht auch gegen das Dogma von
der Macht geographischer Beeinflussungen? Thatsächlich ist das
Kunstepos in historischer Zeit von einem Centrum ausgegangen:
von Vergils Äneide stammen die Lusiaden des Camoens so gut
her wie Voltaires Henriade und noch die geplante Fridericias
Schillers. Und das homerische Epos hätte seine Art gar nicht
propagiert?

Ich glaube, Schrader ist hier doch (wie Schurtz in seiner
lehrreichen „Urgeschichte der Kultur") zu sehr im Bann der geographischen Provinz Leipzig. Sicherlich wird man rasche Entlehnung gern zugeben für Trachtnamen (S. 455, 452), Gefäße
(S. 760), Seife, Tänze (S. 851) u. dgl. Das sind Dinge, die
man noch heute gern von Specialisten bezieht. Aber etwa die
Rolle des Fuchses in der Tierfabel konnte jedes jagdfreudige Volk
entdecken, für sich entdecken. Man lese nur das reizende Büchlein

des berühmten Juristen Franz v. Holtzendorff: „Ein englischer Landsquire" und sehe, mit welcher Notwendigkeit sich dem Fuchs= jäger dies ironische Behagen an der Schlauheit seines Gegners aufdrängt!

Dann aber: wir denken uns auch diese Übertragungen zu historisch, zu realistisch, Begriffe und Auffassungen werden nicht in wohlverschlossenen Kisten von Volk zu Volk geschickt. Sie modi= fizieren sich so stark, daß der Ausgangspunkt in den älteren Perioden ganz unkenntlich wird. Man erinnere sich nur wieder neuerer Er= fahrungen: was ist denn bei der kontinentalen „Übertragung" des englischen Konstitutionalismus thatsächlich vom englischen Vorbild übrig geblieben? Die Begriffe selbst ändern sich; „Selbstver= waltung" ist bei uns ganz etwas anders als drüben „selfgovern= ment". Und hier tritt nun eine crux ein, die gerade für die rein geographische Erklärung schwer zu tragen ist. Wie haben wir historische Kulturwörter zu interpretieren? In der attischen Republik steht ein βασιλεύς. Wäre nicht das Einfachste, den Titel für importiert zu halten? Wie unwahrscheinlich, daß ein demo= kratischer Staat dies survival dulden sollte! Es muß eingeführt sein, als die Animosität gegen den Königstitel verraucht war. Das wären so etwa Argumente des unbedingten „geographischen Er= klärers". Die richtige Interpretation ist hier nur aus dem Sonder= leben zu gewinnen und führt dann zu der Thatsache, daß Griechen und Römer aus ganz denselben psychologischen Ursachen heraus einen Opferkönig in der Republik stifteten.

Gefährlicher noch scheint mir die einseitig geographische Methode in einer anderen Frage zu wirken: in der der „Urheimat".

Sie ist Schraders eigentliches Haupt= und Lieblingsthema. Von den verschiedensten Seiten her sucht er (S. 459 f., 489 f., 879 f., 1025 u. s. w.) Argumente für die europäische Urheimat zu gewinnen, sogar aus der Körperbeschaffenheit der Indogermanen: daß die Größe als Merkmal der Schönheit gepriesen wird, soll (S. 1021) für die ursprüngliche Größe der herrschenden, un= vermischten Stände sprechen und damit gegen die Asiaten.

Ich bin in dieser Frage keineswegs sentimental, wie das merk= würdig viele Beurteiler der Frage sind. Ich entsinne mich noch, wie der hochverdiente Georg Curtius es als eine Beleidigung der Indogermanen auffaßte, daß sie nicht aus der von Fr. Schlegel,

Schelling, Hehn gepriesenen asiatischen Pflanzstätte in das unfruchtbare
Europa gelangt sein sollten. „So könnten wir denn etwa annehmen,“
sagte er mit seinem sächsisch gefärbten Hanseatenspott, „daß unsere
Vorväter etwa hier im Leipziger Rosenthal gesessen hätten.“
Warum nicht? Es gäbe sogar eine ganz hübsche Symmetrie, wenn
im Eingang der „eigentlichen Weltgeschichte“ wie einstweilen an
ihrem Ausgang der „europäische Mensch“ stände. Aber — ich
halte diesen Begriff der Urheimat für einen fälschlich aus der Geschichte in die Vorgeschichte übertragenen. Er scheint nur so un-
historisch wie die „Grundbedeutung“ einer Wurzel oder wie die
Anschauung, daß sich aus dem Infinitiv Activi durch Umwandlung
von e in i der Infinitiv Passivi bildet.

Wir denken auch hier wieder an geschichtliche Vorgänge: wie
die Engländer von ihrer kleinen Insel aus sich über die Welt verbreitet haben; wie die Spanier eine spanische Welt in Südamerika,
die Franzosen eine kleinere französische in Kanada schufen u. s. w.
Aber überall ist hier daneben der Kern geblieben! Wo haben wir
ein Beispiel, daß von einem so engen Punkt, wie ihn Schrader
etwa der Salzsteppen wegen annimmt, eine wirkliche, eigentliche
Verbreitung über zwei Weltteile stattgefunden hätte? Und läßt
auch nur das, was in historischen Zeiten dafür spricht, sich in die
Vorgeschichte übertragen?

Man braucht nicht so weit zu gehen wie Vodskov in seinem
geistreichen, aber zu radikalen Buch; man braucht nicht mit ihm
zu behaupten, da alle nationale Kultur Jahrhunderte, Jahrtausende
der „Bodenständigkeit“ voraussetze, sei die Wanderungstheorie begraben — and let her alone with her glory! Aber fast gleichzeitig machten mich ein Historiker und ein Linguist, K. Lamprecht
und E. Zupitza, auf eine Studie gerade des Hauptvertreters der
geographischen Methode aufmerksam: auf Ratzels Untersuchung
über den „Lebensraum“. Man empfängt aus ihr doch den Eindruck, daß unsere bisherigen Vorstellungen vom „Wandern“ der
Stämme ziemlich dilettantisch waren. Wir stellen uns das alle zu
reisemäßig vor. Aber das eine lange Faktum der „Völkerwanderung“ war vermutlich so isoliert, wie die Sündflut oder die
Eiszeit und wahrhaftig kein periodischer Vorgang, wie unsere
modernen Luftveränderungen. Muß man große allgemeine „Wanderungen“ überhaupt annehmen? Muß die indogermanische Sprach-

gemeinschaft sich wirklich von einem Punkt aus auch körperlich nach allen Regionen ausgebreitet haben? Ich glaube es nicht. Ich sehe einstweilen nicht die geringste Notwendigkeit, diese mit naturwissenschaftlichen und modernen Analogien oft ziemlich geschickt spielende, von Schrader klug und umsichtig, aber ohne prinzipielle Fundierung neu aufgebaute Riesenhypothese anzunehmen. Daß Sprachen sich verbreiten, sehen wir am Englischen, Spanischen, Russischen und vor allem am Latein; Völker aber schicken wohl Kolonien aus. Pioniere, politische oder merkantile Beamte, aber sie selber bleiben zu Haus.

Die Annahme der europäischen Urheimat, Schraders Liebling und gewiß ein verführerisches Kind (dem zu Liebe er sich aber doch nicht Penkas Phantasien aneignet), hat nun aber noch weitere Folgen. Zunächst die mehr stoffliche, daß er sich wesentlich auf die „Grundzüge einer Kultur- und Völkergeschichte Alteuropas" beschränkt. Dann aber auch methodische. Sie bestimmt seine Vorstellung von dem Habitus der Urzeit wesentlich mit. Denn ganz folgerecht sieht er deshalb diejenigen Indogermanen als die treuesten Bewahrer des Altertümlichen an, die der Wiege der Völker am nächsten sitzen, die Slaven (S. XXIX, vgl. S. 891 u. ö.). Er kann sich auch dafür auf Hehn berufen; freilich spielte bei diesem leidenschaftlichen Verehrer der italienisch-germanischen Kultur der tiefe persönliche Haß gegen die „gens Ruthenorum" bestimmend mit. — Ähnlich ist man ja auf sprachlichem Gebiet vielfach dazu übergegangen, nicht mehr im Sanskrit, sondern im Slavischen das Prototyp ältester Verhältnisse zu finden. Aber doch eben nicht in jeder Hinsicht; für die Syntax, für den Accent, aber nicht etwa für das Vokalsystem. Es ist eben gefährlich, anzunehmen, daß ein Volk schlechtweg die altertümlichste Art habe. Irgendwie hat wohl jedes geneuert. Die Slaven scheinen in Bezug auf Landwirtschaft, Ackerverfassung u. dgl. sehr altertümlich; vielleicht auch in religiösen Dingen (obwohl Useners glänzende Sätze gerade hier stark angefochten werden); aber deshalb können doch im Eherecht, im Rechtswesen überhaupt, in der Lebensweise u. s. w. Inder oder Germanen ältere Art vertreten.

Es ist wieder eine fundamentale Frage der Altertumskunde aufzuwerfen: wie bestimmt man die Altertümlichkeit gewisser Zustände oder eines einzelnen Volks?

Wir müffen heutzutage noch viel zu viel mit unbeſtimmten
Vorausſetzungen arbeiten. Wir haben eine ungefähre Vorſtellung
von dem Menſchen primitiver Altersſtufen und danach beſtimmen
wir die Altershöhe hiſtoriſch bezeugter oder erſchloſſener Zuſtände.
Wer verkennt, daß hierin eine petitio principii liegt?

Ferner: auch im einzelnen bleiben wir von beſtimmten Vor=
ſtellungen allzu abhängig. Votivgaben mit der Darſtellung kranker
Teile machen auf den modernen Menſchen etwa einen ganz be=
ſonders archaiſtiſchen Eindruck. Jetzt zeigt ſich (Stieda, Anatomiſch=
archäologiſche Studien; vgl. Münch. Allg. Ztg., Beil. 21. Juni 01),
daß dieſe niedrige Form durch die ganze Antike fortgedauert hat.
Gleichzeitig iſt wieder der Beweis dafür geliefert, daß die alte
Anatomie wirklich faſt ausſchließlich auf der Sektion von Tieren
beruhte, was Schrader mehrfach mit Recht hervorhebt. Erſcheint
nun eine ſolche Unkenntnis unſeres nächſten und treueſten (freilich
auch oft unzuverläſſigſten) Dieners, des menſchlichen Körpers, nicht
ſo altertümlich, daß wir ohne beſſere Nachricht daraufhin das Zeit=
alter des Ariſtoteles mit dem der älteſten haruspices auf die gleiche
Kulturſtufe ſtellen möchten?

Wie iſt da zu helfen? Soll man die Flinte ins Korn werfen
und auf die relative Chronologie ganz verzichten? So erklärt
etwa K. Foy in einer ebenſo gelehrten als ſchwerfälligen Anzeige
von Hillebrandts „Vediſcher Mythologie“: „Begnügen wir
uns mit der viel lohnenderen Aufgabe, die einzelnen
idg. Völker in ihrer älteſten Kulturentwickelung
verſtehen und die hiſtoriſchen Verhältniſſe auf einer
breiteren Baſis würdigen zu lernen!“ (Anz. f. idg.
Sprach= und Altertumskunde 12, 33; Sperrdruck wie im Original).
Alſo gar nicht vergleichen? Ganz die Hoffnung aufgeben, auch die
Geſamtentwickelung der Menſchheit verſtehen zu lernen? Das iſt
bequem; wiſſenſchaftlich iſt ſolch reaktionäre Flucht in die
Prähiſtorie unſerer Wiſſenſchaft ſchwerlich. Gerade darin beſteht
ein Hauptverdienſt von Schraders Werk, daß er ſich nicht mit
der Feſtſtellung der älteſten Einzelkulturen begnügt. Und wie oft
iſt ſchon jetzt die Vergleichung zwingend! So etwa, wo Paläontologie
und Linguiſtik völlig übereinſtimmen (z. B. S. 938), oder wo
ſich gemeinſchaftliche Züge in ganzen Reihen zeigen (S. 359)!
Dennoch glaube ich, daß bei dem momentanen Stand der Forſchung

zur Skepsis guter Grund ist. Kretzschmers frisch und keck ge=
schriebene „Einleitung in die Geschichte der griechischen Sprache"
übertrieb, aber wies zugleich auf schwache Punkte hin. Nicht
überall hat Schraders vortreffliches Vorwort ihn widerlegt, so un=
umstößlich es auch gegen diesen abtrünnigen Linguisten das Recht
der „linguistischen Paläontologie" dargethan hat.

Es muß, glaube ich, für die nächste Zeit ein Hauptaugenmerk
der Forschung sein, statt der subjektiven objektive Kriterien der
Altertümlichkeit zu gewinnen. Schon hat in der vergleichenden
Religionsgeschichte die Anschauung von der Folge der Entwickelung
sich beinahe umgedreht: der Kultus, der den früheren Mythologen
aus der Religion erst hervorwuchs, ist für Robertson Smith
das Altertümlichste. Das hat viele Wahrscheinlichkeit. Gewähr
kann auch hier nur sorgfältigste Sichtung und Vergleichung ge=
währen. Hinzuarbeiten ist mit allen Kräften auf eine relative
Chronologie der Kulturgeschichte. Aus historischer Fest=
stellung ist zu belegen, welche Erscheinungen auf politischem,
socialem, religiösem, ästhetischem, technischem Boden wirklich in der
Regel nebeneinander stehen; welche Stufen etwa in der Ent=
wickelung der Götterverehrung sich thatsächlich zu folgen pflegen;
inwieweit faktisch bestimmte „Leitmuscheln" für älteste, jüngere,
jüngste Vorgeschichte aufzuweisen sind. In dieser Richtung hat
von Neueren besonders Ernst Grosse gearbeitet. Die meisten
Ethnologen und Prähistoriker aber haben in der Dunkelkammer der
Urzeit nach mitgebrachten Schematen katalogisiert. Dennoch ist eine
einigermaßen sichere Entwickelungsgeschichte der Kultur nicht
möglich, solange wir nicht jedes Volk in jedem Moment auf
eine bestimmte Stufe der allgemeinen Entwickelung stellen können.

Zwar wir wissen wohl, daß nichts semper, ubique, ab
omnibus geglaubt oder gethan oder geneuert werde. Vielleicht
giebt die relative Chronologie der Kulturstufen auch ein solch
Ergebnis, wie für Nöldeke die Forschungen um das Volksepos:
das Ergebnis, daß irgendwelche Übereinstimmung in der Ent=
wickelung nicht existiere. So skeptisch bin ich zwar nicht, das zu
glauben; wenn ich auch bequeme „historische Gesetze" in der Art
von Gervinus und Buckle keineswegs erwarte.

Es wäre für die vielen um Preisaufgaben so oft verlegenen
Fakultäten, Gesellschaften, Akademien wohl ein dankbares Thema,

dieſe Arbeit wenigſtens teilweiſe angreifen zu laſſen; etwa in der
Geſtalt: „Welche Formen religiöſen Lebens gehen erfahrungs=
gemäß mit beſtimmten ſocialen Lebensformen Hand in Hand?"

Im übrigen iſt durch Schrader erneut ein Anſtoß und eine
„breitere Grundlage" für die Einzelforſchung wie für die Ver=
gleichung gegeben. Wir haden ein überwiegend zuverläſſiges
Wurzelwörterbuch der indogermaniſchen Altertumskunde; über=
wiegend, denn nicht jeder angezogene Bericht wird in der Kritik beſtehen,
wie erſt recht nicht jede Deutung (die zwei heiligen Feuer! S. 368;
die Elfen! S. 1000) oder Etymologie (z. B. fridu S. 981; die
neue aber falſche Erklärung von Werwolf S. 966). Aber das
iſt beim Wurzelwörterbuch nicht zu vermeiden. Nun müſſen wir
zur Flexion kommen!

Drei große Hilfsmittel hat die linguiſtiſche Paläontologie
noch ſo gut wie gar nicht ausgenußt. Wir beſitzen noch keine
wirkliche Bedeutungslehre; ſie würde der Willkür in der An=
nahme von Bedeutungsänderungen ein Ende machen. Wir haben
noch keine ſyſtematiſche Geſchichte der Fremdwörter in irgend
einer Sprache — was der geiſtreich dilettierende Kleinpaul gab,
fördert nicht; eine ſolche Geſchichte würde uns endlich wirklich
zeigen, wie Worte und Begriffe wandern. Drittens: Wir haben
noch keine groß und gemeinverſtändlich angelegte Darſtellung
der Entwickelung vom Vulgärlatein zu den romaniſchen
Sprachen; dieſe große Analogie würde uns über das Verhältnis
zwiſchen nationalem und eingewandertem Gut, über den Umfang
geographiſcher Übertragungen und autonomer Übereinſtimmungen
unendlich viel ſagen.

Mit der Zeit werden wir das alles erhalten. Dann wird
die indogermaniſche Urgeſchichte mit einer Methodik arbeiten können,
die heute noch ein pium desiderium iſt. Für heute hat
Schraders Buch geleiſtet, was verlangt werden konnte. Es ſtellt
die Summe unſerer heutigen Kenntniſſe von der indogermaniſchen
Urzeit dar, klar und klug, aber natürlich unter der Herrſchaft der
heute maßgebenden Grundanſchauungen geordnet. Wir glauben,
daß Victor Hehn ſich dieſes Schülers und ſeines Werkes freuen
würde und freuen dürfte.

Ein Erlaß der Kölner Univerſität zur Regelung der Depoſitionsbräuche.

Von Johannes Krudewig.

In der Entwickelung des Depoſitionsbrauches, einer Art Fuchſen=
taufe, bei welcher der neu zur Univerſität aus den Gymnaſien
übergehende Student, der Bean oder Baccchaut, die angeblich üblen
Sitten und Gewohnheiten des Baccchantentums förmlich und feier=
lich ablegen mußte, laſſen ſich zwei große Perioden unterſcheiden:
die vorreformatoriſche und die vom Humanismus beeinflußte nach=
reformatoriſche. Aus der erſteren haben wir ein typiſches Bei=
ſpiel in dem „Manuale scholarium"[1]) des Heidelberger Studenten=
lebens um 1480, aus der nachreformatoriſchen Zeit hauptſächlich
zwei eingehendere Quellen in dem „Erlaß des Dekans der Kölner
artiſtiſchen Fakultät und der Regenten der drei Kölner Gymnaſien
betreffend Regelung und Feſtſetzung der Depoſitions=Ceremonien
und Formeln vom 14. März 1598"[2]) und der aus der Studenten=
ſchaft hervorgegangenen ſeltenen Schrift „Quaestio status de jure
et natura Beanorum"[3]) vom Jahre 1632. Dieſe und das
Manuale scholarium haben an ihrer Stelle bereits die ent=
ſprechende Würdigung gefunden, während der Erlaß des Dekans
der Kölner artiſtiſchen Fakultät und der Regenten der drei Kölner
Gymnaſien[4]) zur Regelung der Depoſitions=Ceremonien vom
14. März 1598 bisher noch nirgendwo behandelt worden iſt.

[1]) Mitgeteilt von Friedrich Zarncke in „Die deutſchen Univerſitäten im
Mittelalter". Leipzig 1857. Vgl. Fick, Auf Deutſchlands hohen Schulen, 1900.

[2]) Köln, Stadt=Archiv, Univerſität VI, ältere Nr. 49. Abſchrift des
17. Jahrh., 12 Folio=Blätter, geheftet, Papier.

[3]) Vgl. Beyer, Studentenleben im 17. Jahrhundert, Schwerin 1899,
p. 30 ff., und Fick, Auf Deutſchlands hohen Schulen, 1900, p. 50 ff.

[4]) Gymnasium Montanum, Gymnasium Laurentianum und Gymnasium
Tricoronatum.

In der Einleitung dieses Erlasses erachteten der Dekan und
die Regenten wegen der eingerissenen Unehrenhaftigkeit der soge=
nannten Depositoren, wegen der durch die Ordnungslosigkeit der
Depositionen in den Gymnasien drohenden Disciplinlockerung und
wegen der üblich gewordenen Ausbeutung der Beane es als
ihre Pflicht, diesem so schweren und so aktuellen Übelstande (tanto
et tam praesenti malo) möglichst schnell entgegenzutreten und
die statthaften Ceremonien und Formeln selbst festzusetzen. Des=
halb erließen sie zunächst allgemeine Vorschriften für die Depo=
sitoren, deren außer dem praefectus depositionis aus der Physica[1]
noch einer aus dieser selben Klasse und zwei aus der Logica sein
sollten, die auch die Deposition nur in Gegenwart eines Praeceptors
vorzunehmen hätten, und deren Kompetenzen sie genau normierten,
dann über die zur Deposition Zuzulassenden, welche die Trivial=
klassen durchgemacht und die Logica erreicht haben mußten und
nur von dem Depositor des von ihnen besuchten Gymnasiums
deponiert werden durften. Daraufhin hatten die Depositoren,
noch ehe sie ihr Depositionsgewand anlegten, die Beane zu be=
fragen und sie aufzufordern, alle etwa in ihrem Besitz befindlichen
Messer, Dolche und sonstige Waffen auszuliefern. Die Anordnung
der eigentlichen Depositionsbräuche ist eine fast dramatische: sie
wird in drei Akte und diese wieder je in fünf, sechs und drei
Scenen eingeteilt.

Der erste Akt umfaßt die skurril wissenschaftlichen Examina
und die einleitenden Vexationen der Beane. In der ersten Scene
fallen die Depositoren unter Tumult und Geschrei und mit ge=
schwungenen Ruten über die Beane her, wobei sie das Lied „Nuhn
fahren wir nach Rommerskirchen 2c."[2] singen und die Beane mit
Rutenschlägen antreiben, in den Chor einzustimmen. Dann er=

---

[1] Die mittelalterliche Ordnung der Schul-Klassen umfaßte nach dem
Vorbild des römischen Altertums das trivium (Grammatik, Rhetorik und
Dialektik) als Lehrgegenstände für den ersten Unterricht und das quadrivium
(Arithmetik, Geometrie, Astronomie, Musik) als die Oberstufe, deren beide
oberste Klassen die Physica und Logica waren.

[2] Von diesem mir leider unbekannten Liede wird nur der citierte Vers
angegeben. Rommerskirchen ist ein Dorf im Regierungsbezirk Düsseldorf,
Kreis Neuß. Vielleicht ist hier eine scherzhafte Anspielung auf einen in Köln
wohnenden Buchhändler des Namens, welcher aus R. stammte, und bei dem
die Studenten ihre Lehrmittel kauften, beabsichtigt.

öffnet diesen der Depositor, daß er sie wohl von ihrer Krankheit heilen wolle, aber ohne wie ein „Quacksalber oder Tyriacksmann"[1] die Verantwortung zu übernehmen; deshalb sollten sie ihm gestatten, mit ihnen anzufangen, was er wolle. In dem nun folgenden „Examen generale" werden den Beanen einfältige oder zweideutige Fragen vorgelegt, deren Beantwortung absolut unmöglich ist, etwa: „Dicite quomodo differunt sex, sexies et sexto? oder: Dicite, est alterum nominis pars, alterum verbum, tertium praepositionis? Quoties boastis, an ter an quattuor?" Da die Beane hierauf natürlich stumm bleiben wie die Fische, halten die Depositoren es in der zweiten Scene für nötig, jeden einzelnen besonders zu prüfen. Von der Bank, auf welcher sie sitzen, werden sie heruntergeworfen und gefragt, was sie wollten und wie sie hießen, ob „Hanzo oder Bacorellus". Darauf folgt ein Examinatorium über lateinische Vokabeln und Ausdrücke, aus welchem wir hier folgenden genauen, wörtlichen Auszug geben:

Libenter Ein Braedtworst

Volumus Ein Leuchter

Totus Ein Ganß

Patientia Ein Pannekuch, sic dictum, quia apud Colonienses, si quis inopinate veniat ad prandium vel caenam, apponunt illi ein Pannekuchen dicentes Jr muest Patientz haben, ut est author Albo, Hasen, Halii, filii Alban Raegel lib. variarum lectionum, distinctione asinus et beanus cap. tu es demonstrando aliquem ex Beanis (!)[2]

Breve gaudium Ein Müllmerschentzgen.

Pollex supra pollicem Ein Lauß

Inexpugnabilis Ein Peltz vul flöhe.

Vilrisius Ein Beßem.

Vilhelmus Ein boerdt stroeß.

Fornicator Ein Deffen Mecher.[3]

---

[1] Tyriak (Theriak) ist eine noch jetzt in Westdeutschland, besonders in der rheinischen Gegend bekannte und benutzte Allerweltssalbe.

[2] Hier wird offenbar die Art und Weise persifliert, wie man das kanonische Recht citierte.

[3] Ich bitte wegen der vorkommenden stark drastischen und teils unflätigen Ausdrücke ein für allemal um Entschuldigung, da sie wörtlich den Quellen entnommen und zum richtigen Verständnis unumgänglich nötig sind.

Sine labore et sudore Pfaffenknechte, eßen, daß sie schweißen, und
  arbeiden, daß sie friesen.
Ancilla Ein Soppenschmidt.
Westphalus ein Speckhaen oder Knackenhoewer.
Knipperdollings Ein Kuerwächter zn Münster.
Duo libri posteriorum Die Lenden.
Syllogismus physiognomicus Ein versalztes Moeß.
Syllogismus metalepticus Ein diebische Moeßmengersche oder
  auch ein Schnider-Kistgen.
    Andere Fragen, deren Sinn uns jetzt dunkel ist, waren:
Ronclabonclabuza Ein Botterfäß oder Kermø.
Hangnibus in galgis kregenorum knagena benis wann das
  Korn ab ist, so gaen die Gense auff die Stoppelen. [1]
    Nach diesen Prüfungen ziehen sich in der dritten Scene die
Depositoren nach einigem Zögern von seiten des Präfekten zurück,
um zu beraten, ob die Beane zur Deposition zuzulassen wären.
Nachdem sie zurückgekehrt sind, eröffnet in der vierten Scene der
Präfekt den Beanen folgendes: „Cum in unoquoque corpore sit
trina dimensio, longitudo, latitudo et profunditas, oportet
experiri, cum foedissima illa beanitatis lue liberandi sint,
num hanc trinam dimensionem habeant. Hinc singuli in
scamno (Bank) collocentur, ut dimetiantur ascia (Axt), serra
(Säge), si quid superfluum sit, abscindant. dolabra (Hacke)
poliantur aliisque instrumentis, [2] si quid supersit, detrahatur.
si desit, addetur.“ Hierauf singen die übrigen Depositoren die
folgenden Verse des Depositionsliedes:

    Lignum fricamus horridum,
    Crassum dolamus rusticum,
    Curvum quod est, hoc flectimus,

---

[1] Dieses Examinatorium erinnert lebhaft an die Scherzfragen, die man
heutzutage den Füchsen stellt: Wieviel Bäume stehen im Odenwald, oder was
heißt melior tractus? (Güterzug).

[2] Die sämtlichen Depositionswerkzeuge, wie sie z. B. um 1578 an der
Erfurter Universität gebraucht wurden, zählt uns Friedrich Widebrand in dem
genannten Jahre in seinem „Carmen heroicum de typo depositionis“ wie
folgt auf:

  „Serra, dolabra, bidens, dens, clava, novacula, pecten,
  Cum terebra tornus, cum lima malleus, incus.
  Rastraque cum rostris, cum furca et forcipe forfex.“

Altum quod est, deponimus,
Ut novum huncce militem
Nostrum referre in ordinem
Queamus atque stipitem (Kloß)
Formare doctam Palladem. [1]

In der letzten Scene des ersten Aktes muß sich jeder einzelne
Bean wieder auf die Bank ausstrecken, „ut britzam accipiat",
um dreimal hintereinander durchgebritzt (durchgeprügelt) zu werden,
wobei er den Kopf, um sich denselben nicht zu hart auf die Bank
aufzustoßen, auf ein mit hölzernen Nägeln gespicktes Kissen legen darf.
Bei dieser Prozedur singen die übrigen: „In nomine Aristotelis
et Rudolphi Guecchelmanni [2]) et reliquorum dominorum
depositorum deponimus, suscipimus, admittimus hunc magnum
Beanum in numerum studiosorum." Doch einstweilen ist dieses
alles nur Schein; denn kaum glauben die Beane, gehen zu dürfen,
da werden sie, da sie sich nicht bedankt haben, noch reichlicher in
der obigen Weise traktiert und dazu noch bitter verhöhnt: „O si
mater sua sciret, quomodo flenderet!" In diesem Augenblicke
wird von einem der Depositoren ein fingierter Brief gebracht und
vorgelesen, in welchem eine ebenfalls fingierte Persönlichkeit folgendermaßen bittet, den armen Bean zu schonen:

„Den hoch und diepglerten und in der deposition woll-
erfaren Herren, wollbekanten doch ungenanten, grossgünstigen,

---

[1]) Diese Verse bilden die 4. und 5. Strophe des bekannten Depositionsliedes:

Beanus iste sordidus
Spectandus altis cornibus,
Ut sit novus Scholasticus,
Providerit se sumtibus.

Mos est cibum Magnatibus
Condire morioribus:
Nos dum jocamur crassius,
Bonis studemus moribus.

Ubi malignus nodus est,
Quaerendus asper clavus est.
Ut haec dometur bestia,
Addenda verbis verbera.

Lignum furcamus horridum,
Crassum dolamus rusticum,
Curvum quod est, hoc flectimus,
Altum quod est, deponimus.

Ut hunc novum ceu militem
Novum referre in ordinem
Queamus eque stipite
Formare doctum Pallade.

Contraria contrariis
Curanda mala pharmacis:
Ferox asellus esurit,
Lactuca labris convenit.

[2]) Das ist der Name des Depositionspräfekten.

besundern der Bacchanten, meinen lieven Herrn Depositarien. — Meine herzlieven Herren Depositarien! Ich woll
freundlich von üch gebedden hebben und beger, Ihr wollet
meinen herten schönen Sohnneken (dat groette Kalff),...
nitt viell in der Deposition vexiren und kloppen; dan eth
ist so ein fein und wollgeschickt Essell, hie ist better in den
Becker und in der Kannen bewandert alss unse Oppermann,
der sunst gar woll suppen kann; hie hefft purilitatem.
Philosophen all nassolvert und ist ein gut Phisicunculus, ist
ein Primasinus in der Hannoverschen Broyhanen gewesen, ist
auch so gelerth, dat hie tho Hannover nit mehr stulteren
kann. Dit hebbe' ich Euch lieven Herren Depositarien nit
willen vorhalten, dat mein hertzschöne Sohnne nit werde tho
wollgekloppt, dan hie möchte mir tho behende werden.
Dauerst woll ich Üch gebedden hebben, ihr wollet seine
schacken mit Schinkenschmalz schmeren, dat hie balde in
Eschalen... wanderen kann, und ein wenig von rohen
schincken fretten, dat bem wedder starcke. Nuhn schlaget
frey darup. Datum tho Kloppemüll, den 24. Monat den
39. Julii, alss mal ein Sonn ahm Himmel stund tuschen twelff
und ein Uhr, alss idth gleich Mittagh was, im Jahr, dat balde
kommen wird. — Der Jonckher ahn Calenbergh, Vogt tho
Nummerkirchen."

Der ganze zweite Akt umfaßt in sechs Scenen die possenhafte
Ausstellung der Beane auf dem Markte zum Verkaufe, welcher
aber nicht zu stande kommt, da der Käufer fortwährend neue
Mängel an denselben findet, die jedesmal erst beseitigt werden
müssen. In der ersten Scene bekommen die Beane zunächst von
jedem der Depositoren drei Rutenhiebe, und da sie sich hierfür
nicht zu rächen wagen, beschließt man, sie überhaupt ums Leben
zu bringen; doch findet es der Präfekt ratsamer, sie zum Verkaufe auf den Markt zu bringen. Das geschieht denn auch mit
großem Tumutt „wie mitt thollen Orssen und Schaffen". Der
sich einstellende Käufer bietet jedoch wegen der an dem Bean sich
zeigenden Mängel nur vier Obolen als Kaufpreis; scheinbar kommt
es zum Streite, aber da es stimmt, daß die Beane „veste nuptiali
careant", führt man sie unter großem Lärm zur Depositionsbank
zurück, um sie mit dem nötigen hochzeitlichen Gewande auszu-

schmücken. Wie sie nun so in der zweiten Scene zum Markte zurückgebracht werden, kommt der Verkauf doch nicht zu stande, weil der Käufer findet, daß die Beane „dentes habere ut sues, cornua ut boves, vestes ut scurrae" (Narr, Laffe, Gigerl). Deßhalb werden die armen Opfer wiederum zurückgeschleppt, um ihnen diese Zähne auszubrechen und die Hörner zu deponieren.[1] In der dritten Scene zeigt sich bei den Beanen ein Mangel in der gründlichen Kenntniß der sieben freien Künste; deßhalb werden sie folgendermaßen geprüft:

„In Grammatica.

Nomina in OR, cuius generis? Generis furtivi. ut molitor, sartor. — Quae excipiuntur? Doctor, depositor. — Nomina in INK, cuius generis? Generis ieiunii, ut herinck, buckinck. Quae excipiuntur? Schinck, Rhinfinck, distelfinck.

In Rhetorica.

Quid est Rhetorica? Est ars. — Quid et ars? Ars est fossa Drusiana.[2]) — Quot sunt quatuor causarum genera? Et similia.

In Dialectica.

Quot sunt decem praedicamenta? — Faciant syllogismum, quo concludant se esse Beanos et esse cornutos, et sic in aliis artibus cantandi, saltandi, mures capiendi, arenam et similes res ludicras vendendi etc."

Da es sich in der vierten Scene herausstellt, daß die Beane nicht über alle fünf Sinne verfügen, werden sie von dem Präfekten daraufhin untersucht, indem er ihnen eine Rute an Mund und Nase hält und sie fragt, von welchem Geschmack oder Geruch sie, oder von welcher Farbe ein vorgehaltener Stock sei, indem er eine leichte Gerte mit Wucht zu Boden wirft und fragt, wo sie denselben berührt habe, und indem er den Beanen etwas leise ins Ohr flüstert und sie fragt, was er gesagt habe. Da die Beane nicht antworten können, werden ihnen die fünf Sinne folgendermaßen verliehen: „In nomine Aristotelis, Rodolphi et Guecchelmanni et reliquorum dominorum depositorum do tibi sensum visus ad videndum socium tuum vel te ipsum magnum Beanum."

---

[1] Von diesem Akt hat die ganze Ceremonie den Namen Depositio erhalten.

[2] Ich verweise hier auf Seite 15, Anmerkung 3.

Ebenso „sensum tactus ad taugendam magnam hanc ferulam“.
Ebenso „sensum odoratus ad odorandum stercum equinum“
(Pferdemist). Ebenso „sensum auditus ad audiendum campanam
collegii nostri“ und schließlich ebenso noch „sensum gustus ad
gustandum bonum vinum, dum habes Rhenanum“.

In der fünften Scene will der Käufer die Beane noch nicht
nehmen, weil sie krank seien. Schnell läßt zur Untersuchung derselben der Präfektus einen Arzt, „qui toga, appensa de latere
pera (Ranzen), indutus“, rufen und bittet ihn:

„Domine doctor, rogo te propter omnes dominos,
Ut velis sanare hos meos asellos;
Hic habes eorum mixturam,
Unde potes cognoscere Beanorum naturam.
Da illis bonam medicinam,
Ego dabo tibi novam camisiam.“

Der Arzt legt die Beani auf den Boden und deckt sie zu,
damit sie schwitzen sollen; dann nimmt er ein Gefäß mit Wasser,
begießt sie mit demselben und treibt sie durch Rutenhiebe in die
Höhe, so daß sich jeder von der wiedergewonnenen Gesundheit
überzeugen kann.

Endlich kommt in der letzten Scene des zweiten Aktes der
Verkauf der nun nach allen Richtungen hin perfekten Beane zu
stande, doch stellt sich beim Bezahlen heraus, daß diese dem Diener
des Käufers das Geld mit dem Beutel gestohlen haben; deshalb
sollen sie aufgehängt oder sonst hingerichtet werden, dürfen aber
erst des Präfekten in ihrem Testament gedenken. Da wird ein
Erlaß des Kaisers herangebracht, der verbietet, Studenten einem
schimpflichen Tode zu überantworten. Ein derartiges spaßhaftes,
uns durch Middendorp in seiner „Academiarum orbis universi
descriptio“[1] erhaltenes Schreiben möge hier eingeschoben und
wörtlich wiedergegeben werden:

„Privilegion von Römischer Keyserlicher Freyheit für die, so
keine Veration leyden mögen.

Wiltu pein und straff vermeyden,
So spott meiner nicht,
Ich kans nicht leyden.

---

[1] Middendorp, Academiarum orbis universi descriptio (1602), Lib. I,
Cap. 16, p. 156.

[Illustration: Ein Schalksnarr im Narrengewande, die Narren-
kappe mit den an den Enden mit Schellchen versehenen Eselsohren
zurückgeschlagen; in der linken erhobenen Hand eine ihm selbst
nachgemachte Narrenpuppe haltend.]

Wir Fabularius, Hauptmann in der Karten, Kappenschmidt
zu Narragonien, Narren-Vogt zu Schlauraffen, Gubernator vom
Aufstehen biß zum Niedersitzen, entbieten allen und jeglichen, in
was Wirden, Wesens oder Standes die allenthalben in unserem
Reich zerstrawet seindt, unsere Gnad unnd Gunst zuvoren. Liebe
getrawe! Nachdem wir in erschienen Jahren zwey Mandat im
Truck, die Übung unnd Vexation der Narren betreffent, nacheinander haben außgehen lassen, in deme das ihr solche Übung
und Vexation, von uns in gemelten Mandaten verbotten, in
keinem Wege unterlasset, derhalben wir jetzundt zum dritten mahl
verursagt werden, euch solches laster mit strengem Ernste zu verbieten. Dann so diesem mit ernstlicher Peen und Straff nicht
begegnet würde, so müst unsere Herrschafft des Reichs Narragonien
sampt dem Gebiete Stultitiae in kurtzen Jahren gar zu Grund und
Bodem gehen, welches uns je nicht, dieweil wir es noch zur Zeit
mit geringem Schaden wehren mögen, zu gestatten gezimen wil.
Derwegen wir euch alle zu Gute und zu Erhaltung unseres Reichs,
dieweil wir vermirkt, daß Übung unnd Vexation Verstandt und
Weißheit geben, also daß diejenigen, so dardurch geübt, hinfür
klug, witzig und von uns abtrünnig werden, im besten betrachtet
haben, daß uns nicht mehr, wie bißher geschehen, durch die Finger
zu sehen geziemen will, sondern auch mit ernstlicher That unseren
Ampts fürwesern die Übertreter und Verächter dieses unseres
Mandats höchlich zu straffen befehlen. Wir wollen auß Gnaden
alle diejenigen, so kein Vexation leiden mögen, gefreyet haben von
aller Übung und Vexation, so anders dann mit Worten geschicht, wann sie diesen unseren versiegelten Brieff bey sich tragen.
Wo aber einer darüber so freundtlich sein würde, und den Zeyger
dieses unseres versiegelten Briefs anders dann mit Worten vexierte,
der solt in unser Ungnade und peynlicher Straff seyn. Derhalben
sollen die Unsere fleißige Auffmerkung haben auff solche freveliche
Verächter dieses unseres versiegelten Brieffs und sie darumb on
alle Gnade straffen: Nemlich der Kopff soll ihnen zwischen beyde
Ohren gesteckt werden. Es mögen aber die Richter und Ampts-

fürweſer nach Gelegenheit der Sachen hierinne handeln, nach deme
die Schult iſt, alſo ſoll auch die Straff folgen.

Zum erſten ſol ein jeder unſer Verwanten [darauf bedacht]
ſein, das er ihme eine erwehle, die er nicht umb ein Königreich
gebe; ſo baldt in dieſelbe freundtlich anſihet, ſol er ungezweiffelt
glauben, ſie ſey ihm von Hertzen holdt. Deren ſoll er ungefordert
fürſetzen all ſein Vermögen und vetterlich Erb, ihr gehorſam ſeyn,
was ſie in heiſt, in keinem Weg beſchemen, alles glauben, was ſie
ſagt, nichts dann alles Guts vertrawen, ſie ſchalten und walten laſſen
über Leib und Gut; daun ſie wirdt ihm nichts verthören, da will der
Cantzler Bürg für ſein. Hörte er aber etwas unerliches von ihr
ſagen, ſoll er aus Kraft dieſes Mandats Macht haben, zu ſagen,
es ſey alles erſtuncken und erlogen, was man böß von ihr ſagt.

Zum andern ſoll ein jeder der unſern uns zu ehren ſich aller
Höflicheit befleißigen, kein Hembd anthun, es ſey daun zuvor hüpſch
gefalten unnd außgeſtrichen; und ſo etwa einer nit zarte hembdlein
het, ſoll er alleweg aber den dritten Tag oden an das Wammes
reine Tüchtein nehen, ſo meinet man, es ſey das rein Hembd, auch
etwa ein reines faciletlein vorn zum Ermel oder Latzen herauß=
gucken laſſen. Atl 8 Tag zweymal laſſen baldieren, ehe ſonſt deſter
weniger Wein trinken, daran thut ir unſer ernſtlich Meinung.

Zum dritten und letzten wollen wir von Amptswegen uuſere
Verwandten in Sonderheit priviligirt haben dermaßen, ſo baldt
ſich einer in unſere Oberfeit degeden, ein hinderſas Narragonie
worden, den ſoll man darbey bleiben laſſen und ihms niemand
underſtehen zu wehren. Alsdann ſolt kein andere (!) Macht haben,
mit ſeiner obgenanten tauſent ſchön zu reden, tantzen, lachen
oder hoſiren, ſonder er allein ir ſtehts nachlauffen; wer das hört
oder ſihet, ſols niemandt ſagen, jedermann weichen, wer umb die
Weg iſt, das ihn niemandt hindere, es ſey Tag oder Nacht. Und
ſo im derhalb ſein hertzil wethet, kranck würd am gurleffe, ſo
jedermann nit Mitleiden mit ihm hat. Wer das überfüre und
ungehorſam befunden, den ſoll man dem Cantzler anzeigen. Wo
man ihn aber weiter vexieren wolte, ſoll er Macht haben zu ſprechen:
Laß mich mit Lieb dieſen unſern Brief herfürziehen, damit aufſitzen
und davon zum Cantzler reiten, weiter in dieſer Sach fürzunemen.
Dann wir dies Mandat von euch alleſampt unnd beſonder bey obgemelten peenen ſtet feſt und unverbrochenlich wollen gehalten haben.

Will man in aber Gnade beweisen, so soll ihm der Kopff
vorm Hintern abgehawen werden und sol hinfortan beraubt seyn
aller guter Gesellschaft, also das zum wenigsten kein guter Gesel
mit ihm tantzen, noch mit ihm trincken soll. Wir setzen un
wollen auch, das alle unsere Underthanen, ein jheder insonderheit
soll haben ein Kappe mit langen Ohren und schellen dran, auff
daß sie vor anderen, so nicht unseres Reichs Genossen, gesehn
mögen werden. Dann es ist je offenbar, daß wir bey
allen weysen Völkern unseres unweisen Volks halben (?), weiter
so wollen wir auch hinfürter niemand auß den unseren sich auf
Weißheit zu begeben gestatten, und das sonderlich, so man beym
Byer oder Wein ist. Dann es ist nicht wol müglich, daß die
Weißheit daselbst ohn Übung und Vexation möge gehandelt werden.
Solchs haben wir euch guter Meinung nicht wollen verhalten,
auff daß sich menniglich weiß darnach zu richten; und des zum
warhafftigen Urkundt haben wir unser Siegel auf diesen unsern
Brieff gedruckt, darmit sich niemandt möchte entschuldigen und
sagen, es were nicht unsere ernstliche Meinung. Gegeben in unser
Statt Narragon hinder dem Schalksberge bey Boffingen auff der
Peltzmüllen. Im Jahr so man zalt hinden unnd forn, am drey
unnd achtzigsten Tage des Schalckßmonats.‘

Wenn nun die Beane als Studenten infolge eines solchen
kaiserlichen Briefes auch vor der schwersten Strafe behütet waren,
so sollten sie sich dennoch auf Verlangen des Präfekten einer
anderen Buße unterziehen, nämlich, „ut vel Rhenum evacuent,
vel maximam summi templi campanam pulte (dicker Brei auß
Mehl, Hülsenfrüchten ꝛc.) refertam deglutiant et similia etc.‘‘
Als daraufhin die übrigen Depositoren bei dem Präfekten Für-
sprache für die Beane einlegen, ist es schließlich genug der Buße,
wenn sie ein ganzes Glas Wein austrinken und versprechen,
die Artikel, welche ihnen sogleich vorgelegt werden sollen, zu
halten.

Im dritten Akte endlich werden die solange gequälten Beane
durch den „Modus Britzandi“ zum honorigen Studenten geschlagen
und von ihrer stinkenden Beanitas absolviert. Noch einmal werden
zu Beginn dieses letzten Aktes die Beane gehörig hergenommen
und durchgebritzt, d. h. nach allen Regeln der Kunst durchgeprügelt
unter folgenden Begleitworten der Depositoren:

„Hört tzo, hört tzo, Ir Herren thosamen,
Hier haben wir tho britzen die grosse Beanen;
Ich soll es in gar fain machen,
Ich soll sie vor die Lappen schlagen;
Die Broech wirdt ihn wehelich krachen!
Was machen die Beanen in desem Spill?
Der groben Bacchanten, der haben wir vill!
Ich solts ihn gar fein machen;
Wenn sie zu der Mutter kommen,
Sie werden sich wehelich klagen.
Wollen sie es dan noch mehr thoen,
So will ich in geben denselbigen Loehn,
Den alten Lohn, den nien Danck.
Hörth, hörth, hörth!
Wie meines Herren Schwerdt klangh!
Ach gutte Gesellen uff der Banck,
Wie wirdt euch nuhn die Zeit so langk!
Stehet ayff, saget Euwerem Meister Danck."

Hiermit ist der Bean absolviert, nun haben seine Qualen ein
Ende. Nur muß er in der zweiten Scene noch zwölf einzelne
Versprechen ablegen, welche sich auf die Depositionsbräuche und
die mit denselben in Verbindung stehenden Punkte der Disciplin-
ordnung der einzelnen Gymnasien beziehen. Hauptsächlich müssen
die Beane versprechen, sich nicht für die an ihnen vorgenommene
Depositionsprozedur zu rächen, die einzelnen Handlungen derselben
keinem Uneingeweihten zu verraten und sofort nach derselben zur
Erholung „duas amphoras vini cum aliquot gobbellinis"[1]) zu
ponieren; auch müssen sie sich innerhalb 14 Tagen bei dem
Präfekten ein Zeugnis über ihre Deposition ausfertigen und sich
innerhalb eines Monates beim Universitätsrektor als Studenten
einschreiben lassen. In der dritten Scene wird ihnen der geheime
Sinn des alten, bekannten Akrostichons „Omnis Beanus est
asinus nesciens vitam studiosorum" erklärt und ihnen auseinandergesetzt, daß, wie es auch die Umschrift des Depositions-
siegels anzeige, das Wort Beanus im Vokativ „o Beanus" und

---

[1]) Das sind „Göbbelchen", ein heute noch in Köln bekanntes Mürbe-
gebäck in länglicher Form (etwa 18 cm lang), in dessen oberes Ende ein
kleines Thonpfeifchen eingesteckt ist.

nicht „o Beane" heißt. Diese Geheimnisse aber keinem anderen
zu verraten, geloben sie feierlichst mit den Worten: „Ego N. N.
sancte et sincere polliceor et spondeo me neque haec secreta
ulli Beanorum explicaturum et ea, quae superioribus omnibus
regulis proposita sunt, fideliter servaturum." Hierauf werden
die benutzten Instrumente wieder eingepackt, und die eigentliche De=
position ist zu Ende. Doch der Kölner Erlaß bringt uns, ehe er mit der
notariellen Beglaubigung durch den Pedellen schließt, noch dreierlei:
Die Formula testimonii, die Incommoda Beanorum und Quaedam
ex more antiquo observanda. Die Formula testimonii lautet:

„Nos depositionis in N. Agrippinensis Academiae gymnasio
pro tempore praefectus et testes universis et singulis praesentes
literas lecturis seu legi audituris salutem. Cum ingenuus
adolescens N. N. depositionis suae testimonium a nobis postu-
laret, non debuimus honestissimae eius petitioni non suffragari.
Itaque noverint universi et singuli iam dictum adolescentem
in N. Agrippinensi gymnasio more institutoque maiorum
depositum et iu numerum academicorum studiosorum esse re-
latum, idque manu propria et consueto depositionis in gymnasio
nostro sigillo praesentibus appenso notum facimus et attestamur.
Actum Coloniae Agrippinae die — mense — anno —.

N. N. Pro tempore prae-   N. N. Logicus subscrpt.
fectus depositionis subscrpt.   N. N. Logicus subscrpt.
N. N. Physicus subscrpt.

Die drei ersten Incommoda Beanorum beziehen sich auf die
Vorlesungen, Disputationen und Promotionen, zu welchen sie noch
nicht zugelassen werden können, die beiden letzten lauten: „Quarto
non possunt cornua Beanorum videre nec eorum foeditatem
manibus percipere; quinto non possunt de reliquorum sensuum
objectis recte iudicare." Die „quaedam ex more antiquo
observanda" bestimmen zunächst, daß arme Beane wegen der
Kosten nicht beschwert, und daß Geistliche und ältere Beane von
der Deposition dispensiert werden sollen. Sodann geben sie Vor=
schriften über das äußere Benehmen und die Ausstattung der
Deponierten und schärfen diesen zuletzt noch ein: „ne pecunias
ad parentes remittant neque commentaria in tertium posteriorum
aut quartum Rodolphi scribant."

Biberfang in Ostpreußen, besonders im Hauptamte Tilsit, 1584.

Von Gustav Sommerfeldt.

Zu dem, was in Band VII dieser Zeitschrift, Seite 393—395, über Wolfsjägerei mitgeteilt werden konnte, die in Ostpreußen plan=mäßig und von Amts wegen noch im 17. Jahrhundert und später ausgeübt wurde, bilden ein Seitenstück gewissermaßen die Vor=schriften, die in Bezug auf die Ausübung des Biberfangs von den preußischen Regimentsräten (Oberräten) d. d. Königsberg, den 17. März 1584 erlassen worden sind. — Ausführliches über den Biber in Ostpreußen hat zwar J. G. Bujack seinerzeit in den von O. W. L. Richter, später von A. Hagen, herausgegebenen „Preußischen Provinzialblättern" Band 16 (1836) veröffentlicht,[1] indessen wird es von Interesse sein, daneben noch zu erfahren, wie sich die Handhabung der Vorschriften für einen bestimmten Bezirk in älterer Zeit gestalten konnte.

Bujack glaubt, daß die Hauptstätte der Ansiedelungen des Bibers das Gebiet des Weichselstromes gewesen sei, und schließt dies besonders aus einigen der Bestimmungen, die in der vom deutschen Orden der Stadt Thorn 1232 erteilten Handfeste ent=halten sind.[2] Es heißt daselbst wörtlich: „Civitati vero Thoru-nensi idem flumen in longitudine ac terminis domini Cuja-viensis episcopi ad unum miliare descendendo et in terra in latitudine circa Wislam circumquaque per dimidium miliare,

---

[1] J. G. Bujack, über die Zeit des Verschwindens der Biber in Preußen (Preußische Provinzialblätter 16, Seiten 160—171; 502—503; 590-595), vgl. Zimmermann, ebenda S. 395. Von älterer Litteratur ist am wichtigsten J. Ch. Gottwaldt, Physikalisch-anatomische Bemerkungen über den Biber. Nürnberg 1782.

[2] Bujack a. a. O. S. 161.

cum omui utilitate, exceptis insulis et castoribus. ad communes usus civium et peregrinorum duximus assignandum." Zur Verwendung kamen von dem Biber meist nur Balg, Haare, Schwanz und Weichteile. Der Schwanz, welcher bis drei und vier Pfund wog, wurde als Delikatesse nach Fischart zubereitet, und kam nicht nur als Leckerbissen auf die Hoftafel der Hochmeister des deutschen Ordens, sondern war selbst bei den Prunkmählern der Könige von Sachsen im 18. Jahrhundert noch im Gebrauch.[1])

Die Weichteile (Castoreum, Bibergeil) wurden als „sonderbahre Artznei und sehr heilsames Mittel wider viele Krankheiten", wie der Ausdruck in einem Königsberger Kammerreskript vom 16. August 1706 (über den Schutz des Bibers) lautet, verwendet. Dieses Reskript untersagte das Auseinanderreißen der von den Bibern an Seen und Teichen, in Brüchern und in Ausbuchtungen der Ströme angelegten Bauten. Erst recht aber wurde darin verboten, den Bibern mit Fangeisen und mit Fischersäcken, oder überhaupt mit Garn nachzustellen. Auch war es untersagt, das an den Flüssen und Seen befindliche Gesträuch wegzuhauen, im Fail es den Bibern zum Aufenthalte diente. Die Biber auf dem Wasserwege zu verfolgen oder sie wegzuschießen, war ebenfalls unstatthaft. „Allermaßen diejenigen, welche diesem unserm Verbott frewentlich contraweniren würden, vor jedes Stück der ruinirten oder geschossenen Biber, laut in der Jagdordnung befindlichen Taxe, jedesmahl zehen Gulden Ungarisch ohnfehlbahr zu erlegen sofort mit der Execution angehalten werden sollen."

Umgekehrt wurde in älterer Zeit den mit der Erlegung von Bibern beauftragten Beutnern der Betrag von 8 Skott für jedes

---

[1]) Bujack S. 163. Ein Biberschwanz wurde 1734 mit ein bis zwei Dukaten bezahlt. — Im Marienburger Treßlerbuch der Jahre 1399 bis 1409, hsg. von E. Joachim (Königsberg 1896) heißt es Seite 535 zum Jahre 1409, daß 1 Mark einem Manne aus der Mark gezahlt worden sei, „der den meyster (d. i. Hochmeister) mit eyme beberzayle erete". A. Treichel, Der Tiergarten zu Stuhm (Zeitschrift des historischen Vereins für den Regierungsbezirk Marienwerder Heft 35, S. 5) hat auf die Stelle kurz hingewiesen und druckt ebenfalls beberzayl. Es möchte wohl aber eher bebergayl zu lesen und an die Weichteile zu denken sein. (Steht nicht zayl für zagel, Schwanz? Die Red.) — In einem Nachtrage zu der genannten Arbeit nimmt Treichel (ebenda Heft 37, S. 27) auf die spätere Thorner Handfeste von 1251 Bezug, in der sich der deutsche Orden betreffs des Bibers in ähnlicher Weise einen Vorbehalt gemacht hat.

Exemplar durch den Ordenspfleger gezahlt, sofern der Beutner „Zagel, Geil und Haut" des erlegten Tieres beibrachte. [1]) Es läßt dies immerhin wohl darauf schließen, daß die Zahl der Biber zur Ordenszeit in Preußen eine sehr große gewesen sein muß.

Sehr scharf wurde gegen die Biber im 18. Jahrhundert an einzelnen Orten Preußens vorgegangen. Eine Verordnung vom 29. Juli 1729 hatte verfügt, daß die Biber überall da auszurotten seien, wo sie schädlich wären. Infolgedessen verfügte die Domänenkammer d. d. Königsberg, den 28. August 1743, daß die sehr zahlreichen Dämme, welche von den Bibern in der seichten, sogenannten Dunau'schen Beek bei Kaymen im Labiauer Kreise angelegt worden waren, mittels Haken auseinandergerissen und vernichtet werden sollten, die Biber selbst solle der Hofjäger töten und ausrotten. [2])

Diejenige Gegend Ostpreußens nun, in der die Biber noch im 16. Jahrhundert wegen der zahlreichen dort existierenden Wildnisse und undurchdringlichen Dickichte den besten Unterschlupf und die bequemsten Aufenthaltsplätze fanden, war das Gebiet des Memelstromes, speciell die Deltaniederungen im Westen, die zwischen den Armen gelegen waren, mit denen die Memel sich in das Haff ergoß. — Bemerkenswert ist in der auf das Hauptamt Tilsit bezüglichen Biber-Verordnung vom Jahre 1584 namentlich die Fürsorge, mit der die Regimentsräte zu verhüten suchten, daß die Biberfänger der Tilsiter Amtshauptmannschaft etwa auf die Nachbargebiete übergriffen. Insbesondere finden wir die Weisung gegeben, die Grenze gegen das Labiauer Gebiet hin streng zu beachten. Hieraus wird man gewiß mit Recht entnehmen dürfen, daß die Labiauer Haffniederung mit Bibern in ähnlicher Weise stark besetzt war, wie es beim Memelstrom in der Gegend von Tilsit der Fall war.

Was die Persönlichkeiten der vier Regimentsräte (Oberräte) angeht, welche die Verfügung vom 17. März 1584 unterzeichnet haben, so war Wolff Ernst von Wirsberg wohl der Kanzler des Herzogtums. Sein Geschlecht, das ein Oberpfälzisches ist, findet

---

[1]) Bujack S. 65. — Über den Biberfang als Regal des Deutschordens siehe auch Joh. Voigt, Geschichte Preußens. Bd. VI. Königsberg 1834. S. 644.

[2]) Bujack S. 593—594.

sich frühzeitig im Deutschordenslande vertreten,[1]) in der Oberpfalz
erlosch es im Jahre 1687 mit Philipp Christoph von Wirsberg. —
Albrecht von Kittlitz, seit 1583 Landhofmeister,[2]) starb im Jahre
1604. — Hans von Rautter, Oberburggraf, Erbherr auf Wilkam
und Arnstein, ist am 7. Mai 1605 gestorben.[3]) — Georg von
Podewils war Obermarschall des Herzogtums[4]) und starb 1604.

Die Verfügung von 1584 findet sich abschriftlich im Königlichen Staatsarchiv zu Königsberg: Hausbuch des Hauptamts
Tilsit Nr. 369, fol. 610—611. Im Nachstehenden ist die wenig
korrekte Orthographie des Schreibers jenes Hausbuches von mir im
wesentlichen beibehalten worden:

„Bieberfenger. Nachdeme vonn fürstlicher Durchläuchtigkeit
zu Preußen, meinem gnedigsten Fürsten unnd Herrn der atte Joseph
von der Splitter, Michel von der Splitter[5]), Burckardt Mesche-
neidten unnd Albrecht Simon Christoffen zu Bieberfangen im
Tilsitschen Ambt bestellet und angenomen, als sollen sie volgende
Puncta im Bevelch haben unnd darauff ire Pflicht thun: Zum
ersten sollen sie alle Jahr, wann der Bieberfang angehet, ehr sie
anfangen darnach zu stellen, sich bey dem Wildtnußbereitter inn
irem Ampt antzeigen, damit er jederzeit wissen möge, wer da stellet,
unnd nicht etwan ein Underschleiff gebraucht werde. Zum andern
sollen sie uber die Ambtgrenitz nach Bieber zu fangen nicht kommen,
sondern inn iren Ambtgrenitzen pleyben unnd deß Fangs alda
mit Treueun abwarten, wie daun auch Bestellung geschehen solle,
daß die Grenitz zwischen Tilsit unnd Labiau gerichtet werde. Zum
dritten, außerhalb diesen bestellten Bieberfengern soll keinem andern
Bieber zu fangen oder darnach zu stellen gestattet werden, unnd
do sie Jemands erfuern oder daruber beschluegen, sollen sie solches
dem Hauptmann, oder wer an seiner Statt ist, anzeigen. Zum
vierdten also solten sie auch auf alle Sachen inn Weldern Achtung

---

[1]) J. Voigt, Geschichte · Preußens. Bd. VII, S. 124 ff. und 645 ff.

[2]) Erläutertes Preußen. Königsberg 1724. S. 87—88.

[3]) Notizen über ihn gab G. A. v. Mülverstedt in Oberländische Geschichtsblätter Heft 3, 1900, S. 47—48.

[4]) Erläutertes Preußen S. 107.

[5]) Der Namen der beiden an erster Stelle genannten Biberjäger leitet
sich von dem Dorfe Splitter bei Tilsit her, das später in der Zeit des Großen
Kurfürsten als Ort eines Zusammenstoßes mit den Schweden bekannt geworden ist.

geben, daß fürstlicher Durchläuchtigkeit kein Wildt abgeſtoln,
Beutten gebrochen, mit Baſtreyßen nicht die Beume verderbt oder
Schaden daran zugefueget werden. Unnd do ſie dergleichen un=
pillige Eintrege mercken, ſollen ſie es nicht verſchweigen oder mit
den Leutten under einer Decke liegen. Dan do ſolches von ihnen
erfahren wurde, ſollen ſie gleich den Thetern gleicher Straff ge=
wertig ſein. — Alle Bieber, die ſie fangen, ſolten ſie bey Eydes=
pflichten ins Ambt uberantwortten unnd mit dem Ambtman
daruder einen Kerbſtock hallten,[1] damit nach Außgang deß Jahres
zu ſehen, wie vil ſie gefangen unnd geliefert. Deß ſolle ihnen für
jedern Bieber, den ſie uberantwortten, eine Marck Preußiſch ge=
reichet werden. Urkundtlich mit hochernants meines gnedigen Furſten
unnd Herrn uffgedrucktem Secret beſigelt unnd geben zu Konigs=
pergk am 17. Monatstag Martii anno 1584. Wolff Ernſt von
Wirspergk, Albrecht Freyherr zu Kittlitz, Hanns Rautter, Georg
von Pudewelß.“

In den Preußen denachbarten Gegenden Polens konnte ſich,
da hier für die Meliorierung der Flüſſe nur wenig geſchah, der
Biber ziemlich lange erhalten. In Preußen dagegen erfolgte ſein
Ausſterben, wie Bujack durch Beweismittel im einzelnen belegt
hat, um den Beginn des 19. Jahrhunderts. In einem Bericht,
den der Landrat Schlenther über die Gegend des Kuriſchen Haffs
im Jahre 1828 an den Oberpräſidenten Theodor von Schoen er=
ſtattete, heißt es: „Alle eingezogenen Nachrichten ſtimmen darin
überein, daß Biber noch etwa vor 20 oder 30 Jahren in den Ge=
wäſſern der Schneckenſchen, Nemonienſchen und Ibenhorſtſchen Forſt
häufig gefunden worden ſind und ein nicht unbedeutender Gegen=
ſtand der Jagd waren. Seit dem gedachten Zeitpunkt läßt ſich
nirgend mehr eine Spur von ihnen ermitteln. Namentlich wurden
im gräflichen Dominio Rautenburg, wo die Biber in der Nähe
der Meyrunſchen Eßzer ihre Baue hatten, die letzten vor 20 oder
30 Jahren geſchoſſen, ſeitdem aber keines dieſer Tiere mehr
geſehn.“

Daß im Gebiet des Kuriſchen Haffs der Timberfluß, der ſich
zwiſchen Tilſit und Labiau in daſſelbe ergießt, von Bibern ſtark

---

[1] Ein wirklicher Kerbſtock, deſſen Anwendung für Berechnungen ein=
facherer Art um jene Zeit die Regel war, iſt gemeint.

besetzt war, und dieselben dort im Jahre 1721 noch recht zahlreich anzutreffen waren, erwähnt Bujack[1] nach Angaben Hel-
wings. — Unweit Thorns wurde ein Exemplar des Bibers gar
noch im Jahre 1826 geschossen. Wie Bujack, der sich für den
Gegenstand auf amtliches Aktenmaterial beruft, gewiß mit Recht
vermutet,[2] war dieser Biber jedoch aus Polen auf preußisches
Gebiet übergetreten. Zimmermann endlich erwähnt,[3] daß bei
Danzig im Jahre 1829 ein Biber gefangen wurde, der, auf einer
Eisscholle treibend, den Weichselstrom hinabgekommen war. Ob
derselbe ebenfalls ein polnischer Überläufer war, scheint nicht er-
mittelt worden zu sein.

[1] Gedruckt bei Bujack S. 168.
[2] Bujack S. 160.
[3] Zimmermann a. a. O. S. 395.

Die Heimführung der Prinzessin Dorothea von Brandenburg nach Cassel im Juni 1700.

Berichte eines brandenburgischen Diplomaten.

Mitgeteilt von Georg Schuster.

Am 24. Januar 1700 ward der Erbprinz Friedrich von Hessen-Cassel, der am 4. April 1720 den schwedischen Thron bestieg, um die Hand der Prinzessin Dorothea von Brandenburg, der einzigen Tochter des Kurfürsten-Königs Friedrich und seiner im jugendlichen Alter verstorbenen ersten Gemahlin Henriette von Hessen-Cassel. Die Verlobung ward den Bewohnern der kurfürstlichen Residenz zu Cöln a. d. Spree durch einen Salut von sämtlichen auf den Wällen stehenden Geschützen kund gethan und durch eine Reihe glänzender Festlichkeiten gefeiert.

Unmittelbar nach der Abreise des Bräutigams (am 1. Februar) begannen die Vorbereitungen zu der auf den 31. Mai festgesetzten Vermählungsfeier, zu der u. a. der gesamte Hofstaat, die Schweizer-Garde, die Grands Mosquetaires sowie alle Regimenter, die an der geplanten Entfaltung militärischen Glanzes beteiligt waren, mit neuen prunkenden Uniformen ausgestattet wurden. Diese wurden insgesamt aus Paris verschrieben, „nicht sowohl", wie der Hofchronist, der bekannte Ceremonienmeister von Besser offenherzig gesteht, „aus einer Notwendigkeit, und daß man dergleichen nicht in Berlin aufbringen möge, als vielmehr in der Absicht, dadurch auch Fremden an unserer Freude mit Teit zu geben".

Am 17. Mai trafen der Landgraf Carl von Hessen und seine Gemahlin nebst dem Erbprinzen und einem Gefolge von 300 Personen, darunter 12 Pagen, 8 Trompeter und 30 Leibgardisten, und 350 Pferden, in Spandau ein, wohin sie von der Grenzstadt Osterwiek über Halberstadt, Magdeburg und Brandenburg durch den kurfürstlichen Schloßhauptmann von Printzen geleitet worden.

Tags darauf erfolgte unter niegeschautem Gepränge und unter dem brausenden Jubel einer ungeheuren, von allen Seiten zusammengeströmten Volksmenge der feierliche Einzug[1]) der hessischen Fürstlichkeiten in die kurfürstliche Residenz.

Am 31. Mai fand die Vermählung statt. Unendliche Gastereien,[2]) Lustfahrten durch die Hauptstraßen und den nahen Tiergarten, Opern, Ballete, Maskeraden, die damals beliebten Tierhetzen — die zum Kampf vorgeführten Tiere: Bären, Büffel, Wölfe, Füchse, wilde Schweine, waren kurz vorher aus den ostpreußischen Urwäldern eingetroffen — großartige Feuerwerke, von dem als Pyrotechniker ausgezeichneten Oberst Schlund arrangiert, füllten die nächsten Tage aus. Dann machte die ganze Hochzeitsgesellschaft Ausflüge nach den Lustschlössern von Oranienburg, Schönhausen, Rosenthal und Lietzenburg, wo die anmutige Kurfürstin Sophie Charlotte, die begeisterte Freundin des großen Leibniz, Hof hielt und zu Ehren ihrer hohen Gäste eine italienische Oper nebst Ballet aufführen ließ. Den Beschluß der Festlichkeiten machte die Aufführung einer „Wirtschaft" (Kostümfest) in Potsdam.

Am 10. Juni traten die hessischen Herrschaften die Rückreise nach Cassel an. Der Kurfürst gab ihnen und der geliebten Tochter[3]) bis Lehnin das Geleit. Hier wurde Abschied genommen und dann unter der kundigen Führung des ebenso gewandten wie liebenswürdigen Printzen und mehrerer Hofkavaliere die Rückreise fortgesetzt. An der Grenze der brandenburgischen Lande legte Printzen seine Funktion als Reisemarschall nieder und entließ sein Gefolge. Er selbst ging jedoch in Begleitung seines Sekretärs nach Cassel, um die der Prinzessin laut Ehevertrag als Wittum verschriebenen Herrschaften in ihrem Namen in Besitz und die ihr zu leistende Eventualhuldigung entgegenzunehmen. Daß er sich auch in Cassel vielfach mit politischen Dingen zu beschäftigen hatte, erfahren wir aus seinen im folgenden veröffentlichten Aufzeichnungen.

---

[1]) Vergl. hierüber: Des Herrn von Besser Schriften rc. Leipzig 1711, S. 338ff., der diese und die folgenden Festlichkeiten anziehend zu schildern weiß.

[2]) Beim Hochzeitsmahle wurden 500 der auserlesensten Gerichte und „Entremets" sowie die „seltensten Konfitüren und Früchte" aufgetragen.

[3]) Erst im Sommer 1704 sah die Erbprinzessin die Heimat wieder. Schon im Jahre darauf, am 23. Dezember 1705, sank sie ins Grab.

In der ihm erteilten schriftlichen Instruktion war Printzen angewiesen worden, „ein accurates journal zu halten und selbiges bey seiner Rückkunft ad acta einzuliefern".

Dieses Schriftstück gelangt hier aus den Akten des Königlichen Haus-Archivs zu Charlottenburg zum Abdruck und zwar in seiner ursprünglichen Orthographie, während die Interpunktion des besseren Verständnisses wegen modernisiert wurde. Von der Hand des Printzenschen Sekretärs niedergeschrieben, umfaßt das „Diarium" 26 engbeschriebene Folioseiten und stellt eine im ganzen sorgfältige Abschrift der eigenhändigen Ausarbeitung des Schloßhauptmanns dar, die, im Königlichen Geheimen Staatsarchiv zu Berlin aufbewahrt, zur Revision unseres Textes mit herangezogen wurde.

Der Inhalt des „Diariums" gewährt einen interessanten Einblick in das höfische, von einem umständlichen Ceremoniell begleitete Treiben einer Zeit, für die der Hof des „Sonnenkönigs" das vielbewunderte Vorbild war. Er ist ferner nicht ohne Wert für die Geschichte der Tafel, der Musik u. s. w., für die Reisegeschwindigkeit eines „fürstlichen Comitats" in damaliger Zeit und enthält eine Reihe immerhin beachtenswerter Personalnotizen.

In dem im Anhang mitgeteilten, zum Teil von Printzens Hand herrührenden Dokumenten finden sich, neben Beiträgen zur Wirtschaftsgeschichte, einige Stücke politischen Inhalts. Sie verbreiten sich u. a. über die Haltung einer Anzahl deutscher Fürsten in der hannöverschen Kurfrage und den mit ihr verknüpften mannigfachen Nebenfragen, die in dem damaligen politischen Getriebe eine große Rolle spielten, so z. B. über die Gottorpische Angelegenheit und den dänischen Krieg 1700, der die drohende nordische Krisis zum Ausbruch brachte, und werden aus diesem Grunde, denke ich, nicht ganz unwillkommen sein.

Über die Persönlichkeit des Schloßhauptmanns sind wir gut unterrichtet. Marquard Ludwig Freiherr von Printzen [1]) wurde am 14. April 1675 geboren. Im Alter von 13 Jahren bezog er die Universität Frankfurt a. O., studierte dort 6 Jahre und machte dann die übliche Kavaliertour durch Holland, England, Italien und Österreich. Bald darauf trat er in den brandenburgischen Staatsdienst ein, wo er bald zu den höchsten Stellungen

---

[1]) Vergl. Allg. D. Biographie. Bd. 26. S. 596—600. Schmoller u. Krauske, Behördenorganisation (Acta Bor.) I. Berlin 1894.

Die Heimführung der Prinzessin Dorothea von Brandenburg nach Caffel 35

gelangte. Im Jahre 1698 befand sich der junge Diplomat am
Hofe der Herzogin-Witwe Elisabeth von Kurland, einer Stief-
schwester des Kurfürsten Friedrich III., und ging dann als Gesandter nach Moskau. Zu Anfang 1700 zum Schloßhauptmann
ernannt, erhielt der feingebildete Hofmann den ehrenvollen Auftrag,
der Prinzessin Dorothea das Geleit in ihre neue Heimat zu geben.
Aber schon Ende 1700 kehrte Printzen nach Rußland zurück,
um für die Anerkennung der Königlichen Würde seines Herrn zu wirken.
Daß Peter bereitwillig darauf einging, ist ein Verdienst des
klugen, geschickten Diplomaten. Obwohl vom Zaren vielfach ausgezeichnet, erbat er, „um endlich wieder ein ordentliches Leben
führen zu können", noch im Jahre 1701 seine Abberufung von
dem halbbarbarischen Moskauer Hofe.

Nach vorübergehendem Aufenthalte in Bayreuth am Hoflager
des Markgrafen Christian Ernst, der sich inzwischen mit Elisabeth
von Kurland (30. 3. 1701) vermählt hatte, wurde der bewährte
Staatsmann Direktor des Lehnswesens und im Alter von
30 Jahren am 22. Mai 1705 mit dem Titel: „Wirklicher Geheimer Staats- und Kriegsrat" Mitglied der höchsten Regierungs-
behörde.

Auf wiederholten diplomatischen Sendungen während des
nordischen Krieges hatte Printzen Gelegenheit, seine Geschicklichkeit,
Erfahrung und Geschäftskenntnis wirksam zu bethätigen. Seiner
Neigung entsprechend, widmete er sich vornehmlich der inneren
Verwaltung auf dem Gebiete der Kirchen- und Schulangelegen-
heiten. Nach und nach wurden ihm hier alle höheren Ämter
übertragen. Unter anderem wurde er im Jahre 1709 Kurator
für alle preußischen Universitäten, 1713 Präsident des neu er-
richteten reformierten Oberkirchendirektoriums, 1718 Direktor der
Königlichen Bibliothek und 1724 Direktor des „Oberkollegiums
medicum". Neben seinen zahlreichen Aemtern erhielt der er-
probte Beamte auch das eines Oberhofmarschalls und legte auch
zeitweilig unter König Friedrich Wilhelm I. bei der Reform des
Justiz- und Steuerwesens mit Hand an. Allzufrüh war seiner
unermüdlichen Thätigkeit ein Ziel gesetzt; er starb bereits am
8. November 1725.

Printzen war ein lauterer Charakter. Die Zeitgenossen
rühmten seine aufrichtige Frömmigkeit, seine gründliche Gelehr-

samkeit, seine Wohlthätigkeit, seinen praktischen Geschäftssinn, seine gewandten, weltmännischen Umgangsformen. Der hannoversche Diplomat Ilten urteilt (1707) über Prinzen: „Dann Jedermann mit seinen umgäng zufrieden ist, er hat aber doch das Unglück, daß er vor nicht zu aufrichtig gehalten wird."

Wir lassen nun das Tagebuch seinem Wortlaut nach folgen:

Diarium Deßen, was bey der Heimführung
der Durchlauchtigsten Prinzessin Louysa Dorothea Sophia
Gebohrnen aus dem Churfürstl. Stamme
der Marggrafen zu Brandenburg,
anießo Vermählten Erb-Prinzessin zu Hessen-Cassell,
sowohl in dem Heimwege, als zu Cassell Selbst
und in der Zurückreise Merkwürdiges passiret,
angefangen den 10ten Juny Anno 1700.

Nachdem das Hochfürstl. Beylager der Durchlauchtigsten Prinzessin Louysa Dorothea Sophia [1]) mit dem Durchlauchtigsten Erb-Prinzen von Hessen-Cassell, Herrn Friederich [2]) pp. d. 31ten May Vollenzogen und nachgehends Sich die Hochfürstl. Ehe Leuthe noch 8 tage in Berlin und Oranienburg divertiret, brachen Dieselben den 8ten Juny Dienstags, nach offendlich gehaltener Mittags Taffel, von Berlin auf und reiseten bis Potsdam, als wohinn Sie von seiner Churfürstl. Durchl. [3]) inngleichen der Chur-

---

[1]) Tochter des Kurf. Friedrich III. v. Brandenburg u. seiner ersten Gemahlin Elisabeth Henriette von Hessen-Cassel, geb. 29. 9. 1680, † 23. 12. 1705.

[2]) Geb. 8. 5. 1676, in zweiter Ehe verm. 4. 4. 1715 mit Ulrike Eleonore von Schweden, König von Schweden, 4. 4. 1720, † 5. 4. 1751.

Kurf. Georg Wilhelm v. Brandenburg
† 1. 12. 1640.

Kurf. Friedrich Wilhelm (d. Gr.), † 9. 5. 1658.	Markgräfin Hedwig Sophie, († 26. 6. 1683), verm. 19. 7. 1649 mit	Wilhelm VI. Landgrafen zu Hessen-Cassel. † 26. 7. 1663.
Kurf. (König) Friedrich III. (I.) († 25. 2. 1713), verm. 24. 8. 1679 mit	Elisabeth Henriette geb. 18. 11. 1661, † 7. 7. 1691.	Landgr. Carl I. v. H. u. Cassel geb. 3. 8. 1654, † 23. 3. 1730.
	Luise Dorothea Sophie († 23. 12. 1705), verm. 31. 5. 1700 mit	Landgraf Friedrich I. von Hessen-Cassel (König von Schweden), † 5. 4. 1751.

[3]) Kurfürst Friedrich III. von Brandenburg, geb. 11. 7. 1657, „König in Preußen" 18. 1. 1701, † 25. 2. 1713.

fürſtinn,[1] dem Chur-Printzen[2] und Sämmptlichen Herren Marggraffen[3]) noch begleitet wurden. Ich wurde darauf von Sr. Churfürſtl.
Durchl. nicht allein beordert, die Hochfürſtl. Caſſelſche Herrſchafft,[4]
ſo wie ich Selbe auf Sr. Churfürſtl. Durchl. Gräntzen zu Oſterwyk d. 19. May empfangen und bis nach Berlin geführet, wieder
zurück mit der gantzen Churfürſtl. mir zugeordneten Hoff Stadt
bis dahinn zu begleiten, ſondern es ward mir auch zugleich angedeutet, daß Sr. Churfürſtl. Durchl. gnädigſt reſolviret, daß ich
nachgehends gantz mit bis nach Caſſell gehen, und als Bevoll-
mächtiger von Sr. Churfürſtl. D. die in denen Ehe pacten verab-
redete, aber noch nicht gäntzl. Vollenzogene puncte des Wittwen-
thum, die eventual immiſſion in demſelben, inngleichen die
Verſicherung der Morgengabe, auch der Hand- und Spiel-gelder,
und andere dergleichen zur Vollkommenen Richtigkeit bringen,
wie mir dann zu dem Ende Eine Inſtruction de dato Cölln
a. d. Spree d. 6ten Juny 1700 allergnädigſt von Sr. Churfürſtl.
Durchl. zugeſchicket und ertheilet ward. Darauf ich dann alle
meine Sachen zur Reiſe fertig machte, die mir nöthige Documenta
extradiren ließ und Mittwochs d. 9ten Juny, des abends gegen
10 uhr in Potſtam anlangete, da dann die Sämmptlichen Herr-
ſchaften noch in Vollkommener Wirthſchaffts-Luſt[5]) befand.

Donnerſtag d. 10ten Juny ward noch zu Mittage Taffel in
Potſtam gehalten, nach deren aufhebung das Abſchied nehmen
unter vielen Thränen anging, welches ich aber nicht abwarten
kunte, weil ich umb eine und andere anſtalten zumachen voran

---

[1] Sophie Charlotte, Tochter des Kurf. Ernſt Auguſt von Hannover,
geb. 30. 10. 1668, † 1. 2. 1705.

[2] Friedrich Wilhelm, der ſpätere „Soldatenkönig", geb. 14. 8. 1688,
† 31. 5. 1740.

[3] a. Markgraf Philipp Wilhelm von Schwedt, geb. 19. 5. 1669,
† 19. 12. 1711. — b. Markgraf Albrecht Friedrich von Sonnenburg, geb.
24. 1. 1672, † 21. 6. 1731. — c. Markgraf Chriſtian Ludwig von Brandenburg, geb. 24. 5. 1677, † 3. 9. 1734.

[4] Landgraf Carl von Heſſen-Caſſel, geb. 3. 8. 1654, † 23. 3. 1730.
Verm. 21. 5. 1673 mit Maria Amalia von Kurland, geb. 12. 6. 1653,
† 16. 6. 1711.

[5] „Wirtſchaften" waren damals an den deutſchen Höfen beliebte
Koſtümfeſte.

nach Lehnin[1]) reyten mußte, weßhalb ich mich, vorab von Sr.
Churfürstl. Durchl. alleruntertbänigst beurlaubete, Welche mir
daun nochmahlen Selber gnädigst anbefahlen, vor Dero Prinzeſſinn
Tochter, Welche Sie mit beſonderer Tendreſſe Ihr Theuerſtes Pfand
nenneten, und dero guten einrichtung alle unterthänige und möglichſte Vorſorge zu tragen, den ich auch meinen allergehorſamſten
Pflichten gemäß treu fleißig nachzukommen, unterthänig Verſprach,
und mich alſo vorauß nach Lehnin, 3 Meilen von Potſtam, begab.
Die Landgräffin nebſt der Erb-Prinzeſſin und Prinzeſſin Sophie[2])
von Caſſell kahmen in einem wagen, ohngefehr eine Stunde nach
mir auch daſelbſt an, der Landgraff und Erbprintz aber hatten
Sich in etwas unterweges in der meinung einen Hirſch zu bürſchen
aufgehalten und langeten nach 6 uhr an. Sie waren aber kaum
vom Wagen geſtiegen, daß erſt ſich der Erbprintz, nachgehends
der Landgraff Selber Sich zu der Neu-Vermählten Erb-Prinzeſſinn
begaben und Sie auf alle erſinnliche Weiſe wegen des abſchieds
von Sr. Churfürſtl. Durchlaucht Ihres Herru Vaters Gnaden
zu tröſten ſucheten, welches daun nicht ohne Viele Marquen Ihrer
tendreſſe und affection gegen der Prinzeſſinn D. geſchahe. Der
Landgraff führete die Erb-Prinzeſſinn Selber zur Taffel, bey
welcher ich mit dem Marſchalls-Stabe aufwartete, und nach der
Taffel in Ihre Kammer, alwo die Sämmptliche Herrſchafft biß
gegen 10 uhr Sich Verweileten. Die deyde Herren Marggraffen
Albertus und Chriſtian Ludewig hatten Sie bis hierher zu Pferde
begleitet, nahmen aber noch dieſen Abend abſchied und ritten
wieder zurück nach Potſtam, worauf Sich die Sämmptliche
Herrſchaft zur Ruhe begab.

　　　Freitags d. 11ten Juny wurde, damit nach ſo vielen Fatiguen
die fürſtl. Perſonen noch ein wenig ruhen möchten, das Frühſtücke
zu Lehnin zu bereitet und gingen Sie umb 11 uhr zur Taffel,
nachgehends führete der Landgraff Selber die Erb-Prinzeſſinn in

---

[1]) Bekannt durch das von dem Markgrafen Otto I. von Brandenburg
i. J. 1180 gegründete Ciſtercienſer-Kloſter und die ſog. Lehninſche Weisſagung
(Vaticinium Lehninense) des angebl. Mönches Hermann. Kurf. Joachim II.
verwandelte das Kloſter (1542) in ein Amt. (Vergl. Sello, Lehnin. Beiträge
zur Geſch. v. Kloſter u. Amt, Berlin 1881.)
　　[2]) Sophie Charlotte, geb. 16. 7. 1678, verm. 2. 1. 1704 mit dem
Herzog Friedrich Wilhelm von Mecklenburg-Schwerin, † 13. 5. 1749.

die Kutſche (hier ward des Erb=Prinßen wache Verdoppelt), und
fuhren gegen 12 uhr von Lehnin ab, kahmen aber gegen 6 uhr
zu Zieſar, ſind 4 Meilen von dar, glückl. an. Der Landgraff
und der Erb=Prinß gingen noch aus, Endten zu ſchießen, ich aber
mußte mit der Landgräffin und der Erb=Prinßeſſin à L'Ombre
ſpielen bis zur Taffel, nach welcher Sich die Fürſtl. Perſonen
bald zur ruhe begaben.

Sonnabends d. 12ten brachen wir des morgens umb 7 uhr
von Zieſar auf, und befahlen Jhre Durchl. der Landgraff, daß
ich mich bey Jhnen in Jhren Wagen ſetzen mußte, und fuhr her=
gegen der Erb=Prinß mit meinem Wagen und Pferde vorann.
Unterwegens conteſtirete der Landgraff gar ſehr die beſondere
Eſtimé, Liebe und Affection. welche S. Durchl. gegen der Erb=
Prinßeſſinn Durchl. hegeten. Verſicherten mich auch: daß Sie alle
Facilite herbeytragen würden, in der von Sr. Churfürſtl. Durchl.
mir allergnädigſt aufgetragenen Commiſſion, und würden Sie alles
denen Ehe pacten gemäß, ex quorum visceribus die übrige
Instrumenta leichtlich genommen werden könnten, auf's ſchleunigſte
ſuchen im Stande zu bringen, damit ich ſelber ſehen könne, wie
lieb Jhnen Jhre Neu=Vermählte Schwieger=Tochter und Sr. Chur=
fürſtl. D. Affection und Amitié wäre. Des Mittags nach 12 uhr
langeten Wir zu Nettliß, 4 Meilen von Zieſar, an, iſt ein Dorff,
gehöret einem Edelmann von Hacken[1]) zu, auf deßen Ablichen
Hauſe ward das Mittag Mahl gehalten. Nach gehaltener Taffel
brachen Wir auf und langeten gegen 6 uhr zu Magdeburg, ſind
2 Meilen von Nettliß, an, alwo die Durchl. Herrſchafft mit
Canonen=ſchüßen und von der im Gewehr ſtehender Bürgerſchafft
und Garniſon begrüßet und vor dem Landſchaffts=Hauſe von dem
Herrn Geheimbten Raht Von Plathen,[2]) dem Domdechant
Arnſtedt, im gleichen auch von Einigen der Vornehmſten Ablichen
Dames empfangen wurden, der Magiſtrat that auch das Gewöhn=
liche praeſent von Wein und einige Victualien.[3]) Der Landgraff
hub auch Selbſt die Erb=Prinßeſſinn aus dem Wagen und führete

---

[1]) Altes brandenburgiſches Geſchlecht.

[2]) Nikolaus Ernſt v. Plathen, Chef des Oberſteuerdirektoriums, wurde
am 6. Juni 1713 zum Direktor des Magdeburg. Kommiſſariats ernannt.
(S. Schmoller u. Krauske a. a. O. S. 497.)

[3]) Hierzu gehörte beſonders „Hafer".

Sie in Ihre Kammer, Worauf die Soldaten und Bürgerschafft Salve gaben und abmarchireten. Nachgehends ward zur Taffel geblasen, an welcher der Landgraff die Erb-Printzeßinn, abermahl der Landgräfin zur Rechten, und also über Sich setzete. Nach der Tafel reterirten Sich die Fürstl. Persohnen frühzeitig. Ich aber fertigte einen expreßen nach Halberstadt an den Herrn Von Danckelmann[1]) ab, umb Selbst Von Unserer Ankunft nachricht zu geben.

Sonntags b. 13ten Juny ist die Sämmptliche Herrschafft des morgens in die Reformirte Deutsche kirche gegangen und hat den Gottesdienst beygewohnet, wie auch nachmittags, außer daß der H. Landgraff umb gewißer geschäfte willen zurückgeblieben. Nach der Veßper-Predig fuhren des Erb-Printzen, der Erb-Printzeßinn, und Printzeßinn Sophie Durchl. und besahen die Thum kirche.

Monndtags b. 14ten Juny fertigte ich die Post ab und that unterthänigste relation[2]) an Sr. Churfürstl. Durchl., schickte die

---

[1]) Daniel Ludolf v. Danckelmann, geb. 8. 10. 1648, 20. 2. 1691 Generalkriegs-kommissar, wurde nach dem Sturze seines Bruders Eberhard (1697) an die Spitze der Halberstädt. Landesverwaltung gestellt. Am 6. Februar 1702 wurde er als Generalkriegskommissar restituiert. Er starb 14. Februar 1709. (S. Schmoller u. Krauske a. a. O. S. 77.)

[2]) Unter anderem heißt es hier: ... „Sonsten haben der Erb-Printzeßinn Durchlaucht, weiln Ew. Ch. D. Ihnen bei dero abschied expres gesaget, wann Ihnen etwas monquiren würde, sollten Sie ihre Zuflucht zu Ew. Ch. D. nehmen, mir gnädig anbefohlen, Ew. Ch. D. unterthänigst zu berichten, wie daß Sie von allen geldmitteln zu ihrem täglichen gebrauch entblößet wären, indem kaum 20 oder 30 Thlr. in caßa vorhanden, und hätten Sie auch in dem ersten halbenjahr von denen Ihnen assignirten hand- und Spielgeldern nach einhalt der Ehepacten nichts zu erwarten. Weiln täglich annoch einige nothwendige ausgaben vorfielen, so ersucheten Sie Ew. Ch. D. gehorsambst, ob Sie nicht gnädig geruhen wollen, Ihnen bis zur hebung der hand- und Spielgelder nach dero gnädigen gefallen etwas zu remittiren, deßen Sie sich das erste halbe jahr zu ihren nöthigen ausgaben bedienen könnten. Auch stellen der Erb-Printzeßinn D. nach dero mir expres gegebenen befehl Ew. Ch. D. gnädigster disposition und genehmhaltung gäntzlich anheimb, ob Sie bey Ihrer über-kunfft in Caßell nicht des Erb-Printzen bediente, inngleichen der Langräffinn Frauenzimmer, als welches gegen ihre damens einige erwehnung davon gethan, in ihren nahmen wormit beschenken solte, und würden Ew. Ch. D. auf solchen fall gnädigst geruhen zu befehlen, worinnen solche presenten bestehen und woher auch selbige genommen werden sollen“ ...

Der Kurfürst entsprach sogleich der Bitte. S. weiter unten.

aus Moscau empfangenen Briefe, wobey auch ein Hand-Schreiben
Von Sr. Czariſchen Majeſt.[1]) an Sr. Churfürſtl. D. war. Der
H. Landgraff und Erb-Prinß fuhren mit dem H. General Major
Borſtel[2]) und beſahen die Citadell und neu angelegte Waſſer-kunſt,
der Erb-Prinzeſſinn D. ſchrieben in des an S. Churfürſtl. Durchl.,
und gegen 11 uhr begaben Sie Sich zur Taffel, da zuletzt noch
auf expreſſen Befehl des H. Landgraffen Hochfürſtl. D. bey dem
Geſundheit trinken des beſtändigen Guten Verſtändnißes zwiſchen
dem Churfürſtl. Brandenburg. und dem Fürſtl. Heßen-Caſſelſchen
Hauſe müßte Canoniret werden. Nach aufgehobener Tafel ſetzten
Sie Sich Sämmptlich auf und fuhren unter löſung alter Stücken
fort. Zu Heimersleben,[3]) welches 4 Meilen von Magdeburg lieget,
hatten Sie Ihre eigene Pferde ſtehen, welche Sie Vorſpanneten
und alſo des Abends nach 7 uhr in Halberſtadt anlangeten,
Alwo die Fürſtl. Perſonen Sammpt und Souders Von der Regierung unten Vor dem Hauſe, imgleichen auch von dem Vornehmſten Frauen-Zimmer empfangen, auch nachgehends von dem
Dohm Capittel, der Cleriſey, dem Adel und der Bürgerſchafft
complimentiret wurden. Die Landgräffinn nebſt der Erb-
Prinzeſſinn und der Prinzeſſin Sophie haben Sich zu Gröningen
in etwas aufgehalten und daſelbſt die Capell und das Schloß
beſehen. Es kam auch der Erb-Prinß Von Berenburg-Anhalt[4])
hier in Halberſtadt an und bewillkommete die Sämmptliche Fürſtl.
Perſonen, blied aber nicht zur Abend Mahlzeit, ſondern reterirte
Sich vor derſelben wieder nach ſein Quartier. Dieſe nacht iſt
auch der Oberhoff Marſchall H. Baron Von Kettler[5]) vorann
nach Caſſell gereiſet, theils, wegen der erhaltenen Zeitung von
ſeiner Liebſten tobe, welche zu Ems im Bade geſtorben, theils
auch umb die noch nöthige Anſtalten zur reception in Caſſelt
zu machen.

---

[1]) Peter d. Große.

[2]) Gehörte der in der Altmark angeſeſſenen alten Familie v. Borſtel an.

[3]) Vielleicht Emersleben bei Halberſtadt?

[4]) Karl Friedrich, geb. 13. 7. 1668, † 22. 4. 1721.

[5]) Freiherr Jakob Friedrich v. Kettler, Sohn eines Verwandten des Herzogl.
Kurländ. Hauſes, Generalfriegskommiſſar, Oberhofmarſchall und Staats-
miniſter. (S. Rommel, Geſch. v. Heſſen. X, S. 115.)

Dienstags d. 15ten Juny kahm des morgens Früh der H. Von Milltiß,[1] Hoff Meister von der Landgräffin zu Darmstadt,[2] als Ein Abgeschickter vom Landgraffen von Heßen-Darmstadt, hier zu Halberstadt an, Welcher die Sämmptliche Fürstl. Personen wegen der glücklich Vollbrachten Vermählung complimentirete, mußte zugleich auch excusiren, daß der Landgraff von Darmstadt auf des Landgraffen Von Heßen-Cassel geschehener Einladung wegen Unpäßlichkeit nicht würde nach Cassell kommen können. Der Erb-Printz Von Berenburg nahm auch abschied, wolte aber wieder nicht bey der Taffel bleiben. Die Juden zu Halberstadt Verehreten dem Erb-Printz und Seiner Gemahlin Einen Verguldeten Pocall. Nach der Taffel hielten Sich die Fürstl. Personen noch bis gegen 4 uhr auf, weile es sehr Heiß war, unter Weges presentirten Ihnen die Bauern vor dem Dorffe, genanndt Ströpke,[3] das Schach-Spiel, und ließen Ihre D. der H. Landgraf auch spielen umb 12 Ducaten, die Er ihnen Verehrete, und langeten abends umb 7 uhr zu Osterwyk an, wo selbst wir gleichfals von denen in gewehr stehender Bürgerschafft empfangen wurden. (Dieser Ort lieget 3 Meilen von Halberstadt.) Worauf Ihre D. der H. Landgraf selben Abend noch den Darmstädtischen Cavalier H. Von Milltiß wieder abfertigte.

Mittwochs den 16ten Juny reiseten S. D. der H. Landgraf des morgens umb 6 uhr mit dem Obristen H. Von Tettau,[4] Cammer-Juncker H. Von Wartensleben[5] und einem geheimbten

---

[1] Sohn des sächs.-gothaisch. Amtshauptmanns Heinrich v. Milltiz, war 1739 Oberhofmarschall am Darmstädter Hofe. (Kneschke, Adelslexikon. VI, S. 297 ff.)

[2] Dorothea Charlotte, Tochter des Markgrafen Albrecht v. Brandenburg-Ausbach, † 15. 11. 1705. Ihr Gemahl (10. 12. 1687) war der Landgraf Ernst Ludwig, geb. 15. 12. 1667, † 12. 9. 1738.

[3] Ströbeck bei Halberstadt.

[4] Albrecht v. Tettau, Sohn des Oberappellationsgerichts-Präsidenten Johann Dietrich v. T., geb. 1661, trat frühzeitig in Hessen-Casselsche Dienste, war 1687 bereits Major und fiel in dem Gefechte bei Speierbach (15. 11. 1703) als Generalmajor. (S. v. Tettau, Gesch. d. T. Familie. Berlin 1878. S. 352.)

[5] Carl v. Wartensleben (?), ein Sohn des späteren preuß. Generalfeldmarschalls v. W., geb. 1680, † 1751 als „Erbmarschall des Fürstentums Luxemburg". (S. Nachrichten v. d. Geschlecht der Grafen v. W. Berlin 1858. II, S. 100.)

Secretario nach Wollffenbüttel zum dortigen Hertzog,[1]) übergaben
mir aber vorhero zwey Briefe, Einen an Se. Churfürſtl. D., den
Andern an die Durchl. Churfürſtin. Bedanckten Sich auch auf's
gnädigſte und höchlichſte vor alle auf Sr. Churfürſtl. D. gnädigſten
befehl Ihnen in dero Landen erwieſene Ehrenbezeugungen und
Höflichkeiten, welches alles ich auch in meiner Unterthänigſten
relation vom 16ten Juny unterthänigſt berichtet habe. Die Übrige
Fürſtl. Perſonen aber hielten hier zu Oſterwyk heute Ruhe-Tag.
des H. Erb-Printzen D. divertirten Sich hier in der gegend herumb mit der Jagt. Des nach Mittags erhielt durch einen expreſſen
Ein Schreiben Von Sr. Churfürſtl. D. Eigner Hohen Hand nebſt
Einſchlüßen an des H. Land-grafen, der Frau Landgräffin, des
Erb-Printzen und der Erb-Prinzeſſin D., welche ich dann (außer
das an des H. Landgrafen Hochfürſtl. D. weiten Selbige, wie
obgemeldet, abweſend und nach Wollffenbüttel Verreiſet waren)
alſo fort unterthänigſt übergab, und bezeugten Sie Sämmptlich
eine beſondere freude und Vergnügung darüber. Ich legete auch
dieſen Abend meine Function als Marſchall, weiln dieſes der
letzte Orth in denen Churfürſtlichen tauden iſt, ab. Die Übergab aber meines Creditivs hatte ich nach dem Innhalt meiner
Inſtruction des H. Landgrafen Hochfürſtl. D. Eignen gutbefinden

---

[1]) Anton Ulrich, geb. 4. 10. 1633, † 27. 3. 1714. Seit März 1700
wurde der Herzog Friedrich von Holſtein-Gottorp, der Schwager Karls XII.
von Schweden, vom Könige Friedrich IV. von Dänemark ſchwer bedrängt.
Der Holſteiner erbat deshalb Hilfe von dem ihm verbündeten Kurfürſten
Georg Ludwig von Hannover und dem Herzog Georg Wilhelm von Celle,
die um ſo bereitwilliger gewährt wurde, als Dänemark zu den Widerſachern
der Hannover verliehenen 9. Kurwürde gehörte. Dieſe Dinge ſind offenbar
Gegenſtand der Unterredung in Wolfenbüttel geweſen. Anton Ulrich ſah in
der von dem verwandten hannöverſchen Hauſe i. J. 1692 erworbenen Kurwürde eine „bittere Schmälerung der Rechte des älteren Hauſes, fürchtete
von der Zukunft eine fortgeſetzte Herabwürdigung desſelben“ und, verblendet
durch den Ungeſtüm der Leidenſchaft, griff er zu den äußerſten Mitteln, um
die Erhöhung des ihm perſönlich verhaßten Ernſt Auguſt (geb. 20. 11. 1629,
† 22. 1. 1698) zu hintertreiben. Auf ſeine Veranlaſſung traten am
16. Januar 1693 Wolfenbüttel, Heſſen-Caſſel, Dänemark, Münſter, Sachſen-
Gotha durch ihre Geſandten in Regensburg zu einer Liga der „korre-
ſpondierenden Fürſten“ zuſammen. Andere deutſche Fürſten, wie Württemberg,
Mecklenburg-Schwerin und Güſtrow, der Markgraf Ludwig Wilhelm von
Baden, Brandenburg-Ansbach, Sachſen-Altenburg, Bamberg, Würzburg

anheimbgestellet und, weiln Selbiger es so beliebt, bis nach
Cassell aufgeschoben. Die Landgräfin D. und übrige Hochfürst=
liche Personen scheinen Allerseits sehr content zu seyn mit der
unterthänigen Bewirthung, Die Ihnen auf Sr. Churfürstl. Durchl.
gnädigsten befehl von der Mitgegebenen Hofstadt geschehen, be=
schenckten auch, außer mir, alle Cavalliers und übrige Hofbediente.

Donnerstag d. 17ten Juny waren die Fürstl. Personen aller=
seits vor 5 uhr schon aufgestanden und fuhren, nach dem Sie
nochmahls abschied genommen, gegen hald 6 uhr von Osterwyk
ab. Worauf Ich auch meine Sachen in Ordnung brachte, die
Hof Stadt unter der anführung des H. Barons Von Schönaich [1])
zurückschickete, Sr. Churfürstl. D. Eigenhändiges Schreiben beant=
wortete und zugleich die von der Erb=Printzessinn H. D. mir
vorigen Tags andefohlene Schreiben an Sr. Churfürstl. D., der
Churfürstin und Chur=Printzen D. übersendete, Nachgehends aber,
nachdem die Meiste Churfürstl. Hof Stadt auch abgegangen war,
meinen Weg nach Goslar fortsetzete, alwo ich gegen 11 uhr an=
kahm, die Sämmptliche Fürstl. Personen aber schon daselbst fand.
Hier zu Goslar, welches Eine Kaiserl. freye Reichs=Stadt und von
Osterwyk 3 Meilen gelegen ist, ward Mittagsmahl und zwar nicht in
der Stadt, sondern nahe am Thore in einem Wirths Hause, welches
auf Fürstl. Lüneburgischen Grund und boden lag, gehalten und gab
J. D. die Frau Landgräfin der Erb=Printzessinn D. die Oberhand an
der Taffel, und ward ich zunächst bey des Erb=Printzen D. gesetzet.

Nach gehaltener Mittagsmahlzeit brachen wir von Goslar
gegen 2 uhr auf, reiseten mit großer incommodität wegen der

---

schlossen sich der Einigung an. Sie alle hielten die Schöpfung einer neuen
Kur durch den Kaiser für einen Akt der Willkür, da Fragen von solcher
Wichtigkeit ohne die Zustimmung des Reichsfürstenkollegiums nicht zu ent=
scheiden wären. „Ihr Widerstand wurde ein planmäßig geordneter, seit sie
sich in Nürnberg (19. Juli 1700) zu einem festen Bunde geeint hatten.“
Erst als der Kurfürst Georg Ludwig, Ernst Augusts Sohn und Nachfolger,
im September 1708 kraft Reichstagsbeschlusses in das Kurkollegium auf=
genommen war, löste die Liga sich auf. (S. Havemann, Gesch. der Lande
Braunschweig und Lüneburg. III, S. 330 ff. Göttingen 1857. – Pribram,
Österreich und Brandenburg 1688—1700. S. 90 ff. Prag u. Leipzig 1885.
Erdmannsdörffer, Deutsche Geschichte vom westfälischen Frieden bis zum
Regierungsantritt Friedrichs d. Gr. II, S. 51 ff. Berlin 1893.)

[1]) Karl Albrecht v. Schönaich, Kammerherr und später Geheimer Rat (?).

ungemeinen großen Hitze, Staubs und ungebahnten, durch lauter
Berge und dicke Büsche gehenden weges wieder 3 Meilen bis
Seesen, welches eine kleine laud Stadt ist, und gehöret dem
Hertzog Von Wolffenbüttel zu, woselbst wir umb 5 uhr anlangeten.
Des Erb-Printzen D. nebst dero D. Gemahlin und ich logireten
in einem Hause bey dem Amptmanne. J. D. der H. Landgraff
(welche auf dem Schloß logireten) waren des morgens früh umb
6 uhr schon von Wolffenbüttel, von wannen Sie des nachts umb
1 uhr, weit es 5 starke meiten von hier, abgegangen, hierselbst
angelanget, und hatten des Hertzogs Von Wolffenbüttel D. seinen
Oberschenk, den H. Von Spercken [1]) nebst noch 6 andere Cavalliers,
umb die Angekommene Fürstl. Persohnen zu complimentiren und
defrayiren, mitgebracht, welches auch sehr wohl Von denenselben
verrichtet ward. Nach meiner Ankunfft übergab ich alsbald das
Von Sr. Churfürstl. D. erhaltene Schreiben an des H. Landgrafen D., welche sehr content darüber zu seyn schienen.

Freitags d. 18ten Juny Reiseten Wir morgens umb 7 uhr
Von Seesen und Verlangten des H. Landgraffen Hochfürstl. D.,
daß ich mit Ihnen in Ihrem Wagen fahren sotte, und kahmen
gegen Mittag zu Immershausen,[2]) einem Dorffe im Hanoverischen
gebiethe liegend, und einem Von Adel, dem Von Steinberg [3]) zugehörig, an, (ist 3 meiten von Seesen) allwo Mittagsmahl
auf des Edelmanns Wohnung gehalten ward. Nach gehaltener
Taffel machten Sich des H. Landgraffen H. D. mit dem H. Von
Tettau und H. von Wartensleben wieder Voran und nach Cassell,
umb daselbst die nöthige Anstalten zur Einholung der Erb-
Printzessinn zu machen, und wollen noch diese nacht, ohn geacht
es 7 meilen Von Immershausen sind, daselbst anlangen. Die
übrige Fürstl. Personen und ich in Ihrer Suite folgeten 1 Stunde
ohngefehr nachhero, passireten unterwegs zwey Hannoverische
Städtchens, als klein- und groß-Nordheim, und funden wir in
jeder 1 Compagnie Hannoverische Musqvetier Von des Obersten

---

[1]) Gehört dem alten lüneburg. Geschlechte der Erbschenken von Spörcke
an. Vielleicht identisch mit Ernst Wilhelm v. Spörcke (?), † 1725 als braunschweig.-lüneburg. Geh. Rat und Landschafts-Direktor. (S. Knesckke a. a. O.
VIII, S. 570.)

[2]) Imbshausen bei Northeim.

[3]) Niedersächsischer Uradel. (S. Zedlers Universallexikon. 39. S. 1625 ff.)

IIten Regiment im gewehr stehen und kahmen gegen 5 uhr
unter starcken Blitz, Donner und Regen zu Haast,[1] Einem Hannoverischen Dorffe an, alwo die Fürstl. Personen auf ein Chur-
Fürstl. Ampt-Haus, welches aber in sehr schlechten zustande,
logiereten. Unterweges, Eine halbe Meile von Nordheim, kahm
auf freyen felt der Printz Carl[2] Von Wannfried und Rheinfels
zu der Suite, ward von des Erb-Printzen D. in seinen Wagen
genommen und mit nach Haast gebracht, blieb auch daselbst zur
Tafel und ward unter den Erb-Printz placiret. Nach ein-
genommener mahlzeit aber reisete Er wieder fort. Diesen Abend
erhielt von Sr. Churfürstl. D. ich durch Einen Expressen zwey
briefe, nemlich einen an des Erb-Printzen und den andern an der
Erb-Printzessinn D. D., zwar unter einen Couvert an mich, doch
sonder Brief, welche auch also fort unterthänig überreichete.

Sonnabends d. 19ten Junny blieben wir bis Mittags zu
Haast, da ich des morgens die Ehe-pacta durchging und mich aus
denenselben informirete, was zu Cassell zu der Erb-Printzessinn
Sicherheit zuthun seyn würde. Nach gehaltener Mittagsmahlzeit
satzten Sich die Sämmptl. Fürstl. Personen auf, und mußte ich
mit des Erb-Printzen D. in einem Wagen fahren. Unterweges
hatten wir nichts als steinichte unwegsame Berge zu steigen und
herabzufahren, also, daß wir mit Vieler incommodität erst gegen
6 uhr zu Mynden, Einer Hanoverischen Stadt an der Weser,
welche die Lüneburgische und Heßische Länder von einander scheidet
und 3 meilen von Haast lieget, ankahmen, wo auch die Fulde
in die Weser fället. Hierselbst wurden die Fürstl. Personen bey
Ihre(m) Einzuge mit Canonen Schützen empfangen, und stunden
auch einige Soldaten im Gewehr. Doch hatt man nicht permittiren
wollen, daß die Fürstl. Personen Sich auf das Schloß logiereten,
sondern selbiges ward mit einer erdichteten excuse decliniret.
Wie dann Dieselbe in der Stadt in einem feinen großen Hause
logiret waren. Ich hatte mir zwar Vorgenommen, von hier ab
und voraus nach Cassell zu gehen. Weiln aber des H. Landgraffen D. mir zu Verstehen geben laßen, Sie würden es lieber
sehen, wann mich erst Monndtags früh daselbst einfinden wolte,

---

[1] Harste bei Göttingen.
[2] Carl von Hessen-Rotenburg-Rheinfels, geb. 1649, † 1711.

weil alles in Confusion wäre und ich nur langweilige Zeit haben würde. So habe mich auch hierinn Sr. Dchl. willen gerne conformiret und bin bey denen übrigen Fürstl. Personen geblieben.

Sonntags d. 20ten Juny habe ich mich auf den Morgenden Tag ein wenig praepariret, nachgehends weiln J. D. die Frau Landgräffinn Einen Reformirten Prediger aus dem Casselschen kommen lassen, wohnete mit denen Hochfürstl. Persohnen der Predigt bey. Nach derselben endigung satzten Wir uns zu Taffel. Nachmittage besahen die D. Herrschafft das Alte-Schloß, auf welchen der General Tilli[1]) sehr Viel menschen Massaciren (sic) laßen, welche Ihre Zuflucht dorthin genommen, und konnte man an denen Wänden das Bluth noch deutlich guug sehen. Gegen abend kahm von Cassell, von des H. Landgraffens D. abgeschicket, der Herr Regierungs Raht von Rochau[2]) mit Einem Eigenhändig geschriebenen Brief an der Erb-Printzessinn D. und ließen des Herrn Landgraffen D. durch denselben Ihre D. complimentiren und nach Cassell invitiren. Wie daun der Erb-Printzessinn D. dieses Schreiben alsofort beantwortete. Ich beuhrlaubete mich auch nach der Abend Mahlzeit von denen Sämmptl. H. Personen, weil ich folgenden Morgen in aller früh nach Cassell voranzugehen und daselbst noch Vor abgang der Post einzukommen, gesonnen war.

Monndtags d. 21ten Juny Reisete ich des morgens gegen 5 uhr von Mynden ab und kahm, nach dem sehr unwegsamen Steinichten steigen Berg bey Anderthalb Stunden passiret, gegen 8 uhr in Cassell an, welches Eine Ziemlich große Stadt ist und wegen der herumbliegenden Berge und schönen Situation, daun es in einem Fruchtbaren und Angenehmen Thall lieget, sehr lustig ist. Sonst wird es von Mynden 2 Meilen gerechnet. Unterweges, wo die Cassellsche Dörffer angingen, welches ohngefehr 1 Meile von der Stadt ist, hatten die Bauern zur Bezeigung ihrer freude

---

[1]) Im Jahre 1626 am 30. Mai. (S. Piderit, Gesch. der Haupt- und Residenzstadt Cassel. Cassel 1844. S. 168.)

[2]) Samuel Friedrich von Rochow, aus dem Hause Golzow (1641—1723), stand erst in dänischen Kriegsdiensten, wurde dann kurpfälzischer Hof- und Gerichtsrat und trat schließlich in Hessen-Casselsche Dienste und ward Hofmeister der Erbprinzessin. (S. Kneschke a. a. O. VII, S. 527.)

in allen Dörffern grüne Bäume gepflanzet. Eine halbe Meile
von der Stadt fund ich bey Einem Dorffe schon 2 Bataillons
stehen, und waren noch 4 dorthinn im An-March, als an welchem
Orthe der Landgraff die Erb-Printzeßinn empfangen wolte. So
bald ich in der Stadt angekommen und bey dem Hoff-Renth
Meister H. Rumpeln logiret worden war, so schickete Ich meinen
Secretarium zum Ober Hoff Marschall den H. Baron von Kettler
und ließ Ihm meine Ankunfft notificiren, stellet es auch zugleich
in des H. Landgraffen H. D. gnädigen Gefallen, ob ich Vor
oder nach Mittage zur Audience kommen solte. Der H. Ober Marschall ließ mir darauf durch den Cammer-Fourier wieder ein Compliment machen und bey Ihm zu logieren bitten, welches ich aber
dazumal mit aller Höffligkeit abschlug. Wegen der Audience
ließ Er mir zur antwort geben, des H. Landgraffen H. D. Verlangeten mein Creditiv und würde Selbe wohl biß nach der
Entrée gegen Abend ausgesetzet werden. Indes ließ Er mich
diesen Mittag bey Sich zum Eßen einladen, wie Er mir daun
gegen 12 Uhr eine Fürstl. kutsche schickete, mit welcher Ich zu Ihm
fuhr, und nach der Mahlzeit auch aus seinem Hause den Auszug
des H. Landgraffen, der Erb-Printzeßinn entgegen, welches ohngefehr
umb 3 uhr geschahe, mit ansahe. Nachgehends aber mich wieder
in mein qvartier begab. Da daun unter meinem fenster die
gantze Suite von der Entrée paßiren muste (der anfang derselben
geschahe nach 5 uhr und wehrete biß 8 uhr), welche Ich auch von
da mit ansahe. Die Particularia[1]) sowohl von Aus- als Ein-
Zuge sind a parte Specificiret und mit hier beygefüget. Umb
8 uhr, nachdem die gantze Entrée verrichtet, ward mir eine kutsche
mit 6 Pferden und eine andere mit 2 Pferden, worinn zwey
Heßische Hoff-Cavalliers saßen, geschicket. Ich hatte zwar Vielfältig ersuchet, daß man mit mir, weil Ich eigendlich keinen
Caracter, sondern nur das plein pouvoir hätte, keine Façonn
machen, sondern nur eine kutsche mit zwey Pferden, mich oben zu
bringen, senden möchte. Des H. Landgraffen H. D. bestunden
darauf, und daß Sie solches, umb mir desto mehr ehre in gegen-
wärtiger Occassion anzuthun, thäten, also daß Ich endlich, weiln
es Sr. Churfürstl. Durchl.[2]) zu keinen praejuditz gereichen könnte,

---

[1]) S. Beilage 1.
[2]) Von Brandenburg.

indem Ich gantz und gar ohne Caracter war, umb keine un=
nöhtige Verdrüßlichkeiten zu machen und die freude zu stöhren,
bequemen muste, die Kutschen, so wie mir selbe zugeschicket waren,
anzunehmen. Wie Ich daun in selbigen aufs Schloß durch die
im gewehr stehenden und parade machenden granadierer in
den innersten Schloß=Platz fuhr, alwo Ich unten an der Treppe
von dem geheimbten Raht und Hoff Marschall Von der Mals=
burg,[1]) oben aber von den Ober Marschall Baron Vou Kettler
empfangen und zu des Landgraffens H. D., welche mir bis zwey
Schritte von der Thüre entgegen kahmen, geführet ward. Des
H. Landgraffen H. D. beantworteten mir die hier bey gefügte
rede[2]) in allen stücken und kunten nicht genugsam ausdrücken,
einestheils die Freude, welche Sie über der Erb=Printzessinn glück=
liche Ankunfft hätten, anderntheils auch die Ergebenheit und er=
kendtlichkeit, welche Sie gegen S. Churfürstl. D. vor das über=
gebene Theure Kleinod hegeten, wie Sie davor alles, was in
Ihren kräfften wäre, gern zu Er. Churfürstl. D. Diensten auf=
opffern würden. Nachgehends ging Ich zu der Landgräffin, dem
Erb=Printz, der Erb=Printzessinn wie auch den Landgraffen von
Darmstadt,[3]) der Printzessinn Sophie und übrigen Printzen von
Hause Cassell,[4]) welchen insgesammpt ich das Compliment von
Er. Churfürstl. D. machete, die daun alle Sammpt und sonders
Eine ungemeine freude und Vergnügen über diese getroffene
Alliance temoignirten und alles, was nur in Ihren kräfften wäre,
zu der Erb=Printzessinn Vergnügen beyzutragen Versprachen.
Nach diesem ward zur Tafel geblasen, welches umb hald zehn uhr
war, welche auf dem sogenanndten küchen Saal[5]) gehalten ward.
Der H. Ober Marschall Baron Kettler und H. Hoff Marschall
von der Malsburg Servireten mit zwey Stäben, wie daun auch)

---

[1]) Adam Eckbrecht v. Malsburg, (1656—1707), ein „vielgereister er-
fahrener Staatsmann". (S. Rommel a. a. O., S. 121.)

[2]) Nicht mehr vorhanden.

[3]) Ernst Ludwig.

[4]) Carl (1680—1702), Wilhelm VIII. (1682—1760), Leopold (1684—1794),
Ludwig (1686—1706), Maximilian (1689—1753), Georg (1691—1755). —
Söhne des Landgrafen Carl.

[5]) Gemeint ist der „Blaue oder Kirchensaal". Außer ihm enthielt das
alte Landgrafenschloß noch den „Goldenen" und den „Roten Steinsaal".
(S. Rommel, Gesch. von Hessen. X, S. 123.)

denen Fürstl. Perſonen zwei decken praeſentiret wurden. Die
Tafel war Oval und ſaßen der Erb=Prinß mit Seiner Gemahlin
oben an, denen zur rechten der Landgraff von Darmſtadt, zur
lincken die Landgräffin von Caſſell, daun wieder der H. Landgraff
von Caſſell und zur lincken des Prinß Philipps Gemahlin,[1] bey
dieſer die Prinßeſſinn Sophie, die Prinßeſſinn Louyſe von Hom=
burg und die zwey Jüngere Prinßen Leopold und Ludewig.
Auf der andern ſeite aber ſaß bey des H. Landgraffen D. der
Prinß Philipp,[2] des Landgraffen bruder, und Prinß Carl, bey
welchen Ich placiret wurde. Es ward Zweymahl mit Vielen
Eßen und das drittemahl mit Confect Serviret, und ward bis
nach mitternacht Taffel gehalten, da Sich daun die Fürſtlichen
Perſonen, nachdem Sie die Erb=Prinßeſſinn in Ihre Kammer ge=
bracht. ſämmptl. retirirten und zur ruhe begaben. Ich aber
ward wieder ſo, wie herauf geholet, herunter in mein qvartier
gebracht, und gab man mir einen pagen und Zwey Laqvaien zur
aufwartung.

Dienſtags d. 22ten Juny paßirete Vormittags nichts be=
ſonders, weil die Fürſtl. Perſonen Sich ausruheten, Ich aber ließ
meine Ankunfft denen Vornehmſten Miniſtris notificiren, empfing
auch und gab ihnen wieder die Viſiten. Zu Mittage ſpeiſeten
die Fürſtl. Perſonen en particulier und das Hochfürſtl. Frauen=
Zimmer à parte in der Erb=Prinßeſſinn Vorgemach. Ich aber
mit denen Fürſtl. Perſonen an einer Oval taffel. Nachmittage
erhielt ich mit der angekommenen Poſt Briefe von Sr. Churfürſtl.
D. an die Sämmptliche Fürſtl. Perſonen, welche ich alſo fort
unterthänig übergab, Wie auch ein Reſcript de dato Schön=
hauſen,[3] den 18ten Juny, worinn S. Churfürſtl. D. mir befahlen,
daß ich an der Erb=Prinßeſſinn Durchl. 2000 Rthr. auf abſchlag
der intereſſen, So Sie von der Chatoul zu empfangen haben,
ſollte zahlen laßen, wie mir daun auch der H. Krieges Raht und
General Empfänger Krauth[4] Einen Wechſelbrief zuſchickete,

<hr>

[1] Katharina Amalie, Tochter des Grafen Karl Otto von Solms-Laubach,
verm. ſeit 16. 4. 1680, † 1736.

[2] Stifter der Linie Heſſen-Philippsthal, geb. 14. 12. 1655, † 18. 6. 1721.

[3] Kurfürſtliches Schloß in der Nähe von Berlin.

[4] Johann Andreas v. Krautt, urſprünglich Kaufmann, wurde 1689
Kriegskommiſſar, 1691 „Generalempfänger", 1696 Kriegsrat, 1702 Geh.

welchen Ich alsofort an den Cassellschen Oberhoff Renthmeister
H. Rumpel einliefferte, der sich auch offerirte in continenti es
zu bezahlen, wegen der des folgenden tages bevorstehenden Ceremonien aber ward solches bis Freytags ausgesetzet. Weiln auch
des H. Landgrafen H. D. es inständig begehreten, daß Ich mich,
umb dem Schlosse näher zu seyn, bey dem H. Ober Marschall
Baron von Kettler logiren sottte, so habe Ich endlich solches auch
müßen geschehen und meine Sachen von obgedachten Oberhoff
Renth Meister Rumpeln in des ietzt gedachten H. Ober Marschalls
Haus bringen laßen. Diesen Abend speiseten die Fürstl. Personen
wie vorigen Abend im Küchen Saal, und nach gehaltener Taffel
spieleten Sie noch bis nach 12 uhr. Ich aber muste wegen meiner
incommodität am fuße mich etwas früher und gleich nach ge-
hattener Taffel nach Hause begeben.

Mittwochs d. 23ten Juny war der zur Wiederholung des Bey-
lagers bestimmbte Tag, wie dann der Erb-Printz und die Erb-
Printzessinn in Ihren Bräutigambs und Braut-habit erschienen.
Die Sämmptlichen Hochfürstl. Gesellschaft begaben Sich umb halb
10 uhr in die Schloß-Capell, alwo von dem H. Superintendent
Vietor eine Predigt über den Text aus dem 128. Psalm den 4. 5.
und 6. Vers[1]) gehalten ward. Nach geendigtem Gottesdienst ohngefehr eine kleine Stunde ward zur Taffel geblasen, welche in
einem großen Saal, dem Rohten Stein genannt, gehalten ward.
Es war nicht wie denen vorigen tagen Eine Ovale, sondern Lange
Viereckichte Taffel, an welcher in einer Reihe der Erb-Printz, die Erb-
Printzessinn, der Landgraff von Darmstadt, die Landgräffin von Cassel,
der H. Landgraff von Cassel, Printz Philipp und seine Gemahlin saßen,
die drey Printzen, als Carl, Leopold und Ludewig, saßen zur rechten
auf der Ecke, die Printzessinn Sophie, die Printzessin Louyse[2])

Kriegsrat, darauf erster Direktor des Berliner Lagerhauses und Direktor des
General-Finanz-Direktoriums. † 24. 6. 1723. (S. Isaacsohn, Gesch. des
Preuß. Beamtentums. II. u. III. Berlin 1884. — Schmoller u. Krauske,
Behördenorganisation. I. Berlin 1894.)

[1]) „Siehe, also wird gesegnet der Mann, der den Herrn fürchtet. Der
Herr wird Dich segnen aus Zion, daß Du sehest das Glück Jerusalems Dein
Lebenlang. Und sehest Deiner Kinder Kinder. Friede über Israel.“

[2]) Hedwig Luise, T. des Landgrafen Georg Christian v. H.-Homburg,
geb. 2. 3. 1675, † 14. 3. 1760. (Gemahl — 1719 — Adam Friedrich, Graf
von Schlieben.)

und Prinzeſſin Marie[1]) zur linken. Ich ward auf die andere
ſeite bey Prinz Ludewig placiret. Zwey Vorſchneider ſchnitten
vor, unter der Taffel ließen ſich die Paucken und Trompeten
wie auch die Canonen, welche nahe unter die Fenſter ge=
pflanzet waren, bey dem geſundheit trinken tapfer hören. Es
ward auch eine Muſique praeſentiret und dabey Ein auf dieſes
Beylager expres gemachtes geſpräche, als eine eſpece einer Opera,
abgeſungen und dauerte die Taffel bis an die 3 Stunden, nach
derer Aufhebung die Sämmptliche Fürſtl. Perſonen Sich reterirten
und Spieteten, wie Ich dann auch mit dem Landgraffen von Darm=
ſtadt und dem von Caſſel ein à L'Ombre ſpielen muſte. Auf dem
Abend ward eben ſo, wie zu mittage, Taffel gehalten und nach
derſelben endigung der Braut=Tanz, doch ſonder Fackeln und auf
Franzöſiſchs gehalten, und ſoll ſolches bis des morgens umb 3 uhr
gedauert haben. Ich aber konnte ſolches wegen incommodität am
Schenkel nicht abwarten, ſondern mußte mich gegen 11 uhr reteriren.

Donnerſtags d. 24ten Juny brachte ich den ganzen Vormittag
mit abfertigung der Poſt und abſtattung meiner unterthänigen
relation[2]) zu, und weil des H. Landgraffen H. D. auch an Se.
Churfürſtl. D. ſchreiben wolten und ſo geſchwinde nicht fertig werden
konnten, ging die Poſt ab, und ward nachgehends mit meinen
·Briefen und deren Einſchlüßen· vom Landgraffen eine Staffette
fort geſchicket. Dieſen Mittag ſpeiſeten die Fürſtl. Perſonen en
particulier, Ich aber bey dem H. Ober Marſchall Baron von
Kettler. Nach der Mahlzeit gegen 4 uhr gingen die Fürſtl. Per=
ſonen und Ich mit Ihnen in die Comedie, welche bis gegen 8 uhr
wehrete, und ward dieſen Abend wieder im Großen Saal, dem
Rohten Stein genannd, geſpeiſet. Nach der Mahlzeit tanzeten die
übrige Fürſtl. Perſonen, außer dem H. Landgraffen von Darm=

---

[1]) Marie Luiſe, Tochter des Landgrafen Carl, geb. 7. 2. 1688, vermählt
26. 4. 1709 mit Wilhelm Friſo von Naſſau-Dietz, † 4. 9. 1765.

[2]) Giebt faſt wörtlich die vorſtehende Schilderung der letzten Ereigniſſe
wieder. Bemerkenswert iſt folgender Paſſus: ... „J. H. D. die Erb-
Prinzeſſinn befinden Sich gottlob! noch in vergnügtem Wohlſtande und ſeynd
nicht wenig erfreuet worden durch die gnädige Väterliche Vorſorge, welche
E. Ch. D. aufs neue durch den übermachten wechſel von 2000 Rthl. ſo über-
flüſſig temoigniret. Sie haben deswegen Selber durch ein abgelaſſen Schreiben
Sich bey E. Ch. D. gehorſamſt bedancket." — (S. S. 40.)

ſtadt und dem H. Landgraffen von Caſſell, welche a l'Ombre ſpie=
leten, und dauerte ſolches bis gegen 1 uhr.

Freytags d. 25ten Juny kahmen, genommener abrede nach,
die von Sr. H. D. dem H. Landgraffen, mit mir zu conferiren,
committirte Herren, als der H. Caußter Goddäus, der H. von
Rochau und der H. Geheimbte Raht Vultejus zu mir auf meine
Stube, almo wir uns zuſammen thaten, und warb erſtl. befunden,
daß, ohngeacht in meiner Inſtruction enthalten, daß Ich hierſelbſt
den Wittwenthums brief und die Verſchreibung über die morgen
gabe, auch Hand= und Spielgelder projectiren und mir ſolche nach=
gehends extradiren laßen ſolte, ſolches ſchon in Berlin werkſtellig
gemacht worden, und die Originalia durch den Caſſelliſchen Re=
giſtrator H. Cuhno dem Brandb. Cantzeliſten H. Dykhof[1]) in der
Geheimbten Cantzley, dem tag, als die Fürſtl. Herrſchafft von
Berlin abgereiſet wären, ausgehändigt worden. Wie mir dann
die Copieu davon auf mein begehren Communiciret und zugeſtellt
worden. War alſo nur noch übrig (1) die Anweiſung gewißer
Revenuen, woraus der Erb=Prinzeſſinn D. Ihre 2000 Rthl. Hand=
und Spielgelder, ingleichen die 400 Rthl. jährt. intereße von denen
Morgengabe Geldern ohnfehlbahr könnten gezahlet und der Erb=
Prinzeſſinn D. auf ſelbige assigniret werden. Da ich daun darauf
beſtund, daß der Erb=Prinzeſſinn dieſerwegen ein Ampt eingeräumet
werden möchte, weil aber der H. Cantzler und die übrige Herren
darwieder einwendeten, daß ſolches hier in Heßen niemahl im
Brauch geweſen, ſondern alle dergleichen Sachen würden Ordinair
an die Kammer remittiret, an welche daun ein Rescriptum er=
gehen müßte, in welchem wohl nach meinen begehren Eines ge=
wißen Ampts Revenuien könnten Specifiriret werden, welche zu=
nichts anders, als zu denen ietzgedachten der Erb=Prinzeſſinn D.
Verſprochenen Hand= und Spielgeldern, ingleichen zu denen in=
tereßen der Morgengabe=geldern, angewendet werden ſolten, und
ſchlug der H. Cantzler hierzu das Ampt Lichtenau[2]) vor, als
welches Sr. H. D. der Herr Landgraff Vielleicht, weiln Ich darauf
beſtünde, darzu deſtiniren würden, welches Ich mir daun auch
gefallen ließ und Sie es ad referendum annahmen. (2) Erinnerte

---

¹) Dietrich Dieckhoff, Hofrat u. Geheimer Etatsſekretär, † 1716 als
„Geheimrat“. (S. Schmoller u. Krauske a. a. O.)

²) Im Kreiſe Witzenhauſen, R.=B. Caſſel.

Ich auch, daß wegen des rücks-falls des Ehegeldes und der übrigen
Paraphernalien existente casu, so in der Ehe-beredung gemeldet
worden, Si uxor ante Maritum non existentibus liberis moriatur
eine à parte Verschreibung möchte ausgefertigt und mir extradiret
werden. Man bestund zwar von Heßischer Seite darauf, daß
solches nicht nöhtig, weil es in ipsis pactis dotalibus deutlich
gnug exprimiret wäre. Ich regerirte: Daß auch in denen Ehe-
pacten das Wittwenthumb und die Morgengabe Gelder exprimiret
wären und nichts destoweniger hätte man darüber noch eine à parte
Verschreibung ausgestellet, und wäre paritas rationis hierinn,
worauf Sie dann meinten, es würde hierinn keine difficultäten
geben, sondern Sie wollten es dem H. Landgraffen hinterbringen,
daß eine dergleichen Schriftliche Verschreibung über den Rückfall
möchte expediret werden. (3) Weil auch die Güther Milsungen
und Spangenberg laut des überlieferten Anschlags[1]) die Summa
der 8000 Rthlr. auf dem Beziehungsfall des Wittwenthumbs nicht
tragen könnten, so würden Se. H. D. der H. Landgraff wohl die
gütige Vorsorge vor der D. Printzeßinn Schwieger-Tochter zu tragen
beliebenn und ein Ambt benennen, auch hierüber eine à parte Verschreibung ausstellen laßen. Der H. Cantzler und die übrige Hrn.
nahmen es ad referendum an und wolten mir die Antwort des
H. Landgraffen H. D. gegen Mittag zu wißen thun. Endlich und
zum (4) weil auch die eventual Immission und Huldigung auf
denen Wittwenthumbs-Aemptern Vermöge denen Ehe-pacten anietzo
schon geschehen sotte, und Ich dazu Von Sr. Churfürstl. D. Spezia-
liter bevollmächtiget wäre, so ersuchte Ich, ob Se. H. D. der H.
Landgraff nicht auch jemanden Ihres Orths darzu bevollmächtigen
und den Geheiß und Huldigungs-brief, inngleichen die Eids-Notul
in denen Formalien, wie bey der Landgräffin Hedwig Sophie,[2])
gebohren aus Churfürstl. Stamme der Marggraffen zu Brandenburg geschehen, in der Cantzley wollen ausfertigen laßen, dahin-
gegen wolten Se. Churfürstl. D. das Reversal vor die Unterthanen imgleich wegen des Rückfalls, so wie es hier würde pro-
jectiret werden, auch ausstellen, wann es verlangt würde. Ich

---

[1]) S. Beilage 2.
[2]) Tochter des Kurfürsten Georg Wilhelm v. Br., Gemahlin des Landgrafen Wilhelm VI.

erſuchte dabey, ob ſolche Immiſſion und eventual-Huldigung nicht
dem vorſtehenden Dienſtag zu Milſungen und Mittwochs zu
Spangenberg könnte vor ſich genommen werden. Welches der H.
Cantzler, H. von Rochau, und der H. Geh. Raht Vultejus ad
referendum annahmen, und Sich darauf zu Ihrer H. D. den H.
Landgraffen begaben, gegen halb 12 uhr mir auch in allen be-
gehrten Stücken eine favorable antwort brachten, als aufs (1) Daß
der H. Landgraff wegen der Hand- und Spielgelder und der in-
tereßen von der Morgengabe Ein Reſcript an die Cammer wolten
ergehen laßen, und ſolten nach meinen begehren die Revenuien
des Ampts-Lichtenau in Specie darzu aſſigniret werden. (2) Der (!)
Verſchreibung wegen des Rückfalls des Ehegeldes und übrigen
paraphernalien ſolte auch expediret und mir in Originali extradiret werden. (3) Solte das Ampt Lichtenau ad Supplendum (?)
Summam, der 8000 Rthlr. zu denen Ämptern Milſungen und
Spangenberg, auf den beziehungsfall, hinbeygefüget und auch hierüber eine à parte Verſchreibung ausgeſtellet werden. Wie inngleichen (4) des Herrn Landgraffen H. D. auch gnädigſt zufrieden
wären, daß die Immiſſion und eventual-Huldigung künfftigen
Dienſtag zu Milſungen und Mittwochs zu Spangenberg möchte
vorgenommen werden, als worzu Ihre Durchl. den H. von Rochau
und H. Geh. Raht Vultejus denominiret hätten, daß Sie Solchem
Actuj in Ihren Hohen Nahmen mit beywohnen ſolten, Sie wolten
auch den Geheiß und huldigungs brief hierzu ausfertigen laßen.
Vor welche gute declaration Ich mich in Perſon gegen Se. H.
D. bedanckete und es auch der Erb-Printzeſſinn D. hinterbrachte,
damit Selbe auch vor des H. Landgraffen gehabte Vorſorge Sich
bedancken möchten, welches auch von Ihr geſchehen.

Dieſen Mittag ſpeiſeten die Fürſtl. Perſonen en particulier,
Ich aber bey dem Oberſtall-Meiſter dem von Spiegel auf dem
Mars(!)ſtalle, mußte mich aber nach Mittag gegen 3 uhr abſentiren,
umb mit dem H. von Rochau, welcher darzu vor des H. Landgraffen
D. deputiret worden, der Erb-Printzeſſinn preciosa und Juvelen[1])
durch zugehen, welches auch von uns beyden geſchehen. Dieſen
Nachmittag erhielt Ich auch das Churfürſtl. Reſcript[2]) in Causa

---

[1]) S. Beilage 3.
[2]) S. Beilage 4.

Hohenzolleriana vom 12ten Juny, woraus Ich auch weitläuftig
mit des H. Landgraffen D. sprach, aber nicht die aller favorabelste
Resolution erhielt. (Vid. Relat.[1]) humil. de dato Caßell d.
28ten Juni 1700.) Nachgehends gingen die Fürstl. Personen
Sämmptl. in die Comedie und aßen des abends im kuchen Saal,
alwo Eine Taffel Musiqve gehalten und darunter gesungen ward.

Sonnabends d. 26ten Juny paßirete des morgens wenig, des
mittags aßen die Fürstl. Personen en particulier, Ich aber bey
dem H. General-Lieutenant von Spiegel,[2]) nach Mittags war
Comedie und auf dem Abend bunte Reihe auf dem so genannten
rohten Stein Saale, alwo Eine Fontaine sehr künstl. und artig
mit Illuminationen gemacht war, aus welcher Wein lief. Man
tantzete bis gegen morgen umb 4 uhr.

Sonntag d. 27ten Juny Schickte der H. Cantzler des morgens
früh zu mir und ließ mir sagen: daß der Geheiß und huldigungs
brief, auch übrige Rescripta gegen Dienstag nicht kounten fertig
und expediret werden,[3]) möchte ich doch meine abreise nach Milsungen, umb daselbst die Immission zu verrichten, bis Mittwochs
außseßen, welches Ich daun auch consentiren mußte. Hiernach
ging man gegen 10 uhr in die kirch, von da zur Taffel, und
nachgehends wieder in die kirche, des abends ward im küchen Saal
gespeiset. Von dem, was Se. Durchl. der H. Landgraffe mit mir
wegen der Holsteinischen Sache gesprochen (Vid: P. 5tum Rel.[4])
hum. de dato Cassell d. 28ten Juny 1700).

Monndtags d. 28ten Juny fertigte ich meine Post ab und
that unterthänigste relation von allen so paßiret. (Vid. rel. hum.
hujus diej.) Der H. Landgraff war mit dem H. Landgraffen von
Darmstadt, dem Erb-Printzen und Printz Carl diesen Morgen auf
der Jagt und kahmen erst gegen 2 uhr des nachmittags wieder
herein. Ich aber war zum Mittag-Eßen bey dem H. Obersten
von Tettau. Nachmittags war wieder Comedie und des Abends
bunte Reihe aufm Rohten Steine, an einer, auf eine besondere

---

[1]) S. Beilage 5.
[2]) Hermann Wilhelm von Spiegel. (S. Rommel a. a. O. S. 117.)
[3]) Die Ursache dieser Verzögerung sieht Prinzen in dem Umstande, „daß
die hiesigen festins Ihre Cantzelei ein wenig in confusion gebracht".
(Relat. v. 28. Juni 1700.)
[4]) S. Beilage 6.

Arth gemachte Illuminirte Taffel. Diesen tag sprach der Landgraff von Darmstadt weitläuftig mit mir über die qverelle mit
dem Landgraffen von Homburg, [1]) wie Er dann auch Dienstags
d. 29ten Juny des morgens gantz früh die deduction seines Rechtens mit einem Hand-schreiben an mich überschickte. Diesem Mittag
aßen die Sämptl. Fürstl. Personen, wie auch ich, auf dem Küchen
Saal. Nachmittags tractierte die Prinßeßinn Sophie mit einer
Collation von Thee, Caffée und Chocolade, wie auch einem
Concert von Lauten, Flöten und Violen di gamba auf Ihren
Gemach. Es wurden mir auch die projects von denen Geheiß
und Huldigungs, wie auch der Eyds-Notul, zugeschicket, bey welchen
Ich nichts anders zu erinnern fand, als daß Se. Churfürstl. D.
wegen des Rückfalls der Ehe gelber und übrigen paraphernalien
in der Eydsnotul vergeßen worden war, welches Ich gebührend er-
innerte, worauf es dann sofort remediret und die Clausul, den
Rückfall betreffende, inseriret ward. (Gegen Abend fuhren die
Fürstl. Personen und Ich mit denen beyden Herren Landgraffen
von Caßell und Darmstadt in einer kutsche hinaus auf den so
genanndten Weehr, alwo des Landgraffen Hochfürstl. Durchl. ein
Eigen Hauß mit einem kleinen Saalettchen [2]) in der Mitten und
zwey pavillionen von Holtze bauen laßen, welches sehr wohl eingerichtet war und über 3400 Rthlr. gekostet hat, alwo in der
Mitten Ein Tisch, in deßen mitte als ein Berg gemacht war, aus
deßen 4 seiten Fontainen floßen und auf welchen über 100 Lampen
brandten. Es war das Sämmptliche Vornehme Frauen Zimmer
aus der Stadt auch gebehten, und wurden Zettuls gegeben und an
der Taffel Eine so genanndte bunte Reihe gehalten. Prinß Cart
von Wannfried und Rheinfels war auch zugegen. Die Taffel
dauerte, weil wir nach 10 uhr erst heran kahmen, bis nach 12 uhr,
nach deren Aufhebung ward Ein sehr schön und kostbahr feuerwerk angezündet (Vid: die gedruckte relation [3]) deßelben). Man
konnte aber wegen großen Rauchs nicht die Helffte davon sehen,
doch wehrte solches von halb 1 bis halb 4 uhr des morgens, da
dann die Sämmptl. Fürstl. Personen und Ich mit Ihnen hereinn-

---

[1]) Friedrich II., geb. 30. 5. 1633, † 24. 1. 1708, der bekannte brandenburgische General.

[2]) Kleiner Saal.

[3]) In den Akten nicht mehr vorhanden.

fuhr. Sie begaden sich zu Bette. Ich aber machte mich fertig,
ließ meinen wagen kommen und Fuhr Mittwochs 'den 30ten Juny
früh morgens nach Milsungen, [1] so nur 2 Meilen von Caßell
gerechnet wird, aber man kann selbige absonderl. wegen des
schlimmen weges und der unwegsamen Berge kaum in 4 Stunden
fahren. Es tieget dieser Orth an dem Fulda fluß und ist ein
artiges Land=Städtchen nach Heßischer Arth. Das Schloß ist zwar
alt Fränkisch, aber zur Logirung sonst commode aptiret. Die
Bürgerschafft und der Ausschuß stunden sämmptl. bey meiner Ankunfft im Gewehr und Versammleten Sich nachgehends auf dem
Schloß. Bey meinen aussteigen fuud ich schon vor mir die zu
der mitbeywohnung der annehmung der eventual Huldigung und
Verrichtung der Immission von Sr. H. D. dem H. Landgraffen
mir mit committirte Herren, als H. Etats Raht von Rochau und
H. Geheimbten Raht Vultejus, welche mich daun bewillkommeten,
und ward ohngefehr Eine halbe Stunde nach meiner Ankunfft die
Immission und eventual Huldigung vorgenommen, da daun Ein
jeder nach dem Ihnen Vorgelesenen Eyd mir die Treue durch
Einen Handschlag verhießen, und nachgehends Sie innsgesammpt
den Eyd mit aufgehobenen fingern abschwehren musten, und dauerte
solches über 2 Stunden, weil über 600 Unterthanen waren, die
den Handschlag thun und daun schwehren musten. Der Burger
Meister und Raht offerirten mir auch das gewöhnliche present
von Wein. Nach mittage fuhr Ich mit dem H. von Rochau eine
große Meile von hier nach der Heyde, Einen Guthe der Landgräffin zugehörig, alwo Selbige einen artigen Garten anlegen und
auch eine Orangerie bauen laßen. Wir kahmen erst des nachts
gegen 11 uhr wieder zurück und aßen darauf. Wie dann des H.
Landgraffen H. D. seine Küche, Keller und Silber Kammer zu
meiner Bedienung mitgegeben haben. Nach der Mahlzeit fertigte
Ich noch meine Post ab und schickte selbige mit Einen expressen
nach Caffell, weil sie des folgenden Morgen gantz frühe von dannen ab-
gehet. (Vid: rel. humil [2]: de dato Milsungen den 30ten Juny 1700.)

    Donnerstags d. 1ten July fuhr ich mit dem H. von Rochau
und dem H. Vultejus nach Spangenberg [3] (welches 1 Meile von

---

[1] Kreisstadt Melsungen.
[2] Bietet gegenüber der obigen Darstellung nichts neues.
[3] Im heutigen Kreise Melsungen gelegen.

Milſungen), Einen etwas größeren Land Städtchen, ſo am Anberge
ſituiret iſt, wie dann auch ganz oben auf dem Berge Ein ziemlich veſtes Berg-Schloß lieget, in welchem ieziger Zeit Ein Graff
von Arco[1]) Commandant iſt. Wir wurden da, wie zu Milſungen,
von der im gewehr ſtehenden Bürgerſchafft empfangen, und wurde
die Huldigung auf eben ſolche weiſe, als zu Milſungen, aber hier
vor dem Raht-Hauſe auf dem Markte, angenommen, welches aber
länger als zu Milſungen dauerte, weil über 1000 Perſonen waren,
die den Handſchlag geben mußten. Nach geendigtem Actu der
eventual Immiſſion und Huldigung gingen wir zu Tiſch und
war bey mir zum eßen der vorgedachte Graff Arco und dann der
Oberforſtmeiſter von Spangenberg H. von Lindau, ſo ehemals in
Heßen Homburgiſchen Dienſten geweſen. Gegen 1 uhr ſetzten
wir uns auf und kehreten wieder nach Caſſell, kunten aber, ohngeachtet es nur 3 Meilen gerechnet, vor 7 uhr des abends nicht
daſelbſt, theils wegen des Schlimmen Weges und dann, weil die
Meile ſehr groß, anlangen. Ich ging noch denſelben abend zu
Hoffe, wie wohl des H. Landgraffens und des H. Erb-Printzen
H. D. noch nicht von der Begleitung des Landgraffen von Darmſtadt zurückkommen waren, ſondern Selbe langeten beyderſeits des
abends nach 9 uhr erſt hier wieder an. Ich that noch ſelbigen
Abend an der Erb-Printzeſſinn D. unterthänige relation, was auf
dero künfftigen Wittwenthumbs Ämptern vorgefallen, und ſchienen
Jhro Durchl. gnädigſt damit content zu ſeyn. In deßen aber
war auch hier Ein Sächſiſch-Gothiſcher Abgeſandter, der H. von
Schleunitz, ankommen, welcher Sich Freytags den 2ten Julÿ des
morgens bey mir anmelden ließ, darauf Ich Jhm dann die Viſite
gab: Deßen anbringen (vid: in rel.[2]) humil, de dato Caſſell,
d. 5ten July 1700). Dieſen Mittag Speiſeten Wir bey dem H.
Oberſten von Tettau, nachmittage war Comedie, und auf den
Abend ward auf dem Weehre in dem oben gedachten, neu auf-
gebaueten Hölzernen Hauſe buudte Reihe gemacht, alwo nach geendigter Taffel bis 12 uhr getanzet ward. Wie dann Printz Cart
von Wannfried auch zugegen war. Dieſen nachmittag erhielt ich

---

[1]) Georg Graf von A., ſtiftete die ſchleſiſche Linie des alten Grafen-
geſchlechts; ertrank 1708 als Oberſt in der Fulda. (S. Kneſchke a. a. O·
I, S. 99 f.)

[2]) S. Beilage 7.

auch mit der aus Berlin angekommenen Post von Sr. Churfürstl.
D. Ein Höchstgnädiges Hand=Schreiben nebst unterschiedlichen Ein=
lagen an der Landgräffinn, der Erb=Prinßeßinn und des Erb=
Prinßen [D.], welche ich daun alsofort unterthänig übergab.

Sonnabends d. 3ten July, mußte Ich des morgens Früh mit
des Erb=Prinßen D. herausfahren und seine Bataillon Munstern
und exerciren sehen, welche daun in Einer auserwehlten Mann=
schaft bestunnd. Des mittags aß Ich mit des Landgraffen D. im
Küchen Saal. Nachmittags mußte Ich bey der Erb=Prinßeßinn
bleiben, welche daun alle die presente vor Ihre Fürstlichen Schwäger
und Schwägerinnen, imgleichen vor der Fürstl. Hoff Stadt. aus=
laß und wegschickete. Gegen abend gab mir der Gothische Envoye
die contravisite und fuhren wir nachgehends zusammen zum H.
Baron von Mardefeld,[1]) alwo wir aßen und bis gegen 12 uhr
blieben.

Sonntags d. 4ten July kahm des morgens der H. Superin=
tendent Vietor[2]) zu mir und baht, bey Sr. Churfürstl. D. seine
unterthänigste Danckfagung für die Völlige erlaßung seines Bruders
abzustatten. Vor und nachmittage ward Gottesdienst gehalten.
Abends speiseten wir in der so genanndten Aue[3]) und fuhren nach
der Taffel bis umb 11 uhr spazieren.

Monndtags d. 5ten July fertigte ich meine Post ab. (Vid:
rel. hum. dicti di) nachgehends ward mir das Instrumentum von
Notario und die übrige Documenta vom Registrator Cuhno ein=
gelieffert, welche Ich daun beyde regalirte. Ich hatte zwar alle
anstalten gemacht, diesen morgen in aller früh mich auf dem Rück=
weg zu begeden, Ihre D. der H. Landgraff wolten es aber auf
keine weise geschehen laßen, noch mich expediren, bis Ich ver=
sprechen mußte, die den Dienstag nach Mittag von Berlin an=

---

[1]) Gustav v. Mardefeld, Sohn eines schwedischen Generals, seit 1696
Hofmeister der Prinzen Carl und Wilhelm, trat später in preußische Dienste
und wurde Regierungs=Präsident in Magdeburg.

[2]) Nach dem Sturze des Oberpräsidenten Eberhard v. Danckelmann
(1697) war auch gegen den Hofkammer=Präsidenten v. Knyphausen, den Geh.
Kammerrat Kraut und den Geh. Sekretär Vietor, den Verwalter der kurfürstl.
Schatulle, eine Untersuchung wegen angeblicher übler Amtsführung eingeleitet
worden. Das Verfahren war indes ziemlich ergebnislos. (S. Breysig, Gesch.
der brandenburg. Finanzen 1640—1697, S. 143 ff. Leipzig 1895.)

[3]) Karlsaue.

kommende Post noch abzuwarten und Mittwochs Früh erst auf=
zubrechen. Gegen Mittag fuhr Ich aufs Schloß, nachmittage war
Collation von Thee, Caffée und Chocolade bey der Printzeßinn
Louise[1]) von Homburg. Der Gothische Gesandte nahm auch
heute seinen Abschied und reisete mit seiner Frauen nach
Schwalbach, umb daselbst den Brunnen zu gebrauchen. Abends
nach der Mahlzeit war Comedie, welche bis gegen 1 uhr in die
nacht dauerte.

Dienstags d. 6ten July gab Ich des morgens frühe meine
Abschieds=Visiten und fuhr nachgehends zu Hoffe. Diesen Mittag
speisete der Erb=Printz mit mir in meinem Hause bey dem H.
Ober Marschall und weil der H. Oberste Blixenkrohn Se. Durchl.
nach Trentelnburg[2]) auf morgen mittag eingeladen hatte, wolte
der Erb=Printz nicht eher ruhen, bis Ich Ihm Versprechen mußte,
auch dorthin zu kommen. Nachmittag gegen 5 uhr fuhren die
Sämmptl. Fürstl. Personen nach Weißen Stein,[3]) Einen Jagt
Hause, Eine Stunde von Cassell. Ich aber mußte mit des H.
Landgraffen H. D. in einer chaise gantz oben aufm Berg, alwo
Se. Durchl. noch einen Berg von Loniter Steinen, und auf dem=
selben Eine espece von Eremitage wollen aufführen, auch große
reservoirs und Cascaden bis nach Weißen Stein machen laßen,
und ist dieses eine Angenehme Entreprise, weil alles lauter fels
ist und gesprenget werden muß. Gegen 8 uhr ging man zur
Taffel und war aber mahl bunte Reihe, weil alle die Damens
auß der Stadt auch, auf des H. Landgraffens Begehren, herauß
gekomen waren. Printz Carl von Wanfried und sein Schwieger
Sohn, der Graff von Hohenloff,[4]) waren auch zugegen, von welchen
Ich mich daselbst beuhrlaubete. Die übrige Fürstl. Personen fuhren
gegen 12 uhr wieder nach Cassel, da Ich von Einemjeden Abschied
nahm und die Briefe überliefert bekahm.

Mittwochs d. 7ten July mußte Ich mich bis gegen 8 uhr
in Cassell aufhalten, weil ich das Recreditiv nicht ehender be=

---

[1]) Hedwig Luise.

[2]) Trendelburg a. d. Diemel.

[3]) Jetzt Wilhelmshöhe.

[4]) Graf zu Hohenlohe-Bartenstein, Gemahl der Landgräfin Sophie
Leopoldine, geb. 1681, † 1724.

kommen konnte. Indeßen kahm der H. Cantzler und nahm Ab=
schied wie auch der General Lieutenant Schurt. Nachgehends fuhr
Ich fort und kahm gegen 12 uhr zu Trentlenburg, einen Alten
Fürstl. Jagt=Schloße, so oben auf einen Berge 4 Meilen von
Cassell lieget, an, da der Erb=Printz und Printz Carl meiner schon
warteten. Wir gingen darauf bald zu Taffel und wolte Ich nach
dereu Aufhebung also fort wegreisen. Der Erb=Printz aber Plagete
mich so lange, bis daß mit Ihm auf die Jagt reithen mußte,
von welcher wir erst gegen 9 uhr wiederkahmen und Abendmahl=
zeit zusammen hielten, also daß Ich erst umb 11 uhr in der nacht
von Ihnen mich loßmachen konnte. Unterweges mußte Ich mich
über die Weser setzen lassen, nachgehends fuhr Ich über ziemlich
unwegsame Berge und kahm also erst Donnerstags d. 8ten July
gegen 6 uhr des morgens in Haast, so 4 starke Meilen von Trentlen=
burg lieget, an, alwo Ich also fort frische Pferde nahm und
gegen 9 uhr zu Nordheim, einem Hannoverischen Städtchen,
2 Meilen von Hast gelegen, ankahm, alwo Ich über 1 große
Stuude, weil keine Pferde parat stunden, warten mußte und erst
nach 10 uhr fort fahren konnte. Langete zu Seesen nach 1 uhr
an, wo selbst etwas Speise zu mir nahm und mich sogleich daun
wieder aufsetzete, kam auch gegen 6 uhr vor Goslar, Einer kaiserl.
Freyen Reichs Stadt an, fuud daselbst frische Pferde, welche nur
ließ vorspannen und mich alsbald wieder auf den Weg begad, und
langete des Abends umb 10 uhr auf dem Ambte Stötterlingen=
burg¹) an, woselbst mich der Amptmann Herr Lütcken tractierte,
und nachdem ein Paar stunden geruhet, machte Ich mich wieder
auf und fuhr des Morgens gegen 2 uhr von Stötterlingenburg
ab und tangete Freytags d. 9ten July des morgens umb 6 uhr
zu Halber Stadt an, nahm einen abtritt bey dem H. Geh. Raht
von Danckelmann, ließ frische Vorspann anschaffen, indes aber hat
der H. von Danckelmann ein Früh=Stück zurichten laßen, von
welchem etwas zu mir nahm, nach 9 uhr mich aber wieder auf
den Weg machte. Zu Gröningen stieg ab, daun bishierher fuhr
der H. Dombdechant von Busch mit, und ging und besahe mit
demselben das Schloß, und was daran zu repariren, hielt mich
alda eine gute Zeit auf, weil auch an meinen wagen etwas mußte

---

¹) Bei Osterwiek.

gebeßert werden, daß also erst gegen 3 uhr zu Warnöleben[1]) ankahm, alwo frische Pferde parat fand, die Ich gleich vorlegen ließ,
und mich wieder fort machte, kahm auch umb 5 uhr, nachdem Ich
einen ungemein starcken Staub ausgestanden, zu Magdeburg an,
hielt mein Ablager bey dem H. General Major von Börstel,
welcher nicht zu hause war, sondern kurtz vorher, ehe Ich mich auf
den Wagen setzte, fund Er Sich ein, nöthigte mich zwar sehr, diese
Nacht bey Ihm auszuruhen, weil aber die Pferde schon wieder
vor den Wagen stunden, machte Ich mich nach 7 uhr von Magdeburg fort und tangete zu Hohenzieatz[2]) des nachts umb 11 uhr
an, allwo frische Pferde fandt, die Ich alsbald anspannen und
wieder fort fahren ließ, kam zu Ziesar Sonnabend d. 10ten July des
morgens gegen 4 uhr an, weil aber aus Versehen des Amptmanns die
Pferde zum Vorspanne nicht gleich bey der Hand waren, mußte daselbst über 2 Stunden warten, daß also erst umb 6 uhr abfuhr, und
kahm nach 10 uhr zu Brandenburg an, woselbst bey dem Post-Meister
ein Früh-Stück zu mir nahm, und nach 12 uhr mich wieder auf
den Weg begab, tangete auch zu Wuster Mark,[3]) alwo meine
Pferde fand, welche von Cassel bishierher voraus geschicket und
über 8 tage alhier gestanden, nach 4 uhr an, worauf alsbald meine
Pferde vorgespannt wurden und Ich mich auffsetzte, kahm also,
dem Höchsten sey Danck! des abends umb halb 9 uhr hier in
Berlin gesund und glücklich an; Se. Churf. Durchl. aber waren
nicht hier, weswegen mich Sonntags d. 11ten July zu Deroselben
des morgens gegen 5 uhr nach Friedrichsfelde[4]) begab, und, nebst
überreichung der mir von Hochfürstl. Cassellschen Hoffe mitgegebenen
Briefe, von allen was paßiret mündliche unterthänigste relation
abstattete.

M. L. von Printzen. M. pria.

---

[1]) Gr. Wanzleben.
[2]) Bei Loburg.
[3]) Bei Nauen.
[4]) Lustschloß bei Berlin.

Beilage 1.

Beschreibung der Einholung der D. Erb-Printzeſſinn
Louyſe Dorothee Sophie, gebohren aus dem Kurfürſtl.
Stamme der Marggrafen zu Brandenburg, Zu Caſſell,
ſo geſchehen den 21ten Juny Anno 1700.

(Abſchr. — Kgl. Haus-Archiv.)

Nachdem nun die H. Perſonen, außer d. Herrn Landgraffen D.,
welcher von Imers Hauſen voraus nach Caſſel gegangen, zu
Minden, welcher Orth 2 Meilen von hier liegt, das Mittag-Mahl
gehalten, brachen Selbige von dar des nach Mittags gegen 2 Uhr
auf. J. D. der H. Landgraff aber zogen in Begleitung J. D.
des Fürſten von Heßen Darmſtadt und ſeines H. Bruder Printz
Philipps des nachmittags nach 3 Uhr der D. Erb-Printzeſſinn
Eine halbe Meile in nachfolgender Ordnung entgegen: Vorher
Ritte der Futter-Marſchall, dieſe(m) folgeten 24 mit 6 Pferden
beſpannte Kutſchen, nach dieſen der Bereuther, welcher 26 Hand-
Pferde mit koſtbahren Sätteln und Zeige, dann 2 Compagnien
Guarde zu Pferde, 1 Compagnie Schimmel und 1 Compagnie
Rappes mit Ihren Paucker und 2 Trompetern, folgeten hernach
der Pagen Hofmeiſter mit 16 Pagen. Dann 6 Trompeter und
1 Paucker, dieſen nach die Hoff-Cavaliers nebſt dem Land-Adel,
welcher, dieſem Hochfürſtl. Feſtin beyzuwohnen, von J. D. dem
H. Landgrafen expres aufgebohten worden, allerſeits in koſtbahrer
Kleidung. Nach dieſen J. D. der H. Landgraff in einer herrl.
Kutſchen, bey welcher der Fürſt von Heßen Darmſtadt und rück-
wärts Printz Philipp ſaß, umbgeben von 12 von der Guarde
mit Helleparten, noch 1 Kutſche mit 6 Pferden, in welcher Printz
Philipps Gemahlin und Printzeſſinn Louyſe von Homburg D. ſaßen
und hinter Derſelben 2 Kutſchen mit denen Hoff-Freyleins. In
beſagter Ordnung Marchirten Sie, wie erwähnet, der D. Erb-
Printzeſſinn entgegen. Hinter dem Dorffe, da die Beneventirung
geſchahe, nach der Stadt zu, ſtunden 6 Bataillions Außerleſen
Fuß-Volk nebſt 37 Compagnien ſogenannter Ausſchuß in guter
Ordnung rangiret. Als nun J. D. der H. Land-Graff eine kurtze
Zeit daſelbſt gewartet, ſtellte Sich J. D. der Erb-Printz, welcher vorann
gejaget war, und dann bald hernach auch die D. Erb-Printzeſſinn,
bey welcher die Landgräffinn und Printzeſſinn Sophie ſaßen, mit der

ganzen bey Sich habenden Suite ein. Nachdem die Bewillkomm-
nungs-Complimente und übliche Ceremonies vorbey, satzte Sich
Einjeder in die Kutsche, passireten vor die in Bataille gestellete ietzt-
gemeldete Infanterie vorbey und langeten gegen 6 Uhr in nachfolgender
Ordnung in Cassel glücklich an: Zum Ersten ritten 47 unterschiedener
Herren Dteuer; (2) 3 Land-Reuther nebst 22 Fürstl. Unterhoff-
bediente, auch zu Pferde; (3) 2 Trompeter und 1 Paucker; (4) 1 Com-
pagnie, an der Zahl 100 Mann, wohlberittener Bürger, welche
gleichfalls vor dem Thore Ihre Parade gemacht; (5) der Futter-
Marschall; (6) 30 mit 6 Pferden bespannete Kutschen; (7) der
Hochfürstl. Bereuther; (8) 26 Fürstl. Hand-Pferde; (9) der Pagen Hoff-
Meister; (10) 19 Pagen (worunter 2, welche die D. Erb-Prinzessin
mit aus Berlin gebracht) in sehr kostbahrer Livrey; (11) Ein
Paucker; (12) 6 Trompeter; (13) der Hoff-Marschall und geheimbte
Raht Herr von Malsburg; (14) Alle Hoff-Cavaliers und der
Land-Adel; (15) der Ober-Marschall H. Baron Kettler und der
H. General Lieutenant von Spiegel; (16) die Drey Jüngeren
Prinzen, Prinz Carl, Prinz Leopold und Prinz Ludewig, alle zu
Pferde; (17) der Unter-Stallmeister; (18) der Ober-Stallmeister
H. von Spiegel; (19) J. H. D. Kutsche, in welcher J. D. der
Erb-Prinz oben an, neben demselben der Fürst von Heßen Darm-
stadt, zurück J. D. der H. Landgraff und der Prinz Philipp
saßen, begleitet von 6 Hellebardiers und 26 Lacquayen;
(20) noch 1 kostbahre Kutsche, in welcher Oben an J. D. die
Erb-Prinzessinn, bey derselben J. D. die Landgräffinn und zurück
Prinz Philipps Gemahlin saßen, begleitet von 6 Hellebardiers;
(21) Eine Carosse Coupee, worin die Prinzessinn Sophie von
Cassel und Prinzessinn Louyse von Homburg Sich befunden;
(22) Zwei Compagnien (1 Schimmel und 1 Rappen) Guarde zu
Pferde mit Ihrem Paucker und Trompeter, und endlich (23)
3 Kutschen mit Hoff Dames und Frauen Zimmer.

In dieser Ordnung nun langeten die D. H. Personen gegen
6 Uhr unter 3 mahliger lösung der Stücken und in Gewehr
stehender Bürgerschaft (welche sich durch die ganze Stadt, wo
der Durchzug geschahe, gestellet hatte) und Soldatesque höchst
glücklich hier zu Cassel an, und passirete durch die von dem
Magistrat auf dem Markte gesetzte Schöne Ehren-Pforte, welche
Sich folgender gestalt befand: Sie war recht zierlich von

Meyen¹) und anderen grünen Laubwerke sehr hoch aufgeführet;
hatte 3 große Eingänge oder Thore und war mit vielen Citronen
und Pomeranzen behangen. Vorne, wo man herein kam, stund
oben auf Ein Bildnüß, welches Justitiam praesentirete; gleich
darunter das Portrait von Sr. Churfürstl. D. zu Brandenburg,
Unter diesem ein Himmelblau-feld mit folgender Inscription:

Felix Hassiæ Solstitium

quo

grande ex oris Brandenb.

Auf dieser Seite	Oriundum Sidus	und auf dieser
der Tafel war	Ludovica Dorothea Sophia	der D. Erb-
des Erb-Printz	Princeps Electoralis	Printzessinn
D. Portrait,	in Castello Cattorum	Ihres, sehr
	Faustissimum sistit gradum	naturel
	humillimo plausu	gemahlet, zu
	veneratur	sehen.
	S. P. Q. C.	
	Die Solsstit. Ästat.	
	M. C. C. C. M.	

Unter der Tafel auf dieser Seite war J. D. des H. Landgraffen
Bildnüß und auf dieser der Landgräffinn D. Beym Eingange
des mittelsten Thores stund auf der rechten Seite die Pallas, auf
der linken aber die Ceres, das Cornu Copiae in der Hand habende.
Unter J. D. des H. Land-graffen Portrait hing ein wohlgemahlter
Schwann, J. D. Symbolum fürstellende mit dieser Ueberschrift:
Candide et constanter. Unter J. D. der Landgräffinn aber:
Ein fliegender Vogel mit diesem L: Sublimia Tantum. Auf der
Seiten nach der Stadt zu war oben auf das Brandenburgische
Wappen: Ein rohter Adler und dabey das Casselische zu sehen,
etwas darunter Eine blaue Taffel mit dieser Ueberschrift:

Serenissimo ac Potentissimo

Auspic. Hymenaei Vinculo Recens Nexorum

Pari

Friderico

Hassiae Principi Hereditario

nec non

¹) Birkenreisig.

Ludovicae Dorotheae Sophiae
Principi Electorali Brandenb.
Omnigenam ac perennem Felicitatem
infima Submissione
vovet
S. P. Q. C.

Auf beyden Seiten hing der Stadt Caffel Wappen nebft 4 Schil-
bereyen wohlgemahlte Blumen Töpfe. Bey welcher, da die D.
Erb-Printzeffinn angelanget, im Nahmen des Magiftrat und der
Bürgerfchaft von dem Herrn Bürge-Meifter Koppen mit einer
förmlichen Rede angeredet und bewillkommnet wurde, welche J.
D. die Erb-Printzeffinn mit einer freundlichen Mine angehöret
und in Eigner hoher Perfon kürtzlich beantwortet und Sich
gnädigft bedanket hatt. Als Sie nun auf das Schloß, wofelbft
1 Bataillion Granatierer und nicht weit davon 1 Bataillion
Guardes zu Fuß ftunden, ankahmen, ward J. D. aufs freund-
lichfte und mit vielen Solenitäten von denen D. Schwieger Eltern
empfangen und herauf geführet. Nach diefen Marfchirete die
Bürgerfchaft und ließ Sich die frantzöfifche Nation fehr wohl dabey fehen. Dann folgeten 6 Bataillions Fuß Völcker und
37 Compagnien fo genanndter Ausfchuß, welche alle vor dem
Schloße defilirten. Und alfo wurde diefer H. Einzug ohne die ge-
ringfte disordre oder dabey vorfallenden Unglücke zu jeder manns
höchfter Freude und Vergnügen, dem Höchften fey danck!, glücklich Vollbracht. —

––––

Beilage 2.
(Abfchr. — Geh. Staats-Archiv. Rep. XI. Nr. 117g.)

1.

Fürftlicher Heßifcher Cammertax der Fruchte.

Fürftlicher Heßifcher Cammertax der Frucht ift:

Korn das Caffelfche Viertel . . . . 3 Cammer fl.

Weißen . . . . 4 Cfl.

Gerften . . . . 3 Cfl.

Hafern . . . . 1 Fl. 10 alb.[1])

––––

[1]) Weißpfennig (Albus).

Nachdem aber zu Milfungen und Spangenberg Hombergisch maas ist, deßen 4 Viertel 5 Cafseller Viertel außmachen, so Kombt der anschlag im Hombergischen Gemes umb ⅓ höher alß das Cafseller gemes dem Cammertax nach.

2.

Special ahnschlag des Ampts Spangenberg.

a) Ahnschlag des ambts Spangenberg	1697	1698	1699
	Fl. alb.	Fl. alb.	Fl. alb.
Ständige Geld Ein-	725—12	725—12	725—12
nahme von Rottäckern	8—17	8—17	8—17
Trifftgeldt	175—25	188—17	161—12
Ungeldt	27—24	30—17	38— 8
Schenck vnd Pottaschen	25—13	24½—17	24½— 8
Zunfftgelder . . .	36—13	39—17	23— 8
Forstgelder	1786—22	1825—18	1771— 4
Zinsen so wiederlöslich	1— 5	1— 5	1— 5
Helfegeldt	— —	— —	1— 9
Weinkauff	6—25	7—12	4—25
Inn- vnd abzugsgeldt	12—16	12— 8	12— 8
Juden schutzgeldt . .	144—22	153—22	153—22
28 fette Schweine . .	71—22	82—	82—
Trifft Kaese	32—22	34—20	29—19
vor Hoffbier	142— 4	134—20	89— 6
Wiesen vnd ackerpacht	127—13	127—13.	147—13
von steinbrüchen . .	4—	4—	4—
Inngemein	57— 4	57—18	52—18
Summa	Fl. 3386— 7	Fl. 3452½—	Fl. 3331— 9
b) Außgabe Geld .	1697	1698	1699
	Fl. alb.	Fl. alb.	Fl. alb.
Besoldung ahn den von Lindau¹) . .	134— 2	134— 2	134— 2
Zehrung in Amptssachen	21— 9	21— 9	20— 3
Auff Rugegrichten . .	7— 6	7— 6	7— 6
auffs bawen flickwerck .	20— 6	20—	20—

¹) Oberforstmeister.

Außgabe Geld . .	1697	1698	1699
	Fl. alb.	Fl. alb.	Fl. alb.
den Armen	2—	2—	2—
den Schützen . . .	4—	4—	4—
auffs Hoffbier . . .	21—14	20—20	16--
den Dienstleuthen . .	62—25	56— 1	53— 8
speude	1— 2	1— 2	1— 2
ständiger abgang . .	41—22	41—22	41—22
ins gemein	9—10	9—10	9—10
auff befelch, Zulagen ꝛc.	83—23	90— 8	82—18
Stroh, Kohlen . . .	13—24	32— 2	19— 2
Summa	423— 7	440— 4	410—21
Verglichen bleibt	2963--	3012— 9	2920—14

thut in einem Jahr 2965 Fl.

Heßische Cammerrechnung thut der fl. 26 Heßen alb.[1]

c) Anschlag der Früchte nach dem Fürstl. Heßischen Cammertax, vnd ist alles in Homburgischen Mas auch nach abzug der Ampts Ausgaben ahngesetzt vnd von denen 3 Jahren, wie bey dem Geldt, ein gleich gemacht Jahr genommen worden.

Korn 230 Vtl. thuu	858 fl.	— 2 alb.
Haffer 271 Vtl.	469 ,	—
Gersten 11 Vtl.	41 ,	—
Weitzen 39 Vtl.	195 ,	---
dunckell 24 Vtl.	41½ ,	—
Lein 1 Vti.	5 ,	—
Triffthähmell 48 st.	59 ,	—
Trifft Lämmer 46 st.	23 ,	-- 2
Summa	1691 fl.	— 17 alb.

Summa ahnschlag in Geldt vnd Frucht:

4656 fl. — 17 alb.

oder

3783 Thlr. — 17 alb.

---

[1] Heßen-Albus.

Und seind nicht mit in diesen ahnschlag kommen die Fischwaßer vnd daraus fallende zinßen.

Gänße — 215 st.
Hahnen — 710 st.
Hühner — 690 st.
Eyer — 273 steye.[1]

3.

Special Anschlag des Ambts Milsungen.

a) Einnahme. . . .	1697	1698	1699
	Fl.　alb.	Fl.　alb.	Fl.　alb.
Innahm ständig geldt	439—15	439— 15	439—15
Vogtschillinge . . .	2—20½	2—20½	2—20½
Zehndgeld	11— 2	8—18	9— 7
Ungeld	10— 1	9— 8	7—22¾
Von besten Hauptern	—12	—13½	—12
Trifftgeld	71—19	69— 9	61—13
Von Mühlen . . .	8—18	8—18	8—18
Der Rasenmeister . .	12— 8	12— 8	12— 8
Wagenfurter Schäfer-rey	9—22	9—22	9—22
Rottgeldt	22— 4½	22— 4½	22— 4½
Weinkauf	7 —	6—	5½ —
Wirtschafften, blaße(?)	19—13	20—13	21—13
Forstgeldt	1883—16	2144— 6	1612—23
Zunfftgeld	7—12	21—25	— —
Salßschließ, Ohlfäche .	12—	12—	14-
Inzug, helfe-Abzugs-geld	11— 8	7—18	11—12
Von andern arten Zinßen	20—16	20—16	20—16
Dienstgelder. . . .	357— 8	355—10	355—10
Churhainerbier. . .	14— 3½	14—11	11—18
Ohley Mühler . . .	6—16	6—16	6—16
Garten Zinß . . .	13—18	13—18	13—18
In Gemein. . . .	2— 9	2— 9	7—22

---

[1] Stiege à 20 Stück.

Einnahme. . . .	1697	1698	1699
	Fl. alb.	Fl. alb.	Fl. alb.
Maſtſchwein von Möh= len.	28—	28—	28—
Pachtgelder	350—	325—	350—
Trifftkäſe	11—14	13— 2	11--14
für Wachß	2— 1⅓	2— 1⅓	2— 1⅓
Krug und Pottaſche .	117—13	115—13	108—13
Juden Schutzgeldt. .	61—14	61—14	61—14
Vom Schweineſchnitt .	6—	6—	6—
Weinkauff	2—12	2—	12—
Summa	3523— 8	3761—22	3235— 6

b) Außgabe . . .	1697	1698	1699
	Fl. alb.	Fl. alb.	Fl. alb.
beſoldunge	225—15	225—15	225—15
Forſtzehrunge . . .	37—	38—20	39—18
Beamten Zehrunge .	49— 3	37— 2	37—16
Bottenlohn	—10	— 4	1—20
Dienſtleuten . . .	28—12	15—18	23— 8
Feldhutſteuer . . .	1—	1—	1—
Auff Rugegericht . .	9— 5	9— 5	9— 5
Zehndſambler . . .	5—	12— 1	7— 6
Ins Gemein . . .	14—11	15— 4	16—25
Auff Flickwerck . . .	40—	40—	40—
Holzhauern	1—10	9—	2—24
Zulagen ꝛc.	20— 8	25—	25—
Abgang	70— 9	74— 8	78—24
Beneficia	25—13	25—13	25—13
Beytrag zum ſteeg .	2—	2—	2—
Summa	529—18	530—12	536—18
Bleibt übrig	2993—19	3231—10	2698—14

thut in einem Jahre 2974½ fl.

c) Anſchlag der früchte nach dem Fürſtl. Heßiſchen Cammertax und iſt alles in Hombergiſch maas auch nach Abzug der Ambts Ausgaben ahngeſetzt und von denen

3 Jahren wie bei dem geld ein gleich gemacht Jahr genommen worden.

	Vrt.	Fl. alb.
Korn	178½ —	665 — 24
Weißen	6½ —	32½ —
Gerste	3 —	11 — 6
Haffer	161 —	278 — 17
Bohnen	— 10	1½ —
Lein	1½ —	7½ —
Triffthähmel	23 st.	28 — 8
Trifft Lämmer	20 st.	10 —
leinen Tuch	190 Ellen	14½ —
Heu	10 fuder	10 —
Summa	— —	1060 fl. 3 alb.

Summa Anschlag geld und frucht:
4034 fl. 10 alb.
oder 3278 Rthlr. 4 alb.

Und seynd nicht mit in diesen ahnschlag kommen die Fischwasser und daraus fallenden Zinßen

Gänße . . . . 170 st.
Hahnen . . . . 590 st.
Hühner . . . . 360 st.
Eyer . . . . 272 steye.

———

Beilage 3.
(Abschr. — Geh. Staats-Archiv. Rep. XI. Nr. 117g.)

Specification
Der Durchl. Fürstin und Frauen Frauen Louysa Dorothée Sophie, gebohrenen aus dem Churfürstl. Stamme zu Brandenburg, Vermähleten Landgräffin zu Heßen Caßel, Juvelen und Pretiosa.

No. 1 Der Verlobnüß Ring, in welchem Ein Facett von 8000 Rthlr.
     2 Ein Braselett mit 13 großen Brillants, zwischen jedem
        4 kleine Brillants, so der Erb-Prinß[1] geschenket.

———

[1] Friedrich von Heffen-Caffel.

3 Noch ein Braselett mit 13 Brillants, zwischen jedem ein
Schnälchen mit 4 kleinen Brillants, so Se. Churfürstl.
Durchl.¹) geschenket.

4 Ein Portrait von Sr. Churfürstl. Durchl. mit 4 Facettes.

5 Der Trau=Ring mit einem großen Brillant, mit Zweyen
emaillerten Händen, der ist am Erb=Printz gegeben.

6 Ein großer Facett, so für andere angegeben Juvelen ge=
tauschet und im Ring gesetzet . . . 11000 Rthlr.

7 Noch Zwey Ringe mit Facetts, so auch für angegebene
Juvelen getauschet, jeden von 400 Rthlr. Diese sind
verschencket worden.

8 Noch Einen Ring mit einem Facett von ohngefehr 250 Rthlr.

9 Noch Einen Ring mit einem Facett von ohngefehr 200 Rthlr.

10 Ein Paar Ohr gehenge mit 2 großen Viereckichten Facettes
und Zweyen daran hangenden birn Facettes, von
Erb=Printzen geschencket . . . . . 40000 Rthlr.

11 Ein Bouquet, so die Frau Landgräffin²) geschencket, mit
21 Brillants Tropffen.

Eine Attache mit 3 großen, 10 mittel und einigen
gantz kleinen Brillants. Vom Herrn Landgraffen³)
Durchl. geschencket.

12 Zwei Pandelocken,⁴) jeder mit 14 Brillant=Tropfen.

13 Ein Creutz mit 7 großen Brillants.

14 Noch Ein Creutz mit 6 kleinen Brillants.

15 Ein Poucon mit einem runden mittel Facett, von etwa
12 gr.

16 Noch ein Mouchoir Nadel mit einer Facett Pandelocken.

17 Drey Nadeln mit 3 ajour gefaßte Dick=Steine, etwas
gelblicht.

18 Drey Nadeln mit 3 ajour eingefaßte Brillants mit 3 daran
hangenden Tropffen.

19 Noch 7 Haar Nadeln, auf jeder ein ajour eingefaßter
Brillant.

---

¹) Vater der Erbprinzessin. Kurfürst Friedrich von Brandenburg.

²) Marie Amalie, Schwiegermutter der Erbprinzessin.

³) Landgraf Carl.

⁴) Ohrgehänge bezw. die darin befestigten Diamanten.

20 Noch eine Haar Nadel mit einem Platten Taffel=Stein.

21 Drey und Vierzig kleine Brillants.

22 Siebzehn Facets à 3 biß 400 Rthlr.

23 Drey Facettes, davon einer 2000 Rthlr., der andere 1200 Rthlr. und der Dritte 1000 Rthlr.

24 Drey und Zwanzig Facettes von allerhand größe und Preiß.

25 Noch 23 Facettes.

26 Noch 22 Facettes.

27 Noch 31 Facettes.

28 Noch 42 Facettes.

29 Noch 28 Facettes.

30 Eine Schale mit 8 Facettes.

31 Vierzig Schnür Stickers, jeder mit 2 Facettches.

32 Eine Schnur Perlen von 33 Stück . . 23400 Rthlr.

33 Zwey große Birn Perlen.

34 Neun Birn Perlen etwas kleiner.

35 Drey und fünfzig Perlen.

dito Ein und Vierzig runde Perlen als Stabel=Erbsen.[1])

36 Neun und fünffzig runde Perlen etwas kleiner.

37 Fünff und Zwanzig runde Perlen noch etwas kleiner.

38 Ein Creutz mit 5 Smaragden und einem Brillandt.

39 Ein klein eventaille, der Ring mit kleinen Facettes besetzet.

40 Ein und Zwanzig Smaragden, 10 davon Schwartz und roht emaillert.

41 Noch 4 kleine Smaragden.

42 Acht eintzele Rubine einerley größe.

43 57 kleine eingefaßte Rubine.

44 Drey und Zwanzig Ametisten, worunter ein großer.

45 Ein Vier Eckichter Hyacint.

46 Vier blaue Steine.

47 Ein Haar Braselett mit kleinen Dick Steinen von 24 Stückchens besetzet.

48 Ein Braselett von Perlen mit einem Schloß, worauf ein tourqvoise und 10 Röschens, jedes mit 5 Steinichen.

---

[1]) Stapel-Erbsen.

49 Zwei Arm bäuder von neun tourqvoisen, jeber mit
   3 Facettes besetzt, Zwischen jeder tourqvoise ein
   Schleifchen an der Zahl 9, in jedem 2 Facettes.

50 Vier à parte emaillerte Tourqvoise.

51 Vier Armband Schlößer mit Facettes besetzet von der
   Königin von Dännemarck.[1]

52 Noch ein Braselett mit 7 Tourqvoisen, worauf Hände
   geschleiffet, zwischen jeder ein Schleifchen mit 5 Facettes
   besetzt.

53 Ein Arm Band von 17 Schleiffchens, jedes mit 7 Facettches,
   zwischen jeden 2 Rubinen.

54 Noch Ein Arm baub von 6 Ametisten, jeder besetzet mit
   6 Dick Steinen, Zwischen jeden Ein Schleiffchen von
   6 Facettches. Geschenckt.

55 Noch Ein Einzeler Tourqvoise.

56 Zwey Braselett von Diamanten und Rubinene Schnur
   Stückchens à 40 Stückchens . . . . . 80 Rthlr.

57 Noch Ein und Zwanzig Einzele Schuur Stückchens.

58 Ein länglichter Tourqvoise, worauf Zwey Hände, rund
   umb her mit Facettes besetzet.

59 Ein des Höchst Seel. Churfürsten[2]) Portrait mit Facettes
   besetzet und den Chur-Hut.

60 Noch ein Portrait von der Königin von Dänemark,[3])
   auch mit Facettes besetzet.

61 Noch Eines von der Churfürstin Louysa[4]) mit Facettches
   besetzet.

62 Des Churfürstens Durchl. Frau Groß-Mutter[5]) Portrait
   in Rubinernen Schächtelchen.

63 Ein Portrait von Landgraff Friederich dem II.[6]) mit
   Diamantchens besetzet.

---

[1]) Charlotte Amalie, Tochter des Landgrafen Wilhelm VI. von Hessen-Caffel, Gemahlin des Königs Christian V. von Dänemark, geb. 7. 4. 1650, † 27. 3. 1714.

[2]) Kurfürst Friedrich Wilhelm der Große.

[3]) Charlotte Amalie.

[4]) Mutter des Kurfürsten (Königs) Friedrich.

[5]) Kurfürstin Charlotte, Gemahlin des Kurfürsten Georg Wilhelm, geb. 19. 11. 1597, † 26. 4. 1660.

[6]) von Hessen-Homburg.

64 Noch 3 Portrait von ebendemselben, Zwey in emaillerte
Schächtelchens, und Eines ohne Schachtel.

65 Der Churprinzessin¹) Hochseel. Andenckens! Verlöbnis
Ring, mit einem Facett ajour.

66 Dito. Einen Ring mit Einem Facett von der Fürstin
von Anhalt.²)

67 Zwey Ohr Bouqvett mit Facettes.

68 Zwey Ohr Bouqvetches von Zwey Brillants.

69 Einen Ring mit einen Rohten Facett Carmisiret.
Verschenckt.

70 Ein Carmesiter Ring mit Einem Röschen, mit rohter
Folie unterleget.

71 Einer mit einen Ametisten, worauf Zwey Hände.

72 Einen Ring mit einem Corallin wie Ein Hertz mit einer
Kron von drey Facettches.

73 Ein weiß Corallinen Ringchen mit Einem Rubin.

74 Ein Ring mit Gliedern, zwischen jeden ein Facettchen.

75 Ein weiß Corallinen Ring mit Einem Rubin, umbher
mit kleinen Facettchen.

76 Ein Rother Zerbrochener Corallinener Ring mit 4 Facetches.

77 Ein Ring mit kleinen Röschens und Zwischen jeden Ein
Viereckicht Schleiffchen.

78 Einen Ring Carmisiret mit Smaragden und Dick Steinen.

79 Einen Ring Carmisiret mit kleinen Dick Steinichens.

80 Dito. Noch Einen dergleichen.

81 Dito. Durchbrochen mit Schleiffchens und 6 Facettches.

82 Eine Guideu Tabaqvire mit Facettches und Dick Steinen.
Verschencket.

83 Noch eine mit Rubinen und Facettes.

84 Ein Indianisch Ruud gülden Schächtelchen.

85 Sechs Fläschens, 4 mit emaille, Zwey mit Tourqvoisen
und Rubinen, und 3 mit Facettches besetzt.

86 Ein gulden Langlicht kufferchen mit emaillerten Figurchers.

87 Eine Zahn Stecher Büchse, mit Facettches besetzt.

¹) Henriette von Hessen-Cassel, erste Gemahlin Friedrichs III. (I.)
²) Henriette Katharina, Tochter des Prinzen Friedrich Heinrich von Oranien,
Schwester der Kurfürstin Luise Henriette von Brandenburg (s. S. 75,
Anm. 4), Gemahlin des Fürsten Johann Georg von Anhalt, † 4. 11. 1708.

88 Ein kleiner Cupido in ein von fil d'grame Schächtelchen.
89 Ein blau emaillert Oval Schächtelchen.
90 Eine kleine güldene Chastolete mit einem Ketchen.
91 Ein klein Tönnichen mit blauen Reiffen.
92 Ein Portrait von der Hochseel. Churprinzeſſin. ')
93 Ein Corallinen Arm bandt von 7 glieder, Zwiſchen jedem 2 Facettches.
94 Ein klein Armband Schlößchen mit 9 Dick Steinen.
95 Zwey Anckerchens, Eines mit Dick Steinen, das andere mit Facettches. Verſchencket.
96 Ein klein Sack Uhrchen.
97 Ein klein emaillert Händchen.
98 Drey emaillert Dägelsches. ')
99 Ein Streit Hämmerchen mit Facetches.
100 Noch einer mit kleinen Facetches.
101 Ein Schnur Senckel Pinne, mit Facetches beſetzet.
102 Zwölff gülden Schraub Nadeln.
103 Vier guldene Knöpffe.
104 Zwey Schwartz emaillert Reiffen.
105 Ein güldener Ketten Armband mit 3 Schlöſſer.
106 Ein Schwartz emaillert Armband als Muſchelchens.
107 Sechs und Neuntzig kleine Schleiffchens mit DickSteinichens.
108 13 guldene und Silberne Uhren, 4 davon mit Diamanten beſetzet.
109 Ein kleiner Hund von Ambra, mit Dick=Steinen beſetzet.
110 Ein Hertzchen, mit Dick Steinen beſetzet.
111 25 Pitſchaffte nebſt Ein Schwartz Aganeten Stein.
112 Ein klein Schächtelchen in Form einer Uhr, mit Dick Steinen beſetzt.
113 Ein Schreib=Täffelchen mit Tourqvoisen.
114 Ein Scheeren=Futteral, mit Rubinen und Facettes beſetzet.
115 Noch Eines von guldenen fil d'grame.
116 Noch Ein Scheeren=Futteral mit Blumen emaillert.
117 Ein von Silbern fil d'grame Etuy.
118 Ein gülden emaillert und mit Diamanten beſetzter Löffel, Meßer, Gabel und Saltz=Faß.

') Henriette, Mutter der Erbprinzeſſin Dorothea.
') Tiegel?

119 Eine gülbene Balsam Büchse.

120 Eine Schachtel, Verſetzet mit Ebergeſtein (!), von Silber Schwartz emaillert.

121 Ein gulbener Pocal, blau emaillert, nebſt Gabel, Löffel, Meßer, Saltzfaß und Credentz-Schale.

Eine gantz güldene Toilette, Als:

1 Ein Spiegel.

2 Ein Gieß becken und kanne.

3 Zwey kamm Dooſen.

4 Zwey Pouder Schachteln.

5 Zwey kleine Schächtelchens.

6 Zwey Schälches.

7 Zwey Fläſchgens zu Orange Waßer.

8 Zwey Viereckichte Backies, umb Juvelen darein zu legen.

9 Zwey Leuchter.

10 Zwey Becher mit Deckeln.

11 Zwey Schälchen mit Ohren.

12 Zwey Pomade Töpffchen.

13 Ein Steck-Nadel Schälchen.

14 Eine Suppen Schale mit einem Deckel.

15 Ein Saltz-faß, Meßer, Löffel und Gabeln.

An Silber-Zeug in Berlin:

1 Zwey Blackers durchbrochen mit Schubpichten federn und ausſtehenden Bruſt-Bildern.

2 Ein klein Godronirter Caffée-Topff; nicht in Berlin.

3 Ein Godronirter, mit blumen werck ausgearbeiteter Caffée-Topff.

4 Vier kleine Schüßelchens oder Asiettes.

5 Ein Thée-Topff von erhabener Bluhm Arbeit, mit einer Feuer-Sorge. Hier.

6 Ein Bettwärmer, in Berlin.

7 Ein Silberne übergüldete Credentz-Schale mit einem Deckel. Hier.

8 Eine kleine Feuer Sorge auf einem Teller.

9 Ein Rundt Tieff-becken, in Berlin.

10 Ein Durchbrochen Körbchen mit vergülbeten Henckeln.

11 Ein klein Castolet.

12 Zwey Fläſchgen, Eine von ein und einhalb und Eine
Von ein qvartel, inwendig verguldet. Hier.

13 Eine Silberne gantz verguldete Toillette mit allem zubehör,
wie Sie die Gottſeel. Königin von Engelland[1]) ge-
ſchencket. Hier.

14 Noch ein weiß Silberne Toillette mit aller Zubehör.

Beilage 4.

„An den Schloßhaubtman von Prinzen wegen der Fürſtin von Hohenzollern angelegenheiten.‘

(Orig. — Geh. Staatsarchiv. Rp. XI. Nr. 117 g.)

Von Gottes gnaden Friderich der Dritte. Marggraf zu
Brandenburg, des Heyl. Röm. Reichs Ertzcämmer undt Churfürſt,
in Preußen, zu Magdeburg ꝛc., Hertzog ꝛc.

Unſern gnädigen Grus Zuvor, Veſter, lieber Getrewer.
Wir haben mit dem geſambten Fürſtlichen Hauſe Hohen-
zollern den 20. Nov. 1695 zu Nürnberg ein gewißes pactum
successorium ſchließen laßen, in welchem Wir dieſem Fürſtlichen
Hauſe, welches Wir vor Unſer Stamm-Haus erkennen, gegen die
Uns uudt Unſerm Hauſe ratione successionis zugeſtandenenn
Avantages unter andern Verſprechen, deßen beſtes undt ehren mit
worten undt wercken zu fordern, und Ihnen nebſt dem Titul undt
Wapen des Burggrafthumbs Nürenberg aller ehren undt würden.
ſo vormahlen die Burggraffen zu Nürenberg als unſtreitige alte
Reichs-Fürſten gehabt, genießen zu laſſen. Wie Wir dan auch
ſolches thuu undt ſelbiges Haus würcklich, wie Euch bekant, von
allen neuen Fürſtlichen Häuſern distinguiren. Wan Wir dan
auch occasione dieſes pacti undt ſonſten auf beſchehenes anſuchen
Uns zugleich erklähret haben, Unſers orts dahin nach möglichkeit
zu contribuiren, das (!) mehr gedachtes Fürſtliches Haus, deßen
Alterthumb undt mit Unß habende Nahe Verwandſchafft bekannt iſt,
von denem altem Fürſtlichem (!) Häußern in Teutſchlandt ſo wohl
an der Titulatur als ſonſten gleich tractiret werden möchte. So

------

[1]) Marie, Tochter Jacobs II., Gemahlin Wilhelms III., Erbſtatthalters
der Niederlande und Königs von Großbritannien, † 28. Dezember 1694.

hat Uns auch die hier anwesende Fürstin von Hohenzollern[1]) Lbd.
deßen erinnert undt gebethen. Wir möchten bey anwesenheit des
Heßen-Caßelischen Hofes bey des Landgrafen Lbd. durch Unsere
recommendation undt ersuchen es dahin zu bringen belieben,
daß gedachten Landgrafen Lbd. Ihr undt Ihrem Fürstlichen Hause
hierunter fuegen undt dieses mit Uns von einem Stamme
posterirende Haus. anderen alten Fürstlichen Häußern gleich
achten uudt tractiren möchte. Ob Wir nun Zwahrn wegen oban-
geführter Unserer vor die Sämbtlichen Fürsten von Hohenzollern
Lbd. habenden besonderen propension, egards undt affection der
bitte der Fürstin gern ein genügen thun wollen undt Uns ein
plaisir gemacht haben würden, derselben undt Ihrem Gantzen
Hause hierunter ein Zeichen Unserer besonderen estime zu geben,
so haben uns doch ein undt andere umbstände urtheilen gemacht, es
würde sich solches bey diesem (!) conjuncturen, da Wir des Herren
Landgraffen Lbd. als einem (!) Gast mit gar Keinem (!), auch den
geringsten, affairen nicht bemühen noch beschweren wollen, nicht eben
allerdings schicken, welches auch die Fürstin Lbd. begriffen haben.
Weilen nun aber des Landgraffen Lbd. nun von hier abgereißet,
uudt es sich nun beßer thuu läßet, deroselben diese sache zu
recommendiren, Wir auch gerne sehen möchten, daß das Fürstliche
Hohenzollerische Haus in obgemelter Seiner praetension aller
orten reussirete. Als haben Wir euch hierdurch in Gnaden aufgeben wollen, mehrgemeltem Landgraffen Lbd. wegen dieser sache
zu sprechen, undt habt Ihr Seiner Lbd., nebst Vermeldung Unsers
Freund-Vetterlichen Grußes, vorzustellen, daß wegen Unser mit
dem Hauße Hohenzollern habenden Anverwandschafft auch Alterthumb undt meriten beßelben gegen das Reich undt sonsten Wir
es für ein besonderes plaisir undt Zeichen Ihrer Lbd. Uns zu-
tragenden affection nehmen würden, wan Dieselbe geruhen wolten,
demjenigen, was das Hohenzollerische Fürstliche Haus ratione
parificationis mit denen alten Fürstlichen Häußern in titulatura
et Ceremoniali suchet, zu fuegen, wodurch uudt die darauf von
andern Fürstlichen Häusern veranlaßende Nachfolge Sie auch gedachtes Haus aufs höchste obligiren undt zu angenehmen Diensten

---

[1]) Fürstin Luise, eine Tochter des Grafen Georg zu Sinzendorf-Fridau,
geb. 11. 4. 1666, † 18. 5. 1709.

verbinden würden. Wir hoffeten, daß Seine Lbd. umb ſo viel
deſto eher dazu würden zu bewegen ſein, weill ſolches ihnen
ohnpraejudicirlich ſein würde, von Hohenzolleriſcher ſeiten auch
man eben nicht praetendirte, einem einigen alten Fürſtlichen
Hauße vorgezogen zu werden, ſondern ſich contentiren würde,
als das letzte alte Haus undt nach demſelben conſideriret zu
werden. Ihr habt ſolches mit allen dienlichen remonſtrationen
zu accompagniren, dabey aber doch von dem Pacto Succeſſorio,
davon wir anfangs gedacht haben, nichts ſpeciales zu erwehnen.
Was des Herrn Landgraffen Lbd. in dieſer ſache vor eine Erklärung
geben, davon habt Ihr Uns gehorſambſt zu referiren, undt Wir
bleiben euch mit gnaden gewogen. Geben zu Potsdam den
12. Junn 1700.   P. v. Fuchs.
    Friederich.
  Dem Veſten, Unſerm
Schloßhaubtman ꝛc. von Printzen
          Caſſell.

———

Beilage 5.
Printzen an den Kurfürſten Friedrich III.
(Orig. — Kgl. Haus-Archiv.)

dat: d. 28 jun. 1700
prs. Kopenick d. 2. jul.
      Durchlauchtigſter, Großmächtigſter Churfürſt
                  Gnädigſter Herr!

  Ew. Ch. D. allergnädigſtes Rescript de dato Potsdam den
12ten Junn a. c. habe ich erſt verwichenen Freytag mit unter=
thänigſten Respect wohlerhalten und, dem darinnen enthaltenen
gnädigſten Befehl zur allergehorſamſten folge, noch ſelbigen Tages
Gelegenheit genommen, mit des H. Landgrafen H. D. zu ſprechen
und Ihuen alle gehörige Vorſtellung gethan, daß wie Ew. Ch. D.
das Fürſtl. Haus Hohen Zollern[1]) als ein mit dem D. Chur

---

[1]) Fürſt Friedrich Wilhelm zu Hohenzollern, geb. 20. 9. 1663,
† 14. 11. 1735, erhielt am 9. 7. 1692 vom Kaiſer Leopold die „Ausdehnung
der Reichsfürſtenwürde auf alle Mitglieder des Fürſtlichen Hauſes und deren
Nachkommen und nahm von da an das Prädikat Durchlaucht an".

Hause der Marggrafen von Brandenburg von einem Stamme
posterirendes Hauß considerirten und so wohl wegen solcher
Anverwandtschaft als auch der demselben annectirten würde der
Burggrafen von Nürnberg, als welche allemahl vor unstreitige
alte Reichs-Fürsten gehalten werden, solches Fürstliche Haus von
andern neuen Fürsten distinguirten; So ersuchten Sie auch, daß
Se. H. D. der H. Landgraf geruhen möchten, demjenigen, was
das Fürstliche Hohen Zollerische Haus in puncto der gleichachtung
und parification mit denen Alten Fürstlichen Häusern in Titulatura, ceremoniali und übrigen praerogativen suchet, zu fügen.
Als worinnen Se. D. nicht allein ein besonderes plaisir Ew. Ch.
D. anthun, sondern auch zugleich Sich zum höchsten das oft-
gemeldete Fürstl. Hohen Zollerische Haus verbinden würden. Wie
dann die anietzo in Berlin anwesende Fürstin von Hohen Zollern[1])
expres Ew. Ch. D. umb solche Vorschrift ersuchet hätten, weiln
Sie der Hoffnung lebete, daß durch des Hn. Landgrafen D. Exempel
und Favorisirung eine gute Nachfolge bey anderen Fürstl. Häusern
würde veranlaßet werden. Se. D. der H. Landgraf contestireten
darauf erstlich zum höchsten, wie daß Sie niemahlen in keiner
Sache Manqviren würden, demjenigen, was Ew. Ch. D. von
Ihnen verlangeten, mit dem größesten empressement und plaisir
nachzukommen, Ew. Ch. D. würden aber auch Ihnen es nicht
ungütig nehmen, wann Sie in dem Gesuch des Fürstl. Hohen
Zollerischen Hauses ratione parificationis mit denen Alten Fürstlichen Häusern vorstelleten, eines theils, wie daß dergleichen Einführung denen Alten Fürstlichen Häusern selbst sehr praejudicierlich
seyn würde, dann, ohngeacht das Hohen Zollerische Haus nicht
praetendiret, Einem Einigen Alten Fürstlichen Hause vorgezogen
zu werden, so folgete doch nohtwendig, daß, wann Selbes Ihnen
gleich gehalten werden solte, es nohtwendig auch allen Cadets der
Alten Fürstl. Häusern vorgehen müste, welches nicht anders als
denen Häusern Selbst nachtheilig seyn würde. Zu dem würde,
wann das Fürstl. Hohen Zollerische Haus diese praeeminentz er-
hielte, ein gleichmäßiges von denen am kaiserl. Hofe seyenden
Fürsten praetendiret und durch solches Exempel umb so viel
leichter erhalten werden, Also daß mit der Zeit unter denen Alten

---

[1]) Luise.

und Neuen Fürstl. Häusern kein unterschied mehr gemacht werden
dürfte. Se. D. wendete auch ein, daß die Fürstinn von Hohen
Zollern Selber zu Ihren praejudiz am Kaiserl. Hofe Sich jederzeit so geringe hätte tractiren lassen und aller Ministrorum
Ihren Frauens gewichen wären. Doch woite der H. Landgraf,
wann das Fürstl. Hohen Zollerische Haus es nur am kaiserl. Hofe
ausmachen und daselbst die praerogativen als ein Alt Fürstl.
Haus erhalten könnte, oder wann Selbiges diese Ihre praetension
bey der Zusammenkunft der Fürsten zu Nürnberg ¹) proponiren
woite, Sich Ihnen keineswegs opponiren, sondern vielmehr in
regard Ew. Ch. D. intercession Secundiren. Se. D. der H.
Landgraf ersuchten dabey, Ew. Ch. D. möchten doch solches nicht
übel ausdeuten, sondern Selbst hocherleuchtet consideriren, daß,
wann das so oft gedachte Fürstl. Hohen Zollerische Haus Sich
nicht bemühete, diese Ihre parification mit denen Alten Fürstl.
Häusern per plurima bey denen Fürsten des Reichs zu erhalten,
seine, des Herrn Landgrafens, Approbation und exempel Ihnen
wenig avantage geben, sondern der H. Landgraf würden Sich
nur, wann Sie die ersten wären, welche solches einräumten, die
blame bey denen anderen Fürsten auf den Hals ziehen, als wann
Sie wieder die bisherigen Maximen vor die praerogativen und
praeeminentz der Alten Fürstl. Häusern nicht genugsam sorgeten,
sondern Selbigen einigen Eintracht thuu woiten. Und habe ich,
ohngeacht meiner vielfältigen gegen remonstration, keine nähere
resolution erhalten können. Wie dann Ew. Ch. D. am besten
bekandt und beywohnend ist, daß man am hiesigen Hofe fast an
aller pointilleusten und recht jaloux auf allen, was die pretensionen der Fürsten des Reichs anlanget, ist, wie man dann auch
zu unterschiedenen mahlen schon von dem traitement der Cadets,
und ob selbiges nicht anders eingerichtet werden könnte, zu dis-
couriren angefangen. Wo von Ew. Ch. D. ich mit mehreren
unterthänigsten mündlichen bericht bey meiner, ob Gott wil!,
baldigen Zurückkunft allergehorsamst abstatten werde. . . . .

Cassel   Marquard Ludwig von Printzen, M. pr.
d. 28ten junii
    1700.

___

¹) S. S. 44.

Beilage 6.
Prinzen an den Kurfürsten Friedrich III.
(Conc. von der Hand Prinzens. Geh. Staats-Archiv. Rep. XI. Nr. 117 g.)

P. S^{tum}.

Auch, D. Gr. Churfürst, A. Herr, haben S. hochf. D. der
H. Landgraff mich gestern nach empfangener hamburger post zu
sich ruffen lassen und mir communicirt, was Ihnen ihr dortiger
Minister, der H. von Falcke,[1] berichtet, wie daß der hertzog von
Zelle und die übrige Alliirten auf keine weise sich erklähren wollen,
ihre trouppen wieder zurück und über die Elbe zu ziehen, sondern
viel mehr droheten, noch weiter ins Königs von denemarck Land
hereinzugehen, auch nicht ehender von dannen zu weichen, bis daß
nicht allein der friede nach den Altenaischen[2] tractaten retabliret,
sondern auch die darinnen enthaltene und bei den bißherigen
streitigkeiten und unnruhe anlas gebende puncta völlig abgethan
und lucidiret seyn würden. Sie hätten auch darbey zu vorstehen
gegeben, daß Sie zwar wohl wüsten, daß ihr Land allen benach-
barthen, die nur herein wolten, offen stünde, hingegen aber könten
die holländer mitt eben solcher facilität auch in das Clevische
rücken, die Schweden einige 1000 mann in Pommern oder Preußen
transportiren, und würde auf solchen fall Chur Pfaltz ebenfals
als ihr alliirter nicht still sitzen, sondern denen, die an der weser
sich rühren wolten, im rücken gehen. Die Catholischen ließen sich
imgleichen nach des obgedachten H. von falkens bericht offentlich
verlauthen, daß Sie an das Instrumentum pacis Westphalicae
zwar quoad Politica, nicht aber quoad Ecclesiastica verbunden
wären. Bey allen diesen umbständen und solchen weitaussehenden
und absonderlich denen Prolutirenden fatal scheinenden conjuncturen ersucheten S. H. D. der H. Landgraff aufs inständigste,
E. Churf. D. möchten doch geruhen und Ihnen von ihren sentimenten part geben, was vor mesures Sie meineten, daß ge-

---

[1] Hannöversch-hessisches Geschlecht.

[2] Altonaer Vergleich v. 30. Juni 1689 zwischen König Christian V. von
Dänemark und Herzog Christian Albrecht von Holstein-Gottorp, durch den dieser in
alle seine Besitzungen und Rechte wieder eingesetzt wurde. Der Herzog Georg
Wilhelm v. Celle und sein Neffe, der Kurfürst Georg Ludwig von Hannover, hatten
sich zu Anfang d. J. 1700 gegen Wilhelm III. von England und die General-
staaten als Bürgen für die Aufrechterhaltung des Altonaer Vergleichs verpflichten müssen. (S. Havemann a. a. O. III. 358.)

nommen werden müssen, wann die wieder den König von denemarck Alliirte darauff bestehen und nicht ehender zurückgehen
wollten, bis, wie obgedacht der Altenaische Friede in allen puncten
seine richtigkeit erlanget hätte, und ob nicht ein mittel zu
finden wäre, wodurch des Königs von danemarck honneur, welcher
sonsten zum frieden forciret zu sein scheinen würde, salviret
und dennoch auch die der Evangelischen religion am aller-
nachtheiligste unruhe gestillet werden könte. Sie würden sich in
allen stücken mit demjenigen, was Ew. Ch. D. darunter guth
finden würden, conformiren und auch den H. von falcke nicht
anders noch ehender als Sie (E. C. D. sentimenten wüsten, in-
struiren. S. D. der H. Landgraff thaten nachgehends hinzu, daß
ihre gedancken wären darauff gefallen, welches Sie ohne die geringste maßgebung E. C. D. eröffnen wolten, ob es nicht thunlich
seyn würde, daß, weiln der König von dänemarck des Königs
von Franckreich [1] offerirte mediation acceptiret, die wieder der
Krohn danemarck alliirte aber bis dato selbige repudiiret und
nicht annehmen wollen, mann solches aufs beste bey dem König
von Franckreich incaminiren und Sr. Maj. gleichsahm hierunter
d'honneur picquiren möchte, ob Sie sich nicht, im fall der Alliirten
armée durchaus nicht über die Elbe gehen wolte und also den
König zu einem disreputirlichen frieden zu forciren gedächten,
vor dänemarck erklären und also denen übermäßigen und ungestümen
pretensionen der Alliirten ein Ziel setzen wolten, um so viel mehr,
weiln der hertzog von Wolffenbuttel expres mitt der gestrigen post
am H. Landgraffen geschrieben, es auch aus der an den Frantzoi-
schen Gesandten Ms. Chamylli gethanen proposition des Hertzogs
von Zelle zur genüge erhellen solle, daß das haus Lunenburg ihr
eigen interesse am meisten ansehe und bey diesen troublen in
specie die combination der beyden häuser hannover und Zelle
gäntzlich vest zu setzen intendire. Wie dann S. H. D. der H.
Landgraff dieses Letztere per indirectum dem Frantzöischen abgesandten zu Mayntz Ms. Iberville, welcher in 8 oder 10 tagen
hier zu seyn vermeinet, schreiben will lassen. Welches alles so
wohl aus unterthänigster pflicht und treue, als auch auf expressen
befehl Sr. D. des H. landgraffens ich hiermitt allergehorsambst
berichten sollen. Ut in relatione humillima. —

---

[1] Ludwig XIV.

Beilage 7.
Prinzen an den Kurfürsten Friedrich III.
(Orig. — Kgl. Haus-Archiv.)

dat: d. 5. jul. 1700.
prs: Friedrichsfelde d. 11. ejusd.

Durchlauchtigster Großmächtigster Churfürst,
Gnädigster Herr!

...... In beßen ist hier selbst auch ein Sächsisch-Gothischer Abgesandter der H. von Schleuniß [1] am verwichenen Mittwoch angelanget, welcher zwar vornehmlich abgeschicket worden, Er. D. den H. Landgraffen und das H. Caffelsche Haus wegen der glück-lichen Vermählung des Erb-Prinzen mit Ew. Ch. D. D. Prinzeßinn Tochter zu gratuliren, darbey aber auch unter der Hand zu vernehmen, was vor Mesuren Se. D. der H. Landgraf, bey denen iezigen Holsteinischen Troublen [2] zu vernehmen resol-viret wären, und ob es nicht thunlich sey, daß Sie Ihre Trouppen zusammen ziehen und irgends wo auch ein Campement machen könnten, wo zu Er die hiesigen Gränzen am gelegensten zu seyn geurtheilet. Sein Herr, der Herzog von Gotha, [3] hätte dieser-wegen auch expres so wohl nach Nürnberg [4] zu denen daselbst versammelten Fürsten, als auch nach Würzburg und Anspach geschicket, welche beyde lezte Örther auf den fall, vermöge der zwischen Ihnen aufgerichteten Alliance, 3000 Mann auch darbey fügen würden. Se. D. der H. Landgraf haben darauf geant-wortet, daß weiln Ew. Ch. D. aufs neue so höchst billige und raisonnable vorschläge dero dortigen Envoye dem Herrn von Busch [5] zugeschicket, von deren glücklichen effect man alle gute

---

[1] Gehört dem uralten böhmisch-meißnischen Geschlecht von Schleiniß an.

[2] S. S. 43 u. 84.

[3] Friedrich II., geb. 28. 7. 1676, † 23. 3. 1732.

[4] Am 19. Juli 1700 hatten sich die „korrespondierenden Fürsten" in Nürnberg zu einem festen Bunde gegen die neunte Kur geeint. Auf ihr An-suchen ließ Ludwig XIV. als Garant des westfälischen Friedens, „dem die Sorge für die Aufrechterhaltung der Reichsgesetze obliege", in Regensburg bei dem beständigen Reichstag gegen die Kur protestieren.

[5] von dem Busche, alte westfälische Familie. (Leberecht v. d. B., kur-brandenburgischer Oberst?)

Hoffnung hegete, ſo würde zu befürchten ſeyn, wan man, ohne
die resolutiones darauf abzuwarten, einige trouppen zuſammen
ziehen und ein Campement irgendswo formiren wolte, daß ſolches
nur neue Ombrage geben und die intendirte Tractaten [1]) mehr
verwirren und troubliren als befördern würde. Se. D. hielten
in deßen alle Ihre Trouppen dergeſtalt fertig, daß Sie ſelbige,
wan es nöhtig befunden werden ſolte, in weniger Zeit ſämmptlich
zuſammenziehen könnten, und würden Sie alles, was in Ihren
Kräften ſtünde, gern zu der Beförderung der gemeinen Ruhe beytragen, wie Sie dann deswegen auch mit Ew. Ch. D. alles
concertiren, und was inskünftige etwan vor resolutiones bey
wieder verhoffen nicht reusſirenden Tractaten genommen werden
dürfften, dem Hertzog von Gotha communiciren wolten. Man
wil aber hieſiges Orths Soupçonniren, als wann der Hertzog
von Gotha Sich vielleicht zu weit mit dem Könige von Pohlen [2])
engagirt hätte und des wegen nicht wüſte, wie Er Sich daraus
ziehen könnte, und ſcheinet es, als wann man ſolches aus einigen
von obbemeldten H. von Schleunitz gehaltenen Discoursen judicirete.
Es hat Selbiger mir auch die Ehre gethan und iſt bey mir
geweſen, da Er vielfältig concertiret, wie ſein Herr, der Hertzog
von Gotha, in der gantzen Welt nichts heftiger verlangeten, als
Sich Ew. Ch. D. beſtändigen Zuneigung und hohen Affection
würdig zu machen und dadurch ein gütiges Vertrauen zu Ihnen
ſich zu erwerben. Se. D. der Hertzog von Gotha hätten vor
eine beſondere Marque Ew. Ch. D. unſchätzbahren Amitié es
genommen, daß Ew. Ch. D. geruhet, Ihnen part von dem
Marche dero trouppen nach Lentzen [3]) zu geben. Man könnte
nicht anders, als Ew. Ch. D. höchſt erleuchtete conduite und
beſondere Vorſorge vor die retablirung der gemeinen Ruhe auf

---

[1]) Verhandlungen, die zum Frieden von Travendal (18. Auguſt 1700)
führten, in welchem Dänemark bekanntlich allen Anſprüchen auf den Gottorpiſchen
Anteil an Schleswig-Holſtein entſagen mußte.

[2]) Kurfürſt Friedrich Auguſt I. (der Starke) von Sachſen, geb. 12. 5.
1670, König von Polen 17. 6. 1697, † 1. 2. 1733.

[3]) Nachdem Kur-Hannover und Celle dem Herzog von Holſtein mit einem
Heere von 14000 Mann zu Hilfe geeilt waren, zog der mit Dänemark befreundete Kurfürſt von Brandenburg bei Lenzen an der Elbe Truppen zuſammen und bedrohte das Lüneburgiſche Gebiet.

alle weise in dieser resolution approbiren. Der Hertzog würde
Sich auch allemahl Ew. Ch. D. hohen Sentimenten conformiren,
und nach dero eignem gutbefinden seine Mesures einrichten, wann
Ew. Ch. D. nur ins künftige höchst gütig continuiren wolten,
dem Herrn Hertzog von dero Desseinen einiges part zu geben.
Sein Herr hätte zwar nicht umbhingekonnt, vor dem mit dem Könige
von Pohlen als Churfürst von Sachsen und Chef von denen
Fürstlichen Sächsischen Häusern ein und andere Liaisonn zu treffen,
doch wär solches niemahlen so weit, als man sonsten wohl aus-
sprengen wollen, gegangen, anietzo aber könnte man vollends gar
keinen Staat und Fond auf des Königes seinen Subiten und
veränderlichen resolutionen machen, also daß sein Herr, der
Hertzog von Gotha, sein eintziges Vertrauen auf Ew. Ch. D.
allein setzete und nichts mehr verlangete, als Sich in allen Ihnen
zu conformiren. Ich habe solches en general mit allen behörigen
Gegen contestationen beantwortet, das übrige aber Ew. Ch. D.
unterthänigst zu berichten versprochen; und wird Er, der von
Schleunitz, noch diesen Abend von hier abreisen nach Schwalbach,
allwo er mit seiner Fraun die Brunnen-Cur gebrauchen wil.

Der Hertzog von Zelle[1]) hat auch ein Schreiben an des H. Landgrafen H. D. abgehen laßen, worinnen er höchlich contestiret,
daß, weiln Dänischer Seiten zu Berlin und an andern deutschen
Höfen ausgesprengt wurde, als wann man Ihres Orths die
Neundte Chur Sache in denen Holsteinischen affairen[2]) herein zu
wickeln und mit derselbigen anietzo bey diesen troublen durchzu-
bringen intentioniret wäre, solches Ihnen niemahlen in Sinn
gekommen wäre. Sie hätten zwar gegen den Frantzösischen
Ambassadeur Mons. Chamylli[3]) im Discourse erwehnung gethan,
daß Sie auch diese Sache gerne zur richtigkeit bringen wolten,
nicht aber solcher gestalt, als wann Sie dadurch die Tractaten
hemmen und schwerer machen oder auch die Beförderung der
Ruhe im Norden aus particulieren interesse und absehen stören
wolten. Ihr eintziger wunsch und endzweck wäre hingegen, den

---

[1]) Georg Wilhelm, geb. 16. 1. 1624, † 28. 8. 1705.

[2]) S. S. 84.

[3]) Ms. de Chamoy, Gesandter Ludwigs XIV. in Regensburg.

Frieden völlig und aufs bald möglichſte zu retabliren, als wozu
Sie alles in der welt beytragen würden, wann nur Dänemark
einige Moderatere Consilia faßen wolte.

Hiermit empfehle mich in tiefſter Submission in Ew. Ch. D.
beharrlichen hohen Gnade und Hulde und erſterbe in treu ge-
horſamſter devotion etc.

Caſſel   Marquard Ludwig von Printzen, M. pr.
b. 5 ten julii
   1700.

Aus dem ersten Jahrhundert des Kaffees.

Kulturgeschichtliche Streifzüge.

Von Paul Hoffmann.

II.

Zweihundertjähriger gesicherter Besitz, der uns ganz selbstverständlich erscheint, hat die Kraft des ersten Empfindens und
unsere Herzensteilnahme abgeschwächt; in die Tage der ersten Liebe,
deren gehobene Stimmung die Kaffeepoesie des 18. Jahrhunderts in zahllosen Liedern wiederklingen läßt, muß man sich
zurückversetzen, wenn man sich eine Vorstellung des Eindrucks
machen will, den das Erscheinen der schwarzen Bohnen auf em-
fängliche Gemüter machte.

Die selbstzufriedene Beschränktheit der tändelnden Dichtkunst
jener Tage fand in den neuen Freuden und Zierden, mit denen
sich das Dasein der europäischen Kulturvölker seit dem Ausgang
des 17. Jahrhunderts geschmückt hat, einen unversieglichen Quell
der Begeisterung. Die „frische Lust am unbedeutenden Dasein",
die Goethe einmal als charakteristisch für die Poesie des 18. Jahrhunderts bezeichnet, fand hier reichen Spielraum zur Bethätigung.
Als die gefeiertsten Lieblinge der Muse erscheinen der Tabak und
— bald allein, bald geschwisterlich ihm zugesellt — der Kaffee.
Wenn Hoffmann von Fallersleben von einer „Zeit unserer schönen
Litteratur" spricht, „etwa von 1690 bis 1730, in der jedes Blatt
nach Tabak riecht", so kann man ebenso von einer Zeit reden, in
der jedes Blatt nach Kaffee duftet. Der Genius der Poesie offenbart sich am liebsten in der Hülle von Tabaksqualm und Mokka-
duft. Aus der Fülle dichterischer Huldigungen hat sich wohl nur
das in der Mitte des Jahrhunderts entstandene Kanapeelied, das

auch dem Tabak und dem Kaffee gebührenden Weihrauch zollt,[1]) in der Gunſt unſerer Tage erhalten. Um ihrer ſelbſt willen wird niemand heutzutage den langatmigen Ergüſſen der Knaſter= und Kaffeepoeſie große Teilnahme entgegenbringen, als kulturgeſchicht= liche Urkunden dürfen ſie immerhin Anſpruch auf billige Beach= tung erheben. Eine Würdigung des Einfluſſes des Kaffees auf das Leben des 18. Jahrhunderts darf an dieſem Liederſchatz nicht achtlos vorübergehen; in einzelnen Vertretern vorgeführt vervoll= kommnet er das geſchichtliche Bild und verleiht ihm friſchere Farben. Die verſchiedenen Gruppen der Kaffeeverehrer kommen hier zu Worte.

Als Chorführer der Kaffeedichtung darf der Schleſier Daniel Stoppe gelten (1697—1747), das Haupt der ſogenannten Hirſch= berger Dichterſchule, des letzten Nachwuchſes der ſchleſiſchen Poeten. In ſeinen Gedichtſammlungen: „Deutſche Gedichte" (1728 u. 1729) und im „Parnaß im Sättler" (1735) hat er keine Wiederholung geſcheut, um ſeinen Lieblingstrank zu feiern. Der Nachwelt glaubte er ſich auf dem Titelbilde ſeiner Gedichte nicht beſſer darſtellen und empfehlen zu können, als mit den Attributen ſeiner Muſe umgeben, vor der Kaffeekanne ſitzend, die Pfeife in der Hand. In Leipzig hat er ſeine Studentenjahre verbracht und ſpäter als Konrektor in ſeiner Vaterſtadt Hirſchberg gewirkt. Vorher ſcheint er als In= formator privatus thätig geweſen zu ſein, nach dem „Lamento eines Informatoris privati" zu ſchließen, das ſich in ſeinen Ge= dichten findet und ſich vermutlich auf eigene Erfahrung gründet. In dieſer Knechtſchaft, ſo klagt er, werde ihm das Rauchen ver= boten, kaum ſtopfe man ſich ein Pfeifchen an, ſo ſchreie die Frau:

Was ſoll das dampfen ſeyn?

Die Stube wird zur Corps de guarde werden!

Auch der Kaffee werde mit ſeiner Dienſtbarkeit nicht für verein= bar gehalten:

---

[1]) Als der Großvater die Großmutter nahm. Ein Liederbuch für alt= modiſche Leute. 2. Aufl. S. 239:

> Ich mag ſo gerne Koffee trinken,
> Fürwahr, man kann mich mit dem Trank
> Auf eine halbe Meile winken,
> Und ohne Koffee bin ich krank;
> Doch ſchmecket mir Koffee und Thee
> Am beſten auf dem Kanapee.

> Man macht uns auch die Bohnen contreband,
> Denn der Koffe ist über unsern Stand
> Und, wer ihn trinkt, thut wider sein Gewissen.
> Dies Labsal ist nur bloß vor den Patron.
> Wir können uns die Lust am Trinken schon
> Wie's andre Vieh am schlechten Wasser büßen.

Im „Parnaß im Sättler" ist eine große, aus mehreren Arien gebildete Cantata und eine einzelne Arie dem Preise des Kaffees gewidmet, abgesehen von zahlreichen anderen in den Gedichten ver-
streuten Huldigungen. Die große Cantata beginnt mit einer
Absage an den Thee:

> Der Thee ist wahrlich nicht gesund,
> Koffe soll mein Leibtrunk seyn,
> Seiner bräunlich gelben Schwärze
> Widmet sich mein ganzes Herze
> Ungetheilt und ganz allein.

Nachdem er die belebende Kraft des mit dem Pfeifchen vermählten
Trankes in mancherlei Wendung gepriesen, ruft er begeistert aus:

> Vivat mein Koffe, mein Schutzgott, mein Freund!
> Wer dich verdammt und flieht, der ist mein Feind.
> O wie so blind ist doch die falschbelehrte Welt,
> Die dich vor ·ein Gespenste hält,
> Vor dem man stets erzittern müßte!
> Solange bin ich schon mit dir, o Freund, bekannt
> Und doch umarm ich dich noch allezeit
> Ohne Furcht und Bangigkeit
> Mit steif- und unbewegter Hand.

Mit dem Gelübde, vom Kaffee nicht zu lassen, schließt der Dichter
die Cantata:

> Sagt, was ihr wollt, ihr Mediciner,
> Den Koffe macht mir niemand leid.

Diese feierliche Versicherung genügt dem Dichter aber nicht; sein
Preis- und Dankgefühl macht sich erneut Luft in einer Arie, deren
Strophen alle mit der stolzen Erklärung anheben: „Ich trinke doch
Koffe". So heißt es hier:

Ich trinke doch Koffe.
Und wenn's die halbe Welt verdrüſte,
Man rühme, wie man will, den abgeſchmackten Thee,
Genug, daß ich nach Koffe gelüſte.
Der hilft dem Vater auf und ſtärkt die ſchwache Mutter,
An dem vertrink ich noch Rock, Knöpf und Unterfutter.
Ich trinke doch Koffe.
Er ſtärkt und nährt die matten Glieder.
Treibt andern Wein und Bier die Dünſte in die Höh,
Mein Held, mein Koffe ſchlägt ſie nieder.
Verwirrt der Aquavit den Kopf mit naſſen Träumen,
So dienet mein Koffe, ihn wieder aufzuräumen.
Ich trinke doch Koffe.
Der iſt und bleibt bey mir ſtets Mode.
Ich bade meinen Hals in dieſer braunen See
Und trinke mich vielleicht zu Tode.
Koffe, mein einziger Troſt! Dir will ich treu verbleiben.
Bis Zeit und Grab den Leib ins Buch der Todten ſchreiben.

Dieſe Proben treuer Ergebenheit, aber wenig geläuterten Geſchmackes des großen Kaffeeſängers mögen genügen.

In dieſelbe Zeit ungefähr (1739) fallen die in den „Be=luſtigungen des Verſtandes und Witzes" (1731) veröffentlichten „Kaffeegedanken" von Th. L. Pitſchel, einem Parteigänger Gott=ſchebs im Kampfe gegen die Schweizer. Formell und inhaltlich ſtehen ſie etwas höher als Stoppes wenig gewählte Lobpreiſungen und erfreuten ſich großer Anerkennung. Wir ſind jetzt leicht geneigt, ſie für ein unterhaltendes Spiel müßiger Gedanken, als dichteriſchen Scherz zu betrachten, den Zeitgenoſſen galten ſie als ernſthafte Dichtung. Zwanzig vierzeilige Strophen brauchte der Dichter, um ſeine Gedankenfülle unterzubringen:

Die ſchwarze Stunde[1]) ſchlägt, drum Köchin ſäume nicht
Und bring mir den Koffee, nebſt Knaſter, Pfeif und Licht.
So trink ich ungeſtört; ſo rauch ich eins dazu
Und pfleg' in Einſamkeit der angenehmſten Ruh.

---

[1]) Der Ausdruck „ſchwarze Stunde", wahrſcheinlich eine Leipziger Prägung, erfreut ſich allgemeiner Beliebtheit und kehrt oft wieder. „Allein die Dienſt=mägde warten noch die Kirchengebete ab, ſobald aber der Geſang angehet,

Du, du belobter Trank, sollst mir hinfort allein
Auf Arbeit und Verdruß der Geister Stärkung seyn;
Denn deine Wunderkraft weckt stets ihr Feuer auf,
Und Nervensaft und Blut verdoppeln ihren Lauf.

Wenn sich mein froher Sinn, der deine Säfte liebt,
Manchmal der Poesie zum Zeitvertreib ergiebt:
So werd ich niemals mehr durch Phöbus Gunst ergötzt,
Als wenn dein süßer Trank erst meinen Mund beuetzt.

Und wenn sich mein Verstand auf etwas höhers lenkt;
Wenn er den schwersten Satz der Weisheit überdenkt,
So wird er hier gewiß vom Körper nie gestört,
Wenn ich dein Köpfchen nur ein paarmal ausgeleert.

Wenn mich das Kopfweh plagt, wenn mich der Kummer drückt,
Weil mir der Mutter Brief zwar gute Lehren schickt,
Allein kein Geld dabey; Getrost, ich brauche nur
Gebrannter Bohnen Trank. Das ist die beste Kur.

Wohl wisse er den Wert des Weines zu schätzen, doch habe der
Kaffee auch vor ihm den Preis:

Denn hat sich euer Witz ins Glas zu tief verirrt,
So wett ich, daß er stracks vom Koffee heiter wird.

Auch die Mediziner sollen in den Preis des Trankes mit ein-
stimmen:

Ihr Aerzte, die ihr wißt, wie groß, wie mancherley
In eurer edlen Kunst die Kraft vom Koffee sey,
Bestreitet künftig nicht den Namen Panacee;
Ich weis, wer ihn verdient: Der köstliche Koffee.

An die Helden, „deren Schwert anitzt in Ungarn blitzt" wendet
sich der Dichter und fordert sie auf, „wie Günther schon gethan",
bei der Beute der Bohnen sich anzunehmen. Das Morgenland
verdanke seinen Ruhm vor allem dem Kaffeebaum, der in seinen
Grenzen grüne, ihm gleiche nicht Palmbaum, Balsamstrauch und

---

müssen sich auch diese entfernen, weil sie gleichsam als Fourirschützen das
Quartier für ihre Herrschaft bestellen und das Essen zubereiten, oder wenn es
Nachmittags ist, so müssen sie dafür sorgen, daß der gewöhnliche Trank fertig
ist, wenn die Herrschaft nach Hause kommt und ihre schwarze Stunde
hält." Das galante Leipzig, S. 27.

Ceder. Er gedenkt der Verſuche der Gärtnerkunſt, die Pflanze im
Abendland heimiſch zu machen. Das Morgenland wird angeredet:

Beneid' auch unſern Nord und ſeine Gärten nicht,
Wenn deren Fleiß nun auch von Bäumen Bohnen bricht,
Das mehrt nur deinen Werth, daß hier die Kunſt erzwingt,
Was die Natur in dir von ſelbſt vollkommen bringt.

Den Kramerjungen bloß betracht' als deinen Feind,
Der deine Bohnen ſchimpft, die er zu loben ſcheint,
Denn er miſcht Graupen drein, die er geheim gebrannt.
Ich habe den Betrug mit Aug und Gaum erkannt.

Mit einem kühnen Vergleiche eilt der Hymnus dem Ende zu:

Wem gleich ich deinen Werth? o Trank voll Trefflichkeit,
Der Sonne, die wie du, was lebend iſt, erfreut;
Und ebenſo wie du, den bräunlich gelb behaucht,
Der ihre Kräfte nicht mit Mäßigung gebraucht.

So hälſt du meinen Sinn, o Trank, daß er vergißt,
Daß hier das Schälchen ſteht und ſchon ganz laulicht iſt.
Ihr Kohlen glüht nun recht! Ihr habt ja Luft und Zug;
Bewahrt die Kanne warm: denn ich bin ſchön genug.¹)

Wohlan! ſo leer ich denn mein braunes Köpfchen aus.
Dies macht mich mehr vergnügt, als je der größte Schmaus.
Und alles ſcheint mir klein, was die verwöhnte Welt
Bloß, weil es theuer iſt, für mehr ergötzend hält.

In die Kreiſe kaffeeluſtiger Frauen führt ein Geſellſchafts=
lied, das ſich in dem ſchon erwähnten Liederbuche des Sperontes:
„Die ſingende Muſe an der Pleiße“ befindet und das bei der be=
zeugten Verbreitung und Beliebtheit dieſer Sammlung gewiß oft
zum Preiſe des Trankes angeſtimmt worden iſt:

Liebſte Schweſtern, kommt herbey!
Itzo ſchlägt die ſchwarze Stunde
Macht euch von Geſchäfften frey
Und genießt mit vollem Munde

¹) Anſpielung auf den Glauben, der Genuß kalten Kaffees mache ſchön.

Diesen Wunder-reichen Safft
Von der edlen Bohnen Kraft,
Den uns dort die fernen Mohren
Zum Getränk erkohren.

Wer fünf volle Sinne hat,
Dem kann wahrlich! wohl auf Erden
An Geschmack so delikat
Besser nichts gefunden werden.
Weg mit Röhmer, Becher, Glas,
Dieses schwarz gebrannte Naß
Kann sogar den besten Trauben
Kraft und Vorzug rauben.

Stützt vor Schmerz den Kopf in Arm,
Bindet Schläf und Stirne feste!
Trüg auch je der Grillen-Schwarm
Oftermals bei euch zu Neste,
O kein Doktor ist so gut,
Als die schwarzgekochte Fluth,
Die in unsern Tassen quillet
Und den Unmuth stillet.

Mach ich früh mein Aufstehn kund,
Wüßt ich nicht, was ich gedächte,
Wenn die Magd mir nicht zur Stund
Auch sogleich den Kaffee brächte.
Keine Nadel rühr ich an,
Aber ist der Trunk gethan,
Wird mir gleichsam Muth zu leben,
Was zu thuu, gegeben.

Kaffee, o du edler Trank,
Wenn ich dich nicht mehr kann haben,
Es sey über kurz und lang,
Mag man mich nur auch begraben.
Macht mir itzt was schlimm und weh
Gebt mir nur die Panacee!
Kann ich diese nicht erhalten,
Muß ich gleich erkalten.

Da Sperontes in seiner Sammlung auf verschiedenartige Neigungen seines Publikums Rücksicht nehmen mußte, so hat er mit großer Weitherzigkeit sich auch zum Wortführer der Gegner des Kaffees gemacht, die den Thee einseitig auf den Schild hoben. Der Thee, der in engeren Grenzen neben dem Kaffee friedlich seinen Platz einnahm, erfreute sich in gewissen Kreisen ausgesprochener Bevorzugung und wurde als Trumpf gegen den Kaffee ausgespielt. Diese ausgesprochene Rivalität findet auch in der Dichtung ihren Widerhall.[1]) Sperontes hat ihr Rechnung getragen und auch dem Thee im Gegensatz zum Kaffee das Wort geredet. Er wendet sich an die Kaffeetrinker und rechnet ihnen vor, daß echter Kaffee ganz selten sei:

Die Pflanzen sind so dünn gesät,
Worauf die echte Bohne steht,
 Daß zwey von tausend ihresgleichen
 Den deutschen Boden kaum erreichen.
Zum Glück! doch mehr zum Unglück,
Wird auch zur Mast von Martinick,
 O Ausbund auserlesner Waaren!
 Noch so ein Mischmasch hergefahren,
Der stellt Levante doppelt für
Und schmeckt wie Pill und Elixir.

 O nehmt vor solchen Saukaffee
 Mit mir ein Schälgen grünen Thee.

Dann folgt ein Preis seiner herrlichen Eigenschaften. Ein ernst-licher Gegner des Kaffees ist der Thee gleichwohl nicht geworden.

---

[1]) In Zachariäs „Renommist" redet Pandur den Kaffeegott an:
 Du kennst schlecht deine Freunde,
Die Leipziger allein sind deine wahren Feinde.
Wie bin ich nicht erstaunt! wie ist dein Reich verheert!
Es raucht kein Tempel mehr, wo Knaster dich verehrt;
Dein sonst so mächtig Reich naht sich dem Untergange,
Das freie Kaffeehaus seufzt jetzt im sklav'schen Zwange;
Die Stutzer dieser Stadt sind meist von dir getrennt,
Indem ihr Wankelmut den Thee als Gott erkennt.
Und hat die Mode nicht die Neuerung ersonnen
Und die Galanterie den Thee selbst lieb gewonnen?
Nein! Jene glaube mir, in allem groß und frei,
Verschmäht den weib'schen Thee und ist nur dir getreu.

In den Dienſt dieſer leichten Kaffeepoeſie zu treten, hat
Sebaſtian Bach nicht für zu gering geachtet. In der Kantate:
„Schweigt ſtille, plaudert nicht“ (Sebaſtian Bachs Werke, Kan-
taten Nr. 211, Breitkopf & Härtel) hat er den vergeblichen Kampf
eines harten Vaters gegen die Kaffeeleidenſchaft der Tochter muſi-
kaliſch dargeſtellt. In dem Coro, der dieſe „Kaffeekantate“, wie
ſie gewöhnlich kurzweg genannt wird, beſchließt, muß der Baß des
beſiegten Vaters mit in das Bekenntnis einſtimmen:

> Die Katze läßt das Mauſen nicht,
> Die Jungfern bleiben Koffeeſchweſtern.
> Die Mutter liebt den Koffeebrauch,
> Die Großmutter trank ſolchen auch.
> Wer will nun auf die Tochter läſtern?

So bildet auch dieſe Kantate ein Siegeszeichen des vorwärts-
dringenden Kaffees.

———

Gefördert von der wachſenden Gunſt der Frauen und Männer
hatte der Kaffee in der erſten Hälfte des Jahrhunderts ſeine Herrſchaft im deutſchen Leben ſo feſt begründet, daß er auch Zeiten
der Prüfung und Verfolgung, die über ihn hereinbrachen,
glücklich beſtand und allen Angriffen auf ſeine Machtſtellung Trotz
bot. War der gleich im Anfang laut gewordene Widerſpruch gegen
die mancherlei ſchädlichen Einflüſſe des Kaffees nie ganz verſtummt,
ſo wurde durch den ſteigenden Verbrauch des ausländiſchen Er-
zeugniſſes die Aufmerkſamkeit nationalökonomiſcher Denker und
fürſorglicher Regierungen beſonders auf die wirtſchaftlichen Gefahren
gelenkt, die der fortgeſetzte Abfluß deutſchen Kapitals nach dem
Auslande dem Volkswohlſtande zu bringen drohte. Hatte der
Kaffee einſt, begleitet von den Fanfarenſtößen der deutſchen Dichtung, ohne auf ernſtlichen Widerſtand zu ſtoßen, ſeinen Einzug
gehalten, ſo begann für ihn ein Zeitalter kritiſchen Geiſtes, indem
ſein Wert und ſeine Daſeinsberechtigung einer ſtrengen Prüfung
unterzogen wurde. Ein ſtattliches Sündenregiſter wird ihm in
den 1758 erſchienenen, bei Schlözer in ihren Hauptpunkten wiedergegebenen „Gedanken von der ſeit geraumer Zeit in Deutſchland
ausgebrochenen Kaffeeſeuche“ vorgehalten. Die Kaffeeſeuche ent-
ſtehe aus blindem Nachahmungstriebe, der Kaffee ſei der Geſund-

heit schädlich, verderbe die Zeit, vermehre die Faulheit, mache
arm, bringe — ein oft wiederholter Vorwurf — das Braugewerbe
in Verfall, verursache Mangel an Holz und Silber, sei nicht nur
im physischen, sondern auch im moralischen Verstande schädlich, in=
dem er den Hochmut, den Müßiggang und die Verschwendung be=
fördere und die Verleumbung unterhalte. Anders als dieser un=
bekannte Eiferer geht Justus Möser in den „Patriotischen Phan=
tasien" in seiner volkstümlichen und schalkhaften Art dem Tranke
zu Leibe. In dem „Schreiben einer Kammerjungfer" läßt er die
Briefstellerin ausführen: „Sie thuen in der That recht wohl daran,
daß Sie mir den Koffee als ein sehr schädliches und schleichendes
Gift widerrathen ... wir sind hier zu Lande alle darin eins, daß
in den Familien, worin seit fünfzig Jahren Koffee getrunken worden,
keiner mehr sey, der seinem Eltervater an die Schulter reiche. Und
wo sind die braunrothen Kernbacken der vormaligen Großtanten
geblieben? Siud unsre jungen Herren nicht lauter Marionetten?
und unsere allerliebsten Puppen Dinger, die sich in verschlossenen
Säuften herumtragen lassen müssen, damit der Frühlingswind sie
nicht austrockne? ... Mich dünkt, die Mode, eine schwarze Lauge
zu trinken, hat lange genug gewährt; und es ist wohl hohe Zeit,
daß man endlich einmal etwas anderes genieße ... Und wer weis,
wo es herkömmt, daß wir seit zwanzig Jahren einen solchen ab=
scheulichen Mangel an Freyern haben und einem Leibarzt Jahr=
geld geben müssen? Es ist dies gerade zu der Zeit aufgekommen,
wie man angefangen hat Koffee zu trinken. Meine Großmutter
hatte nichts als Rhabarber und Hollunderbeerensaft im Hause, da=
mit erhielt sie 12 Kinder so gesund als wie die Fische. Aber
damals wußte man nichts von Koffee, von Blehungen, von Koliken,
von Hypokundrie und von verzweifelten Magenkrämpfen. Meine
gnädige Frau hat ihren noch übrigen Koffee den Waschweibern
vermacht. Diese können ihn bey der Waschmulde wieder aus=
dünsten; oder ein Schluck Seifenwasser darauf nehmen, damit keine
Steine davon wachsen." Der Titel einer 1781 erschienenen Schrift
des Regierungsadvokaten Wachsmuth in Rudolstadt: „Schilderung
des Unglücks, so die Koffee=Bohne in Teutschland anrichtet und
die Mittel dagegen" zeigt recht anschaulich die Richtung, in der
sich diese kaffeefeindliche Kritik andauernd bewegte, und bezeichnet die
Aufgabe, an deren Lösung die besten deutschen Köpfe sich versuchten.

Hand in Hand mit diesen theoretischen Betrachtungen — die
ein sehr schätzbares Material zur Geschichte des Kaffees bilden —
ging eine entschlossene, selbst vor den letzten Konsequenzen nicht
zurückschreckende Gesetzgebung. Man machte den Versuch, in einer
sinnreichen Accisepolitik dem Übel durch Abschreckung zu begegnen,
durch eine vexatorische Steuer den Kaffeetrinkern die Lust zu be=
nehmen, dadurch den Konsum zu beschränken, dafür den Genuß
inländischer Surrogate zu begünstigen und, soweit die Durchführung
dieser wohlwollenden landesväterlichen Absicht an der Zähigkeit der
Kaffeefanatiker scheiterte,[1]) aus der Leidenschaft der verblendeten
Unterthanen eine ergiebige Einnahme für den Fiskus zu machen.
Diesen Geist atmet eine besonnene Betrachtung des National=
ökonomen Dohm „über die Kaffeegesetzgebung“ aus dem Jahre
1777.[2]) „Umsonst,“ so muß er gleich im Anfang zugeben, „haben
sich Gesetzgeber, Philosophen und Ärzte verbunden, umsonst das
medizinische und politische Anathema ausgesprochen; noch immer
hat sich das braune Zaubergetränk glücklich erhalten, der Geschmack
hat über die Vernunft, die Mode über die Gesetze gesiegt. . . .
Der Genuß von Kaffee ist nach und nach unter uns entstanden,
die Regierung hat diese Gewohnheit stillschweigend gebilligt und
entstehen lassen. Hätte sie sich gleich anfangs derselben widersetzt,
hätte sie vor achtzig Jahren unsere Vorfahren abgehalten, ihr
gutes Bier mit dem levantischen Getränk zu verwechseln und uns
fast unmittelbar nach der Muttermilch mit Kaffee zu nähren, so
würden wir itzt nicht so ein reizendes Vergnügen darin finden.“
Er übt Kritik an verschiedenen gesetzgeberischen Maßnahmen und
verwirft besonders die Beschränkung des Kaffeegenusses auf gewisse

---

[1]) Die „Unausführbarkeit der Luxusgesetze hat sich am auffallendsten da
gezeigt, wo man Volksdelikatessen in ihrer ersten Verbreitung unterdrücken
wollte. So versuchte man es im 16. Jahrhundert mit dem Branntwein, im
17. Jahrhundert mit dem Tabak, im 18. mit dem Kaffee: die anfänglich alle
drei nur als Medizin gebraucht werden sollten. Als die Regierungen später
die Fruchtlosigkeit ihrer Mühe einsehen lernten, wurden die Luxusverbote über=
all in Luxussteuern umgewandelt. Man suchte so den moralischen Zweck mit
einem fiskalischen zu verbinden. Nur vergesse man nicht: je niedriger diese
Steuern sind, um so mehr tragen sie in der Regel ein; je weniger also der
moralische Zweck erreicht wird, um so besser steht der fiskalische.“ Roscher,
System der Volkswirtschaft. 1. Band (18. Aufl.), S. 606.
[2]) Deutsches Museum 1777, 2. Band, S. 123 f.

Stände, das hieße ihn zum Objekt der Eitelkeit machen. „Wie
läſtig wird der Frau des Kaufmanns oder des Fabrikanten ihr
Stand werden, wenn ſie auf einmal ihre geliebten Kaffeegeſell=
ſchaften einſtellen und, was noch ärger iſt, von ihrer Nachbarin,
der Frau des Raths oder des Pfarrers eine triumphirende Ein=
ladung zur Kaffeeviſite annehmen muß, ohne ſie erwidern zu
dürfen; wenn ſie dabei berechnet, daß ihr Mann jährlich 50,000
Thaler umſetzt und der Mann der begünſtigten Nachbarin 600 Rthl.
einnimmt!" Seine von ihm begründeten Vorſchläge faßt er zum
Schluß noch einmal kurz zuſammen: „Alſo zuerſt Ermunterung
der Brauerei und Einfuhr der beſten fremden Biere, Prämien auf
gute inländiſche und nachgemachte engliſche Biere und Cyderwein,
beſonders auch Cichorienbau und Sorge für den geſchwinden Ab=
ſatz desſelben, nebſt eifriger Bemühung, noch mehr analogiſche Ge=
tränke aus inländiſchen Pflanzen zu ziehen. Dann erſt eine kleine,
allmählich ſteigernde Auflage, dann mancherlei Beſchwerung und
Genirung des Kaffeehandels, dann die zwei letzten Auflagen (nüm=
lich für die Krämer und Verzehrer)."

In den folgenden Jahren iſt die Geſetzgebung der großen
und kleinen Territorien Deutſchlands eifrig bei der Arbeit, der
weiteren Kaffeeausbreitung einen Damm entgegenzuſetzen. Gerade
das Jahr 1780, das den Kaffeeverehrern Anlaß zu einer Centennar=
feier hätte bieten können, iſt ausgezeichnet durch eine Reihe ener=
giſcher Kaffeeverbote. Heſſen=Caſſel erneuerte ſein gegen den Kaffee
gerichtetes Edikt v. 28. Januar 1766 — ein ſicheres Zeichen, daß
es ohne Erfolg geblieben war —, Hannover erließ ein Kaffeeverbot
am 24. Oktober und verhehlte dabei den treuen Unterthanen auch
die wohlerwogenen Gründe nicht, von denen die Regierung ſich
hatte leiten laſſen. Die Maßregel ſei getroffen worden „in Be=
tracht, daß durch dieſes Unweſen die Geſundheit gedachter Unter=
thanen geſchwächt, ihre Nahrung, Gewerbe und häusliche Glück=
ſeligkeit zum Teil in Verfall gebracht, die inländiſche Brau=Nahrung
durchgehends vermindert, jährlich eine ſehr große Summe Geldes
ohne Rückkehr aus dem Lande gezogen und allenthalben ein merk=
licher Nachteil des allgemeinen Wohlſtandes verſpürt wird". Die
aus demſelben Jahre ſtammende Biſchöflich Hildesheimiſche Ver=
ordnung gegen den Kaffee kleidet das grauſame Verbot in eine
biedere und durch die Betonung des nationalen Geſichtspunkts

wohlthuende Form: „Eure Väter, deutsche Männer, heißt es hier, tranken Branntwein und wurden bey Bier wie Friedrich der Große aufgezogen, waren fröhlich und guten Mutes. Dies wollen wir auch; ihr sollt den reichen Halbbrüdern unserer Nation Holz und Wein, aber kein Geld mehr für Kaffee schicken; alle Töpfe, vornehme Tassen und gemeine Schälchen, Mühlen, Brennmaschinen, kurz alles, zu welchem das Beywort Kaffee zugesetzt werden kann, soll zerstört und zertrümmert werden, damit dessen Andenken unter unsern Mitgenossen gerichtet sey. Wer sich untersteht, Bohnen zu verkaufen, dem wird der ganze Vorrath confiscirt, und wer sich wieder Saufgeschirr anschafft, kommt in Karren." Unter solchen Auspicien endete das erste Jahrhundert des Kaffees!

In den Beginn des Jahres 1781 fällt die preußische Verordnung zur Regelung des Kaffeehandels. Der von merkantilistischen Anschauungen beherrschten Friedericianischen Wirtschaftspolitik war die an das Ausland für Kaffee gezahlte Ausgabe ein Dorn im Auge. In einem Bescheide des Königs auf eine Eingabe der Materialhandlung wird die jährlich dem Lande für Kaffee entzogene Summe auf wenigstens 700000 Rthl. veranschlagt, während „dagegen die Bierbrauerei, welche blos eigne Landes-Produkte consumirt, zum größten und unwiderbringlichen Verlust des Adels, des Bürgers und des Landmannes abscheulich herunter und ihrem Ruine nahe ist". Die Declaration du Roy concernant la vente du Café brulé (Königl. Preußische Deklaration den Verkauf des gebrannten Kaffees betr.) d. d. Berlin d. 21. Januar 1781 befolgt getreu das von Dohm gegebene Rezept der „mancherlei Beschwerung und Genirung" des Kaffeehandels. Durch sein ausgeklügelte Konzeissionserschwerung und lästige Überwachung sollte wenigstens nach unten hin eine Grenze gezogen und der gemeine Mann nach Kräften vor der Kaffeeseuche bewahrt werden. Immerhin blieb für den Einzelnen die Freiheit, mit schweren Opfern und Entbehrungen dem erwählten Lieblingstranke die Treue zu bewahren.

Die wichtigsten Bestimmungen dieser auf die moralischen und fiskalischen Interessen des Staates bedachten Verordnung lassen ihre kaffeefeindliche Tendenz deutlich hervortreten. Das Recht, den Kaffee ungebrannt entweder direkt sich kommen zu lassen oder ihn von hierzu berechtigten Grossisten, den sogenannten Königs-

lichen Entreposeurs, zu beziehen, ſollten nach Artikel 4, ausüben
dürfen: „Die Ritterſchaft, der Adel, Commandanten und Offiziere
der Truppen; alle diejenigen, ſo zu den verſchiedenen Collegiis
gehören, die Geiſtlichen, Bürger, welche von ihren Revenuen leben,
Kaufleute en gros, inſofern ſie nicht ſelbſt Kaffee en détail ver=
kaufen, und alle diejenigen, deren Stand und Umſtände ſie zum
Gebrauch des Kaffees berechtigen.“ Die Ausübung dieſes Rechtes
wurde aber noch an beſondere Bedingungen geknüpft und dadurch
erſchwert. Nicht unter 20 Pfd. ſollte der jährliche Verbrauch be=
tragen, alle aber, „die ihre Konſumtion jährlich nicht auf 20 Mk.
bringen konnten“, mußten auf die Ausübung ihres Rechtes ver=
zichten. Weiter bedurfte es einer beſonderen Erlaubnis zum
Brennen des Kaffees. Man mußte einen „Brennſchein“ gegen
Erlegung einer beſonderen Gebühr ſich löſen, um ſich den Wäch=
tern des Geſetzes gegenüber damit ausweiſen zu können. „Die=
jenigen aber, die nicht auf 20 Pfd. pränumeriren können, heißt
es bei Schlözer, werden als arme Leute betrachtet, die folg=
lich keinen Kaffee trinken ſollen, und denen wird das
Kaffee=Trinken auf alle Weiſe erſchwert. Sie müſſen ihn
faſt noch einmal ſo teuer bezahlen wie vor und können ihn nur
gemahlen und lothweiſe bekommen.“ Da die Verteuerung des
ausländiſchen Produktes die Prämie auf den Schmuggel erhöhte
und Preußen ſeiner Lage nach dem beſonders von Mecklenburg
und Sachſen aus betriebenen Schleichhandel ein günſtiges Angriffs=
objekt bot, ſo machte ſich eine peinliche Überwachung nötig, um
Hintergehungen des Geſetzes zu verhüten. Einen beſonderen Namen
haben ſich in dieſer Verfolgungszeit des Kaffees die „Kaffee=
ſchnüffler“ Friedrichs des Großen erworben. Es waren abgedankte
Krieger, deren Aufgabe darin beſtand, bei Tag und Nacht umher=
zuſpüren und dem Geruche des gebrannten Kaffees nachzugehen,
um ſolchen, die ohne Brennſchein betroffen wurden, das Handwerk
zu legen. Die Probleme der Kaffeebekämpfung und der Invaliden=
verſorgung erſcheinen hier vereint.

Viele mögen in dieſer Zeit das Martyrium für ihre Liebe
zum Kaffee erduldet haben. Weſſen Mittel nicht ausreichten, dem
echten Tranke weiter zu huldigen, der mußte in irgend einem
kaffeeähnlichen Erſatze ſeinen Troſt ſuchen. „Der gemeine Kaffee=
trinker, und auch wohl der vornehme, brennt ſich Erbſen, Eicheln,

Gerſte, getrocknete Möhren und andere Sachen, dieſe vermiſcht er
weniger oder mehr mit wirklichem Kaffee und hält ſeine ſchwarze
Stunde wie vorher."

———

Aus allen dieſen Anfechtungen und Bedrohungen iſt der Kaffee
ſiegreich hervorgegangen, ſie ſind ihm alle nur Zeugniſſe geworden,
daß der Kraft ſeiner Propaganda keine ernſtlichen Schranken ge=
zogen werden konnten. Seit jener Zeit hat er ſich trotz einer, bis
zum Pfarrer Kneipp herab, nie verſtummten Oppoſition immer
weitere Kreiſe unſeres Volkes ſeiner Herrſchaft unterworfen. So
iſt auch ſein zweites Jahrhundert an Erfolgen reich geweſen. Wie
ſein Abſatzgebiet hat ſich auch ſein Produktionsgebiet — beſonders
durch ſeine Anſiedelung in Braſilien, dem jetzigen Hauptlande des
Kaffees — weſentlich erweitert. Als Kind deutſcher Kolonien er=
ſcheint er am Ende des 19. Jahrhunderts ſchüchtern als Mit=
bewerder auf dem deutſchen Markte und wird ſo ein Zeuge der
gewaltigen politiſchen Wandlungen unſeres Vaterlandes. Die
Technik ſeiner Behandlung und Zubereitung hat ſich vervollkommnet.
Seine im weſentlichen unveränderte Stellung im deutſchen Leben
aber zeigt, daß ſich ſein Wirken nur in den Bahnen weiter be=
wegt hat, die das 18. Jahrhundert vorgezeichnet hatte.

Besprechungen.

**Kurt Breysig, Kulturgeschichte der Neuzeit. II. Band. Alter-
tum und Mittelalter als Vorstufen der Neuzeit. 2. Hälfte.
Entstehung des Christentums. Jugend der Germanen. Berlin,
Georg Bondi, 1901. (XXXIX S. u. S. 521—1443.)**

Eine Äußerung, die der Verfasser dieses groß angelegten und in seinen
Zielen bereits an dieser Stelle gewürdigten Werkes im vorliegenden Bande
gelegentlich über Lamprechts Deutsche Geschichte thut, daß man nämlich „den
Radikalismus der Auffassung oder irgend welche Einzelheiten der Darstellung
anfechten könne, niemals aber ihre Großzügigkeit und ihren Reichtum an
neuen Perspektiven, neuen Gruppierungsversuchen, d. h. an denjenigen Ergebnissen, durch die eine Gesamtdarstellung eigentlich und im Grunde allein ihren
Wert darthun kann", diese Äußerung wird vielleicht pro domo gethan sein:
jedenfalls paßt sie aber auf Breysigs Werk. Es ist in der That ein „universalgeschichtlicher Versuch", wie denn auch an mehreren Stellen des Bandes der Standpunkt des Universalhistorikers scharf betont wird. Ich halte es daher auch nicht
für richtig, „Einzelheiten anzufechten", überhaupt näher auf Einzelheiten einzugehen, zumal ein solches Beginnen weit über den Rahmen einer Besprechung
hinausführen und zu einer eingehenden Erörterung der Breysigschen Auffassung
und Darstellung (vielleicht lasse ich eine solche später einmal folgen) führen müßte.
— Ernst mit der Entwickelungsgeschichte wollte Breysig vor allem machen,
und er macht damit Ernst. Wie er dabei vorgeht, mögen einzelne Proben
dem Leser zeigen. In der verschiedenen Entwickelung des deutschen, französischen
und englischen Königtums im frühen Mittelalter sieht er „wie noch in manchem
andern" Fall „Tempo-Verschiedenheiten der Entwickelung" (S. 951). An
einer anderen Stelle (S. 1287) sagt er: „Auch für die Verfassungsgeschichte
ergiebt sich eine Stufenleiter, deren Staffelfolge begreiflicherweise mit denen
der klassengeschichtlichen häufig übereinstimmt. So vor allem in ihrem Fuß-
punkt, in den skandinavischen Staaten. Ganz im Rohen wird man sehr wohl
von ihnen behaupten dürfen, daß sie die Keimform etwa der vormittelalter-
lichen Verfassung Deutschlands darstellten." „Dieser Verfassungsform," heißt
es weiterhin, „die in so vielen Stücken dem frühen Mittelalter der skandinavischen
und dem frühen Altertum der fränkischen Germanen gemeinsam ist, steht dann
freilich in dem Zustand des Deutschlands der sächsischen und fränkischen Kaiser eine

wesentlich höhere Entwickelungsstufe gegenüber." S. 1441 heißt es: „Immer
wird es zu bedauern bleiben, daß im griechischen Schrifttum zu der einzigen
unzweifelhaft ursprünglichen Gruppe germanischer Lieder, der Edda, kein Seitenstück erhalten geblieben ist.   Denn sie ist unzweifelhaft nicht nur der
Entwickelungsstufe, sondern auch dem Wesen nach das Erzeugnis eines
„vorhomerischen" Zeitalters". (Er spricht (S. 795) von „den Südgermanen,
die so köstlichen Eigenbesitz (wie den Völuspa-Sang) noch nicht aufzuweisen
hatten, ihn (ohne die christlich-römische Beeinflussung) unzweifelhaft aber
später hervorgebracht haben würden". Es sind das beliebig herausgegriffene
Stellen, die aber Auffassung und Behandlung Breysigs deutlich zeigen.

Seine Grundanschauung von dem Parallelismus der griechisch-römischen und
germanisch-romanisch-slavischen Entwickelung tritt naturgemäß auch in diesem
Bande stark hervor.   Darum wächst ihm auch „die Bedeutung des germanischen
Altertums für die universale Entwickelungsgeschichte: es ist das einzige in
Europa, das überhaupt historisch beleuchtet ist, während dieselbe Stufe über-
all sonst in Nacht begraben liegt."

Freilich ist nun wieder durch die Beeinflussung der Germanen durch die
antike Kultur das reine Bild der Entwickelung gestört, die „Volksindividualität
verfälscht" worden. — —

Weiter liegt ihm dann am Herzen, ein wirklich „gemein-europäisches
Gesamtbild" zu geben: zwar wird zuerst „jede Nationalgeschichte in ihrer Besonderheit dargestellt", aber immer wird dann durch „vergleichende Zusammenfassung" „eine höhere europäische Einheit aufgesucht". Und ebenso werden
die „einzelnen Zweige" der äußeren und inneren Geschichte „zu immer weiteren,
immer höheren Einheiten zusammengefaßt", um eine „gesamtkulturelle Entwickelung zu finden."

Als seine höchste Aufgabe aber hatte Breysig im ersten Bande proklamiert, „Persönlichkeit und Gemeinschaft in ihrem Verhältnis zu einander zu
erkennen". Durch dieses Verhältnis sei „das Leben der Völker und der
Einzelnen in Staat und Wirtschaft ganz offensichtlich bestimmt und bedingt."
So sind denn auch die wichtigsten Kapitel des vorliegenden Bandes diejenigen,
die diesem Verhältnis gewidmet sind. Die höchst interessante Behandlung der
jüdisch-christlichen Religionskultur wird beschlossen durch ein Kapitel: Das
Christentum und die Persönlichkeit. Aus der Betrachtung des germanischen
Altertums wie aus der des frühen Mittelalters der europäischen Völker, immer
wird das gesellschafts- und persönlichkeitsgeschichtliche Ergebnis gezogen.

Über die Ergebnisse im einzelnen zu referieren oder sie zu kritisieren,
darauf verzichte ich hier, wie gesagt, aber daß Breysigs Arbeit unzweifelhaft
eine Förderung unserer Erkenntnis trotz alles Anfechtbaren bringt, das will ich
hier doch feststellen. Auch muß man ihm vor allem anrechnen, daß er ernsthaft sucht, ein „Geschichtsschreiber der menschlichen Seele" zu sein. — —

Wie ich schon in der ersten Besprechung hervorhob, tritt in Breysigs
Werk die Liebe des Verfassers zur Kunst besonders hervor. Das verleugnet
auch dieser Band nicht. In diesen Partien steigert sich sein Stil fast zu
pathetischer Begeisterung. („Seht sie an, die herrliche kleine Basilika der

Quedlinburger Schloßkirche!") Aber das zeigt nur, was das Ganze zeigt, daß wir es nicht nur mit einem Gelehrten zu thun haben, sondern mit einem Menschen, der überall auch sich selbst giebt.

Ich will dabei nicht verschweigen, daß diese stark persönliche Art nicht immer angenehm berührt. Mich stört manches, das Gliedern der modernen geistig interessierten Gesellschaft vielleicht gerade gefällt, z. B. das Hereinziehen der meines Erachtens außerordentlich überschätzten Duse in die Erörterung der Naumburger Bildwerke (und wie wird sie hereingezogen!): „Wir beten die edelste Schauspielerin unserer Tage nicht zuletzt ihrer unvergleichlichen Hände wegen an!!" Gerade weil ich ferner bei Breysig ein ausgesprochenes Stiltalent finde, möchte ich ihn vor Imitierung anderer warnen, namentlich gewisser Stilmanieren. Rankische Sätze begegnen mehrfach; der Satz (S. 720): „Und wer bei der Schilderung der anderthalb Jahrtausende germanischer Geschichte, die seit dem Beginn dieses Ringens verflossen sind, auch nur einen Augenblick dieser Zusammenhänge vergessen wollte, der wäre für das Amt eines Universalhistorikers übel geeignet" ist Freytag'sch; der Satz: „Und ist noch nötig zu sagen, auf welche Seite die Wagschale sich neigt" u. s. w., ist ein rechter Satz à la Lamprecht. Allzuviel Spielraum hat Breysig gelegentlich auch den historischen „Wenn's" und „Wenn nicht's" gegeben; freilich meint er einmal, wo er davon spricht, daß man sich, um ein ideales Bild der Menschheitsentwickelung zu erträumen, die Kulturkreuzungen fortdenken müßte, daß „Niemand solche Gedankengänge ein leeres Geistesspiel schelten solle", gerade sie brächten die allerelementarsten Grundlinien der Universalhistorie erst recht zum Bewußtsein. Indessen begegnen doch Partien, die den wirklichen Gang der Weltgeschichte meistern möchten. Und — das ist eine der wichtigsten Fragen, die man bei dem Studium des Breysigschen Werkes aufwerfen muß — geschieht das nicht öfter bei ihm auch unbewußt?

Georg Steinhausen.

* *

Th. Achelis, Sociologie. (Sammlung Göschen Nr. 101.) Leipzig, G. J. Göschen'sche Verlagsbuchhandlung, 1899. (148 S.)

Der Verfasser erläutert zunächst den Begriff der „Sociologie", die wohl besser als Gesellschaftslehre oder Socialwissenschaft bezeichnet würde. Er erklärt sie als die Lehre von den socialen Formen des menschlichen Zusammenlebens. Es würde m. E. richtiger gewesen sein, wenn das Wort „social" in der Erklärung vermieden wäre, und der Verfasser die Sociologie als „die Lehre von den Gesetzen und Formen, nach welchen sich das Zusammenleben der menschlichen Gesellschaft gestaltet", definiert hätte. Die Anfänge der Socialwissenschaft setzt der Verfasser in die graue Vorzeit. „Sie ist — nach ihm — eine uralte Wissenschaft." Mit dieser Annahme wird der Verfasser wohl Widerspruch hervorrufen. Gesellschaftliches Zusammenleben nach bestimmten Gesetzen findet sich schon in ältester Zeit, denn der Mensch ist ein sociales Wesen, ein ζῶον πολιτικόν; eine wissenschaftliche Betrachtung der Gesetze, welche das Zusammenleben der Menschen regeln, eine eigentliche Socialwissen-

schaft oder Gesellschaftslehre giebt es aber erst seit recht kurzer Zeit. Sokrates,
Plato, die Stoiker und Epikuräer, die Kirchenväter, die Schriftsteller der
Renaissance haben zwar einigen Seiten der Socialwissenschaft, vor allem dem
Staate, ihr Augenmerk zugewendet, aber von einer förmlichen Socialwissenschaft kann man weder im Altertum, noch im Mittelalter, noch im Beginn
der Neuzeit sprechen. Der erste Versuch, die socialen Gesetze wissenschaftlich
zu begründen, wurde im Jahre 1725 von dem Italiener Giambattista Vico
in seinem Buch über die „Natur der Nationen" gemacht. Ihm folgte dann
August Comte, der als der eigentliche Begründer der Socialwissenschaft anzusehen ist.

Achelis hätte also seine Auseinandersetzungen mit Vico und Comte beginnen müssen; die §§ 2—8 hätten fehlen können. Auch der § 9, in dem
Achelis den modernen Socialismus bespricht, hätte an anderer Stelle eingefügt werden müssen. Er wirkt an der Stelle, wo er steht, nur irrtümlich,
da er viele Leser in Versuchung führen wird, Sociologie und Socialismus
zu identifizieren.

Im zweiten Abschnitt, S. 29—46, § 11—18, bespricht der Verfasser
sehr weitschweifig und gelehrt das Verhältnis der Sociologie zu den anderen
Wissenschaften, zur Biologie (§ 11), zur Nationalökonomie und Statistik (§ 12),
zur Politik (§ 13), zur Geschichtswissenschaft (§ 14), zur Völkerkunde (§ 15),
zur vergleichenden Rechtswissenschaft (§ 16), zur Psychologie (§ 17) und zur
Ethik. An Stelle der weitgehenden Auseinandersetzungen und Definitionen
hätten hier kurze bestimmte Erläuterungen gegeben werden müssen. Es handelt
sich in einem Werke über Sociologie nicht darum, das Wesen der einzelnen
Wissenschaften, die in Frage kommen, auseinanderzusetzen, sondern es war nötig,
kurz das Verhältnis derselben zur Socialwissenschaft zu bestimmen. Warum
wird von der Nationalökonomie nicht einfach gesagt, daß sie ursprünglich
ein Teil der Socialwissenschaft gewesen und dann eine selbständige Wissenschaft geworden ist? Warum wird nicht kurz die Statistik als die Wissenschaft
erklärt, die uns in Zahlenwerten das Verhältnis der einzelnen Klassen der
Gesellschaft in den verschiedensten Fragen zu einander klarlegt? An Stelle
des abgethanen Schemas, nach welchem die Völker in Jägervölker, Fischervölker,
Ackerbauer u. s. w. eingeteilt werden, hätte auch wohl eine Einteilung der
Völker nach ihrem Wirtschaftsstande — Natural-, Geld- oder Kreditwirtschaft —
gewählt werden können. (S. 32.)

Im dritten Abschnitt (S. 49—69), (§ 19—24) behandelt der Verfasser
sehr ausführlich die Methode und die Prinzipien der „Sociologie". An Stelle
kurzer, bestimmter Sätze erhalten wir auch hier wieder lange philosophische
und psychologische Essays und Auseinandersetzungen. Der Verfasser verbreitet
sich ausführlich über die Objektivität, die der Forscher bei Erledigung socialer
Fragen anwenden soll (§ 20), spricht vom Wesen der Induktion (§ 20) und der
psychologischen Methode (§ 21), führt uns in die Geheimnisse der Statik und
Dynamik ein (§ 22), behandelt die sociologischen Gesetze (§ 23) und verbreitet
sich ausführlich über die teleologische Notwendigkeit (§ 24). Die einzelnen
Ausführungen werden manchen Widerspruch hervorrufen.

Erst im vierten Abschnitt (S. 73—146), der die Überschrift „Umfang und Gliederung der Sociologie" trägt und in eine Einleitung (S. 73—76) und fünf Kapitel, die die Titel „Sprache" (S. 76—84), „Religion" (S. 85—101), „Recht und Sitte" (S. 102—123), „Moral" (S. 129—137) und „Kunst" (S. 138—140) führen, zerfällt, kommt der Verfasser auf das eigentliche Thema. Er verwendet also genau die Hälfte der Seitenzahl seines Werkchens auf einführende Bemerkungen. In der Einleitung will der Verfasser seinen social-psychologischen Standpunkt begründen. „Man dürfe," meint er, „bei der Behandlung der Gesellschaftslehre nicht vom „Ich" als dem angeblichen allmächtigen Schöpfer des Weltbildes ausgehen, sondern umgekehrt die Entstehung desselben aus den unendlich zahlreichen konkreten Niederschlägen der psychischen Thätigkeit zu begreifen suchen, die in Sitte und Religion u. s. w. uns zugänglich sind." Folgerichtig kommt der Verfasser zu der Einteilung des Stoffes in die eben angegebenen Kapitel. Nun ist aber die Begründung des social-psychologischen Standpunktes, den Achelis einnimmt, m. E. nicht haltbar. Nach meiner Ansicht muß die Gesellschaftslehre gerade vom „ich", vom Individuum, vom ζῶον πολιτικόν, ausgehen, denn die Gesellschaft besteht aus „ich's", aus Individuen. So hätte denn der Stoff auch nicht nach abstrakten, psychologischen Momenten, sondern nach individuellen Punkten gegliedert werden müssen, wie das auch in anderen Werken, die die Gesellschaftslehre behandeln, geschieht. Eine Sociologie hat Achelis uns demnach nicht gegeben, sondern nur philosophische und psychologische Essays, die sich mit der Gesellschaftslehre beschäftigen. Aber auch von diesen Abschnitten erscheinen mehrere überflüssig. Das Kapitel über die Sprache (S. 76-85) hätte m. E. völlig fehlen können. Ein sociales Wesen ist ohne Sprache nicht denkbar. Man kann nicht recht begreifen, was Ausführungen, wie sie besonders S. 78, 79 und 81 vorliegen, in einer Sociologie sollen. Auch die Religion und Mythologie hätte nur kurz gestreift zu werden brauchen. Die interessanten und tiefsinnigen Ausführungen, die in diesem Kapitel zu lesen sind, wird man in einer „Sociologie" ebensowenig vermuten, wie die Darlegungen über Moral und Kunst (S. 129—140), über Optimismus und Pessimismus. Eigentliche sociale Probleme werden nur im dritten Kapitel behandelt. Hier geht der Verfasser auf Eigentum und Besitz, auf die Einteilung der Menschheit nach Stämmen, Ständen, Familien, Gesellschaften, Staaten und schließlich auch auf das Individuum ein, mit dem er hätte beginnen müssen.

Mit einer Schlußbetrachtung (S. 141—145), in der Verfasser auch die sociale Frage behandelt, schließt das Werkchen, dem ein Register beigegeben ist.

Ruhrort.   Varges.

*

Moritz Heyne, Fünf Bücher deutscher Hausaltertümer von den ältesten geschichtlichen Zeiten bis zum 16. Jahrhundert. Ein Lehrbuch. II. Bd. Das deutsche Nahrungswesen. Mit 75 Abbildungen im Text. Leipzig. S. Hirzel, 1901. (408 S.)

In überraschend kurzer Zeit hat der Verfasser dem ersten Bande, der das deutsche Wohnungswesen behandelte, nunmehr die Darstellung des deutschen Nahrungswesens als zweiten Band folgen lassen, und es ist kein Zweifel, die allgemeine hohe Anerkennung, die jener erste Band mit Recht genießt, wird auch diesem zweiten in gleichem Maße zu teil werden. Ich habe in Band VII dieser Zeitschrift (S. 418ff.) über die Anlage des ganzen Werkes und im besonderen über „das deutsche Wohnungswesen" eingehenden Bericht erstattet, und ich kann mich also auf jene Anzeige hier beziehen, denn es liegt auf der Hand, und Heyne sagt es selbst in seinem Vorworte: „Der zweite Band der Hausaltertümer ist nach denselben Grundsätzen wie der erste bearbeitet, sowohl was das geographische Gebiet und seine Ausdehnung in altgermanischer Zeit, seine Verengung im späteren Mittelalter, als auch was die Beschränkung der Schilderung auf die Hauptsachen betrifft." Daß sprachliche Studien hier etwas mehr noch wie im ersten Bande vorherrschen, ist natürlich, es ergiebt sich aus der etwas anderen Art des hier behandelten Abschnittes der Hausaltertümer von selbst. Und gerade dieser Umstand wird für den Benützer, der das Buch zugleich auch nach der methodischen Seite hin studieren will, den Vorteil haben, daß er zumal hier über die dem Verfasser eigentümliche Art der Forschung zu völliger Klarheit gelangen wird.

Wenn ich mir in Bezug auf diese Methode hier eine Bemerkung erlaube, so geschieht es deshalb, weil ein so wichtiges und groß angelegtes Werk unzweifelhaft manche und hoffentlich recht viele Nachfolger finden wird. Gerade der Umstand, den Heyne mit den Worten ausdrückt: „wer, nachdem ich die Grundlinien gezogen, einzelne Teile ausbauend bearbeiten will, wird um weiteren Stoff dazu nicht verlegen sein", muß zu weiterer Arbeit auf diesem Gebiete reizen, wie er es zum Teil schon gethan hat. Diese Nachfolger werden dann gleich Heyne das reiche und jetzt leicht benützbare Glossenmaterial vielfach als Quelle heranziehen. In der Benützung desselben für archäologische Studien aber liegt eine Schwierigkeit, über die man sich von vornherein entschieden klar werden muß. Sehr häufig nämlich findet es sich, daß ein lateinischer Ausdruck durch zwei verschiedene deutsche glossiert wird, wodurch man sich zu der Annahme berechtigt glaubt, diese beiden deutschen Ausdrücke bezeichneten ein und dasselbe. Thatsächlich liegt es aber oft nur so, daß der lateinische Ausdruck für zwei verschiedene, wenn auch ähnliche oder verwandte, deutsche Geräte u. s. w. benützt wird. So wird z. B. lat. cacabus – sonst in verschiedener Weise durch Kachel, Hafen, Deckel, Kessel, Kesselhaken und Kelter übersetzt — einmal mit hale vel rinck glossiert, während doch der Glossator sicher nicht im Zweifel darüber war, daß der Kesselhaken (= hale) und der Kesselring zwei verschiedene Geräte waren: er war eben nur gewohnt, beide mit lat. cacabus zu übersetzen. In allen solchen Fällen muß man also sehr vorsichtig mit der Annahme sein, daß der Glossator die beiden deutschen Ausdrücke verwechselt habe. Völlig unmöglich mag eine solche Verwechselung ja nicht immer sein, aber man muß sich hüten, aus solchen Doppelglossierungen Schlüsse zu ziehen, sofern nicht noch andere Beweise dazu kommen.

Heyne hat dieses Verhältnis deutlich erkannt, und so ist er z. B. völlig
im Rechte, wenn er S. 38 unter Berufung auf die Glosse: vomer sech,
seche, sechte und schar von dem Pflugmesser, dem Sech, welches vor der
Pflugschar die Erde anschneidet, sagt: „noch im karolingischen Zeitalter scheint
es nicht überall eingeführt zu sein, da die Bilder Pflüge mit und ohne Sech,
nur mit Pflugschar zeigen, auch beides in den Glossen verwechselt wird". Hier
beweisen eben die Abbildungen völlig, was man aus der Glosse allein nur
mit Vorbehalt hätte vermuten dürfen. Ähnlich verhält es sich mit der
S. 53, Anm. 116 angeführten Glosse: manipulus garba vel sicheling, wo
Heyne zugleich auch aus sprachgeschichtlichem Grunde mit beweisen kann, daß
„Sicheling und Garbe dem Begriffe nach ineinander verlaufen". Nur an
zwei Stellen trage ich Bedenken, mich dem Verfasser anzuschließen: S. 64, wo
er über die Hauptverwendung der Hirse zu Brei und Grütze spricht, und dann
aus der Glosse: milium, genus leguminis, hirspreyn, brein vel hirse vel hirsz-
brey, hirsegriuze die Folgerung zieht: „beide sind so beliebt, daß davon sogar die
Frucht den Namen empfängt". Und ferner schließt er S. 138 aus der Glosse:
aripa harppe vel ein edge, herck, daß im Deutschen die Begriffe von
Harke und Egge auch ineinander übergehen. In diesen beiden Fällen kann
ich nur annehmen, daß es sich um dieselbe lat. Übersetzung verschiedener
deutscher Begriffe handelt. Wie sorgfältig Heyne sonst immer in der Benützung der Glossen vorgegangen ist, davon kann man sich z. B. S. 231,
Anm. 10 deutlich überzeugen.

Um nunmehr auf den Inhalt des Buches einzugehen, so kann ich mich
hier leider nur auf die Mitteilung beschränken, daß es zunächst die Erzeugung
und dann die Bereitung der Nahrung behandelt. Der erste Abschnitt schildert in
acht Kapiteln das Ackerland; Bestellung, Säen und Ernten; Hausland und Garten;
Weinbau; Wiese und Wald; Viehzucht; Bienen; Hund und Katze; Jagd und Fischfang. Der zweite Abschnitt berichtet in fünf Kapiteln über Mahlen und Backen;
Fleischverwertung; Eier; Milchwirtschaft; Pflanzenkost; Gegorene Getränke.
Einen richtigen Eindruck aber hervorzurufen von der Fülle des Materials,
das in dem Buche geboten wird, dürfte eine so kurze Anzeige überhaupt nicht
im stande sein. Um wenigstens äußerlich einen Begriff von dem Reichtum des
Werkes zu geben, bemerke ich, daß die sprachlichen und urkundlichen Belege
zusammen in 1817 Anmerkungen beigefügt werden, von denen jede einzelne
wieder verschiedene, oft sehr viele Citate vereinigt. Diese äußerliche
Zählung mag lächerlich erscheinen, aber die Kunde der deutschen
Altertümer setzt sich nur aus vielen kleinen, meist nur gelegentlichen Erwähnungen zusammen. Tropfenweise den Eimer zu füllen, das ist die mühevolle Aufgabe! Man versuche es selbst, in ähnlicher Weise einen Abschnitt
der Altertumskunde darzustellen, und man wird erst recht erkennen, wie groß
und wie anerkennenswert die Arbeit ist, die in dem Buche ihre reichen
Früchte trägt.

Unter diesen Umständen wäre es natürlich lächerlich, hier irgendwelche
Ergänzungen geben zu wollen, denn die deutsche Archäologie ist noch nicht am
Ende ihrer Arbeit, sie fängt erst an, und es bleibt noch sehr viel zu thun.

Nur gelegentlich bemerke ich, daß S. 190 bei dem Satze: „ein eigener Name für das Junge (der Gans), wie beim Huhn, hat sich aber nicht ergeben" wohl die nd. Bezeichnung „Gössel" hätte erwähnt werden können. Ebenso hätte S. 278, Anm. 76 die Anführung des Biskuit, mittellat. panis biscoctus, Veranlassung geboten, einiges über den Zwieback zu sagen.

Die sorgfältige Auswahl höchst instruktiver Abbildungen muß auch hier rühmend hervorgehoben werden, und wie ich schon den ersten Band warm empfohlen habe, so verdient auch der vorliegende zweite Band uneingeschränktes Lob.

Nürnberg.   Otto Lauffer.

*

Karl Brandi, Die Renaissance in Florenz und Rom. Acht Vorträge. Leipzig, B. G. Teubner, 1900. (VIII, 258 S.)

Nicht an den Fachmann wendet sich in erster Linie dieses Buch, sondern an das große Publikum. Dem Verehrer italienischer Kunst und Litteratur eine allgemein und groß angelegte Einführung zu geben in das Verständnis derselben, indem die inneren Bezüge zwischen den verschiedenen Kulturerscheinungen der italienischen Renaissance aufgedeckt und beleuchtet werden, indem ihr Erscheinen und Vergehen in Zusammenhang gebracht wird mit den Ereignissen des socialen und politischen Lebens, — das ist der Zweck dieses vortrefflichen Buches, und der Verfasser hat sein Ziel vollkommen erreicht.

Weshalb die Darstellung sich auf Florenz und Rom beschränkt, das erklärt der Verfasser selbst in der Einleitung: „Innerhalb unseres Zeitraums, sagt er, ist nur die Geschichte von Florenz und Rom etwas in sich Abgeschlossenes . . . Schon in Florenz und Rom begegnen alle ganz großen Geister von Dante bis auf Michelangelo." Dabei läßt er sich aber durch die lokale Beschränkung durchaus nicht abhalten, auch des öfteren über die Mauern jener beiden Städte hinauszuweisen, um auf diese oder jene interessante Erscheinung aufmerksam zu machen. Als ein kundiger und vielgewandter Führer geleitet er den Leser den langen Weg, den er mit ihm zu wandern sich anschickt. Mit Kraft und Nachdruck stellt er das Hervorragende in den Vordergrund, während er minder Wichtiges nur flüchtig berührt oder ganz übergeht, und indem er dies dem Leser nicht verhehlt, weckt er in ihm geschickt den Trieb zum eigenen Weiterforschen. Nur auf die großen Züge soll die Aufmerksamkeit des Lesers zunächst gelenkt werden, wenn der Verfasser auch sich durchaus darüber im klaren ist und es (S. 147) selbst ausspricht, daß das historische Leben so unendlich kompliziert ist, daß man mit einseitiger Hervorhebung selbst wichtiger Züge nur zu leicht ein schiefes Bild gewinnt. Für die Darstellung der von ihm behandelten Zeit verfährt der Verfasser getreulich nach dieser Erkenntnis, aber es ist klar, auf 258 Seiten läßt sich nicht alles geben, und so entschloß er sich, in seiner inhaltlich sehr reinlichen und bestimmten Darstellung die wichtigsten Züge klar herauszuheben. Es handelt sich offenbar für ihn um die Schilderung der Art und Entstehung derjenigen Anschauungen, aus denen die reinsten und höchsten Blüten der Renaissance in Italien

erwachsen sind. Dabei müssen natürlich hier und da in der Darstellung die
Unterströmungen ausfallen, die Rätsel des Lebens, die erst in späteren Kultur-
abschnitten ihre Lösung finden, die aber doch schon in den Besten der Zeit
angeklungen haben müssen. Das ist ein Mangel, den wir zumal an einem
Buche, für das wir uns begeistern, bedauern können, der sich aber nicht wohl
vermeiden ließ.

„Ein Buch, für das wir uns begeistern,“ sagte ich, ich weiß es wohl,
und ich sagte nicht zu viel: man sieht es in jeder Zeile, daß der Verfasser
gleich den Humanisten, deren Anschauungen er schildert, durchdrungen ist von
der Ansicht, daß seine Arbeit ein Kunstwerk sein müsse, plastisch in der Darstellung, fesselnd im Vortrag, kurz und knapp — für meinen Geschmack hier
und da wohl zu knapp — im Stil. Fast liest das Buch sich wie eine historische
Novelle von Konrad Ferdinand Meyer, den der Verfasser selbst als einen
Meister der Historie verehrt. Eine große Sicherheit und Überzeugungs-
kraft des ästhetischen Urteils macht die Lektüre der Abschnitte, die die künstlerischen Erzeugnisse der Zeit behandeln, auch da, wo man mit ihnen
nicht völlig übereinstimmt, zu einem wahrhaften Genuß. Mit Geschmack
und wohlerwogener Auswahl werden aus den litterarischen Schätzen der
Zeit einzelne Stücke zur Illustration dargeboten, und dabei wird der Leser
nicht nur vom modernen Standpunkte zum Genuß der höchsten Leistungen
vorbereitet. Der Verfasser vergißt auch nicht, das Urteil der Zeitgenossen
zu betonen. Man beachte zum Beispiel, was er über die Wertschätzung
Dantes mitteilt.

Mit großer Freiheit ist der ungeheure Stoff behandelt, und ein frischer
Zug geht durch die ganze Darstellung. Vor J. Burckhardt und vor G. Voigt,
in deren Werke der Verfasser eigentlich nur einführen will, hat er sogar in
einem Punkte etwas voraus: er ist moderner. Ich müßte weit ausholen,
wenn ich erklären wollte, worin das beruht, aber man lese das Buch selbst,
und man wird es mir nachempfinden.

Daß gute Anmerkungen den Quellennachweis geben, und daß ein will-
kommenes Verzeichnis der besprochenen Kunstwerke der Darstellung angehängt
ist, will ich nicht versäumen zu bemerken. Die Einzelheiten des Buches
nachzuprüfen, werden sich vielleicht berufenere Kritiker finden. Sie mögen
nicht vergessen, daß hier keine neuen wissenschaftlichen Erkenntnisse vorgetragen
werden sollen, sondern daß es sich nur um Vorträge handelt, die sich an ein
Laienpublikum wenden. Seinen Hauptwert wird das Buch doch nicht verlieren,
denn das ist es ja gerade, was wir nötig haben, daß die Gelehrten nach
ernster Arbeit dann auch den Mut und das Geschick haben, sich mit groß
angelegten Werken nicht mehr nur an den engen Kreis der Fachgenossen,
sondern an das große Publikum zu wenden, sonst verliert die Wissenschaft
noch mehr, als es schon geschehen ist, den Zusammenhang mit dem Geistesleben des Volkes. Und so ergreift uns im Anblick dieses Buches, in dem
ein Abschnitt italienischer Kulturgeschichte geschildert ist, von neuem der
Schmerz, daß zur Darstellung deutscher Kulturgeschichte sich so wenige
finden wollen. Brandi, fürchte ich, hat zu viel von den Schönheiten

Italiens genossen, als daß er sich mit den bescheideneren Reizen Deutschlands begnügen möchte, sonst wüßte ich, mit welchem Wunsche ich diese Besprechung schlösse.

Nürnberg.   *   *   *   Otto Lauffer.

Die Urkunden des Heiliggeistspitals zu Freiburg im Breisgau II (1401—1662), bearbeitet von L. Korth und Peter P. Albert. (Veröffentlichungen aus dem Archiv der Stadt Freiburg.) Freiburg, Wagner, 1900. (VII, 640 S.)
Das heute in breitestem Maße vom Staate angebaute Feld der socialen Fürsorge war im Mittelalter ursprünglich völlig der Kirche überlassen, die allmählich von den Stadtverwaltungen verdrängt wurde. In erster Reihe kommen hier als Kranken-, Armen- und Alters-Versorgungsanstalten die Spitäler in Betracht. Wohl zum erstenmal ist das trotz zahlreicher Verluste überaus umfangreiche Urkundenmaterial eines solchen in der Publikation zum Abdruck gelangt, die jetzt mit dem zweiten Band ihren Abschluß erreicht. Erst solche Grundlagen machen eine statistische Ausnutzung zu social- und wirtschaftsgeschichtlichen Zwecken möglich. Die überwiegend dem 15. Jahrhundert angehörenden Urkunden betreffen größtenteils die Besitztitel des Spitals in Grundbesitz und Renten, eröffnen aber auch zahlreiche Ausblicke auf die innere Verwaltung. So kommt die überall auftretende Frage nach der Verlassenschaft der im Spital Verstorbenen zu billiger Entscheidung, und das Institut begüterter Pensionäre — der Herrenpfründner — erfährt sachliche Beleuchtung. Von besonderem Interesse sind die im Anhang gegebenen Urkunden des Gutleuthauses, d. i. der Aussätzigen, die ein freundliches Bild der Fürsorge für diese Ärmsten der Armen gewähren, wie die Haus- und Tischordnung 1480 ein solches von ihrem Zusammenleben. In richtiger Erkenntnis der Zwecke des Materials ist dieses in den meisten Fällen in geschickt zusammengefaßter Regestenform wiedergegeben. Für das ungemein sorgfältige Orts- und Personenregister wäre ein sachliches, wie es der Bearbeiter mühelos herstellen kann, eine wünschenswerte Ergänzung gewesen. Mit diesen gründlichen, schön ausgestatteten Publikationen setzt sich die Stadt Freiburg ein ehrenvolles Denkmal, das leider daran erinnert, wieviel größere Städte es an fachmännischer Verwaltung und Bearbeitung ihrer archivalischen Schätze fehlen lassen.   G. Liebe.

*   *   *

Erläuterungen und Ergänzungen zu Janssens Geschichte des deutschen Volkes. Herausgegeben von Ludwig Pastor. I. Band, 2. und 3. Heft: Nationaler Gedanke und Kaiseridee bei den elsässischen Humanisten. Ein Beitrag zur Geschichte des Deutschtums und der politischen Ideen im Reichslande. Von Dr. Joseph Knepper. Freiburg i. Br., Herder, 1898. (XV, 207 S.)
Der Verfasser will sich mit seiner Arbeit nicht nur an die Forscher von Fach, sondern gleichzeitig auch an einen größeren Kreis von Gebildeten wenden.

Dementsprechend enthält er sich im Texte jedes gelehrten Beiwerks, weist diesem
vielmehr seinen Platz lediglich in den Anmerkungen und im Anhange an.
Mit großem Sammelfleiß und in geschickter Anordnung hat er neben Ausnutzung vieler Originalquellen einen reichen Stoff aus den allgemeinen Werken
über den Humanismus und die elsässische Landesgeschichte sowie aus mancherlei zerstreuten kleineren Notizen und gelegentlichen Aufsätzen zusammengetragen,
so daß sein Buch als ein willkommener Beitrag zur genaueren Erkenntnis einer
in der That recht erfreulichen Erscheinung in der inneren Geschichte der wiedergewonnenen Reichslande betrachtet werden darf. Die Abhandlung gliedert sich,
wie der Verfasser ausdrücklich betont, zwanglos dem Geschichtswerke von
Janssen-Pastor an. Daß die sehr häufigen Citate aus diesem Buch durchweg
nach der letzten (17. und 18.) Auflage gegeben werden konnten, kam dem
Ganzen insofern zu statten, als nicht wenige schwere Mängel und Einseitigkeiten
der ursprünglichen Darstellung Janssens durch gewichtige Änderungen und Zusätze des neuen Herausgebers wesentlich modifiziert oder gemildert worden sind.

Knepper beginnt seine Darlegungen mit einer in großen Zügen gegebenen,
durch zahlreiche Detailbelege erläuterten allgemeinen Schilderung der in feuriger
Vaterlandsliebe begründeten Wirksamkeit des Schlettstadter Gelehrtenkreises,
der niemals ermüdete, insbesondere für die Bethätigung und Pflege echt deutsch-
patriotischer Gesinnung einzutreten. Als tonangebender Führer des Kreises
erscheint (S. 7—39) Jakob Wimpheling, begeistert nicht nur für seine
engere elsässische Heimat, sondern vor allem auch für den Ruhm und die
Größe der gesamten Länder deutscher Zunge. Die ganze pädagogische Thätigkeit dieses Mannes, der (S. 39—43) in dem jugendlichen, früh verstorbenen
Thomas Wolf einen ihm voll ergebenen, kühnen Mitkämpfer fand, wird
durch das Ziel bestimmt, bei den Zeitgenossen neben dem religiösen Sinn den
nationalen Gedanken zu wecken, seine Schüler zu befähigen, auf allen wissenschaftlichen Gebieten mit den das Germanentum ungerecht schmähenden Fremden
erfolgreich den Wettstreit aufzunehmen und Deutschland zur Pflanzstätte aller
geistigen Bildung zu erheben. Bei all seiner Vorliebe für das Latein will
er doch die volkstümliche deutsche Muttersprache hochgehalten wissen. Ein
eingehendes Studium der vaterländischen Geschichte ist ihm unabweisliche Pflicht
für alle, die es mit ihrem Volke ernst meinen; und daraufhin hat er nicht
nur bei anderen zu wirken gesucht, sondern er selbst hat in seiner „Epitome
rerum Germanicarum" (1505) die erste eigentliche Gesamtdarstellung der
deutschen Geschichte von nationalem Standpunkte aus geschaffen, ein Ruhmes-
denkmal deutscher Größe und Herrlichkeit, trotz seiner vielen rhetorischen Übertreibungen bei der Beurteilung der alten Kaisergestalten und bei der echt
humanistischen Vergötterung der Persönlichkeit Maximilians I. Kaum in einem
anderen Lande trafen so wie im Elsaß wegen der Nachbarschaft des übermü-
tigen und unersättlichen Erbfeindes die verschiedensten Ursachen zusammen, um
den nationalen Sinn besonders lebhaft aufflammen zu lassen; und es kehren
denn auch in Wimphelings Schriften die Klagen immer wieder über das
Sinken der deutschen Macht, zugleich aber auch die Hinweise auf die glänzende
Vergangenheit, die Mahnrufe vor allem auch an die Fürsten zu selbstloser

Einigkeit und zu frischer, energischer That. Die tiefwurzelnde Abneigung
gegen die Franzosen, der Haß gegen die gallische Perfidie finden stets neuen,
selbst in der heftigsten Form entschuldbaren Ausdruck; die burgundische Ver-
größerungssucht wird wiederholt gegeißelt, der Abfall der Eidgenossen von
Kaiser und Reich aufs schärffte verurteilt und der eitle, prahlerische Angriff
der Italiener auf alles Deutsche energisch zurückgewiesen. Daneben ist
Wimpheling durchaus nicht blind gegen die inneren Schäden seines Vaterlandes, aber er sucht sie auch entschuldigend zu erklären. Er führt sie teils
auf den Einfluß des mehr und mehr eingebürgerten römischen Rechts zurück,
das auf Kosten des Gesamtwohls das alte germanische Volks- und Gewohn-
heitsrecht verdrängt habe, teils auf die kirchlichen Mißstände der damaligen
Zeit, unter denen er die unbegrenzten Ansprüche der Kurie auf die pekuniäre
Leistungsfähigkeit Deutschlands, die willkürlichen Übergriffe Roms besonders
auf dem Gebiete der kirchlichen Verwaltung im Reiche, die Schandwirtschaft
der Kurtisanen und die Habsucht der Pfründenjäger für die einschnei-
dendsten hält.

An diese aus den Gesamtwerken Wimphelings geschöpften, mehr allgemeinen Bemerkungen knüpft der Verfasser alsdann eine kurze Übersicht über
den Inhalt der 1501 von W. veröffentlichten „Germania" (S. 44—48), einer
Schrift mit scharf politischer Richtung, aber auch mit kühn und warm vertretener
nationaler Tendenz, in der nachgewiesen wird, keineswegs immer einwands-
frei, doch stets im guten Glauben, ehrlich und freimütig, daß Franzosen niemals römische Könige gewesen seien, und daß die deutsche Nationalität des
Elsaß als über jeden Zweifel erhaben gelten müsse. Auch die von Thomas
Murner in heftiger und wenig würdiger Weise verfaßte Gegenschrift sowie
die litterarische Fehde, die sich darüber entspann, wird näher charakterisiert
(S. 49—60). Dabei neigt Kn. mit einleuchtenden Gründen, ohne freilich bei
dem mangelhaften Material zu einem festen Ergebnis zu kommen, der Ansicht
zu, daß Murners Vorgehen gegen W. mehr in persönlichen als in politischen
Motiven seinen Grund gehabt habe, daß M., wenn auch vielleicht franzosen-
freundlich, doch nicht von geradezu antideutschen Gesinnungen getrieben
worden sei.

Dann kommen weiter diejenigen Männer des näheren zum Worte, die
am entschiedensten durch Wimpheling beeinflußt worden sind, so zunächst
(S. 60—78) Hieronymus Gebwiler, der voll Erbitterung gegen alles
Galliertum und voll Jubel über die glücklich vollzogene Wahl Karls V. in
seiner „Libertas Germaniae" der politischen Agitation der Franzosen während
der Thronvakanz 1519 kräftig entgegentrat. Auch in seinen anderen Schriften
eifert er begeistert für unverbrüchliches Festhalten an Kaiser und Reich, sieht
in der Persönlichkeit des neuen Habsburgischen Herrschers die höchste Vollendung eines deutschen Fürstenideals und ficht für den rein deutschen Charakter
nicht nur des Elsasses, sondern in einer besonderen Abhandlung auch für denjenigen Lothringens. Wie bei Wimpheling, so dürfen auch bei Gebwiler
dem glühenden Patriotismus gegenüber die mancherlei Schroffheiten und
Irrtümer in der Einzeldarstellung nicht allzusehr ins Gewicht fallen. — Ein

eigenes Kapitel hat der Verfasser dem nationalen Gehalt in den Schriften
Sebastian Brants gewidmet (S. 79—106). Größere geschichtliche Werke
sind zwar von diesem Humanisten nicht geliefert worden; seine Bedeutung jedoch als die eines genauen Kenners der vaterländischen Vergangenheit sowie
als eines unerschrockenen Verfechters der Ideen Wimphelings ist schon von
seinen Zeitgenossen vollauf anerkannt worden. Auch der heimischen Geographie
hat er seine Aufmerksamkeit zugewandt. In seinen „Varia carmina" nimmt
seine Begeisterung für Kaiser Maximilian oft geradezu schwärmerische Formen
an. Sein Glaube an die Zukunft deutscher Wissenschaft, sein Stolz auf
deutsche Leistungen kennt keine Grenzen. Auch bei ihm lodert der Haß gegen
den romanischen Nachbar gewaltig empor, nicht minder gewaltig der Zorn
über die von den Türken dem Reiche zugefügte Schmach. Oft und stark
macht sich bei ihm ein Zug bitterer Klage und sittlicher Entrüstung über die
traurigen Zustände des Reiches geltend; aber Verzagtheit kennt er nicht. Er
weiß, welche Kräfte im deutschen Volke schlummern; unermüdlich appelliert er
an die Stimme des Gewissens und der Ehre bei den Fürsten und bei dem
gemeinen Manne; unbesiegbar bleibt seine feste Hoffnung auf eine goldene
Zukunft unter dem Scepter des ritterlichen Musterkaisers.

Nachdem Knepper weiter (S. 107—128) dem sprudelnden, in Einzelheiten nicht selten über das Ziel hinausschießenden Patriotismus dieser
Männer gegenüber den objektiven, ruhigeren und mehr kritischen Sinn eines
Beatus Rhenanus und Jakob Spiegel betont hat, die, allen Über-
schwänglichkeiten widerstrebend, einen sachlicheren, auch dem Auslande gegenüber
gerechteren Standpunkt vertreten, verbreitet er sich im zweiten Teile seiner Arbeit,
in den er ferner zahlreiche Citate aus den Schriften des Johann Hug und
des Peter von Andlau verwebt, während er als Ergänzung und als
Gegenstück dazu noch die Ausführungen des revolutionären und demokratisch
gesinnten Kolmarer Anonymus heranzieht, über einige Punkte, die speziell für
die Auffassung der elsässischen Humanisten von dem Wesen und den Grenzen
einer wahren kaiserlichen Macht charakteristisch sind. Im allgemeinen
(S. 129—137) gilt ihnen allen als Pflicht für jedermann, die rechtmäßige
Obrigkeit, selbst unter persönlichen Opfern, zu schützen und zu stärken. Als
höchste Verkörperung der weltlichen Autorität sehen sie die Person des
römischen Kaisers an, und sie halten unbedingt fest am Absolutismus der
Kaiseridee. Aber der Träger der obersten Gewalt muß sich seiner Verantwort-
lichkeit vor Gott, seinem Gewissen, dem Gesetze und dem Volke bewußt bleiben.
Unter dem Beirate erprobter Männer soll er unablässig den Absichten des
göttlichen Willens, dem öffentlichen Wohle und der Sicherung der christlichen
Religion dienen, den Besitzstand der Kirche schirmen und sich jeder Einmischung
in rein kirchliche Fragen verschließen. Durch die Rechte des Volkes wird eine
willkürliche Caesarenherrschaft unmöglich gemacht; denn die Pflicht des Gehor-
sams, unter normalen Verhältnissen unbedingt bindend, hat auch seine Grenzen,
zumal wenn das kaiserliche Gebot dem göttlichen widerstreitet. Das hervorragendste politische Recht des deutschen Volkes ist das der Königswahl; aber
das Königtum bleibt doch immer ein solches von Gottes Gnaden.

Die deutschen Kaiser, und nur sie, sind in den Augen der elsässischen
Humanisten (S. 138—153) die direkten Nachfolger der römischen Kaiser, nur
sie haben begründeten Anspruch auf das Imperium Romanum, wie denn allein
die deutsche Nation durch ihre glänzenden Tugenden, durch ihre Frömmigkeit
und ihren Mannesmut dieses ewigen Ruhmes würdig und teilhaftig werden
konnte. Damit zugleich besitzt der deutsche Kaiser das Imperium mundi,
d. h. in ihm verkörpert sich recht eigentlich die Idee eines großen christlich-
germanischen Weltreiches (S. 154—170). Am entschiedensten finden wir den
Gedanken von der universalen Macht des deutschen Kaisers ausgesprochen und
begründet bei Sebastian Brant, aber auch bei dessen Genossen tritt, wenn
auch öfter in verschiedenen Nuancierungen, dieselbe Anschauung hervor. Man
verkannte in diesem Kreise die kaum zu überwindenden Hindernisse nicht, die
sich in jener Zeit der beginnenden Entwickelung des modernen Staates der
Realisierung eines solchen Gedankens entgegenstellten, jedoch man gab deshalb
die Idee an sich doch keineswegs auf, kam vielmehr höchstens zu einer dumpfen
Resignation und zu einem Ringen nach Trost und Ergebung.

Im Schlußkapitel (S. 171—187) behandelt der Verfasser die wichtige
Frage nach der Stellung der elsässischen Humanisten in Bezug auf das gegenseitige Verhältnis zwischen der höchsten weltlichen Autorität des Kaisers und
der höchsten geistlichen des Papstes. Ihr gemeinsames Ideal war zweifellos ein
einmütiges Zusammengehen beider Gewalten, aber wir sehen sie nicht selten in
verlegenem Schwanken, sobald sie sich theoretisch oder praktisch über etwaige
Fälle einer Konkurrenz oder gar eines Widerstreites der einen Gewalt mit
der anderen äußern. So kaiserfreundlich Wimpheling ist, wenn er nach rein
historischen Gesichtspunkten urteilt: in der Theorie neigt er sich doch entschieden
der Ansicht von der Suprematie des Papsttums vor dem Kaisertume zu; denn
auch nach seiner Überzeugung gebührt dem geistlichen Stande der Vorrang
vor allen anderen Ständen. Und doch ist er deshalb noch kein extremer Ver-
fechter der Zwei-Schwerter-Theorie gewesen. Als solche erweisen sich Brant,
Hug und Peter von Andlau, von denen der zweite ausdrücklich ein Vasallen-
verhältnis des römischen Kaisers zum Papste annimmt. Nur Jakob Spiegel
kommt in seinen juristischen und rechtshistorischen Darlegungen zu einem
wesentlich anderen Resultate. Gegen einen weitgehenden Machtbereich des
Papstes in Bezug auf das Kaisertum tritt er in scharfe Opposition. Eine Einmischung des römischen Stuhles in kaiserliche Angelegenheiten will er nicht
gelten lassen; er wünscht Verringerung des päpstlichen Einflusses in weltlichen
Dingen und erkennt überhaupt keinen Mittler zwischen Gott und Kaiser an,
wohingegen er dem Träger der Krone bedeutsame Befugnisse dem Papste
gegenüber zubilligt.

Wenn der Verfasser in einem kurzen Vorworte hervorhebt, daß seine
Ausführungen naturgemäß häufig Fragen berühren, deren Behandlung sehr
leicht zu schroffen und mehr oder weniger einseitigen Äußerungen verleiten
könnten, wenn er versichert, er habe sich nach Kräften bemüht, dieser Versuchung aus dem Wege zu gehen, keine Streitschrift zu liefern, keine Politik
zu treiben, sondern die historische Wahrheit zu suchen, so dürfen wir sagen,

daß er seiner Aufgabe, wenigstens in den gebotenen Darlegungen, gerecht
geworden ist. Kaum eine seiner Behauptungen hat er ohne mannigfache authentische Belege gelassen, und es ist nicht am wenigsten ein Verdienst seiner
Arbeit, daß gerade die Quellen darin recht reichlich zu Worte kommen. Auch
die vielen und schweren Schäden der alten Kirche finden wir aus dem Munde
von Katholiken häufig schonungslos aufgedeckt. Sehr dankenswert ist auch
die im Anhange beigebrachte Auslese aus Originaldichtungen jener Zeit.
Aber es ist doch immer nur von der älteren Richtung innerhalb des elsässischen
Humanismus die Rede. Wir vermissen jeden Hinweis auf die tiefgehenden
Wandlungen bei der jüngeren Generation, die mit dem Einsetzen der Reformation und unter ihrem gewaltigen Einflusse, ohne die humanistischen Bestrebungen aufzugeben, vorzüglich auch im Elsaß ihr feuriges National-
gefühl und ihren rein deutschen Patriotismus bekundet hat.

Münster i. W.   H. Detmer.

**J. v. Zahn, Steirische Miscellen zur Orts- und Kulturgeschichte
der Steiermark.** Graz, Ulr. Moser, 1899. (447 S.)

Eine reiche Fülle kulturgeschichtlichen Materials wünscht der Herausgeber
durch diese Sammlung nutzbar zu machen, in der er aus vielen Handschriften
steirischer Archive und Bibliotheken die für den Kulturhistoriker wichtigen
Stellen, jedesmal mit sorgfältiger Angabe des Datums, zusammenstellt. Jeder
einzelnen Stelle hat er ihr Schlagwort gegeben, und nach diesen Schlagworten
sind die Stücke alphabetisch geordnet. Ich bedaure sehr, diese Anordnung
völlig verwerfen zu müssen, denn ein Schlagwort kann in den meisten Fällen
nur recht willkürlich gewählt werden, ein und dieselbe Stelle würde oft an
mehreren verschiedenen Orten mit gleicher Berechtigung untergebracht werden
können, und es muß demnach bei der hier gewählten Anordnung dem Benützer
überlassen bleiben, durch langes Suchen zu konstatieren, daß für ein bestimmtes
Gebiet die gewünschten Quellen in dieser Sammlung — wahrscheinlich nicht
vorhanden sind. Darüber hinaus wird man, wenn man nicht das ganze Buch
durchliest, vielfach nicht kommen, denn leider bietet auch das Register eigentlich
nur eine Aufzählung der gewählten Schlagwörter und der vorkommenden
Namen. Es läßt sich nicht leugnen, der Verfasser hat das Gold zwar aus
der Tiefe der Schächte zu Tage gefördert, aber zu gangbarer Münze umgewandelt hat er es noch nicht.

So wird also der Leser zu dem Glauben kommen, mein Urteil über das
Buch sei ein abfälliges? Weit gefehlt! Was ich hier vorgebracht habe, ist
einfach eine methodische Frage für Quellenpublikationen, die der Wissenschaft
der deutschen Archäologie dienen wollen. Es giebt heutzutage noch nicht viele
Bücher, die sich mit vollem Bewußtsein in ihren Dienst stellen, und der
Verfasser bezeichnet sein Buch selbst als eine „Versuchspublikation" (S. 143),
aber man glaube mir, die Zeit ist nicht fern, wo auch die Jünger der deutschen
Altertumskunde sich verbinden werden, wo sie ihr Arbeitsgebiet gegen das der
germanistischen Wortforschung, der Kunst- und der Kulturgeschichte abgrenzen,

wo sie geschlossen als Vertreter einer Wissenschaft auftreten und wo sie für
ihre gemeinsame Arbeit die methodischen Grundzüge aufstellen werden. Und
wenn dann ähnliche Quellenwerke wie das vorliegende in reicherer Zahl
entstehen werden, so ist es kein Zweifel, man wird und muß die systematische
Anordnung der Quellenstellen verlangen und ebenso auch ein überaus sorgfältiges Register, in dem die Erwähnungen eines jeden Gerätes, eines jeden
Kleidungsstückes ꝛc. bei der Reihe aufgeführt werden, und auch dann noch
wird man in der Folge der Auszüge zahlreiche Überweisungen nicht entbehren
können, um dem Forscher eine schnelle und erschöpfende Benützung zu ermöglichen.
In dieser Beziehung kann gerade für die archäologische Arbeit, die ihr Material
in der That tropfenweise zusammentragen muß, niemals zu viel gethan werden.

Wer nun diese Lage der Dinge kennt, der wird zwar gewiß meine
Bedenken über die Anordnung teilen, er wird aber auch gleich mir Zahns
inhaltschweres und höchst verdienstvolles Buch mit ungeteilter Freude begrüßen
und reichlich benutzen, denn in vollem Strome fließt uns aus diesen Blättern
ein bislang unbekanntes Material zu, und zumal jeder, der es weiß, welch
eine entsagungsvolle Arbeit das Sammeln derartiger kleiner und ganz kleiner
Erwähnungen und Andeutungen bildet, und welch ein freier und umsichtiger Blick
dazu gehört, in jedem einzelnen Falle die volle Tragweite derselben zu erkennen,
wird dem Herausgeber seine reiche Anerkennung nicht versagen. Ich hoffe,
daß derselbe in kurzer Zeit vielfache Nachfolger finden möge, und an dieser
Stelle möchte ich an alle Kulturhistoriker, die selbst andere Wege gehen als
die deutschen Archäologen, die Bitte richten, solche gelegentlichen Funde, wie sie
jeder, der zumal Handschriften benutzt, täglich macht, nicht verloren gehen zu
lassen, sondern sie aufzuheben und in kurzer Zusammenstellung bekannt zu
geben. Die kürzesten, oft fast wertlos erscheinenden Erwähnungen werden in
der Hand des Fachmannes sich oft als sehr schätzbares Material erweisen.
Die deutschen Archäologen werden sich dann auch mehr noch als bisher
angewöhnen, solche Quellenpublikationen nicht nur zu benutzen, sondern auch
dankbar zu citieren.

Im Interesse der Wissenschaft kann ich nur wünschen, daß der Verfasser
durch reichen Beifall, den seine Sammlung findet, sich bewogen fühlen möge,
auch die bislang zurückgehaltenen Teile seiner Auszüge in einer neuen Folge
bekannt zu geben.

Nürnberg.   Otto Lauffer.

⁕   ⁕   ⁕

A. Kleinschmidt, Bayern und Hessen 1799—1816.   Berlin.
Räde, 1900. (III, 344 S.)

H. Brunner, General Lagrange als Gouverneur von Hessen-
Kassel (1806—1807) und die Schicksale des kurfürstlichen Haus- und
Staatsschatzes. Kassel, Döll, 1897. (VIII, 57 S.)

Der Wert von Kl.'s Werk für die Kulturgeschichte liegt in dem indirekten
Nachweis der oft bestrittenen Notwendigkeit einer solchen neben der politischen
Geschichte. Die bisher von der Wissenschaft noch recht stiefmütterlich behandelte

Periode der französischen Herrschaft in Deutschland ist ja kulturell ebenso interessant wie sie politisch unerfreulich ist. Aber das Werk, in dem sich K. zum zweiten Male dieser Zeit zuwendet, enthält nur die dürftigsten Andeutungen über die Einwirkung der überlegenen französischen Verwaltungstechnik, nichts über die als Vorbereitung der Zukunft so wichtige Volksstimmung. Es beschränkt sich auf eine Darstellung der diplomatischen Beziehungen beider Staaten, auch diese ausschließlich im Spiegel von Gesandtschaftsberichten! Ein Aneinanderreihen der sauber in den Archiven verwahrten und nach dem Repertorium vom Archivar vorgelegten Aktenstücke ist ja bequem und wirkt zugleich durch die gewissenhaften Signaturen ehrfurchtgebietend, in der historischen Darstellung aber ist diese euphemistisch als kühle Objektivität bezeichnete Methode nur als Rückschritt aufzufassen. Wir hegen nicht mehr die Anschauung von der Politik als einer Kunst, von wenigen — durch Rang, nicht immer durch Geist — Bevorzugten ausgeübt, die den beschränkten Unterthanenverstand nichts angehe. Weit entfernt, die langatmigen Meinungsäußerungen der Herren Lerchenfeld, Sulzer u. a. innerlich zu verarbeiten, hat der Verfasser auf jede äußere Disposition Verzicht geleistet und eintönig läuft die Darstellung von der ersten zur letzten Seite fort. Vergeblich sucht der Leser in dem Wirrsal der sich ablösenden Mitteilungen einen leitenden Faden zu erwischen und die Belehrung, die gelegentlich einer Anspielung auf die katalaunischen Felder durch Anmerkung erteilt wird, vermag die Enttäuschung nicht zu heben.

Die kleine fleißige Schrift von Brunner behandelt eine Episode aus der französischen Besitzergreifung von Kassel: die Rettung des erst 1831 getrennten Haus- und Staatsschatzes aus Wilhelmshöhe durch die Entschlossenheit des Hauptmanns Mensing. Die Mannentreue, die der vertriebene Fürst ohne sein Verdienst genossen hat und die Bestechlichkeit der hohen französischen Beamten liefern bezeichnende Züge zum Bilde der Zeit, wenn auch ihre sehr genaue Ausführung mehr einem lokalen Interesse entgegenkommen dürfte.

G. Liebe.

H. Haupt, Renatus Karl Frhr. v. Senckenberg (1751—1800). Festschrift der Großherzoglichen Ludwigsuniversität zu Gießen. Mit einem Porträt. Gießen, 1900. (60 S.)

Die vorliegende, warm geschriebene und gründlich fundierte Festschrift gilt dem Andenken eines Mannes, der sich um die hessische Universität insbesondere durch Schenkung seiner umfangreichen und auserlesenen und namentlich auch durch ihre Handschriften wertvollen Bibliothek sehr verdient, der sich ferner durch die Fortsetzung der „Teutschen Reichsgeschichte" Häberlins als Gelehrter einen Namen gemacht, der aber durch einen verhängnisvollen, weite Bedeutung gewinnenden Schritt sein Lebensglück und seinen Ruf arg gefährdet hat. Dieser Schritt war die Veröffentlichung jener für die bayerischen Erbfolge-Streitigkeiten höchst bedeutsamen, von Herzog Albrecht von Österreich 1429 ausgestellten Urkunde, worin dieser gegen eine gewisse Entschädigung auf seine bayerischen Ansprüche verzichtet und von der S. eine Abschrift besaß. Namentlich durch Benutzung mannigfacher archivalischer Quellen aus dem Darmstädter Archiv, dem Stadtarchiv und den Senckenbergischen Sammlungen zu Frankfurt a. M. ist nun Haupt der Nachweis gelungen, „daß Senckenbergs Verhalten während jener politischen Wirren kein Makel anhaftet". Als ehrlicher Vaterlandsfreund hat er vielmehr gehandelt, wenn er es auch „an Klugheit wie an Entschlossenheit und Aufrichtigkeit in einzelnen entscheidenden Augenblicken unfraglich hat fehlen lassen". Ich finde, es steckt in dem Manne etwas für eine Reihe von Zeitgenossen Charakteristisches, wie denn auch weiter manche Züge aus seiner Jugendgeschichte wie aus seinem Leben und seiner Thätigkeit überhaupt, der ganze unglückliche Handel, in den er verwickelt wurde, manche Personen, die darin eingriffen, ein rechtes Zeitgesicht tragen. So gewinnt die treffliche Schrift auch ein über das biographische Moment hinausgehendes Interesse.   Georg Steinhausen.

Oscar Kohlschmidt, Der evangelische Pfarrer in moderner Dichtung. Skizzen und Kritiken zur neuesten Litteraturgeschichte. Berlin, C. A. Schwetschke u. Sohn, 1901. (152 S.)

Das warm geschriebene und von einem weiten Interessenkreis seines Verfassers zeugende Buch Kohlschmidts hat, trotzdem es sich selbst als litteraturgeschichtliches bezeichnet, doch ein Anrecht, auch an dieser Stelle genannt zu werden. Kulturgeschichtlich ergiebt sich aus ihm namentlich zweierlei. Einmal, daß der Pfarrer — abgesehen natürlich von der Litteratur „in specifisch pastoraler Begrenzung und Umrahmung" — eine ziemlich häufige Figur in der Dichtung der Gegenwart ist, und weiter, daß gerade auch die eigentlich „modernen" Schriftsteller nicht minder oft „den Pfarrer zum mehr oder weniger achtungswerten Träger der Handlung nach ganz bestimmter Richtung erhoben" haben. Gewiß nicht immer aus Wertschätzung, oft genug mit offenbarer Abneigung gegen ihn. Gleichwohl ist gerade aus Kohlschmidts Buch eine zweifellose Änderung der Haltung gegenüber „der älteren „Moderne" eines Spielhagen oder Heyse und ihren so traurig häufigen Heuchler-, Mucker- und Schwachkopf-Pastorenfiguren" zu ersehen. Natürlich hängt dieser Wandel · mit einer veränderten Zeitstimmung zusammen: manche — und dazu gehöre ich — werden freilich der berechtigten Genugthuung der Theologen über das neu erwachte „Interesse an religiösen Ideen und Problemen" doch mit geteilten Empfindungen gegenüberstehen. Gerade aber zur Beurteilung der Stellungnahme der verschiedenen Volkskreise der Gegenwart zum Pastor wäre es m. E. dienlicher gewesen, wenn K. sein Material eben nach den Schriftstellern, nach Richtungen, nach höheren und niederen Litteraturgattungen gruppiert hätte. Wie steht z. B. der leider so einflußreiche Kolportageroman zum Pastor? — Kohlschmidt hat seinen Stoff anders gruppiert, weil ihm offenbar daran liegt, die Persönlichkeiten der einzelnen Pfarrer, wie sie vorgeführt werden, näher kennen zu lehren. Er ordnet die verschiedenen Pastorengestalten — es handelt sich hier nur um den evangelischen Pastor —, die er jedesmal nach der betreffenden Vorlage treulich schildert, in folgende große Gruppen: den charaktervollen und den charakterlosen, den hierarchisch-orthodoxen und den idealistisch-liberalen Pastor (Väter und Söhne), den socialen, den idyllisch-novellistischen und den Pastor in der Historie und widmet auch ein Kapitel den Pfarrfrauen, Pfarrmüttern und Pfarrtöchtern. Es überwiegt also das stoffliche und das litterarische Interesse. Jedenfalls bietet aber auch so das Buch eine sehr anziehende Lektüre und eine vielseitige Anregung. Ein störender, leider auch sonst häufiger Druckfehler ist Freitag statt Freytag auf S. 131.

Georg Steinhausen.

✱

Adolf Wuttke, Der deutsche Volksaberglaube der Gegenwart. Dritte Bearbeitung von Elard Hugo Meyer. Berlin, Wiegandt u. Grieben, 1900. (XVI und 536 S.)

Wuttkes Buch über den deutschen Volksaberglauben ist bei allen, die volkskundliche Studien pflegen, ein hinreichend bekanntes und geschätztes Werk, über dessen Vorzüge nichts mehr zu sagen ist. Daß eben jetzt eine neue Bearbeitung erschienen ist, darf wohl als ein günstiges Zeichen für das kräftige Wiederaufleben der Volkskunde angesehen werden. 1869 erschien die zweite Auflage, die volle dreißig Jahre vorgehalten hat; man geht gewiß kaum fehl, wenn man annimmt, daß erst die letzten Jahre zu lebhafterer Nachfrage nach dem Werke geführt haben. Daß gerade der rühmlichst bekannte Forscher E. H. Meyer die neue Bearbeitung besorgt hat, ist ebenfalls mit Freuden zu begrüßen. Sein Wahlspruch bei der Arbeit war: „Das Buch sollte Wuttkes bleiben." So ist denn der Grundstock, der im wesentlichen unveraltet ist, da er eben Thatsachen mitteilt, unverändert geblieben. Dennoch ist aber so manche Berichtigung und Bereicherung des Inhalts eingetreten. Auf Grund seiner eigenen Studien und Sammlungen hat Meyer eine ganze Reihe von Ergänzungen, insbesondere aus dem zuvor ziemlich spärlich bedachten Südwesten Deutschlands hinzugefügt und auch auf die wichtigste neuere Litteratur hingewiesen. Einzelne Fehler wurden beseitigt. Eine vollständige Umgestaltung erfuhr die Geschichte des Hexenwesens, die bei Wuttke ganz unzutreffend war. Dagegen wurde die mythologische Einleitung, für deren Aufstellungen der Herausgeber die Verantwortung ablehnt, bis auf Kleinigkeiten absichtlich unberührt gelassen.

Das schöne Buch, das noch immer „die reichste Schatzkammer des deutschen Volksaberglaubens" darstellt, wird noch für lange Zeit ein unentbehrlicher und zuverlässiger Führer und Berater für die Jünger unserer Wissenschaft sein. Zur Erfüllung dieser Aufgabe wünschen wir ihm in seiner neuen Gestalt den besten Erfolg.

Breslau.						H. Jantzen.

Volksschauspiele aus dem Böhmerwalde. Gesammelt, wissen=
schaftlich untersucht und herausgegeben von J. J. Ammann.
III. Teil. (Beiträge zur deutsch=böhmischen Volkskunde, heraus=
gegeben unter Leitung von Prof. Hauffen, III. Band, 1. Heft.)
Prag 1900. J. G. Calve'sche k. u. k. Hofbuchhandlung. (XXII und
160 S.)

In dem vorliegenden dritten und letzten Teile der „Volksschauspiele"
(über den ersten vgl. man die Anzeige in Bd. VI, S. 480 dieser Zeitschrift) werden
fünf neue Stücke mitgeteilt (Nr. 12—16 der ganzen Sammlung). Es sind
folgende: Der bayrische Hiesel, der Schinderhannes, das Spiel vom heiligen
Johann von Nepomuk (eine andere Behandlung als Nr. 5 im ersten Teile),
Graf Karl von Königsmark und der türkische Kaiser, von denen besonders die
beiden erstgenannten geschichtlichen Räuberdramen auch hohen kulturgeschicht=
lichen Wert haben. In der Einleitung werden ganz kurz die notwendigsten
Angaben über die Handschriften, die Verbreitung und die Aufführungen gemacht,
alles Nähere, so auch die Untersuchung über die höchst bemerkenswerte
Verschmelzung volksmäßiger und kunstlitterarischer Elemente, wird für den
abschließenden litterarisch=kritischen Teil aufgespart. Hoffentlich erfreut uns
der Herausgeber recht bald damit; denn erst nach dessen Erscheinen wird
man in der Lage sein, die überaus verdienstliche Sammlung in allen
Beziehungen und Einzelheiten ganz würdigen zu können.

Breslau.   H. Jantzen.

*   *
*

Das Bauernhaus im Deutschen Reiche und in seinen Grenzgebieten.
Herausgegeben vom Verbande Deutscher Architekten= und Ingenieur=
Vereine. Lfg. 1—2. Dresden, Gerhard Kühtmann, 1901.

Auf dem Gebiete der Hausforschung haben sich auch früher schon, in
einzelnen Landesteilen mehr, in anderen weniger, die Architekten großartige
Verdienste erworben, nunmehr aber haben sie sich zu dem vorliegenden Werke
vereinigt, um einen wahrhaften Quellenschatz für diese Forschungen zu liefern,
so umfangreich angelegt und so sorgfältig ausgeführt, daß er für alle weitere
Arbeiten die sichere Grundlage bilden wird. Der Verband Deutscher Architekten=
und Ingenieur=Vereine hat unter dem oben bezeichneten Titel die beiden ersten
Lieferungen dieses Werkes vorgelegt, und wie eine äußere Empfehlung für
das damit Gebotene schon darin besteht, daß seine Herausgabe die Unterstützung
des Reiches gefunden hat, so ist es auch mit Freuden zu begrüßen, daß der
herbeigezogene Stoff nicht mit den politischen Grenzen Deutschlands abgeschlossen
wird, vielmehr haben auch der Österreichische Ingenieur= und Architekten=
Verein und der Schweizerische Ingenieur= und Architekten=Verein ihre Mitarbeit
für die Erforschung des Bauernhauses in Österreich=Ungarn und in der
Schweiz zugesagt. Das Werk erscheint in 10 Lieferungen von je 12 Tafeln, der letzten
Lieferung wird der etwa 150 Druckseiten umfassende Text beigegeben werden,

dessen Bearbeitung in die bewährten Hände von Baurat Lutsch, Professor Koßmann und Professor Dietrich Schäfer gelegt ist. Die Betrachtung des Stoffes, der gerade in den letzten Jahren mehr und mehr das allgemeine Interesse auf sich gezogen hat, geht in dem vorliegenden Werke vom baulichen Standpunkte aus, aber wie man von demselben schon nach den früheren einschlägigen Arbeiten der Architekten vielfache und höchst schätzbare Beiträge für die Volks- und Hauskunde sowie für die Wirtschaftslehre erwarten konnte, so zeigen bereits die beiden ersten Lieferungen, daß das Werk auch für diese Gebiete reichen Gewinn bringen wird. Zumal die Volkskunst, die am Bauernhause in äußerem Schmuck und innerer Ausstattung zu Tage tritt, ist mit großer Liebe und Sorgfalt berücksichtigt worden. Die Tafeln mit ihrem reichen Abbildungsmaterial befriedigen in der That alle Erwartungen, die man darauf stellen konnte, auf das Beste, und es ist selbstverständlich, daß auch die ferneren Lieferungen sich durchaus auf der gleichen Höhe halten werden, weil die Arbeit dafür von Männern besorgt ist, die im Bauzeichnen über absolute Sicherheit verfügen.

Da ein völliger Bericht über das Werk, dessen erste Lieferungen alles Lob verdienen, erst nach dem Abschluß möglich sein wird, so sage ich denselben für später zu, indem ich nur noch bemerke, daß der Subskriptionspreis, nur gültig vor Erscheinen der dritten Lieferung, 60 Mk. statt 80 Mk. beträgt.

Nürnberg. Otto Lauffer.

Afrika. Zweite Auflage, nach der von Wilh. Sievers verfaßten ersten Auflage umgearbeitet und erneuert von Friedrich Hahn. Mit 173 Abbildungen im Text, 11 Karten und 21 Tafeln in Farbendruck. Leipzig und Wien, Bibliographisches Institut, 1901. (XII, 681 S.)

Eine allgemein-kulturgeschichtliche Orientierung über einen Erdteil wie Afrika wird noch am besten in dem Rahmen einer Landeskunde gegeben, und so ist es berechtigt, wenn wir auch in dieser Zeitschrift auf das vorliegende vortreffliche Werk, das überdies dem heute so gewachsenen Interesse für den schwarzen Erdteil außerordentlich entgegenkommt, empfehlend hinweisen. Das ältere Buch von Sievers ist hier nicht bloß neu bearbeitet, sondern „der weitaus größte Teil" desselben ist überhaupt „neu geschrieben worden"; es sind nicht nur entsprechend den Forschungen und den politischen Vorgängen des letzten Jahrzehnts neue Abschnitte eingefügt, sondern die Anordnung des Ganzen ist auch zweckmäßig geändert worden. Im einzelnen weisen wir an dieser Stelle auf den ersten Abschnitt: „Die Erforschungsgeschichte Afrikas", weiter auf den allgemeinen Abschnitt über die Bevölkerung, insbesondere die Neger, ebenso auf die ethnographischen Abschnitte der einzelnen Kapitel, endlich auf die umfangreichen geschichtlich-zuständlichen Abschnitte über die einzelnen Staaten, Siedelungen und Kolonien hin. — In jeder Beziehung wird der Leser ein durch ein ausgezeichnetes Illustrationsmaterial gestütztes, anschauliches und sicheres Bild erhalten, dessen wissenschaftliche Grundlage durchaus tüchtig ist. Das Werk stellt eine wichtige Bereicherung unserer landeskundlichen Litteratur dar.　　　　　　　　　　　　　　　　　　　　P. Sehr.

Hans Blum, Neu-Guinea und der Bismarckarchipel. Berlin, Schönfeld & Co., 1900.　(XIII und 225 S.)

Das auf Grund eigener Erfahrungen sehr gewandt geschriebene, gut ausgestattete Werk setzt sich zur Aufgabe, weiteren Schichten die Kenntnis unserer wichtigsten oceanischen Besitzung zu vermitteln, hauptsächlich zur Aufklärung über ihre wirtschaftliche Bedeutung. Gewähren doch diese zum Teil noch der Erforschung harrenden Gebiete das seltsame Schauspiel unvermittelter Berührung eines üppigen, nie in Anspruch genommenen Bodens und einer für den Begriff der Arbeit verständnislosen Bevölkerung mit einer aufs höchste gesteigerten Kultur. An den bisherigen Resultaten freilich übt der Verfasser eine herbe Kritik, die alle Schuld der Neu-Guinea-Kompagnie, ihrer bureaukratischen Verwaltung und mangelhaften Eingeborenenpolitik aufbürdet, dagegen dem gefallenen Landeshauptmann von Hagen und dem noch amtierenden Dr. Hahl die verdiente Anerkennung widerfahren läßt. Zur Begründung der an die Übernahme durch das Reich geknüpften Hoffnungen werden die Aussichten der einzelnen Anbauobjekte sachkundig erörtert, wobei der Verfasser der von ihm gerügten bisherigen mangelhaften Statistik durch zahlreiche Tabellen der Handels-, Anbau- und Bevölkerungs-Verhältnisse zu Hilfe kommt. Die landschaftlichen Abbildungen nach Originalaufnahmen und die beigegebene Karte sind zwar nicht von besonderer Schärfe, aber doch dankenswertes Material zur Orientierung.　　　　　　　　　　　　　　　　G. Liebe.

Mitteilungen und Notizen.

Von der „Weltgeschichte" von Hermann Schiller (Berlin und Stuttgart, W. Spemann), deren ersten und zweiten Band wir bereits besprochen haben, liegt nunmehr der dritte, der die Geschichte des Übergangs vom Mittelalter zur Neuzeit behandelt, vor. Was Schiller über die Nichtberechtigung der gewöhnlichen Datierung der Neuzeit sagt, ist ohne Zweifel richtig, zum Teil aber sehr zu erweitern. Jedenfalls ist sein Abweichen von der üblichen Periodisierung zu billigen. Sehr bedauern wir, daß die Anerkennung, die wir bezüglich der Berücksichtigung des Kulturgeschichtlichen in den ersten Bänden wenigstens in bedingtem Maße aussprechen konnten, für diesen Band nicht am Platze ist. Sowohl an Umfang wie inhaltlich — man vergl. z. B. das S. 344 über das Zeitungswesen und S. 349 über die Hexenprozesse gesagte — genügen die betreffenden Abschnitte nicht. In den übrigen Partien werden für jede Schlacht, jede Kapitulation neue, oft recht geringfügige Dissertationen, Zeitschriftenaufsätze u. s. w. citiert — für die kulturgeschichtlichen Abschnitte fehlen die Hinweise selbst auf die wichtigsten und ernstesten Werke. In dem Quellenanhang hätten spezifisch kulturgeschichtliche Quellenauszüge (etwa aus Privatbriefen oder Tagebüchern, z. B. dem Buch Weinsberg) nicht fehlen sollen. Im übrigen macht sich die bereits monierte wörtliche Abhängigkeit von anderen Werken auch in diesem Bande wenig angenehm bemerkbar. Die Brauchbarkeit des Werkes zur Orientierung über die äußere Geschichte über einen knappen Rahmen hinaus mag aber bestehen bleiben.

Das Bibliographische Institut in Leipzig hat anläßlich seines 75jährigen Bestehens eine Denkschrift erscheinen lassen, die einen eindrucksvollen Überblick über seine früheren und gegenwärtigen großen litterarischen Unternehmungen gewährt.

Die 2. Auflage des von uns bereits angekündigten, im Auftrage der Görres-Gesellschaft von Jul. Bachem herausgegebenen Staatslexikons ist jetzt bis zum 15. Heft, d. h. bis nahezu zum Abschluß des 2. Bandes erschienen. (Freiburg i. Br., Herder.) Die „strenge Innehaltung des katholischen Standpunkts" wird eine Verbreitung in nichtkatholischen Kreisen wohl ziemlich verhindern; man kann aber anerkennen, daß dieser Standpunkt gerade in dieser 2. Auflage, wie sich immer mehr zeigt, nicht in zu schroffer Weise zum Ausdruck gelangt; andererseits muß es auch von Wert sein, daß man aus diesem Werke ein klares und gründliches Bild der staatswissenschaftlichen Anschauungen einer so mächtigen Partei

gewinnen kann. Wie bei anderen ähnlichen Staatswörterbüchern hat eine
große Zahl von Artikeln auch ein spezifisch kulturhistorisches Interesse, obwohl auf das rein Systematische der Hauptaccent gelegt ist. Immerhin
hätte in der Berücksichtigung des Zuständlich-Historischen sowohl in der Aufnahme von Artikeln wie in ihrer Gestaltung weiter gegangen werden können.

Große Aufmerksamkeit verdient der Beginn eines großen encyclopädischen
Unternehmens, dessen 1. Band uns soeben zugegangen ist: „The Jewish
Encyclopedia, a descriptive record of the history, religion, litera-
ture and customs of the Iewish people from the earliest times to the
present day prepared by more than four hundred scholars and specialists.“
Der Hauptherausgeber ist Isidor Singer; die Verlagsanstalt Funk and
Wagnalls Company in New-York. Das mit großen Kosten ins Werk gesetzte Unternehmen soll 12 starke Bände umfassen, auch illustriert sein; seine
Form ist die des Lexikons. Das Ziel des Werkes ist ein hohes und durchaus
wissenschaftliches, zu den Mitarbeitern zählen wirkliche Autoritäten amerika-
nischer und europäischer Herkunft, jüdischer und christlicher Konfession. Daß
eine allgemeine Geschichte des Judentums, die die äußere Geschichte und Kulturgeschichte, Biographie, Sociologie und Volkskunde, die gesamte Litteratur, Theologie und Philosophie des Judentums gleichmäßig umfaßt, von vielseitigstem
Interesse ist, bedarf nicht näherer Begründung. Der 1. Band, 685 S. stark,
enthält die Artikel Aach—Apocalyptic Literature; soweit wir prüfen konnten,
tragen die zahlreichen Artikel fast durchweg ein wissenschaftliches Gepräge,
und die Vielseitigkeit des Ganzen wird durch diesen ersten Band recht anschaulich. Wir weisen hin auf Artikel, wie Agriculture, Alchemy, Alexandria,
Alphabet, America, Amulet, Antisemitism u. s. w.

Aus der neuen Zeitschrift: „Beiträge zur alten Geschichte“, hrsg. von
C. F. Lehmann, Bd. I, H. 1 und 2 erwähnen wir den Aufsatz von F. K. Ginzel,
Die astronomischen Kenntnisse der Babylonier und ihre kulturhistorische Bedeutung. I. Der gestirnte Himmel bei den Babyloniern und der
babyl. Ursprung der Mondstationen. Der Verfasser ist Astronom, beschränkt
sich aber nicht auf die Darstellung des rein astronomischen, sondern berührt
auch die historischen Beziehungen, welche zwischen der Astronomie der Babylonier und jener der Griechen, Araber und Inder sichtbar sind.

„Die Weltanschauung des alten Orients“ behandelt ein bemerkenswerter Aufsatz H. Winckler's in den „Preußischen Jahrbüchern“
Bd. 104, Heft 2.

Aus den „Proceedings of the Society of Biblical Archäology“ 23, 3
erwähnen wir einen kleinen Quellenbeitrag von Alfred Boissier, Documents assyriens relatifs à la Magie.

Aus dem in Vorbereitung befindlichen 3. Band seiner „Histoire des institutions“ veröffentlicht P. Viollet einen Abschnitt in der „Nouvelle Revue
historique de droit français et étranger 24,6 unter dem Titel: Les corporations au moyen-âge.

Kulturhistorisch interessante Einzelheiten enthalten die von F. Schröder
in den „Beiträgen zur Geschichte von Stadt und Stift Essen“, Heft 20, ver-

öffentlichten „Städtischen Geseße und Verordnungen des 15. und 16. Jahrhunderts".

Ein Aufsaß von A. Overmann, Wortzins und Morgenkorn in der Stadt Lippstadt (Zeitschrift für vaterländische Geschichte und Altertumskunde Bd. 58) behandelt eine Reihe von Lippstädter Abgaberegistern, die sich im Detmolder Landesarchiv befinden und mancherlei statistisches Material zur Kenntnis der Zustände der damaligen Stadtbevölkerung und ihrer Besißverhältnisse bieten. Die beiden wichtigsten Register, das Morgenkornregister von 1392 und das Wortzinsverzeichnis von 1501, werden zum Abdruck gebracht.

In den „Schriften des Vereins für Geschichte und Naturgeschichte in Donaueschingen", Heft X, veröffentlicht Martin eine Anzahl Auszüge aus Rechnungen der Grafschaft Heiligenberg (Aus Heiligenberger Rechnungsbüchern) aus den Jahren 1562, 1567 u. s. w. bis 1607. Sie sind nach vielen Richtungen hin von großem Interesse und beziehen sich zumeist auf das dortige Schloßleben vor 300 Jahren. Dankenswert wäre eine einleitende und die Ergebnisse zusammenfassende Übersicht gewesen.

Auf Grund von Rechnungen und Briefen des Wernigeröder Archivs macht Ed. Jacobs in der „Zeitschrift des Harzvereins" Jg. 33, 2 interessante Mitteilungen über die Jagd auf dem Harze, insbesondere dem wernigerödischen und elbingerödischen, in der ersten Hälfte des 16. Jahrhunderts. -- Aus dem weiteren Inhalte des Heftes erwähnen wir noch einige kleinere Mitteilungen, so von R. Doebner: Statistische Nachrichten über den Zustand Goslars aus den Jahren 1802 und 1803; von Ed. Jacobs: Die Zigeuner oder Tatern am Harz; O. Merz: Die Saßungen der Bäckergilde zu Helmstedt zu Anfang des 15. Jahrhunderts; J. Moser: Schändebrief der Gebrüder Franz und Christoph von Dorstadt gegen Bürgermeister und Ratmannen zu Stolberg wegen einer Schuld von 3000 Goldgulden (um 1562).

Aus den „Niederlausißer Mitteilungen" Bd. VI, Heft 6—8, erwähnen wir Mitteilungen von Aug. Werner, „Erhebungen aus den Kirchenbüchern der Stadt- und Hauptkirche zu Guben für die Jahre 1612—1650 und von 1650—1700", die für die Lokalgeschichte mancherlei Personalnotizen wie Beiträge zur Kenntnis der Zustände liefern, desselben Mitteilungen über „Herrschaftliche Besißer in der Umgegend von Guben nach den Gubener Kirchenbüchern von 1620—1700", ferner „Kirchliche Erinnerungen aus der vorreformatorischen Zeit Gubens: Das Totenbuch des St. Michaels- oder Schusteraltars" von H. Jentsch, der die Handschrift namentlich unter dem Gesichtspunkt ihrer Verwertbarkeit für die Geschichte der Gubener Bürgerschaft im 15. Jahrhundert betrachtet (z. B. auch bezüglich der Namen).

In den „Mitteilungen des Vereins für hessische Geschichte und Landeskunde" Jahrg. 1899 handelt Dithmar über „Niedersächsisches Volkstum in Niederhessen". Die Grafschaft Schaumburg läßt er außer Betracht. Die Sachsen in Niederhessen, wo sich hessisch-fränkisches Volkstum mit dem niedersächsischen stark vermischt hat, fühlen sich als solche zwar nicht, haben aber viel von ihrer Eigenart bewahrt.

In den „Schriften des Oldenburger Landesvereins für Altertumskunde und Landesgeschichte" ist als Nr. XXI der II. Teil von Julius Brörings Arbeit: „Das Saterland. Eine Darstellung von Land, Leben, Leuten in Wort und Bild" erschienen. Er behandelt die Lieder, Rätsel, Sprichwörter, Redensarten, Märchen und Sagen. Das Saterland hat bekanntlich große Eigenart bis in die jüngste Zeit erhalten.

Das „Jahrbuch für die Geschichte des Herzogtums Oldenburg IX" enthält eine auf Visitationsakten, Hochzeitsgedichten u. s. w. beruhende kulturhistorische Studie: „Aus Haus, Hochzeit und Familienleben im 17. Jahrhundert" von L. Schauenburg, die aber nicht allzu viel Neues bringt, auch wenig umfangreich ist.

In den „Beiträgen zur bayerischen Kirchengeschichte" Bd. VII, Heft 6, beginnt J. Bickel den Abdruck der kulturgeschichtlich recht beachtenswerten „Selbstbiographie des Balthasar Sibenhar", des zweiten evangelischen Pfarrers in Beyerberg, die in der Schilderung kleiner Züge an das Buch Weinsberg erinnert. Der bisher gedruckte Abschnitt schildert auch die Studienzeit Sibenhars in Jena und Wittenberg.

In dem „Jahrbuch der Gesellschaft für die Geschichte des Protestantismus in Österreich" 22, 1/2 handelt J. Mencik über „Caspar Hirsch und seine Familienaufzeichnungen". Es sind Einträge in einem Kalender, der im Besitz des bekannten steirischen Landschaftssekretärs Caspar Hirsch war, aber ursprünglich dessen Bruder Stefan gehörte, der auch die Einträge von 1555—1559 machte. Caspar trug von 1565—1612 ein.

Ein Aufsatz von M. Dumoulin, Les livres de raison (La revue de Paris, 15. Mai 1901) bespricht die Bedeutung und das Interesse dieser privaten Dokumente, die übrigens gerade in Frankreich neuerdings häufiger publiziert sind. Wir erwähnen dabei den Beitrag N. Goffarts, Le livre de raison de Jean Tobie (Revue de Champagne 1900, Nr. 10/11).

Ein Artikel E. Neubauers in den „Geschichtsblättern für Stadt und Land Magdeburg" Jg. 35, Heft 2, über „Die Schöffenbücher der Stadt Aken", stellt eine Verwertung des von ihm bereits früher an gleicher Stelle veröffentlichten Textes derselben dar. Von Interesse erscheinen uns besonders seine Ergebnisse für die Namensforschung, namentlich für die Entwickelung der Familiennamen.

Ein kurzer Aufsatz von O. Weise, Zur Geschichte der Vornamen von Eisenberger Bürgern in den „Mitteilungen des Geschichts- und Altertumsforschenden Vereins zu Eisenberg" Heft 16 bringt einige Belege zur Geschichte der Vornamen aus den Jahren 1556 und 1700, ohne etwas Neues zu lehren.

Das „Bulletin de la commission pour l'hist. des églises wallonnes" 1900, Nr. 1, enthält einen Beitrag von H. J. Hoeck, Caprice des noms propres, auf Grund der Kirchenregister der Wallonischen Protestanten.

Seine Studien zur Geschichte der Universität Erfurt setzt G. Oergel in einem neuen Beitrag: „Das Collegium Beatae Mariae Virginis (Juristenschule) zu Erfurt" fort. (Mitteilungen des Vereins für die Geschichte von Erfurt, 22. Heft.)

In der „Alemannia" N. F. II, 1 veröffentlicht H. Mayer „Mitteilungen aus dem 3. Matrikelbuch der Universität Freiburg i. Br. 1585—1656", die sich auf die Zahl der Immatrikulationen, die Frequenz der Universität, die Herkunft der Studierenden, die Standesangehörigkeit und das Lebensalter beziehen.

Die „Mitteilungen der Gesellschaft für deutsche Erziehungs- und Schulgeschichte" XI, 2 enthalten u. a. „A. Reyhers Schulgesetze für das Gymnasium illustre in Gotha a. d. J. 1641" hrsg. von Max Schneider, „Peter Scherers (Schörers) Rede, welche er mit anderen Ältesten den Schulmeistern zu Niemtschitz in Mähren am 15. November 1568 gehalten hat, und die Schulordnung vom Jahre 1578" hrsg. von W. Saliger und einen Aufsatz von J. Bach: „Das „schwarze Register", ein Beitrag zur Geschichte der Disziplin bei der Prinzenerziehung am kurfürstlich-sächsischen Hofe", dem auch die 9 Bilder, in dem vielleicht die Strafarten für den prinzlichen Delinquenten veranschaulicht werden, beigefügt sind. Die Handschrift befindet sich bekanntlich auf der Dresdener Bibliothek.

In der „Baltischen Monatsschrift" 43, 1 handelt G. Schroeder über „Schulwesen und Schulverwaltung in Alt-Riga".

Ein Aufsatz von Ed. Otto in der „Historischen Vierteljahrsschrift" IV, 1: „Beiträge zur Geschichte des Heidelberger Hofes zur Zeit des Kurfürsten Friedrich IV." giebt nach dem auf der Darmstädter Hofbibliothek befindlichen „Thesaurus picturarum" des Dr. Markus von Lamb (vgl. den Beitrag von Otto in unserer Zeitschrift VI, 46 ff.) mancherlei beachtenswerte Quellenbeiträge zur Kulturgeschichte jener Zeit. Erwähnt seien die väterliche Instruktion für Pfalzgraf Friedrich von 1582, die Mitteilungen über die Begünstigung mancher Abenteurer durch Friedrich und die über das für die ganze Zeit charakteristische üppige Hofleben dieses Fürsten.

In den „Annalen van den oudheidskundigen Kring van het Land van Waas" XIX, 1 veröffentlicht G. Willemsen eine Rechnung über den Aufwand, den „Hoofdbailliu" und „Hoofdschepenen" von Waas während eines Aufenthaltes in Brüssel vom 26. Februar bis zum 17. März 1587 für ihren Lebensunterhalt machten. (Eene Reis van het Hoofdcollege naar Brussel in 1587.) Wegen der Fasten fehlt natürlich das Fleisch.

In der „Zeitschrift des Westpreußischen Geschichtsvereins" Heft 42 findet sich eine Abhandlung O. Günthers über „Danziger Hochzeits- und Kleiderordnungen", über die bisher nur gelegentliche dürftige Notizen vorlagen. Bei der an sich großen Zahl sonstiger bereits veröffentlichter lokaler Luxusordnungen scheint uns ein dringendes Bedürfnis zu neuen allerdings nicht vorzuliegen: viel eher das einer Auswahl aus dem Gesamtstoff und das einer vergleichenden Behandlung. Aber Günther betont richtig, daß seine Publikation des Lokalen und Individuellen genug bietet, so daß sie im lokalgeschichtlichen Interesse allerdings dankenswert ist. In seiner Abhandlung bespricht er nicht jede Ordnung nach der Reihe, sondern hält sich an die als besonders charakteristisch hervorspringenden Momente in Brautstand und Hochzeit und verfolgt die bezüglichen Bestimmungen durch die Jahrhunderte hindurch. Für

9*

die Kleiderordnungen bringt er wesentlich eine Vergleichung derjenigen von 1642 mit der ersten vollständigen von 1540, welch letztere wörtlich abgedruckt wird.

Das 14. Heft der „Mitteilungen des Vereins für die Geschichte der Stadt Nürnberg" enthält einen sehr fleißigen und allgemein interessanten Beitrag von J. Kamann: „Alt-Nürnberger Gesindewesen. Kultur- und Wirtschaftsgeschichtliches aus vier Jahrhunderten". Er stützt sich bei dem fast völligen Mangel an Vorarbeiten zu einer Geschichte des reichsstädtischen Gesindewesens wesentlich auf handschriftliche Quellen, auf Gesindeordnungen, Ratsverlässe und Ämterbücher, auf private Haushaltungs- und Rechnungsbücher, auch auf Briefe.

Der „Anzeiger für Schweizerische Altertumskunde" N. F. Bd. III, Nr. 1, enthält einen kurzen Beitrag: „Zur Kostümgeschichte des 16. Jahrhunderts" von Hans Herzog, der darin eine in Kriminalakten des aargauischen Staatsarchivs befindliche Aussage eines Räubers über die einzelnen Mitglieder seiner Bande veröffentlicht. Dieselbe, die aus „drei Kartenspielen" zusammengesetzt war, wird in ihrer farbenreichen und buntscheckigen Bekleidung höchst lebendig veranschaulicht; die Aussage hat aber überhaupt auch sittengeschichtlichen Wert.

„Über den großen Nürnberger Glückshafen vom Jahre 1579 und einige andere Veranstaltungen solcher Art" handelt Th. Hampe in dem „Anzeiger des germanischen Nationalmuseums", 1901, Heft 1; er bringt namentlich wichtigere Dokumente, so die Rechnung für den frühesten, mit einem Büchsenschießen verbundenen Nürnberger Glückshafen von 1489, die alles Nähere enthaltende Einladung zu dem von 1579, namentlich aber einen chronikalischen Bericht über das damals abgehaltene Kränzleinschießen wie über den Glückshafen selbst.

Tome XXIX der Annales du cercle archéologique de Mons bringt eine, viele neue Einzelheiten enthaltende Arbeit von E. Hublard, Fêtes du temps jadis. Les feux de carême.

Aus dem „Schweizerischen Archiv für Volkskunde" IV, 4 erwähnen wir einen ausführlichen Beitrag von E. Buß: Die religiösen und weltlichen Festgebräuche im Kanton Glarus, der die einzelnen Feste — ohne kirchliche und weltliche zu trennen — mit ihren Gebräuchen, dem Kalender folgend und Mitte November beginnend, schildert und daran die gelegentlichen Feste (Bannertag, Jugendfest, Sängermahl u. s. w.) und die Familienfeste schließt.

Aus der „Zeitschrift für Ethnologie" XXXIII, Heft 2, sei ein Vortrag von Julius v. Negelein, Die volkstümliche Bedeutung der weißen Farbe, hervorgehoben, der die Bedeutung des Albinismus für den Volksglauben nicht uninteressant behandelt.

Das „Taschenbuch der historischen Gesellschaft des Kantons Aargau f. d. J. 1900" enthält einige kleinere volkskundliche Beiträge: Beschwörungs- und Besegnungsformeln aus dem Wynenthal von W. Merz (nach einem von unbeholfener Hand geschriebenen Heft aus dem 18. Jahrhundert aus Gontenschwil) und Schweizerische Haus- und Sinnsprüche von J. Hunziker, die einen Begriff von dem Reichtum der Schweiz an solchen Sprüchen geben.

Zur Geschichte des Hexenglaubens tragen Aufsätze von P. Hansen, Bidrag til hegnenes historie (Aarb. f. dansk Kulturhist. 1900) und J. Cortez, Un procès de sorcellerie en Provence au commencement du 16e s. (Bull. hist. et phil. 1900) bei.

In der „Zeitschrift für Geschichte des Oberrheins" 1901, S. 467, macht K. Obser bezüglich der Sitte der Abwehr von Gewittern und Hagel durch Wetterkreuze und Wetterläuten auf eine eigenartige, in dem Bestallungsbrief für den Meßner von Odenheim 1522 erwähnte Sitte aufmerksam, nach der er neben dem Läuten „auch das crüßlin, darinn ein stuck vom heilgen crüß ist, mit ernstlicher Andacht in sein hande nemen und heruß uff den kirchhof geen und dasselbig gegen dem wetter halten sol".

Unter dem Titel: „Tableau d'une léproserie en 1336. Saint-Denis de Léchères, au diocèse de Sens" veröffentlicht L. Le Grand in der Bibliothèque de l'école des chartes 61, 5/6 ein interessantes Aktenstück: Registrum continens bona tam immobilia quam mobilia ac etiam jura, emolumenta et onera nec non statum et ordinationem domus leprosarie in Lescheriis, dem eine erläuternde Einleitung vorausgeschickt wird. Das reiche Detail des Registers ist um so willkommener, als wir hier wohl ein typisches Bild der zahlreichen, überall, oft selbst bei den geringsten Dörfern vorkommenden kleinen Leproserien erhalten.

Zur Geschichte des „schwarzen Todes" trägt ein Aufsatz von W. H. Thompson, The black death in Yorkshire [1349] (Antiquary N. F. 137/8), bei.

In den Verhandlungen des historischen Vereins von Oberpfalz und Regensburg, Bd. 52, giebt Andräas „Beiträge zur Geschichte des Seuchen-, Gesundheits- und Medicinalwesens der oberen Pfalz", für die er gerade auch bei dem Kulturhistoriker ein Interesse voraussetzt und die er in der Hauptsache als typisch für die einschlägigen Verhältnisse von ganz Bayern hinstellt.

Auf die große Seuche, die im 17. Jahrhundert Beeringen und Zonhoven verwüstete, bezieht sich ein Aufsatz von P. J. Maas, Recherches historiques sur la peste dans l'ancien pays de Looz (Revue histor. de l'ancien pays de Looz IV).

Neue Bücher. O. Schrader, Reallexikon der indogerman. Altertumskunde. Grundzüge e. Kultur- und Völkergesch. Alteuropas. 2. Halbbd. Strassburg i. E. (XL u. S. 561—1048.) — J. Köberle, Die geistige Kultur der semitischen Völker. Leipzig (50 S.) — L. Abbott, The life and litterature oft he ancient Hebrews. Lond. (422 p.) — E. Day, The social life of the Hebrews. Lond. (VIII, 255 p.) — E. Demolins, Les grandes routes des peuples (essai de géogr. sociale). Comment la route crée le type social). T. I. Les routes de l'antiquité. Paris (XII, 462 p.) — U. Pestalozza, La vita econom. ateniese dalla fine del IV. secolo avanti Cristo. Milano (115 p.) — K. Breysig, Kulturgesch. d. Neuzeit. II. Bd. 2. Hälfte. Entstehung des Christentums. Jugend der Germanen. Berlin. (XXXIX, S. 521—1443.) — A. Eleutheropulos, Wirtschaft u. Philosophie II: Die Philosophie

und die Lebensauffassung der germanisch-romanischen Völker auf Grund
der gesellsch. Zustände. Berlin (XV, 422 S. 1 Tabell.) — W. Cunningham,
An Essay on Western Civilisation in its economic aspects (Mediaeval and
modern times). Cambridge. — Ch. Galy, La famille à l'époque méroving.
Étude faite principal. d'après les récits de Grégoire de Tours. Thèse. Paris
(III, 433 p.) — F. Vigener, Bezeichnungen für Volk und Land d.
Deutschen vom 10. b. z. 13. Jh. Heidelberg (VIII, 271 S.) — M. Heyne,
Fünf Bücher deutscher Hausaltertümer v. d. ältesten geschichtl. Zeiten b. z.
16. Jh. Bd. 2. Das dtsch. Nahrungswesen. Leipzig (VII, 408 S.) — G. Hirth,
Kulturgesch. Bilderbuch aus 3. Jahrh. 2. Aufl. 72. (Schluss-)Lf. (6. Bd.
S. 2273 — 2303 nebst Text S. V—XI). München. — Barthel Stein's
Beschreibung v. Schlesien u. s. Hauptstadt Breslau. Hrg. v. H. Markgraf.
(Scriptores rerum Siles. Bd. 17.) Breslau (XVI, 108 S.) — Ch. Nerlinger,
La vie à Strasbourg au commenc. du 17e s. Paris (333 p.) — V. du
Bled, La société française du 16e s. au 20e s. IIe série: 17e s. Paris
(XII, 331 p.) — G. d'Avenel, Étude d'histoire sociale. La Noblesse
française sous Richelieu. Paris (365 p.) — H. Beaune, Scènes de la vie
privée au 18e s. Lyon (41 p.) — A. Rambaud, Hist. de la civilisation
contemporaine en France. 6. éd. Paris (X, 838 p.) — Edw. Potts
Cheyney, An introduction to the industr. and social history of Eng-
land. New York (10, 317 p.) — H. Hall, Society in the Elizabethan Age.
New. ed. Lond. (314 p.) — G. Morley, Shakespeare's Greenwood. The
customs of the country, the language, the superstitions, the customs, the
Folk-Lore, the birds and trees, the parson, the poets, the novelist. Lond.
(XX, 289 p.) — J. Ashton, England 100 years ago or the dawn of the
nineteenth Century. A social sketch of the times. Lond. (496 p.) — H. G.
Graham, The social life of Scotland in the 18th century. Lond. (558 p.)
— J. Murray, Life in Scotland 100 Years ago, as reflected in the old
statist. account of Scotland 1791. 99. Lond. (281 p.) — J. Rhys and
D. B. Jones, The Welsh people: chapters on their origin, history, laws,
language, litterature and characteristics. 2. ed. Lond. (VIII, 308 p.) —
G. H. Betz, Het Haagsche leven in de tweede helft d. 17. eeuw.
s'Gravenh. (167 S.) — P. Milukow, Skizzen russ. Kulturgeschichte.
Deutsche Ausg. v. E. Davidson. 2. Bd. Lpz. (IX, 447 S., 1 Taf.) —
E. Carlebach, D. rechtl. u. sozialen Verhältnisse der jüd. Gemeinden
Speyer, Worms u. Mainz v. ihren Anfängen b. z. Mitte d. 14. Jh. Lpz.
(V, 90 S.) — J. E. Scherer, Beiträge z. Gesch. d. Judenrechts im M. A.,
m. bes. Bedachtn. auf die Länder der öst.-ungar. Monarchie. Bd. I. Lpz.
(XX, 671 S.) — H. Lucien-Brun, La condition des juifs en France
depuis 1789. 2. éd. Paris (404 p.) — E. H. Parker, China, her history,
diplomacy and commerce from the earliest times to the present day. Lond.
(XX, 332 p. 19 maps.) — W. Grube, Zur Pekinger Volkskunde (Veröff..
a. d. kgl. Museum f. Völkerk. VII, ¼). Berlin (III. 160 S. 10 Taf.) —
H. E. Morris, The history of colonisation from the earliest times to
the present day. 2. vols. Lond. — G. Saintsbury, A hist. of criticism
and litterary taste in Europa. Vol. I. Classic. and mediev. criticism. Lond.

(516 p.) — S. S. Laurie, Historical Survey of Pre-Christian Education.
2. ed. Lond. (424 p.) — Th. Davidson, A history of education. Lond.
(VIII, 292 p.) — E. Martig, Gesch. d. Erziehung in ihren Grundzügen
m. bes. Berücksicht. d. Volksschule. Bern (VI, 348 S.) — G. Rauschen,
Das griech.-röm. Schulwesen z. Z. d. ausgeh. Heidentums. Bonn (VI,
86 S.) — L. Chabaud, Les Précurseurs du féminisme. Mᵐᵉ de Maintenon,
de Genlis et Campan; leur rôle dans l'éducation chrét. d. l. femme.
Paris (XXIV, 339 p.) — K. A. Schmid, Gesch. d. Erziehung. V, 1:
H. Bender, Gesch. d. Gelehrtenschulwesens i. Deutschl. seit der Re-
formation; G. Schmid, Das „neuzeitl. nationale" Gymnasium. Stuttg.
(VIII, 511 S.) — G. Bauch, Die Anfänge des Humanismus in Ingolstadt.
E. litt. Studie z. deutsch. Universitätsgesch. (Hist. Bibliothek. XIII.)
München (XIII, 115 S.) — Die Matrikel d. Univ. Rostock. ᵢᵥ, 1. Mich.
1694 — Ost. 1747. Hrsg. v. A. Hofmeister. Rostock (240 S.) — G. Zedler,
Gutenberg-Forschungen. Lpz. (VII, 165 S. 4 Taf.) — H. Plomer, A
short hist. of English Printing 1476—1898. Lond. (346 p.) — H. Nentwig,
Das ältere Buchwesen in Braunschweig. Beitr. z. Gesch. d. Stadtbibliothek
(Cbl. f. Bibl. Wesen Beiheft 25). Lpz. (63 S. 1 Taf.) — P. Renouard,
Documents sur les imprimeurs, libraires, cartiers, graveurs, fondeurs de
lettres, relieurs etc. etc. ayant exercé à Paris de 1450 à 1600. Paris (XI,
368 p.) — Jos. Hansen, Quellen u. Untersuchungen zur Gesch. d.
Hexenwahns u. d. Hexenverfolgung im M. A. Mit e. Untersuch. d. Gesch.
d. Wortes Hexe von Johs. Franck. Bonn (XI, 703 S.) — A. Jaulmes,
Essai sur le satanisme et la superstition au m. a., précédé d'une introduc-
tion sur leurs origines. Thèse. Montauban (110 p.) — G. Millunzà, S.
Salomone Mariano, Un processo di stregoneria nel 1623 in Sicilia. Palermo
(127 p. 2 tav.) — R. Eckart, Stand u. Beruf im Volksmund. E. Samml.
v. Sprichwörtern u. sprichw. Redensarten. Göttingen (252 S.) — R. Andree,
Braunschweiger Volkskunde. 2. Aufl. Braunschw. (XVIII, 531 S. 12 Taf.) —
J. Rhys, Celtic Folklore: Welsh and Manx. 2 vols. Oxford (448, 320 p.) —
P. Sébillot, Le Folk-Lore des pêcheurs. Paris (397 p.) — K. Th.
v. Inama-Sternegg, Deutsche Wirtschaftsgeschichte III. 2. Theil.
Leipz. (XVIII, 559 S.) — K. Grünberg, Studien z. österr. Agrargeschichte.
Leipz. (VI, 281 S.) — H. Sée, Les classes rurales et le régime domanial
en France au m. a. Paris (XXXVII, 639 p.) — E. Loncao, Il lavoro
e le classi rurali in Sicilia durante e dopo il feudalismo. Palermo (VIII,
132 p.) — A. Gerber, Beitr. zur Geschichte des Stadtwaldes v. Freiburg i. B.
(Volkswirtsch. Abhandl. d. badischen Hochschulen 5, 2.) Tübingen (XII, 130 S.)
— E. Mummenhoff, Der Handwerker in der deutschen Vergangenheit
(Monographien zur deutschen Kulturgesch. Bd. 8). Leipzig (141 S.) —
E. Pariset, Hist. de la fabrique lyonnaise. Étude sur le régime social et
économique de l'industrie de la soie à Lyon depuis le 16ᵉ s. Lyon (433 p.) —
G. Beaumont, L'industrie cotonnière en Normandie. Son hist. sous les
différents régimes douaniers. Paris (216 p.) — G. F. Steffen, Studien z.
Gesch. d. engl. Lohnarbeiter m. besond. Berücksicht. der Veränderungen
ihrer Lebenshaltungen. 1 Bd. 2. Teil. Stuttg. (S. 177—368.) — S. Moltke,

Die Leipziger Kramerinnung i. 15. u. 16. Jh. Zugleich e. Beitr. zur Leipziger Handelsgesch. Leipz. (186 S.) — L. L. P r i c e, A short history of English commerce and industry. Lond. (XI, 252 p.) — A. D o r e n, Studien a. d. Florentiner Wirtschaftsgesch. I. Die Florent. Wollentuchindustrie v. 14. b. z. 16. Jh. Stuttg. (XXII, 583 S.) — D. W a n j o n, Geschiedenis van den Nederlandschen handel sedert 1795. Haarlem. — E. A. B a r b e r, American glassware old and new: a sketch of the glass industry in the U. S. and manual for collectors of historical bottles. Philadelphia (112 p.) — E. L e c l a i r, Hist. de la pharmacie à Lille de 1301 à l'an XI (1803). Lille (XXII, 399 p.) — A l e z a i s, Les anciens chirurgiens et barbiers de Marseille. Paris (216 p.) — E. R o l l a n d, Flore populaire ou Histoire naturelle . des plantes dans leurs rapports avec la linguistique et le folklore. T. 3. Paris (382 p.) — A. M a u m e n é, L'art floral à travers les siècles. Ouvr. ill. Paris (113 p.).

Vier Münsterische Hofordnungen des 16. Jahrhunderts.

Mitgeteilt von Reinhard Lüdicke.

Die nachfolgenden vier Hofordnungen kamen mir bei meinen
Arbeiten über die Entstehung der landesherrlichen Centralbehörden
des alten Bistums Münster[1]) in die Hände. Wenn auch das,
was sie für meinen damaligen Zweck boten, verhältnismäßig wenig
war, so hat mich die auf ihre Durchsicht verwendete Arbeit keineswegs gereut. Boten sie doch eine Fülle von interessanten Einblicken in das Leben und Treiben am Hofe des Fürstbischofs von
Münster im 16. Jahrhundert. Das darin enthaltene kulturhistorische Material schien mir eine Veröffentlichung zu verdienen.
Als ein Grund mehr fiel dabei ins Gewicht, daß auf diese Weise
der wertvolle Stoff, den selbst auszubeuten ich in absehbarer Zeit
nicht in der Lage sein werde, anderen bekannt und zugänglich gemacht wird; über manche Einzelheiten dürften sich in den Akten
des Königlichen Staatsarchivs zu Münster i. W. auch noch wertvolle
Ergänzungen finden.

Auf die vollständige Wiedergabe der sämtlichen erhaltenen vier
Ordnungen konnte verzichtet werden, da je zwei und zwei von ihnen
in näheren Beziehungen stehen. Die älteste ist am 1. Oktober 1536
unter Bischof Franz von Waldeck aufgerichtet. Die zweite (vom
13. Februar 1547), von demselben Bischof erlassen, ist eine Verbesserung und Erweiterung jener ersten; bei wörtlicher Anlehnung
konnte also auf diese verwiesen werden.

Die nächste Hofordnung, von der wir wissen, wurde von
Bischof Johann von Hoya bei Übernahme der Regierung den

---

[1]) Erscheint demnächst in Bd. LIX der „Zeitschrift für vaterländische
Geschichte und Altertumskunde Westfalens".

Landräten vorgelegt und von ihnen gutgeheißen; sie ist bis jetzt leider nicht auffindbar gewesen. Um ihre oft mißachteten Vorschriften wieder in Erinnerung zu bringen, erließ Johann am 15. November 1573 eine neue Verordnung für den Hof, die hier als Nr. III wiedergegeben ist. Die vierte Ordnung, welche der junge Administrator Johann Wilhelm, der spätere letzte Herzog von Kleve, am 26. September 1580 veröffentlichte, schließt sich so eng an die von 1573 an, daß es genügte, bei dieser in den Anmerkungen Abweichungen, soweit solche überhaupt vorhanden, zu verzeichnen.

In Bezug auf die Orthographie sei bemerkt, daß grundsätzlich die ursprüngliche Schreibweise beibehalten wurde. Doch wurde ein für allemal an Stelle von „undt", „unnd" „unndt" einfach die heutige Form „und" gesetzt und die sinnlose und ganz willkürliche Verdoppelung des „n" in der Schlußsilbe „en" beseitigt. „u" und „v" sind in den Originalen derart gebraucht, daß zu Beginn des Wortes stets „v", in Wortmitte stets „u" geschrieben ist, gleichgültig, ob der Konsonant oder der Vokal gemeint ist; stattdessen wurde bei der Abschrift unser heutiger Gebrauch gesetzt, um das Lesen zu erleichtern.

Manuskript VI, 9₂ (Kgl. Staatsarchiv zu Münster)
d. d. 1536 Sonntag nach Michaelis Arch. (1. Oktober).

Original.

1.[1] Im Jar XVᶜXXXVI Sondags na Michaelis Archangeli to Horstmar is nafolgende Hofordenonge widerumb verniget und upgerichtet worden.

2. Wy Franciscus 2c. willen unsern Hof, doch alles na Rade und verbetterunge unser Rede, in nachfolgender wiße gestalt und verordent hebben, wu sick dan ock datsulve na verlope der tide thobragen.

3. Item tom Ersten Nademe got almechtig uns mit dreen stiften versehen, hebben wy unse wesenlich hofholdunge in dreideil des Jars verdeilet und verordenet. Nemlich dat von galli an thorecken bis Cathedra Petri tho Jborch, von der tidt bis Nativitat. Johannis tom Petershagen, Von Johannis

---

[1] Die §-Zahlen sind im Anschuß an die Absätze des Originals hinzugesetzt.

widder biß tho Galli to Horstmar de Hofholdungen und
leger sal geholden werden.

4. Item tom andern hebben wy Frederich von Twisten tho unsem Hofmester, Radt und dener verordent und angenommen
und sall up alle unses Hoifs bevelh und amptere ein vlitigh up-
sehent hebben, dat alles im hove ordentlich thoghae und sal
sich ock up der Cantzelrien Radswiße mede gebruken laten.

5. Item Lippolt von Canstein unse Hofmarschalken sal thor
maltidt, in sonderhen wanner fremde graven hern potschaft
eder Junkern na gelegenheit aukomen, mede vor de koken
ghan und vlitige upsicht hebben, dat darsulvest ordentlich
angerichtet, gespißet und einem Idern tho sale na gebor gegeven werd. Im velde sal he sick, wu einem marschalck tho-
behoert, ock gebruken laten und sines bevels warden. Ock
davor sin, dat gin unwille, tweidracht eder andere uneinigkeit
twischen unsem hovegesinde erheve. Dar aver solchs wes ent-
stunde eder we solcks sals gebreck hedde, sal ein ider sodans
em als dem Marschalcken anzeigen. Sal he darumb thom
frede handeln eder uns umb hanthavinge ansoken allet na
gestalter saken.

6. Item de kokenmester, So wy verordenet, Sal uns gelavet
und geschworn zin, tho token, keller, back- und browhuse
schlotel hebben, den mester und hußkock fleisch, feschwerck, Profiande und andere notturft overreicken und thostellen und ein
vleitig upsehen hebben in koken, keller, browhuse und back-
huse, dat allet na besten rade und profit angerichtet und ge-
maket werde. Eth sal ock de kokenmester vlitig achtunge und
upsicht hebben, dat de spiße geschicklich und nutbarlich gekocht,
thogericht und na gestalt der personen an den dischen verdeilet und verspißet, darmede gude ordenonge geholden
und unrradt verhoit werde und ane verlofnis der bevelhebbers
nicht verrucket und afgeschelft, darup ock ein volgend hoff-
portener vlitig upsicht nemen und sulen[1]) in ginen wegk
gestaden sal bie vermedonge unses g. h. straif, und dat ock
den affpisern nicht anders dan na nottorfft und anthaell
der personen gegeven werde.

---

[1]) Soll heißen: „sulchs" (Ordn. v. 1547).

7. Eth sal ock gin kock oder imandt anders in be spiße Cammer of keller, darinne be Profiande verwardt zin, ghan sonder be kockenmester oder sinen schriver.

8. Item be kockenmester[1]) Sal alle dingk profiande und anders upschriven, und, von dem jennen he entfenget, in maten wu volget, rekenschup doen van fleische, vische, krut, bottern, keße, heringh nicht uthbescheiden, wes in der wecken in der kocken verspißet und verdan is.

9. Item wanner des Morgends und avends tho hove gebiasen, sal be Portener an be Porten kloppen, ein jder finer maltidt warden. Dar sich dan imands upsatlich versumede, dem sal nicht nagespißet werden.

10. Item wanner wy und unse Hoffhgesinde tho dische sitten, Sal Jder tuchtig und stille zin, und wanner dat negste vor dem lesten unsem gerichte up unsem dische werdt upgesath, solten be Jennen, be an sodanen gemeinen dischen sitten, upstan und sick von dem sale ein Jder na sinen geschefften geven.

11. Wanner ock unse leste gerichte werdt upgesath, sollen von unser Junckern und Cantzlien dische kost und laken upgehaven werden; deselven sollen ock alsdan mit unsem dische glick upstan und eres bevels warden.

12. Item be Almuserer sal tho ider maltidt alle gantze brode von den dischen na bescheuer maltidt upheven und wedder in den keller bringen.

13. Wan ock be almusen gegeven, Sall allewegen unser Capellan darby zin, darmede be almusen den notturftigen und armen gegeven werden und nemantz anderst.

14. Item mit der pantquitunge unser hofrede und dener willen wy uns holden na geboir und gelegenheit eines idern ords.

15. Item wanner imands von unsen denern erlofnis in sinen selfsgeschefften thoriden begert, demselven sal in tidt sines afwesens, wo be sine perde tho hove staen lethe, gin foder na rufhoder gequitet werden uthbescheiden unse Rede.

16. Item wy willen ock dat Nemands tho hove nalopende jungen holden sal, dan ben wy deselven thogelaten und vergundt.

17. Item dat be Portener Niemandt unbekands eder, be tho hove

---

') Verschrieben; muß heißen: „kockenschriver" (Ordn. v. 1547).

nicht gehorigk ofte geforbert is, uplate und mit allem vlite
upsicht hebbe, dat an koste gedrenke eder anderes unpillicher
wiße und dorch desenne, dem dat nicht geboerth, afgebragen
werde, heimlich offte apenbar.

18. Item wy willen ock, dat an unsem disch sich nemandt setten
sal, he werde dan van unsem Hofmester, Marschalck iffte dorwerder darane tsitten geforbert.

19. Item darna an der Rede dische sal sick ock nemandt setten,
he werde dan daran geforbert, und sal up unsem dische glick-
metigk geholthen werden.

20. Item am negsten dische darna sollen unse Hoffjunckern gesath
werden, und wanner suß von edellüden welcke automen, wert
de Hofmester, Marschalck of dorwerder einen idern na siner
personen und gelegenheit wol thoverordenen wetten.

21. Item dartogen over an der andern siden am ersten disch
Sollen · unser Cantzelrien Secretarien, Cappellanen, Cantzlie-
schriever sitten und sich nemants anders tho enne dringen
und sol ok ver denselven glick den Junckern gespißet und
angerichtet werden.

22. Item up dusse vorigen drei dische sollen up einen idern twei
der groten kannen mit win gesath und verschenket werden
und suß beers of koit[1]) genoich. Ock sal sick nemants an
der Junckern oder Cantzleien disch ungeheischen setten oder
dringen.

23. Item an derselven siden an demselven negstvolgend disch sollen
unße marsteller edeljungen und dener in dem stal sitten.

24. Item de drompter giger und bravanten sollen sick an einen
disch setten und an ginen overen disch ungeheischen nederslaen.

25. Folgents sollen der Rede und Junckern knechte und dat andere overige hoffgesinde von Hofmester Marschalck na eins
idern gelegenheit an de dische verordenet werden und ein up=
sehent gescheen, dat ein ider disch volgesath werde.

26. Item dat sick ein ider an den disch sette daran he verordent,
des sal ein kokenmester und dorwerder ein vlitig upsicht
hebben und, eher angerichtet werdt, Sal de kokenmester alle

---

[1]) „Koit" oder „Keut" eine besondere Art Bier; vgl. darüber Krumb-
holtz, „Die Gewerbe der Stadt Münster". Einleitung S. 201 ff.

dische na antail und gelegenheit der personen sal anrichten und spißen laten.[1])

27. Und so sich begeven wurde, dat wy unserer gelegenheit nach nicht tho sale eten, dan sal nemandt van junckern eber susten up unser gemack ghan, dar wy eten, dan alleine unse Rede und de up unsen disch tho denen und tho warden verordent sint.

28. Alße balde ock upgehaven is, sal ein iber von sinem disch upstan und nemandt wedder an der dener disch sich geven of setten, ock van stundt alle dringkgeschir hengeholthen werden.

29. Item wanner wy und unse hoffgesinde gegetten hebben dan sal de kokenmester mit den Mester kocken und unsen disch-benern eten und de andern koke schluter und becker sollen over einen andern disch etten.

30. Item de jungen sollen sick upt forderlichste na geholdenem eten wedder von dem dische in de herberge geven, der perde warden und von dem portener ofgelaten werden.

31. Item wy willen ock ernstlich gehat und gtholthen hebben, dat nemant in koken eber keller eten sal sonder verlofnis des hofmesters dorwerder eber kokenmesters.

32. Item Idt sal nemants van knechten und denern der Rede eber Junckern up unse gemack gan ungefordert, sonder ein iber dener und knecht sollen vor unsem gemack up deselvigen ere hern und Junckern verharren und warden.

33. Item derglicken Sal ock dorch unsen kornschriver, den wy ver-ordenen werden, alle wecken schriftlige nawisonge gescheen, wes verbrouwen und verbacken ock an havern verfodert is, und sal derhalven ein gewontlich foederscheppel verorden werden einen idern darmede tho foderende, doch den hoffreden eres gewontligen und teucligen thofoders vorbeholtlich. Ock alle aveude up unse Camer dat foder Register leveren, wes den dach mit hoffgesinde und ankommenden verfoedert wardt, Ock nemands uthbescheiden gewonlich hofgesinde foder geven, he hebbe solchs dem hovemester eber hofmarschalck angezeigt und des bevelh.

---

[1]) Dieser Paragraph ist durch eine Auslassung des Abschreibers ver-dorben; die richtige, wenn auch etwas veränderte Form bietet die Ordnung von 1547.

34. Item up alle unsen husern, dar wy kost holthen und mit unsem Hofleger nicht persönlich thor stede sin, Sal glickewal unse Rentmester dem amptmann alle wecken schriftlige nawisonge doin, wes de wecken albar in unsem afweßen verdain is.

35. Item unse Amptlude, Rentmester und bevelhebbers, den dat thokomen und gedoren wil, Sollen alle jar twischen Michaelis und Martini tho unser erforderonge vor uns und den verordenten unser Dom Capittel eres bevels genoegsam rekenskap und nawisonge doen.

36. Item wy willen ock verschaffen, dat ein ider, dem wy jarlichs besoldunge geven, tho geborligen tiden vernoget eder an gewisse verde tor betalunge gewißet sal werden.

37. Item behalven desenne, de na gewontliger wiße ere kost piegen offthohalen, Sal nemands den dach froe eder spade nicht affgespißet werden, Eth were dan sake, dat etlige unse Rede offte andere dappere Personen im winhuße eder susten in der herberge kost begerden. Den sal de doch mit wetten des amptmans eder kokenschrivers na gebor nicht verwegert werden. Derglicken so imands von hofdenern eder hußgesinde in krankheit und gebreck bevelh, deselven sollen ock mit kost und branck ein ider na geboir und gelegenheit der krankheit underholden und gespißet werden.

38. Item ock sal nemandt win eder fromet beer thom Schlapdrunck gegeven werden dan allein unseu Reden eder den geschickethen unser domcapittel, so de verhanden weren of anderen derglicken furstlichen botschafftern und geschickeden und sal mit dem schlapdruncke in unser Cantzelrien gelick unsen Reden geholden werden.

39. Ock sollen de wyn und bherschencken allen sonnavendt up unser Canzlien glickmetige nawisonge doin, wes de wecken an win und beer verdruncken is.

40. Von unsem gemeinem hofgesinde sal einem idern des avents ein quarte beers eder koits tom schlapbruncke gegeven werden.

41. Ock sollen alle gots lesterer, de den namen gods und siner leven moder mit schweren flocken und anderen unordentligen worden mißbrucken, der glicken ock de Zanckhaftigen und haberer eder desenne, de tom unfrede geneigt und sick nicht in betteronge begeven, in unsem hove nicht verduldet werden.

42. Item wy willen ock so balde up unsem dische angerichtet und gekloppet is, dat dan de porten an unsen schlot thogedain werde und de schlotel sollen unsem dorwerder eder we vor der kost herghait, wan angerichtet, gelevert werden.

43. Und wan der Reisigen Jungen gegetten hebben, Sal de dorwerder eder we an siner stede is upsluten und de jungen und andere hofgesinde, we henuth begert, uthlaten und wederumb thosluten, bis dat de andern und gesinde gegetten hebben; alsdan sal upgesloten werden.

44. Item idt sal ock nemands in kocken eder keller gain, he werde dan darinne dorch den hofmester, Marschalcken, kokenmester eder dorwerder gefordert.

45. Men sal ock den morgen dem hofgesinde twischen seven und acht uhren vor dene kokenfenster ein anbeth und einen drunck vor dem keller geven. Derglicken sal men ennen nichts wegern tuschen ein und twen uhren einen vesper drunck Und utherhalven den twen tiden solten de kocken und kellerfenster thostaen.

[Auf der Rückseite:] Uns fursten hofordenonge.

Manuskript II, 9₂ (Kgl. Staatsarchiv zu Münster)

d. d. 1547 Sonntag nach Scholastika (13. Februar).

Original.

1.[1]) Anno ꝛc. Seven und vertich Sundages na Scholastice tho Horstmar gehandelt.

2. Up vorige der Munsterschen Lantrede, unde Capittels und Stadt Munster Verordenten, ock nagefolgeten twen Lantdageshandelungen beraidtslagigunge, bedencken, und ingestalte Artickel hefft unse g. h. sine f. g. Lantrhede tom deil dussen dach to Horstmar beschreven und sulcke beradtslagte Artickel und bedencken vorhanden genomen und gruntlich laten erwegen. Und dewiten im sodaner verfaster ordenunge erstlich bedacht, dat alle lantsaken, ock alle unordenunge up den huseren, und Ampteren, mit den Lantrheden in betteringe und vorraith to stellen, und aver ditmael deselven nicht by ein ander, So hebben de anwesenden nafolgenden eren getruwen

---

¹) Die §-Zahlen sind im Anschluß an die Absätze des Originals hinzugesetzt.

vorschlagh mit der Hoffhaldunge up unses g. h. wolgefallen und verbetterunge laten anteiken.

3. Erstlich den Canßler belangen hefft de licentiat Mummeburch unses g. h., der Lantrede, Capittels und Stadt Munster verordenten genedich und frundlich anholden sich darin (den lande und undersaten tom besten und walstande, darmit ock de Reformation in folge und bestendichen bliven moge) begeven und handelen laten, dat he sick des Canßelariaß wil versoeken und gebruken up de Artickel siner bestellinge.

4. Durnegest mit twen Secretarien to handelen, dat erer ein ider ein Maent umb de ander to have sy.

5. Item geschickte fromme Munstersch geborne Canßliegesellen und Schriver thebben, de eres bevels truwlich und mit vlit uthwarden und by der Canßlie bliven und aen erloiffnis der Oversten sich nicht verlesen, und dat de Gesellen up den Canßler und Secretarien sehen mit schriven, in Canßlieffschen sachen truwelich und ehrlich handelen, dat ock deselven, wu in anderen Chur und Furstlichen Canßlien gebrucklich, wal gehalben und versorget werden, dat sick ock nemanß im have aen den Canßler, Rede und twen Secretarien einiges anbrengens werffunge dreve to entfangen, obber in Canßlie ampß offt lantsaken underneme, gebruke obber indringe, dat ock nemanß van Hoiffdeneren ane erloiffnis in de Canßlie komme.

6. Item de Marschalck des Ampß sich Cordt Ketteler uth beschenen begeren angenommen, sal . . . .[1])

7. Ein Dorwerder, de sins Ampß truwelich warneme, nemlich, dat be steiß by den heren to have sy. Alle ankomende dreve und geschickten ansoeken an den heren to brengen. Van ginen ansoekenden parthien gelt tonemen, dat ehr anliggen off dreve an den Fursten off de Rhede, de bevel hebben, anbracht werden, und forderliche antwort to verschaffen.

8. Item doit de Dorwerder sampt den kockenschriver alle maltibt upsicht und ordenunge geven, dat ein Ider disch na antal der personen gespiset und angerichtet werde, und dat Ider disch mit sinen behorligen personen besat werde und sich frombde aen heischen nicht by setten.

---

[1]) u. s. w. wie 1536: 5.

9. Item de Kockenmeſter und Kockenſchriver, ſollen unſen g. h. gelobt und geſwaren ſin ......[1])

10. Es ſoll ock ......[1])

11. Eth ſall ......[2])

12. Item de kockenſchriver ſal ......[3])

13. Item wanner ......[4])

14. Item wanner unſe g. h. und ſiner f. g. Hoffgeſinde to diſche ſitten, Sall ein Jder tüchtig und ſtil ſin, Und wanner dat negeſte vor den leſten unſes g. h. gerichte up ſ. f. g. diſch wert upgeſat, Alſdan ſal de Almuſerer ebder de des bevel hefft up den gemeinen diſchen de koſt und laken affnemen, und wanner unſes g. h. leſte gerichte upgeſat, ſollen de genne, ſo an ...[5])

15. De Jungen ſollen na upgeſtanden Knechten by em to ſaele kammen und ſich ſemptlich ſpiſen laten und de Knechte in mitter tidt de perde waerden.

16. Item ...[6])

17. De folgende Witbecker ſall vor uphaven der diſchlakens dat hell ungeſnedden droith truwlich upnemen und webber to diſche heel upbringen und dat nemant droit off ſpiſe uner-lofft heimlich off oppentlich affbrenge.

18. Worde aver van Knechten Jungen off anderen hierengegen be-funden, den ſall de Hoffmarſchalck er ſtraef geven. Wer ock jemants, de gar offt ungaer ſpiſe affdroge, de ſal des haves als ein untreuwer werden gewiſet. Wat aver mit willen und geheiß des kockenmeiſters off der Rhede afgeſchickt, Sall in bevel des Hoffmarſchalcks und kockenmeſters ſthaen.

19. Item jeger, viſcher und weidelude ſollen by ſtraef gin wilt-brait off vogelwerck und viſche an ander orde keren, dan to have brengen mit ernſtliger upſicht des Kockenmeſters und Kockenſchrivers.

---

[1]) u. ſ. w. wie 1536: 6.

[2]) u. ſ. w. wie 1536: 7.

[3]) u. ſ. w. wie 1536: 8.

[4]) u. ſ. w. wie 1536: 9.

[5]) Der Schluß wie 1536: 10 (Ende und 11.

[6]) u. ſ. w. wie 1536: 12.

20. Wan ock de almissen gegeven, sall allwege einer unses g. heren Cappelanen darby ...¹)

21. Item ...,²) dat ein Jder durch unsen g. h. offt den ampt=man yn upbrecken des legers betalt werde, sick wedder mit noittrofft up kumstich leger gefast to maken.

22. Item ...³) Dergeliken up unses g. h. Hoff to Munster ebber ander ampthuser nemantz aen unses g. h. bevei und schrifft verplegen.

23. Item ...⁴)

24. Item ...⁵)

25. Item ...⁶)

26. Item ...⁷)

27. Item darna an dem anderen dische Sollen ...⁸)

28. Item darna an den britten bisch na den Junckern und der Cantzlie sollen unses g. h. Marsteller ebbeljungen und bener in dem⁹) Stalle Knechte sitten und mit erem anrichten sick benogen laten.

29. Item na der Stalknechte bisch, sollen de Rhede und Junkern knechte sitten, und dat ander overige hoffgesinde vom Mar=schalck ...¹⁰) Averst wanner de bische nicht besat, Sall unse Bevelhebber im Sale darup sehen, dat se nagrade genuchsam besetzt werden. Und wer also van Enne van anderen dischen sick an den solvigen bisch, so nicht genochsam besat, gefurdert wirde, derselvige schal sick tor stunt an jenige webberrede barhen vortfaren und setten laten.

30. Item dat sick ein Jder an den bisch sette, darahn he ver=ordent, des sal ein kochenmester, Dorwerder und kockenschriwer ein olitich upsicht hebben, und wanner angerichtet wert, sal

----

¹) u. s. w. wie 1536: 13.

²) u. s. w. wie 1536: 14.

³) u. s. w. wie 1536: 15, doch fehlt zum Schlusse: „uthbescheiden unse Rede".

⁴) u. s. w. wie 1536: 16.

⁵) u. s. w. wie 1536: 17 mit dem Zwischensatze hinter „vlite": „by ver=luiß sins denstes".

⁶) Wie 1536: 18; es fehlt: „Hoffmester".

⁷) Wie 1536: 20: „Hoffmester" fehlt.

⁸) Wie 1536: 21.

⁹) Zusatz; irrtümlich! Vgl. oben 15.

¹⁰) Wie 1536: 25 Schluß.

be kochenschriver alle dische, wu de besettet sin, besehen, up dat he wette, wes he up einen ideren disch na antat und gelegenheit der personen sall anrichten und spisen taten.

31. Item so . . .[1])

32. Item also . . .[2]) und nemant wedder an der ungegetten disches dener [disch?] sich geven, ock . . .[2])

33. Item wanner . . .[3])

34. So wil . . .[4]) sunder verloiffnis des Marschalckes, Dorwerders, Kochenmesters oder Kochenschrivers. So averst in kocken und keller dar entboven Imants befunden wurde, sollen unse Amptlude bevelch hebben de ungehorsamen sampt den Sluteren und Kocken darumb antosehen und straiffen.

35. Item . . .[5])

36. Item . . .[6]) luit der principael ordenunge.

37. Item . . .[7]) Rhede offte susten in der Herberge . . .[7]) amptmans offte kockenmeisters oder kockenschrivers . . .[7]) in Krankheit bevellen under holden und gespiset werden.

38. Item . . .[8]) Rheden und Cantzlien edder den geschickten . . .[8]) wie van otders gebrucklich.

39. Eth sollen ock . . .[9])

40. Item eth sollen ock . . .[10])

41. Men . . .[11])

42. Frombder Fursten und Graven Bodden sall de porte werden geoppent mede an de dissch na Ordnunge der haves Bevelhebbern to have to eten. Aver ander gemeine bobden den

---

[1]) Wie 1536: 27.

[2]) Vgl. 1536: 28.

[3]) Wie 1536: 29.

[4]) Wie 1536: 31.

[5]) Wie 1536: 33; doch ist hier 1547 die Vergangenheit gesetzt, wo damals von der Zukunft die Rede war; fortgefallen ist 1547 der Vorbehalt betr. die Hofräte, zugesetzt hinter „Camer": „oder in erer f. g. Cantzlie".

[6]) Wie 1536; jedoch fehlt 1547: „und den verordenten unser Domcapittel".

[7]) Vgl. 1536: 37.

[8]) Vgl. 1536: 38.

[9]) Vgl. 1536: 41.

[10]) Vgl. 1536: 42.

[11]) Wie 1536: 15.

kan men na gelegenheit in de portte, off sußz werden gegeven.[1])

43. Item XV Henxte und viff Clepper in unses g. h. Marstalle.
Unse g. h. ein und hir nuder vheer dann Adel eder ander
reisige knecht werhafftich, de mede up den Hinxten sitten und
up siner s. g. disch dienen helpen.

44. Ein Dverst Stalknecht und viff knechte
Rustmester de up den heren wardet
Twe Jungen vam Adel im Stael
Twe Jungen up der Kamer van Adel
Twe Carneppe
Ein Camerknecht, vorhen to riden und gemack to bereden
Winknecht einen Clepper.

45. Item de im stall sin mit dem Hoffsmet sollen der Henxte
und Clepper mit den Karneppen iber vor sin hovet getruwe
vlitige upsicht halben und den Dversten Stalknecht gehoer
geven.   Des de Hoiffmarschalck ein ernstlich upsicht doen sal,
und welcher darmet nicht benogich, sall einen anderen dienst
soeken.   Und sollen sich dusse berorte Stalknechte und Jungen
steitz to Have an einem dissche setten und na gehaldener
maeltidt stracks by eren denst in den stal geven.

46. Item sall de Marschalck, Dorwerder und kockenmeister orde=
nunge geven, wo men sick im stal mit der soppen namiddages
etten und slapdruncke sall holden.

47. Item ein Meister kock mit twen geschickten underknechten.
Item einen starcken und kleinen koicken Jungen Und dar
dat Hoffleger isz, Sall de Hußkoick mit sinem Jungen des
Kockenmesters und Amptmans bevell mit schlachten und
anderen hueßlicken sacken truwelich warden und dem Kockenmeister und Kockenschriver gehor und gehorsam lesten Ock
nemandts in de Kocken gestadet werden aen bevel und willen
der kocken Bevelhebber.

48. Item Winkeller: einen geschickten Munsterischen vam Adell
tom Winschenck mit twein perden toholden, de des geschenckes,
Winkellers und dissche, dar men wyn geven sall, ock aff und
an im Winkeller upsicht und bevel hebben.   Und dat Eme

de Winknecht gehoer geve und sall nemantz in den Keller
gaen, he werde durch den Marschalck offte Rhede na gelegen=
heit darin gewiset und erlovet. Item men sall de reckenunge
mit denn wyn und wynfoer den Rheden vorbrengen.

49. Item dar dat Hoiffleger is, Sal die Amptman off Renth-
meſter den ganzen dach up den huißrait ſehen Und in
kocken, kelter und allen orteren na Amptzplicht handelen und,
ſo we unrait ſpaerde, denn Dverſten des hoves anziegen.

50. Item einen Snider mit einem knechte und Jungen to
halden und, wanner men de cleidünge bereit maken ſall, alſtan
Eme etlige hulper to underhalden. Sal ſich darup benoigen
laten mit ſinem geſchenck, ſo van den becledeten tor vererunge
gegeven wert. Und ſollen in uthdeilung der Sommer und
wintercleidunge ock in entfangen der doeker de Marſchalck und
ander rede (gleichsfals ock der ſpezerien) by ſin und ordnen.
Und die Regiſter mit einen Secretarien taten verſaten Und
de overigen doiker in ein beſunder verwaringe ſtellen, dat
nicht aen bevel unſes g. heren und der hoiffreden uthtodeilen.
Dat ock iber na ſiner geſtalt doeck bekomme de Sommer=
cledunge up pinxten und wintercledung up Martini uthtodelen.

51. Canzler   IIII perde   Hoffrait von Adel IIII perde
    Hoffmarſchalck   V   „   Dorwerder   III   „
    Kockenmeſter   III   „   Weinſchenck   II
    Item II vom Adel   VI   „   Vheer Schutten   IIII   „
    Noch II, iber mit   II   „   Twe Ridenbobden   II   „
    Twe Secretarien   II   „   Canzlie Knecht   I perdt
    Camerwage   IV   „   Meſter kock   I   „
    Kockenſchriver   I   perdt   Wiltſchutten   I
    Trumpter   I   „

52.   Wagenlude und gemeine Hoffgeſinde.
    Winknecht   Hoffportener
    Sulverknecht   Hoeffſmedesknecht
    Witbecker   Vinckenfenger
    Vuerbocter   Berndt Sonne.
    Jegerknecht und Junge

53. Item de Dorwerder mit den Amptman ſall Jdern in upbrecken des tegers off ſuß anderen unſes g. heren reiſen de
wagen und wracht ordenen und bevellen.

54. Cantzlie Schriver IIII.

55. Item baven de Hoff und lantrede und hoffjunkeren mit an=
deren deneren und Amptluden noch twintich van Munster=
schen Adel, na Rade der Rhede to ordinen, up Jder persoin
ein Sommercleidunge to schicken und up ider persoin VI Ellen.

56. Off ock Jmantz van den geordenten Hoff Rheden und Ampts.
Bevelhebberen oder andere Hoffdener by unsen g. heren hin=
derrucks oder suſt bedragen worden, Sal unse g. h. einem
iberen to verantwaringe ock den andrager vorhovet und to
redden stellen, dat ein iber na siner verhandelunge seine
straf neme.

57. Dusse vorgeschreven versatede Artickel hebn de Rhede, ver=
ordenten und dener uth getruwer guder wolmeinonge und up
er eide und plicht als van wegen des Stiffts Munster vor=
geschlagen by unsen gnedigen heren wider to bedencken und
verbetteren na siner f. g. Raide und wolgefallen. Und sall
de Hovet beradtslagte Ordnung eres Inneholdes van worden
to worden mit willen, wetten und raide der hoeffter van
Munsterschen Stenden ingestalt Und van unsem g. h. be=
willigt und togesacht in erer macht werkunge und foige bliven
und gehalden werden.

[Das letzte Blatt ist fortgeschnitten; nach noch sichtbaren
Schnörkeln ist sicher, daß darauf noch etwas geschrieben war; doch
ist nicht erkennbar, ob es sich um mehr als Registraturvermerke
und vielleicht eine Datierung handelte.]

Manuskriptsammlung VI, 9_2 (Kgl. Staatsarchiv zu Münster)
    d. d. Ahaus 1573; 15. X.
        Horstmar 1580; 26. IX.
                                            Original.
Hofordnung; publiziert zu Ahaus 1573, Oktober 15.

[Nur wenig verändert gelangte diese Ordnung zu Horstmar
1580, September 26, von neuem zur Publikation.

Die wenigen Abweichungen, die zum großen Teil vollständig
oder andeutungsweise vorläufig in das Exemplar von 1573 ein=
getragen wurden, sind unten in den Anmerkungen verzeichnet;
nicht berücksichtigt sind dabei rein sprachliche oder orthographische
Varianten.]

Nachdem der hochwurdiger Furst und Her, Her Johann Bischoff zu Münster, Administrator der Stifte Osnabrugt und Paderborn pp. mein gnediger Furst und Her, kurtzverschienner Jahren uff beschehene ordentliche einhellige Whall die Regierung des Stiffts Münster in Nhamen des Almechtigen angenommen und zu Befurderungh Gotts Ehr und der Underthanen Wolfartt und Gedey, auch Erhaltung gutten ordentlichen richtigen Regiments eine gmeine Hoffordnungh abtesen und publicieren laßen,

Und aber der eingerißener mannigfältiger schedtlicher Unordnungh halber ire Fürstl. Gnaden fur ein hohe Notturfft erachtet, gerurte Hoffordnungh nochmalß zu beßerer der Hoffdiener und Angehorigen Erinnerung und steter vester Haltung derselbigen dem gmeinem Hoffgesindt furhalten zu laßen,

1. So wollen anfenglich ire Fürstl. Gnaden einen jeden irer Fürstl. Gnaden Hoffgesindts, so wolt dero Räthe und Junkern alß andere Dienere hiemitt gnediglich ermanet haben,[1] das sie zuvorderst fur allen Dingen das Reich Gotts suchen, Gott den Almechtigen fur Augen haben und zu der Behueff uff alle Soutage und andere gebotten Veirtägen der Meßen und Predigh, wan darzu geleutet, mit gepurender christlicher Andacht beiwonnen und sonsten sich selbsten zum Rhum und Besten alles erbarlichen Handelß und Lebens verhalten sollen und wollen.

2. Negst diesem wollen ire Fürstl. Gnaden, das ein viertheill des Morgens vor zehen und des Abents ein viertheill fur funff Uhren soll zur furstlicher Maelzeit geblasen und fur

---

[1] 1580 lautet die Einleitung:

„Nachdem der Hoichwurtigh, Durchleuchtigh, Hoichgeborner Jursth und Her, Her Johans Wilhelm, Hertzoch zu Gulich, Cleve und Berge, Graff zu der Marck und Ravenßbergh, Her zu Ravenstein & durch Versehung des Almechtigen, und einhelligen Consens eines Erwurdigen Thumbcapittels, zu einem Administratorn und Heubt dießes Stiffts auff und angenhommen und daher gnedichlich entschloßen, Godt dem Almechtigen zu Eheren und deßem Stifft zu erspreißlichen Gedien und Wolfart mittelst Godtlicher Gnaden ein ordentlich Regiment zu furen und demnach under andern pillich verorsaicht in derselben Hoffhaltungh gutte Ordnungh und Maeß anzustelle,

So wollen anfenclich Ire F. G. einem Jeden derselben Hoffgesins, sowoll dero Raethe und Junckern als andere Deinere hiemitt gnedichlich ermanett haben, ..."

ire Fürstl. Gnaden an derselbigen geselligen Ortt, wie dan auch imgleichen fur die Räthe durch den Pantier oder, welcher sein Statt vertritt, der Disch reinlich und der Gepur gedeckt und durch den Weinschenck die Drunckgeschir uffgebracht und an iren Ort gesetzt werden.

3. Und dweill die Junckern uff irer Fürstl. Gnaden Disch Mittags umb zehen Uhren warten mußen und indem die Maelzeit sich etwas langk verziehen koudte, so soll inen zu Entnochterung des Morgens umb neun Uhren, wan fur die Diener Maelzeit geleutet, durch den Sadelknecht ein Disch uff der Hoffstueben oder Sahll nach Gelegenheit der Heußer und Befelch des Hoffmeisters gedeckt und die Sop neben einen Becher Weinß dargereicht,[1] sonst aber niemandt von dem Hoffgesindt die Sop gegeben werden.

4. Fur die Secretarien und Substituten sott gleichfalß, wan zu furstlicher Maelzeit wie obgemelt geblasen, durch den Sadelknecht die Dische in dem Sahll oder furstlichen Hoffstueben gedeckt und von den Witbecker mit notturfftigen Broit belegt werden, doch Acht haben, da die Dische nicht allerdinge besetzt, das das unnotturfftigh Broitt wieder uffgehaben und verwardt werde und soll uff der Secretarien Disch ein Viertheill Weinß[2] gegeben, da aber inen etliche frembde zugesetzt, uff welche doch der Hoffmeister bescheidentliche Acht haben soll, inen alßdann ein mehrers nach Bescheidenheit deßelben gefolgt, aber uff der Substituten Disch jeder Maelzeit ein haid Viertheill Weinß gesetzt[3] werden. Und sopalt der Hoffmeister zum letzten Maell die Speise für hochgemelten unsern gnedigen Hern ufftragen laßet, soll er Verordnungh thuen, das die Dische uffgenommen und dieselb, so daran sitzen, uffstehen und soll sonst nach uffgehabenen Dischen weder den Junckern noch auch Cantleien einiger Schlaeffdrunck an Wein nicht gegeben werden.[4]

---

[1] 1580 ist hier eingeschoben: „Und haitt mein g. F. und Her auff beschehene Furbitt der Junckern dem Hoffgesinde die Suppe nachgegieben".

[2] 1580: „vier Maeß Weins".

[3] Die Worte „aber — gesetzt" 1580 ausgefallen.

[4] Zusatz 1580: „ahn Bier soll innen, wie auch den Knechten die Gebuer auff eine sichere verordnete Maeß gefolgt werden".

5. Und wanneße Mittags und Abeuts zu Eßen geblaßen, so
sollen die Junckern im selbigen furstlichen Mittags- und
Abents-Essen ires Diensts mit Fleiß (wie sie auch sonsten uff
meynen gnedigen Hern jeder Zeit Acht zu nemmen) warten
und uff Gesinnen des Hoffmeisters, oder seins Ampßt Ver-
trettern, die Speise nach beschehenen Credentzen vor ire
Fürstl. Gnaden, wie sich gepurt, ufftragen und von dem Disch
hin und wieder liechtfertig nit abweichen oder sich bei andern Dischen oder sonsten Essens und Drinckens halben
begeben (wie sie sich daun auch insonderheit des Zubrinckens
an meins gnedigen Fursten und Hern Disch[1]) gentzlich enthalten sollen) sonder mitt notturfftigen Darreichen und Ab-
nemmen fleißig aufwarten, biß sie wiederumb fur die
Kuchen gefurdert, und da sie irer Maelzeit nitt abwarten
kondten oder wolten, alßdan sich bei der Soppen wie obgemelt zu entnuchtern.

6. Der Vorschneider und Schenck werden sich imerzu, solange die
Maelzeit werdt, vor Fürstl. Gnaden Disch wißen zu verhalten und iren Dienst zu verrichten.

7. Eß sollen auch die Camerjungen zuchtigh hinder die Junckern
stehen und außerhalb den Junckern und jeztgemelten Camerjungen niemandts andere an ire Fürstl. Gnaden Disch zu Auff-
wartung gelaßen werden, eß geschehe dann mit Fürstl. Gnaden
Furwißen und Befelch, uff welche dan der Hoffmeister und in
deßen Abwesen der Kuchenmeister[2]) Uffsicht und Acht haben.

8. Wanneße dan irer Fürstl. Gnaden Disch uffgehaben, so soll
der Pantier oder welcher sein Statt vertritt, sein Dischgezeugh
und der Weinschenck sein Drinckgeschir nach Befelch Fürstl.
Gnaden[3]) abtragen und ein jedes an seinen Ortt hinsetzen,
wie dan auch alßbaldt durch den Sadelknecht und Witbecker
der Junckern Disch soll zugerichtet und durch gerorten Sadelknecht bedient werden, daselbst sich alßdan die Junckeren
neben denn Hoff- und Kuchen[4])meister zu setzen und ire

---

[1]) 1580: „Zutrunkens bei werender furstlicher Maellzeitt".

[2]) 1580 statt „der Kuchenmeister": „deßelben Ambts Verwalter (welcher
Irer F. G. Thuerwarter jeder Zeit sein soll".

[3]) die letzten Worte 1580 ausgefallen.

[4]) 1580 ausgefallen.

Maelzeit zuchtiglich zu halten und das Ubrigh, so sie nicht eßen, dem Nebendisch folgen zu laßen und soll an einem jeden vierkandtigen Disch den Junckern ein Viertheill Weins aufgesetzt,[1] da aber mehr Frembde zu inen gesessen, soll inen ein mehrers nach Ermeßen des Hoffmeisters oder seins Ampß Vertretters gegeben, aber sonst inen nach auffgehabenen Disch kein Schlaiffdrunck an Wein, wie obgemelt, gefolgt werden.

9. Da auch ichtwas von meins gnedigen Hern Disch gesetzt und nit uffgeschnitten und sonst genugsame Speise vor die Junckern und Diener vorhanden, soll daßelbig nach Gut-achten des Hoffmeisters, wie er die Gelegenheit befinden wirdet, wiederumb in die Kuchen getragen und zu Behueff der frembden Ankommenden oder anderer Notturfft ver-halten werden und sonst keinswegs gestatten, das einiche Speise, so auff irer Fürstl. Gnaden Disch gewesen, abgetragen oder verschickt werden.

Wurde sich auch ire Fürstl. Gnaden Gelegenheit zutragen, das sie nicht uff den Shall sonder in derselben Gemach an-richten laßen und die Hoffjunckern daselbst nicht aufwarten wurden, so soll fur dieselbige uff dem Sall[2] jeder Zeit ge-deckt und angerichtet, doch da irer nicht sovill, das sie neben dem Hoff- und Kuchen[3])meister einen Disch besetzen kondten, so sollen inen die Secretarien zugesetzt und also ein Disch gehalten werden.

10. Ferner wolten ire Fürstl. Gnaden, das des Morgens ein Viertheill fur neun und des Abentz auch ein Viertheill fur vier Uhren geleutet und fur das gmein Hoffgesindt in der Hoffstueben[4]) gedecket und gleich im Schlage von neun Vor-mittags und Abents umb vier Uhren angerichtet werde.

11. Und soll hierbei Uffachtung geschehen, das wannehe zu furst-licher Maelzeit wie obgemelt[3]) geblasen und geklopft, das der Almosierer alßdan die Dische uffhebe und die Diener ins-gemein, niemandt außgenommen, auffstehen und ires Diensts

---

[1]) 1580: „notturfftigh Wein auffgesetzt werden"; der Rest des Para-graphen fiel demzufolge fort.

[2]) 1580: „auff dem Sadell oder Hoffstube".

[3]) 1580 ausgefallen.

[4]) 1580: „in dem Undern Sadell oder Hoffstuben".

an befolhenen Orttern abwarten, wie auch die Drinck=
geschir an ire Ortter an Stundt zu verordnen sein solten.

12. Und wanneſe wie obgemelt zu Mittagh= und Abendteſſen ge=
teutet, ſo ſoll ein jeder deßen Acht nemmen und ſich an
den Diſch, dahin er verordnett, ſetzen, alß nemblich hochge=
melte meins gnedigen Hern Reiſige und Schneider auch der
Räthe Knechte, ſovill dern neben iren Fürſtl. Gnaden jetzt=
gemelten Dienern an einen Diſch ſitzen konnen, erſtlich und
alſo nach der Räthe= und Junckern Diener die Jungen,
Botten und andere begeben, in alwege aber ſoll hirin dieſe
gute[1]) Beſcheidenheit gebrauchet werden, wo Furſten, Grafen
oder anſehenlicher frembder Hern Diener ankemen, das die=
ſelben zum erſten Diſch verordnett und durch den[2]) Kuchen=
ſchreiber angewieſen werden und ſollen ſich nach meins
gnedigen Hern noch anderer Räthe oder Junckern diener zu
inen mitt nichten dringen oder zuſetzen, uff das alles
dan der Kuchenſchreiber und der Burggrave[3]) ſonders
fleißigh Auffſehens thuen ſotte, das demſelben alſo nachgeſetzt,
auch Acht haben, das die Noturfft uff einem jedern Diſch
gelangt werde, damit ein jeder ſich ſoll erſettigen laßen und
alles unordentlichen Weſens und großen[1]) Geſchreis und
Rumoers an denn Diſchen enthalten.

13. Und wie ire Fürſtl. Gnaden Bevelch, das ein jeder der Mael=
zeit zu gepurlichen Zeiten abwarten ſoll, ſo wollen ire Fürſtl.
Gnaden auch hiemit ernſtlich verbotten[4]) haben, das hier=
uber die Befelchaber iu Kuch und Keller außerhalb denn Räthen
keinem ichtwes geben oder anrichten ſollen, eß were daun, das
einer erſtlich in Hern Geſcheffte reiten teme oder ſonſt die Secre=
tarien oder andere zu gmeinen Diſch zu kommen in befolhener
Verrichtung Fürſtl. Gnaden Sachen verhindert worden weren.
So ſollen auch kein Winckellgeleger gehalten, ſonder einem
jeden nach Gepur uff der Hoffſtueben[5]) oder ſonſt die

---

[1]) 1580 ausgefallen.
[2]) 1580 eingeſchoben: „Sadelmeiſter und".
[3]) 1580: „auff das dan alles der Sadelmeiſter oder Kuchenſchreiber,
wie obg., auch bißweilen der Hoffmeiſter".
[4]) 1580: „gebotten".
[5]) 1580: „auff dem Sadell oder Hoffſtuben".

Notturfft glangt werden, und wollen ire Fürstl. Gnaden nicht gestatten, das jhemandß sich in Kuch und Keller finden laße, der nit darin bescheiden, sonder sollen die Befelchaber einem jedern die Notturfft fur gerorten Kuchen und Kellern reichen, wie auch ein jeder, es sei in oder außerhalb den Maelzeiten mit demjhenigen, was der Schleuter auß dem Bierkeller nach seinem habendem Bevelch einem jedernn gebenn oder nit geben wurde, zufrieden sein und deßhalb kein Wiederwertigkeit gegen jhemandts anrichten solle, bei Vermeidung Fürstl. Gnaden schwerer unnachleßiger Straeff und Ungnad.

14. Imgleichen wollen ire Fürstl. Gnaden auch hiemit ernstlich verbotten[1]) haben, das keiner an Essen oder Drincken ohn sonderlich Uhrlaub und Befelch ichtwes abtragen oder auch sonst jhemandt ohn erhebliche Uhrsache abgespeisett werden solle, wie dan auch irer Fürstl. Gnaden ernstliche Meinungh, das niemandt er sey auch wer er wolle, außerhalb irer Fürstl. Gnaden bestelten Hoffgesindts und Diener sott zu Hofe uffgelaßen werden, sonder soll der Pfortener, wan einer uff zu sein begertt, sotchs erstlich an Fürstl. Gnaden Camer anzeigen und irer Fürstl. Gnaden Bescheidts, ob er soll uffgelaffen werden oder nicht, erwarten. uff welchs alles der Hoffmeister, Kuchenschreiber und sonderlich der Veltpfortener ein Uffmerckens haben und er der Pfortener niemandt daruber ufflaßen solle, alles bei scharfer Straeff und Ungnadt.

15. Wannehe dan Mittags und Abents-Essen gehalten, soll der Burggraff oder folgender Pfortener alzeit des Morgens umb zehen und Nachmittags umb funff Uhren, wen die gmeine Diener gessen und hinabgangen, die Pfortten schließen und die Schlußel auff das Tryßoer, davon man schenckt, leggen, auch dieselbige für geendigter furstlicher Maelzeit oder[2]) Geheisch der Befelchaber nit von dannen nemmen.[3])

---

[1]) 1580: „gebotten".

[2]) 1580: „one".

[3]) 1580 Zusatz: „Deß Abents aber soll man zu rechter Zeitt auch schließen und die Schluffell dem Hoffmeister beß zu weiterm Bescheidt uberantwurten und morgens zum Auffschluiß wedderumb von ime gesinnen."   .

16. Dweill auch von Alters wolt und loblich herbracht, das das= jhenige, so von der Hern und andern Dischen uffgehaben, nuder die Armen außgetheilt, so soll der Almoſierer deßelbigen fleißigh Acht nemmen und daran sein, das eß zu jeder Zeit in reine Gefeßer uffgehaben und in Beisein meins gnedigen Hern Cappellaen, welcher dan dieserhalb sonderlich Befelch wirdet bekommen, außgespendett,[1] damit die Notturfftige davon gespeisett und andere leichtfertige Personen, auch starke Muſſiggenger zum Betteln nit underhalten werden.

17. Alß dan taglich vill frembder Botten ankommen, so soll der folgender Pfortener die Brieff von inen annemmen und dem Thuerwerter, in Abwesen deßelbigen dem Hoffmeister, dieselb hochgemelten meinen gnedigen Hern zu uberantworten, zu= stellen und die Botten an der Pfortten ires Bescheidts laßen erwarten, je doch soll er jeder Zeit in Uberantwurtung der Brieve dem Tuerwerter oder in deßen Abwesen dem Hoff= meister anzeigen, von wem die Botten abgefertigt und da= ruber Fürstl. Gnaden Bescheidts erwarten, ob er dieselb uff= gehen laßen solle oder nicht.

18. Das Jueter vor die Pferde soll alle Nachmittags in Beisein des Kuchenschreibers umb zwei Uhren ungefehrlich gegeben werden, wie man ban insonderheit derhalben wirdt laßen leuten, deßen ein jeder abzuwarten.

19. Da aber die Junckern und andere Hoffdiener in iren eigen Geschefften von Hofe verreisen wurden, solten sie alßdann ire Pferde bei Hoff nicht stehen laßen, sonder dieselb mit sich nemmen, und da sie dern etliche stehen laßen wurden, sott ineu ohn Furwißen Fürstl. Gnaden oder der Officierer dafur kein Habern von Hofe glangt werden.

20. Und sollen irer Fürstl. Gnaden Diener insgmein denen Pferde underhalten hiemitt uferlegt sein, das sie sich mit solchen Pferden versehen und gefaßt machen mit welchen man uber Wegh kommen und irer Fürstl. Gnaden zu Ehren und Notturfft gedienet sein konnen.

21. Da auch jemandtß frembdes aufferhalb des teglichen Hoff-

---

[1] 1580 geändert: „in Beisein deßen, so dazu sunderlich verordnett ihme nhamhafft gemacht werden sollen, außgespendett . . .“

gesindts des Fueters wurde gesinnen, soll der oder dieselbigen
der Kuchenschreiber gefueglicher Weiß uffhalten und sich bei
dem Hoffmeister und in Abwesen deßelbigen bei dem Kuchenmeister[1]) Bevelchs erholen, sich darnach haben zu richten.

22. Und damit des Rawfoeders und Beschlags halben hinfurter
kein Unrichtigkeit einfallen muge, so wollen ire Fürstl. Gnaden
einem jeden der Hoffjunckern und anderer Hoffdienern, so
Pferde halten, jahrlichs fur ein jedes Pferdt fur Beschlag
und Rawfoeder zwelff Thaler zustellen laßen,[2]) doch soll inen
davon abgezogen werden die Zeit, wann sie zu Hofe nicht
anwesendt sein.

23. Eß sollen auch die Hoffjunckern und andere hiemitt wißen,
wan hochgemelter mein gnediger Furst und Her uff irer Fürstl.
Gnaden Sahll zu Dische gehen wirdet, das sie alßbann bei
iren Dienern und Jungen die Versehung thuen, das sie
sich des Saals, solange Fürstl. Gnaden daruff sein, enthalten
und irer sowoll des Mittags alß Abendtz fur dem Saal erwarten sollen.

24. Und damit auch hierneben ire Diener wißen muegen, wa
und uff welchen Ortt sie der Foderkerssen zugesinnen, so soll
einem jeden wan der Haber[3]) Nachmittags außgetheilt
wurdt auch die Foderkerssen mitgegeben werden, deßen ein
jeder erwarten und darumb auff andere Orter anzusuchen sich
soll enthalten.

25. Weiter ist meins gnedigen Hern Befelch, das alle Abendt
nach acht oder neun Uhren uff weitere Verordnungh der
folgender Pforttener abklopfen, folgents schließen und dem
Drosten oder Amptman des Ortts, und in Abwesen deßelbigen
einen der furnembsten Officieren die Schlußel der Pfortten
zustellen soll, davon er sie auch des Morgens wiederumb zu
gesinnen.[4])

26. Und dweill eß sich zuvill mhalen begibt, das frembde Leute
uff meins gnedigen Fursten und Hern Heußern in iren

---

[1]) 1850: bei deßen Ambtzverwalteren.
[2]) 1580 endet der Paragraph hier; der Rest ist beseitigt.
[3]) 1580 sicher infolge eines Lesefehlers: „derhalben".
[4]) 1580 fiel dieser ganze Paragraph fort; statt deßen wurde bei § 15
ein Zusatz gemacht (s. dort).

Hoffläger mit der Schlaffung verpleiden, so soll der Pantierer sich zu jeder Zeit bei dem Hoffmeister oder andern Befelchabern[1]) erfragen, wes er uff die Camern tragen sott und das gleichwoll der Hoffmeister oder wer seine Platz vertrettett auch Acht daruff habe, das demselben also nachgesetzt.

27. Alß auch der Kuchenschreiber wannehe mein gnediger Furst und Her uber Veldt ziehen wurdt auß Bevelch des Hoffmeisters vorhin reiten und einen jedern irer Fürstl. Gnaden Hoffgesindts fuerieren und logifieren solle, so soll ein jeder, er sey Rath oder andere, mit iren verordneten Losementen zufrieden sein und sich keiner in des anderu Herberge begeben und nottigen bei Vermeidung Ungnadt, wie dan auch besonders ire Fürstl. Gnaden wollen gehabt haben, das alle diejhenige, so mit derselben über Veldt reiten, nicht abweichen noch vorreiten, oder ire Diener abschicken, sonder alle zumahl bei iren Fürstl. Gnaden pleiden, eß were dann mit besondern Befelch oder Erlaubnuß irer Fürstl. Gnaden oder des Hoff-Marschalcks.[2])

28. Und damit aller Unwille desto mehr muege verhuetet pleiben, so wollen ire Fürstl. Gnaden, das keiner dem anderu seine Diener zuwieder abspannen oder abmeiden solle, wie auch ire Fürstl. Gnaden in irem Hoff keinen Zanck, Hader oder Unwillen wißen noch gedulden wollen.

29. Da aber jemandtz mit dem anderu in Unguttem etwas zu schaffen und zu thuen hette, soll er dem Marschalck unverschwiegen vermelden, der dan in dem seines tragenden Amptz zu thuen wirdet wißen.[3])

30. Solte aber hieruber jemantz handlen und seins angeregten Gezancks halber uff dem Schloß sich mit dem andern reuffen und mit Feusten schlagen oder eine kurtze oder lange Gewehr gebloßet strecken, oder sonst jemandtz verwunden, wieder denselben Verursacher und Theter wirdet hochgemelter mein gnediger Her den scherffen Ernst mit Un-

---

[1]) 1580 ausgefallen.
[2]) 1580: „oder dessen, so J. F. G. hirzu bevelchichen wurtt".
[3]) 1580 ganz fortgefallen.

gnaben furnemmen laßen, vermuge alten herkommenden Borch=
Rechtens.

.31. Und da sich ettliche irer Fürstl. Gnaben Hoffgesindes fur dem
Schloß in den furliggenden Jtecken oder Wygbolben uuder
einander verwunden wurden, dieselbigen sollen alßpalt zu
beiden Seiten erlaubt und uff irer Fürstl. Gnaben Schloß
zu kommen nicht gestattet werden.

32. Und soll sonst der Drost eins jeden Ortts, da das furstlich
Hoffläger gehalten, hiemit wegen irer Fürstl. Gnaben be=
vellicht sein, das er diejhenigen, so sich sonsten uff Fürstl.
Gnaben Schloß gegen die Officierer, Diener und andere un=
gepurlicher Weiß mit Scheldtworten oder sonsten ufflennen
und Muetwillen anrichten, alßpalt unerwartet Fürstl.
Gnaben Bevelchs ableiten, einziehen und verurlauben laßen
muege.¹)

Und damit kein Confusiongh einfalle in Bedienungh der
Ampter, willen ire Fürstl. Gnaben, das der Kuchenmeister
des Hoffmeisters Ampt in seinem Abwesen und hinwieder
der Hoffmeister des Kuchenmeisters Ampt seins Abwesens
vertrette.

33. So solle auch das Hoffgesindt hiemit wißen, das hochermelter
mein gnediger Furst und Her die Hoff=Empter bestelt und
nemblich Herman von Velen zu irer Fürstl. Gnaben Hoff=

---

¹) Das Weitere bis zum Schluß 1580 fortgefallen; statt dessen folgt dort:
„Jnßgemein. — Dweill man bebenckett, das in der Hoffhaltungh und ein-
„gestelter Orbnungh teglichs allerlei Mangell mechten fuirfallen, auch weiterer
„Orbnungh derhalben vellichte nottich sein wurde, So soll der Hoff= und
„Kuchenmeister demselbigen fleißigh nachbenchen und so ehr ethwes nutzbar-
„lichs bey sich finden worbe, dasselbe den anwesenben Rethen von der Rechen
„Cammer angieben, damit ihn dem Unrichticheitt abgeschaffett und sovill
„nottich, mitt F. G. Fuirwißen gutte und beßere Orbnungh angestellt.“

[Auf der Rückseite:]

„Hofforbnung unsers g. F. und Hern, Hern Johans Wilhelmen Postulirten und
„Abministratorn des Stiffts Munster, Hertzogen zu Gulich, Cleve und Berge 2c.“
          „De Anno 1580“
„Publicatum Horstmarie auffm Saall, die Lunae quae erat 26. Septembris
„ante prandium Anno 1580.“
„p[räse]nte D[omino] Principe eiusque gratiae adiunctis Consiliariis et
„tota aulica Familia.“

marschalcken und den Gosswein von Rasfelt zum Hoffmeistern,
Bernharten von Beverfoerde zum Kuchenmeifter, Johan
Morsey gnant Pickardt zum Doerwerter und Johan Drosten
zum Stalmeifter verordnet und angesetzt hatt, und ist ire
Fürstl. Gnaden ernstlichs Gesinnen und Befelch, das ein jeder
dieselben dafur ehren und halten, auch in iren Bevelchen
sovill eins jeden derselben Ampt berueren magh, folgen und
gehorsamen soll.

[Auf der Rückseite:] Hofordnungh Bischoff Johanßen von der Hoya
Publiciert zum Ahus in Beisein F. G. am
15. Octobris a. (15)73.

Alte Gemeinderügen
der Dörfer Rudelsdorf und Masten.

Mitgeteilt von Dr. Vogel.

Im Archiv der Gemeinde Rudelsdorf, Amtshauptmannschaft Döbeln, wird ein alter Foliant aufbewahrt, betitelt: „Handel oder Recesbuch aller dorffschafften eins Erbaren Radt der Stadt Dobelen". Er setzt ein mit dem Jahre 1555, und in ihm finden sich alle vor der gehegten Bank des Dorfgerichts verhandelten Gegenstände verzeichnet, die Gemeinderügen und Hadersachen, wie auch die rechtsgiltigen Privatverträge: Gutskäufe, Tauschhändel oder „Erbfreimärkte", Erbregulierungen, Vormundschaftsangelegenheiten. Das Handelsbuch umfaßt die Ortschaften Rudelsdorf und Masten, die dem Rate der Stadt Döbeln unterthan waren. Ich teile daraus die Rügen mit.

I. Rudelsdorf. 1555.
Eingebrachte Rugenn.

Es sal hienförder keiner kein Feuer Durch seinne kiender oder gesiennde ohne Sturtzenn holenn Lassenn.

Item Richtige Stege vnnd wege zu halten, es sey mit gehenn oder fahrenn, Vff das Churfurstliche Empter könnten alles was Ihuen ufferlegt wirth, erhalten.

Item alle Raue wege vnd stege, so einer dem andernn aus muthwillenn zufuget, oder sunsten vonn frembdenn nicht gemacht werden, zu schaffen.

Es sal auch keinner kein falsch maß noch gewicht, sundernn recht maß habenn, Damit keiner felschlich (: wie sich offtemahl zutragen :) bethrogen wirth.

Item, Die Gemeine hat auch macht Döblisch Bier, vnd sunsten kein anders, einzufuhren, vnd zuvorschencken, wie vor alltters gewesen.

Es sal keiner auch hienfuro, wie sich dan zum offtern begebenn, niemandt frembdes hiender eines Erbarn Raths bewust, als Jhre Erb vnd Lehnherren, auffnehmenn, es sey an Hausgenossen oder sunsten.

Die Feuerstedt, Feuer Hacken vnnd Leitternn sindt vff dismahl allenthalben richtigk gehalten wurden, wie dan durch die gericht besichtigt seinth wurdenn.

Item Barthel Storm vonu Knobelstorff Bith, Jhune wege vnd stege Durchs Dorff Rudelstorff, wie ehr vor alltters zu gehen vnd zu fahrenn frey gehapt, zuuorgunstigen.

1558.

Es sal einn Jber seinn fewer bewachen vnd Jn gutter acht haben, Das keinem nicht schaden geschehenn möchte.

Item Rechte wege vnnd stege zu halten, wie vor alters gewesenn, Damit keinem nicht schaden geschicht.

Item Zaspelt vnd Liendener Jhren wegk, welchs sie schuldigk zu thuu, zw machen laßen.

Item recht maß, recht gewicht zu haltten, Damit keiner nicht vor vortheillet wirdt.

Item Döbelisch bier, so offt sie es einfuhren wollen, haben sie macht zu holen.

Item Bretschneider claget · vber Lindener, Jhuen etzlich weiden halben abthragk zuthun, welchs er zum offtern vorwilliget. Liendener sol den anderen einen wegk, wie vorgescheen, halten, Damit mahn Reitten vnnd fahren kahnn.

Item Marschalch[1]) hat den leutten zw Rudelstorff vber Jhre gutter gemacht Bud auch klaffenbach einen grabenn eingezogen, Diß er muthwilligk gethan Hette, Dasselbige abzuschaffen, Damit Jhuen hinförder nicht grösser schaden geschehe.

1561.

Jst an feueressen, feuerhacken, leitern, dorfffriede vnd anderm so zu erhaldung gutter nachtbarschaft vnd aufnemen der gautzen gemeine geheren, ohne jechlichen mangel erfunden worden.

Rugen das sie ihres gefallens vnd ein ieder in sunderheitt bier einlegen vnd vorzapfen mogen.

---

[1]) Gutsherr vom benachbarten Ottdorf.

1562.

Die feuressenn, hackenn, leutternn, vnnd anndreß dem an=
hengigk, Ist zu dieser Zeit wol vnd Richtig befundenn.   Bittenn
die Nachbarnn zuuorwarnen vuud Zubefehlen, Das sie heuser gut
In Achtung haben.

Daß Keiner kein Kolenu feur ane Sturtzenn bedacht vnnd
mit kleynen vnuerstendigen Kindernn holen lassen solle.   Bey straff
1 gut scho. darbey es ausgeruffen vnud vorbotten.

Daß Muller denn muhlwegk nach Waltheim durch sein hoff
gehenn lasse.

Ingleichnuß den andern weg neben vnd ann der vihetriest,
Daß mann nit eynem Wagenn weichen kann, So muller aller=
dings nit gestanden, vnnd der gemein befohlen, sich gutlich zu=
uorgleichen vnd handlung zupflegen.

Die Nachbarnn Inn ihren gemein Dorf alle Doblisch bier
einfahren vnnd Schencken.

1563.

Die feurleuttern vnnd feurstedte sampt anderm dem anhengig
haden sie Richtig befunden, Als es die gerichte besichtigten.

Merten Zschawitz hat bey Otzdorf vff seinen Wiesen ein Wehr,
so zu hoch auffgetempt, Welchs sie nit laiden dorften vnnd etzlichen
Nachbarn scheblich.

Die gemeine hab macht eynen Leinweber zuhalten vormöge
eines Churfürstlichen schiedes hiruber auffgericht.

Vnnd ein Ider Nachber dorff ide Zeit Doblisch bier ein=
schrotten vnd vorzapfen.

Sunsten Weiß einer vom andern Nichts den Alles guttes.

1564.

Rugenn Das die feurstette vnnd feurgezeugk richtigk be=
funden worden.

Der Rath hab macht zu Rudelsdorff einen leinweber Zuhalten
so vmbs lohnn alba arbeittet.

Ein ider Nachbar dem es gefelligk magk Doblisch Bier ein=
fahren vnnd vorzapfen.

Merten Zschawitz Wehr Inn seinen Wiesenn sei zu hoch vnnd
thue dar mit Maß Bretschneidern vnnd andren Nachbarn schaden.

Zwen mohlweg sollen vf des Alten lindeners guttern gehalten werden. Sol einer vorzeunet sein, Das der wege auffgerissen werden.

1565.

Die feurstette vnnd feurzeug Ist allenthalben Richtig befunden.

Der gemeine Zubefehlen, Das die wege vnnd stege Inn seinen wirden vnnd wesen bau vnnd ganghaftig mogen erhalten werden.

Auch der gemeine Zubefehlen, Das keiner Rau stege vnd wege suche vnd sich derer geprauche.

Der gemeine Zubefehlen Das das feur Inn stürtzen nit moge vber das Dorff getragen werden.

Hans Lindener hab vff seinem gutt einen Weg einzuzeunen.

Es habe ein Rath zu Rudelsdorff einen Leinweber macht Zuhalten.

So moge auch ein jder Nachbar Doblisch bier einschrotten vnnd vorzapfen, So offt es ihme gesellig vnd nottig.

1566.

Das feurgerette vnnd stette sein Richtig befunden worden.

Ein jder Nachbar mag Doblisch Bier einschrotten Wen es ihme gesellig vnd gelegen.

Haben ein Leinweber zuhalten vormöge eines hirvber auffgerichten Vortrags.

Das keinem Nachbar vorstattet, das feur an sturtzen vnd decke vber das Dorff zutragen.

Vnd das die steg und weg wie preuchlich gehalten vnnd gelassen werden.

1567.

Die feurstette vnud gerette seint besichtiget vnud seyn richtig befunden.

Ein ichlich nachpar mag Doblisch Bier einschrotten vnd vorzapffen.

Haben ein Leinweber macht zuhalten Inhalts eines auffgerichten schiedes.

Bey der straff Darff keiner feur vberß Dorff tragen Den Inn bedeckten stürtzen.

Die wege vnud stege soll ichlicher vor seinem vorhaupte richtig halten.

II. Masten. 1563.

Die gemeine Zu Masten Ruget, Das die vonu Keuren des wilden wassers Zuviel am Technitzer furwege herein vf ihre felder schlagen, So fie nit laiden dorffen.

Haben auch ein leichwegk vber des von honspergs [1]) guttere, ane Zins.

Der Rath habe macht eynen leinweber zu Masten zuhalten.

Nicel Munch zu Stockhausen habe Thomaß Richtern vf seinen felde vnd des Rades gerichten gepfendet.

Vorm Jhare hat Vrban Eckard, Georg vnud gregor Thurmer In der Mastener bach gefischt, so von hanns von honspergk geschickt geweffen sein sollen, welchs fie nit befugt.

Die feurstett fein Alle Richtig, biß vf Michel Schroeters.

Suust weiß kein Nachbar Andres vom Andern Dan liebs vnd guths.

1564.

Die von Keuern schlagen des Wilden Waffers oben ann der Technitzer straßen herein vff der Mastener gutter, so fie nit leiden dorffenn.

Der vonn hanßbergk zu Schwetta Muß ihnen vber feine guttere Zun Leich zufahren ein wegk vber feine guttere vorgonnen.

Der Rath hab macht In Ihrem Dorffe ein leiu weber Zuhalten.

Es feint die feurstette vnd die feurzeugk richtig befunden vnnd wis einer funften nichts vom anderu Denn liebs vnnd guts.

1565.

Das das wilt Waffer so bey den Keurer gutter vff der straffe fleuffet, hat man hie beume inn die pach gefarn, So guth ftehet fich itzo der Vogit daselbft vnnd fähret er vf der Mastener guttere, So fie nit zulaiden schuldigk.

Der Rath habe macht ein leinweber zu hatten in dem Dorff.

Die gemein habe ein Leichwegk vber des von honßpergs wießen beim Eichholtzlein.

Die feurstette vnnd feurgezeugk ist bey den Nachbarn altenthalben Richtig befunden.

---

[1]) Gutsherr von Schweta.

1566.

Haben ein freien Leichwegk vber des von hanspergs guttere.

Heinrich von Radestock habe den wegk vber dem schlage an der straße vorzeunet, welchs sie nit Zulaiden schuldigk, sei ein Neuerunge Vnnd were zu ihrem schaden das Wilde wasser hirdurch vff ihre grunde gewiesen.

Die Limritzer Weisen auch Jhuen viel Wilt wasser an ihrer Reinungk zu, Welchs zuuor nie breuchlich gewesenn.

Ein Zaun zwischen der gemein vnd jeorges guttere, Das solches vorzeunet werde.

Die gemein hab ein befreiung, Das sie ein Leinweber halten dorffen.

Das feurgerette vnnd feurstette sein besichtiget vnnd Richtigk befunden worden.

Matz Thormer hat sich beclaget, Wie der pach durch die themen ist getreden, haben vnbefugt in Verhalten vnnd abge=schlagen, Das die Nachbarn darfür kommen vnd dauon ge=wiesen worden.

1567.

Haben ein Leichwegk vber des von honspergk gutter vnuor=hindert vnd ane enuiche erstattunge.

Die feurstette, auch das feurgerette haben sie besichtiget, Sey alles richtigk befunden worden.

Sie haben ein Leinweber macht Zuhalten, Welcher vmbs Lohn arbeitet.

Heinrich von Radestock hab ein Zaun vffen wegk, wie der heiut vnnd vorne ihn besichtiget, gesatzt, Das der abgeschafft vnnd wegk geriffen, Dann es darmit ein Neurunge, vnnd zuuorn da keiner gestattet worden.

Daß wasser, so vber dem schlage an der Landstraße herkompt vnd fleust, Darff nit in wegk vnnd die straße nach Jhren guttern gewiesen, Sondern vber Radestocks gutter fließen.

1568.

Sie habenn ein freien Leichwegk vber hanß voun honn=spergs guttere.

Vnnd sey ein Rad ein Leinweber alda bey ihnen zuhalten berechtiget, Wetcher vmbs Lohn arbeite.

Heinrich von Radestock schlage daß wilde Waffer von seinen Feldern inn denn Wegk, Das zur wise den solle an ihren guttern, so er doch off seinen grund weg zufordern pflichtig sei.

So komme auch von Limritz Waffer off ihre die Maftener grunde, so sie zulaiden nit befugt.

Vnnd sei Bastian Schubert vnnd Thomas Richter eines Wegs halben Jrrigk, Biten vmb Abschaffunge vnnd weisunge nechst vnnd obgedachter Zween vnnd ihres Antheils.

Die feurstette vnnd gerette sein besichtiget, aber ane mangel befunden.

Zur Geschichte des Trinkgeldes.

Von Arthur Kern.

Während die Sitte, in öffentlichen Lokalen Trinkgeld zu geben,
bekanntlich wenigstens in Norddeutschland noch ziemlich neu ist,
galt es schon längst als ausgemacht, daß der scheidende Besuch der
Dienerschaft des Gastgebers ein Geldgeschenk zukommen ließ. Nachfolgende Verordnung zeigt, wie ein mecklenburgischer Herzog in
dem hausväterlichen Sinn der Fürsten einer damals schon ent-
schwindenden Zeit die Eintracht unter seinem zahlreichen Gesinde
zu erhalten bemüht war.

„Ordnung wie furtherhin daß Dranckgelt oder Vör-
ehrunge[1]) getheilet werden sollen.

Unser von Gottes gnaden Adolph Friedrichen, Herzogen zu
Meckelnburg . . . Ordnung, welcher gestalt es hinfüro mit den
fürstlichen Verehrungen, welche von frembden Fürsten und andern
Personen auf unserm Hauß Schwerin oder anderu unsern Ämptern
gegeden werden, gehalten, und wie dieselben under die Ämpter getheilet, was für Personen dartzu verstattet und wie viel einem
jeglichen davon zuegeeignet werden soll.

Demnach wir ein Zeit hero befunden, das wegen jetz gedachten Verehrung aller handt zwist, zangk und uneinigkeit under
unsern Dienern sich zuegetragen, und aber wir ein solches hinferner
zue gedülden, gantz nit gemeint, alß haben wir folgende Ordnung
deßwegen abfoßen undt begreiffen laßen, derer sich auch alle unsere
officierer und Diener so zu unsern Diensten zu pleiden gesinnet
und hierunter begriffen sein, in allem gemeß verhalten, und derselben bei vorlust ihres Dienstes und anderer unserer ernsten ungnadt nit widersetzen sollen.

---

[1]) Das Original im Großherzoglichen Archiv in Schwerin entbehrt der
Unterschrift.

Anfenglich und vörerst soll alles und jedes so etwan zu Zeiten von Fürsten und Herrn an geldt, so wol außer- alß innerhalb J. f. g. Hoffhaltung, in Küchen, Keller und gemeinen officianten verehrt wirt, es werde auch gleich gegeben welchem es wolle, den gemeinen Intressenten zue guete, treulich und ohne gefehrde, gelieffert und eingebracht werden.

Zum andern so solle ein gewiße Büchß, mit zweyen dartzu gehörigen Schlößern und Schlüßeln von gemeinem geldt zumachen, verschafft und betzahlet werden, undt was alßdan vörehret wirt, mit beilegung eines Zettels, wer, wo, wieviel und an was Müntz sorten, solches sey in beisein eines officianten darin gelegt, und jeder Zeitt obbemelte Büchße dem Burgvogt zuverwahren gegeben werden.

So soll auch fürs dritte, dafern auf andern unsern Ämbtern außrichtungen geschehen, undt alba von fürstlichen und andern frembden Personen etwas vörehret, es auch alba einen Koch, Altfraw undt Schließer haben würde, von dem vörehrtem gelde jederzeit der fünffte pfenningk dem gemelten Ambtß Diener verpleiben, der Uberrest aber denjenigen Personen, so von fürstl. Hoffstadt auß ferner dertzu verordnet worden, williglich gefolget werden, do aber von jenen auß niemand bei solchen Außrichtungen sein würde, pleiben die vörehrungen den Ambts Dienern selbigen ohrts, weil sie die Arbeit allein verrichten, auch billig allein. Eß sollen auch die hiesige eine vörzeichnuß und Specification, was, wie viel, und an was Müntz Sortten von dem Ohrt, da solche vorehrung geschehen, dem Küchenmeister oder demjenigen, so solches vörwalten wirt, mit beibringen, dieses der gantzen gesellschafft zue guete, biß auf die konftige theilung gentzlich einzulegen.

Wie dan auch zum vierten die Altfraw, zum fall sie einen theill von diesem geldt zu haben begertt, förderhin alles was in a perte vörehret wirt, mit beibringen auch inlegen soll, wil sie sonsten von der Gesellschafft nicht außgeschloßen werden.

Schließlich soll gemeltes geldt alle Viertheil Jahr alß auf Johannis, Michaelis, Weinachten und Ostern folgender gestaldt getheilet werden, und sollen nachfolgende Personen von Neun und Achtzig Reichsthaler zu ihrem theill haben, do aber so viel in der Büchßen nit vörhanden, mit der theilung so lang ingehalten werden, biß die Sum. vol wirt:

12*

der Hoffküchmeister	10 Rthlr.
Gehrt der weinschenk	10 „
der Haußvogt	8 „
die beiden Mundtköche ein jedweder	8 „
des Mundtkochs Knecht, wan einer angenommen würdt	3 „
Hauß Koch wan einer angenommen wirt	5 „
sein Knecht	3 „
Mundschenck	6 „
Silberknecht	6 „
Küchschreiber	4 „
der Schließer, davon er seinen Knecht auch befriedige	5 „
Weißbecker . . . . :	4 „
Altfraw	3 „
den zwo Megden	4 „
den Küchen jungen	2 „
dem Bötticher	1 „
dem Sahlknecht	3 „

Und demnach die Köch und Silberknechte deß dringkgeldes
so begierig, werden sie auch daran sein, das die Schüßeln von
ihnen gereiniget und die weiber abgeschafft werden, weiln auch
noch kein Haußkoch und Mundtkochs Knecht bestellet, so kombt
den andern Intressenten sämbtlich, das was ihnen zugeordnet billig
zum besten.

Und ist dieß unser g. will und meinung, Uhrkundlich under
unserm Pitschaft und Handtzeichen.

Signatum Schwerin den 12. Apr. A: 1615.«

Welche Erfahrungen man mit diesem Verteilungsmodus ge=
macht hat, ist nicht festzustellen, ebenso wenig zunächst, ob etwa
auch in diesem Falle ein fremdes Vorbild zum Muster gedient
hat. Wer die Hofordnungen der deutschen Fürsten vornimmt, findet
oft Beispiele solcher Entlehnung.

Frau Gottsched über Erziehung, Frauenberuf und Frauenbildung.

Von Eduard Otto.

Es ist keineswegs die Absicht dieses Aufsatzes, ein Lebensbild der „geschickten Freundin" und Gattin des vielgenannten und vielverkannten Leipziger „Diktators" zu geben, noch auch ihre litterarische Bedeutung einer Betrachtung zu unterziehen. Die wiederholte Lektüre ihrer Briefe, die eine verständnisvolle Freundin gesammelt und vor langer Zeit herausgegeben hat, [1] erregte mir den Wunsch, einem weiteren Kreise die merkwürdige Frau in der Stellung zu zeigen, die sie zur Erziehungsfrage, zur Frauenfrage und namentlich zu der Frauenbildungsfrage eingenommen hat.

Von einer Frau, die an Verstand und Bildung fast alle ihre deutschen Zeitgenossinnen überragt, darf man von vornherein annehmen, daß sie solchen Fragen Interesse und feines Verständnis entgegengebracht und bei deren Behandlung gewisse Vorurteile ihres Zeitalters verleugnet habe. Und so ist es in der That. Gewissenhafte häusliche Erziehung und wissenschaftliche Bildung hatten sie zu dem gemacht, was sie war. Mit inniger Dankbarkeit gedenkt sie gegen den Verlobten der erziehlichen Ermahnungen ihrer seligen Mutter, welche dieser dem Drucke zu übergeben wünscht: „Die Lehren meiner Mutter habe ich aus Liebe für dieselbe verwahret. Wie oft hat sie mir befohlen, diese Blätter zu verbrennen, und wie oft habe ich sie gebeten, mich dieses zu überheben! Endlich hat sie mir erlaubt, diese Schrift zu behalten, aber nie gestattet, daß solche durch den Druck bekannt würde. Ich handelte also ganz ihrem Willen zuwider, wenn ich dieses ge-

---

[1] Briefe der Frau L. V. A. Gottsched geb. Kulmus, Dresden. 3 Bde. 1772. (Herausgeberin: Frau H. von Runckel.) Die folgenden Citate, die keinen sonderen Buchtitel aufweisen, beziehen sich auf diese Veröffentlichung.

schehen ließe. Sie war von den reichen Seelen, die einen Schatz
besitzen, der ewig währet, und die nur einen Zeugen im Himmel
ihres Verhaltens wegen brauchen und suchen. Ihre Lehren von der
Gottesfurcht, von der Sanftmut, von der Unschuld im Leben und
Wandel sind tief in mein Herz gepräget. Ich bitte Gott, alle
diese Bemühungen dieser rechtschaffenen Mutter an ihrer Tochter
zu segnen, so werden Sie noch die Früchte davon in unserer
künftigen Ehe erfahren." [1]) Eine so wohlerzogene und für ihre
Erziehung so herzlich dankbare Tochter mußte Erziehungsangelegen=
heiten mit Vorliebe erwägen, obgleich ihr das verantwortungs=
volle Glück, eigene Kinder zu erziehen, versagt blieb. Wie tief
sie von der Wichtigkeit der elterlichen Erziehungspflicht durch=
drungen war, bezeugt die Antwort auf die Frage einer Bekannten,
ob sie Hoffnung habe, Mutter zu werden: „Nein, gnädige Frau,
die Vorsehung hat noch nicht für gut befunden, mich mit einem
Kinde zu begnadigen. Ich würde es gewiß als ein Geschenk des
Himmels ansehen; allein auch im Falle ich keins von ihm erhalten
soll, ergebe ich mich in den Willen Gottes. Ich habe oft gehöret,
daß nichts schwerer sei, als Kinder zu erziehen und gut zu erziehen.
Wer weiß, ob ich die Geschicklichkeit besitze, die dazu erfordert wird?
Ich will, im Fall mir die Vorsehung diese Wohlthat aus weisen
und mir ersprießlichen Absichten versagen sollte, mich desto eifriger
bemühen, meinen Beruf auf andere Art treulich zu erfüllen. Ich
arbeite viel und lerne noch mehr. Ich übe mich in der Musik
und möchte womöglich mich in der Komposition festsetzen. An
allem diesem würde ich verhindert werden, wenn ich ein Kind
hätte; denn auf dieses würde ich meine ganze Zeit verwenden." [2])
Man hat wohl aus dieser Briefstelle herauslesen wollen, daß sie
den Kindersegen nicht vermißt habe. Mir scheint dies daraus
nicht hervorzugehen, vielmehr scheint mir gerade in diesem Be=
kenntnis wie in manchen anderen Stellen ihrer Briefe eine Art
wehmütiger Resignation anzuklingen. Ihr Verstand weiß sich
in das Schicksal der Kinderlosigkeit zu finden, und sie macht aus
der Not eine Tugend, indem sie sich mit doppeltem Eifer ihren
Studien hingiebt. Jedenfalls aber bleibt die angeführte Äußerung
ein deutlich redendes Zeugnis für den heiligen Ernst, womit sie

---

[1]) I, 210f.   [2]) I, 233f.

die Pflicht der Erziehung erfaßte. Wiederholt betont sie die hohe
Bedeutung der unmittelbaren elterlichen Einwirkung auf Er=
ziehung und Bildung der Kinder. Wer im stande ist, seine Kinder
selbst zu unterrichten, soll seine Zuflucht nicht zu Hofmeistern und
Gouvernanten nehmen, die ihres Amtes in der Regel nur wie
Mietlinge walten. Einer adeligen Freundin schreibt sie: „Sie
widmen sich der löblichsten Beschäftigung, wenn Sie die Muße,
die Ihnen in einer solchen Stadt übrig bleibt, auf die Erziehung
ihrer Kinder wenden wollen." Ein anderes Mal heißt es: „Sie
haben völlig recht, daß sie nur die nötigsten Lehrmeister zum
Unterricht zu Hilfe nehmen; es wäre auch unverantwortlich, wenn
Sie bei ihrer Einsicht und bei der Muße, die Sie haben, jemand
anders diese teuren Pfänder anvertrauen wollten. Sie haben
an Ihrem würdigen Gemahl den treuesten Beistand." [1] Klar er=
kennt sie die Mängel der hofmeisterlichen Erziehung, unter denen
die adelige Jugend jener Zeit zu leiden hatte. Je größer die
Einsicht der Eltern in pädagogischen Dingen, desto schwerer wird
es ihnen, für ihre Kinder einen Hauslehrer zu finden, der ihren
Anforderungen entspricht. Bei der Wahl eines solchen sollte man
nicht in erster Linie auf Gelehrsamkeit sehen. Wie ihre Freundin,
Frau von Runckel, ist sie der Ansicht, daß Gelehrsamkeit und
Lehrgabe nicht immer in einer Persönlichkeit sich vereinen; wie sie,
legt sie das Hauptgewicht auf die sittlichen Eigenschaften des Lehrers.
Allerdings, die wenigsten Hofmeister sind Muster der Sitte. „Die
meisten suchen ein besseres Auskommen, wenn sie einige Jahre
kümmerlich auf Universitäten gelebt, und ihr Selbst ist das erste
Augenmerk ihres Unternehmens. Die Sparsamkeit vieler Eltern
hat diese so wichtigen Stellen so unbedeutend gemacht, daß ein
armer Kandidat, der eben im Begriff war, um die vakante Dorf=
schulmeisterstelle demütig anzuhalten, das Herz hat, sich zu der
ebenfalls unbesetzten Hofmeisterstelle des kleinen Junkers an=
zubieten; er glaubt, daß es viel bequemer sei, ein Kind zu unter=
richten, als 30 Kinder in der Schule zu haben. Dieses sind seine
ganzen Begriffe von dem Amte, das er noch überdies um des
guten herrschaftlichen Tisches willen dem saueren Schulmeister=
dienst vorzieht." [2] Nur sehr wenige Zeitgenossen teilen nach der

---

[1] II, 52 f.   [2] II, 96 f.

persönlichen Erfahrung der Frau Gottsched die Auffassung ihrer
Freundin (Frau von Runckel), daß ein guter Hofmeister nicht
reichlich genug belohnt werden könne. Man kann ihn in der
Regel nicht billig genug haben. Vornehme Familien, die Frau
Gottsched um Empfehlung eines Hauslehrers angegangen hatten,
wollten unter keinen Umständen mehr als 40 Thaler Jahrgehalt
ausgeben und schrieben ihr die Ersparnis als eine Hauptsache
vor. Dabei sollte der Betreffende „gut rechnen und schreiben
können, um im Notfalle die Verwalterrechnungen zu verfertigen.
Ich blieb also," berichtet sie weiter, „bei der untersten Klasse von
Kandidaten; denn ich hatte nicht das Herz, einen Antrag einem
von der Art zu thun, den ich mit billigen Vorschlägen gewählet
hätte. Es meldeten sich demungeachtet sehr viele, und ich ward
müde, alle Augenblicke Leute zu sehen, die entweder ein besseres
Schicksal verdienten oder erwarteten, als ich ihnen bestimmen
konnte, oder andere, die ich mit gutem Gewissen nicht empfehlen
konnte."[1]) Sie macht gegenüber ihren Freunden vom Adel kein
Hehl daraus, daß die Vorbildung ihrer Kinder in einer öffentlichen
Schule unter Umständen der hofmeisterlichen Erziehung vorzuziehen
sei. Freilich müßten die städtischen Obrigkeiten sich eifriger be=
mühen, für ihre Schulen geeignete Lehrkräfte zu gewinnen. Die
Sorge für die Lateinschulen reiche nicht aus. „Alte jungen Leute
können nicht studieren und in den Klassen das ewige Latein
lernen; aber in Wissenschaften können alle einige Kenntnis erhalten.
Die französische Sprache ist der Jugend beiderlei Geschlechts fast
unentbehrlich geworden und diese sollte man allgemein machen.
Ein Sprachmeister, ein Schreibe= und Zeichenmeister, ein Tanz=
meister ist an Orten, wo eine Schule ist, sehr nötig. Dergleichen
Personen müssen die nötige Wohnung frei haben. Sie müssen
einige unentbehrliche Lebensmittel unentgeltlich von der Stadt er=
halten. Das Gehalt kann mittelmäßig sein, nur etwas müssen
sie bekommen, um denen Armen ihre Wissenschaft auf Kosten der
Stadtväter zu lehren; das Übrige muß ihr Fleiß und ihre Ge=
schicklichkeit zu erwerben suchen. Der Landadel wird seine Kinder
eher in solche Städte schicken, wo man verschiedene Lehrmeister
findet, als einen mittelmäßigen Informator ins Haus nehmen.

---

[1]) II, 98. Vgl. noch Steinhausen, Kulturstudien S. 84 ff. (Der Hofmeister).

Der wohlhabende Bürger wird die Seinigen alles lernen lassen, wozu er Gelegenheit findet, und der Arme kann es auf Kosten der Stadt genießen. Nur eines ist noch zu erinnern, daß nämlich wohlgesittete und rechtschaffene Leute zu Lehrmeistern an solche Orte ausgesucht werden müssen." Vor allem muß „kein Mann gewählet werden, der um eines kümmerlichen Unterhalts willen so eine Stelle annimmt; er muß sein reichliches Auskommen haben." [1]

Während Frau Gottsched hier für eine erweiterte Allgemeinbildung der städtischen Jugend, soweit sie sich dem gelehrten Studium nicht widmet, mit Wärme eintritt, hält sie eine humanistische Unterweisung für die notwendige Grundlage nicht nur des Gelehrtentums, sondern jeder höheren Bildung überhaupt. Sie selbst hatte sich überzeugen lassen, daß „man mit der Latinität bekannt sein könne, ohne pedantisch zu sein und zu scheinen". [2] Sie hatte als Neuvermählte unter Professor Schwabes Anleitung das Lateinische gründlich erlernt. Auch das Griechische war ihr nicht fremd. Eben dieser ihr Lehrer rühmt, „daß sie sich gewaget, den Herodot, Homer, Longin, Plutarch und Lucian zu lesen, Bücher, die auch vielen Studierenden verschlossen und manchen sogenannten Gelehrten kaum dem Titel nach bekannt wären; daß ihre Feder die Ausarbeitung einiger Reden mit glücklichem Erfolg unternommen, daß sie die Sätze der Weltweisen untersuchet und sich diejenigen zugeeignet, deren Wahrheit sie am besten gegründet zu sein befunden; daß sie die Neigung gehabt, den tiefen und wahren Grund der Philosophie, nämlich die Lehren der Mathematik, einzusehen." [3] Frau Gottsched war mithin in der Lage, den Wert humanistischer Bildung nach Gebühr zu schätzen, und es kann uns daher nicht verwundern, daß sie wenigstens das Studium des Lateinischen auch solchen jungen Männern anempfahl, die mit Rücksicht auf ihren Stand und auf ihren künftigen Beruf auf solche Kenntnisse glaubten verzichten zu können. Ihrer Freundin, Frau von Runckel, empfiehlt sie aufs dringendste, ihren Sohn im Latein unterrichten zu lassen, auch für den Fall, daß er sich dem Offizierberufe widmet: „Ich wünschte allen jungen Edelleuten, entweder auf Schulen, oder von ihren Informatoren recht fleißig im Latein unterrichtet zu werden. Die Grammatik und alles,

_____

[1] II, 53 55.   [2] I, 231.   [3] I, Vorbericht.

was dazu gehört, diese vortreffliche Sprache zu verstehen, müssen
sie vom 6. Jahre bis in das 10. erlernen. Die galanten Wissen=
schaften begreifen sich mit wenig Mühe."[1]) Später wiederholt sie
ihren Rat dem Sohne ihrer Freundin. Sie bedauert, daß er
gegen das Studium des Lateinischen immer eine gewisse Abneigung
gezeigt habe. Sie bezeichnet es als ein schädliches Vorurteil, wenn
ein Offizier glaube, „er dürfe nicht viel wissen und sein Stand
spreche ihn von aller Beeiferung um die Wissenschaften frei".
Sie schließt sich dem Wunsche der Freundin an, der junge Offizier
möge zur Erweiterung seiner allgemeinen Bildung einige Zeit die
Leipziger Universität besuchen, damit er die gründliche militärische
und weltmännische Vorbildung, die er im Elternhause empfangen,
durch Studien namentlich humanistischer Art ergänze. „Wohl
tausend Gelegenheiten finden sich, wo der junge Kriegsmann ent=
weder seine mutwillige Unwissenheit darinnen (im Lateinischen!)
bereuen, oder sich über seine erworbenen Kenntnisse erfreuen kann.
Die Geschichte in einem weiteren Umfange, als man sie aus dem
Privatunterrichte eines Hofmeisters erlernen kann, eine vollständige
und gründliche Kenntnis der Erdbeschreibung, Mathematik und
Weltweisheit haben einen allzu großen Einfluß auf das ganze
Leben und den Dienst des Offiziers, als daß er selbige hintan=
setzen dürfte. Wo findet sich aber auch eine bessere Gelegenheit
zu deren Erlernung als auf der hohen Schule, wo geschickte Lehrer
in Menge auch dem eigensinnigsten Geschmacke genügen können?"[2])
Wie klar und verständig die Leipziger Professorin über das aka=
demische Studium, seinen Wert und seine Gefahren denkt, zeigt
sie in ihrem Briefe an einen jungen Mann, dessen Oheim sie ersucht
hatte, dem Neffen bei seiner Abreise nach einer auswärtigen Aka=
demie mit ihrem Rate beizustehen.[3]) Sie empfiehlt ihm vor allem
„ein weises Mißtrauen gegen seine eigenen Einsichten". „Junge
Leute, oft die glücklichsten Genies, verfallen bei ihrem Eintritte
auf die hohe Schule gemeiniglich in einen von zwei entgegengesetzten
Fehlern, deren Folgen gleich nachteilig sind. Voll übelverstandener
Ehrbegierde und eingesogener Schulweisheit glauben sie, sie könnten
nunmehro in jede Sphäre der Wissenschaft eindringen, jedes Feld
der Kenntnisse durchlaufen, und meinen, daß sie die gerechtesten

---

[1]) II, 76.   [2]) III, 106 ff.   [3]) III, 109 ff.

Ansprüche auf den glänzenden Namen eines Polyhistors hätten. Sie erweitern täglich den Plan ihres Studierens, oder vielmehr sie machen sich gar keinen. Sie begnügen sich, von jedem Felde der Wissenschaften eine Blume zu pflücken, vernachlässigen bei dem anziehenden Reize einer Nebenwissenschaft diejenige, welche ihre Hauptbeschäftigung sein sollte, und unvermerkt verfließen die wenigen Jahre, von welchen ihr künftiger Stand, ihr künftiges Schicksal abhängt; sie sind verstrichen, und der eingebildete Jüngling sieht seinen Irrtum zu spät ein. — Andere sind von diesen das Gegenteil. Sie betrachten das Studieren als ein mühsames Handwerk, welches sie aus Furcht vor dem Mangel erlernen müssen. Ihre ganzen Fähigkeiten beschränken sich auf das sogenannte Brotstudium, und sie heften ihre Augen so fest darauf, daß sie für die notwendigen Hilfswissenschaften sowie für die angenehmen unempfindlich zu bleiben sich zur Pflicht machen." Daraus ergiebt sich ein enger Gesichtskreis, eine banausische Fachbildung. Beide Klippen, die der Zersplitterung wie die des einseitigen Fachstudiums, gilt es zu vermeiden. Das Bestreben, sich ohne Nachteil seiner Hauptwissenschaft mit anderen nützlichen Kenntnissen zu bereichern zu suchen, ist der sicherste und zuverlässigste Weg. "Ich nehme an," fährt sie dann fort, "daß Sie bei Ihrem Hauptstudium, den Rechten, weder die schönen Wissenschaften, noch die Weltweisheit, noch die lebenden Sprachen, noch die Geschichte hintansetzen werden." Sie rät ihrem Schützling, sich den Rat würdiger Männer zu nutze zu machen, seine Zeit einzuteilen und streng an dieser Einteilung festzuhalten. "Kein heiterer Tag, kein gefälliger Freund müsse durch eine Einladung Ihre Ordnung durchbrechen." Das kostet zwar viel Überwindung, ist aber für die innere Befriedigung ebenso notwendig wie für das Gedeihen des Studiums: "Sie werden die zum Vergnügen bestimmten Stunden ohne Unruhe genießen und ohne Reue auf sie zurücksehen. Kurz: Gesundheit, Ruhe, Wachstum in jeder Wissenschaft sind die gewissen Begleiterinnen eines regelmäßigen Studierens." Alles Wissen aber ist tot und unfruchtbar, wenn es nicht gepaart ist mit Religiosität und sittlicher Lebensauffassung. Frau Gottsched wird nicht müde, die einreißende Freigeisterei als eine schwere Verirrung und als ein schweres Unheil zu beklagen und zu verurteilen: "In unsern aufgeklärten Zeiten hat sich die Seuche der

Freigeisterei nur gar zu sehr eingeschlichen. Es giebt viele Leute, welche glauben, ein großer Geist und ein Freigeist, ein witziger Kopf und ein Religionsspötter wären einerlei, und das eine könne ohne das andere gar nicht bestehen."[1] Die nämliche Frau, die das Gebaren der Pietisten auf das Schärfste verurteilt, die jede Frömmelei verabscheut, beklagt es als „ein Unglück für viele Sterbende, wenn sie ihr Leben philosophisch endigen wollen und nicht in den letzten Stunden ihre Zuflucht zur Gnade nehmen." Echt weiblich, menschlich und christlich zugleich ist ihr Wunsch, daß doch auch der große Spötter Voltaire, über dessen kleine Charaktereigenschaften sie so anmutig scherzt und zu dessen Geistesgröße sie bewundernd aufblickt, noch hier von dem Lichte der ewigen Wahrheit erleuchtet werde. Aus den schönen Versen, die Voltaire an den „Gott der Wahrheit" richtet, schöpft sie den Mut, an seine endliche Bekehrung zu glauben: „Bleibt er bei diesen Gesinnungen, so hoffe ich noch alles von ihm."[2]

Wie Frau Gottsched die Schäden und Gefahren der akademischen Freiheit durchschaut, so urteilt sie treffend über dasjenige Bildungsmittel, das bei der Erziehung der männlichen Jugend, namentlich der jungen Adeligen, zu jener Zeit eine wichtige Rolle spielte und dem akademischen Studium an Bildungswert mindestens gleichgeachtet ward, über das Reisen. Auch sie bezeichnet es zwar als „den löblichsten Aufwand und die Nationalneigung der Britten", aber wie viele unreife junge Leute mit und ohne Hofmeister reisen in die Welt hinein, ohne einen Gewinn für das Leben mit nach Hause zu bringen! Ja, wie viele nehmen dabei Schaden an Leib und Seele! „Ich habe oft auf dieser Reise die Anmerkung gemacht, welchen Vorteil junge Leute von ihren Reisen mitbringen könnten, den sie oft vernachlässigen und bei reiferen Jahren bereuen. Die Ursache ist vielleicht diese, daß man junge Edelleute zu zeitig in die Welt schickt, ehe sie den Wert des Umgangs mit verdienten Personen genug zu schätzen wissen. Man sollte keinen jungen Herrn reisen lassen, bis er 24 Jahre alt geworden wäre. Ein Freund des Hauses, kein Hofmeister, sollte ihn begleiten. Vielleicht brächte dies mehr Nutzen, als die jungen Leute bisher von ihren Reisen gehadt haben. Ihr Umgang muß gewählt sein. Die ge-

---

[1] II, 264 f.   [2] II, 266.

lehrtesten Männer, die besten Patrioten (jedes Land hat die seinigen), die größten Künstler in allen Orten müßten aufgesucht und fleißig gesprochen werden. Von diesen Unterredungen bleibt immer etwas Gutes und Nützliches zurück, und dieses ist der wahre Vorteil, den die Reisen zuwege bringen. Wie wenige erreichen ihre Absicht!"[1] Also nicht in der Befriedigung einer banalen Neugierde, auch nicht in der Beobachtung fremder Sitten und Verhältnisse, die den Unreifen so oft zu einer geistlosen und widerwärtigen Nachahmung fremden Wesens verleitet, besteht der Nutzen, der Bildungswert des Reisens, sondern in dem Bekanntwerden mit überlegenen, bedeutenden, in irgend einem Betrachte musterhaften und vorbildlichen Persönlichkeiten. Während der ganzen Reise soll übrigens der Zögling den wohlthuenden Einfluß eines älteren, an seinem Schicksal innig teilnehmenden Freundes empfinden. Ein Mietling, ein Hofmeister, kann nach dem Urteile der Frau Gottsched dem jungen Reisenden in den seltensten Fällen das sein, was er braucht, nämlich Führer, Berater, Freund, Lehrer und sittliches Vorbild.

Ist es schon für den gewissenhaften Edelmann schwer, für seine Söhne einen Hofmeister zu finden, der allen seinen Anforderungen vollkommen entspräche, so ist es vollends schwierig, eine Persönlichkeit aufzuspüren, die sich zum Fürstenerzieher eignet. Die Lektüre der Briefe des Grafen Tessin an den Kronprinzen von Schweden (nachmaligen König Gustav III.) veranlassen Frau Gottsched zu einer Betrachtung über Prinzenerziehung.[2] "Warum wird doch die Erziehung künftiger Regenten nicht lauter Tessins aufgetragen?" ruft sie aus. Solche Leute sind freilich nicht leicht zu entdecken, aber sie sind in jedem Lande vorhanden. Nur ist es zu bedauern, "daß nicht allemal die Wahl der Großen dieser Erde auf denjenigen fällt, der die Geschicklichkeit, die Wissenschaft und die Tugenden besitzt, die zu dem wichtigen Werke der Erziehung eines Prinzen erfordert werden. Man wird die redlichsten, die einsichtsvollsten, die größten Minister finden, die das Ruder des Staats mit Ruhm und Beifall führen und den Fürsten die vortrefflichsten Ratschläge geben; allein ich getraue mir zu behaupten, daß ein vollkommener Mentor für einen Fürsten seltener als ein vortrefflicher Minister, als ein

---

[1] II, 138 f.   [2] II, 228 f.

großer General ist. Das junge Herz eines Prinzen, ehe er Re-
gent wird, in die Verfassung setzen, wie es das Wohl vieler
Länder und einer ganzen Nachwelt erfordert, ist wahrlich keine
geringe Sache! Von allen Kanzeln sollte ein Mann zu dieser
Würde von der Vorsehung erbeten werden. Eine Menge Schmeichler
und sträfliche Leisetreter (um mit Luthern zu reden) umgeben die
Prinzen von der zartesten Jugend an. Sie lehren ihnen alle ihre
oft eingebildeten Vorzüge kennen und verschweigen ihnen ihre
Fehler und ihre wichtigsten Pflichten."

Die angeführten Äußerungen reichen aus, um zu beweisen,
daß die Erziehung und Bildung der Jugend, wie sie einmal sagt,
oft Gegenstand ihres Nachdenkens gewesen ist. [1] Sich in ihren
Schriften darüber zu äußern, hat sie vermieden. „Wenn es geschähe, so würde ich Sachen sagen, die vielleicht der Welt sehr paradox
vorkämen, weil ich die meisten Erziehungen tadeln möchte." Doch
ist sie bescheiden und einsichtig genug anzuerkennen, daß das Erziehen mehr eine Kunst als eine Wissenschaft ist, daß in der
Pädagogik „die Theorie das Leichteste, die Ausübung aber das
Schwerste ist". [2] Und da es ihr nicht vergönnt gewesen ist, eigene
Kinder zu erziehen, hält sie sich nicht für befähigt, in Sachen der
Kindererziehung andere zu beraten. Von der Fürstin von Anhalt-
Zerbst aufgefordert, „einen Aufsatz zu Erziehung einer jungen
Fräulein" zu schicken, welche die hohe Frau als eine Waise in
ihren Schutz genommen hatte, schreibt sie an Frau von Runckel: [3]
„Sie, meine Freundin, die den glücklichsten Versuch gemacht haben,
Sie müssen mir in diesem Auftrage helfen. Ich will mich nicht
mit fremden Federn schmücken, ich will unserer Fürstin sagen, daß
die Erziehungkunst über meine Kräfte geht, und daß die Vorsehung selbst diese Wahrheit bestätiget hat, da sie mir Kinder ver-
sagte; daß ich aber eine Freundin habe, die alles weiß, was nicht
allein zur theoretischen, sondern auch zur praktischen Erziehung
erfordert wird, und daß ich mir deren Beistand ausgebeten habe." [4]

Diese Äußerung führt uns auf das Gebiet der damals schon
sehr stark ventilierten Frauenfrage und Frauenbildungs-

---

[1] II, 73.　　[2] II, 74.　　[3] III, 51 f.

[4] Das Ergebnis war ein Aufsatz der Frau von Runckel, von dem unten
noch die Rede sein wird.

frage. Von einer Frau, die das Leben einer Gelehrten und Schriftstellerin führt, die den Herodot liest und sich in Jakob Böhmes Philosophie versenkt, die Bayles „Dictionnaire historique et critique" übersetzt und Theaterstücke schreibt, die von gelehrten Männern als ebenbürtig anerkannt und von ihren Zeitgenossen als Wunder von Gelehrsamkeit angestaunt wird, von einer solchen Frau sind wir geneigt vorauszusetzen, daß sie mit aller Entschiedenheit der Emanzipation des Weibes das Wort reden müsse. Allein dem ist nicht so. Sollten unsere Frauenrechtlerinnen die Briefe dieser merkwürdigen Frau mit der Erwartung in die Hand nehmen, in ihr eine Mitstreiterin und Bundesgenossin zu finden, so würden sie dieselben enttäuscht beiseite legen. Die Liebenswürdigkeit ihres Wesens, der Hauptreiz ihrer Persönlichkeit besteht vielmehr gerade darin, daß sie bei all ihrer Gelehrsamkeit, trotz aller litterarischen Erfolge, trotz ihrer langjährigen Interessengemeinschaft mit gelehrten Männern, sich jeden Augenblick des tiefen Unterschiedes bewußt bleibt, durch welchen die Natur das Weib von dem Manne getrennt hat, daß sie niemals ihr weibliches Denken und Empfinden verleugnet. Sie kennt und achtet die natürlichen Schranken, die ihrem Geschlechte gesteckt sind. „Wo wir unsere Grenzen aus dem Gesichte verlieren, so geraten wir in ein Labyrinth und verlieren den Leitfaden unserer schwachen Vernunft, die uns doch glücklich ans Ende bringen sollte. Ich will mich hüten, von dem Strome hingerissen zu werden."[1] Dies sind die Worte, mit denen sie als Mädchen die ihr zugedachte Mitgliedschaft der „Deutschen Gesellschaft" in Leipzig ablehnte. Diese ablehnende Haltung bewahrte sie auch dann, als „eine gewisse würdige deutsche Gesellschaft" ihre Weigerung nicht für Ernst aufgenommen und sie unter ihren Mitgliedern aufgeführt hatte, „worüber ein ganzer Bogen in ihren Schriften umgedruckt werden mußte".[2] Die stolze Bescheidenheit, mit der sie auf Ehren verzichtet, die nach ihrer Meinung einer Frau nicht zukommen oder doch ihr entbehrlich erscheinen müssen, macht ihr wahrlich keine Unehre; denn gerade dadurch zeigt sie sich erhaben über die kleinliche Eitelkeit, die vielen ihres Geschlechts anhaftet. Sie empfindet es als einen Mangel des Weibes, daß es engherzig an Äußerlichkeiten hafte und sich

---

[1] I, 27. [2] II, 225 f.

durch sein eitles Gebaren so manche Blöße gebe. „Das männliche
Geschlecht hat uns die meisten Eitelkeiten und Spielwerk längst
überlassen, und wir beschäftigen uns zu unserer Schande noch so
emsig damit.“[1]) Nichts liegt ihr ferner als das Prunken mit ihrem
Wissen und Können. Wo ihr Denkvermögen nicht ausreicht, eine
wissenschaftliche Materie völlig zu durchdringen, schämt sie sich
nicht, es offen einzugestehen. So schreibt sie als Mädchen an
den künftigen Gemahl: „Ich räume Ihrer Philosophie die Ehre
willig ein, daß ich etliche für mich ganz unbegreifliche Stellen
darinnen gefunden. Ich erkühne mich auch nicht, jemals einen
Anspruch auf den Grad von Kenntnissen in der Weltweisheit zu
machen, welcher erfordert wird, alle Teile derselben zu verstehen. Dieses
will ich den Meistern dieser Lehre vorbehalten. Ich will, wie die Frau
von Sévigné sagt, diese Wissenschaft wie das L'ombrespiel lernen
zum Zusehen, nicht zum Mitspielen. Ich will durch diese Wissenschaft, mich selbst zu kennen und durch diese Kenntnis meine
Fehler zu verbessern, mich bemühen.“[2]) Unausstehlich ist ihr
ein Frauenzimmer, das mit vermeinter Gelehrsamkeit dick thut.
„Lesen Sie langsam und wenig,“ schreibt sie einmal einer jungen
Dame. „Ein Frauenzimmer liest, um besser und weiser zu werden,
nicht um gelehrt zu scheinen.“[3]) Sie scheut sich nicht im geringsten,
Ihrem Gottsched wie anderen gelehrten Männern gegenüber die
Selbständigkeit ihres Urteils auch in wissenschaftlichen Fragen zu
wahren, und sie thut es mit Geist und zuweilen mit überlegenem
Humor. Wie hübsch weiß sie den über die Hinausschiebung der
Verlobung ungeduldigen Gottsched mit den Worten seiner eigenen
Philosophie zu entwaffnen![4]) Wie triumphiert sie darüber, daß
er, der in seiner Vorrede zum „Cato“ auf die Heirat in den Theater-
stücken seinen Fluch gelegt hatte, inkonsequenter Weise seine
Iphigenie verheiratet![5]) Köstlich ist die fast übermütige Laune,
womit sie jenem niedersächsischen Reformator der deutschen Rechtschreibung zu Leibe geht, der von ihr ein Gutachten über seine
Reformvorschläge verlangt: „In dem kleinen Pfunde, das mir
der Himmel verliehen, ist nicht ein Quentchen von derjenigen
Halsstarrigkeit befindlich, die zur orthographischen Märtyrerkrone
erfordert wird. Ich lebe in Obersachsen und gehe alle Abende

---

[1]) I, 165.   [2]) I, 80 f.   [3]) III, 17.   [4]) I, 98.   [5]) I, 80.

mit ruhigem Gewissen zu Bette, ungeachtet ich den ganzen Tag das s vor Mitlauten wie ich ausgesprochen und schtehlen, schterben, schprechen, schtampfen u. s. w. gesagt habe. Lebte ich in Niedersachsen, so würde ich freilich das Vergnügen der inneren Überzeugung genießen, wenn ich das s scharf aussprechen dürfte.   Allein, daß ich dieses Vergnügen auch der Furcht, ein Sonderling zu sein, nachsetze, das würde ich dadurch beweisen, daß ich an eben dem Orte ohne alles Bedenken mit andern auch sagen würde: Der Swertfegerjunge hat dem Sneider ein Fenster eingesmissen und ihn einen Slingel geheißen. . . . Alle Provinzen verschlucken einen oder den andern Buchstaben.   Die Herren Niedersachsen habe ich oft ganze Silben verschlucken hören, und sie sind ihnen ganz wohl bekommen."[1]   Bei alledem hält sie es nicht für die Sache der Frauen, den Gelehrten am Zeuge zu flicken.   „Ich halte dafür, daß die Ehre der Gelehrsamkeit noch auf sehr schwachen Füßen steht, und daß eben nicht weibliche Federn das mit vieler Mühe erbaute Gute wieder niederreißen sollen."[2]   Dem weiblichen Geschlechte wird nach ihrer Meinung übel dadurch gedient, daß man seiner Neigung zur Eitelkeit Vorschub leistet und es zu dünkelhafter Überhebung verleitet.   Sie spottet über die deutschen Fakultäten, die „trotz den Franzosen das deutsche Frauenzimmer kreieren, promovieren und krönen."   „Verschiedene haben ihre Wälder schon bald kahl gelorbeert.   Man hat vor kurzem ein Frauenzimmer zum Doktor der Arzeneikunst gemacht; vermutlich wird sie auch das Vorrecht erhalten und behaupten, einen neuen Kirchhof anzulegen. In Greifswalde wird das Fräulein B. auch ehestens Doctor iuris werden.   Ich für mein Teil habe von dergleichen Ehrenbezeugungen meine eigenen Gedanken."[3]   „Wie gefällt Ihnen Donna Laura Bassi," schreibt sie an Gottsched, „welche neulich den Doktorhut in Bologna erhalten?   Ich vermute, daß, wenn dieser junge Doktor Collegia lesen wird, solcher in den ersten Stunden mehr Zuschauer als in der Folge Zuhörer bekommen wird."[4]

Die überlegene Ironie, womit sie diese Dinge behandelt, zeigt deutlich genug, daß sie ihr Geschlecht nicht für berufen hält, in die Berufssphäre des männlichen einzudringen und den Wettbewerb mit ihm aufzunehmen.   Diese Überzeugung hindert sie aber nicht,

---

[1] I, 325 ff.   [2] I, 60 f.   [3] II, 255.   [4] I, 22.

gelegentlich auch die kleinliche Eiferſucht zu belächeln, womit die
Männer zuweilen den Frauen die Beſchäftigung mit wiſſenſchaftlichen und künſtleriſchen Dingen verübeln. „Ich bin jetzt mit
einem Riſſe beſchäftiget,“ ſchreibt ſie einmal ihrem Verlobten, „den
meine Wißbegierde nachzumachen verſuchet hat. Es iſt mir mit
Hilfe eines guten Reißzeuges gelungen, und ich habe mir ganz
unvermutet einen Feind dadurch gemacht, weil ich als Frauenzimmer etwas unternommen, was nur für Gelehrte und Künſtler
gehört. Es ſchadet nichts, endlich wird man mir dieſe Beleidigung
vergeben“.[1] Überhaupt iſt ſie weit entfernt, dem männlichen Geſchlecht
in allen Stücken den Vorzug einzuräumen, vielmehr kennt ſie deſſen
Schwächen und Mängel ebenſo genau wie die Vorzüge ihres
eigenen Geſchlechts. Die Stärke des Mannes, ſeine Überlegenheit
gegenüber dem Weibe iſt begründet in dem Übergewicht des
Intellekts über das Gemüt, das Weib aber übertrifft den Mann
durch die Reinheit und Beſtändigkeit des Empfindens, durch den
Reichtum und die Treue des Gemüts. Ganz und gar gleichgültig
ſind ihr die Männer, welche durch ſtutzerhaftes Auftreten und fade
Galanterien zu glänzen ſuchen, und während andere Frauen und
Mädchen ihre Huld an dergleichen Gecken nur allzu gern verſchwenden, ſcheinen ſie ihr verächtlich, weil ſie in dem Manne nur
den Manneswert ſchätzt. Als Mädchen ſchreibt ſie dem Verlobten:
„Was die Seladons für Eindruck auf mein Gemüte machen? —
Solange ich der Meinung ſein werde, daß Sokrates mir mehr
als ganz Athen iſt, ſolange werden mir alle zierlichen Statuen
gleichgültig ſein. Hier haben Sie mein Bekenntnis.“[2] Von der
Aufrichtigkeit des Empfindens bei Männern, von Männertreue
zeigt ſie ſchon in jungen Jahren keine hohen Begriffe. Wie oft
ſind die vermeinten Gefühlsäußerungen nicht mehr als Redensarten und Selbſttäuſchung! „Der Herr *** zeigt vielen Schmerz
über den Tod ſeiner Gemahlin. Nach der Abſchilderung des
Witwers verdienet dieſe auch ſeine Klagen. Ein Ausdruck verhindert, daß ich dieſen Verluſt nicht ſo ſehr beklage, als mein mit-
leidiges Herz es ſonſt zu thun geneigt wäre. Der Verfaſſer ſagt,
er habe ſeine Frau mehr angebetet als geliebt.“[3] Noch
deutlicher ſpricht eine andere Äußerung: „Das Gedicht, welches

[1] I, 122. [2] I, 59. [3] I, 41.

der zärtliche Bräutigam S. auf seine verstorbene Geliebte gemacht, habe ich aus bloßer Neugierde gelesen; ich wollte wissen, ob dieses eine Sache sei, darüber man so viel schreiben könne, als man wirklich empfindet. Aber Himmel! was hat der gute Mann alles gesagt, ich glaube viel mehr, als er empfand! Findet er vielleicht eine zweite und eine dritte Braut, so wird er ebenso schön und zierlich singen, als er bei jener Gelegenheit schmerzlich gegirret und geklaget hat."[1] „Herr Magister S.," schreibt sie ein andermal, „giebt der Welt einen Beweis von der gewöhnlichen Denkungsart der meisten Mannspersonen. Ist es möglich, über eine Verstorbene soviel Klagen auszuschütten und sozusagen Himmel und Erde zu bewegen, und in kurzer Zeit die Verstorbene, seinen Schmerz und seine Klagen zu vergessen und eine andere Person zu wählen?[2] Die Erfahrungen ihres Ehelebens waren nicht dazu angethan, sie von ihrer Skepsis zu heilen. „Das männliche Geschlecht," äußert sie später, „ist in allen Leidenschaften heftig, aber, um der menschlichen Natur nicht Gewalt anzuthun, geben sie bald nach." Männer, die miteinander Freundschaft schließen, „erschöpfen die Rede- und Dichtkunst bei den Versicherungen ihrer wechselseitigen Zärtlichkeiten, wir (Frauen) fragen nur unser Herz, das ist immer einerlei."[3] An Wärme und Tiefe der Empfindung, an Beständigkeit, Treue und Redlichkeit ist das Weib dem Manne weit überlegen. Sie selbst ist sich dieses Vorzuges bewußt. Nicht lange vor ihrer Vermählung schreibt sie an Gottsched: „Es ist zwar gewiß, daß Sie in vielen Stücken den Vorzug vor mir haben, und es ist auch billig; allein, wenn es auf die Stärke der Freundschaft ankömmt, so werde ich gewiß den Ruhm meines Geschlechts nicht schwächen; hier wird dieses immer den Vorzug vor dem Ihrigen behaupten, und ich, ich werde mein ganzes Geschlecht in diesem Stücke suchen zu übertreffen."[4] Sehr schön und treffend kennzeichnet sie den Unterschied zwischen männlichem und weiblichem Denken und Empfinden in einem Briefe, den sie in den ersten Jahren ihrer Ehe an den entfernten Gatten schreibt: „Mein allerbester Mann, nach Ihrem Willen soll ich heiter, vergnügt, zufrieden sein. Sagen Sie mir, wie ich es anfangen soll, da ich von Ihnen getrennt bin. Sie trösten mich als Philosoph, dies

---

[1] I, 134. [2] I, 142. [3] II, 213f. [4] I, 157.

fieht Ihnen und der Würde, die Sie bekleiden, fehr ähnlich. Ich
klage, feufze, weine, wünfche, und dieses ist wiederum einer zärtlichen,
von ihrem Manne getrennten Frau fehr natürlich. Wir haben
beide recht. Sie würden bei ihren wichtigen Verrichtungen eine
fehr lächerliche Rolle fpielen, wenn Sie traurig und niedergefchlagen
darüber fein wollten, daß es Ihr Beruf erfordert, fich einige
Wochen von Ihrer Gattin zu trennen. Bin ich nicht fehr reich
an Erfindungen, mich über Ihre Abwefenheit zu tröften? Gleichwohl verfichere ich Sie, mein befter Mann, alle diefe Eingebungen
meiner Vernunft thun nicht den geringften Eindruck auf mein
Herz. Diefes leidet und leidet ganz allein."[1]) Und diefes Herz
follte noch foviel leiden. Welche fchmerzliche Erinnerungen müffen in ihr
aufgeftiegen fein, als fie an Frau von Runckel die Worte fchrieb:
„Da die Männer fo, wie ihr Herz gegenwärtig befchaffen ift, unfere
ganze Reigung an fich zu ziehen wiffen, was bliebe uns übrig,
ihnen aufzuopfern, wenn fie uns an Redlichkeit und Treue über-
träfen? Sie find dazu gefchaffen, unfer lebhafteftes Vergnügen
und unfern bitterften Gram zu veranlaffen; dazu mußten fie recht
fo fein, wie fie find. Ich weiß nicht, wie Ihnen diefe Philofophie
vorkommen wird, aber fo viel ift gewiß, daß man über kurz oder
lang darauf verfallen muß; dies ift das Vorrecht der Erfahrung."[2])
Unwillkürlich gemahnen diefe fchmerzgeborenen Worte an die er-
greifende Klage von Grillparzers Sappho:

> Nach Frauenglut mißt Männerliebe nicht,
> Wer Liebe kennt und Leben, Mann und Frau.
> Gar wechfelnd ift des Mannes rafcher Sinn,
> Dem Leben unterthan, dem wechfelnden. —
> Er kennet nicht die ftille, mächt'ge Glut,
> Die Liebe weckt in eines Weibes Bufen;
> Wie all ihr Sein, ihr Denken und Begehren
> Um diefen einz'gen Punkt fich einzig dreht,
> Wie alle Wünfche, jungen Vögeln gleich,
> Die angftvoll ihrer Mutter Neft umflattern,
> Die Liebe, ihre Wiege und ihr Grab,
> Mit furchtfamer Beklemmung fchüchtern hüten;
> Das ganze Leben als ein Edelftein
> Am Halfe hängt der neugebornen Liebe!

---

[1]) I, 239f.   [2]) II, 61.

Unsere Gottschedin kennt die Mängel und Fehler der Männer, sie
hat ihren Wankelmut und ihre Untreue im eigenen Leben genug=
sam erfahren; gleichwohl ist sie nicht irre geworden an der Gesell=
schaftsordnung, die da spricht: „Der Mann ist des Weibes Haupt."
Mit einem gewissen fatalistischen Gleichmute findet sie sich mit
der Thatsache ab, daß dem Manne auf Kosten des Weibes manche
gesellschaftlichen Vorrechte vorbehalten sind. Es scheint ihr in der
Natur der menschlichen Gesellschaft begründet, daß das männliche
Geschlecht mit Freiheit von häuslichen Geschäften begnadigt ist,
eine Freiheit, die „ein wesentliches Teil seiner vorzüglichen Glück=
seligkeit" ausmacht; „und wir dürfen nicht murren wider das
Schicksal, das uns diese beschwerlichen Kleinigkeiten vorbehalten
hat".[1]) Im Tone des Bedauerns, doch ohne Bitterkeit und Groll
erwähnt sie einmal, daß es ihrem Geschlechte selten frei stehe, in
das männliche Vorrecht der freien Gattenwahl einzugreifen.[2])

Daß eine Frau von solcher Gesinnung Ehe und Familie für
den natürlichen Wirkungskreis, den Beruf der Gattin und Mutter
für den natürlichsten Beruf des Weibes halten mußte, ist selbst=
verständlich. Die Art ihrer Jugenderziehung und ihre beständige
Gelehrtenarbeit und schriftstellerische Thätigkeit hatten es mit sich
gebracht, daß sie Haus= und Wirtschaftssorgen von Kindheit an
für „die elendesten Beschäftigungen eines denkenden Wesens" hielt[3]);
diese Überzeugung aber hindert sie nicht im geringsten, jene „be=
schwerlichen Kleinigkeiten, deren sie gern erübriget sein möchte",
als einen wesentlichen Teil der Hausfrauenpflicht anzuerkennen.
Jüngeren Freundinnen pflegt sie die Beschäftigung im Haushalte
und gewissenhafte Erfüllung der Aufgaben der häuslichen Wirt=
schaft dringend an das Herz zu legen. Ihr eigenes Hauswesen
hielt sie nach dem übereinstimmenden Urteil ihres Mannes und
ihrer Freunde trotz ihrer gelehrten Neigungen und Beschäftigungen
„immer in solcher Ordnung, als wenn sie keine Geschäfte als dieses
zu besorgen hätte".[4]) Ihre natürliche Abneigung gegen häusliche
Sorgen und Verrichtungen haben sie ebenso wenig dazu verleitet,
ihre Hausfrauenpflichten zu vernachlässigen, als sie ihren Begriff
von dem natürlichen Berufe des Weibes beeinträchtigt haben. Sie
hat den Beruf der Hausfrau und Mutter allezeit hochgehalten.

---

[1]) II, 151 f.   [2]) III, 23.   [3]) II, 151.   [4]) III, Vorbericht.

Für die Ehe ist kein Weib zu gut. „Die Ehe ist der Stand,"
schreibt sie einer wohlunterrichteten jüngeren Freundin, „in welchem
Sie all das Gute, was Sie bisher gesammelt haben, in Übung bringen
können." [1)] Der haushälterische, sparsame Sinn ist nach ihrer
Meinung eine der notwendigsten Eigenschaften der Hausfrau. Sie
selbst bewährt ihn schon vor ihrer Vermählung in dem schönen
Brief an Gottsched, wo von ihrer Hochzeit und ihrem künftigen
Haushalte die Rede ist[2)]: „Alle überflüssige Pracht, die nur allzu
oft bei dergleichen Festen verschwendet wird, halte ich für ganz
unnötig. Zu einer wohleingerichteten Haushaltung gehört notwendig eine vernünftige Sparsamkeit, und man kann nicht zeitig
genug anfangen, vorsichtig zu handeln. Wie viele verschwenden
bei dergleichen Gelegenheit in wenig Stunden eines ganzen Jahres
Einkünfte. Unser Hochzeittag soll nicht mehr als 100 Thaler
kosten. Mein Aufwand für ganz unentbehrliche Dinge beläuft sich
nicht viel höher. Wir haben eine weite Reise zu thun und dabei
ganz unvermeidliche Ausgaben. Wir müssen auf unsere Einrichtung in Leipzig denken, und dieses sind nötige Erfordernisse,
bei denen keine Ersparnis stattfinden kann. Ich habe es also bei
denen entbehrlichen und eingebildeten Notwendigkeiten abzubrechen
gesucht. Nicht mehr als 18 Personen sollen Zeugen von unserm
Feste, die ganze Stadt aber von unserm Glücke sein." Die Geschenke des Bräutigams nimmt sie mit herzlichem Danke an, aber
sie unterläßt nicht, ihn ab und zu wegen allzu großer Freigebigkeit zu verwarnen: „Ihre Verse, liebster Freund, sind ·mir das
angenehmste Geschenk. Sie kosten Ihnen am wenigsten, und ich
gebe diesen den Vorzug vor allen Kostbarkeiten, die ich von Ihnen
erhalten könnte." [3)] Ein andermal schreibt sie: „Es ist eine üble
Gewohnheit, daß man den Grad des künftigen Glücks von ein
Paar Versprochenen nach dem Wert der Geschenke zu schätzen
pfleget, die der Braut in den vergnügten Tagen ihres Noviziats
gemacht werden. Kaum ist die Einkleidung iu den Orden des
Ehestandes vorbei, so hören die Verschwendungen auf. Wie viele
Frauen halten sich für unglücklich und ihre Männer für kaltsinnig,
weil sie ihre übertriebene Freigebigkeit nicht fortsetzen, die sie doch
bald ins Elend stürzen würde, wenn sie lange dauern sollte. Lassen

---

[1)] III, 24.   [2)] I, 212 ff.   [3)] I, 208.

Sie uns,' so ermahnt sie den Verlobten, „lassen Sie uns denen nicht gleichstellen, die ihre Neigungen auf nichts als Eitelkeit und Thor= heit gründen." [1]) „Ich werde durch allerlei Anstalten zu unserer Hochzeit meinem Geschlechte den Zoll entrichten, den ich ihm schuldig bin. Von dem Augenblicke aber, da ich zu Ihrer Fahne werde geschworen haben, sollen die meisten Eitelkeiten aus meinem Sinn und Hause verbannt sein." [2]) Sie weiß sehr wohl, daß mit solch „philosophischer" Verachtung der Flitter dieses Lebens allein noch nichts gethan ist: „Lassen Sie uns der Welt durch unser Beispiel zeigen, daß wahre Glückseligkeit nicht auf zeitlichen Gütern beruhet." [3]) Zur Begründung einer wahrhaft glücklichen Ehe ist nicht nur häus= licher Sinn und gegenseitige Neigung der Ehegatten erforderlich, sondern unbedingte Aufrichtigkeit auf beiden Seiten: „Sie sollen mich niemals der Falschheit beschuldigen können. Mein Herz hat sich Ihnen gleich im Anfang gezeigt, wie es immer sein wird und sein soll. Ich finde nichts unangenehmer in der menschlichen Gesellschaft, als wenn Freunde immer versteckt für einander, in einem heimlichen Mißtrauen leben, und ich halte diese Verstellung für die Haupturfache vieler unglücklichen Ehen." [4]) Als sie diese Worte niederschrieb, ahnte sie freilich nicht, daß auch die Ehe, welche sie zu schließen im Begriffe stand — ohne ihre Schuld — dem Fluche geheimen Mißtrauens verfallen sollte. Aber ihre bitteren Er= fahrungen haben sie in ihrem Glauben an den Segen des ehelichen Lebens nicht irre gemacht. Als eine ihrer jüngeren Freundinnen von einem Witwer einen Heiratsantrag erhielt und sie in dieser An= gelegenheit um Rat fragte, gab sie ihr die für ihre Stellung zur Ehe so bezeichnende Antwort [5]): „Das Vertrauen, so Sie in mich setzen, mich bei einer Gelegenheit um Rat zu fragen, wo nur leider allzu oft junge Personen gar zu gern ihrem eigenen Willen folgen, den sie nachher nicht aus Überlegung, sondern aus wahrem Eigen= finn zu behaupten suchen, dieses edle Vertrauen läßt mich alles von Ihnen hoffen, was Sie Ihren Freunden hochachtungswürdig machen und für Sie selbst eine unerschöpfliche Quelle der reinsten Zufriedenheit sein wird. Die Neigung gegen eine Person, mit der wir uns auf ewig verbinden, ist freilich die Hauptsache, die bei allen Heiraten in Betrachtung sollte gezogen werden. Die

---

[1]) I, 169.   [2]) I, 165.   [3]) I, 144.   [4]) I, 124.   [5]) III, 21ff.

meiſten jungen Leute aber nehmen die erſte aufſteigende Leiden=
ſchaft, die entweder einer vorteilhaften Bildung, oder wohl gar
der Begierde, durch Rang und Reichtum zu glänzen, ihr Daſein
zu danken hat, ſogleich für eine unüberwindliche Neigung an. Sie
hängen dieſer ſo ernſtlich nach, daß ſie von ihrem eigenen Herzen
hintergangen werden und ihren Irrtum oftmals zu ſpät einſehen
und zu ſpät bereuen . . . . . Sie haben recht, daß ein Frauen=
zimmer nicht vorſichtig genug handeln kann. Bei den lauterſten
Abſichten finden ſich oft unvermeidliche Übel, die einer vernünftigen
Frau viel geheimen Gram verurſachen. Wenn Sie aber, liebſte
Wilhelmine, bei der innerlichen Überzeugung, daß Sie dem, der
Sie wähtet, Ihre ganze Neigung freiwillig ſchenken, wenn Sie
mit ſeinen Umſtänden, in welchem Verhältniſſe ſie ſich auch be=
finden, zufrieden ſind; wenn ſie ſich zutrauen, Ihres Mannes
Kinder ſo, wie künftig Ihre eigenen zu lieben; wenn Sie ſich
entſchließen können, Ihre liebſten Neigungen, die Sie disher mit
ſo rühmlichem Fleiß den Wiſſenſchaften gewidmet, nunmehro nur
zu Ihrem Nebengeſchäfte zu machen und den Beruf Ihres künftigen
Mannes Ihr Hauptaugenmerk ſein zu laſſen; wenn, ſage ich, dieſes
Ihnen nicht viel Überwindung koſtet, ſondern Sie aus freiem Willen
Ihrem Freunde dieſes Opfer bringen, ſo iſt Ihre Neigung ge=
gründet und Sie werden glücklich in Ihrer Ehe ſein.“ Was unſere
Gottſchedin von einer guten Hausfrau fordert, geht am deutlichſten
aus dem Briefe an einen Edelmann[1]) hervor, der zur Heirat
entſchloſſen iſt und ſich von ihr eine Schilderung ſeiner Zukünftigen
ausgebeten hat: „Geſetzt, Sie haben ſchon gewählt. Was werden
Sie ſagen, wenn meine Schilderung Ihrem Originale nicht gleich=
kommt? Geſetzt, dieſes iſt noch nicht geſchehen und Sie ſind mit
meinem Gemälde zufrieden, ſo werden Sie mir auftragen, Ihnen
das Original zu ſchaffen; dieſes möchte mich in Verlegenheit ſetzen. Es
mag ſein, wie es wolle, ich wünſche Ihnen das beſte Glück in Ihrer
Ehe: Sie verdienen es, und um ganz glücklich zu werden, ſo müſſe
Ihre künftige Gemahlin folgendem Bilde ähnlich ſehen: Da die
Vorſicht Ihnen ſo viel Mittel gegeben, als eine ordentliche Wirt=
ſchaft erfordert, ſo ſollen Sie nicht auf großes Vermögen ſehen,
eine Neigung, die (mit Ihrer Erlaubnis zu ſagen) Ihrem Geſchlechte

---

[1]) II, 254 ff.

so sehr eigen ist, daß es oft der Hauptverdienst der Person sein soll, die sie zu wählen pflegen. Ihre Geliebte sei nicht so häßlich, daß man an ihrer Gestalt, in ihren Zügen merkliche Fehler zu tadeln finde; aber durchaus nicht so schön, daß jeder sie für eine Göttin halte und ihre Eitelkeit durch seinen Weihrauch erwecke oder vermehre. Ihr Herz müsse ihre äußere Gestalt übertreffen und ganz vollkommen gut sein. Ihr Verstand heiter, richtig und gut gebildet. Sie wird in diesem Falle eine Kenntnis von allen nötigen Wissenschaften zu erlangen suchen, sie wird die rechte An= wendung von ihrer Einsicht zu machen wissen, nicht zur Unzeit weise sein, sondern die Bescheidenheit bei den Gaben ihres Verstandes niemals aus dem Gesichte verlieren. Ihr Anzug sei nie prächtig, aber nach der Jahreszeit und der anständigsten Mode eingerichtet. In ihrem Hause soll sie am reizendsten erscheinen und in allem die Ordnung und Reinlichkeit bis zum Eigensinn behaupten. Der Tisch soll mäßig und ihre Vorräte nicht überflüssig sein, sondern so, wie es eine wohleingerichtete Wirtschaft erfordert, in welcher alles zu rechter Zeit eingekaufet, deswegen aber von dem Vorrat kein verschwenderischer Gebrauch gemacht wird. Ihre Bedienten soll sie sorgfältig wählen und unter diesen auf Treue und Ordnung halten. Sie sei diesen weder zu gelinde, noch zu strenge; sie lasse sie niemals müßig, sondern gebe ihnen ihr gutes Auskommen und viel Arbeit; ihr Auge wird selbst alles in acht nehmen, und sie wird ihren Bedienten nur so viel anvertrauen, als sie verwalten können; sie wird sie als unentbehrliche Glieder ihres kleinen Staates ansehen, selbst aber immer das Haupt sein. Dieses wird sie be= ständig in Ansehen bei denselben und ihr Haus in Ordnung erhalten. Für ihre Kinder soll sie von den ersten Stunden ihrer Existenz an viel Sorge tragen und solche mit ihrer eigenen Milch nähren, wenn nicht besondere Umstände sie daran verhindern und es ihre Gesundheit erlaubt. Sie wird sie zur Furcht Gottes und zum Gehorsam von Jugend auf gewöhnen und ihnen das beste Beispiel geben. Auf diese Art wird ihr die Erziehung nicht schwer werden. Ihren Gemahl wird sie für den treuesten Freund und die vornehmste Stütze ihres ganzen Hauses halten und ihre Pflichten als seine treue Gehilfin genau erfüllen. Kurz, Religion und Tugend werden der Grundsatz aller ihrer Hand= lungen sein.“

Wie tief und ernst Frau Gottsched den natürlichen Beruf
des Weibes erfaßt, bezeugt vor allem der Eifer, womit sie gleich
einem Schuppius und Wolf gegen die Unsitte ihrer Zeit ankämpft,
die Kinder durch Schenkammen nähren zu lassen. „Sie haben,“
schreibt sie einer Bekannten, „die ersten Pflichten einer rechtschaffenen
Mutter erfüllet, indem Sie selbst die Säugamme Ihres ersten
Kindes gewesen, und ich wünsche, daß Mutter und Kind lebens=
lang die angenehmsten Folgen davon erfahren mögen. Ich bin
von der Vorsehung nicht mit so einem Segen beglückt worden.
Aber soviel ist gewiß, ich würde meine Kinder nie Mietlingen
anvertraut haben, wenn nicht die äußerste Schwachheit und aller
Mangel an Nahrungsmitteln für ein so kleines Geschöpf mich darzu
genötiget hätte. Ich bewundere, daß man in hiesigem Lande (in
Obersachsen!) die Gewohnheit, Ammen zu nehmen, noch nicht
abschafft, ohngeachtet unzählige unglückliche Folgen es uns täglich
anraten. Die Prinzessin von Oranien hat allen Müttern ein so vor=
treffliches Exempel gegeben, daß alle und jede nachfolgen sollten. . . .
Eben die Mütter, die sich am besten warten und pflegen, die alle
Bequemlichkeiten bei dieser so angenehmen Pflicht haben könnten,
eben diese vernachlässigen solche am ersten. Ich wünschte, daß
alle Prediger wider den Mißbrauch der Ammen eifern möchten; so
fänden sich noch mehr liebreiche Mütter, die Ihrem löblichen
Beispiele nachahmten und zärtliche Säugammen ihrer Kinder
würden.“¹)

Wer wie Frau Gottsched das eheliche Leben als den Schau=
platz ansieht, auf dem das Weib seine natürliche Begabung am
reinsten und reichsten zu entwickeln vermag, wird sich für klöster=
liches Leben schwerlich begeistern können. „Die Einkleidung der
guten Prinzessin von F.“, schreibt sie, „hat mich mit alle dem
Mitleid erfüllt, welches mich allemal bei dergleichen Nachrichten
ganz einnimmt. Wie wenige erwählen das Klostergelübde aus
freiem Willen! Wie viele hingegen werden teils von ihren Eltern,
Anverwandten, Vormündern zu dieser geistlichen Knechtschaft über=
redet! Und wie viele bringt ein geheimer Gram, ein verborgenes
Leiden auf den Gedanken, aus bloßem Überdruß den geistlichen
Stand zu wählen! Ich weiß mir keinen bejammernswürdigeren

¹) II, 41 f.

Zustand als eine aus verschiedenen irdischen Absichten eingekleidete Klosterfrau. Oft geschiehet bei dergleichen Fällen, was Haller sagt:

> Daß ein verstohlener Blick in die verlaff'ne Welt
> Mit sehnender Begier zu spät zurücke fällt.

Sie sagen zwar, daß die Prinzessin von F. viel Zufriedenheit bezeiget und ihren geistlichen, ihren Karmeliterorden mit keiner Krone hat verwechseln wollen. Darf ich aber eine Frage thun? Ist sie jemals in diesem Falle gewesen, unter beiden zu wählen? Ich getraue mir zu behaupten, daß das gute Kind bei Anbietung einer irdischen Krone dem Karmeliter=Brautkranz entsaget und aufrichtig bekennet haben würde, daß sie in demselben Augenblicke mehr Beruf bei sich spürete, in der Welt zu bleiben, als sich ver= mauern zu lassen. Ich zweifle keineswegs, daß nicht einige Menschen aus eigener Bewegnis, mit wahrer Überzeugung in den geistlichen Stand treten. Diese zähle ich unter diejenigen, von denen der Apostel sagt: Welche er verordnet hat, die hat er auch berufen. Ich selbst wünschte unter denen zu sein und meines Berufes würdig zu leben; allein ich bin es nicht." [1]

Wenn unsere Gottschedin den freiwilligen Verzicht auf Ehe= glück und Familienleben mit der natürlichen Bestimmung des Weibes nicht in Einklang zu bringen weiß, so hat sie doch anderer= seits auch die Frage erwogen, welche Berufe denjenigen Personen ihres Geschlechts vorbehalten sein müssen, die zur Verheiratung nicht Gelegenheit finden. Sie zeigt sich bemüht, den gebildeten Mädchen ihres Vaterlandes wenigstens eine Laufbahn zu eröffnen, die ihnen damals versperrt war, den Beruf als Lehrerin und Erzieherin: "Oft habe ich gewünscht, daß rechtschaffene Prediger, Kaufleute oder auch Gelehrte, die in ihrem Berufe nichts weiter als ihr Auskommen vor sich bringen und oft eine Anzahl hilfloser Töchter hinterlassen, so viel auf ihre Erziehung wendeten, daß diese hernach, wenn ihre Väter stürben, auf eine anständige Art ihren Unterhalt fänden. Dieses würde ungemein viel Nutzen stiften, und unsere Landestöchter würden jenen Ausländern vorgezogen werden, die nur allzu oft schlechte Sitten, eine schlechte Aussprache und schlechte Neigungen ihren Untergebenen beibringen." [2] Es gilt also nach ihrer Meinung, jenen französischen Hofmeistern und Gou=

---

[1] II, 155 f. [2] II, 39 f.

vernanten den Platz streitig zu machen, die damals in vornehmen
Familien und auch in gebildeten Bürgerkreisen eine Art von Er-
ziehungsmonopol genossen. Wie sie über die hofmeisterliche Erziehung dachte, haben wir bereits gesehen; die Erziehung, namentlich
die Mädchenerziehung, durch französische Gouvernanten
schlägt sie noch geringer an. Die Vorzüge, die man bei ihnen sucht,
sind nach ihrer Erfahrung oft nicht vorhanden. „Die gute Aussprache,
die man gemeiniglich bei einer Französin vermutet, fehlet
vielen, und jede Provinz, die uns solche Personen liefert, hat
ihren besonderen Dialekt, der von der reinen Mundart oft sehr
merklich abweichet, und den nichts entschuldiget als das Vorurteil,
eine Französin könne nicht anders als gut französisch sprechen...
Wie viele schlecht erzogene Personen kommen nach Sachsen, um
einen reichlichen Gehalt zu ziehen und die Plage des Hauses zu
sein, wo man ihre Mängel mit vielem Gelde bezahlet. Diese Klagen
sind fast allgemein.“[1]) Diesem Mangel kann nach ihrem Dafürhalten am leichtesten dadurch abgeholfen werden, daß deutsche
Mädchen durch eine entsprechende Vorbildung befähigt werden, die
Stelle von Erzieherinnen in vornehmen und gebildeten Familien
zu übernehmen. „Machen Sie den Anfang,“ ruft sie einer Lands-
männin zu, deren Befähigung sie kennt, „machen Sie den Anfang,
eine solche Stelle zu übernehmen; auch in diesem rühmlichen Ent-
schlusse werden Ihnen viel folgen, ob andere gleich weniger Voll-
kommenheiten als Sie besitzen.“

Der eben angeführte Brief bezeugt zugleich das hohe Interesse,
welches unsere Gottschedin der Mädchenerziehung und Frauenbildung zuwendet. Der Mädchenunterricht ihrer Zeit war ja bekanntlich im allgemeinen noch recht mangelhaft. „Ein sehr
Weniges,“ sagt Seckendorf in seinem „Christenstaate,“[2]) „geschiehet
in den Mädchenschulen, und bleibet gewöhnlich nur bei dem aller-
untersten Grade der Katechisation“. „Man stehet in den Gedanken,“
klagt eine Frau,[3]) „es sei zu unserem Unterrichte genug, wenn
man uns die Buchstaben zusammensetzen und dieselben, zuweilen
schlecht genug, nachmalen lehrt. Darauf hält man uns eine
Französin, um eine fremde Sprache in unser Gedächtnis zu fassen,

---

[1]) II, 37 ff. [2]) S. 601. [3]) K. Biedermann, Deutschland im 18 Jahrh.
Bd. II, S. 548.

da wir doch die Muttersprache nicht recht verstehen. Unser Ver=
stand wird durch keine Wissenschaften geübt, und man bringet uns
außer einigen, oft übel genug aneinanderhängenden Grundlehren
der Religion nichts bei; ja auch diese werden meistenteils mehr
dem Gedächtnisse, als dem Verstande eingeprägt. Wenn man die
Schule verläßt, so verläßt man, wofern ich etwa ein Gebetbuch
ausnehme, zugleich alle Bücher. Oder, wenn man ja etwas liest,
so ist es ein läppischer oder närrischer Roman, worin die vorhin
eiteln Personen unseres Geschlechts noch mehr in ihrer Eitelkeit
bestärkt werden. Die Schriften, die zur Verbesserung des Verstandes
und Willens etwas beitragen könnten, dünken uns zu schwer, zu
unverständlich, zu trocken, zu ernsthaft. Und da man unsere Seele
niemals zum Nachdenken gewöhnt hat, so wird es uns sauer, solche
Bücher, die mit Überlegung gelesen sein wollen, zu verstehen, so daß
wir sie wieder von uns werfen, wenn wir sie kaum in die Hände
genommen haben." Auf manche der hier gerügten Mängel weist
auch Frau Gottsched in ihren Briefen hin. Vor allem bekämpft
sie auf das Entschiedenste den damals ziemlich allgemein verbreiteten,
auch heute noch nicht ganz verschwundenen Irrglauben, daß das
Weib einer höheren Geistesbildung nicht bedürfe. "Sie besitzen,"
schreibt sie an ein fleißig studierendes Mädchen, "viel Vorzüge vor
vielen Ihres Geschlechts, die mit der ekelhaften Entschuldigung, ein
Frauenzimmer dürfe nicht viel lernen, ihre Unwissenheit
noch unerträglicher machen." [1] Nichts ist ihr widerwärtiger als das
seichte Gewäsch einer albernen Frau. Über eine solche ist ihr kein
Spottwort zu scharf: "Alleweile habe ich Besuch von einer Frau
von * * * gehabt. Die gute, liebe Frau hat mir zwar in einer
³/₄stündigen Unterredung nicht gesagt, daß sie bei Erfindung der
Druckerei keine von den Hauptrollen mitgespielet hat, aber ich vermute
es zuversichtlich." [2] Wie großen Wert sie auch auf die Erlernung
fremder Sprachen, namentlich der französischen, legt, so scheint es
ihr doch noch wichtiger, daß die Mädchen das Deutsche richtig
sprechen und schreiben lernen. Es ist billig, daß die Frauen, die
französisch sprechen und schreiben, ihre Muttersprache "gründlich
wissen". [3] Ihre eigenen Lehrmeister hatten ihr die Meinung bei=
gebracht, "es sei nichts gemeiner als deutsche Briefe zu schreiben, alle

---

[1] II, 28.   [2] II, 305.   [3] II, 27.

wohlgesitteten Leute schrieben französisch."[1]) Doch hatte sie sich
schon als junges Mädchen zu Gottscheds Grundsatz bekehrt, der
ihr schrieb, „es sei unverantwortlich, in einer fremden Sprache
besser als in seiner eigenen zu schreiben".[2]) Von welchem Erfolge
ihr Streben nach stilgerechter Handhabung ihrer Muttersprache
begleitet gewesen ist, zeigen am deutlichsten ihre schönen Briefe.
Sie will keinen „Roman" liefern, sondern schreibt „aus der Fülle
ihres Herzens".[3]) Deshalb verschmäht sie den Modestil mit seinem
„falschen Anstrich", seinen ausgesuchten, nichtsbedeutenden Worten.[4])
So bleibt ihre Schreibart, wenn man sie gleich mit Recht als
„gewählt" bezeichnen kann, immer verständig und natürlich. „Sie
lehrt," wie die Herausgeberin ihrer Briefe ihr nachrühmt, „ohne
Regeln darüber zu geben, bei mannigfaltigen Gegenständen den
einem jeden angemessenen Stil. Jedem Brief und jeder Sache,
darüber sie schreibt, giebt sie eine eigene Wendung, und das Natürliche, Ungezwungene leuchtet durchgängig hervor."[5]) Was den
Unterricht in der deutschen Rechtschreibung betrifft, so hält sie es
für ausreichend, daß „ein Frauenzimmer das, was sie schreibt,
richtig zu buchstabieren (d. h. orthographisch zu schreiben) weiß."
Sie versichert einen Sprachgelehrten, oft mit Betrübnis gesehen
zu haben, „daß der Himmel diese Gabe so wenig allen dero Mit-
brüdern als allen ihren Mitschwestern erteilet hat." Von einem
Frauenzimmer „Rechenschaft ihrer Rechtschreibung" zu verlangen,
ist nach ihrer Meinung zu viel gefordert.[6])

Wie neben der Pflege der Musik die Lektüre die angenehmste
Erholung unserer Gottschedin bildete, so empfiehlt sie den Angehörigen ihres Geschlechts das Lesen als vornehmstes Mittel, die
Lücken der Schulbildung auszufüllen und den Geist zu bilden.
Aber die Lektüre muß, wenn sie segensreich sein soll, gründlich
und gewählt sein. Wenig und langsam lesen ist mehr als viel
und oberflächlich lesen. „Sie thun sehr wohl," schreibt sie an
die schon öfters erwähnte Freundin, Wilhelmine Schulz, „daß
Sie Ihre müßigen Stunden aufs Lesen wenden; aber noch besser
thun Sie, daß Sie einen klugen Freund über die Wahl Ihrer
Bücher zu Rate ziehen. Glauben Sie mir, Mademoiselle, es ist

---

[1]) I, 7. [2]) I, 6. [3]) I, 101. [4]) I, 102. [5]) I, Vorbericht.
Vgl. dazu Steinhausen, Geschichte des deutschen Briefes II, S. 247 ff.
[6]) I, 322 f.

einer der größten Fehler junger Personen beiderlei Geschlechts, daß sie ohne Wahl so viele Bücher lesen und also auch ohne Nutzen viele an sich selbst nützliche Schriften durchblättern. Gar keine Neigung zum Lesen ist nicht so übel, als nachteilige, der Religion oder den Sitten anstößige Schriften zu lesen. Ich behaupte sogar, daß eine tiefe Unwissenheit, zumal bei unserm Geschlecht, viel eher zu entschuldigen und zu heben als eine schädliche Kenntnis gefährlicher Bücher, die gleich einem schleichenden Gift im Verstande und im Herzen unheilbare Wunden zurücklassen." [1]

Wir wissen, wie entschieden diese hochgebildete und gescheite Frau für eine höhere Bildung ihres Geschlechts eingetreten ist; wenn sie trotzdem das ungebildete Weib höher stellt als den weiblichen Freigeist, so giebt diese Thatsache einen Maßstab für den ungeheuren Wert, den sie der religiösen Erziehung beimißt. Religiosität ist nach ihrer Überzeugung von dem Begriffe echter Weiblichkeit nicht zu trennen. Religiöses Empfinden aber kann auch geweckt und gestärkt werden durch liebevolles Versenken in die Wunder der Schöpfung. Wie in ihrem eigenen Leben Gebet und Naturandacht sich zur Erbauung ihrer Seele vereinigen, zeigt der schöne Brief aus ihren Mädchenjahren, worin sie ihrem Gottsched ihr tägliches Leben schildert [2]: „Gleich bei Anbruch des Tages beschäftige ich mich mit geistlichen Betrachtungen, die meine Seele zu ihrem Schöpfer erheben; die Seele, die den Anfang ihres Wesens ebenso wenig als ihre Unsterblichkeit ergründen kann, genießt bei diesen heiligen Empfindungen einen Vorgeschmack der künftigen Seligkeit, der fröhlichsten Hoffnung. Hierauf ergötzet sich mein Geist an den vortrefflichen Werken der Natur. Das kleinste davon zeigt uns die Größe des Schöpfers, neue Schönheiten, neue Wunder. Dieses ist die allerangenehmste Beschäftigung für mich. Ich verliere mich darinnen und rufe voller Bewunderung aus: Welch eine Tiefe des Reichtums! Zuletzt werde ich traurig, wenn ich denke, wie kurz meine Lebenszeit sein kann, und wie wenig ich von dieser mir so wichtigen Wissenschaft entdecken werde." Wer fühlt sich durch solche Worte nicht an die Naturandacht in Klopstocks herrlicher „Frühlingsfeier" gemahnt! Merkwürdig! wie der Dichter forschend fragt, ob eine Seele dem goldenen Frühlingswürmchen.

---

[1] II, 28 f.   [2] I, 69 f.

innewohne, so regt auch bei ihr in ihrer Andachtsstimmung der
Forschergeist seine Schwingen. Später bekennt sie, wie der Anblick der aufgehenden und niedergehenden Sonne, die Betrachtung
des gestirnten Himmels in ihrer ersten Jugend unzählige Male
ihre „Neugier" erregt habe: „Mit welcher Aufmerksamkeit, habe
ich solches ganze Stunden lang betrachtet, mich dabei vergessen,
aber meine Wißbegierde nie befriedigt!"[1]) Die ethische und wissenschaftliche Wertschätzung der Naturbeobachtung, die aus
solchen Äußerungen spricht, macht es unzweifelhaft, daß Frau
Gottsched auch in ihr einen wesentlichen Faktor der Bildung des
weiblichen Herzens und Verstandes erblickte, wenn sie dies auch
meines Wissens nirgends ausdrücklich sagt.

Sie schätzt die Naturanschauung aber auch wegen des ihr
innewohnenden Wertes für die ästhetische Erziehung ihres Geschlechts. Die mannigfaltigen Reize der Natur regen an zur Nachahmung durch die Kunst, befördern den ästhetischen Sinn, wecken
das künstlerische Talent. Und im Anschauen von Gemälden und
bildlichen Darstellungen findet hinwiederum der „in der Stadt
Vermauerte" einen gewissen (freilich nicht vollständigen) Ersatz für
die Schönheiten der Schöpfung, die ihm für gewöhnlich entrückt
sind.[2]) Sie selbst konnte zeichnen. Sie findet gerade das Zeichnen
der Natur ihres Geschlechtes angemessen. Die Fortschritte des
Fräuleins Wilhelmine Schulz in dieser Kunst verfolgt sie mit dem
regsten Interesse. Um der Freundin willen beklagt sie den Tod
ihrer Lehrmeisterin.[3]) „Geben Sie indessen Ihre Neigung zum
Zeichnen nicht ganz auf. Üben Sie sich vielmehr fleißig darinnen,
es wird immer eine sehr nützliche und angenehme Unterhaltung
für Sie sein. Ihre Einbildungskraft wird genährt und Ihre Hand
fester.... Gesetzt, daß Sie es in Ihrem Fleiß nicht bis zur Malerei
bringen wollen, so ist eine mehr als gemeine Fertigkeit in der
Zeichenkunst Personen von unserm Geschlechte so rühmlich und
wegen ihrer Seltenheit unter diesen oft eine der stärksten Empfehlungen,
daß diese Gründe allein Ihren Fleiß ermuntern müßten, wenn
Sie das Vergnügen bei Entwerfung ihrer Ideen auch nicht in
Anschlag bringen wollten. Bei allem diesem freue ich mich überaus, daß Sie der Lektüre und der Musik einen ansehnlichen Teil

---

[1]) II, 147.   [2]) II, 146.   [3]) II, 160.

ihrer Zeit ſchenken." [1]) Auch die Kunſt der Töne ſteht bei unſerer
Gottſchedin in hohen Ehren. Auch ſie gilt ihr offenbar für ein
bedeutſames Bildungsmittel für das weibliche Gemüt. Sie ſelbſt
ſpielte das Klavier und die Laute mit vieler Fertigkeit. „Will
ich mein Gemüt wieder aufheitern, ſo ſetze ich mich an das Klavier",
ſchreibt ſie als Mädchen an Gottſched.[2]) Sie dankt ihm mehrfach
für überſandte Klavierſtücke von Bach und Weyrauch[3]) und ſpricht
gelegentlich davon, eine Symphonie von Haſſe im Konzert ſpielen
zu wollen.[4]) Später ſtudierte ſie den Kontrapunkt und übte ſich
im Komponieren.

Zu den Fertigkeiten, auf welche nach ihrem Dafürhalten der
Mädchenunterricht nicht Gewicht genug legen kann, zählt die Kalli-
graphie. Wilhelmine Schulz wird wegen ihrer ſchönen Handſchrift
von ihr beſonders belobt. „Möchten Ihnen doch die meiſten Ihres
Geſchlechts nachahmen und beſſer zu ſchreiben ſich bemühen."[5]) Sie
glaubt, daß neben ihrer Geſchicklichkeit im Zeichnen und ihrer
Fertigkeit auf dem Klaviere ihre ſchöne Handſchrift die junge Dame
für die Stelle einer Erzieherin in einem vornehmen Hauſe am
meiſten empfehlen wird.[6])

Nach allem, was wir von den Anſichten der Frau Gottſched
über den natürlichen Beruf des Weibes wiſſen, kann es uns nicht
wundern, daß ſie eine einſeitige Entwickelung der weiblichen
Fähigkeiten nach der wiſſenſchaftlichen und künſtleriſchen Seite nicht
billigt, ſondern die Übung in hauswirtſchaftlichen Dingen für
unerläßlich hält. Nicht Blauſtrümpfe, ſondern tüchtige Hausfrauen
gilt es zu erziehen. Bezeichnend iſt die Mahnung, die ſie an das
lernbegierige Fräulein Schulz richtet: „Fahren Sie fort, liebens-
würdige Wilhelmine, auf einige Wiſſenſchaften ſo viel Zeit zu
wenden, als es Ihr Beruf (!) erlaubt. Ich meine, daß Sie Ihre
häusliche Wirtſchaft, deren Sie ſich ſo rühmlich annehmen, dabei
nicht hintanſetzen. Ihre Beſtimmung iſt vielleicht, an keinen Gelehrten verheiratet zu werden. Sie würden alsdann mit allem
Wiſſen eine gelehrte Frau und keine angenehme Geſellſchafterin
für Ihrem Mann ſein. So wie Sie ſind, werden Sie immer
glücklich ſein und jedem Stand Ehre machen, in welchen Sie die

---

[1]) III, 14 f.   [2]) I, 69.   [3]) I, 22.   [4]) I, 37.   [5]) II, 31.
[6]) II, 38.

Vorsicht einmal setzen wird."¹) Die Frauenbildung hat dem=
nach auf den natürlichen Beruf des Weibes Rücksicht zu
nehmen, ohne doch bloß Wirtschafterinnen zu erziehen.
Praktisch und im Haushalte tüchtig, zugleich aber geistig eben=
bürtig soll die Hausfrau ihrem Manne zur Seite stehen. Er
wird sie dann nicht als Dienerin betrachten, sondern als gleich=
strebende Genossin ehren.

Wer die zahlreichen und interessanten Äußerungen der Gottschedin
über Frauenberuf und Frauenbildung mustert, muß es lebhaft be=
dauern, daß sie auf die Ausarbeitung eines Erziehungsplanes für
Mädchen, um den man sie anging, in der bescheidenen Erwägung,
daß ihr die praktische Erfahrung mangele, verzichtet hat. Einen
gewissen Ersatz hierfür bietet uns der Entwurf eines solchen
Planes, den ihre Herzensfreundin, Frau von Runckel, auf ihre
Veranlassung verfaßt und dann später den „Briefen der Frau
Gottsched" im dritten Bande²) eingefügt hat. Dieser Entwurf
zeigt im einzelnen viel Übereinstimmung mit den Ansichten der
Gottschedin über Frauenbildung und scheint im allgemeinen in
ihrem Sinn und Geist gehalten zu sein. Es sei deshalb gestattet,
den Aufsatz der Frau von Runckel über die beste Er=
ziehung eines jungen Mädchens von Stande einer Be=
trachtung zu unterziehen.

Die Vernachlässigung der Erziehung des weiblichen
Geschlechts ist nach dem Dafürhalten der Verfasserin ein schwerer
Fehler. Während man alles daran setzt, um gute Staatsbürger
heranzubilden, geschieht für die Bildung des Weibes sehr wenig. Und
doch hängt das Wohl ganzer Familien von tugendhaften Frauen
und rechtschaffenen Müttern ab. Die Mädchenerziehung liegt fast
ganz in den Händen von Privatlehrern und Hauslehrerinnen, die
für ihren Beruf nicht das nötige Geschick besitzen, und denen die
Einsicht in das Wesen der wahren Erziehung fehlt. „Wenn ein junges
Fräulein eine tiefe Verbeugung machen, ein französisches Kompli=
ment hersagen, in Gesellschaft spielen und auf einem Ball mit
Beifall tanzen kann", glauben sie den ganzen Umfang der Er=
ziehungskunst bei ihrer Schülerin erfüllt zu haben, während es
doch die wichtigste Aufgabe des Erziehers ist, „die Fähigkeiten der

¹) II, 28.   ²) S. 62—91.

Seele und die Neigungen des Herzens kennen zu lernen, die ersteren weislich zu beschäftigen, die letzteren zu bilden und zu bessern". Das erste Erfordernis des Erziehers ist also psychologischer Tiefblick, der die Eigenart des Zöglings erkennt und seine Erziehungsweise danach einrichtet, denn „die Genies sind so unterschieden wie die Gesichtszüge, und jedes Gemüt erfordert eine besondere Behandlung".

Die Gegenstände des Unterrichts teilt die Verfasserin in zwei Klassen: 1. die unentbehrlichen Wissenschaften, 2. die nützlichen und angenehmen Kenntnisse. Zu den ersteren gehören: Religion und allgemeine Sittenlehre, Lesen, Rechtschreibung und Deutsch, Schreibekunst und deutscher Briefstil, Erdbeschreibung, Genealogie, Heraldik und Geschichte, Rechnen, Tanzen, neuere Sprachen und Vernunftlehre; zu den letzteren: Musik, Zeichnen, Poetik, Mythologie, Weltbetrachtung, Naturlehre und vaterländische Geschichte. Der Religionsunterricht soll sich bei der gedächtnismäßigen Aneignung der Glaubenssätze durch die Schülerin nicht beruhigen, sondern ihr die innere Überzeugung von der Wahrheit derselben beibringen. Nur eine wirklich überzeugte Anhängerin ihres Bekenntnisses wird dem Spott der Irrlehrer und Freigeister standhalten und für ihren Glauben jedes Opfer bringen. Die Sittenlehre soll der Schülerin zeigen, was sie Gott und dem Nächsten schuldig ist. Dieser Unterricht ist an keine besondere Lehrstunde zu binden, „jede Minute ist dazu geschickt". Die Hofmeisterin soll sich hierbei nicht mit einem langweiligen theoretischen Unterricht aufhalten, sondern vielmehr bei allen Gelegenheiten auf die praktische Bethätigung guter Sitten halten und vor allen Dingen selbst ein gutes Beispiel geben. Im Leseunterricht soll nicht nur auf lautrichtiges Lesen gesehen werden, die Schülerin muß lernen „mit Empfindung lesen und dem Sinne des Verfassers nichts vergeben". Die Fähigkeit einer Schülerin, orthographisch zu schreiben, ist als „zuverlässiger Beweis eines guten Unterrichts" anzusehen. Im Unterschiede von ihrer Freundin verlangt Frau von Runkel von der Schülerin, daß sie die Gründe anzugeben weiß, warum ein Wort so und nicht anders zu schreiben ist. Im deutschen Unterrichte sind Ohr und Zunge der Schülerin an guten Ausdruck zu gewöhnen. Sie soll sich kurz, deutlich und angenehm ausdrücken lernen und pöbelhafte Wendungen ebenso wie Schwulst und

14*

Pedanterie vermeiden. Eine gut gewählte Lektüre wird hierbei die besten Dienste leisten. Die Schreibekunst hat für junge Leute den Vorteil, daß sie, ohne den Verstand anzustrengen, ihrer Neigung zur Flüchtigkeit einen Zügel anlegt. Für ein junges Frauen= zimmer ist eine schöne Handschrift eine große Zierde. „Sie ist unserm Geschlechte doppelt nötig. Man vermutet von demselben oft nichts als gedankenleere Zeilen, und sie können sich die Ge= duld und Bemühung ihrer Leser durch nichts als eine zierliche Schrift erbitten, die sozusagen stillschweigend eine gütige Nachsicht fordert. Die Übung im schriftlichen Gebrauche der Muttersprache soll in der Abfassung von deutschen Briefen bestehen. Die Schülerin soll lernen, „sich ihrem Charakter gemäß, ungezwungen und doch in einer gewählten Sprache" auszudrücken. Es wird zu diesem Zwecke die Lektüre von Musterbriefen, in Ermangelung von deutschen die Lektüre fremdsprachlicher z. B. derjenigen der Frau von Sevigné empfohlen.[1] Bestimmte Regeln für den Briefstil aufzustellen, hat keinen Zweck. Mit der Erdbeschreibung, worunter offenbar vorzugsweise die politische Geographie verstanden wird, soll sich die Genealogie und Wappenkunde verbinden, Wissen= schaften, die für ein Fräulein, d. h. eine junge Adelige, eine gewisse praktische Bedeutung haben können. Ganz nebenbei wird auch der Geschichte gedacht, die als bloße Dynastengeschichte gewisser= maßen als Anhängsel der Genealogie erscheint. Im Rechnen sollen die vier Grundrechnungsarten und der Dreisatz als unent= behrlich für eine Hauswirtin geübt werden. Ziemlich ausführlich behandelt die Verfasserin den Tanzunterricht, da das Tanzen nicht

---

[1] In der Vorrede zum ersten Bande der von ihr besorgten Ausgabe der Briefe der Frau Gottsched bemerkt die Verfasserin: „Man fordert von den Deutschen, sie sollen gute deutsche Briefe schreiben, und aus Mangel guter Originalbriefe empfiehlt man dem Frauenzimmer, Übersetzungen zu lesen, um ihren Stil darnach zu bilden. Die meisten und die besten davon sind Liebes= geschichten, woraus jungen Personen unbeschreiblich viel Nachteil zuwächst. Ihr Herz wird verderbt und ihr Stil wird immer unnatürlich sein, wenn sie ihren Vorbildern nachzuahmen suchen. Diesem Übel habe ich abzuhelfen ge= wünscht und eine Sammlung liefern wollen, die nirgends einen schädlichen Eindruck machen wird." Frau von Runckel hat mithin später ihre Ansicht über den Wert der Lektüre von ursprünglich fremdsprachigen Briefen berichtigt. Auffallend ist, daß sie die 1751 gedruckte Musterbriefsammlung des von ihr hochverehrten Gellert hier mit Stillschweigen übergeht.

nur zu den unentbehrlichen Fertigkeiten und geſellſchaftlichen Vergnügungen einer Dame von Stande gehört, ſondern auch in Rückſicht
auf die Körperhaltung und die Feſtigung der Gelenke wichtig iſt.
Es wird dem Tanzunterrichte alſo zugleich die Bedeutung zu-
geſprochen, die wir heute dem Turnen beimeſſen. Von den fremden
Sprachen muß das Franzöſiſche bevorzugt werden. In dieſem
Fache muß man möglichſte Vollkommenheit anſtreben, d. h. muß
fertig franzöſiſch ſprechen und ſchreiben lernen, während der
Unterricht in den „übrigen“ neueren Sprachen (wohl im Eng-
liſchen und Italieniſchen) nur die Fähigkeit erzielen ſoll, die
hauptſächlichſten Schriftſteller mit Nutzen zu leſen. Denn die
Litteraturkenntnis und die Lektüre werden den Geſchmack der
Schülerin läutern, „ihre Seele mit den erhabenſten Empfindungen
nähren und ihr in traurigen oder zufriedenen Stunden das reinſte
und dauerhafteſte Vergnügen verſchaffen“. — Beſondere Wichtigkeit wird — bezeichnend genug für das „philoſophiſche“ Jahrhundert! — der Vernunftlehre (Logik) beigelegt. Sie ſoll die Geſetze der Denkens lehren und vor Verblendung durch Trugſchlüſſe
und Scheinwahrheiten ſchützen. Sie wird bezeichnet als „eine
Wiſſenſchaft, die uns in tauſend Fällen des Lebens zuſtatten
kommt, unſerer praktiſchen Klugheit die rechte Richtung giebt“.

Zu dem Unterricht in dieſen „unentbehrlichen Wiſſenſchaften“
kann ſich die Aneignung „nützlicher und angenehmer Kenntniſſe“
geſellen. Wünſchenswert iſt zunächſt die Unterweiſung in der Muſik.
Die Verfaſſerin, die früher der Meinung geweſen war, dieſe Kunſt
fordere „ein eigenes von der Natur bereitetes Genie“, hat ſich von
einem großen Muſiker dahin belehren laſſen, „daß der Schöpfer in
jedes Genie ſo viel Harmonie geleget, als zu der Tonkunſt erfordert
wird“. Die Schülerin wird alſo auf alle Fälle im Klavierſpiel
unterrichtet werden dürfen. Doch darf man ſich hierbei nicht begnügen, ſie „ein Menuett oder eine Polonnaiſe hertrillern“ zu
laſſen, das hieße die edle Zeit verſchwenden. „Wenn ſie Neigung
dazu hat, wird ſie es ſo weit bringen, als ein Frauenzimmer es
bringen kann, die es denen nicht gleichthun darf, die Profeſſion
davon machen.“ Auch ſingen ſoll ſie lernen, wofern ſie Stimme
hat. Sehr verſtändig wird der Wert des Zeichnens, für welches
Neigung und beſonderes Talent erforderlich iſt, beſtimmt: „Es
iſt gewiß, daß Perſonen, welche alle Gegenſtände mit Kenneraugen

betrachten, nicht nur in dieselben tiefer eindringen und (sie) schärfer
beurteilen, sondern auch die Schönheiten der ganzen Natur stärker
empfinden und folglich mehr Vergnügen in dieser Welt genießen
als tausend Menschen, die diesen Vorzug entbehren". In der Poetik
ist nur die Kenntnis der Hauptregeln wünschenswert, weil sie die
richtige Beurteilung eines Gedichts ermöglicht. „Es werden wenig
Dichterinnen geboren, und diese verraten schon selbst ihren Trieb, und
machen sich mit den tieferen Grundsätzen der Dichtkunst bekannt."
Das Verständnis der Dichtungen wird wesentlich gefördert durch
eine gewisse Vertrautheit mit der Mythologie. Auch Kenntnisse
in der griechischen und römischen Geschichte sind wünschenswert
zum Verständnisse vieler und gerade der besten Trauerspiele und
Opern. Sehr nützlich ist sodann die „Weltbetrachtung", die den
Menschen den Erdkreis kennen lehrt, auf dem er wandeln muß.
Daran knüpft sich leicht die Naturlehre, die man am besten nach
Pluche, Spectacle de la nature betreibt. Sie ist das beste
„Gegengift wider den Aberglauben und die lächerliche Furcht bei
den gemeinsten Begebenheiten der Natur", zugleich erhebt sie den
Geist zur Bewunderung des Weltenschöpfers, dessen Größe sich „in
der gemeinsten Pflanze wie in dem prächtigen Bau des Himmels"
offenbart. Außerdem findet die Wißbegierde ein weites Feld in
der Geschichte des allgemeinen deutschen und des engeren Vaterlandes.

Die Verfasserin ist sich wohl bewußt, daß ihr Unterrichtsplan
in seiner ganzen Ausdehnung nur für Mädchen von Adel paßt.
„Ich verlange also von einer wohlerzogenen Person nicht eben
alle oben angeführten Kenntnisse und Wissenschaften. Diese sind
einem Hoffräulein unentbehrlich und müssen bei einer andern
Person nach Beschaffenheit ihres Standes, ihres Vermögens, ihrer
zukünftigen Bestimmung erweitert oder eingeschränkt werden."
Klug aber ist es, „junge Personen bei Zeiten auf jeden Beruf
vorzubereiten, darzu die Vorsehung sie bestimmt hat oder bestimmen möchte. Die Erlernung aller weiblichen Arbeit ist eine
allgemeine Notwendigkeit. Auch das Edelfräulein muß darin bewandert sein, will sie nicht in eine unwürdige Abhängigkeit von
ihren „Kammerleuten" geraten.

Die Pflicht einer vernünftigen Erziehung des weiblichen Geschlechts kann nach der Meinung der Verfasserin nicht ernst genug
genommen werden. „Viele Personen sind schon im fünfzehnten (!)

Jahre ausersehen, reizende und gefällige Gattinnen, kluge Haus-
wirtinnen und vernünftig-zärtliche Mütter (!) zu werden." Zur Erfüllung dieses Berufes bedarf das Weib nicht nur gewisser Kenntnisse, sondern wahrer Herzens- und Charakterbildung, vornehmlich des Fleißes, des Sinnes für Häuslichkeit und Sparsamkeit.
Vom Übel ist die herrschende Oberflächlichkeit, die bei der Auffassung
von der Aufgabe der Erziehung, sowie bei der Beurteilung ihrer
Ergebnisse sich offenbart. Der Schein wird für das Wesen genommen. Die oberflächliche Erziehung für den Salon im Bunde
mit der gedankenlosen Bewunderung, die insgemein dem konventionellen Schliff und der gesellschaftlichen Gewandtheit der jungen
Weltdame gezollt wird, gewöhnt „das meiste Frauenzimmer daran,
die Rolle moralischer Figurantinnen zu spielen", also an Verstellung und Heuchelei oder an Eitelkeit und Selbsttäuschung.
Die Ergötzlichkeiten, die der Jugend schon deshalb nicht versagt
werden dürfen, damit sie später sich nicht „zügellos darein stürze",
werden ihr zum Fluche, wenn sie allzu häufig gewährt werden und
in allzu sinnliche Zerstreuungen ausarten. Falsche Erziehung zu
rein äußerlicher Wohlanständigkeit und reichlichem Genusse, die
Verbildung und Verwahrlosung des weiblichen Herzens trägt die
Hauptschuld an der Verminderung der Ehen, namentlich der
Neigungsheiraten, aber auch an den zahlreichen unglücklichen Ehen.

Daß Frau Gottsched mit dem Mädchenerziehungsplan ihrer
Freundin in der Hauptsache einverstanden gewesen sei, dürfen wir
auch deshalb annehmen, weil beide Frauen dem Konventionellen
gegenüber eine ähnliche Stellung einnehmen. Die Erziehungs-
grundsätze der Frau Runckel richten sich wohl gegen eine einseitige,
konventionell-oberflächliche Frauenbildung, sind aber weit entfernt,
aller Konvention die Daseinsberechtigung abzusprechen. Für echte
Geistes- und Gemütsbildung soll Raum geschaffen, die unumschränkte
Herrschaft konventioneller Vorurteile und Irrtümer soll gebrochen
werden. Eine „Umwertung aller Werte" wird nicht versucht. Die
bestehenden Verhältnisse werden nur insofern angefochten, als sie
einer vernünftigen Frauenbildung hindernd entgegenstehen. Die
nämliche maßvolle, ja schonende Beurteilung und Behandlung der
konventionellen Einrichtungen und Gewohnheiten der Zeitgenossen
zeigt auch Frau Gottsched. Wohl merkt sie in ihren Briefen mehrfach an, daß ihr das umständliche Verlobungszeremoniell ihrer

Zeit kleinlich und unwichtig erscheint; gleichwohl möchte sie nicht gegen die Gewohnheit verstoßen. „Die Vollziehung unseres Bünd= nisses," schreibt sie dem Verlobten, „überlasse ich Ihnen, liebster Freund, und meiner Mutter. Sie haben ihre Einwilligung und ihren Segen, beides war zu unserer künftigen Glückseligkeit un= umgänglich notwendig. Ich erteile Ihnen hierdurch ebenfalls mein freudiges Jawort. Die von Ihnen selbst erwählte Mittelsperson wird Ihnen dieses schon gemeldet haben; ich glaube aber, daß es Ihnen noch lieber sein wird, solches von meiner eigenen Hand zu lesen. Jenes ist ein Zoll, den man nach der Gewohnheit bringen muß."[1] „Hier endlich," heißt es in einem späteren Brief an Gottsched, „ist das glaubwürdigste (!) Zeugnis unserer Verbindung und der ewigen Liebe, die ich Ihnen, mein Teuerster, in meinem letzten Schreiben mit Freuden versichert habe. Alles, was ich Ihnen darinnen gesagt, bestätige ich durch beiliegenden Ring. Bei gutdenkenden Seelen ist alles dieses überflüssig. Aber es ist der Gebrauch; und um in den Augen der Welt recht heilig verbunden zu sein, muß man sich solcher äußerlichen Zeichen bedienen. Sie haben den Anfang gemacht, und ich folge Ihrem Beispiel. Glauben Sie, bester Freund, mein Herz würde Ihnen ohne alle diese Zeremonien auf ewig eigen sein."[2] Sie überläßt es nach der bestehenden Sitte dem Bräutigam, ihren „Schlafhabit" zu bestellen, und übernimmt es, den seinigen zu besorgen.[3] Nur um der Mitwelt keinen Anstoß zu geben, unterzieht sie sich dem allgemeinen Brauche: „Unsere Herzen waren einig, und wir hatten nicht an die äußerlichen Zeichen unserer Verlobung gedacht. Um anderer willen bestätigten wir unsere Verbindung auf die gewöhnliche Art. Wie oft kann die genaueste Beobachtung der feierlichsten Zeremonien den Bruch der Bündnisse doch nicht verhindern!"[4] Viel weniger kritisch steht sie dem Trauerzeremoniell ihrer Zeit gegenüber, es scheint ihr durch die Pflicht der Pietät gerechtfertigt: „Meine Trauer ist noch sehr tief," schreibt sie an Gottsched, „ich trage ein ordent= liches Witwenkleid. Nach der hiesigen Verfassung kann ich solche im geringsten nicht ändern, bis ein volles Jahr nach meiner Mutter Tode verflossen ist; und wie gerecht ist diese geringste Pflicht eines Kindes, das seine Mutter nie genug betrauern kann! Würde sich

---

[1] I, 91.   [2] I, 141 f.   [3] I, 165.   [4] I, 212 f.

also wohl ein thränendes Auge, ein blutendes Herz und ein Braut=
kleid zusammenschicken?"[1] "Meine Trauer," schreibt sie dann,
als der Hochzeitstag festgesetzt ist, "ist auf Ostern bald zu Ende,
und um keinen Strich durch die Gesetze zu machen, werde ich mich
Ihnen nicht anders als in schwarzseidenem Zeug in meinem größten
Putz zeigen können. Wenn Sie bloß das Äußerliche reizte, so
würde ich viel in Ihren Augen verlieren; denn auch zu der Zeit,
da mein Geschlecht sich bemüht am reizendsten zu sein, muß ich
des Wohlstands wegen ganz einfältig erscheinen. Vielleicht würde
meine Eitelkeit alles hervorgesucht haben, Sie noch einmal zu fesseln.
Aber es soll nicht sein, sondern mein Herz soll Ihnen ohne allen
äußerlichen Zierat zu eigen übergeben werden."[2] Wir haben be=
reits gesehen, daß nach ihrer Meinung die gebildete Frau allen
Luxus vermeiden, aber doch "nach der anständigsten Mode" sich
kleiden soll. Wenn sie es auch den Männern zum Vorwurfe
macht, daß sie das weibliche Geschlecht zur Eitelkeit verleiten und
"geputzte Puppen" aus ihnen machen,[3] so sagt sie doch ein andermal
geradezu: "Nur Schönheiten pflegen im Negligé noch reizender
zu sein. Wem aber die Natur diesen Vorzug versaget hat, der
wird fast unerträglich, wenn er die Reizungen vernachlässiget, die
der Witz des Schneiders, des Friseurs und der Putzmacherin zu
erteilen weiß."[4]

Strenge Verurteilung erfahren nur diejenigen konventionellen
Einrichtungen und Bräuche, die sie als schädlich, als gefahrbringend
für Lebensglück und Sittlichkeit erkennt, die gegen den Geist des
Christentums verstoßen. Die Unsitte der Zeit, die Gäste mit un=
endlich langer Speisenfolge zu traktieren, reizt sie zum Spotte.
"Wenn ich Ihnen sage," schreibt sie einmal auf einer Reise, "daß
wir fast täglich 14 warme Speisen und einen weitläufigen Nach=
satz gehabt, dabei aber auch über 5 Stunden bei Tische gesessen, so
werden Sie leicht schließen, daß wir nicht Hungers gestorben
sind".[5] Wie sie gegen die thörichten, anspruchsvollen Frauen
eifert, die sich für unglücklich halten, wenn sie von ihren Männern
nicht mit Geschenken überhäuft werden, und wie sie die ver=
schwenderische Freigebigkeit mancher Männer verurteilt, haben wir
schon gesehen. Kein Wort des Tadels ist ihr zu scharf, wenn sie

---

[1] I, 114f.   [2] I, 165f.   [3] I, 152.   [4] II, 81.   [5] II, 133.

die gedankenlose Vergnügungssucht der Zeitgenossen geißelt, die
sich auch durch die ernstesten Ereignisse in ihren Zerstreuungen nicht
stören lassen. Als nach der furchtbaren Zerstörung Lissabons
durch das Erdbeben vom Jahre 1755 die Frankfurter Juden-
gemeinde besondere Betstunden eingerichtet hatte, schreibt sie:
„Habe ich mich jemals im Namen unserer allgemeinen Glaubensgenossen geschämet, so ist es heute früh am Theetische geschehen.
Ich las einen Artikel aus den Zeitungen von der Frankfurter Juden-
schaft, der allen seinwollenden Christen die Maske vom Gesichte
und die Dominos vom Leibe reißen sollte. Wir sind aber leider
bei allem Christentume so weit gekommen, daß wir endlich in die
Synagoge gehen müssen, um Demütigung vor Gott zur Zeit des
Eifers zu lernen. Und wie nahe kann nicht ein gleiches Unglück
uns selbst sein! Das zwischen Stauchitz und Meißen eingestürzte
Stück Felsen scheint die Dresdener Einwohner wenig zu rühren.
Ich sollte meinen, daß die sogenannten Karnevalslustbarkeiten mit
Furcht und Zittern abgewartet würden; gleichwohl höre ich von
allen Reisenden das Gegenteil.“ [1]) Diese Äußerung beweist,
wie ernst sie ernste Dinge zu nehmen pflegt; aber lächerlich erscheint es ihr, wenn theologische Eiferer gegen harmlose Dinge
donnern. „Ein bekannter hiesiger Prediger,“ schreibt sie, „hat
gestern über die gedruckten Neujahrswünsche eine große Straf-
predigt gehalten. Nie hätte ich geglaubt, daß soviel Verdamm-
liches auf diesen Blättern zu finden wäre; einfältig und abge-
schmackt habe ich die meisten immer gehalten; aber der theologische
Eifer hat ihren Ursprung aus Sodom und Gomorrha hergeleitet.“ [2])

Die Frau, die so scharf und verständig über die Mängel
und Schwächen des menschlichen und nicht zum mindesten des weiblichen Geschlechts urteilt, ist trotz bitterer Erfahrungen und schmerz-
licher Erlebnisse nie lieblos geworden. Ihr weibliches und religiöses Gemüt hat sie vor Menschenhaß behütet. Nach Jahren
einer sie immer weniger befriedigenden litterarischen Fronarbeit,
nach Jahren der Krankheit, des heimlichen Grames über eigenes
und des Schmerzes über ihres Landes Leid hat sie schließlich
lebensmüde den Tod als Erlöser herbeigesehnt; aber das Ideal
schönen Menschentums, das leuchtend in dieser großen und edlen

---

[1]) III, 3 f.   [2]) II, 173.

Seele lebte, ift nie völlig verblaßt. Im Kreife gelehrter Männer, an der Seite eines pedantifchen Gatten, der in ihr mehr die Arbeiterin und Gehilfin fchäßte als das Weib liebte, ift fie immer ein Weib geblieben, ein echtes, ftark empfindendes, liebenswertes Weib. Mehr noch als die treffenden Urteile ihres hellen, wiffen= fchaftlich gefchulten Verftandes feffelt uns die Wärme, ja die tiefe Glut weiblicher Empfindung, die wir in den leßten Briefen an Frau von Runckel fpüren. Es ift ergreifend, wie ihr von dem Gatten unverftandenes Herz Erfaß fucht in der fchwärmerifchen Freundfchaft für eine gleichgefinnte Freundin. Ich fürchte nicht zu irren, wenn ich es ausfpreche, daß diefe Leipziger Profeffors= frau, von der unfere Schuljugend gewöhnlich nichts erfährt als ein mehr oder weniger abfälliges Urteil über ihre Federarbeit, es wohl wert ift, ihrer Perfönlichkeit nach unferen heranwachfenden Mädchen recht nahe gebracht zu werden. Auch unferen Frauen dürfte die nähere Bekanntfchaft mit ihr nicht fchaden. Die aufmerkfame Lektüre ihrer Briefe ift gleich lehrreich für die gegen die Frauenfrage Gleichgültigen wie für die Heißfporne der Eman= zipation.

Nachwort des Herausgebers. Es fei mir, da ich mich mit dem 17. und 18. Jahrhundert näher befchäftigt habe, geftattet, der intereffanten Abhandlung unferes verehrten Mitarbeiters noch die kurze Bemerkung hinzuzufügen, daß die Anfchauungen der Gottfchedin im ganzen fich mit denen der großen Reformlitteratur jener Zeit (der „Moralifchen Wochenfchriften", Gellerts u. f. w.) decken. Ihrer fchönen Eigenart wird dadurch nicht Abbruch gethan.

Besprechungen.

Weltgeschichte. Herausgegeben von Hans F. Helmolt. Band III. Westasien und Afrika. Von Hugo Winckler, Heinrich Schurtz und Karl Niebuhr. Mit 7 Karten, 7 Farbendrucktafeln und 22 schwarzen Beilagen. Leipzig und Wien, Bibliographisches Institut, 1901. (XIV, 730 S.)

Es sind in dem vorliegenden Bande der an dieser Stelle bereits wiederholt gewürdigten Weltgeschichte Stoffgebiete behandelt, deren geschichtliche Erkenntnis - es sei vor allem an Babylon, Assyrien und Ägypten erinnert — in den letzten Jahren ganz außerordentliche Fortschritte gemacht hat. Was Verbreitung neuer Kenntnisse anlangt, wird also gerade dieser Band einer der am nützlichsten wirkenden sein. Auch das geographische Prinzip der Gesamtanlage zeigt hier einmal deutlich seine Vorteile. Es ist überaus lehrreich, z. B. die Geschichte Vorderasiens „in ununterbrochenem Flusse von den frühesten Zeiten bis auf die Gegenwart" zu studieren.

Die übrigens bereits 1899 erschienene erste Hälfte des vorliegenden Bandes (Westasien) ist von Hugo Winckler (das alte Westasien) und Heinrich Schurtz (Westasien im Zeichen des Islams) bearbeitet. Uralte, hochstehende Kultur ist in diesem Erdgebiet, das nun in tiefem Verfall daniederliegt, heimisch gewesen, und auf die kulturgeschichtlichen Abschnitte über Babylon, Assyrien, Syrien, Persien, Phönicien weise ich hier besonders hin. Die häßlichen Druckfehler auf Seite 186, Periplus Himilus statt Himilkos (es hätte sich etwas mehr über denselben sagen lassen) und Asiens statt Aviens sind, wie ich sehe, in der zweiten Hälfte nachträglich verbessert. Die zweite Hälfte enthält die Geschichte Afrikas von Heinrich Schurtz; Ägypten ist besonders, durch Karl Niebuhr, behandelt. Das Schurtz'sche Werk bietet gewissermaßen eine Ergänzung zu dem kürzlich hier besprochenen Werk von Sievers-Hahn über Afrika, das in demselben Verlag erschien; und wenn an dieser Stelle gesagt wurde, daß gerade für diesen Erdteil sich auch bezüglich der kulturgeschichtlichen Entwickelung der Rahmen der Landeskunde am besten eigne, so deckt sich das auch mit der Anschauung von Schurtz. Eine wirkliche „Geschichte" Afrikas in zünftigem Sinne ist nicht möglich: hier muß die Völkerkunde zur Seite treten. Ratzels Einfluß zeigt sich denn auch in der Schurtz'schen Darstellung besonders. Niebuhrs Arbeit gewinnt dadurch an Wert, daß wir hier zuerst über alle Teile der ägyptischen Geschichte eine zusammenhängende, den neueren Forschungen entsprechende Darstellung erhalten.

Dem weiteren Fortgang der „Weltgeschichte", die jetzt etwa zur Hälfte vorliegt, wird man mit berechtigtem Interesse entgegensehen.

Georg Steinhausen.

Konrad Burdach, Walther von der Vogelweide. Philologische und historische Forschungen. Erster Teil. Leipzig, Duncker & Humblot, 1900. (XXXIV, 320 S.)

Konrad Burdach hatte sich um die Kenntnis des deutschen Minnesanges und im besonderen um die Waltherforschung schon seit Beginn seiner Gelehrtenlaufbahn hervorragende Verdienste erworben, und so kam es, daß er für die Allgemeine Deutsche Biographie um die Darstellung des Lebens Walthers von der Vogelweide gebeten wurde. Dieselbe erschien im 41. Bande jenes großen Sammelwerkes im April 1896, jetzt wird sie als erster Teil des vorliegenden Buches fast unverändert wieder dargeboten, und sie hat diesen Neudruck gar wohl verdient, denn schon rein äußerlich betrachtet bietet sich hier eine Lebensbeschreibung, der sich an Gewandtheit und künstlerischer Pracht der Darstellung, zumal für das Mittelalter, wenig an die Seite stellen lassen wird. Eine glühende Begeisterung trägt der Verfasser für Walther im Herzen, er ist ihm der „geliebte herrliche Freund", und trotz der durch die Bestimmung der Biographie bedingten kurzen und knappen Darstellung wird diese volle persönliche Anteilnahme auch dem Leser mit zwingender Gewalt mitgeteilt. Die Kunst der Darstellung ist das Erste, was ich besonders rühmend hervorheben möchte. Freilich sollte man sie von jeder wahrhaft groß angelegten Biographie erwarten und zumal bei Beiträgen für die Allgemeine Deutsche Biographie, die sich doch an ein größeres Publikum als an den engen Kreis der Fachgenossen wendet, kann sie nicht hoch genug geschätzt werden, denn das ist unzweifelhaft die Aufgabe des Forschers, der eine wirklich lebendige Fühlung mit allen gebildeten Kreisen seines Volkes, auch mit den Nichtgelehrten, behalten will, daß er es versteht, die Hauptergebnisse seiner stillen Forschung in einer gefälligen Form vorzutragen. Das Kunstwerk eines in sich abgeschlossenen Dichterlebens, wovon die Dichtung Walthers so reichlich Zeugnis ablegt, auch in einer abgerundeten Darstellung wiederzugeben, eine Biographie zum Kunstwerk zu gestalten, das ist das hohe Ziel, das vielen Zunftphilologen leider kaum bekannt ist, nach dem manche ernst strebende Männer vergebens ringen, und das nur so wenige wirklich erreichen. Burdach ist es damit gelungen!

Nur ein einziges Mal bekanntlich, in den Reiserechnungen Wolfgers von Passau, wird Walther geschichtlich bezeugt. Was wir von seinem Leben wissen, das verrät uns — oft nur leise andeutend — seine unvergleichliche Dichtung. Um die Gruppierung dieser Lebensdaten, um die Anordnung der Lieder Walthers hat sich Burdach, ausgehend von der künstlerischen Gestalt der Lieder, von ihrem Stil im weitesten Sinne des Wortes, die höchsten Verdienste erworben. Das Buch selbst berichtet darüber; hier ist nicht Raum, davon zu sprechen.

Nur besonders hervorheben will ich aus unserer Biographie das vortreffliche
Kapitel über Walthers sittliche Lebensanschauung, das uns ein voll abgerundetes
Bild der inneren Persönlichkeit des Dichters giebt. Eingehend wird dabei
die berühmte Frage nach Walthers Treue oder Untreue behandelt, und mit
glühenden Worten, aus denen am meisten die ehrliche Bewunderung für Walther
hervorleuchtet, verteidigt Burdach ihn gegen den Vorwurf derer, die ihn „mit
den käuflichen, gewissenlosen Journalisten unserer Tage auf eine Stufe stellen".
Nicht vom modernen Standpunkte aus, sondern im Lichte der Zeitereignisse
und -anschauungen wird die Frage untersucht, und wie dieses methodisch der
einzig richtige Weg zu einem gerechten Urteil ist, so scheint Burdach denn auch
das Rechte zu treffen, wenn er zu dem Schlusse gelangt: Walther stand die
Treue zur Sache höher als die Treue zu den Personen. Gewiß, der Dichter
hat seine fürstlichen Herren und damit die äußere politische Partei gewechselt
— und schon dabei ist zweifelhaft, ob die Zeitgenossen ihm das, zumal bei
seinen Lebensbedingungen, als Untreue angerechnet haben —, das aber ist
auch sicher, sich selbst ist er treu geblieben, seinen Anschauungen und seiner
begeisterten Hingabe an die großartige Idee des weltgebietenden Kaisertums.
Wer selbst zu klein ist, um das begreifen zu können, der gehe hin und schelte
ihn treulos, er vergesse aber auch nicht, das gleiche Urteil z. B. über Ernst
Moritz Arndt zu fällen, der im Jahre 1813 das Lied vom deutschen Vaterlande gesungen hatte und dann unter veränderten Verhältnissen am 13. Januar
1849 in der deutschen Nationalversammlung zu Frankfurt a. M. dem Antrage
des Reichsministers Heinrich von Gagern auf Ausschluß Österreichs aus dem
zu errichtenden deutschen Bundesstaate mit „Ja" zustimmte.

Der Lebensbeschreibung Walthers hat Burdach nun, und das ist das
Neue, was das Buch bietet, zwei Untersuchungen angehängt, die erste: über
Walthers Scheiden aus Österreich, und die zweite: über Walthers ersten
Spruchton und den staufischen Reichsbegriff. Dabei handelt es sich darum,
gewisse politische Anspielungen des Dichters genau zu deuten, und das ist für
uns Nachgeborene deshalb so schwierig, weil wir natürlich immer geneigt
sind, nach der uns vertrauten geschichtlichen Entwickelung, die die Dinge
genommen haben, jene Anspielungen zu erklären, während sie doch thatsächlich
sich anlehnen an die oft irrige oder nur zum Teil zutreffende Meinung, die
die Zeitgenossen und mit ihnen Walther von den Verhältnissen haben mußten.
Diejenigen Überlegungen, mit denen heute die Zeitungen politische Entwickelungen zu begleiten pflegen, und deren häufige Trugschlüsse zur Genüge bekannt
sind, für jene Zeit zu rekonstruieren, das ist die schwere Aufgabe. Burdach
stellt diese Untersuchungen mit ungemein weitem Blicke an und gewinnt dabei
höchst überzeugende Resultate. Möglich, daß er hier und da etwas zu weit
geht, so kann man z. B. zweifellos an einigen Stellen die Frage erheben, ob
er nicht geneigt ist, etwas zu viel Beziehungen in Walthers ersten Spruchton
hineinzulegen, Beziehungen, die zwar nach seiner glänzenden Beweisführung
darin liegen können, die aber nicht notwendig darin liegen müssen: in den
Hauptsachen wird man unzweifelhaft die gewonnenen Resultate als richtig oder
als höchst wahrscheinlich anerkennen.

Aber selbst wenn Burdach sich hier und da geirrt haben sollte, worüber
nur den allergenauesten Kennern der Zeit ein Urteil im einzelnen zusteht, so
bliebe die ganze geistreiche Art seiner Untersuchung darum doch glänzend und
durchaus beachtenswert, denn auch bezüglich der Methode der Forschung ist
das Buch zu rühmen. Burdach hat schon früher wiederholt über eine mittelalterliche Philologie der Zukunft, wie sie ihm als Ideal vorschwebt, theoretisch
sich ausgesprochen.[1] Eine höhere Einheit möchte er schaffen für die altdeutsche
Philologie und die mittelalterliche Geschichtswissenschaft, in der Überzeugung,
daß die Historie erst auf dem Grunde der Philologie, die Philologie allein in
der Fühlung mit der Historie ihr Ziel erreichen kann. Ich weiß nicht, ob es
nötig ist, in der Zeitschrift für Kulturgeschichte dieser methodischen Überzeugung
das Wort zu reden, ich meine jedem lebensfrischen Geschichtsforscher müßte sie
von selbst einleuchten, jedem Freunde der Vorzeit, der die dahingegangenen
Geschlechter wirklich kennen lernen möchte, soweit nur überhaupt irgend ein
zuverlässiges Wort oder Denkmal uns von ihnen Kunde bringt, der sie nicht
nur Politik treiben und Krieg führen, der sie nicht nur Recht sprechen sehen
will, der sie nicht nur im Gebet belauschen, der sie nicht nur in ihrer äußeren
Lebensführung kennen lernen, der nicht nur den Klang ihrer Rede verstehen
will, sondern dem es darauf ankommt, ein Gesamtbild des inneren Wesens
und des äußeren Treibens lebendiger Menschen vor dem Auge der Nachwelt
entstehen zu lassen. Ich glaube nicht an das, was Heinrich Leo bei einer
Besprechung unseres Buches in der Historischen Vierteljahrsschrift 1901, S. 243
sagt: „Eine Einbeziehung dieses ganzen Arbeitsgebiets in den Bereich der
deutschen Philologie, wie sie Burdach wünscht, dürfte doch vielleicht eher die
von ihm nicht beabsichtigte Folge haben, daß in der Germanistik die litteraturgeschichtliche Forschung von der sprachwissenschaftlichen abrücken und ein Zweig
der allgemeinen Geschichtsforschung werden würde.“ Und selbst wenn es geschähe,
was läge daran? Es ist ja ganz gleichgültig, in welche Schublade der wissenschaftlichen Vorratskammer die einzeln gewonnenen Erkenntnisse hineingeschoben
werden, wenn sie nur überhaupt gewonnen werden. Dazu handelt es sich auch
nicht allein um Sprachwissenschaft und Litteraturgeschichte, um alle Gebiete
altdeutschen Lebens handelt es sich, und ich bin sicher, Burdachs Anschauungsweise trifft das Rechte, man mache nur erst einmal ernstlich den Versuch, es
kann nicht mißlingen, und darum will ich auch hier nach meinen Kräften dazu
aufrufen, hinausschreien möchte ich es an alle mittelalterlichen Philologen,
denen das innere Feuer brennt und lodert, die mit hellem Verstande und
fühlendem Herzen deutsche Altertumskunde treiben wollen: Sammelt Euch
unter diesem Zeichen, der Erfolg kann nicht fehlen!

Nürnberg. Otto Lauffer.

[1] Verhandlungen der 43. Versammlung deutscher Philologen in Köln;
Leipzig 1876, S. 136, dazu Zeitschrift für deutsche Philologie 28, 533; Deutsche
Litteraturzeitung 1898, S. 271 ff.

Joseph Hansen, Quellen und Untersuchungen zur Geschichte des Hexenwahns und der Hexenverfolgung im Mittelalter. Mit einer Untersuchung der Geschichte des Wortes Hexe von Johannes Franck. Bonn, C. Georgi, 1901. (XI, 703 S.)

Die umfangreiche Quellensammlung gehört zu dem an dieser Stelle (Bd. VIII S. 365) bereits besprochenen darstellenden Werk Hansens über Zauberwahn, Inquisition und Hexenprozeß im Mittelalter. Der Standpunkt und das Verdienst des trefflichen Werkes ist von uns gebührend dargelegt worden: wir erhalten hier das begründende Quellenmaterial, das aber zum Teil die dort gegebenen Ausführungen erweitert und ergänzt. Im wesentlichen auf die „kritische Zeit", das 14. und 15. Jahrhundert beschränkt, greift die Sammlung zum Teil bis in das 13. zurück und berücksichtigt andererseits die Entwickelung bis 1540. Die spätere Zeit der lodernden Scheiterhaufen in Masse, in früheren Werken am ausführlichsten behandelt, bedeutet für die Entwickelung des Hexenwahns und die Erkenntnis seiner Gründe, wie Hansen mit Recht betont, gar nichts mehr. Es ist nicht alles neu, was Hansen an Quellen bringt, aber es war meist schwer zugänglich und nirgends systematisch gesammelt. Dazu kommt aber ein großer Teil neuen handschriftlichen Materials.

Das Werk bringt zunächst päpstliche Erlasse über das Zauber- und Hexenwesen 1258—1526, dann eine sehr umfangreiche Auslese „aus der Litteratur zur Geschichte des Zauber- und Hexenwahns 1270--1540, darunter natürlich auch die bekannten und bereits benützten Quellen, wie etwa das Pönitential in Burcards von Worms Decretum aus früher Zeit und zahlreiche bekannte Autoren aus dem 15. und 16. Jahrhundert.

Der Malleus maleficorum und seine Verfasser (vergl. dazu auch Hansens Abhandlung in der Westdeutschen Zeitschrift XVII, 119 ff.) werden mit Recht besonders behandelt. Ein weiterer Abschnitt versucht die Übertragung des Namens ‚Vauderie' auf das Hexenwesen zu erklären. Dann folgt entsprechend der Behandlung in Hansens Darstellung das Quellenmaterial für „die Zuspitzung des Hexenwahns auf das weibliche Geschlecht"; dann eine quellenmäßige Übersicht über die Hexenprozesse von 1240—1540, getrennt nach den von der päpstlichen Ketzerinquisition und den von weltlichen Autoritäten geführten. Auf Vollständigkeit ging hier das Ziel nicht, sondern auf Nutzbarkeit für die Erkenntnis der Entwickelung des Hexenwesens. Francks tüchtiger Beitrag endlich wird namentlich die Philologen interessieren.

Aufs neue erkennen wir den großen Fleiß und die Umsicht Hansens, die sich namentlich auch in der Zusammenbringung des nichtdeutschen Materials äußert, sowie sein kritisches Urteil an. Mit besonderer Genugthuung heben wir noch seine Klage darüber hervor, daß die geschichtliche Quellenforschung in Deutschland es sich so wenig angelegen sein läßt, das reiche, ungehobene Material für die Erkenntnis der geistigen Strömungen der Vergangenheit zu sammeln. Indessen wird es mir erlaubt sein, auf die von mir ins Leben gerufenen „Denkmäler der deutschen Kulturgeschichte" nachdrücklich hinzuweisen. Ich habe von Anfang an betont, daß diese Quellensammlung im weitesten Sinne der Erschließung kulturgeschichtlicher Quellen zu dienen habe. Die zunächst ins Auge gefaßten Abteilungen sollen nicht die einzigen bleiben. Und auch schon unter diesen bieten doch zum Beispiel die Briefe und Tagebücher das allergrößte Material auch zur Erforschung des geistigen Lebens. Aber wer hat mich denn unterstützt? Abgesehen von den dankenswerten Sonderbewilligungen der preußischen Akademie für die Privatbriefe und Hoforduungen ist niemand thatkräftig vorgegangen; nicht einmal die Gelehrten, die ein Interesse für die Kulturgeschichte haben wollen. Und warum hat nicht auch Hansen selbst seine schöne Sammlung in die Denkmäler, die durchaus erweiterungsfähig sind, einreihen laffen? Alles kann der Einzelne nicht machen, und soll er nicht mutlos werden, bedarf er der Unterstützung seiner Absichten über die bloß theoretische Zustimmung hinaus. Georg Steinhausen.

* * *

Georg Liebe, Sociale Studien aus deutscher Vergangenheit. Berlin und Jena, Herm. Costenoble, 1901. (119 S.)

Georg Liebe ist unseren Lesern hinlänglich bekannt, so daß ein neues Buch von ihm von vornherein auf Freunde unter ihnen wird rechnen können. Es handelt sich hier aber um eine in der That sehr anziehende Sammlung von Essays, die Liebes in alter und neuer Litteratur gleich gute Belesenheit, seine Vertrautheit besonders mit dem kulturgeschichtlichen Quellenmaterial und seinen Geschmack in günstigstem Lichte zeigt. Der erste der hier gesammelten Essays ist unseren Lesern schon bekannt, da er an dieser Stelle zuerst veröffentlicht wurde: „Ritter und Schreiber". Er ist aber, ebenso wie die nächsten drei schon in Zeitschriften veröffentlichten Aufsätze: „Die sociale Wertung der Artillerie", „Die Wallfahrten des Mittelalters und die öffentliche Meinung" und „Militärisches Landstreichertum" einer teilweise erheblichen Neubearbeitung unterworfen worden. Zwei Aufsätze sind bisher noch unveröffentlicht: „Auslandsreisen und nationale Opposition" und „Die Nonne im Volkslied", letzterer auch besonders hübsch geschrieben.

Das vereinigende Band der Aufsätze sieht Liebe darin, „die Mitarbeit des Volkes (der Gesamtheit) an den Bedingungen seines Werdens zu verfolgen in der Entwickelung seiner Anschauungen". Es sollen „Ausbreitung und Einfluß der Ansichten über einige sociale Verhältnisse im Verlaufe des geschichtlichen Werdens" beobachtet werden. Ein Teil der Aufsätze hängt mit der socialen Entwickelung des Wehrstandes zusammen und berührt sich mit Liebes Buch über den Soldaten in der deutschen Vergangenheit, so der Aufsatz „Ritter und Schreiber", der allerdings schon vorher entstanden ist, der über die sociale Wertung der Artillerie und der über militärisches Landstreichertum, die sich gewiß aus dem zu jenem Buch gesammelten Material ergeben haben und es in willkommener Weise ergänzen. Für die „Auslandsreisen" darf ich den Verfasser vielleicht auf meine 1893 im „Ausland" erschienenen „Beiträge zur Geschichte des Reisens", auch auf meinen Aufsatz „Idealerziehung im Zeitalter der Perücke" (Mitteilungen der Gesellschaft für deutsche Erziehungs- und Schulgeschichte IV, 4) aufmerksam machen, deren Benutzung das Bild aber nicht wesentlich ändern würde.

Überhaupt würde der Kulturhistoriker von Fach an Quellenmaterial hier
und da einiges zu den Liebeschen Ausführungen beisteuern können, ohne daß
indessen aus der Nichtbenutzung solcher Quellen dem Verfasser irgend ein Vorwurf zu machen ist. Im Gegenteil würde eine allzu große Häufung von
Quellenstellen die wohlgelungene Darstellung eher stören. Im übrigen wird
aber auch der Fachmann nicht nur erfreut, sondern auch keineswegs unbelehrt
das Büchlein aus der Hand legen; dem weiteren Publikum aber wird es
außerordentlich viel Belehrung und Genuß bereiten.

Georg Steinhausen.

* * *

Der deutsche Kolumbus-Brief. In Facsimile-Druck herausgegeben
mit einer Einleitung von Konrad Häbler. (Drucke und Holzschnitte
des 15. und 16. Jahrhunderts in getreuer Nachbildung VI.) Straßburg, J. H. E. Heitz, 1900. (24 S. und Facsimile.)

Von dem Briefe des Kolumbus, der nachmals zuerst in der Form der
lateinischen Übersetzung des Leandro di Cosco „als Künder der großen Entdeckung in die Welt hinausgegangen ist" und der am 15. Februar 1493 bei
den Canarischen Inseln an Bord abgefaßt wurde, giebt es auch eine deutsche
Übersetzung, gedruckt zu Straßburg 1497 am St. Hieronymustage durch
Bartholomäus Kistler, aber zu Ulm entstanden, man weiß nicht durch wen.
Dieser Druck, betitelt: Eyn schön hübsch lesen von etlichen inßlen die do in
kurtzen zyten funden synd durch den künig von hispania u. s. w., wird jetzt durch
die in solchen Dingen bewährte und um sie verdiente Heitzsche Firma in trefflicher Reproduktion nach dem Original der Münchener Hof- und Staats-
bibliothek weiteren Kreisen zugänglich gemacht. Der Herausgeber schickt eine
eingehende kritische Einleitung über die sonstigen Ausgaben und Übersetzungen
des Briefes voraus und kommt zu dem Resultat, daß der deutsche Text „bis
auf weiteres der einzige Repräsentant eines unabhängigen und anscheinend
an Gewissenhaftigkeit den anderen eher überlegenen [katalonischen?] Zweiges
der Überlieferung dieses überaus wichtigen Dokumentes ist." Daneben hat
er natürlich auch den Wert, daß er bekundet, „wie weit das Interesse an den
Entdeckungen des großen Genuesen selbst in denjenigen Kreisen Deutschlands
verbreitet war, die der Gelehrtensprache nicht teilhaftig waren".

Georg Steinhausen.

* * *

G. Grupp, Baldern. Ein Beitrag zur Oettingischen Geschichte.
Mit 28 Abbildungen. Nördlingen, Reischle, 1900. (172 S.)

Auch ein streng lokalhistorisches Werk vermag für die allgemeinen Interessen
fruchtbar zu werden, wenn es auf gründlicher Kenntnis beruht. Zwar der
Strom der Weltgeschichte hat das alte Schloß der Riesgrafen am Abhang
der rauhen Alb in sieben Jahrhunderten nur mit wenigen verlorenen Wellen
gestreift; das dort ansässige Dynastengeschlecht hat nur durch vereinzelte Mitglieder in die große Politik eingegriffen. Indessen die genaue Darlegung der

topographischen Entwickelung eröffnet anziehende Ausblicke auf die wechselnden Wohnbedürfnisse, die wirtschaftlichen Verhältnisse der einzelnen Perioden erfahren sachkundige Beleuchtung und die Persönlichkeiten der Schloßherren werden durch kurze treffende Charakterisierung zu Typen ihrer Zeit. Solche waren der Raritätensammler Graf Martin († 1550), Ferdinand May († 1687), den seine Bauwut so in Schulden stürzte, daß ihn der kaiserliche Sequester nach regelrechtem Überfall des Schloßes in Schuldhaft abführte, der gelehrte, der Aufklärung geneigte Domherr Franz Ludwig († 1780). Die Abbildungen des würdig ausgestatteten Buches geben Familienporträts und Architekturen wieder.

Magdeburg.   Liebe.

*

Jahrbücher der Königlichen Akademie gemeinnütziger Wissenschaften in Erfurt. Neue Folge. Heft XXVI. Erfurt, Villaret, 1900. (222 S.)

Das letzte Heft der Jahrbücher enthält unter seinen sieben Abhandlungen mehrere kulturgeschichtliche. — K. J. Neumann, Das klassische Altertum und die Entstehung der Nationen, erläutert die Unabhängigkeit der Nationen vom Volkstum, ihr Entstehen aus verschiedenen Volksindividualitäten, die eine gemeinsam durchlebte Geschichte zur Gemeinsamkeit von Sprache und Kultur geeint hat. — R. Thiele sieht in dem Säkulargedicht des Horaz ein Prozessionslied für die von Augustus erneuerten ludi saeculares, das Weihefest des neuen Staatswesens, dem auch die Dichtung huldigte. — Die wirtschaftliche Bedeutung der Juden in der deutschen Vergangenheit, vornehmlich im Mittelalter, sucht der Unterzeichnete in ihrer durch Tradition gesicherten Erfahrung in der Geldwirtschaft gegenüber dem wirtschaftlich zurückgebliebenen Deutschland. Durch keine staatliche Aufsicht geregelt, führt dieser Gegensatz immer wieder zu ökonomischen Krisen, die in Gewaltthätigkeiten ihren sichtbarsten Ausdruck finden. — Zur Hundertjahrfeier von Schleiermachers Monologen erneuert W. Heinzelmann das Gedächtnis der Anfang 1800 erschienenen Schrift. Die Persönlichkeit des Verfassers verband den christlichen Glauben mit der deutschen Wissenschaft — das Kulturprinzip der Neuzeit. Die Schrift feierte entgegen der Herrschaft über die Natur den Vorrang der sittlichen Bildung, die dem Vaterlande über die kommende schwere Zeit hinweghalf und ihm die Triebkraft zu weiterem Aufschwung verlieh. — M. Weitemeyer, Die Arbeit und ihre sociale Bewertung, ist ein schönes Beispiel einer kulturhistorischen Betrachtung, wenn auch die gedankenvolle und anregende Auffassung mehr befriedigt als die historische Entwickelung, die doch einen viel breiteren Ausbau zuläßt. Von der Worterklärung ausgehend, erörtert der Verfasser die wachsende Arbeitsteilung als Quelle aller Kultur und ihre verschiedenartige Entlohnung als Grundlage socialer Gliederung. Die Anerkennung einer Arbeit steigert sich, je umfassender der durch sie gestiftete Nutzen ist, was gleichbedeutend ist mit dem Maße aufgewendeter Geisteskraft.   Liebe.

* * *

Paul Simson, Der Artushof in Danzig und seine Brüderschaften, die Banken. Danzig, Th. Bertling, 1900. (VIII, 338 S.)

Es ist in erster Linie ein beachtenswerter Beitrag zur Geschichte der deutschen, insbesondere der norddeutschen Geselligkeit, den Simson in diesem lesenswerten und gründlich gearbeiteten Buche bietet. Ihre etwas derben und materiellen Grundzüge kann der Kenner Norddeutschlands noch heute in ziemlich ähnlicher Art im Kreise trinkfester Männer beobachten. Zu diesem vom Verfasser nicht besonders betonten Wert für die Kenntnis des deutschen Menschen kommen dann eine Reihe weiterer kulturgeschichtlicher Momente, die das Buch anziehend machen. Die Beschreibung der im Artushof enthaltenen Kunstwerke sodann wird den Kunsthistoriker interessieren müssen. Und endlich muß der Kenner und Freund der Danziger Lokalgeschichte seine Freude an dem Buche haben.

Dieser lokalgeschichtliche Standpunkt war naturgemäß der den Verfasser zunächst anregende und stützende. Aus den Kreisen der noch heute bestehenden alten Artushof-Brüderschaften, der sogenannten Banken, heraus ist die Abfassung einer zusammenhängenden Geschichte des Artushofes, zu der schon der treffliche Th. Hirsch mancherlei gesammelt hat, angeregt worden, und man hat an dem Verfasser einen tüchtigen Bearbeiter der Aufgabe gefunden. Er hat aber auch für seine Aufgabe ein bisher fast garnicht beachtetes, wichtiges Material benutzen können, nämlich die Brüder- und Rechnungsbücher sowie andere Akten der einzelnen Banken. Auf Grund dieses Materials sowie mancherlei anderer in Danzig befindlicher Archivalien entwirft nun S. ein lebendiges und anschauliches Bild der Entwickelung jener berühmten Stätte Danziger Geselligkeit. Der erste Abschnitt: Die Entstehung der Artushöfe verbreitet sich auch in Kürze über Entstehung und Art der sonstigen (nordost-) deutschen Artushöfe. Für den Zusammenhang der Artussage mit den Artushöfen sowie für die Beziehungen zum heiligen Georg und die grundlegende Stellung der Georgsbrüderschaften in den preußischen Artushöfen möchte man wohl eine größere Ausführlichkeit wünschen. Den Inhalt des Buches im einzelnen sonst zu beleuchten, würde hier zu weit führen. Bei den poetischen und sonstigen Eintragungen der neu eintretenden Brüder in die Bankbücher, die ja allerdings manche „Ausblicke auf Kultur und Sitten der Zeit" eröffnen, hätte auf die in Inhalt und Form (z. B. der Anwendung fremder Sprachen) ganz ähnlichen Einträge der Stammbücher des 16. und 17. Jahrhunderts verwiesen werden können.

Ein besonderer Schmuck des lesens- und nicht nur dem Danziger empfehlenswerten Buches sind die Kunstbeilagen. Georg Steinhausen.

* * *

Vorreformationsgeschichtliche Forschungen I. Florenz Landmann, Das Predigtwesen in Westfalen in der letzten Zeit des Mittelalters. Münster i. W., Aschendorff, 1900. (253 S.)

Einer der tüchtigsten Vorkämpfer der modernen katholischen Geschichtswissenschaft, Professor Finke in Freiburg i. B., hat es unternommen, durch die Herausgabe „vorreformationsgeschichtlicher Forschungen" das „Verständnis der großen religiösen Bewegung des 16. Jahrhunderts" zu vertiefen. Um dies zu erreichen, erscheint es ihm nötig, einmal „durch gründliche Erforschung der Provinzialgeschichte in die Tiefen der spätmittelalterlichen Volksseele zu dringen", sodann „mit der herrschenden Anschauung zu brechen, welche die Reformation nur aus den Verhältnissen Deutschlands und der Kurie beurteilt", endlich „die Erforschung der päpstlichen Finanzverwaltung" in Angriff zu nehmen.

Als erstes Heft dieser Forschungen liegt uns nunmehr „Das Predigtwesen in Westfalen in der letzten Zeit des Mittelalters" von Florenz Landmann vor. Der Verfasser sucht durch seine fleißige und mühevolle Arbeit — er bringt über 70 Namen von Personen bei, die in der Zeit von 1878 bis 1517 innerhalb Westfalens gepredigt oder Predigten verfaßt haben, und erwähnt ebenso viele anonyme Predigtsammlungen, die damals in Westfalen abgeschrieben oder benutzt worden sind — den Nachweis zu erbringen, daß zu jener Zeit dem Volke durch die Predigt nichts Schlechteres geboten worden sei, als was auch nachher noch Jahrhunderte hindurch dem religiösen Bedürfnisse vieler Tausende in Deutschland genügt hat, und daß so nicht eine „schwer gefühlte innere Öde und Leere ... das Volk zum Abfall verleitet und in ganzen Haufen zu Luther hingetrieben habe, sondern Ursachen, die auf einem andern Gebiete liegen als dem rein religiösen". Als solche meint er eine „Bewegung socialer Art gegen den Klerus, die Klöster, die herrschenden Geschlechter" zu erkennen, die durch die offenen Übelstände in der kirchlichen Verwaltung und Disciplin bei immer mehr schwindender Ehrfurcht vor der Hierarchie, dem Priestertum, dem Mönchtum natürlich nur genährt und gesteigert sei.

Daß diese Erregung — und nicht nur beim „gemeinen Manne" — bestanden und den raschen und allgemeinen Abfall von der alten Kirche mit herbeigeführt hat, ist auch unsere Meinung; über das Zureichende der Predigt (und der Seelsorge) damals denken wir anders als der Verfasser, der eben ganz in den Anschauungen seiner Kirche steht und aus ihnen heraus Welt und Menschen beurteilt. Unsere Anerkennung für seine Arbeit ist aber darum nicht geringer, da sie neues und zum Teil wertvolles Material zu eigenem Urteil bringt.

Gegenüber den mehr für den „Predigthistoriker" wichtigen ersten beiden Teilen wird der dritte: „Das geistige und sociale Wirken der westfälischen Prediger in der letzten Zeit des Mittelalters" besonders auch den Kulturhistoriker interessieren. Sehr richtig ist die allgemein-kritische Bemerkung über die Verwertung von Predigtstellen für ein Zeitbild.

Charlottenburg. Fritz Steinhausen.

* * *

Friedrich Gotthelf, Das deutsche Altertum in den Anschauungen des sechzehnten und siebzehnten Jahrhunderts. (Forschungen zur neueren Litteraturgeschichte. Hrsg. Fr. Muncker. H. 13.) Berlin, Al. Duncker, 1900. (VI, 68 S.)

Man sieht dem Buche schon von außen an, daß es nicht halten kann, was der Titel verspricht, denn auf 68 Seiten zu schildern, wie das deutsche

Altertum in den Anschauungen des sechzehnten und siebzehnten Jahrhunderts sich dargestellt habe, das dürfte, zumal für einen Doktoranden, nicht ganz leicht sein. Der Verfasser versucht es in der That auch gar nicht, aber dann hätte er auch nicht einen so volltönenden Titel wählen oder wenigstens zur Einschränkung hinzufügen sollen: „dargestellt nach den litterarischen Quellen der Zeit". Eine solche Angabe darf das Publikum, dem doch nur der Titel eines Buches bekannt gegeben wird, bestimmt verlangen, und so war ich nicht wenig überrascht, als ich aus der Einleitung (p. 3) erfuhr, wie sehr der Verfasser sein Quellengebiet begrenzt hat. Dort heißt es im wesentlichen: „Das beginnende historische Interesse und die damit verbundene, fortschreitende Erkenntnis müssen wir zunächst aus den Chroniken zu erkennen suchen; einige Kommentare zu Schriften klassischer Autoren und auch sonst noch wissenschaftliche Schriften werden das Bild vervollständigen. Erst in der zweiten Hälfte des siebzehnten Jahrhunderts ziehen Buchholzens und Lohensteins große Romane aus der deutschen Geschichte und ein weniger umfangreiches Buch von Grimmelshausen unsere Aufmerksamkeit völlig auf das Gebiet der schönen Litteratur." An der Hand dieser Quellen sucht der Verfasser sein Ziel zu erreichen, diese Quellen stellt er zusammen und sucht ihr Verhältnis zu einander und ihren mehr oder minder großen geschichtswissenschaftlichen Wert darzustellen. Zu solcher Beschränkung ist er natürlich berechtigt, indessen drängen sich dabei doch einige Bedenken auf. Zunächst scheint der Verfasser seine Forschungen zeitlich doch zu genau begrenzt und scharf mit dem Beginn des 16. Jahrhunderts eingesetzt zu haben. Oder war ihm nicht bekannt, daß acht Jahre vor Beginn desselben zu Nürnberg die große Weltchronik Hartmann Schedels gedruckt wurde? Es konnte für seine Untersuchung doch nicht gleichgültig sein, was dort auf Blatt 267b zu lesen steht: „Die alten Geschichtschreiber haben gar wenig von Teütschen landen, als ob dieselb nation außerhalb des ombkrayß lege, geschriben vnd als trawmsweise von teütschen sachen meldung gethan. dann so wir von alten zeiten lesen, so finden wir, das die Teütschen ettwen in Barbarischem grobem sytten gelebt, sich zerrissner schnöder klaydung geprancht, vnd des gefengs des willprets vnd des feldgepews generet haben, frayssam vnd kriegs-begierig menschen, aber golds mangelhaftig vnn keins weins gepreüssig." Nach einer kurzen Darstellung der Grenzveränderungen Deutschlands heißt es dann weiter: „Die teütschen sind groß, starck, streytper vnn auch got angeneme lewt, die ire land vnd nation also erwaytert, vnd ob allen völckern dem römischen gewalt vnd mechtigkeit widerstand gethan haben. Dann wiewol der nyder-tretter aller erden vnd der zemer des ombkrays der werlt Julius der kayser nach verdruckung vnd bestreytung der Gallier vnd Franckreichischer gegent zu mermaln vber den Rhein gerayset vnd große ding in teütschem land begangen hat, nedoch hat er das streytper, fraydig vnd festmütig Schwebisch volck vngezemt vnd vnuergeweltigt müessen lassen. Augustus octauianus, der ob allen römischen kaisern der glückflichst vnd werltseligst gehalten ward, dem auch die könig Parthier vnd indier schanck vnd gabe sendeten, ist nynndert ve in streyt ernider gelegen dann allein gegen den teütschen...." Auf Blatt 286 a findet sich dann noch die kurze Stelle: „Bey erklerung der gelegenheit vnd pildnus Germanie oder Teütscher nation hernach entworffen ist zemercken der

spruch Strabonis also sagende. Die Teütschen der Gallischen nation nachfolgende
sind gerads leibs und wysser oder rößleter farb. vnd in andern dingen an
gestalt, geperde vnd sytten den Gallischen gleich. darumb haben inen die
römer disen namen billich gegeben do sye sie brüder der Gallier nennen wolten.
dann nach römischer rede haißen die Teütschen Germani, das ist souil als eelich
oder recht brüedere. Nu ist Germania oder Teütsche nation von den alten
geschihtbschreibern vil versawmbt. dann dermals waren ire innere vnd haym-
liche gegent oder zugeng mit wasserflüssen verhindert. der welde vnd see halben
vnwegsam in grobem hirttischem sytten vnd nyndert denn an berümbten nam-
haftigen flüssen erpawt." Ich glaube kaum, daß diese für die Zeit so
interessanten Stellen hätten übergangen werden dürfen. Leider werde ich weiter
unten noch einmal in der Lage sein, eine Lücke in der Benutzung der uns
erhaltenen litterarischen Quellen festzustellen, so daß sich berechtigte Zweifel
erheben, ob das Buch wirklich eine zuverlässige Zusammenstellung des gesamten
einschlägigen Materials (abgesehen von gelegentlichen Bemerkungen) giebt.

Das beginnende historische Interesse wollte der Verfasser nach seinen
oben angeführten Worten der Einleitung zu erkennen suchen. Leider hat er
dieses Ziel nicht mit der genügenden Sicherheit verfolgt, und das ist sehr zu
bedauern, denn die Geschichte des Historismus während der beiden Jahrhunderte darzustellen, wäre auch mit der Beschränkung auf das deutsche Altertum eine sehr dankbare Aufgabe gewesen. Die Grundfrage wäre dabei gewesen:
wann fangen die Deutschen an, sich in frühere Zeiten zu versetzen, und in
welcher Weise geschieht das? Die Antwort hätte sich sicher schon allein aus
den litterarischen Denkmälern finden lassen, wenn der Verfasser scharf geschieden
hätte, erstens was die Autoren ihren historischen Quellen entnehmen, zweitens
was sie aus späterer Zeit und drittens, was sie aus ihrer eigenen Zeit hinzufügen, wenn er die historischen, die romantischen und endlich die modernen
Elemente ihrer Darstellung streng gesondert hätte. Das Mosaik besteht also
aus drei verschiedenen Bestandteilen, von diesen aber übersieht der Verfasser
den zweiten eigentlich ganz, und den Unterschied zwischen den beiden anderen
bemerkt er nur hier und da, ohne sich doch grundsätzlich darüber durchaus
klar zu werden. Diesen Mangel würde er nun allerdings entschieden leichter
vermieden haben, wenn er auch die nicht litterarischen Denkmäler zu Rate
gezogen hätte, an denen doch wahrlich kein Mangel ist. Der Verfasser weist
sogar in der Einleitung p. 2 selbst auf die Arbeiten der Illustratoren hin,
er bemerkt (p. 24), daß auf den Holzschnitten zu Burkhard Waldis' illustrierter
Reimchronik „alle Herrscher von Mannus bis zu Karl dem Großen in Kleidung
und mit Waffen des ausgehenden Mittelalters dargestellt sind", also hätte er
diesem romantischen Zuge, zu dem übrigens noch manche rein phantastische
Stücke in der Ausstattung hinzukommen, doch auch nachgehen sollen. Er hätte
die zahlreichen Ahnenreihen fürstlicher Häuser, die im 16. Jahrhundert bis
ca. 1560 so modern waren, sich ansehen sollen, ebenso die Königsreihen z. B.
auf Peter Flötners Plaketten, die historischen Reihen Jost Ammans sowie die
Reihen der guten und bösen Männer und Frauen, die alle im 16. Jahrhundert so verbreitet waren, daß sie sogar in Kopien auf einer ganzen Anzahl

von Ofenkacheln sich erhalten haben. Ebenso wäre das Grabmal Maximilians I. in der Hofkirche zu Innsbruck heranzuziehen gewesen, über das von Schönherr im Jahrbuch der kunsthistorischen Sammlungen des Allerhöchsten Kaiserhauses XI, p. 140—268 so eingehend gehandelt hat, und bei dem z. B. an den Prachtfiguren Theoderichs und des Königs Artus der Meister Peter Vischer neben vielen Phantastereien auch manche Elemente verwandt hat, die den italienischen Rüstungen des 15. Jahrhunderts entnommen sind. Weiterhin hätte der Verfasser in den Regievorschriften aus der Theatergeschichte, und in den Nachrichten über Aufführungen und Festzüge manchen schätzbaren Aufschluß über das vorhandene Maß historischen Sinnes bekommen, er hätte auch gelegentliche Bemerkungen sich zu Nutze machen können wie z. B. im Simpliciffimus (Hallesche Neudr.) p. 504 die Stelle: „im Wald ... fand ich ein steinern Bildnuß ligen in Lebens Größe, die hatte das Ansehen, als wan sie irgends eine Statua eines alten teutschen Helden gewesen wäre, dann sie hatte eine Altfränckische Tracht von Romanischer Soldaten Kleidung, vorn mit einem großen Schwaben-Latz."

Wenn der Verfasser alles dies beachtet hätte, so würde er einen festen Maßstab für die Wertschätzung der verschiedenen Schriften gewonnen haben, die er aufzählt. Auf die Einzelheiten dieser Zusammenstellung kann ich nicht mehr eingehen, nur zwei Bemerkungen will ich noch machen. Im Anschluß an Hagelgans' „Der Teutsche Fürst Arminius" (p. 46) hätte das ungemein interessante Büchlein des Balthasar Rudolph von Lichtenhayn, „De Italo Cheruscorum rege", Leipzig 1679 fl. 4° (22 S.) entschieden genannt und eingehend behandelt werden müssen, eine Arbeit, die mit großem Nachdruck den historischen Quellen gerecht zu werden sich bemüht. Ferner vermisse ich die Erwähnung der in jener Zeit gemachten Altertumsfunde. So hätte die im Jahre 1653 in Tournay gemachte Entdeckung des Grabes des merowingischen Königs Childerich wegen der sich daran schließenden Litteratur mit in den Rahmen der Betrachtung gezogen werden müssen.

Vielleicht trägt zum Teil der hochtrabende Titel, den Gotthelf gewählt hat, die Schuld daran, daß sich soviel Grund zu Aussetzungen ergeben hat; darüber darf er sich jedenfalls nicht täuschen, daß das Buch, dessen Titel seine Arbeit trägt, erst noch geschrieben werden muß.

Nürnberg.   Otto Lauffer.

*   *   *

H. v. Sybel, Die Begründung des Deutschen Reiches durch Wilhelm I. Vornehmlich nach den preußischen Staatsakten. Volksausgabe. Bd. 1—7. München und Berlin, R. Oldenbourg, 1901.

Es ist ein ausgesprochen politisch-historisches Werk, das jetzt in einer neuen billigen Ausgabe dem deutschen Publikum geboten wird, aber es ist ein so hervorragendes und wichtiges, daß wir auch an dieser Stelle, die sonst die politische Geschichte ausschließt, die Pflicht haben, unsere Leser auf diese den Bezug erleichternde Ausgabe aufmerksam zu machen. Überdies wird der

Kulturhistoriker nicht vergessen dürfen, daß gerade Sybel seiner Zeit in der Marburger Rede über den Stand der neueren deutschen Geschichtsschreibung das Hervortreten der Kulturgeschichte als charakteristisch für dieselbe bezeichnet hat. „Jetzt fing man an, die Beschaffenheit des gesamten Kulturzustandes eines Volkes zum Ausgangs- und Zielpunkt der Betrachtung zu nehmen." Und dieser Errungenschaft haben sich auch die politischen Historiker zu einem guten Teil nicht entzogen. Die politische Geschichte hat vielfach unbewußt eine andere Färbung erhalten, selbst da, wo sie nichts als politische Geschichte sein will. Und andererseits — kann der Kulturhistoriker auch aus rein politisch-historischen Werken nichts lernen? Aus manchen oder vielen allerdings nichts oder wenig: aus einem Werk wie demjenigen Sybels sehr viel. Wenn die deutsche Kulturgeschichte die Geschichte des deutschen Menschen ist, so haben wir gerade in dieser von Sybel dargestellten verzwickten, wundersamen und ärgerlichen und doch wieder an kräftigen neuen Strömungen und an eigenartigen Menschen so reichen Epoche recht viel Stoff auch zu kulturgeschichtlicher Betrachtung, selbst wenn ihre Geschichte wesentlich nach „Staatsakten" erzählt wird.

Die Begründung des neuen Deutschen Reiches ist aber überhaupt ein so wichtiges, nach allen Seiten wirkendes historisches Ereignis, daß jeder historisch fühlende Deutsche dankbar sein muß, aus einem Werk von der Art des Sybelschen die gewiß noch nicht völlig einwandfreie, aber beste und authentischeste Darstellung darüber zu haben, wie denn das nun eigentlich gekommen ist. Das Material, das Sybel benutzen konnte, war bekanntlich ein solches, wie es einem Geschichtsschreiber einer so jungen Vergangenheit — und wie liegen doch diese Zeiten wieder weit hinter uns! — noch nie zur Verfügung gestanden hat. Die Überfülle des Materials hat aber die Klarheit der Darstellung, die das Wesentliche zu treffen weiß, nirgends beeinträchtigt. Was an dem Werke menschlich anzieht, ist die bei allem kritischen Ernst und wissenschaftlicher Gründlichkeit stark hervortretende Wärme der Überzeugung. „An keiner Stelle des Buches," sagt Sybel, „habe ich meine preußischen und nationalliberalen Überzeugungen zu verleugnen gesucht." So verdient Sybels Werk in noch höherem Maße eine Lektüre weiter Kreise zu werden, als das bisher wohl der Fall gewesen ist. Von der großen Ausgabe unterscheidet sich übrigens diese Volksausgabe, die statt 66,50 Mk. nur 24,50 Mk. kostet, textlich in keiner Weise, sie ist aber durch ein Porträt Sybels und, was sehr zu begrüßen ist, durch ein gutes Namen- und Sachregister vermehrt.

Georg Steinhausen.

÷ * *

Elard Hugo Meyer, Badisches Volksleben im neunzehnten Jahrhundert. Straßburg, Karl J. Trübner, 1900. (XII und 628 S.)

Auch dieses vortreffliche Buch ist wieder ein Beweis dafür, daß in der Wissenschaft der Volkskunde nicht weniger als anderswo Arbeitsteilung die reichsten und günstigsten Ergebnisse erzielt. Wenngleich zusammenfassende Werke über den volkskundlichen Charakter eines Landes, wie sie etwa Andree für Braunschweig, Wuttke und seine Mitarbeiter für Sachsen geschaffen haben, sich hohen Verdienstes rühmen können, so ist es doch naturgemäß bei der Bearbeitung eines einzelnen Gebietes möglich, von einer umfassenderen Grundlage auszugehen, mehr Material gründlicher auszunutzen und der Darstellung eine größere, ebenso behagliche wie belehrende Breite zu gönnen. Alle diese Vorzüge zeichnen denn auch in reichstem Maße die jüngste deutsche Veröffentlichung dieser Art aus, das oben genannte Buch (E. H. Meyers, der uns erst vor zwei Jahren mit seiner ausgezeichneten allgemeinen „Deutschen Volkskunde" beschenkt hat. Hatte er dort gezeigt, wie unumschränkt er das große, weite Feld der Gesamtwissenschaft beherrscht, so erweist er sich hier in der Kleinarbeit, im allseitigen Durchdringen eines engeren, sachlich und landschaftlich begrenzten Gebietes als Meister. In einer fast unübersehbaren Fülle von Einzelbildern, die sich am Ende doch zu einem eindrucksvollen Gemälde vereinen, rollt sich das Leben des badischen Landbewohners vor uns auf, wie es durch Sitte und Brauch seiner Heimat bestimmt wird. Von der Geburt bis zum Tode können wir es unter Meyers kundiger Leitung verfolgen; wir lernen die geheimnisvollen, überirdischen Mächte kennen, die nach dem Volksglauben bei der Geburt und während der Kindheit ihr Wesen treiben, die Fürsorge der Paten, Verwandten und Freunde für das Kleine, den allgemeinen Gang der Erziehung. Die Jugendzeit steht wesentlich unter dem Einflusse der Schule, aber es fehlt natürlich auch nicht an Spielen, Festen und ländlichen Beschäftigungen, unter denen der Hirtendienst die erste Stelle einnimmt. Den Eintritt in den Kreis der Erwachsenen bezeichnet die Konfirmation oder Kommunion, mit der auch allerhand weltliche Bräuche und Feierlichkeiten verknüpft sind. Das dritte Kapitel „Liebe und Hochzeit" ist das umfänglichste; denn es faßt seine Überschrift im weitesten Sinne und schildert das gesamte Leben und Treiben der erwachsenen Jugend, das ja vornehmlich durch die Liebe beeinflußt wird, also auch den Verkehr und das Verhalten der Geschlechter bei Festen, beim Tanz, in der Spinnstube und sonst. In dem Abschnitt „Häusliches Leben" werden wir nicht nur über das Familienleben im engeren Sinne, sondern auch über die sociale Lage der Bauern, Tagelöhner, Handwerker und Hausierer, über die Bauart der Häuser, über Bildungsbestrebungen unterrichtet. Das Kapitel „Bei der Arbeit" beschreibt neben den eigentlich ländlichen Thätigkeiten auch andere, auf die gewöhnlich weniger geachtet wird, die Waldarbeiten, den Bergbau, Flößerei und Fischerei, die Schwarzwaldindustrie und den Hausierhandel. In einem weiteren Abschnitt „Zur Festzeit" werden noch die Feste und Feiertage — besonders zu Ehren einzelner Heiliger — besprochen, die nicht schon vorher ihre Erledigung gefunden hatten, dann folgt eine sehr lehrreiche Erörterung über „Das Verhältnis der Bauern zu Kirche und Staat". Der Schluß handelt über Krankheit und Tod.

Innerhalb dieser übersichtlichen und zweckmäßigen Einteilung wird uns eine überraschende Menge von einzelnen Sitten und Bräuchen vorgeführt. Diese Fülle und Mannigfaltigkeit hat zum guten Teil ihren Grund darin, daß das badische Land ja nicht ein einheitliches Ganzes bildet, sondern zunächst nach der Bevölkerung in einen fränkischen und einen alemannischen Teil sich spaltet; dann aber bedingen Bodenbeschaffenheit, Kultur und Klima noch manche Unterschiede, die überdies durch die geschichtliche Entwickelung der einzelnen Bezirke und durch die Verteilung der Konfessionen vielfach noch verschärft werden, wie dies die Einleitung kurz und klar auseinandersetzt.

Getreuliche Aufzeichnung des vorhandenen volkstümlichen Gutes und anschauliche Berichterstattung sind die Hauptcharakterzüge des Buches. Für jede Erscheinung wird der Ort, wo sie sich findet, angegeben. Indessen ist doch vielfach zu näherer Belehrung und Erläuterung über diesen engeren Rahmen hinausgegangen, um außerbadische, meist andere deutsche, zuweilen auch außerdeutsche Eigentümlichkeiten zum Vergleiche heranzuziehen; aber immer geschieht dies in zweckmäßiger Auswahl des Notwendigsten und Bezeichnendsten, so daß nirgends ein wirres Anhäusen störend wirkt. Bei manchen altertümlichen Bräuchen wird auch ein kurzer Rückblick auf die vermutliche Entstehung und geschichtliche Entwickelung geworfen. — Kurz, das Buch macht den denkbar besten Eindruck und darf wohl ohne weiteres als nachahmenswertes Muster und Vorbild für ähnliche Sammlungen in anderen Gegenden hingestellt werden.

Daß das Werk in dieser Vollkommenheit auftreten konnte, verdankt der Verfasser, wie er selbst im Vorworte gern anerkennt, den vielen hundert hilfreichen Kräften, die sich auf seine Anregung hin in Bewegung setzten, um seine eigenen Kenntnisse und Forschungen zu ergänzen. Mit Freude — und, mit einem Seitenblick auf unser Schlesien, wo sich ein zwar wackerer und eifriger, aber verhältnismäßig doch kleiner Kreis von Sammlern zusammengefunden hat, mit einer gewissen Wehmut — lesen wir da, wie alle Stände, Gelehrte und Ungelehrte, Männer und Frauen in allen Teilen des Landes emsig ihre Gaben beigesteuert haben, vor allem — was leider bei uns auch noch immer nicht der Fall ist — fast vollzählig die Volksschullehrer und die Geistlichen, in gleicher Weise katholische und evangelische. Das ist ein schönes Zeugnis für Baden, und der Verfasser, dessen eigene Verdienste nicht geschmälert werden, wenn er die aller Sammler und Helfer in helles Licht stellt, hat nur recht gethan, daß er zum Danke „Seinen lieben Mitarbeitern" sein und ihr Werk gewidmet hat. [1]

Breslau. H. Jantzen.

---

[1] Beiläufig erlaube ich mir noch einige Bemerkungen zum Inhalt. S. 23. Ein Gegenstück zu den „Sufpaten" sind die schlesischen „Freßgevattern". — S. 107. Beim „Würgen" hätte sich vielleicht ein Verweis auf das Schweiz. Arch. f. Vkd. III, 139 ff. empfohlen. — S. 251 u. ö. Der Brauch des Vorspannens (Aufhalten des Hochzeitszuges) findet sich auch außerhalb der Indogermanen; vgl. W. W. Skeat, Malay Magic, (London 1900), S. 381. S. 410 Anm. Bei dem Verweis auf Andresens Volksetymologie l. S. 288 st. 28. — S. 482 u. 568 l. pjóðsögur. — S. 577. In Schlesien bedeuten die weißen Flecken auf den Fingernägeln gerade Glück, nicht den Tod; als Totenblume gilt ebenda das weißblühende Heidekraut; wem man es schenkt, der muß bald sterben. S. 599 und 609. Leichenbretter giebt es auch noch in Schlesien; vgl. Mittlgn. d. Schles. Gesellsch. f. Vkde. VII (1900), 2, S. 33 ff.

Dichter und Darsteller. Eine Sammlung von reich illustrierten Einzelbänden über die hervorragendsten Vertreter der Weltlitteratur, herausgegeben von Rud. Lothar. I. Witkowski, Goethe (270 S., 160 Abbildungen). — II. Lothar, Das Wiener Burgtheater (212 S., 260 Abbildungen). — III. Federn, Dante (235 S., 150 Abbildungen). — IV. Kellner, Shakespeare (238 S., 205 Abbildungen). — V. Horner, Bauernfeld (164 S., 142 Abbildungen). Leipzig, E. A. Seemann, 1900. 1901.

Das Ende des 19. Jahrhunderts hat auf den verschiedensten Gebieten geistiger Thätigkeit zur Zusammenfassung der gewonnenen Ergebnisse, auch wohl zur erneuten Durchdenkung älterer Probleme und zur Betrachtung von Personen und Thatsachen von neuen Gesichtspunkten Anlaß gegeben. Davon zeugen die vielen biographischen und kulturgeschichtlichen Sammelwerke, die auf dem Büchermarkt der letzten Jahre feilstanden. Auch die Seemannsche Buchhandlung blieb nicht zurück und rief eine Zahl von Serienwerken ins Leben, an denen auch der Leser unserer Zeitschrift nicht achtlos vorübergehen darf; eine stattliche Anzahl von Bänden führt uns „Berühmte Kunststätten" vor, und die Bearbeiter nehmen oft genug Gelegenheit, in weitausgreifender Betrachtungsweise Städte, etwa „Konstantinopel", „Venedig", „Nürnberg" als Brennpunkte des Kulturlebens überhaupt zu schildern. In geradezu glänzender Weise entwerfen Philippis Kunstgeschichtliche Einzeldarstellungen auf dem Hintergrunde des Volkscharakters und der jeweiligen Zeitkultur fesselnde Charakteristiken, die auch dem Kenner unendlich viel Neues zu sagen wissen. Das vorliegende Werk nun darf sich, soweit die ersten Bände in Betracht kommen, getrost diesen Sammlungen an die Seite stellen. Für den Kulturhistoriker ist es vor allem wertvoll durch die große Menge authentischer, fast durchweg gut wiedergegebener Illustrationen. Da vereinigt etwa der erste Band die wichtigsten Goetheporträts, wobei wir freilich Schwerdgeburths köstlichen Stich schmerzlich vermissen, er führt uns nach Alt-Frankfurt, zeigt uns die „Klein-Pariser" auf dem Promenadenwege und macht uns mit den klassischen Stätten in und um Weimar vertraut. Auch das Aquarellgemälde von Kraus, die „Abendgesellschaft bei der Herzogin Anna Amalia" fehlt nicht. Weniger bietet dem Kulturhistoriker der Text des Bandes, obwohl der Bearbeiter, Professor Witkowski in Leipzig, zeigen will, „in welcher Weise sich die äußeren Verhältnisse mit den Vorgängen im Innern des großen Mannes verbanden, um als Ergebnis dieses Dasein, so einzig in seiner Art, zu schaffen." Gerade die Schilderung des kulturhistorischen Hintergrundes läßt manches zu wünschen übrig. Witkowski ist ein sehr gründlicher Detailforscher und beschert uns oft genug eine Fülle von Einzeldaten, wo wir energische Zusammenfassung erwarten. Die beiden ersten Abschnitte gehen bisweilen etwas trocken chronologisch vor, während wir in der Behandlung von Goethes Alter wieder jedes historische Fortschreiten vermissen. Dem Satze: „Wie eine weitgedehnte Hochebene liegen die letzten 27 Jahre Goethes vor uns" können wir durchaus nicht zustimmen. Um einzelne Urteile, die uns ungerechtfertigt erscheinen (z. B. über

„Hermann und Dorothea", S. 170) sei hier nicht gestritten; treffliche Abschnitte,
wie der über „Torquato Tasso", S. 135, söhnen uns damit aus und werden
dafür sorgen, daß das Buch nicht bloß der Bilder wegen seinen Platz
behauptet. Das Bestreben, Goethes Innenleben und Dichten in Zusammenhang zu bringen, ist überall zu erkennen und läßt es sogar wünschenswert
erscheinen, daß auch Schülern Abschnitte aus dem Werke mitgeteilt werden.
Wenn W's Darstellung hier und da unter allzu schwerem wissenschaftlichem
Ballast leidet, so wird man Lothars Buch vielleicht gerade im entgegengesetzten Sinne charakterisieren dürfen. Nicht trockenes Aktenmaterial will er
anhäufen, sondern eine angenehm lesbare, nicht gerade in die Tiefe dringende,
aber doch mannigfach fördernde Darstellung geben, er will „das Warum und
das Weil im Gange der Ereignisse aufdecken, die Gedanken entwickeln, die im
Hause zum Heil und Segen oder zum Unglück und Verderben geherrscht, die
Fäden klarlegen, die Bühne und Zuschauerraum verbunden, die Rolle kennzeichnen, die das Theater im Kulturleben der Stadt und des Landes, im
litterarischen Leben der Zeit gespielt." Wir wollen durchaus nicht sagen, daß
alle Teile dieses vielversprechenden Programms in jedem einzelnen Abschnitt
gleichmäßig zu ihrem Rechte kämen. Im großen Ganzen aber hat L. sein
Versprechen eingelöst und vor allem: das Buch hat Charakter. Es will eine
wirkliche Entwickelungsgeschichte, fast möchte man sagen Krankheitsgeschichte
geben; das Burgtheater ist eine durchaus höfische Einrichtung, die sich sehr
bald im Gegensatz gegen das eigentlich Volkstümlich-Heimische der Pflege
ausländischer Klassicistik zuwandte. Darin sieht L. auch die rechte Domäne
dieses typischen Hoftheaters. Neuerungsbestrebungen rächen sich durch die Ent-
fremdung der höchsten Kreise, durch ein riesiges Anwachsen des Deficits — also
fort mit Schlenthers Art! Das ganze Schlußkapitel ist eine überaus heftige
Anklage gegen den gegenwärtigen Leiter des Instituts. Wenn L. einen
Mann, wie den genialen A. v. Berger, an der Spitze des Burgtheaters sehen
möchte, so werden wir ihm unsere Sympathie nicht versagen; unmöglich aber
können wir seinem Verdammungsurteil gegen den ehemaligen Führer der
Berliner Kritik beistimmen. Kulturhistorisch interessant sind L's Ausführungen
über den Wiener Volkscharakter und das Verhältnis zwischen Bühne und
Publikum, vor allem aber die Eingangskapitel, die den fortwährenden Kampf
zwischen Hof und Kunst schildern, wie er so köstlich in den Censur-
bestimmungen zum Ausdruck kommt. Um die Wende des 18. Jahrhunderts
war man der Ansicht, es könnten keine Begebenheiten aus der Geschichte des
Erzhauses aufgeführt werden, „deren Ausschlag diesen Regenten nachteilig war"
(z. B. „Wilhelm Tell"!). „Hinrichtungen der Regenten" (z. B. „Maria Stuarts")
sind verpönt. „Nach diesen ist der Militärstand besonders zu schonen." „Die
Zensur hat auch darauf zu sehen, daß nie zwei verliebte Personen miteinander
allein vom Theater abtreten." Anzengruber und Hebbel, denen man ja auf
jede Weise den Zutritt zur Hofbühne zu erschweren suchte, haben unter so
kindischen Bestimmungen leiden müssen. (Hebbels „Genoveva" ward, als
Heilige, nicht geduldet, er mußte den Namen in „Magellone" ändern!) Überhaupt sind von heimischen Poeten kaum einige zu ihrem Recht gekommen.
Halms Weizen blühte während seiner Direktionszeit. Bauernfeld, dessen witziger

Dialog uns heute über seine armselige und ungeschickte Führung der Handlung nicht mehr hinwegtäuschen kann, war seinerzeit stark im Repertoire vertreten; Horners liebevoll geschriebene Biographie (Band V der Sammlung) zeigt ihn uns im Kreise seiner Zeitgenossen. Grillparzer ist im Burgtheater, wenn auch sehr spät, doch nach Verdienst gewürdigt worden; darin liegt die größte That Laubes, die L. bei seiner sonstigen Schwärmerei für diesen praktischen, aber nüchternen Direktor viel stärker hätte betonen sollen; sie kann uns einiger-maßen versöhnen mit Laubes unwürdigem Verhalten gegen Hebbel, wovon bei L. auch nicht viel, desto mehr aber in den kürzlich von Rich. Werner heraus-gegebenen Briefen des dithmarsischen Dichters zu lesen ist. Die Abbildungen führen uns das alte und neue Burgtheater, seine zuweilen recht unbedeutenden amtlichen und seine künstlerischen Leiter, sowie seine hervorragendsten Mitglieder von Prehauser bis Kainz vor. Die Rollenbilder haben einigen kulturgeschicht-lichen Wert, auch die Gaulschen Karikaturen sehen wir gern.

Für unsere Leser wird von den bisher erschienenen Bänden der Samm-lung ohne Zweifel Federns „Dante" den höchsten Wert besitzen. Ein ungemein tiefes, gedankenreiches, und auch in der Form vollendetes Buch. Bei einem Werk aus einem Gusse hält man sich nicht gern mit Einzelheiten auf, die vielleicht der Fachmann zu bemängeln haben wird. Nimmt doch F. seinen sehr persönlichen Standpunkt, z. B. in der Beatricefrage, ein. Was aber das Buch als Ganzes so wertvoll macht, das ist die meisterhafte Zeichnung der gewaltigsten Figur der italienischen Litteraturgeschichte auf dem Hintergrunde mittelalterlicher Hochkultur. F. ist ein wirklicher Kenner dieser Zeit, er weiß sich in sie hineinzuversetzen, in ihr zu leben und ist so wenig wie Fr. Paulsen gemeint, in den Jahrhunderten, die der Wiedererweckung des Altertums vorangehen, nur Finsternis und Wust zu sehen. Er ist sich dessen wohl bewußt, daß man für weitere Kreise die Comedia nur auf Grund allseitiger Ausschöpfung des geistigen Lebens der Vorzeit verständlich machen kann, und so beginnt er mit einer scheinbar breiten, in Wahrheit fein berechneten Schil-derung des Mittelalters und seiner Ideale, seiner politischen und geistlichen Kämpfe, seiner Wissenschaft und seines Weltbildes, seines Forschens und Dichtens. Das ist ein Buch, das in die Schule gehört! Die deutsche Kaiser-geschichte wird wohl passend bei der Darstellung Heinrichs VII. und seines Zuges nach Italien auf ein paar Stunden unterbrochen und die geistige Ent-wickelung Italiens nachgeholt, auch eine Analyse und teilweise Vorführung der Comedia eingeschoben. Für diesen Zweck ist F.s Buch ein geradezu klassischer Führer. Die Illustrationen führen uns die verschiedenen Versuche der bildenden Kunst vor, Dantische Gedanken zu interpretieren.

Kellners Shakespearebuch endlich ist aus langjähriger, inniger Ver-trautheit mit dem Dichter und seinen Werken, mit seiner Heimat und seinem Volke, mit deutscher und englischer Forschung hervorgegangen und wird sich zwar nicht als unentbehrlich, aber als nützlich für Shakespeares Gemeinde erweisen. Der Kulturhistoriker wird aus Brandes' weitschichtigem Werke unendlich viel mehr lernen können, als ihm hier in den dreiundzwanzig, meist ziemlich kurzen Kapiteln geboten wird. Aber manche Einzelheit, z. B. über die Beliebt-heit der einzelnen Dramen im heutigen England, wird man mit Dank begrüßen.

Das biographische Bildermaterial ist bequem zusammengestellt. Neu und im hohen Grade interessant ist die große Bildergalerie, die uns die wichtigsten Shakespearerollen in der Auffassung der bedeutendsten Darsteller Englands, Deutschlands und Frankreichs vorführt.

Alles in allem sehen wir mit Dank auf die ersten fünf Bände des Sammelwerks zurück und wünschen ihm guten Fortgang. Sollte sich den Dichterbiographien nicht bald, dem Titel entsprechend, dies oder jenes Schauspielerleben anreihen?

Würzburg. Robert Petsch.

R. Arnold, Tadeusz Kosciuszko in der deutschen Litteratur. Berlin, Mayer u. Müller, 1898. (44 S.)

Bismarck hat die Neigung, sich für fremde Nationalitäten auf Kosten der eigenen zu begeistern, als eine politische Krankheitsform bezeichnet, deren geographische Verbreitung sich auf Deutschland beschränkt. Ihre thörichtste, leider auch schädlichste Form fand sie in der Polenschwärmerei, wie sie in den dreißiger Jahren aufkam und mit ihrer kurzsichtigen Sentimentalität noch heute unheilvoll wuchert. Seitdem wurde der polnische Flüchtling eine ständige Figur wie der Pariser Boulevards so der deutschen Litteratur — immer edel, immer unglücklich und immer Graf. Eine Ausnahme ist die köstliche Persiflage in Kellers Seldwyler Geschichten, wo der vergötterte Pole zwar sämtliche äußeren Requisiten besitzt, aber leider sich als wandernder Schneidergeselle entpuppt. Aus der vorliegenden, durch gründliche Litteraturkenntnis und lebendige Darstellung ausgezeichneten kleinen Schrift ersieht man an einem klassischen Beispiel, wie erst mit dem angegebenen Zeitpunkt das bis dahin latente Interesse für die Polen litterarisch und politisch gezüchtet wurde. Kosciuszko, der Held des Aufstandes von 1794, war nach dessen unglücklichem Verlaufe fast der Erinnerung entschwunden, trotzdem er noch dreiundzwanzig Jahre gelebt hat. Erst seine von Falkenstein verfaßte Biographie kam, besonders in ihrer zweiten Auflage von 1834, dem durch den Aufstand von 1830 entfachten Interesse entgegen. Vorzugsweise im Roman wurde sein Schicksal behandelt, während er in der Lyrik mehr nur zur Dekoration verwendet wird. Dramatische Verwendung hat seine Gestalt nur in einem erhaltenen Stück gefunden, das aber an Wirksamkeit sämtliche übrige litterarische Zeugnisse weit übertrifft. Es ist Holteis Liederspiel: Der alte Feldherr, aus dem das Lied vom tapferen Lagienka jahrzehntelang zum deutschen Volkslied geworden ist. Auch dieses 1825 verfaßte Spiel wurde erst nach 1830 zum Zugstück und häufig Anlaß zu politischen Demonstrationen.

Magdeburg. Liebe.

K. Lory, Edelmensch und Kampf ums Dasein. Ein Programm. Hannover, Jänecke, 1900. (44 S.)

Die Schrift will eine kulturhistorische Weltanschauung begründen, aber mancher wird dabei an das Gebet gedenken: Herr, schütze mich vor meinen

Freunden! Programme voller Schlagwörter in die Welt zu schleudern statt
durch eigenes Wirken die Ausführbarkeit seiner Gedanken zu zeigen, ist heute
eine Zeitkrankheit, und so trieb es auch den Verfasser zu „programmatischer
Kristallisierung" seiner noch nicht geklärten Ideen. Ihr Kernpunkt ist die
Polemik gegen die naturwissenschaftliche Weltanschauung und ihre Lehre von
einer unablässig fortschreitenden Vervollkommnung. Dagegen bewege sich die
historische Entwickelung in einer Reihe von Kulturkreisen, deren jeder die Tendenz
nach Verwirklichung eines bestimmten Ideals, des Edelmenschen, darstellt. Das
Streben nach diesem Ideal, nicht der Kampf ums Dasein ist der Inhalt der
Menschheitsentwickelung. Zur Gewinnung der rechten Erkenntnis soll die
historische Methode nicht bei der Erforschung des Singulären stehen bleiben,
sondern zur Bildung von Thatsachenkomplexen fortschreiten. Wem diese Gedanken
sympathisch sind, der wird um so mehr den einseitigen Fanatismus der weiter
vom Verfasser gezogenen Konsequenzen bedauern. Das Lebensideal einer Zeit,
die Weltanschauung, wird durch die jeweils führende Wissenschaft bedingt, so
hatten wir eine theologische, philologische, aber noch keine historische. Wie
ihre Vorgängerinnen soll auch sie einzig nur auf der Wissenschaft, der sie
entstammt, sich aufbauen, daher werden alle Versuche, andere Wissenschaften
heranzuziehen, feindselig abgewiesen. Dem erhabenen Gedanken, daß die wahre
Wissenschaft nur eine sei, wird trostlose Zersplitterung vorgezogen. Und in
welcher Form wird diese Polemik geführt! Statt der Klarheit, die vor allem
von einem Programm zu verlangen ist, ein Schwelgen in nebelhaften Vorstellungen, mystischen Andeutungen, barocken Bildern! Mit Mühe vermag man
aus der schwülstigen, mit Fremdwörtern gespickten Ausdrucksweise den Gedankengang herauszulösen. Der Verfasser hat sich in schönem Selbstbewußtsein das
Motto aus Platens verhängnisvoller Gabel gesetzt:

Es verleidet ihm wohl auch ein Freund sein Werk und des Kritikers Laune verneint es,
Und der Pfuscher meint, er könne das auch, doch irrt sich der Gute, so scheint es.

Ein besseres hätte er im Schatz des Rhampsinit gefunden:

Nur stets zu sprechen ohne was zu sagen,
Das war von je der Redner größte Gabe,
Daß sie mir mangelt, laß es mich beklagen.

Magdeburg.   Liebe.

Mitteilungen und Notizen.

Über „Wilhelm Heinrich Riehl" handelt ein ansprechender kleiner Aufsatz von Laura Koepp („Nassovia" 1901, Nr. 11—13). Es liegt der Verfasserin nicht an einer wissenschaftlichen Würdigung, wie sie zuletzt Simonsfeld gegeben hat, vielmehr will sie dem Kulturhistoriker und Novellisten wie dem deutschen Charakterkopf ein einfaches Gedenkblatt aus seiner Heimat widmen.

Zur deutschen Urgeschichte liegen in zwei neuen Bändchen der Sammlung Göschen (Nr. 124 und 126) zwei recht nützliche und empfehlenswerte Beiträge vor. (Leipzig, G. J. Göschen, 1900.) Franz Fuhse behandelt in übersichtlicher und kurzer, aber doch gründlicher Weise „Die deutschen Altertümer". Namentlich der erste Abschnitt: Die vorgeschichtliche Zeit wird den immer wachsenden Kreisen, die sich dafür interessieren, gute Belehrung bieten können. Mancher wird freilich die Dinge mit zu großer Sicherheit vorgetragen finden. Trotz der neueren archäologischen Forschungen sind wir doch noch weit davon entfernt, das alles als gewiß annehmen zu können. Stärker ist dieser notwendige Vorsichtsstandpunkt in dem Büchlein von Rud. Much, Deutsche Stammeskunde, betont. Indessen ist auch hier bei weitem nicht alles so unzweifelhaft, wie es der Verfasser, namentlich im zweiten Abschnitt, vorträgt, wird freilich auch niemals weniger zweifelhaft werden. Zu der umfassenden systematischen Arbeit von Bremer über die Ethnographie der germanischen Stämme befindet sich M. vielfach im Gegensatz.

Die Revue celtique (April 1901) enthält einen Aufsatz von Fr.-P. Garofalo (Sur la population des Gaules au temps de César), der die Aufstellungen Belochs über die Bevölkerungszahl Galliens zu jener Zeit einer Kritik unterzieht.

In dem Journal of Political Economy (Juni 1901) ist die Fortsetzung von A. M. Wergelands Aufsatz: Slavery in Germanic society during the middle ages erschienen.

Von dem kulturgeschichtlich so außerordentlich wertvollen Hortus deliciarum der Äbtissin Herrad von Landsberg, dessen Original bekanntlich bei der Belagerung von Straßburg 1870 verbrannte, wurde seit längerer Zeit eine Neuausgabe nach den früher gelegentlich von Gelehrten und Künstlern angefertigten Kopien seitens der Gesellschaft zur Erhaltung der geschichtlichen Denkmäler im Elsaß geplant und auch hergestellt. Diese Neuausgabe des „Hortus deliciarum" enthält sicher über zwei Drittel des Originalwerkes und zwar in mustergültiger Wiedergabe. Von den wenigen in den Handel gekommenen

Exemplaren hat die Verlagsbuchhandlung von Schlesier & Schweickhardt in Straßburg i. E. den Rest übernommen. Von ihr ist das kostbare Werk für 200 Mk. zu beziehen.

Über „Oswald von Wolkenstein" handelt eine litteraturgeschichtliche Skizze von Otto Ladendorf (Neue Jahrbücher für das klassische Altertum, Geschichte u. s. w., Bd. 7/8). Die litteraturgeschichtliche Würdigung des ritterlichen Sängers, dessen Biographie nach dem vorhandenen reichen Material bereits ziemlich erschöpfend behandelt ist, war das Ziel des Aufsatzes. Nach allen Seiten wird der Dichter charakterisiert, werden seine Dichtungen eingehend und hübsch gewürdigt. Über den Durchschnitt hebt ihn sein starker Subjektivismus. Drei Strömungen streiten sich in seinen Liedern um den Einfluß: Minnesang, Volkslied und Meistergesang. Für uns aber ist besonders wichtig, daß der große Stoffreichtum und die realistische Gestaltung wie die umfassenden Bildungs- und Erfahrungseindrücke, die sich in seinen Gedichten wiederspiegeln, ihn nach Ladendorfs treffenden Worten zu einem der fesselndsten Zeugen mittelalterlichen Lebens machen. Mit Recht wird auf die Notwendigkeit einer neuen kritischen Ausgabe hingewiesen. Zu dem für Oswald vorliegenden biographischen Material weisen wir bei dieser Gelegenheit auf eine Reihe von Briefen an ihn hin, die der Herausgeber dieser Zeitschrift in seinen „Deutschen Privatbriefen des Mittelalters", Bd. 1, veröffentlicht hat.

Von lokalen kulturgeschichtlichen Beiträgen, die sich auf das Mittelalter beziehen, seien erwähnt: L. de Campus, Statuts de la vallée de Barèges XIIIᵉ XVIIIᵉ s. (meist Nahrungs- und Handelspolizei betreffend) (Revue de Gascogne 1901, April/Mai); C. de Borman, Hasselt jadis (interessante sittengeschichtliche Züge aus dem 15. Jahrhundert) (Revue histor. de l'ancien pays de Looz IV, 10/11) und I. B. Milburn Medieval life at Oxford (Dublin Review N. S. 39, July).

Aus den „Mitteilungen des Altertumsvereins zu Plauen i. V.", 14. Jahresschrift, seien einige archivalische Veröffentlichungen von C. v. Raab erwähnt: „Aus einem Amtsrechnungsbuche des Landes zu Plauen vom Jahre 1488—1489", das über die wenig bekannten wirtschaftlichen Verhältnisse des Landes manche Aufschlüsse giebt; „Ein Testament vom Jahre 1681" (auch im engeren Sinne kulturgeschichtlich interessant); „Der Besitz der Wettiner im Vogtlande 1378—1402" (Einnahmeregister, Abrechnungen von Amtsleuten).

Eine über den gewöhnlichen Umfang eines Zeitschriftenbeitrages hinausgehende Abhandlung über „Das Schulwesen im Lande ob der Enns bis zum Ende des 17. Jahrhunderts" enthält der 59. „Jahresbericht des Museum Francisko-Carolinums". Der Verfasser, K. Schiffmann, Weltpriester der Diöcese Linz, macht in diesem „ersten Versuch einer oberösterreichischen Schulgeschichte" auf Vollständigkeit keinen Anspruch. „Die Schulgeschichte soll ferner nur eine Entwickelung dessen zeigen, was wir heute Volksschul- und Gymnasialbildung nennen. Das theologische Fachstudium und die kurze Geschichte des Jesuitenlyceums ist ausgeschaltet. Eine Universität besaß das Land nie." Die außer auf der einschlägigen Litteratur auf archivalischem Material und Inkunabelnstudium beruhende Arbeit verleugnet den kirchlichen Standpunkt

des Verfassers nicht, betont ihn aber durchaus nicht schroff. Besonders anerkennenswert ist der zweite Abschnitt „Zustand der Schulen" (der erste giebt
einen „Nachweis des Bestandes von Schulen"), der streng nach den Quellen
„das innere Gefüge der Schulen, die Lehrer, Schüler, Lehrziele, Lehrfächer
und Lehrweise" schildert.

Das „Helvetia-Heft" der „Mitteilungen der Gesellschaft für deutsche
Erziehungs- und Schulgeschichte" (Jahrgang XI, Heft 3) enthält als Hauptstück „die bernische Schulordnung von 1548", zum erstenmal herausgegeben von Ad. Fluri, der in einer Einleitung auch ein eingehendes Bild
von der Entwickelung der bernischen Schule von der Einführung der Reformation (1528) bis 1543 bietet. J. W. Heß veröffentlicht die „Ordnung der
deutschen Schule zu Barfüßern in Basel 1597."

Das „Braunschweigische Magazin", Bd. VI, enthält einen für die Kenntnis
von Geist und Geschmack der Zeit ergiebigen Beitrag von G. Hassebrauk,
Politischer Volkswitz in Braunschweig um 1600, auf handschriftlichen Quellen und den zahlreichen Streitschriften jener Zeit beruhend. Der
Witz zog namentlich aus den inneren Streitigkeiten und denen zwischen Herzog
und Stadt Nahrung.

In der „Altbayerischen Monatsschrift", Jahrgang 3, Heft 2, beginnt
R. Trautmann eine anziehende Abhandlung: „Aus altbayerischen Stamm-
büchern" zu veröffentlichen. Es ist diese Art von intimen Geschichtsquellen,
die sich auch in Altbayern bis ins 16. Jahrhundert zurückverfolgen lassen, für
jene Gegend bisher noch nicht ausgebeutet worden.

Das in dieser Zeitschrift bereits mehrmals (Bd. 8, 97 u. 462) gewürdigte
„Tagebuch Adam Samuel Hartmanns, Pfarrers zu Lissa i. P., über
seine Kollektenreise durch Deutschland, die Niederlande, England und Frankreich
1657—59", das R. Prümers in der Zeitschrift der Historischen Gesellschaft für
die Provinz Posen, Jahrgang XIV und XV, veröffentlichte, ist jetzt als Buch
erschienen (Posen, E. Schmädicke). Hinzugefügt sind aber Berichtigungen
und Ergänzungen, sowie ein Orts-, Personen- und Sachregister.

In den Procès-verbaux et mémoires der Académie des sciences,
belles-lettres et arts de Besançon Année 1899 (erschienen 1900) veröffentlicht
Léonce Pingaud einen Reisebericht aus dem Jahre 1678, die Franche-
Comté betreffend (Un voyageur en Franche-Comté en 1678). Derselbe
stammt aus einer Handschrift der Kaiserlichen Bibliothek zu Petersburg: Voyage
faict en Franche-Comté, Suisse, pays des Grisons et Italie en l'année
1678; der anonyme Autor giebt keine blendenden, wohl aber genaue und
eingehende Schilderungen.

Zu dem kürzlich in unserer Zeitschrift besprochenen Büchlein von Herm.
Haupt über Senckenberg (vergl. oben S. 121) ist als kleine Ergänzung eine
Notiz desselben Verfassers im Goethe-Jahrbuch, Bd. 22 („Zu Werther")
erschienen, die auf die bisher übersehene, am Werther geübte herbe Kritik
seitens des streitbaren Senckenberg hinweist.

Der Lavaterforscher Heinrich Funck veröffentlicht in der Zeitschrift für
die Geschichte des Oberrheins (S. 264 ff.) neue interessante Tagebuchnotizen des

merkwürdigen Mannes („Lavaters Aufzeichnungen über seinen Aufenthalt in Karlsruhe auf der Rückreise von Ems im Jahre 1774").

Eine interessante „Schattenspiel-Bibliographie", wesentlich türkisch-arabische Litteratur, veröffentlichte G. Jacob (Erlangen, M. Mencke, 1901). Sie ist chronologisch geordnet.

A. Gottschaldt veröffentlicht in den „Mitteilungen des Vereins für Chemnitzer Geschichte" XI allerlei archivalische Beiträge zur Geschichte der Chemnitzer Schützengesellschaft (Aus den Akten der Bruchschützengesellschaft zu Chemnitz).

In dem Archivio storico Italiano Tomo 27, 2 beginnt Clemente Lupi eine sehr eingehende Abhandlung über „la casa Pisana e i suoi annessi nel medio evo" und behandelt im einzelnen zunächst folgende Abschnitte: forma esteriore della casa; il tetto; palchi e solai; ballatoi; le scale; la porta; le finestre; le singole stanze.

Eine Abhandlung von H. Moranvillé, L'inventaire de l'orfévrerie et des joyaux de Louis Ier, duc d'Anjou in der „Bibliothèque de l'école des chartes" 62, 3 betrifft eine umfangreiche, neuerdings von der Bibliothèque nationale erworbene Handschrift. Die Auszüge aus derselben sind recht interessant und beweisen die vielseitige Bedeutung des überaus genau beschreibenden Inventars.

Das Bulletin de la société archéologique du midi de la France bringt vielfach kleinere kulturgeschichtliche Quellenbeiträge. Aus Nr. 25 erwähnen wir: Galabert, Livre de raison d'un seigneur de Villeneuve-lès-Lavaur 1522—25 (extraits); aus Nr. 25/6: Derselbe, Inventaire de la maison curiale de la Crousille en 1459; aus Nr. 26: J. de Lahondais, Le journal d'un curé de Mas-Cabardès (1595—1653). Dieselbe Nummer enthält auch einen merkwürdigen sittengeschichtlichen Beitrag von Doublet: Le jeu de la Méduse en Provence, der eine pikante Affaire schildert, in der jenes Spiel, das im 17. Jahrhundert in der Provence verbreitet war, erwähnt wird.

Zu den in Frankreich neuerdings vielfach veröffentlichten Livres de raison fügt E. Forestié ein neues in dem Bulletin de la Société archéologique de Tarn-et-Garonne 1900, 4 (Un petit livre de raison du 16e siècle) hinzu.

Der 28. Jahresbericht des Altmärkischen Vereins für vaterländische Geschichte enthält u. a. einen Abdruck der „lange vermißten" „Tangermünder Gildebriefe" von W. Zahn. Es sind nur Kopien, die im städtischen Archiv aufbewahrt wurden, aber ohne Zweifel zuverlässige.

Zur Geschichte des Handels liegen eine ganze Reihe kleinerer Veröffentlichungen vor, die das auch sonst hervortretende Interesse an diesem Gebiet bestätigen. In frühe Zeiten führt Höfers Aufsatz im Globus (80, 17) „Der römische Handel mit Nordeuropa". E. Walter behandelt den „Arabischen Tauschhandel in Norddeutschland zur Zeit des 9.—12. Jahrhunderts" (Ver. d. Gesellsch. f. Völker- und Erdkunde zu Stettin für 1897/8 und 1898/9). Sehr beachtenswert ist sodann K. Häblers Beitrag in den Württembergischen Viertel-

jahrsheften für Landesgeschichte, N. F. 10,³/₄: „Das Zollbuch der Deutschen
in Barcelona (1425—1440) und der deutsche Handel mit Katalonien bis
zum Ausgang des 16. Jahrhunderts." In einer bereits älteren Nummer der
Revue de Paris (1900. 15. juin) handelt André A. Sayous (La bourse
d'Amsterdam au 17ᵉ s.) über die Amsterdamer Börse nach der „Confusion de Confusiones" des spanischen, nach Holland geflüchteten Juden
Joseph Penso de la Vega. Die deutsche Revue (August 1901) bringt einen
Aufsatz von H. Schelenz, kaufmännische Warenkunde des 17. Jahrhunderts. Auf den verdienten Marperger bezieht sich Bruno Ziegers Aufsatz: „Ein sächsischer Merkantilist über kaufmännische Bildungs-
anstalten" (Handels-Akademie, 8. Jahrgang, Heft 3), auf J. G. Leib desselben Aufsatz: Vorschlag zur Eröffnung einer Manufaktur-Akademie
aus dem 18. Jahrhundert (Ebenda 7. Jahrgang, Heft 49), auf Bürmann desselben Aufsatz: Eine Großherzoglich Badische Handelsakademie
(Zeitschr. f. das gesamte kaufm. Unterrichtswesen IV). Von Zieger ist jetzt
auch der II. Teil seiner „Litteratur über das gesamte kaufmännische
Unterrichtswesen und die kaufmännischen Unterrichtsbücher" erschienen
(Leipzig, B. G. Teubner).

Theodor Schwedes, der Entdecker des Leichensteins von
Dr. Eisenbart. Dr. A. Kopp spricht in seiner Arbeit: „Eisenbart im Leben
und im Liede" (Beiträge zur Kulturgeschichte; Ergänzungshefte zur Zeitschr. für
Kulturgeschichte. 3. Heft, 1900) davon, daß Lotze die Auffindung des Leichensteins von Eisenbart beansprucht (S. 54), jedoch mit Unrecht; denn in dem
im Jahre 1899 im Verlage von J. F. Bergmann erschienenen Buche: „Theodor
Schwedes. Leben und Wirken eines kurhessischen Staatsmannes von 1788 bis
1882. Nach Briefen und Aufzeichnungen dargestellt von Auguste Schwedes"
heißt es, daß Schwedes Anno 1837 beauftragt war, die Arbeiten bei der Weser-
schiffahrts-Kommission für Hessen und Detmold zu übernehmen. Dadurch
war er genötigt, mehrere Wochen in Hannoversch-Münden zuzubringen. Damals
entdeckte Schwedes den Grabstein des „Dr. Eisenbarth", wovon man in Münden
nichts wußte. Als später die Photographie erfunden war, wurde der Stein
photographiert. Vgl. Hannoversche Geschichtsblätter, Jahrgang I, Nr. 43,
und meine Notiz ebendaselbst, Jahrgang III, Nr. 2, S. 15. (Erich Ebstein,
Göttingen.)

Neue Bücher: H. R. Hall, The oldest civilisation of Greece. Studies of
the Mycenaean Age. Lond. (382 p.). — Arthur J. Evans, The Mycenaean
Tree and Pillar cult and its mediterranean Relations. Lond. (120 p.) —
A. H. J. Greenidge, Roman public life. London (504 p.). — L. Fried-
länder, Darstellungen aus der Sittengesch. Roms. 7. Aufl., Lf. 1. Leipz.
— G. Liebe, Sociale Studien aus deutscher Vergangenheit. Jena
(VII, 119 S.). — K. Lamprecht, Deutsche Geschichte. 1. Ergänzungs-
band. Zur jüngsten deutschen Vergangenheit. Berlin (XXIII, 471 S.).

Acta borussica. Denkmäler der preuss. Staatsverwalt. im 18. Jh.
VI, 1. O. Hintze, Einleit. Darstellung der Behördenorganisation u. allgem.
Verwaltung in Preussen beim Regierungsantritt Friedrichs II. VI, 2.

Akten vom 31. V. 1740 bis Ende 1745, bearb. von G. Schmoller u. O.
Hintze. Berlin (17, 639; 1013 S.). — Veröffentlichungen d. histor. Kom-
mission f. Westfalen. Rechtsquellen. Westfäl. Stadtrechte I. 1. Heft:
Lippstadt, bearb. v. A. Overmann. Münster (VIII, 111, 150 S.). — E.
Carlebach, Die rechtl. u. sozial. Verhältnisse der jüdischen Gemeinden
Speyer, Worms und Mainz von ihren Anfängen b. z. Mitte d. 14. Jh.
Frkft. a. M. (90 S.). — A. Franklin, La vie privée d'autrefois. Arts et
métiers, modes, mœurs, usages des Parisiens du 12e au 18e s. (Vol. 23.)
Variétés Parisiennes. Paris (XIV, 335 p.). — R. Davidsohn, Forschungen
z. Gesch. v. Florenz III. (13. u. 14. Jh.) I. Regesten unedierter Ur-
kunden z. Gesch. v. Handel, Gewerbe u. Zunftwesen. II. Die Schwarzen
und die Weissen. Berlin (XVIII, 339 S.). — E. Eggleston, The transit
of civilisation from England to America in the 17th century. Lond.
(354 p.). — J. Avery, History of the town of Ledyard 1650—1900. Norwich
(Connect.). (334 p.). — J. B. Crozier, History of Intellectual Development
on the Lines of modern evolution. Vol. 3. Lond. (372 p.). — G. Bauch.
Deutsche Scholaren in Krakau i. d. Z. d. Renaissance 1460—1520.
Breslau (80 S.). — G. Göbel, Anfänge der Aufklärung in Altbayern.
Kirchheimbolanden (IX, 136 S.). — J. R. Robertson, The history of
Freemasonry in Canada from its introduction in 1749. 2 vols. Lond. —
H. Gloël, Die Familiennamen Wesels. Beitrag zur Namenkunde d.
Niederrheins. Wesel (XII, 150 S.). — H. Pusch, Vom Hausstand und
Haushalt einer Thüringer Bürgerfamilie i. 16. Jh. (Bürgermeist. Jacob
Keltz in Saalfeld.) Progr. Meiningen. Realgymn. 40 S.) — B. Imen-
dörffer, Speise und Trank im deutschen M.-A. (Samml. gemeinnütz.
Vortr. 277.) Prag (14 S.). — Sauzey, Iconographie du costume mili-
taire de la révolution et de l'empire. Paris (VIII, 472 p.). — Cabris,
Le costume de la Parisienne au 19e s. Paris (299 p.). — J. J. Jusse-
rand, Les sports et jeux d'exercice dans l'ancienne France. Paris
(479 p.). — W. B. Boulton, The amusements of Old London. Being
a Survey of the Sport and Pastimes, Tea Gardens and Parks, Play-
houses, and other Diversions of the people of London from the 17th
to the beginning of the 19th Cent. 2 vols. London (288, 276 p.). — Th.
Knapp, Der Bauer im heutig. Württemberg nach sein. Rechtsverhält-
nissen vom 16. bis ins 19. Jh. (Württemb. Neujahrsbll., N. F. 7). Stuttg.
(104 S.). — A. Mell, Die Anfänge der Bauernbefreiung in Steiermark unter
Maria Theresia und Josef II. (Forsch. zur Verfass.- und Verwaltungsgesch.
d. Steiermark V, 1.) Graz (XI, 243 S.). — P. Weise, Beiträge zur
Gesch. d. röm. Weinbaues in Gallien und an der Mosel. Progr. Hamburg.
Realg. d. Johanneums (38 S.). — C. Barrière-Flavy, Les arts in-
dustriels de la Gaule du Ve au VIIIe s. T. 1. (Étude archéol. hist. et
géogr.) T. 2. (Répertoire général des stations barbares de la Gaule.) T. 3.
(Planches et Légendes). Paris (XXII, 500; VIII, 321; 19 p. et LXXXI pl.).
— Conr. Matschoss, Gesch. der Dampfmaschine. Ihre kulturelle
Bedeutung, techn. Entwickl. u. ihre grossen Männer. Berlin (XII. 451 S.).
— P. Huber, Der Haushalt der Stadt Hildesheim am Ende d. 14. u.

i. d. 1. Hälfte des 15. Jh. (Volkswirtsch. u. Wirtschaftsgesch. Abhandl. 1.)
Leipzig (VII, 148 S.). — Registre-Journal de Pierre de l'Estoile (1574—89).
Notice et Extraits inédits d'un nouveau manuscrit cons. à la Bibl. Nation.
p. p. H. Omont. (MémSocHist.Paris, T. 27.) — R. Mayr, Lehrbuch
der Handelsgeschichte auf Grundlage der Social- und Wirtschaftsgeschichte. 2. umgearb. Aufl. Wien (IV, 274 S.) — E. Speck,
Handelsgeschichte des Altertums. II. Die Griechen. Leipz. (VIII,
582 S.). — J. H. de Stoppelaar, Balthasar de Moucheron. Een bladzijde
uit de Nederlandsche handelsgeschiedenis tijdens den tachtigjarigen
oorlog. s'Gravenhage (230, 101 bl., 1 facs.). — H. P. Biggar, Early
trading companies of New France: a contribution to the history of
commerce and discovery in North America. Boston (310 p.). — J. E. Le
Rossignol, Monopolies past and present. New York (257 p.) —
G. Des Marez, La lettre de foire à Ypres au 13e s., contribution à
l'étude des papiers de crédit. Bruxelles (292 p.). - L. Bellone, La
carrozza nella storia della locomozione. Milano (VIII, 270 p., 41 tav.).
- Itinéraire de Jérôme Maurand d'Antibes à Constantinople (1544). Texte
italien p. p. l. prem. fois avec une introduction et une traduction p.
L. Dorez. Paris (LVII, 384 p.). - M. Baudouin, Les femmes médecins.
T. I. Femmes médecins d'autrefois. Paris (XII. 268 p.). — H. Magnus,
Die Augenheilkunde der Alten. Breslau (XVIII, 691 S., 7 Taf.). —
J. Bloch, Der Ursprung der Syphilis. Eine medicin. u. kulturgesch.
Untersuch. I. Jena (XIV, 313 S.). — Statuts d'hôtels-Dieu et de léproseries.
Recueil de textes du 12e au 14e s. p. p. Léon Le Grand (Collection de
textes p. s. à l'étude de l'hist. 32). Paris (XXIX. 287 p.). — W. A.
Penn, The soverane herbe. A history of tobacco. London (336 p.).

Die Pfalbürger.

Von Max Georg Schmidt.

Zweck der vorliegenden Untersuchung ist es, die Frage des Pfalbürgertums einer erneuten Prüfung zu unterziehen. Mit Recht hält Schmoller diese Einrichtung für „eine der wichtigsten und eigentümlichsten Erscheinungen des mittelalterlichen Städtewesens und seiner Verfassungsgeschichte", aber trotz der außerordentlich vielblättrigen Litteratur über diesen Gegenstand sind die Ansichten über das Wesen des Pfalbürgertums namentlich in seinen Beziehungen zum Ausbürgertum noch wenig geklärt. Diese merkwürdige Einrichtung hatte ja ihren Hauptsitz nach der Goldenen Bulle[1]) König Sigmunds vom Jahre 1431 im Lande Schwaben, nach einem Erlaß[2]) Karls IV. vom Jahre 1372 im Lande Elsaß und nach dem Wortlaut der Goldenen Bulle vom Jahre 1356 „in partibus Alamanniae", also zusammengefaßt in demjenigen Teile unseres Vaterlandes, welches man gewöhnlich „das Reich" zu bezeichnen pflegte. Auf Veranlassung des Herrn Professor von Below, dem ich auch an dieser Stelle für seine mir mannigfach gewährte Unterstützung verbindlichsten Dank abstatte, habe ich die für diese Gegend ja besonders zahlreich vorliegenden Urkundenbücher und die Reichstagsakten einer Durchsicht unterzogen und glaube auf Grund des gefundenen Materials in der Lage zu sein, eine von den bisherigen Ansichten mannigfach abweichende Auffassung des Pfalbürgertums begründen zu können.

Der Name „Pfalbürger" wird, soweit ich das Quellenmaterial übersehe, urkundlich zum ersten Male in dem fürstenfreundlichen Wormser Statut König Heinrichs vom 1. Mai 1231 erwähnt. Darin lautet § 10: „item cives, qui phalburgere dicuntur, penitus deponantur."[3]) Die kurze und knappe Fassung dieses

---

[1]) Rta. IX. 429.   [2]) Straßb. U.-B. V. Nr. 1045.
[3]) Keutgen, Nr. 121.

Verbots bietet für eine Begriffsbestimmung keinerlei Anhalt. Man darf daher annehmen, daß das Wort damals schon für jedermann verständlich war und ein bereits allgemein bekanntes Verhältnis bezeichnete. Wir dürfen daher folgern, daß die Wurzeln des Pfal-bürgertums noch in ältere Zeiten, etwa bis an den Anfang des 13. Jahrhunderts hinaufreichen. Im Mai 1232 bestätigte Kaiser Friedrich II. die Wormser Erlasse seines Sohnes, ohne dem Ver-bot der Pfalbürger ein weiteres Wort der Erklärung hinzuzufügen: „cives, qui phalburgere dicuntur, penitus ejiciantur."[1]) In ähn-lich knapper Form sind andere reichsgesetzliche Pfalbürgerverbote des 13. Jahrhunderts abgefaßt. § 9 der 1235 auf dem großen Mainzer Reichstag erlassenen constitutio pacis[2]) besagt: „precipimus, ut phalburgari in omnibus civitatibus tam in nostris quam aliorum cessent et removeantur omnino." Wir erfahren also daraus, daß nicht nur die Reichsstädte, sondern auch die Landstädte im Besitze solcher Pfalbürger waren. Der Abschied des von Rudolf von Habsburg 1274 zu Nürnberg abgehaltenen Reichstags enthält zum Schluß die Bestimmung[3]): item statuit, quod in nulla civitate imperii debeant esse cives, qui phalburger vulgariter appellantur." Im Jahre 1281 errichtete König Rudolf im Juli-August einen Landfrieden für Franken und im Dezember für die Rheinlande. Beiden Urkunden wurde der Mainzer Landfriede Friedrichs II. zu Grunde gelegt, und dementsprechend lautete § 6 derselben[4]): „Wir sezen und gepieten, daz man die falborgere allenthalben laze. Wir willen in unsen steten nekeinen haben" und[5]): „Wi setten ande gebieten, dat man palborgere allen halven late; wi willen och in unsen steden necheinen hebben." Der Würz-burger Landfriede[6]) Rudolfs vom Jahre 1287 und die Land-friedensbündnisse[7]) Adolfs von Nassau vom Jahre 1291 und 1292 enthalten auch nur die wortgetreue Wiederholung jenes Verbots.

Die lakonische Fassung dieser Bestimmungen läßt, wie gesagt, keine positive Begriffsbestimmung des Wortes zu, immerhin ermög-lichen uns aber die oben erwähnten Gesetze wenigstens in negativer Beziehung einige Schlüsse zu ziehen. Der weitere Wortlaut der-

---

[1]) M. G. Lg. II. S. 292.   [2]) Keutgen, Nr. 122.
[3]) M. G. Lg. II. S. 401.   [4]) M. G. Lg. II. S. 437.
[5]) M. G. Lg. II. S. 430 ff.   [6]) M. G. Lg. II. S. 449.
[7]) M. G. Lg. S. 459 und 481.

selben unterſagt nämlich den Städten die Aufnahme von „homines
proprii principum, nobilium, ministerialium, ecclesiarum", ferner
die Aufnahme eines „terrae damnosus vel a judice dampnatus
vel proscriptus." Da dieſe weiteren Beſtimmungen ganz ſelbſtändig,
ohne jede nähere Beziehung zu dem Vorhergehenden Aufnahme
gefunden haben, ſo können dieſe im folgenden aufgezählten Perſonen
keine näher ſpezifizierten Gruppen der Pfalbürger bilden.

Wir dürfen alſo behaupten: Im erſten Drittel des 13. Jahr=
hunderts gab es außer den Eigenleuten der Fürſten und Herren,
den Verurteilten, den Friedensbrechern und Geächteten, welche alle
in der Stadtluft die Freiheit zu erringen hofften, eine nicht näher
bezeichnete Klaſſe von Pfalbürgern. Das Vorhandenſein derſelben war
Fürſten und Herren derartig unbequem, daß ſie auf allen Reichs=
tagen immer von neuem ihre Abſchaffung forderten, während ſie
offenbar den Städten wichtig genug ſchienen, um ſich trotz aller
Reichsverbote im Beſitze derſelben zu behaupten.

Auch in den Reichsgeſetzen der ſpäteren Zeit kommen derartig
kurzgefaßte Pfalbürgerverbote häufig vor. König Ruprechts Land=
friede[1]) für die Wetterau vom 16. Juni 1405 beſtimmt im
Artikel 40: „Auch ſollen alle und igliche pfaleburger, wer die hette,
genzlich abeſin und ſol auch die furbaz nieman haben noch enphahen."
Der im Jahre 1407 für Franken erlaſſene Landfriede[2]) enthält
dieſelbe Verordnung. König Sigmund ſetzt im Artikel 42 des
Nürnberger Landfriedens vom Jahre 1414 feſt[3]): „Auch ſollen alle
und igliche pfaleburger, wer die hette, genzlich abeſin und ſol auch
die furbaz nieman haben noch enpfahen." Schließlich verordnet der
Landfriede von Eger im Jahre 1389 in Artikel 37: „Ouch ſollen
alle und igliche pfalburgere, wer die hette, genzlichen abeſin und
furbas nyemand haben noch empfahen." Auch in Verträgen
zwiſchen Städten und Herren begnügt man ſich meiſt mit dieſer
bündigen Ausdrucksweiſe. 1313 ſchließt Pfalzgraf Rudolf mit der
Stadt Speyer ein Bündnis, worin man ſich verpflichtet[4]): „Wir
ſollent ouch in beholfen ſin ane geverde, das die phalburgere
abegent." Die Heidelberger Stallung vom 26. Juli 1384, zwiſchen
rheiniſch-ſchwäbiſchem Städtebund und der Fürſtenpartei geſchloſſen,
beſtimmt[5]): „auch ſoll yetweder furgenante teil keinen pfalburger

---

[1]) Rta. V. 438.   [2]) Rta. V. 429.   [3]) Rta. VII. 147.
[4]) U.=B. v. Speyer, Nr. 278.   [5]) Rta. I. 246, S. 438.

ynnemen noch emphaen als lange die egenannte stallunge weret an alles geverde." Der Fürsten- und Städtetag zu Mergentheim 1386 wiederholt diese Abmachung[1]): „auch sollent alle pfalburger von beiden siyten, die in der obengenanten eynunge, die zu Heidilberg ist gemacht, empfangen weren, gentzeliche abe und ledig sin, als dieselbe eynunge daz ußwiset." Ähnlich enthält schließlich noch das Stadtrecht von Miltenberg die Bestimmung[2]): „auch sal diese stat keinen pfalburger ufnemen oder halben, alsdann die gulden bulle, die unser gnediger herre von Mencze innehat, clerlichen ußwiset."

Alle diese Stellen bieten zur Erklärung des Wortes „Pfalbürger" keine weitere Handhabe, sie sind aber doch insofern von Wichtigkeit, als aus ihnen hervorgeht, daß der Begriff Pfalbürger im 13. und 14. Jahrhundert ein unbedingt feststehender und allgemein anerkannter war. Andernfalls hätte man doch, bei der Wichtigkeit, die man diesen Verboten beilegte, den Begriff noch genauer präzisiert.

Stellen wir nun eine Reihe von Urkunden zusammen, in denen sich irgendwelche Anhaltspunkte für eine nähere Erklärung des Wortes finden.

Ein im Jahre 1395 von schwäbischen Städten geschlossener Landfriedensbund[3]) enthält die Bestimmung: „daz dehain stat under uns kainen pfaulburger von gebursluten nicht ynnemen noch entphahen" soll. Ein ähnlicher im Herbst 1389 geschlossener Bündnisvertrag von Reichsstädten besagt: „das dehain stat under uns dehainen pfaulburger weder frowen noch man von gebursluten weder enphahen noch haben sol in dehain weg."

Wir erfahren also daraus, daß die Pfalbürger der Städte sich offenbar zum größeren Teile aus dem Bauernstande rekrutierten und dem männlichen ebenso wie dem weiblichen Geschlechte angehörten. Da die „geburen" aber nun überwiegend Dorfbewohner waren, ist der Schluß nicht unberechtigt, daß der Pfalbürger seinen Wohnsitz gar nicht in der betreffenden Stadt, sondern in irgend einem der umliegenden Dörfer hatte. Diese Annahme finden wir durch eine große Zahl von Urkunden bestätigt.

---

[1]) Rta. I. 289.   [2]) Deutsche Städtechroniken 18, S. 236.
[3]) Rta. II. 145.

In dem Nürnberger Reichstagsabschied[1]) Albrechts I. vom
Sommer 1303 heißt es: „Wir gepieten auch daz man die pfal=
burger allenthalben laß; wir wollen in unsern steten ihr keinen
haben. Umb davon setzen wir und gepieten, wer ain purger well
sein und purgerrecht well haben, daß der summer und winter
pawlich und hablich in der stat seye oder man sol in nicht für
ein purger haben.“

Ähnlich erläßt im Jahre 1342 Kaiser Ludwig im Interesse
des Bischofs von Straßburg an den Landvogt im Elsaß den Befehl,[2])
die Städte zu überwachen „die bei in in iren steten nicht sitzzen,
das sie nu die sullen lazzen varn und sein lut ze pfalburgern
furdas niht enpfahen“. Auch die Goldene Bulle Karls IV. ver=
bietet die Pfalbürger „nisi ad hujusmodi civitates corporaliter
et realiter transeuntes ibique larem foventes continue et vere
ac non ficte residentiam facientes debita onera et municipalia
subeant munera in eisdem.“ Wenn schließlich König Sigmund
1431 auf dem Nürnberger Reichstag öffentlich aussprach[3]): „daz
dehain statt burger habe anders denne die mit irem aigen rouch
husehablich in den stetten sien“, so hatte er damit offenbar die
Pfalbürger im Sinn.

Doch nicht nur in Reichsgesetzen und kaiserlichen Mandaten,
sondern auch in Vergleichen und Einungen findet sich diese
Charakterisierung der Pfalbürger. In den Wormser Bundesartikeln
vom 6. Oktober 1254, welche dem großen rheinischen Städtebund
seine eigentliche Organisation brachte, lautet § 14[4]): „item inhibitum
est, quod nulla civitatum sibi assumat cives non residentes,
quod vulgo appellatur paleburger.“

Auch 1446 wird von schwäbischen Reichsstädten der Vertrag
geschlossen,[5]) „daz dehain stat keinen Pfalburger von Gebursluten
niht innemen noch empfohen sol, denne die sich huß und hebelich
zu in in die Stette setzen und ziehen.“

Ähnlich bedingt sich der Herzog Lupold von Österreich im März
1313 aus,[6]) daß kein Mann, der uns, dem Herzoge gehört, „in

---

[1]) M.G.Lg. II. S. 482 und Neue S. der R. I. S. 39. Eine gleiche
Bestimmung siehe in Straßb. U.=B. I. 2, Nr. 284.

[2]) Str. U.=B. V. Nr. 112.   [3]) Rta. IX. Nr. 394.

[4]) M.G.Lg. II. S. 369.   [5]) Wencker, Suppl. de ussb. S. 209.

[6]) Wencker, de ussb. S. 187.

der ſtatt zu Rappolswiler zu einem Geſaſſen oder zu einem Pfalburger empfangen ſull".

Schließlich werden auch in Privilegien der Herrſcher für Städte oder Ritter die Pfalbürger als „cives non residentes" gekennzeichnet. So beſtimmt ein Privileg Heinrichs VII. für den Biſchof von Straßburg vom Jahre 1308,[1]) daß niemand aufgenommen werden ſoll „in cives seu burgenses, qui Pfalburger vulgariter nuncupantur, receptio talium non valeat....., nisi in eisdem locis, sicut veri cives seu burgenses facere solent et debent, residentiam continuam faciant mansionem."

Ludwig der Baier verordnet in dem Freiheitsbrief[2]) für Worms im Jahre 1315: „Wer niht buliche unde hebeliche ſitzet in ſteten ſtebecliche, daz nieman den ſol vur ein burger haben oder verantwurten" (eine Beſtimmung, die ſich doch offenbar auf die Pfalbürger bezieht, wenn auch der Name derſelben nicht ausdrücklich genannt iſt.[3]) 1334 erließ er für die Brüder von Ochſenſtein das Privileg, daß es gegen ſeinen Willen ſei, daß die Reichsſtadt Landau ihre Angehörigen zu Pfalbürgern annehme, weil ſie nicht als ſeßhafte Bürger damit aufgenommen ſeien, ſondern ſich außerhalb der Stadt aufhielten.[4]) Auch Karl IV. verbietet im Jahre 1373 in einem Privileg für den Straßburger Biſchof die Aufnahme von „cives, qui vulgariter phalburger nuncupantur, nisi tales ita recepti in eisdem lovis absque dolo et sicut veri civis, priusquam recepti fuerint, residentiam faciant et continuam mansionem[5])." Wenn derſelbe Herrſcher daun der Stadt Eßlingen die Erlaubnis erteilt, „daß ir von nuwens ieclichen ze burgern entphaen moget, alſo daz der.... zu Eſſelingen inne wonen ſal und ſture dienſt und alle ander ſache bun als auber ingeſeſſen burgere,[6]) ſo richtet ſich dies Privileg im Grunde genommen ebenſo gegen die Pfalbürger, wie das Privileg[7]) des Landesherrn von Berg für die Stadt Solingen vom Jahre 1374, daß die Bürger „nemanne vur iren burger

---

[1]) Schoepflin, Als. dipl. II. S. 88.

[2]) U.-B. von Worms II. Nr. 1315.

[3]) Übrigens erließ er für Speyer dieſelbe Beſtimmung; vgl. Lehmann, Speyrer Chronik S. 665.

[4]) Lehmann, Grafſchaft Hanau II. S. 39.　　　[5]) Straßb. U.-B. V. 1072.

[6]) Eßl. U.-B. Nr. 1015.

[7]) Lacomblet, U.-B. III. Nr. 189; vgl. auch v. Below, Geſchichte der direkten Staatsſteuern.

verantworden, hei en fi mit in zo Solingen wonechtich inb bairbinnen
gefeffen" oder wie die Bestimmung des Bürgerbuchs von Freiburg
in der Schweiz: „condicionatum fuit in ipsa burgensia, quod
quotiens non fecerit residentiam personalem in villa Friburgi
absque dolo, quod ipso eo tunc extra villam praedictam
residente, dicta villa causa dicte burgensie eo tunc in actibus
suis intromittere non tenebitur."[1]

Aus allen diesen Urkunden spricht dieselbe Idee des Pfalbürgertums. Es find nicht Leute, welche aus irgend einem Grunde
ihren Wohnsitz auf dem Lande im Stich gelassen und sich in der
Stadt niedergelassen haben, sondern es sind Ausbürger, cives
non residentes, Leute, die mit Weib und Kind und ihrem
gesamten Haushalt auf dem Lande wohnen bleiben, aber doch mit
der Stadt, wie schon der Name Pfalbürger sagt, in nahen Beziehungen stehen. Infolgedessen sind sie von den eigentlichen Stadtbürgern wohl zu unterscheiden. Denn nach der alten Stadtmark-
verfassung mußte jeder Fremde, der als Bürger aufgenommen
werden wollte, in der Stadtmark selbst wohnen und dort seinen
eigenen Rauch d. h. seinen eigenen selbständigen Haushalt haben.[2]
Nur ausnahmsweise wurde den Stadtbürgern erlaubt, außerhalb
der Stadtmark zu wohnen. Als der Bürger Johann Wolf von
Güls im Jahre 1360 wegen Krankheit seiner Frau unter Beibehaltung seines Bürgerrechts mit seiner Familie und seinem
Gesinde in Güls wohnen wollte, bedurfte er dazu der Genehmigung
des Koblenzer Rats, die ihm aus besonderer Gnade als Ausnahme
vom bestehenden Rechte gewährt wird.[3] Im Gegensatz zu solchen
städtischen Vollbürgern waren die Pfalbürger also Dorfbewohner,
welche unter Beibehaltung ihres Wohnsitzes auf dem Lande städtisches
Bürgerrecht erlangten. Reichsgesetze wie Verträge wollen nun diese
Einrichtung unterbinden; sie verlangen, daß der Pfalbürger entweder
mit Hab und Gut seinen Wohnsitz in die Stadt verlegt oder auf
das städtische Bürgerrecht verzichtet.

Das empfand man in den Städten gewiß als eine sehr
drückende Maßregel und die häufig wiederkehrenden Verbote beweisen,
wie wenig man sich städtischerseits um diese zu kümmern pflegte.

---

[1] Mone, Zeitschr. XV. S. 195.
[2] Vgl. Maurer, Geschichte der Städteverfassung II. S. 197.
[3] Baer, Urk. u. Akten zur Gesch. d. Stadt Koblenz S. 128 u. 139.

Vielfach mochte es auch beim beften Willen nicht möglich fein, dem
Gefet nachzukommen und fich fo ohne weiteres „hußlich und heblich"
in der Stadt niederzulaffen. In jener Zeit der Naturalwirtfchaft,
wo fich der Kauf meift nur auf dem Wege der Leiftung von
Naturalerzeugniffen bewegte, konnte man Haus und Hof nicht fo
schnell veräußern und in die Stadt ziehen. Das mußte offenbar
doch aber gefchehen; denn in der Stadt fich niederzulaffen und
von hier aus die Güter auf dem Lande zu beftellen, war ficherlich
nur unter fchwierigen Verhältniffen durchführbar. Infolgedeffen
wurde in vielen Verträgen und Gefetzen eine beftimmte Frift gefetzt,
innerhalb deren die Pfalbürger ihre Entfchließungen und ent-
fprechenden Maßnahmen treffen konnten. So heißt es im Eßlinger
Reichstagsabfchied[1]) von 1333: „daß man keinen Pfalbürger nehme,
fy wollen daun gefeffen Burgere in den fteten fein am Gewerbe;
were aber, das ir vor yeman zu Palburgern enphangen oder
genomen hettet, mit den follet ir fchaffen, das fie hie zwufchen
und Sant Gallen Tag, der fchyerft kommet, by uch fedelhaft
werden als recht Burgere." Ähnlich beftimmt Ludwig der Baier
1341 in einem Mandat[2]) zu Frankfurt, daß alle Pfalbürger im
Reich abgefchafft werden, „alfo das wir nicht enwollen, daz furbaz
an keiner ftab mer pholburger fin fullent und fullen auch alle abe
genomen werden hy zufchen und fant Jacobis tag, der
fchirft komet." In einem Vertrag fchließlich zwifchen den Herren
von Falkenstein, von Hanau und von Eppftein mit den vier Reichs-
ftädten der Wetterau vom 21. Dezember 1346 heißt es: „Auch ift
gered umb die pholburger, die jetzund in den fteden burger fint,
das die eynen berad fullen haden zufchen hy und unfir frawen
tage lichtmefze, nu neyft komet. williche alfo in den fteden
gefefzin burger wollint blyben, das fich die hybinne in die ftede
fullint fetzen und burger darinne fin; den wir by uns den fteden
blyben will und by uns den fteden burger fin adir werden wyl,
der fal mit wybe und mit kiuden by uns fitzen und wonen."
   Viele Landleute mochten aber weder Luft noch Neigung haden,
fo vollftändig ihre Landwirtfchaft aufzugeben. Auch aus diefem
Grunde mag die Durchführung der Pfalbürgerverbote auf Widerftand geftoßen haben. Deshalb gewährte man den Pfalbürgern

---

[1]) Neue Sammlung der Reichstagsabfchiede S. 43.
[2]) Böhmer, Frankfurter U.-B. 1. S. 572 f.

auch wohl einige Erleichterungen, welche ihnen den Wohnsitz in
der Stadt und trotzdem auch die Bebauung ihrer Ländereien und
damit die Beibehaltung ihrer seitherigen Wirtschaft gestatten sollten.
So wurde auf der Mainzer Versammlung[1] des rheinischen Städte-
buudes am 29. Juni 1255 von Herren und Städten beschlossen:
„item deposuimus ibidem cives, qui dicuntur paleburger,
totaliter et de pleno, ita quidem de cetero nulla civitatum
tales habebit et recipiet. Illi vero, quos recepimus et recep-
turi sumus, residebunt nobiscum una cum uxoribus et familia
ipsorum cotidie per totum annum, excepto tamen, quod temporibus messium exibunt una cum uxoribus suis ad rus pro
colligenda annona in vigilia sanctae Margaretae et non rever-
tentur usque in diem Laurentii. Ita tamen, quod medio
tempore relinquant in domibus suis familiam competentem,
neque carebunt domus eorum igne et fumo et erunt aperte,
secundum consuetudinem domorum, quae inhabitantur. Item
tempore autumnali in die sancti Mauritii poterunt exire ad
rus similiter per tres septimanas vinum suum congregando,
domibus eorum, sicut est praehabitum, procuratis.“ Während man
also (wie vorher erwähnt) noch im Jahre 1254 die Abschaffung des
Pfalbürgertums kurzer Hand bestimmt hatte, sieht man sich schon ein
Jahr darauf im rheinischen Bund zur Abänderung des vorjährigen
Beschlusses genötigt. Die Bauern sollen nun mit ihrem gesamten
Haushalt das ganze Jahr hindurch in der Stadt wie die übrigen Bürger
wohnen. Nur vom 12. Juli bis 10. August dürfen sie mit ihrer
Familie auf die Landgüter zur Kornernte gehen und ebenso zur
Zeit der Weinlese vom 22. September an auf drei Wochen. Doch
soll während der Zeit ihrer Abwesenheit in ihrem Haus in der
Stadt ein ausreichendes Gesinde zurückbleiben, Feuer und Rauch
soll nicht erlöschen und die Häuser sollen, wie bewohnte Häuser
pflegen, offenstehen. Auf diesem Wege also, der das wirtschaftliche
Interesse der Pfalbürger doch einigermaßen berücksichtigte, suchte
man das Unwesen zu hintertreiben und aus den „cives non
residentes“ „veri cives“, wirklich angesessene Stadtbürger zu
machen. Immerhin konnten aber auch diesen Bestimmungen nur
wohlhabende Leute nachkommen. Denn der Landbewohner mußte

---

[1] Keutgen 124. III. 2.

jetzt ein Haus in der Stadt käuflich erwerben und während der
Erntezeit einen doppelten Haushalt führen. Dazu kam, daß er
nur etwa drei Monate lang die Aufsicht über seine Gutsverwaltung
persönlich ausüben konnte, für die ganze übrige Zeit des Jahres
aber dieselbe einem Verwandten oder Verwalter anvertrauen mußte,
was genug Unzuträglichkeiten mit sich bringen mochte. Sehr
bezeichnend ist die Antwort[1]) von Straßburger Pfalbürgern im
Dorfe Versch auf die Klagen des Domkapitels, daß sie jahraus
jahrein nicht in die Stadt zögen: „So fang die Arbeit in Reden
umb Lichtmeß oder Faßnacht (2. bezw. 19. Februar) an und were
gar nahet biß St. Martins Tag (10. November), das keine der
andern schier endtweichen mag und bey inen als armen Gesellen,
die die Arbeit selbs thun müssen und nit zu lonen haben, darzu
sye ire Wiber, Khind und Gesinde nit endtranen khinden. Ob sie
daun etwo zwischen den Wuchten 8. oder 14. Tag herin sollen sie
alsdann jedesmol mit Wib und Khinden derselben Zit uß und ein
tlempern, das were Inen gantz verderblich.“

Das Frankfurter Stadtrecht vom Jahre 1297 kommt daher
den Pfalbürgern noch weiter entgegen. Es verlangt im § 20[2]):
„item cives, qui dicuntur palburgere, in die beati Martini
debeut intrare cum suis uxoribus et familia civitatem et in ea
cum proprio igne residentiam facere usque ad cathedram
sancti Petri et tunc licitum erit eis exire cum sua familia, si
placet.“ Das Frankfurter Stadtrecht fordert also nur für die Zeit
vom 11. November bis 22. Februar den Aufenthalt der Pfalbürger
und ihrer Familien in der Stadt. Sie mußten also nur die eigentlichen Wintermonate, wo der Wirtschaftsbetrieb in der Hauptsache
ruhte, in der Stadt verleben, während sie die übrigen neun Monate
ungestört auf ihren Gütern zubringen konnten. Aber auch das
war umständlich und kostspielig genug, und daher ist es leicht
erklärlich, daß diese Bestimmungen nur auf dem Papier standen
und die Pfalbürger nach wie vor ihren Wohnsitz auf dem Lande
behielten. Anderseits waren, wie es scheint, auch Fürsten und
Herren mit solchen Vermittelungsbestimmungen wenig zufrieden.
Das geht aus einem Freiheitsbrief[3]) Ludwig des Baiern für den
Ritter von Trimberg vom Jahre 1328 hervor, wonach „dheine

---

[1]) Wencker, suppl. de ussb. S. 216.   [2]) Keutgen Nr. 155.
[3]) Senckenberg, Sel. Jur. et Hist. I. 610.

Herre noch Stadt dehennen sinen eigen Manne zu Purger enphaen
sal, er sytze daun paweliche und habeliche zu allen zyten in der
Stadt". Er könne ihn, heißt es daun weiter, zurückfordern, wenn
derselbe "des Jares eine Teyl in der Stadt sazze und das ander
Teyl in dem Dorffe, da er vor sessehafftig was, als man Palburger
bisher enphangen hat." ––

Jedenfalls beweist das angeführte Quellenmaterial, daß wir
unter Pfalbürgern außerhalb der Stadt ansässige Leute zu verstehen habe. Auf Grund dieses Ergebnisses sind wir in der Lage,
verschiedene irrtümliche Ansichten über das Wesen des Pfalbürgertums zu berichtigen. So schreibt Maurer in seiner Geschichte der
Städteverfassung II. S. 75: "Da die alten Städte meistenteils
bloß mit hölzernen Planken oder Pfählen befestigt waren, so
nannte man die Bewohner der Vorstädte öfters auch Pfalbürger,
weil sie außerhalb den Pfählen der Stadt, aber doch dicht bei denselben wohnten. Dieses scheint sogar die ursprüngliche Bedeutung
des Wortes Pfalbürger gewesen zu sein" und S. 241: "Ursprünglich verstand man unter einem Pfalbürger einen Bürger, der vor
den Stadtpfählen, also in der Vorstadt wohnte." Ähnlich sagt
v. Raumer, Geschichte der Hohenstaufen V. S. 218: "Auf diesem
Wege entstanden auch oft die Beisassen, welche sich außerhalb der
Stadt niederließen, den Namen Pfalbürger erhielten und bald
begünstigt, bald als schädlich betrachtet wurden." Auch Nitzsch
in seiner Geschichte des deutschen Volkes III. S. 321 versteht die
Bedeutung der Pfalbürger nicht, wenn er schreibt: "Welche
Anziehungskraft diese neue städtische Kultur mit ihrem lockenden
Verdienst und ihrem entwickelten Lebensgenuß auf die außerstädtische
Bevölkerung äußerte, erkennt man am besten aus den sich stets
wiederholenden Pfalbürgerverboten." Offenbar hält er, wie Thomas
im Oberhof zu Frankfurt a. M., S. 182, die Pfalbürger für
Hörige der Herren, welche sich vom Lande in die Stadt flüchteten
und sich hier dauernd und fest ansiedelten. Neuerdings hat noch
Heyne, Das deutsche Wohnungswesen, S. 315, die Auffassung
der Pfalbürger als "Vorstädter" vertreten: "Neue Ansiedelungen
auf Stadtgebiet an der Stadtgrenze breiten sich aus und wachsen
in das Stadtgebiet hinein. Der nächste Schutz solcher Nieder-
lassungen vor Überfall und Feinden wird der dörflichen Befestigungs-
weise entnommen, gebildet durch Graben und Pfähle, Palissaden,

und so sind die Schutzbefohlenen der Stadt, die Pfahlbürger, gesichert."

Haltaus, der, soviel ich sehe, in seinem glossarium germanicum medii aevi, S. 1464 f., zum ersten Male die Erklärung der Pfalbürger als Vorstädter giebt, führt folgende Beweisstellen an[1]): Das Privileg des Grafen Eberhard von der Mark vom Jahre 1290: Quod ad nos venientes dilecti cives nostri Unna extra oppidum transmurum morantes supplicaverunt nobis, quod eisdem ibi extra morantibus simili et eodem jure concedamus uti, et gratia, quibus ceteri infra quidum dictum utuntur u. s. w. Aber man muß bedenken, daß in dieser Urkunde zunächst der Name der „Pfalbürger" gar nicht genannt wird und daß unter den „extra oppidum trans murum morantes" nicht unbedingt Vorstädter verstanden werden müssen. Jedenfalls ist es willkürlich, diese Urkunde ohne weiteres mit dem Pfalbürgertum in Verbindung zu bringen. Ferner nennt Haltaus eine Kursächsische Polizeiverordnung von 1612, wo gesprochen wird von „Vorstaetter, so eigene Haeuser haben, auch die Pfahlbürger, so ausser der Stadt wohnen", dann eine Resolution der Landtagsbeschwerden von 1662: „beschwert, daß ein und anderer Pfahlbürger vorm Thore", ein Torgauer Statut von 1621: „welcher Pfahlbürger seinen Schoß und andere schuldige Gefaelle zu rechter bestimmter Zeit über vorhergehend Mahnen und Erinnern nicht erleget, würde er aber gautzer 3. Jahr damit säumig seyn, so sol er sich seines Bürger=Rechts verlustig gemacht haben."

Auch aus diesen Urkunden geht nicht unbedingt klar hervor, daß man die Vorstädter als Pfalbürger bezeichnet hat. Vor allem will es mir aber sehr bedenklich scheinen, aus Polizeiverordnungen u. s. w. des 17. Jahrhunderts auf die älteste Bedeutung eines Wortes zu schließen, welches in der Zwischenzeit (im 13. und 14. Jahrhundert) nachweislich eine ganz andere Bedeutung besessen hat.

So bleibt als einzige einwandfreie Quelle, welche die Auffassung der Pfalbürger als Vorstädter begründen könnte, die auch von Haltaus angeführte Stelle des Göttinger Statuts des 14. Jahrhunderts: „Ok is old rad und nighe over eyn komen dat se vor unse Borgere de hir inne sittet, de hir schotet und plicht dot

---

[1]) Siehe dieselben auch bei Maurer a. a. O., S. 75, Anm. 9.

wilt bidden und arbeyden woran des nod is med boden und med
breuen und vor de Palborgere de up der dorde wonet wilt
bidden med breuen und med boden by erer kost."

Ob aber das übereinstimmende Zeugniß der vielen Quellen
aus ältester Zeit durch diese ganz vereinzelte Stelle widerlegt
werden kann?[1]

Meiner Ansicht nach ist durch die bündige Auskunft gerade
der ältesten Quellen die Deutung der Pfalbürger als "Vorstädter,
welche an den Pfählen der Stadt angesiedelt waren" als ausgeschlossen zu betrachten. Damit fällt aber auch jede Veranlassung
hin, die Pfahlbürger mit den Pfählen bezw. Palissaden der Stadt
überhaupt in irgend eine Beziehung zu bringen. Das Wort hat
wahrscheinlich (wie wir später sehen werden) eine ganz andere Entstehung und Bedeutung und diese ist dann allmählich durch die
Volksetymologie von den Pfählen verschleiert und verdrängt worden.

Untersuchen wir weiter nach den Urkunden, welchem Stande
der ländlichen Bevölkerung die Pfalbürger angehörten, so ergiebt
sich zunächst, daß einen Teil derselben die Unfreien oder Eigenleute von Fürsten und Herren ausmachten. Denn das Privileg
Kaiser Ludwigs für den Ritter von Trimberg 1328[2] besagt, daß
dheine Stadt "deheynen sinen eigen Manne" zum Pfalbürger
empfangen soll.

Ebenso verpflichtet sich die Stadt Villingen im Sühnevertrag[3]
mit dem Grafen von Fürstenberg 1326, "daß wir den vorgenanten
von Furstenberg und iren erben chain ir eigen mann enphahen
sullen zu burger, wann daz su in der rinchmur sezzhaft sein sullen."
Schließlich fordert 1355 der Reichsvikar, Pfalzgraf Ruprecht der
ältere, Straßburg auf, "das ir kheine des stifts mann und leuth
zu pfahlburgern nit mehr nement".[4]

---

[1] Herr Professor Zeumer in Berlin, der unabhängig von mir zu der
gleichen Begriffsbestimmung der Pfalbürger gekommen ist, teilt mir mit, daß
das Göttinger Statut nur infolge eines groben Mißverständnisses zur Deutung
der Pfahlbürger als Vorstädter benutzt werden konnte und daß es, richtig
verstanden, gerade die Deutung als der "cives non residentes" bestätigt.

[2] Senckenberg, Sel. Jur. et Hist. I. 616.   [3] Fürstenb. U.-B. II. 148.

[4] Straßb. U.-B. V. Nr. 321. Gewöhnlich wird in den Urkunden nur
ganz allgemein die Aufnahme von Eigenleuten ins städtische Bürgerrecht verboten, wobei man gewöhnlich die Aufnahme dieser Leute innerhalb der
Stadtmauer im Auge gehabt hat. So besagt ein Privileg für die Herren von

Außer den Eigenleuten von Fürsten und Herren gehören noch Mitglieder anderer Schichten der ländlichen Bevölkerung den städtischen Pfalbürgern an.

Ludwig der Baier verbietet in einem Vertrage[1]) zwischen Herren und Städten der Wetterau im Jahre 1340 den ersteren, daß sie ire Mannen die der Stete Palburger bisher sint gewesen, nach Auflösung ihres Bürgerrechtsverhältnisses in irgend einer Weise bestrafen. Das Pfalbürgerverbot des Eßlinger Reichstagsabschieds[2]) 1333 bestimmt, „das man deheinen Herren sin Lute in die Stette zu Palburgern enphae oder neme, sy wollen daun gesessen Burgern in den stetten sin." Auch König Wenzel befiehlt[3]) 1379 den Bürgern von Kaisersberg, daß sie „niemandt von der herrschaft Rapolstein angehörigen leuthen zu pfalburgern empfahen solten" und im Jahre 1417 verpflichten sich schwäbische Städte in einem Bündnis mit Eberhard dem Jüngeren von Württemberg, keinen seiner Leute während der Dauer des Bündnisses als Pfalbürger aufzunehmen. [4])

1312 erläßt Heinrich VII. für den Bischof von Fulda das Privileg[5]) „ut nullus civis, incola seu homo de munitionibus et terra ecclesiae Fuldensis — in civem, qui vulgariter dicitur pfalburger" aufgenommen werden soll, Karl IV. wiederholt 1373 ein schon von früheren Herrschern dem Bistum Straßburg gegebenes Privileg, [6]) quod nulla civitas — aliquos de ministerialibus, militibus Argentinensibus armigeris sive hominibus praefatae ecclesiae vel etiam de opidorum, burgarum vel aliorum locorum ad eandem ecclesiam jure dominii vel quasi

---

Lichtenberg-Hanau-Bitsch im Jahre 1499 (bei Wencker, de ussb. S. 119), „daß niemand . . . . . dieser Grafen eigen Lut Hinderfassen oder Underthanen, Mann oder Frawen, ... in Schutz, schirm, Burgerrecht oder Verspruch nemmen noch empfahen soll". Damit könnte auch an die Annahme solcher Leute als Pfalbürger gedacht sein, aber in Wirklichkeit ist, wie die Fortsetzung der Urkunde und die Verhandlungen, welche sich später daran knüpften, deutlich zeigen, nur an die Aufnahme von Eigenleuten in der Stadt selbst gedacht. Daher können derartige Urkunden hier nicht weiter berücksichtigt werden.

¹) N. Sammlung der Rtabsch. I. S. 44.
²) Neue Sammlung der Reichstagsabschiede.
³) Rappoltst. U.-B. II. Nr. 172.
⁴) Staelin, Württemb. Gesch. III. S. 414.
⁵) Dronke, cod. dipl. Fulb. S. 431.   ⁶) Straßb. U.-B. V. 1072.

pertinentium incolis, in cives aut burgenses, qui vulgariter
pfalburger nuncupantur, recipere praesumat." Der Erzbischof
von Magdeburg spricht in einer Beschwerde[1]) über Pfalbürger 1432
von „quidam de nostris subditis in nostris districtibus et
territoriis habitantibus", die Goldene Bulle Karls IV. von „cives
et subditi principum, baronum et aliorum hominum, jugum
ordinariae subjectionis abjicere querentes", und der Markgraf
Bernhard von Baden von den „lute, die in unsern eigen Dörffern,
Gerichten, Zwingen und Bennen gesessen sind und unser Eigen-
thum, Wunne und Weide niessent.'

Die ständischen Verhältnisse des späteren Mittelalters sind ja
nun außerordentlich verwickelt, so daß aus den Ausdrücken, „Hintersassen, Unterthanen, subditi" u. s. w. ohne weiteres kein richtiges
Urteil über Grad und Art der Abhängigkeit gewonnen werden
kann. Es bedarf dazu einer vorsichtigen Prüfung jedes einzelnen
Falles. Das würde über den Rahmen der vorliegenden Untersuchung hinausgehen, und deshalb begnüge ich mich hier mit der
Mitteilung des Ergebnisses meiner Untersuchungen, deren Richtigkeit ich an anderer Stelle ausführlich nachzuweisen gedenke.[2]) Zu
den Pfalbürgern wurden alle diejenigen Angehörigen
der ländlichen Bevölkerung gerechnet, welche zu einem
Landes- oder Grundherrn in irgend einem Abhängigkeitsverhältnis, sei dies nun landesherrliche, gerichts-
herrliche, grund- oder leibherrliche Abhängigkeit, standen
und trotzdem zu einer Stadt in bürgerrechtliche Beziehungen traten.

＊

Zu den zahllosen Fehden und Kämpfen der Ritter und Städte
im 13. und 14. Jahrhundert hat das Pfalbürgertum oft die Haupt-
veranlassung gegeben. Häufig wird in den Urkunden ausdrücklich
auf die Zerrüttung hingewiesen, welche durch diesen Mißbrauch
heraufbeschworen worden ist. Kaiser Ludwig begründet sein 1341
zu Frankfurt erlassenes Mandat[3]) mit den Worten: „da wir angesehen habent die großen gebresten und zweyung, die zuschen

[1]) Hertel, U.-B. der Stadt Magdeburg II. Nr. 279 S. 202.
[2]) Vgl. auch unten den Abschnitt über Ausbürger.
[3]) Böhmer, Frankf. U.-B. I. S. 572.

den fursten, herren und ediln luten und auch den steten von der
pholburger weg in bis here beschehen ist." Ähnlich begründet Karl IV.
sein für den Bischof von Straßburg 1354 ausgestelltes Pfalbürgerverbot[1]): „da wir angesehen habent miszehellunge,
kriege und zweiunge, die schädelich von der pfolburger wegen
bizehar erstanden sint." Besonders drastisch schildert ein erneutes
Pfalbürgerverbot[2]) Karls IV. an Straßburg vom 7. Oktober 1372
die bösen Folgen dieser Einrichtung: „Uns habent ze wissen getan
unser und des riches getruwen, daz herren, ritter und knechte gar
unwillig sein frid ze halten und ze machen und die strazzen und
das land ze schirmen in Elsazz, besunderlich von irr leute wegen,
die ir in entziehet und sie zu burgern emphahet und hebt. Und
wan von solichem unfride nidergelegt wird alle arbeit mit kaufmannschaft und ander notburftiger wandlung ezu merklichem schaden
der stette und land und leute gemainlich", hat er alle Pfahlbürger
abgenommen. Auch die Goldene Bulle König Sigmunds[3]) vom
Jahre 1431 giebt als Ursache des Pfalbürgerverbots ausdrücklich
die schlimmen Zustände an, welche diese Einrichtung im Lande
nach sich gezogen hat: „Und wann von der pfalburger wegen vor
langen Ziten groß Zwitracht zwischen etlichen fursten und herren
und ritterschaft den steten und andern gewesen, als das wol laud-
kundig ist" und weiter unten[4]): „als wir nu in disse land zu
Swaben — komen sein, so ist uns mit mannigfeltiger clag furbracht, wie das noch heut des tages große unwillen und
mißhellung in den landen sein von sulcher pfalburger wegen —
und das zu besorgen ist, — daz davon schedlicher zwitracht
krieg und schaden in dem lande entsprießen und wachsen mochten. —

Weshalb bewarben sich nun die Dorfbewohner so zahlreich
um das städtische Bürgerrecht und weshalb leisteten Fürsten und
Herrn gegen diese Bewegung so hartnäckigen Widerstand?

Die neuerdings angestellten Versuche,[5]) die Lage des süddeutschen Bauernstandes im 13. und 14. Jahrhundert als eine
durchaus rosige und erfreuliche hinzustellen, scheinen mir nur in
sehr bedingter Weise gelungen. Denn der bauernfeindlichen Hetz-

---

[1]) Straßb. U.-B. V. Nr. 305.   [2]) Straßb. U.-B. V. 1045.
[3]) Rta. IX. Nr. 429.   [4]) a. a. O. S. 567.
[5]) Vgl. z. B. Hagelstange, Süddeutsches Bauernleben im Mittelalter
S. 20 ff.

litteratur am Ende des Mittelalters, welche über die Üppigkeit und den Kleiderluxus ländlicher Schwelger spottet, darf man nur geringe Beweiskraft zugestehen, und wenn im einzelnen auch Zins oder Steuer oft nur gering waren, mehr ein formelles Zeichen für die Anerkennung der Abhängigkeit bezw. des Obereigentums, so wurde doch durch die Mannigfaltigkeit seiner Pflichten und Lasten die Lage des hörigen oder gar leibeigenen Bauern eine recht gedrückte, und wir haben der urkundlichen Nachrichten übergenug, welche die bäuerlichen Verhältnisse jener Tage sogar als recht klägliche erscheinen lassen.

Zunächst ¹) sind alle Angehörigen des Territoriums der landesherrlichen Gerichtsbarkeit unterworfen. Dieselbe erstreckte sich auf alle Einwohner des Dorfes, die Freien wie die Hörigen eines Grundherrn, denn das Hofrecht des Mittelalters umfaßte immer nur einen Teil der Persönlichkeit des Hörigen, da dieser zum andern Teil unter dem öffentlichen, landesherrlichen Gericht stand. Gewöhnlich dreimal im Jahre hielt der Vogt in jedem Dorf eine Gerichtssitzung ab, zu welcher sich jeder Dorfbewohner einzustellen hatte. Ebenso mußte jeder derselben den landesherrlichen Beamten mit seiner Begleitung für die Zeit seiner Anwesenheit beherbergen oder zu den Kosten seiner Verpflegung beisteuern. Auf Grund seiner landesherrlichen Gerichtsgewalt fordert der Inhaber des Territoriums dann weiter Steuer und Dienst. ²) Die Steuer, Bede oder der Schatz ist eine bestimmte, regelmäßig wiederkehrende Abgabe, zu welcher gleichfalls sämtliche Unterthanen des Landesherrn, ob frei oder unfrei, verpflichtet sind. Die Bede wurde als runde Summe jeder einzelnen Gemeinde aufgelegt und nach Maßgabe des Grundbesitzes und Vermögens durch die Schöffen auf die einzelnen Dorfgenossen verteilt. Je mehr Steuerpflichtige also da waren, um so mehr verringerte sich der Betrag für den einzelnen, je mehr sich aber auf irgend eine Weise ihrer Steuerpflicht entzogen, um so mehr erhöhte sich der Betrag (an Geld oder Naturalien)

<hr>

¹) Der nachstehende kurze Überblick über die Lage der Bauern in jener Zeit schien mir notwendig, um die dann folgenden Klagen der Grund- und Landesherren über das Pfalbürgertum verständlicher zu machen.

²) Vgl. Zeumer, Die deutschen Städtesteuern u. s. w. in Schmollers Forschungen I. Dazu v. Below, Geschichte der direkten Staatssteuern in Jülich-Berg in der Zeitschrift des Bergischen Geschichts-Vereins 1890.

für die übrigen. War nun auch die Höhe der Gesamtsumme für jedes Dorf durch altes Herkommen geregelt, so kam es doch häufig genug vor, daß diese durch den Landesherrn oder seinen Beamten willkürlich hinaufgeschraubt wurde. Der Verfasser des Habsburger Urbars[1]) berichtet von dem Dorfe Ennetbaden: „die liute, so in dem Dorfe gesessin sint ... hant geben von alter und von vorgesaster stture nicht mer danne 21 pfunt Züricher, diuselben 21 pf. sint inen hoher getriben so verre, das sie hant geben in gemeinen jaren bi dem meisten ze stiure 60 pfunt Züricher." Auch die Annales basilienses[2]) erzählen, wie am Ausgang des 13. Jahrhunderts Bischof Conrad v. Lichtenberg zu Steuererhöhungen willkürlichster Art gegriffen hat. Am 6. Oktober 1365 beschwert[3]) sich dann der Markgraf Rudolf von Baden, „daß seine Muhme seine Armenleute in dem Riete an Beden und Steuern schwerer angreift, als es herkömmlich wäre", und ums Jahr 1395 hatten im Bistum Straßburg unter der Regierung Wilhelms v. Dietsch[4]) die Unterthanen „viel Ungemach und Bekumbernus von des Bischofs Vögten und Ampleutten ausstehen müssen, so meistens dahero entstanden, daß der Bischof große Schatzung auff seine Unterthanen gelegt. Denn es ward den Bischöflichen Beampten aller Muthwill erlaubt, daß sie die armen Leuthe schetzten nach irem Gefallen." Auch ein Bericht[5]) der Stadt Frankfurt läßt die Stellung der Landleute jener Gegend in sehr ungünstigem Lichte erscheinen. Es muß danach nicht gerade zu den Seltenheiten gehört haben, daß von einzelnen zwanzig, dreißig und vierzig Mark erpreßt wurden. Dazu kam, daß außer dieser regelmäßigen, in halbjährlichen Raten erhobenen Steuer häufig noch eine außerordentliche Umlage, die „Notbede",[6]) erhoben wurde. Im Januar 1315 schrieb z. B. König Heinrich von Böhmen in den Gerichten von Tirol eine außerordentliche Steuer aus „da wir von grozzer zerung wegen, die wir jetzu zu unser hochzeit zwi Inspruke gehabt haben, in grozze gulte und schaden chomen sein".[7])

---

[1]) Zeumer, a. a. O. S. 14.

[2]) Mone, Germ. XVII. S. 196 und 202. Vgl. auch Fritz, Territorium von Straßburg S. 175.   [3]) Reg. b. Markgr. v. Baden Nr. 1221.

[4]) Wencker, de ussb. S. 224.   [5]) Böhmer, Frankfurter U.-B. I. S. 306.

[6]) Vgl. v. Below, a. a. O. S. 57.

[7]) Schwind-Dopsch, Ausgewählte Urkunden Nr. 86.

Neben der Bede sind die schatzpflichtigen Bewohner des Territoriums dem Landesherrn zu Diensten verpflichtet d. h. zu einer Reihe öffentlicher Leistungen, welche meist dem allgemeinen Besten des Territoriums dienen,[1] z. B. Bau und Unterhaltung von Straßen, Fähren und Brücken, Ausschlammen von Bächen u. dgl. Aber auch ökonomische Pflichten gegen den Landesherrn gehören zu den Diensten, also Arbeiten auf landesherrlichen Äckern, Wiesen und Weinbergen wie Pflügen, Säen und Ernten der Feldfrüchte wie der Reben und des Heus, ferner das Stellen von Arbeitswagen für den Neubau oder die Ausbesserung landesherrlicher Schlösser, für Weiterbeförderung und Einfuhr von Holz, Bedewein oder anderer Naturalien.

Auch diese Dienste waren vielfach recht schwankend in ihrer Ausdehnung.[2] Im allgemeinen nahmen sie nur einen geringen Teil der Arbeitszeit in Anspruch, vom Sommer selten mehr als 10 Tage, aber vielfach steigerten doch die Landesherren ihre Forderungen ins Ungemessene, und ihre Beamten handhabten ihre Rechte in ganz willkürlicher Art. Nahm sich doch sogar Kaiser Sigmund 1422 der schwer gedrängten Bauern in einem Erlaß[3] an die Landvögte des Elsaß an: „ist uns fürkomen, wie dieselben unser und des richs armen lute in den dörffern der pflege und lantfoigty von Hagenau swerlichen bedrengt und überladen werdent mit ungewönlichen überstüren unde mit fürungen an ungewönliche ende usser dem riche, das doch nie me geschehen sie und vil anders daun sie vor ziten von lantvögten unde amptluten gehalten sint worden." Sehr bezeichnend für die Willkür und Habsucht kleiner Territorialherren sind daun die Ausführungen des Hagenauer Städteboten auf dem Wormser Reichstag 1521. Er erklärt[4]): „Bett und Stur ging von Wunn und Weyd (Almendland) und wu man eim burger Bett und Stur sollt legen uf sin Gut, so eyner im land hett lygen, daß wer nit zu erleyden; dan derselb Herr, des

---

[1] Vgl. v. Below, Territorium und Stadt S. 128 u. 315; Thudichum, Gau- und Markverfassung in Deutschland I. S. 115; Darmstaedter, Großherzogtum Frankfurt S. 37.

[2] Goette, Die süddeutschen Bauern im späteren Mittelalter, Band VII dieser Zeitschr. S. 208.

[3] Schoepflin, Als. dipl. II. S. 336.

[4] Straßb. Polit. Korr. I. N. 75.

das Dorff wer, wurd einem burger in eyner Statt so viel Bett und Stur uff sin Gut slagen, daß derselb Herr mer Nutzung vom Gut het, daun der, deß das Gut eygen wer.⁴

Einen weiteren Ausfluß der landesherrlichen Gerichtsgewalt bildet das Bannrecht. Der Inhaber des Gerichts richtete Bann-mühlen ein und erzwang durch seine Gerichtsgewalt von seinen Untergebenen, daß sie nur auf landesherrlichen Bannmühlen ihr Getreide mahlten. Im Gericht Büdingen sind die Mühlen ohne Ausnahme landesherrliches Eigentum.¹) Dem Mühlenbann sind eine ganze Anzahl anderer entsprechender Bannrechte nachgebildet, so der Brauhausbann und vor allem der Backofenbann. Nur in den landes-herrlichen Öfen und Brauereien darf der Gerichtspflichtige gegen Ent-richtung seiner Gebühren für Bereitung von Speise und Trank sorgen. Der Landesherr besitzt auch das Recht des Bannweins. Da der Weinbau in früheren Jahrhunderten im ganzen westlichen Deutsch-laud allgemein üblich war, erhielten die Territorialherren aus ihren eigenen „rebgaerten" wie durch die Herbstbede beträchtliche Vorräte von Wein und deshalb übte der Landesherr in den Dörfern seiner Herrschaft das Recht aus, für bestimmte Zeit oder ausschließlich nur landesherrlichen Wein zu vertreiben. So heißt es in einer Verordnung des Grafen von Isenburg vom Jahre 1799: „Nach-dem die älteren und neueren Urkunden beweisen, daß das Schenk-und Zapfrecht überhaupt im Lande der Landesherrschaft zusteht" u. s. w. Die Kirchgartener Dingrodel²) von 1395 besagt: „wer herre ze kilchzarten ist, des ist ouch das gericht ze kilchzarten. Wer herre ist ze K. der soll zwei fuder banwines legen ze winachten und ze pfingsten ein fuder. Und sond die zwei fuder wins ze winachten lessig ligen vierzehen tage, und das ein fuder ze pfingsten acht tage und sol den trinken menglich, der in dem gerichte sitzet und wunne und weide nießet." Auch der Bischof von Straßburg³) „solt alle jar banwin haben in der stat zu Straßburg von ostern und pfingsten. waz meine dazwischen in der stat geschencket wirt, solten im werden von yeclichem fuder zween omen, als er des gut briefe hat und mit keyserlicher urteil erkant ist."

---

¹) Thudichum, Rechtsgesch. der Wetterau I. S. 68.
²) Schreiber, U.-B. von Freiburg, II. S. 98 f.
³) Straßb. U.-B. VI. 722, 26.

Besonders schwierig wurde nun aber die wirtschaftliche Lage
der Bauern, wenn er nicht nur dem Landesherrn gerichts-, steuer-
und dienstpflichtig war, sondern wenn er als Höriger oder Leibeigener auch noch einem grundherrlichen Gericht unterstand. Zu
den Pflichten gegen den Landesherrn gesellten sich daun noch die
Pflichten gegen die Grundherrschaft.

Für das „verantworten, versprechen, verteidigen und schirmen“,
welches der Grundherr seinen Angehörigen zukommen ließ, waren
ihm diese zu Leistungen verpflichtet, welche gleichfalls in Abgaben
und Diensten bestanden. Im Gegensatz zu der öffentlich-rechtlichen
Steuer, welche dem Landesherrn zukommt, heißen die privatrecht-
lichen Einkünfte und hofrechtlichen Bezüge der Grundherrn „Zinse,
Pacht, Gülten und Renten“. Natürlich hatten auch die Landesherrn Ansprüche auf Zinse, soweit sie nämlich grundherrliche Rechte
auf einzelne Besitzungen ihres Territoriums innehatten. Die Zinse,
welche überwiegend in Naturalien, wie Geflügel, Wachs, Wein oder
Getreide bestehen, sind zum Teil jährlich regelmäßig zu entrichten,
wie der Kopf-, Leib- oder Erbzins, die der Unfreie für seine Person zu entrichten hat oder wie die Pacht oder der Grundzins, der
für die Nutznießung des zur Bebauung übertragenen Grundstücks
bezahlt wird, zum Tetl sind sie Abgaben für Ausnahmefälle, wie
Besthaupt, Heiratsgeld u. s. w.

Ferner sind die zinspflichtigen Bauern ihrem Grundherrn zu
Frohnen verpflichtet, welche sich mit den landesherrlichen Diensten
ziemlich berühren, denn sie bestehen im Transport der Abgaben
bis zum Gutshof, in der Stellung von Wagen oder der Bespannung
für die Wagen der Grundherren u. s. w.

Wie die Landesherren Steuer und Dienst, so steigerten nun
auch die Grundherren oft willkürlich und übermäßig Zins und
Frohnde. Gewöhnlich wurde der 10. Teil des jährlichen Ertrags
von Feldfrüchten und Vieh an den Grundherrn gegeben[1]); vielfach
aber wird das Recht des Grundherrn bedeutend über 10% hinaus-
gesteigert, so daß $1/3$, sogar $1/2$ der jährlichen Getreideernte gezinst
wurde.[2]) Auch die Frohnen nahmen immer mehr zu. Teils im

---

[1]) Dopsch-Schwind a. a. O. Nr. 208.
[2]) Vgl. Küster, Das Reichsgut u. s. w. Leipz. Diss. 1883, und Teusch, Die Landvögte im Elsaß. Diss. Bonn 1880, auch Götte, Die süddeutschen Bauern im
späteren Mittelalter, Ztschr. f. Kulturgesch. VII. 202 ff., vor allem Lamprechts

Dienste des Landesherrn, teils in dem des Grundherrn waren
Mühlen, Backöfen, Brücken, Wege und Stege zu bauen, Brunnen
zu graben, Wachen und Reisen zu thun, Fuhren zu leisten, Wälder,
Wiesen und Felder zu pflegen oder einzuzäunen u. dgl.

Allerdings besaßen nun die „mit eigenem rauch" im Dorf
angesessenen Mitglieder der Gemeinde eine Art Vergünstigung insofern, als jeder ohne Unterschied von reich oder arm zur Benutzung
der Almende berechtigt war. Aus den gemeinschaftlichen Wäldern
konnte jeder Brenn- und Bauholz erhalten, in bestimmte uralte
Eichenbestände konnte er seine Schweine zur Eichelmast treiben, und
auch die Wiesen standen teils zum Mähen, teils als Weide für
Pferde, Rinder und Schafe zur Verfügung. Aber im Genuß dieser
Vergünstigung war der einzelne insofern beschränkt, als er das
Gemeindeland nicht nach Belieben ausnutzen konnte, sondern darin
an genossenschaftliche Beschlüsse gebunden war, durch welche die
Verwaltung der Wirtschaft oft recht lästig gestört wurde.[1] Im
Frühjahr um Walpurgis und im Herbst um Michaeli traten alle
Dorfangesessenen zur Besprechung über die Benutzung der Almende
zusammen. Hier wurde die Zahl der Schweine festgestellt, die jeder
zur Eichelmast in die Wälder, und die Zahl der Kühe und Pferde,
die er auf die Wiesen zur Weide „vur den gemeinen hirten triben"
durfte,[2] denn „es sul nieman keinen sundern hirten haben". Dann
vereinbarte man, welcher Teil der Wiesen zum Gewinnen des Heus
mit Pfählen abgegrenzt und umzäunt werden und an welchem Tage
für das ganze Dorf die Heuernte beginnen sollte,[3] zu welcher sich
aus jedem Haus ein Mann zum Mähen und zum Wenden des
Heus einzufinden hatte. Schließlich wurde verabredet, welche
Wälder gehegt und angeschont und welche geschlagen werden sollten,
wieviel Wagenladungen an Brenn- und Bauholz ein jeder erhalten konnte und an welchem Tage dasselbe gefällt und zur Abfuhr gebracht werden mußte. So angenehm also die Benutzung
des Almendlandes auch war, so wurden doch die Vorzüge durch
die mancherlei Pflichten, welche damit verbunden waren, und durch

---

ausführliche Untersuchungen für das Rhein- und Moselland in seiner Wirtschaftsgeschichte. Vgl. auch Darmstaedter, die Befreiung der Leibeignen u. s. w.
Heft XVII. der Abhdl. des Straßb. Staatswissensch. Seminars S. 170 ff.

[1] Grimm's Weistümer III. 488—490.   [2] U.-B. v. Speyer Nr. 220.
[3] Thudichum, Gau- und Markverfassung S. 238 ff. u. 253 u. 260.

die Bevormundung beim Wirtschaftsbetrieb im einzelnen seitens
der Genossenschaft reichlich aufgewogen. Rechnet man dazu, wie
das Schicksal des Bauern jener Zeit mancherlei Zufällen preisgegeben war, wie er durch Mißernten, Krankheiten, Krieg, Plünde-
rungs= und Beutezüge fehdelustiger Abenteurer bedroht war, so
muß man zugeben, daß die wirtschaftliche Lage des Bauernstandes
— einzelne Ausnahmen zugestanden — damals durchaus nicht eine
glänzende war. Wenn Markgraf Bernhard von Baden 1407 die
Stadt Straßburg bittet,[1] „den Bewohnern des Dorfes Lauten-
heim ihre Zinse zu erlassen, da die Dorfleute sich in so großer
Armut befänden, daß sie ihm selbst die Bede nicht geben könnten",
so waren derartig dürftige Verhältnisse der bäuerlichen Bevölkerung
eher Regel als Ausnahme. Kein Wunder, wenn man da sehnsüchtig nach den Mauern einer benachbarten Stadt hinüberblickte
und neidische Vergleiche zwischen dem eigenen Schicksal und dem
der städtischen Bürger zog! Kein Wunder, wenn die Stadt mit
ihren mannigfachen Vorzügen und Vorrechten eine unwiderstehliche
Anziehungskraft ausübte! Hier winkte bei behaglicherem Lebens=
genuß die Aussicht auf leichteren und müheloseren Erwerb, und
Gemeindeeinrichtungen boten Hilfe gegen Feuers= und Wassersnot
und sicheren Schutz gegen Raub und Mord.

Vor allem erfreuten sich die Bürger der Städte hinsichtlich
ihrer Lasten und Pflichten einer bevorzugten Stellung. Denn da
die Kaiser vielfach die materielle Hilfe der Städte in Anspruch
nehmen mußten, anderseits es auch im Interesse der Landesherrn
lag, die in ihr Territorium eingereihten Landstädte möglichst zu
heben, so hatten sich Reichs= wie Landstädte im Laufe der Zeit
wichtige Privilegien zu erringen gewußt. Die Steuerpflicht der
Städte war entweder ganz aufgehoben oder ermäßigt oder wenigstens
an bestimmte Sätze geknüpft. So verspricht[2] der Erzbischof von
Trier seinen Bürgern der Stadt Lich „daz dieselbe alle jare zu bede
nyt me geben sullen dan druhondert gude swere Rynsche gulden".
Auch die Dienste waren den städtischen Bürgern entweder ganz
erlassen oder doch (nebst der Bede) mit einer verhältnismäßig geringen Gesamtsumme abgelöst. So erläßt der Graf von Kiburg[3]
den Bürgern seiner Stadt Thun „talliam, collectam seu sturam

---

[1] Reg. des Markgrafen von Baden Nr. 2451.
[2] Keutgen Nr. 407. [3] Berner U.=B. IV. 666; vgl. auch III. Anhang 18.

aut aliquam exactionem, quocunque posset vocabulo nominari",
gegen eine beſtimmte jährliche Summe, und unter derſelben Be⸗
dingung befreit Ludwig der Baier die vier Reichsſtädte der Wetterau[1]
„ab omni onere exactionum, collectarum, precariarum seu
sturarum". Graf Heinrich von Fürſtenberg gab der Stadt Haslach
den Freiheitsbrief[2] „die burger und die gemeinde ze Haſelach ſollent
uns jerlich geben zehen marg lotiges ſilbers und nit anders weder mit
uberſturen noch mit burgſchaften noch mit dehein dingen und ſollent
zu unſerre notdurft mit reiſen, dienen unz alſo, daz ir jegelicher
an der erſten naht ze Haſelach an ſiner herbergen ſin muge", ja, Graf
Eberhard von Kiburg verzichtet 1325 ſogar auf alle Rechte und
Forderungen gegenüber ſeiner Stadt Burgdorf.[3]

Schließlich beſaßen die Städte als weiteres wichtiges Privileg
die Befreiung vom Landgericht. Es giebt faſt kein Stadt⸗
privileg, welches nicht die Satzung enthielte, daß die Bürger nur
vor ihrem eigenen Richter in der Stadt belangt werden könnten,
und daß ſie beſonders in weltlichen Sachen nie vor ein geiſtliches
Gericht geladen werden könnten. Durch dieſe Exemption bildete
ſich ein beſonderer ſtädtiſcher Gerichtsbezirk und ein beſonderes
Stadtrecht[4] aus, in welchem noch das unverfälſchte Reichsrecht
galt, das viel freier war und gegenüber dem Landrecht oder gar
dem grundherrlichen Dorf⸗ und Hofgericht bedeutend milder ge⸗
handhabt wurde. Ängſtlich wachten die Städte darüber, daß kein
auswärtiger Herr die ſtädtiſche Rechtſprechung beeinflußte und der
Stadtgerichtsbezirk in jeder Beziehung feſt geſchloſſen blieb.

Unter dieſen Umſtänden war es erklärlich, daß die Stadt mit
ihren mannigfachen Vorzügen und Vorrechten eine außerordentliche
Anziehungskraft ausübte.

Maſſenhaft wanderten die Landleute aus,[5] und weit öffneten
ſich ihnen die Thore der Stadt, welche in den kriegeriſchen Zeiten

---

[1] Keutgen Nr. 391.　　[2] Fürſtenberg. U.⸗B. II. 513.

[3] Berner U.⸗B. V. 482.

[4] Vgl. v. Belows Aufſatz in: Hiſt. Ztſchr. 59. S. 200 f.

[5] Ich habe für Thüringen nachweiſen können, daß durch dieſe Bewegung
vielfach ſogar wüſte Ortſchaften in der Umgebung der Städte entſtanden ſind.
Vgl. M. G. Schmidt, Die Siedelungen an der Hainleite, Finne, Schmücke und
Schrecke, im Archiv für Landes⸗ und Volkskunde der Provinz Sachſen. 10. Jahrg.
1900. S. 49 ff. Das Recht des „freien Gezogs" gedenke ich demnächſt aus⸗
führlich zu behandeln.

nur gar zu gern die Zahl ihrer waffenfähigen Mitbürger durch
Aufnahme neuer Anfiedler vermehrte. Alle Versuche der Reichs-
gesetzgebung, diese Fürsten und Herren natürlich schwer schädigende
Bewegung zu hemmen, erwiesen sich als ergebnislos, freilich zum
Teil auch deshalb, weil den Städten häufig in kaiserlichen oder
landesherrlichen Privilegien der „freie Gezog" d. h. das Recht der
Aufnahme neuer Bürger zugestanden wurde.

Vielfach war es nun aber, wie bereits oben ausgeführt, den
Landleuten durch die sozialen und wirtschaftlichen Verhältnisse der
Zeit außerordentlich erschwert oder gar unmöglich gemacht, Hab
und Gut auf dem Lande zu veräußern und den Wohnsitz in die
Stadt zu verlegen und so entwickelte sich nun der eigentlich wider-
finnige Zustand des Pfalbürgertums: Die Bauern (vor allem
Hörige oder Leibeigene) erwarben das Bürgerrecht einer benachbarten Stadt, blieben aber trotzdem cives non residentes, d. h. sie
behielten ihre frühere Haushaltung auf dem Lande bei. An und
für sich hätten wohl Landes- und Grundherren gegen diesen Zustand wenig einzuwenden gehabt — verschiedentlich gestehen sie
den Städten das Halten von Pfalbürgern bedingungsweise zu —
aber dieses eigentümliche Burgrechtsverhältnis zog bald Unzuträglichkeiten der schlimmsten Art nach sich, weil dadurch die materielle
und politische Position der Herren völlig untergraben wurde. Denn
wenn die Dorfbewohner das Bürgerrecht der Stadt erworben hatten,
„meinent sie, daß sie do der Stette Fryheit Recht und Harkomen
also billiche genießen soltent, alse ander ingeseßen burger." Nach
der Definition der Goldenen Bulle Karls IV. find nämlich Pfalbürger „cives et subditi principum, baronum et aliorum
hominum, jugum ordinariae subjectionis querentes abjicere
immo ausu temerario contemnentes, in aliarum civitatum cives
recipi se procurant et nihilominus in priorum dominorum,
quos tali fraude praesumpserunt vel praesumunt deserere
terris civitatibus oppidis et villis corporaliter residentes, civitatum, ad quas hoc modo se transferunt, libertatibus gaudere
et ab eis defensari contendunt." Hatte doch der Bischof von
Straßburg, Johann von Lichtenberg, auf dessen Veranlassung das
Pfalbürgerverbot in die Goldene Bulle aufgenommen wurde, sich
beim Kaiser auf dem Reichstag zu Metz beklagt,[1] „wie die von

---

[1] Vgl. Wenckers Bericht von den Ausbürgern.

Straßburg gar große Zahl der Seinen zu Burgere empfingen, die doch nicht recht burger da würden, sondern allein Spott-burgere oder Pfalburgere waeren; daun sie mit ihrem Leib und Gut außwendig im land hinder ihm und andern herrschafften sessen, Gericht und Recht, auch Wunn und Weid, Almend und Waeld bruchten und den herrschafften, darunter sie gesessen, daran spotteten und verließen sich auf der Statt Straßburg Frey-heiten, welche doch ihm und allen herrschafften unleidlich und be-schwerlich waeren." Daraus ergiebt sich deutlich, welcher Mißbrauch mit dem städtischen Bürgerrecht getrieben wurde. Die Pfalbürger nahmen alle Freiheiten und Rechte der städtischen Vollbürger in Anspruch, verweigerten auf Grund derselben die früheren Pflichten gegen Landesherrn, Grundherrn und Gemeinde, behielten aber trotzdem ihre alten Wohnsitze auf dem Lande bei und verlangten nach wie vor den Mitgenuß an den Vorzügen der Dorfgenossen-schaft, insbesondere dem Almendland. Sie forderten also die Rechte, verweigerten jedoch die Pflichten.

Es mag zugegeben sein, daß die Landleute vielfach durch die Not des Lebens zu diesem Schritte gedrängt wurden. In einzelnen Urkunden finden wir das ausdrücklich bestätigt. So schreibt Sig-mund 1422 an die Landvögte und Amtleute des Elsaß[1] „und umb solich betrengnis müssent die armen lüte von uns und dem heiligen riche wychen unde werdent uns und dem riche entpfrömdet," und Albrecht II. betont 1438, daß er unterrichtet sei,[2] „wie das etliche armen lute in den dorfern noch me getranges und uber-laftes zugefuget worden sye — und aber darumb nit wellen ge-richt und recht von inen (den Landvögten) nemen".

Ähnlich beschweren[3] sich „ettlich erber Gesellen von den Dörffern im laud Elsaß" über „solich swere beschedigunge und Underbringung, so den dörffern bis Landes ettwie dick und vil beschehen ist und tegelich beschiht mit Roube und Brande so vil, das manig Bider-mann mit Wibe und Kint verderplich gemaht und ze armen tagen broht und dodurch das laud verherget wird". Deshalb wollen sie im Jahre 1399 „sich solicher Raiberige und schinderige gegen den,

---

[1] Schoepflin, Als. dipl. II. 336.

[2] Vgl. Bekker, Reichsdörfer im Elsaß. Ztschr. für die Gesch. des Ober-rheins. N. F. 14, S. 210.

[3] Wencker, de ussburg. S. 225 f.

die in das laut rennent und unredelich bekriegent, zu erweren, sich
gern zu der Stat Straßburg tun ... uuder der Statt Banner
ziehen und also ein gemein Geschrey mit der Statt haben". Viel=
fach bedrängten sogar die Landes= bezw. Grundherren ihre Unter=
thanen derartig, daß ganze Gemeinden ihres Territoriums, Dörfer
und Landstädte, sich von ihnen lossagten und das Pfalbürgerrecht
einer benachbarten mächtigen Reichsstadt nachsuchten. Sehr be=
zeichnend sind die Bedingungen, unter denen sich Stuttgart „uz
daz gewalt von Wirtenberc in des richs gnade und gewalt" begiebt,
und das Bürgerrecht von Eßlingen[1]) enthält: „sie suln ouch haben
unde niezzen alles daz gut, gelt und recht, die der grave von
Wirtenberg ze Stuggarten in dem zehende unde ze Wizzenberg in
der marcke und darumbe het gesucht und ungesucht an redelichen
gesatzeten zinsen und nutzen, swie die gehaisen sint, an den tret=
hadern vogethabern, vogethunre und ander unredelich uutze, swie
die gehaisen sint, die sulu alle gen uns abe sin".[2])

      Sofern nun die Pfalbürger sich durch ihr Bürgerrecht nur
den Schutz einer mächtigen Stadt gegen Gewaltthat oder über=
mäßige Bedrückung ihrer Herren zu erringen trachteten, lag in
dieser Bewegung nicht eigentlich etwas Unrechtes; im Gegenteil,
es wurde damit dem überwuchernden Einfluß des Fürsten= und
Rittertums in heilsamer Weise Schach geboten. Aber was für
Straßburg galt, „da das Stift ledig ohne Haupt oder Bischoff
gestanden", nämlich, daß die Unterthanen Pfalbürger wurden, nicht
sowohl „weil sich des Bistums Leute vor feindlichen unrechten An=
griff, Überfall, Krieg, Brand, Name, Plünderung und anders be=
sorget, als daß sie sich aller bischöfflichen beschwerden gentzlich
entladen und aus der Dienstbarkeit in die Freyheit setzen wollen",[3])
das galt auch sonst allgemein. Denn die Pfalbürger verweigerten
ihren Herren nicht nur die ungebührlichen, sondern auch die her=
kömmlichen und landesüblichen Pflichten und Lasten, so daß die
Fürsten und Herren in dem ganzen Institut (von ihrem Standpunkt
aus völlig richtig) eine lecke Auflehnung und aufrührerische Ge=

---

[1]) Eßlinger U.=B. Nr. 418.
      [2]) Unter ähnlichen Bedingungen ergeben sich Leonberg, Waiblingen,
Schorndorf, Gröningen u. s. w. an Eßlingen. Vgl. Eßl. U.=B. Nr. 416,
420—23.
      [3]) Wencker, de ussb. S. 28 f.

fährdung des öffentlichen Friedens sahen. Sie vertreten stets dieselbe
Ansicht, welche der Herzog von Baiern, der Pfalzgraf Ruprecht, im Jahre
1411 den Straßburgern gegenüber verfocht[1]): „und meinen, das uch
selber billich duncken sulle, wer huselich und hebelich hinter eyme herren
sitzet und sin stetige Wonunge hinder ime hat und auch Almende,
Wasser, Weide und aller andrer gemeinschafft gebruchet und genuesset
als ander sin nachgebure, das der ouch demselben herrn billich zu
dinste sitze und auch Bete, sture und ander dienste gebe glich sinen
Nachgeburen".

Hören wir nun die Klagen der geschädigten Grund- und
Landesherrn.

Markgraf Bernhard von Baden beschwert sich 1423 in einem
Schreiben[2]) an die Stadt Basel über Freiburg, Breisach und
Eudingen. Die drei Städte erklären nämlich seine Unterthanen
als ihre Bürger gegen die Goldene Bulle und erlauben sich auf
Grund dieser Ansprüche Eingriffe in die hohe Gerichtsbarkeit des
Markgrafen. Im Jahre 1424 erläßt er eine zweite Klageschrift[3])
über die Städte des Breisgaus: „Ob auch derselben einer, den
sie fur iren burger meynent ze haben, deheinerley Frevel oder
Unzucht bete in unsern egenanten Gerichten, die doch in denselben
unsern Gerichten und Dörffern gesessin find, do wolten die Stette,
das man abe den nit richten solle in unsern Gerichten, sundern
man solle fur sie darumb in ire stette komment. Dieselben stette
meynent ouch ire Gebuttele und knechte in unsere Dörffere und
gerichte zu schikende und do inne zu pfendende one unser Amptlute
und der unsern bysin."

Im Jahre 1432 beklagt[4]) sich der Erzbischof Günther II. von
Magdeburg über die Stadt: „item quod quidam de nostris subditis in nostris districtibus et territoriis habitantibus contra nos
a consulatu Magdeburgensi defenduntur ex eo, quod cives per
ipsos accepti sunt, ut affirmant, nobis in injuriam et ipsi
consules de jure contra nos tales nequeunt defensare."

---

[1]) Wencker, contin. des Berichts von Ausb. S. 33 f.

[2]) Reg. der Markgrafen von Baden Nr. 3499.

[3]) Schreiber, U.-B. von Freiburg II. S. 318 f.

[4]) Hertel, U.-B. der Stadt Magdeburg II. Nr. 279, S. 302. Vgl.
Faust, Der Streit Erzbischofs Günther II. mit Magdeburg. Hall. Diss.
1900, S. 41.

Ähnlich beschwert[1] sich der Abt Ulrich von St. Gallen über Appenzell, daß die Stadt seine Gotteshausleute, die in den Gerichten seines Gotteshauses säßen und da Wunn und Weide genössen, zu Landleuten annähme.[2] Dadurch gäbe es Streit und dem Gotteshaus Schaden, denn die Leute wollten seinen Gerichten nicht mehr gehorsam sein. Auch der Bischof von Straßburg klagt über die Pfalbürger der Stadt in der Pflege zu Zabern „su enwellent ouch nut zu rehte ston in den Gerichten, do su gesessin sint",[3] und noch im Jahre 1481 erklärt die altmärkische Ritterschaft[4] „item so nehmen dy Rete auß den Steten unser Mann an fur burger... und verteydingen sy, das sy kein glich und recht dhun mussen".

Die Pfalbürger nahmen also das Stadtprivileg der eigenen Gerichtsbarkeit für sich in Anspruch. Sie verweigerten daraufhin die Teilnahme an den landesherrlichen oder grundherrlichen Gerichtsversammlungen, zu denen sich ihre Nachbarn bei Strafe einstellen mußten, und für den Fall, daß sie selbst etwas Unrechtes begangen hatten, bestritten sie ihren Herren die Zuständigkeit ihres Richteramtes und verlangten ihre Verurteilung vor dem Stadtgericht.

Von ebenso grundsätzlicher Bedeutung wie die Frage des kompetenten Gerichtsstands war die wirtschaftlich-materielle Seite dieser Bewegung.

1393 beschwert sich Heinrich von Lichtenberg[5] über Straßburg: „auch ist czu wissend, daz sy mich entweret hant der leut, dy hinter mir gesezzen woren und noch sint in meinen twingen und bennen und dyselben leut wait weide, wazzer und alle almend genuczet und genossen haben... also ander mein arm leut und mer, daz mir dieselben keins diensts gehorsam sint gewesen des gewalts halp der von Strazzburg, darczu si dyselben von Str. gehandhabt hant, und sint der leut auf vierczig."

Auch 1408 wird über Straßburg geklagt[6]): „Es sint ouch etteliche by kurtzen Joren burger worden; soltent ingesessene burger

[1] Zellweger, U.-B. zur Geschichte des Appenzeller Volkes II. 1, S. 259.

[2] „Zu Landleuten annehmen" ist eine im südlichen Teil des alten Herzogtums Schwaben häufig vorkommende Umschreibung für die Aufnahme als Pfalbürger.

[3] Wencker, de ussb. S. 45; ähnliche Klagen über Straßburg, siehe Straßb. U.-B. VI. 733, 736, 741.   [4] Raumer, ungedruckte Urk. II. S. 61.

[5] Straßb. U.-B. VI. 728 u. 729.

[6] Wencker, Von Ausbürgern S. 234.

fin, das gundent sie wol iren freyen gezoges halb; aber so sie also burger werdent, so ziehen sie zu stunt wider uff und sitzent do usse unde uutzent unde niessent mit iren Widen, Kinden und Vihe Walt, Wasser, Wunne und Weide und dienent iren Herren gerne nutzit." Ähnlich beklagt[1]) sich der Markgraf von Baden über Breisgauer Städte: „daun wir etlicher mosse ouch von inen be= drenget worden sint und geschicht uns das noch begeliche mit namen also, das etwiefil lute, die sie fur ire burgere nennent und die in unsern eigen Dörffern, Gerichten, Zwingen und Bennen gesessen sind und unsere Eigentum, Wunne und Weide, bruchent und niessent, do ist der obgenanten Stette Meynunge, daß dieselben alle nit uns sondern in hohe und nohe dienen sollent glich als andere ire ingesessene burger in den stetten."

Aber nicht nur die üblichen Dienste oder Frohnen, sondern auch die Steuern und Zinsen[2]) wurden von den Pfalbürgern ver= weigert.

Bischof Friedrich von Straßburg erklärt[3]) 1393, daß die Stadt seine Leute im Grießheimer Gericht, die dem Stift von alters angehören, als Bürger angenommen hat, und als seine Amt= leute auf diese Männer Steuer legen wollten, seien sie daran mit Gewalt verhindert worden. Auch der Landvogt vom Elsaß be= schwerte[4]) sich damals: „also ouch min herre der kunig ander fursten, herren und stette gemeinekliche zu Eger ubereinkoment, das alle unserre burgere, pfalburgere, wie die genant sint, abe sollent sin, die ouch andere abe geloßen haut, das wellent sie mit dun, allen herren, rittern und knechten und armen edeln luten, uud sunder so habent sie dem riche vor die burgere, die sie vor hettent in der pflege zu Hagenow und wenne des riches knechte angriffent umbe sture, so griffent sie wider dorumbe an und trawent den knechten in die turne zu werffende und machent do mitte, das nieman getar des riches sture noch nutz gesameln."

Noch im Jahre 1480 beklagt[5]) sich der Kurfürst von Branden= burg über die altmärkischen Städte: „item uff keiserlich gesetz und

[1]) Schreiber, U.=B. von Freiburg II. S. 318 f.

[2]) Bekanntlich werden ja diese Ausdrücke, namentlich in kleineren Terri= torien, vielfach miteinander verwechselt.

[3]) Straßb. U.=B. VI. 723, S. 416.   [4]) Straßb. U.=B. VI. 741, 8.

[5]) v. Raumer, Sammlung ungedruckter Urk. II. S. 59.

Innhalt der gulden bullen der pfahlburger halben, das kein stat
pfalburger uff soll nehmen, schuldigt mein gnediger herr by von
Stenndall, das sy daruber pfalburger und Burgerin uffnemen,
seiner gnaden und der Herschaft zu schaden, dy hergewett und
Gerad,[1] das der Herschaft von rechts wegen zu nehmen geburt,
damit abtzubrechen und zu entwenden alles wider ir gelubd und
eyde der Herschaft gethan.«

Auch im südlichen Teil des Reiches hatte man ähnliche Beschwerden
über das Pfalbürgertum. Dort hatte die Stadt Appenzell besonders
dem Bischof von Konstanz und seiner Priesterschaft mannigfach Unrecht
gethan, und auf Veranlassung der St. Georgsritterschaft erließen deshalb die Kurfürsten ein gemeinsames Mahnschreiben[2] an die Städte
Zürich und Bern: »und des ouch die vorgenanten Appenzeller
und die zu inen gehörend mit irem mutwillen fräsell und unrechten
gewalt sich bereu underziehend, die den Herren der Ritterschaft
anghörende Lute ze schirmen wider ire rechten Herren, den ir
stüren, Zinß und gülte ze geben angehörig lüte tren herren
ghorsam ze syn und ze dienen, das alles erschrökenlich ist ze
hören.«

Dazu kam, daß die Pfalbürger auch die aus den landesherrlichen Bannrechten sich ergebenden Pflichten verweigerten und sich
auch nicht bei den durch Gemeindebeschluß auferlegten dorfgenossen-
schaftlichen Unternehmungen und Arbeiten beteiligten. So klagt[3]
1386 der Bischof von Straßburg: »die von Dungesheim, Belheim,
Zeinheim, Pfettensheim wellent keinen Banwein drinken, sie
enwellent ouch nut engern noch fronetage tun. Item alle
burger in der Pflege wellent nut engern, noch fronetage tun noch
Baneinungen halten mit den, die bi in gesessin sint«, und 1393
klagt[4] Bischof Friedrich: »Ez ist auch zu wißen, daz . . . . in
meins herren lant sitzent und in meines herren laut, walt, wonne
und weide nieszent und heuslich und heblich do sitzent und wollent
denne weder helfen wachen noch huten noch keiner hant ding
tun, daz in meines herren nutz triffet und wollent aller ding
frey sin.«

---

[1] Kriegsrüstung bezw. Aussteuer des verstorbenen hörigen Mannes oder
der Frau = mortuarium, Besthaupt. Vgl. Schröders Rechtsgeschichte S. 305 u. 451.

[2] Zellweger, U.-B. I. 2, S. 383. [3] Wencker, Von Ausb. S. 45.

[4] Straßb. U.-B. VI. 723, II. S. 415.

Obwohl nun die Pfalbürger sich so von allen Verbindlichkeiten gegen Herren und Dorfgenossen lossagten, wollten sie doch nicht auf die bisherigen Vorzüge ihres Wohnortes verzichten; im Gegenteil, sie nahmen nicht nur nach wie vor alle Gemeinderechte in Anspruch, sondern nutzten sogar das Almendland, Wald, Wiese und Weide in noch höherem Grade aus, als wie es ihren Nachbarn durch Gemeindebeschluß oder Grundherrn zugestanden war. Recht anschaulich schildert uns das eine Klage[1]) des Abtes Ulrich von St. Gallen „uber einen, genant der Ringlisperg, der ouch in sinen gerichten gesessen sy, derselbig habe sinem Gotzhus und ymm vil Hölzern abgehuwen in sines Gotzhus Hölzern und als er ymm das fürer nit gestatten sunder verbotten unnd jmm das gewert hab, das hab er alles verachtett unud sig ymm darinn ungehorsam gewesen und als er verneint, er wolt ynn darumb straffen, da luf er gen Appenzell und wurde jr Lantman und als er Lantman wurde, da hat er erst vil Hölzern gehuwen, daun wo er vor eines abhuwe, da huw er zwey ab unud troste sich des Lantrechts unnd als er sineu Amptlüten unud knechten empfolen hette, ymm das fürer nit zu gestatten, als sy das fürgenohmen haten, do syge derselb Ringlisperg in das Land A. geluffen unnd habe eyn groß Volk mit jme me daun einmal gebracht unud understanden sich zu weren." Ähnlich heißt es in mehreren Listen und Matrikeln der Stadt Straßburg: „diese vorgeschrieben burger, die burger zu Straßburg sint und ouch burger zu Oberkirche, die sitzent hußlich und hebelich in dem gerichte zu Appenwiler und geniessent aller christlich und weltlich Recht; sy gent jores zu den H. Sacramento do; sy doiffent jr kint do, sy hant ir begrebede do, sy slahent ir küwe und swin, faren vur den gemeinen hirten, sy geniessent wasser, weide, welde und almende me danne die andern, die den Herren dienent, wanue sy auch me sihes hant .... und dem zuwieder doch in den gerichten sitzen und wald und weide niesen, mehr daun andere ihrer Herren arme leuthe."[2])

Ähnlich heißt es schließlich im Februar 1393[3]): „item do ist auch Hensel Syfrit von Kilstette, den wollent sie meinem herrn nit lassen

---

[1]) Zellweger, U.-B. II. 1, S. 259.
[2]) Wencker, cont. von Außb. S. 50. Vgl. auch Wencker, de ussburg. S. 4.
[3]) Straßb. U.-B. VI. 723.

dienen und hat alweg sewer und rawch und teil und gemeyn an
almende, an welden und an andern dingen gehabt ze Kilstette
als ander meins herrn arm lutte. Item do nymet auch der lon=
herre zu Kilstette dy almende, dy meines herren und seiner armen
leuth sint, und acker und weyde und setzet baume darauf und ver=
grebet sy, daz sy ir mein herre noch sein arm leuthe nit mugen
geniefzen. und setzet darauf steine an geritzt und an reht und
mit gewalt den armen lutten und schenket auch wein in meines herrn
gerihten zu Kilstetten und will meinem herrn nit verungelten." —

Unter diesen Umständen ist es nicht zu leugnen, daß das
Pfalbürgertum ein Unwesen darstellte, welchem sich die Landes=
und Grundherren im eigenen wie im Interesse ihrer Unterthanen
aufs heftigste widersetzten.

Obenan steht für sie wohl die wirtschaftlich=finanzielle Seite
der Frage.

Besonders die Grundherren sahen sich in dieser Beziehung
den schlimmsten Gefahren ausgesetzt. Für sie handelte es sich zu=
nächst um den Verlust von althergebrachten Einkünften, auf die
sie um so weniger verzichten konnten, als die Entrichtung dieser
Abgaben das Zeichen der Anerkennung ihres Obereigentums an
den zur Bewirtschaftung übertragenen Bauernhöfen bildete. Ein
Verzicht auf die übliche Pacht war also unter Umständen gleich=
bedeutend mit dem Verlust des ganzen Gehöfts. Auch die Ein=
buße an Arbeitskraft, welche der Grundherr erlitt, war nicht zu
unterschätzen. Für die Bewirtschaftung seiner in unmittelbarem
Besitz befindlichen Ländereien war er auf die Frohnen seiner Hörigen
und Eigenleute geradezu angewiesen, und wenn sich diese nun in
größerer Zahl ihren bisherigen Verpflichtungen entzogen, mußte
infolge der „Leutenot" der regelmäßige Gutsbetrieb auf dem Frohnhof
ins Stocken geraten, so daß sich der Grundherr damit in seiner
wirtschaftlichen Existenz unmittelbar bedroht sah. Die namenlose
Keckheit, welche sich in dem ganzen Verhalten der bisher dem
grundherrlichen Gericht unterstehenden Hintersassen aussprach, mußte
den Groll der geschädigten Herren noch steigern. Dabei standen
sie der ganzen Bewegung im großen und ganzen wehrlos gegen=
über. Denn wenn sie sich mit Gewalt im Besitze ihrer Rechte be=
haupten wollten, traten die Städte sehr entschieden für ihre Pfal=
bürger ein, und da diese über eine nicht unbeträchtliche Macht ver=

fügten, zogen die Herren im Kampf mit ihnen nur gar zu leicht den Kürzeren.

Für den Landesherrn lagen die Verhältnisse in finanzieller Beziehung etwas günstiger. Er pflegte ja seine halbjährliche Bede in althergebrachter Höhe als Pauschalsumme von der ganzen Gemeinde zu erheben. Wenn sich nun einzelne Mitglieder derselben ihrer Steuerpflicht entzogen, so wurden die übrigen in entsprechend höherem Maßstabe in Anspruch genommen. Den Schaden hatte also zunächst nicht der Landesherr, sondern die Dorfgenossenschaft zu tragen. Immerhin war doch auch die Leistungsfähigkeit derselben nur eine beschränkte. Wenn die Zahl der Pfalbürger sich also mehrte — 1393 waren z. B. 40 Leute Heinrichs v. Lichtenberg Straßburger Pfalbürger[1]) und im Jahre 1465 hatten sich 38 Hörige des Ritters Hans von Eptingen[2]) ins Pfalbürgerrecht „ze Sollenter" begeben — dann konnte die kleine Zahl der im alten Unterthanenverband Verharrenden oft beim besten Willen nicht die Bede in ihrer gewöhnlichen Höhe aufbringen. Besonders schlimm wurde der Ausfall für den Landesherrn, wenn der wohlhabendere Teil der Dorfgemeinde, welcher ja nach Maßgabe seines Besitzes die Hauptlast der Steuer zu tragen pflegte, sich in das städtische Pfalbürgerrecht begab. Denn um so weniger vermochte dann die ärmere Hälfte neben ihrer eigenen Quote noch die verhältnismäßig hohen Beträge für die Reicheren aufzubringen. Recht anschaulich berichtet der Verfasser des Habsburger Urbars von dem Dorfe Ennetbaden[3]): „Es si aber das minste oder das meiste, so sprechent die liute uf ir eit, das sie so großer stiure niht mehr erliden mügen, wan wol uf 20 der besten, so si uuder ineu haten, inen niht mer helfent stiuren da von, wanue si burger sint worden ze Baden." Ähnlich klagten[4]) im Jahre 1408 die Amtsleute des Bischofs von Straßburg über die Pfalbürger der Stadt: „dieselben sint zuwilen wolhabende Lute, das sie irer Herschaft wol gedienen mochtent und des man die Zinsen und Schulden ... deste bas gerihten möcht und wenne sie danne Burger also werdent, so dienent sie nit me. Darumbe kunnent auch das Lant die Zinsen

---

[1]) Straßb. U.-B. VI. 728.   [2]) U.-B. der Landschaft Basel. II. 867.

[3]) Vgl. Zeumer, Die deutschen Städtesteuern in Schmollers Forschungen Band I. S. 14.

[4]) Wencker, de usb. S. 234.

und Schulden deſte minre bezalen." Wenn alſo auch in erſter
Linie die Gemeindegenoſſen der Pfalbürger die Benachteiligten
waren, ſo wurde doch ſchließlich, zumal wenn die Bewegung größere
Kreiſe zog, auch der Landesherr in ſeinen Territorialeinkünften
geſchädigt. Nun ſcheint auch in ſozialer Beziehung Unfriede und
Zwietracht durch das Pfalbürgertum in die Dorfgemeinde getragen
zu ſein. Wiederholt wird nämlich in Verträgen der Herren mit
den Städten den Pfalbürgern eingeſchärft: „daß ſie ſich ſonſten in
allem fruntlich hielten und dheine unnotwendigen Zanck und
Hochmut triben, damit man ſie liden mecht und khind."¹) Offenbar
dünkten ſie ſich alſo als „ſtädtiſche Bürger" vornehmer und beſſer
als ihre Nachbarn, „die Bauern". Ob nicht allein ſchon dadurch,
ganz abgeſehen von den mannigfachen pekuniären Vorteilen, in
dieſen unſeren biederen Vorfahren das Verlangen rege geworden
iſt, dem Beiſpiele ihrer Dorfgenoſſen zu folgen, um in gleicher
Weiſe der vielbeneideten ſtädtiſchen Vorzüge teilhaftig zu werden?
Jedenfalls wuchs für den Landesherrn die Gefahr, je mehr das
Vorbild der wohlhabenderen und angeſeheneren Kreiſe in den
Reihen der übrigen Nachahmung fand. Daher beſchwerte²) ſich
der Abt von St. Gallen über die Stadt Appenzell. Obwohl König
Ruprecht in Konſtanz die Bündniſſe der Appenzeller abgethan
habe, nähmen dieſe außerhalb ihrer Landesmarken die Gotteshaus=
leute als Landleute an, und dieſe verweigerten dann dem Gottes=
haus ſeine Zinſen, Zehnten, Steuern, Vogtrechte und anderen Nutzen
und Rechtung. Daher erklärten nun die anderen Gottes=
hausleute, die nicht mit Appenzell verbunden ſeien, daß ſie
ihren Pflichten gegen das Gotteshaus nicht mehr nach=
kommen wollten. Wenn nun vollends ganze Weiler, Märkte,
Dörfer und Gemeinden ſich vom Landesherrn losſagten, um ſich
ins ſtädtiſche Bürgerrecht gemeinſam zu begeden, oder wenn der
Landesherr in ſeinem Territorium umfangreichen Grundbeſitz beſaß,
ſo daß ihm neben der Steuer auch die Einkünfte, die er als Grund=
herr bezog, geſchmälert wurden — dann mußte das Pfalbürgertum
zu einer denkbar ſchweren Erſchütterung der wirtſchaftlichen
Poſition des Landesherrn führen. Kein Wunder alſo, wenn Grund=
und Landesherren im finanziellen Intereſſe ihrer ſelbſt wie ihrer

---

¹) Wencker, Von Ausb. S. 218.   ²) Zellweger, U.-B. I. 2, S. 300.

Unterthanen auf jede Weise das weitere Umsichgreifen des Un-
wesens zu verhindern suchten.

Immerhin ist doch die Hauptursache ihres Widerstandes gegen
das Pfalbürgertum in den Gefahren zu suchen, welche ihnen diese
Einrichtung in politischer Hinsicht zu bringen drohte.

Es war ja jene Zeit, wo die Territorialherren auf den
Trümmern der Reichsverfassung sich eigene, nur ihrer unbedingten
Landeshoheit unterstehende Herrschaftsgebiete zu errichten trachteten.
Ihren Machtbereich zu vergrößern, ihn vor allem zu einem festgeschlossenen Steuer- und Gerichtsbezirk abzurunden und jeglichen
anderen Einfluß aus diesem zu verdrängen, war ihr vor allem erstrebtes Ziel, bei dessen eifriger Verfolgung sie sich gegenseitig gern
ihre Unterstützung liehen. Besonders gegen die Reichsstädte richteten
sie mit Vorliebe ihre gemeinsame Kraft. Diese waren zu blühenden
Gemeinwesen herangediehen, und ihre Eingliederung in das fürstliche Territorium hätte eine wesentliche Machtverstärkung der landesherrlichen Gewalt zur Folge gehabt. Die Fürsten hätten daher
die Reichsstädte wie ihre Landstädte gern zur Anerkennung ihrer
Oberhoheit gebracht. Von einem inneren Gegensatz, einer grundsätzlichen Feindschaft zwischen städtischem und landesherrlichem Wesen
kann man also im vollen Sinne nicht sprechen; denn die Fürsten
überhäuften sogar oft die Städte mit Freiheiten und Rechten —
sobald diese sich ihrer landesherrlichen Gewalt gefügt hatten. Die
Fürsten waren also nicht grundsätzliche Gegner der Städte, sondern
nur Feinde ihrer Selbständigkeits- und Unabhängigkeitsbestrebungen.
Aber gerade in diesen Beziehungen zeigten sich die Reichsstädte
hartnäckig. Sie hatten sich unter vielen Opfern und nach langen
Kämpfen und Mühen ihre reichsunmittelbare Stellung errungen
und waren nun bei dem Verfall der königlichen Macht und dem
Aufkommen der geistlichen und weltlichen Territorialherren ängstlich
bemüht, sich allen Angriffen gegenüber den Besitz ihrer Unabhängigkeit zu wahren. Sie konnten ja, wenn es not that, dank ihres
Reichtums recht ansehnliche Heerhaufen von gewappneten Bürgern
und geworbenen Söldnern ins Feld stellen, und da sie sich zur
Verteidigung ihrer Rechte gleichfalls eng aneinanderschlossen, vermochten sie sich dank dieser Städtebündnisse trotz des gewaltigen
Erstarkens der landesherrlichen Macht im allgemeinen zu behaupten.
Die Krisis der städtischen Entwickelung lag nun aber darin, daß

die Ratsherren sich nicht auf die Verteidigung der überkommenen
Stellung ihrer Vaterstadt beschränkten, sondern daß sie, von ähnlichen Wünschen wie die Fürsten beseelt, nach einer politischen Macht
strebten, welcher eigentliche staatsrechtliche Garantien fehlten und
welche deshalb den erbittertsten Widerstand des gesammten Fürstentums wachrufen mußte. Nach antikem Muster oder nach dem Vorbilde der italienischen Städterepubliken versuchten sie nämlich außerhalb ihrer Mauern auf dem flachen Lande Fuß zu fassen, den
Machtbereich ihrer Stadt also über den Umfang ihres eigentlichen
Weichbildes hinaus zu erweitern und so den Stadtstaat zu einer
städtischen Republik größeren Umfanges, zu einem Landesterritorium
zu entwickeln. Der Erreichung dieses hohen Zieles diente neben
ihrer Ausbürgerpolitik[1]) hauptsächlich das Pfalbürgertum.

Deun indem dieses Justitut die auf dem flachen Lande an-
säffige Bevölkerung hinsichtlich der wichtigsten Pflichten des Unter-
thanenverhältnisses, der Steuer- und Gerichtspflicht, dem Landesherrn entfremdete und in den Bannkreis der städtischen Interessen
zog, durchlöcherte dieses System das abgeschlossene Territorial-
gebiet und dehnte den städtischen Machteinfluß über das ursprüngliche Weichbild hinaus auf das platte Land aus. Gelang es nun
den Städten, durch ihre Pfalbürgerpolitik schrittweise vordringend,
immer weitere Gebiete der landesherrlichen Territorialgewalt zu
entziehen und durch die Erteilung des Ausbürgerrechts Ritter
und geistliche Verbände der Nachbarschaft in immer größerer Zahl
an sich zu fesseln, näherten sich dann vollends einander die Gebiete
der verbündeten Städte mit ihren Ausbürgern und Pfalbürgern,
deren Gehöfte gewissermaßen die Außenwerke und Vorposten der
reichsstädtischen Festungen bildeten, dann mußte auf diese Weise
eine ganze Herrschaft von reichsunmittelbaren Gliedern unter Führung der Städte heranwachsen, der gegenüber das Landesfürstentum
sich nicht behaupten konnte — ein außerordentlich fein angelegter

---

[1]) Die Frage des städtischen Ausbürgertums soll demnächst Gegenstand
einer besondern Abhandlung bilden. Das Ausbürgerrecht verliehen die Reichsstädte an den umwohnenden Adel und an benachbarte geistliche Herren und
Verbände. Gegen die Zusicherung des städtischen Schutzes und freier Zölle
für ihre Produkte in der Stadt verpflichteten sich diese zu bewaffneter Hilfe
im Kriegsfall und zur Anerkennung der städtischen Gerichtshoheit. Dadurch zogen
also die Städte Adel und Geistlichkeit der Umgegend in ihre Macht- und
Interessensphäre hinein. Vgl. auch den letzten Abschnitt dieser Abhandlung.

Plan, den die städtischen Ratsherren mit weiser Vorsicht und kluger
Zurückhaltung, aber auch mit zäher Beharrlichkeit der Verwirklichung entgegenführten und der, wenn er gelang, ganz unberechen-
bare Folgen für das Reich und seine Verfassung nach sich ziehen
mußte. Der Streit um das Pfalbürgertum bedeutete somit nichts
Geringeres als die Entscheidung der Frage: Wird es den Städten
gelingen, sich zu Staaten auszuwachsen und sich auf Grund ihrer
Landeshoheit den Fürsten als gleichberechtigte Glieder des Reiches
beizugesellen, oder werden die Fürsten die Städte auf ihren Mauerring beschränken und das platte Land ihrem Machtbereiche entziehen?

Unter diesen Umständen ist es leicht verständlich, daß die
Herren mit allen gesetzlichen und ungesetzlichen Mitteln diesem
Unwesen zu steuern suchten. Häufig nahmen sie ihren Unterthanen das eidliche und urkundlich bestätigte Versprechen ab, sich
auf keinerlei Weise den Verpflichtungen ihrer Unterthänigkeit zu
entziehen. So muß eine große Zahl Leibeigener ihrem Herrn
Eglof von Rorschach 1378 schwören[1]): „das wir im noch sinen
erben niemer flüchtig noch abtrünnig werden sollin noch uns in
kain wis usser irem gewalt ziehen söllin noch wellen, weder
mit lip noch mit gut, das wir uns weder mit burgrecht noch
mit kainer auder gelübt noch bunt unß weder in des richs stett
noch in ander stett" .... verpflichten. Einen ähnlichen Schwur[2])
leisten ihrem Herrn, dem Abt von St. Gallen, 1367 die „lantleut
gemainlich, die in die zwan Aempter zu Appenzelle und ze Huntwille
gehörent." Als sich dann Rupert, der Schultheiß des Mainzer
Stifts St. Peter in Birgel, um das Frankfurter Bürgerrecht bemüht, muß er das schriftliche Versprechen[3]) geben: „non vult nec
intendit se et sua a memorata ecclesia alienare, sed se spon-
tanee coram nobis obligavit, quod perpetuo maneat in ser-
vitio debito ecclesiae antedictae, et quod melius caput, quod
vulgariter bestheubet nuncupatur, et censum de capite
suo debitum et omnia alia jura et servitia de jure vel con-
suetudine competentia temporibus debitis et consuetis faciet
et ministrabit tanquam suis dominis, decano et capitulo supra-

---

[1]) Zellweger, II.-B. I. 1, S. 263.

[2]) Zellweger, I. 1, S. 227. Vgl. auch im Berner Urkundenbuch IV. die
Nummern 128, 143, 607 und U.-B. der Landschaft Basel II. 867.

[3]) Böhmer, U.-B. der Stadt Frankfurt I. S. 244.

dictis." Ähnlich ließ sich Graf Eberhard III. von Württemberg
von ganzen Gemeinden, Mann für Mann, schwören,[1] sich mit
Weib und Kind, Hab und Gut niemals von Württemberg entfremden
zu wollen.

Vielfach suchten dann die Landes- und Grundherren durch
Versprechungen ihre Unterthanen an sich zu fesseln oder die Städte
zur Abschaffung der Pfalbürger zu veranlassen und diesbezügliche
Zusagen von ihnen zu erwirken. So setzen z. B. die Grafen von
Kiburg für die Bewohner der Vogteien Ohringen und Trullikon
die Vogtsteuer auf eine bestimmte Summe fest,[2] und der Abt
Kuno von St. Gallen verspricht den freien Leuten der Vogtei im
oberen Thurgau, „nichts mehr noch anders zu vordern noch von
inen ze nemen noch zuchen, wan die alten Rechnungen an Pfennigen,
an Haber, an Kernen und an Hueuern geschriben stath."[3]

Der Erzbischof Friedrich von Köln verleiht 1373 der durch
eine Feuersbrunst eingeäscherten Stadt Olze zur Beförderung ihres
Wiederaufbaues Freiheit von den Mai- und Herbstbeden unter der
Bedingung,[4] „quod ex nunc in antea nullum hominem, qui
nobis et ecclesiae nostrae ad petitionum, censuum seu redditum
solutionem fuerit adstrictus annuatim, in eorum recipiant
coopidanum quovis modo", und der Bischof von Basel
weiß durch bestimmte Verheißungen den Rat der Stadt zu dem
Versprechen zu gewinnen, daß er „nullos homines, cives vel in-
quilinos aut opidaneos vel alios ad opidum Liestal et castrum
dictum de Nuvehomberg in cives vel ad aliquod aliud jus
civile" ohne ausdrückliche Genehmigung des Bischofs aufnehmen
will.[5]

Vor allem suchte man dann auf dem Wege der Reichsgesetzgebung sich gegenüber dem machtvoll um sich greifenden
Städtetum im Besitz seiner althergebrachten Rechte zu behaupten.

---

[1] Rta. I. Nr. 245. Anm. 1. Vgl. Staelin III. 331 nebst Anm. 6.

[2] Züricher U.-B. III. Nr. 1216. Vgl. auch IV. S. 12.

[3] Zellweger, U.-B. I. 1, S. 347 f.

[4] Seiberz, U.-B. 837. Hier haben wir übrigens einen der oben erwähnten Fälle, daß kleine Landesherren in ihren Urkunden zugleich als Grundherren auftreten, da in diesem Privileg nebeneinander öffentlich-rechtliche
(petitiones) und privatrechtliche (census, redditus) Ansprüche erwähnt werden.
Der Erzbischof handelt also gleichzeitig als Landesherr und Grundherr.

[5] U.-B. der Landschaft Basel I. Nr. 218.

Im großen und ganzen sind ja die Kaiser von den Staufern bis
zu den ersten Habsburgern (mit Ausnahme vielleicht von Sigmund)
städtefeindlich gesinnt. In ritterlichen Anschauungen aufgewachsen,
fühlen sie sich innerlich viel mehr mit Fürsten und Herren als mit
Städtebürgern verknüpft, und im Kampf der Interessen nehmen
sie zunächst für die ersteren Partei. Durch die Reichstagsabschiede
und Landfriedensgesetze des 13. bis 15. Jahrhunderts ziehen sich
daher die Pfalbürgerverbote wie ein roter Faden hindurch. Das
fürstenfreundliche Statut König Heinrichs, die Mainzer Konstitution
Friedrichs II., der Frankfurter Reichstagsabschied Heinrich VII.,
Wenzels Landfriede von Eger und die Goldenen Bullen Karls IV.
und Sigmunds von den Jahren 1356 und 1431 sind durch besonders scharfe Erlasse gegen solchen Mißbrauch des städtischen
Bürgerrechts ausgezeichnet. Vielfach suchte man dann den allgemeinen Reichsverboten noch dadurch besondere Wirksamkeit zu verschaffen, daß man sie in der Form kaiserlicher Mandate an einzelne
Städte im besonderen richtete, so z. B. 1333 an die vier Reichsstädte[1]) der Wetterau, Frankfurt, Friedberg, Wetzlar und Geln-
hausen, 1315 an Speyer,[2]) 1373 an Straßburg,[3]) 1315 an
Worms[4]) u. s. w.

Bisweilen erhielten dann auch einzelne Reichsfürsten und
Herren besondere Privilegien, daß ihre Unterthanen von den Städten
nicht als Pfalbürger aufgenommen werden dürften, z. B. die Gebrüder von Ochsenstein,[5]) die Bischöfe von Straßburg,[6]) der Ritter
von Trimberg,[7]) der Markgraf Rudolf von Baden,[8]) die Ritter von
Lichtenberg[9]) u. a.

Die Städte sahen nun allerdings wohl ein, daß durch ihr
Vorgehen die Herren in unrechtmäßiger Weise geschädigt wurden.
Das zeigt sich in einem Briefe,[10]) den Ulm als Vorort des schwäbischen

---

[1]) Neue Sammlung der Reichstagsabschiede S. 43.

[2]) Lehmann, Speyerer Chronik S. 665 u. 698.

[3]) Straßb. U.-B. V. 1072.

[4]) U.-B. von Worms II. 1315. Vgl. dazu auch Maurer a. a. O. II. S. 245.

[5]) Lehmann, Grafschaft Hanau II. S. 39.

[6]) Straßb. U.-B. V. 321 u. 1072.

[7]) Senckenberg, Sel. Jur. et Hist. I. 610.

[8]) Reg. d. Markgr. v. Baden Nr. h. 982.

[9]) Als. dipl. II. 370.

[10]) Rta. XI.

Bundes am 16. Januar 1431 an Nördlingen richtet. Der Rat
teilt darin ein Pfalbürgerverbot des Königs mit und fügt hinzu:
„und ob das wol underschaid hett, das es in etlichen
stuken billich waere, so ist doch darinne, das in dem oder anderm
den stetten zu unrate entstan mochte.“ Vielfach erklären sich auch
die Städte freiwillig zur Abschaffung ihrer Pfalbürger bereit. So
beschließen die Reichsstädte[1]) auf dem Tage zu Utenheim 1389:
Der Artikel über das Verbot der Pfalbürger „bleibet also, wanne
unser herre der Keiser selige daruber ein recht gesezet het, daz
alle pfalburgere solten abesin und sie niman me empfaen solte;
dawider mag oder kan nieman getun.“ Straßburg faßt 1391 den
Beschluß,[2]) daß alle Pfalbürger, wo und unter wem die auch sitzen,
„ir burgrecht rihten hinnan bitze zu der großen vastnaht. Wenn
welre des nit endete, dem wellent wir hernach weder geraten noch
beholffen sin“, und am 26. Juli 1429 verpflichtete[3]) sich Appenzell,
die Angehörigen der Edelleute, welche sie zu Landleuten angenommen
hätten, ihrer Eide zu entlassen und in Zukunft keinen Eigen- noch
Vogtmann, der außer ihren Grenzen wohnt, zum Landmann anzunehmen. Die Stadt Überlingen erhält 1483 sogar von Friedrich III.
ein Privileg,[4]) „daß sy alle und yegliche pfalburger, so yzo in
iren und der iren gerichten und gebietten sitzenn oder sich hinfur
darein ze setzen understeen wurdene, sy daselbs ferren zu ennthalten
oder gedulden nit schuldig sein und welich sich des widern oder
setzen wurden, die mit gewalt aus denselben iren und der iren
gerichten und gebietten treiben mugen.“

Die Stadt Frankfurt entschloß sich zwar nicht zur Abschaffung
ihrer Pfalbürger, machte aber doch den Herren ein wichtiges Zu-
geständnis, indem sie als § 22 in ihr Stadtrecht die Bestimmung
aufnahm: „dicimus etiam, quod illi cives, qui dicuntur palburgere, ubicunque faciunt residentiam personalem, ibi tenentur
plebano illi, qui tunc ipsis praeest, in suis festis summis

---

[1]) Rta. II. 102.

[2]) Straßb. U.-B. VI. 613.

[3]) Zellweger, Geschichte des Appenz. Volkes I. 2, S. 407. Vgl. auch
Seite 450 ff.

[4]) Vgl. Mone, Ztschr. f. die Gesch. des Oberrheins XXII, S. 270.
Diese Urkunde zeigt den seltenen Fall, daß das Institut des Pfalbürgertums
den städtischen Interessen widersprach.

offerre oblationes debitas et consuetas", eine Anordnung, aus
welcher Maurer[1]) folgert, „daß die perſönlichen Verhältniſſe der
Pfalbürger an ihrem bisherigen Wohnorte durchaus unverändert
bleiben, die Hörigen Aus= oder Pfalbürger alſo zins= und beſt=
hauptpflichtig bleiben und auch die übrigen Abgaben und Dienſte
ganz unverändert beibehalten werden ſollten.“

Aber im allgemeinen waren doch die Pfalbürger eine zu
ſtarke Stütze des Städtetums, und der Intereſſengegenſatz der
Parteien war ein ſo ſcharfer geworden, daß ſich die Städte trotz
aller Verbote und trotz zeitweiliger Verſprechungen immer wieder
im Beſitze derſelben zu behaupten ſuchten. Sie beriefen ſich ſtets
auf ihre „Freiheiten und ihr altes Herkommen“,[2]) oder „auf ihre
von Königen und römiſchen Kaiſern befeſtigten, guten Gewohn=
heiten und Gerechtigkeiten, „die ſy gar vor alten unud langen
Joren unud Zeiten unud lenger, dann yeman fürdencken muge“,
beſeſſen hätten. Thatſächlich beſaßen die Städte keine Privilegien,
welche ihnen das Halten von Pfalbürgern geſtattet hätten. Ganz
vereinzelt ſteht der Erlaß[3]) Karls IV. vom 10. Auguſt 1365,
welcher den Reichsſtädten im Elſaß Pfalbürger zu haben geſtattet,
ſolange Straßburg ſolche unterhält; ſonſt aber enthalten die Freiheits=
briefe der Städte, ſo die für Kaufbeuren, Frankfurt, Speyer, Winter=
thur u. a. ſtets die Beſtimmung, daß ſie auch Bürger außerhalb ihrer
Ringmauern nur in dem Falle aufnehmen dürfen, daß dieſe ſich
nicht in freventlichem Mutwillen ihren ſonſtigen Verpflichtungen
entziehen.[4]) Straßburg berief ſich mit Vorliebe auf ein Privileg
„von dem allerdurchluhtigeſten furſten ſeliger gedehtniſſe König
Ruprecht, dem Gott gnedig ſin welle“, vom Jahre 1205, nach
welchem alle im Lande Elſaß liegenden Güter Straßburger Bürger
bede= und dienſtfrei ſein ſollten.[5]) Indeſſen zeigt doch der
Wortlaut der Urkunde, daß dabei nur an die Güter der in der
Stadt ſelbſt angeſeſſenen Vollbürger gedacht war, zumal ja das
Pfalbürgerweſen in ſeiner ſpäteren Entartung zu jener Zeit kaum
ſchon beſtand. Auch die Privilegien der eigenen ſtädtiſchen Gerichts=

---

[1]) Vgl. Maurer, Geſchichte der Städteverfaſſung in Deutſchland II, S. 243.
[2]) Vgl. z. B. die Antwort der Stadt Magdeburg auf die Beſchwerden
des Erzbiſchofs Günther. Hertel, U.=B. der Stadt Magdeburg II. S. 267.
[3]) Schoepflin, Als. dipl. II. 247.   [4]) Züricher U.=B. IV. S. 297.
[5]) Straßb. U.=B. I. Nr. 145.

barkeit stammen fast durchgängig aus der älteren Zeit, aus der
wir keinen urkundlichen Nachweis über das Vorkommen der Pfalbürger besitzen. Unzweifelhaft war es also eine unrechtmäßige Anmaßung der Städte, Privilegien, welche für ortsangesessene Bürger
erlassen waren, auch für solche „Spottbürger" in Anspruch zu
nehmen. Wenn der Pfalzgraf Ludwig im Jahre 1411 auf seine
Forderung[1]) an Straßburg und Oberkirch, „daß sie uns icht
Fryheid, der sie in den sachen billich genyessen solten, fürbrechten
und horen liessen, die wolten wir gerne verhoren und in daun auch
glimpflich daruff antworten", die Erfahrung machen muß, „des
hant sie uns solicher Friheid noch keyne furbracht noch horen
lassen", so hatte das seinen guten Grund. Die Reichsstädte[2]) besaßen thatsächlich keine entsprechenden Privilegien und konnten als
Rechtstitel für ihr Verhalten nur das Herkommen, d. h. ihre durch
die Jahre hindurch bewiesene ungesetzliche Eigenmächtigkeit, anführen.

Unter diesen Umständen war es kein Wunder, daß Fürsten
und Herren in jener fehdelustigen Zeit oft mit Gewalt nahmen,
was ihnen nach ihrer Auffassung recht- und gesetzmäßig zukam
und ihnen doch gutwillig nicht gewährt wurde. Daher beklagen
sich nun die Städte ihrerseits über Raub, Plünderung und Gewaltthat entgegen dem Landfrieden und ihren Privilegien. So hielt
sich Markgraf Bernhard[3]) von Baden für die Entziehung seiner
Unterthanen dadurch schadlos, daß er einem Straßburger Bürger
28 Hengste von der Weide raubte, einen anderen gefangen nahm
und ihm sein Silbergeschirr im Werte von 50 Gulden abnahm,
einem dritten ein Schiff mit Kaufmannsgut im Werte von
8000 Gulden abfing u. dgl. Vor allem erzwangen daun aber
Fürsten und Herren die üblichen Abgaben und Dienste. Frankfurt
klagt 1417 über die Gewaltthaten des Mainzer Erzbischofs[4]):
„item als banne die stad zu Franckfurd .... friheid hat, daß man

---

[1]) Wencker, cont. d. Berichts von Ausb. S. 34.

[2]) Bei den Landstädten liegen die Verhältnisse etwas anders. Diese erwiesen sich oft als eine starke Stütze der Landesherren, so daß sich die letzteren
häufig infolge der Kollision der Interessen zur Verleihung pfalbürger-
freundlicher Privilegien veranlaßt sahen. Vgl. v. Steinen, Westf. Gesch. II.
72 f. u. 1293; auch Seibertz, U.-B. 797.

[3]) Reg. d. Markgr. v. Baden, Nr. 4301 u. ff.   [4]) Rta. V. 214.

von irer midburgere und die in zu versprechin steen, guden noch von wasser obir weide, wo das si, noch von iren lantsideln, hoffluden obir sehe kein bede, rente, sture oder dinste sal heischen obir nemen noch si daruf seczen, uber das so werdin sie und die burgere betrangt und bede uf ire gude gesast, der sie nie mer gegebin han, davon den burgern das ire nit folgin mag, und darumb irer gude uzwendig Fr. sich uffern müssen. davon dem heilgin riche und der stat Fr. ire bede und dinste entzogin werdin, den burgern und stadt zu verberplichkeit." 1365 beschwerte sich Zürich[1]) über die Herzöge von Österreich: „daz man in dem ampt ze Eschbach, in dem ampt ze Kyburg und in andern emptern uff unser burger guter ropstur leite über die rechten stur." Ähnlich beklagte[2]) sich Straßburg 1416 beim Kurfürsten-Pfalzgrafen Ludwig: „uns habent .... ze wissende geton, das Wilhelm von Valckenstein, uwer Amptman zu Ortensberg, sie gefangen und das ire genomen und gepfendet habe von solicher Sture und Bette wegen, die er von inen zu habende meynet, der su doch von gar alten Ziten her dan biz har nye gegeden habent noch geden söllent von solicher unsere friheite wegen."

Die Fürsten und Herren kümmerten sich also nicht viel um die angeblichen Rechte und Freiheiten der Städte, sondern nahmen, was ihnen von Rechts wegen zukam. Wer an den Vorzügen seines Wohnorts Anteil hat, der hat auch die Pflichten seiner Gemeinde zu erfüllen. Dementsprechend schreibt von seinem Standpunkt aus völlig richtig der Amtmann des Straßburger Bischofs in Dachstein[3]): „das wir unserm herrn von Stroffburg sine Betthe, gewerff und zu Sture geleit hont in der Statt zu Dachestein also das gewonliche ist, uf die, die in die Statt gehorent und Wunne und weide niessen sint, also das von alter har kumen ist und also haltet Johannes Leheman noch hute dies dages sin Hus mit Gesinde, mit Fure und Flamme zu Dachestein und göt sin Vihe klein und groß fur den gemeinen Hirtten in aller der Mosse als vor eime Jor und umb dasto han wir die Betthe, gewerff und zu Sture geleit und geteilt uff uns und in und ander by gesworem eide, also das von alter herkomen ist."

[1]) Züricher Stadtbuch S. 212.
[2]) Wencker, cont. des Berichts von Ausbürgern S. 45.
[3]) Wencker, de ussb. S. 224 f.; besser im Straßb. U.-B. VI. 1382.

Auch ihre Gerichtshoheit brachten Fürsten und Herren unter
Umständen mit Gewalt zur Geltung; wenigstens beschweren sich
die Städte des Breisgaues 1422 über den Markgrafen von Baden,
daß er entgegen ihren Privilegien ihre Bürger in der Herrschaft
Hachberg bedränge, daß er ihre Gerichtsbarkeit über jene nicht anerkennen wolle, sondern in seinen Gerichten über Leib und Gut
ihrer Bürger richten lasse.[1]

Schließlich suchte man durch allerlei kleinliche Mittel und
Schikanen den Pfalbürgern das Leben zu erschweren, in der Hoffnung, sie auf diese Weise zur Lösung ihres Bürgerrechtsverhältnisses zwingen zu können. Straßburg beklagt[2] sich: „so sprichet
der Vogt von Benefelt und der Voget von Mollesheim, welher
unser Burger sin Burgreht nit ufgibt, der gewinne niemer guten
Tag di yme", und der Vogt von Versch hatte dem Bäcker verboten,[3] „ihnen nit mehr und wyters wie bisshaer zu bachen",
und hatte die Bewohner von Versch „mit leutender glocken zu-
samen beruffen und gebotten und verbotten inen kein Holtz zu
kauffen geben".

Freilich hatten die Herren mit all' solchen Gewaltmaßregeln
wenig Erfolg; denn die Städter traten sehr entschieden für ihre
Bürger ein, wehrten sich tapfer ihrer Haut und zahlten den Herren
jede Gewaltthat mit Zinsen heim. Bald fielen sie „mit gewopenter
haud" in ein Dorf ein, plünderten[4] die Häuser und schleppten
Menschen, Hab und Gut davon, bald brannten sie ein Zollhaus
nieder,[5] oder sie fingen einige Leute auf „der fryen richs strazzen"
ab,[6] oder trieben ihnen ihre Herden von dannen. Somit gab die
Frage des Pfalbürgertums, wie in den obenerwähnten Urkunden
ausdrücklich betont ist, fortgesetzt die Veranlassung zu Hader und
Streit.

Was man nun durch eidliche Verpflichtungen der Unterthanen
und durch Versprechungen nicht erreichte, was man auf dem Wege
der Reichsgesetzgebung und der Gewalt nicht durchsetzen konnte,

---

[1] Reg. d. Markgr. v. Baden Nr. 3323, 3355 u. 3506.
[2] Straßb. U.-B. V. Nr. 481.
[3] Wencker, cont. des Ver. v. Ausb. S. 220.
[4] Reg. d. Markgr. v. Baden Nr. 4314.
[5] Nr. 3504.
[6] Straßb. U.-B. VI. 720 ff.

das erlangte man vielfach durch freundliches Entgegenkommen, wechselseitige Zugeständnisse oder schiedsrichterliche Urteilssprüche.

Solche Vertragsurkunden sind uns deshalb von ganz besonderer Wichtigkeit, weil sie wertvolles Material für die Charakterisierung des Pfalbürgertums in sich bergen; denn aus ihnen geht deutlich hervor, in welchen Beziehungen sich Fürsten und Herren durch diese Art des städtischen Bürgerrechts benachteiligt fühlen und unter welchen Bedingungen sie sich mit demselben einverstanden erklären.

So gelobten 1359 die elsässischen Reichsstädte[1]) in einem Vertrag mit dem Unterlandvogt im Elsaß: „welicher och uuder die herren von Lichtemberg gemeine oder besunder zuhet und uuder ins seshaft wirt oder ietzent ist mit sure oder mit flammen, der sol in dienen und tun hohe und nohe alse ander ihr lute.“

Im Jahre 1404 schließen die Reichsstädte[2]) am Bodensee mit den Grafen von Toggenburg einen Frieden: „welte von disen vorbenampten teilen uff oder in ieman zu dem Gegenteil ziehen mit sinem Lib und Gut, und daselbs hußhablich und wonhafft sin, das mugend sie wol tun und ensoll deweder Teil den anderen daran nit trengen noch irren in dhein Wyse, doch daß derselb dem Herrn, under dem er zücht, dienen und gehorsam sin sol mit allen sachen als ein anderer, der unter im sitzt.“

Ähnlich vereinbart die Stadt Basel mit dem Ritter v. Eptingen[3]): „weliche von unser der von Basel luten under herr Bernharts von Eptingen zwinge und beune gesezen sint oder hinfur sitzen werdent, daz die von wunne und von weyde im und sinen erden ierlichen dienen sollent mit eynem frontagwon, eynem vaßnachthun und eyner erngarben oder eyn viertel dinckel dafur; und dazu was das gemeyn dorffe irem herren gemeyne wercke, es sye wegen, heuven, beholtzen oder derglich sachen ye zu zyten ze tunde habent, daz do dieselben die unseren nach ir anzale ouch dazu helffen und sich des nit wideren sollent.“

Auch der Kaiser Maximilian I.[4]) schließt als Inhaber der Landvogtei Schwaben mit der Stadt Leutkirchen einen Vertrag,

---

[1]) Straßb. U.-B. V. 487. Ein ähnlicher Vertrag siehe bei Bücher, Bevölkerung von Frankfurt a. M. I. S. 375.

[2]) Vgl. Zellweger I. 2, S. 50 f. Ähnliche Verträge siehe dort S. 141 u. 401.

[3]) U.-B. der Landschaft Basel II. 866.

[4]) Lünig, Reichsarchiv XIII. S. 1496.

worin er ihr das Halten von Pfalbürgern zugesteht, unter der Bedingung, daß diese „gegenwaertig und künfftig kaiserlicher Majestaet
als Fürsten zu Östreich und einem Landvogt mit Raisen, Raiß-
Steuren und in andere Weg wie andere der Landvogtey gehor-
same Einsassen pottmaessig und gehorsam seyn sollen von denen
von Leutkirch ohnverhindert."

Besonders ausführlich und bezeichnend ist daun der Vertrag[1])
zwischen dem Bischof Johann III. und der Stadt Straßburg vom
20. Mai 1368. Auch in diesem wird das Halten von Pfalbürgern
unter bestimmten Bedingungen gestattet.

1. daß ... die also uuder uns und in unsern Gebieten gesessin sin und ir heimwise da habent, uns ... nit me dienen noch
geben sullent danne die alten gemeinen Bannbeten, die in den
selben unsern Gebieten und in jeglichen unsern Stetten und Dörffern
danne geleit werdent ...

2. also wanne man dieselben gemeinen alten Bandeten legen
wil, so sullent die ..... gesessen sint, ban man danne die Bete
legen wil nach dem alse danne der unsern dabi ist, nach der
Margzal ouch darzunemmen, daß di da bi sitzent und die Bete
helfent legen nach dem glichesten; durch daß, daß sie dest baß
mugent wissen, daß in da mit recht geschehe.

3. ... sullent in jeglichen unsern stetten, Dörffern und Gebieten, da sie danne seßhaft sint, mit andern unsern Luten geben
und dienen zu Mulen, Ofenhusern, Burnen, Stege und zu Wege
alse vil, alse sie nach der Margzal und zu irem teile ongeburt
darzu zu gebende.

4. sie sullent ouch helfen wachen und graben in unsern Stetten,
Dörffern und Gebieten mit andern unsern Luten, so man sie es
an geverde heißet und es an sie komet.

5. sie sullent ouch alle gemeine Eynungen, die ane geverde
in unsern Stetten, Dörffern und Gebieten gemachet und ufgesetzet
werdent, halten, glicherwise alse die andern unsere Lute, die da-
selbes seßhaft sint.

---

[1]) Straßb. U.-B. V. 786 u. Keutgen Nr. 421. Dieser Vertrag scheint
von grundlegender Bedeutung gewesen zu sein. Er wurde nicht nur wiederholt erneuert, z. B. 1874 von Bischof Lamprecht (V. 1139), 1377 u. 1385 von
Bischof Friedrich (V. 1276 und VI. 292), sondern auch von anderen Herren,
z. B. Burkart v. Finstingen und Ludemann v. Lichtenberg übernommen, V. 791.

6. suллent ouch nach der Margzal, alse vil danne der anderu ist, da di sitzen und helfen dieselben Eynungen uffetzen und machen.

7. dieselben suллent mit anderu Luten in unsern Stetten, Dörffern und Gebieten zu Gerichte gan ane geverde.

8. und über das uns die stucke, die da vorgeschriben stant, suллen wir noch nieman von unsern wegen . . . . nit nötigen, trengen noch bekumbern noch sie zu Schaden oder zu Arbeiten daruber bringen in deheinen weg ane alle geverde. —

Ganz ähnlichen Inhalts sind die Schiedsgerichtsurteile, durch welche man öfters jahrelange Streitigkeiten beilegte. So hatte die Reichsstadt Offenburg die Dorfbewohner von Ulm bei Oberkirch als Pfalbürger aufgenommen, wodurch sich der Straßburger Bischof als Herr der Dorfgemeinde Ulm beeinträchtigt fühlte. Das Schiedsgericht unter Vorsitz des Ritters Wigerich von Diersburg fällte den Spruch[1]: „das die selben lute dem Bischof dienen suллent, die wile su hinder imme sint gesessen und wune und weide mit anderu sin luten nießent unde sol su do vor ir Burgreht nut schirmen, es were denne, das die selben lute zu in gen Offenburg zugen unde och aller Dinge di in do inne seßhaft bleiben".[2]

Diese Vertragsurkunden bilden also eine für die Begriffsbestimmung des Pfalbürgertums wesentliche Ergänzung zu den vorher angeführten Klagen der Grund- und Landesherren. Diesen durchaus entsprechend, zeigen sie deutlich, worin die Ursachen der grimmigen Anfeindung des Instituts liegen. Es ist nicht eigentlich das Außenbürgerrecht als solches, sondern der Mißbrauch desselben, worüber sie sich beschweren. Obenan stehen auch hier die wirtschaftlich-finanziellen Interessen der Grund- und Landesherren. Diese stellen vor allem den nicht ungerechtfertigten Anspruch, daß ihnen die Städte die Bedezahlung von seiten ihrer Unterthanen nicht entziehen. Das Bürgerrecht gilt ihnen nicht als ein Rechtsgrund für das Aufhören der gewohnten Leistungen an die Herrschaft. Gegen die Aufnahme der ihnen zu Abgaben und Diensten Verpflichteten ins städtische Bürgerrecht haben sie im Grunde nichts einzuwenden, vorausgesetzt, daß ihnen ihre früheren Rechte

---

[1] Die Urkunde siehe bei Mone, Bürgerannahme. Zeitschr. f. die Gesch. des Oberrheins. VIII. S. 19.

[2] Ähnliche Urkunden in Zellweger, U.-B. I. 2, S. 66, 154 f., 176 ff., 444 f.; auch Straßb. U.-B. V. Nr. 1304 und Zürcher Stadtbuch S. 345.

gewahrt bleiben. Das kommt in den Vertragsurkunden deutlich zum Ausdruck, insofern die Herren ihren Unterthanen das Recht zugestehen, sich in den besonderen Schutz einer Stadt zu begeben unter der Bedingung, daß sie ihren früheren Verpflichtungen gegen Herren und Gemeindegenossen nachkommen.

Somit zeigt der Kampf um das Pfalbürgertum die Schatzherren eigentlich stets als den verteidigenden, die Städte als den angreifenden Teil. Es scheint demnach, daß man das Verhalten der Fürsten und Herren bei den Streitigkeiten jener Zeit, über welches man im allgemeinen ein hartes Urteil zu fällen pflegt, in wesentlich günstigerem Sinne beurteilen muß.

Jedenfalls finden wir aber die Charakteristik, welche die Goldene Bulle von dem Pfalbürgertum giebt, durch die übrigen Urkunden durchaus bestätigt:

Pfalbürger sind also cives non residentes; cives falsi, d. h. Leute, welche außerhalb der Stadt auf dem Lande in landesherrlicher oder grundherrlicher Abhängigkeit leben und nach Erlangung des städtischen Bürgerrechts unter Berufung auf die städtischen Privilegien ihre früheren Pflichten und Lasten verweigern.

Nachdem wir so die Bedeutung des Wortes festgelegt haben, sind wir in der Lage, über die Entstehung desselben Mutmaßungen anzustellen. Ich möchte mich für eine Deutung entscheiden, welche zum ersten Mal von Freher gegeben, später aber wieder in Vergessenheit geraten oder doch durch die Volksetymologie von den „Pfählen" verdrängt worden ist. Goldast schreibt nämlich in seinem „Rationale constitutionum imperialium" S. 80: „suspicatur Freherus[1] ψευδοπολίτας significare, cujus compositionis sit in verbo balmond, quo falsum tutorem dixisse veteres Theutones Nauclerus, Cujacius et Crusius auctores sunt." Auch Wencker[2] meint: „verissima nominis ratio erit a Balo, vel quod idem est, a Fala, quod vocabulum Priscis insidias, malitiam, fraudem, dolum significavit." Zur weiteren Begründung beruft er sich auf eine von Schilter gegebene Erklärung des Wortes

---

[1] Leider ist es mir bei dem Fehlen jeglicher genaueren Quellenangabe nicht möglich gewesen, die betreffende Stelle bei Freher ausfindig zu machen.

[2] Wencker, de phalburg. S. 8.

„emphallen", worin dieser den Nachweis führt, daß fala, fal die Bedeutung „Bosheit, Hinterlist" gehabt hat.[1])

Pfalbürger würde demnach „falsi cives" oder „mali cives" bedeuten. Inwieweit diese Erklärung sprachlich richtig bezw. möglich ist, möchte ich Berufeneren zur Entscheidung anheimstellen;[2]) dem Sinne nach entspricht sie jedenfalls durchaus der wahren Bedeutung des Wortes. Werden doch auch in den Urkunden die Pfalbürger verschiedentlich cives falsi, cives illudentes oder Spottbürger genannt, und wenn der Erzbischof Günther von Magdeburg 1432 nach einer Beschwerde, daß sich seine Unterthanen unter dem Vorwande des städtischen Bürgerrechts ihrer Gerichtspflicht entziehen, erklärt[3]) „cum tales non sint cives, sed de jure vocantur vulgariter valborger, hoc est ficti cives", so ist darin ein Beweis zu erblicken, daß zu jener Zeit die wahre Wortbedeutung noch nicht hinter der Volksetymologie zurückgetreten war. Vielleicht deutet schließlich auch der besonders in feierlichen Urkunden häufig wiederkehrende Hinweis, daß das Wort der Volkssprache entstammt (cives, qui pfalburger consueverunt vulgariter appellari), sowie der in einer Urkunde Heinrichs VII.[4]) vorkommende Ausdruck „cives, qui pfalburger theotunice nuncupantur"

---

[1]) Schilter, commentarius ad cod. juris Alemannici feudalis S. 362 ff.: Otfried, ad Ludovicum 1. reg. German. B. 60: Ich bimide io zala thero fianto fala: evites pericula. hostium insidias, und das carmen triumphale Ludovici II. r. Germ. v. 35: sum vvas luginari, sum vvas skachari, sum vvas falloses: alius erat mendax, alius latro, alius insidiator.

[2]) Vgl. z. B. die Ansicht des Limnäus darüber in seinen observationes ad auream bullam S. 412. Die gewöhnliche Schreibweise ist pfalburgeri, pfolburgeri, phalburgeri, pholburger, palburger; doch kommt auch die Schreibart balburger vor. Das Pfalbürgerverbot der Mainzer Statuten des rheinischen Bundes vom Jahre 1255 lautet wenigstens bei Leibniz: Mantissa cod. jur. gent. dipl. II. Nr. 8, S. 93: „item deposuimus cives, qui dicuntur balburger", so daß die Analogie mit balmond = falscher Vormund vollkommen ist. Übrigens scheint auch Zeumer dieser Ansicht über die Entstehung des Wortes zu sein. Ich schließe das aus einer Anmerkung in Brunners Grundriß der deutschen Rechtsgeschichte S. 86, durch welche ich zuerst auf diese Deutung aufmerksam gemacht worden bin: „Pfalburger aus palburger zu ahd. palo, balo schlecht, malus, eine Bemerkung, die ich Zeumer verdanke."

[3]) Hertel, U.-B. der Stadt Magdeburg II. Nr. 279, S. 202.

[4]) Schoepflin, Als. dipl. II. S. 98.

darauf hin, daß in dem Worte althochdeutsche Anklänge erhalten
sind. So erklärt es sich daun schließlich auch, daß in Bürger=
briefen, Bedebüchern und überhaupt in den städtischen Urkunden der
Name Pfalbürger fast durchgängig vermieden, umschrieben oder durch
„Ausbürger" ersetzt wird.[1]) Die Städte konnten doch nicht ihre
in dieser Weise aufgenommenen Bürger als „mali cives" und damit
das ganze Institut als ein unrechtmäßiges bezeichnen!

* * *

Neben dem Ausdruck „Pfalbürger" stoßen wir in den Ur=
kunden vielfach auf das Wort „Ausbürger, usburgere oder us=
gesessen burgere", und der Versuch, diese beiden Gruppen in ein
bestimmtes Verhältnis zu einander zu bringen und sie gegeneinander
zu gruppieren, hat zu mancherlei Unrichtigkeiten geführt.

Zunächst ist es unzweifelhaft richtig, daß man die Pfalbürger
vielfach auch als Ausbürger bezeichnete, ein Ausdruck, der ja auch
der eigentlichen Bedeutung des Pfalbürgertums durchaus entspricht.
Wenn Markgraf Bernhard von Baden 1424 in einem Aus=
schreiben[2]) an die Reichsstädte über die Städte des Breisgaus klagt,
daß sie die in seinen Dörfern, Gerichten, Zwingen und Bännen
sitzenden Hintersassen zu Ausbürgern aufnehmen, so ist damit
offenbar nur ein anderes Wort für Pfalbürger gewählt, und wenn
der Bischof von Straßburg 1343 mit Offenburg einen Vertrag[3])
schließt, worin er der Stadt die Erlaubnis zur Annahme von
Ausbürgern zugesteht, unter der Bedingung, daß diese ihm, so=
lange sie hinter ihm säßen und Wunn und Weide mit seinen
Leuten genössen, steuern und dienen sollten, so handelt es sich
darin gleichfalls um die Pfalbürger von Offenburg. Auch König
Ruprechts Befehl[4]) an Konstanz und die übrigen Bodenseestädte
vom 2. März 1403 beweist die übereinstimmende Bedeutung von
Pfal= und Ausbürger: „das ir fafte lutde, die unser und des heiligen
richs cloftern und geistlichen luten zugehorent, zu burgern di uch
in unsern und des heiligen richs stetden enphahent ... versprechent

---

[1]) Vgl. unten über „Pfal= und Ausbürger".

[2]) Reg. d. Markgr. v. Baden Nr. 3636.

[3]) Gothein, Gesch. des Schw. S. 237 f. Vgl. einen ähnlichen Vertrag
über „Ausbürger" zwischen Frankfurt und dem Ritter Philipp v. Falkenstein
bei Bücher I. S. 375.   [4]) Rta. V. 377.

19*

und verentwertend sie und daz ire fur uwer burger, wiewol sie
doch nit bi uch wonende noch seßhaft sin, davon auch dieselben
closter vergenglich und die geistlichen lutde verderplich gemacht
werden. ... wollen auch, das ir uch solicher ußburger die nit bi
uch wonend noch seßhaft sint, gentzlich entslagent und keinen fur-
basser zu burger enphahent ... ez wer daun, das sie stetiges bi
uch in unsern und des richs stetden seßhaftig und wonende weren".
Deutlicher noch spricht die Beschwerde[1]) des Domkapitels von Straßburg zur Zeit des Bischofs Wilhelm von Hohenstein: „So seyndt
doch etliche der Stat Straßburg Burger (Aus= oder Pfalburger
genant) welliche sich yres aidts Pflicht entgegen in eyns Thum=
Cappittels Flecken also endthalten, daß sy nit allein zu den Wuchten
und Arbeyten Zeyten, sonder der mertheyls des gantzen Jors mit
aller irer Haußhaltung in den Flecken sytzen und wonen ... wu
es dermoßen solt gestattet werden zu besorgen, das mit der zeyt
deren merertheyl des Thum=Cappittels Burger und Undertanen,
deren Euden do die Ußburger angeregter moßen wonen, sich bey
der Stat verbürgern und nicht bester weniger Inn den Flecken
eyns Thum Cap. ir Hauß Wonung haben und hallten wurden,
wie unbillich, beschwerlich neben dem es der gulden bull auß=
drucklich zu wyder, das were" u. s. w. Dazu noch einige andere
mittelbare Beweise. Im Jahre 1368 hatte Bischof Johann III.
mit der Stadt Straßburg einen Ausbürger=Vertrag[2]) geschlossen,
der sich seinem ganzen Inhalt nach gegen die Pfalbürger richtete.
Dieser Vertrag wurde später[3]) noch verschiedentlich, zuletzt im
Jahre 1389,[4]) wiederholt. Dieser letztere bringt zwar einige Änderungen und Zusätze, enthält aber im übrigen genau dieselben Ab=
machungen wie die früheren Verträge. Während nun in jenen
stets nur von „ußburgere" geredet wird, spricht die Urkunde vom
Jahre 1389 von den „uzburgere genannt pfalburgere",
also ein Beweis, daß die beiden Begriffe sich decken. Ferner:
Nachdem Karl IV. auf dem Nürnberger Reichstag das Pfal=
bürgerverbot publiziert und noch eine Spezialausfertigung desselben
für den Bischof von Straßburg gegeben hatte, forderte der Land

---

[1]) Wencker, a. a. O. S. 181.
[2]) Straßb. U.=B. V. Nr. 786; auch Reutgen Nr. 421.
[3]) Straßb. U.=B. V. Nr. 791, 1139, 1276, 1377. VI. 292.
[4]) Straßb. U.=B. VI. 558.

vogt im Elsaß die Straßburger auf,[1] die kaiserliche Satzung, welche
„die burger, die man sprichet pfalburger" verbietet, zu beobachten und „semliche burgere abe zu loßende". Ehe sich Straßburg zu einer Antwort entschloß, hielt es bei den befreundeten
Städten eine Umfrage. Noch im Februar 1356 teilt Eßlingen
den Straßburgern auf ihre Anfrage mit,[2] daß die schwäbischen
Reichsstädte, als sie neulich zu Ulm versammelt waren, vom Kaiser
noch keine Botschaft „von der usburgere wegen" erhalten hätten.
Am 2. Februar 1356 schreibt[3] dann Breisach an Straßburg, „da
sich die Städteboten von Breisach, Basel, Straßburg und Freiburg
verabredet hätten, daß die Stadt, welche zuerst Botschaft vom
Kaiser „wegen umb usburger" bekäme, es den drei anderen mitteilen solle, so verkünden sie, daß ihnen des Kaisers Landvogt
wegen dieser Sache Botschaft gesandt habe". Während also die
Goldene Bulle und der kaiserliche Landvogt von „Pfalbürgern"
sprechen, werden in den beiden städtischen Schreiben offenbar dieselben Leute als „Ausbürger" bezeichnet. Einen ähnlichen Fall
können wir im Jahre 1372 beobachten. Unter Berufung auf die
jämmerlichen Zustände im Lande Elsaß verbietet Karl IV. in einem
außerordentlich scharfen Schreiben[4] an Straßburg die Pfalbürger.
Gleichzeitig ging dem Rat der Stadt ein Schreiben[5] des Herzogs
Albrecht von Österreich zu. Er habe mit dem Kaiser wegen des
Unfriedens im Lande Elsaß Rücksprache genommen und ihm vorgestellt, daß die Herren und Ritter nicht Friede halten wollten,
weil die Städte ihre Leute zu Bürgern empfingen. Er schließt:
„Bitten wir ewr Erberkeit fleißzlich und mit ganzem ernst, das
ir ewch der Auzburgern abtut und die furbaz niht innemet noch
enphahet." Also auch hier eine Identifizierung der beiden Begriffe. Nur können wir bei den oben angeführten wie auch bei
weiteren Urkunden die interessante Beobachtung anstellen, daß
hauptsächlich die Städte das Wort „Pfalbürger" durch „Ausbürger"
ersetzen bezw. daß in Friedensverträgen oder freundlichen Abmachungen der Herren mit den Städten das Wort „Ausbürger" gebraucht wird. Ich sehe darin einen neuen Beweis für die Richtigkeit der Deutung Pfalbürger als „mali cives". Der Name Pfalbürger

---

[1] Straßb. U.-B. V. 370.
[2] U.-B. der Stadt Eßlingen Nr. 1047. [3] Straßb. U.-B. V. Nr. 371.
[4] Straßb. U.-B. V. 1045. [5] Straßb. U.-B. V. 1047.

bedeutete eine perſönliche Herabſetzung des mit dieſem Worte
Bezeichneten, „Pfalbürger“ war faſt zum Schimpfnamen geworden.
Daher wird das Wort mit Vorliebe von den in ihren Rechten ge-
kränkten Herren bei den Klagen auf den Reichstagen angewendet,
während es die Städte ſorgfältig vermeiden und ſtatt deſſen das
harmloſere Wort „Ausbürger“ gebrauchen. Freilich mag bei ihnen
auch die Abſicht mitgewirkt haben, das ganze Inſtitut des durch
die Reichsgeſetze ſo häufig verurteilten Pfalbürgertums durch die
Anwendung eines anderen Namens in einem harmloſeren Lichte
erſcheinen zu laſſen.

Jedenfalls geht aus den angeführten Urkunden deutlich hervor, daß man die Worte Pfalbürger und Ausbürger häufig
als ſynonyme Ausdrücke anzuwenden pflegte. Vielfach hat man
deshalb auch die Pfalbürger als völlig identiſch mit den Ausbürgern aufgefaßt. So ſchreibt Eichhorn in ſeiner deutſchen
Staats- und Rechtsgeſchichte II. S. 162: „Beide Ausdrücke ſind
ohne Zweifel gleichbedeutend und es iſt eine ſpätere Bedeutung
des Wortes Pfalbürger, darunter die zu verſtehen, welche ihr Bürgerrecht zum Nachteil der Herrſchaft mißbrauchten.“ In derſelben
Weiſe urteilt Maurer, Geſchichte der Städteverfaſſung II. S. 241:
„Späterhin wurde jene Bezeichnung (Pfalbürger) auf alle auswärts wohnenden Bürger ausgedehnt und es war ſomit Pfalbürger gleichbedeutend mit Ausbürger.“ Auch Brunner in ſeinem
Grundriß der deutſchen Rechtsgeſchichte ſpricht neuerdings von „Pfal-
oder Ausbürgern“.

Ich bin nun der Anſicht, daß man die beiden Begriffe nicht
als völlig gleichbedeutend betrachten darf. Schon der Umſtand
läßt die Identität der Pfal- und Ausbürger als höchſt zweifelhaft
erſcheinen, daß zu derſelben Zeit, wo die „mit rate der kurfurſten,
furſten graven und rittern“ erlaſſenen Reichsgeſetze das Pfalbürgertum verbieten, ſehr häufig die in der Nachbarſchaft der
Reichsſtädte anſäſſigen adligen Herren, vielfach ſogar die Landesherren ſich in das Ausbürgerrecht der Städte aufnehmen laſſen.
In dem 1469 angelegten Bürgerbuch[1]) der Stadt Koblenz, in welchem
die „in- und usgeſeſſene burger der ſtede“ aufgezählt ſind, findet
ſich an der Spitze der „usgeſeſſene burger, dye nyt fure und

---

[1]) Baer, Urkunden der Stadt Koblenz S. 124 ff.

flamme bynnen der burgerschaft habent oder haltend", der Erzbischof „unser gnediger herre von Trier", dazu dann eine Reihe
vornehmer abliger Familien der Umgegend, die Herrschaft von
Waldeck, genannt die Templer, die Herren zu Pyrmont und zu
Ehrenberg, der Erbmarschall von Helfenstein, die Herren von Bassen-
heim und von Cronenberg u. a. m.

Am 23. November 1287 nahm Worms den Grafen Friedrich
von Leiningen als Ausbürger auf;[1]) 1304 erhalten die Markgrafen Heinrich und Rudolf von Hochberg[2]) und 1360 die Gräfin
Klara von Tübingen[3]) das Ausbürgerrecht von Freiburg. 1340
werden als Ausbürger von Frankfurt eine große Zahl abliger
Herren, so die von Königstein, von Sulzbach, von Schwalbach,
von Kronberg und von Offinheim erwähnt.[4]) Daß die vornehmsten Männer des Reiches sich nicht scheuten, Ausbürger einer
benachbarten Stadt zu werden, geht dann aus einem Vertrage[5])
zwischen Rottweil und Villingen besonders deutlich hervor, sowie
schließlich aus einem Schreiben[6]) der Stadt Freiburg an den
Herzog von Österreich 1409, worin es heißt, daß man in einer Fehde
gegen Straßburg nichts ausrichten könne, da die mächtigsten
Herren und Edelleute im Breisgau, welche die größten
Dörfer hätten, Ausbürger von Straßburg wären.[7])

Ebenso stoßen wir häufig auf Ausbürger vornehmen geistlichen Standes. Bischof Bonifatius von Sitten wird 1296 Ausbürger von Bern,[8]) und 1406 nimmt Johann, Abt des Gotteshauses Petershausen, das Rottweiler Ausbürgerrecht[9]) an. 1309
nimmt Freiburg[10]) in der Schweiz den Bischof Otto von Lausanne
als Ausbürger auf, und im Jahre 1387 wird der Bischof von
Konstanz als Ausbürger dieser Reichsstadt[11]) erwähnt. Kuno
von Stoffeln, Abt des Klosters St. Gallen, trat ins Lindauer

---

[1]) Boos, U.-B. v. Worms I. 431 u. 432.
[2]) Schreiber, U.-B. v. Freiburg I. Nr. 176 u. 177.
[3]) Schreiber, I. S. 480.
[4]) Böhmer, U.-B. v. Frankfurt S. 562.
[5]) Rottweiler U.-B. Nr. 175.
[6]) Reg. d. Markgr. v. Baden Nr. 2558.
[7]) Ich denke diese Richtung des städtischen Bürgerrechts demnächst ausführlicher zu behandeln.
[8]) Berner U.-B. III. Nr. 655.   [9]) Rottweiler U.-B. S. 283.
[10]) Berner U.-B. IV. Nr. 355.   [11]) Rta. I. 316.

Ausbürgerrecht,[1]) und 1443 nahm Straßburg[2]) die Äbtiffin des Klofters Andlau als seine Ausbürgerin an. Ja, König Heinrich VII., welcher am 19. Auguft 1310 auf dem Frankfurter Reichstag ein scharfes Pfalbürgerverbot erlaffen hatte,[3]) veranlaßte am 25. September desselben Jahres in einem Schreiben[4]) an den Rat von Kolmar die Stadt, dem Abt von Paris das Ausbürgerrecht zu geftatten.

Unter diesen Umftänden halte ich es für ausgeschloffen, daß man Pfalbürger und Ausbürger ohne weiteres miteinander iden= tifiziert. Denn wenn Landesherren und Grundherren fich selbft in so großer Zahl ins „Pfalbürgerrecht" der Städte begaben, ift es unverftändlich, warum dieselben Reichsftände auf allen Fürften= und Hoftagen u. f. w. gegen das Pfalbürgerwesen eiferten.

Daß man die beiden Worte nicht als unbedingt gleichbedeutend auffaßte, glaube ich aus folgenden Umftänden schließen zu dürfen. Als im Jahre 1391 die Stadt Straßburg den Junker Johann von Lichtenberg troß seines Gesuches[5]) nicht aus seinem Ausbürger= verhältnis entlaffen wollte,[6]) wandte fich dieser mit der Bitte um Vermittelung an den Kurfürften Ruprecht von der Pfalz. Dieser forderte nun von Straßburg die Entlaffung des Lichtenberg unter Berufung auf den vor zwei Jahren erlaffenen Landfrieden von Eger. Er führt aber nicht das Pfalbürgerverbot desselben an, was doch am nächften gelegen hätte, wenn man die Worte Pfal= und Ausbürger als gleichbedeutend betrachtete, sondern er beruft[7]) fich auf den Paragraphen, in welchem der König alle Bündniffe der Reichsftände mit anderen Gliedern des Reiches unterfagte: „und hat darynne den Bont und Buntniß abegenommen als er das auch wol macht hat zu tun von des Richs wegen und hat damit die Furften Graven, herren, Dienftlutde, Rittere und knechte wider an fich und das Rich genomen. deshalb begern wir mit eruft und erfordern, diwile er den Bont hat adgetan und fin Furften Herren Dienftlute Ritter und Knechte wider an fich und das riche genomen hat yme zu warten, das ir den obgenant v. Lichtenberg solicher Anspruch und Burgerschafft erlaffent". Ferner schreibt am

---

[1]) Zellweger, Geschichte des Appenz. B. I. S. 296.

[2]) Wencker, de ussb. S. 127.   [3]) Straßb. U.-B. I. 2, 284.

[4]) Als. dipl. II. S. 95. Vgl. Strobel, Gesch. des Elsaß S. 148.

[5]) Straßb. U.-B. VI. 627.   [6]) Straßb. U.-B. VI. 629.

[7]) Straßb. U.-B. VI. 630.

24. November 1400 Hannemann von Sickingen an die Stadt
Hagenau,[1]) daß er zum Landvogt im Unterelsaß ernannt sei und
verspricht die „erbern bescheiden meister, rate und die burgere
gemeinlichen zu Hagenow ingesessen und usgesessen
burgere, pfaffen, cristen und juden u. s. w." seinen Schutz ge=
nießen lassen zu wollen. Wenn also in der Zeit nach dem scharfen
Pfalbürgerverbot des Egerer Landfriedens in solchem gewissermaßen
offiziellen Schriftstück die Ausbürger als die mitberechtigten Bürger
der Stadt angegeben werden, so muß es doch offenbar eine Klasse
von Ausbürgern gegeben haben, die nicht unter die Gruppe der
verbotenen Pfalbürger gerechnet wurde.

Meiner Ansicht nach muß man deshalb zwei Gruppen von
Ausbürgern unterscheiden. Die eine Gruppe bilden die Pfalbürger,
welche in städtischen Urkunden zumeist Ausbürger genannt und
durch die Reichsgesetzgebung verboten werden, während die andere
Gruppe, die der Ausbürger im engeren Sinne, staatlich nicht an=
gefochten wurde. Damit hätten wir zugleich einen weiteren Grund
gefunden, weshalb man städtischerseits den Namen Pfalbürger so
gern durch Ausbürger ersetzte. Man vermischte absichtlich die
beiden Ausdrücke, die ursprünglich wenig miteinander gemein
hatten, um die verhaßte Sache durch den minder verhaßten Namen
zu beschönigen oder auch um sich dadurch der auf die Übertretung
der Pfalbürgerverbote gesetzten Strafe zu entziehen. Daß man
aber unbedingt einen Unterschied zwischen verbotenen und erlaubten
Ausbürgern setzen muß, scheint mir besonders deutlich aus einem
Erlaß[2]) Karls IV. an die Stadt Straßburg hervorzugehen, worin
er schreibt: „darumb haben wir nach rate unser und des richs ge=
truwen alle soliche Außburger, die man nennet Pfalburger,
abgenommen und emphehlen ew, ... daß ir ew derselben Pfal=
burger außet und die furbas nicht emphahet noch haltet".

Worin liegt nun das unterscheidende Merkmal zwischen den
erlaubten Ausbürgern und den verbotenen Ausbürgern, den Pfal=
bürgern?

Den Weg dahin weisen uns vielleicht zwei Privilegien Kaiser
Friedrichs III. Das eine, 1460 für die Stadt Ravensburg[3])

---

[1]) Zeitschr. f. die Gesch. des Oberrheins IV. S. 169.
[2]) Straßb. U.-B. V. Nr. 1045.   [3]) Lünig, Reichsarchiv XIV. S. 225.

ausgestellt, besagt, „daz sy, als unser und des Reichs Stette, Leute, Frawen und Mannspersonen, die sust keins Herren noch edelmanus aigen sien, ob die auch nit in der Rinckmawr der benanten Statt Rauenspurg sizen, zu burger und burgern aufnemen". Das andere Privileg[1]) vom Jahre 1492 für Kaufbeuren bestimmt: „das sie und ire Nachkomen nun hinfuro in ewig Zeit .... all und jeglich Persohnen, so andern Herrschafften durch Leibaigenschaft oder in ander weg mit Leiden und Güttern nicht underworffen noch verpflicht sein, zu Ausburgern und mit iren Leibern und Guettern in ihren schutz, schirm und verspruch annemen".

Es waren nämlich, wie es scheint, Standesunterschiede bezw. wirtschaftlich-soziale Verhältnisse, nach welchen sich die Frage der Rechtmäßigkeit oder Unrechtmäßigkeit des Ausbürgertums richtete.

Die im Jahre 1423 zwischen dem Markgrafen Bernhard von Baden und den Städten des Breisgaus geschlossene Rachtung,[2]) welche dann am 3. Juli 1424 durch die inhaltlich ziemlich identische Mühlberger Richtung[3]) von neuem bestätigt wurde, enthält die Bestimmung: „Item die Ußburgere sollent ganz absin, die in unsers Herren des Marggraven von Baden gerichten in den Herrschafften Hochberg und Usenberg sitzent und sollent die Stette Im noch sinen Nachkomen deheinen der iren niemer me ze Ußburger empfahen, wa sy ouch in den obgenanten Herrschafften sitzent. Die Stette mögent aber Cloester, geistlich Lute und Edellute zu Ußburger haben und empfahen." Ähnlich heißt es in einem Ausbürgervertrag[4]) zwischen Straßburg und ihrem Bischof vom Jahre 1389, nachdem man sich über die Abschaffung der Pfalbürger geeinigt hat: „daß wir Bischof Friedrich die Stat von Stroßburg und ihre Nachkumen ungehindert und unansprechig sullent lossen von ire edeln burgere wegen, Herren, Frowen, rittere, knehte und irre geistlichen burgere wegen, epte, eptischen, Pröbeste, Comenture, priore, meistere, meisterine und alle anderen Pfaffen, die ire burger sint, die sie jetzent hant oder hernach gewinnent, und sie ouch bi den sollent lossen bliben mit allen den

---

[1]) Wencker, supplem. de ussb. S. 183.

[2]) Reg. d. Markgr. von Baden Nr. 3621; auch in Schreiber, U.-B. von Freiburg II. S. 340.

[3]) Reg. d. Markgr. v. Baden Nr. 3707.   [4]) Straßb. U.-B. VI. 558.

rehten und in aller der maßen, also sie die harbracht hant". Der
Vertrag[1]) der Städte Freiburg, Breisach und Neuenburg mit dem
Grafen Egon von Freiburg und seinen Bundesgenossen besagt:
„Uns hant ouch die von Friburg alle unser lüte, die ußwendig
der vorgenannten stat zu Friburg ... gesessin sint, die ir burgere
warent, von desselben irs burgrechtes wegen lidig gelassen und
söllent uns noch unsern erben darzuo der unsern beheinen ze
burger empfahen. ... Es söllent ouch die cloester, die der von
Friburg oder irre eitgenossen burger sint, ... unserhalp bi derselbe irre burgschaft bliben." Auch der Ehinger Vertrag endlich,
der im April 1382 auf Veranlassung des Herzogs Leopold v. Österreich
zwischen dem schwäbischen Städtebund und den drei Ritterbünden
geschlossen wurde,[2]) bestimmt, daß kein Teil Angehörige eines Mit-
glieds des anderen Teils zu Bürgern aufnehmen darf, wenn diese
sich nicht haushäblich in der Stadt niederlassen, wogegen Edelleute, Klöster und Pfaffen wie bisher als Ausbürger von den
Städten aufgenommen werden dürfen.[3])

Es wird also zwischen den Pfalbürgern, die man vertrags-
mäßig abschafft, und den Angehörigen des geistlichen und ritterlichen Standes, die man als Ausbürger gestattet, wohl unterschieden.

Mannigfach wird noch eine dritte Klasse erlaubter Ausbürger
erwähnt.

In dem Bündnisentwurf[4]) der rheinischen und schwäbischen
Bundesstädte mit den Fürsten und Herren zu Würzburg wird
zunächst die Annahme von Bürgern verboten, wenn sie sich nicht
„buweliche und habeliche" in den Städten niederlassen, und dann
erlaubt, „graven, Herren, fryen und andere erbere lute, Ryttere
und knechte und auch clostere und pfaffen, die mogen wir wol
innemen und entpfahen". Dann heißt es weiter: „ob daz were,
daz dehein gebur in unsere Stette eynere oder me burgere worden,

[1]) Reg. d. Markgr. v. Baden Nr. 294 u. 295; auch bei Schreiber a. a. O.
S. 525 f.

[2]) Vischer, Gesch. des schwäbischen Bundes in Forschungen zur deutschen
Gesch. II. S. 47.

[3]) Auch der Landfriede Heinrichs VII. mit den Bischöfen und Städten
von Basel und Straßburg vom Jahre 1310 enthält dieselben Bestimmungen.
Straßb. U.-B. I. 2, 284.

[4]) Straßb. U.-B. VI. 1613, S. 857 Anm.; vgl. auch Rta. II. Einl.
S. 7, Z. 8—27.

der keyns vorgenanten Furſten oder herrn eygen geweſen were
und der ſelbe gebure oder ir weren eyner oder me ein eygen gut
hie uſſenan off dem lande hette oder off eyns anderu unſers burgers
eygen gut geſeſſen weren, der mag wol hie uſſen an ſizen of
dem lande".

In dem Streite[1]) zwiſchen „dem ſchultheißen und den zwölfern
ze Oberkirche" und „dem ſchultheißen und dem gerihte ze Appenwilr, das ein Pfantgut iſt von dem hlg. Römiſchen Riche" wegen
der „ußburger, ſo die von Oberkirche hettent" entſchied nach Verhör beider Teile der Biſchof von Straßburg, Friedrich von Blanken-
heim: „waß Ußburger die von Oberkirche hettent, die frige lute
werent und ſich von iren herren, der ſie eigen geweſen werent,
gekouffet hettent, die möhtent ſie wol haben und beheben, welche
Ußburger aber die von Oberkirche hettent, die dem Riche in die
vorgen. Pfantſchaft gehortent, die ſoltent gen Appenwilr in die
Pfantſchaft dienen."

Als daun im Jahre 1431 König Sigmund durch die Goldene
Bulle den Städten jede Möglichkeit unterband, auf dem flachen
Lande Fuß zu faſſen, ſuchten dieſe fortgeſetzt eine Milderung des
harten Reichsgeſetzes in dem Sinne früherer Verträge und Verhältniſſe zu erzielen. Noch im Jahre 1431 wurde zu Ulm auf
einem Städtetag des ſchwäbiſchen Bundes über die Frage[2]) beraten:
„in welchen ſachen die ſtette von Goczhuſer, von edler Lute und
von frier lute wegen, die uf irem aigen in niemands vogtien,
zwingen ſaßen oder in ander weg die frihait antreffent, ſich ainander
ſchirms oder troſtz verſehen ſollten", und noch am 2. September
1434 beſchloß der ſchwäbiſche Städtebund an den Kaiſer eine
Geſandtſchaft zu ſchicken mit der Bitte, „daz ſie lute, ſie ſien
gaiſtlich oder weltlich, die niemans aigen ſien, uf dem iren ſiczen
und nieman zu verſprechen ſtanden, uf das lande ſchuczen, ſchirmen,
zu rechten verantwurten und verteidigen mugen."[3])

Auf Grund dieſer Urkunden glaube ich demnach behaupten zu
dürfen, daß der Staud für die Beurteilung der Recht= oder Unrecht=
mäßigkeit des Ausbürgerrechts entſcheidend war. Die Gruppe der
verbotenen Ausbürger bilden die Pfalbürger, welche ſich durch das
ſtädtiſche Bürgerrecht den Pflichten der Abhängigkeit zu entziehen

---

[1]) Wencker a. a. O. S. 38.   [2]) Rta. IX. 460.   [3]) Rta. XL 242

suchen, während die Angehörigen des geistlichen und ritterlichen Standes sowie die noch im Vollbesitz ihrer Freiheit befindlichen Bauern in ihrem Ausbürgerrecht nur ausnahmsweise angefochten wurden.

Geradezu bestätigt wird diese meine Auffassung von der Zweiteilung der Ausbürger durch folgende Urkunden. Im Jahre 1430 ließ König Sigmund nach der Rückkehr von seiner schwäbischen Reise den Städten des Bodenseebundes den Befehl zugehen, „sich aller Ußburger zu entschlahen". Darauf wandten sich diese mit der Bitte[1]) an den Herrscher, „daß dieselben stette sich villeicht der pfalburger entschlugen und begernt frilute oder die uf irem aigen in niemans zwingen bannen oder vogtien saßen, ze schirmen." Als dann Sigmund auf dem Reichstag zu Nürnberg im Jahre 1431 vor dem Erlaß der Goldenen Bulle den Städteboten einen Entwurf dieses Gesetzes zur Begutachtung zugehen ließ, bemerkten diese in einer Eingabe[2]) an den Kaiser hinsichtlich der Bestimmung, „daß alle stette in dem heiligen riche keinen pfalburger ufnemen noch habeu sollent": „Wir verstont, daß darinne zu den pfalburgern begriffen sint geistlich und weltlich, bede ritter und kuehte und ein jeglich friman, der nieman weder zu gebe noch zu gelte sitzet und etlicher uf sime eigen sitzet, das doch nit pfalburger sint noch heißent. Wer da daz su solliche zu den pfalburgern bringen mohtent, daz wir zu gott und uwern kuniglichen gnaden nit getruwen, daz wer ein abbruch den stetten..... ouch so ist keiner fur ein pfalburger zu nennen, daun da sich ein stat unberstunde einen, der eins herren eigen wer und uf dem land seßhaft wer, haruß uf daz lant zu schirmen, dieselben heißent pfalburger noch ußwisung der guldin bulle."

Als daun auf dem Wormser Reichstage 1521 die Städte des Elsaß in ihrem althergebrachten Rechte des freien Gezogs durch eine Anzahl von Grafen und Herren angefochten wurden, erließen diese ein langes Verteidigungsschreiben an den Kaiser. Darin heißt es unter anderem: „So würt es doch nun zu zyten bey der Stat Straßburg also gehalten, das ein Stat Straßburg dheynen Pfalburger byßhar empfangen, der noch besage der Carolina sin

---

[1]) Rta. IX. Nr. 394, S. 506.   [2]) Rta. IX. 428.

Hußwonung hinder und uuder einer andern Herrschafft wesentlichen
gehalten oder haltet, sunder muß ein yeder, der uß anndern Herr=
schafften zu der Statt Straßburg zu kommen begert unnd von
nuwen zu Burger angenommen würt, schwören eyn Eydt liplich
zu Gott und den Heyligen, sin beste Hussere und Wonung Inn
der Stett Str. zu haden und doselbst Gebotten und Verbotten
gehorsam zu sin. Ußgenommen wo zu Zyten Graven, Herren,
ritter und knecht oder andere, die uff irem eygentum
syhen und dheym anndern Herren underwürfflich sindt,
zu burger uffgenommen werden, welche Inhalt der Carolin
nit für Pfalburger geachtet werden mögen![1]

Man könnte vielleicht meinen, daß das nur eine Ausflucht
der Städte gewesen sei, welche durch solche Deutung des Wortes
das Pfalbürgertum trotz des Verbots zum Teil wenigstens hätten
für sich retten wollen. Aber selbst ein Kaiser teilte die Auffassung
der Städte und machte sich solche Definition des Begriffs zu eigen!
Wenigstens äußerte Sigmund bei einer Besprechung,[2] die er im
April 1431 zwischen Ritter= und Städteboten in Nürnberg abhielt:
„das nicht unbillich si, das die stette gaistlich lute und edel
oder fri lute schirmen oder suß burger empfahen, die sich mit
huse und habe in die stette ziehen und seczen; das aber ieman
pfaulburger haden old ieman die sineu uf dem lande oder die
uuder ainem gesessen waren wider iren rechten herren schirmen sulle,
das si sin mainung nicht, es si och nicht billich.“

Im Unterschied zu den Pfalbürgern stellt sich also die Reichs=
gesetzgebung gegenüber der anderen Gruppe der Ausbürger, geist=
lichen, edeln und freien Leuten, nachsichtiger. Unter diesen Um=
ständen erklärt sich auch leicht der § 5 des städtischen Gutachtens[3]
für die in Aussicht genommene Verlängerung der Heidelberger
Stallung: „Item daz man awztrag umb die pfalburger, daz grafen,
herren ritter und kneht niht pfalburger heißen noch sein.“

Weizsäcker hatte diese Bestimmung, deren Erklärung wegen
der Kürze des Ausdrucks einige Schwierigkeit verursacht, folgender=

---

[1] Vgl. Politische Korrespondenz der Stadt Straßburg I. Nr. 75—83.
Wencker, de ussb. S. 170.

[2] Rta. IX. 454.

[3] Rta. I. Nr. 323. Über die Datierung des Stücks vgl. Lindner, König
Wenzel I. 426.

maßen¹) zu interpretieren gesucht: „Könnte dem Wortlaut nach bedeuten: man soll austragen, daß Grafen ꝛc. nicht mehr Pfal= bürger sein dürfen. So wäre dies selbst ein städtischer Wunsch gewesen. Aber man kann sich nicht vorstellen, daß nun die Städte beabsichtigt hätten, sich gegenüber den Fürsten zu völliger Abschaffung des Pfalbürgertums zu verpflichten. Wenn man dies wollte, so war gar nichts mehr erst auszutragen; das Verbot stand ja schon in der Heidelberger Stallung, wo die Annahme neuer Pfalbürger während der Dauer des Vertrags verwehrt ist. Die obige Stelle ist jedenfalls gegen diesen Artikel gerichtet und nur die Kürze ihres Ausdrucks macht Schwierig= keiten. Man kann sie so verstehen: es soll ausgetragen werden, daß Grafen ꝛc., wenn sie das Bürgerrecht erhalten, doch nicht Pfal= bürger heißen oder sein sollen, d. h. nicht unter den Art. 13 der Heidelberger Stallung, welcher sie verbietet, fallen dürfen; oder besser so: es soll in Betreff jenes Art. 13, welcher die Annahme von Grafen ꝛc. zu Pfalbürgern untersagt, ein Austrag herbeigeführt werden, nämlich, daß diese Bestimmung zu streichen sei. An sich wäre dem Wortlaut nach auch denkbar, die Herren hätten verlangt, daß Grafen ꝛc. überhaupt nicht Pfalbürger sein sollen, und es solle nun ausgetragen werden, dies nicht in die neue Urkunde aufzu= nehmen. Die Herren wären mit diesem Verlangen über frühere Forderungen noch hinausgegangen, welche bloß die Aufnahme neuer Pfalbürger für die Dauer des Vertrags verwehrten, während nun auch die bisher schon zu Pfalbürgern aufgenommenen Grafen ꝛc. diese Eigenschaft verlieren sollten. Das städtische Gutachten hier würde sich dann nicht gegen die Erneuerung jenes Art. 13 sträuben, sondern nur gegen eine solche Verschärfung. Allein es ist nicht wahrscheinlich, daß die Herren sich 1387 bei der bekannten Stimmung des Königs für die Städte der Hoffnung hingegeben hätten, eine so radikale Maßregel gegen die Bürgerschaften durchzusetzen.“

Unterscheiden wir nun aber, wie oben ausgeführt, die Pfal= bürger von der anderen Gruppe der Ausbürger, so ergiebt sich die Erklärung der Stelle viel leichter und ungezwungener. Genau wie später im Jahre 1434 wollen die Städte nach dem Pfalbürger= verbot²) der Heidelberger Stallung ausgetragen d. h. festgesetzt und

---

¹) Rta. I. 323 Anmerkung 1, S. 587.
²) Vgl. Rta. XI. 242.

anerkannt sehen, daß Angehörige des ritterlichen Standes, die sich in das städtische Ausbürgerrecht begeben, nicht unter die Pfalbürger gerechnet zu werden pflegen und somit ihre Annahme nicht gegen die Abmachungen jenes Vertrages verstößt. —

Allerdings bin ich nun auch auf einzelne Urkunden gestoßen, welche meiner Theorie über das Verhältnis von Pfal= und Aus= bürgern zu einander zu widersprechen scheinen.

Als die Stadt Straßburg im Jahre 1395 vor dem Herzog Leopold von Österreich und seinen sechs Räten in Freiburg Klage erhob gegen Bruno von Rappoltstein, daß er sie geschädigt habe, obwohl er ihr Ausbürger gewesen sei, verteidigte[1] sich dieser: „Was er ihnen gethan hab, hab er hernach gethan in eim offenen Krieg, do er mit ihr burger was und vormals der König die ußburger abegeseit hete zu Egern in dem Kriege, der do was zwischen den herren und den stetten“, sowie[2] „er loigent nicht, er wer in burger worden; so wer aber begriffen in der fursten und stette berichtung, daz alle ußburger abe sin solten“. Er beruft sich also, obwohl er ein Ausbürger ritterlichen Standes war, auf den Landfrieden von Eger, in welchem König Wenzel „alle und igliche pfalburgere“ verbot. Offenbar sucht er aber nur nach einem Entschuldigungsgrund für seinen Eidbruch gegenüder der Stadt. Deshalb dreht er den Spieß herum: Wie die Städte vielfach ihre Pfalbürger als Aus= bürger bezeichneten, um sich in dereu Besitz zu behaupten, so wandte der Rappoltsteiner hier zur Verteidigung seines unrechten Ver= haltens auf sich das Pfalbürgerverbot an und verallgemeinerte damit gegen den Brauch den Begriff Pfalbürger derart, als ob auch die ritterlichen Ausbürger darunter verstanden wurden.

Eigentümlich erscheint auch das Verhalten Straßburgs. Nach Erlaß der Goldenen Bulle 1356 hielt nämlich der Rat auch bei seinen adligen Ausbürgern eine Umfrage, ob sie ihrem Eide gemäß der Stadt die Treue bewahren wollten.[3] Aber dieses Vorgehen Straß= burgs erklärt sich wohl in der Weise, daß der Bischof Johanu von

---

[1] Rappoltst. U.=B. II. Nr. 464, S. 372.

[2] Straßb. U.=B. VI. 394, S. 584.

[3] Ein Umstand, der unter anderem Böhm in seiner Ausgabe der „Reformation König Sigmunds“ S. 128 veranlaßt hat, Pfal= und Ausbürger zu identifizieren.

Straßburg nach der gemeinsamen Kundgebung der elsässischen Städte, sich der Goldenen Bulle, welche ihren früheren Privilegien wider= spräche, nicht fügen zu wollen, durch Bündnisse mit Rittern und Ausbesserung seiner Festen ganz offenbar[1]) zum Kriege rüstete. „des entsaßte sich die stal", so daß die Umfrage bei den „edeln usburgern" wohl nicht wegen des Pfalbürgerverbots, sondern wegen des drohenden Krieges geschehen ist.

Ein ähnliches Verhalten Straßburgs wird uns allerdings auch aus dem Jahre 1391 berichtet. Als nämlich Ruprecht II. als Hauptmann des Egerer Landfriedens die Entlassung des Johann von Lichtenberg aus seinem Straßburger Bürgerrecht forderte,[2]) antwortete ihm die Stadt, daß sie alle ihre edlen Bürger gefragt habe, ob sie ihre Bürger bleiben wollten, wonach Johann von Lichtenberg ihnen geantwortet, er wolle seinem Eide gemäß gehorsam sein.[3]) Wahrscheinlich hatte die Stadt mit ihren adligen Ausbürgern wie z. B. mit dem vorher erwähnten Bruno von Rappoltstein manche üble Erfahrung hinsichtlich ihrer Zuverlässig= keit gemacht, so daß es leicht verständlich ist, wenn man sich bei jedem drohenden ernsteren Zusammenstoß vorsichtig von neuem der Treue derselben versicherte. Immerhin mag zugegeben sein, daß die äußerlich ziemlich gleiche Lage der Ausbürger und Pfalbürger vielfach eine ähnliche oder gleiche Behandlung derselben veranlaßt hat und daß dadurch wieder öfters eine Verwechslung der beiden Begriffe sogar in den Urkunden herbeigeführt wurde. Denn wenn unter den Beschwerden[4]) des Bischofs Friedrich von Straßburg über die Stadt vom Februar 1393 sich auch der Punkt findet: „Item sy habent auch alle pfalburgere, edel und unedel, darüber daz sy daz nit tun sollent, also kuntlich ist", so ist das eine offenbare Ungenauigkeit oder Verwechslung; genau genommen könnte es nur heißen: „ußburgere edel und unedel".

Vereinzelt kommt dann schließlich der Ausdruck „erbe=burgere" vor. Auf dem Tage von Utenheim[5]) wollten die rheinischen Städte über einzelne Bestimmungen des Egerer Landfriedens unterhandeln. Als da der Artikel über die Pfalbürger verlesen war, erklärten die

---

[1]) Straßb. U.=B. V. Nr. 406.
[2]) Reg. d. Pfalzgr. a. Rh. Nr. 6768; vgl. auch Straßb. U.=B. VI. 629.
[3]) Rg. d. Pfalzgr. a. R. Nr. 6767.   [4]) Straßb. U.=B. VI. 722.
[5]) Rta. II. 102 c.

Straßburger Boten, „daß die stet Straßburg in dem lande umb sich etteliche burgere woneube hettent, die da erbe burgere hiessent, die su von alter herbroht hettent". Sie verlangten von den anwesenden Gesandten der Herren, daß ihnen diese ihre Erbebürger „mit zugesatzeter schrift" ausdrücklich in dem Pfalbürgerartikel ausgenommen würden und vorbehalten blieben, „wann ouch dieselben ire burgere den herren, hinder den su sessent, als das herkomen were, mit zitlichen gewonlichen, diensten gewartig und gehorsam werent."[1] Nach der Charakterisierung der Erbebürger handelt es sich ganz offenbar um die Pfalbürger der Stadt. Es scheint demnach, als ob die Straßburger Boten versucht hätten, durch eine andere Benennung dieser verhaßten Gruppe von Ausbürgern dieselben trotz des reichsgesetzlichen Verbotes für sich zu retten.[2] Merkwürdig erscheint demgegenüber die Antwort der Ritterboten: „do antwurtetent die vorgenanten herren, das des nit notdurftig were und es ouch die von Str. nit bedorftent, das man su mit sunderlicher schrift in dem lantfride-briefe von derselbe ire erben burgere wegen versorgete, waune su an ime selb darane versorget werent, und das es su nut aneginge, diewile es nut pfaleburgere hiessent noch werent." Vielleicht haben wir in dieser Antwort einen geschickten Gegenschachzug der Ritterboten zu sehen. Denn indem sie sich streng an die Bedeutung des Wortes als „cives mali" hielten, konnten sie die Aufnahme der von Straßburg verlangten Ausnahmebestimmung mit einer gewissen Berechtigung unter der Begründung ablehnen, daß die Straßburger Erbebürger keine Pfalbürger wären, da ja die Städteboten eben noch ausdrücklich erklärt hatten, daß ihre Erbebürger alle herkömmlichen Pflichten gegen ihre Herren erfüllten.

Somit glaube ich, daß auch diejenigen Urkunden, welche meiner Auffassung zu widersprechen scheinen, sich doch in ungezwungener Weise analog den obigen Ausführungen deuten lassen.

Leicht erklärlich ist es ja schließlich, warum man bei allem scharfen Widerstand gegen das Pfalbürgertum das Ausbürgertum von „pfaffen, edeln luten und frien luten" nachsichtig buldete.

---

[1] Rta. II. 103 und 109; vgl. auch Straßb. U.-B. VI. 535 u. 629.
[2] Königshofen, Straßb. Chron. 9. 853, 20 nennt die Erbebürger übrigens „Utzburger".

Der privilegierten Stellung, welche der Klerus im ganzen
Mittelalter einnahm, entsprach es, daß die Geistlichkeit auch in
den sich bildenden Territorien eine gewisse Sonderstellung genoß.
Auf ihren alten Immunitätsprivilegien fußend, wußte sie es durchzusetzen, daß sie samt ihrem Kirchengut von der landesherrlichen
Gerichtsgewalt eximiert blieb, so daß sie einzig und allein der geistlichen Gerichtsbarkeit[1]) unterstand und nach kanonischem Rechte
abgeurteilt wurde. Auch in Bezug auf die öffentlichen Lasten nahm
sie eine Ausnahmestellung ein. Denn die Geistlichkeit besaß für
sich wie für ihr Kirchengut Freiheit von dem landesherrlichen Schatz,
sei es daß sie die Steuerfreiheit ohne weiteres als generelle Eigenschaft für sich in Anspruch nahm oder sich diese in besonderen
Urkunden ausdrücklich zusichern ließ. Ähnlich stand es mit den
öffentlich-rechtlichen Verhältnissen des Adels. Auch der Adel besaß
privilegierten Gerichtsstand. Vor allem hier im Südwesten des
Reichs hat er sich ja in seiner reichsunmittelbaren Stellung behauptet,
so daß er sich die früher erlangte Exemtion vom ordentlichen Gericht
des Landesherrn wahrte und nur vor dem Kaiser oder seinem Hof-
richter zu Recht stand. Ferner genoß auch der ritterliche Besitz
die Freiheit von der Bede des Territorialherrn. Vielleicht auf
Grund der Thatsache, daß der Ritter durch den Herrendienst jene
Leistung unmittelbar übernahm, welche die übrigen Insassen des
Territoriums durch die Entrichtung der Steuer erfüllten,[2]) galt
der Grundsatz uneingeschränkt, daß altritterlicher Besitz von der
Steuerpflicht eximiert bleibt. Allerdings gab es später oft Streitigkeiten über die Frage, ob die Bedefreiheit sich nur auf die seit alter
Zeit in abligem Besitz befindlichen Grundstücke bezöge oder ob sie
sich auch auf neuerworbene bäuerliche Güter, auf welchen früher
die Verpflichtung zu Steuer und Dienst geruht hatte, erstrecke.
Aber die Ritter mußten meistens ihre unbedingte Bedefreiheit zu
behaupten: nicht vereinzelt ist das Privileg[3]) des Herzogs Friedrich
von Tirol für die Edelleute in Mons und Sulzberg, nach welchem
auch diejenigen Güter, welche sie neu kaufen, erben oder geschenkt
erhalten, steuerfrei sein sollen.

---

[1]) Vgl. Eichhorn, Deutsche Staats- und Rechtsgeschichte II. S. 544 ff.
[2]) Vgl. v. Below, Landständische Verfassung von Jülich-Berg S. 16 ff.
[3]) Dopsch-Schwind, Ausgewählte Urkunden Nr. 162.

Diese Standesvorrechte des Adels und der Geistlichkeit konnte der Landesherr vorläufig noch nicht durchbrechen. Wenn also Angehörige dieser beiden Gruppen der Bevölkerung sich ins städtische Ausbürgerrecht begaben, wurde er in seinen Einnahmequellen ebensowenig wie in seinen territorialen Bestrebungen und Interessen sonderlich benachteiligt, und da Klöster, Stifter und Edelleute auch keinem Grundherrn unterthan waren, sondern im Gegenteil selbst grundherrliche Rechte besaßen, so stand ihrer Aufnahme in das städtische Bürgerrecht auch von dieser Seite kein ernstlicher Widerspruch entgegen. Daher heißt es in dem bekannten Ausbürgervertrag[1]) zwischen Straßburg und dem Bischof Johann III.: „Welhe ire uzburgere, die von Strazburg vur edellute empfangen oder sus vur edellute haut und die under uns und in uusere gebiete zugent und da seßhaft sint...., die sullent bete fry da sin und sullent wir noch nieman von unsern wegen sie nit trengen zu tunde anders, danne alle audern edellute tunt, die under uns gesezzen sint“, und im Jahre 1431 versicherte eidlich Sigmunds Rat, der Hauptmarschall von Pappenheim, den Ulmer Boten auf ihre Interpellation wegen der Pfalbürger, daß die Ritter beim Könige nur durchsetzen wollten, „daß in die stett ir aigen lut nicht innehmen. Es sei wol die closter... gemeldet worden, daz habe aber je die geselleschaft nit getan“.[2]) Landesherrn und Grundherrn haben eben gegen das Ausbürgertum von Geistlichen oder einzelner ihrer eigenen Standesgenossen nichts Wesentliches einzuwenden. Wenn trotzdem zu Zeiten, z. B. im Landfrieden von Eger,[3]) nicht nur das Pfalbürgertum, sondern auch das Ausbürgertum von geistlichen Körperschaften und Edelleuten untersagt wurde, so geschah dies wohl aus dem Grunde, das weitere Anwachsen des städtischen Machteinflusses zu verhindern.

Die dritte Gruppe der im allgemeinen gestatteten Ausbürger bilden die „frie Lute,[4]) die uf irem aigen in niemandts vogtien, bannen oder zwingen saßen oder in ander weg die frihait antreffent“, Leute,[5]) „die niemans aigen sien, uf dem iren siczen und nieman zu versprechen standen“, oder „lute,[6]) die uff Irem Eygentum

---

[1]) Straßb. U.-B. V. 786.　　[2]) Rta. IX. Nr. 433.

[3]) Das ist doch wohl der Sinn des Artikels 41; vgl. Rta. II. Nr. 72.

[4]) Rta. IX. Nr. 394, S. 506 u. Nr. 460.　　[5]) Rta. XI. 242.

[6]) Wencker a. a. O. S. 170.

ſytzen und bheym anndern Herren underwürfflich ſint.' Zu dieſer Gruppe gehört auch der „friman,[1]) der nieman weder zu gebe noch zu gelte ſitzet unt etlicher uf ſime eigen ſitzet", oder „behein gebur,[2]) der keyns vorgenanten Furſten oder Herren eygen geweſen were und derſelbe gebur ein eygen gut uſſenau uff dem Lande hette oder off eynus andern unſers Burgers eygen gut geſeſſen were".[3]) Welcher Gruppe der Bevölkerung gehörten dieſe Leute an?

Bekanntlich hat ſich das ganze Mittelalter hindurch ein Stand freier, bäuerlicher Grundeigentümer[4]) erhalten, welcher zwar von den Schöffenbarfreien, den ritterlichen Grundbeſitzern, nicht als vollwertig und gleichberechtigt anerkannt wurde, aber ſich doch weſentlich über die anderen Inſaſſen des Territoriums heraushob. Vielleicht gehörten ſie der dritten Klaſſe der Freien im Sachſen-ſpiegel an: „ſind geburen und ſitzent auf dem laude". Das kenn-zeichnende Merkmal dieſes Standes bildete die Thatſache, daß ſie ſich im Vollbeſitz ihrer alten Freiheit behauptet hatten. Das Bauern-gut, welches ſie bewirtſchafteten, war ihr freies Eigen, und auf Wald, Wieſe und Weide hatten ſie wohl uraltes Anrecht, jedoch ohne daß ſie deshalb einem Grundherrn unterthan oder zu irgend-welchen grundherrlichen Laſten verpflichtet geweſen wären. Auch dem Landesherrn gegenüber hatten dieſe Vollbauern ihre Freiheit bis zu einem gewiſſen Grade zu bewahren gewußt. Denn ſie hatten ſich von der landesherrlichen Gerichtsgewalt freigehalten, ſo daß ſie ihren Gerichtsſtand unmittelbar vor dem kaiſerlichen Landgericht hatten. Dagegen bezahlten ſie das „Vogtrecht", den „Heerſchilling" oder den „Grafenſchatz" und waren ſomit dem Landesherrn ver-mutlich zu Steuer und Dienſt verpflichtet.

Wenn nun jene vorher als ſtädtiſche Ausbürger genannten freien Leute zu dieſer Bevölkerungsgruppe der Vollbauern gehörten, dann wäre es leicht verſtändlich, warum ſie von ſeiten der Fürſten

---

[1]) Rta. IX. 428.

[2]) Straßb. U.-B. VI. 1613.

[3]) Vielfach wurden zu dieſer Gruppe auch gerechnet: „frige lute, die ſich von iren Herren, der ſie eigen geweſen werent, gekouffet hettent", bei Wencker a. a. O. S. 38, oder der „arm freier man, der auf ſeinem eygen gut ſitzet und nit nachvolgender herren hat oder der ſich von ſeinem herren erkauft hette" in Rta. IX. 429, 4.

[4]) Vgl. v. Below, Landſtändiſche Verfaſſung III. 1, S. 22 f.

und Ritter in ihrem Ausbürgerrecht weniger heftig angefochten
wurden. Denn die Grundherren hatten mit diesen Leuten nur
wenig Berührungspunkte und wurden vor allem durch die Beziehungen derselben zu einer Stadt in ihren wirtschaftlichen Interessen
weder geschädigt noch überhaupt bedroht. Es klingt daher durchaus glaublich, wenn 1431 auf dem Nürnberger Reichstag die
Ritterboten den Vertretern der Städte versicherten, daß sie beim
König durchsetzen wollten, „daß in die stett ir aigen lut nicht
innehmen. Es sei wol die closter und andere, die uf dem
lande sitzen, die frie sin, gemeldet worden, daz habe je die
gesellschaft nit getan."[1]) Den Grundherren war eben das Ausbürgertum der Vollfreien ebenso gleichgültig, wie dasjenige der
Geistlichen, weil sie dadurch in ihren finanziellen Interessen nicht
berührt wurden.

Auch die Landesherren konnten sich nicht allzusehr benachteiligt
fühlen. Denn die Vollfreien unterstanden ja nicht ihrer territorialen Gerichtsbarkeit,[2]) und da sie zudem infolge besonderer
Privilegien[3]) häufig von ihrer Steuer- und Dienstpflicht befreit
waren, fiel der Ausfall der Bede wohl nicht bedeutend ins Gewicht.
Dazu machte man städtischerseits den Landes- und Grundherren
häufig sogar noch Zugeständnisse, indem man in Verträgen und
Einungen die Bestimmung hinzufügte[4]): „were ez, daz er in
deheins Fursten oder Herren Dorffern, Markten, Gerichten, Zwingen
oder Bannen gesessen were, daz auch er dieselben Gerichtes Dorffrecht Ztwyng oder auch Banne halt und duwe als andere Lute
vor yme und hinder yme unverliche und nach dem als danne daz
selbe gut von alter bitz her komen ist."

Auch im Vertrage zu Ehingen, welcher 1382 auf Veranlassung des Herzogs Leopold von Österreich zwischen den drei Ritterbünden und dem Städtebund zu stande kam, wurde bestimmt,[5])
daß ein Bauer, der auf seinem oder eines Bürgers eigenem Gut
frei wirtschaftet, auf dem Lande draußen wohnen bleiben und

---

[1]) Rta. IX. 433.   [2]) Berner II.-B. III. Nr. 71.

[3]) Vgl. Dopsch-Schwind Nr. 67.

[4]) Im Würzburger Vertrage im Jahre 1388; vgl. Straßb. U.-B. VI.
1613, S. 857 Anm.

[5]) Vgl. Vischer, Gesch. des Schwäb. Bundes II. S. 47 in Forschungen
z. D. Gesch. 1862.

doch ftädtifches Bürgerrecht erhalten darf. Jedoch müffen folche
Leute, wenn fie in irgend eines dem Bündniffe angehörigen Herren
Ritters oder Knechtes Dörfern, Gerichten, Zwingen oder Bännen
gefeffen find, die betreffenden Dorfrechte und Gerichte halten, wie
andere, die dafelbft fitzen.

Jedenfalls geht auch daraus, daß man — als Ausnahme
von den Pfalbürgerverboten — Geiftlichen, Rittern und Vollfreien
die Annahme des ftädtifchen Ausbürgerrechts zugeftand, klar hervor,
daß der Kampf um das Pfalbürgertum in erfter Linie eine wirt=
fchaftlich=finanzielle, in zweiter Linie eine politifche Macht=
und Streitfrage darftellte.

•   •

Gegen Ende des 15. Jahrhunderts hörten die fortwährenden
Klagen und Streitigkeiten wegen der Pfalbürger allmählich auf.
Boos'[1]) Anficht, daß die Goldene Bulle König Sigmunds ihnen
den Untergang gebracht habe, ift unrichtig, weil noch in fpäterer
Zeit, z. B. 1438, fcharfe Pfalbürgerverbote auf Reichsverfammlungen
erlaffen wurden. Auch Bücher[2]) trifft nicht das Richtige, wenn
er meint: „Der Hauptgrund ihres rafchen Verfchwindens liegt
darin, daß das Ausbürgerrecht nicht vererblich war. Die Kinder
eines Pfalbürgers z. B. mußten, wenn fie nach dem Tode ihres
Vaters das Verhältnis zur Stadt fortfetzen wollten, von neuem
das Bürgerrecht kaufen.“ Lamprechts Annahme fchließlich, daß
„das Pfalbürgertum ftadtrechtlich,[3]) d. h. durch die Umbildung des
Charakters der Stadtgemeinde unmöglich geworden“ fei, mag zum
Teil zutreffen, immerhin find es aber doch greifbarere Vorgänge,
welche die Pfalbürger befeitigten. Meiner Auffaffung nach ift die
Haupturfache ihres Verfchwindens in dem Erftarken der landes=
herrlichen Gewalt zu fuchen. Der große Prinzipienkampf
zwifchen Städte= und Fürftentum ift zu Gunften des letzteren ent=
fchieden. Der Wohlftand und die Blüte der Städte war geknickt,
den Territorialherren aber war es gelungen, ihre Landeshoheit feft
zu begründen. Infolgedeffen waren die Städte nicht mehr in der
Lage, ihren Pfalbürgern ausreichenden Schutz bei der Verteidigung

---

[1]) Boos a. a. O. II. S. 451 und III. S. 142.
[2]) Bevölkerung von Frankfurt a. M. S. 386.
[3]) In Brauns Archiv I. S. 520f.

ihrer angemaßten Freiheiten zu gewähren, während umgekehrt die
Landesherren ihre Unterthanen zum Gehorsam zwingen und mit
Gewalt die schuldigen Abgaben eintreiben konnten. Infolge dieser
veränderten Verhältnisse verlor das Pfalbürgerrecht seinen alten
Wert, so daß die Klagen über den Mißbrauch des städtischen Bürger=
rechts in dieser Beziehung allmählich verstummten.

Wenn nun aber auch die Städte nicht mehr stark genug waren,
die auf dem flachen Lande Angesessenen gegen Bedrückungen zu schützen,
so vermochten sie doch den Herren durch die Aufnahme von Unfreien,
die sich aus der Leibeigenschaft in den städtischen Mauerring
flüchteten, nach wie vor empfindlichen Schaden zuzufügen. Die
hörigen und freien Bauern dagegen suchten sich in der Weise die
Freiheit von allen Abgaben und Frohnden zu erringen, daß sie
ihren Wohnsitz jetzt auch in die Stadt verlegten, von hier aus ihre
Güter auf dem Dorfe bewirtschafteten und nun rechtlich unan=
fechtbar die Gültigkeit der städtischen Privilegien für sich und ihre
Habe beanspruchten. Infolgedessen versuchten nun Fürsten und
Ritter den Städten ihr altes Recht des „freien Gezogs" zu be=
streiten. Während man früher in Verträgen und Reichsgesetzen
stets den Grundsatz aufgestellt hatte, daß das Pfalbürgertum beseitigt
werden müsse, aber jeder (mit Ausnahme der Eigenleute) sich
ungehindert in der Stadt mit eigenem Rauch ansässig machen
dürfe, wollte man die Freizügigkeit der Bewohner des flachen
Landes nach Möglichkeit verhindern.[1])

Um diese Zeit beginnt man nun auch den Begriff „Pfalbürger",
der ja, wie oben ausgeführt, in der älteren Zeit durchaus fest=
stand, in merkwürdiger Weise zu verallgemeinern. Die alte Be=
deutung des Wortes bleibt bestehen, daneben aber beginnt man
auch solche Leute als Pfalbürger zu bezeichnen, die ihren Aufenthalt
thatsächlich in die Stadt verlegen und infolge dieses Wohnungs=
wechsels mit Grund= oder Landesherren in Streitigkeiten geraten.
Wenn Roth von Schreckenstein in seiner „Geschichte der ehemaligen
freien Reichsritterschaft" I. S. 394 sagt: „Das Wort (Pfalbürger) hat
mehrere Bedeutungen. Die ursprüngliche scheint die des Ausbürger=
tums gewesen zu sein. Freie Leute setzten nämlich einen Meier auf ihr

---

[1]) Ich hoffe mich demnächst ausführlicher über den „Freigezog" äußern
zu können.

Gut, zogen in die Stadt und verlangten für ihre außerhalb derselben gelegenen Güter städtischen Schutz", so trifft das nicht für
den Anfang des Pfalbürgerwesens, sondern erst für das Ende des
15. Jahrhunderts zu. Die Veranlassung zu dieser Verallgemeinerung
des Begriffs haben, wie ich vermute, die Beschlüsse[1]) der unter
Albrecht II. im Jahre 1438 abgehaltenen Tage zu Nürnberg gegeben.
Es wurde damals die Goldene Bulle Karls IV. in allen Sätzen
und Punkten von neuem bestätigt und vor allem der Artikel über
die Pfalbürger unter Verdoppelung der bisherigen Strafsumme
für jeden einzelnen Übertretungsfall wieder eingeschärft. Außerdem
wurde folgender Zusatzartikel angehängt: „item ouch in dem artikel
von der Pfolburger wegen ist gerotslaget, das er gezogen werde
mit dergleichen Pene uf alle die, die eigen Lute oder Lute den
nachfolgenden Herren noch redelicher kuntlicher Hersuchunge und
Ermanunge furhalten, als offt das geschiht in eine nemmeliche Pene
verfallen zu siende, als vorgeschrieben ist, als soliches auch keiser
Sigemund loblicher Gedechtnus zu Nürenberg ouch in einer gulbin
bullen[2]) gesetzet, gelutert und geordnet hat." Da also dieselbe
Strafe auf die Aufnahme von Untergebenen der Herren in die
Städte gesetzt wurde wie auf das Halten von Pfalbürgern, so
scheint es nicht ausgeschlossen, daß allmählich auch dieser Name
auf jene andere Gruppe von städtischen Bürgern übertragen wurde.
Jedenfalls hat aber gegen Ende des 15. Jahrhunderts eine solche
Verschiebung des Begriffs stattgefunden. Deutlich zeigt sich das
bei den Verhandlungen des Reichstags zu Trier im Jahre 1512,
der sich auf die Klagen des Grafen von Hanau mit den städtischen
Ausbürgerverhältnissen beschäftigte. Auf sein Drängen wurde in
den Reichstagsabschied die Bestimmung[3]) aufgenommen: „welche
Pfalburger angenommen haetten oder noch annemen wurden, daß
dieselben burgere nicht desto mynder von allen iren Güttern, die
sie dann noch behalten und durch ihre Dienstlute buwen, den
Herrschafften, darunter die gelegen seindt, Sture und Gewerff
geben und alle Dienstbarkeit beweisen wie vor zu der zit, ee und
derselbe an andern Ortten Burger worden bescheen und von altem
Harkommen ist". Nach dem Wortlaut früherer Urkunden könnte

---

[1]) Neue Sammlung der Reichstagsabschiede I. S. 160.
[2]) Vgl. Rta. IX. Nr. 429.
[3]) Wencker, contin. des Berichts von Ausb. S. 124.

man annehmen, daß sich diese Bestimmung gegen die Pfalbürger
im alten Sinne des Worts richtet. In Wirklichkeit handelt es sich
aber hier um Leute, die ihren Wohnsitz in die Stadt verlegt haben.
Denn als die Trierer Verhandlungen bald darauf in Köln fortgesetzt wurden, reichte Straßburg wegen des Pfalbürgerbeschlusses
des letzten Abschieds eine Petition[1]) beim Kaiser Maximilian ein.
Sie knüpfen darin an das eben erlassene Gebot wegen der Pfalbürger an, welches ergangen wäre, „weil etliche stett ime krafft
Irer Fryheitten Burger annemen unud mitt hußlicher Wonung
zu Inen ziehen" und bitten dann ihre vierhundertjährigen
Privilegien zu achten, „das Inn der Stadt Straßburg und Im
Land der Fry Gezogk nit abgethan würd, das doch der Statt
und dem Land beschwerlich, der Gemeyn auch Rich und Arm
untraeglich und yetweder sits nochteylig waere". Da die Straßburger sich in dieser Petition doch offenbar nicht einer Unwahrheit
oder auch nur einer Entstellung der Trierer Verhandlungen schuldig
machen konnten, sind also hier mit „Pfalbürgern" solche Leute
bezeichnet, welche „mit fure und flamme" in der Stadt wohnen.

Auf Befehl des Kaisers reichten nun die Straßburger Boten
ein entsprechendes Gesuch[2]) an die versammelten Stäude ein. Sie
beriefen sich darin auf den in Straßburg üblichen Brauch, daß
auf keine im städtischen Burgbann gelegenen Güter irgend welcher
Art, die einem Nichtbürger gehören, Steuern oder sonstige Lasten
gelegt würden, und daß jeder aus der Stadt zu den Herren aufs
Land ungehindert und unbekümmert an Hab und Gut ziehen
könnte. In derselben Weise könnten sie an ihren Freiheiten aus
alter Zeit festhalten, wonach jeder von dem Dorf in die Stadt
ohne Gefahr für seine außerhalb liegenden Güter ziehen könnte.
Auch in dieser Urkuude wird verschiedentlich von Pfalbürgern
gesprochen, obwohl sich doch jetzt der ganze Streit um den freien
Gezog drehte. Den deutlichsten Beweis für die Wandlung des
Begriffs liefert dann aber der Gesandtschaftsbericht[3]) der Straßburger
Boten in die Heimat. Sie erzählen z. B. von ihrer Unterredung mit
dem Gesandten von Hagenau: „der sagt wol man im zu verston
geben, das keyserl. Maj. Meynung die Pfolburger berueren, die
haltet er die, die ußwendig den Stetten syßen unnder andern Herr-

---

[1]) Wencker a. a. O. Nr. I. S. 133.
[2]) Wencker a. a. O. S. 135 Nr. II.   [3]) Wencker a. a. O. S. 128 ff.

schafften und Jr beßte Huffeer nitt Jnn den Stetten haben, werde
der Artickel betreffen, solicher Burger habennt sy keinen, sig Jnen
daran nichtß gelegen. Und haltet darfür, als er sagt, wann eß
schon zum harteſten meynt unſerthalben Hruffergang, ſo wird eß
der Pfolburger halben beschloffen und werden die Rechten burgerlut
der Freyhenten by den Stetten blyben.« Der Kaiser faßte alſo
das Wort noch in ſeiner alten Bedeutung, immerhin geht aber
doch auß dem Bericht hervor, wie der Begriff ins Schwanken
gekommen iſt. Klarer noch zeigt ſich das an einer anderen Stelle
des Geſandtſchaftsreferats. Sie berichten, daß in dem Entwurf
des neuen Abſchieds von den Stäuden das Wort „Pfalbürger"
geſeßt ſei, und fügen hinzu: „unnd ob eß ſchon by ſolichem Wörtly
bliben wölt, ſo haben wir dennoct kein Leutherung, wie eß
kayſerl. Majeſt. verſton welle und welche man für Pfolburger
hallten ſoll unud damitt ſtond wir dennoct in Sorgen, wo eß
ſchlechtlich by Wörtleyn on ein declaration blipt, das nochvolgend
ein theyl das Tutſch nach ſinem Gefallen tutſchen und villicht ein
yeden, der uff dem Land Gut hett, darin ziehen wolt, ſo waer
man glicher moß beſwerdt. Wanne aber Pfolburger, wie Meiſter
Ulrich (der oben erwähnte Hagenauer Bote) davon verſton will,
ſo iſt unns annoct verborgen, ob ein Statt Straßburg nitt Ettwas
ſonnderlicher Freyheiten über ſemliche ußlendige burger hab.«
Ganz deutlich zeigt ſich in dieſen Worten die Verwirrung, welche
hinſichtlich dieſes früher ſo klaren und jedermann verſtändlichen
Begriffes eingetreten iſt.

Troß aller Bemühungen der Städteboten wurde ſchließlich
in den Entwurf des Reichstagsabſchieds eine den Städten recht
ungünſtige Beſtimmung aufgenommen: da „ettlich Stett deren von
Furſten, Prelaten, Adel und ander Underthonen und Hinderſaeſſigen
zu Burger annemen und mit hußlicher Wonung zu Jnen ziehen
und die ſelben in Crafft vermeynter Friheit hanthaben, das ſie
von iren Gütern, die under denſelben Jren alten Herrſchafften
lygen und ſie durch Jre gedingte Dienſtlut buwen, weder Stewr
Gewerff noch andere Dienſtbarkeit, wie doch uff denſelben Gütern
von alters harkomen iſt, nitt mer geden noch tund und ſich nichtß
deſtmynder Wunn, Weid, Veld, Waſſer, Holß, Schirm und Friheit
gebruchen und dwil ſolchß wider Recht und Billicheit und den, ſo
uff den Gütern, die Jnn Jren Herrſchafften, Gerichten und Gebietten

gelegen fint, Stewr, Gewaerf unn andere Dienstbarkeit harbroht
haben, abbruchlich unn beswaerlich were, so setzen ... wir, das
hinfür kein stat ... dergleichen Burger ... annaemen mög; wo
aber yemans solcher gestalt Burger angenommen hett ... so sollen
doch dieselben Burgere nichts destmynder von allen Iren Gütern ....
den Herrschafften, bar uuder sie gelegen sint, Stewr und Gewerff
geben und alle Dienstbarkeit bewisen wie vor zu der Zitt, ehe
und derselbig an andern Ortten Burger worden, bescheen.

Diese Bestimmung ist für die mit dem Pfalbürgertum vor=
gegangene Veränderung recht charakteristisch. Da sich die Bauern
auf dem Lande gegen die wachsende Macht der Ritter und Fürsten
nicht mehr im Besitze der städtischen Privilegien behaupten konnten,
wandten sie ein anderes, rechtlich unanfechtbareres Mittel an, um
sich den Pflichten der Unterthänigkeit zu entziehen. Sie ließen
ihre Güter durch gemietete Knechte bewirtschaften, zogen selbst mit
ihren Familien in die Stadt und verlangten nun mit dem Recht
des „husehablich" in der Stadt angesessenen Vollbürgers die Dienst=
und Abgabenfreiheit. Es war also nur eine andere, wenn auch legalere
Art der Steuerentziehung, so daß die Herren mit einigem Recht auch
diese Leute als „falsi cives", als „Pfalbürger", bezeichnen konnten.

Auf die Kunde von der ungünstigen Wendung der Kölner
Verhandlungen ordnete der Straßburger Rat sofort eine zweite
Gesandtschaft zur Unterstützung der ersten zum Reichstag ab. In
einer neuen ausführlichen Denkschrift[1]) an den Kaiser erinnerten sie
daran, daß, wenn auch „Im Lande zu Schwaben und anderswo
die Lewt mit Lybeigentschafft vast behafft unnd by Inen solicher
Gebruch unnd Übung des fryen Gezogks nitt ist", so doch „Inn
Elsaß unnd zum fordersten in der Statt Straßburg solicher Fryher
Gezogk ye unnd ye unnd unverdechtlich Zyt har geübet und ge=
hallten worden." Neben ihren Privilegien beriefen sie sich dann
vor allem auf ihr stets bewiesenes, streng rechtliches Verhalten:
„Es woll auch E. keys. Maj. erinnert sin, das ein Statt Straßburg
noch Uhgang der guldin Bullen dheinen Pfolburger empfangen,
der sin Hußwonung hinder einer andren Herrschafft waeßlichen
halltet, sondern muß ein yeder, der von nuwem zu Burger an=
genommen würt, schwören lyplich zu Gott unnd den Heiligen, sin

---

[1]) Wencker a. a. O. S. 143 ff.

beſte Huſſere unud Wonung Inn der Statt Straßburg zu haben
unnd daſelbſt Gebottenen und Verbottenn gehorſam zu ſin.“

Die Straßburger gebrauchen alſo das Wort Pfalbürger noch
ganz im althergebrachten Sinn, wenn auch ihre Verſicherung nicht
völlig der Wahrheit entſprochen haben mag. Daß aber das Wort
gleichzeitig auch auf die in die Stadt übergeſiedelten Bauern
angewendet wurde, beweiſt die Antwort des kaiſerlichen Kanzlers
auf die Straßburger Eingabe[1]): „Als die Geſandten der Statt Straßburg yeßo hie an die kayſ. Maj. begert haben, In der Fryhaiten,
ſo ſy der Pfalburger halden zu haben vermeinen, witter zu
confirmiren uhd zu beſtetten, were die kayſ. Maj. wolgeneigt Inen
in ſolchem gnedigklichen zu willfaren; dieweil aber die Sachen
mercklich und groß ſein, ſo wil Jr Maj. Jrem Landvogt . . . . .
bevelhen ſich der Sachen und wie Sy dieſelben der Phalburger
in Craft Jrer Freyhaiten halten, zu erkunden und Sr. Maj. des
alles aigentlich . . . . zu berichten, ſo mugen alsdann die von
Straßburg dr Botſchafft auf den negſtkünftigen Reichs=Tag
wiederumb ſchiken.“

Immerhin hatten aber die Städteboten[2]) doch durch „vil Noch=
louffen, Mieg Arbeit unn Fliß“ erreicht, daß der in Ausſicht
genommene Pfalbürgerartikel „nun ze Ziten ußgethon worden iſt
und daß man uff den nehſten Richs=Tag witer do von reden unn,
was billich und reht, ermeſſen ſol!“

Eine ähnliche Verallgemeinerung des Begriffs Pfalbürger
kehrt 1521 in den Verhandlungen des Wormſer Reichstags wieder,
über die wir durch die rege Korreſpondenz der beiden Straßburger
Boten mit dem Rat ſehr genau unterrichtet ſind. Auch hier
handelte es ſich wieder um das alte ſtädtiſche Recht des freien
Gezogs und die ſich daran knüpfende Frage der Beſteuerung auswärtiger Güter von Städtebürgern. Schon als die Straßburger
Geſandten ſich in Worms dem kaiſerlichen Vicekanzler Nikolaus
Ziegler vorſtellten, um mit ihm über die Beſtätigung ihrer Privilegien
Rückſprache zu nehmen, unterbreitete dieſer ihnen ſofort eine dies-
bezügliche Vorſtellung. Er war in Barr begütert und bat nun

---

[1]) Wencker a. a. O. S. 142.

[2]) Nach dem von den Geſandten vor den Schöffen zu Straßburg erſtatteten
Bericht bei Wencker S. 152.

um die Vergünstigung,[1] daß die Stadt Straßburg seinen Unterthanen dort nicht gestatte, nach Straßburg überzusiedeln und dort
das Bürgerrecht zu erwerben, während sie ihre Güter nach wie
vor in Barr bauten. Denn das bringe ihm großen Schaden an
seinem Einkommen und mache die Unterthanen widerspänstig.
Wie der kaiserliche Vicekanzler, so fühlten sich auch andere Herren
vom Adel durch die herrschende Freizügigkeit der bäuerlichen Bevölkerung geschädigt und reichten deshalb beim Kaiser eine Bittschrift[2]
ein: „Es vermeinen auch etlich stette von keisern und konigen
gefreit zu sin, so ein bauer hinder einem graven, herrn oder einem
edelmann sitzt oder guter hinter ime hat und dann derselbig bauer
in ein statt zeucht und das burgrecht kaufft (der wird bi den
stetten ein pfalburger genant), das er dann seine güter, an
dem eube sie liegen, pauwen mage und von solichen gütern kein
steuer, oder gewerf dem herrn oder edelman, darunder die guter
liegen, geben dörfe, das dann denselbigen graven, hern und adel
beschwerlich und unleidlich ist.“

Diese Urkunde ist vielfach irrtümlich aufgefaßt worden. Sie
wird nämlich mannigfach als besonders charakteristisch für das
Pfalbürgertum citiert.[3] In Wirklichkeit hat sie aber mit dem
Pfalbürgerunwesen in seiner eigentlichen technischen Bedeutung gar
nichts zu thun. Denn der ganze Zusammenhang ergiebt, daß es
sich wie im Jahre 1512, so auch diesmal gar nicht um die „cives
non residentes“ handelt, sondern — unter dem „zeucht“ haben
wir ein thatsächliches Übersiedeln in die Stadt zu verstehen — um
Bauern, die sich in der Stadt ansässig gemacht haben. Somit
ist diese Urkunde nicht für das Pfalbürgerwesen des 13. und
14. Jahrhunderts bezeichnend, sondern für den Wandel, der sich
mit diesem Begriff gegen Ende des 15. Jahrhunderts vollzogen hat.

Auf die Kunde von dieser Denkschrift des Adels veranstalteten
nun die anwesenden Städteboten eine gemeinschaftliche Sitzung.
Dabei stellte es sich nun heraus, daß die Straßburger mit ihren
Wünschen ziemlich allein standen.[4] Denn Regensburg und Ulm

---

[1] Straßb. Polit. Korrespond. I. Nr. 63, S. 32.
[2] Pol. Korrespondenz Straßburgs Nr. 75, Anm. 3.
[3] Z. B. von Maurer a. a. O. II. S. 243.
[4] Vgl. den Bericht der beiden Straßburger Boten in: Straßb. Pol. Korresp.
I. Nr. 75.

erklärten, „daz es sie nit witer betreff", gaben aber zu verstehen,
daß, wenn Bürger in anderen Herrschaften Güter besäßen, aber keine
Steuer davon entrichteten, „solliches gantz unrecht und gantz unbillich
wer". Lübeck und Rotenburg antworteten gleichfalls sehr zurück=
haltend, Speyer erklärte: „sie nemen burger an, aber hetten sie
guter bus ußwendig irs gebiets, so misten sie stur und anders davon
geben". Auch Frankfurt erklärte, „sie werent auch sollicher Gestalt
gefryet, aber der Burger halp, die Gütter ußwendig hetten, die
mochtent sie nit erhalten und hettent auch gelerter Lut rot gehabt".
Nur Hagenau und Kolmar traten für Straßburg ein mit der
Erklärung, „daß sie es auch also hieltent wie Straßburg"
und „wu sollich Meynung solt abgestelt werden, wurd große
Nuwerung".

Es waren also nur die Städte des Elsaß, welche sich die
volle Freizügigkeit mit allen ihren Konsequenzen bisher gewahrt
hatten. Von der Rechtmäßigkeit ihrer Ansprüche waren die Boten
völlig überzeugt. Das brachten sie gelegentlich einer Audienz bei
den Kurfürsten zum Ausdruck[1]): „daß ettlich stet puren zu burger
uff nemen und dan von den guttern, so sie hinder der herrschafften,
von denen sie gezogen sint, kein bett geben, daß sich do die stet
nit anders gebruchen, ban wie daß von alter har harbracht und
der landsgepruch sig; auch wie sie daß gefryet sigent; und in
glichem fall halten die stet dieselbigen, die von ynnen abziehen
und gutter jn den stetten oder burgbannen by ynnen hinder jnnen
lossen, die geben auch kein bett darvon." Schließlich versuchten die
Straßburger Boten wie im Jahre 1512 durch eine Immediat=
eingabe[2]) an den Kaiser die Angelegenheit zu ihren Gunsten zu
wenden. Unter Berufung auf die Gründe, welche sie vorher den
Kurfürsten mündlich auseinandergesetzt hatten, baten sie darin um
die Erhaltung der Steuerfreiheit auswärtiger Bürgergüter und
des dadurch bedingten freien Gezogs. Denn sehr richtig bemerken
sie, daß durch Abschaffung solcher Steuerfreiheit „der Fryzogk, so
doch allzit bißhar noch altem Lands Bruch unud Harkommen uß
dem Land Inn die Stat Str. gewesen und noch ist, stilschweigendt
verhindert und abgestelt werde zu verderplichem Abgangk unud

---

[1]) Straßb. Pol. Korresp. Nr. 79.
[2]) Wencker, contin. des Berichts von Ausbürgern S. 167.

Zerruttung der Stat". Interessant ist darin im Besonderen ihre Verteidigung gegen den vom Adel erhobenen Vorwurf der Begünstigung des Pfalbürgertums: „Witter, so ein Stat Straßburg Jnn solchem Artickel gemeynbt oder verdacht wurd, als ob sie Pfalburger uffnemen oder zu hanthaben understunden, Beschee sollichs unverschuldt; dann kuntlich und war, das wiewol noch Ußgang der Constitution keyser Caroli des Vierden, so man Carolinam oder die guldin Bull nent, dar Jnn die Pfalburger verdotten, Bemelter keyser Carll noch der Handt destmynder nit der Stat Str. Privilegien unud Fryheit des fryen Gezugls unnd der Burger uf dem Lande ernuwert ... hat, So würt es doch nun zu Zyten by der Stat also gehalten, das ein Stat Str. dheynen Pfalburger byßher empfangen, der nach besage der Carolina sin Hußwonung hinder unud under einer andern Herrschafft wesentlich gehalten oder haltet, Sunder muß ein yeder, der uß anndern Herrschafften zu der Stat Str. zu kommen begert unud von nuwen zu Burger angenommen würt, schwören, ... sin beste Hussere unud Wonung Jnn der Stat Str. zu haben ..."

Die Städteboten hielten also an der althergebrachten Bedeutung des Wortes fest und verwahrten sich gegen die von den abligen Herren beliebte Jdentifizierung der Pfalbürger mit den neuzugezogenen Bürgern der Stadt. Sie mußten ja schon deswegen den grundsätzlichen Unterschied der beiden Bürgerkategorien immer von neuem betonen, um einer Anwendung der reichsgesetzlichen Pfalbürgerverbote auf die Freizügigkeit der ländlichen Bevölkerung vorzubeugen.[1]

Die Eingabe an den Kaiser scheint die erhoffte Wirkung gehabt zu haben, denn in der weiteren Korrespondenz der Städteboten wird die Angelegenheit nicht mehr erwähnt. Jedenfalls geht aber aus den Verhandlungen der Jahre 1512 und 1521 klar hervor, welche Verallgemeinerung gegen Ende des 15. Jahrhunderts mit dem Wort Pfalbürger eingetreten ist. Während die Städte an der Wortbedeutung des 13. und 14. Jahrhunderts festhielten, übertrugen Fürsten und Ritter, in dem Bestreben, sich ihre her-

---

[1] Jn gewissem Sinne hat also Roth von Schreckenstein a. a. O. I. S. 395 Recht, wenn er sagt: „Später begriff man unter Pfalbürger alle diejenigen, welche ein Bürgerrecht zum Nachteil ihrer Landes- oder Leibherren beanspruchten oder mißbräuchlich übten."

gebrachten Einnahmen zu erhalten und ihre Unterthanen noch fester
an sich zu ketten, den Namen auch auf solche Leute, welche mit
dem Recht des freien Gezogs durch Auswanderung in eine Stadt
die Abgabefreiheit für ihre Güter zu erlangen suchten. —

Allmählich begann man nun in den Städten sich fremdem
Zuzug gegenüber zurückhaltender zu zeigen als in den Tagen des
Emporblühens. Der Aufnahme von Neubürgern wurden durch
Erhebung von größeren Summen in Gestalt von Bürgergeld,
Zunftgeld u. s. w. mancherlei Schwierigkeiten in den Weg gelegt,
ja vielfach erteilte man (namentlich den entflohenen Eigenleuten der Herren) nur die Erlaubnis, sich außerhalb des
Mauerrings in neu entstehenden, minder vornehmen Stadtteilen
anzusiedeln. Auf diese Weise ist das Wort Pfalbürger dann
meines Vermutens in jene Bedeutung übergegangen, in welcher
wir es in den anfangs erwähnten Polizeiverordnungen u. s. w.
des 16. und 17. Jahrhunderts vorfinden, nach welchen Pfalbürger
unzweifelhaft „Vorstädter" bedeutet. Der Umstand, daß die Pfalbürger nun thatsächlich an den „Pfählen" der Stadt angesiedelt
waren, hat daun wohl die Veranlassung gegeben, daß die ursprüngliche Bedeutung des Namens durch die Volksetymologie verschleiert
worden ist.

Der „Püsterich" von der Rotenburg

(jetzt zu Sondershausen)

als Typus kulturgeschichtlich eingereiht durch Dr. jur. E. v. Freydorf.[1]

I. Die Püsterichlitteratur.

Die Litteratur über den „Püsterich" reicht von Mitte des 16. bis Mitte des 19. Jahrhunderts und umfaßt etwa siebzig Schriften. Der „Götzen"-Charakter der Figur einerseits, ihr „Feuerspeien" anderseits gaben je nach Richtung der Zeitwissenschaften stets von neuem zu Betrachtungen Anlaß.

Die ältesten Schriften spekulieren in einer von Alchymie nicht viel entfernten Art über die chemische und physikalische Zusammensetzung der Figur, schreiben ihr zum Teil „dämonische" Kräfte wirklich zu und ergehen sich in Vermutungen über die religionsgeschichtliche Zugehörigkeit des angeblich damit getriebenen Kults („Wallfahrten", „Opfer" u. s. f.).

Die neueren Schriftsteller setzen im Sinne der Aufklärungszeiten die Orts- und Landesüberlieferungen gänzlich beiseite, geben aber auch so keine annähernd befriedigende Erklärung.

So hat z. B. noch die jüngste der Arbeiten mit dem Titel: „Der Püsterich kein Götzenbild"[2] zwar äußerst fleißig die Litteratur zusammengestellt, indessen aus dem Püsterich ein Produkt des Zufalls zu machen versucht, dergestalt: es sei eine beliebige alte Erzfigur (Taufsteinträger?) zu Experimentierzwecken vom Mund her von ungefähr angebohrt, der hohle Innenraum mit Wasser gefüllt, das Ganze dann aufs Feuer zum Kochen gesetzt worden; als daraufhin den Öffnungen Dampf entströmte, habe „das Volk" sich

---

[1] Vgl. des Verf. „Zwanzig deutsche Schreibwahrzeichen und der Gerüstestaat" in der Zeitschr. f. Kulturgesch. Bd. VIII, S. 385 ff.

[2] Der Püsterich zu Sondershausen kein Götzenbild ..... von Martin Friedrich Rabe, Professor und Mitglied des Senats der Königl. Akademie der Künste und pensionierter Königl. Schloßbaumeister. Berlin 1852. Ernst & Korn.

gewundert (!) und den „Püsterich" für einen „Götzen" gehalten.
Gleich unannehmbar sind andere euhemerisierende Hypothesen.

Unter dem gelehrten Beiwerk von Vermutungen und gegenseitigen Mißverständnissen oft wunderlicher Art haben sich die
thatsächlichen Nachrichten und wichtigen Überlieferungen nur sehr
zerstreut erhalten.   Die Hauptzüge seien daher in folgendem neuerdings zusammengestellt und belegt.

(Für die Citate vgl., wo nicht anders angegeben, Rabe a. a. O. S. 2 ff.)

II. Die drei Hauptzüge.
(Götzencharakter, Aufstellungsart, Mundgebärde.)
A. Götzencharakter.

Als heidnischer Götze gilt Püsterich

a) im Volk: der Herzogl. Gothaische Hofadvokat Gleichmann
zu Ohrdruff nennt ihn z. B. 1727 „den in Thüringen überall
noch bekannten Abgott seiner heidnischen Vorfahren" (cit. n.
Rabe). Ebenso 1701 Nerreter (auch übersetzt bei Behrens,
Physicus ordinarius et subord. in Nordhausen 1720), er nennt
ihn „den bekanntesten Götzen bei den Thüringern".

b) unter den Gebildeten der Gegend in allen Stäuden, bis
zur neuesten Zeit (1830). So urteilen Toppius, Pfarrer zu Wenigen-
Tennstedt (schrieb a. 1656), Pfefferkorn, Superintendent in Touna
(schrieb a. 1684), Sagittarius, Geschichtsprofessor in Jena (schrieb
a. 1685); Joh. Hofmann, Rektor in Frankenhausen (a. 1696);
Behrens, praktischer Arzt in Nordhausen (a. 1720); Olearius,
Thüringischer Lokalchronist (a. 1704); Weber, Informator der
fürstlichen Kinder in Sondershausen (schrieb um 1716); Treiber,
Schwarzburg-Arnstädtischer Landschulrektor (a. 1718); Gleichmann (s. o.), Herz. Gothaischer Hofadvokat (a. 1727); J. G. v.
Eckhart, Geschichtschreiber Ostfrankens, Würzburgischer Geheimrat
(a. 1729); Joh. Heinrich v. Falkenstein, Verfasser einer Schwarz-
burgischen Geschichts- und Staatshistorie (a. 1734 — Manuskript,
cit. Fol. C. 9. S. 1119); L. W. H. Heydenreich, Historiograph
des Hauses Schwarzburg, Druck zu Erfurt (a. 1743); J. Chr.
Hellbach, Fürstl. Schwarzb. Sondershäuser Regierungs-Advokat
und Herz. Sachsen-Coburg-Meiningischer Kommissions-Sekretär
(a. 1789); J. Chr. Bertram, Verfertiger und Verleger einer Gtps-

21*

reproduktion des Püsterich nebst Beschreibung, in Sondershausen (a. 1811); Georg Quehl, Stadtverordneter von Erfurt, Assessor und Bibliothekar, Sekretär der Kreissynode und Diakonus an der Predigerkirche (a. 1830), nennt Püsterich „einen der merkwürdigsten Götzen der alten Thüringer".[1]

c) bei anderen, zum Teil nichtthüringischen Schriftstellern schon sehr früh: a. 1561. G. Fabricius, chemisch-physikalischer Schriftsteller, nennt ihn „idolum quoddam — in sacello subterraneo inventum, ... idolum appellat Pustericium".

De metallicis rebus ac nominibus observationes variae et eruditae, ex schedis Georgi Fabricii etc. Tigurin. 1561; 2. Druck in Conrad Geßner, de omni rerum fossilium genere etc. Tigurin. 1565, 8. cap. 4. p. 13b (hier cit. n. Rabe S. 2).

Als „Götzenbild" ist Püsterich ferner bezeichnet:
1659 auf dem ältesten Kupferstich. Rabe S. 16 und Anm. 68. Ferner: 1636 bei Henr. Ernst. Helmstadt, Variarum Observationum libri duo Amstel. 1636. Sodann 1700: Tollius und Hennin, letzterer Professor in Duisburg; 1745: Ernst Joachim v. Westfalen, Leipziger Druck; endlich ungenannter Kritiker im Allg. Anzeiger Jahrg. 1812 Nr. 249, S. 2563—65.

B. Aufstellungsweise.

Der Aufstellungsort vor 1540 war nach übereinstimmenden Nachrichten die Rotenburg bei Kelbra.

Nur vereinzelte Schriftsteller berichten aber Näheres über die für uns sehr maßgebende Art und Weise der Aufstellung, welche der Figur im Rahmen dieses Burgkomplexes zukam.

a) Manche Schriftsteller scheinen Aufstellung in einem Innenraum daselbst anzunehmen, den aber keiner näher bezeichnet. Vereinzelt denken sie sich diesen Raum als eine „Kapelle"; der älteste, aber auch in der Beschreibung der Figur selbst zum Teil mißverständlich referierende, Fabricius, spricht sogar von einer

---

[1] Als Gegenstand bereinstigen „katholischen" Bilderdienstes gilt Püsterich merkwürdigerweise nur bei drei weiteren, aber nicht wohl zu übersehenden Autoritäten der Gegend: Saccus, 1567—98 Prediger in Magdeburg, vgl a. a. O. bei Jac. Nicol. Roeser, langjährigem protest. Geistlichen in Sondershausen (Idea Hemmauntica oder Concio Paschalis p. 32. 33) o. Jhr. (schon 1656 citiert; bei Sam. Walther, Schwarzb. Hofrat, in Frankenhausen nahe Sondershausen wohnhaft) 1630 (cit. n. Rabe S. 60); ferner bei Casp. Titius, protest. Geistlichen (wo? ohne Datum; cit. theolog. Exempelbuch „von Abgötterei", Heft 4, S. 113).

„unterirdischen Kapelle" der Burg. Auch andere nehmen an, der Püsterich habe erst „gefunden" oder „ausgegraben" werden müssen (so z. B. auch Rabe).

b) Nur zwei unter den Schriftstellern machen eine bestimmtere Angabe über die Aufstellungsart, jeder aber berichtet selbständig.

a. 1689. Imm. Weber, Informator der fürstlichen Kinder zu Sondershausen um 1689 (s. Rabe a. a. O. S. 6, Anm. 25, Abs. 1) beschreibt a. a. O. (Druck von 1716):

„Expositum eum fuisse in editiore arcis Rotenburgicae loco, qui nisi fallimur, in ruderibus adhuc monstratur, facie ad campos in sic dicto aureo arvo directa".

Rabe S. 68 meint, Weber „benützte hier Scharff's Beschreibung und einige örtliche Sagen".

a. 1823. Ludwig Friedrich Hesse — Geschichte des Schlosses Rotenburg und der unteren Herrschaft des Fürstentums Schwarzburg-Rudolstadt, Naumburg 1823, 4; auch gedruckt als erste Abhandlung im dritten Heft der „Mitteilungen u. s. w.", herausgegeben vom Thüring.-Sächsischen Verein für Erforschung des vaterländ. Altertums (cit. hier nach Rabe S. 68) — hat offenbar selbst die Burg besucht und schreibt:

„Nach einer noch (a. 1823) unter dem Volke in der Gegend der Goldenen Aue verbreiteten Sage soll im oberen Geschosse der Rotenburger Schloßtrümmer in einem der Fenster des jene Gegend überschauenden Haupt- und Prunksaales ein noch vorhandener Säulenstuhl der Standort des Püsterich gewesen sein." — Dieser Hauptsaal sei aber keine „Kirche", wie andere annehmen, er werde von keinem Bauverständigen für eine solche gehalten.

Widersprüche erklären sich nun zum Teil:

1. Die Nachrichten von einer „Kapelle" des Püsterich scheinen auf der von Hesse angedeuteten Höhe und Gestalt der zugehörigen Fensterreihe zu beruhen.

2. Die Behauptung vom unterirdischen Aufenthalt der Figur zur Zeit des neuerweckten Interesses, 1540—50, findet neben dem Obigen Raum; insbesondere da die Figur nicht in die Mauer eingelassen gewesen scheint, auch nur auf Verklammerung mit einer Basis eingerichtet ist. Sodann wechselt Püsterich auch in Sondershausen später, anscheinend aus Gründen unbequemer Popularität (wiederholte Diebstahlsversuche?), den Standort, wird der Öffentlichkeit ausgesetzt:

1680: stat autem illic pone foras, so Moncaejus S. 68 (cit. n. Rabe S. 46), und wieder entzogen:

> „zwischen vier Wände eingemauert und an eine Kette (!) befestigt",
> so Bertram S. 15 (cit. n. Rabe S. 46, Anm. 3).

Die Nachrichten Webers und Hesses sind zu verschiedenen Zeiten und, wie die angeführten Stellen (Weber: nisi fallimur; Hesse: „noch vorhandener") zeigen, auf Grund eigenen Besuches am Ort geschöpft. Sie stimmen, trotz eines Zwischenraumes von mindestens 107 Jahren, noch genauestens überein.

Folgende Zeugen schließen sich dem mehr oder minder an:

> Um 1683: der von Praetorius in Leipzig vernommene Student, der aus der Gegend gebürtig war (f. Tenzel a. a. O. S. 720); dieser berichtet: „und zeigeten die Leute daselbst (auf dem Berge „unfern" der Rotenburg) noch den Ort, wo er gestanden hatte".

> Um 1630 nennt Samuel Walther, Schwarzburg. Hofrat, in Frankenhausen nahe bei Sondershausen wohnhaft (Manuskript im Fürstl. Archiv), als Standort des Püsterich eine „Mauernische"[1]) in der „Kirche" auf der Rotenburg (Rabe S. 60).

Bis wann stand Püsterich ausgestellt?

> Nach Rabes in diesem Punkt wohl zuverläſſigen Feſtſtellungen hat der Püsterich die Burg zwischen 1540 und 1550 verlassen. Die Rotenburg iſt bis dahin vielleicht noch als bewohnt zu denken. Erst 1561 nennt sie Fabricius nunc deserta, während noch 1554 (f. Anm. oben) der letzte v. Tütgerode mit der Burg belehnt ward. Püsterich verschwand vermutlich, wie das auch seinem Material-, Kunſt- und Affektionswert zukam, zugleich mit den lebenden Bewohnern der Burg und ihrem Mobiliar. Näheres über deren Auszug ergiebt wohl noch die Burggeschichte.

> Ob Püsterich bis zu diesem Zeitpunkt in seiner Fensternische stand, ist fraglich. Fabricius, der älteste, aber in Einzelheiten höchst ungenaue, auch wohl landesfremde Berichterstatter möchte dies verneinen.

C. Das Feuerspeien.

Das Feuerspeien der Figur wird allgemein berichtet.

> Die Erscheinung und Wirkung des Strahls wird verschieden erzählt; Übertreibungen pflanzen sich in dem, mittelbar schöpfenden, größeren Teil der Literatur fort, getragen auch von den symbolischen Behauptungen der Sage (vgl. unten).

> Die genaueren und unmittelbareren Berichte stimmen indessen auch in diesem Punkte leidlich überein:

---

[1]) Zwischen 1567—98 bezeichnet der Prediger Saccus in Magdeburg den Standort so: (Das Bild) „welches im Harz in einer Mauren hinter einer Tafel (in einer „Kirchen") geſtanden".

Ein Experiment mit dem Püsterich fand angeblich noch zu Anfang des 18. Jahrhunderts statt.

Prediger Kempe zu Hohenebra, „Auch ein Wort über den Püsterich" im Allgemeinen Anzeiger 1813, Nr. 129, S. 1218—1221, berichtet (cit. n. Rabe S. 142): „Ihm sei es selbst von glaubwürdigen Personen versichert worden, die einen solchen Versuch auf freiem Felde, in der ersten Hälfte des vorigen (18.) Jahrhunderts mit angesehen hätten (daß der Püsterich nämlich Feuer — nicht Dampf — und in beträchtlichen Strahlen ausgeworfen habe; vgl. unten).

Weitere Experimente:

a) Einige Jahre vor 1631 experimentierte der Amtsschöffer und Schloß-hauptmann in Sondershausen auf den Wunsch einiger Freunde, in Abwesenheit der Grafen Heinrich und Hans Günther, in der Schloßküche angeblich mit dem Püsterich. Das ausgeworfene Feuer setzte „alles" Holzwerk der Küche in Brand.

Vgl. Rabe a. a. O. S 44, welcher hierfür citiert Toppius S. 322, Heydenreich S. 351, Bertram S. 15, Sagittarius S. 8, Gleichmann S. 461, Tentzel S. 725, Behrens S. 155 (Sage nicht ausgeschlossen, die Daten variieren; vgl. Hesse S. 58).

b) Auch zur Zeit eines älteren (als 1631) „Grafen Günther" wird eines Experimentes auf freiem Felde gedacht.

Joh. Ludw. Jäger (med. licenc.) in den gelehrten Beiträgen zu den Braunschw. Anzeigen Jahrg. 1762, St. 52 u. 53, S. 420. (Darstellung aber unzuverlässig; vgl. Rabe S. 47, Anm. 6.)

c) Von anderen Experimenten (nach 1631) auf freiem Felde scheint zu wissen Rabe S. 45, Abs. 1.

Der Strahl fährt nur aus dem Mundloch, nicht aus dem zweiten Loch am Scheitel. So wenigstens bei richtigem Experiment.

Ältere Schriftsteller, auch Abbildungen, lassen die phantastisch weitreichenden Strahlen vom Munde und aus dem Scheitel der Figur ausgehen.

Bertram (Verfertiger des Gipsmodells um 1811 zu Sondershausen), „Kurze Beschreibung u. s. w." S. 4 und 5 (cit. n. Rabe S. 185), führt aber ausdrücklich an: „daß bei den angestellten Versuchen die Pflöcke ... nie zu gleicher Zeit aus beiden Öffnungen herausgetrieben wurden", sondern wenn der Strahl durch das Mundloch seinen Lauf hatte, der Pflock auf dem Scheitel „jedesmal" stecken geblieben sei". (cit. n. Rabe).

Das Scheitelloch dürfte also zu den Manipulationen der Füllung oder des Anzündens allein gedient haben. Dabei ist nicht ausgeschlossen, daß bei unkundiger Behandlung gelegentlich auch der Scheitel mit Feuer auswarf.

Die Länge des Feuerstrahls wird von den glaubwürdigsten Berichten angegeben auf acht Fuß, die Dauer auf nur einige Minuten.

1. a. 1598 beschreibt der Magdeburger Domprediger S. F. Saccus den „Zauber" des feurigen Strahls, den Püsterich vor seinen Pilgern erscheinen lasse, und welcher „etwa so lange geweret, als man über den Newen Markt (in Magdeburg) gehen möchte."[1]

2. a. 1630 referiert ähnlich der Schwarzburg. Hofrat (s. o.) Samuel Walther: der Strahl habe gedauert so lange, wie man gebraucht, um in Frankenhausen — dem Wohnort Walthers — über den Obermarkt oder den Anger, vom Nordhäuser Thor an, hinunterzugehen.[2]

Diese Zeitangabe verdient den Vorzug vor der des außerthüringischen Magdeburger, wenn auch älteren Erzählers unter Ziffer 1.

3. a. 1722 nennt Imm. Weber — vom Hörensagen — acht Fuß als Länge des Strahls, die Übertreibungen damit berichtigend.[3]

Der Wind allein könnte also die Funken weiter als acht Fuß tragen; von einem erhöhten Ort am Bergabhang sind bei günstigem Wind und lange glühendem Material Überschätzungen somit erklärlich.

Die übliche Füllung und die Innenkonstruktion der Figur zum Behufe dieses Feuerspeiens sind des Näheren noch unbekannt.

Unrichtig ist nach dem Obigen die mehrfach anzutreffende Behauptung, Wasser, oder ein bestimmt untermischtes Wasser hätte die Füllung gebildet.[4]

---

[1] D. Siegfried Friedrich Saccus (Domprediger in Magdeburg 1567 bis 1596), Erklärung über die Episteln auff die Sonntage und Fürnembste Feste durchs gantze Jahr u. s. w., gepredigt in der Ertzbischöfl. Primat-Kirchen zu Magdeburgk, im 3. Theil. Magdeburg 1598 fol. — in der Epistel „am Tage St. Andr. des Apostels (30. Nov.) concio I. membr. 3. p. 9 u. 10.

[2] Sam. Walther (Schwarzb. Hofrat), „Von der Reformation der Grafschaft Schwarzburg". 1630. Sekt. 23. — Manuskript in dem Fürstl. Archiv zu Sondershausen (woraus auch Tentzel S. 722 ff. schöpft; cit. n. Rabe a. a. O.).

[3] Imm. Weber, Diss. a. a. O. S. 68 (1722): quod ignis, quem Idolum tam ex vertice (sic!) quam ex orificio evomit, ultra octo pedum spacium, uti ferunt, non tendat, nisi ubi flamma a vento forte longius dispergitur.

[4] Als Erster nennt Wasser schlechthin als Füllung Fabricius, a. 1561: „et aqua repletum atque igne circumdatum, cum ingenti sonitu, aquam illam in astantes instar flammarum evomit." Fabricius beschreibt auch die Figur selbst unrichtig.

Die Wasserfüllung nehmen auch andere an und entwickeln Kenntnisse über „Dampfkraft". Wir wissen aus Anschauung, daß auch überhitzter Dampf keinen Feuerschein giebt, kennen vielmehr die der geschilderten Wirkung entsprechenden Hilfsmittel elementarer Pyrotechnik (Schwärmerfüllung u. dgl.).

Pyrotechnische Rezepte einfacher Art dürften in der Kulturgeschichte des späteren Mittelalters nicht als ein Neues erscheinen.

Auch die mehrfach anzutreffende Behauptung, zum Zwecke des Feuerspeiens sei die Figur unterheizt worden, ist wohl Kombination der „Wassertheoretiker". Die Figur ist auf Heizung nicht eingerichtet.

Ein Rezept, geheim gehalten noch um das Jahr 1700, befand sich im Fürstlichen Archiv zu Sondershausen, wenn anders nicht der gelehrte Prinzeninstruktor und Universitätsprofessor Imm. Weber das Opfer einer Mystifikation geworden sein sollte. Doch klingt seine Darstellung durchaus unverfänglich:

Imm. Weber (um 1690 längere Jahre Erzieher der fürstlichen Kinder zu Sondershausen, später Professor in Gießen) ließ sich das Rezept vom Archivdirektor, einem Herrn v. Heringen, vorzeigen, durfte es flüchtig ansehen, die Erlaubnis zu genauerem Durchlesen und Abschreiben wurde ihm — ohne Angabe von Gründen — versagt. Das betreffende Aktenstück war Teil der Arcana, des geheimen Archivs.[1])

Schwefliger Niederschlag der Funken wird berichtet von den Gewährsmännern des Predigers Rempe zu Hohenebra (s. o.), die Augenzeugen eines Experiments waren.

Prediger Rempe im Allgem. Anz. 1813, Nr. 129, S. 1218—1221 . . . . „und auch er erinnere sich noch recht gut der Beschreibung (der glaubwürdigen Augenzeugen aus der ersten Hälfte des 18. Jahrhunderts), daß die Steine, worauf etwas von der Feuermaterie gefallen wäre, gelbe Flecke, wie Schwefel, bekommen hätten" (cit. n. Rabe S. 142).

Dies deutet wohl zweifellos auf Feuerwerk und schließt Wasserkünste aus.

---

[1]) Imm. Weber, Diss. de Pustero, Gießen 1723, S. 63, Anm. x (übersetzt): „aber welches die zum Erscheinen des Feuers geeigneten Materien seien, ist nicht ebenso klar, da in Aula Principali Schwarzburgica, ubi earum compositionem literis designatam tenent, ea inter arcana asservantur", dazu Anm. x (übersetzt): „Nur flüchtigen Blick gestattete mir hineinzuthun der obgenannte Aulae Magister, Generosus Dn. de Heringen; aber da ich die Erlaubnis zu genauem Durchlesen und Abschreiben nicht erlangen konnte, so ist, quidquid fuit notitiae, alles wieder meinem Gedächtnis entfallen."

D. Rekonstruktion.

Die drei Hauptzüge fassen aus dem Vorstehenden sich zusammen wie folgt.

In einem, seiner Form nach auf einen Saal (Burgkapelle?) deutenden Fenster der nach dem Thai (der „Goldenen Aue") hin gekehrten Mauer der Rotenburg stand, das Gesicht nach außen gekehrt, die „Püsterich" genannte, als Landesgötze von hoch und niedrig der Umgegend beachtete, heute noch in Sondershausen aufbewahrte, zum Funkensprühen auf etwa acht Fuß Entfernung und auf die Dauer einiger Minuten eingerichtete, 57 cm hohe Erzfigur und hatte in diesem Fenster ihren besonderen Sockel.

Ob die Figur dauernd dort stand oder auf ihrem Sockel nur vorübergehend zu bestimmtem Zweck befestigt wurde, ist noch unklar, der Öffentlichkeit wurde sie jeweils an dieser Stelle vorgeführt.

Ob die Figur auf der Rotenburg, und insbesondere an diesem ihrem Fensterplatz schon, und wann und wie oft etwa, zum Feuerspeien gebracht worden ist, ist nicht unmittelbar bezeugt.

Soweit aus der weiteren Überlieferung (f. u.) aber zu schließen, war dies zu bestimmten Gelegenheiten der Fall.

III. Jahrtag und Sage des Püsterich.
A. Jahrtag (mit Wallfahrt).

Zwischen 1567 und 1598 schreibt der Magdeburger Prediger Saccus: „Es ist aber der Peustrich ein Brustbilde gewesen, welches am Harz in einer Mauren, hinter einer Tafeln in einer Kirchen gestanden, zu deme Jerlich eine große Wallfahrt gewesen" — wenn der Püsterich dann sein Feuer spie . . . . „da hat dann das Volk mit Hauffen geben und vermeint, daß dadurch Gott versöhnet".[1]

---

[1] D. Friedrich Saccus (Domprediger in Magdeburg 1567—1596), Erklärung über die Episteln auff die Sonntage und Fürnembste Feste durchs gantze Jahr u. f. w., gepredigt in der Ertzbischöflichen Primat-Kirchen zu Magdeburgk, — im 3. Teil. Magdeburg 1598, folio — in der Epistel „am Tage St. Andr. des Apostels", concio 1. membr. 3. p. 9 u. 10; ferner zu vgl. (Rabe und mir unbekannt) Postille über die Sonntags-Evangelien, Magdeburg 1589, am Sonntag Invocavit, concio 2. membr. 3. p. 360; Palmsonntag membr. 2. p. 433; 1. Trinit. concio 2. membr. 1. p. 13; 2. Trinit. concio 1. membr. 3. p. 676 (cit. n. Rabe S. 3).

a. 1630. Walther (cit. n. Rabe) a. a. O.

Zum Püsterich habe „jährlich eine große Wallfahrt statt-
gefunden". Hier hätten die Mönche ihre Herren und Unterthanen in den
Schwarzburg und Stolbergischen Landen betrogen, indem sie den Püsterich
Feuer speien ließen.

a. 1704. Olearius S. 178 (Rabe S. 98 cit.):

„Auf diesem Schlosse (Rotenburg) hat gestanden der heidnische Abgott Püstrich, der jetzt auf dem Schlosse zu Sondershausen zu sehen ist.
Etliche wollen auch von einer Wallfahrt nach Rotenburg sagen, die
doch nicht hier, sondern zu Kiffhausen gewesen ist.[1]

a. 1723. Weber a. a. O. S. 69:

„sacerdotes habuisse (Pusterum), qui eo usi sunt ad lucrum cap-
tandum . . . folgt Feuerwerk . . . Visis his et auditis imperitam ple-
beculam attulisse, quidquid in viribus fuerat", dazu die Bemerkung ee: haec partim ex communi traditione, partim ex relatione
Scharffii (l. c. p. 105) hausimus.

a. 1780. Der Verfasser der „Beiträge zur Geschichte der Wenden" bei
Hammersdörfer (Beiträge zu der Kenntnis und Geschichte von Sachsen,
2. Stück, 1780, S. 159) behauptet, „noch im Anfange des 16. Jahrhunderts" seien „starke Wallfahrten nach der Kirche auf der Rotenburg gewesen, worin (sic!) man den Götzen gehabt" (cit. n. Rabe S. 149).

Dies die einzige, ungefähre Zeitangabe, leider, soviel uns zugänglich,
ohne Beweisangabe.

B. Eine Püsterichsage.

a. 1683 berichtet Prätorius (an eine Sage vom Aufenthalt
des Kaisers Friedrich im Kyffhäuser anschließend):

„Dieser (Kaiser Friedrich) soll, nach in der Gegend allgemein verbreiteten Sagen, auf der Burg Kyffhausen, unfern der Rotenburg, sein
Hoflager gehabt haben, ...

„und dort (?) soll nun der Püsterich demselben als Schutz-
mann gedient, auf diesem Berge gestanden, rings um sich Feuer
ausgeworfen und (mit seinem glühenden Regen und Auswürfen)

---

[1] Joh. Christof Olearius, Rerum Thuringicarum Syntagma, Allerhand
denkwürdige Thüringische Historien und Chroniken, Teil I. Frankfurt und
Leipzig 1704. S. 178 —, und in dem mitabgedruckten Schulprogramm
von Hofmann S. 186, insbesondere Vieles, S. 321—324 (cit. n. Rabe
S. 6), zum Teil aus Toppius. (Toppius, 1656, Pfarrer zu Wenigen-Tenn-
stedt, Beschreibung der Städte und Flecken u. s. w. Erfurt 1656. Darin Beschreibung von Sondershausen Bog. A Bl. 3, Bog. B Bl. 1. Toppius hatte
den Püsterich selbst gesehen und untersucht.)

die Feinde des Kaisers so abgehalten haben, daß keiner sich demselben habe nähern können — —"

„Doch der Püsterich habe an Kraft seit der Zeit jenes Kaisers sehr verloren, wie dies nicht allein mehrere Urkunden zu Sondershausen bewiesen, sondern es ihm auch durch den zu seiner Zeit lebenden Schuldirektor dortselbst bestätigt worden sei; denn dieser hätte von seinen Großeltern gehört, daß der Püsterich noch zu ihrer Zeit Feuer und Wasser so um sich geworfen habe, daß niemand sich hätte nähern können . . ."

Praetorius kennt daneben zwar auch die Sage, daß der Püsterich von den Mönchen im Papsttum „gebraucht" worden sei, nennt ihn auch „Idolum et deastrum", stellt aber seinen gedachten kriegsmäßigen Gebrauch in den Vordergrund (vgl. auch Rabe S. 69).

a. 1689. Tentzel a. a. O. (s. Anm.) übernimmt aus Praetorius diese Sage, doch in folgender euhemeristischen Fassung:

„Das Schloß Kyffhausen (sic!) sei vielleicht . . . . ein Raubschloß gewesen", dem betreffenden Raubritter habe der Püsterich „mittels seiner Feuerauswürfe und der dadurch erfolglos zu machenden feindlichen Angriffe schon als Verteidigungswerkzeug dienen können."[1]

Diese Auslegung wurde von den Forschern viel angegriffen (s. Rabe S. 72).

C. Rückblick.

Die, wie gezeigt, außen an der Thalseite der Rotenburg aufgestellte, zum Feuerspeien eingerichtete, als Landesgötze geltende Figur, „Püsterich" genannt, hatte also ihren besonderen, das Landvolk an der Burg versammelnden festlichen Jahrtag; die Figur hatte ferner ihre Sage; diese behauptet einen Zusammenhang der

---

[1] Moncaejus (Pseudonym für Praetorius), disquisitio de Magia divinatrice et operatrice etc. Auctore Francesco Moncaejo Fridevolliano Atrabatio: Francof. et Lips. 1683. p. 68 u. 69. — Anderer Titel nach Tentzel: „Alectryomantia" (?). Dazu Referat zu vgl. bei Tentzel, Monatliche Unterredungen einiger guten Freunde von Allerhand Büchern u. s. w., herausgeg. von R. D. (Tentzel), Julius 1689, (Leipzig) 1690 S. 718 bis 728 (mit Abbildung in Kupfer), berichtet Persönliches über Praetorius (Moncaejus) S. 720: Praetorius sei ein wunderlicher Kauz gewesen, fragte mit Notizbuch in der Hand Studenten und Commis zu Leipzig aus und füllte damit seine Scartequen an. — Praetorius war also ein für seine Zeit vorgeschrittener Folklorist. Als seinen Gewährsmann für die Püsterichnotizen nennt er (nach Tentzel S. 720) „einen Studenten, so aus dem Lande gebürtig", und einen Bauern „wohl kannte", der selber „vor zwanzig Jahren" mit dem Spuk zu thun gehabt haben will.

Figur mit der höchsten weltlichen Macht, dem Kaiser,
und läßt die Figur zur Verteidigung des gedachten
Kaisers gegen die Feinde bestellt sein.

Bis zu welcher Zeit diese Schaustellungen auf Rotenburg statt-
fanden, ist ebenso unbekannt, wie der Zeitpunkt des Verschwindens der
Figur selbst von ihrer Fensternische. Unwahrscheinlich ist die Angabe bei Hammersdörfer, die „Prozessionen" hätten noch bis ins
16. Jahrhundert gedauert; sonst müßten wir bestimmtere, mindestens
weniger entstellte, Zeugenberichte besitzen. Andererseits kann der Püsterich
nicht allzulange vor Abgang der Burg von seinem Außenstandort verschwunden sein, sonst würde nicht noch um 1689 Weber und 1823 Hesse
diesen Standort in den Ruinen so genau und übereinstimmend bezeichnet
gefunden haben.

IV. Einreihung des Typus und der Sagen.

A. Unsere zwanzig Gerüstefiguren
(rekapituliert aus Band VIII der Zeitschrift für Kulturgeschichte).

Ein „Landesgötzenbild" wie der „Püsterich", aufgestellt an
einem Bauwerk der Landesverteidigung, mit merkwürdiger Mundgebärde versehen, ist kein Unikum.

Absonderlicher scheint es, wenn auf die Berichte von einem
Prozessionsjahrtag und auf die sagenhafte Wirkung der Figur als
kaiserlichen Verteidigungswerkzeugs hier Gewicht gelegt werden soll.

Wie zahlreiche Irrtümer, wird man sagen, können doch in
einer so umfänglichen Litteratur sich zusammenbrauen. Wir waren
deshalb in der Anführung von Zeugen vorsichtiger, als dies in
der Litteratur sonst erfordert wird, und erwähnten soweit möglich,
die Personalien der Schriftsteller (wozu Rabes vorzügliche Vorarbeit
allein uns in stand setzte).

Zum Vordringen mit rechtsgeschichtlichem Gerüste bewog uns
indes folgendes:

Eine Gruppe in Band VIII der Zeitschrift für Kulturgeschichte
zu anderem Zweck seinerzeit von uns zusammengestellter (bis jetzt
etwa zwanzig) deutscher Wahrzeichenbildnisse zeigte mehrfache Analogien mit dem Rotenburger, nämlich:

a) Götzencharakter trug Nr. 2; „Götze" Lollus zu Schweinfurt
(auch Nr. 22, „der Sachsengötze" Judute).

Obrigkeitliche Stellung und Verwandtschaft zeigten
außerdem:

Nr. 1 Basel: „Ältester Bürgermeister", scherzhaft auch als „König" bezeichnet. — Nr. 5: der Berliner „Neidkopf", „verliehen" vom König (zugleich Werkstattmarke eines geheimnisvollen Krönleins zu königlich-kirchlicher Grundsteinlegung). — Nr. 14. Rappertswyl, Verleihung durch den Stadtneugründer, einen Herzog.

b) Aufstellungsart: Nr. 1 (Basel) am Rheinthorturm, nach außen blickend. — Nr. 3 (Großlällenfeld) in der Kirche. — Nr. 4 (Schmalkalden) zum Fest im Freien am Kirmesbaum. — Nr. 6 (Berlin) an der öffentlichen Straße als „Wahrzeichen" (am Privathaus, doch mit amtlich bestellter Servitut). — Nr. 7 (Mainz) früher am Hauptthor nach Süden („Neuthor"). — Nr. 8 (Coblenz) am Uhrwerk des „Hungerturms" (?). — Nr. 11 (Straßburg) am Weißenturmthor. — Nr. 12 (Brugg) am Brückenturm, nach außen blickend. — Nr. 14 (Rappertswyl) an drei Stadtthoren. — Nr. 15 (Kissingen) außen am Rathaus. — Nr. 17 (Heidingsfeld) in der Stadtuhr. — Nr. 18 (Jena) in der Ratsuhr. — Nr. 19 (Aalen) an der Rathausuhr —

fast durchweg mithin an öffentlich, insbesondere weltlich bedeutsamer Stelle ins Freie gekehrt.

c) **Mundprotuberanz** oder andere Schreigebärde:

Zunge vorstoßend mit Glockenschlag: Nr. 1 Basel, Nr. 8 Coblenz (?).

Mund öffnend zum Glockenruf: Nr. 17 Heidingsfeld, Nr. 18 Jena, Nr. 19 Aalen (?).

Wulst aus dem Maul: Nr. 9 Wyl, Nr. 10 Breuberg.

„Zunge" aus dem Mund (unbeweglich): Nr. 2 Schweinfurt, Nr. 3 Großlällenfeld, Nr. 6 Berlin, Nr. 7 Mainz.

Ausgesprochen schreiendes Maulsperren: Nr. 14 Rappertswyl, noch ausdrücklich als „grasse Geberde, Mord und Weh (über Zürich) schreiend", verstanden und bezeichnet.

d) **Die Figur verbunden mit festlichen Jahrtagen oder Aufzügen:** Nr. 4. Schmalkalden, die „Puppe", noch 1798 am Kirmestag zum Fest aufgesteckt.

Nr. 15. Kissingen, angeblich früher stattgehabte „Prozessionen" zu Ehren des „Jud' Schwed".

Nr. 16. Emmerich, Schreckmaul; im Festzug (zur Fastnacht) als Stadtretter gefeiert.

e) **Schützende Wirksamkeit in Kriegsgefahren, Retterrolle:**

Nr. 15. Kissingen, Retter aus Schwedennot durch Scharfkugeln.

Nr. 16. Emmerich, Retter der Stadt durch „zähnefletschendes" Erscheinen über der Mauer.

Nr. 1. Basel, Retter der Stadt aus nächtlicher Feindeslist, Wecker der Bürger.

**B. Nochmals: Deutung der Einzelzüge bei den zwanzig außer-
thüringischen Figuren**
(rekapituliert aus Band VIII der Zeitschrift für Kulturgeschichte).

Unsere Gesamtdeutung dieser Gruppe ging dahin: die
Bildnisse stellen das „Gerüfte" dar, einen formelhaften Alarmruf
des frühen Mittelalters. Nämlich im einzelnen:

a) Die Mundgebärde bedeutet das Schreien, die Mundprotuberanz, wo sie vorliegt, eine Art plastischen Spruchbandes.

b) Die Fürstenverwandtschaft des Bildes oder die Geltung als
Zeichen weltlicher Autorität (bürgermeisterlicher, fürstlicher oder
gar „heidnischer" „Götzen"-Rang) entsprechen der Bedeutung des alten
Gerüftes als Attribut und Erkennungsformel der obrigkeit-
lichen Gewalten in Heereswesen, in Gerichts- und Polizeiordnung.

c) Die Aufstellung an Rathäusern, Befestigungstürmen, städtischen
Uhrwerken und öffentlichen Plätzen entspricht dieser Bedeutung, mochte
auch zum Teil den Alarmplatz bezeichnen.

d) Die Rettungssage stellt die Bestimmung des Gegenstandes,
einen nächtlichen Alarm z. B., in dramatischem Gewande, an die
Lokalgeschichte anknüpfend, dar.

e) Der festliche Jahrtag mag, wo gefeiert, der Erinnerung an
Wesen und Zweck des Gerüftbildes im allgemeinen oder etwa an
ein geschichtliches Eingreifen des Gerüftes in der Ortsgeschichte
im besonderen zugedacht gewesen sein.

**C. Gleiche fünf Kennzeichen beim Püsterich und ihre
Modifikationen.**

Die Einzelzüge der Gruppe, sowie auch unsere Gesamtaus-
deutung derselben, treffen auf den Püsterich in seiner im obigen
rekonstruierten, auf der Rotenburg gespielten Rolle zu.

a) Die Autoritätsbedeutung wohnt ihm in ihrer höchst
gesteigerten Form, der Auffassung als eines vormaligen Landes-
götzen, noch bei, — nur Schweinfurts „Götze" bietet hier voll-
gültige Analogie (zu vergleichen auch der „Götze Judute" Nr. 22);
auch des Püsterichs waffenbrüderliche Beziehung zum Kaiser hat
ihre Parallele in den hohen Verwandtschaften des Basler („König"),
des Berliner Kopfes sowie der Rapperswyler Schreibilder.

b) Die Aufstellungsweise des Püsterich an einem weltlichen
Gebäude, und zwar in Art eines Wahrzeichens der Öffentlichkeit
preisgegeben, nämlich an der Außenseite der Burg, war nicht

ohne Bedeutung. Wir verweilten deshalb bei dieser, von den
Forschungen sonst nebensächlich behandelten Frage des längeren.
Fast durchweg sind nämlich auch die übrigen Figuren der Gruppe
an der Außenseite ihrer Gebäude, unter freiem Himmel und mit der
Front nach dem Beschauer aufgestellt. Die bedeutendsten der Stücke
(Basel, Coblenz, Rapperswyl, Mainz, Brugg) stehen außerdem
an Turm oder Thor der Stadtbefestigung. — Auf einer Burg
stand nur der Kopf von Breuberg Nr. 10, während die übrigen
der 20 Wahrzeichen (außer Nr. 3, 4, 9) durchweg städtischen
Gemeinwesen dienen. Püsterich macht in dieser Hinsicht eine
zu bemerkende Ausnahme, — der Standort von Nr. 22, dem
auch sonst noch rätselhaften Jubute, ist noch nicht ergründet, indes
gleichfalls nicht städtisch.

c) Die Mundgebärde des Püsterich steht in ihrer Mechanik
einzig da. Am ehesten vergleicht sie sich den durch künstlich-
automatische Anordnung hervorgebrachten Mundbewegungen der
Exemplare von Basel (Nr. 1), Coblenz (Nr. 8), und Nr. 17, 18, 19
(Heidingsfeld, Jena, Aalen). Eine dem Mund entragende Feuer-
garbe kann andererseits verglichen werden mit der unbeholfeneren
Darstellung plastischer Spruchbänder bei Nr. 10 (Breuberg) und
Nr. 9 (Wyl). — Der Gedanke, die charakteristische Mundprotuberanz
durch Feuer darzustellen, liegt indessen nicht fern für denjenigen
Verfertiger, dem die Bedeutung des Rufes, die Gerüste-Idee,
noch vor Augen steht. Das Gerüste ist ein Kriegsruf, ein Ruf
also, dem die Phantasie des Künstlers wie des Beschauers etwas
Feuergleiches, Entflammtes oder Entflammendes, ohne Zwang zu-
schreiben mag. — Der Verfertiger des Püsterich hätte vermutlich
also auch den Sinn des Bildes noch gekannt und berücksichtigt,
was bei den Neuverfertigern der surrogierten Bilder zu Mainz
und Berlin (Nr. 7, 6) z. B. nicht mehr der Fall war.

Die Ersteller des jeweiligen lokalen Gerüstebildes ergingen
sich auch sonst und bis spät ins Mittelalter hinein, wie die Gruppe
der 20 zeigt, in verschiedensten, zuweilen an Spielerei gemahnenden
Versuchen. Künstlerisch will uns der Versuch mit der Feuerpro-
tuberanz schier am meisten als Ausdruck des Alarmgedankens an-
sprechen.

d) Der festliche Jahrtag des Püsterich findet in der Kulturgeschichte aller deutschen Lande kaum sein Analogon, wenn man

bedenkt, daß Püſterich dauernd eine weltliche Figur geblieben iſt, und diejenigen widerlegt ſind, welche ihn zu einem katholiſchen Heiligen nachträglich ernennen. Weltliche Bilder-„Prozeſſionen“ ſind uns bis jetzt überhaupt in Deutſchland nur zwei — und dieſe nur andeutungsweiſe — bekannt geworden (Kiſſingen und Emmerich, allenfalls noch Rheinfelden). Beide Fälle aber gehören dem Kreiſe der Gerüſtefiguren an.

Als „Wallfahrten“ zum Staudort der Gerüſtefigur ſind auch die Kiſſinger und Emmericher „Prozeſſion“ nicht zu bezeichnen, die 20 Wahrzeichenfiguren befanden ſich auch faſt durchweg (ſ. o.) in der Stadt ſelber. Über Laud bewegte ſich allenfalls die bei Nr. 22 (Judute) erwähnte „abgöttiſche Verehrung“ im 13. Jahrhundert. — Wiederkehrende „Prozeſſionen“ „zu Ehren“ des Bildes ſind in Kiſſingen (Jud' Schweb') überliefert, nicht beglaubigt.

Beglaubigt iſt zwar die „Prozeſſion“ zu Emmerich, das Schreckmaul wird ihr vorangetragen, es gilt als Stadtretter, der Zug darf alſo wohl auch aufgefaßt werden als „zu Ehren“ der Figur geſchehend; andererſeits iſt der betreffende Tag kein der Figur eigener (Faſtnachtmontag, der Zug alſo in jedem Falle ein „Faſnachtzug“).

Noch verblaßter iſt der Gebrauch zu Nr. 4 (Schmalkalden); nur als Kirmestanz um die betreffende „Puppe“ bezeugt, allerdings noch ſehr ſpät (1798).

Ohne nähere Analogie im Kreiſe der 20 iſt die Angabe von zum Püſterich an dieſem Tage gebrachten Gaben („Opfern“). Liegt keine Übertreibung vor, ſo handelt es ſich — vielleicht — um Abgaben. (Über ein ähnliches Mißverſtändnis iſt unter dem Titel „Die Bismarckſche Laus“ an anderem Orte zu handeln.)

e) Die Sage des Püſterich iſt ſehr kurz und trocken. Dies fällt in doppelter Hinſicht auf. Einmal iſt der Gegenſtand ſelbſt, ein feuerpuſtender Kobold, wie geſchaffen zur Ausſtattung mit den ſpukhaft phantaſtiſchſten Eigenſchaften und Erlebniſſen. Zweitens iſt die nächſte Umgegend der Rotenburg — ſie ſelbſt liegt am Berge Kyffhäuſer, eine Stunde von der gleichnamigen Ruine entfernt (30 Fuß tiefer) — recht eigentlich der Anknüpfungspunkt nationaler Sagengeſpinnſte. Trotzdem lautet — ſoweit ſie uns bekannt wurde — die Püſterichſage lediglich in dem einen Satz aus: Die Figur vermochte dereinſt auf weiten Umkreis die

Feinde des Kaisers durch ihr Feuerspeien zu schrecken und im Bann zu halten.

Auch die Sagen von Basel (Nr. 1), von Kissingen (Nr. 15) und von Emmerich (Nr. 16) lauten verhältnismäßig einfach. Der Gerüsteheld hat die Stadt einst vom Feinde gerettet. Doch wird der Feind benannt, der Vorfall historisch datiert; die Basler Sage ist auch mit Einzelheiten, Wecken durch vorgerücktes Uhrwerk u. dgl., ausgestattet. — Eine üppiger ausgeschmückte Form der Rettungssage liefert nur Rheinfelden (Nr. 5), doch in Hauptpunkten stark verdunkelt. — Das im ganzen sehr bescheidene und historisch äußerst oberflächlich kostümierte jeweilige lokale Beiwerk der Rettungssage bei Nr. 1, 5, 15 und 16 (s. o.) abgestreift, behielten wir auch dort in der Hand die nüchterne Behauptung: das — personifiziert gedachte — Bildnis hat belagernde oder überfallende Feinde auf geheimnisvolle Weise von der Stadt vertrieben. Das Geheimnis hüllt sich in Emmerich in die Fernwirkung eines bloßen mundverzerrenden Auftretens im Weichbilde der Stadt, in Kissingen in den Zauber ferntragender, den Belagerern entgegengeschleuderter „Treffkugeln" aus des einen Schützen (Peter Heils) Rohr.

Märchenhaft blieb am Kern dieser Sagen also einzig und allein jeweils die Art und Weise der vom Figurenmann ausgehend gedachten feindeschreckenden Kraft. Wesentlich war dieser Kraft, daß sie vom Munde des Helden (der „Grimasse" Emmerich) oder von dem durch seine Mundgebärde charakterisierten Helden ausging, und daß überall ihr Erfolg eintritt, ohne daß der Figurenheld selbst in körperlichen Kampf mit den Bedrängern sich begibt. In Emmerich ist seine Wirksamkeit die rein moralische, auf den Schrecken des Feindes vor der bloßen Gebärde beschränkt.

Die Püsterichsage entspricht vollkommen dieser Grundform der drei Rettungssagen. Das Wesentliche, zauberhafte Fernwirkung des Mundspiels, bleibt auch in dieser elementarsten Form genügend betont.

Ein Unterschied besteht auch hier: die Püsterichsage ist um einen starken Grad noch nüchterner als die reduzierteste Fassung bei den gedachten Sagennummern.

In Basel, Kissingen, Emmerich erscheint die Figur mindestens personifiziert; das Wahrzeichenbild selbst gilt nur als Porträt des historisch gedachten, selbständig handelnden Lokalheros.

Die Püsterichsage unterläßt es nun vollkommen, den „Püsterich" zum lebenden Wesen zu machen, weiter als mechanisches Leben wirklich in ihm ist. Sie spricht vom Püsterich schlechthin als von einem Werkzeug, etwa einem Zauberapparat, des den Berg bewohnenden Kaisers.

Erkennen wir endlich mithin als Gegenstand auch des Püsterich-kunstwerks eine Darstellung des Gerüftes, so giebt uns die Püsterich-sage in ihrem einen Satz thatsächlich nicht viel mehr als eine sachliche und kaum ausgeschmückte Erläuterung über Sinn und Zweck des Kunstwerks.

Der feurige Hauch dieses Mundes ist bestimmt, die Feinde ringsum zu schrecken, — in der That, das Gerüfte kann und soll nichts mehr, aber auch nichts geringeres, als zur zeitigen Abwehr drohender feindlicher Nachbarn dienend, das Volk, auch von fernsten Landesgrenzen, zusammenrufen.[1])

D. Schlußthese.

In Sicherheit gebracht ist unseres Erachtens mit dem obigen dieser Satz:

Die auf der Rotenburg zu bestimmtem Festtage Feuer speiende, d. h. einen Funkenstrahl der Mundöffnung ent-hauchende Erzfigur, der „Püsterich" genannt, gehört in die Reihe der in Band VIII der Zeitschrift für Kultur-geschichte von uns aufgezeigten Schreiwahrzeichen und dient wie diese der Verbildlichung des Gerüftebegriffes.

Anhang.

I. Die in Sondershausen vorhandene Figur.

Wie mehrfach erwähnt, befindet sich im fürstlichen Schloß zu Sondershausen noch die einst auf Rotenburg aufgestellt gewesene Erzfigur, noch heute dort als „Püsterich" bezeichnet. An der Identität ist kein Zweifel, auch bei Rabe nicht.

---

[1]) Einen weiteren Grad präciser als die Püsterichsage zeigt den Zu-sammenhang der Gerüfte-Idee das Ogmiosbild (a. a. O. S. 403), woselbst das Spruchband nicht zum Feind, sondern zunächst zum Freunde sich wendend gedacht ist. Ogmios ist bis jetzt der älteste Repräsentant der Klasse.

22*

Wir sagten aber: für unsere — rechtsgeschichtliche — Einreihung ist das Alter des jeweiligen gegenwärtigen Repräsentanten nicht wichtig. Sehr alte und sehr junge Darstellungen fanden sich unter den zwanzig. Kaum einzelne (so Nr. 9, 10 etwa) dürften als frühmittelalterliche Originale gelten, die wichtigsten eben, so alle Automaten der Gruppe, waren spätmittelalterliche oder neuzeitliche Ersatzstücke. Trotzdem war der Typ früh= und wohl vormittelalterlich.

Als eine Art Automat würde der Püsterich eher eine späte Entstehung vermuten lassen. Insbesondere die feuerwerkliche Handhabung ließe auf chemische Kenntnisse des späteren Mittelalters schließen, etwa in Verbindung mit der damals neu entdeckten Zubereitung pulverartiger Stoffe. Ein Bewohner der Rotenburg mochte, gleich den Uhrenkünstlern zu Basel, Coblenz, Heidingsfeld, Jena, etwas früher vielleicht als diese, auf den Gedanken gekommen sein, die populäre Gestalt des Wahrzeichens auf der Burg seinerseits zu beleben, nachdem durch Bücher oder Experimente eine funkensprühende Mischung, etwa von der Wirkung nassen Pulvers in den sogen. „Schwärmern" unseres Neujahrsfeuerwerks, ihm bekannt geworden war. Auch das beglaubigte Vorhandensein eines „Rezeptes" noch um 1700 (Imm. Weber s. o.) spricht an sich für spätmittelalterliche Entstehung. — Da „Püsterich" vor 1550 bereits die Rotenburg verlassen hatte, das Feuerschauspiel aber damals schon populär war (Fabricius 1561, Saccus 1567—96), muß demnach mindestens zwei Generationen zurückgerechnet werden. Der spätestmögliche Zeitpunkt für Erfindung und Aufstellung der Erzfigur mit dem Feuerapparat wäre nach dieser Rechnung die zweite Hälfte des 15. Jahrhunderts. Pulverartige Stoffe waren zu jener Zeit wohl schon überall den Fachleuten bekannt.

Das Nähere über den Feuerspeier als solchen und seine Entstehungszeit hat die Kulturgeschichte in engerem Sinne festzustellen. Maßgebend bleiben auch für sie die Grenzen, welche nach rückwärts durch die Pyrotechnik gezogen werden. Nicht zu vergessen ist indes, daß fragmentarische Kenntnisse dieser Art als Geheimwissenschaften schon früher im Mittelalter verbreitet waren. Der ballistisch bedeutsam gewordene Unfall im Berthold Schwarz'schen Laboratorium zu Freiburg i. B. wäre für Feuersprühkünste nicht wohl die äußerst denkbare rückwärtige Grenze. Gerade die sprühenden, nicht sprengenden

Erscheinungen aus schwefligen Mischungen waren die frühest (schon im byzantinischen Reich als „griechisches Feuer") bekannten und angewendeten.

Ausgeschlossen ist, daß die Feuerwerkseinrichtung erst nachträglich etwa der vorhandenen Figur beigebracht worden sei. Die alten Ciselierstriche der Außenseite überfahren glatt die von der Bearbeitung des Innern herrührenden, noch sichtbaren Löthnarden (f. Rade Nr. 20, Zeile 9 v. u. ff.). Haltung, Gesichtsausdruck, insbesondere die Stellung der aufgeworfenen und geöffneten, nicht etwa erst durch das Bohrloch getrennten Lippen zeigen von vornherein, daß die „feuerpustende" Mundgebärde Zweck und Hauptaufgabe der Darstellung von vornherein für den Verfertiger war. Ausgeschlossen ist auch etwa ursprüngliche Bestimmung für anderes dem Mund zu entpustendes Material, etwa Wasserdampf.

Das Alter des Püsterich bleibt in der That von Datierung der pyrotechnischen Voraussetzungen abhängig.

Wir würden uns bei Entstehung der Figur zu Ende des 15. Jahrhunderts durchaus beruhigen und, wie bei den übrigen Automaten der Klasse, das an sich unbestreitbar höhere Alter von Sitte, Sage und Typus für die Rotenburg ähnlich erklären können wie beim Berliner und anderen Exemplaren, nämlich: die kunstvollere Figur ist Surrogat; Sitte, Sage und Typus hafteten in gleicher Weise an dem älteren, zweifellos vorhandenen und durch das Kunstprodukt verdrängten, kunstloseren, meist wohl steinernen Original.

Dies wäre auch für Rotenburg wie gesagt das Normale.

II. Drei merkwürdige Paradoxa

in der Sondershäuser Figur selbst aber sind nicht zu verschweigen:

1. Die rein kunstgeschichtliche Chronologie müßte die Figur in weit höheres Alter als das 15. Jahrhundert setzen, trotz ihrer technischen Einrichtung. Rade, an Hand eines Gipsabgusses (nur der Gesichtsmaske) vom Bildhauer und Akademie-Direktor Dr. Schadow zu Berlin (um 1850) beraten (Rade S. 22 Anm. 2), setzt die Figur ins 10. oder 11. Jahrhundert zurück (S. 212). Rade und Schadow sind nicht Archäologen. Heute wird eine nähere

jachkundig kunstgeschichtliche Untersuchung an Ort und Stelle gewiß Näheres feststellen.

2. Gleichfalls ohne den kunstgeschichtlich maßgebenden Apparat, aber auf Grund peinlicher Kostüm= und Haartrachten=Vergleichung, trat ganz neuerdings ein Professor der Schulpforte an die Figur heran

Prof. Selmar Lüttich, in Festschriften zum 350jährigen Jubiläum der Kgl. Landesschule Pforte, bei H. Sieling, Naumburg a. S. (1894)

und gelangt zu den so verblüffenden als mit erschöpfendem Material begründeten zwei Sätzen: 1. der Püsterich hat die Bekleidung eines deutschen Kriegers, wie sie nur bis 553 n. Chr. möglich war (Langhose bei nacktem Oberleib); 2. die Haartracht des Püsterich (heute etwa als „russische" Haartracht oder als „Knaben= frisur über den Topf geschoren" zu bezeichnen) findet sich bei den deutschen Männern seit dem 5. Jahrhundert.

Diese Sätze sind nun nicht so weit und durchaus von der Hand zu weisen, als man denken möchte: es bleibt eine Möglich= keit, sie mit dem Datum des 15. Jahrhunderts zu vereinigen: auch ein Neudarsteller des 15. Jahrhunderts könnte sich eng an das Vorbild angeschlossen haben, eben wenn dessen Tracht eine eigen= artige war. Üblich war solcher Archaismus ja nicht. Im Gegen= teil, man suchte „aktuell" zu erneuern, dies namentlich im Punkt der Mode. Der Mainzer „Neidkopf" ist Barock, der Berliner Rokoko.

Eines ist hier auch für unsere These von Bedeutung:

Lüttichs Behauptung, Püsterich trage rituelle Kriegertracht einer bestimmten Zeit, kommt uns zu statten, weil ja im Püsterich der Kriegsruf (Gerüfte) dargestellt werden wollte. Der Kriegsruf ist von einem Krieger erhoben zu denken. Der Kriegsruf, „Ge= rüfte" genannt, ist ein gewichtiger, feierlicher Akt, eben im Sinne der Gerüfte=Symbole, und mag als rituelles Zubehör die richtige Kriegertracht des Ausrufenden erfordern. Dies ist vorerst Hypo= these. Daß Lüttich, ohne eine Beziehung der Figur zu Kriegs= angelegenheiten zu vermuten — er geht noch von der Über= lieferung eines Götzenhabitus aus —, in diesem „Püsterich" zur Feststellung einer Kriegerfigur gelangt, ist von desto höherem, selbständigem Wert.

Zudem: die charakteriſtiſche Haartracht zeigt ſich bis jetzt noch an einem anderen „Heidenkopf" (Kirchturm zu Brombach im Wieſenthal), der zwar noch nicht mit Sicherheit, doch vielleicht zu unſerer Gruppe zu zählen iſt.

3. Die Analyſe des Metalles der Figur ergiebt eine auch für früheres Mittelalter mindeſtens ungewöhnliche Miſchung:

Auf 1000 Teite des Metalls kommen 916 Teile Kupfer, 75 Teile Zinn und 9 Teile Blei.

M. H. Klaproth, Profeſſor, Vorleſung am 4. April 1811 in der philomatiſchen Geſellſchaft in Berlin — auch im Journal für Chemie und Phyſik, herausgeg. von D. J. S. C. Schweigger, Bd. 1 Heft 4, Nürnberg 1811, S. 509—516 u. ſ. w. — beſchreibt ferner: Die Farbe des Metalls iſt rötlich=gelb, die Maſſe undicht, und wegen einer Menge kleiner irregulärer Poren, die meiſtens mit zerreiblichem, rotem, oxyduliertem Kupfer ausgefüllt erſcheinen, leicht zerreiblich; ... ſpecif. Gewicht wegen der Poroſität nur 7,840 (cit. n. Rabe S. 171).

Auch im 10. Jahrhundert hatte, wie romaniſche Gußwerke zeigen, die Gießerkunſt ſchon vollkommenere Methoden der Miſchung wie des Guſſes, als die hier angewandten.

Auch dieſer Umſtand läßt ſich — ſoviel für den Laien aus der Form zu ermitteln — zur Not ſo erklären:

Der Verfertiger mag im Gießereifach als ſolchem etwa unbewandert geweſen und ohne zeitgenöſſiſche Anleitung etwa nach älteren Buchanweiſungen verfahren ſein. Daß ein Dilettant eine Figur von dem unter Beſuchern unbeſtrittenen realiſtiſchen Wert des Püſterich nach Haltung und Bewegung hervorbringen konnte, iſt andererſeits ſchwer zu glauben.

Die Paradoxa 1, 2 und 3 ſind auffallend. Indes ſchließen ſie nicht jede Möglichkeit aus, daß Püſterich ſeine Sondershäuſer Geſtalt im Zeitalter der erwachenden deutſchen Feuerwerkskunde angenommen habe.

Uns aber berührt die Frage ·nach Herkunft des jeweiligen lokalen Repräſentanten eines Gerüſtewahrzeichens überall nur in zweiter Linie. Uns genügt, den Typus dieſes Wahrzeichens nach Darſtellung, Sage und Idee auch an dieſem Orte nachgewieſen zu haben.

Die großen weiteren Schwierigkeiten der kunsthistorisch-chrono-
logischen Einreihung des Püsterich dürften aber neuen Reiz gewinnen, weil in der That ein Landeswahrzeichen nachgewiesen ist
von einst hoher weltlicher Bedeutung. Dem Typus nach reicht
es zurück bis zum Gerüstebildwerk der alten Sachsen, als dessen
noch im 13. Jahrhundert vom Landvolk „götzendienerisch" besuchter
Standort sonderbarerweise gleichfalls die Gegend des Kyffhäuser
genannt wird. (Man vgl. Ziffer 22 des mehrerwähnten Aufsatzes in Bd. VIII der Zeitschr. f. Kulturgesch. S. 400 und die
dortigen Citate.)

Miscellen.

Testament der Frau Magarete von Gera.
Mitgeteilt von Ernst Devrient.
Nach dem Orig.-Perg. Nürnberg, Germ. Nat.-Muf. Nr. 9260.

Jena 1477 Juli 19.

In dem namen gotis unsers hern amen. In dem iare von
syner geburt tusent vierhundert unde sibben und sibbenczigisten
der zcenden indictien, papstums des allerheyligisten in got vaters
unde hern hern Sixti von gotis vorsichtikeyt des vierden sines iares
des sechßten unde am sonnabende des nuenczenden tages des
monden Julii in der czwelften stunde aber na baby, in keginn-
wertikeyt myn als enus uffenbaren schrybers unde disser hirundean
geschribben geczugen, dy hirczu sunderlich geheyschen unde gebethen
synt, hat dy ersamen frawe Margaretha von Gera[1]) burgerin zcu
Jhene in redelicher guter vornunft wolbedachtes syns unde mutes
sieczende uff irem stule vor irem bette in ör eygen dörenczen ires
hußes zcu Jhene an dem martte gelegen, bedenckene, das nicht
sichers ist dan der naturliche tod unde nicht unsichers den dy stunde
des todis dy zcuvorkomene, or selegerete vornumet unde alßo vor
nu iren leczsten willen befestiget, bestalt, bescheyden unde gegeden,
als hirnach folget: item hundert gulden zcu eynem ewigen testament,
dy die hern des rats zcu Jhene anlegen sullen zcu troste unde
hulffe ires mannes, irer unde aller selen, dy uß ir beyder geslechte
vorscheyden synt, unde den selen, von den ir gut herkomen ist,
besundern gote zcu lobe; item vier schog zcu der kirchen sente
Michaels zcu Jhene[2]); item dry schog den closteriungfrawen[3])

---

[1]) Die Familie von Gera ist seit der Mitte des 14. Jahrhunderts in
Jena ansässig: Konrad von Gera wird als Bürger und Rotfärber im Jahre
1358 erwähnt. Seine Nachkommen spalteten sich in zwei Zweige, von denen
der eine in Jena, der andere in Neustadt a. Orla blühte, und beide eine
Reihe von Ratsherren und Bürgermeistern hervorbrachten.

[2]) Stadtkirche.

[3]) Michaeliskloster des Cistercienserordens, hinter der Stadtkirche.

daſelbiſt; item eyn ſchog zcu dem heyligen creucze vor Jhene[1]) gelegen; item eyn ſchog zcu den predigern[2]); item eyn ſchog den
cappelan ſancti Michaelis; item eyne weßen zwſchen Jhene unde
Löbesſticz[3]) gelegen hat ſy alſo vor obenrurt beſcheyden unde gegeben ir mohmen Criſtinen Marggrafen unde hath darby be-
dinget unde wil, das by guante ir mohme Margaretha an nyder-
mannes anſproche frey ſyn ſal, ab was deſ iren by ir beſehen
abber funden wurde; dan was ſy des iren ynne habe, das habe
ſy mit irem guten willen unde wiſſen, unde habe is ir gegeben,
das ſy ir als flyßlich gewart hat unde nach warte.   Dis iſt geſcheen yn kegenwertikeit Hans Göynitz burgers zcu Jhene unde
mit ſynem vorwillen, der ir vormunde iſt von dem rate zcu Jhene
ir gegeben. Darübber hat mich dy vorgnante frawe Margaretha
von Gera angeruffen unde requirert, das ich ir zcu warem bekenteniſſe
daruff machen wulle eyns abber mehr inſtrument abber inſtrumenta,
als vil ir not ſyn werde zcu veſter halbunge und beſtetigunge ires
leczſten willen, gabe unde ſelegerets. Hyby ſint geweſt der wirdige
herre er Gregorius Muſel prediger, dy erſamen menner Hans Alden-
burg unde Melchior Landecke burgere zcu Jhene alßo geczugen
hirczu ßunderlichen geheyſchen und gebethen.

Unde ich Guntherus Voit clerike
Menczer biſchtums von heyliger keißer-
licher gewalt uffenbarer ſchriber, darumme das ich by dem obengeſchreben
ſelegerethe, leczſten willen, beſcheyden
geben vorwillen unde allen ſtucken, als
obengeſchreben ſteht, mit den gnanten
geczugen perſonlich geweſt bin, darumme
habe ich dis gegenwertige uffebare inſtrument daruß gemacht mit myner eygen
hant geſchribben unde mit mynem nahmen
unde zcunamen underſchribben, ouch mit
mynem gewonlichen ſignete vorczeichen.

---

[1]) Karmeliter-Mönchkloſter zum heil. Kreuz vor dem Löbderthor (jetzt
Gaſthof zum Engel).

[2]) Dominikaner-Mönchkloſter zu St. Pauli (altes Kollegiengebäude).

[3]) Löbſtedt nördlich Zena.

Kleinigkeiten.
Von Theodor Distel.

1. **Zum Verkehre zweier Fürstinnen nach Luther's Tode.**
Wie natürlich die vornehmsten Frauen früher sich aussprachen, lehrt die folgende, hier etwas modernisierte Stelle aus dem Briefwechsel zweier fürstlichen Schwägerinnen in der Mitte des sechzehnten Jahrhunderts:

„. . . . . Ich mag Eurer Libben nicht bergen, daß ich bin in Erfahrung kommen, wie daß soll ein Pfaffe . . . . sein, der ist beschrieen in allen Landen von seiner Kunst und höre für gewiß, daß er soll Herzogs . . . . Gemahlin geholfen haben, daß ihre Liebe ist schwanger worden und Euer Libden sollen ihn auch bei sich gehabt haben und seinen Rath gebraucht und auch alsbald schwanger worden, so bitt' ich . . . . ., Euer Libden wollten mir . . . . mittheilen, · wo dem so wäre, ..., daß ich ihn bekommen . . . . und seinen Rath hören möchte . . . ."[1])

2. „Perlen in den Bart geflochten" führt Hermann Adolf Lüntzel in der „Zeitschrift des Museums zu Hildesheim" (Abteilung für Geschichte und Kunst I. 1846, 279) zur dortigen Stiftsfehde unter den „Sitten" an. Seine Vorlage läßt nämlich einen kaiserlichen Schanzengräber=Führer 1522 „itlicke schone und grote Perlin in dem Barde" tragen. Bei Studien[2]) über das wahre Bildnis des Herzogs Albrecht zu Sachsen († 1500) ist mir nun ebenfalls ein solcher Bart begegnet, der freilich ein — Barett ist.

[1]) Nach dem Originalschreiben im K. S. Hauptstaatsarchive; abgedruckt bei Arndt: „Nonnula de ingenio et moribus Mauritii", Lips. 1806 XVIII, Anm. 27. („Nomina odiosa!")

[2]) Man vgl. „Repertorium für Kunstwissenschaft" XXI (1893), 459f. und die dort angeführte Litteratur.

3. Das Leipziger Kochbuch von Susanna Eger (1712 f.)
liegt in der 1745 er Auflage vor mir. Derſelben ſind 30 „curieuſe"
Tiſch= und Speiſe=Lexikon mit dem Motto:

> „Friß und ſauf nicht um die Wette,
> Sonſt mußt Du aufs Krancken-Bette",

nebſt der „allzeit fertig=rechnenden Köchin" und einem Küchen=
inventarium[1]) angefügt.

909 Gerichte werden darin aufgetragen, die „Fragen" be=
handeln z. B. die: „Warum man heiſſe Speiſſe mit geſchloſſenem
Munde leichter als mit offenem Munde erdulten kann? Ob Speiſſe
und Tranck durch verſchiedene Röhren geleitet werden?" (Plato
meint, der Tranck nehme ſeinen Weg durch die Luftröhre!) „Wann
ſoll man denn trincken?" Hierzu heißt es — gegen Schweninger
u. a. —: „Der ſicherſte Weg iſt, daß man das Geträncke über
Tiſche theile, oder Stückweiſe trincke, und alſo die Speiſe allmählig
abwechſelnd anfeuchte; weil der Miſch=Tranck nicht allein mit der
gantzen Speiſe beſſer vermenget wird, ſondern er auch den Durſt
zeitiger und bequemer, als der vorberührte Löſch=Trunck, ſtillen
kan. Im übrigen, ſo lange man nüchtern iſt, ſoll man gar
nicht trincken, abſonderlich keinen ſtarcken Wein, oder anderes
hitziges Geträncke, als welches bevorab in Menge genoſſen, dem
Haupt und denen Nerven höchſt ſchädlich iſt." Aus der Vorrede
zum „Lexicon" teile ich die Stelle mit: „Ueberfülle Dich nicht
zu gierig, denn viel Freſſen macht kranck, und ein un=
ſättiger Fraß erlanget Ungunſt, ſchläfet unruhig, kriegt
das Grimmen und das Bauch=Wehe. Viele haben ſich
zu Tode gefreſſen; wer aber mäßig iſſet, und läſſet ſich
am Geringen genügen, der darf in ſeinem Bette nicht
ſo keuchen, und lebet deſto länger." Unter „Chocolate",
um auch eine Probe aus dem „Lexikon" zu geben, ſteht folgendes: „Wo
woite aber das übrige Geld, welches nicht für Franzöſiſche Kleider
angewendet wird, hinkommen? Es muß für ausländiſche Leckereyen
angewendet werden, ſolte der Bauer auch alles dazu hergeben
müſſen, was er aufbringen könte, damit der Teutſche bei denen
Franzoſen und anderen Ausländern bekandt bleibe." Der „zum
Einkauf gehenden Köchin" wird unter dem Motto:

---

[1]) Daſſelbe fehlt in meinem Exemplare.

„Ich kauf Gutes, doch genau,
Rechne redlich meiner Frau"

von Adam Riese (?) d. J., unter Hinweis auf Vogel's „faulen
Rechen=Knecht" für „höhere" Rechnungen, „das Einmahl=Eins" —
nach Maßen und Gewichten ausgeworfen — in bis ins einzelne
gehender Weise gelehrt.

————

**4. Zu Goethes und zu Hahnemanns, bei deren Lebzeiten,
genaseweißsagtem Nachruhme.**

In einem bald nach dem Feste erschienenen Berichte über
Hahnemanns Doktorjubiläum (10. August 1829), der „von einem
Nichtarzte"[1]) unterzeichnet ist, sind folgende — „risum teneatis
amici" — Worte zu lesen:

„Göthes Jubiläum [80er Geburtstag] wurde in allen Tage=
blättern mehr besprochen, als Hahnemann's Jubelfest, und doch wird
wohl noch dieses Jahrhundert entscheiden, und schon jetzt kann es
nicht mehr zweifelhaft seyn, daß Hahnemanns Wirken segensreicher
war für die Menschheit."

————

[1]) Ernst Woldemar, (Heinrich Hermann vermute ich dahinter);
man vgl. nur das Intelligenzblatt zum Mitternachtblatte Nr. 12 von 1829.

Besprechungen.

—

Ernest Lavisse, Histoire de France depuis les origines jusqu'à la Révolution publiée avec la collaboration de MM. Bayet, Bloch ... Tome I, 2. Les Origines. La Gaule indépendante et la Gaule romaine par G. Bloch. Paris, Hachette et Cie., 1901. (455 S.)

E. Lavisse hat es unternommen, eine breit angelegte Geschichte Frankreichs von seinen Ursprüngen bis zur großen Revolution unter Mitwirkung hervorragender französischer Historiker herauszugeben, die, so scheint es, einem lange gefühlten Bedürfnisse der gebildeten Klassen Frankreichs und auch des Auslandes genügen wird. Die zuerst erschienene, uns vorliegende zweite Hälfte des ersten Bandes, bearbeitet von G. Bloch, umfaßt die Geschichte unseres Nachbarlandes von Anfang bis zum Zusammenbruch der römischen Herrschaft und ist eine durchaus erfreuliche Leistung, die, wenn sie auch nicht gerade neue Ausblicke eröffnet, doch in geschmackvoller Darstellung und unter ausreichender Verwertung des gesamten Quellenmaterials in verständiger Benutzung der reichhaltigen Litteratur (auch der deutschen) ein klares und genügend vollständiges Bild der Entwickelung und der Zustände Frankreichs bis zum fünften Jahrhundert n. Chr. giebt. Dabei hält sich der Verfasser von den Phantastereien, die vordem nur zu sehr im Schwange waren, frei und weiß Wesentliches vom Nebensächlichem wohl zu unterscheiden. In dem ersten kurzen Kapitel des I. Buches des ersten Teils giebt er uns eine anspruchslose Zusammenfassung dessen, was wir über die vorhistorischen Zeiten auf französischem Boden wissen oder zu wissen glauben; im zweiten behandelt er die Iberer, die Ligurer, die Ansiedelungen der Phönizier, die Wanderungen der Kelten und hebt sehr mit Recht die reiche Mannigfaltigkeit der Völkerelemente hervor, aus denen die alten Gallier hervorgingen. Im zweiten Buche bietet er uns zunächst ein ausführliches Bild der gallischen Zivilisation, nichts Wesentliches übergehend, und verbreitet sich näher über die nicht endenden Streitigkeiten innerhalb der einzelnen Gesamtgemeinden (civitates, cités) und unter ihnen. Dann folgt die Erzählung von der Eroberung und der Organisation der Gallia transalpina durch die Römer (154—58 v. Chr.), danach eine knappe und klare Darstellung der Unterwerfung Galliens durch Cäsar und ihrer Wirkungen und nach einem Blicke auf die aufständischen Bewegungen im ersten Jahrhundert nach Christus im ersten Buche des zweiten Teiles eine ansprechende und wohlgelungene Darlegung der römischen Verwaltungsnormen

im ersten und zweiten Jahrhundert n. Chr., woran sich dann im zweiten Buche
die Entwickelung derselben im dritten und vierten Jahrhundert schließt. Kulturhistorisch besonders interessant und wertvoll ist die Darstellung der gallo-
romanischen Gesellschaft im dritten Buche des zweiten Teiles, die wir — bei
manchem Bedenken in einzelnen Punkten — mit wahrem Vergnügen gelesen
haben und von der wir wohl wünschten, daß sie — vielleicht verkürzt — in
lesbarer Übersetzung auch weiteren Kreisen bei uns zugänglich gemacht würde.

Fritz Steinhausen.

*   *   *

**K. G. Stephani, Der älteste deutsche Wohnbau und seine Ein-
richtung.** Baugeschichtliche Studien auf Grund der Erdfunde, Arte-
fakte, Baureste, Münzbilder, Miniaturen und Schriftquellen. In
zwei Bänden. I. Band. Der deutsche Wohnbau und seine Einrichtung von der Urzeit bis zum Ende der Merovingerherrschaft.
Mit 209 Text-Abbildungen. Leipzig, Baumgärtner's Buchhandlung, 1902.

Der vorliegende erste Band sucht die Geschichte des vorkarolingischen
deutschen Wohnbaus in vier Kapiteln darzustellen: das erste handelt vom
gemeingermanischen Wohnbau, das zweite zeigt die ersten Spuren stammes-
verschiedener Wohnbauten vor und während der Völkerwanderung, das dritte
schildert den germanischen Wohnbau unter römischem Einfluß auf fremder Erde
während und nach der Völkerwanderung, und endlich das vierte behandelt den entwickelten stammesverschiedenen Wohnbau auf heimatlichem und fremdem Boden
nach der Völkerwanderung. Dieser Text wird von einer reichlichen und mit
großem Fleiß zusammengetragenen Zahl von Abbildungen begleitet, deren also
vereinigte Sammlung für die deutsche Hausforschung entschieden von großem
Nutzen sein wird. Aber gerade darum kann ich mich nicht damit einverstanden
erklären, daß an diesen Bildern in Bezug auf Perspektive u. s. w. „der Anschaulichkeit wegen leise Zurechtstellungen vorgenommen worden" sind, denn darüber,
ob diese Änderungen wirklich Zurechtstellungen sind, könnte man vielleicht verschiedener Meinung sein, und wenn auch durch die sorgfältig angegebene
Litteratur eine Kontrolle überall möglich ist, so wird der Erfolg dieser Änderungen schließlich der sein, daß man sich zu eben dieser Kontrolle bei jeder
Abbildung genötigt sieht. Jedenfalls haben solche „Zurechtstellungen" immer
etwas sehr Bedenkliches. Vier Abbildungen hätte ich lieber ganz fortgelassen,
das sind die Figuren 52, 53, 168 und 198, welche die „Grundrisse" von
Attilas Lager und Regia, von der Halle Heorot und von der Halle Wilhelm
des Eroberers darbieten. Der Verfasser wird selbst zugeben, daß bei ihrer
Entwerfung trotz der vorhandenen Anhaltspunkte doch sehr viel Phantasie mit-
helfen mußte, und das verführerische Moment erscheint dem thatsächlichen Gewinne gegenüber doch zu bedeutend, als daß diese Abbildungen unbeanstandet
bleiben könnten. Mindestens aber hätten dieselben in den Unterschriften deutlich als „Rekonstruktion" bezeichnet werden müssen.

Bezüglich des Inhaltes hätte ich gewünscht, daß der Verfasser sich einmal grundsätzlich darüber geäußert hätte, was er unter dem mehrfach sich findenden Ausdrucke „Notdurftbau" versteht. Ich habe verschiedentlich den Eindruck, als ob er damit kümmerliche, unter dem Durchschnitte stehende Bauten meint, die nur ganz flüchtig hergestellt und mit mangelhafter Bauerfahrung errichtet sind. Wenn dies wirklich Stephanis Meinung ist, so möchte ich in dieser Beziehung doch sehr zur Vorsicht mahnen. Ferner was meint die öfter angenommene „Unerfahrenheit im Bauwesen"? (vergl. z. B. S. 96/97.) Ist das an den Kenntnissen der betreffenden Zeit oder an den Erfahrungen der heutigen Technik gemessen? Mir scheint das erstere, und dann trifft es nicht zu. Von den Bauten, die durch Kenner römischer Bautechnik errichtet sind, abgesehen, sind die übrigen derzeitigen deutschen Wohnbauten nicht etwa nur von dem betreffenden Bewohner und seinem Hausgesinde errichtet, sondern alle irgend abkömmlichen Nachbarn, ja man kann sagen Gemeindeglieder, halfen bei dem Bau, so daß die nationale bautechnische Tradition in ununterbrochenem Flusse erhalten blieb. Noch am Anfange des 19. Jahrhunderts bestand diese Art unter den Bauern im Lande Schonen, worüber das in mehrfacher Beziehung interessante Büchlein Ernst Moritz Arndts „Vom nordischen Hausbau und Hausgeist" Auskunft giebt.

Diese paar Einzelbemerkungen konnte ich nicht unterlassen. Nun aber zu dem Buche als ganzem! Eine sehr zutreffende und höchst anerkennenswerte Besprechung hat der Verfasser selbst in seiner Vorrede gegeben, in der er darauf hinweist, daß das Buch zunächst eine Art Einleitung zu der vom kunsthistorischen Standpunkte aus geschriebenen Darstellung des romanischen Wohnbaues sein soll -- der gerechte Beurteiler merke sich das! — und ferner, daß er sich wohl bewußt ist, nur eine Materialsammlung vorzulegen, daß er aber nicht beabsichtigte, „den reichlich vorhandenen Theorien eine neue hinzuzufügen". Als Quellensammlung will das Buch gelten, und es muß in der That völlig anerkannt werden, daß der Verfasser mit großem Fleiß das bis dahin so vielfach zerstreute Material, sowohl das, was die historischen Quellen bieten, wie das der neueren Bearbeitungen zusammengetragen hat. Was die einzelnen Wissenschaften zur Erforschung des deutschen Wohnbaues beigesteuert haben, ist mit Umsicht und bis zu einem ziemlichen Grade von Vollkommenheit hier vereinigt. Wenn es nicht zu einer wirklich geschlossenen Darstellung zusammengeflossen ist, so lag das einerseits, wie vorhin betont, garnicht in der Absicht des Verfassers, und andererseits müssen wir unbedingt feststellen, daß eine wirklich befriedigende Gesamtdarstellung des älteren deutschen Wohnbaues bei dem heutigen Stand der Wissenschaft überhaupt noch nicht geliefert werden kann, zumal da die heute in so erfreulichem Wachstum begriffene deutsche Hausforschung fast täglich neues Material und damit auch neue Gesichtspunkte zur Beurteilung herbeischafft. Wie aber auch hier noch sorgfältige Nachforschungen nötig und klaffende Lücken auszufüllen sind, das hat der Verfasser selbst recht deutlich empfunden und in den Worten der Vorrede zum Ausdruck gebracht: „Um eine Arbeit wie die vorliegende nach allen Seiten korrekt durchzuführen, würde es von nöten sein, daß der Autor Alt- und Neuphilolog, Germanist,

Ethnolog, Prähistoriker, Historiker, Architekt, Kunstarchäolog und was sonst noch sei." Mehr noch als die Entschuldigung etwaiger eigener Mängel höre ich aus diesem Satze einen Notschrei des Verfassers heraus, den ich mit vielfach verdoppelter Kraft weitergeben möchte. Es ist der Ruf nach der endlichen Zusammenfassung aller verfügbaren Kräfte zur Erforschung der deutschen Realaltertümer, die so lange Zeit in wahrhaft beschämender Weise daniedergelegen hat. Eine deutsche Archäologie, die Wissenschaft von den äußeren Denkmalen deutscher Altertumskunde, das ist es, was uns fehlt. Aber wie ich des festen Glaubens bin, daß wir sie nicht lange mehr entbehren müssen, so sehe ich auch in dem vorliegenden Buche ein glückverheißendes Zeichen dafür, daß ihr baldiges Erscheinen vor der Thür steht.

Nürnberg.   Otto Lauffer.

K. Gusinde, Neidhart mit dem Veilchen. (Germanistische Abhandlungen, herausgegeben von Fr. Vogt XVII.) Breslau, 1899, M. u. H. Marcus. (VI, 242 S.)

Auch in dieser Arbeit verleugnet sich nirgends der wissenschaftliche Ernst und die gute Methode der Volkskunde, die der neuen „schlesischen Schule" eigen ist. Der merkwürdige und lehrreiche Ausläufer volkstümlichen Interesses am Minnesang, der als Neidhart-Legende mehrere Jahrhunderte durchlief, hat in dramatischer Form seine wichtigste Ausprägung gefunden. Gusinde — der auch an der Sammlung der Weihnachtsspiele Anteil hat — giebt zunächst über die Grundlagen der Neidhartspiele Rechenschaft und hat hierbei die eigentümliche „Verhöfischung" der volkstümlichen Frühlingsfeier zu charakterisieren. Dann analysiert er die erhaltenen Dramen selbst, geht (besonders bei dem Sterzinger Scenar) auf Sprache, Versbau, Stil ausführlich ein, erörtert die Beziehungen zum geistlichen Spiel und zwischen den Neidhartdramen und geht schließlich noch auf die Nachkömmlinge, Hans Sachs und Anastasius Grün ein. Leider liest sich die fleißige Arbeit etwas schwer und ist in zu strengem Grau gehalten; gewiß ist das aber besser als der in der Neidhartphilologie häufige Mißbrauch von tönenden Worten und Sentimentalitäten.

Berlin.   Richard M. Meyer.

Georg Brunner, Geschichte der Reformation des Klosters und Stiftlandes Waldsassen bis zum Tode des Kurfürsten Ludwig VI. (1583.) Ein Beitrag zur Kirchen- und Kulturgeschichte der Oberpfalz. Mit 15 Beilagen und 1 Karte des Stiftlandes. Erlangen, Fr. Juuge, 1901. (VIII, 214 S.)

Der Grundgedanke dieser auf mannigfachem archivalischen Material, insbesondere auf Visitationsakten beruhenden fleißigen Arbeit ist die Prüfung der kirchlichen, sittlichen, sozialen und geistigen Zustände in Bezug auf die günstige oder ungünstige Wirkung der Reformation. Im Gegensatz zu Janssen, der für die vielfach üblen Zustände Deutschlands im 16. Jahrhundert die

Reformation überhaupt verantwortlich macht, der aber auch, gestützt auf die
einseitige „Geschichte der Reformation in der Oberpfalz" von Wittmann, speziell
die oberpfälzischen Verhältnisse dafür als Beweis heranzieht, kommt Brunner
zu dem Resultat, daß die Behauptungen von „einer unglaublichen Zuchtlosigkeit
und Unwissenheit, sowie einer durch die Reformation verursachten, tiefgehenden
inneren Fäulnis" durchaus unzutreffend sind, daß im Gegenteil „der Fortschritt auf dem Gebiete des kirchlichen, sittlichen, geistigen und sozialen Lebens"
unverkennbar ist. Die Frage des Verhältnisses des 15. zu dem 16. Jahrhundert in sittlicher und anderer Beziehung ist ja für den Kulturhistoriker
überaus wichtig. So wenig man Janssen in seinem Bestreben, für den Niedergang die Reformation verantwortlich zu machen, beistimmen darf, vielmehr
die zeitgenössischen Klagen über die Menschen des 16. Jahrhunderts vielfach
nur auf eine (gerade infolge des stärkeren kirchlichen Sinnes) übertriebene
pessimistische und sittenrichterliche Stimmung zurückführen muß, so sehr man
andererseits betonen muß, daß schon im 15. Jahrhundert die Dinge genau so
schlimm standen oder mindestens die Keime der späteren Entwicklung in sich
trugen — so sehr muß man sich auch andererseits davor hüten, nun die
Symptome allgemeinen Verfalls im sechzehnten Jahrhundert überhaupt zu
leugnen. Die Reformation ist für sie nicht verantwortlich. Daß aber, wie
ich schon öfter hervorgehoben habe, neben den Schattenseiten, von denen die
Quellen meist mit Vorliebe reden, wie zu allen Zeiten so auch jetzt lichtvolle
Züge reichlich bestehen, dafür ist die Arbeit Brunners ein neues Zeugnis.
Es ist sehr erwünscht, daß ähnliche genaue lokale Untersuchungen für diese
Zeit öfter angestellt werden. Interessant ist übrigens die in den archivalischen
Beilagen des Buches, auf die ich überhaupt aufmerksam mache, abgedruckte
Liste der den Waldsassenern später abgenommenen „sectischen Bücher", die doch
für einen keineswegs geringen Hausvorrat an religiöser Litteratur sprechen.
Wie die Einführung des Calvinismus in das lutherisch gewordene Waldsassen
gewirkt hat, will der Verfasser später untersuchen.   Georg Steinhausen.

＊   ＊   ＊

**M. Lingg, Kulturgeschichte der Diözese und Erzdiözese Bamberg
seit Beginn des siebzehnten Jahrhunderts.** Erster Band. Kempten,
Kösel, 1900 (VIII, 174 S.).

Die Bedeutung der Pfarrvisitationsprotokolle als kulturgeschichtliche Quelle
ist evangelischerseits lange erkannt und das reiche Material des sechszehnten
Jahrhunderts vielfach in Angriff genommen worden. Ein gleicher Versuch ist
hier für die Bamberger Diözese gemacht, wo die Visitation erst 1611 zur Einführung gelangte, indessen ist es dem Verfasser nicht gelungen, die zahllosen
Einzelbeobachtungen zu einem lebensvollen Bilde zu verschmelzen. Wenn er
als Aufgabe der Kulturgeschichte die „Geschichte des Einflusses der Ideen auf
die praktische Ausgestaltung des öffentlichen und gesellschaftlichen Lebens" bezeichnet, so wird er an dieser Stelle freudiger Zustimmung sicher sein, aber
unter diesen Ideen räumt er die erste Stelle der religiösen ein, d. h. der katholischen, und das ganze Buch ist nur deren Sieg in dem genannten Territorium

zu feiern bestimmt. Nichts weniger als voraussetzungslos werden seine Zustände geschildert, vielmehr gilt als Kultur nur die katholische, das starke Umsichgreifen des Protestantismus als Rückschritt. Es ist kein Kulturbild, was
hier geboten wird, sondern eine Darstellung der Unterdrückung der evangelischen
Lehre, von deren raschen Fortschritten die Protokolle selbst Zeugnis ablegen
müssen. Die mit großem Fleiße über die verschiedenen Ortschaften zusammen-
gelesenen Nachrichten werden nach den einzelnen Seiten des äußeren und inneren
kirchlichen Lebens geordnet und am Schlusse eines jeden Titels wird regelmäßig
die nach dem Dreißigjährigen Kriege eingetretene Besserung konstatiert. Die zur
Zeit der vorherrschenden protestantischen Tendenz unleugbar hochstehende Sittlichkeit erklärt der Verfasser mit dem Fond natürlicher Sittlichkeit infolge des
in Fleisch und Blut übergegangenen katholischen Glaubens. Also das Böse
ist protestantischer Einfluß, das Gute katholisches Erbe! Ob die Besserung,
sagen wir die Rekatholisierung des Volkes wirklich dem sittigenden Einfluß des
Krieges zuzuschreiben ist, ob nicht kaiserliche Truppen nachhalfen, darüber
werden die Meinungen wohl verschieden sein.

Magdeburg.   Liebe.

* * *

**Fr. X. Thurnhofer, Bernhard Adelmann von Adelmannsfelden,
Humanist und Luthers Freund (1457—1523). Freiburg i. B., Herder,
1900. (VII und 153 S.)**

**A. Postina, Der Karmelit Eberhard Billick. Freiburg i. B.,
Herder, 1901. (XII und 244 S.)**

(Erläuterungen und Ergänzungen zu Janssens Geschichte des
deutschen Volkes. Bd. II, Heft 1 und 2/3.)

Die erstere Arbeit giebt ein Lebensbild aus den hoffnungsfrohen Zeiten,
als allerwärts die besten Geister der Nation auf eine Erlösung der Kirche
aus unwürdiger Lage harrten. Der feingebildete Domherr von Eichstätt hat
das Auftreten des „guten Martin" mit Begeisterung begrüßt, aber ohne den
Mut der Überzeugung sich gleich dem sinnesverwandten Willibald Pirkheimer
vor seinem persönlichen Gegner Eck gedemütigt, als dieser gegen eine Anzahl
von Anhängern der neuen Lehre die Exkommunikation erwirkt hatte. Anziehender
als der beschauliche Lebenslauf des liebenswürdigen, aber charakterschwachen
Mannes ist die Darstellung seines Freundschaftsverhältnisses zu einer Anzahl
hervorragender Humanisten wie Reuchlin, Pirkheimer, dem Böhmen Bohuslaw
von Hassenstein auf Grund seines Briefwechsels. Sie gewährt einen Einblick
in die mannigfachen litterarischen, gelegentlich auch astronomischen Interessen
und den verbindlichen Umgangston jenes geistig belebten Kreises.

Eine weitaus andere Persönlichkeit bildet den Mittelpunkt des zweiten
Werkes. Der Kölner Karmeliter und Hochschullehrer Billick war eine streitbare
Natur, die den Kampf gegen die Neuerer in schroffster Weise geführt und
reichlich den Haß der Gegner erfahren hat. Eine wirkliche Ehrenrettung des
„wohlgemästeten Mönchs" hat der Verfasser beabsichtigt, und wenigstens Umsicht und Thatkraft werden wir B. nicht abstreiten können, dessen Thätigkeit

es wesentlich zuzuschreiben ist, wenn die Kölner Erzdiözese trotz der Reform-
bestrebungen ihres Oberhirten Hermann von Wied der alten Kirche erhalten
blieb. Als Provinzial der niederdeutschen Provinz seines Ordens hat er mit
Wort und Schrift den um sich greifenden Abfall der Ordensbrüder bekämpft und
die Wiederherstellung der Klöster besonders durch Heranziehung eines tüchtigen
Nachwuchses erstrebt, für dessen Bildung er durch Stipendien sorgte. Dem
Jesuitenorden ist er von Anbeginn eifrig entgegengekommen. So erweitert
sich das Lebensbild des Einzelnen an vielen Stellen zu einer Darstellung der
durcheinander wogenden Zeitströmungen. Auf ihrem Höhepunkt erscheint Billicks
Thätigkeit bei den Verhandlungen über das Interim. Ein während derselben
1547 zu Augsburg von ihm ausgearbeitetes Gutachten macht bemerkenswerte
Vorschläge für bessere Bildung und Besoldung der Geistlichen, Einführung
deutscher Postillen und eines kurzen Katechismus für das Volk. Sie fanden
breite Ausführung in dem nach der Publikation des Interims im Juni 1548
vom Kaiser dem Reichstag unterbreiteten Reformentwurf. Sehr dankenswert
ist es, daß die Nachprüfung von Billicks Wirken durch eine ausgiebige Publikation seiner Briefe — teilweise im Regest — ermöglicht ist, die meist dem
Frankfurter Stadtarchiv entstammen.

Auch diesen beiden Veröffentlichungen wird man wie den früheren die
Anerkennung gründlicher und kritischer Benutzung des Stoffes und maßvoller
Objektivität nicht versagen dürfen.

Magdeburg.   *   *   *   Liebe.

**Paul Redlich, Cardinal Albrecht von Brandenburg und das
Neue Stift zu Halle 1520—1541.** Eine kirchen- und kunsthistorische
Studie. Mainz, Kirchheim, 1900. (XII und 361 S., Beilagen und
Register 263 S.)

Wie das gesamte sechszehnte Jahrhundert pflegt die Persönlichkeit des
Kardinals Albrecht zu sehr unter dem Gesichtspunkt des großen religiösen
Kampfes betrachtet zu werden, für dessen Verlauf seine Parteinahme verhäng-
nisvoll geworden ist. Hauptsächlich ist es wohl die rettungslose Zerstreuung
des archivalischen Quellenmaterials, die bis jetzt eine zusammenfassende
Würdigung dieses so komplizierten Charakters verhindert hat, den die Vielseitigkeit des echten Renaissance-Menschen befähigte, neben einer ausgedehnten
politischen und Verwaltungsthätigkeit noch litterarischen und künstlerischen Ge-
nüssen mit dem Verständnis des Kenners zu huldigen. Zur letztgenannten
Eigenschaft liegt hier ein sehr wertvoller Beitrag vor; es ist als hohes
Verdienst des Werkes zu bezeichnen, daß es, obwohl auf mühevoller Sammlung zerstreuter Einzelheiten beruhend, keineswegs den Eindruck des Mosaiks
macht, sondern eine lebendige Anschauung davon gewährt, wie sich Albrechts
Kunstinteressen gelegentlich seiner Lieblingsidee in Wirklichkeit umsetzten. Nach
einer quellenmäßigen Darstellung der Gründung und Verfassung des Stifts
findet die Baugeschichte eingehende Erörterung. Es handelt sich dabei um die
Stiftskirche, die für den Umbau der alten Dominikanerkirche erklärt wird, und
die sog. Residenz, ursprünglich für die von Albrecht beabsichtigte Universität

bestimmt, später als Wohnhaus ausgebaut. Von besonderem, über das Lokalinteresse hinausgehendem Wert sind die mit mühevoller Sorgfalt angestellten
Untersuchungen über die an beiden Bauten beschäftigten Künstler, das verwendete Material und die Preise. Der Schwerpunkt des Buches ruht auf der
Behandlung des Kircheninnern und des als Heiligtum bekannten Reliquien-
schatzes. Die verwirrende Pracht, die sich hier in kostbarem liturgischem Gerät,
Gemälden, Statuen, Teppichen offenbart, wird an der Hand überlieferter Inventare erläutert; für die seltsame Sammlung der Reliquien, die der Kardinal
teils von seinem Vorgänger überkommen, meist aber mit wahrhaft fanatischem
Sammeleifer selbst zusammengebracht hat, ist neben dem gedruckten Heiligtums-
buch die mit Miniaturen verzierte Handschrift der Aschaffenburger Hofbibliothek
herangezogen worden, der Liber ostensionis. Durch die Mannigfaltigkeit der
zum Teil künstlerisch wertvollen Behälter aus Edelmetall, die leider bis auf
zwei spurlos vom Sturm der Zeiten verweht sind, gehört auch diese Sammlung der Kunstgeschichte an. In überaus anziehender Weise hat der Verfasser
die abgerissenen Fäden der Tradition zu verknüpfen gewußt, um daraus Schlußfolgerungen zu gewinnen, die sich bei den künstlerischen Arbeiten auf die Person
des Schöpfers, bei den kunstgewerblichen auf den Herkunftsort beziehen. Besondere Beleuchtung erfährt an der Hand der eingehenden Korrespondenz des
Auftraggebers die Thätigkeit der Agenten, unter denen der bekannte Hans
Schenitz eine Rolle spielt. Sie wurde wiederum in Anspruch genommen, als
das Geschick des Stifts seine Kunstschätze in Mitleidenschaft zog. Nach wenig
mehr als zwei Jahrzehnten zwang die wachsende evangelische Gesinnung seiner
Unterthanen und die Schuldenlast den Magdeburger Erzbischof, dem Drängen
seiner Stände nachzugeben und das Stift aufzulösen, wobei eine Anzahl der
Kostbarkeiten nach Mainz überführt, viele aber, selbst von Reliquienbehältern,
unter der Hand verkauft oder versetzt wurden, um nie wieder eingelöst zu
werden. Albrecht erfuhr die zwiefache Bitternis, das Aufgeben seines kirchen-
politischen Planes und die Auflösung seiner bewundernswerten Kunstsammlung
am Ende seines Lebens selbst einleiten zu müssen.

Den Schluß des gediegenen Werkes bildet eine umfangreiche Sammlung
archivalischer Belege, größtenteils dem Staatsarchive zu Magdeburg ent-
stammend. Tief zu bedauern ist, daß der Verfasser seiner gründlichen Forscher-
thätigkeit zu früh entrissen worden ist. Die würdige Ausstattung seitens des
Verlags darf als eine Seltenheit nicht unerwähnt bleiben.

Magdeburg. Liebe.

* * *

**Ernst Mummenhoff, Der Handwerker in der deutschen Ver-
gangenheit.** (Band 8 der Monographien zur deutschen Kulturgeschichte, herausgegeben von Georg Steinhausen.) Mit 151
Abbildungen und Beilagen nach den Originalen aus dem 15. bis
18. Jahrhundert. Verlegt bei Eugen Diederichs in Leipzig, 1901.

In unserer Zeit, in welcher Großindustrie und Fabrikbetrieb in wohlfeiler
Weise die alltäglichen wie die gesteigerten Bedürfnisse des Lebens befriedigen,

führt das Handwerk naturgemäß nur ein unscheinbares Leben. Anders war es
im Mittelalter! Da stand das Handwerk in Blüte und Ansehen. Der Handwerker nahm eine geachtete Stellung ein und verstand es auch, seiner Bedeutung im bürgerlichen Leben nach außen hin einen entsprechenden Ausdruck
zu geben.

Die Schilderung der Entwickelung des Handwerks in der deutschen Vergangenheit, die Darlegung seiner Organisation und seiner Stellung im Kulturleben sowie endlich der Gründe seines Verfalls ist der Zweck des Mummen-
hoffschen Werkes, welches durch Klarheit der Gedanken, Einfachheit und
Übersichtlichkeit der Darstellung und vor allen Dingen durch die ausgiebige
Benutzung eines ungemein reichen Quellenmaterials hohe Anerkennung
verdient und in letzter Hinsicht die erste Stelle unter den zusammenhängenden
Bearbeitungen des Handwerks einnimmt. Das Eingehen auf die Quellen hat
noch nie geschadet. Nur dadurch vermögen, wie die Arbeit Mummenhoffs
zeigt, neue Gesichtspunkte eröffnet zu werden. Nur so ist es möglich, ein
vollständiges und naturgetreues Bild eines kulturgeschichtlich bedeutenden
Standes zu zeichnen.

Der Verleger hat auch hier in der Beibringung von interessanten Abbildungen sein Möglichstes gethan, und der Verfasser hat dieselben seinerseits
durch wertvolle Beiträge, besonders aus der Bibliothek und dem Archiv der
Stadt Nürnberg, zu bereichern und zu ergänzen verstanden. Dahin gehören
neben anderen bemerkenswerten Einzeldarstellungen die im höchsten Grade
Beachtung verdienenden 16 Porträts von Brüdern aus dem Mendelschen und
dem Landauerschen Zwölfbrüderhause zu Nürnberg aus dem 15. und 16. Jahrhundert, ferner die Wiedergaben dreier Schembartläufer und der Hölle aus
einem alten Schembartbuche. Auch wären hier noch der Lehrbrief des Hieronymus
Beham von Kulmbach vom Jahre 1576, der Lehrbrief des Johannes Mieseler
vom Jahre 1714 und die besonders kunstvoll ausgeführte Arbeitsbescheinigung
für den Drechslergesellen Gottfried Wagner vom Jahre 1801 zu nennen.

Die Fülle des dargebotenen Materials verbietet es von selbst, auf den
Inhalt im einzelnen einzugehen. Ich kann daher nur das Bemerkenswerte
hervorheben.

Solange die deutschen Volksstämme der Seßhaftigkeit entbehrten, war
an eine Entwickelung der auf die Erfordernisse des Lebens gerichteten Thätigkeiten zu eigentlichen Handwerken nicht zu denken. Da fertigte der Einzelne
mit eigener Hand, was er zum Leben gebrauchte. Das änderte sich, als die
Stämme sich in festen Sitzen niederließen, besonders als sie Fühlung mit
den Römern und deren hochentwickelter Kultur gewannen, und endlich, als das
Christentum seinen allbelebenden Einfluß geltend machte. Ein neues Leben
erwachte mit dem Aufkommen der Städte. Es entstehen die Zünfte, deren
Blüte mit derjenigen der Städte zusammenfällt, wie auch ihre Macht mit dem
Sinken der Städtemacht schwand.

Der Schutz, welchen die junge Stadt den von außen zugezogenen Handwerkern, die oft ihren Herren entlaufen und unfrei waren, gewährte, war vielfach ein sehr wirksamer. Ein lehrreiches Beispiel hierfür bietet eine Stadt-

rechtsurkunde der Stadt Lindau vom Ende des 13. Jahrhunderts (S. 16 und 17), welche zu diesem Zwecke noch nicht benutzt worden ist. Nach derselben waren Ammann und Rat verpflichtet, wenn ein Bürger einen anderen, der Jahr und Tag dort seßhaft war, an seine frühere Herrschaft verriet, sodaß er und seine Erben dadurch Schaden litten, des Verräters Gut einzuziehen, bis jenem oder dessen Erben Genüge geschehen war. Außerdem verfiel er in eine Strafe von 5 Pfund. Wenn er diese Strafe nicht bezahlen konnte, mußte er mit Weib und Kind die Stadt verlassen und durfte nicht eher zurückkehren, als bis er dieselbe abgetragen. „Und wenn er die Strafe erlegte, so hatte er zu den Heiligen zu schwören, daß er um die Schuld männiglichs Freund sein oder vor der Stadt bleiben wolle, bis er männiglichs Freund geworden." Diese Urkunde wirft ein interessantes Licht nicht nur auf die Entwickelung des Handwerks, sondern auch auf die Entstehung der Städte. Es ist des Verfassers Verdienst, diese wichtige Quelle aus dem Dunkeln ans Tageslicht gebracht zu haben.

Das Mittel, welches den Zünften jene große Bedeutung verschaffte, welche sie vormals besessen, war der Zunftzwang. Dieser ist bereits bei der urkundlich zuerst (1106 oder 1107) begegnenden Zunft, der Fischhändlerzunft zu Worms, zu konstatieren (S. 23). Wie aber der Verfasser ausführt, ist es jedoch nicht nötig, die letztgenannte Zunft auch als die älteste zunftmäßige Vereinigung zu betrachten. Vielmehr läßt die bereits im 11. Jahrhundert am Rhein, in den Niederlanden und in Friesland in hoher Blüte stehende Industrie der Weber den Schluß zu, daß als die ältesten zunftmäßigen Verbindungen eben jene der Weber anzusehen sind (S. 27). Und vielleicht ebenso alt können die Zünfte des Schmiedehandwerks sein.

In der zunftmäßigen Ausbildung der Handwerkervereinigungen nimmt Nürnberg eine Sonderstellung ein. In Nürnberg wurde das Stadium der „freien Kunst" erst spät überschritten. Erst im Verlaufe des 16. Jahrhunderts wurde hier den wichtigsten Handwerken der Charakter des geschworenen Handwerks zu teil. Über die „freie Kunst" hat der Verfasser bereits an anderer Stelle gehandelt. (Vgl. Mummenhoff, Handwerk und freie Kunst in Nürnberg, Bayerische Gewerbe-Zeitung 1890, Nr. 1, 2, 12, 14, 15.) Er unterscheidet innerhalb derselben drei Stadien der Entwickelung (S. 28—32). Es ist sein Verdienst, diese Seite des Handwerks erst in das rechte Licht gestellt zu haben. Daß in Nürnberg keine eigentlichen Zünfte aufkamen, das lag an der energischen Haltung des Stadtregiments, welches jede auf Selbständigkeit in der Ordnung ihrer Angelegenheiten abzielende Regung der Handwerke gleich im Keime zu ersticken mußte. Letztere wurden vom Rugsamt geregelt, welches „die Gerichts- und Polizeibehörde der Handwerke unter der Aufsicht des Rats" war. Doch ist durch diese Einrichtung die Entwickelung des Handwerks in Nürnberg keineswegs gehemmt worden.

Mit der zunehmenden Wohlhabenheit der Bürger und der Verfeinerung der Sitten schritt auch das Handwerk fort. Es bildete sich auf vielen Gebieten zum Kunsthandwerk aus, welches besonders in Nürnberg herrliche Blüten trieb.

Es lag in der Natur der Dinge, daß die Zünfte, deren Reichtum und Macht beständig wuchs, danach strebten, auch im Rate der Stadt entsprechend vertreten zu sein. Aber ebenso begreiflich ist es, daß dem die alteingesessenen Geschlechter einen zähen Widerstand entgegenbrachten, welcher erbitterte Kämpfe und blutige Fehden heraufbeschwor.

An diese Betrachtungen schließt sich eine auf sorgfältigen und weit-gehenden Studien beruhende Schilderung der Organisation der Handwerke an, beginnend mit dem Lehrling, welcher zum Gesellen wird, um dann die höchste Stufe, die des Meisters, zu ersteigen. Diese Ausführungen nehmen den Haupt-teil des Buches ein und dürften in ihrer Art die vollständigsten sein. Dem Verfasser kann in dieser Beziehung nur die höchste Anerkennung gezollt werden. Fesselnd ist besonders das Bild, welches er von dem glänzendsten Beispiel eines mittelalterlich wandernden Gesellen, von Hans Sachs, entwirft. Doch auch noch in anderer Hinsicht steht Hans Sachs als ein leuchtendes Muster da. Er ist der hervorragendste Vertreter des Meistergesangs, welchen die Hand-werker, wenn auch handwerksmäßig, so doch in ehrlichem Eifer pflegten. Ohne den Meistergesang wäre Hans Sachs nicht „auf den reichen und einzigen Schatz aufmerksam geworden, der in seinem Herzen ruhte" (S. 123).

Das einstmals hohe Ansehen der Handwerke spricht sich auch in den zu-weilen überaus glänzenden Festlichkeiten und Belustigungen aus, welche eine willkommene Abwechselung in dem sonst ruhigen Leben der Bürger boten.

Aber die immer schwerer werdenden Bedingungen, die fortwährenden Reibereien zwischen den Gesellen und Meistern, das Überhandnehmen der Ver-lags- und dann der Fabrik-Industrie mußten dem Handwerk zu großem Schaden gereichen. Es verkümmerte immer mehr, um schließlich in vielen Zweigen ganz an Selbständigkeit zu verlieren. Und dann kam der Dreißigjährige Krieg, welcher das Handwerk gänzlich an den Rand des Verderbens brachte. Und als nun endlich der Staat, dem das Zunftwesen nicht entsprechen konnte, die Regelung des Innungswesens selbst in die Hand nahm, da mußte auch der letzte Rest von Selbständigkeit schwinden.

Nürnberg.   Fr. Schulz.

*   *   *

Heinrich Gloel, Die Familiennamen Wesels. Beitrag zur Namen-kunde des Niederrheins. Wesel, C. Kühler, 1901. (150 S.)

Wie jede auf die Gesamtheit der Namen eines lokal beschränkten Kreises, einer Stadt u. s. w., ausgehende Arbeit erweitert sich auch die vorliegende trotz ihres lokalen Ausgangspunktes zu einer wenn auch unvollständigen Betrachtung der deutschen Familiennamen überhaupt. Es ist das auch recht nützlich. Für einen Zweck z. B., den der Verfasser des vorliegenden Büchleins hat, gewiß: er „möchte zunächst den Bewohnern Wesels die Freude verschaffen, ihre Namen nach Inhalt und Form verstehen zu können". Hierfür ist eine allgemeinere Behandlung der Entstehung der Familiennamen durchaus not-wendig. Andererseits werden aber die sonst für die Geschichte der deutschen Namen sich interessierenden Kreise doch vieles hier wiederholt finden, was sie bereits aus anderen Werken kennen. Freilich hat der Verfasser auch durchaus die Absicht, der deutschen Namensgeschichte überhaupt zu dienen und an seinem Teile sie auch zu fördern. Schon das Material selbst ist ja nicht mehr ein rein lokales geblieben. Viele plattdeutsche Namen haben „hochdeutsches Gewand angezogen“: große Teile der heutigen fortwährend wechselnden Bevölkerung stammen auch garnicht vom Niederrhein, sondern aus allen möglichen Gegenden Deutschlands. Eine sich auf die Entwickelung nur der niederrheinischen Namen an der Hand des Weselschen Materials beschränkende Arbeit wäre ja trotzdem möglich gewesen. Der Verfasser hebt auch selbst die große Eigenartigkeit der niederrheinischen Namen hervor, und auf Seite 101 ff. geht er ausführlicher auf das Eigentümliche dieser Namengebung ein. Aber neben der lokalen lag dem Verfasser doch auch die Gesamtentwickelung am Herzen: er will „eine Vorarbeit zu einem von deutschen Gelehrten nach Jahrzehnten zu errichtenden Bau eines allgemeinen deutschen Namenbuches geben“. Er will namentlich auch in weiteren Kreisen Verständnis für Bedeutung und Form der Namen wecken und fördern. Und dieser Aufgabe wird sein Büchlein auch durchaus gerecht; unbeschadet mancher Abweichungen und Ausstellungen, die ja gerade auf diesem oft so unsicheren Gebiet mehr oder weniger leicht sich ergeben, wird man der Arbeit des Verfassers Anerkennung zollen müssen.

Sein Material ist — abgesehen von den Namen der Gegenwart — ein recht reiches. Namentlich sind ihm die im Düsseldorfer Staatsarchiv beruhenden Weseler Bürgerbücher wertvoll gewesen, deren älteres die Weseler Bürgerlisten von 1308—1393, deren jüngeres die von 1308—1676 enthält. Unter den Anhängen bringt einer auch die ältesten Jahrgänge dieser Bürgerlisten im Wortlaut. Besonderes Interesse hat auch der 5. Anhang: „Die ältesten bis zum Jahre 1500 nachweisbaren, noch jetzt in Wesel vorkommenden Familiennamen.“

Seinen Stoff gliedert der Verfasser, wie gesagt, nach allgemeinen Gesichtspunkten und behandelt der Reihe nach die Entwickelung der Familiennamen und die Zeit ihrer Entstehung, die Berufsnamen, Beinamen, die eine kennzeichnende Eigenschaft angeben, Ortsnamen, altdeutsche Personennamen als Familiennamen, biblische und kirchliche Namen u. s. w. Bei der Entstehung der Familiennamen hätte die für das ausgehende Mittelalter charakteristische Namenarmut, die Minderung der früheren Fülle der Personennamen als ein die Verwirrung und Verwechslung, also das Bedürfnis nach „kennzeichnenden Zusätzen förderndes“ Moment hervorgehoben werden sollen. Wir wünschen dem Buch viel Leser. Georg Steinhausen.

* * *

Troels-Lund, Gesundheit und Krankheit in der Anschauung alter Zeiten. Vom Verfasser durchgesehene Übersetzung von Leo Bloch. Mit einem Bildnis des Verfassers. Leipzig, B. G. Teubner, 1901. (233 S.)

In einer Reihe wohlgelungener Aufsätze über sein im Titel genanntes Thema weiß der Verfasser, der durch seine geschickte und gediegene Behandlung kulturgeschichtlicher und volkskundlicher Aufgaben auch bei uns bekannt ist,

uns ein neues, prächtiges Kulturbild zu zeichnen. Er versteht es, den Lesern
gleich von vornherein klar zu machen, daß alle jene merkwürdigen, uns gegenwärtig oft höchst seltsam, ja unverständlich anmutenden Anschauungen über
Gesundheit und Krankheit des menschlichen Körpers, alle absonderlichen Versuche und Mittel, den kranken Körper wieder gesund zu machen oder den
gesunden vor Krankheit zu bewahren, keineswegs bloß bedeutungsloser Aberglaube oder närrischer Unsinn sind, sondern daß sie, so gut wie alle anderen
Erzeugnisse des Menschengeistes, historisch betrachtet und gewürdigt sein wollen.
Wenn das geschieht — und der Verfasser giebt treffliche Anleitung dazu —,
dann entrollt sich vor uns ein gewaltiger Zusammenhang, in den sich alle diese
Dinge als passende, wohlgefügte Glieder einordnen; die meisten solcher Einzelheiten werden dann ohne weiteres klar und verständlich, und sie tragen ihrerseits auch nicht wenig dazu bei, unsere Auffassung und Kenntnis des Gesamt-
zustandes zu vertiefen.

Für den vorliegenden Fall stellt Troels-Lund den historischen Zusammenhang dadurch her, daß er nach einigen allgemeinen Betrachtungen über den
Begriff Gesundheit die verschiedenen Auffassungen darlegt, welche die Ägypter
und Griechen (Hippokrates), das spätere Altertum, das Mittelalter im allgemeinen und die Araber im Besonderen und endlich das 16. Jahrhundert
davon gehabt haben. Damit kommt er auf sein eigentlichstes Thema, das
darin besteht, die gesundheitlichen Verhältnisse und Ansichten der skandinavischen
Länder während jener Zeit zu schildern und zu begründen. Es erfolgt da
zunächst eine Übersicht über die damaligen Kenntnisse vom menschlichen Körper,
dann über die verschiedenen Erklärungen des Wesens und der Ursachen der
Krankheiten, wobei wir naturgeschichtliches Wissen, Aberglauben und religiöse
Vorstellungen aufs engste miteinander verquickt sehen; denn bald werden die
Krankheiten Gott oder dem Teufel, bald dem Einfluß der Sterne oder der
menschlichen Säfte zugeschrieben. Hieran schließen sich noch weitere Ausführungen über die arabische Medizin und ihre wichtige Stellung in der mittelalterlichen Wissenschaft, und Mitteilungen über Heilmittel, Apothekenbetrieb
und medizinische Litteratur. Als Typus des gelehrten Arztes lernen wir den
berühmten Paracelsus und seine Bedeutung näher kennen, und auch auf die
Bestrebungen, ein Universalheilmittel zu finden, das Arkanum oder den Stein
der Weisen, wird näher eingegangen, sowie die Stellung der Kirche zu all
diesen Studien klargestellt. Ein Lebensbild Tycho Brahes endlich, des glänzendsten Gelehrten des Nordens, zeigt uns, in welchen Zwiespalt der wirkliche,
ernste Forscher mit seiner Zeit geraten mußte, sobald er es wagte, ihr voraus
zu eilen und die Schranken der herrschenden Sitte zu durchbrechen. Ein Überblick über den thatsächlichen Gesundheitszustand Europas im 16. Jahrhundert
und über die Reflexe von Anschauungen jener Zeit in der Gegenwart bildet
den Schluß.

Das Buch ist vollkommen allgemeinverständlich, dabei flott und anziehend
geschrieben und für weite Kreise berechnet. Die Darstellung ist dabei stets
wissenschaftlich gründlich und zuverlässig, so daß es allen Freunden der Kulturgeschichte und Volkskunde warm empfohlen werden kann. In der ersten

historischen Hälfte vermißt man nur ungern einige Bemerkungen über Gesundheits-
begriff und Heilkunde bei den Juden, da deren Anschauungen für das christliche
Mittelalter und die spätere Zeit ebenfalls von Einfluß gewesen sind. Der
zweite Teil ist übrigens auch für den Fachgelehrten von hohem Werte, da er
eine Menge Material aus sonst nicht geläufigen skandinavischen Quellen beibringt. — Die Übersetzung ist glatt und liest sich gut.

Breslau. Hermann Jantzen.

* * *

Schlesiens volkstümliche Überlieferungen. I. Die schlesischen
Weihnachtsspiele. Von Fr. Vogt. Mit Buchschmuck von M. Wis-
licenus u. s. w. Leipzig, B. G. Teubner, 1900. (XVI, 500 S.)

Immer von neuem erstaunt man über die Fülle volkstümlicher Überlieferungen, die durch alle Ungunst der Verhältnisse und trotz aller Verfolgungen
sich bis auf den heutigen Tag gerettet haben. Was hat Wossidlo in dem kleinen
Mecklenburg an Rätseln und Sprüchen, was E. H. Meyer im Großherzogtum Baden an Sitten und Gebräuchen noch aufdecken können! Der Norden,
der so lange für unfruchtbar galt, wetteifert mit dem traditionsberühmteren
Süden. Man sieht, daß es oft nur an dem mangelhaften Eifer und Geschick
der Beobachter lag, wenn sie alle Verbindungen mit der alten Tradition für
abgeschnitten hielten, etwa wie jene Missionäre, die bei wilden Völkern gar
keine Religion vorfanden. Das hat sich nun glücklich geändert. Die Saat,
die nach Müllenhoff und Mannhardt vor allem Weinhold ausgestreut hat, geht auf. Gerade auf seinem heimatlichen Boden, in Schlesien,
konnte der unermüdliche Pfleger der Volkskunde noch kurz vor seinem
Tode reiche Ernte heimbringen sehen. (Vgl. seine Recension Arch. f. n.
Spr. 106, 369.)

Mit größter Sorgfalt hat Fr. Vogt die Weihnachtsspiele Schlesiens
gesammelt, wobei ihm reichliche Hilfe zu teil ward. Ganz ihm gehört die
Sorge für Herausgabe und Erläuterung. Umfassend ist die Bearbeitung ausgefallen; sie zieht die Kunst und Tendenzdramatik der Weise (S. 76) und
Hayneccius (S. 79) so gut wie die naive Weihnachtslyrik (S. 149) herein, giebt
über die Quellen der Weihnachtsumzüge (S. 121) so gut wie über die alten
zähen Kirchensänger (S. 145) Nachricht. Mythologische Probleme werden gestreift, der Schimmelreiter (S. 52), Berchta (S. 94; Polemik gegen Kauffmann
S. 102 Anm.); die Vortragsart (S. 214) wird nicht übersehen.

Die Hauptsache bleiben natürlich die Texte selbst. In neuerer Zeit haben
jüngere Dichter mehrfach auf schlesische Weihnachtsspiele zurückgegriffen: Hauptmann in den Visionen Hanneles, Georg Reicke in seinem „Sterngucker" (vgl.
die „Sternsinger", S. 317). Zu früheren Epochen unserer Litteratur, zu Hebbel,
führt der Weg von den Herodesdramen (S. 284). Und schon Lessing spielt
ja in „Minna von Barnhelm" auf die schlesischen Dreikönigs-Umzüge an.
Und jene Mischung von Romantik und Realismus, die sich bei uns periodisch
wiederholt, bei Tieck wie bei den Jüngsten, fehlt hier nicht: das Kehrweibel
(S. 33) oder der Rupprich (S. 51) neben Engeln und Wundern. So hilft

die Ergründung unserer Vorzeit auch in der Gegenwart, die Erforschung
unserer volkstümlichen Litteratur auch in der Kunstdichtung die großen festen
Hauptlinien der deutschen Volks- und Dichterindividualität erkennen und
beleuchten.

Berlin.   Richard M. Meyer.

**Schriften der Schweizerischen Gesellschaft für Volkskunde.
1. E. A. Stückelberg, Geschichte der Reliquien in der Schweiz. Mit
40 Abbildungen. (CXIII und 325 S.) 1902. 2. Gertrud
Züricher, Kinderlied und Kinderspiel im Kanton Bern. Nach
mündlicher Überlieferung gesammelt. (169 S.) 1902.**

Mit den beiden vorliegenden Schriften eröffnet die Schweizerische Gesellschaft für Volkskunde die Reihe der von ihr zu veröffentlichenden größeren
Schriften, und dieselben gereichen ihr durchaus zur Ehre. Schon früher hatten
wir uns in dem „Schweizerischen Archiv für Volkskunde", der periodischen
Zeitschrift dieses Vereins, die nun schon in fünf abgeschlossenen Bänden vor
uns liegt, überzeugen können, daß ein sehr gesunder und wissenschaftlich aner-
kennenswerter Geist in dem Vereine gepflegt wird. Und zwar geht dieses mit
großer Deutlichkeit hervor aus dem sicheren Bestreben, mit welchem in dieser
Zeitschrift die volkskundlichen Studien über den — auf diesem Gebiete sonst
noch nicht allenthalben überwundenen — Dilettantismus hinausgehoben und
zur historischen Volkskunde vertieft werden. In der Verquickung des Volkskundlichen mit dem Historischen und Altertumskundlichen liegt ein Zug, der
die Schweizerische Gesellschaft meines Erachtens vorteilhaft vor mancher ihrer
Schwestergesellschaften auszeichnet, und daß ich darin recht sehe, und daß die
genannte Verquickung in der That auch mit vollem Bewußtsein beabsichtigt
wird, dafür sind mir die beiden vorliegenden Schriften ein deutlicher Beweis, von
denen die erste einem Kapitel der Volkskunde in der Vergangenheit, die zweite
einem anderen Kapitel derselben in der Gegenwart nachgeht.

Mit großem Fleiße hat Stückelberg die Nachrichten über die Reliquien
in der Schweiz gesammelt und auf diese Weise die stattliche Reihe von 1954
Regesten zusammengebracht, deren Wert für den Forscher dadurch noch erhöht
wird, daß sie zum großen Teile aus bislang unbenutzten Quellen gezogen sind.
Eine große Fülle von Material ist dadurch zugänglich gemacht, und da die
religiösen Einflüsse alle anderen Beziehungen des Lebens durchdringen, so sind
auch nicht nur für die christlichen Altertümer, sondern für alle Gebiete der
Altertums- und damit auch der Volkskunde wichtige Beiträge aus dem Buche
zu gewinnen. Sehr schade ist nur, daß man sich dieselben mühsam selbst
suchen muß, denn leider ist am Register, meines Erachtens sehr mit Unrecht,
gespart: es wird nur ein sorgfältiges Ortsregister dargeboten, während doch
entschieden auch ein Personen- und Sachregister nicht hätten fehlen dürfen.
Ich finde diese Lücke so groß und störend, daß ich wohl wünschen möchte, der
Verfasser und die Gesellschaft entschlössen sich noch nachträglich, diesem

Mangel abzuhelfen. Handbücher für die verschiedenen Gebiete der Volkskunde giebt es ja noch nicht, kann es noch nicht geben, aber eben darum sollten die einzelnen volkskundlichen Publikationen dem Forscher um so mehr durch tadellose Register zur Hand gehen und nicht von ihm, der vielleicht ein ganz entfernt liegendes Gebiet bearbeitet, verlangen, daß er auch diese Publikation ganz für seine Zwecke durchsucht.

In einer klar und interessant geschriebenen Einleitung führt Stückelberg den Leser ein in die Quellen für die Reliquiengeschichte und belehrt ihn über das Wesen der Reliquien selbst, indem er in vier Kapiteln ihren Charakter, ihre Herkunft und Echtheit, ferner ihre Aufbewahrung und die Formen ihrer Behälter und schließlich ihre Verehrung und Wertschätzung behandelt. Dankbar sind auch die in den Text eingeschobenen Abbildungen zu begrüßen. —

In ganz andere Lebensbeziehungen führt uns das Buch von Gertrud Züricher, die in ihrer Stellung als Lehrerin treffliche Gelegenheit gefunden hat, reichhaltige Sammlungen über Kinderlied und Kinderspiel, wie sie im Kanton Bern gepflegt werden, zu veranstalten und so bei der lokalen Beschränkung einen gewissen Grad von Vollständigkeit zu erreichen. Auch hier hätte ich ein Register gewünscht, nämlich das der Versanfänge, denn wenn die Lieder auch eine gute systematische Anordnung gefunden haben, so kann damit doch die Übersichtlichkeit und leichte Benutzbarkeit eines Registers nicht ersetzt werden.

Mit diesen beiden Bänden, die direkt von der Schweizer Gesellschaft für Volkskunde (Zürich, Börse) bezogen werden, hat dieselbe einen trefflichen Anfang für ihre Publikationen gemacht. Hoffen wir, daß sie noch eine stattliche Reihe gleich interessanter Nachfolger finden werden.

Nürnberg. Otto Lauffer.

Mitteilungen und Notizen.

Von der hier wiederholt angezeigten „Weltgeschichte" von Hermann Schiller liegt jetzt der 4. (Schluß-)Band vor, der die Geschichte der Neuzeit, d. h. die Zeit seit der französischen Revolution, behandelt (Berlin und Stuttgart, W. Spemann). Die Schnelligkeit und Gewandtheit, mit der der sehr belesene Verfasser sein Unternehmen zu Ende gebracht hat, ist anzuerkennen. Die Eigentümlichkeit des Werkes beruht auf dem Bemühen des Verfassers, nicht nur auf zusammenfassende Werke, sondern auch auf die neuere und neueste Speziallitteratur sich zu stützen oder sie wenigstens anzuführen: die früher von uns monierte allzu starke Abhängigkeit von Anderen tritt im vorliegenden Bande nicht so sehr hervor. Die beigefügte Sammlung von Quellenstellen ist recht spärlich geworden. Das, was wir Kulturgeschichte nennen, ist wieder stark vernachlässigt. Einige mehr oder weniger ausführliche Notizen über Entwickelung der Wirtschaft, Kunst, Wissenschaft, Litteratur u. s. w. thun es nicht. Zur näheren Orientierung über die politische Geschichte aber wird diese rasch in vier Bände gefaßte Weltgeschichte dem größeren Publikum gewiß von Nutzen sein können und eine jetzt beigefügte „Vergleichende (synchronistische) Übersicht der Hauptthatsachen der Weltgeschichte" nicht minder. —

Und abermals ist eine neue „Weltgeschichte" anzuzeigen, freilich eine auf die Zeit seit der Völkerwanderung beschränkte, die aber neun Bände umfassen soll (Stuttgart und Berlin, J. G. Cotta'sche Buchhandlung Nachfolger). Ihr Verfasser ist Theodor Lindner, Professor der Geschichte in Halle, sein Werk ist keine Kompilation, sondern der selbständige Versuch, „das Werden unserer heutigen Welt" entwickelungsgeschichtlich zu begreifen. Seine Auffassung von der geschichtlichen Entwickelung hat er bereits in einer besonderen „Geschichtsphilosophie" niedergelegt. „Der Zweck war, die Entwickelung auf Grundzüge zurückzuführen, die gleichwohl auch erklären, warum die Geschichte überall anders geworden ist. Denn das scheint mir das eigentliche Problem zu sein: das Entstehen der Verschiedenheit bei gleichen Ursachen." Seine Geschichtsauffassung hat etwas Eklektisches und etwas Vermittelndes an sich; zu näherem Eingehen auf sie ist hier kein Anlaß. Der berühmte „Staat", „die dauerndste und höchste, mächtigste und zwingendste Gewalt", erscheint aber auch bei ihm in bengalischer Beleuchtung. Gleichwohl wird sein Werk auch für den Kulturhistoriker viel Interesse haben. Schon der Titel des ersten Bandes: „Der Ursprung der byzantinischen, islamitischen, abendländisch-christlichen, chinesischen und indischen Kultur" lautet vielversprechend. Freilich durchdringt dieser so fixierte Grundgedanke keineswegs die ganze Disposition, Auffassung und Darstellung: es ist die übliche Weise der Geschichtsdarstellung, im einzelnen aber mit eigenartigem Charakter. Von den einzelnen nebeneinander gestellten Hauptabschnitten (Das römische Reich und die Germanen; Das byzantinische Reich; Der Islam; Das Abendland; China und Indien) wird der letzte vielen besonders lehrreich sein. Im übrigen ist das Ganze nicht sehr auf der Höhe. Warum sollen wir nun zum so und so vielten Male etwas von den „Germanen des Tacitus" lesen, ohne irgend eine eigenartige und neue Auffassung zu hören? Dabei ist z. B. das, was bei dieser Gelegenheit über die Indogermanen vorgebracht wird, heute garnicht mehr haltbar.

Von der „Geschichte der Weltlitteratur" von Alexander Bäumgartner sind Band 1 und 2 in dritter und vierter verbesserter Auflage erschienen (Freiburg i. Br., Herder). Auch dieses Werk und noch mehr die rasch notwendig gewordene Neuauflage zeugt wieder für das Bedürfnis der Gegenwart nach Zusammenfassung, nach allgemeineren Darstellungen. B.'s Werk ist im übrigen nichts weniger als eine Kompilation, sondern ist in der Sammlung zuverlässigen Materials und wissenschaftlicher Grundierung über andere allgemeine Litteraturgeschichten vielfach hinausgelangt. Band I (Die Litteraturen Westasiens und der Nilländer) behandelt die israelitische, babylonische, assyrische und ägyptische, ferner die altchristlichen Litteraturen des Orients nebst der späteren jüdischen, die Litteratur der Araber und die der Perser, sowie die kleineren Litteraturen islamitischer Völker, Bd. II (Die Litteraturen Indiens und Ostasiens) die Sanskrit- und Pâli-Litteratur der Inder, diejenigen der nordindischen indogermanischen Volkssprachen, die der südindischen dravidischen Volkssprachen, die der Hauptländer des Buddhismus, die chinesische und japanische Litteratur, diejenigen der malaischen Sprachgebiete. Die außerordentliche Vielseitigkeit der Kenntnisse des gelehrten Jesuiten tritt gerade in diesen ersten Bänden seines Werkes besonders hervor. Auch sind bei der wachsenden Bedeutung des Orients für das Leben der Gegenwart und bei der bisherigen geringen Kenntnis weiterer Kreise von den Litteraturen des Orients gerade diese vorliegenden Teile am sorgfältigsten behandelt. B. will nicht der Forschung dienen, wohl aber die „wichtigsten und sichersten Forschungsergebnisse" „zu einem Gesamtbilde vereinigen, das ungefähr Gemeingut aller Gebildeten werden kann".

Der erste Band der bekannten „Geschichte der Päpste seit dem Ausgang des Mittelalters" von Ludwig Pastor ist in dritter und vierter Auflage erschienen (Freiburg i. Br., Herder). Diese Neuauflage ist aber zu einer durchgreifenden Neubearbeitung geworden, wie sie denn als solche dem jetzigen Papste, der das vatikanische Archiv erst der geschichtlichen Forschung geöffnet hat, gewidmet ist. Ein Langes und Breites auf den Standpunkt des Verfassers einzugehen, halten wir nicht mehr für notwendig: wir weisen hier nur auf die Menge des neu verarbeiteten Materials, auch neuer handschriftlicher Quellen, wie auf eine große Reihe von Verbesserungen hin. Der Text ist über hundert Seiten stärker geworden als in der früheren Auflage. Nur der kleinere Teil des Bandes kommt übrigens für die Kulturgeschichte in Betracht.

Zur Kulturgeschichte des deutschen Mittelalters liegt eine Reihe beachtenswerter kleinerer monographischer Arbeiten vor. Harry Denicke behandelt in dem

Osterprogramm der Realschule zu Rixdorf von 1900 „die mittelalterlichen
Lehrgedichte Winsbeke und Winsbekin in kulturgeschichtlicher Beleuchtung". Er will sie in Zusammenhang mit der Moral der Zeit setzen, wobei er
sich der Schwierigkeiten sittengeschichtlicher Forschung überhaupt wohl bewußt ist
und insbesondere die Unmöglichkeit betont, genau zu bestimmen, „wie weit
das wirkliche Leben den poetischen Spiegelungen entspricht". Immerhin ist
der Versuch, gerade aus Gedichten, wie diesen, Licht über Zustände und Anschauungen jener Zeit zu gewinnen, durchaus berechtigt und zwar im vorliegenden Fall um so mehr, als dieselben dafür nicht nur sehr ergiebig sind,
sondern auch „einen Teil derselben je nach dem verschiedenen persönlichen Standpunkt der drei Verfasser (denn soviel sind anzunehmen) zur Darstellung bringen".
Es handelt sich einmal um die religiösen Ansichten der Gedichte, weiter um die
Beleuchtung der sittlichen und praktischen Seite der höfischen Kultur. Was sich
dafür aus den Gedichten ergiebt, hat D. nun nicht, wie das häufig geschieht,
in kritikloser Weise zusammengestellt, sondern es im Gesamtrahmen unserer
Kenntnisse von jener Zeit zu würdigen gesucht und es mit den Ergebnissen aus
anderen dichterischen Quellen in Beziehung gesetzt. Daß dies unter Vermeidung
allen Apparats geschieht, erhöht die Lesbarkeit der Abhandlung.

Eine recht tüchtige Dissertation hat Alfred Schaer über „die altdeutschen Fechter und Spielleute" (Ein Beitrag zur deutschen Kulturgeschichte; Straßburg, K. J. Trübner, 1901) geschrieben. Sie ist einer Anregung
E. Martins zu verdanken, der öfter auf die merkwürdigen Zusammenhänge zwischen
den beiden Berufsarten hingewiesen hat. Diese Übereinstimmung sowohl in der
Kunstsprache beider Berufe wie in ihren Lebens-, Standes- und Existenzverhält-
nissen und -bedingungen will Sch. näher beleuchten und erklären. Er erklärt
sie naturgemäß aus der Geschichte und findet einen „Parallelismus in der
historischen Anlage, Entwickelung und endgültigen Gestaltung dieser beiden Vertreter der niedrigeren Volksklassen". Gegenüber dieser Hauptaufgabe, die er
im dritten Teil seiner Arbeit erledigt, dem Nachweis eines „entwickelungsgeschichtlichen Parallelismus zwischen den Kämpen und Spielleuten, den Fecht-
schulen und Meistersingerschulen, den Fechtergesellschaften, Pfeifferbrüderschaften,
Sänger- und Spruchsprechervereinigungen", kurz zwischen Waffenkunst und Dichtkunst, hat er die frühen Anfänge der Geschichte dieser Leute, ihren möglichen
Zusammenhang mit dem Altertum, auch die außerdeutschen Verhältnisse nur
kurz behandelt (wobei er aber eine spätere allgemeine Geschichte der fahrenden
Leute in Aussicht stellt). Auch die in mannigfachen Abhandlungen schon bearbeitete spätere Geschichte der Spielleute für sich, ihre Verhältnisse und Zustände
sind nur kurz behandelt, ausführlicher aber die wenig bearbeitete Geschichte
des Fechterwesens späterer Zeit, „seiner Ordnungen und Gebräuche, sowie seiner
Vertretung in der zeitgenössischen Litteratur", wesentlich nach Seite der Materialsammlung hin. Bei der ihm wichtigsten Untersuchung des Zusammenhangs
hielt er „sein Augenmerk besonders auf die rechtlichen und sozialen Gesichtspunkte
sowie auf die litterarischen und sprachlichen Erscheinungen" gerichtet. Letztere
überwiegen überhaupt in dem Buche, wie es dem Verfasser als Philologen
angemessen ist: hier werden auch wesentliche Resultate gefördert. Ein Anhang

bringt eine Reihe von Belegstellen. Wir erwähnen bei dieser Gelegenheit, daß in den „Monographien zur deutschen Kulturgeschichte" demnächst eine Geschichte der fahrenden Leute von Th. Hampe erscheinen wird.

Aus einer Dissertation herausgewachsen ist die auf eine Anregung Lamprechts zurückgehende, lehrreiche und fleißige Arbeit Fr. Curschmanns, Hungersnöte im Mittelalter, ein Beitrag zur deutschen Wirtschaftsgeschichte des 8. bis 13. Jahrhunderts. (Leipziger Studien aus dem Gebiet der Geschichte VI, 1. Leipzig, B. G. Teubner, 1900.) Auf den erzählenden Geschichtsquellen des Mittelalters, namentlich den Annalen, nicht auf den nach Meinung des Verfassers dafür unergiebigen Urkunden und Briefen beruhend, verbreitet sich die Abhandlung in verständiger Weise über die Auffassung der Zeitgenossen über die Entstehung der Hungersnöte wie über die thatsächlichen Gründe derselben, über ihre Dauer und räumliche Ausdehnung, ihre verschiedenen Arten (lokale und allgemeine), sucht dann aus einer Statistik der Hungersnöte, die ja sehr schwierig ist, Ergebnisse für die wirtschaftlichen Verhältnisse, ihre Änderung und Besserung, die im Gegensatz zum Osten zu Anfang des 13. Jahrhunderts im Nordwesten entsprechend dessen allgemeinem wirtschaftlichen Fortschritt, hervortritt, zu gewinnen, bespricht endlich die Wirkungen der Hungersnöte (Notstandspreise, Wucher, Verarmung, Krankheiten u. s. w.) und die dadurch hervorgerufene Notstandspolitik, namentlich die großartige Thätigkeit der Kirche. An diesen darstellenden Teil reiht sich eine denselben an Umfang übertreffende Zusammenstellung des quellenmäßigen Materials über Witterungsverhältnisse, Ernten u. s. w. als „Chronik der elementaren Ereignisse", die nach vielen Seiten hin nutzbar zu machen ist.

Wesentlich kulturgeschichtliches Interesse hat eine als Heft XVII der „Forschungen zur neueren Litteraturgeschichte" erschienene Abhandlung von Stefan Hock: „Die Vampyrsagen und ihre Verwertung in der deutschen Litteratur". Was der Verfasser im ersten Teil seiner Arbeit über die Entwickelung der vor allem in slavischen Gegenden heimischen Vampyrsage (Die Alpsagen; die toten Gatten; der Vampyrglaube; Vampyrsagen; die Stellung des 18. Jahrhunderts; das Wort „Vampyr") beibringt, ist zwar, wie er selbst meint, in der Hauptsache nur Materialsammlung, wird aber dem Folkloristen auch als solche wertvoll sein. Kulturgeschichtlich bemerkenswert ist das ja auch sonst hervortretende feindliche Verhalten der Aufklärungszeit gegenüber dem Volksglauben, die infolgedessen den Stoff litterarisch ignorierte, während die Romantik, wie andere, so gerade auch diesen Stoff freudig verarbeitete. Der litterarische Teil der Arbeit ist besonders darauf gerichtet, „die typische Bedeutung des Stoffes für die Bestrebungen dieser Richtung" nachzuweisen.

Von den „Texten und Forschungen zur Geschichte der Erziehung und des Unterrichts in den Ländern deutscher Zunge", die K. Kehrbach herausgiebt, ist als drittes Heft eine universitätsgeschichtliche Abhandlung von G. Bauch, Die Anfänge der Universität Frankfurt a. O. und die Entwicklung des wissenschaftlichen Lebens an der Hochschule (1506—1540) erschienen (Berlin, J. Harrwitz Nachfolger). Die Arbeit war ursprünglich für die von K. Kehrbach geplanten „Beiträge zur Geschichte der Universitäten" bestimmt, die aber nicht ins Leben getreten sind, und hat infolgedessen eine lange Druckzeit hinter sich. Von B. selbst und anderen herausgegebene Handschriften sind noch als solche, nicht als Drucke citiert. Jedenfalls haben wir es aber mit einer tüchtigen und gründlichen Darstellung zu thun, die auch allgemeiner interessieren kann. Gerade die Gründungs- und Entwickelungsgeschichte dieser auf „barbarischem" Boden gegründeten märkischen Universität — über das vielfach unterschätzte märkische Geistesleben im Mittelalter sind wir jetzt durch Priebatschs in dieser Zeitschrift VIII, 245 erwähnte Abhandlung gut unterrichtet — hat einen besonders eigenartigen Charakter; sie hat nie zu rechter Blüte kommen können. Im vorliegenden Teile handelt es sich besonders um die in erster Linie durch praktische Rücksichten, den Bedarf an juristisch gebildeten Beamten hervorgerufene Gründung und um die allmähliche Eroberung der Universität durch den Humanismus und den Protestantismus. Gerade für die Geschichte des Humanismus ist ja B. als guter Kenner bekannt. Daß auch die Sittengeschichte, die Geschichte der allgemeinen und der studentischen Lebensverhältnisse nicht zu kurz kommt, sei zu erwähnen nicht vergessen.

Das 4. Heft des 11. Jahrgangs der „Mitteilungen der Gesellschaft für deutsche Erziehungs- und Schulgeschichte" ist der Elsaß-Lothringischen Schulgeschichte gewidmet. Der Aufsatz von Kahl, Der heilige Chrodegang, Bischof von Metz (742—766) in der Geschichte der Pädagogik, sucht kritisch zu erweisen, daß man die Blüte der Kathedralschulen in Karls des Großen Zeit nicht so unmittelbar an Chr.'s Namen knüpfen darf, wie dies bisher geschehen ist. Aus den übrigen Arbeiten heben wir noch die umfangreichste: Das Schulwesen Schlettstadts bis zum Jahre 1789 von Jos. Gény hervor.

Die Veröffentlichung der „in Mainz gesprochenen" „Festrede zur fünfhundertjährigen Geburts-Feier Johannes Gutenbergs" von A. Köster (Leipzig, B. G. Teubner), die auch noch dem Großherzog von Hessen gewidmet ist, halten wir für ziemlich überflüssig. Eine bei einem Festakte vielleicht wirksame Rede sollte nur in ganz besonderen Fällen gedruckt werden. Entweder als Beweis einer übrigens heute niedergehenden Redekunst, als rhetorisches Meisterstück — das ist K.'s Rede nicht —, oder wenn sie wirklich sachlich erheblich Neues bringt. Das thut K.'s Rede noch weniger. Im Gegenteil sind ganz wesentliche Gesichtspunkte überhaupt nicht erwähnt oder nicht erkannt.

Etwas verspätet gelangt hier eine Monographie von K. O. Oertel zur Anzeige: „Die Naturschilderung bei den deutschen geographischen Reisebeschreibern des 18. Jahrhunderts" (Leipzig, C. Merseburger, 1899). Das Thema ist kulturhistorisch wichtig, und der Zusatz: „Ein Beitrag zur Geschichte der Geistesbildung jener Zeit" wohl verständlich. Aber die Ausführung dieser wie ähnlicher neuerer Arbeiten befriedigt den Kulturhistoriker doch nicht vollständig. Sie müssen auf der Entwickelung des inneren Lebens im allgemeinen aufgebaut werden. Was Oertel S. 50 ff. und S. 8 ff. bringt (vgl. dazu Steinhausens Beitrag „das Naturgefühl auf Reisen" im „Ausland" 1893), das mußte wesentlich ergänzt die breit ausgeführte Ausgangslinie bilden. Charakteristisch ist, daß, wie jener Aufsatz, so auch dieses Entwickelung des

Naturgefühls gar nicht erwähnt wird. Zu den Momenten, die die Menschen aus den Banden zeremonieller Steifheit und nur praktischen Interesses lösten und die demgemäß eine freiere und tiefere Naturanschauung hervorbrachten, kam der Aufschwung der Naturwissenschaft, wodurch man das „innere Band der Natur" entdeckte, erst in zweiter Linie hinzu. In gegenseitiger Befruchtung der litterarischen und der naturwissenschaftlichen Interessen entwickelte sich die Naturschilderung immer höher: die Reisebeschreibungen aber bieten hierfür wie für die frühere Entwickelung das beste Material. Den Höhepunkt der Naturschilderung im 18. Jahrhundert erreicht Alexander Humboldt. Oertels etwas nüchtern geschriebene Arbeit bietet viel Material, die wichtigsten Gesichtspunkte sind auch nicht verkannt, aber es fehlt die richtige Art der Komposition und Verwertung des Gewonnenen. Der Fleiß des Verfassers ist aber durchaus anzuerkennen, und der Nutzen seiner Arbeit ist nicht gering.

Als Sonderabdruck aus einer von Fr. Weber bearbeiteten amtlichen Denkschrift: „Post und Telegraphie im Königreich Württemberg" ist uns eine Arbeit von Schöttle, Das Postwesen in Oberschwaben bis zum Jahr 1806, zugegangen, die wegen der eigenartigen Entwickelung des Postwesens in diesem Gebiet einen besonderen Abschnitt in jenem Werk bildet. Bei dem jetzigen Interesse an verkehrsgeschichtlichen Arbeiten sind gerade lokale, auf sicheren Quellen fußende Darstellungen sehr willkommen: freilich ist die vorliegende nur recht knapp gehalten.

Lebhaft ist wie seit Jahren die litterarische Thätigkeit auf dem Gebiet der Volkskunde; freilich hat sich ihrer, wie früher der Kulturgeschichte, der Dilettantismus in starkem Maße bemächtigt. Auf diese Gefahr weist E. Hoffmann-Krayer in seiner kleinen Abhandlung: Die Volkskunde als Wissenschaft (Zürich, F. Amberger, 1902) nachdrücklich hin, obwohl er anerkennt, daß die Volkskunde auf die Hilfe des Dilettantismus stets angewiesen bleibe: dieses Dienstverhältnisses solle derselbe sich aber immer bewußt bleiben. An der Abhandlung interessiert uns besonders die darin versuchte Abgrenzung der Volkskunde und der Kulturgeschichte. Wir stimmen dem Verfasser darin bei, daß sich scharfe Grenzlinien garnicht ziehen lassen, und daß es sich immer nur um theoretische Unterschiede handelt. Indessen glauben wir, daß er die Kulturgeschichte prinzipiell zu sehr beschränkt. Unserer Auffassung nach ist die Volkskunde in letzter Linie nur eine Hilfswissenschaft der Kulturgeschichte. Denn Kulturgeschichte ist eben nicht nur Geschichte der Kultur, sondern berücksichtigt vor allem das Verhältnis des Volkes zur Kultur. Das Interessanteste ist immer der Träger der Kultur, der Mensch. Faßt man z. B. die deutsche Kulturgeschichte, wie man es thun muß, als Geschichte des deutschen Menschen, so ist die Berücksichtigung des Volkstums dabei von größter Wichtigkeit. Die Volksseele, der Volkscharakter sind für den Kulturhistoriker Dinge von größter Bedeutung. Ich muß da auf meine Abhandlung über Freytag, Burckhardt und Riehl und ihre Auffassung der Kulturgeschichte verweisen. Und auch Lamprechts Auffassung, die das „Sozialpsychische" mit Recht in den Vordergrund stellt, deckt sich in dieser Beziehung mit der Auffassung jener Männer wie mit der meinigen. Der Satz Hoffmanns: „Für sie (die Kulturgeschichte) steht das

24*

individuell-civilisatorische Moment im Vordergrund, für die Volkskunde dagegen das generell-stagnierende" ist mindestens mißverständlich. Richtig ist aber, daß die Kulturgeschichte vor allem auf die Entwickelung und die Entwickelungsfaktoren gerichtet ist. Vielleicht lohnt sich darüber einmal eine längere Auseinandersetzung mit Hoffmann. Praktisch liegt die Sache ja ziemlich klar. Die Arbeit der Volkskunde in ihrer Sammlung und Behandlung von Volksglauben, Sitten, Bräuchen ist eine Spezialarbeit, die erst in ihren großen Ergebnissen für den Kulturhistoriker fruchtbar wird. Was H. weiter über die Gattungen der Volkskunde, die stammheitliche und die allgemeine, beibringt, ist sehr lesenswert. Insbesondere sind wir mit der Ablehnung der Naturgesetztheorie einverstanden.

Von der sehr tüchtigen Sammlung **Karl Reisers, Sagen, Gebräuche und Sprichwörter des Allgäus** (Kempten, Jos. Kösel), sind Heft 17—20 erschienen, so daß demnächst der 2. Band und damit das Werk überhaupt abgeschlossen sein wird.

Aus der von dem gesamten Lehrerkollegium des Görlitzer Gymnasiums bearbeiteten „**Heimatkunde für das Gymnasium Augustanum der Stadt Görlitz**", die wir in vieler Beziehung als vorbildlich für ähnliche Unterrichtsbücher bezeichnen dürfen, heben wir den Abschnitt (S. 88 ff.): „Züge des Volkscharakters und Volkslebens" hervor.

Ein eigenartiger Versuch, den Sinn für das Volkstümliche anzuregen und zu beleben, ist von R. Wossidlo gemacht worden, der im Rahmen eines dramatischen Gemäldes, einer dramatischen bäuerlichen Winterabendunterhaltung Sagen und volkstümliche Erzählungen, Rätsel und Rätselfragen, Lieder, einen Hochzeitsbitterspruch, Leberreime, Tanzweisen, Tänze u. a. vorführt (**Ein Winterabend in einem mecklenburgischen Bauernhause**. Wismar, Hinstorff). Das Stücklein ist sowohl in Mecklenburg wie in Berlin unter Beifall aufgeführt worden. Nach dem Erfolg desselben darf man ähnliche Versuche an anderen Orten nur empfehlen.

Nur in geringem Maße kommt für die Volkskunde trotz dieses Titels ein Buch von R. Rumpe: „**Wie das Volk denkt. Allerlei Anschauungen über Gesundheit und Kranksein**" in Betracht (Braunschweig, F. Vieweg & Sohn). Der Standpunkt des Verfassers ist der ärztliche; das „Volk" ist das große Publikum, die Laien. Sein Buch beruht auf persönlichen Eindrücken und stellt eine Sammlung von Gebräuchen und Meinungen, wie sie ihm bei Patienten, bei Hebammen u. s. w. begegnet sind, dar. Er will „die im Volke lebenden Anschauungen, soweit sie sich auf die gesundheitlichen Verhältnisse des Einzelnen und der Gesamtheit beziehen, zusammenstellen und sie vom heutigen Standpunkt unserer ärztlichen Wissenschaft auf ihre innere Berechtigung prüfen. Die eigentliche Volksmedizin bleibt ganz beiseite, ebenso wie die volkskundliche Litteratur über Volksmedizin ganz ignoriert wird. Wir lernen vielmehr nur ärztlich, wir sehen, wie weit das Publikum richtige oder unrichtige medizinische Anschauungen hegt, wie weit ältere medizinische Anschauungen noch bei ihm sich erhalten haben. Also wir haben einen Beitrag zur Geschichte der Medizin vor uns, der aber als solcher recht lesenswert ist.

Schilderungen von Land und Leuten, wie sie Reisebeschreibungen ent-
halten, haben, wenn sie auch nicht zur eigentlich geschichtlichen Litteratur
gehören, vielfach recht erheblichen kulturgeschichtlichen Wert. Wir können daher
auch an dieser Stelle mit Fug auf ein Buch hinweisen, das ein so interessantes
Land wie die Vereinigten Staaten zum Gegenstand hat, auf Carlo Gardinis
Reiseerinnerungen: „In der Sternenbanner-Republik, nach der zweiten
Auflage des italienischen Originals von M. Rumbauer". (Oldenburg und
Leipzig, Schulze.) Das in Italien und anderswo sehr anerkannte Buch wird in
deutscher Übersetzung um so willkommener sein, als seit längerer Zeit ein
gutes deutsches Werk über Amerika nicht erschienen ist. Namentlich das wirtschaftliche Leben ist ausgiebig berücksichtigt worden, aber auch sonst unterrichtet
das Buch über Menschen und Dinge vortrefflich, wenn auch etwas nüchtern.

Neue Bücher: A. Hillebrandt, Altindien und die Kultur des
Ostens. Breslau (35 S.). — H. Winckler, Himmels- und Weltenbild
der Babylonier als Grundlage der Weltanschauung u. Mythologie aller
Völker. (Der alte Orient III, 2/3. Heft.) Leipz. (63 S.). — A. Wiede-
mann, Die Unterhaltungslitteratur der alten Ägypter. (Der alte Orient
III, 4.) Leipzig. — L. Friedlaender, Darstellungen aus der Sittengeschichte Roms in der Zeit von August b. z. Ausgang der Antonine.
7. Aufl. 2 Bände. Leipz. (XIX, 473; III, 653 S.). — O. Seeck, Geschichte des Untergangs der antiken Welt. Bd. II. Berl. (456 S.). —
Geo. Frbr. v. Hertling, Augustin. Der Untergang der antiken
Kultur. (Weltgesch. i. Karakterbildern, 1. Abteil.) Mainz (IV, 112 S.).
— Dav. Schönherr's ges. Schriften. Hrsg. von M. Mayr. II. Gesch.
u. Kulturgesch. Innsbr. (IV, 752 S.). — G. Freytag, Vermischte Auf-
sätze aus den J. 1848 bis 1894. Hrsg. v. Ernst Elster. Bd. 1. Lpz.
(XXIII, 480 S.). — J. Kunze, Zur Kunde des deutschen Privatlebens
in der Zeit der salischen Kaiser. (Hist. Studien v. v. Ebering, H. 30.)
Berlin (125 S.). — H. Barbeck, Alt-Nürnberg. Kulturgesch. Bilder aus
Nürnbergs Vergangenheit. 13. u. 14. (Schluss)-Lf. Nürnberg. — Grosse
Reisen und Begebenheiten des Herrn Wolf Christoph v. Rotenhan,
Herrn Hanns Ludwig v. Lichtenstein u. s. w. nach Italien, Rhodus, Cypern,
Türkey u. s. w. 1585—1589. Aus den Niederschriften des H. L. v. Lichten-
stein hrsg. v. Herm. Frhr. v. Rotenhan. München (64 S.). — A. Mennung,
Jean-François Sarasin's Leben u. Werke, seine Zeit u. Gesellschaft.
Kritischer Beitrag zur französ. Litteratur- und Kulturgesch. d. 17. Jh.
Bd. 1. Halle (XXXI, 435 S.). — R. Fage, La vie à Tulle aux 17e et
18e s. Tulle (VII, 451 S.). — Dem. Graf Minotto, Edler v. Venedig,
Chronik der Familie Minotto. Beitr. zur Staats- u. Kulturgesch. Venedigs.
Bd. 1. Berlin (XVI, 350 S.). — H. Grey Graham, The social life of
Scotland in the 18th century. London (XII, 545 p.). — E. Hoffmann-
Krayer, Die Volkskunde als Wissenschaft. Zürich (34 S.). — F. Nicolay,
Histoire des croyances, superstitions, mœurs, usages et coutumes (selon
le plan du Décalogue) 3 vol. Paris (V, 400; 552; 471 p.). — Seb.
Grüner, Über d. ältest. Sitten u. Gebräuche d. Egerländer, 1825 f. J. W.

v. Goethe niedergeschrieben. Hrsg. v. Alois John. (Beitr. z. deutsch-
böhm. Volkskunde IV, 1.) Prag (138 S.). -- K. A. Schmid, Gesch. der
Erziehung von Anfang an bis auf unsere Zeit. V. Bd. 2. Abt. Stuttg.
(VI, 316 S.) — E. Reicke, Lehrer und Unterrichtswesen i. d. deutschen
Vergangenheit. (Monographien z. deutschen Kulturgesch. 9. Bd. Lpz.
(136 S.). — G. Mertz, Das Schulwesen der deutschen Reformation im
16. Jh. Heidelberg (VII, 681 S.). — Ed. Fuchs, Die Karikatur d.
europ. Völker. v. Altertum b. z. Neuzeit. Berlin (X, 480 S.). —
Jul. Burghold, Über die Entwicklung der Ehe. Breslau (117 S.). —
E. Samter, Familienfeste der Griechen und Römer. Berlin (VI, 128 S.).
— Aug. Preime, Die Frau in den altfranzösischen Schwänken. Ein
Beitrag zur Sittengesch. des M.-A. Cassel (III, 171 S.). — Die Geschichte
der Frauenbewegung in den Kulturländern (Handbuch der Frauenbewegung, hrsg. v. Helene Lange u. Gertr. Bäumer I). Berlin (XIV, 499 S.).
— F. Hottenroth, Deutsche Volkstrachten — städtische und länd-
liche — vom 16. Jahrh. an bis um die Mitte des 19. Jh. (III.) Volkstrachten aus Nord- und Nordost-Deutschl. sowie aus Deutsch-Böhmen.
Frankfurt a. M. (IX, 244 S., 48 Taf.). — K. G. Stephani, Der älteste
deutsche Wohnbau und seine Einrichtung. Bd. 1. Der d. Wohnbau u.
s. Einr. v. d. Urzeit bis z. Ende d. Merovingerherrschaft. Leipzig
(XII, 448 S.). — J. Hunziker, Das Schweizerhaus, nach seinen landschaftlichen Formen u. seiner geschichtl. Entwicklung dargestellt. 2. Das
Tessin. Aarau (XII, 169 S.). — M. L. Becker, Der Tanz. Lpz. (VIII,
212 S.). — C. Hampel, Die deutsche Gartenkunst, ihre Entstehung und
Einricht., m. besond. Berücksicht. d. Ausführungsarbeiten u. e. Gesch.
der Gärten bei den verschied. Völkern. Leipzig (VII, 301 S.). —
C. Faulhaber, Über Handel und Gewerbe der beiden Städte Brandenburg i. 14. u. 15. Jh. Brandenb. (62 S.). — K. Uhlirz, Das Gewerbe
(1208—1527) [Aus: Gesch. d. Stadt Wien]. Wien (IV, 150 S. m. 7 Taf.).
— E. Martin Saint-Léon, Le compagnonnage, son histoire, ses
règlements, ses rites. Paris. — V. Forcella, Le industrie e il com-
mercio a Milano sotto i Romani. Milano (125 p.). -- P. Dufour, Gesch.
der Prostitution. Dtsch. v. A. Stille u. Br. Schweigger. V. Romanen,
Slaven, Germanen. I. Bearb. v. F. Helbing. Berlin (215 S.).

Die Psychisierung der Wirtschaftsstufen.

Von Karl Lamprecht.

I.

Die Wissenschaft ist der jüngste Trieb, der sich an dem alten Baume der mittel- und westeuropäischen Kultur zu breitem, schattendem Gezweig entwickelt hat; nicht eben viel über das 16. Jahrhuudert hinaus, in einzelnen wichtigen Erscheinungen höchstens bis ins 13. Jahrhundert läßt sich ihr Wachstum verfolgen.

In dieser Jugend der Geschichte der Wissenschaften beruht noch heute ihre besondere entwickelungsgeschichtliche Bedeutung, und gesteigert wird diese noch durch ihren starken und in sich besonders folgerichtigen Verlauf. Man kann in diesem Falle einmal einen vollwichtigen Teil der Kultur der Gegenwart bis in seine Wurzeln verfolgen, und man sieht leicht, unter der Wirkung welcher allgemeiner psychischer Regelmäßigkeiten er sich entwickelt hat. Und was mehr ist: diese Entwickelung ist zugleich die Entfaltung einer der wichtigsten Aeußerungsformen der geschichtlichen Psyche, der intellektuellen, nur in besonders hoher Potenz: denn was ist wissenschaftliches Denken anders als gewöhnliches Denken, nur beharrlich und systematisch angewandt auf besonders verwickelte Stoffe? Und damit fallen denn aus der Entfaltung dieses verwickelteren Denkens auch Streiflichter auf jene ferne und für uns vielfach nur noch in mittelbarem Schiuß erkennbare Zeit, da menschlicher Verstand innerhalb menschlicher Gemeinschaften im Ringen ursprünglichster Anstrengung die erste Herrschaft des Denkens über den nächsten Horizont der Erscheinungswelt erward.

Das früheste freie wissenschaftliche Denken der abendländischen Nationen bezog sich auf das Gebiet der Naturwissenschaften; allgemeiner trat es erst ein mit dem 15. Jahrhundert, mitten in der Befreiung des mittelalterlichen Verstandes von kirchlicher Bevor-

mundung.   Dabei ift es alsbald kühn, wie jeder erfte und naive
Verfuch menfchlichen Fortfchritts auf großen und neuen Gebieten.
Es begnügt fich nicht mit der Kenntnis unzähliger Einzelheiten
aus der Naturbefchreibung, wie fie teilweife fchon das Mittelalter,
oft in fonderbarer Verquickung mit dem Wunderglauben der Kirche
und dem Aberglauben der Völker angehäuft hatte: es will alsbald tiefer fehen, will das Ganze verftehen lernen.   So fucht es
nicht im hartnäckigen Fefthalten am Einzelnen, fondern in enthu-
fiaftifch-dichterifcher Umfaffung des Univerfalen nach einem Zauber-
wort, das diefes mit einem Rucke aufklären und erfchließen foll.
Es ift die Zeit des Goethefchen Fauft.   Erkennen will fie alsbald,
was die Welt im Innerften zufammenhält.   Und da Wunfch und
Verftand in den verzückten Sinnen des Forfchers noch ineinander
überfließen, fo wird ihr die Erfüllung.   Als eine äußere Hülle
fteht dabei vor dem Auge der neuen Wiffenfchaft die Welt
der Erfcheinung, als eine Couliffe gleichfam, die den Blick in das
Allerheiligfte hindert.   Hinter ihr erft webt die wahre Welt, ein
unendliches Reich von Kräften: und alle diefe Kräfte werden von
dem dichterifch bewegten Verftande des Forfchers in einem großen
Schluffe der Vergleichung zufammengefaßt zu einer einzigen großen
Kraft, der Kraft eines Allbewegers, Allerhalters.   So entfteht ein
Syftem des Pandynamismus[1]), und diefes Syftem gipfelt bald in
pantheiftifchen, bald in pantheiftifchen Anfchauungen.   Es ift die
Zeit von Nikolaus von Kues, dem Kardinal der heiligen römifchen
Kirche der erften Hälfte des 15. Jahrhunderts, bis zu dem gott-
feligen proteftantifchen Schufter Jacob Boehme, der 1624 ftarb,
in den angewandten Wiffenfchaften, z. B. der Medizin, der Zeit
von Theophraftus Bombaftus Paracelfus noch hin bis zu Boer-
have († 1738), dem großen holländifchen Arzte, dem Lehrer van
Swietens und Albrecht von Hallers.

Aber bereits feit der zweiten Hälfte des 16. Jahrhunderts beginnt diefe enthufiaftifche Behandlung der Naturwiffenfchaft abgelöft
zu werden durch eine andere Art.   Man lernte jetzt kritifch das
Einzelne betrachten; man ging der Natur, die fich nicht im All-
Einen offenbaren wollte, nahe mit Hebel und mit Schraube.   Man
zwang ihr ihr Verftändnis ab, indem man die Wirkung ihrer an-

---

[1]) Vergl. hierzu die Auffätze des Verfaffers in der „Zukunft" 1902,
Nr. 27 und 28.

scheinend einfachsten Elemente in ihren einfachsten Verhältnissen
beobachtete. Es ist der Beginn des mechanistischen Zeitalters.
Stevin stellte zuerst die Lehre von der schiefen Ebene auf, Galilei
folgte mit den Fallgesetzen, Newton legte deren mathematische Grund=
lagen vollends klar und machte die Anwendung auf den Kosmos
des Sonnensystems; eine wunderbare Entwickelung der Wissenschaft
der Mechanik begann, die schließlich zu der großartigen Einfachheit
der mechanischen Anschauungen eines Lagrange führte, bis das
19. Jahrhundert die Auflösung der Mechanik in eine allgemeine
Mannigfaltigkeitslehre erlebte.

Unter dem belebenden Einflusse der mechanischen Lehren aber
erblühten Physik und Chemie, und auf deren Ergebnissen baute
sich eine neue, mechanische Lehre vom Leben auf: bis die Be=
wegung im 19. Jahrhundert in dem Gesetze von der Erhaltung der
Energie (Meyer 1841, Helmholtz 1847) einerseits, andererseits in
der Darwinschen Erklärung der organischen Entwickelungsvorgänge
(Descendenztheorie, 1858) ihren Höhepunkt und wohl auch ihren
Abschluß fand. Denn schon jetzt ist klar, daß die Naturwissen=
schaft bei diesen Errungenschaften nicht stehen geblieben ist und
nicht stehen bleiben wird. Aber vor aller Augen liegt auch, was sie
bis zu ihnen hin geleistet hat; niemals hat das menschliche Geschlecht
über einen auch nur annähernd gleich tiefen Einblick in die Geheim=
nisse der Natur verfügt wie in der Gegenwart eben infolge dieser
Bewegung.

Die Entwickelung der Geisteswissenschaften ist demgegenüber
andere Wege gegangen. Schon ihr Ausgangspunkt ist ein anderer.
Die mechanische Naturwissenschaft hatte in den Wiegenzeiten auf
ihrem eigensten Gebiete nur wenige Hindernisse entgegenstehenden
Denkens aus älterer Zeit hinwegzuräumen. Was sie vorfand,
war nur eine uralte technische Praxis, der Gebrauch von Hebel
und Bohrer und Rolle und Schraube und dergleichen: von Dingen,
die zum großen Teil schon aus den Jahrtausenden der vorderasiatisch=
mittelmeerländischen Kultur auf die Völker des Mittelalters über=
gegangen waren und nicht selten aus der Praxis heraus, in der
sie gebraucht wurden, schon den ersten großen Denkern der Mecha=
nik, namentlich den Vorläufern, wie Leonardi da Vinci, die
wichtigsten und zunächst zu lösenden Probleme gestellt hatten.
Anders die Geisteswissenschaften. Allerdings gab es auch in ihrem

Bereich von alters her eine Praxis, aber diese war von ganz
anderer Wirkung. Schon in Zeiten, die dessen, was wir wissen=
schaftliche Methode nennen, noch gar nicht fähig gewesen waren,
hatte es doch große Gebiete des Denkens gegeben, die so verwickelt
erschienen, daß für sie durch berufsmäßige Pflege gesorgt werden
mußte. Es waren namentlich zwei gewesen: die des Glaubens und
des Rechts. Und so waren die Gottes= und Rechtsgelahrtheit
als praktische Wissenschaften entstanden, die nicht aus der Absicht
der Erkenntnis des Geisteslebens an sich, sondern aus dem Be=
dürfnis, sich in verworrenen Gebieten des jeweilig bestehenden
Seelenlebens tatsächlich leichter zurecht zu finden, das Recht ihres
Daseins ableiteten. Und sie hatten dann, auf dem Rechte dieses
Daseins fußend, zum Verständnis der ihnen unterstellten Gebiete,
wie nicht anders möglich, die Denkgewohnheiten eben ihrer Zeit,
und das hieß in niedrigen Kulturen eben die solcher Kulturen
angewandt. Und damit waren sie denn auch in diesem Denken
fixiert worden; es war eine bestimmte Ueberlieferung geschaffen
worden, bei den west= und mitteleuropäischen Völkern die des
Mittelalters, über die nur schwer hinauszukommen war.

Gewiß: als mit der Befreiung der Persönlichkeit im 16. Jahr=
hundert die Reformation einzog und nach ihr die Anerkennung
der Vernunft als des natürlichen Lichts zur Erhellung auch der
geistigen Welt, da war der erste schüchterne Versuch gemacht
worden, die alte Ueberlieferung durch den Begriff eines natür=
lichen Rechts und auch einer natürlichen Religion zu zersetzen.
Aber sind die Bestrebungen in dieser Hinsicht, die das Ideal so vieler
Generationen vom 16. bis zum 19. Jahrhundert bildeten, ge=
lungen? Nur langsam folgte namentlich die Theologie als Ge=
samterscheinung — von einzelnen Denkern ist hier nicht die Rede
— den Anforderungen ständig freier entwickelten wissenschaftlichen
Denkens; und auch der Jurisprudenz ist es schwer geworden, alte,
lieb gewordene Wege des Denkens zu meiden.

Alles andere geisteswissenschaftliche Denken aber blieb bis min=
destens zur Mitte des 18. Jahrhunderts unter dem Einfluß des weit=
umfassenden, in sich abgeschlossenen und darum imponierenden
Denkens der alten praktischen Disciplinen. Ja selbst im 19. Jahr=
hundert üben beide noch einen starken Einfluß aus: eine Geschichte
der Geschichtswissenschaft vor allem würde davon zu berichten haben.

Indem dies der Gang der Entwickelung war, indem es zugleich anscheinend in der Natur der Dinge lag, daß sich das wissenschaftliche Denken den schwierigen Fragen der Geisteswissenschaften erst später zuwandte als den leichter zu erobernden Feldern der Naturwissenschaft, ist es zu einem wahrhaft freien wissenschaftlichen Erfassen geisteswissenschaftlicher Probleme erst seit etwa der Mitte des 18. Jahrhunderts gekommen.

Und nun sieht man, wie sich auch auf diesem Gebiete ein verwandter Entwickelungsgang einstellt, wie ihn die Naturwissenschaft vom 15. bis 17. Jahrhundert genommen hatte. Während eine breite Thätigkeit sich nicht so sehr der Erkenntnis als der Kenntnis der Einzelthatsachen zuwendet und im Rubrizieren und Beschreiben der Dinge als schlechthin singulär gedachter Erscheinungen aufgeht, setzt zugleich ein erstes denkhaftes Verständnis im Sinne einer enthusiastischen Durchdringung des Ganzen von einem Punkte aus ein. Es sind die Zeiten der großen Systeme von Herder bis Hegel, die Jahre einer philosophischen Geschichtschreibung und einer dichterischen Philosophie: unendlich haben sie angeregt gleich den Jahrhunderten des Pandynamismus, die in dem naturphilosophischen Jahrzehnt der Periode des geisteswissenschaftlichen Enthusiasmus (1810—1820) ein merkwürdiges Nachspiel fanden; reich an positiven Ergebnissen gewesen sind sie nicht.

Gleichwohl blieb den Geisteswissenschaften, wie einst der Naturwissenschaft, aus dem Zeitalter ihrer enthusiastischen Anfänge ein allerwesentlichstes methodisches Element zurück, das Element der Vergleichung. Und die Vergleichung, die in ihrer ersten naiven Anwendung alsbald auf das Ganze versagt hatte, kam nun den Teilen zu gute: eine vergleichende Kulturgeschichte, Sprachwissenschaft, Litteratur- und Kunstgeschichte, eine vergleichende Völkerkunde und Religionswissenschaft entstanden. Aber konnten nun diese jungen Wissenschaften, sie alle der Hauptsache nach Kinder des 19. Jahrhunderts, wirklich und alsbald zum Ziele führen?

Mit nichten. Wie verwickelt sind doch die Stoffe, die hier verglichen werden sollten! Das Ergebnis welcher Unsumme verschiedener Ursachen, allgemein typischer wie persönlich und räumlich besonderer, ist doch eine Religion, eine Litteratur, eine Verfassung! Wie ist es denkbar, daß zwei von ihnen, auf dem einfachen Wege eines Gesamtvergleiches nebeneinander gehalten, ein

ſicheres Bild des Wahrhaften und im tiefſten Grunde Gemeinſamen
ergeben ſollten! Nur vereinzelte Analogien können auf dieſem
Wege gewonnen werden, nicht Gleichheiten, und der Analogieſchluß
iſt der gebrechlichſte aller wiſſenſchaftlichen Schlüſſe. In der That
ſind die meiſten der hierher gehörenden Wiſſenſchaften im ſogenannten
Geiſtreichen ſtecken geblieben.

Tiefer muß man graben, will man auf geiſteswiſſenſchaftlichem
Gebiete erfolgreich vergleichen — hinab bis zu dem Element alles
Geiſteslebens, bis zu den einfachſten Gegebenheiten der menſchlichen
Seele ſelbſt. Es iſt ein Schritt, der der Wandlung der Naturwiſſenſchaften zur Mechanik entſpricht. Das Geiſtesleben als Erſcheinung und Ergebnis elementarſter Regungen der menſchlichen
Seele, und dieſe einfachſten Regungen aus dem Geiſtesleben auf
dem Wege eingehendſter und exakteſter Vergleichung erfaßt: das iſt
das Problem der Geiſteswiſſenſchaften der Gegenwart.

Und dies Problem hat zwei Seiten, die ſich wiederum mit
den zwei verſchiedenen Gebieten der Naturwiſſenſchaften, dem phyſikaliſch-chemiſchen und dem biologiſchen, wohl vergleichen laſſen.
Die phyſikaliſchen Geſetze gelten für uns zeitlos; wir gehen von
der Annahme aus, daß ſie, wie ſie heute ſind, immer geweſen ſind
und immer ſein werden. Die biologiſchen Thatſachen dagegen
ſtellen den Verlauf dieſer Geſetze in den Bereich der organiſchen
Entwickelung; ſie bergen außer ihnen noch ein Weiteres, ein formbildendes Prinzip, das Leben, die Entwickelung ſelbſt; und auch
dies Leben verläuft nach beſtimmten, nach ſeinen Geſetzen. Ob
dabei nicht zwiſchen phyſikaliſch-chemiſchen und biologiſchen Vorgängen ein innerer tiefſter Zuſammenhang obwaltet, und welcher
Art dieſer wohl ſei, braucht hier nicht gefragt, noch weniger etwa
beantwortet zu werden. Auf geiſteswiſſenſchaftlichem Gebiete ſtehen
in gleicher Weiſe nebeneinander die pſychologiſchen Vorgänge und
die Vorgänge der ſeeliſchen Entwickelung. Die erſteren bilden die
in der Pſychologie gewöhnlich behandelten Erſcheinungen, wie
z. B. die der pſychiſchen Reaktion, der Vorgänge, unter denen Luſt
und Unluſt ſtändig und unabhängig von jeder beſonderen Kultur-
höhe in der Bruſt des Menſchen wechſeln. Zu den letzteren gehören vornehmlich die Erſcheinungen der ſeeliſch aufeinander
folgenden Kulturzeitalter, die ſeeliſche Gebundenheit des Mittelalters z. B. oder das freiere Denken höherer Kulturen. Und wer

wollte ablehnen, daß gleichwie die Formen der natürlichen Lebewesen durch den Verlauf der geologischen Zeitalter hin bis zur Gegenwart durch die Linie einer bestimmten Entwickelung verknüpft sind, so auch durch den Verlauf der Kulturentwickelung des Menschengeschlechts schon infolge der Uebertragung früherer Kulturen auf spätere Völker auf dem Wege ständiger Renaissancen und Rezeptionen eine große Linie zusammenhängender seelischer Entfaltung verlaufe?

Mit den zeitlosen, stetigen Erscheinungen des Seelenlebens beschäftigt sich die Psychologie, die Mechanik gleichsam der Geistes= wissenschaften; energisch und immer selbständiger und losgelöster von den Einwirkungen philosophischer Metaphysik, hat sie ihre Forschungen seit der zweiten Hälfte des 18. Jahrhunderts auf= genommen. Die biologische Seite des Seelenlebens dagegen zu erfassen, ist Aufgabe der Geschichtswissenschaft.

Es ist eine ganz moderne Aufgabe. Das Problem erst ist erkannt; wenig zahlreich sind noch die Schritte und klein, die zu seiner Lösung gethan sind. Und sie haben sich bisher wohl fast ausnahmslos auf die sogenannte specifisch geistige Seite des Seelenlebens erstreckt: auf den Verlauf der künstlerischen, dichterischen, wissenschaftlichen, allenfalls auch religiösen Entwickelung. Die so= genannte materielle Entwickelung dagegen, die der Vorgänge auf dem Gebiete des wirtschaftlichen, socialen, politischen Lebens, ist von diesen Forschungen noch wenig berührt worden. Um so mehr be= darf sie der Bearbeitung, schon deshalb, um die Erscheinungen dieser Seite des Seelenlebens dadurch, daß ihr psychischer Kern herausgeschält wird, auf den gleichen Nenner gleichsam mit den Erscheinungen der sogenannten geistigen Kultur, und damit zur unmittelbaren Vergleichbarkeit mit diesen zu bringen.

Im folgenden wird zunächst der Versuch gemacht, die Ent= wickelungen des Wirtschaftslebens menschlicher Gemeinschaften unter Betonung des ihr zu Grunde liegenden Wandels seelischer Vor= gänge darzustellen und daraufhin ein vertieftes Verständnis der deutschen Wirtschaftsentwicklung jüngster Zeiten zu erreichen.

* * *

Sobald man sich eingehender mit der Geschichte der mensch= lichen Wirtschaft beschäftigte,[1]) hat man auch erkannt, daß der

---

[1]) Es sei ein für allemal bemerkt, daß hier keine der festen Termino= logien irgend einer nationalökonomischen Theorie verwendet wird, so wenig wie

Entwickelung der verschiedenen Wirtschaften in den verschiedensten menschlichen Gemeinschaften eine große Summe gemeinsamer Motive zu Grunde liege. Und so ist man früh dazu geschritten, das ge= meinsam Erscheinende herauszuheben und einem vorgestellten gene= rellen geschichtlichen Ablauf, einer Theorie der Wirtschaftsstufen zu Grunde zu legen. Die erlauchtesten Namen in der Geschichte der Nationalökonomie des 19. Jahrhunderts, diejenigen Lists und Hildebrands und Roschers und Schmollers und Büchers, sind mit diesen Bestrebungen verbunden. Dabei war der Weg der Forschung der, daß man von sehr äußerlichen Merkmalen der Wirtschaft ausging und zu immer innerlicheren fortschritt; im Beginn, noch in der ersten Hälfte des 19. Jahrhunderts und vor= bereitet schon durch Anschauungen des 18. Jahrhunderts, fand sich die Vorstellung einer Aufeinanderfolge von Wirtschaften eines Jäger= und Fischer=, eines Hirten=, eines Ackerbauvolkes ein, bis die Krönung der Entwickelung im Industrievolk erreicht ward — im Ausgang dieser Theorien in der Gegenwart sind die Einteilungsgründe der Stufen vom Charakter des wirt= schaftlichen Betriebes, ja zerstreut und unsystematisch auch schon aus der seelischen Verfassung des Wirtschaftenden herge= nommen.

So steht der Versuch, die Entwickelung der Wirtschaft unmittel= bar und grundsätzlich aus der Entfaltung seelischer Vorgänge ab= zuleiten, nicht voraussetzungslos da; er schließt sich als ein weiterer Schritt an die bisherigen Vorstellungen des allgemeinen Ganges der Wirtschaftsentwickelung an und macht von deren Errungen= schaften Gebrauch; er läuft nur auf eine Psychisierung vielfach schon bekannter Wirtschaftsstufen hinaus.

---

in des Verfassers Deutscher Geschichte Ergänzungsband I (vgl. dort S. 3) eine der herkömmlichen psychologischen Terminologien gebraucht worden ist. Solche festen Systeme von Begriffen, die zumeist nur von dem Leben der Gegenwart abgezogen sind, werden der geschichtlichen Mannigfaltigkeit der Dinge nicht gerecht und präzisieren nur scheinbar, während sie in der That durch Ungenauigkeit verwirren. Soweit einige Leitmotive wirtschaftsgeschicht= lichen Geschehens eine feste Umschreibung durch besondere Ausdrücke unbedingt erfordern, ist eine eigene Terminologie gebildet worden. Im übrigen wird es das Bestreben sein, Ausdrücke der nationalökonomischen Wissenschaft, die ihrem vollen Sinne nach nur dem Fachmann verständlich sind, auch da zu vermeiden, wo sie an sich den Sinn voll decken würden.

Begeben wir uns innerhalb der menſchlichen Wirtſchaft auf
das pſychologiſche Gebiet, ſo iſt klar, daß die Grundbegriffe des
heutigen Wirtſchaftslebens, Gut, Bedürfnis, Wert, Arbeit, pſycho⸗
logiſche Begriffe ſind und daß ſich mithin von ihnen aus jedes
nationalökonomiſche Syſtem der Gegenwart ohne weiteres pſychi⸗
ſieren läßt. Hat doch jüngſt Tarde in der That eine Psychologie
économique geſchrieben.

Aber eignet ſich das heutige Syſtem der Wirtſchaftsbegriffe
auch nur in ſeinen Grundelementen zur pſychologiſchen Erkenntnis
der Wirtſchaftsvorgänge jugendlicher Kulturen? Sollte man er⸗
warten dürfen, daß der heutige Begriff des Wertes — und damit
auch des Gutes — und der Arbeit, ja daß dieſe Begriffe über⸗
haupt in irgend welcher mehr ausgeſprochenen Daſeinsform ein⸗
fachſten Wirtſchaftsformen zugänglich ſeien? Schon die Mittelalter
der Nationen kennen dieſe Begriffe im heutigen Sinne nicht mehr;
in den Urzeiten würde man ſie überhaupt faſt vergebens ſuchen,
und in früheſter Vorzeit bleibt von all dem reichen wirtſchaftlichen
Begriffsleben der Gegenwart nur noch ein Reſt übrig und auch
der in anderer Bedeutung: das Bedürfnis. Auf das Bedürfnis
und ſeine Befriedigung ſchrumpft, rückwärts betrachtet, die Ent⸗
wickelung zuſammen, und zwar auf das einfachſte und unmittel⸗
barſte Bedürfnis, das Bedürfnis, das zu dem Umfang und der
Art und der ·Häufigkeit der heutigen wirtſchaftlichen Bedürfniſſe
nur entfernte Beziehungen hat: auf das Bedürfnis der Fürſorge
für das nackte Leben in Nahrung und Befriedigung urwüchſigſter
Lebensfreude.[1]

Die Zeiten, in denen wirtſchaftliche Zuſtände ſo primitiver
Art herrſchten, ſind uns aus den Ueberlieferungen der deutſchen

---

[1]) Wird im folgenden das Bedürfnis als der pſychologiſche Ausgangs⸗
punkt der Wirtſchaftsentwickelung behandelt, ſo verſteht es ſich nach dem
im Texte Geſagten, daß der Begriff formal gefaßt wird, d. h. daß er
nicht im Sinne eines ſpecifiſch und ausſchließlich wirtſchaftlichen Bedürfniſſes
verſtanden wird. Weſentlich für ihn iſt alſo, daß menſchliche Motivationen
gleichviel welcher Art, z. B. etwa auch religiöſen oder künſtleriſchen Urſprungs,
die Form des wirtſchaftlich zu befriedigenden Bedürfniſſes annehmen, um die
Wirklichkeit der Erfüllung zu erleben. In dieſem formalen Sinne iſt das
Bedürfnis ein Begriff, der eben ſeines Formalcharakters wegen der Ent⸗
wickelung der verſchiedenſten wirtſchaftlichen Perioden zu Grunde gelegt
werden kann. .   .

Geschichte nicht bekannt, selbst wenn wir diese Ueberlieferungen bis in die Gräberfunde der Steinzeit zurück verfolgen: schon vor Jahrtausenden war den Germanen ein höheres wirtschaftliches Dasein erblüht. Und liegen sie sonst, in den Ueberlieferungen oder dem gegenwärtigen Leben anderer Völker, deutlich erkennbar noch vor? Die Frage kann nur mit Zagen beantwortet werden. Gewiß finden sich noch heute bei den Zwergvölkern Afrikas, bei den Weddah Ceylons, den Ainos Japans, den Negritos der Philippinen Zustände, deren wirtschaftlich-seelische Voraussetzung nichts ist als das primitivste Lebensbedürfnis. Aber stehen wir hier an den Pforten allgemein menschlicher Entwickelung — oder nicht vielmehr an einem Ausgang derselben? Sind nicht auch über diese elenden Völker Jahrtausende hingegangen? Und gleicht nicht der Verfall im Menschenschicksal der Einzelnen wie der Völker in so realen Dingen nur zu häufig wenigstens äußerlich der Kindheit? Erst die noch so wenig betriebene Untersuchung der Typik menschlicher Verfallszeiten wird hier einmal — vielleicht! — eine sichere Antwort gestatten.

Indeß bedarf es dieser Antwort hier im gewissen Sinne nicht. Es genügt für die hier gepflogene Betrachtung — wenn auch nur notdürftig und in Ermangelung eines Besseren — die Thatsache, daß diese niedrig stehenden Völker thatsächlich nur ein einziges Wirtschaftsbedürfnis kennen, das der unmittelbarsten Fürsorge des Lebens.

In bloß äußerlich geeinten Menschenhaufen, noch ohne organisch-natürliche Einheiten, ohne dies früheste Zellengewebe aller Kulturbildung, den Sippenverband, leben sie dahin, von Ort zu Ort wandernd, unstet und flüchtig, bald durch Abkömmlinge verstärkt, bald Teile der eigenen Zahl an andere Rudel abgebend. Höchstens daß ein engeres Verhältnis zwischen Mutter und Kind besteht, und auch hier nur bis zur Beendigung der freilich überlang ausgedehnten Brustnahrung.

So fehlt auch für die Befriedigung der Lebensbedürfnisse so gut wie jede Organisation. Jeder sucht sich seine Nahrung einzeln, und sein Bedürfnis wird vielfach, wie beim Tier, erst durch den Gegenstand geweckt, der es zu befriedigen geeignet scheint. Soweit aber Bedürfnisse regelmäßig wiederkehren, haben sie noch etwas halb Unbewußtes, Triebmäßiges und treten sozusagen mit ein in die automatischen Verrichtungen des Körpers zur Regelung und Erhaltung des Daseins. Dementsprechend werden alle Bedürfnisse rein occupatorisch, durch Lesen von Beeren, Graben von Wurzeln, Fangen von Tieren befriedigt; und kaum im allgemeinsten ist schon eine Abgrenzung der Occupationsgebiete der einzelnen Haufen untereinander vorhanden, wenn auch schon bevorzugte Wurzel- und Beeren- und Fruchtgründe bestehen, ja die Männer um Jagdgebiete in Wettbewerb treten.

Es versteht sich, daß ein solches Leben den Begriff wirtschaftlicher Arbeit noch nicht kennt. Die Funktionen der Nahrungssuche sind körperliche Funktionen, wie die Funktionen der auch schon bei den Tieren vorhandenen Lebensfreude, des Nachahmungstriebes, des Triebes zum Experimentieren. Und wo sich die körperlichen Funktionen einem menschlicher Muskelthätigkeit eingeschriebenen Gesetze folgend zum Rhythmus entwickeln und in ständiger Wiederholung gewisser Rhythmen zum Uranfang phantasievollen Thuns, da gehören sie einem Zustande an, in dem Spiel und Arbeit noch nicht in den polaren Gegensatz getreten sind, den sie in hohen Kulturen bedeuten.

Dementsprechend fehlt auch die klare Erkenntnis des wirtschaftlich Nützlichen und die seelische Möglichkeit oder gar der als notwendig empfundene Drang, es durch Mühe zu erreichen; und gänzlich fern liegt diesem Zustand ein tägliches Leben, das irgendwie nach einer solchen Erkenntnis geregelt wäre. Alle Thätigkeit ist unregelmäßig und wird fast nur durch zwei Motive ausgelöst, durch Hunger oder durch das Bedürfnis des Verbrauchs überschüssiger Kräfte; und das Leben bleibt darum unsystematisch, launisch und sprunghaft.

Das alles läßt im Stamme noch keine Arbeitsgemeinschaften zu, wenn auch die natürliche Verschiedenheit von Mann und Weib sich bei der Lebensfürsorge schon zeigt und diesen mehr auf tierische, jene mehr auf pflanzliche Nahrungsuche verweist; und so fehlt denn auch jede Gelegenheit zu gegenseitigem inneren Austausch der kleinen Anfänge kärglicher Fahrhabe, und nicht minder der Gegensatz von Reich und Arm und der Begriff der Güterverteilung.

Psychologisch aber ist das Wesentliche, daß zwischen Bedürfnistrieb und Bedürfnisbefriedigung noch kein Zwischenraum, geschweige denn eine spontan und überlegungsmäßig gewonnene

seelische Spannung besteht, die etwa mit Schlußreihen und wirt=
schaftlichen Wertvorstellungen zum Zweck des Gütergewinnes aus=
gefüllt wäre, daß also noch keine psychologisch=intellektuelle Distanz
zwischen dem Bedürfnis und seiner Befriedigung da ist, welche
die für die Befriedigung angewandte Thätigkeit irgendwie genauer
charakterisierte: triebartig wird die Nahrung gesucht und sozu=
sagen reflexmäßig verzehrt; darum kann zufälliges Nichtfinden zum
Untergang im Hunger führen, und darum veranlaßt ein reichlicher
Fund sofort die Befriedigung des Hungers in schlimmster Ueber=
sättigung: Sparen ist unbekannt; recht eigentlich wird von der
Hand in den Mund gelebt.

Es ist ein Zustand, der an den des Kindes erinnert; und
kindlicher Haltung entspricht auch der Gesamtcharakter des Seelen=
lebens auf dieser Stufe: noch kaum eine Spur von Selbstbeherrschung,
aufs kleinste beschränkter Horizont, höchst impulsives Handeln
— und auf Grund von alledem starke Schwankungen des Glücks=
gefühls auf der Grundlage einer natürlichen und im Tiefsten un=
verwüstlichen Heiterkeit. —

Der Charakter dieses Zeitalters erscheint deutlich verschwunden
und durch ein anderes Wirtschaftsleben abgelöst da, wo sich statt
unorganischer Menschenhaufen ursprünglichste menschliche Gemein=
schaften vorfinden. Diese Gemeinschaften sind die der Sippe, mag
diese nun nach Mutterrecht dahinleben und das Gemeinschafts=
gefühl ihrer Angehörigen auf dem Glauben an die Herkunft von
einer gemeinsamen Mutter beruhen, oder mag dieses Gemeinschafts=
gefühl von der Erinnerung an den gleichen Stammvater getragen
sein. Dabei pflegen diese Sippen größere Verbände von ge=
legentlich wohl hundert Seelen und darüber zu sein; und sie
bergen in ihrem Innern erst im Keimstadium und noch nicht
als Grundlage irgendwelcher wirtschaftlicher oder gar socialer
Gliederung anerkannt die Familien, die engeren Gemeinschaften
von Mutter und Kindern oder Vater, Mutter und Kindern, die
erst in viel späterer Zeit, in den gewaltigen Aenderungen, in denen
die alte Sippe zu Grunde zu gehen beginnt, selbständig hervortreten,
um als Zellen menschlicher Kulturgemeinschaften einer viel höheren
Gattung zu dienen. Es ist dies letztere ein Vorgang, der uns in
der deutschen Geschichte etwa in das fünfte bis achte Jahrhundert
der christlichen Zeitrechnung führt.

Das eigentlich Neue dieses Zustandes ist der engste kommunistische Zusammenhalt nächster Blutsverwandter. Dementsprechend werden jetzt die wirtschaftlichen Bedürfnisse vielfach nicht mehr durch vereinzelte Anstrengungen der Individuen befriedigt, sondern in der Arbeitsgemeinschaft der Sippe; und auch da, wo der Einzelne für sich schafft, thut er dies doch unter der Schutzgewalt der Sippe, die ihm auch anfängt, das wichtigste aller Wirtschaftsgüter, den Frieden, zu wirken.

Dabei geht die wirtschaftliche Thätigkeit des Einzelnen wie der Sippe zunächst, wie in dem früheren Zeitalter, in der Occupation von genußbereiten oder nahezu genußfertigen Gütern der Natur auf. Indem diese aber gemeinsam oder unter gemeinsamem Schutze durchgeführt wird, wird sie viel behaglicher; und es ergiebt sich die Möglichkeit, die natürliche Verschiedenheit der Geschlechter weit mehr als bisher für eine Differenzierung des wirtschaftlichen Thuns auszunutzen. Jetzt erst gehen die Männer recht eigentlich und bald ausschließlich auf Jagd und Fischfang, und jetzt erst nehmen die Frauen die ganze Breite der vegetabilischen Occupation ein: suchen Wurzeln, klettern auf die Bäume, um Früchte herunter zu holen u. s. w. Und die Abgrenzung der Thätigkeit, die sich auf diese Weise einstellt, verknüpft sich in ihrer Dauer durch lange Reihen von Geschlechtern hin aufs innigste mit tausend Sitten und Bräuchen, so daß sie als eine durchaus gefestigte und undurchbrechbare Lebensform erscheint: man hat von den Wirtschaftsbeschäftigungen dieser Zeit geradezu als „sekundären Geschlechtsmerkmalen" gesprochen.[1]

Dabei liegt aber das, was man heute wirtschaftliche Arbeitsteilung in irgend einem Sinne zu nennen pflegt, in diesem Vorgang noch keineswegs vor. Denn für die Abgrenzung der Arbeit sind nicht irgend welche Motive des wirtschaftlichen Bedürfnisses maßgebend, sondern natürliche Unterschiede, der abweichende Bau des Körpers und das verschiedene Wesen der Seele der beiden Geschlechter. Auch beruht das ganze Wirtschaftsleben grundsätzlich zunächst auf sippenhaftem Kommunismus: und bei größeren wirtschaftlichen Zwecken, beim Aushöhlen von Einbäumen oder bei anderem Bootsbau, beim Herstellen von Holzmörsern, beim Er-

---

[1] Bücher, Entstehung der Volkswirtschaft³ S. 58; s. dazu S. 296.

richten von Häusern, tritt dieser als volle Arbeitsgemeinschaft auch unmittelbar und anschaulich zu Tage.

Ferner bleibt die Arbeit — auch dies ein Zug vornehmlich der Arbeitsgemeinschaft — noch eng mit dem Spiel verknüpft. Im ganzen kennt man noch kaum individuelle Arbeitsenergie, sondern nur in gemeinsamem, raschem Impuls durchgeführte kurze Mühen der Arbeit. Bei den Männern nehmen diese Mühen dann gern die aufregenden Formen des Kampfes oder des Wettspiels an, so bei Jagd und Fischfang, aber auch bei Herstellung von Werkzeugen; bei den Frauen werden sie durch Gesang und Mimik — wie übrigens auch vielfach bei den Männern — rhythmisch gestaltet.

Immerhin entsteht doch schon eine organische Gütererzeugung, so wenig außer etwa der Handmühle und dem Stampfmörser bereits zusammengesetztere Werkzeuge und außer Kahn und Ruder der Regel nach bereits Transportmittel bekannt zu sein pflegen. Und neben geregeltere Occupation treten, noch vor der Viehzucht — die überhaupt kein Wirtschaftszustand ist, der als alleinige Grundlage gesondert vorkäme — schon die Anfänge ursprünglichster Landnutzung im Hackbau. Das hat dann auch eine gewisse Seßhaftigkeit oder wenigstens eine länger dauernde Einordnung in den Raum zur Folge. Es wird zwar im Hackbau der Boden zunächst nur vorübergehend genutzt; man wechselt nach einiger Zeit die Anbaufläche; und selbst die Ansiedlungen verbleiben noch wenig fest und selten über mehrere Menschenalter hin am gleichen Orte. Aber im ganzen haftet man doch schon am Boden; jede Sippe und jeder Stamm, zu dem sich die Sippe im Laufe der Zeit auswächst, hat sein ungefähr bestimmtes Gebiet, seinen räumlich begrenzten Einflußkreis, dessen äußerste Grenzen freilich noch unbestimmt sind und sehr allmählich in den Einflußkreis der nächsten Gemeinschaften überzugehen pflegen.

Indem nun so zunehmende Seßhaftigkeit zu eingehenderer Bekanntschaft mit dem Boden einlädt, ergeben sich leicht besondere Hilfsquellen des Landes, und an sie knüpft sich dann bald eine Erzeugung hinaus über das bloße und nächstliegende Bedürfnis: besondere Farbstoffe, ein guter Töpferthon, glänzende Muscheln, harte Bogen- und Pfeilhölzer, rasch wirkende Gifte, irgendwie eigenartige Tiere werden gefunden oder erbeutet und in dieser oder jener Weise benutzt und verarbeitet. Es sind die Anfänge einer Stoff-

veredlung, die an besondere Gelegenheiten und besondere Sippen und
Stämme gebunden ist. Nach der Abgrenzung männlicher und weiblicher Wirtschaftsbethätigung betrieben, so daß z. B. die Töpferei
Sache der Frauen, die Waffenverfertigung Sache der Männer ist,
wird sie noch halb als Spiel geübt und trägt darum ausnahmslos
einen künstlerischen Charakter. Wirtschaftlich aber bedeutet sie eine
Überproduktion und damit die Möglichkeit, den Überschuß über
das eigene Bedürfnis hinaus gegen andere wirtschaftliche Werte
auszutauschen.

Welcher Art ist nun ein solcher Austausch? Es ist eine
universalgeschichtlich wichtige Frage. Denn griff der Austausch
über die eigene Sippe, den eigenen Stamm hinaus, so entstanden
zum ersten Male internationale Beziehungen ursprünglichster Art,
und zwar Beziehungen nicht des Krieges, sondern des Friedens.
Es war der Anfang zur Völkergemeinschaft, zu einem nicht mehr
auf engste Horizonte begrenzten Verlauf menschlicher Entwickelung.[1]

Die primitiven Formen des Tausches werden nur aus einer
Betrachtung der Güterverteilung innerhalb der Sippe verständlich.
Grundsätzlich mußte da der Arbeitsgemeinschaft der Sippe eine
natürliche Gütergemeinschaft entsprechen. Und in der That galt
diese zunächst für den Grund und Boden: das Sippengebiet gehörte der Sippe als Ganzem; und seine Nutzung innerhalb dieses
Rechts stand jedermann offen. Sie galt aber auch für die
unmittelbar zur Nahrung dienende Errungenschaft; gemeinsam
occupiert wurde diese auch kommunistisch verteilt. Freilich: für den
dann sofort vorzunehmenden Verbrauch galt persönliches Eigentum; ja es bestanden auf diesem Gebiete vielfach Eßsitten in-
dividuellster Art, die noch aus dem früheren Zeitalter vereinzelter
und persönlicher Occupation stammen mochten und sich in Resten vielfach in noch viel spätere Zeiten vererbt haben: jeder aß noch für
sich, um nicht von anderen beraubt zu werden, und Essen in
Gegenwart eines anderen galt vielfach als unanständig. Erst recht
aber bestand persönliches Eigen für die persönlich erarbeiteten
Werkzeuge, für Geräte und Waffen.

---

[1] Ich sehe dabei von dem Ausnahmefall der Symbiose zweier Stämme
ab, der sich auch schon auf niedrigster Kulturstufe findet. Übrigens kann
man diese Symbiose auch kaum als Anfang allgemeiner intergentiler Beziehungen ansehen.

Konnte sich indeß auf Grund dieser Güterverteilung ein
regerer Austausch zunächst innerhalb der Sippe oder einer Mehrheit
dieser Sippen, des Stammes entwickeln? Es wäre an sich möglich
gewesen allenfalls für Geräte und Waffen. Aber diese galten bis
zu dem Grade als persönlich, daß sie mit der Person gleichsam als
ihr zugehörig verschmolzen: der Tote erhielt sie mit ins Grab;
selten nur wurden sie gegen andere Stücke ausgetauscht. Vielmehr sah der Einzelne, bedurfte er einmal des Gerätes eines
Anderen, dieses als auch seinem Gebrauche vorübergehend ohne
weiteres zugänglich an, wie er denn auch die Nahrungsvorräte
der Sippengenossen und insbesondere des Häuptlings als ihm mit-
gehörig betrachtete: zwischen Sippengenossen galten etwa die Eigen-
tumsbegriffe, wie sie heutzutage unter Geschwistern im Kindesalter
im Schwange sind.

Wie war unter solchen Verhältnissen ein regelmäßiger Austausch innerhalb der Sippen- und Stammesgemeinschaft denkbar?
Wie etwa gar die Ausbildung einer Skala von sicheren wirtschaftlichen
Wertvorstellungen, von Preisen? Nur etwa bei Spielverlusten
und Bußen, beim Frauenkauf, bei Geschenken an den Medizin-
mann, den Sänger, den Tänzer gingen Werte von einem Genossen
auf den anderen über: es war, wie wenn Knaben sich heute
untereinander beschenken und bestrafen.

So blieb als ursprünglichste wirtschaftliche Form des Austausches nur die gegenüber Stammes- und Sippenfremden. Und
diese bestand nun allerdings sogar in einer doppelten Form, in der
des Gastgeschenkes und des Tausches am Markte. Ein Fremder kam
in das Gebiet der Sippe. An sich rechtlos, mußte er den Schutz
eines Sippengenossen und durch diesen den Schutz der Sippe finden,
sollte er nicht Gefahren des Leibes und Lebens ausgesetzt sein.
Er lohnte dem Beschützer durch ein Gastgeschenk. Aber nicht uneut-
geltlich. Erwartet wurde, daß nun auch der Beschützer dem
Fremden ein Geschenk gebe: und die beiden Geschenke traten ihrem
vorgestellten Werte nach mehr oder minder in das Verhältnis des
Tausches. Es war eine Art anfangs vielleicht sehr unregelmäßigen,
später aber doch regelmäßiger gestalteten Tauschverkehrs; auf seinen
Wegen konnten einzelne Güter Hunderte von Meilen von Stamm
zu Stamm, von Sippe zu Sippe wandern, konnten sich Erfindungen verbreiten, ja selbst geistige Schätze eines bestimmten

Stammes, mythische Vorstellungen, mimische und rhythmische Formen weit von dem Orte ihres Ursprunges Leben gewinnen und fortwachsen. Und neben dem gastlichen Tauschverkehr stand der des Marktes. Benachbarte Stämme kamen an den Grenzen ihrer Gebiete, auf gleichsam neutralem Raume, an einer Stätte, die durch besonderen, gegenseitig gewährleisteten Frieden geheiligt war, zu bestimmten Zeiten zusammen und tauschten aus, was sie von besonderen Erzeugnissen besaßen: Töpferware gegen Muscheln, Waffen gegen künstliches Flechtwerk, Bastgewebe gegen bemalte Masken u. s. w.

Sind es nun schon die Anfänge eines ursprünglichen Handels, die sich hier entwickelt zeigen?

Klar ist, daß von der besonderen Ausbildung eines Handelsstandes, eines kaufmännischen Berufes noch nicht oder höchstens ausnahmsweise die Rede ist. Gewiß mochten Kaufleute höher entwickelter Kulturen die Sitte und das Recht eines so primitiven Tausches benutzen, um als Gastfreunde oder Marktgenossen der Stämme in ihrem Sinne zu „handeln"; für die Angehörigen der Sippe oder des Stammes selbst lag keineswegs schon ein Handel, ein Kauf auf Wiederverkauf vor. Sie tauschten nur, um neue Werte für ihren Gebrauch zu erhalten: sie waren als Konsumenten, nicht als Kaufleute thätig. Und häufig genug gab dabei der speciell wirtschaftliche Wert des eingetauschten Gutes noch recht wenig den Ausschlag. Wie Kinder, die glänzenden Dingen im überregen Spiel der Phantasie rasch einen schließlich auch für sie bald vorübergehenden Wert beilegen, so verfuhren sie nicht selten beim Tausche: gaben Sklaven für Glasperlen, kostbare Pelze für wenige Schlucke Weins oder Branntweins, ließen sich verführen von einem ihnen rasch untergeschobenen, erst bei dem Anblick des Tauschgegenstandes selbst aufsteigenden Bedürfnis.

Zieht man aus alledem, aus Tausch wie Occupation wie Stoffveredelung dieses wirtschaftlichen Zeitalters das allgemeine psychologische Ergebnis, so zeigt sich, daß auch jetzt noch spontan, aus der Seele der Angehörigen der Sippen- und Stammeswirtschaft empfunden, zwischen Bedürfnis und Bedürfnisbefriedigung fast nie oder nur ganz ausnahmsweise längere Erwägungen treten, die von dem einen zum anderen auf neuen Wegen vermitteln. Es fehlen auch jetzt noch bei dem Einzelnen die distanzierenden intellektuellen Elemente zwischen Bedürfnisempfindung und Genuß.

Aber dem Einzelnen unbewußt, organisch aus der Form und dem Leben der Sippengemeinschaft erwachsend, sind doch schon Anläße gegeben, das Bedürfnis und seine Befriedigung zu distanzieren. Die Arbeitsgemeinschaft erfordert schon eine gewisse Systematisierung der wirtschaftlichen Thätigkeit, sie entfernt Bedürfnis und Genuß von einander, wenn sie auch zwischen beide zunächst nur die Überlegungen der Gesamtheit und erst an zweiter Stelle den Schluß des Einzelnen schiebt. Und die Arbeitsgemeinschaft bringt größere Ruhe und wirtschaftliche Behaglichkeit und die gegenseitige Arbeitsbegrenzung der Geschlechter und eben hierin einen ersten Anlaß zur Überproduktion, die dann zu kleinen Anfängen des Tausches führt. Der Tausch aber weckt wiederum neue Bedürfnisse, und zu ihrer Befriedigung beginnt still und, des allgemeinen Zusammenhanges der Dinge schwerlich bewußt, eine stärkere Neigung der Gütererzeugung. Es sind wechselseitig wirkende Förderungen des Wirtschaftssinnes, geweckt vornehmlich durch primitiven Austausch gewisser Güter; es ist ein neuer Hauch, der Hauch des Friedens und des Verkehrs, der das Wirtschaftsleben getroffen hat — eine erste Regung, die in späteren Zeitaltern der Wirtschaftsentwickelung zur beherrschenden, fast allmächtigen Entwickelungstendenz anschwellen wird. Die älteste Zeit hatte kaum eine seelische Spannung zwischen Bedürfnis und Genuß gekannt; jetzt dagegen entsteht leise, leise diese Spannung und erfüllt sich schon ein wenig mit Werturteil und mit intellektuell gesättigtem Wirtschaftstrieb.

Freilich: keineswegs so durchaus grundsätzlich, wie es diese Formulierung erscheinen lassen kann, und gar etwa durch eine Grenze schroffen Wechsels von dem einen zum anderen sind die beiden Zeitalter geschieden, von denen bisher gesprochen wurde: gradmäßig abweichende Merkmale allein trennen sie, wie alles menschliche Geschehen, und die Wandlung von dem einen zum anderen zeigt alle leisen Schattierungen allmählichsten Übergangs.

Ein neues Zeitalter in der Durchbildung menschlichen Wirtschaftslebens erscheint herbeigekommen in dem Moment, da über den Sippen und in und über ihrer Stammesgemeinschaft ein neues Element des Friedens und der Ruhe erwächst: der Staat. Es ist eine Fortbildung, die sich in Rückschlüssen aus frühesten Quellen für die deutsche Geschichte schon innerhalb der nebelhaften Vergangenheit der letzten Jahrtausende vor Christus in einigen Zügen sichten läßt: soweit reicht die beglaubigte Geschichte unseres Volkes zurück — vom entwickelungsgeschichtlichen Standpunkte aus weiter als die der meisten Nationen, die weltgeschichtliche Aufgaben lösen und gelöst haben. Und so wird es erlaubt sein, von nun ab die typischen Züge menschlicher Wirtschaftsentwickelung doch vor allem an den Geschicken der Germanen und Deutschen zu verfolgen und an der Geschichte des europäischen Völkerkreises, dem diese Schicksale angehören.

Dabei läßt sich noch sehr wohl sagen, aus welchen Motiven der germanische Staat als die Zwangsgemeinschaft der in einer Völkerschaft vereinigten Sippen entstanden ist; die Blutrache zwischen den einzelnen Sippen sollte wenigstens in ihren grausigsten Folgen beschränkt, die Sicherheit der Sippen gegenüber Kriegsgefahren von auswärts sollte erhöht werden. Ein Bedürfnis nach Frieden, innerem wie äußerem, hat den germanischen Staat der cäsarischen und taciteischen Zeit geschaffen, und noch der Staat der Ottonen, Salier und Staufer war bekanntlich fast ausschließlich und grundsätzlich ein Friedensstaat.

Dies früheste Friedensbedürfnis aber scheint in Wechselwirkung gestanden zu haben mit den Vorgängen eindringlicherer Festsetzung im Raume. Wir können noch verfolgen, wie am Schluß dieses Zeitalters die Seßhaftigkeit zunimmt; wie zuerst die Stämme oder Völkerschaften, wie dann die Sippen innerhalb dieser Stämme und Völkerschaften mit dem Boden verwachsen; wie ein Heimatsgefühl und das Gefühl eines festen Eigentums der Stammesgenossen am Stammesgebiet, der Sippengenossen an einem bestimmten Abschnitte dieses Gebietes, an der künftigen Hochgerichts= und Dorfmark entstehen. Und wir können beobachten, wie in der Sippe allmählich der alte Charakter und die Wirkung der natürlich=genealogischen Zusammenhänge verblassen, während die Lebensregungen, welche an die Sippe anknüpfen, insofern diese Eigentümerin eines bestimmten Gebietes geworden ist und dieses ausbaut, immer mehr an Bedeutung und Klarheit gewinnen. Schließlich, in der deutschen Entwickelung in den ersten Zeiten diesseits der Völkerwanderung, erscheint dann die Sippe vornehmlich nur noch als Wirtschaftsverband.

Aber ist sie dabei ganz die alte Arbeitsgemeinschaft geblieben? Ja, war sie das ganz auch nur noch in den Zeiten des Cäsar und Tacitus?

Indem die Sippe zur Eigentümerin eines ganz bestimmten Landkomplexes, einiger Quadratmeilen vielleicht von Wald, Weide und Wiese und rasch anbaufähigen Feldes wird, indem sich die ihr Angehörigen in diesem Lande niederlassen, sei es in einer oder mehreren Siedelungen — indem so Dörfer entstehen mit ihren Marken und der Einzelne festen Fuß gewinnt in einem Hofe des Dorfes, tritt aus der Sippe eine jüngere und tiefere Einheit als die eigentlich zukunftsreiche Trägerin der Entwickelung hervor: die Familie nach Vaterrecht und die an Haus und Hof geknüpfte Gemeinschaft dieser Familie mit ihrem Gesinde. Gewiß geht deshalb die alte wirtschaftliche Gemeinschaft der Sippe und der Dorfmark, die innerhalb der Sippe nach den herkömmlichen Lebensformen dieser entwickelt wird, noch keineswegs verloren. Und noch ist diese Gemeinschaft anfangs in hohem Grade auch eine Arbeitsgemeinschaft: die Genossen gleicher Siedelung genießen nicht bloß Wald und Weide und allen Zubehör der später sogenannten Allmende gemeinsam, sie scheinen auch anfangs gemeinsam die gesamte Ackerfläche bestellt und gemeinsam beerntet zu haben. Aber früh jedenfalls haben sich diese Zustände gelockert und, soweit im besonderen die Ackerflur in Betracht kam, aufgelöst. Gemeinsame Ernte und gemeinsame Bestellung fielen hinweg, nach Hauswirtschaften getrennt bestellten und ernteten die einzelnen Familien für sich, und allen gemein blieb nur der Gebrauch der Allmende und der generelle Wirtschaftsplan der Nutzung der Ackerflur, wie er vornehmlich im Zwange ungefähr gleichzeitigen Säens und Erntens aller Hausgemeinschaften gegeben war.

So trat denn die Familie immer mehr als untere Arbeitsgemeinschaft selbständig hervor aus der alten sippenschaftlichen Arbeitsgemeinschaft, die ihrerseits zur bloßen Nutzungsgemeinschaft der Allmende und obersten Reglerin der hausgemeinschaftlichen Arbeitspläne verblaßte: eine ganz andere Ausbildung des Wirtschaftslebens ward gewonnen.

Betrachtet man den neuen Zustand im ganzen, so erscheint jetzt, auf der Grundlage eines noch recht einfachen Ackerbaues, der für alle Stammesangehörigen in gleicher Weise gilt, ein grundsätzlich noch immer arbeitsgemeinschaftlich geregeltes Wirtschaftsleben in drei Abstufungen: die unterste Stufe bilden die Hausgemeinschaften der Familie als die modernsten und besonders regen wirtschaftlichen Körper, die mittlere die Markgenossenschaften der alten Sippen, die höchste endlich nimmt der Staat ein, wirtschaftlich produktiv als Vermittler des allgemeinen Friedens. Es ist also schon eine arbeitsteilige Gestaltung der Produktion, aber die Arbeitsteilung bezieht sich nur auf die wirtschaftliche Thätigkeit am Grund und Boden, und sie unterliegt noch allgemeiner, und das heißt öffentlicher Regelung. Und so giebt es auch schon einen inneren Güteraustausch, indes infolge der öffentlichen Regelung nur für die größten wirtschaftlichen Interessen. Der Staat gewährt wirtschaftlichen Schutz, die Markgenossenschaften gewährleisten die Aufrechterhaltung der allgemeinsten Voraussetzungen einer bestimmten Form urwüchsigen Ackerbaus: es entwickelt sich ein gegenseitiges Garantieverhältnis wirtschaftlicher Kräfte, das für den deutschen Staat nie wieder aufgehört hat zu bestehen, ja für ihn bis zu dem Grade wesentlich ist, daß darauf noch heute sein Recht beruht, in den Wirtschaftswillen der Bürger einzugreifen. Und weiter: innerhalb des Bereiches jeder Markgenossenschaft werden der einzelnen Hausgemeinschaft seitens der Genossenschaft in der Allmende die einfachsten Grundlagen wirtschaftlichen Bestehens gewährleistet, und die Hausgemeinschaft unterwirft sich den Gesetzen der Gemeinschaft derart, daß sie sich zu einer Produktion verpflichtet sieht, deren System allen anderen Hausgemeinschaften in gleicher Weise zu gute kommt. Innerhalb der Hausgemeinschaft endlich herrscht bei aller Gemeinschaft der Arbeit doch auch schon eine gewisse Teilung: sie ist gegeben in der Thatsache, daß in ihr der Vater Herr ist und die Arbeit der Hausgenossen, der Frau, der Kinder, des Gesindes, arbeitsteilig regelt.

War nun bei einem solchen System innerer Regelung des Güteraustausches noch ein größerer freier Austausch zur Ergänzung der Eigenproduktion notwendig oder auch nur denkbar? Schwerlich.

Gewiß war die Gütergemeinschaft des vorhergehenden Zeitalters da, wo sie schon früher ins Kränkeln geraten war, jetzt im Absterben; für Fahrhabe galt sie eigentlich nur noch auf dem Gebiete der Sitte, wenn auch da noch stark genug: in der Freigebigkeitspflicht der Großen und dem Bettelrecht der Kleinen, in den Bräuchen der nachbarlichen Pflicht und der Gastfreundschaft.

Und auch für den Grund und Boden waren schon Ansätze zum Sondereigen vorhanden, anfangs nur in dem Areal der Sitze

der Hausgemeinschaften, in den Höfen, dann auch in dem Rottland,
das diese sich außerhalb der in Markgemeinschaft gerodeten Flur
an passenden Stellen der Allmende für sich allein und mit eigener
Mühe aufnehmen mochten. Aber daneben bestand doch weitaus
überwiegend noch das von allen Hausgenossenschaften gemeinsam
gerodete und bestellte Land der Ackerflur; und dieses Land konnte
nicht im freien Austausch übertragen werden, ja es genoß noch
eines besonderen, begrenzten und undurchbrechbaren Erbrechts: nur
Krieger als die ursprünglichen Erwerber und Eroberer des Stammes-
gebietes und damit nur männliche Erben konnten in ihm folgen:
nullum testamentum, et de terra nulla in muliere hereditas.
So kam denn Eigentumswechsel an markgenössischem Lande außer
im Erbgange gewiß nur höchst selten und im allgemeinen wohl
nur dann vor, wenn schwerste Gerichtsbußen in Form von Land-
abtretung zu zahlen waren; denn der des Bodens Beraubte war
der Sippen- und Stammesgemeinschaft beraubt, war bar alles
rechtlich und sittlich geordneten Daseins.

Begrenzte sich somit aller innere Austausch von Wirtschafts-
gütern im allgemeinen auf Fahrhabe, so war er auch hier gering
genug und vor allem durchaus nur unmittelbarer Austausch zwischen
Konsument und Erzeuger und nicht Handel: darum war noch keine
feste Preisskala der Güter entwickelt, die in vollerer Ausbildung
immer erst ein Erzeugnis des Kaufes zum Verkaufe ist, und darum
war der Wert des Geldes, das man von außen her, aus höheren
Kulturen, überkommen hatte, noch ein ungefährer, und die Münzen
dienten mehr der Schatzbildung als wirtschaftlicher Verwendung
im Austausch.

So blieb denn der wirtschaftliche Verkehr im ganzen, was er
in früherer Zeit schon gewesen war: bloßer Austausch; und nicht
eben auf diesem Wege entwickelte sich grundsätzlich eine weitere
seelische Spannung zwischen Bedürfnis und Genuß. Wohl aber
war dies der Fall auf Grund der allgemeinen Anstalten, die
innerhalb des Bereichs der Gütererzeugung getroffen worden waren.
Diese Anstalten gipfelten ja, wie wir wissen, jetzt nicht mehr allein
in der unbewußt-natürlichen Arbeitsgemeinschaft der Sippe, sondern
sie erschienen in dreifacher Abstufung bewußt geschaffen: im obersten
Lebenskreise war es der Staat, im mittleren die Markgenossenschaft,
im untersten die Gemeinschaft des Hauses und der Familie, durch

welche Wirtschaftsbedürfnisse befriedigt wurden. Dabei regelten
die beiden oberen Kreise die Befriedigung gerade der wichtigsten
Bedürfnisse ständig, nach einem starren System, durch dem öffent=
lichen Leben angehörige und darum ausnahmslos geltende Vor=
schriften: eine weitere Ausdehnung der seelischen Spannung zwischen
Bedürfnis und Genuß, als man sie bisher gekannt hatte, trat
damit, aber freilich in sehr festen und bestimmten Grenzen, ins
Leben. Anders dagegen in dem untersten Kreise der Hausgemein=
schaft. Hier waltete jetzt trotz aller Einwirkung und Einschnürung
durch Staat und Markgenossenschaft in dem Wirtschaftswillen des
Hausvaters doch ein virtuelles Moment vor: je nach der Art dieses
Willens konnte in dem freilich engen Bereiche der Hausgemein=
schaft eine größere oder geringere seelische Spannung zwischen
wirtschaftlichem Bedürfnis und wirtschaftlichem Genusse eintreten.

Zum ersten Male wurde damit innerhalb der steigenden Kultur
die persönliche Schaffenskraft etwas freier, und der wirtschaftliche
Fortschritt war damit an die Hausgemeinschaft gebunden.

Die Veränderungen, die auf Grund dieser Zusammenhänge
nunmehr, noch immer innerhalb eines reinen Wirtschaftslebens des
Ackerbaues, vor sich gehen, treten im Verlauf der deutschen Geschichte
etwa vom fünften bis zum achten Jahrhundert ein und beherrschen
die Entwickelung bis ins zwölfte und vierzehnte Jahrhundert: in
ihrem Verlaufe zieht ein neues wirtschaftliches Zeitalter herauf.

Die Grundlinien speciell der deutschen Entwickelung sind dabei
die folgenden. Einzelne besonders kräftige Hausgemeinschaften
brechen aus dem System der markgenössischen Wirtschaft auf doppelte
Weise heraus: einmal durch so große Rodungen auf der Allmende,
daß deren Umfang ihnen ein wirtschaftliches Übergewicht über die
herkömmliche und reguläre Hausgemeinschaft innerhalb des mark=
genossenschaftlichen Verbandes giebt, dann dadurch, daß sie, nach
Unterwühlung des alten Erbrechts in markgenössisches Ackerflur=
laub, von diesem Lande zu dem eigenen Besitz hinzu erwerben und
diesen damit auch in der Ackerflur über das gewohnheitsmäßige
und hergebrachte Maß der regulären Hausgemeinschaft hinaus er=
weitern. In beiden Fällen entsteht größerer Landbesitz in der
Hand eines einzigen Hausvaters; und die Frage wird brennend,
wie seine Nutzung zu organisieren sei. Und da ergiebt denn die zer=
streute Lage mindestens des Ackerflurlandes, oft aber auch der

Rodungen schon an sich die Unmöglichkeit einer einheitlichen Bewirtschaftung: wie außerdem wäre diese bei der geringen Entwicklung der organisatorischen und technischen Fähigkeiten schon in
dieser Frühkultur denkbar gewesen? Nur eine decentralisierte Nutzung
also erwies sich als möglich. Diese aber konnte wiederum in einer
Zeit geldloser Wirtschaft nicht auf der Grundlage etwa freier Pacht
durchgeführt werden, an die man heute an erster Stelle denken
würde; vielmehr mußte der nicht vom Hausvater selbst bewirt-
schaftete Boden gegen Naturalabgaben, die auf dem verliehenen
Grunde und in den abhängigen Wirtschaften selbst erzeugt wurden.
gegen Zinse also etwa von Getreide und selbstgewebten Stoffen
u. dgl., und gegen Leistungen persönlicher Dienste verliehen werden.
Nicht freie Pächter daher, sondern landbauende Unfreie und Hörige
entsprachen dem Bedürfnis der Zeit, und nicht frei gepflegte Groß-
grundbesitze, sondern Großgrundherrschaften waren das Ergebnis
wirtschaftlich fortgebildeter Hauswirtschaft, Großgrundherrschaften,
die mit der Summe der zu ihrer Verfügung stehenden Männerkraft
über sich selbst hinauswiesen, die in Zeiten schwacher Staatsgewalt
eine Gefahr für den öffentlichen Frieden bedeuten konnten, die bald
mehr zu socialen und politischen, denn zu wirtschaftlichen Gebilden
auswuchsen.

In dieser Form tritt uns die Grundherrschaft vom siebenten
bis zum vierzehnten Jahrhundert entgegen, in Zeiten, da eine
einheitliche Staatsgewalt in Reichen geltend gemacht werden sollte,
die räumlich viel zu ausgedehnt waren, um mit den der Zeit zur
Verfügung stehenden kümmerlichen Mitteln des Verkehrs von einer
Stelle aus wirklich regiert zu werden.

Der Grundherrschaft kam diese Lage zu gute; sehr wenig von
anderen Elementen gestört, hat sie sich in langen Jahrhunderten
durch alle Stufen der Blüte und des Verfalls hin entwickelt. Für
eine psychologisch-wirtschaftsgeschichtliche Auffassung ist dabei das
Wichtigste die Thatsache, daß in der Grundherrschaft allmählich,
unter Abstreifung aller Elemente, die noch an die Gemein-
wirtschaft früherer Zeit erinnern konnten, unter Durchbrechung
der markgenossenschaftlich-hausgemeinschaftlichen Wirtschaftsformen
ein ganz neues Wirtschaftsleben emporkam. Überschüsse, die sich
aus dem Zinse unfreier und höriger Hintersassen wie dem Er-
trägnis der eigenen Wirtschaft ergaben, wurden zu Machtzwecken

wie zu Wirtschaftszwecken verwendet: eine kriegerische Organisation
der Hintersassen wurde durchgeführt und nicht selten gegen den
Staat ausgenützt, wie diese Machtentfaltung zugleich der Ein=
schüchterung jener Markgenossenschaften diente, in deren Bereich
die Grundherrschaft Fuß gefaßt hatte; und neue Bedürfnisse
der Erzeugung und der Stoffveredelung wurden befriedigt, indem
die bäuerlichen Wirtschaften der Hintersassen zum Teil in Special=
güter für Weinbau, Flachsbau, Haufbau u. dgl. umgeformt,
und weiterhin aus den Überschüssen der Wirtschaft grundherrliche
Handwerke von mancherlei Art entwickelt und genährt wurden.
Indem aber so die Hintersassen einer Grundherrschaft gleichsam
für sich wie die Angehörigen eines kleinen, räumlich freilich zu=
meist nicht geschlossenen Staates organisiert wurden, ja den Weg
besonderer socialer Entwickelung innerhalb der gegebenen Organi=
sation einschlugen, wurde der Grundherr aus dem Hausvater zum
kleinen Herrscher, der Hof hielt und der es, wenn das Glück gut
war, im Laufe der Zeiten der Salier und Staufer zu Fürstentitel
und Landesgewalt bringen konnte.

Welche höhere Form des allgemeinen Wirtschaftslebens aber
— denn es handelte sich um eine allgemein verbreitete Erscheinung —
war nun mit alledem gewonnen? Es ist klar: die alte Arbeits=
gemeinschaft trat in der Grundherrschaft ganz zurück hinter einer
Arbeitsteilung, die freilich fast noch auf ausschließlich agrarischer
Grundlage gewonnen wurde; und hatten die früheren Arbeits=
gemeinschaften noch den Versuchen angehört, die Natur vornehmlich
durch eine quantitative Anpassung der menschlichen Arbeit an die
vorschwebenden Wirtschaftsaufgaben zu meistern, so war jetzt das
Bestreben in erster Linie, durch qualitative Anpassung zur Befrie=
digung höherer Bedürfnisse zu gelangen. Ein sehr wesentlicher
wirtschaftsgeschichtlicher Fortschritt war damit gemacht.

Und dieser Fortschritt und seine Folgen kamen keineswegs
bloß der Grundherrschaft zu gute. Vielmehr trat hier zum ersten
Male eine Erscheinung deutlich zu Tage, die allen höheren Wirt=
schaftsstufen gemeinsam ist: die von den führenden wirtschaftlichen
Schichten errungenen Formen fortschreitenden Wirtschaftslebens
wirkten alsbald auch auf die tieferen, nicht führenden Schichten
in dem Sinne ein, daß auch diese sich den der fortschreitenden
Entwickelung zu Grunde liegenden Wirtschaftsgedanken anzueignen

suchten. Sehr natürlich: differenziert sich erst die Entwickelung so
weit, daß von ihren schärfsten und raschesten Strömungen nur
einzelne Kreise getragen werden, so bleiben doch, bei der seelischen
Einheit jeder Zeit, auch die übrigen Kreise von ihrem allgemeinen
Gange nicht unberührt. Und auch daß diese Kreise dann den
neuen Impulsen vielfach in Formen folgen, die den specifischen,
nur etwas früher entwickelten Formen der führenden Kreise unmittelbar entlehnt sind, ist nur natürlich.

So treten denn in der Güterverteilung schon der Merowinger-
zeit ganz allgemein die kommunistischen Elemente zurück, die der
Hauptsache nach Folgeerscheinungen der Arbeitsgemeinschaft waren
und gewesen waren: für die Fahrhabe entwickelt sich fast ganz
der Begriff reinen Privateigens, und auch für den Grund und Boden
der arbeitsgemeinschaftlichen Ackerflur treten Übergänge zu einem
Rechte des Sondereigens auf: er wird unter Männern allgemein
erblich übertragbar und auch die Frauen erhalten schließlich Erbrecht an ihm, ja eine begrenzte Testierungsfreiheit an Immobilien
macht sich geltend. Und so halten sich zwar in der Sitte sogar
noch weit über dies ganze Zeitalter hinaus große Reste des Alten,
z. B. in der bäuerlichen Hausgemeinschaft gleichberechtigter Erben
und in der Ganerbschaft des Adels: im ganzen aber wird doch
schon freie Übertragung des Grundes und Bodens und namentlich
der Nutzung an ihm etwas immer Gewöhnlicheres. Freilich ist
dabei die Übertragung noch selten ganz unentgeltlich und bewegt
sich vielmehr noch in den alten Anschauungen des Geschenkes in
Gastfreundsweise, dem ein Gegengeschenk folgen muß: der König
schenkt an die Großen gegen die bestimmte Erwartung staatlicher
Treue, der Wohlhäbige an die Kirche gegen Beding des Seelen-
heils, der kleine Mann an den Mächtigen in der Voraussetzung
des Schutzgenusses: und so entsteht jene Unsumme von Gegen-
seitigkeitsverhältnissen in Recht und Sitte, die recht eigentlich das
Wesen dieser Zeiten bezeichnet. Völlig freier Verkehr wenigstens
in Grund und Boden ist dagegen so ziemlich auf Tausch begrenzt und auf Veräußerung oder Verpfändung im Falle der Not.

Aber auch der freie Güteraustausch in Fahrhabe ist noch sehr
beschränkt: und keine grundsätzliche, nur eine gradmäßige Veränderung gegenüber den Verhältnissen früherer Zeit ist wahr-
nehmbar. Auch jetzt sind es noch wesentlich zwei Elemente, welche

den Austausch vermitteln: Händler einer fremden Nationalität oder
wenigstens eines den binnendeutschen Stämmen fremden Stammes,
Juden, Syrer und Friesen, und Marktzusammenkünfte benach=
barter Gemeinden und Grundherrschaften zu lokalem Austausch.
Von ihnen nimmt das erste Element wohl zu, aber doch noch
nicht in dem Maße, daß sich ein Hausiertum von der vollen
Bedeutung eines nationalen Berufsstandes entwickelt hätte. Und
auch die Märkte, das zweite Element, wachsen zwar an Zahl und
Bedeutung; aber noch immer wird auf ihnen die überwiegende An=
zahl der Tausche direkt zwischen Konsumenten und Produzenten
erledigt.

Freilich: wo sich Markt und Händlertum dadurch dauernd
verbinden, daß die Händler am Marktplatze ansässig werden und
dessen Verkehr der Hauptsache nach an sich reißen: da entsteht
etwas gänzlich Neues, da siegt der Handel, der Kauf zum Ver=
kauf, und ein anderes Zeitalter bricht herein. Es geschieht an
einzelnen Stellen schon früh, wohl mindestens seit dem 10. Jahr=
hundert; von allgemeiner und grundstürzender Bedeutung für das
Wirtschaftsleben aber werden diese Vorgänge doch erst seit dem
12. und 13. Jahrhundert. Da erwachsen denn die Märkte zu
Städten, neben den Händler tritt ein Handwerk, ein freier Stand
der Stoffveredelung, und die bürgerlichen Zeiten beginnen.

Sucht man nun zum innersten seelischen Kern des damit
ablaufenden Zeitalters vorzudringen, so ergiebt sich: Da, wo im
Dorfe die Markgenossenschaften in alter Weise bestehen bleiben
und in ihrem Schutze und Bereiche die regulären Hausgemein=
schaften, da bleibt die Spannung zwischen Wirtschaftsbedürfnis
und Wirtschaftsgenuß im ganzen die alte. Der eigentliche Bauern=
stand entwickelt sich darum auch sonst seelisch nicht stark weiter;
er macht den grundherrlichen Aufschwung zur ritterlichen Bildung der
letzten Jahrhunderte des Zeitalters nicht mit, im folgenden Zeit=
alter gar, im 14. und 15. Jahrhundert, ist er schon seelisch völlig
veraltet. Allein eine große Menge der früher selbständigen Haus=
gemeinschaften gelangt in das Getriebe der Grundherrschaften und
erlebt wenigstens zum Teil und in untergeordneter Weise deren
Entwickelung mit.

Und in diesem Kreise tritt nun eine Spannung zwischen Be=
dürfnis und Genuß ein, die weit über das bis dahin Hergebrachte

hinausgeht. Der Blick des Grundherrn umfaßt nicht mehr bloß das eine Bauerngut einer Dorfmark, sondern Hunderte und unter Umständen viele Tausende solcher Güter, und er beaufsichtigt innerhalb dieses Bereiches nicht bloß eine schon oft recht differenzierte agrarische Produktion, sondern auch bereits zahlreiche hörige, der Stoffveredelung dienende Handwerke. Es ist eine wirtschaftliche Spannung schon von solcher Größe, daß sie der Grundherr allein nicht mehr bewältigen kann. Er bedarf der Hilfskräfte. Eine Verwaltung entwickelt sich, deren Angehörige zum großen Teil aus der Grundherrschaft selbst rekrutieren, Organisationsformen von bis dahin unerhörter Intensität bilden sich aus, ein Begriff primitiven Beamtentums wird langsam gewonnen, von dem tausend Wandlungen unmittelbar bis zu dem der modernen Bureaukratie hinüberleiten.

Entwickelungsgeschichtlich ist der entscheidende Gesichtspunkt, daß in der Grundherrschaft zwar der Grundherr noch Konsument und Produzent zugleich ist, daß aber in seiner Herrschaft, der am höchsten entwickelten aller Wirtschaftsformen der Zeit, die psychische Spannung schon eine Höhe angenommen hat, welche eine sichere Bewältigung nur noch unter Zuziehung von Hilfskräften gestattet. Es ist entwickelungsgeschichtlich der letzte Augenblick, in dem für die Umsetzung von Bedürfnis in Genuß innerhalb der Volkswirtschaft der Regel nach noch ein und derselbe Wirtschaftswille in Betracht kommt. Der Moment drängt heran, in dem sich in immer zahlreicheren Fällen dieser Umsetzung ein besonderer Berufsstand annehmen muß: und damit nahen ganz andere, neuere Zeiten.

II.

Die neue Zeit setzt damit ein, daß sich seit dem 12. und 13. Jahrhundert zweierlei Dinge immer entschiedener aus dem hausgemeinschaftlich = markgenossenschaftlich = grundherrlichen Wirtschaftskreise aussondern und eigenes wirtschaftliches Leben gewinnen: der Güteraustausch, soweit er schwieriger und auf weitere Entfernungen durchzuführen ist, und die Stoffveredelung. Es sind die Anfänge des freien Handwerks und des Handels als großer nationaler Berufsformen.

Wie werden sie möglich? Rein wirtschaftlich betrachtet durch einen Vorgang, der ganz ständig und zu allen Zeiten in höhere Formen des ökonomischen Lebens hineinhebt: durch zunehmende

Sparsamkeit, erweiterte Kapitalbildung. So sind vermutlich die
Rudel frühester Urzeiten zu Sippen geworden durch stärkeres Anwachsen einer gemeinsam zu schützenden Fahrhabe, so gehen die
Zeiten der einfachen Hausgemeinschaft noch unter der Hülle des
Sippenlebens aus der früheren Periode hervor durch intensivere,
wenn auch nach unseren Begriffen noch immer sehr rohe Aneignung
des wichtigsten aller Kapitalien, des Raumes und des Bodens; so
hat sich die Grundherrschaft aus der einfachen Hausgemeinschaft
durch Anhäufung umfassenderen Sondereigens an Grund und Boden
in gewissen Händen entwickelt. Das, was in dem jetzt gekommenen
Momente weiter führte, waren starke Erzeugungsüberschüsse zunächst
der Grundherrschaften und schließlich auch der einfachen, freier
gewordenen Hausgemeinschaften; sie genügten, um immer regelmäßiger Bedürfnisse zu wecken und zu befriedigen, in deren Preis
außer den Kosten der Urerzeugung auch Kosten berufsmäßiger
Vermittelung durch den Handel stecken konnten; und sie führten
über die Deckung naturalwirtschaftlich zu befriedigender Bedürfnisse
hinaus zur Entstehung neuer, handwerklicher Berufe der Stoffveredelung um so mehr, als auch die Handelsbevölkerung, nur dem
Austausche der Güter lebend, solcher Berufe der Stoffveredelung
bedurfte.

Der Standort des freien Handels und des freien Handwerks
aber wurde die Stadt. Dabei waren die Städte von vornherein nicht isolierte Wirtschaftsräume, die mit den Mauern nach
außen abschlossen, sondern ihre Bevölkerung, im Handel auf den
Austausch von fern her eingeführten, im Handwerk auf den Austausch von eigenen Erzeugnissen angewiesen, war nur die central
angesiedelte Hälfte der Bevölkerung eines größeren Wirtschafts-
gebietes, das sich um sie herum erstreckte. Daher erklärt sich die
Neigung der mittelalterlichen Städte, sich dieses Gebiet auf dem
Wege der Pfahlbürger- und Ausbürgerpolitik, wenn nicht gar
durch unmittelbare Einverleibung auch politisch anzugliedern; und
daher wird es begreiflich, wenn die allgemeinsten und tiefsten Grundlagen des städtischen Wirtschaftslebens des 13. bis 16. Jahrhunderts
auch in den Territorien des 15. bis 19. Jahrhunderts, wenn auch
unter gewissen Umgestaltungen fortwährten: das Territorium war
ein der Stadt mehr, als es uns zunächst scheinen sollte, wesensähn-
liches Wirtschaftsgebilde.

Das eigentlich Neue des Zeitalters aber war der außer=
ordentlich steigende Austausch von Gütern. Dem entspricht es,
wenn kommunistische Tendenzen, als den freien Austausch ver=
hindernd, jetzt immer mehr und weit stärker als früher zurücktraten.
All die Beschränkungen für den Verkehr in Grundstücken, die auf
dem platten Lande aus dem Wesen der Markgenossenschaft ab=
geleitet worden waren, Marklosung, Einordnung in eine bestimmte
Nutzungsart und daraus entwickelte Servituten, sie fallen darum
in den Städten. Und auch die Übertragungsformen werden freier.
Ganz frei vollends werden Verkehr und Übertragungsformen der
durch keinerlei frühere Bindung mehr gefesselten Fahrhabe.

Und entsprechend den Gütern werden in der Stadt auch die
Personen frei; höchstens noch berufsmäßige Bindung vornehmlich
der Sitte nach, nicht mehr rechtliche Bindung nach Geburt findet
statt; und wirtschaftliche Verpflichtungen mindern nicht mehr die
Freiheit der Person: kein Rauchhuhn fliegt über die Mauern.

Gleichzeitig wird die Bindung alles Eigens durch ein obliga=
torisches Erbrecht immer lockerer. Das Familienvermögen erscheint
nicht mehr als ein eisernes Inventar, das durch die Geschlechter hin,
als gleichsam nur in deren Nutznießung befindlich, in unzerleg=
barer Einheit und Festigkeit vererbt, sondern es wird den Be=
dürfnissen der jeweils lebenden Generation, ja schon der einzelnen
Personen stärker angepaßt. Die Freiheit des Testierens erstreckt
sich auf immer größere Teile des Nachlasses; die Zerlegung des
Vermögens in Geschäfts= und Familienvermögen beginnt; Aus=
scheidungen einzelner Teile für bestimmte Zwecke, Witwenteile,
Alimentationskapitale u. s. w. werden zulässig.

Diese größere Freiheit des Eigens in Verbindung mit ständig
wachsenden Bedürfnissen des Austausches und der Zunahme immer
verschiedenartigerer Erzeugnisse des Ackerbaus und des Handwerks
hat nun einen bis dahin unerhörten Aufschwung des Verkehrs zur
Folge. Eine allgemeine Austauschnorm wird nötig; aus den eigensten
Bedürfnissen der nationalen Wirtschaft heraus entsteht im 13. und
14. Jahrhundert im Gulden eine größere Verkehrsmünze und
mit ihr wirklicher Preis und wahre Währung, und der Handel
schon des späteren Mittelalters weist im Verhältnis ähnlich
steigende Tendenzen auf, wie der Handel der Gegenwart und
jüngsten Vergangenheit. Zugleich mit dem Gelde aber ent=

stehen dem Kredite, der bis dahin fast nur Verbrauchskredit gewesen war, seine frühesten produktiven Formen: freilich anfangs
noch immer auf dem Boden des Realkredits, da die Bedeutung
der Wirtschaftspersönlichkeit des Einzelnen noch lange hinter der
Bedeutung seines sichersten Eigens, des Grundes und Bodens,
verschwindet: bis auch hier etwa seit Ausgang des 15. Jahrhunderts freiere Formen eintreten.

Mit alledem wird dann das wirtschaftliche Leben genauer,
überlegter, mehr nach den Begriffen des Sondereigens und den
Grundsätzen einer unbegrenzt individuellen Herrschaft über die
Güter geregelt. Die Gastfreundschaft und die Freigebigkeit der
Großen fallen hinweg, soweit sie als Austauschformen einen Sinn
hatten, und werden, soweit sie bleiben, in veränderter Auffassung
nunmehr als edle Pflichten des Reichtums empfunden. Unter
alledem ändert sich dann zugleich auch die Gütererzeugung ihrem
innersten Wesen nach.

Vor allem wird die Gütererzeugung berufsteilig: neben den
Ackerbauer treten die Berufsstände der Kaufleute und Handwerker.
Und in diesen drei großen Berufen tritt ständig eine weitere Be-
rufsspaltung ein, nirgends deutlicher als im Handwerk: hier zerfallen z. B. die Metallarbeiter bald und immer mehr in die
von einander geschiedenen Gewerbe der Schlosser, Sporer, Schwert-
feger, Harnischmacher, Grobschmiede, Zeugschmiede, Hufschmiede,
Spengler u. s. w. Und indem sich so die Arbeit berufsmäßig
specialisiert, verliert sie zugleich viel und oft alles von dem,
was sie von alters her noch Spielmäßiges an sich hatte; statt dessen
wird sie religiös-erzieherisch befruchtet; das Ora et labora wird
ein gern gehörter Spruch, und neben die ehrlichen treten unehr-
liche Gewerbe.

Maßgebend aber für die innere Durchbildung der neuen Berufe
wird allmählich die Entwickelung und Ordnung des Güteraustausches.
Anfangs sind da freilich die Zusammenhänge noch vielfach die alten
der früheren Zeitalter, und nur leise beginnen Änderungen aufzutreten. Der Produzent der Stoffveredelung, der Handwerker,
wird zunächst und noch auf sehr lange der Hauptsache nach unmittelbar von dem Konsumenten, dem Ackerbauer oder dem Händler als unmittelbarem Verbraucher von handwerklichen Erzeugnissen aufgesucht,
wenn man seiner Thätigkeit bedarf; es herrscht Kundenarbeit beinahe

ober völlig, und der Handwerker ist der zeitweilige Lohnarbeiter
des Konsumenten. Es sind Zeiten, da der unmittelbare Tausch
dieser Art noch immer bei weitem den Handel überwiegt, ja da
der Handel noch als im Grunde unproduktiv gilt, Zeiten, die das
Wort geprägt haben: mercator sine peccamine vix esse potest,
ein Wort, das noch heute in den unteren Volksschichten fortlebt;
wie es in einem Schwarzwälder Bürstenbinderliede heißt:

> Denn nur der lüegt und schwätze ka,
> Der ischt en gute Handelsmaa.

Allein seit dem 14. Jahrhundert schob sich der Handel doch
nicht mehr bloß vornehmlich für auswärtige Seltenheitswaren,
sondern immer mehr auch für einen gewissen Teil der einheimischen
Erzeugung zwischen das Bedürfnis des Konsumenten und das
Schaffen des Produzenten: und so entstand, als ein nun erst recht
nicht mehr zu übersehender Bestandteil der Nation, ein in Hökerei,
Krämerei und Großhandel stärker differenzierter Kaufmannsstand,
und schon im 16. Jahrhundert wurde über die Übersetzung des
kleinen wie die Ungebühr des großen Kaufmanns gescholten.

Indem sich nun so der Kaufmann zwischen Bedürfnis und
Genuß einnistete, begann er in leisen Anfängen zunächst den
Konsumenten unmündig zu machen, schrieb ihm seine Genüsse vor,
bildete die ersten Spuren der Mode aus, wurde der Pfadfinder
neuer Richtungen des Luxus. Gleichzeitig aber mußte er auch
beginnen, den Produzenten zu beeinflussen. Wird dieser nicht nach
seinen Angaben schaffen müssen — wird nicht der Kaufmann
schließlich selbst in die Erzeugung eindringen: das waren die Fragen,
die bedrohlich auftauchten.

Die Gefahr hätte vermutlich nahe gelegen, hätte sich der Kaufmann alsbald frei entwickeln können, und hätte der neuen Lebensform starkes oder gar praktisch unbegrenztes Kapital zur Verfügung
gestanden. Aber eben hier ergaben sich auf lange Zeiten hin, ja
im Grunde bis ins 19. Jahrhundert hinein wesentliche Schranken
und Schwierigkeiten.

Anfangs genügten die nationalen Ersparnisse im Ackerbau
eben noch dazu, den neuen Stand der Handwerker und Händler
zu erhalten. Dabei war deren Entlohnung gering, so hoch sie auch
absolut bei dem Kaufmann infolge außerordentlicher Risiken des
Warentransportes erscheinen mochte. Sie war so gering und die

Unsicherheit des neuen Lebens so stark, daß man nur in Gemeinschaft wagen konnte, sich zu halten: darum traten die Händler in
genossenschaftlichen Formen des Markthandels von Ort zu Ort und
die Handwerker in Zünften zusammen. Indem sie sich aber so
zusammenfanden, bauden sie sich, zumal in den Zeiten der noch
unentwickelten geistigen Persönlichkeit des Mittelalters, zu Lebens-
gemeinschaften, zu Bildungen mit socialistischer Tendenz. Socialismus aber schloß aus oder hinderte wenigstens lange Zeit hindurch
die Entfaltung des innersten Lebenskeims der neuen Bildungen, des
immer freier werdenden Spiels von Angebot und Nachfrage. Infolge
geringen Kapitalbesitzes konnte sich der freie Wettbewerb nicht recht
entwickeln, und damit wurde ein allzu starkes Eindringen kauf-
männischer Tendenzen in die Produktion verhindert. Es ist ein
Zustand, der auf deutschem Boden mehr als ein halbes Jahrtausend
gewährt hat: vom 13. bis zum 19. Jahrhundert. Zwar schienen
sich die Dinge schon im 15. Jahrhundert einmal ändern zu wollen:
an einigen Stellen des nationalen Lebensbaumes, in den großen
Reichsstädten vor allem der Renaissance, wurden für die Begriffe
dieser Zeit enorme Kapitalien angehäuft und Formen des wirtschaftlichen Lebens traten auf, die manche Entwickelung jüngster
Jahre im kleineren vorwegnahmen. Aber es war nur eine Episode;
unter einer unglücklichen Wendung der Beziehungen des Welt-
handels wie unter den außerordentlichen Kapitalzerstörungen des
dreißigjährigen Krieges brach diese Entwickelung zusammen, und der
Hauptsache nach trat der alte Zustand wiederum ein, bis er durch
die Entwickelung erst des 19. Jahrhunderts ganz überholt ward.

Außerdem aber wehrte im Verlaufe aller dieser Jahrhunderte
das öffentliche Recht in Übereinstimmung mit der öffentlichen
Meinung und der ganzen inneren Anlage des Wirtschaftslebens
dem Einbrechen der Kaufmannschaft in die Produktion und überhaupt der Vermengung berufsmäßiger Erzeugung und berufs-
mäßigen Austausches: mit freilich immer zunehmenden Ausnahmen
war dem Handwerker der Handel, dem Kaufmann die gewerbliche
Produktion verboten. Und zwar war es zuerst die mittelalterliche
Stadt, darnach das Territorium des 16. bis 18. Jahrhunderts,
die die entsprechenden Regelungen vornahmen.

Dies alles gab dem Händlertum dieses Zeitalters noch eine bescheidene, wenn auch andererseits sehr sichere, ja oft fast monopol-

artige Stellung zwischen Konsumenten und Produzenten und
begrenzte dadurch zugleich wie die Bedürfnisse so die Erzeugung.
Es waren ruhige, in sich wohlabgeschlossene Zeiten langsamen Fort=
schrittes; und die in langsamem Zeitmaße wachsenden Ersparnisse der
Nation kamen vielfach nicht der reglementierten materiellen, sondern
vielmehr der geistigen Produktion zu gute.

Es war eine Bewegung sehr eigener Art: geistiger Besitz
trägt in sich etwas vom Kommunismus: dem Idealen zugewandt
soll er allen zugleich und gleichmäßig zu gute kommen. Erfüllt
freilich ist dies Ideal niemals worden. Auf niederen Kulturstufen
ist das höhere Wissen des Medizinmannes, des Priesters, des
Sängers alles andere als allen unentgeltlich zugänglich. Im
deutschen Mittelalter stand die Kirche als Trägerin des Wissens
in vollster aristokratischer Abgeschiedenheit über der Masse, und
ihre wichtigsten Beamten sind schließlich Fürsten geworden. Aber
abgesehen von diesen aristokratischen Bildungen bleibt doch jeder
menschlichen Gemeinschaft früher Kultur eine gewisse gemeinsame
geistige Ausstattung, solange sie in gleichmäßiger Thätigkeit nur
einem wirtschaftlichen Berufe angehört, sei es etwa dem des Jägers
oder des Fischers oder des Landmanns. Erst wenn die Gleich=
mäßigkeit des wirtschaftlichen Daseins aufhört, treten weitgreifende
und starke geistige Spaltungen ein. So in Deutschland in dem
Moment, da sich aus den ackerbauenden Schichten breiten Wuchses
ein besonderer Kriegerstand, wenn auch noch agrarischen Lebens,
erhob, in den Zeiten der Ritterschaft des 12. und 13. Jahr=
hunderts. Und als dann gar den Jahrhunderten der ritter=
lichen Gesellschaft mit ihrer Poesie die Jahrhunderte des er=
wachenden Bürgertums mit ihrer intellektuellen Richtung und
mit ihrem höheren Wissen folgten, da war es erst recht um die
Einheit der geistigen Bildung der Nation geschehen: Bauern, Bürger
und Edelleute gingen mit ihren geistigen Interessen vielfach ver=
schiedene Wege nach wohl von einander geschiedenen Gebieten.

Gegenüber diesen Vorgängen setzten nun seit dem 15. Jahr=
hundert immer stärker Versuche ein, einen gewissen Kommunismus
des Geisteslebens wenigstens insofern aufrecht zu erhalten, als der
Zugang zu den geistigen Gütern der Vergangenheit und Gegenwart
möglichst jedem geöffnet wurde: Buchdruck, öffentliche Bibliotheken
und dergleichen, und als besonders begabten Söhnen des Volkes

allgemein der Weg zur Förderung der höchsten geistigen Güter des Zeitalters erleichtert wurde: freier Unterricht, Stipendien, Fürsten= und Landesschulen, Universitätskonvikte u. s. w.

Es ist eine Richtung auf die Ausbildung geistiger Berufsstände aus öffentlichen Mitteln, die um so mehr, ja vornehmlich deshalb in Betracht kam, weil eben in diesen Zeiten die zunehmende Kraft der Organisation bei den öffentlichen Gewalten, in den Städten wie in den Territorien, immer mehr der Anstellung eines berufs= mäßigen Beamtentums zudrängte, eines Beamtentums, das geistig geschult sein mußte und dessen Erhaltung natürlich aus öffentlichen Mitteln zu bestreiten war.

Unter diesen Umständen vornehmlich entstand in Deutschland neben den materiell produktiven Berufsständen des Bauers, Hand= werkers und Kaufmanns, die dem 12. und 13. Jahrhundert ver= dankt wurden, seit dem 15. und 16. Jahrhundert der akademisch gebildete, geistig produktive Berufsstand des Beamten und des evangelischen Kirchendieners: und dieser Stand erweiterte sich je länger je mehr durch eine wachsende Anzahl von Männern des Adels wie des Bürgertums, die denselben oder einen verwandten Erziehungsgang durchmachten, bis schließlich, in leisen Anfängen seit der zweiten Hälfte des 16. Jahrhunderts, jene Klasse der „Ge= bildeten" emportauchte, die seit dem dreißigjährigen Kriege in steigendem Maße Trägerin des geistigen Lebens der Nation ge= worden ist.

Es war eine Anlage der nationalen Ersparnisse, wie sie nur unter ruhigen, ja stagnierenden wirtschaftlichen Verhältnissen über eine lange Zeitdauer hin möglich war und wie sie zu einem Dasein führen mußte, das sich von den nächsten materiellen Interessen über Gebühr abwandte; die Zeiten unseres Idealismus in der zweiten Hälfte des 18. und in der ersten Hälfte des 19. Jahr= hunderts, des Jahrhunderts der Deutschen als „Dichter und Denker" sind ihre Folge gewesen.

Wie aber läßt sich wirtschafts=psychologisch der Charakter eines so langwährenden und an den verschiedenartigsten Erscheinungen so reichen Zeitalters in einem Worte zusammenfassen, wie dieser in sich so mannigfaltige Zustand auf einen Nenner bringen? Alle Geburtsstände des platten Landes, Adel und Bauern, bürgerliche Berufsstände, Handwerker und Kaufleute, Berufe geistiger, ge=

lehrter Thätigkeit: ſie alle ſind in dieſer Zeit zuſammengehalten
durch einen Güteraustauſch, der von Jahrhundert zu Jahrhundert
an Ausdehnung gewinnt, und der in ſeiner immer innigeren Verbindung auch entlegenerer Teile des Vaterlandes ſchließlich den Ruf
nach politiſcher Einheit des Volkes — wie er ſchon vor der franzöſiſchen Revolution ertönte — zur Folge hat. Indem aber der
Güteraustauſch ſo weit ausgriff und ſo lebhaft wurde, war er nicht
mehr unmittelbar zwiſchen Konſument und Produzent zu bewältigen.
Die ſeeliſche Spannung zwiſchen Bedürfnis und Genuß wurde zu
groß, tauſend Vorurteile und Schlüſſe, tauſend Erfahrungen und
einzelne Willensakte wurden jetzt notwendig, um der Empfindung
eines Bedürfniſſes den Genuß folgen zu laſſen. So ergab ſich als
notwendig und bildete ſich in der Kaufmannſchaft ein beſonderer
Beruf der Vermittelung. Anfangs mit Mißtrauen betrachtet, gewann er doch Raum, und durch geringe Kapitalbildung verhindert,
ſchon in die Produktion überzugreifen, in ruhiger Stetigkeit
ſeinem Vermittelungsberufe lebend, wurde er bald zu einem der
angeſehenſten Stände des Volkes. Wie hat darum nicht das 17.
und 18. Jahrhundert die „Handlung" geprieſen! Nichts mehr
als ſie ſchien den Glanz des Zeitalters heben zu können.

Aber neben der Handlung ſtand die Wiſſenſchaft. Der Staat,
der alte Bedürfnisvermittler der größten Wirtſchaftsgüter des
Friedens und der Muße — der Möglichkeit zu arbeiten und zu
ſparen — hatte jetzt durch die Entwickelung viel ſtärkerer
Spannungen des Austauſches auch ſeinerſeits ſehr erweiterte
Möglichkeiten der Bedürfnisbefriedigung gewonnen. Dieſe
Spannungen erlaubten ihm eine feſtere Organiſation der öffentlichen Gewalten auf viel weitere Entfernungen und in viel kleinere
Verhältniſſe hinein als bisher: und er nutzte dieſe Verhältniſſe
aus, indem er einen neuen, bisher nie erreichten Frieden ſchuf.
Es ſind die Zeiten, in denen in Deutſchland der allgemeine Landfriede zunächſt als Ideal, dann in thatſächlicher Verwirklichung
auftrat, da Molière im Tartuffe die Worte ſchreiben konnte:

> Modérez, s'il vous plaît, ces transports éclatants.
> Nous vivons sous un règne et sommes dans un temps
> Où par la violence on fait mal ses affaires.

Als das ausführende Organ aber dieſes neuen Friedens, des
Friedens einer primitiven Tauſchwirtſchaft, bildete der Staat ein

erstes großes Beamtentum heraus, die Bureaukratie vornehmlich
des 16. bis 18. Jahrhunderts. Es war eine Richtung, die mehr
als manches andere ihn zu entschiedenerer Schaffung der Gelegen=
heiten höherer Bildung innerhalb der Nation veranlaßte, die ihn
vorwärts trieb hinein in den Dienst an den höchsten geistigen
Bedürfnissen des Volkes. So griff denn die oberste menschliche
Gemeinschaft wiederum über die mehr passive Funktion der
Friedenserhaltung hinaus auch aktiv wirtschaftlich ein, und zwar,
ähnlich den alten sippenhaften und völkerstaatlichen Arbeitsgemein=
schaften einer frühen Zeit, in einem naturgemäß mehr socialistischen
Sinne, im Sinne allgemeiner nationaler Fürsorge für Erziehung
und Bildung.

      *   *   *

Das wesentliche Merkmal der bisherigen Tauschwirtschaft war
gewesen, daß so viel als irgend möglich noch an dem Grundsatz
festgehalten wurde, es müsse Konsument und Produzent unmittel=
bar verkehren, es müsse so viel als möglich „aus erster Hand ge=
kauft" werden; erst gleichsam als Ergänzungsberuf, wenn auch in
immer größerem Umfange, war der Vermittelungsberuf des Kauf=
manns zugelassen worden. Und wiederum, soweit er eingriff,
war mit allen Mitteln des rechtlichen Zwanges und des Zwanges
der Sitte dafür gesorgt gewesen, daß der Kaufmann nicht in die
Produktion, der Bauer und der Handwerker nicht in den Handel
übergriff; durchaus reinlich getrennt sollten diese Verrichtungen
bleiben. So war eine Volkswirtschaft entstanden, die zwar schon
Preis und Arbeitslohn, Mietzins und Pacht, Gewerbe= und Handels=
kapital, Leih= und Nutzkapital und den Kapitalprofit kannte, aber
das alles doch noch nicht im heutigen, für uns specifischen Sinne
dieser Begriffe.

Ueber diesen Zustand ging nun die Entwickelung wiederum,
wie in früheren Stufen, durch die Wirkungen wirtschaftlicher Triebe,
die zur Unterdrückung allzu starker reiner Verbrauchsbedürfnisse
führten, durch vermehrte Sparsamkeit also und wachsende Kapital=
bildung hinaus. Und damit nicht genug. Seit der Verwendung
immer stärkerer Kapitalien in der Volkswirtschaft machte sich auch
die unmittelbar accumulierende Kraft der Kapitalsverwendung
geltend und jedermann bemerkbar. Der alte Satz: pecunia ex se
generare nihil potest galt nicht mehr; Zins und Zinseszins

wurden legitim, und ein produktiver Kredit entfaltete seine ungeheuren Wirkungen. Der alte Handwechsel und die mittelalterliche Wechselbank wurden abgelöst zuerst durch die Depositen- und
Giro-, dann durch die moderne Kreditbank; neben das Geschäfts-
kapital trat das Leihkapital, und beide ergänzten sich in ihren befruchtenden Wirkungen.

Es geschah allenthalben, auf dem platten Lande wie in der
Stadt. Und die steigende Sättigung mit den modernsten aller
Machtmittel, mit Geld und Kredit, veranlaßte die Berufe der
Stoffveredelung wie des Handels, in ihren aktionskräftigsten Mitgliedern, die Grenzen der bisherigen wirtschaftlichen Lebenshaltung
zu überschreiten, und zwar die Berufe der Stoffveredelung in den
Handel, die aber des Handels in die Stoffveredelung und auch
in gewisse Zweige der Urerzeugung, namentlich den Bergbau,
bestimmend einzugreifen.

Es ist im Eigentlichsten und Innersten der Übergang zum
modernen Wirtschaftsleben; es sind Zusammenhänge und Ereignisse,
die darum eingehend verfolgt werden müssen.

Weniger bedeutend sind hier die Vorgänge, in denen Berufe
der Stoffveredelung in den Handel übergreifen.

Schon der alte Hausfleiß frühester Zeitalter, wie er im Bauernhause aus den Zeiten der Hausgemeinschaft her fort getrieben
wurde, eine primitive Kunst der Weberei vornehmlich und der Metall-
bearbeitung, kommt hier in Betracht. Da, wo die Verhältnisse
günstig liegen, wird dieser Hausfleiß jetzt verdoppelt; es wird weit
über den eigenen Bedarf erzeugt, und die Verfertiger selbst oder
ihre Familienangehörigen vertrieben die Waren auf den Pfaden
eines oft recht weit ausgedehnten Hausierhandels: es ist die
Entwickelung der Solinger Kleineisenindustrie, der Töpferindustrie
des Kannebäckerländchens bei Koblenz und so vieler Leineweber-
bezirke im südlichen wie nördlichen Deutschland.

Wichtiger war es, daß eine große Anzahl städtischer Handwerker seit Ausgang des Mittelalters anfingen, neben und statt
der Arbeit für bestimmte Kunden immer mehr mit eigenem Kapital
auf Vorrat zu arbeiten und mit diesem Vorrat zu handeln, sei
es vor allem im Besuche der zahlreichen Märkte des Heimatsortes
und seiner engeren und weiteren Umgebung, sei es gelegentlich auch
durch Vermittlung eines ständigen Ladengeschäftes. Es ist bekannt,

daß sich das Handwerk in diesen Formen immer stärker fortentwickelt hat bis etwa zur Mitte des 19. Jahrhunderts; erst dann ging das Beziehen der Märkte und das Ladengeschäft der bis dahin herkömmlichen Art zurück unter dem Druck der modernen Entfaltung von Industrie und Handel.

Die Wirkung aber der bisher geschilderten Entwickelungen war bedeutsam mehr durch die ziemlich große Anzahl von Einzelwirtschaften, in denen sie sich vollzog, als durch starke quantitative Ergebnisse im Einzelfall; vornehmlich doch nur in Süddeutschland und in den Küstengebieten hat sie auch in großen Geschäften und bemerkenswerter Anhäufung von Reichtum häufiger Ausdruck gefunden. Wichtiger waren in dieser Hinsicht vielmehr die Wirtschaftshandlungen, in denen der Kaufmann von seinem Berufe her in die Produktion hinübergriff: sie vor allem haben revolutionierend gewirkt.

Der früheste Fall, der gelegentlich schon im späteren Mittelalter, immer häufiger aber seit dem 16. Jahrhundert vorkam, war der, daß Kaufleute oder Konsortien von solchen den alten Hausfleiß des platten Landes mit Kapital befruchteten oder auch, namentlich in den deutschen Mittelgebirgen mit ihrer armen Bevölkerung, neuen Hausfleiß begründeten und in beiden Fällen dessen Erzeugnisse vertrieben. Es ist die Entstehung eines überaus wichtigen Zweiges der modernen Hausindustrie und des kaufmännischen Verlegertums: weithin unter den verschiedensten Formen und für die mannigfachsten Erzeugnisse, Webereien, Produkte der Holzindustrie wie Spielwaren und Uhren, geschliffene Steine, Kleinwaren der Eisenindustrie, ist es noch heute in Deutschland, und namentlich auf dem platten Lande, verbreitet. Und sehr verschieden konnte diese Hausindustrie auch dem Betriebe nach ausgebildet werden: der Kaufmann konnte die bisherige Erzeugungsweise ganz bestehen lassen und nur den Vertrieb in die Hand nehmen, oder er lieferte das Rohmaterial ganz oder teilweise und nahm die fertigen Erzeugnisse ab, ergriff also den Produktionsprozeß an seinem Anfang und Ende; oder aber er mischte sich ein in den ganzen Verlauf der Erzeugung. Und es versteht sich, daß er zu der letzten Art des Eingriffs sehr rasch kam, sobald er alle Rohstoffe lieferte und einziger Abnehmer der Ware war; denn in diesem Falle stellte der Kaufpreis nichts dar als einen reinen Arbeitslohn, und der

Arbeiter war ganz in den Händen des Händlers. War dies aber
bei steigendem Kapital des Händlers nur zu leicht das Ende, so sah
sich der Händler in die Lage versetzt, den Erzeugungsprozeß ganz
nach seinem Willen zu organisieren: die Erzeugung in einzelne
Stufen und Teile zu zerlegen und diese besonderen Arbeitern
und Arbeitergruppen, anderen Gruppen dagegen die Zusammen=
setzung der Teile zuzuweisen. Es ist der Ursprung der modernen
Arbeitsteilung.

Beherrschte aber der Kaufmann in dieser Weise die Er=
zeugung und durch sie die Arbeiter: was konnte ihn daun des
weiteren daran hindern, die Arbeiter selbst zur leichteren Beauf=
sichtigung des Erzeugungsprozesses an einem Orte zusammen=
zubringen zu gemeinsamer Thätigkeit und bei dieser Gelegenheit die
Arbeitsteilung noch viel eingehender durchzuführen, als dies sonst
möglich war? Nur eine gewisse Höhe des Kapitals, die schon den
Bau eines Arbeitshauses mit seinem Zubehör gestattete, war not=
wendige Voraussetzung. Bald genug verwirklichte sie sich und
aus den Hausindustrien wurden die Manufakturen geschlossener
Arbeitsräume; und nur da im allgemeinen erhielt sich die ältere
Form noch weiter, wo der jahraus jahrein stetige Betrieb einer
Manufaktur nicht lohnte, vielmehr ein wechselnder Saisonbedarf
der Ware auch nur die an vorübergehende Zeiten gebundene Haus=
industrie einer häuslich verteilten Beschäftigung erforderte, wie sie
vor allem dem platten Lande eigen ist.

Indem nun so der ganze Erzeugungsvorgang vielfach an einen
Ort, ja an ein Haus gebunden ward, ergab sich gar bald eine
weitere Neuerung. Lag es jetzt nicht nahe, für diejenigen Ver=
richtungen, bei denen dies möglich war, mechanische Kräfte ein=
zuspannen? Wind= und Wasserräder etwa oder ein Göpelwerk?
Und drängte damit nicht die ganze Lage, zumal bei steigendem
Kapitalreichtum, auf die Erfindung neuer Arbeitsmaschinen, ja auch
noch gleichmäßigerer und stärkerer Kräfte der Bewegung hin? Neben
den ersten neueren Arbeitsmaschinen, wie vornehmlich der Spinn=
maschine, kam die Dampfmaschine auf; ihr folgten daun bis auf den
heutigen Tag ganze Reihen anderer Arbeitsmaschinen und Kraft=
erzeuger und die Fabrik war erstanden. Die Fabrikation aber und die
aus ihr kombinierten Formen größter Produktionsbetriebe sind noch
heute die modernsten Arten der Gütererzeugung.

Sehen wir von diesem Punkte aus rückwärts, bis hin zu den einfachsten Vorgängen der Entstehung der Hausindustrie in Verbindung mit Hausierhandel und Verlag und bis zur ersten kapitalistischen Ausgestaltung des Handwerks durch Erzeugung auf Vorrat, so ergiebt sich als das Entscheidende überall, nur in seinen Wirkungen und der Zahl der Fälle, in denen es vorkommt, ständig steigend dasselbe Motiv: Austausch und Erzeugung verquicken sich gegenüber dem Konsumenten zu einem einzigen, in seiner kommerziellen und seiner industriellen Seite nicht mehr rein unterscheidbaren Geschäft. Dies Geschäft ist die Unternehmung; die Unternehmung ist damit die eigentlich moderne Form des Wirtschaftserwerbs; in der Unternehmung gipfelt das heutige Wirtschaftsleben; durch die Unternehmung scheidet es sich von der Vergangenheit.

Und der seelische Charakter des neuen Zeitalters? Man sieht auf den ersten Blick: die Erweiterung der psychischen Spannung zwischen Bedürfnis und Genuß betrifft in diesen Zeiten zunächst den Unternehmer, mag er nun von der Produktion herkommen und den Austauschberuf hinzugenommen haben oder umgekehrt vom Handel in die Produktion vorgedrungen sein. Für ihn aber ist die Spannung gegenüber allen früheren Perioden enorm erweitert. Nicht bloß dadurch, daß er, sei es den Austausch, sei es die Erzeugung erst hinzuergreift. Sondern vor allem auch dadurch, daß er für die auf fabrikmäßigem oder hausindustriellem Wege außerordentlich erhöhte Produktion derselben Ware ein bei weitem größeres Absatzgebiet aufsuchen muß; das durch die vermehrte Kapitalanlage hervorgerufene vornehmlich quantitative Wesen der Erzeugung gegenüber der früheren qualitativen Kundenproduktion weist ihn hinaus in bisher noch völlig unbekannte Räume und Raumgrößen, treibt ihn hinein in den Strudel des modernen wirtschaftlichen Wettbewerbs. Daher zunächst die unerhörtesten Anstalten zur Bewältigung des Raumes: Eisenbahn, Telegraph, Bank und Börse, Organisationen des Verkehrswesens, die die Thätigkeit ganzer großer Teile der Bevölkerung aufsaugen. Und daher weiter eine Organisation auch des eigenen Unternehmens derart, daß es seine Fühler hinausstreckt in alle Welt: Annoncen, Reklamen, briefliche Angebote, Handelsreisende, Kommissionäre, Agenten; Inanspruchnahme der Konsuln und technischen Beigeordneten der nationalen Gesandtschaften und tausend andere Mittel mehr. Und

das Ergebnis? Wohin der eine Unternehmer mit Aufbietung aller
Mittel der Raumbewältigung gelangt, dahin gelangt im allgemeinen
auch der andere Unternehmer gleichen Geschäftes, und nicht bloß
der inländische, sondern auch der ausländische, da die Mittel der
Raumbewältigung jedem Kapital im allgemeinen in gleicher Weise
zur Verfügung stehen, und daher trotz aller Ausdehnung, ja gerade
wegen dieser ein immer mehr erbitterter Wettbewerb und neue
seelische Spannung.

Derjenige, der unter dem heillosen Durcheinander all dieser
Kämpfe zunächst ganz ausgeschieden erscheint, ist der Konsument.
Der Austauschgedanke beherrscht die Erzeugung; und der Handel
drängt dem Konsumenten die Erzeugnisse auf, ohne nach seinen
Wünschen mehr, als die Billigkeit der Produktion dies zuläßt, zu
fragen. Die Billigkeit! Denn vermöge des Unterbietens bevormundet der Handel den Konsumenten. Und Unterbieten ist nur
möglich bei massenhafter Herstellung der gleichen Ware. Massenhafte Herstellung aber schließt persönliche Wünsche, schließt Kunden-
wünsche aus. So sind Kundenbestellungen heutzutage etwas Kost-
spieliges, Archaisches und Aristokratisches. Dagegen wird den
breitesten Klassen jetzt infolge der Billigkeit vieler Waren die
Befriedigung einer großen Anzahl von Bedürfnissen möglich, die
sie früher nicht kannten: es ist ein demokratisches Zeitalter. Aber
auch in diesem Fall, ja in ihm erst recht, erscheint der Konsument
als vom Unternehmer bevormundet.

So beherrscht also der Unternehmer durchaus die moderne
Wirtschaft? Gewiß, aber dieser Zustand wird psychisch erst dadurch verständlich, daß jeder Konsument heutzutage zugleich auch
mehr oder minder Unternehmer ist. Denn jedermann ist heute arbeitsteilig eingeordnet in das unendliche Gewebe des nationalen, ja des
internationalen Wirtschaftslebens, und jedermann schafft an seiner
Stelle in dem Sinne, daß er Güter erzeugt, von denen er annimmt, daß andere sie brauchen, und diese Güter, wenn er einigermaßen kapitalkräftig ist, der Regel nach auch selber vertreibt.
Gewiß giebt es von diesem Zustand noch manche Ausnahmen. Aber
im ganzen betrachtet ist der Zustand der geschilderte, und wie man
im 10. Jahrhundert von jedem Deutschen hätte sagen können, er
sei mehr oder minder Ackerbäuer, so läßt sich in der Gegenwart von
jedem Deutschen behaupten, er sei mehr oder minder Unternehmer.

Es ist ein Zustand, dessen leise erste Anfänge noch bis mitten in die höchste Blütezeit der vorhergehenden Periode, bis ins 15. Jahrhundert etwa, zurückreichen. Aber voll entwickelt hat sich sein Wesen doch erst in der wirtschaftlichen Stufenfolge der Jahrzehnte 1820, 1840, 1860, 1890. Und erst die Gegenwart ist, weil sich schon wieder Züge eines anders gearteten, zukünftigen Wirtschaftslebens zeigen, eben deshalb in der Lage, dies Wesen in allen seinen hauptsächlichsten Zügen mit voller und anschaulicher Sicherheit zu erkennen. Vorbereitend aber hat für die rasche und restlose Durchführung dieses neuen Wirtschaftszeitalters der Gegenwart vor allem auch die Liquidation der Wirtschaftseinrichtungen der letzten vorhergehenden Zeitalter gewirkt, die von etwa der Mitte des 18. bis zur Mitte des 19. Jahrhunderts für den Ackerbau, seit Anfang oder allerspätestens Mitte des 19. Jahrhunderts für den Handel und die Industrie auf gesetzgeberischem Wege erfolgt ist. Doch braucht wohl kaum noch gesagt zu werden, daß nicht etwa die französische Revolution oder die Stein-Hardenberg'sche Gesetzgebung und ihre Folgeerscheinungen an sich die neue Zeit geschaffen haben, und daß die Zeitgenossen dieser Erscheinungen der äußeren politischen Geschichte im allgemeinen noch einem früheren wirtschaftlichen Zeitalter angehörten.

*   *   *

Der Astrophysiker Scheiner führt einmal aus[1]): um sich eine richtige räumliche Vorstellung von unserem Sonnensystem zu machen, solle man sich die Sonne als eine Kugel mit dem Durchmesser von 40 Metern an Stelle der Domkuppel in Berlin denken. Dann würden die Planeten bei ihrem Lauf um die Sonne etwa folgende Punkte berühren: die Merkurbahn läge noch ganz im eigentlichen Berlin, die Bahn der Venus würde schon stellenweise dies Berlin verlassen, die Bahn der Erde würde den Bahnhof Tiergarten berühren und im Süden ½ Kilometer nördlich vom Kreuzberg durchgehen. Von ferneren Planeten würde Jupiter durch Spandau gehen, Uranus durch Wittenberg und Frankfurt a. O., Neptun endlich, der äußerste der Planeten, würde auf seiner Bahn die Städte Stettin und Magdeburg treffen und sich bis auf etwa

---

[1]) Bau des Weltalls. S. 8 f.

15 Kilometer Leipzig nähern: er würde etwa 129 Kilometer entfernt von der Berliner Domkuppel kreisen.

Welche ungeheuren räumlichen Entfernungen der äußeren Planetenbahnen, welche grauenvolle Oede des Weltraums!

Aber wir sind wenigstens im stande, auf Grund eines Vergleiches, wie des soeben gezogenen, diese räumliche Oede einigermaßen zu erfassen; unsere Raumanschauung läßt, durch die Reduktion an sich unanschaulicher Entfernungen auf anschaulichere gebracht, noch einen wirklichen Vorstellungsinhalt zu. Weit schwieriger ist es dagegen, sich gleichgroße Zeitabstände anschaulich näher zu bringen. Und doch muß dies in irgend einer, wenn auch noch so unvollkommenen Weise geschehen, sollen sich historische Perspektiven von größerer Weite einigermaßen richtig bilden.

Und da sei es denn erlaubt zu sagen, daß sich die Abstände der einzelnen frühesten Zeitalter wirtschaftlicher Entwickelung zu der hohen Wirtschaftskultur der Gegenwart zeitlich etwa ähnlich verhalten, wie die Raumdistancen der äußeren Planeten unseres Sonnensystems zur Sonne: ganz außerordentlich weit, und durch Oeden vieler Jahrhunderte, wenn nicht Jahrtausende, von der Wirtschaft der Gegenwart getrennt, verlaufen die Perioden primitiver Wirtschaft und primitiver Kultur überhaupt. Mit nichten so jung, wie man unwillkürlich immer wieder zu glauben geneigt scheint, ist das Menschengeschlecht; die Jahrtausende der alttestamentlichen, uns noch immer im Blute steckenden Zeitrechnung reichen keineswegs dazu aus, seine Entwickelung auch nur annähernd zu umschreiben; vor der Geschichte, die wir kennen, liegen ungezählte, für uns auf immer begrabene Geschichten; und nichts hindert, wohl aber manches veranlaßt, vor aller bekannten Geschichte Epochen und Katastrophen anzunehmen, in deren Glut schon Rassen umgeschmolzen und in deren langsamem Wachsen schon hohe Kulturen erzeugt und verloren worden sind.

Soweit aber unsere heutigen Wirtschaftsformen mit ihren Wurzeln in Betracht kommen, mögen diese sich auch bis ins 13. und 12. Jahrhundert zurück verzweigen und veräfteln, so ist deren Dauer sicher im Lichte des allgemeinen kulturgeschichtlichen Verlaufes auch nur: der germanischen und arischen Volksbildung eine sehr kurze Zeit, ein Bruchteil nur und ein geringfügiges Fragment des gesamten Werdens. Nicht ihre Zeitdauer darum, sondern

nur ihr ſpecieller Charakter iſt es, der ihnen bei univerſaler Be=
trachtungsweiſe beſondere Bedeutung verleiht. Sie ſind, ſoweit
wir aus dem bisher fortgeſchrittenen geſchichtlichen Prozeſſe der
ariſchen Völker Weſteuropas heraus urteilen können, die Sonne
gleichſam dieſer Entwickelung: ſie bilden den Brennherd, auf den
alles hin gravitiert, in dem alle Vergangenheit in neuer Bedeutung
wiederum aufleuchtet. Und dies giebt ihnen ein beſonderes Recht
darauf, eingehend betrachtet zu werden, ganz abgeſehen von der
Thatſache, daß es unſere Entwickelung und die Entwickelung unſerer
Väter und Großväter und jüngſten Ahnen iſt, um die es ſich handelt.

Was aber verbindet nun dieſe jüngſte Zeit mit ſo weit zurück=
liegenden Perioden der Wirtſchaftsentwickelung, mit Zeitaltern, deren
wir nur noch einige im Lichte der Überlieferung zu erblicken ver=
mögen, während andere im Nebel traditionsloſer Jahrtauſende ver=
ſchwimmen und nur noch auf dem Wege vergleichender Betrachtung
des Weſens anderer jugendlicher Völker voller erſchloſſen werden
können? Auch bei der Beantwortung dieſer Frage iſt eine Erinnerung
an die Ergebniſſe der aſtronomiſchen Wiſſenſchaft angebracht. Wie
ſich dort, nach überaus umſtändlichen Annahmen, die konſervative
Seelen nur mit großem Widerſtreben und unter entſchiedenſter
Verketzerung aller Neuerungen aufgegeben haben, ſchließlich ſehr ein=
fache Geſetze als ſtändiger Ausdruck anſcheinend ſehr verwickelter
Bewegungen ergaben, ſo iſt es auch hier. Das, was die Wirt=
ſchaftsentwickelung ſo zahlreicher, vielleicht vieler Hunderte von
Generationen im Innerſten verbindet, iſt im Grunde doch ein ſehr
einfacher ſeeliſcher Vorgang, deſſen Abwandlung man geradezu in
der Form eines empiriſchen Geſetzes beſchreiben kann: mit ſteigender
Kultur wächſt die pſychiſche Spannung zwiſchen Bedürf=
nis und Bedürfnisbefriedigung, zwiſchen Begierde
und Genuß.

Was aber liegt dieſer Spannung wiederum zu Grunde?

Nichts als der Trieb zur Lebenserhaltung und Lebensver=
ſchönerung an ſich. Anfangs ein bloßer Inſtinkt, wird er dadurch,
daß zwiſchen ihn und den Genuß in der Form ſeeliſcher Spannung
intellektuelle Elemente, Schlüſſe vornehmlich auf Grund von Wert=
vorſtellungen treten, allmählich ſelber intellektualiſiert, wird er
mehr als triebartige Wirtſchaftsüberlegung, wird er Wirtſchaftswille.
Und indem er ſich in ſeiner weiteren Durchführung immer mehr

mit Verstandeselementen durchſetzt und dadurch weitere Horizonte
der Erfahrung erſchließt, weďt er zugleich neue Bedürfniſſe,
und in ewiger Wechſelwirkung ſteigern ſich ſo Bedürfnis und
Genuß.

Die Wirtſchaftsinſtitutionen aber ſind nur äußere Erſcheinungen,
Hüllen gleichſam und Körper dieſer Triebebethätigung, und ſie
enthalten darum alle doppelte Elemente: ſolche, die einen erreichten
Genuß gewährleiſten, und ſolche, die über ihn hinausſtoßen.

Innerhalb der Entwickelung, ſoweit wir ſie verfolgen können,
vollziehen ſich dabei namentlich folgende Gruppen von Verſchiebungen.
Während die erſten beiden Zeitalter, von denen im Beginn dieſer
Darlegungen die Rede war, eine Bedürfnisbefriedigung noch ohne
organiſchen Güterumlauf kennen und der einzelne in ihnen die
Güterwelt nur in Elementen erfaßt, die unmittelbar für ihn und
für die natürliche Gliederung der Einzelperſonen gegeben ſind,
zeigen die beiden nächſten Zeitalter bereits ein ſehr verändertes
Bild. Nun werden die Bedürfniſſe ſchon mit organiſchem Güterumlauf auf Grund von Arbeitsteilung befriedigt. Aber dies geſchieht nur auf einem einzigen Erzeugungsgebiet, dem des Ackerbaues,
und innerhalb der Gegenſätze von Reich und Arm, die ſich auf
dieſem engbegrenzten Gebiete entwickeln können. Demgemäß iſt die
ſtärkere intellektuelle Spannung, die jetzt ſchon zwiſchen Bedürfnis
und Genuß eintritt, doch grundſätzlich noch auf die Einheit dieſes
Produktionsgebietes beſchränkt: noch keineswegs frei ſchweifen Wirt-
ſchaftstrieb und Wirtſchaftsgedanke. Eine vollere Löſung bringt
hier erſt das letzte Paar der Wirtſchaftszeitalter, und zwar in
ſteigendem Maße: jetzt werden die immer zahlreicher und immer
intenſiver und immer bringlicher auftretenden Bedürfniſſe durch
arbeitsteilige Erzeugung auf den verſchiedenſten Produktionsgebieten
befriedigt, und darum gewinnt der Beruf der Wertvermittelung
zwiſchen dieſen Gebieten, zumal nachdem er in die Erzeugung ſelbſt
einzudringen begonnen, eine außerordentliche, ja ausſchlaggebende
Bedeutung. Hatte im erſten Zuſtande ſozuſagen der Konſument
vornehmlich geherrſcht und im zweiten der Produzent, ſo übernimmt jetzt der Wertvermittler und der Unternehmer die Führung
der Wirtſchaft. Und dieſer Wirtſchaft mit ihrem Austauſchbedürfnis
ſind nun keine räumlichen Grenzen mehr geſetzt, es ſeien denn die
der Erde. Und ſo wächſt mit ihr der Horizont ins Unendliche,

und die intellektuelle Spannung zwischen Bedürfnis und Genuß
nimmt unerhörte Weiten an und erfordert, soll sie bewältigt werden,
eine bisher ungekannte Schärfe der Energie und des verstandes=
mäßigen Blickes.

Es ist klar, daß in diesen Vorgängen der Zusammenhang zu
Tage tritt, der zwischen der wirtschaftlichen Entwickelung und der
Entwickelung der sogenannten höheren geistigen Kultur besteht.
Immer feiner geartete Bethätigung des Wirtschaftstriebes bedeutet
immer stärkere Anspannung des Intellektes und damit ständig
wachsende Schärfung des entscheidenden wissenschaftlichen Werkzeuges.
Und stets wachsender Intellekt bedeutet auch stets wachsende Kunst.
Denn wenn Nachahmung, Idealisierung, Kombination und schöpferische
Gestaltung zu jeder Zeit die Phasen der künstlerischen Thätigkeit
bei der Entstehung des Einzelkunstwerkes sind, so ergiebt sich leicht,
daß von ihnen vornehmlich nur eine wandelbar und damit der
geschichtlichen Entwickelung eingeschrieben ist, und nur eine zugleich
bei jedem Volke in allen Stufen der Entfaltung gleichmäßig und
genau beobachtet werden kann, die Nachahmung: eben die Nach=
ahmung aber ist an das Element des Intellekts, des verstandesmäßigen
Begreifens der Dinge gebunden. Und so sehen wir in der That
mit jeder höheren Entwickelung der intellektuellen Spannung im
Wirtschaftsleben auch in der Kunst eine weitere Entwickelungsstufe,
einen höheren Grad von Naturalismus, von Fähigkeit sichererer
Wiedergabe der Erscheinungswelt eintreten, und nicht selten, wenn
nicht gar immer, erscheinen die Anzeichen einer neuen Stufe geistiger
Errungenschaft früher auf dem künstlerischen als auf dem wissen=
schaftlichen Gebiete.   Dabei darf freilich keinen Augenblick verkannt
werden, daß die sociale Psyche nicht minder eine Einheit ist als die
individuelle, und daß ständig Wechselwirkungen zwischen den einzelnen
Gebieten des Seelenlebens einher schießen, und zwar auch so, daß
sie von der Kunst als Ausgangspunkt gelegentlich sogar auf die
Wirtschaft zurückgleiten.

Indes nicht das große Schauspiel des socialen Seelenlebens als
eines Ganzen galt es hier zu betrachten: nur in enthusiastischer
Verzückung würde schließlich ein solcher Panpsychismus im Tiefsten
möglich sein. Die Wissenschaft zerlegt, und auch die historische
Darstellung als Kunst kann den Dingen nur gerecht werden, indem
sie sie in der Vereinzelung betrachtet, wenn auch derart, daß dem Leser

aus dem rechten Verständnis der einzelnen Teile das hinter ihnen stehende und von dem Erzähler lebendig als Einheit gefühlte Ganze entgegenleuchtet.

* * *

Von solchen Gesichtspunkten ausgehend, haben wir uns im jetzigen Augenblick unserer Darstellung im wesentlichen nur mit den Zusammenhängen zwischen wirtschaftlicher und intellektueller und vornehmlich wissenschaftlicher Entwickelung zu beschäftigen.

III.

Als der eigentliche, seelische Keim der aufeinander folgenden Wirtschaftsstufen hat sich der Wirtschaftstrieb, das wirtschaftliche Bedürfnis ergeben. Die einzelnen Zeitalter unterscheiden sich je nach der Art der Befriedigung dieses Bedürfnisses, und mit den fortschreitenden Formen der Bedürfnisbefriedigung hängt die Steigerung des Bedarfs nach seiner Quantität wie nach seiner Qualität aufs engste zusammen. Dabei hatte sich im einzelnen herausgestellt, daß die seelische Spannung zwischen Bedürfnis und Bedürfnisbefriedigung mit steigender Wirtschaft eine immer größere wird: in immer größerer Menge und immer feinerer Durchbildung werden Urteile und Kombinationen von Urteilen nötig, um den Genuß neuer Wirtschaftsgüter zu verbürgen. Klar liegt hier der Zusammenhang zwischen Wirtschaftstrieb und Verstand, zwischen dem Wachsen ökonomischer und intellektueller Thätigkeit zu Tage. Was dieser Zusammenhang bedeutet, ergiebt sich, wenn man bedenkt, daß die weit überwiegende Zahl aller Schlüsse noch heute, der ganze Vorgang des Denkens auf niedrigen Kulturstufen aber erst recht sich am letzten Ende auf wirtschaftliche Fragen bezieht oder auf Fragen, in denen das wirtschaftliche Element eine entscheidende Rolle spielt. Hat man doch in einer freilich nicht völlig genügenden Abstraktion die gesamten Vorgänge der Kulturentwickelung aus dem Bedürfnis der Lebensfürsorge ableiten wollen. Gewiß ist jedenfalls, daß die thatsächlichen Zusammenhänge die stärkste, wenn auch keineswegs alleinige Abhängigkeit der intellektuellen Entwickelung von dem seelischen Grundmotiv der wirtschaftlichen Entwickelung zeigen. Unter diesen Umständen muß vor allem auch der Moment, in welchem die seelische Spannung im Wirt=

ſchaftsleben zur Einſchiebung erſt des Handels, daun der Unter=
nehmung als beſonderer Spannungslöſer führt, für die intellektuelle
Entwickelung von größter Bedeutung geweſen ſein. Denn wann
ſind in der geſamten wirtſchaftlichen Entwickelung Augenblicke ein=
getreten, die ſtärkerer intellektueller Anſpannung bedurft hätten,
als dieſer? Thatſächlich machte denn auch das Auffommen und
der Sieg des Handels wie der Unternehmung in der intellektuellen
Entwickelung Epoche. Wie das Auffommen des Handels die ſo=
genannte Neuzeit vom Mittelalter, das Auffommen der Unter=
nehmung die ſogenannte neueſte Zeit von der Neuzeit ſcheidet, ſo
ſetzen mit dem Auffommen beider und namentlich auch ſchon des
Handels neue Formen des Verſtandeslebens ein.

Soll der Unterſchied zwiſchen der mittelalterlichen und der
ſpäteren Verſtandesthätigkeit ſcharf gekennzeichnet werden, ſo iſt es
der zwiſchen Analogieſchluß und Induktion. Natürlich nicht, als
ob der Analogieſchluß eines ſchönen Tages vom Induktions=
ſchluß abgelöſt worden ſei: allmählich, ſehr allmählich ſind
die Übergänge, denn der Induktionsſchluß iſt bekanntlich nichts,
als ein in langen Mühen verbeſſerter Analogieſchluß. Nicht auch,
als ob der Analogieſchluß dann gänzlich ausgeſtorben wäre.
Wer weiß nicht, wie ſehr er im gewöhnlichen Denken noch heute
fortlebt, und wie ſeine höheren Formen auch in der Methode der
Wiſſenſchaften, vornehmlich derjenigen des Geiſtes noch immer von
großer Bedeutung ſind teils für den leidlich ſicheren Nachweis
einzigartiger Zuſammenhänge, wie ſie insbeſondere die ältere Ge=
ſchichtsforſchung allein kennt, teils für die Aufſtellung fruchtbarer
Vermutungen. Wohl aber in dem Sinne hat der Analogieſchluß
ſeine Bedeutung verloren, daß er nicht mehr wie früher das
ſyſtematiſche Denken beherrſcht, ſondern hier, ſoweit als irgend
möglich, der Induktion Platz gemacht hat.

Iſt das der allgemeine Verlauf, ſo kommt es nun darauf
an, ihn an der Hand der geſchichtlichen Thatſachen anſchaulich zu
machen und im bunten Kleide ſeiner hauptſächlichſten Erſcheinungen
zu verfolgen. Und das kann, wenn auch unter dem Riſiko der
Wiederholung einiger ſchon früher gemachten Bemerkungen, doch
in keiner Weiſe beſſer geſchehen, als an der Hand der Geſchichte
des wirtſchaftlichen Denkens als der weitaus gewöhnlichſten Denk=
thätigkeit der Zeit.

Im Mittelalter, zu der Zeit, da jeder Konsument noch der
Regel nach sein eigener Produzent war oder seine wirtschaftlichen
Wünsche sich höchstens bis zum unmittelbaren Austausch eigener
Erzeugnisse mit den Eigenerzeugnissen der benachbarten Produzenten-
Konsumenten erstreckten, war der intellektuelle Horizont gering.
Gewiß wurde der Umkreis dieses Horizonts ganz eingehend be-
herrscht, so wie heute der noch nach altem Stil lebende Bauer seine
Verhältnisse besonders genau zu kennen pflegt, aber die Erfahrungs-
thatsachen, die in diesem Kreise dem Denken entgegentraten, waren
an sich nicht eben zahlreich. Dem entsprach es, wenn in tausend
Fällen, in denen wir auf Grund uns bekannter häufiger Wieder-
holungen derselben Thatsachenzusammenhänge ganz bestimmte allgemeine Schlüsse kausalen Charakters ziehen, im Mittelalter auf
Grund von einigen allein bekannten Einzelthatsachen oder von
einem besonderen, isolierten Zusammenhang auf etwas anderes
Besonderes und Einzelnes geschlossen werden mußte. Ein in dieser
Weise zu stande kommender Schluß aber, der der sicheren Leitung
durch ein an tausend und abertausend weithingreifenden Zusammenhängen geschultes Kausalitätsbewußtsein entbehrt, ist eben ein
Analogieschluß.

Das Bezeichnende für das Mittelalter ist nun, daß dieser
Schluß nicht bloß im gewöhnlichen Leben, sondern auch im strengen
Denken als durchaus genügend, ja vielfach als bevorzugt und im
Grunde einzig zu Recht bestehend galt: er war eben der reguläre
und darum unter allen Umständen zulässige Schluß des Mittelalters. Und darum spielte er sogar gerade da, wo man scharf-
sinnig, wo man geistreich sein wollte, eine ganz besonders aus-
schlaggebende Rolle. So erschien z. B. dem mittelalterlichen Denken
der Nachweis der Analogie in gewissen Vorgängen des Alten
Testaments im Verhältnis zu gewissen Vorgängen des Neuen
Testaments, etwa in der Erzählung von der Aufrichtung der
ehernen Schlange durch Moses in der Wüste in ihrem Verhältnis
zur Kreuzigung Christi, als sicherster Beweis der Zusammen-
gehörigkeit des alten und neuen Bundes und der im Grunde der
göttlichen Weisheit vorhandenen höchsten Identität des Offen-
barungsglaubens beider Testamente: und durch ein ganzes System
von Typen und Antitypen im Sinne solcher Analogieschlüsse wurde
die Beweiskette gesichert und geschlossen. Und so war weiter die

Rätselrede in der Absicht, den Hörer durch eine gewählte Analogie die Meinung der eigenen Rede entdecken zu lassen, in der Laienwelt die allgemeinste Form geistreicher Unterhaltung. Und gleichzeitig kann man sich den Analogieschluß gar nicht scharf genug als auch die höchsten Fragen des praktischen Lebens beherrschend denken. So wenn die Kanonisten auch noch des späteren Mittelalters, ja selbst noch ein so scharfer Denker wie der Kardinal von Kues, aus dem beliebten Vergleich zwischen Kaiser und Papst und Mond und Sonne allen Ernstes den praktischen Schluß ableiteten, der Papst sei um so und so viel mächtiger, als die Sonne größer sei als der Mond, und von diesem Standpunkte her besondere Mühe anwandten, um das genaue Größenverhältnis beider Himmelskörper zu einander auch empirisch festzustellen.

Aus solchen wichtigen Beispielen mittelalterlichen Denkens, die ins Unabsehbare vermehrt werden könnten, eröffnet sich dem Forscher der Gegenwart der Einblick in eine ganz fremde intellektuelle Welt. Verständlicher wird diese Welt, durchwandern wir sie auf einem Gebiete, dessen Dasein mit dem Analogieschluß, und das heißt mit der geringen Entwickelung des Kausalitätsbewußtseins, unmittelbar zusammenhängt, auf dem Gebiete des Wunderglaubens. Nicht die Gesetzmäßigkeit, das Wunder vielmehr beherrscht nach der Meinung noch des hohen Mittelalters, des 12. und 13. Jahrhunderts, und erst recht noch der früherer Zeiten die Welt: voll war sie der Wunder, und was geschah, stand unter einander in tief willkürlichen, geheimnisvollen, von höheren Mächten gelenkten, durchaus nicht kausal gedachten Beziehungen. Man muß etwa die Wundergespräche des Cäsarius lesen, prächtige geistliche Novelletten, die wir dem lebensfrohen Novizenmeister des Klosters Heisterbach im Siebengebirge, einem Kölner Patriziersohn der ersten Hälfte des 13. Jahrhunderts, verdanken, um sich einen Begriff davon zu machen, bis zu welch unglaublichem Grade noch die Zeitgenossen Kaiser Friedrichs II. im Bedürfnis und Genuß der Wunder lebten.

Diese intellektuelle Welt des Mittelalters begann nun im Verlaufe des 14. bis 17. Jahrhunderts ins Grab zu sinken. Nicht als ob sich nicht, um es noch einmal zu betonen, starke Reste der alten Auffassung noch selbst über diese Jahrhunderte hinweg in neuere Zeiten gerettet hätten. Wer kennt nicht den massiven

28*

Wunderglauben Luthers? Aber auch das ganze 17. Jahrhundert
glaubte noch an Gespenster, und im 18. Jahrhundert verhielt sich
selbst ein Lessing gegenüber dem Gedanken an sie noch nicht ohne
weiteres ablehnend. Nur sehr langsam also, aber schließlich doch
ziemlich radikal, gingen die Denkgewohnheiten des Mittelalters zu
Grunde. Wenn sie aber schließlich gefallen sind, so gebührt der
Entwickelung des wirtschaftlichen Denkens gewiß nicht zuletzt das
Verdienst, sie entwurzelt und durch neue Denkgewohnheiten ersetzt
zu haben, die Gewohnheiten des immer schärferen induktiven
Schlusses. Denn je weiter sich die wirtschaftlichen Triebe spannten,
um so stärker und von um so größerer Erfahrungsnotwendigkeit
getragen wurden die Schlußreihen, die sich zwischen der Empfindung
eines Bedürfnisses und seiner Befriedigung einschieben mußten;
und als gar für die praktische Bewältigung und Fortbildung dieser
Schlußreihen besondere kaufmännische Berufe entstanden, da erlebte
das wirtschaftliche Denken in der That eine so große Wandlung,
daß es qualitativ als etwas anderes erschien denn bisher.

Der vom wirtschaftlichen Denken bestrichene Horizont umfaßte
jetzt bald wesentliche Teile Europas, nicht lange darauf auch die
Küstenländer der großen Meere und schließlich die Welt: und
mit einer solchen zunächst räumlichen Ausdehnung der Erfahrung
wuchs infolge häufiger Wiederholung identischer und zahlreicher
Nebeneinanderstellung analoger Fälle auch ihre innere Sicherheit.
Das Kausalitätsbewußtsein, bisher ein zarter Keim, schoß jetzt
gleich dem Senfkorn des Evangeliums hervor und überschattete die
Welt der Erfahrung. Die Welt war nicht mehr der Wunder voll,
sondern der Gesetzmäßigkeiten, und Gesetzmäßigkeiten zu finden
wurde das stärkste und höchste intellektuelle Bedürfnis der Zeit.

Dies Bedürfnis fand seine Befriedigung in der Ausbildung
des induktiven Schlusses. Denn was will und leistet der induktive
Schluß? Er will vom Besonderen aufs Allgemeine, vom Einzelfall auf die in ihm liegenden Möglichkeiten und Notwendigkeiten
der Wiederholung schließen und bedarf hierzu, neben anderen
Voraussetzungen, der Regel nach vor allem einer erweiterten Erfahrung und der Beobachtung einer Wiederkehr verwandter Zusammenhänge. Und dies war es, was vor allem von dem
neuen Wirtschaftsleben und seinen psychischen Voraussetzungen
geleistet ward.

Ist es aber nötig, nochmals zu bemerken, daß der Induktions=
schluß nur langsam aus dem Vorwiegen des mittelalterlichen Ana=
logieschlusses, daß die Idee der Gesetzmäßigkeit der Erscheinungen
nur allmählich aus der des Wunders entwickelt ward? Nicht vor
Beginn des 17. Jahrhunderts hat Lord Baco die erste, enthusiastisch
übertreibende Theorie der Induktion geschrieben, und mehr als
zwei Jahrhunderte dauerte es, ehe durch die Bemühungen nament=
lich Mills eine stark verbesserte Erkenntnis des induktiven Schlusses
erreicht ward; und der Begriff des empirischen Gesetzes ist erst eine
Errungenschaft des Zeitalters wachsenden Unternehmertums, der
Zeit des 19. Jahrhunderts.

Doch ist es hier nicht die Aufgabe, die Geschichte der In=
duktion im einzelnen zu verfolgen, so lehrreich das unter dem
Gesichtspunkte des Zusammenhangs ihrer Entwickelung mit dem
wirtschaftlichen Denken sein würde. Es muß genügen, wenn scharf
betont wird, wie der große intellektuelle Umschwung vom Analogie=
schluß und vom Wunderglauben des Mittelalters zu dem induktiven
Schluß und dem Kausalitätsbewußtsein der Neuzeit aufs engste
mit den größten Wandlungen zusammenhängt, welche die wirt=
schaftliche Psyche erlebt hat. Dieser Umschwung aber, bedeutet er
nicht die Entstehung der modernen Wissenschaft? Und so wären
Wirtschaft und Wissenschaft im engsten Verein gewachsen?

Das eben ist es, was bejaht werden muß. Es giebt eine
große Einheit aller geschichtlichen Entwickelung, und hier, in einem
unerwarteten Zusammenhang und an einem scheinbar entlegenen
Punkte, tritt ihr Wesen einmal besonders lehrreich zu Tage. Eine
sociale Psyche ist es, eine seelische Gemeinschaft, die den großen
socialen Gesellschaften der Menschen entspricht, und der Verlauf
ihrer Entwickelung bedeutet den innersten Verlauf der Geschichte.

Wenn aber Wirtschaft und Wissenschaft so eng seelisch ver=
quickt sind, so versteht es sich, daß vor allem die Naturwissenschaft,
in der Technik praktisch angewandt, in den genauesten Wechsel=
wirkungen mit den wirtschaftlichen Fortschritten stehen muß. Im
Lichte der Entwickelung der Neuzeit betrachtet treten hier Fragen
auf, die im einzelnen nur durch eine Einsicht in den inneren
Entwickelungsgang der modernen Naturwissenschaften wenigstens in
der Zeit ihrer Kindheit zu beantworten sind.

Die Alten waren zu keiner besonders eindringenden Entwickelung der Naturwissenschaften gelangt, weil sie zu anschaulich dachten; ihre specifische Größe in der Kunst schloß ihre specifische Größe in den Wissenschaften, wenigstens in den Naturwissenschaften aus. Am deutlichsten zu Tage tritt das bei Vergleichung dessen, was alte und neue Völker auf dem Gebiete der heutigen Fundamentdisciplinen aller Naturwissenschaft, auf dem Felde der Mechanik und der Mathematik geleistet haben. In der Mechanik haben die Alten der Hauptsache nach nur die Statik, die Lehre vom Gleichgewicht, durchgebildet: eine Lehre, die uns heute nur als ein Specialfall der Dynamik, der Lehre von der Bewegung erscheint. Der Grund war, daß sie die Körper in erster Linie als ruhend anschauten: so blieb ihnen das Problem der Bewegung als Grundproblem aller Mechanik fern. In der Mathematik haben sie in verwandter Weise Geometrie und Arithmetik nicht auf den gemeinsamen Unterbau einer Größenlehre gestellt; Körper und Zahl blieben ihnen im Grunde etwas Anschauliches und das heißt Differentes; und darum entwickelten sie niemals daraus den allgemeinen Begriff der Größe. Aus demselben Grunde wurde ihnen der indefinite Charakter des Körpers wie der Zahl nicht klar: sie sahen in den Grenzen der Körper wie der Zahlen nicht unendliche Übergangs= werte; Vorstellungen z. B. wie die, daß zwischen zwei Zahlen eine unendliche Summe von Brüchen liegt, wurden nicht gebildet. Dem entsprach es, wenn man in der Darstellung der Mathematik niemals den genetischen und darum stets nur annähernden Weg einschlug, auf dem Axiome und elementare Sätze gefunden worden waren. Ganz in sich abgeschlossen und wohlumschrieben, wie ein naturgeschaffenes, etwa krystallinisches Gebilde wurde vielmehr Axiom um Axiom, so z. B. der pythagoräische Lehrsatz, hingestellt, und erst nachdem es gleichsam wie ein Kunstwerk den staunenden Sinnen nahe gebracht worden war, deduktiv bewiesen. So sind bekanntlich die dem Lehrgange unserer Mittelschulen noch so teuern Beweise des Euklid geartet: sein Buch führt zunächst in eine ganz neue, mit der unmittelbaren Erscheinungswelt anscheinend garnicht zusammenhängende Welt von Lehrsätzen, die zeit= und raumlos, ewig und stetig zu bestehen scheinen, und deren dem gemeinen Verstande zunächst unerwartetes Dasein dann durch scharfsinnige Beweise erklärt wird.

Dies mechanisch-mathematische Denken der Antike, diese Annahme einer anschaulichen Größe und eines ewigen Körpers und
einer Deduzierbarkeit der Gesetze derselben aus allgemeinen Voraussetzungen her gingen nun mit der Überlieferung der übrigen Massen
alter Kultur an das Mittelalter über.

Nach dem, was früher über die formale Entwickelung des
mittelalterlichen Denkens, über Wunderglaube und Analogieschluß
ausgeführt worden ist, ist es selbstverständlich, daß dieses Zeitalter
an ihnen zunächst wenig ändern, ja nicht einmal in ein irgendwie innerlicheres Denkverhältnis zu ihnen zu treten vermochte.
Auch erscheint, wenn man die inhaltliche Seite der Entwickelung
betrachtet, ursprünglicher Anschauung die Ruhe, wie sie das antike
mathematisch-mechanische Denken als den eigentlichen Zustand der
Körper voraussetzt, zunächst in der That als das schlechthin Wertvolle, weshalb sich die erste Tendenz abstrakten Denkens der Regel
nach auf die Substanz und das Absolute zu richten pflegt. Erst
später tritt dagegen der Gedanke des Relativen und damit auch
der Bewegung auf.

Im übrigen konnten Menschen des Mittelalters, selbst abgesehen von der intellektuellen Entwickelung der mittelalterlichen
Psyche, schwerlich den Körper abstrakt behandeln, während sie
künstlerisch noch nicht einmal dessen Umriß bewältigten, und noch
viel weniger vermochten sie über den Zusammenhang der Zahlen
zu philosophieren, ohne eine Spur höheren statistischen Sinnes
und somit stärkeren Verständnisses für Zahlengrößen zu besitzen.
Es war genug, wenn das Mittelalter die Überlieferung der Alten
weitergab, und viel, wenn die Scholastik mit ihrem abgezogenen
Denken sogar schon den Versuch machte, an Stelle von Zahl und
Körper einen allgemeinen Größenbegriff zu setzen.

Aber nun sank das Mittelalter dahin, die großen Zeiten der
freien Persönlichkeit und ungebundeneren Denkens begannen.
Das 15. und 16. Jahrhundert brachte die ersten Erscheinungen
auch einer äußeren Emancipation des Verstandes von den herkömmlichen Schranken des kirchlichen Denkens: italienische und
deutsche Humanisten bezweifelten wesentliche Punkte der kirchlichen
Überlieferung, bis Luther und die Centuriatoren deren ganze Kette
zerbrachen; und Koppernikus' Lehren bedeuteten die Überwindung
einer der wichtigsten Lehren des Alten Testaments. Die leise her-

vortretende Selbſtändigkeit des Verſtandes gegenüber der Begriffs-
welt des Mittelalters, die aus einer ganz anderen intellektuellen
Kultur hervorgegangen war, das erſte Aufblitzen des lumen naturale,
wie die Zeit den neuen Verſtand einer einſetzenden höheren Ent-
wicklungsſtufe nannte, was hatte es für die naturwiſſenſchaftlichen
Grundlagen, für Mechanik und Mathematik zu bedeuten?

Das erſte tiefere Nachdenken über den Zuſammenhang der
Welt der äußeren Erſcheinungen pflegt ſchon ſehr früh animiſtiſche
Vorſtellungen zur Folge zu haben: eine Götterwelt entſteht, deren
Beruf und Pflicht es iſt, die gewaltigſten Eindrücke der Natur in
regelmäßiger und willkürlicher Folge, in den Vorgängen des
Sonnenauf- und Unterganges, des Donners und des Blitzes und
des befruchtenden Gewitterregens zu veranlaſſen. Eine Mythologie
der großen Naturerſcheinungen iſt das erſte Syſtem der Naturwiſſenſchaft.

Aber ſchließlich vereinfacht weiteres Nachdenken die Zahl der
Kräfte, die als hinter den Erſcheinungen waltend geahnt werden,
und indem die Verrichtungen einer größeren Menge von Göttern
unter wenige Begriffe gebracht werden, ſchwindet die perſönlich
belebte Einkleidung der Kräfte. Die Mythologie verblaßt oder hält
ſich nur in großen Zügen noch als bunte und ſchillernde Hülle
einer reiferen Gedankenwelt, einer ſyſtematiſchen naturphiloſophiſchen
Anſchauung, die indes immer noch mit willkürlichen, im Sinne
des Wunders wirkenden Kräften rechnet.

Es iſt ein Prozeß, den die Griechen bei dem Übergang aus
ihrem Mittelalter zu ihrer Neuzeit ſo durchgemacht haben, daß wir
ihn in den älteſten Syſtemen ihrer Philoſophie noch eingehend
verfolgen können.

Ein ähnlicher Vorgang trat bei den Völkern Weſt- und Mittel-
europas ein im Übergang vom 14. zum 17. Jahrhundert. Gewiß
war der Offenbarungsglaube des Chriſtentums das einzige Religions-
ſyſtem geweſen, das auf den Höhen der mittelalterlichen Welt dieſer
Völker galt: und jene Durchbildung des Verſtandes, die ſich auch
bei dem ſchärfſten Denken noch in dem Bereich des Wunderglaubens
und der ſtringenten Auffaſſung des Analogieſchluſſes hielt, hatte ihm
als eine in dieſen Zeiten unzerſtörbare, weil entwicklungsgeſchichtlich
natürliche Grundlage gedient. Aber darunter hatten doch animiſtiſche
Motive der überlebenden Mythologien fortbeſtanden, getragen von

der gleichen intellektuellen Kultur, ja von überlebenden Gewohnheiten eines noch viel ursprünglicheren Denkens: nicht zum geringsten war das gerade in Deutschland der Fall gewesen. Und
zu ihnen hatten sich noch innerlich verwandte dunkle Lehren orientalischen, jüdisch-kabbalistischen und arabisch-astrologischen Charakters
gesellt; leise begannen sich mit ihnen auch Einflüsse der phan-
tastischsten aller antiken Kosmogonien, der Lehre des Neuplatonismus, zu vereinigen. Es war eine Unsumme unabgeklärter
Gärungsstoffe: und sie war es, die sich dem Denken der Deutschen
wie der west- und mitteleuropäischen Völker überhaupt in dem
Augenblicke darbot, da es zum erstenmal zaghaft das Gewand
des mittelalterlichen Verstandeslebens abzustreifen suchte.

Was war das Ergebnis? Die Naturphilosophie des 16. Jahrhunderts brach herein, ein enthusiastischer, dem dichterischen Grübeln
angehöriger, von all den genannten Elementen und obendrein noch
vom Christentum bestimmter Pandynamismus: die Grundlage der
Philosophie eines Telesio und Giordano Bruno, eines Frank und
eines Weigel, eine Lehre, die in Deutschland in frühesten Spuren
bei dem Kardinal der heiligen römischen Kirche Nicolaus von Kues
in der ersten Hälfte des 15. Jahrhunderts einsetzt und mit dem
frommen protestantischen Schuster Jacob Böhme in den ersten
Jahrzehnten des 17. Jahrhunderts eudet.

Was wollte diese Lehre? Sie begriff die Welt der Erscheinungen nur als den uns sichtbaren Ausdruck einer hinter ihr
webenden, eigentlich erst wirklichen Welt von Kräften: diese, phantastisch genug nach Art und Wesensäußerung vorgestellt, galt es
zu erkennen; ihr nahe zu treten, sie gleichsam zu entzaubern durch
eine große Formel, ein entscheidendes Wort, ein System und
einen Schlüssel, das war die Aufgabe. Es ist die geistige Verfassung, in die Goethes Faust in wunderbar tiefer Weise geschichtlich einführt: Faust ist der Philosoph und Naturforscher zugleich
des 16. Jahrhunderts.

Nun versteht es sich — und wiederum vergegenwärtigt Faust
die Tragik dieses Ausgangs —, daß dies Streben vergebens war.
Die Wissenschaft kennt keinen Stein der Weisen; Probleme der
Erkenntnis werden nicht gelöst, indem man den Stier bei den
Hörnern packt. Und vor allem: ein Denken hochentwickelter Kultur,
das zu philosophischem Erkennen führen will, muß jeglichen Begriff

des Wunders und jeglichen Mißbrauch des Analogieschlusses ab=
streifen. Aber entwickelungsgeschichtlich wertlos war darum dies
Zeitalter des Pandynamismus doch nicht. Gewiß hat es keine
Naturwissenschaft ohne weiteres hervorgerufen, es sei denn die
Medizin des Theophrastus Bombastus Paracelsus, die freilich
noch bis in die Lehren der großen Helmonts und damit bis in
den Anfang des 18. Jahrhunderts ausstrahlt, neueren Zeiten aber
schließlich doch nur das Wort Bombast hinterlassen hat. Und gewiß
ist der Kern seiner philosophischen Lehren metaphysisch und dialektisch
erst wieder in den Zeiten der Identitätsphilosophie in veränderter
Form wirksam geworden. Was aber dem Denken des 16. und
17. Jahrhunderts unmittelbar und vorteilhaft aus ihm zu gute kam,
das war doch eine wichtige allgemeine Anschauung, nämlich die,
daß alles Leben Kraft sei und Bewegung, und daß ein anschaulich
isolierter Begriff der Größe nicht zum Ziel irgend einer völlig
sicheren und weittragenden Erkenntnis führen könne. Es war
die Ahnung einer genetischen Anschauung, die schon in so jungen
Tagen der modernen Wissenschaft zu Teil ward. Und diese Ahnung
wurde nun zuerst und in sehr merkwürdiger Weise wirksam, indem
sie mit der Mechanik und vor allem mit der Mathematik der
Alten in Berührung trat.

Das vermittelnde Element war das allgemeine Deduktions=
bedürfnis der Zeit. Man begann zu finden, daß die materielle
Kräftehypothese des Pandynamismus so, wie man sie noch halb
mythologisch ausgebildet hatte, das Welträtsel nicht löse, wenn=
gleich diese Einsicht sich nur langsam in den besten Köpfen des
17. Jahrhunderts Bahn brach, und Astrologie und Alchimie,
praktische Ableitungserscheinungen des pandynamischen Denkens, fast
noch im ganzen 17. Jahrhundert und darüber hinaus in Wertung
blieben. Wenn aber eine materielle Hypothese die einheitliche
Deduktion der Welt aus einem Prinzip nicht oder noch nicht zu
ermöglichen schien: mußte darum eine formelle einheitliche Deduzier=
kunst schon versagen? Und hatte man eine solche Deduzierkunst
nicht in der Mathematik der Alten? War die Art, in der sie bewies,
nicht allen sonstigen Beweismethoden bei weitem überlegen? Es schien
so, denn noch wußte man nichts von dem genetischen und rein
anschaulichen Charakter der Geometrie und einer analogen Herkunft
der Zahlenvorstellungen; dahin lautende Lehren sind erst im

19. Jahrhundert aufs völligste und klarste herausgearbeitet worden:
noch das ganze 17. Jahrhundert, ja auch zum großen Teil noch
das 18. Jahrhundert hat die mathematische Methode als den voll-
kommensten Weg jedes Beweises betrachtet und darum auf deren
Anwendung, wenigstens formell, seine ganze Philosophie aufgebaut.

In unserem Zusammenhang freilich sind andere Folgen dieser
Konstellation, und zwar solche, die man bisher weniger, wenn überhaupt beachtet hat, ungleich wichtiger geworden. Wenn jetzt die
Mathematik als Beweismethode ganz in den Vordergrund trat,
mußten da nicht die pandynamischen Denkgewohnheiten auf ihre
allgemeinsten Vorstellungen reflektieren? Es geschah, und Wirkungen
von außerordentlichen Folgen eröffneten sich.

Die Mathematik und die Mechanik hatten bisher mit stetigen
und starren Größen gerechnet: jetzt traten ihr Kraft und Bewegung
nahe. Das Problem ergab sich, inwiefern es der Mathematik gelingen könne, das Verhältnis zweier in stetiger Bewegung zu einander befindlicher Körper in einer Formel auszudrücken, und in
der Mechanik interessierten nun neben den Gleichgewichtsfragen vor
allem auch die Probleme der einfachsten Bewegungen: auf Stevins
Lehre von der schiefen Ebene folgten die Fallgesetze Galileis, und
Descartes schuf seine Theorie der Funktionen. Es war eine
ganz neue Richtung der Forschung, die während der zweiten
Hälfte des 17. Jahrhunderts in Newtons Fluxionslehre als der
Vorläuferin und Grundlage der Differentialrechnung Leibnizens
und in Newtons Erklärung der Bewegungen innerhalb des
Sonnensystems einen ersten Triumph feierte und einen gewissen
Abschluß erhielt.

Was aber war nun im Grunde mit alledem geschehen? Die
Mathematik, eine aus Axiomen deduzierende Wissenschaft starrer
Größen, und die Mechanik, eine Lehre vom Gleichgewicht, waren
zu Wissenschaften der Bewegung geworden. Und das war für die
Mathematik schließlich doch nicht ohne die entschiedenste Änderung
ihrer Methode möglich gewesen. Während diese bis dahin der Form
nach rein deduktiv war, hatte man, um die Probleme des Verhältnisses gewisser Bewegungen zu einander lösen zu können, Zuflucht
zur Bearbeitung von verwickelten Gleichungen nehmen müssen. Nun
ist aber die methodische Eigenart der Gleichung eine induktiv-genetische:
denn in jeder Gleichung handelt es sich darum, eine „Unbekannte"

zu entschleiern, einen Wert erst zu finden. Und so war denn die
mathematische Methode ganz im stillen, infolge der pandynamischen
Beeinflussung ihrer Grundvorstellungen, aus einer starr deduktiven
zu einer genetischen geworden: die Mathematik der Alten war abgelöst worden durch die Analysis.

Ein Vorgang von ganz grundstürzender Wirkung, ein Vorgang, der die Entwickelung der modernen Naturwissenschaft erst
entbunden hat. Denn wer weiß nicht, daß moderne Naturwissenschaft voll erst einsetzt mit der durch Funktionslehre und Differentialrechnung gegebenen Möglichkeit, die Lehren der Dynamik geordnet
und sachgemäß auszudrücken und praktisch zu verwenden? Auf
sehr unerwartete Weise vielleicht, aber durchaus gründlich und unter
Anleitung durch den wahren Inhalt alles noch so krausen Paudy-
namismus, durch die Lehre von der Wichtigkeit der Bewegung,
war man aus den Weiten des Weltalls jetzt unmittelbar auf einige
der elementaren Bewegungsvorgänge hingeleitet worden, von denen
dieses durchwaltet ist, und hatte deren Wesen, soweit es Menschen-
witz möglich zu sein scheint, zu entschleiern begonnen. Nicht mehr
das Ganze des allgemeinen Zusammenhangs, an sich und als
Ganzes sicherlich damals und vielleicht auf immer unenträtselbar,
hatte damit die Aufmerksamkeit zu fesseln begonnen, sondern vielmehr die einfachen Gesetzmäßigkeiten, nach denen es lebt und webt
und verläuft: eingemündet war man nun aus einer vagen und
unfruchtbaren Deduktion in die bescheidene, aber reichen Lohn ver-
sprechende Induktion der elementaren Beziehungen: ein großes, ja
unabsehbares Arbeitsfeld war erschlossen und die moderne Naturwissenschaft begründet. Es war ein Sieg des Verstandes über
den Enthusiasmus, des rationalen Denkens über das metaphysische, des schärferen induktiven Schlusses über den Analogieschluß: der Triumph einer höheren Entwickelungsstufe des Intellekts
über dessen geringere, mittelalterliche Bildungen.

Es ist der Punkt innerster Entwickelung, in dem Fortschritte
des Wirtschaftstriebes und Fortschritte des Denkens in unmittelbarem Zusammenhange erscheinen. War im Aufkommen eines
eigenen Handelsstandes zur Vermittelung zwischen Konsument und
Produzent die Spannung zwischen dem wirtschaftlichen Bedürfnis
und dessen Befriedigung so stark geworden, daß es zu deren Lösung
ganzer Unsummen von Schlußreihen und Wertvorstellungen be-

durfte, deren keine falsch sein durfte, sollte anders das erstrebte
Ziel der Befriedigung erreicht werden, so hatten diese ständig von
Tag zu Tag und von Stunde zu Stunde wiederholten Notwendig=
keiten tadellos logischen Denkens zu einer Schärfung des Intellekts
geführt, die sich mit einer bloß dichterisch umschriebenen, pandyna=
mistisch nebelhaften Erkenntnis der Erscheinungswelt nicht mehr
begnügen konnte. Auch hier galt es jetzt, genau zu sein und ohne
Phantasmen zu schauen: die moderne Verstandesschärfe in ihren
ersten rationalistischen Erscheinungsformen trat auf und bemächtigte
sich, wie zunächst der menschlichen Wirtschaft, so nun der objek=
tiven Grundlagen derselben, der Welt der natürlichen Erscheinungen.
Es ist ein Zusammenhang, in dem der Fortschritt der Volkswirt=
schaft und der Naturwissenschaft wie der Technik als in einer
einzigen Erscheinung umschlossen sind.

IV.

Technik ist im allgemeinen Kunst; der seelische Prozeß im
Kopfe des Erfinders ist der Hauptsache nach derselbe, wie im Kopfe
des Künstlers; nur das Ziel der Willensrichtung ist ein ver=
schiedenes: hier das Nützliche, dort das Schöne. Die Griechen
haben den Zusammenhang wohl gekannt: ihnen war Dädalos der
Erfinder der schönen wie der nützlichen Künste, und ihr Wort
Techne umfaßt Kunst und Handwerk zugleich.

Nun ist aber schon die eigentliche, die hohe Kunst keineswegs
von den Fortschritten der Verstandesthätigkeit unabhängig. Am
einfachsten tritt das hervor in der Kunstübung niedriger Kulturen
und in der künstlerischen Bethätigung der diesen Kulturen so viel=
fach ähnelnden Welt des Kindes. Der Mensch niedriger Kultur
wie das Kind geben die Gegenstände der Erscheinungswelt sym=
bolisch wieder: den Menschen z. B. zunächst durch den Kopf mit
einem sehr wenig eingehend gezeichneten Zubehör von Armen und
Beinen, während der Rumpf oft noch fehlt; nicht die ganze Er=
scheinung wird gleichmäßig sinnlich erfaßt, sondern nur ihr Wesent=
liches wird wiedergegeben: es findet eine Auswahl des Wichtigen
statt; es leitet eine Thätigkeit des Verstandes. Und was für diese
niedrigen Verhältnisse gilt, das besteht auch für alle folgenden
Perioden der Kunstentwickelung zu Recht hin bis zu den höchsten
und, im Bereiche der west= und mitteleuropäischen Kultur, jüngsten;

es ist kein Zufall, daß der Impressionismus zunächst wissenschaftlich — und das heißt im höchsten Maße intellektuell — sein
wollte; Zola und seine französischen wie deutschen Jünger hatten
innerlichst recht, wenn sie von einer méthode scientifique sprachen:
eine höhere, über das Herkömmliche hinausführende sinnliche Erfassung der Erscheinungswelt, ein weiter fortschreitender „Naturalismus" in den Künsten kann nur durch eine, bei hoher Kultur
ungeheure Summe von Verstandesoperationen eingeleitet werden.
Und es ist bekannt, daß sich in der jüngsten Vergangenheit das
tiefere Erfassen der Bewegungsmotive der Photographie, die charakter-
vollere Wiedergabe des Landschaftlichen der Botanik und Geologie,
die Bewältigung der feinsten Probleme des Lichtes der Physik
bedient hat.

Freilich: ein höherer Naturalismus ist noch nicht eine ganze
neue Kunst. Diese wird als Ganzes erst da blühen, wo der
vollendeteren naturalistischen Bewältigung der Welt idealische Kräfte
hinzutreten, wo der Künstler die Werkzeuge der nun errungenen
Wiedergabe der Welt in völliger und müheloser Beherrschung
handhabt und in dieser Beherrschung sich wiedergiebt und seine
Zeiten.

Wenn aber schon die eigentlichen, schönen Künste in ihrem
entwickelungsgeschichtlichen Fortschritte, in den aufeinander folgenden Stufen eines immer intensiveren, die Natur immer mehr
meisternden Naturalismus von den Fortschritten der Verstandesthätigkeit abhängen, um wieviel mehr gilt dies von den nützlichen
Künsten, von der Technik. In ihrem innersten Kerne wie in der
Gesamtsumme ihrer Erscheinungen sind sie von der Entwickelung des
Intellektes abhängig.

Das heißt aber für den Zeitraum der letzten drei bis vier
Jahrhunderte: von der Entwickelung der Naturwissenschaften. Denn
in dieser Zeit erfolgte die Entwickelung des Intellektes innerhalb
unserer Kultur zu feineren Bildungen durchaus schon auf dem
Wege schulmäßig betriebenen Denkens, im Bereiche der Wissenschaft.

Hing so im allgemeinen die Entwickelung der modernen Technik
von der Entwickelung der modernen Naturwissenschaft ab, so ist
freilich damit nicht gesagt, daß nicht im einzelnen zwischen Naturwissenschaft und Technik Wechselwirkungen bestanden haben könnten,
in denen sich die Technik als der befruchtende Teil herausstellte.

Gewiß erwachsen auf dem Boden einer hochstehenden technischen Praxis wieder unmittelbar oder wenigstens mittelbar, indem die Technik als Bedingung allgemeinen intellektuellen Fortschrittes dient, wieder neue wissenschaftliche Errungenschaften. So z. B. überall da, wo höchstes wissenschaftliches Denken der Beihilfe der Präcisionsmechanik bedarf. Aber auch sonst in vielen sehr bedeutenden Einzelfällen. So sind z. B. die meisten in der Entwickelung der Chemie so wichtigen aus dem Steinkohlenteer ausgeschiedenen Stoffe auf Grund der Einführung der Gasbeleuchtung in den letzten zwei Dritteln des 19. Jahrhunderts aufgefunden worden; der Steinkohlenteer ist ein Rückstand der Gaserzeugung.

Der Hauptsache nach aber sind die wichtigsten naturwissenschaftlichen Fortschritte doch nicht durch technische Anregungen, ja auch nur durch sinnliche Beobachtungen, sondern rein intellektuell, durch neue, freilich phantasiebefruchtete, theoretische Ideen veranlaßt worden. Und darum bleibt auch für die Entwickelung der Technik die Entwickelung der Wissenschaft in allen wesentlichen Punkten maßgebend, und sie kann deshalb nicht ohne Kenntnis der Geschichte der Naturwissenschaften wenigstens in ihren tiefsten und entscheidendstens Zügen verstanden werden.

Die Entwickelung der modernen Naturwissenschaften beginnt mit der Ausbildung der Mechanik. Die Alten hatten von der Mechanik fast nur die Lehre von den im Gleichgewicht befindlichen Körpern, also die Statik entwickelt; die Theorie der Dynamik, von den in Bewegung befindlichen Körpern, war nur in kleinen Anfängen vorhanden. Heute ist bekanntlich die Sache umgekehrt: die Lehre von der Bewegung ist zur Hauptsache geworden, die Lehre vom Gleichgewicht wird nur noch als ein Specialfall der Lehre von der Bewegung, nämlich als die Lehre von der aufgehobenen Bewegung gefaßt.

Außer der mechanischen Lehre der Alten aber ging in das 17. Jahrhundert, das große Jahrhundert der Ausbildung der modernen Mechanik, noch ein größeres Maß von praktischen Kenntnissen aus dem Mittelalter über: aus der monumentalen Bauthätigkeit, der Schiffszimmerei, der Befestigung — freilich ohne irgendwie auf grundsätzliche Anschauungen zurückgeführt worden zu sein.

Über diese Lage der Dinge hinaus gelangten erst die Italiener am Schluß des 15. Jahrhunderts, besonders Lionardo da Vinci (1452 bis 1519): vor allem suchte man die Regeln festzustellen, die den ewig wiederholten Fällen der Bewegung der Körper zu Grunde liegen: Lionardo kannte schon das Bewegungsgesetz auf der schiefen Ebene und hatte zutreffende Vorstellungen vom stetigen Wachsen der Geschwindigkeiten beim Fallen der Körper. Was aber noch fehlte, war eine so genaue Kenntnis der Erscheinungen, daß es möglich gewesen wäre, den den Bewegungen zu Grunde liegenden Vorgang auf einen einfachsten Ausdruck, eine mathematische Formel, zu bringen.

Einen wirklichen Fortschritt in dieser Richtung brachte erst die erste Hälfte des 17. Jahrhunderts. Zunächst leitete Simon Stevin, Ingenieur des Prinzen Moriz von Oranien, in seinen Hypomnemata mathematica (1605) das Gesetz der schiefen Ebene viel genauer ab aus der Betrachtung einer Schnur, die in regelmäßigen Abständen mit Kugeln versehen war und über die Ebene hinglitt. Außerdem beschrieb er schon den Satz vom Parallelogramm der Kräfte in seinen einfachsten Anwendungsweisen und ebenso einige Gesetze der Hydrostatik.

Dann aber gelangte unendlich viel weiter Galilei in seinen Dialoghi intorno ai due massimi sistemi del mondo, die 1632, ein Jahr vor dem Tode Stevins, erschienen, sowie in seinen Discorsi vom Jahre 1638. Galilei untersuchte vor allem experimentell genau und beschrieb in schon recht einfachen Formen die gleichförmig beschleunigte Bewegung der Körper, wie sie im Fall (unter der Wirkung des Gesetzes der Schwere) eintritt. Darauf reduzierte er aus dem Fallgesetz heraus eine Anzahl anderer Erscheinungen auf gesetzmäßige Vorgänge: so die der schiefen Ebene, unter wesentlichem Fortschritt gegenüber der Darstellungsform Stevins, und weiterhin die einfachsten Erscheinungen der Pendelschwingungen, vor allem aber gelang ihm die Bestimmung der Parabel des Wurfes.

Über die Zahl der Entdeckungen und die Schärfe der Beschreibungen der ersten Hälfte des 17. Jahrhunderts ging dann wieder die zweite Hälfte des 17. Jahrhunderts weit hinaus. Dieser Fortschritt wurde dadurch möglich, daß man in der allmählichen Durchbildung der Differentialrechnung von Descartes bis auf Newton und Leibniz dazu gelangte, die mathematischen Darstellungsmittel für eine genaue Beschreibung gewisser Bewegungen aufzudecken. Denn während diese mathematische Entwickelung noch im Gange war, wurde sie in der Mechanik bereits dazu ausgenutzt, um in zwei Richtungen vornehmlich über Galilei hinaus zu gelangen. Einmal nämlich griff Newton (1642 bis 1727) die schon von Galilei bearbeitete Lehre vom parabolischen Wurfe auf und erweiterte sie zu einer allgemeinen Theorie der krummlinigen Bewegungen und der sie erzeugenden Kräfte. Andererseits aber wurden die schwer zu enträtselnden Vorgänge weiter verfolgt, in denen Bewegungen an ein festes, ein statisches Element gebunden sind. Das Hauptproblem war hier das des zusammengesetzten Pendels. Seiner Lösung widmete besonders Hunghens (1629 bis 1695) seine Mühen. In seinem Horologium oscillatorium (1673) stellte er vor allem den Grundsatz auf, daß der gemeinsame Schwerpunkt einer Gruppe von Körpern, die unter dem Einfluß der Schwere um eine horizontale Axe oscillieren, bis zu seiner ursprünglichen Höhe, aber niemals weiter steige. Es ist der Kern des Prinzips der Erhaltung der lebendigen Kraft, das Leibniz 1686 allgemeiner formuliert hat, und aus dem schließlich, indem man es ganz allgemein auf alle Kräfteerscheinungen der Natur übertrug, der Satz von der Erhaltung der Energie (1841 bis 1847) hervorgegangen ist.

Im ganzen aber kam es jetzt, nach der Lösung zahlreicher Einzelprobleme, in der Fortentwickelung der Mechanik nur noch darauf an, die gefundenen Einzelsätze auf ihre gemeinsame Grundanschauung, einen gemeinsamen Nenner gleichsam, zurückzuführen. Nach der Aufstellung der Differentialrechnung war das zunächst und wesentlich eine Aufgabe der höheren Mathematik; gelöst ward sie im 18. Jahrhundert. Thätig war da mit am frühesten der große deutsche Mathematiker Euler; 1736 erschien zu Petersburg seine Mechanica sive motus scientia analytice exposita. Ihm folgte später d'Alembert mit seinem Traité de dynamique (1743); ihren Abschluß fand die Bewegung in dem größten, höchst formvollendeten Werke Lagranges, der Mécanique analytique, die zuerst 1788 erschienen ist.

Im übrigen aber war schon mit den Untersuchungen des 17. Jahrhunderts der Boden bereitet für die Entwickelung einer mechanischen Technik; denn indem man jetzt die wichtigsten Vorgänge,

welche die Verbindung statischer und dynamischer Elemente aufweisen, so ziemlich beherrschte, wurde nicht bloß die verständige
Erklärung der Arbeitsart schon vorhandener, sondern auch die
rationelle Erfindung neuer Werkzeuge und Arbeitsmaschinen ermöglicht.

Nachdem aber die mechanischen Probleme im Sinne grund-
sätzlicher Erforschung der Bewegung der Körper ergriffen worden
waren, lag es nahe, daß man sich mit den Eigenschaften dieser
Körper selbst, ihrer Zusammensetzung vor allem aus verschiedenen
Elementen beschäftigte. Es war das Gebiet einer künftigen chemischen
Wissenschaft.

Freilich: einstweilen wucherte auf diesem Felde noch ein wirres
Gestrüpp von Pseudowissenschaften: die Alchymie mit den ihr ver-
schwägerten Lehren hatte sich hier ausgebreitet, die letzte noch lange
fortlebende Tochter der enthusiastischen und pandynamistischen Naturwissenschaft des 16. Jahrhunderts. Und sie konnte sich um so eher
halten, als es der modernen Forschung auf diesem Gebiete weit
weniger als auf dem der Mechanik möglich war, an die Antike anzu-
knüpfen: die Alten hatten zwar einzelne chemische Kenntnisse gehabt; aber sie waren dem Zufall verdankt und waren niemals
durch planvolle Experimente erweitert oder gar zur Grundlage einer
zusammenhängenden wissenschaftlichen Erkenntnis gemacht worden.
Erst Silvius (De le Boë) hat im Grunde die Chemie ohne Mystik
und Spiritualismus betrieben und der Alchymie in jedem Sinne
das Daseinsrecht bestritten.

Indes war man doch schon weit früher, etwa um die Mitte des
17. Jahrhunderts, begrifflich zur Erkenntnis der Hauptaufgabe der
Chemie gelangt, und Boyle (1627 bis 1691) hatte sie dahin
formuliert, daß sie in der allgemeinen, von praktischen Fragen
unabhängigen Erforschung der Zusammensetzung der Körper bestehe.
Wirklich begründet aber hat die neue Wissenschaft doch erst
Lavoisier (1743 bis 1794), indem er, seit etwa 1774, von dem
Nachweis der Zusammensetzung chemischer Verbindungen nach den
Gewichtsverhältnissen ausging und hierzu den Gebrauch der Wage
einführte. Und so ist denn die moderne Chemie im Grunde erst
ein Kind der letztverflossenen vier Generationen.

Dasselbe gilt von der Elektricitätslehre, insoweit es sich hier
zunächst in den Anfangszeiten nicht so sehr um eine Erklärung,

wie um die einfache Kenntnisnahme der elektrischen Erscheinungen
handelt. Denn während physikalische Vorgänge wie die des Lichtes
oder der Wärme oder auch der chemischen Reaktionen sich teilweise
ohne weiteres der Beobachtung aufdrängen und darum auch im
17. und 18. Jahrhundert schon längst ihren Haupterscheinungen
nach bekannt waren, vollziehen sich die Erscheinungen der Elektricität
verborgener, und es bedurfte daher allein schon zu ihrer Entdeckung einer Höhe namentlich der Experimentalphysik, wie sie
auf Grund der Entwickelung der Mechanik erst im Laufe des
18. Jahrhunderts erreicht ward. Der eigentliche Eroberungsfeldzug
auf dem Gebiete der Elektricität begann daher mit dem Ende des
18. Jahrhunderts.

Die Beobachtungen Galvanis (1737 bis 1798) und Voltas
(1745 bis 1827), welche die moderne Elektricitätsforschung eröffnen,
fallen ins letzte Jahrzehnt dieses Jahrhunderts. Sie führten zur
Entdeckung des elektrischen Stromes, wie er aus galvanischen
Elementen hervorgeht. Dabei ergab sich früh, schon im Jahre 1800,
daß dieser Strom im stande sei, chemische Arbeit zu leisten, insbesondere in Stoffen verbundene Elemente, wie den Wasserstoff
und Sauerstoff des Wassers zu trennen. Und zwei Jahrzehnte
später, 1819, erkannte Oersted auch die besondere Wirkung des
Stromes auf die Magnetnadel; sie wurde abgelenkt, wenn ein
elektrischer Strom in ihre Nähe floß.

Im weiteren Verfolg der elektrischen und magnetischen Zusammenhänge wurde dann von Arago (1786 bis 1853) 1824 der
sogenannte Rotationsmagnetismus gefunden, der sich später als eine
untergeordnete Erscheinung der Induktion ergab. Wirklich erschlossen aber wurden die tieferen Zusammenhänge zwischen Elektricität und Magnetismus doch erst durch die von Faraday (1791 bis
1867) 1832 ihrem wesentlichen Umfange nach entdeckte Induktion;
und mit ihr war nun die letzte große Grunderscheinung gewonnen,
von deren weiterer Entwickelung aus sich einmal die Einordnung
der elektrischen Erscheinungen in das Energieprinzip und zum
anderen die Entfaltung der modernen Elektrotechnik ergeben konnte.

Inzwischen aber hatte Ohm schon 1827 sein Buch, die
„Galvanische Kette, mathematisch bearbeitet" veröffentlicht und darin
die fundamentalen Lehrsätze über die elektromotorische Kraft, den
Leitungswiderstand und die aus beiden resultierende Stromstärke,

und damit die Anfänge einer wirklichen Elektricitätslehre entwickelt. Es war, zusammen mit der Eröffnung eines ersten chemischen Unterrichtslaboratoriums in Gießen durch Liebig, der dort seit 1826 Professor war, eins der ersten Anzeichen dafür, daß nun die Wissenschaften der Chemie und der Elektricitätslehre als die eigentlich neuen Disciplinen des 19. Jahrhunderts mächtig emporblühen, und daß damit zugleich auch die Deutschen wieder führend in die Entwickelung der Naturwissenschaften eintreten würden.

Freilich: Ohm erging es mit seinen entscheidenden Leistungen noch schlecht genug; er wollte sich auf seine Schrift hin in Erlangen habilitieren, wurde aber abgewiesen, und die erste Auflage seines Buches wurde eingestampft. Es war noch ein Reflex des schlechten Betriebes der Naturwissenschaften auf deutschem Boden während des 18. Jahrhunderts und in den ersten zwei Jahrzehnten des 19. Jahrhunderts.

Der Betrieb der Naturwissenschaften hat, wegen der Experimente, immer verhältnismäßig große Summen erfordert. Nun waren aber die deutschen Universitäten des 17. und auch noch des 18. Jahrhunderts in dieser Hinsicht geradezu erbärmlich ausgestattet. Im 17. Jahrhundert genügten nach damaligen Begriffen noch einige tausend Gulden oder Thaler, um eine Universität zu gründen; den Hörsaal gab ein altes Kloster her, Institute bestanden nicht, es handelte sich finanziell nur um die Besoldung der Professoren. Darum konnte die Universität Halle z. B. mit 5400 Thalern jährlicher Einnahmen begründet werden, und diese Summe wurde 1709 auf nur 6700, 1733 auf 7000 Thaler erhöht, um für lange Zeit auf diesem Niveau zu bleiben. Natürlich entsprachen dieser finanziellen Höhe auch die wissenschaftlichen Leistungen: im 18. Jahrhundert wurden in Leipzig noch im gleichen Hörsaal Chemie und Alchymie schwesterlich neben einander getrieben.

Man muß sich diese Zustände vergegenwärtigen, um zu verstehen, wie es möglich war, daß sich die Naturwissenschaften in Deutschland in der Zeit der großen Philosopheme nach Kant diesen ganz gefangen gaben: es war bei den bestehenden Einrichtungen noch immer die beste Art, an der Fortentwickelung der Wissenschaft teilzunehmen. Daher denn nach der noch archaischen und ganz zurückgebliebenen Zeit bis zum Jahre 1810 ein Jahrzehnt der Naturphilosophie einsetzte.

Gewiß ist nun auch dieses Jahrzehnt nicht verloren gewesen; eine Fülle von Fragen wurde aufgeworfen, von Vermutungen über wahrscheinliche Zusammenhänge aufgestellt, mit einem Worte aufs Ganze gehende, wenn auch vielfach phantastische Anschauungen wurden gewonnen, welche der späteren Zeit vielfach Anregung zu exakten Nachweisen gegeben und vor allem den ständigen Drang auf eine Gesamtlösung der naturwissenschaftlichen Probleme hervorgerufen haben, der sich im Verlaufe des 19. Jahrhunderts immer und immer wieder als eine Besonderheit der deutschen naturwissenschaftlichen Forschung erwiesen hat.

Zunächst aber, in den zwanziger Jahren, kam es darauf an, die deutsche Naturwissenschaft von der Beherrschung durch Philosophie und metaphysische Weltanschauung zu erlösen. Es war ein Ziel, das vornehmlich durch Berufung nur streng wissenschaftlicher Lehrkräfte an die Universitäten und durch die systematische Entwickelung großer Seminarien und Institute zur Forschung und Lehre an diesen erreicht ward.

Und alsbald begannen nun die Deutschen in die Entwickelung der Naturwissenschaften entscheidend dadurch einzugreifen, daß sie den Staub der vorhandenen Kenntnisse rein wissenschaftlich ebenso erweiterten als vertieften. Das Ergebnis dieser Bestrebungen war schließlich die Entwickelung des Gesetzes von der Erhaltung der Kraft (1841) sowie der Nachweis, daß alle großen Agentien der Natur, mechanische Arbeit, Licht, Wärme, Elektricität den Charakter der Bewegung tragen und sich dem genannten Gesetze fügen.

Am schwierigsten zu erbringen war dieser Nachweis, nachdem er für die mechanische Arbeit schon im 17. Jahrhundert gelungen war, für die drei großen Agentien des Lichts, der Wärme und der Elektricität: alle drei mußten zu diesem Zwecke auf mechanische Arbeit reduziert werden. Für das Licht freilich war diese Lösung schon früh gelungen und noch früher vermutet worden; und für die Elektricität als die am spätesten bekannter werdende Erscheinung mußte der Nachweis nach Analogie früherer Nachweise geführt werden. Entscheidend war, zugleich aber auch am schwierigsten, der Beweis für die Wärme. Voraussetzung für alles Weitere erschien hier, daß erst der mit der Wärme offenbar sehr eng verknüpfte Verbrennungsvorgang erklärt werde. Und gerade er blieb nun auf lange Zeit ein ungelöstes Rätsel. Um die Mitte des 17. Jahrhunderts glaubte Stahl es mit der Vermutung gelöst zu haben, daß alle Körper von einem gewissen Feuerstoff, den er Phlogiston nannte, durchdrungen seien; dieser entweiche bei der Verbrennung. Diese Vermutung genügte daun der Wissenschaft über ein Jahrhundert lang, bis Lavoisier nach der Entdeckung des Sauerstoffes (1776) die richtige Erklärung in der Darstellung des Verbrennens als eines Vorganges der Oxydation faud. Über das Wesen der Wärme aber blieb man auch jetzt zunächst noch im unklaren. Erst 1842 stellte Robert Mayer nach mannigfachen Annäherungsversuchen des französischen Ingenieurs Carnot und des englischen Brauers Joule die mechanische Wärmetheorie auf, wie sie dann von Clausius verbessert und von Helmholtz (1847) erweitert worden ist. Danach beruht die Empfindung der Wärme auf einem Bewegungsvorgange der kleinsten Teile der Körper und ist eine der Erscheinungsformen der allgemeinen Energie.

Für die Elektricität hat daun Heinrich Hertz im Jahre 1894 den experimentellen Nachweis erbracht, daß auch sie auf einen Bewegungsvorgang hinausläuft. Und Hertz ist es zugleich gewesen, der in seiner Mechanik einen Versuch hinterlassen hat, alle physikalischen Erscheinungen grundsätzlich auf Bewegungen gleichartigen Stoffes zurückzuführen.

Im ganzen kanu man sagen, daß wesentlich durch die Mühen deutscher Forscher im Verlaufe des 19. Jahrhunderts auf dem Boden des Gesetzes von der Erhaltung der Energie eine einheitliche Anschauung von den physikalischen Erscheinungen, das Wort „physikalisch" im weitesten Sinne genommen, erreicht wurde. Und es versteht sich, daß diese Vereinheitlichung der allgemeinen Anschauung nicht bloß auf die sichere Durchdringung des Details, sondern auch auf die technische Ausnützung der Naturkräfte ähnlich, nur ungleich stärker und umfassender, zurückgewirkt hat wie die Reduktion der Vorgänge der mechanischen Arbeit auf eine allgemeine Dynamik im Verlaufe des 18. Jahrhunderts.

Was aber fast noch wichtiger schien: während des Verlaufes jener Geistesarbeit, die darauf hinauslief, alle großen Agentien der Natur als nur der Form nach verschiedenartige Ausdrücke der einen großen Energie nachzuweisen und damit das Geschehen in der anorganischen Natur in eine Unsumme im Grunde ewig gleich-

bleibender mechanischer Vorgänge aufzulösen, wurde der Versuch
gemacht, auch die organische Natur, das Leben, dieser Anschauung
zu unterstellen und es als eine Summation rein mechanischer
Prozesse zu erweisen.

Den Ausgangspunkt dieser Bewegung bildete die Entdeckung
Woehlers (1828), daß der Harnstoff aus unorganischen Stoffen,
Kohlensäure und Ammoniak, künstlich aufgebaut werden könne;
wesentliche Unterstützung erhielt sie durch Schwanns Nachweis der
grundsätzlichen Identität der Pflanzen- und Tierzelle und die Reduktion des Lebens der Organismen als kompositer Bildungen auf das
Leben der Zellen, die sie zusammensetzen. Ihre entscheidende Krönung
aber schien gegeben mit der Darwin'schen Entwickelungslehre (1858),
welche darauf ausgeht, den Gang der organischen Entwickelung
auf dem Erdball aus mechanischen Prinzipien zu erklären. Damit
erschien denn auch die Biologie — und mit ihr am letzten Ende
auch die Psychologie und die Geschichte — mechanischen Erklärungs-
prinzipien unterstellt, und mithin der Begriff einer autarkisch
eigenen Bahnen folgenden Entwickelung geleugnet. Es war der
höchste Triumph der mechanischen Weltanschauung, wie sie aus
der mechanischen Physik schon des 17. Jahrhunderts heraus folgerichtig entwickelt worden war.

Die neueste Zeit ist dadurch gekennzeichnet, daß sie von dieser
Grundanschauung immer mehr abweicht, da sich herausgestellt hat, daß
sich ihr die Thatsachen bei genauerer Betrachtung zunächst auf dem Gebiete der organischen Natur nicht fügen. So zunächst in der Biologie. Hier hat man die von Darwin nicht weiter zerlegten Begriffe der
Variabilität und der Vererbung, die dieser einer mechanischen Erklärung der biologischen Vorgänge zu Grunde gelegt hatte, genauer
zu untersuchen begonnen. Und indem damit statt der Frage der
äußeren Mechanik die Probleme der „inneren Mechanik des Geschehens" auftauchten, ergab sich, daß in der Zelle als dem autarkischen
einheitlichen Substrat des physiologischen Lebens wiederum nur der
Kern, und in dem Kern wiederum nur das Chromatin und in
dem Chromatin wiederum nur eine noch innerlichere Quelle, das
Centrosoma das eigentlich bildende Moment sei — wobei nichts
beweist, daß man damit nun wirklich den Keim des Lebens schon
entdeckt habe —, und daß dieses Moment jedenfalls nicht geeignet
sei, den Gedanken der Vererbung erworbener Merkmale irgendwie

zu stützen. Mar dem aber so, so traten einer innerlichen Potenz
von allergeringster körperlicher Hülle, welche die Ursache der Form-
bildung darstellt, alle anderen Einflüsse als nur äußere Bedingungen
des Werdens gegenüber: Bedingungen, welche den Lebensprozeß
keineswegs durch irgend ein mechanisches Zusammenwirken veranlassen, sondern nichts als die Voraussetzung sind zur Entwickelung
der in ihm liegenden Möglichkeiten, oder anders ausgedrückt: man
fand, daß die äußeren Bedingungen, unter deren Einflusse die
Organismen in bestimmter, jeder Art eigentümlicher und zweckmäßiger Weise antworten, keineswegs die Ursachen dieses Verhaltens seien, sondern daß sie nur eine formbildende Kraft lösen,
die bereits im Keim ruht und eben nur unter diesen bestimmten
Umständen in Thätigkeit treten kann.[1]

Ist dem aber so — und es ist kein Zweifel, daß der ältere
Darwinismus hier in der That unter dem blendenden Eindruck
der allgemeinen mechanistischen Erklärungsweise seiner Zeit Ursache
und Bedingung des Lebens verwechselt hat — so heißt das, daß
sich die mechanisch erklärbaren Vorgänge dem formbildenden Prinzipe
als einem mechanisch nicht mehr begreiflichen unterordnen. Das
formbildende Prinzip aber ist an Vererbung gebunden, und da
wir sehen, daß im Verlauf der Vererbung jeder Organismenreihe
eine Entwickelung eintritt, an die Entwickelung. Die Entwickelung
ist mithin der übergeordnete Vorgang, und zwar ein Vorgang,
der der Erklärung aus mechanischen Grundsätzen bisher wenigstens
in der thatsächlichen Forschung widerstanden hat — so wie er sich
ihr auch begrifflich entwindet.

Es ergiebt sich mithin auf dem Gebiete der Biologie, daß die
Entwickelung der Organismen nach den eigenen formbildenden
Prinzipien dieser, und nicht nach mechanischen Grundursachen verläuft: das Prinzip einer formbildenden Entwickelung steht neben
oder vielleicht über dem der Erhaltung der Kraft.

Völlig klar aber zu gleichen und noch viel sichereren Prinzipien
hat die empirische Untersuchung zunächst des menschlichen Seelenlebens geführt. Hier ergab sich, daß das Resultat eines psychischen
Vorgangs niemals nur aus den allgemeinen psychischen Voraussetzungen, aus denen er hervorgeht, erklärt werden kann, sondern

---

[1] v. Graff, Die Zoologie seit Darwin, S. 19.

daß sich in dem Ergebnis immer noch ein Überschuß vorfindet, der nichts anderem als dem formbildenden, dem Entwickelungsprinzip der Psyche verdankt werden kann: es wurde das Gesetz der schöpferischen Synthese entdeckt. Und da alle Geschichte nichts ist, als der Gesamtverlauf aller psychischen Vorgänge der Menschheit, so gilt natürlich auch für sie das Gesetz der schöpferischen Synthese, und es wirkt sich formbildend aus im Verlauf der universalgeschichtlichen Entwickelung.

Nun ist aber das menschliche Seelenleben ja nur graduell getrennt von dem Seelenleben der sonstigen Organismen: es muß also — dahin führt die moderne naturwissenschaftliche Forschung — auch für diese etwas wie das Gesetz der schöpferischen Synthese gelten, es muß auch bei ihnen, über die mechanisch-physikalischen Vorgänge hinaus, ein formbildendes Prinzip sich in einer Entwickelung auswirken.

So bliebe allein die anorganische Natur als entwickelungslos übrig und dem starren Gesetze von der Erhaltung der Energie unterworfen?

Dieses Gesetz bedarf bekanntlich zu seiner Formulierung eines fundamentalen Hilfsbegriffes: nämlich der Materie als eines beharrenden Substrates, das den Weltenraum erfüllt, und als dessen Wirkungen alle Naturerscheinungen betrachtet werden. Löst nun aber die Annahme dieses einen Hilfsbegriffes alle Schwierigkeiten? Oder ist er mit einem zweiten Hilfsbegriff auszustatten, um den thatsächlichen Verlauf der Erscheinungen zu erklären?

Der Verlauf der Erscheinungen ist Bewegung. Woher kommt diese? Nach der bisher gültigen Lehre, die am Ende auf die mechanische Physik Galileis zurückgeht, aus der Kraft. Die Kraft aber wird definiert als Produkt von Masse und momentaner Beschleunigung, reduziert also schließlich auf die Masse, auf einen quantitativen Begriff. Nun haben sich aber, teilweise schon früh im 19. Jahrhundert beobachtet, doch erst neuerdings schärfer beachtet, chemisch-physikalische und physikalische Erscheinungen gefunden, in denen starke und dauernde Bewegung stattfindet, ohne daß quantitative Veränderungen festzustellen sind: so bei den strahlenden Körpern, die keinen Gewichtsverlust erleiden, und bei den katalytischen Prozessen der Chemie, in denen gewisse Stoffzersetzungen und Verbindungen durch Hinzuziehung anderer

Stoffe verlangſamt. oder beſchleunigt werden, ohne daß dieſe Stoffe
quantitative Veränderungen erfahren. Es iſt klar, daß hier der
Begriff einer Materie, deren Kraft bloß durch die Maſſe konſtituiert
wird, nicht ausreicht. Vielmehr muß hier der Hilfsbegriff einer
mit qualitativer Energie ausgeſtatteten Materie eintreten. Läßt
man ihn aber zu, ſo gerät man aus der mechaniſchen, quantitativen Anſchauungsweiſe der bisherigen Phyſik in die qualitative
organiſche der Pſychologie und der neueren Biologie und damit
ſehr leicht auch zu deren ſonſtigen Konſequenzen, zu der Annahme
einer Entwickelung nach qualitativen Potenzen, nach Prinzipien
formbildenden Charakters.

Es iſt eine neue Richtung naturwiſſenſchaftlichen Denkens,
deren endgültiges Durchdringen die volle Umwälzung der heutigen
Naturwiſſenſchaft bedeuten würde, und die auch praktiſch ganz andere
Einwirkungen der Naturwiſſenſchaft auf das Leben, ganz andere
Prinzipien der Technik herbeiführen würde, als ſie heute beſtehen.

Eins aber ſteht feſt, mag man nun die Möglichkeit einer
ganz anderen, qualitativen Entwickelung ins Auge faſſen oder
nicht: die quantitativ verfahrende Naturwiſſenſchaft hat in der Formulierung des Geſetzes von der Erhaltung der Energie eine Höhe
der Durchbildung erreicht, deren weiter und klarer Ausblick ihr ungeheure Einwirkungen auf die menſchliche Entwickelung geſtattete.

Und dieſe Einwirkungen fanden ſtatt vor allem auf dem Gebiete der Technik. Der Entwickelung der Arbeitsmaſchinen, die
ſchon im 17. Jahrhundert einſetzte, folgte hier die Entfaltung der
motoriſchen Kraft des Dampfes, deſſen Wirkſamkeit an die Zwangs-
läufigkeit mechaniſcher Vorrichtungen gebunden wurde; und nach
der Erfindung der Dampfmaſchine und ihrer Anwendung in Fabrik
beſonders und Transportweſen traten die Chemie und die Elektricität,
die erſtere anfangs vor allem in Verbeſſerungen der Metallurgie
und der Färberei, die letztere im Telegraphen auf den Plan —
bis ſeit den fünfziger Jahren vornehmlich des 19. Jahrhunderts
ein immer einträchtigeres Zuſammenwirken aller großen mechaniſchen
Agentien der Natur unter menſchlicher Leitung und Herrſchaft
erreicht zu werden begann. Es iſt die Erſcheinung, die noch heute
fortdauert, und der ein großer Teil des der Kultur der Gegenwart
Weſentlichen, von innerſten Beziehungen bis zum täglichen Anblick
des Lebens, verdankt wird.

Es sind die Vorgänge, in denen zugleich eine Verschmelzung der wirtschaftlichen Entwickelung mit der wissenschaftlichen und technischen erreicht wurde oder wenigstens am augenscheinlichsten zu Tage trat. Schärfte die wirtschaftliche Entwickelung den Verstand bis zu den Leistungen der Naturwissenschaft und Technik des 17. bis 20. Jahrhunderts, so schuf sie andererseits zugleich, wie wir früher gesehen haben, die socialen Formen, unter deren Bestehen allein Naturwissenschaft und Technik ihre heutige Auswirkung finden konnten.

Und so besteht zwischen diesen einzelnen Zweigen der Entwickelung eine tiefe und innerlichste Harmonie, ein geheimnisvolles gleiches Niveau sozusagen auf Grund von verdeckt wirkenden kommunizierenden Röhren: die Entwickelung keines dieser einzelnen Zweige ist denkbar ohne die Entwickelung aller anderen. Ja noch mehr: da der Intellekt hinüberführt auch auf das Feld reinster Wissenschaft und auf die Gefilde selbst der hohen Kunst, so erscheinen die entwickelungsgeschichtlichen Fortschritte auch dieser Gebiete menschlicher Geschichte seelisch an die Entfaltung der sogenannten materiellen Kultur gebunden, und da sie gleichzeitig mit ihnen wachsen und emporblühen, so besteht bei der innersten seelischen Verwandtschaft aller der genannten Zweige auch zwischen ihnen und der sogenannten materiellen Kultur ein Verhältnis ständiger Wechselwirkung.

Es ist die große Einheit aller gleichzeitigen und an denselben Raum gebundenen Kultur, in welche auch diese Untersuchungen und Betrachtungen austönen: jene Einheit, die aus dem Umstand thatsächlicher Berührung aller Menschen, welche derselben Kultur angehören, gewiß ohne weiteres erschlossen werden kann, die aber hier erst ganz in ihrem eigentlichen Wesen erscheint, nämlich in den tiefen und innerlichsten seelischen Entwickelungszusammenhängen jeder zeitlich und räumlich begrenzten menschlichen Gemeinschaft.

Hausrat und Büchereien zweier Gelehrten des ausgehenden Mittelalters.

Von G. Kohfeldt.

In einer größeren vor ein paar Jahren aufgedeckten Archivalien-masse des Rostocker Ratsarchivs fanden sich auch die beiden folgenden Nachlaßverzeichnisse, die mir sowohl im ganzen wie auch wegen mancher Einzelheiten einigermaßen beachtenswert zu sein scheinen. Leider war es nicht möglich, über die Persönlichkeiten der beiden Besitzer etwas Näheres zu ermitteln; aber soviel ist jedenfalls sicher, daß wir es in beiden Fällen mit Gelehrten zu thun haben, die den Magistertitel erworben und nach der Sitte der Zeit in verschiedenen Fakultäten studiert haben. Der Inhaber der zuerst aufgezählten Gegenstände scheint, nach der stattlichen Anzahl der medizinischen Bücher und dem Arzneivorrat zu schließen, die ärztliche Praxis ausgeübt zu haben, wenn auch bei Blanck, Die mecklenburgischen Ärzte, keine Unterlage dafür zu finden ist. Im zweiten Falle wird man wohl einen Geistlichen oder Schulmeister annehmen müssen, doch auch hier lassen die bisher bekannten Rostocker Personalverzeichnisse im Stich.

Hier der Wortlaut der Verzeichnisse[1]) mit einigen in [ ] hinzugefügten Titelergänzungen und sonstigen Erklärungen:

1.

Anno XV° [XXXII sicher zu ergänzen] die Mercurii do let bescriuen mester peter sasse selige mester Baltes n [Name fehlt] sine nagelaten guder den de des recht werden moghen to deme besten.

---

[1]) Der Kleinfolioband des Rostocker Ratsarchivs trägt die Bezeichnung: Gerichtsprotokolle I. In Betracht kommen die Jahre 1532—1533, Fol. 54, 55 und 1533—34 Fol. 43.

Corpus Ciuile ligatum nouum.

Defensio regis Anglie cum certis aliis tractatibus. [Defensio
Regie assertionis contra Babylonicam captivitatem per
Joh. Roffensem. In quo respondet pro Angl. Rege
Henrico ·VIII... Col. 1525.]

processus juris urbach. [Joh. de Urbach. Cracov. 1514 u. ö.]

Decius[1]) super regulis juris [Lugd. 1525 u. ö.]

lectura Johannis andree super arboribus [consanguinitatis.
1476 u. ö.]

Epithom de monte regis. [Epitome Joannis de Monte Regio
in almagestum Ptolemaei. Venet. 1496 u. ö.]

Sassen speigel.

Etlike Tractatus in medicinis dudesch.

processus der rechtes ordeninge hochdudesch.[2])

practica Joannis Syropionis. [Practica Joan. Serapionis
aliter breviarium nuncupata; liber Serapionis de simplici
medicina.. Lugd. 1525.]

Mesue in parua forma. [Opera Joh. Mesue. 1473 u. ö.]

Luminare maius in medicinis. [Luminare majus medicis et
aromatariis perquam necessarium; item Lumen apothe-
cariorum per Quincum de Augustis de Thertona cum
Thesauro aromatariorum autore P. Suardo, Lugduni 1525.]

practica De ferraris. [Joh. Petr. de Ferrariis Practica
singularis ac perutilis. Lugd. 1502 u. ö.]

Observationes terminorum gheschreuen.

vocabularius utriusque juris. [m. A.]

Astrolabium. [Vielleicht: Joh. Angelus, Astrolabium planum.
1488 u. ö.][3])

Corpus Canonicum ligatum in litera nova et magna forma.

Summa Asonis. [Azonis. Lugduni 1514 u. ö.]

lectura Jasonis [Maini] in forma majori in titulum de
actionibus cum repertorio milis. [Jason. Papiae 1483
u. ö. — Repertorium Nicolai de Milis. Lugduni 1510 u. ö.]

---

[1]) Oder Diuus.

[2]) Die gemeinte Ausgabe unter den verschiedenen „Rechtsordnungen"
schwer zu bestimmen.

[3]) Möglicherweise aber das mathematische Instrument und nicht ein
Buch gemeint.

Speculator in uno volumine cum repertorio. [Gentilis Ful-
ginas, gen. Speculator: Commentar z. Avicenna oder
andere mediz. Schriften.]

Responsa Bartolomei de Soccinis in groter forma ghebunden.
[Consiliorum repurgatorum tom. I—III. Lugd. 1529. 25.]

plinius.

Biblie textus.

Isaac in medicinis. [Isaac Israelita ben Salomo. Op. omn.
Lugd. 1515.]

Ortus sanitatis. [Hortus sanitatis (Johannes de Cuba)
1485 u. ö.]

philippus·Beroaldus. [? Opera. Bononiae 1521.]

Dialectica legalis.[1])

Epistole Rotherodami [Erasmi] cum certis aliis. [1516 u. ö.]

Guarinus de ratione docendi cum aliis conligatis. [Heidelb.
1489 u. ö.]

Dispensarium Nicolai cum Diascoride. [Dispensatorium
Nicolai cum additionibus et Plateario Mich. de Capella.
Lugd. 1524; Dioscorides v. A.]

Institutio principis Christiani [Erasmi Roterodami; 1516 u. ö.]

Epistole ad Johannem Hus cum certis aliis. [?]

Liber parabolarum Erasmi. [1514 u. ö.]

Epistole familiares Ciceronis.

Elegantie Laurenti valle. [1471 u. ö.]

passionarium Galeni. [Galeni passionarius a doctis medicis multum desideratus.. Lugduni 1526 u. ö.]

Registrum Guidonis.[2])

Gemma vocabulorum. [v. A.]

Georgius valla de urinis cum certis aliis. [De urinae sig-
nificatione .. Argentorat. (1529).]

Expositiones dubiorum. [Wahrscheinlich: Expositiones textu-
ales dubiorum et luculentissimae explanationes in libros
de coelo et mundo ... Aristotelis. Colon. 1497 u. ö.]

Remissarium wichbelde etc. [Remissorium oder Register

---

[1]) Die große Anzahl ähnlicher Titel macht die genaue Bestimmung des
Buches und des Verfassers unmöglich.

[2]) Wohl eins der verschiedenen Werke des Guido de la Guyonne, wie
Catalogus Pontificum, Catalogus Pontif. ac. Imperat. etc.

über das Sächsiche Recht. Ingleichen das Sächsische
Weichbild . . . 1482 u. ö.]

Titus liuius.

Margareta philosophica. [? Gregorii Reisch; 1496 u. ö.]

Adagia Erasmi majora. [1505 u. ö.]

Klagespeigel [Seb. Brant?] und leien speigel to dude. [v. A.]

Textus vergilii.

Epistole philelphi cum ceteris. [Franc. Philelphi epistolarum
libri XVI. Brixiae 1485; u. ö.]

Igenius [?] astronomus Euphemeride [Ephemerides].

Twe swerde.

Ouidius de remedio amoris.

Rosa Gallica et paulus egenita. [Symph. Campegii Rosa
Gallica omnibus sanitatem affectantibus utilis. Paris 1514:
P. Aegineta v. A.]

Egidius de urinis. [Egidii carmina de urinarum judiciis . .
Lugd. 1515.]

Eyn vedder bedde, ein pol. Eyn dun bedde, ein kussen.
Eyn parlaken. Eyn sulueren lepel. Eyn clene lade dar inne
XXII β lubb. Ein missingen signeten rinck. Ein kleine holten
pater noster und viff sulueren steneken. Ein wassche dar
inne VIII β. Ein lade midt etliken kruderen. Ein tassche.
Ein rot paltrock.[1] Ein graw rock. Ein graw mantel. Ein
swart deluesk wambois. Ein moser mid der kule. Ein par
blawen hasen [hosen]. Ein kuntor dar inne ein suluen lepel.
Ein qwarter fluels[2] und olde hemde. Sostein kroseken midt
arstedie. Ein grote tine[3] dar inne olt kledertuch. Ein par
sparen [sporen]. Twe bratpannen. Noch II olde tinen in
der enen etlick olt tipeltow.[4] Ein sinte busse.[5] Ein pert.
Eine hellebarde. Ein par steuelen. Eine tafel. Ein sadel.
Eine iseren kelle. Ein spet.

presenti [!] Hans Krowel und Karsten Stein borgere tughe.

2.

Anno 33 [1533] des mandages na oculi do let bescriuen
myn her her Bertolt Kerckhoff mester hinricus koters sin

---

[1] langer faltiger Überrock.   [2] Sammt, Atlas.   [3] Zuber, Kübel.
[4] timmertouwe, Zimmergerät.   [5] Feuerbüchse.

gudt dat he hefft up siner wer ghelaten deme he entweken und blifft up der suluen wer ene edder de des recht werden moghen to deme besten.

Item int erste VIII tynne fate luttick und grot. 1 missinge staūe [stande] becken 1 missinge hant uat 1 missinge wosekelle[1]) 1 missinge blase· ketel 1 klene missinge blase ketel. 1 klene kopper ketelken noch 1 klen myssinge handt ketelken noch 1 missinge ketel noch 1 klene handt becken. VII eren schapen[2]) XI grapen luttick und grot V tynnen tallor[3]) II tynne salzer[4]) 1 messinge moser XII tynne kanne so de sin luttik und grot. II tynne stope[5]) 1 missinge luchter mid ener pipen IIII krose[6]) 1 handarmborst mid ener winde 1 stridt hamer 1 olden blawen fossen mans rock VI bedde luttick und groth mid deme decke bedde V firen[7]) und III olde pile. I roste 1 ungheopende iserkantekiste XII holten fate luttick und groth 1 moser kule 1 kram fat mid dune 1 to braken hant luchte midt II pipen 1 qwade iseren mosekelle[8]) II sallunsche[9]) banck pole 1 vuer tanghe 1 klene ladeken midt II forsigelden breuen 1 lüte.[10])

Opera Aristotelis.

Vocabula Nestoris Nouariensis. [Dictionarium. Strassburg 1507 u. ö.]

liber Sententiarum.

Albertus super Secundo Sententiarum. [Albert. Magnus .. 1506 u. ö.]

lyber poligrani [?] scriptus.

Cornucopia. [Thesaurus Cornucopiae et Horti Adonidis i. e. Variorum de re grammatica Sylloge .. Venet. 1496.][11])

Ouidius in metamorphoses.

Regula Grammaticorum [?].

Orosius Erellius. [Jedenfalls: Pauli Orosii Historiarum initium ad Aurelium Augustinum. 1483 u. ö.]

Exercitium metaphisici [?].

Institutiones ·Imperatoriales. [Iustiniani.]

---

[1]) Brühekelle. [2]) eherne Tiegel. [3]) Teller. [4]) Salznapf ꝛc. [5]) Becher. [6]) Krug. [7]) Armbrustpfeil. [8]) Gemüsekelle. [9]) Nach dem Fabrikationsort Chalons. [10]) Laute.
[11]) Möglicherweise eine andere der verschiedenen Cornukopien.

Homeliarius. [Homiliarius Doctorum . . 1482 u. ö.] .

Johannes Cortelli ortographia. [Tortellius. 1493 u. ö.]

Albertus ·Super qwartum Sentenciarum. [Albert. Magnus . .
1506 u. ö.]

Margarita poetica. [? Alberti de Eyb. 1472 u. ö.]

Epistole Ciceronis cum commento et aliis.

Augustinus de civitate dei.

liber missalys.

Codex justiniani ungebunden.

Plautus et liuius.

Textus Biblie cum glosa ordinaria in VI boten gebunden.

Cicero in Retoricis.

Angelus super Instituta [Angelus de Aretio Lectura super
institutionum libb. 1473 u. ö.]

Opera Virgilii.

Virgilius cum commento.

Tabula albarti [Magni] in libros Sentenciarum (cf. oben).

Priscianus Grammaticus.

Ouidii methamorphoses.

Tullius [Cicero] in officiis.

Urbanus Auareista philosophus. [Urbanus Averroista, Ex-
positio Commentariorum Averrois super libb. Aristotelis
de physico auditu. Venet. 1492.]

Regula Grammaticalis. [? Regulae grammaticales antiquorum . . 1494 u. ö.]

·Grammatica Hinrichmanni. [Jac. Henrichmannus, Gramma-
ticae Institutiones . . 1506 u. ö.]

Alexander grammaticus [1]) cum commento. [Alexander Gallus
(de Villa Dei) Doctrinale seu grammatica cum comment.
1472; u. ö.]

Es tu scholaris cum ceteris. [Compendiosa materia pro
juvenum informatione satis magistraliter composita Cujus
titulus Es tu scholaris; m. A.]

Mariana Mantuani. [Baptistae Mantuani Parthenices libb.
1481 u. ö.]

Paruulus philosophie [moralis, ad Philosophi aemulationem

---

[1]) Als Randbemerkung eingeschoben: ephimerides.

exaratus: arguto nuper Mag. Joan. Rommingii Paratini
commentariolo enarratus .. Norimberg. 1516]
Directorium humane vite [alias parabole antiquorum sapi-
entum .. Joan. de Capua. s. l. e. a. (Hain ꝛc.)]
Repertorium milis. [Nicolai de Milis .. Lugd. 1510.]
Sequentionale.
Eyn olt pergamenta myssa.

Erasmus padel alse en notarius und peter Beringer.
Drewes heket Borger und inwaner to Rostock hir to geesschet
und ghebeden alse tuge.

Besprechungen.

Die Geschichte der neueren Philosophie in ultramontaner Beleuchtung.

Eine Kritik von Otto Willmanns Geschichte des Idealismus,
3. Band. Der Idealismus der Neuzeit.[1]) 8°.
Von Franz Ehrhardt.

In der vor mehreren Jahren von mir in dieser Zeitschrift[2]) veröffent-
lichten Besprechung der ersten beiden Bände von Willmanns Geschichte des
Idealismus habe ich bereits Gelegenheit gehabt, mich über den philosophischen
Standpunkt des Verfassers und seine allgemeine Auffassung von der Geschichte
der Philosophie zu äußern. Als entschiedener Anhänger der katholischen
Kirchenlehre, so habe ich damals ausgeführt, ist Willmann leider nicht in der
Lage, die historische Entwickelung der Philosophie einigermaßen unbefangen
zu beurteilen; ganz beherrscht vielmehr von dem Glauben an die absolute
Wahrheit der orthodoxen katholischen Dogmatik bemißt er den Wert oder
Unwert der philosophischen Systeme wesentlich nach dem Grade ihrer Über-
einstimmung mit seinen religiösen Überzeugungen; diejenigen Richtungen der
Philosophie daher, welche den Anschauungen des Christentums nicht wenigstens
nahe stehen, sind in seinen Augen in der Hauptsache nur Abirrungen vom rechten
Wege und müssen es sich gefallen lassen, oft sehr hart mitgenommen zu werden.
Dieses Urteil, zu dem mir damals speciell der erste Band des Werkes Anlaß
gab, während ich über den das Mittelalter behandelnden zweiten Teil mich
günstiger aussprechen konnte, findet nun in ganz besonderem Maße auch auf
den dritten Band Anwendung, der mir heute zur Recension vorliegt. Nach
dem Geiste, der in den beiden ersten Teilen weht, mußte man allerdings schon
im voraus annehmen, daß die Darstellung der neueren Philosophie auf eine
entschiedene Verurteilung und Ablehnung der modernen Spekulation hinaus-
laufen würde. Es wäre deshalb jedoch noch nicht nötig gewesen, ein Werk
zu erwarten, welches die schlimmsten Befürchtungen übertrifft, die man in
dieser Beziehung nur immer hegen konnte. Thatsächlich aber hat sich Willmann über die Philosophie der neueren Zeit, soweit sie unabhängig von der

---

[1]) Braunschweig, Vieweg & Sohn, 1897 (VI, 961 S.).
[2]) Bd. IV, S. 223—228.

30*

Kirchenlehre ihre Wege gegangen ist, in einer Weise geäußert, die als geradezu
unglaublich bezeichnet werden muß. Hätte der Verfasser eine rein sachliche
Kritik der von ihm bekämpften Systeme geliefert, so würde ihm niemand die
Befugnis hierzu bestreiten können, auch wenn diese Kritik noch so scharf und
in ihren Resultaten noch so ablehnend ausgefallen wäre. Aber wohl darf
man ihm das wissenschaftliche und zugleich das moralische Recht absprechen,
über die Entwickelung der modernen Philosophie so schmählich abzuurteilen,
wie er es in seinem Werke gethan hat. Denn ohne Zweifel haben wir es in
seiner Darstellung dieser Entwickelung nicht nur mit einem Produkt unge-
nügender Sachkenntnis und mangelhafter Einsicht, sondern auch mit einem
Erzeugnis giftigen Hasses und blinder Wut zu thun, um nicht von Unauf-
richtigkeit und Verleumdungssucht zu reden!

Dieses scharfe und harte Urteil soll nun freilich nicht auf das Buch in
seinem ganzen Umfang Anwendung finden; vielmehr gestehen wir gern zu,
daß große Partien einen anderen und besseren Charakter an sich tragen; aber
gerade in der Schilderung einer Reihe der wichtigsten Erscheinungen der neueren
Philosophie hat Willmann die genannten Eigenschaften mehr oder weniger
bethätigt.

Wie schon gesagt, ist auch im dritten Bande die Stellung, die der Autor
zu den einzelnen Denkern einnimmt, durch das Verhältnis bestimmt, in welchem
sich diese Denker zu der Lehre der Kirche und der kirchlich approbierten Philosophie befinden. Infolgedessen ist Willmann bereit, überall da Lob und Anerkennung auszusprechen, wo er eine gewisse Übereinstimmung oder Verwandtschaft mit seinem eigenen Standpunkt findet, auch wenn der Denker, um den
es sich handelt, nur eine untergeordnete Bedeutung besitzt; umgekehrt scheut
er sich nicht, auch die größten Leistungen des modernen Denkens auf das tiefste
herabzusetzen, sobald dieselben irgendwie in einem entschiedeneren Gegensatz
zur Kirchenlehre stehen. Wie danach das Gesamturteil über die neuere Philosophie ausfallen muß, braucht kaum gesagt zu werden; überall sieht der Verfasser die Spuren des Verfalls, des Irrtums, der Unklarheit, Verworrenheit,
Unfruchtbarkeit, Unwissenschaftlichkeit; die philosophische Spekulation der Epoche
zeigt nicht eine aufsteigende Entwickelung, wie man törichter Weise gewöhnlich
glaubt, sondern führt abwärts, in die Tiefe, in das Reich der Finsternis und
Nacht. Daher würde das Bild, welches uns die neuere Philosophie bietet,
fast gänzlich trübe sein, wenn nicht aus dem allgemeinen Dunkel, das sich
sonst nur selten lichtet, um einige erfreulichere Erscheinungen zu zeigen, in
ihrer ganzen Klarheit und Schönheit die katholische Philosophie hervorträte,
die unberührt von dem Geiste der Zeit auch in dieser Epoche das Banner
wahrer Wissenschaft und wirklicher Einsicht emporgehalten hat. So haben
wir denn auf der einen Seite eine Folge von Systemen, die in raschem Wechsel
einander ablösen, ohne zu irgend welchen bleibenden Resultaten zu führen,
auf der anderen Seite dagegen die philosophia perennis der Scholastik, die
allein dazu bestimmt ist, weiter zu blühen und zu gedeihen, wenn neben ihr
ein System nach dem anderen als welkes Blatt von dem Baume der Erkenntnis
zu Boden fällt. Daher giebt es auch nur ein Mittel, um die moderne Philo-

sophie wieder in gesunde Bahnen zu lenken; „sie muß vorerst an der eigenen
Regeneration arbeiten, sich auf sich selbst besinnen, das Wahre, Echte, Große,
was die Jahrhunderte in ihren Schatzkammern niedergelegt haben, nach seinem
Werte erkennen und zum Prüfstein für die Fälschungen machen, die der wechselnde
Zeitgeist an dessen Stelle zu setzen versucht hat" (S. 961); mit anderen Worten,
es giebt für die Philosophie kein Heil außer in der Rückkehr zu den Lehren
der katholischen Kirche, die ihre Arme weit geöffnet hält, um reuige Sünder
zu empfangen: das ist die eigentliche Quintessenz der Weisheit, welche Willmann der modernen Philosophie entgegenzustellen hat.

Daß er nun mit diesem Standpunkt keine Aussicht hat, auf die Vertreter
der unabhängigen und voraussetzungslosen Forschung irgend welchen Eindruck
zu machen, versteht sich von selbst und bedarf keiner Auseinandersetzung; insofern könnte man auch seine Kritik der neueren Philosophie ganz auf sich
beruhen lassen, ohne sich um deren Einzelheiten genauer zu bekümmern; denn
selbst wenn Willmann mit seinen Ausstellungen in einer ganzen Reihe von
Punkten im Rechte sein sollte, was wir für unsere Person nicht leugnen würden,
so wäre damit im großen und ganzen gegen die moderne Philosophie doch noch
sehr wenig bewiesen; denn bei der großen Fülle von Systemen, die die neuere
Spekulation hervorgebracht hat, gehört wenig Scharfsinn dazu, um auf Unklarheiten, Widersprüche und unhaltbare Lehren aufmerksam zu machen; dieser
Umstand schließt aber nicht im mindesten aus, daß das Gesamturteil Willmanns
über die Bedeutung der neueren Philosophie und ihre Herabsetzung gegenüber
der kirchlich-scholastischen Lehre gänzlich verfehlt ist.

Trotz alledem erscheint es uns nun doch aus verschiedenen Gründen als
dringend wünschenswert, die Stellung unseres Autors zu der philosophischen
Bewegung der Neuzeit auch im einzelnen etwas näher zu beleuchten; bei dem
großen Umfang seines Werkes ist es freilich gänzlich ausgeschlossen, seinen
Gedankengang nach allen Seiten hin zu verfolgen; aber wenigstens so weit
wollen wir auf seine Ausführungen eingehen, daß der Leser die begründete Überzeugung von der Richtigkeit unseres allgemeinen Urteils zu gewinnen vermag.

Willmann beginnt seine Darstellung mit einer eingehenden Schilderung
des Idealismus der Renaissance (1—205), deren philosophische Bedeutung er
außerordentlich viel höher anschlägt, als es die moderne Auffassung bisher
gethan hat. Von hier aus wendet er sich dann der eigentlichen neueren Philosophie und zwar zunächst dem von ihm sogenannten unechten Idealismus zu,
als dessen Hauptvertreter er Descartes, Leibniz, Spinoza, die englischen Philosophen und im allgemeinen die Aufklärung betrachtet. Von den genannten
Denkern finden Cartesius und Leibniz noch einigermaßen Gnade vor seinen
Augen, obwohl er auch gegen sie sehr viel einzuwenden hat; denn auch diese
beiden Philosophen haben die spekulativen Elemente des Christentums nicht
richtig gewürdigt und sind ihrer inneren Gesinnung nach nicht religiös genug
gewesen (239, 277 ff.). Viel schlimmer aber ergeht es den englischen Denkern,
dem Spinoza, der Aufklärung. Zwar werden die englischen Philosophen,
soweit sie überhaupt Berücksichtigung erfahren, nur sehr kurz behandelt, aber
nichtsdestoweniger erlaubt sich der Verfasser über einen Locke und Hume

das denkbar wegwerfendste Urteil zu fällen, während er Berkeley mit etwas
mehr Achtung begegnet. Über Lockes Philosophie wird ohne alles und jedes
Verständnis der Stab gebrochen; seine erkenntnistheoretischen Untersuchungen
werden mit einigen hämisch-höhnischen Bemerkungen abgethan (316), er selbst
als ganz oberflächlich, ungründlich und platt bezeichnet (317 f.); er war überhaupt kein Philosoph, sondern nur ein Aufklärer, den man in der Folgezeit zum
Philosophen hinaufschraubte, während man von dem echten Denker, der sein
älterer Zeitgenosse war, von Cudworth, schwieg (91).. Noch schlechter kommt
Hume weg; er ist ein flacher Räsonneur und ein Sophist (327), der „durch die
Subjektivierung des Kausalitätsbegriffes berühmt geworden ist, weil Kant
kurzsichtig genug war, dieses Sophisma ernst zu nehmen, oder richtiger gesagt:
es für sein eigenes Sophismengewebe nutzbar zu machen" (325). Auch als
Atheist wird der englische Dichter bezeichnet (325), obwohl nicht nur aus den
Schriften, sondern auch aus der Lebensgeschichte Humes feststeht, daß er das
nicht gewesen ist. Seine so bedeutenden Untersuchungen über die Wunder
werden von oben her mit nichtssagenden Redensarten zurückgewiesen, ohne
daß Willmann irgendwie auf den Kern der humeschen Beweisführung eingeht (328). Die Skepsis Humes, so heißt es weiter, gleicht dem Wurme,
dessen zerstörende Arbeit freilich noch nicht vollständig genug war, so daß ihm
noch andere Würmergenerationen folgen mußten (329). Mit dem Haß gegen
die Religion verbindet sich bei Hume auch der Haß gegen die Wissenschaft,
der sich für den Verfasser in Humes Kampfe gegen die Metaphysik ausspricht;
so kommt in der Philosophie des großen Denkers die „Barbarei der Aufklärung" zum Ausdruck, die „nicht bloß vernichten will, was sie nicht
versteht, sondern auch das, was sie irgend stören könnte" (330).

Die Invektiven, die Willmann im übrigen gegen die Aufklärung richtet,
können wir übergehen; es wird genügen, wenn wir hervorheben, daß seine
Ausfälle sich würdig den Schmähungen anreihen, die man auch sonst aus den
Reihen seiner Gesinnungsgenossen auf diese große Periode menschlichen Denkens
zu häufen pflegt. Dagegen müssen wir etwas länger bei der Beurteilung
verweilen, die Spinoza erfährt, weil sie vor allem mit charakteristisch ist für
den Geist, aus dem Willmanns Werk geboren ist. Dabei bemerke ich von
vornherein, daß ich selbst ein entschiedener Gegner der spinozistischen Philosophie
bin; wenn ich trotzdem die Angriffe Willmanns auf Spinoza mit größter
Entrüstung abweisen muß, so ist schon diese Thatsache gewiß in hohem Grade
geeignet, starke Bedenken gegen die Kampfesweise des Verfassers zu erwecken.

Wie Locke, so ist auch Spinoza fälschlicherweise zu einer historischen
Größe emporgeschraubt worden, während er in Wirklichkeit nur eine sehr
mittelmäßige Bedeutung besitzt; er verdankt seine Berühmtheit seinen scharfen
Angriffen auf die Religion; „dieser kühne Freigeist, so sagte sich das Jahr-
hundert der Aufklärung, mußte auch ein großer Denker sein; und wer der
Welt den Tractatus ethico[1])-politicus geschenkt hatte, besaß Anspruch, daß

---

[1]) Für die Sachkenntnis des Verfassers ist es überaus bezeichnend, daß
er den Tractatus theologico-pol. immer nur als Tr. ethico-pol. citiert

man auch seine verworrene, barocke Metaphysik respektvoll in den Kauf
nahm..... Spinoza wird noch heute als der Vater der biblischen Kritik
gefeiert.... Recht ausgedrückt, heißt das: er brachte die Anwendung der
glaubenslosen Willkür auf die Glaubensurkunden auf und setzte eine Kritik in
Gang, die etwa der analog ist, die ein abgewirtschafteter Gründer an dem
Eigentumsrecht der Gesellschaft übt" (285).[1]

Seine Philosophie „ist plumper Synkretismus, ohne jeden organischen Charakter, jeder Mystik bar und der Religion entfremdet und
gegnerisch. Bei ihr ist alles Mache, erzwungen, auf den Schein angelegt,
unsolid; allerorts aufgerafften Ansichten wird durch den Schnürleib der geo-
metrischen Methode einige Façon gegeben; unverdaute Reminiscenzen aus
durchblätterten Büchern dienen als Aufputz, lediglich die Persönlichkeit
ist der zusammenhaltende Faden; es ist recht eigentlich ein „Privatsystem",
was hier vorliegt" (284).

Der Haß gegen die Religion ist bei Spinoza überall das treibende
Motiv; in seiner Irreligiosität liegt die Wurzel aller seiner Irrtümer; erst
wenn man dies erkannt hat, „kann man den ganzen eklen Rattenkönig von
Widersprüchen" im System „aus seinem Neste heben" (302); es ist ein „aus
Haß gegen den Monotheismus wiedererwecktes Heidentum, mit dem wir" es
bei Spinoza „zu thun haben" (302). Der Kern seiner Lehre aber ist Autonomismus (289), das Schlimmste ungefähr, was es für den Verfasser geben
kann. „Wenn in dem" (theol.-pol.) „Traktate Gesetz und Glaube entwurzelt
werden, so wird" in der Ethik „der Gottesbegriff teils entleert, teils zur Materi-
alität herabgezogen und der Kosmosbegriff zerstört, um dem mächtigen und
freien Intellekte Raum zu schaffen. Das Absolute, deus sive natura
genannt, ist nur die Wolkenwand, auf welche der Übermensch sein
Bild projiciert, um einen gesteigerten Genuß seiner Selbstherrlichkeit zu haben. Die Abkehr von der Religion führt notwendig zur
Selbstvergötterung" (289/90). „Die Zeitgenossen sahen in Spinozas Lehre
Atheismus, und dies mit vollem Rechte; will man aber zugleich die
Quelle dieser Verirrung bezeichnen, so wird man sie besser Autotheismus
nennen" (291).

Dabei gelangt nun der jüdische Pseudophilosoph zu seinen schändlichen
und unsinnigen Lehren nur unter Anwendung unlauterer Hilfsmittel in der

---

[1] (S. 285, 286, 287, 288); da wegen der wiederholten Anführung ein Druckfehler
ausgeschlossen erscheint, so spricht sich der Verfasser mit dieser Bekundung von
Unwissenheit eigentlich selbst das Recht auf eine ernst zu nehmende Kritik
des Spinoza ab.

[1] Ich habe diesen Satz namentlich deshalb mit citiert, um die frivole
Leichtfertigkeit und die Unwissenschaftlichkeit zu charakterisieren, mit der Willmann
über eine so bedeutsame Erscheinung aburteilt, wie es die moderne Bibel-
kritik ist; in dem gleichen Geiste hat er sich schon in den ersten beiden Bänden
geäußert (I, 117; II, 183; vgl. die frühere Besprechung S. 226) und äußert
er sich im dritten Bande an späterer Stelle auch über Strauß (776).

Beweisführung. Denn wenn andere Forscher in Spinoza einen Vertreter
reinster Wahrheitsliebe und lauterster wissenschaftlicher Gesinnung sehen, so ist
er in den Augen Willmanns ein Sophist und seine Philosophie ein Sophismengewebe (S. 287, 289, 298, 299, 300, 308, 310, 311; 452); „Spinoza ist ein
Mann, dessen Glauben und Hoffen Schiffbruch gelitten hat, der aber zu un-
wahrhaftig ist, um sich dies zu gestehen, vielmehr alles aufbietet, um seine
Verarmung als den echten Reichtum, seine Zerrissenheit als den wahren Frieden
zu preisen. Sophist durch und durch, macht er alle seine Philosopheme nur
zum Mittel für diesen Zweck" (287). Als verschlagenen Fälscher lernen wir
ihn gleich am Eingange seines Labyrinthes kennen, wenn er dem frommen
Gedanken des ontologischen Beweises: Gottes Wesen schließt sein Dasein ein, die
Wendung giebt: Gottes Wesen erzeugt sein Dasein (293).[1] Es ist keineswegs
richtig, mit Überweg in seinem Grundriß der Geschichte der Philosophie die
Annahme zu machen, daß Spinoza „bei allen seinen Paralogismen keineswegs
eine sophistische Absicht, sondern nur eine unbewußte Selbsttäuschung zur Last
zu legen ist". Vielmehr handelt es sich bei ihm, wenn er z. B. die religiösen
Termini umdeutet, um ein bewußtes Verfahren und um berechnete Manöver
zur Entleerung und Verflüchtigung des Gottesbegriffes (294). Der Rest von
Wahrheitssinn, der ihm etwa noch geblieben ist, äußert sich höchstens in einem
dunklen Gefühl großer Mißgriffe (303); er ist aber viel zu gering, um ihn
zu wertvollen positiven Einsichten kommen zu lassen.

In derselben Richtung wirkt freilich auch die Unwissenheit des Spinoza
und der unwissenschaftliche Charakter seines ganzen Philosophierens mit.
Er „kennt keine Natur und keine Naturwissenschaft, weil ihm die
Dinge, an die Substanz gehalten, wertlose, durch Negation erzeugte, gar nicht
zum Dasein berechtigte Gebilde sind" (306). „Die Geschichte ist ihm verschlossen, weil ihm die Zeit nur ein auxilium imaginationis ist" (307). In
mathematischer Beziehung verstand „der Dilettant" nicht die Bestrebungen der
zeitgenössischen Mathematiker, sondern „nur Euklid und auch diesen schlecht,
sonst würde er dessen Synthesis kombinierbarer Elemente nicht auf die
ontologischen Begriffe übertragen haben" (306). Er „kennt gar kein
Forschen, kein Ergründen eines Sachverhaltes" (306); „wie er selbst die
Wissenschaft betrieb, zeigt die Masse von widersprechenden Aufstellungen,
die er aufnahm, ohne nach ihren Voraussetzungen zu fragen, die Gewaltsamkeit,
mit der er die ihm unliebsamen Konsequenzen beiseite warf, das Tasten und
Tappen im Dunkel" (307). „Daß der Spinozismus aller Wissenschaft
die Sehnen durchschneidet, ist Tieferblickenden nicht entgangen"; hat ihn doch
schon Hamann (!) in seiner derben Weise den Straßenräuber und Mörder der
gesunden Vernunft und Wissenschaft genannt (305).

Aber „der Spinozismus ist nicht bloß das Grab der Wissenschaft,
sondern auch der Tod der Moral. Die Sinnesart des Mannes ließ, was

---

[1] Übrigens eine Kritik, die sowohl in ihrem Urteil über den ontologischen
Gottesbeweis an sich als auch die spinozistische Fassung desselben als ganz
verfehlt anzusehen ist.

ihm etwa das realistische Element [1]) seiner Gedankenbildung zur Gewinnung einer sittlichen Weltansicht hätte gewähren können, wie den Güterbegriff u. a., nicht zur Entfaltung kommen" (308/9). Also auch hier scheut sich Willmann nicht, mit Entstellungen und Verdächtigungen zu arbeiten; er hat freilich insofern mit seinem Verwerfungsurteil über die spinozistische Moral recht, als dieselbe auf dem Prinzip des Egoismus beruht; die Billigkeit erfordert es aber doch, die von W. verschwiegene Thatsache hervorzuheben, daß Spinoza von seinem Prinzip aus, wenn auch inkonsequenter Weise, zu einer Ethik gelangt, die einen weit reineren und edleren Charakter an sich trägt; vor allen Dingen ist aber die widerwärtige Unterstellung zurückzuweisen, als wäre es die persönliche Gesinnung des Spinoza gewesen, die sich in seinem egoistischen Moralprinzip ausgesprochen habe. Unser Autor sieht sich auch selbst genötigt, nachträglich wenigstens die Möglichkeit einer anderen Auffassung vom Charakter des Spinoza zum Ausdruck zu bringen; er thut dies aber nur, um nunmehr im Gegensatz zu dem eben citierten Urteil einen Widerspruch zwischen Leben und Lehre des Philosophen zu behaupten, der demselben jetzt ebenso sehr zur Unehre gereicht wie früher die Übereinstimmung zwischen Gesinnung und moralischer Theorie! „Spinozas Biographen versichern uns in aufdringlicher Weise," so müssen wir lesen, „daß sein Privatleben tadellos gewesen sei, wobei sie das richtige Gefühl leiten mag, daß wir bei seiner Verbrechermoral auch ein schändliches Leben erwarten dürfen. Es mag sein (!), daß er nicht gelebt hat, wie er lehrte; aber darin zeigt sich sein Gegensatz zum Weisen: dieser lebt, was er lehrt, seine Tugend ist der Reflex seiner Wahrheitserkenntnis" (811). —

Die Gesinnung, von der die Beurteilung der Philosophie des Spinoza durchdrungen ist, bildet auch die Grundlage für die Stellung, welche Willmann zu Kant und seiner Philosophie einnimmt; zu einem großen Teil sind es auch ganz dieselben Vorwürfe, die er gegen Spinoza und die er gegen Kant erhebt; nur daß er sich mit dem letzteren sehr viel eingehender und ausführlicher beschäftigt. Überhaupt ist Kant derjenige Denker, dem im ganzen Bande die bei weitem umfangreichsten Untersuchungen gewidmet sind (S. 373—528). Er ist ja vor allen Dingen Stein des Anstoßes für diejenige Richtung, welche Willmann vertritt; wenn man diesen Stein aus dem Wege räumen kann, sagt man sich auf jener Seite, so darf man hoffen, mit der neueren Philosophie im übrigen leichtes Spiel zu haben. Daher fährt der Verfasser gegen Kant das schwerste Geschütz auf, welches ihm überhaupt zu Gebote steht; daher richtet er gegen ihn all seinen Haß und all seinen Zorn; daher häuft er auf ihn alle nur erdenklichen Vorwürfe; daher arbeitet er hier geradezu mit einem System von Verunglimpfungen, Entstellungen, Verdächtigungen. Nur eines Mittels bedient er sich in seinem wilden Kampfe nicht oder doch nur in höchst unzulänglicher Weise, obwohl gerade dieses Mittel ihm allein einige Aussicht auf einen Sieg über den verhaßten Gegner verschaffen könnte: ganz vergeblich suchen wir nämlich nach einer sachlich eingehenden, tiefdringenden, wissenschaftlichen Kritik. Wenn freilich die Ausbrüche eines wüsten Fanatismus für die

---

[1]) Im Gegensatz zum Nominalismus zu verstehen.

Widerlegung eines philofophifchen Syftems hinreichend wären, dann hätte Willmann Kant fo vollftändig widerlegt, als es nur immer jemand wünfchen könnte. So aber befchränken fich die kritifchen Ausführungen des Verfaffers auf mehr oder weniger kurze Anläufe, deren an fich fchon untergeordnete Bedeutung noch dadurch verringert wird, daß ihnen fortwährend unfachliche Ausfälle gegen Kant und feine Philofophie beigemifcht werden. Um feine Kritik aber noch wirkungslofer zu machen, fo tritt hierzu außerdem der Umftand hinzu, daß Willmann offenbar nur eine recht oberflächliche Kenntnis und ein noch geringeres Verftändnis des kantifchen Syftems fowie nicht das mindefte Gefühl für deffen wahre Größe und Bedeutung befitzt.

Der Abfchnitt, welcher fich mit der kantifchen Philofophie befchäftigt, trägt die allgemeine Überfchrift: die Subjektivierung des Idealen durch Kants Autonomismus. In diefer Formel faßt Willmann die Quinteffenz der fachlichen Vorwürfe zufammen, die er gegen Kant zu erheben hat. Der Kritik, welche er damit zum Ausdruck bringt, können wir in gewiffer Beziehung zuftimmen. Daß Kant in der That die idealen Prinzipien der Welterklärung, welche Willmann im Auge hat, in ziemlich weitem Umfang aus der Sphäre der Objektivität in das Gebiet des Subjektiven herabgezogen und dadurch ihren realen Gehalt entleert hat, läßt fich nicht leugnen; auch ftellen wir nicht in Abrede, daß Kant mit diefer Subjektivierung fich vielfach im Unrecht befindet. Aber Willmann geht viel zu weit, wenn er nun das ganze kantifche Syftem als fubjektiviftifch betrachtet; er unterläßt es ganz und gar, die in ihm enthaltenen objektiven Elemente fich zum Bewußtfein zu bringen und richtig zu würdigen. So verkennt er z. B. völlig die Bedeutung der Dinge an fich für die kritifche Philofophie; denn es kann doch nur als ein fundamentaler Irrtum bezeichnet werden, wenn er von Kant behauptet: „Er ftellt fich nicht die Frage: Was gehört in unferem Weltbilde uns und was ift realer, objektiver Beftand? fondern er ift nur Sachwalter des Subjekts" (440), oder wenn er erklärt, daß „das Objekt bei Kant nicht bloß entleert, fondern dem Subjekte ganz und gar überantwortet" (441) wird. Nicht minder überfieht Willmann den Umftand, daß auch Begriffe wie Gott, Seele, Zweck in dem kantifchen Syftem fehr reale Funktionen zu erfüllen haben, wenngleich fie andererfeits nur als regulative Prinzipien unferes Denkens gelten follen. Darin liegt nun freilich ein Widerfpruch; deshalb ift aber doch niemand berechtigt, nur die eine Seite der Sache in Betracht zu ziehen, um daraufhin gegen Kant viel zu weitgehende Vorwürfe zu erheben!

Immerhin aber ftimmen wir im Punkte des Subjektivismus der Kritik Willmanns innerhalb gewiffer Grenzen zu; um fo mehr müffen wir dagegen den Urteilen widerfprechen, die er fich gegen den kantifchen Autonomismus erlaubt. Allerdings ift der Zorn wohl begreiflich, den Willmann von feinem Standpunkt aus gegen den autonomen Charakter des kantifchen Syftems empfindet. Denn wer in den höchften Fragen des menfchlichen Denkens die Unterordnung der eigenen Vernunft unter die Autorität des Papftes und der Kirche als der Weisheit letzten Schluß betrachtet, der kann ja wohl nicht anders als fich bekreuzigen vor einem Denker, welcher in Gewiffensfachen mit folcher

Entschiedenheit das Recht des Individuums und des individuellen Denkens vertritt wie Kant. Daß dieser sich dabei in prinzipieller Beziehung durchaus im Rechte befindet, kann freilich keinem Zweifel unterliegen. Denn wenn es auch irgendwo Personen, Lehren, Einrichtungen gäbe, die einen begründeten Anspruch auf absolute Autorität zu machen hätten, so müßte dieser Anspruch doch erst die Prüfung durch unsere eigene Vernunft bestanden haben, ehe wir ihn als gewissenhaft denkende Menschen anerkennen dürfen. Soll also die Entscheidung in den Angelegenheiten, um die es sich hier handelt, nicht der Trägheit, Leichtfertigkeit und dem blinden Glauben anvertraut werden, so kann es naturgemäß für den einzelnen keine höhere Instanz als das eigene Gewissen und die eigene Vernunft geben. Unser Autor aber macht sich das nicht klar, obwohl es eigentlich eine selbstverständliche Wahrheit wenigstens für jeden Vertreter der Philosophie sein sollte. In Ermangelung dieser Einsicht scheut er sich denn nicht, dem kantischen, wie jedem anderen Autonomismus[1]) die schlimmsten Dinge nachzusagen; dabei wird aber zugleich dieses Prinzip in einer Weise in den Vordergrund der kantischen Philosophie gerückt, die der historischen Wahrheit durchaus nicht entspricht „Kant ist eine historische Größe geworden (!), . . . weil er dem die Zeit erfüllenden Autonomismus eine spekulative Gestalt gab, welche die Wortführer desselben freudig überraschte" (391); in seinem System „reift der Same, den alle autonomistischen Bestrebungen der Neuzeit ausgestreut hatten" (397). Kants theoretische Lehren sind wesentlich nur die Konsequenzen seines praktischen Autonomismus, der den Schlüssel zu seiner ganzen Gedankenwelt enthält (395 f.).

Dieser praktische Autonomismus selbst aber verdient nur die rücksichtsloseste Verurteilung; er ist direkt unmoralisch, indem er „das Subjekt von der sittlichen und natürlichen Welt zugleich absperrt" (732) und eine Selbstherrlichkeit des Individuums verkündigt, die von keinen äußeren Schranken mehr gehemmt ist. „Die Neigungen der Hoffart, der Unbotmäßigkeit, der Überhebung sind die Triebfedern" der kantischen „Moral; die Selbstherrlichkeit, die er lehrt, ist auch nur eine Form der Glückseligkeit, ein Schwelgen im eigenen Ich, zu dessen Trabanten sogar Gesetz und Pflicht herabgewürdigt werden, was der Eudämonismus nicht gewagt hatte. Kants Moral ist in Wahrheit potenzierter Eudämonismus, der sich die Larve der Rigorosität vorhält" (483). „So wenig Kants Sprache schlicht und klar ist, so wenig tritt seine Sittenlehre der Selbstsucht entgegen, die vielmehr in ihr recht eigentlich in Schlangenwindungen zur Selbstvergötterung aufklimmt; an Stelle des gemeinen Egoismus setzt sie einen transcendentalen, bei dem das Selbst nicht verstohlen seinen Eingebungen folgt, sondern diese als Gesetze proklamiert, nicht gut und böse umschleicht, sondern zu seinen Beutestücken macht" (502). „Man hat oft die kantische Moral wegen ihrer Reinheit und ihrer wohl-

---

[1]) Mit ganz besonderer Entrüstung wendet sich Willmann auch gegen den Autonomismus Rousseaus (§ 93), von dem der kantische in erster Linie abhängig sein soll (§ 101, S. 397). Die Tiefe der historischen Einsicht, welche sich in dieser Bemerkung ausspricht, wird hoffentlich allgemeine Anerkennung finden.

thätigen Reaktion gegen den erschlaffenden Eudämonismus der Zeit gepriesen und ihren zu weit getriebenen Rigorismus in dieser Kampfesstellung entschuldigt gefunden. Zu diesem Urteile haben die kantischen Deklamationen über die Pflicht, „den erhabenen, großen Namen", sowie: „den bestirnten Himmel über mir, und das moralische Gesetz in mir" viel beigetragen, wie sich auch die Stoiker durch dergleichen Ansehen verschafften. Sieht man aber näher zu, so erscheint die kantische Moral keineswegs als rein und als berechtigt, rigoros zu sprechen. Der Autonomismus ist seiner Natur nach Egoismus, kann also der selbstischen Neigungen nicht Herr werden, da er sie vielmehr auf den Thron setzt, am allerwenigsten der kantische" (478). Die autonomistische Maxime lautet: „Erlaubt ist, was gefällt" (613/14). Die Glückseligkeitslehre und die kantische Moral sind beide in Wahrheit eine bloße „Reproduktion der sophistischen Lehre, daß gut ist, was wir dazu machen" (398). Eine Anbetung des eigenen Selbst ist das Resultat, auf welches der kantische Autonomismus zuletzt hinausläuft. (Vgl. S. 636).

Dieser Auffassung der kantischen Ethik entspricht es nun ganz und gar, daß unser trefflicher Autor in seiner Parteiverblendung auch davor nicht zurückschreckt, selbst den Charakter und im besonderen die Wahrheitsliebe Kants in der schlimmsten Weise zu verdächtigen. Mögen wir anderen auf Grund unleugbarer und bekannter Thatsachen noch so sehr davon überzeugt sein, daß Kant auch als Persönlichkeit eine große und ehrfurchtgebietende Erscheinung ist, so kümmert sich Willmann darum nicht im mindesten. Für ihn ist der Urheber des kritischen Systems ein „gelehrter Egoist" (482), dem es zugleich an wissenschaftlicher Ehrlichkeit und an Aufrichtigkeit seiner Überzeugungen in bedenklichster Weise gebricht. „Schon zu Kants Zeit," so belehrt er uns,[1] „wurde die Frage aufgeworfen, ob er es überhaupt mit seiner Moral ernst meine" (482); wie Willmann selbst diese Frage beantwortet, zeigt die Behauptung, daß Kant mit der ernstesten der Wissenschaften sein Spiel getrieben und seinen Rigorismus selbst verspottet haben soll (483). Bis zum Überdruß wird ferner bei allen möglichen Gelegenheiten der ebenso gehässige wie törichte Vorwurf erhoben, daß Kant ein Sophist gewesen sein soll; einige dieser denkwürdigen Aussprüche lauten folgendermaßen: Kants Philosophie bezeichnet den Höhepunkt der Sophistik, indem sie die Aufklärungsphilosophie zur Vollendung bringt (350); seine Freiheitslehre beruht auf sophistischer Aneignung einer ihm fremden Anschauungsweise (429); seine ganze sophistische Kunst bietet er auf, um den Seelenbegriff als Fiktion nachzuweisen (435); er ist Meister in dem Messen mit doppeltem Maße und wendet die Begriffe, wie er sie eben braucht (437); seine Postulatenlehre ist ein Scheinmanöver und sophistisches Blendwerk (500), mit dem er bestenfalls die Lehre von der doppelten Wahrheit erneuert hat (486; 840).

Denn Kant selbst glaubte keineswegs an die Ideen, deren Realität seine praktischen Postulate doch feststellen sollten, an Gott so wenig wie an Un-

---

[1] Nach einem Beweis für diesen Satz suche ich freilich in den hierfür in Betracht kommenden späteren Ausführungen (§ 110, 7) vergeblich.

sterblichkeit (494); im Gegenteil war seinem Autonomismus die Beseitigung
der Ideen von Gott, Kosmos und Seele die Hauptangelegenheit (461); daß
er sie aber trotzdem als Postulate für diejenigen stehen ließ, „die in Ansehung
gereinigter Religionsbegriffe eingeschränkt sind"" (vom Verf. cit.), ist ein Umstand, der „den kantischen Atheismus so viel widerwärtiger macht, als es
etwa der unverlarote humesche ist" (493). Schon mancher Bube hatte mit
Steinen nach diesen Ideen geworfen, aber weder Protagoras noch die Mate-
rialisten erkühnten sich, sie als notwendige Fiktionen nachzuweisen, wodurch
die Vernunftkritik das Werk des Materialismus vollendet (425).

Mit dieser Doppelzüngigkeit (540), Verlogenheit und Heuchelei (492)
verbindet sich nun bei Kant eine völlige Unwissenschaftlichkeit des philosophischen
Denkens. Wie sollte er auch im stande gewesen sein, im Geiste wahrer Wissenschaft zu arbeiten, da er bei seinen Untersuchungen von der armseligen Philosophie der Aufklärungsperiode ausging, anstatt aus dem Jungbrunnen ari-
stotelisch-scholastischer Weisheit zu schöpfen. So fehlt es denn seinen Lehren
an einer gesicherten historischen Grundlage, ohne die es nicht möglich ist, zu
festen Begriffen zu gelangen. Weil er bei seinem Mangel an geschichtlichem
Sinn „nirgend in die Gedankenbildung der echten Denker wirklich eindrang,
entging ihm der Einblick in die Verschränkung der Probleme" (511).
Er „weiß von seinen Vorgängern so gut wie nichts und die Folge ist, daß er
auf den Wellen treibt, ein Spielball der Wogen des bewegten Zeitgeistes"
(510). In der vorkritischen Periode ist er allerdings von den Zeitbestrebungen
noch nicht beirrt (430). Nachdem ihn aber der kritische Taumel erfaßt hat
(413), verliert er allen festen Boden unter den Füßen und erscheint im Bann-
kreise der Revolution (569). Daher trägt seine Philosophie einen durchaus
revolutionären Charakter an sich; sein wissenschaftliches Verfahren ist gewaltsam,
tumultuarisch und höchst unkritisch (408, 511, 512); er verstößt gegen die elementarsten Forderungen der Wissenschaft; seine Kritik und der englische Em-
pirismus haben mit ihrem Autonomismus die Unwissenschaftlichkeit in den
Wissensbetrieb eingeschleppt (922); Logik und Vernunftkritik schließen sich
völlig aus (660); letztere zeigt einen antiphilosophischen Charakter (607) und
ist nicht nur selbst „unwissenschaftlich, sondern zerstört die Wissenschaft von Grund aus; ihre Methode ist nicht bloß Unmethode, sondern
der Tod aller Methode" (527).

Daß Kant bei einem derartigen Charakter seiner Philosophie zu keinen
Resultaten von bleibender Bedeutung gelangen konnte, ist selbstverständlich.
Seine gesamten Werke enthalten nicht so viel Weisheit, als der tiefsinnige
Hamann in seiner Metakritik über den Purismus der reinen Vernunft niedergelegt hat (617/18). Wenn die Vernunftkritik überhaupt einen Wert besitzt,
so besteht er nur darin, „daß sie ein Objekt der Kritik ist, an dem diese
mehr lernen kann als an minder verfehlten Formen des unechten Idealismus.
Sie ist der apagogische Beweis für die Richtigkeit der idealen Welterklärung:
sie führt die Leugner der intelligiblen Prinzipien ad absurdum, denn
ein absurdum, wie es die Geschichte der Philosophie etwa nur noch im
Spinozismus aufzuweisen hat, ist das Gewebe von Widersprüchen, Fiktionen

und Sophismen, welches die Transcendentalphilosophie vor uns hin-
breitet" (528).

Diese Mitteilungen werden genügen, um dem Leser eine anschauliche
Vorstellung von dem Bilde zu verschaffen, welches Willmann uns von Kant
und seiner Philosophie entwirft; wir haben dabei den Autor selbst möglichst
zu Worte kommen lassen und seine Äußerungen nur selten mit kritischen Bemerkungen unterbrochen. Auch jetzt ist es keineswegs unsere Absicht, dem, was
Willmann sagt, eine ausführliche Beurteilung zu widmen. Es hieße wahrhaftig, seinem Pamphlet zu viel Ehre anthun, wenn man die in ihm vorgetragenen Anschauungen im einzelnen widerlegen wollte. Glücklicherweise ist
ja die Kenntnis der Philosophie und der Persönlichkeit Kants bei uns zu weit
verbreitet, als daß man befürchten müßte, es würde der Schmutz, mit dem
Willmann beide beworfen hat, an ihnen haften bleiben. Für diejenigen aber,
die Kant ferner stehen, mag es klar und deutlich ausgesprochen werden, daß
Willmanns Urteil in sachlicher Beziehung zum weitaus größten Teil völlig
unhaltbar und in anderer Hinsicht der Ausfluß einer Gesinnung ist, die unmöglich auf Sympathie rechnen kann und von Gerechtigkeitsgefühl weit entfernt ist. Denn was diesen letzteren Punkt im speciellen anbelangt, so fehlt
es dem, der in der Weise Willmanns Kant die Aufrichtigkeit der Überzeugung
und die Lauterkeit der Gesinnung abspricht, ohne Zweifel an der Gewissenhaftigkeit wie der Rücksicht auf den wahren Sachverhalt, die als Grundlage
für die Würdigung fremder Persönlichkeiten unbedingt auch vom Gegner verlangt werden müssen. Aber selbst das rein theoretische Urteil über die kritische
Philosophie läßt die gleichen Eigenschaften nur gar zu sehr vermissen, sonst
wäre es trotz allen Gegensatzes nicht möglich, Kant in solchem Maße die
wissenschaftliche Größe und seiner Philosophie die sachliche Bedeutung abzusprechen. Denn das Bewußtsein beider Momente drängt sich dem aufmerk-
samen und verständnisvollen Leser der kantischen Werke schon nach kurzer Zeit
mit unwiderstehlicher Gewalt auf.

Unser Autor freilich hat es sich nicht angelegen sein lassen, die kantische
Philosophie mit der Gründlichkeit zu studieren, welche für eine kritische Beurteilung derselben durchaus erforderlich ist. Daß er in der That nur ein sehr
unzureichendes Verständnis seines Gegenstandes besitzt, geht schon aus dem
bisher Gesagten mit ziemlicher Deutlichkeit hervor; um es aber noch genauer
zu beweisen, erörtere ich in aller Kürze die kritische Auffassung, die er von
Kants erkenntnistheoretischen Untersuchungen entwickelt. Dabei mag zuvor im
allgemeinen bemerkt werden, daß Willmann ebensowenig wie andere Vertreter
seiner Richtung im stande ist, überhaupt ein inneres Verhältnis zu den erkenntnistheoretischen Bestrebungen der neueren Philosophie zu gewinnen. Vielmehr steht er den so überaus bedeutsamen Leistungen, welche die Neuzeit auf
diesem Gebiete hervorgebracht hat, und insbesondere allen idealistischen Lehren
ohne jedes Verständnis und völlig ratlos gegenüber. Er kommt jedoch so
wenig zum Bewußtsein der Unzulänglichkeit seiner Einsicht, daß er glaubt,
von seinem aristotelisch-scholastischen Standpunkt aus über diese tiefsinnigen
Untersuchungen einfach den Stab brechen und sie für ganz verfehlt erklären

zu können. Die Realität der Sinnenwelt zu bezweifeln, ist in seinen Augen ein törichtes und zugleich ein irreligiöses Beginnen, da niemand, der sich die Weisheit des Evangeliums vergegenwärtigt, auch nur auf Augenblicke die Sinnenwelt preisgeben wird (237). Die Lehre von der Subjektivität der Sinnesempfindungen, die ohne Zweifel als eines der sichersten Ergebnisse der erkenntnistheoretischen Forschungen angesehen werden darf, ist nach Willmann weiter nichts als ein gangbarer Irrtum (584), den er mit vornehmer Handbewegung zur Seite schiebt, ohne sich irgendwie auf eine Untersuchung der Sache selbst einzulassen. Der noch viel weiter gehende Idealismus der kantischen Philosophie, welcher insbesondere auch Raum und Zeit für bloße Formen unserer Vorstellung erklärt, ist daher in seinen Augen einfach eine Absurdität, die nicht ernst genommen zu werden verdient.

Kant würde auch bei seinen erkenntnistheoretischen Untersuchungen nicht auf so törichte Gedanken gekommen sein, wenn er historisch besser orientiert und namentlich über Begriffe wie Potenz und Aktus unterrichtet gewesen wäre. Die aristotelische und scholastische Lösung des Erkenntnisproblemes hätte ihm auf alle seine Fragen Antwort geben können (379, 380); in seiner Inauguraldissertation von 1770 finden wir ihn auf dem Wege zum echten Idealismus; da er aber Augustinus nicht kennt und bei ihm keinen Anschluß sucht, so gelangt er nicht zum Ziele (382). Aus den gleichen historischen Gründen mißlingt ihm auch seine Erklärung der Mathematik und nimmt eine subjektivistische Richtung an, die mit der Vergewaltigung des Problems endet (385). Die berühmte Frage nach der Möglichkeit synthetischer Urteile a priori, in der Kant so große Schwierigkeiten findet, ist in Wahrheit sehr leicht und einfach zu beantworten: „Erweiterte, also synthetisch Zuwachs gewährende Erkenntnis einer Sache ohne neuerliche Erfahrungen darüber können wir durch Eindringen in deren Wesen gewinnen, in das wir durch Untersuchung seines Begriffes einzublicken vermögen" (410).[1] Anstatt diese einfache Selbstverständigung vorzunehmen, hat Kant Erkenntnisformen a priori untergeschoben, „nicht ohne sich zu dieser Entdeckung freudigstolz zu beglückwünschen" (ebd.). Dabei ist sein „Vorgehen so tumultuarisch, daß das neue Prinzip gar nicht einmal als Schlüssel für die aufgeworfenen Fragen erprobt wird. Warum[2] ist denn 7 + 5 = 12? Warum[2] ist die gerade Linie der kürzeste Weg? Die Antwort bei Kant ist, weil Zahl und Raum[3] unsere Erkenntnisformen sind" (412). Indem er die Mathematik auf die Anschauung zurückführt,

---

[1] Danach sind wir also im stande, das Wesen einer Sache a priori und synthetisch aus ihrem bloßen Begriff zu erkennen, ohne die Sache selbst zu untersuchen! Fürwahr, eine treffliche Lösung des kantischen Problems!

[2] Dieses Warum ist wieder besonders charakteristisch für die Sachkenntnis Willmanns. Kant fragt nicht nach dem objektiven Grunde der Sache, sondern nach dem subjektiven Grunde für die Möglichkeit solcher Urteile.

[3] Daß die Zahl eine Erkenntnisform wie der Raum sein soll, zeigt von neuem die Unklarheit, in der sich Willmann über Grundbegriffe der kantischen Lehre befindet.

findet er den Grund ihrer Exaktheit in der Phänomenalität (statt Apriorität!!) des Raumes (524). Wie hier, so verwechselt unser Autor auch an anderer Stelle die Apriorität und Subjektivität des Raumes mit einander, obwohl beides doch grundverschiedene Dinge sind. Die berühmten Beweise nämlich, die Kant für die Apriorität und Anschaulichkeit der Raumesvorstellung an-führt, sind nach seiner Auffassung Beweise für die Subjektivität des Raumes, wie das S. 414 breit und ausführlich dargethan wird; es liegt hierbei also nicht etwa ein bloßes Versehen, sondern offenbar ein völliges Mißverständnis und eine Unwissenheit vor, die das Maß des Erlaubten durchaus überschreitet.

Denn bei der Lehre von Raum und Zeit handelt es sich ja nicht um eine für das Ganze des Systems nebensächliche und gleichgültige Angelegenheit, sondern um eine der wichtigsten Grundlagen und einen der wesentlichsten Be-standteile der gesamten kantischen Philosophie. Wer in diesem Stücke eine so grobe Unkenntnis bekundet, erbringt damit den Beweis, daß ihm die Tiefen des kantischen Systems noch völlig verschlossen sind; wer aber außerdem noch durch eine ganze Reihe anderer Äußerungen zeigt, daß er nicht wirklich in das Innere von Kants Gedankengang eingedrungen ist, wie sich das für jeden Kenner aus unseren Mitteilungen klar und deutlich ergiebt — von dem darf man in der That sagen, daß er nicht dazu berufen ist, in Sachen der kantischen Philosophie mitzureden; wenn er dies trotzdem thut, ja sogar den Anspruch erhebt, mit seiner Kritik das ganze kantische System zum Sturz bringen zu wollen, so weiß man in der That nicht, ob man mehr über die wissenschaftliche Unzulänglichkeit oder die Anmaßung erstaunt sein soll, die in einem solchen Verfahren sich bekundet; jedenfalls aber verdient eine derartige Kritik nichts anderes, als mit der rücksichtslosen Schärfe abgewiesen zu werden, wie es hier geschehen ist. —

Den Ausführungen über die kantische Philosophie folgen noch drei große Abschnitte, in denen die Stellung des Idealismus in der nachkantischen Zeit geschildert wird. Auch in ihnen kommt natürlich derselbe Geist zum Ausdruck, den wir in den vorhergehenden Teilen kennen gelernt haben; aber das Urteil des Verfassers ist im allgemeinen milder und ruhiger geworden, da er sich mit den wissenschaftlichen Erscheinungen dieser Epoche eher befreunden kann. In der nachkantischen deutschen Philosophie werden wenigstens „Anfänge zur Wiedergewinnung der idealen Prinzipien" gemacht; zwar bewegen sich auch die Fichte, Schelling, Hegel, Schleiermacher mit ihren philosophischen Unter-suchungen meistenteils noch auf sehr verkehrten Bahnen; aber es fängt bei ihnen doch an besser zu werden. Fichte weist wenigstens hin auf die Idee des Lebens (542, 550, 552) und nähert sich dem Neuplatonismus an (539, 547 ff.); Schelling dringt zu den idealen Prinzipien vor und betont den Be-griff des Organischen (586); Hegel führt die Philosophie aus den Niederungen des Nominalismus heraus und erwirbt sich durch seine Kritik der Engländer und des nominalistischen Elementes bei Kant ein unzweifelhaftes Verdienst (566); auch seinem Eingehen auf den Neuplatonismus verdanken wir wertvolle Anregungen (567/8). Schleiermacher stellt sich auf den Boden eines ver-nünftigen Realismus, wenn er das Wissen als die Übereinstimmung des

Denkens und Seins erklärt (587), und kommt auch in der Ethik zu richtigeren Anschauungen, als sie sich bei seinen autonomistischen Vorgängern finden (588 f.). Auch über Herbart wird nicht ohne Anerkennung gesprochen, da in dessen Philosophie neben den schlechten Einflüssen des englischen und kantischen Nominalismus ein höheres Element wirkt, das er den Alten verdankt (597). Ein ganz besonders günstiges Urteil aber fällt Willmann über Trendelenburg (672 ff.), der mit seiner Wiedererneuerung der organischen Weltanschauung eines Plato und Aristoteles durchaus das Richtige getroffen hat; nur in einem Punkte ist er hinter seinen eigenen Forderungen zurückgeblieben, indem er es nicht vermocht hat, den christlichen Aristotelismus des Mittelalters in seiner Bedeutung zu würdigen; „hier liegt bei ihm protestantische Befangenheit vor, die ihn an dem wirklichen Anschlusse an die philosophia perennis hindert" (677).

Neben und vor diesen Denkern hat auch der deutsche Classicismus dazu beigetragen, Aufklärung und Vernunftkritik zu überwinden und den Idealismus in seine Rechte allmählich wieder einzusetzen; in diesem Sinne haben die Hamann, Herder, Goethe, Schiller, Jean Paul gewirkt; sie alle müssen dem Verfasser als Kronzeugen gegen die kantische Philosophie dienen, obwohl Schiller in der Hauptsache ein Anhänger Kants und die anderen viel zu unphilosophische Köpfe waren, als daß man sich auf sie berufen könnte, um Kant zu widerlegen. Aber in seinem blinden Hasse gegen den Urheber der kritischen Philosophie ist Willmann eben jedes Mittel recht, das sich ihm im Kampfe nur immer darbieten will; daher erklärt es sich auch, daß Goethe, der doch für den Ultramontanismus in der Regel ein besonderes Ärgernis zu sein pflegt, hier mit einer Achtung und Vorliebe behandelt wird, die für die Kampfesweise des Verfassers überaus bezeichnend ist. Daß in demselben Zusammenhang auch der Graf Fr. Stolberg, der Convertit, und sein Gesinnungsverwandter Johann Georg Schlosser, der Schwager Goethes, gegen Kant ausgespielt werden, wird der Leser bei der religiösen Stellung dieser hervorragenden Denker nach allem Gesagten wohl nur recht und billig finden.

Der Erwähnung so untergeordneter Größen entspricht es auf der anderen Seite, daß Männer, die eine wichtige Rolle in der philosophischen Bewegung des 19. Jahrhunderts gespielt haben, ganz übergangen werden; da der Verfasser eine Geschichte des Idealismus schreibt, ist er freilich nicht verpflichtet, die gesamte Entwickelung der Philosophie zur Darstellung zu bringen; aber doch ist es bei der sonstigen Einrichtung seines Werkes ein zum mindesten willkürliches Verfahren, wenn er es nicht für nötig hält, Männer wie Fries, Krause und Beneke überhaupt zu erwähnen. Auch Schopenhauer kommt in dem ganzen Werke nur an einer Stelle vor, wo jedoch bloß eine seiner Äußerungen über Kant citiert und er aller Wahrheit und Gerechtigkeit zum Trotz als ein flunkernder Modephilosoph (noch dazu aus der Zeit Herbarts!) bezeichnet wird (415); diese ehrenvolle Erwähnung geschieht jedoch, ohne daß der Verfasser den Namen Schopenhauers nennt; er unterläßt dies offenbar, um dadurch seine ganze Verachtung des verhaßten Denkers zum Ausdruck zu bringen. Die Entwickelung der Philosophie in der zweiten Hälfte des 19. Jahrhunderts wird überhaupt nicht berücksichtigt, wenn wir von dem absehen, was

etwa über Trendelenburg und die „Erschließung des scholastischen Realismus"
(860 - 886) in dieser Zeit gesagt wird. Auch auf die Leistungen der modernen
philosophiegeschichtlichen Forschung einzugehen, hält Willmann für überflüssig,
obwohl er der historischen Philosophieforschung einen eigenen Paragraphen
(117, S. 784—810) widmet; zwar werden hier die Arbeiten eines Fr. Schlegel,
Windischmann, Staudenmaier, die auf christlichem Standpunkt stehen, ausführlicher gewürdigt, auch einige andere ältere Forscher erwähnt, aber Zeller,
Kuno Fischer und sonstige moderne Historiker ganz unbeachtet gelassen.

Der Verfasser wählt eben seinen Stoff in den letzten Abschnitten seines
Werkes ganz nach den speciellen Gesichtspunkten aus, die ihn gerade hier
leiten; es kommt ihm darauf an, den geschichtlichen Beweis zu erbringen,
(den er freilich durchaus schuldig bleibt), daß sich im Laufe des 19. Jahrhunderts in immer größerem Umfang eine Rückkehr zu katholischen Anschauungen vollzieht und dadurch die Überlegenheit des wissenschaftlichen Standpunktes der Scholastik vor der Pseudowissenschaft der modernen Zeit vor aller
Welt bekundet wird. In diesem Sinne sucht er daher sehr verschiedene wissenschaftliche Leistungen in eine ursächliche Verbindung mit dem Vorhandensein
katholischer Überzeugungen oder wenigstens katholischen Einflusses zu bringen,
auch wenn der konstruierte Zusammenhang noch so künstlich ist. So soll der
Renegat Fr. Schlegel, der natürlich ganz besonders hoch gestellt (551, 689,
793 ff.) und von dem gesagt wird, daß sich alle aufwärts strebenden Elemente
der Zeit in ihm vereinigen (752), zu seinen sprachwissenschaftlichen Entdeckungen
durch seinen gläubigen Standpunkt befähigt worden sein (753); die Anfänge
des Sanskritstudiums werden als ein Nebenerfolg christlicher Bestrebungen
bezeichnet (754), und die Leistungen Bopps, des Begründers der vergleichenden
Sprachwissenschaft, mit der Thatsache in Verbindung gebracht, daß er zwar
nicht Katholik, aber doch wenigstens auf dem katholischen Gymnasium in
Aschaffenburg gewesen ist (757).

Mit solchen Mitteln läßt sich natürlich alles beweisen; aber im Grunde
bedarf es für Willmann überhaupt keiner Beweise, um die Vorzüge des
katholischen Standpunktes vor allen sonstigen Anschauungen darzuthun. Für
ihn steht es ein für allemal fest, daß nur auf dem Boden des Katholicismus
wahre Wissenschaft zu gedeihen vermag: Nur die richtige Würdigung des
Mittelalters, welches seit den Zeiten der „Glaubensneuerung" nicht mehr verstanden worden ist, macht es möglich, daß sich die Gesellschaftslehre dem
Autonomismus entwindet und den großen Problemen des Rechts, des Staates,
der Arbeit gerecht wird (717). Nur vom christlichen Standpunkt aus läßt
sich der Offenbarungsgehalt (!) der vorchristlichen Religionen begreifen (770);
das Heidentum ist nicht zu verstehen, wenn nicht „der Standort in der Kirche
genommen wird, die über die Heidenwelt triumphiert hat. Mit der Ab-
wendung von ihr muß sich alle Religionsgeschichte, ja alle Geschichte zu einem
verzerrten Bilde gestalten" (777). „Das nominalistische Verfahren, welches
durch Vergleichung verschiedener Religionen, ohne Verwendung des Maßstabes
von wahr und falsch, echt und unecht, den Begriff der Religion erst zu bilden
sucht, kann niemals zum Wesen der Sache vordringen" (772). Der empirisch-

vergleichende Religionsforscher, der nicht auf dem christlichen Standpunkt steht, ist dem Blinden ähnlich, der über die Farbe reden will (782). Die Kirche trägt in ihrem Organismus einen für jede Gemeinschaft vorbildlichen Charakter an sich und erschließt uns daher erst das Verständnis für die Familie wie für die Volksgemeinschaft (954). Die Wissenschaft vollendet sich in dem Glauben, wie ihn die Kirche lehrt; „die rationale Gewißheit wird ergänzt durch die spirituelle, welche der Glaube mit sich führt ... Daß sich unsere Vernunfterkenntnis zum Kreise zusammenschließt, werden wir erst ganz inne, wenn wir sehen, daß sie von einem übervernünftigen, durch Offenbarung uns erschlossenen Elemente überwölbt ist" (937).

Will daher die moderne Philosophie und Wissenschaft nicht fernerhin auf den Bahnen des Irrtums wandeln, so muß sie sich entschließen, auf den Standpunkt des katholischen Glaubens zurückzukehren; erst wenn dies geschehen ist, wird sie befähigt sein, Leistungen von dauerndem Werte hervorzubringen und wirklichen Segen zu stiften. Dann wird auch der beklagenswerte und auf Mangel an wahrer historischer Einsicht beruhende Irrtum verschwinden, als wäre es die von der Kirchenlehre unabhängige Forschung gewesen, der wir hauptsächlich die Fortschritte der Wissenschaft und im besonderen der Philosophie in den letzten drei Jahrhunderten verdanken; wird sich auch nicht völlig in Abrede stellen lassen, daß die Früchte der modernen Erkenntnis vielfach außerhalb der Mauern der Kirche gereift sind, so wird doch vom Standpunkt weltgeschichtlicher Betrachtung aus der Anteil des Katholicismus an der wissenschaftlichen Arbeit der neueren Zeit ganz anders eingeschätzt werden müssen, als es heutzutage noch in nichtkatholischen Kreisen geschieht.

Ob nun diese Auffassung von irgend einer künftigen Entwickelungsperiode bestätigt werden wird oder nicht, läßt sich freilich nicht mit absoluter Sicherheit ausmachen; wenn aber nicht eine totale Veränderung aller in Betracht kommenden Verhältnisse eintritt, so ist nach unserem Dafürhalten nicht die mindeste Aussicht vorhanden, daß sich die Erwartungen Willmanns jemals erfüllen werden. Doch wie immer sich die Zukunft gestalten mag, so steht jedenfalls die Thatsache fest, daß über den Wert oder Unwert wissenschaftlicher Leistungen nach ganz anderen Gesichtspunkten als der zufälligen Anschauung einer bestimmten Zeitperiode zu urteilen ist. Daher können auch wir nur von dem Standpunkte sachlicher Überzeugung aus zu der von Willmann vorgetragenen Auffassung der modernen Philosophie und ihres Verhältnisses zu der katholischen Wissenschaft Stellung nehmen. Urteilen wir nun in diesem Sinne, so soll uns unser Gegensatz zu Willmann zwar nicht abhalten, seinem Buche gewisse Vorzüge zuzugestehen: ohne Zweifel hat er eine große Fülle historischer Erscheinungen in den Kreis seiner Betrachtung gezogen und dadurch zur Erweiterung unseres geschichtlichen Horizontes mit beigetragen; auch kann man seinen kritischen Bemerkungen über einzelne Philosophen, wie schon anfangs gesagt worden ist, des öfteren sehr wohl beistimmen; aber das hat doch nur wenig zu bedeuten gegenüber dem Umstande, daß wir das Werk im ganzen und in prinzipieller Hinsicht schlechthin ablehnen und auf das allerschärfste zurückweisen müssen. Was uns von Willmann als eine Darstellung des Idealismus der Neuzeit geboten wird, ist in der Hauptsache ein historisches Zerrbild, wie es schlimmer kaum gedacht werden kann. Daß die lebenskräftige, zukunfts- volle und allein Beachtung verdienende Philosophie der letzten Jahrhunderte auf seiten des Katholicismus gesucht werden müsse, kann angesichts der that- sächlichen Entwickelung der Dinge nur als eine ungeheuerliche tendenziöse Entstellung der historischen Wahrheit bezeichnet werden. Wer etwas Derartiges behauptet und seine Behauptung in der von uns zur Genüge charakterisierten Weise Willmanns zu begründen sucht, der diskreditiert nur sich selbst und zugleich den Standpunkt, den er vertritt. Es mag ja sein, daß dieser Angriff auf die moderne Philosophie bei vielen Gesinnungsgenossen des Verfassers ent- schiedene Zustimmung und lauten Beifall findet: wir möchten aber kaum glauben, daß die einsichtigeren und ruhiger urteilenden Elemente im katholischen Lager an dem Werke eine besondere Freude haben werden. Denn auch sie werden sich dem Eindruck nicht entziehen können, daß die Ausführungen Willmanns dem Katholicismus nicht zur Ehre gereichen und weit davon entfernt sind, eine ernst zu nehmende Widerlegung der neueren Philosophie zu liefern. Sollten wir uns in dieser Meinung aber wider Erwarten täuschen, so würde uns das in unserem eigenen Urteil über das Werk nicht im mindesten irre machen; vielmehr würden wir dann nur genötigt sein, den Schluß zu ziehen, daß eine allgemeine Billigung des Buches in katholischen Kreisen für den Katholicismus nur um so schlimmer und eine entschiedene Verstärkung des Beweises wäre, den Willmann für die wissenschaftliche Rückständigkeit der von ihm vertretenen Richtung mit so großem Erfolge geführt hat.

* * *

Saxo Grammaticus. Die ersten neun Bücher der dänischen Geschichte. Übersetzt und erläutert von Hermann Jantzen. Berlin, E. Felber, 1900. (XIX, 533 S.)

Durch die nachträgliche Verhinderung eines Referenten ist es jetzt erst möglich, das vorliegende, für den Kulturhistoriker wichtige Werk anzuzeigen. Jantzens Übersetzung verfolgt nicht streng wissenschaftliche Ziele, sie will weitere Kreise mit einem Werk bekannt machen, das für die Kenntnis der germanischen Vorzeit von größter Bedeutung ist, dessen Verbreitung aber bisher durch die lateinische, übrigens eigenartige Sprache des Originals bei uns gehindert war, während in Dänemark sehr früh Übersetzungen erschienen. Weil vor allem die kulturgeschichtliche Seite des Werkes und seine Bedeutung für die Sagengeschichte dem großen Publikum vermittelt werden sollte, läßt die Über- setzung den zweiten Teil des Werkes, den eigentlich historischen, der übrigens für die Kenntnis der politischen Geschichte jener Zeit die zuverlässigste Quelle ist, beiseite und beschränkt sich auf die neun ersten Bücher, die sagenhafte Urgeschichte, für die sich Saxo wesentlich auf die Volksüberlieferung stützte.

Die Ergiebigkeit dieses Teiles „für Volks- und Heldensage, für Mytho- logie und besonders für die Geschichte der Götterauffassung, für Kulturge- schichte und Volkskunde" zeigt z. B. das fleißige Register, das Jantzen seiner

Übersetzung beigefügt hat und „das in knappster Form einen zusammenfassenden
Überblick über den reichen Inhalt an volkskundlich-kulturgeschichtlichen Überlieferungen bei Saxo geben soll". Auch der Forscher, der Saxo als Quelle
kennt, wird für dies Register dankbar sein. Die gut gelungene Übersetzung begleiten knappe erläuternde Anmerkungen, die allerdings für die meisten Leser
nötig sein werden, übrigens keineswegs erschöpfend sein sollen. Wir stehen
nicht an, dem Werke Jantzens weite Verbreitung zu wünschen.

Georg Steinhausen.

**R. Wossidlo, Mecklenburgische Volksüberlieferungen. II. Band:
Die Tiere im Munde des Volkes. I. Teil. Wismar, Hinstorff, 1899.
(XIII, 504 S.)**
Den ersten Band des verdienstlichen Werkes hatten wir in dieser
Zeitschrift ausführlicher besprochen. Wenn wir mit der Anzeige des neuen
Abschnitts solange gezögert haben, so geschah es, weil wir immer noch die
stille Hoffnung hegten, daß weitere Bände diesem in Kürze folgen würden.
Da es bis heute nicht geschehen ist, sei hiermit kurz aber nachdrücklich
auf die Sammlung hingewiesen. Wossidlo hat mit einer fast beispiellosen
Aufopferung alle seine Kräfte in den Dienst der mecklenburgischen Volkskunde
gestellt und dabei ein Material zusammengebracht, das die kühnsten Hoffnungen übertrifft, freilich auch sein Werk trotz selbstloser Beschränkungen auf
eine stattliche Reihe von Bänden anschwellen und dadurch den Abschluß ver-
zögern wird. Immerhin ist es gut, wenn wenigstens ein volkskundlich ganz
besonders aufschlußreiches Gebiet, wie Mecklenburg, gründlich abgegrast wird.
Der zweite Band des Werkes sollte nach dem Plan, den der Herausgeber
entwarf, das Tier- und Naturleben im Munde des Volkes behandeln. Statt
dessen bringt dieser stattliche Halbband nur einen geringen Teil des Stoffes:
Tiergespräche, Tiersprüche und die auch für den Sprachforscher interessanten
Deutungen von Tierstimmen, Anrufe an Tiere sowie Sagen und Märchen, die
mit den genannten Elementen arbeiten. Da staunt man denn über die Fülle
des Mitgeteilten, das immer wieder von neuem interessant erscheint. Das
durch Rückerts Umdichtung allgemein bekannte Schwalbenlied erscheint
hier in einer Unzahl von Varianten, die mit der größten Treue das
Schwalbenzwitschern wiederzugeben oder sich in die Seele des lieben Haus-
vogels hineinzuversetzen scheinen. „As ik wecketöök, as ik wecketööch,
wier huus un schüün vull; as ik wedderkeem, as ik wedderkeem, wier alles
verslickslaksiliert."
Natürlich begnügt sich W. auch hier nicht damit, Material zu sammeln.
sondern weist in einem außerordentlich reichhaltigen Anhang auch die Verbreitung der einzelnen Typen nach, insbesondere für Deutschland. Dem eifrigen,
selbstlosen Sammler wünschen wir auch heute von Herzen guten Fortgang
seines Unternehmens.

Würzburg.   Robert Petsch.

F. Tetzner, Die Slowinzen und Lebakaschuben. Land und Leute, Haus und Hof, Sitten und Gebräuche, Sprache und Litteratur im östlichen Hinterpommern. Mit einer Sprachkarte und 3 Tafeln Abbildungen. (Auch unter dem Titel: Beiträge zur Volks- und Völkerkunde, 8. Band.) Berlin, Emil Felder, 1899. (VIII, 272 S.)

Die Beiträge zur Volks- und Völkerkunde haben uns schon manche für die Kulturgeschichte sehr wichtigen Arbeiten gebracht. Hier erscheint zum ersten Mal der Versuch einer allseitigen Beschreibung eines eigenartigen, im Absterben begriffenen Stammes. Tetzner ist ein ausgezeichneter Kenner der Kaschubei und hat sich an Ort und Stelle mit offenen Augen tüchtig umgesehen. Er hat auch die ziemlich ansehnliche, meistens von Geistlichen herrührende Litteratur über die evangelischen Anwohner des Lebasees im östlichen Hinterpommern (denn von diesem handelt sein Buch) gründlich durchgearbeitet, ein Verzeichnis dieser Schriften gegeben und, was bei ihrer Seltenheit höchst dankenswert ist, umfängliche Stücke daraus abgedruckt. Dadurch kommen wir auch in die Lage, verschieden klingende Schilderungen des Volkscharakters der Kaschuben zu hören, denen Tetzner erheblich mehr Sympathie entgegenbringt als die meisten seiner Vorgänger. An der Hand der Chroniken und mündlicher Berichte, die ihm ältere Eingeborene liefern konnten, schildert er das allmähliche, besonders in der ersten Hälfte des 19. Jahrhunderts von der preußischen Regierung begünstigte Absterben der Kirchensprache. Auch hier zeigt sich, wie so oft, daß gerade diejenigen Merkmale, die einen Stamm am stärksten von seinen Nachbarn unterscheiden, Sprache und Tracht, sich im allgemeinen am schnellsten verlieren, wenn das Volk überhaupt nicht mehr die Energie hat, seine Eigenart kräftig zu behaupten. Viel länger dagegen bleiben die weniger auffälligen Besonderheiten, namentlich Sitten und Bräuche bestehen. Und über das tägliche Leben dieser Fischerbevölkerung giebt uns das Buch reichliche, wenn auch bisweilen etwas trockene Belehrung. Wir verleben mit den Kaschuben einen Tag „in den Klucken", lauschen ihren, zum großen Teil wohl von Polen her eingewanderten Märchen und hören, daß auch hier gerade diejenigen Sagen sich festgesetzt haben, die sich am leichtesten an den Beruf des Volkes und an die Beschaffenheit des Landes anknüpften. An Volksliedern scheint die Kaschubei nicht reich zu sein, doch ist aus Deutschland manches eingewandert, und besonders schwermütige Texte und Weisen scheinen bevorzugt zu werden. Die am Schluß gegebene Charakteristik der kaschubischen Sprache macht das Buch auch für den Linguisten interessant und wertvoll.

Würzburg.   Robert Petsch.

*

Georg Hager, Die Weihnachtskrippe. Ein Beitrag zur Volkskunde und Kunstgeschichte aus dem Bayerischen Nationalmuseum. München 1902. Kommissionsverlag der Gesellschaft für christliche Kunst.

Der Neubau des Bayerischen Nationalmuseums birgt in seinem zweiten Obergeschoß eine eigen- und einzigartige Sammlung: Weihnachtskrippen und

deren Teile in einer überaus großen Menge, aus Deutschland, Tirol und Österreich, vor allem aber auch aus Italien. Diese kostbare Sammlung hat in viel-
jährigem Sammelfleiß ohne Rücksicht auf Mühe und Kosten Kommerzienrat
Max Schmederer in München zusammengebracht. Als ein hochherziges Geschenk
ziert sie, ungemein malerisch aufgestellt, wie schon gesagt, das neue Bayerische
National-Museum. Diese Sammlung hat den Anlaß zu dem vorliegenden
Buche gegeben. Der Verfasser, Konservator an dem genannten Museum, hat
die überaus dankbare Aufgabe, die Weihnachtskrippe, die vorwiegend in den
bayerischen Landen im weiteren Sinne und in Süd- und Mittelitalien gepflegt
wurde, im Anschluß an die die Weihnachtssitten und -spiele behandelnde
Litteratur, der Untersuchung und Beschreibung zu unterziehen, in glücklichster
Weise gelöst. In ganz folgerichtiger Weise wird in der Geschichte der Krippe
diese aus den alten Weihnachtsmysterien abgeleitet und damit ihr Bestehen
bis in frühchristliche Zeiten zurückgeführt. Das Vorkommen der Krippe, mit
besonderer Beachtung der Weihnachtspoesie in deutschen Landen, wird dann
beschrieben. Den künstlerisch reichsten Ertrag liefern die italienischen, vornehmlich die neapolitanischen und sizilianischen Krippen, während volkskundlich
die deutschen die reichere Ausbeute liefern dürften. Nicht unterlassen sei, auf
die außerordentlich warme und feinfühlige Art hinzuweisen, mit der Hager
seinen Stoff bemeistert. Abgesehen von der Gründlichkeit des Forschers in
wissenschaftlicher Beziehung, wird man dem Buch auch wegen seiner gemüt-
vollen Art der Betrachtung seine Anerkennung zollen müssen. Man sieht,
es ist dem Verfasser aus dem Herzen geflossen. Durch den reichen, meist
vorzüglichen Schmuck an Autotypien gewinnt das vornehm ausgestattete
Werk noch einen weiteren Reiz.

Nürnberg. *Hans Stegmann.*

**Johannes Kunze, Zur Kunde des deutschen Privatlebens in der
Zeit der salischen Kaiser.** (Historische Studien, veröffentlicht von
E. Ebering, H. 30.) Berlin 1902. Verlag von E. Ebering.
(125 S.)

Ein sehr ansprechendes Buch liegt vor uns. Es ist eine noch von
Scheffer-Boichorst angeregte Dissertation, das muß man wissen, um das Buch
gerecht zu beurteilen, und es tritt mit der Absicht auf, die ganz ähnliche
Studie von Joh. Saß, „Zur Kultur- und Sittengeschichte der sächsischen
Kaiserzeit; ein Beitrag zu den deutschen Privataltertümern" fortzusetzen.
Zu diesem Zwecke hat der Verfasser den größten Teil der historischen und
poetischen Quellen durchforscht, und was ihm daraus für die Kunde des
deutschen Privatlebens wichtig zu sein schien, zu einer sehr anziehenden Schilderung zusammengestellt. Eine große Menge von gelegentlichen Anmerkungen
über Einzelheiten des Privatlebens sind auf diese Weise für die Altertumswissenschaft zugänglich gemacht. Es ist in erster Linie eine Quellensammlung,
und dieselbe ist dadurch, daß sie in die Form einer kulturgeschichtlichen Mono-

graphie hineingegossen ist, für den Leser genießbarer gemacht. Wenn es nun auch feststeht, daß das dargebotene Material noch in viel umfassenderer Weise, als es hier geschehen ist, nutzbar gemacht werden kann, so wollen wir das doch dem Verfasser, dessen Erstlingsarbeit das Buch offenbar ist, nicht zu sehr zum Vorwurfe machen, vielmehr erkennen wir dankbar den Fleiß an, mit dem ein reiches Quellenmaterial hier zusammengetragen ist.

Die Anordnung des Stoffes lehnt sich an Weinholds „Deutsche Frauen im Mittelalter" und an Schultzs „Höfisches Leben" an, infolgedessen ist die Willkürlichkeit der Disposition, die ich bei jenen zumal für ihre Entstehungs- zeit vortrefflichen Werken vielfach mit Bedauern empfinde, auch hier fest- zustellen. Aber es ist natürlich, von einem Doktoranden kann man kein Schema der deutschen Altertumskunde erwarten, wenn Berufenere es bis auf diesen Tag schuldig geblieben sind.

Im Interesse der deutschen Archäologie wäre nur zu wünschen, daß mehr derartige Bücher wie das vorliegende möglichst bald uns geschenkt würden. Denn gerade auf diesem Gebiete sind noch viele und reiche Schätze zu heben, wie Kunzes inhaltsreiche Studie wieder zur Genüge beweist.

Nürnberg. Otto Lauffer.

* * *

Chodowiecki und Lichtenberg. Daniel Chodowiecki's Monats- kupfer zum „Göttinger Taschen Calender" nebst Georg Christoph Lichtenberg's Erklärungen. Mit einer kunst- und litterargeschicht- lichen Einleitung herausgegeben von Rudolf Focke. 1778—1783. Leipzig, Dieterich'sche Verlagsbuchhandlung, Theodor Weicher, 1901. (XX, 28 S., 18 Tafeln.)

Obwohl der „Göttinger Taschen Calender" seiner Zeit in einer ganz bedeutend großen Anzahl von Exemplaren — 1778 waren es deren 800 — abgesetzt worden ist, ist dieselbe heutzutage im Vergleich zu damals doch nur eine sehr geringe. Und diese wenigen jetzt vorhandenen Exemplare ent- halten noch dazu zum Teil nur Kopien, welche der Verleger deswegen an- fertigen zu lassen sich genötigt sah, weil die Originalplatten bei ihrer feinen und zarten Ausführung einen so vielfachen Abdruck nicht vertrugen. Wer aber die gut gelungenen, in Strichätzung ausgeführten Reproduktionen des Focke'schen Werkes durchblättert und sich an der Hand der Lichtenberg'schen Erklärungen in den Inhalt der Darstellungen vertieft, der muß unwillkürlich staunen über die tiefe und ungeschminkte Lebenswahrheit, welche aus ihnen spricht und zugleich des Künstlers Wesen ausmacht. Ein solch reicher Schatz von scharfer Beobachtung des menschlichen Charakters, seiner Entwickelung nach der guten und der lasterhaften Seite, seiner natürlichen und seiner affektierten Hand- lungen, sowie endlich seiner Thorheiten und Narrheiten, spiegelnd die Sitten und Unsitten der damaligen Zeit, liefert ein zu wertvolles Stück Kultur- geschichte und in den beigefügten Erklärungen einen zu bemerkenswerten Bei- trag zur Litteraturgeschichte, als daß er länger hätte im Dunkeln verborgen bleiben dürfen. Der Gedanke Focke's, einen Teil der Jahrgänge des „Göttinger Taschen Calenders" von neuem zu veröffentlichen, kann daher nur gut geheißen werden, und es ist ein Glück zu nennen, daß er bei dem jetzigen Inhaber der alten Dieterich'schen Verlagsbuchhandlung ein so bereitwilliges Entgegenkommen fand. Den Reproduktionen sind die Originalradierungen zu Grunde gelegt worden, welche in einer vollständigen Reihe aller Jahrgänge in der Königlichen Universitätsbibliothek zu Göttingen enthalten sind. Hoffen wir, daß der vorliegenden Veröffentlichung die in Aussicht gestellte Fortführung bis zum Jahre 1794 in der gleichen musterhaften Ausführung in nicht allzu ferner Zeit folgen möge!

Nürnberg.   Fr. Schulz.

Kleinere Referate.

In vierter verbesserter und vermehrter Auflage ist jetzt die bekannte „Deutsche Volks- und Kulturgeschichte für Schule und Haus" von dem nunmehr verstorbenen greisen Historiker Karl Biedermann erschienen. (Wiesbaden, J. F. Bergmann, 1901; 3 Teile in einem Band). Trotz der Betonung der Kulturgeschichte, deren eifriger und verdienter Vorkämpfer Biedermann ja war, entsprechen freilich manche Partien nicht immer den Fortschritten der Forschung, soweit sie in einer so populären Darstellung zur Geltung kommen können. Gleichwohl behält das Buch seine Verdienste: es bringt auf kleinem Raum sehr viel, beruht auf gründlicher Kenntnis der Dinge, oft, namentlich für die neuere Zeit, auf eigener Forschung und ist von kräftiger nationaler Gesinnung getragen. In den Litteraturangaben findet sich einmal ein störender Druckfehler, der nicht dem greisen Verfasser, sondern wohl dem Mangel eines sachverständigen Korrektors zur Last zu legen ist. S. 249: „Kamerad, Die Reformation und die Ehre, statt Kawerau, Die Reformation und die Ehe."

Richard Andrees „Braunschweiger Volkskunde", deren erste Auflage ausführlich in dieser Zeitschrift (Bd. IV, S. 468 ff.) besprochen und warm empfohlen ist, liegt jetzt in 2. vermehrter Auflage vor. (Braunschweig, Fr. Vieweg & Sohn, 1901; XVIII, 531 S., 12 Tafeln). Daß verhältnismäßig rasch eine solche nötig wurde, spricht nicht nur für die Gediegenheit des Werkes, sondern auch für die erfreuliche Ausbreitung des Interesses an der Volkskunde in immer weiteren Kreisen. Am meisten kommen diesem eben landschaftlich begrenzte Arbeiten entgegen, wie wir denn jetzt auch neben dieser braunschweigischen eine gute badische, eine gute sächsische Volkskunde haben. Andree hat in dieser Auflage schon mancherlei neue Specialarbeiten über die braunschweigische Volkskunde, die durch sein Werk angeregt waren, benutzen können, ist auch sonst durch Material von verschiedenen Seiten gefördert worden, wie er andererseits selbst die eigene Forschung im Volke fortzusetzen nicht vergessen hat. Wir wünschen dem gründlichen und anregenden Werk aufs neue viele Leser.

Von Gustav Bilfingers „Untersuchungen über die Zeit-rechnung der alten Germanen", deren 1. Heft bereits in Bd. VIII, S. 223 f. namentlich auch bezüglich der in ihm hervortretenden kulturgeschicht-lichen Anschauungsweise gewürdigt ist, ist Heft 2 erschienen, das „das ger-manische Julfest" behandelt (Stuttgart, W. Kohlhammer, 1901). Das manchen vielleicht überraschende, aber durch die neuere Forschung doch schon vorbereitete Resultat dieser Untersuchung ist nun, daß „bei genauer Betrachtung von dem germanischen Julfest nichts Urgermanisches übrig bleibt als der Name Jul". Die Weihnachtsbräuche haben nicht in der Vermengung eines altgermanischen Festes mit der christlichen Feier ihren Ursprung. Es sind zum größten Teil Neujahrsgebräuche, aber nicht weil die Germanen ihr Jahr mit dem 25. Dezember, d. h. mit der Wintersonnenwende begonnen haben, sondern weil Weihnachten infolge einer von der römischen Kurie ausgehenden An-ordnung des Kirchenjahrs jahrhundertelang in einem großen Teile Europas bürgerlicher Jahresanfang gewesen ist. Das ganze Julfest ist eine Fiktion. Die Untersuchung soll hier nicht im einzelnen skizziert werden: für den Kultur-historiker hat namentlich die hier gegebene Entwickelungsgeschichte des Weihnachtsfestes und der Nachweis, aus welchen Quellen die weihnachtlichen Bräuche und Anschauungen geflossen sind, besonderes Interesse. Im ganzen sind B.'s Ausführungen überzeugend, wenn auch manche Forscher sich gegen die Ablehnung eines Zusammenhanges des Weihnachtsfestes mit vorchristlichen germanischen Bräuchen wohl wehren werden.

Das Programm des Lessing-Gymnasiums zu Frankfurt a. M. von 1901 enthält eine gründliche lokalgeschichtliche Abhandlung von Ed. Pelissier, Zur Topographie und Geschichte der linksmainischen Landwehren der Reichsstadt Frankfurt, die zum erstenmal den früher schon in einzelnen Vorarbeiten behandelten Gegenstand im Zusammenhang bearbeitet, freilich sich wegen Raummangels nur auf die linksmainischen Landwehren beschränkt und auch diese nur etwa bis zum 30jährigen Krieg behandelt. Die Arbeit, auf tüchtige archivalische Studien gestützt, kommt für unsere Zeitschrift freilich wenig in Betracht; allgemeine Gesichtspunkte sind kaum gestreift, und der höchst genaue topographische wie der historische Teil sind nur durch einen gleich ein-gehend in die Materie bringenden Lokalforscher zu prüfen, bieten auch nur rein äußere Geschichte. Für die Lokalgeschichte, man kann kaum sagen für die lokale Kulturgeschichte, liegt hier aber ein wertvoller Beitrag vor; die fleißige Arbeit wird in ihrem Wert durch eine geschichtliche Übersicht der Entwickelung und die Beigabe von Karten gemehrt.

Von den verdienstlichen Neudrucken, die die Verlagsbuchhandlung von J. H. E. Heitz in Straßburg veranstaltet: „Drucke und Holzschnitte des 15. und 16. Jahrhunderts in getreuer Nachbildung" liegt ein neues Heft vor: „Chronik und Stamm der Pfalzgrafen bei Rhein und Herzöge in Bayern 1501, die älteste gedruckte bayerische Chronik, zugleich der älteste Druck der Stadt Landshut in Bayern, in Facsimiledruck herausgegeben mit einer Einleitung von Georg Leidinger" (Straßburg 1901). Ein eigentlich kulturgeschichtliches Interesse hat dieses Heft allerdings nur in den Nebenumständen, in der Art des beigefügten Stammbaumes, der ganzen geschichtlichen Auffassung der Chronik selbst und als Beitrag zur bayerischen Druckgeschichte. Gründlich und tüchtig ist die einleitende Untersuchung des Herausgebers: sollte aber nicht das R. Wurm (Hans Wurm ist der Drucker) als Druckfehler (durch Vergreifen) zu erklären möglich sein? Das große R ist dem großen H der Chronik ziemlich ähnlich. Allerdings müßte es dann auch bei der Korrektur übersehen sein. Der in einem besonderen Quartheft beigegebene Stammbaum ist ein nicht unwichtiges Kunstwerk, dessen Reproduktion bei dem fortschreitenden Verfall des Originals dankenswert ist.

Vor nicht allzu langer Zeit zeigten wir an dieser Stelle das ausgezeichnete Buch von P. D. Fischer, „Italien und die Italiener, Betrachtungen über die politischen, wirtschaftlichen und socialen Zustände Italiens" an: heute können wir bereits von der 2. Auflage desselben berichten. (Berlin, Julius Springer, 1901; VIII, 455 S.) Da das Buch wesentlich auf statistischer Grundlage beruht, ist auf Berichtigung der Zahlenangaben nach dem neuesten Stande besonderer Wert gelegt. Doch fehlen auch größere sachliche Zusätze nicht, so daß die Freunde Italiens, die sich nicht nur für Kunst und Natur interessieren, durch Fischers Darstellung vortrefflich orientiert werden. Es spricht übrigens doch für eine erhebliche Änderung des Geisteslebens und der Interessen der neueren Zeit, wenn der Verfasser sein Buch auch als „Reisebegleiter" angesehen wissen will und es anscheinend auch als solcher benutzt wird.

An dieser Stelle sei kurz auf eine neubegründete „Internationale Bibliographie der Kunstwissenschaft" hingewiesen, die der auf bibliographischem Gebiet eifrig thätige Wiener Gelehrte Arthur L. Jellinek herausgiebt (Berlin, B. Behr). Das 1. Heft führt die Erscheinungen aus Januar und Februar 1902 auf, ist also sehr rasch der Produktion selbst gefolgt. Jeder Band soll 6 Hefte umfassen. Das auf vielen Gebieten hervortretende Bedürfnis nach rascher und zuverlässiger bibliographischer Orientierung ist gerade auch auf dem Gebiete der Kunstwissenschaft besonders vorhanden: das neue Unternehmen wird es befriedigen. Es orientiert regelmäßig über folgende Hauptkapitel: Bibliographie, Lexica, Neue Zeitschriften, Ästhetik, Kunstgeschichte, Baukunst, Skulptur, Malerei, graphische Künste, Kunstgewerbe, wichtigste neuerschienene Reproduktionen. Auch die Aufsätze aus Tagesblättern werden bis zu einem gewissen Grade berücksichtigt.

Georg Steinhausen.

Lightning Source UK Ltd.
Milton Keynes UK
UKHW011300211118
332624UK00012B/1641/P